W0324874

TEXTES ESSENTIELS

HISTOIRE ÉCONOMIQUE

XVIIIe - XXe SIÈCLE

TEXTES ESSENTIELS

HISTOIRE ÉCONOMIQUE

XVIIIe - XXe SIÈCLE

MICHEL MARGAIRAZ
professeur à l'université de Paris VIII

AVANT-PROPOS

JACQUES MARSEILLE

Larousse

LAROUSSE, 17, RUE DU MONTPARNASSE – 75298 PARIS CEDEX 06

Directeur de collection
Emmanuel de Waresquiel

Responsable d'ouvrage
Bethsabée Blumel

Correction-Révision
Larousse

Maquette et mise en page
Delacroix Assistance Graphique

Composition
Michel Vizet

Couverture
Gérard Fritsch

Fabrication
Marlène Delbeken

© Larousse, 1992.

Toute reproduction, par quelque procédé que ce soit, de la nomenclature contenue dans le présent ouvrage et qui est la propriété de l'Éditeur, est strictement interdite.

Distributeur exclusif au Canada : les Éditions Françaises Inc.

ISBN 2-03-741006-9

SOMMAIRE

AVANT-PROPOS

Même si les origines de l'histoire économique sont anciennes et peuvent être datées des travaux qu'au XVIe siècle, Guillaume Budé ou Jean Bodin consacraient à la monnaie et au mouvement des prix, c'est en Allemagne qu'elle acquiert au XIXe siècle ses de premières lettres noblesse.

En 1848, l''année du *Manifeste du Parti communiste,* Bruno Hildebrand cherche dans sa *Nationalökonomie* les « lois du développement économique des nations » et, dans les grandes histoires nationales qui se multiplient à l'horizon des années 1890, un chapitre économique acquiert droit de cité.

C'est bien évidemment l'essor de la grande industrie et les mutations sociales qu'elle a engendrées qui sont à l'origine de cette percée. En 1906, Paul Mantoux publie *la Révolution industrielle au XVIIIe siècle,* un ouvrage qui a superbement résisté à l'usure du temps et qui garde, aujourd'hui encore, une fraîcheur surprenante. Pour Paul Mantoux comme pour les observateurs du temps, le développement du capitalisme industriel apparaissait bien, dans la foulée des écrits de Karl Marx, comme « un de ces faits d'immense portée dont l'intelligence éclaire toute une époque », une de ces « forces maîtresses qui dirigent le mouvement des sociétés contemporaines[1] ».

Avec Paul Mantoux comme avec J.H. Clapham, l'histoire économique devenait aussi une discipline autonome défrichant des voies d'analyse nouvelle et forgeant ses matériaux et ses méthodes. C'est Clapham qui estimait ainsi que tout historien économiste devrait « acquérir ce qu'on peut appeler le sens statistique, l'habitude de poser, chaque fois qu'il étudie une institution, une politique, un groupe ou un mouvement, les questions: quelle taille? Quelle durée? Quelle fréquence? Quelle représentation? Cette exigence semble évidente mais, pour l'avoir négligée, une bonne partie de l'histoire économique, politique, institutionnelle d'autrefois n'a pas été aussi utile qu'elle aurait pu l'être[2] ».

C'est toutefois au tournant des années 1920-1930 que tout s'accélère. Dans les années 1930, en effet, quand les *Annales d'histoire économique et sociale* entamaient leur longue et belle carrière, les « malheurs des temps » ne pouvaient manquer d'impressionner les

1. Paul Mantoux, *la Révolution industrielle au XVIIIe siècle,* Editions Genin, Paris, 1973, p. 5.
2. *Encyclopedia of the Social Sciences,* MacMillan, New York, 1931, p. 328.

jeunes historiens qui, à l'âge de 30 ou 40 ans, venaient de connaître la saignée de la guerre, les désordres monétaires, les hausses puis les baisses de prix, l'effondrement de Wall Street et les théories de chômeurs jetés à la rue. Les grands travaux qui ont fondé et nourri toute l'histoire économique ont bien été conçus et menés dans cette atmosphère, avec pour ambition de comprendre et d'expliquer les mouvements de la conjoncture.

«Tout le reste y est suspendu», écrivait François Simiand dont le grand ouvrage, *le Salaire, l'évolution sociale et la monnaie,* paru en 1932, marquait bien la montée en puissance d'une histoire économique systématiquement quantificatrice et volontiers railleuse à l'égard de «l'histoire historisante».

Il suffit pour s'en convaincre de relire la féroce critique que Lucien Febvre faisait en 1934 de l'*Histoire de la Russie* publiée en 1932 par Ch. Seignobos, Ch. Eisenemann et P. Milioukou: «J'ouvre l'*Histoire de la Russie.* Quel spectacle! Tsars falots, échappés d'*Ubu roi*; tragédies de palais; ministres concussionnaires; bureaucrates-perroquets; oukases et prikazes à discrétion. Mais la vie forte, originale et profonde de ce pays; la vie de la forêt et de la steppe, le flux et le reflux des populations mouvantes, la grande marée au rythme irrégulier qui, par-dessus l'Oural, déferle jusqu'à l'Extrême-Orient sibérien; et la vie puissante des fleuves, les pêcheurs, les bateliers, le transit; et la pratique agricole des paysans, leurs instruments, leurs techniques, la rotation des cultures, le pâturage, l'exploitation forestière... ; le fonctionnement du grand domaine, la fortune terrienne et son mode de vie; la naissance des villes, leur origine, leur développement, leurs institutions, leurs caractères; les grandes foires russes; la lente constitution de ce que nous nommons la bourgeoisie... que sais-je encore?[1]»

Volontiers impérialiste, on l'aura compris, incontestablement marxiste à une époque où l'anticapitalisme était devenu un lieu commun, l'histoire économique allait, pendant près d'une quarantaine d'années, exercer une sorte d'hégémonie intellectuelle sur le monde des historiens, frappant d'interdiction de séjour une histoire politique au parfum Langlois-Seignobos.

Deux fortes personnalités allaient en devenir en France les hérauts: Ernest Labrousse, né en 1895 et Fernand Braudel, né en 1902. À Ernest Labrousse qui se disait à la fois «jaurésien, marxiste et marginaliste», on doit la pédagogie de la statistique et la hardiesse de l'hypothèse.

La reconstitution de longues séries des prix et des revenus, la combinaison du long et du court terme, de la conjoncture nerveuse et du lent ébranlement des structures, le mariage de l'économique et du social, la sensibilité aux inégalités et aux hiérarchies de la société, en même temps qu'elle nous permettait de mieux comprendre l'origine des crises économiques nous apportait aussi la définition des temps, temps long, temps moyen, temps court qui, depuis que le chiffre est répérable, rythment bien l'histoire totale.

À Fernand Braudel, qui voulait conserver l'économie de marché sans laisser toute liberté aux monopoles, nous devons la décomposition de l'histoire en plans étagés ou, si l'on veut, la distinction, dans le temps de l'histoire, d'un temps géographique, d'un temps social, d'un temps individuel.

Nous lui devons aussi le désir de voir grand, et de répondre aux angoissants problèmes de l'heure. C'est, en effet, parce qu'elle a su un temps épouser étroitement les préoccupations de son temps et tenter de donner un sens au mouvement que l'histoire économique a pu exercer une réelle hégémonie.

1. *Revue de Synthèse*, n° VII, 1934.

Est-ce à dire qu'elle est aujourd'hui «dans les marges», ébranlée à la fois par la déconfiture du marxisme et le réveil des approches politiques, idéologiques, culturelles et anthropologiques dans l'ensemble des sciences humaines ? À l'aube des années 1970, on a pu le croire en effet. On l'accusa tout d'abord de refuser les apports de la théorie économique, et de négliger les avancées de l'économétrie. Mais les critiques de ces « new economic historians » portés par les vents d'Amérique firent long feu. On peut aussi lui reprocher d'être intimidée à l'excès par les problèmes du temps présent et de se réfugier dans le douillet confort des périodes anciennes. Le reproche est ici plus justifié, l'historien d'aujourd'hui répugnant aux grandes synthèses qui, autrefois, faisaient le charme du métier.

Fasse que les textes ici rassemblés nous invitent précisément à découvrir ou redécouvrir l'élan et les passions de ceux qui ont écrit les belles pages de l'histoire économique et qui, sur bien des questions d'aujourd'hui, ont toujours des choses à dire. Car, comme l'écrivait Jean Bouvier qui fut, lui aussi, un des grands pédagogues de la discipline, «on ne saurait établir un mur entre l'histoire économique et l'histoire. La première est probablement l'un des éléments nécessaires d'une introduction à la seconde, et son accompagnatrice indispensable. Il existe une histoire des sociétés humaines qui est *totale,* et dont on détache certains aspects par simple souci pédagogique. Dans la réalité, il n'y a pas plusieurs histoires, il n'y en a *qu'une.* L'histoire ne se débite en tranches que dans les livres. Dans la vie, quand elle se fait – on l'appelle alors souvent « la politique » – elle est à la fois hétérogène et cohérente, amalgame et éléments confluents et entrelacés [1] ».

Jacques Marseille

1. *Initiation au vocabulaire et aux mécanismes économiques contemporains (XIXe-XXe siècles)*, SEDES, 1977, p. 16.

INTRODUCTION

Tout choix de textes suppose l'adoption de limites, à commencer par des limites thématiques. L'histoire économique s'est construite selon des voies originales, aux confins de plusieurs disciplines. Cette construction ne s'est effectuée ni aux mêmes dates ni selon les mêmes modalités dans les divers pays. Pour de multiples raisons, dont les plus impérieuses relèvent des conditions d'accès, nous avons privilégié les textes français, dont l'influence a d'ailleurs débordé le cadre hexagonal.

Aux limites thématiques s'ajoutent des limites chronologiques, qui tiennent à la fois aux champs étudiés et à la date de publication des textes. La fixation de ces limites a été pour une grande part tributaire des étapes marquantes de la constitution de l'histoire économique.

L'histoire économique en France présente ainsi une chronologie et des conditions de genèse spécifiques.

Chronologie tardive, d'abord. L'Allemagne, tout particulièrement Strasbourg et Berlin, apparaît dès les années 1880 comme le berceau de l'histoire économique autour de la figure fondatrice de Gustav von Schmoller (1838-1937). À sa suite, l'école historique allemande, à travers les travaux de sociologues tels Werner Sombart ou Max Weber parmi d'autres, exerce une hégémonie intellectuelle sur toute l'Europe et même sur les États-Unis. En 1893, il existe déjà une première revue d'histoire économique en Allemagne. Ce mouvement est issu en partie de la réaction, au milieu du XIXe siècle, de quelques économistes allemands, dont Karl Marx, qui se dressèrent contre la science économique manchestérienne et manifestèrent alors leur volonté d'une approche historique concrète. Au même moment, il n'existait pas d'école d'histoire économique française. La séparation entre l'économie, enseignée dans les facultés de droit, et l'histoire, intégrée aux lettres, n'est sans doute pas étrangère à cette absence. Même la *Revue d'histoire économique et sociale*, émanation de la faculté de droit (apparue en 1913 et disparue en 1976), n'était pas, jusqu'en 1930, malgré son titre, une revue consacrée aux faits économiques, mais bien davantage aux idées ou aux doctrines.

Émile Levasseur, auteur sous le second Empire d'une célèbre *Histoire des classes ouvrières en France depuis 1789 jusqu'à nos jours*, qui enseigne au Collège de France l'histoire des doctrines économiques jusqu'aux années précédant le premier conflit mondial, fait figure d'isolé. À la fin des années 1920, la situation n'évolue guère, malgré la présence de Henri Hauser, seul professeur d'histoire économique et sociale à la Sorbonne dans les années 1930. Par un tacite partage des tâches propre à la France, les économistes s'intéressent surtout aux idées économiques, tandis que les historiens de métier demeurent massivement rivés à l'histoire politique selon les règles de l'école méthodique, les uns et les autres marginalisant ainsi l'histoire économique.

Pourtant, au cours des mêmes années, les pays anglo-saxons fondent chaires et revues d'histoire économique. En Angleterre, Manchester (depuis 1910), Cambridge, puis Londres enracinent la discipline, organisée depuis 1926-1927 autour de la *London School of Economics* et l'*Economic History Review*. Quant aux Américains, plus directement liés à l'école allemande, ils créent une chaire d'histoire économique à Harvard dès 1893 et multiplient enseignement et travaux, autour de Edwin Gay, N.S.B. Gras ou Earl J. Hamilton et, à partir de 1940, de l'*Economic History Association* et de son *Journal of Economic History*.

En France, le changement provient à la fois de mouvements internes et de mouvements externes à la discipline historienne.

À l'intérieur, le lancement à Strasbourg, en 1929, par Marc Bloch et Lucien Febvre des *Annales d'histoire économique et sociale* (titre inspiré de la première revue d'histoire économique allemande) reflète la volonté farouche de débarrasser l'histoire du carcan positiviste, d'en renouveler objets et méthodes et, en particulier, d'accéder à l'économique, au social, voire au *mental*, afin de parvenir à une « histoire totale ». Le contenu de la revue témoigne aussi du souci d'ouvrir l'histoire aux interrogations soulevées par d'autres sciences sociales, telles la géographie, la sociologie ou l'économie. Alors que Lucien Febvre, outre ses innombrables comptes rendus et notes critiques, s'engage dans les voies nouvelles d'une histoire des mentalités pour le XVIe siècle (*le Problème de l'incroyance au XVIe siècle. La religion de Rabelais*, Paris, 1942), Marc Bloch s'attache, pour la période médiévale, à l'étude des structures sociales, techniques et productives, ainsi qu'aux mécanismes monétaires *(les Caractères originaux de l'histoire rurale française*, Paris, 1931 ; *la Société féodale*, Paris, 1940 ; *Esquisse d'une histoire monétaire de l'Europe*, Paris, 1954).

Pour la période contemporaine, ce n'est pas un historien de métier, mais un sociologue d'origine, François Simiand, disparu prématurément en 1935, qui donne une impulsion décisive à l'histoire économique dans les années 1920-1930. Venu de la sociologie appartenant à la mouvance durkheimienne, il occupe une situation marginale. Il n'appartient pas à l'Université et ne bénéficie pas d'une reconnaissance officielle parmi les économistes. Il n'hésite pas cependant à croiser le fer depuis le début du siècle avec les historiens, alors sous l'emprise des préceptes de l'école méthodique, comme avec les économistes. Et ce sont les rédacteurs des *Annales*, eux aussi en marge de l'histoire universitaire, qui lui font bon accueil dans leur souci de dialogue avec les autres sciences sociales.

Une place devait être réservée à quelques-uns des principaux textes témoignant de cette rencontre et formulant les orientations majeures fondatrices d'une histoire économique en gestation[1]. L'apport de François Simiand apparaît triple. D'abord, il met en œuvre une pratique et une méthodologie de l'utilisation des statistiques, aussi bien dans ses ouvrages initiaux (sur les salaires et sur les prix charbonniers) que dans son œuvre majeure *le Salaire, l'évolution sociale et la monnaie* (1932)[2]. Ensuite, il différencie plusieurs temps de l'histoire – court, moyen et séculaire – et s'attache tout particulièrement à analyser les mouvements longs, marqués par l'alternance des fameuses phases A

1. Cf. *infra*. chapitres I et II.
2. Cf. *infra*. chapitre IX.

et B repérées également peu avant par l'économiste russe Kondratieff. Enfin, il tente de caractériser les réactions et les attitudes des principaux groupes sociaux, principalement les chefs d'entreprise et la classe ouvrière, en fonction des fluctuations des prix et des revenus. Démarche sociologique, rationaliste, dont les principaux acquis méthodologiques sont repris, approfondis et enrichis par Ernest Labrousse (1895-1988), véritable fondateur de l'histoire économique contemporaine à l'Université. Ses deux thèses, l'une en droit (*Esquisse du mouvement des prix et des revenus en France au* XVIII*e siècle*, 1932), l'autre en lettres (*la Crise de l'économie française à la fin de l'Ancien Régime et au début de la Révolution*, 1943), soulignent sa dette à l'égard de l'œuvre de François Simiand, notamment dans l'attention portée aux fluctuations conjoncturelles, dans le souci de quantification et dans l'articulation avec l'étude des comportements sociaux. Mais Ernest Labrousse, en véritable historien, recherche, utilise et compare différents types d'informations sur les prix ou les revenus, puisées dans des fonds d'archives dispersés parmi divers dépôts régionaux. L'un de ses apports essentiels réside dans la radioscopie économique et sociale de la crise d'Ancien Régime et, en particulier, dans la compréhension des origines de la Révolution de 1789. La conjoncture économique se trouve éclairée par les fluctuations de plus longue durée, elles-mêmes interprétées différemment selon les couches sociales et les types différenciés de revenus (profits, salaires, rente foncière). E. Labrousse fonde et légitime l'institution du *fait de masse* comme objet d'histoire : « S'il fallait à tout prix choisir dans cette large province de l'histoire où presque tout est encore à faire, entre le régulier et le fortuit, l'essentiel et l'accidentel, le répété et le singulier, disons-le sans mérite : c'est bien le répété qu'on choisirait[1]. »

À l'influence de Simiand il faut ajouter celle de Marx, mais, comme E. Labrousse le précise en 1962, au sens où « le marxisme est avant tout une doctrine ouverte, en perpétuel enrichissement, en perpétuel rajeunissement au contact de toutes les sciences humaines[2] ». Sans appartenir au groupe fondateur des *Annales*, Ernest Labrousse témoigne d'une démarche convergente, soucieuse d'une rénovation, d'un élargissement de l'objet comme des méthodes en histoire, de l'ouverture aux sciences sociales, de l'articulation entre l'économique, le social, voire le politique et le mental. Exemple magistral d'une analyse qui, partant de la conjoncture économique, rend compte, à travers les aiguisements sociaux, des ébranlements politiques, du déclenchement des trois grandes révolutions (1789-1830-1848)[3].

Cette double source de l'histoire économique – les *Annales* et l'œuvre d'Ernest Labrousse – apparaît fille de son époque. Époque qui fut marquée par la grande crise des années 1930 et ses soubresauts financiers, monétaires, socio-économiques, et par un certain discrédit du capitalisme, amplifié par les succès, réels *et* mythifiés, des premiers plans soviétiques.

Or, les orientations initiales vont perdurer, du fait de la remarquable longévité d'E. Labrousse et des ses (triples) qualités de directeur de recherches, d'enseignant-orateur et d'animateur d'enquêtes et d'ouvrages collectifs.

D'abord professeur à l'École des hautes études (VIe section), il demeure, pendant les vingt ans qui suivent la Seconde Guerre mondiale, titulaire de la chaire d'histoire économique et sociale à la Sorbonne. Son travail est imité par nombre de ses disciples,

1. Ernest Labrousse, *la Crise de l'économie française à la fin de l'Ancien Régime et au début de la Révolution*, Paris, PUF, 1943, p. 170-171.
2. Ernest Labrousse, « l'historien et son temps », in *La Pensée*, 1962, I.
3. Cf. *infra*, chapitre III.

qui s'attachent à analyser la conjoncture économique aux fins d'identifier les mutations de la structure sociale. Telle a été la principale moisson de son magistère de près de trois décennies (au-delà même de sa retraite, en 1965) à la tête de l'*Institut d'histoire économique et sociale*.

Il a dirigé directement plusieurs centaines de maîtrises et de thèses, sans compter les nombreux chercheurs auxquels il a prodigué conseils et encouragements. Il n'est guère de professeur d'histoire économique ou sociale contemporaine en activité dans les deux dernières décennies qui n'ait élaboré un travail universitaire sous la direction d'Ernest Labrousse. S'il y a un effet de génération propre à la France, c'est celui-là.

Il suffit de mesurer le volume des manuscrits, très à part de la correspondance, qui lui ont été envoyés bien au-delà de l'année de sa retraite pour constater la diversité des chercheurs qui lui sont redevables. Sous sa direction, l'Institut d'histoire économique et sociale recueille un ensemble considérable de travaux, depuis les multiples monographies régionales portant sur l'Ancien Régime ou le XIXe siècle, les recherches sur la propriété, sur des secteurs majeurs du capitalisme financier et industriel au XIXe siècle, ainsi que sur l'histoire de certains groupes sociaux ou encore sur le mouvement ouvrier. Il a dirigé plusieurs grandes enquêtes collectives (sur les contrats de mariage au XVIIIe siècle, les fortunes privées dans certaines grandes villes françaises au XIXe siècle). Point d'orgue de cette suprématie quasi trentenaire, la publication aux Presses universitaires de France sous la direction conjointe de Fernand Braudel – étalée de 1970 à 1982 – des trois derniers tomes de l'*Histoire économique et sociale de la France* (portant sur la période allant de 1660 à nos jours), véritable somme des connaissances acquises et des perspectives alors tracées, à laquelle ont participé de nombreux chercheurs.

Autre signe de l'ampleur et de la diversité des disciples, le volume de mélanges qui, en 1974, lui est offert en hommage, sous le titre : *Conjonctures économiques, structures sociales*.

Il demeure de cette hégémonie intellectuelle plusieurs traits qui vont marquer l'histoire économique en France. Parmi eux, on peut retenir le souci de la mesure et de la quantification, l'articulation entre l'économique et le social dans des perspectives maintenues d'histoire globale, la référence implicite à un certain marxisme. Comme l'a noté Jean Bouvier, « la problématique marxiste est venue enrichir l'histoire économique et sociale, mais sans que l'on puisse dire, il s'en faut, que la masse des historiens économistes aient en France rallié *consciemment* le marxisme. Beaucoup d'entre eux font, en quelque sorte, du marxisme (ou un peu de marxisme) sans le savoir, et à doses fort variables[1] ». Des « trois principes marxistes essentiels » (Pierre Vilar)[2], à savoir le primat du technico-économique, le souci de quantification, la prise en compte systématique des inégalités, au cours des années 1950-1960 les historiens français, dans leur grande diversité, retiennent largement les deux premiers. Il faut voir là l'empreinte même d'Ernest Labrousse. Son influence, associée, il est vrai, à celle des *Annales*, rend compte du fait que, en France, on parle d'histoire économique *et* sociale jusqu'à l'aube des années 1970, qui marque l'apogée de la discipline.

Vers 1960, plus de la moitié des thèses en préparation en histoire moderne relèvent de l'histoire économique et sociale. Et encore dans la décennie suivante, plus d'un univer-

1. Jean Bouvier, « Tendances actuelles des recherches d'histoire économique et sociale en France » in *Aujourd'hui l'histoire*, Paris.
2. Pierre Vilar, « Histoire marxiste, histoire en construction », *Annales ESC*, janvier-février 1973.

sitaire ou d'un chercheur sur cinq en histoire contemporaine est historien économiste. L'histoire économique déborde même de ses cadres institutionnels à l'Université pour irriguer l'histoire des relations internationales ou l'histoire des autres pays telles celles de l'Espagne, de l'Angleterre, des États-Unis...

Autre signe de cette hégémonie relative, l'orientation des grandes synthèses collectives alors réalisées : outre celle des P.U.F. déjà mentionnée, l'*Histoire économique et sociale du monde*, publiée chez Armand Colin sous la direction de Pierre Léon, l'*Histoire de la France rurale* et l'*Histoire de la France urbaine* au Seuil. C'est également à cette époque que se crée l'Association française des historiens économistes (A.F.H.E.), qu'Ernest Labrousse a contribué à fonder.

Il est de bon ton aujourd'hui, parfois même parmi ceux qui ont été nourris au lait de l'école labroussienne, d'en souligner les limites : peu de référence à la théorie économique, méthodes statistiques somme toute sommaires – la moyenne mobile faisant figure d'« arme absolue » (François Crouzet) – une quasi-obsession de la conjoncture courte. À ce propos, Fernand Braudel manifestait déjà en 1958, dans son célèbre article sur « la longue durée », des réserves devant cette fascination pour les fluctuations de court terme[1]. Sur ce thème, plusieurs années après, Jean Bouvier et Maurice Lévy-Leboyer ont également opposé leurs arguments à propos de l'héritage de François Simiand[2]. Plus radicalement, certains en viennent à contester le modèle labroussien de monographie régionale, plus particulièrement en histoire moderne, où l'agencement des sociétés se déploie selon une tripartition fameuse, déterminée verticalement et décalée dans le temps, « de la cave au grenier » (Michel Vovelle), le social retardant sur l'économic, le mental sur le social (« l'ordre logique va de l'économique au social et de celui-ci au mental », E. Labrousse). Le tout appuyé sur le couple dialectique structure/conjoncture[3]. De même, dans l'étude des secteurs et des branches au XIXe siècle, certains, en particulier les plus « lourds » (charbonnages, métallurgies...), ont été privilégiés alors que les autres se trouvent négligés.

Tous ces griefs peuvent être d'autant mieux formulés que les travaux considérables élaborés sous l'impulsion labroussienne, apportant des connaissances dans des domaines très diversifiés, délimitent les zones nouvelles à défricher et signalent les contrées du savoir historique par trop délaissées.

Quoi qu'il en soit, la génération labroussienne des recherches en histoire économique apparaît comme une étape fondatrice. À ce titre, elle mérite une place de choix dans ce recueil. Il ne s'agit pas en effet de présenter une anthologie à prétention exhaustive de la production historienne à ce jour ; encore moins une sélection de travaux ouvrant des voies nouvelles. L'ouvrage est destiné à rassembler des textes majeurs qui – avec le recul nécessaire que cela implique – ont marqué, de manière directe ou médiatisée, les historiens de l'économie dans la constitution de leur discipline. Inévitablement, le passé et, en particulier, les productions des années 1950-1960 se trouvent largement représentées, voire surreprésentées.

Dans notre division thématique, elles prennent une part majeure dans le chapitre liminaire, consacré aux définitions et délimitations de la discipline, mais également dans les deux chapitres suivants – organisés autour de deux thèmes situés au cœur de la

1. Cf. *infra*, chapitre II.
2. Cf. *infra*, chapitre I.
3. Cf. Jean Bouvier, « Histoire moderne, la fin d'une utopie ? », in *l'Histoire en France*, Paris, La Découverte, 1990, p. 61.

démarche de Simiand-Labrousse: la conjoncture, les crises. À cet égard, il paraît préférable d'amorcer la lecture par ces trois chapitres initiaux. De même, elles occupent une place importante dans le chapitre IX, où a été abordée l'approche du chiffre et des statistiques. En outre, dans tous les autres chapitres ont été juxtaposés des textes, rassemblés par thème et ordonnés le plus souvent dans l'ordre chronologique: les premiers d'entre eux sont généralement extraits de travaux de la génération labroussienne.

De même, l'influence d'Ernest Labrousse se retrouve dans les limites chronologiques des périodes ainsi étudiées: de la fin de l'Ancien Régime jusqu'au XXe siècle. Labrousse en amont, revivifié par des travaux récents, met en évidence une coupure, située dans les années 1760-1780, beaucoup plus pertinente en histoire économique et sociale que celle de 1789, ou, pire, de 1815, même si elle chevauche la frontière académique entre histoires moderne et contemporaine.

À partir des années 1970, on le sait, l'histoire économique et sociale connaît un reflux.

Dès les ultimes années 60, certains, tel Jean-Claude Perrot, diagnostiquent la fin de schémas d'analyse univoques et mettent en doute la perspective d'une histoire totale[1]. Peu après, Pierre Nora, lors de la création de la «Bibliothèque des histoires» chez Gallimard, évoque en 1971 l'éclatement de l'histoire. Cette expansion et cet émiettement s'effectuent largement au détriment de l'histoire économique et sociale de l'«ère monopolistique labroussienne» (Jean Bouvier), au point que, pour la période moderne du moins, tel historien en vient à affirmer que «l'histoire économique est actuellement portée disparue»[2]. Les bénéficiaires de la mutation: l'histoire démographique, celle des mentalités, «locomotive de l'histoire» (Michel Vovelle), de l'anthropologie historique, sans parler du «retour du politique». Les constats sont convergents. Mais les diagnostics sur les facteurs s'éparpillent eux aussi. Non-renouvellement des problématiques de l'histoire économique et sociale? «Dérive partielle des thèmes par rapport aux questionnements des pères fondateurs» (Jean Bouvier) chez les rédacteurs des *Annales*[3]? Rôle de la démonétisation du marxisme ou de la dépression des années 1970-1980 qui, non sans paradoxe, porterait le coup fatal à une histoire pourtant fort attentive aux fluctuations de la conjoncture? Intérêt accru pour le singulier et l'individuel aux dépens des «faits de masse»? (Fausse) apparence d'une facilité plus grande de l'histoire culturelle? Autant d'éléments qui, sans doute, pèsent tous, mais suivant des dosages variables selon les auteurs.

En fait, l'apogée de l'histoire économique n'a peut-être pas été aussi net qu'on l'écrit parfois, tant celle-ci a conservé un «statut ambigu, conflictuel, contesté» (Jean Bouvier). Le retour du balancier idéologique a peut-être aussi facilité l'expression haute et claire de griefs formulés jusque-là à voix basse. En outre, on compte souvent comme travaux d'histoire «économique» dirigés par Ernest Labrousse pendant les années 1950-1960 des mémoires ou des thèses nombreuses portant en fait sur des groupes sociaux ou sur le mouvement ouvrier. De plus, l'histoire économique apparaît autant victime de ses propres succès, par l'épuisement progressif de ses filons pionniers selon la loi des

1. Jean-Claude Perrot, *Annales ESC*, 1968.
2. Jean Bouvier, cf. chapitre I.
3. Jean Bouvier, «La «nouvelle» histoire», in *l'Histoire en France*.

rendements décroissants, que de ceux de ses concurrents. Cela a déjà été souligné pour les monographies régionales.

Selon une pente assez naturelle, à partir des années 1970, l'évolution reflète assez largement l'éclatement de l'héritage labroussien entre différents rameaux, soulignant *a posteriori* la diversité des orientations potentielles. Les disciples, directs ou indirects, se sont répartis selon une palette large. Certains ont même rallié une histoire sociale, désormais autonomisée. Les thèmes retenus ici reproduisent la plupart des divers centres d'intérêt ainsi défrichés et recoupent en partie, tout en les élargissant, les sujets d'études abordés tous les deux ans par le Congrès de l'A.F.H.E. : la production agricole française du XVe au XVIIIe siècle, l'indice de la production industrielle au XIXe siècle ; la consommation en France du XVIe au XXe siècle ; les aires du commerce extérieur français au XVIIIe siècle ; la balance des paiements au XIXe siècle ; entreprises et entrepreneurs aux XIXe-XXe siècles ; États, économies, fiscalités (cf. chapitre X) ; le négoce international (cf. chapitre XII).

Certains chapitres concentrent parfois un assez grand nombre de textes contemporains, signe que la conjoncture des thèmes en histoire économique connaît elle aussi ses fluctuations liées à des préoccupations du moment. Ainsi, les débats sur l'industrialisation et la croissance au XIXe siècle (cf. chapitre V) apparaissent particulièrement riches au début des années 1960 à l'heure des Trente Glorieuses et de la parution du texte-manifeste de W.W. Rostow. De même, une gerbe d'ouvrages sur l'impérialisme français au tournant des XIXe et XXe siècles est publiée entre 1968 et 1974, alors que les tiers-mondismes ont le vent en poupe (cf. chapitre XII). Ou encore les textes sur la proto-industrialisation (cf. chapitre IV) se densifient à l'orée des années 1980.

Pour chacun de ces thèmes, nous avons retenu des textes suffisamment développés afin que le lecteur dispose des éléments nécessaires pour reconstituer une pensée dans toute son ampleur. Nous les avons fait précéder de courtes présentations, destinées à les situer dans l'ouvrage comme dans l'œuvre de l'auteur, voire à signaler des textes qui leur font écho. Chaque thème lui-même est introduit par une mise au point sur l'objet d'étude comprenant un aperçu historiographique et peut être abordé de manière autonome. Tout choix reflète certes des arbitrages, avec toutes les insatisfactions que cela suscite chez celui-là même qui les effectue. Oserons nous ajouter que certains textes primitivement retenus ont dû être abandonnés pour des raisons matérielles étrangères à leur intérêt scientifique ?

Quoi qu'il en soit, l'ensemble ainsi construit offre quelques clés pour entrer, selon douze thèmes majeurs, au cœur d'un demi-siècle de production historienne.

Michel MARGAIRAZ.

I

MÉTHODES, DÉFINITIONS, DÉLIMITATIONS

De même que l'histoire économique présente en France une chronologie spécifique et fort tardive – en particulier par rapport à l'Allemagne –, elle connaît une genèse également originale, qui contribue à tracer ses limites avec les autres sciences sociales et à définir ses méthodes propres.

L'histoire économique ne naît pas tant de l'intérêt des historiens professionnels, demeurés rivés à l'histoire politique, militaire ou diplomatique, que de la rencontre entre l'histoire et d'autres sciences sociales. Trois de ces sciences vont en quelque sorte contribuer à féconder l'histoire : l'économie, la géographie et la philosophie.

Avant la grande crise des années 1930, l'histoire économique apparaît marginale chez les historiens aussi bien que chez les spécialistes d'économie politique. L'une des ruptures majeures provient pour une grande part du parcours solitaire de François Simiand. Ce dernier (1873-1935) est un philosophe, qui s'oriente vers la sociologie de type durkheimien. Après une thèse consacrée en 1907 aux salaires des ouvriers des mines de charbon, il enseigne à l'École pratique des hautes études, puis au Conservatoire national des arts et métiers, avant d'être nommé au Collège de France en 1932. Il construit par étapes les fondements d'une histoire économique et sociale qui se différencie à la fois de l'histoire et de l'économie. Il engage, dès le début du siècle, un débat de fond avec les historiens, alors sous l'emprise de l'école méthodique – dite encore « positiviste » –, maniant le fer en particulier avec Charles Seignobos, puis avec les économistes. Il défend une démarche positiviste, rationaliste, étayée par l'établissement de séries de données chiffrées permettant d'envisager une première approche des conjonctures (de temporalités diverses) de l'économie française du XIXe siècle et du début du XXe siècle, largement dépendante de l'évolution monétaire.

Après des recherches solitaires sur les prix charbonniers, il publie en 1932 son ouvrage majeur, le Salaire, l'évolution sociale et la monnaie. *À l'écart de l'université, en marge des milieux officiels des historiens et des économistes, il bénéficie toutefois d'une écoute bienveillante de la part des fondateurs des* Annales d'histoire économique et sociale, *créées en 1929. Il construit une méthodologie, un ensemble de préceptes fondant une histoire économique* et *sociale, spécificité française longtemps maintenue par le principal propagateur de François Simiand, Ernest Labrousse. La démarche de Simiand demeure sociologique, à travers l'attention portée aux groupes sociaux (principalement le patronat et la classe ouvrière) dans leur évolution et leur adaptation différenciée aux fluctuations de la conjoncture. Dans les années 1970, Jean Bouvier, lucide par ailleurs sur les « limites » de l'œuvre (empirisme, monétarisme, ignorance des structures productives...), a toujours défendu l'idée que « François Simiand n'en n'a pas moins préparé et permis toutes les avancées ultérieures de la science historique appliquée aux phénomènes socio-économiques», suscitant les réserves d'autres historiens de sa génération, tel Maurice Levy-Leboyer.*

La seconde rencontre fondatrice provient de la publication des Annales d'histoire économique et sociale *par Marc Bloch et Lucien Febvre en 1929. On sait que l'une des grandes innovations, revendiquées par les deux premiers directeurs, fut de promouvoir le dialogue avec les autres sciences sociales. Outre l'économie statistique de François Simiand ou la sociologie des héritiers de Durkheim, la discipline qui apparaît comme l'interlocuteur privilégié des deux historiens, soucieux d'épurer l'histoire de son «fatras anecdotique» (L. Febvre), est la géographie, en particulier celle de Vidal de la Blache, Sion ou Demangeon. La notion de milieu pensé comme combinaison entre données naturelles et espace d'intervention des hommes inspire largement les recherches d'histoire économique, liées à la revue et, en particulier, avec ceux des fondateurs, les travaux de Fernand Braudel. Ce dialogue renoué avec les géographes conforte les historiens des* Annales *dans la volonté de bâtir une histoire conçue comme une discipline-carrefour des sciences de l'homme et de tendre par conséquent vers une histoire globale, dans laquelle s'articulent notamment l'économique et le social.*

Ainsi, lors de cette mutation des années 30, après les premières tentatives de François Simiand (disparu en 1935), l'histoire économique acquiert droit de cité, sous la double impulsion de Fernand Braudel (1902-1985) et surtout (pour la période contemporaine) de Ernest Labrousse (1895-1988), à la fois introducteur et héritier de Simiand.

Cette double origine convergente fournit à l'histoire économique française deux traits durables distinctifs.

Tout d'abord, l'une des spécificités de l'histoire économique en France fut ainsi d'être construite en liaison indissoluble avec l'histoire sociale, la conjoncture économique pouvant être subie, reçue, perçue de manière différente, voire antagoniste, selon les groupes, les classes sociales. Cela la rapproche, mais aussi l'éloigne de la science économique, du moins de certains de ses rameaux, et la rend parfois rétive à la théorie économique. En matière d'histoire économique globale, l'un des textes majeurs, en guise de programme, à la date de 1960, a été rédigé par Pierre Vilar lors de la première Conférence internationale d'histoire économique à Stockholm. Trop longue pour être totalement reproduite ici, cette contribution a été retenue dans sa portion relative aux approches de la croissance[1]*. Pierre Vilar y envisage successivement les différents domaines d'investigation de l'histoire économique – démographie, production matérielle, revenus, échanges – conçus successivement comme les* signes, *les* produits *et les* facteurs *de réalités imbriquées.*

Par-delà ces perspectives ambitieuses et globalisantes, des déconvenues se sont manifestées depuis trois décennies, sans que toutefois les apports des travaux fondateurs sur les fluctuations *de l'économie n'aient été contestés, même si les démarches et les problématiques ont bifurqué depuis lors.*

Seconde caractéristique, l'influence plus ou moins explicite d'un certain marxisme. Ce n'est pas comme problématique politique, mais comme méthode d'analyse unissant économie et histoire que plusieurs aspects du marxisme ont pu marquer les historiens de l'économie, sans d'ailleurs que ceux-ci en aient toujours eu conscience. Mais l'intérêt porté aux conditions matérielles de production et des échanges, le souci de quantification, l'interrogation sur les «structures» économiques et sociales apparaissent comme autant de

1. Cf. *infra*. chapitre V.

préoccupations convergeant avec des orientations présentes dans l'œuvre multiforme de Marx. Pour autant, la plupart des historiens économistes ne se réfèrent pas explicitement au marxisme[1] *et vécurent un matérialisme sommaire. Cette influence, plus diffuse que revendiquée, résulte des effets durables de l'impulsion des deux pères fondateurs, Braudel et Labrousse (influence plus explicite chez le second que le premier) mûrie dans la conjoncture de la crise des années 1930, marquée par le double rejet du capitalisme et de l'histoire positiviste.*

Ces caractères originaux de l'histoire économique et de ses frontières vont ainsi perdurer pendant près de quatre décennies.

Au total, des quatre rencontres entre histoire et économie, successivement repérées par Jean Bouvier dans son texte de 1963 et au-delà (le marxisme, l'école historique allemande de la fin du XIXe siècle, l'œuvre de Simiand, l'entreprise de l'« histoire quantitative » à l'orée des années 1960) c'est la troisième – réactivant d'ailleurs la première – qui a eu les effets les plus durables.

Même si, depuis les années 1970, les champs d'investigation et les frontières se sont déplacés, l'étape fondatrice a laissé ses traces bien au-delà des héritiers directs, toujours aux postes de commande à l'aube des années 1990.

Méthode historique et science sociale
(1903)

FRANÇOIS SIMIAND

Il s'agit d'un article dans lequel François Simiand engage une confrontation avec l'histoire « historisante » – ou encore appelée positiviste – et, tout particulièrement, avec l'une de ses principales célébrités d'alors, Charles Seignobos. De manière assez paradoxale, les historiens de l'économie, qui vont se retrouver dans la mouvance des Annales, *se sentiront plus proches des économistes que des historiens. Les* Annales *vont d'ailleurs faire assez largement écho aux travaux de Simiand et rééditer ce texte, plus d'un demi-siècle après sa parution. Et François Simiand croise le fer à plusieurs reprises avec les historiens positivistes dans la décennie qui précède le premier conflit mondial (cf.* infra, *le texte de Jean Bouvier).*

Source : Revue de synthèse historique, 1903. Réédité in *Annales ESC*, janv.-mars 1960, p. 83-119 (extraits), et dans F. Simiand, *Méthode historique et sciences sociales*, réimpression, Paris, Ed. des Archives contemporaines, 1987, p. 113-169.

LES INQUIÉTUDES de méthode qui se manifestent à beaucoup de signes, aujourd'hui, parmi les historiens tiennent pour une bonne part, semble il, aux relations de voisinage, de rivalité et – disons-le tout de suite – de conflit que, de plus en plus, soutiennent entre elles l'histoire traditionnelle et la nouvelle science sociale. En quoi donc, au juste, méthode historique et science sociale ont-elles affaire ensemble ?

Prise dans son essence, la méthode dite historique n'est que le processus de la

1. À l'exception de quelques-uns, dont Pierre Vilar cf. notamment « Histoire marxiste, histoire en construction. Essai de dialogue avec Althusser », *in Annales ESC*, 1, janv.-févr. 1973, p. 165-198 – Reproduit in *Faire de l'histoire, op. cit.*, t. I.

connaissance expérimentale *indirecte*, c'est-à-dire d'une connaissance de fait obtenue par l'intermédiaire d'un autre esprit (elle peut être indirecte dans l'espace ou indirecte dans le temps – le processus logique est le même dans les deux cas). En ce sens elle est employée, et sans cesse, dans toutes les sciences positives : seulement elle n'y est pas la seule, elle comporte là (sauf exception) le contrôle d'une vérification possible et elle procède avec l'assurance qu'une méthode bien définie a présidé à la constatation première. Pourquoi l'histoire, c'est-à-dire, selon le sens actuel du mot qui est à adopter, l'étude des faits humains passés, lui a-t-elle donné son nom ? C'est que, en matière d'événements passés, qui ne sont chacun produits qu'une fois et ne sont pas évocables, ce mode de connaissance est le seul possible (sauf pour la faible exception des événements constatés par l'historien lui-même). Il s'y ajoute – et « méthode historique » comprend d'ordinaire ce supplément de sens – qu'ici, sauf de très rares exceptions, les éléments où se fonde la connaissance indirecte sont non pas des « observations » au sens scientifique du mot, mais des notations de faits opérés sans méthode connue ni bien définie et en général pour d'autres fins que la scientifique propre *(documents)* : pour, d'un document, tirer une notion de fait légitime, une série de précautions critiques sont donc à prendre, dont la formule a été dégagée par la méthodologie historique[1].

Passons à la notion de science sociale[2]. Sans entrer à cette place dans des controverses de définition, disons simplement que la science sociale est la discipline qui étudie les phénomènes sociaux et que les phénomènes sociaux sont les phénomènes qui caractérisent la vie de l'homme en société. Si cette discipline veut être positive, et étudier les faits par l'observation et l'expérimentation, il apparaît aussitôt que, par leur étendue ou leur nature, les phénomènes sociaux ne peuvent guère être embrassés par une observation individuelle directe : d'où un recours nécessaire à la connaissance indirecte ; et il ressort aussi que l'expérience factice, produite à la volonté du savant et sous ses yeux, est, en matière sociale, si rare et si difficile à réaliser, qu'il est bien obligé de chercher les faits et les cas d'expérience dans la relation du passé de l'humanité : d'où l'emploi nécessaire de la méthode historique.

La science sociale positive, dans la large mesure où elle recourt, pour enrichir son expérience, à la connaissance du passé, travaille donc sur la même matière que l'histoire. Y travaille-t-elle autrement ? Tant qu'il s'agit seulement de tirer parti de documents pour établir des faits, elle ne peut que se servir de la même voie de connaissance, de la méthode historique, et (sous réserve des observations qui seront présentées plus loin), elle ne peut que faire son profit des progrès accomplis dans l'emploi de cette méthode, que suivre les règles et les pratiques perfectionnées dont les historiens ont pris une conscience nette et acquis le sûr maniement. Mais l'historien ne limite pas son œuvre à l'établissement des faits : il les groupe, les agence, les construit ; il en veut constituer un certain système de connaissances qui soit une certaine science, qui soit l'*histoire*. C'est à ce stade de l'œuvre scientifique, c'est dans l'élaboration des données en un ensemble, c'est dans le mode et l'esprit de l'utilisation des faits à constituer une science, que se manifeste une divergence d'action et une opposition de tendance entre la science sociale et l'histoire traditionnelle. Le problème que pose ce conflit attire visiblement les méthodologistes de l'une et de l'autre part. Je n'ai pas la prétention ici de la résoudre ni même de l'étudier dans sa vaste

1. Cf. Langlois et Seignobos, *Introduction aux études historiques*, Ire partie.
2. Seignobos, dans l'ouvrage cité à la note ci-dessus, donne à « sciences sociales » un sens restreint qui, ni en fait ni en droit, ne paraît suffisamment justifié et ne sera pas retenu ici. Au reste les observations qu'il présente s'appliquent aux sciences sociales au sens large autant qu'aux sciences économiques et démographiques.

étendue. Je me suis proposé simplement et j'ai cru utile, en me référant surtout à deux livres de méthode écrits par des historiens[1], de fixer les points essentiels du débat.

La construction des faits humains, telle que l'entreprend la science sociale, a pour dessein de constituer une science des phénomènes sociaux, analogue aux sciences positives déjà constituées des phénomènes de la nature. Cette conception n'est pas encore familière à beaucoup d'esprits: spécialement elle se heurte à plusieurs des habitudes de pensée constitutives dont procède la construction de l'histoire traditionnelle. Aussi l'esprit de «l'historien historisant», appliqué au problème de la science sociale, tend proprement, *qu'il en ait ou non conscience*, à la négation de cette science même. Ce sont les thèses maîtresses où se résout à l'analyse cette opposition, que je vais essayer de dégager et d'examiner une à une.

I

«Le fait social est psychologique de nature; étant psychologique, il est subjectif.» – La première de ces propositions est pleinement acceptée: si certains phénomènes sociaux, tels que les phénomènes d'habitat ou de pratiques matérielles, tels encore que la propriété des objets corporels, impliquent une relation avec des objets du monde extérieur, il est aisé de voir que ce qui y constitue proprement le phénomène social est la relation même de l'homme à ces objets ou une relation des hommes entre eux à propos de ces objets, l'habitude humaine, le droit reconnu, en un mot un élément psychologique, et non pas un élément extérieur.

La seconde proposition (réduction du psychologique au subjectif) demande un plus long examen. Il est d'abord nécessaire d'en voir la portée. Si le fait social est subjectif de nature, il faut renoncer à constituer une science sociale au sens des sciences positives déjà existantes, qui toutes travaillent sur un domaine objectif et n'existent qu'à cette condition. Il n'est pas sûr que l'importance de cette proposition soit clairement aperçue de tous. M. Seignobos emploie indifféremment «psychologique» et «subjectif» et passe d'un terme à l'autre comme si leur synonymie complète allait de soi[2]. Il se peut qu'il y ait chez lui confusion des deux concepts, plutôt qu'identification. Mais, au point de vue de notre investigation méthodique, il est aussi grave de ne pas les distinguer que de les déclarer identiques, et les conséquences en sont les mêmes. Ignorer et négliger la définition juste de l'objectif et du subjectif et la valeur exacte de ces deux notions, c'est méconnaître radicalement le caractère propre de la science positive actuelle. On peut, traitant des conditions de la science en un certain domaine, ne pas vouloir poser «le problème du monde extérieur» (aussi bien n'est-il pas en question); mais on ne peut pas laisser de côté le problème de la connaissance que nous en avons: qu'on le veuille ou non, dans une étude de cet ordre, on postule implicitement une certaine solution de ce problème; et s'il se trouve que la solution impliquée ne soit pas conforme à l'esprit de la science positive présente, c'est par là même et d'avance se condamner à ne pas reconnaître, là où il se rencontre, le caractère nécessaire et suffisant pour qu'il y ait connaissance objective. Ne pas poser le problème de distinguer entre psychologique et subjectif, aussi bien que réduire consciemment les deux notions l'une à l'autre, c'est, d'avance, se

1. Lacombe. *De l'Histoire considérée comme science*. Paris. 1894. – Seignobos. *la Méthode historique appliquée aux sciences sociales*. Paris. 1901.
2. Seignobos. *op. cit.*. p. 124. 174 et *passim*.

condamner à ne pas concevoir la possibilité d'une science positive en matière sociale. Il paraît donc nécessaire, ici, de reprendre à son origine et en son essence la notion *d'objet* telle que l'établissent notre connaissance et notre science.

Mais est-il besoin de reproduire dans tout son détail l'analyse que la psychologie élémentaire nous donne de notre «perception extérieure»? Est-il besoin de rappeler longuement qu'en aucun cas nous n'atteignons directement une réalité, une chose en dehors de nous, que nos sensations, qui sont les éléments uniques de notre connaissance extérieure empirique, sont toutes des données psychologiques, et sont toutes des phénomènes *subjectifs* par ce côté? que le sentiment d'une chose qui ne soit pas en nous vient uniquement de ce que, dans cet ensemble psychologique, une part nous apparaît bien vite être indépendante de nous, ne pas procéder de nous, ne pas se modifier avec nous, s'imposer à nous? que la différence du rêve, de l'hallucination, de l'image, du souvenir avec la perception (cette «hallucination vraie») est seulement qu'ici, dans le cas de la perception, se manifeste à nous une cohérence entre les données sensibles, qui ne dépend pas de nous, qui s'impose à nous, et que là, au contraire, dans les autres cas, notre spontanéité propre a une action maîtresse? que l'objectivité n'est pas une propriété inhérente aux choses, qu'elle a des degrés, qu'elle se partage avec la subjectivité un domaine plus ou moins grand dans chacun de nos états psychologiques? qu'enfin l'*objet*, la *chose* du monde dit extérieur, n'est, du point de vue de la connaissance empirique, tout simplement qu'un ensemble de sensations constitué en tout par abstraction?

Faut-il longuement montrer qu'au second stade de la connaissance, au stade de la science même, l'objectivité ne prend pas un autre sens? L'objectivité des résultats de la science positive n'est pas autre chose que l'indépendance où ils s'établissent de notre action propre et de notre spontanéité pensante; les régularités de coexistence et de succession entre les phénomènes que la science dégage et exprime s'imposent à nous, ne procèdent pas de nous et de là prennent leur valeur objective. On considère parfois la loi scientifique comme une formule toujours approximative, toujours inexacte, toujours relative à nous, toujours *subjective*, d'une réalité, *seule vraiment objective*, qui lui échappe: c'est là une *hypothèse métaphysique* dont la science positive, en tant que telle, se passe tout à fait: elle ne dépasse pas le phénomène, et les phénomènes qu'elle essaie d'exprimer en des formules, en effet toujours imparfaites, n'ont pas une objectivité d'une autre nature que l'objectivité dont peuvent jouir les lois elles-mêmes. Réciproquement, dès qu'il y a quelque part des régularités de phénomènes s'imposant à nous, dès qu'il se montre, en un certain domaine, des lois scientifiques, un système plus ou moins bien ébauché de relations stables et définies entre les phénomènes, nous pouvons déclarer qu'il y a là un domaine *objectif*, que nous concevions ou non une réalité métaphysique derrière ces phénomènes.

En un mot, dans notre connaissance empirique, comme dans notre science positive, objectif *signifie et ne signifie pas autre chose que: indépendant de notre spontanéité individuelle*. – Il n'est pas douteux que cette conception ne soit pas à cette heure celle du sens commun, que pratiquement, dans la vie de tous les jours, on ne donne encore souvent un sens substantiel à *objet matériel* et qu'une séparation radicale ne soit pas faite entre le phénomène psychologique et le phénomène dit *matériel*. Mais ici nous devons faire effort pour débarrasser notre esprit de ces survivances métaphysiques.

Si psychologique et subjectif étaient identiques, nous devrions déclarer que toute la matière de la physique, par exemple, est subjective, aussi bien que la matière de la science sociale: est-ce que les sons, les couleurs, les impressions de chaleur et de froid ne sont pas, de nature propre, des sensations, des phénomènes psychologiques, des notions subjectives? Cependant ici le sens commun est tout à fait habitué à reconnaître une donnée objective, il oublie même volontiers l'élément subjectif qui existe et subsiste dans toute sensation ; et la science positive sait bien ici qu'elle veut, de « ce qui des goûts et des couleurs ne se discute pas », séparer ce qui dans les goûts, les couleurs, les sons, etc., est indépendant de nos dispositions individuelles, et « se discute », s'analyse, et finalement s'exprime en lois : c'est-à-dire elle sait que son rôle est de dégager du subjectif l'objectif, pour l'étudier.

Cette part du subjectif et de l'objectif, distinguée dans le psychologique sensible, n'est-elle pas à distinguer de même façon dans le psychologique intellectuel? Un domaine d'objectivité ne peut-il pas, ici comme là, être reconnu, défini, constitué, qui soit domaine de science positive ? – Laissons de côté, comme ne nous important pas en l'espèce, la question de savoir si et en quel sens une psychologie science positive peut exister. – Mais tout ce qui en nous vient de la société, du fait que nous vivons en société, n'a-t-il pas, de toute apparence, par définition, le caractère d'objectivité au sens exact que nous avons dit? Une règle de droit, un dogme religieux, une superstition, un usage, la forme de la propriété, l'organisation sociale, une certaine division du travail, un certain procédé d'échange, une certaine manière de se loger ou de se vêtir, un précepte moral, etc., tout cela m'est donné, m'est fourni tout constitué, tout cela existe dans ma vie indépendamment de mes spontanéitiés propres et quelquefois en dépit d'elles. Ma volonté individuelle se distingue très nettement de cet ensemble qui ne m'est pas propre, elle se heurte parfois à ces éléments que je reçois tout faits et qui ne procèdent pas de mon propre développement : ils s'imposent à moi, je réagis sur eux et même contre eux. Mais ne proviendraient-ils pas sinon de ma spontanéité propre, du moins d'un certain nombre de spontanéités individuelles, par répétition ou par sommation ? Non, ils ont un caractère *sui generis* et ne se résolvent pas analytiquement en une masse de phénomènes individuels. Le tout, ici, est autre chose et plus que la somme des parties ; et pas plus que les caractères de l'eau ne sont une sommation des caractères de l'hydrogène et de l'oxygène, ou ceux de la cellule vivante une réunion des propriétés des éléments chimiques qui entrent dans le protoplasma, l'élément social n'est une simple juxtaposition et complication d'éléments individuels. Ainsi cet élément social, dont la place est si grande dans notre vie psychologique, nous est bien donné comme indépendant de notre spontanéité individuelle : il est *réalité*, au même sens que, pour la connaissance positive, est réalité l'élément dit matériel : il est *objet* comme est objet le monde dit extérieur.

Mais, dira-t-on, cet objet nouveau n'est pas donné à part, n'a pas d'être séparé. J'accorde volontiers en effet que le phénomène social n'est pas donné ailleurs que dans les consciences individuelles, qu'il ne se localise pas quelque part dans l'espace en dehors des hommes qui constituent la société. Aussi bien cette conception toute matérielle, toute grossière de l'extériorité et de l'indépendance n'a-t-elle pas sa place ici puisque les phénomènes psychologiques dont il s'agit, opinions, croyances, habitudes, etc., n'ont pas, comme les sensations de la vue et du toucher, la propriété d'être étendues, et que par suite elles ne sont localisées, déclarées extérieures ou intérieures que par métaphore. Il se peut même que tout élément social reçoive en chacun de nous une coloration individuelle propre, et que cet élément social ne puisse être conçu et étudié à part que par une abstraction. Ce qui importe seulement est que cet élément soit bien, en lui-même, indépendant des formes individuelles ; qu'il en soit isolable sans se dissoudre ou s'altérer, de même façon que, des sensations subjectives et concrètes des couleurs, peut s'isoler une notion objective et abstraite de la couleur; ce qui importe est que l'abstraction qui l'isole, bien loin de détruire ou de déformer la réalité, au contraire ici la constitue proprement, la fait telle qu'une connaissance et une élaboration scientifiques en deviennent, par là même et par là seulement, possibles.

II

Mais alors «le phénomène social n'est qu'une abstraction», dira-t-on. Et c'est bien en effet la seconde position que prend l'esprit négateur de la science sociale[1]. «Pour opérer sur la réalité, il faut atteindre les individus, qui seuls sont des objets réels.» – Nous retrouvons là, sous une autre forme, l'illusion métaphysique, la conception métaphysique du sens commun que la confusion de subjectif et de psychologique trahissait déjà plus haut. Toute cette attitude d'esprit, en effet, a pour raison d'être la croyance que les objets dits matériels ont une réalité substantielle, qu'ils existent en eux-mêmes tels qu'ils nous apparaissent, qu'ils constituent la seule base solide d'existence réelle, effective, où s'appuie toute notre connaissance. Or, l'analyse psychologique dont nous avons déjà rappelé les résultats, montre que ces objets dits matériels ne sont que des groupements de nos sensations, que leur forme étendue, leur poids, etc., sont des notions qui sont relatives à notre esprit, que l'existence absolue de quelque chose qui serait le support de ces phénomènes et d'ailleurs tout différent d'eux, échappe à la recherche positive et n'importe pas au point de vue strict de la connaissance positive. Ces individus humains où l'on veut nous faire appuyer le phénomène social, que sont-ils pour la science positive actuelle, vraiment consciente de son caractère propre, sinon des abstractions? L'individu organique est-il autre chose qu'une réunion d'éléments organiques multiples, et cette soi-disant réalité indépendante l'est-elle autrement que pour notre esprit et que par notre abstraction, abstraction commune et usuelle ou abstraction du savant? Et ces cellules, à leur tour, existent-elles en elles-mêmes, à part des éléments qui les composent, autrement que par une opération de notre esprit qui est encore l'abstraction? Et nous aboutissons toujours au terme, à ces données sensibles qui sont relatives à nous et pour une part subjectives[2]. – Le phénomène social est une abstraction, soit: mais il ne l'est pas plus – il ne l'est pas moins – que le phénomène organique, que le phénomène chimique ou physique. Notre connaissance empirique ne procède pas autrement ici et là, et notre élaboration scientifique ici et là se prendra à *un fait scientifique qui sera une abstraction*.

Aussi est-il peu admissible qu'on réserve à la seule science sociale le singulier privilège de ce que j'appelerai des *plaisanteries nominalistes* trop faciles. On nous dit: «Prenez garde, le phénomène social n'est qu'une abstraction, le gouvernement est une abstraction, l'Eglise, la famille, l'industrie textile, ce sont des abstractions; n'oubliez pas que ces abstractions n'agissent pas par elles-mêmes, que les individus qui les composent sont la seule réalité: dites plutôt, les gouvernants, le clergé, les membres de la famille, les individus qui forment l'industrie textile[3]». Mais pourquoi ne dit-on pas, sur le même ton,

1. Seignobos, *op. cit.*, p. 214 et *passim*.
2. C'est par cette même illusion métaphysique que Seignobos (p. 229) nie l'*objectivité* d'une évolution sociale propre et cherche l'unique continuité objective dans l'évolution du corps physique des individus. Comme si la continuité objective des éléments matériels était intelligible en dehors de l'esprit qui la pense! Comme si la continuité de l'esprit même n'était pas la vraie continuité réelle que nous connaissions.
3. Seignobos, *op. cit.*, p. 224 et *passim*; cf. *Histoire politique de l'Europe contemporaine*, Introd., p. XI.

au physiologiste : « Prenez garde, le chien, l'estomac, la fonction de circulation ne sont que des abstractions ; ce qui existe seulement, ce sont des chiens, des estomacs, du sang, des cœurs, mieux même, ce sont seulement des cellules plus ou moins différenciées, des vaisseaux sanguins, des cellules stomacales. Vous n'avez pas le droit de dire : « Le chien est un animal qui aboie » ; car n'oubliez pas que le chien, – ce chien qui ne serait ni grand ni petit, ni gras ni maigre, ni blanc ni noir, ni gris, ni brun, – n'existe pas, il n'aboie donc pas. Vous ne devez pas dire : « Le cœur envoie le sang dans l'organisme » ; car le cœur n'est pas une personne qui agisse ; ni « La circulation alimente l'organisme », car la circulation n'est pas un être qui existe à part... ». Pourquoi ne fait-on pas à toutes les sciences positives des reproches exactement pareils, et aussi (aussi peu) valables ?

Veut-on dire qu'il faut éviter d'hypostasier ces abstractions, d'en faire les êtres d'une nouvelle création ? Mais c'est là encore transporter, en domaine de science positive, les habitudes de la métaphysique du sens commun. Le sens commun, en effet, se représente volontiers les actions comme émanant de forces, les forces comme des agents, comme des êtres ; la science du Moyen Age aussi personnifiait les agents et substantifiait les causes. Mais l'esprit positif a justement pour effet d'habituer (bien que ce ne soit pas tâche facile) à se servir des mots abstraits et des idées abstraites sans leur donner une existence métaphysique. Pas plus que le physicien énonçant la loi de la dilatation ou les lois d'Ampère ne croit à l'existence d'agents qui seraient la chaleur, l'électricité, qui allongeraient, qui attireraient, qui repousseraient ; pas plus que le physiologiste ne croit à un facteur en soi qui serait la circulation, à un être à part qui serait l'estomac, le sociologue positif ne croit à des facteurs mythiques qui seraient l'échange, le machinisme, à des êtres substantiels de nouvelle sorte qui seraient l'industrie textile ou l'Eglise catholique.

Mais il a le même droit que le physicien ou le physiologiste d'employer ces mots abstraits et ces notions abstraites. Allons plus loin. *Il en a le devoir*. Il *doit* employer ces abstractions et travailler sur elles, car elles seules lui permettent d'exprimer l'objet même de l'étude et d'atteindre la relation propre à entrer dans une science. Eliminer ces notions, substituer, à la notion de machinisme et d'industrie textile, celle des individus qui se servent des machines et celle des individus qui composent l'industrie textile, c'est tout simplement se condamner par avance à ne rien obtenir de proprement scientifique. Si ce sont les individus et non pas le machinisme que je considère, si ce n'est pas le mode d'organisation du travail, le mode d'emploi des forces naturelles que j'étudie en lui-même, si je prends les individus dans leur multiple complexité personnelle, si je m'interdis de séparer en eux ce qui tient à ce mode d'organisation, d'avec ce qui y est étranger ou indifférent, si je m'interdis d'abstraire l'élément commun et social de cette forme économique, qui n'est pas le fait des individus soumis à cette forme, mais qui au contraire s'impose à eux et les domine, si, en d'autres termes, je m'interdis, par ma règle de méthode, d'isoler le phénomène que je veux étudier, pour l'étudier, je me demande à quelle relation entre des phénomènes, à quel résultat de science positive je puis aboutir. Et une fois que mon étude, fondée sur une abstraction légitime et nécessaire, est faite, non seulement j'ai le droit, mais j'ai le devoir d'en exprimer le résultat sous la forme exacte où il répond à une relation entre les phénomènes ; j'ai le devoir de dire : « Le machinisme entraîne telle ou telle conséquence », car c'est vraiment le machinisme qui a cette conséquence-ci ou celle-là. Je ne personnifie pas pour cela le machinisme, je ne le conçois pas pour cela comme une personne mythique ou humaine agissant, pensant, voulant ; j'exprime seulement et j'exprime sous la seule forme exacte : « *Le fait que*, dans une société, la forme de production est la forme du machinisme, entraîne comme conséquence *le fait que* tel ou tel autre phénomène social se produit.» Ce ne sont pas les individus mêlés à ce processus qui l'expriment, car ils le subissent; c'est un élément social, dûment étudié en lui-même, qui se montre avoir telle relation avec un autre élément social, étudié de même façon.

Aussi est-il arbitraire et illégitime d'éliminer certaines abstractions dites de deuxième ou de troisième ordre pour s'en tenir à des abstractions dites de premier ordre: par exemple de condamner l'emploi de l'abstraction *Eglise* et de vouloir y substituer l'emploi de l'abstraction *Clergé*. Une élimination de ce genre n'a *a priori* aucun fondement scientifique: en fait, il y a des phénomènes sociaux qui tiennent à ce qu'il existe une Eglise, et il y en a d'autres qui tiennent à ce qu'il existe un Clergé. L'Eglise explique le Clergé plus que le Clergé n'explique l'Eglise. Certaines actions ou réactions dans une société procèdent de l'Eglise en tant qu'Eglise et non pas du Clergé. Le Clergé représente un organe d'un corps qui serait l'Eglise, il subit lui-même l'action de ce corps, beaucoup plus qu'il n'agit sur lui. Enfin, un corps d'Eglise, une religion, peut exister dans cet organe, sans un clergé. C'est donc se fermer l'intelligence de toute une part, peut-être de la plus grosse part des phénomènes sociaux religieux que de réduire *arbitrairement* et *a priori* Eglise à Clergé. – «Le gouvernement», «le parti démocratique», c'est une réalité propre, un objet; et «les gouvernants», «les démocrates» en sont un autre. Il est des cas où c'est l'objet-gouvernement et il est des cas où c'est l'objet gouvernants que l'étude positive atteint. L'abstraction «gouvernants» répond à certaines relations de phénomènes, l'abstraction «gouvernement» à certaines autres: l'une et l'autre abstraction ont leur valeur propre et une égale légitimité.

Mais si le choix des abstractions objets d'étude n'est pas arbitraire, comment reconnaître que certaines sont valables et légitimes et d'autres non? La règle est ici, comme dans les autres sciences positives, de suivre les *abstractions heureuses*, c'est-à-dire celles qui conduisent à établir, celles qui sont propres à mettre en évidence, des régularités et, s'il est possible, des lois.

Sans doute l'opération est ici plus délicate et plus incertaine que dans les autres sciences positives. Et C. Seignobos, dans les raisons qu'il donne de condamner l'emploi de ces abstractions[1], ne fait, à vrai dire, qu'énumérer certaines *difficultés* que rencontre, en effet, en la matière, l'opération abstractive. Mais le processus logique n'est pas autre, et l'exemple des sciences plus avancées montre qu'il est indispensable et essentiel à la constitution d'une science positive. [...]

Il serait trop long de montrer ici comment des œuvres d'«historiens historisants» s'égarent à étudier des problèmes qui ne se posent plus ou ne se posent pas en ces termes, recommencent inutilement des recherches déjà poussées loin, retrouvent avec peine et retrouvent mal des résultats mieux acquis par ailleurs, passent à côté des phénomènes sans les voir, à côté des institutions sans les analyser et en déterminer le type, et donnent vraiment à regretter que, faute d'une information suffisante de la science économique, faute d'un souci de la continuer avec méthode et avec une application réfléchie, tant de travail consciencieux, érudit, patient, doive aboutir, en somme, à des résultats si défectueux. Que dirait-on d'un explorateur naturaliste qui partirait à l'étude de la faune et de la flore d'un pays sans s'être informé des connaissances déjà acquises, sans connaître

1. Cf. Seignobos, *op. cit.*, p. 220-224. Seignobos se trompe, du reste, sur le sens de certaines de ses remarques. Le fait qu'un même individu appartient à plusieurs groupes sociaux à la fois (groupe religieux, groupe économique, groupe politique), bien loin d'être un inconvénient, est, au contraire, un grand avantage: c'est une abstraction toute préparée et propre à mettre en évidence des relations spécifiques.

la classification zoologique et botanique la plus récente, sans avoir la notion scientifique des phénomènes déjà étudiés, et de ceux qui se proposent à l'étude immédiate et utile, sans connaître les caractères à observer dans leur importance relative, sans se préoccuper soit de reconnaître des types déjà classés, soit de déterminer et de fixer, selon les règles scientifiques, le type des nouvelles espèces rencontrées, en se dégageant des particularités individuelles et des contingences? Il n'y a pas, d'un côté, une exploration qui se conduit suivant ses lumières propres ou au petit bonheur, et, de l'autre, une science naturelle. Il y a une exploration qui se met au service de la science. Il n'y a pas, d'un côté, une histoire des phénomènes sociaux et, de l'autre, une science de ces mêmes phénomènes. Il y a une discipline scientifique qui, pour atteindre les phénomènes objets de son étude, se sert d'une certaine méthode, la méthode historique. Il y a un travail un et inséparable de recherche et d'élaboration, d'analyse et de construction, d'information positive et de mise en œuvre inductive et systématique. [...]

© Édition des Archives contemporaines

Histoire, économie et statistique

(1930)

LUCIEN FEBVRE

Dans l'une des premières livraisons des Annales, *Lucien Febvre, principal fondateur de la revue avec Marc Bloch, rédige – comme il affectionnera de le faire jusqu'à sa mort – un compte-rendu d'un ouvrage récemment paru. Il s'agit du* Cours d'Economie politique, *professé par François Simiand en 1928-1929 au Conservatoire des Arts et Métiers. A cette occasion, l'historien s'interroge sur les lieux de rencontre entre histoire et économie politique et, soucieux d'abattre la « muraille de Chine » dressée entre disciplines, il formule à propos des classes sociales – question traitée par Simiand – des réflexions sur les convergences possibles entre historiens et économistes.*

Tout en admettant que les classes sociales d'alors sont des « groupements d'origine économique », il récuse un « matérialisme à la fois séduisant et grossier ».

Source: Annales d'Histoire économique et sociale, t. II, 1930, p. 581-590.

Un historien n'est pas un économiste. On le sait de reste. Et si je rends compte d'un remarquable Cours d'Economie politique qui vient heureusement d'être publié ou, plus exactement, qui est en train d'être publié, ce n'est pas pour me targuer d'une compétence qui me fait défaut. Mais, ayant lu en historien, avec un intérêt sans cesse croissant, le nouveau travail de Mr François Simiand[1], j'en ai éprouvé le bienfait et reconnu la singulière utilité pour nos études. On trouvera naturel que je le dise ici.

En parlant d'économistes et d'historiens, je n'ai d'ailleurs pas l'intention, on le devine, d'entretenir de vieilles querelles de boutique, ou de bouton, entre cordonniers et savetiers, médecins et chirurgiens. Rien de plus contraire aux buts que poursuivent nos Annales. Mais écrire que les Cours d'Economie politique ont pendant longtemps déçu

1. *Cours d'Économie politique, professé en 1928-1929,* Paris, Éditions Domat Montchrestien; in-8°, polycopié, 654 p.

les historiens, c'est constater, simplement, une vérité assez banale. Dans ces ouvrages savants, ingénieux, parfois puissamment conçus et charpentés, nous ne trouvons pour ainsi dire jamais[1] ce que nous désirerions, avant tout, rencontrer. Et d'abord, des notions positives et rigoureusement contrôlées sur les divers modes possibles de groupement, de classement et de présentation des faits économiques.

On a dit ici, bien souvent déjà, quelle importance revêtaient les problèmes de divisions dans toute étude scientifique. Pour ma part, je l'ai dit également ailleurs, à bien des reprises, depuis vingt-cinq ans. Mais quand on prononce: divisions, les historiens sont aussitôt tentés d'entendre: périodes. Et certes il y a, devant eux, un problème des périodes – auquel il est permis du reste de donner des solutions non orthodoxes: je m'en suis, pour ma part, expliqué ailleurs[2]. Mais ce problème n'est pas tout le problème des divisions, et quand, il y a des années, Ch.-V. Langlois écrivait: «L'étude théorique des cadres, c'est-à-dire des manières plus ou moins légitimes et fécondes de grouper et d'agencer les données, est une des parties capitales, et sans doute une des moins avancées de la méthodologie historique[3]» – j'espère qu'il ne songeait pas seulement aux cadres chronologiques de l'histoire, mais aux autres: à ces cloisons intérieures, à ces compartimentages primordiaux, qui, si souvent, dans les livres d'historiens, ramènent le lecteur à des temps voisins de ceux où Platon divisait les animaux en trois groupes: les aériens, les aquatiques et les terrestres[4]. Se proposent-ils de reconstituer la vie économique dans un cadre territorial donné à une époque donnée, le tripartisme sacré: *Agriculture, Industrie, Commerce*, leur suffira amplement[5]. Tout au plus, modernisant les étiquettes, écriront-ils: *Production agricole, Production Industrielle, Circulation des produits*. Et s'ils prétendent épuiser la réalité sociale, ils se satisferont sans plus de cet autre groupement, original et précis: *Clergé, Noblesse, Bourgeoisie*. Trains de wagons à la dernière mode de Louis-Philippe, qu'on continue d'accrocher les uns derrière les autres, selon l'ordre établi par la routine. Quant à savoir exactement ce qu'il faut ou non y charger: mystère. Et c'est ainsi qu'on voit de savantes études annonçant l'intention de fournir «une vue d'ensemble, solidement documentée, sur la situation économique», à un moment choisi de son évolution, de tel pays important de l'Europe occidentale, traiter successivement de l'industrie, du commerce et de l'agriculture. Donc, voilà que défilent le régime corporatif, et l'industrie rurale, et les fabriques et les manufactures centralisées, et les réformes de tel ministre, la politique de tel souverain... Parfait. Seulement, un atelier corporatif, et plus encore un groupe d'industries rurales, et surtout des fabriques, des manufactures: pour les faire vivre, il faut de l'argent, des capitaux – et des capitaux qui ne se détruisent pas perpétuellement, mais que l'activité même des établissements maintienne ou grossisse. D'où viennent ces capitaux? Comment s'emploient-ils et qui les

1. Les hommes de ma génération ont cependant dû pas mal aux *Principes* de Schmoller. Mais je dirais volontiers de ce livre classique qu'il était trop historique pour des historiens, et pas assez critique, pas assez réaliste. Le recours à l'histoire y tenait trop lieu d'une observation scientifique directe des faits économiques – dont les résultats auraient été bien plus suggestifs pour les historiens.

2. Cf. dans le *Bulletin du Centre international de synthèse*, annexé à la *Revue de Synthèse historique*, les discussions auxquelles a donné lieu une communication de Mr de Halecki sur les divisions en histoire, et notamment diverses observations par moi présentées dans *Revue de Synthèse*, t. XLII, 1926, p. 22-26 et que rejoint une communication faite ultérieurement au même Centre (*ibid*, t. XLVII, 1929, p. 30-43) sur les *générations* en histoire, ce mode de division imaginé pour subsituer aux divisions par les actes des divisions par les acteurs.

3. *Manuel de Bibliographie historique*, p. 581-582.

4. Sur le problème historique de la classification dans les sciences naturelles, cf. le livre d'H. Daudin, *De Linné à Lamarck, Méthode de la classification et idée de série en Botanique et en Zoologie*, Paris, Alcan, s.d. [1926], in-8°.

5. Sur ce point, observations analogues de Marc Bloch dans sa note: *Classification et choix des faits en histoire économique*, réflexions de méthode dans *Annales*, t. I, 1929, p. 255.

emploie ? Comment sont-ils rémunérés ? Mystère. On en est déjà au commerce : importations, exportations, transit, les clients, les fournisseurs, les tarifs douaniers, les ports... Parfait. Mais la monnaie ? les prix ? « Fournir une vue d'ensemble, solidement documentée, de la situation économique... » Je pense toujours devant ces travaux-là (si consciencieux du reste, bien souvent, si remplis d'un méritoire labeur, plus qu'à demi-stérile) au maire de village légendaire : « Les nuits sans lune, les habitants prendront une lanterne pour sortir. » Et les habitants de prendre leur lanterne. Mais on ne leur avait pas dit d'y placer une chandelle, et de l'allumer[1].

Seulement, s'élever contre l'insuffisance flagrante de telles « classifications » – des classifications qui n'en sont pas – tâche relativement aisée ; tâche bien décevante d'ailleurs, car depuis le temps qu'on signale de pareilles erreurs, les voit-on le moins du monde diminuer en nombre ? Plus délicat est-il, sans doute, de substituer, en connaissance de cause, à ces antiques magmas de données hétérogènes groupées sous des étiquettes fallacieuses, des modes de groupement et d'articulation des faits susceptibles de s'appliquer aux sociétés mêmes qu'il s'agit de décrire. Et voilà pourquoi l'historien demande, voilà pourquoi l'historien a besoin que l'économiste lui fournisse, sur ces difficiles problèmes de classification des faits, les explications les plus précises et les plus nettes[2]. Certes, il n'attend pas que l'économiste vienne lui faire sa besogne. Pour lui, à tort ou à raison, l'économiste est un ouvrier du temps présent. Son objet, son champ d'investigation, c'est la réalité économique présente ; ses classifications, un moyen de serrer d'aussi près que possible les réalités soumises à l'analyse économique. Il a le sentiment très net, dès lors, qu'il serait vain de vouloir emprunter à son confrère, pour les transporter tels quels dans le passé, des cadres qui répondent à d'autres nécessités, et qui doivent contenir une réalité toute différente, souvent, de la réalité historique. Mais il a besoin que des hommes compétents lui permettent d'opérer, sans vains tâtonnements, une mise au point nécessaire de notions éprouvées. Lorsque, à vingt ans, avec des sentiments mêlés d'admiration et d'instinctive rébellion, nous lisions l'*Année sociologique*, une des nouveautés qui retenaient le plus notre attention, n'était ce point ce perpétuel effort de remaniement, de réadaptation des cadres de classement qui, de volumes en volumes, s'assouplissaient, se modifiaient – et toujours pour des raisons que les collaborateurs de Durkheim exposaient, discutaient, formulaient en clair ? Belle leçon de méthode, qu'ils ne donnaient pas seulement à leurs fidèles déclarés[3] : ils ont eu d'autres disciples, qu'ils l'aient su ou non, parmi ceux mêmes que faisait se cabrer l'intransigeance de telle ou telle de leurs affirmations ; car, en ces temps lointains, ils étaient jeunes – comme nous – et ne se préoccupaient pas toujours de mettre des coussins sous les coudes des pêcheurs.

Ainsi, des données abondantes et bien critiquées qui nous permettent d'accorder notre pratique avec la leur – je veux dire d'adapter aux faits de notre compétence tel mode de classement qui réponde bien aux nécessités. Seulement, pour que nous puissions utiliser

1. Je ne serais pas embarrassé pour citer une toute récente histoire du commerce et de son développement, où les problèmes monétaires ne sont même pas effleurés.

2. Ces problèmes semblent, du reste, attirer de plus en plus l'attention des économistes. Dans l'excellent exposé qu'il a rédigé en 1927 de *l'État actuel de la Science économique en France*, et qu'il a repris depuis dans son livre : *Doctrines sociales et Science économique*, Paris, 1929, p. 147, Mr Gaétan Pirou a heureusement introduit une rubrique consacrée à l'ordonnancement de l'économie politique. Il faut seulement observer que les discussions auxquelles donnent lieu ces problèmes sont encore trop entachées de subjectivisme, chaque auteur défendant son système contre les systèmes d'autrui, sans grand souci de donner une critique objective des notions qu'il utilise.

3. Ils continuent à la donner. Cf. dans le tome II de la nouvelle série de l'*Année sociologique* (fascicule 1, 1927) l'article de Marcel Mauss, *Divisions et proportions des divisions de la Sociologie*, p. 98-173.

ces données comme il convient, il faut une ou deux précautions, ou plus exactement, il faut une condition.

Habitués à la recherche patiente des faits; hantés du reste par l'idée de dater avec précision, de circonstancier dans le temps et dans l'espace tous les éléments de nos travaux, nous sommes souvent incapables d'utiliser les notions abstraites que les économistes nous fournissent. Non parce qu'elles sont abstraites, mais parce qu'elles sont déduites. Déduites (parfois avec une maîtrise qui ne fait rien à l'affaire) – de prémisses purement arbitraires et traduisant en langage de concepts des réactions de pur sentiment. Je ne parle pas des auteurs qui se donnent ouvertement comme les avocats, les propagandistes d'une doctrine d'action et d'ailleurs tentent d'établir que cette doctrine est seule «scientifique». Je parle, je veux parler de traités, de manuels, de cours qui se prétendent uniquement des œuvres de science et n'avouent qu'un parti pris: celui de ce qu'ils appellent la vérité scientifique[1]. D'autant plus décevants sont-ils parfois, quand nous les lisons avec nos préoccupations: je veux dire, avec cette idée de derrière la tête: l'économiste, en démontant comme il doit le faire, et comme il tente de le faire, la mécanique des sociétés contemporaines, nous décrit, somme toute, le point d'aboutissement actuel d'innombrables séries de faits que nous saisissons, nous, aux moments différents du passé et qui font l'objet de notre étude particulière. Il est impossible, si les méthodes d'investigation de cet économiste sont correctes, si son observation est scrupuleuse et approfondie – il est impossible que la prise de possession intellectuelle que nous allons, grâce à lui, faire de ce qui est aujourd'hui, ne nous aide pas à dresser cette table de présences et d'absences indispensable à tout investigateur du passé – s'il n'en veut faire cette inepte caricature du présent, dont tant de livres prétendus sérieux ne nous offrent que l'image stérile. Mais comment saurions-nous, comment pourrions-nous valablement nous insérer en esprit, avec nos préoccupations particulières, dans la trame homogène des concepts nés de spéculations *a priori*? Leurs auteurs font appel à l'observation, mais pour en tirer de quoi se démontrer à eux-mêmes, et tenter de démontrer aux autres, que les faits justifient leurs idées préconçues.

Or, en trois années, de 1927-1928 à 1929-1930, Mr François Simiand a professé, au Conservatoire des Arts et Métiers, un cours d'Economie politique. Les leçons de la seconde année paraissent aujourd'hui, polycopiées. Celles des deux autres années suivront[2]. N'attendons pas pour recommander, non aux économistes (ils n'ont pas besoin qu'on les engage à lire un livre de Mr Simiand) – mais à tous et, d'abord, aux historiens, cette œuvre vigoureuse et directe, fondée sur un puissant effort d'analyse du réel. D'autant que, précisément, elle semble faite pour répondre aux vœux que nous présentions.

Observation qui, à certains de nos contemporains, pourrait peut-être sembler un peu paradoxale, car s'il y a un homme qui, aux historiens, a dit naguère de dures vérités –

1. Sur l'attitude générale des économistes français devant les problèmes de méthode, cf. le travail déjà cité de Mr Gaétan Pirou, p. 111 et suiv.
2. Indiquons sommairement les principales questions qui sont traitées dans le volume seul paru jusqu'à présent: I. *Production:* la question du rationnement économique (étude des faits, aux États-Unis, en Allemagne, en France); – le fonctionnement économique de l'entreprise; de la branche d'activité économique (industries primaires; industries de transformation; commerce de gros et de détail; banque et Bourse); – le mouvement global et les indices de la production; le mouvement général et les indices de prix; – d'où vient la richesse produite? (capital; travail; mise en œuvre). – II. *Répartition:* les classes sociales; – les institutions de répartition (syndicats, assistance, mutualité, assurances); – la richesse privée (les patrimoines et les revenus). Inutile de noter qu'il s'agit toujours, dans le cours de Mr Simiand, non de déductions abstraites ou d'impressions personnelles – mais d'enquêtes positives sur les faits, précédant et conditionnant des conclusions mises soigneusement en rapport avec ceux-ci.

(quand je dis vérités, je sais quel mot j'emploie) – c'est précisément Mr François Simiand. Ne réveillons pas de vieux échos, tout prêts à répéter des titres et des noms : titres d'articles vigoureux, sous la poussée desquels s'est écaillé, jadis, le vernis de certitude paisible dont nous sortions tout enduits par les soins de nos bons maîtres ; ou encore, noms d'auteurs, noms d'historiens secoués, d'une main ferme, d'une poigne sans défaillance, par un critique d'une rare clairvoyance[1]. Il est vrai. Mais d'abord, il est permis de penser, même à un historien (surtout à un historien) que, de cette action puissante, tous ceux qui aiment l'histoire peuvent se féliciter. Elle a tout de même porté quelques fruits, malgré la routine et les funestes conséquences d'une formation paradoxale. Et certes, il ne s'agit pour personne de renier ses idées, et de renoncer à son point de vue doctrinal particulier. Mais ce qui domine tout, ce qui emporte tout, c'est que Mr Simiand part d'un postulat, et précisément de celui-ci : la science économique, ayant pour objet de connaître et d'expliquer la réalité économique, doit y parvenir non par des déductions issues de données fournies assez souvent par une introspection sans rigueur – mais bien par des méthodes toutes pareilles à celles des sciences inductives ; en particulier, par l'usage d'une statistique qu'il considère, de façon aussi neuve qu'originale, comme une certaine sorte de recherche expérimentale.

Ne nous demandons pas si les idées que Mr Simiand a exposées dans son petit livre si neuf et si riche : *Statistique et Expérience, Remarques de méthode*[2], ne seraient pas susceptibles, au prix d'une mise au point attentive, d'intéresser également l'histoire. Ni s'il ne serait pas désirable que lui aussi, aux systèmes complexes de causes et d'effets devant lesquels sa recherche le place, l'historien tente de substituer des systèmes simples et, si possible, combinés de façon qu'on y puisse saisir les variations d'une seule circonstance causale, et non de plusieurs. Il y a longtemps que, dans un compte rendu de l'*Année sociologique*, Mr Simiand le notait déjà, avec combien de raison : « Ce n'est pas s'éloigner du réel et se jeter dans les constructions logiques et artificielles que d'analyser ce réel avec des catégories claires, mais précises – et que d'y étudier des relations à forme générale, bien que toujours proches de la donnée de fait : *seules, ces catégories et ces relations donnent une intelligence véritable de la complexité même de ce réel*[3]. L'instrument de pareilles recherches semble bien trouvé : c'est la statistique ; et l'objection qu'elle date d'hier ne vaut pas. Objection de fait, non de méthode : car dans cent ans, l'histoire ne commencera-t-elle pas à disposer, pour toute une part de son domaine, des données statistiques qu'elle aura, elle aussi, à utiliser pour ses fins propres ? Dans ces enquêtes statistiques qui se multiplient sous nos yeux, n'y a-t-il pas déjà, inclus pour ceux qui savent les y trouver, des chapitres entiers d'histoire de sociétés aujourd'hui vivantes, demain historiques[4] ? Nous recevions dernièrement, aux *Annales*, le beau livre du

1. F. Simiand, *Méthode historique et science sociale* dans *Revue de synthèse historique*, 1903, t. VI, p. 1 et 129 ; en réponse, P. Mantoux, *Histoire et Sociologie*. *Ibidem*, 1904, t. VII, p. 121 – F. Simiand, *La causalité en histoire* dans *Bulletin de la Société française de philosophie*, 1906 et 1907 – Et dans l'*Année sociologique*, entre autres, le compte rendu critique, 1905-1906, p. 539, de la thèse de P. Mantoux, *la Révolution industrielle au* XVIIIe *siècle*.
2. Dans *Bibliothèque des Sciences économiques et sociales*, Paris, M. Rivière, 1922 ; in-16, 68 p.
3. Année 1905-1906, p. 540.
4. Mr Mauss le note de son côté dans l'*Année sociologique*, nouvelle série, t. II, fascicule 1, 1927, p. 152 : « Dès nos jours, dans des travaux immenses comme ceux du *Census* américain ou du *Census* des Indes, l'on voit apparaître, à travers les statistiques compilées, les choses sociales en ébullition ; le chaudron de la sorcière où se fabrique une société. » – Par ailleurs, sur des applications possibles de mesures quantitatives aux problèmes de l'histoire générale, cf. le petit livre d'A. Niceforo, *les Indices numériques de la Civilisation et du Progrès*, Paris, Flammarion, [1921] ; in-16.

Dr Ferenczi : *International Migrations*[1] avec ses statistiques qui remontent parfois à plus d'un siècle, qui en tout cas couvrent toujours plus d'un demi-siècle : dans ces onze cents pages serrées, n'est-ce pas un chapitre de l'histoire du monde qui déjà s'inscrit de façon frappante ? Croit-on qu'à moins de se muer définitivement en je ne sais quelle vaine rapsodie pédagogique, l'histoire pourra longtemps se désintéresser de semblables efforts, et les historiens se contenter, en fait de sciences auxiliaires, de paléographie et de diplomatique ? Oui, en mutilant l'histoire. Oui, en creusant de nouveaux fossés, en élevant de nouvelles murailles de Chine. Oui, en détournant les yeux de ce qui est l'avenir.

Laissons cela. Il reste qu'une œuvre animée de l'esprit que nous venons de définir, est faite, au rebours de tant d'autres, pour rendre aux historiens quelques-uns des services essentiels qu'ils sont en droit d'attendre des économistes. Si nous ne pouvons aujourd'hui, n'ayant sous les yeux qu'un fragment du cours de Mr Simiand, nous attacher aux problèmes de classification, et voir d'ensemble comment, à quelle place, selon quelles conceptions il examine tour à tour les divers ensembles de faits qu'il a reconnus et constitués[2], – essayons de montrer, à propos d'une question particulière, comment le travail propre de l'économiste et celui de l'historien peuvent se prêter appui et se renforcer l'un l'autre.

Dans la partie publiée de son cours, Mr Simiand est amené à traiter d'une très grosse question – aussi pleine d'intérêt pour l'historien que pour l'économiste : celle des *Classes sociales*.

Qu'est-ce qu'une classe ? Un groupe d'individus tel qu'entre les membres de ce groupe, de certaines relations existent qui ne sont pas les mêmes entre ces membres et des personnes étrangères au groupe. Et d'autre part, le fait que ces relations dûment constatées ne sont pas transitoires, sans consistance pour ainsi dire et quasiment accidentelles, mais bien durables et parfois même héréditaires[3]. Voilà qui relativement est facile à dire. Mais ces groupes, où les prendre ? Comment les délimiter ? Faut-il simplement ouvrir l'oreille et se fier au langage des hommes ? On apprendrait ce faisant deux choses. L'une qu'il n'y a plus de classes aujourd'hui. L'autre, qu'il y a une infinité de classes ; une classe patronale, une classe ouvrière, une classe moyenne, une classe agricole, une classe d'employés, une classe bourgeoise, etc., etc. Contradiction fondamentale – et anarchie de jugements.

Certes, dans un pays comme la France, il est exact, depuis la Révolution qui déclara les hommes libres et égaux en droit, qu'il n'existe plus, juridiquement parlant, de classes distinctes, dotées de privilèges reconnus soit par le droit écrit, soit par la coutume, et maintenues par des interdictions aussi fortes que, par exemple, celle du mariage entre membres de groupes différents. Le travail n'est pas partout en Europe aussi avancé qu'en France ; mais partout il est, depuis longtemps, en bonne voie d'achèvement. Faut-il de là conclure qu'« il n'y a plus de classes » ? Non. Mais qu'une transformation s'est opérée dans le mode de définition, dans la façon de caractériser les classes.

Remarque fort importante pour l'historien. Les classes se définissent, note

1. *Publication of the National Bureau of Economic Research*. New-York, 1929, in-8°, 1112 p. ; voir le compte rendu d'A. Demangeon dans *Annales*, t. II, 1930, p. 418.
2. Dans l'ensemble, indiquons simplement que cette classification est celle-là même que, dans l'*Année sociologique* (5e section, Sociologie Économique), a peu à peu établi Mr Simiand lui-même. À consulter à ce sujet sa note : « Notre classement des travaux économiques » dans l'*Année sociologique*, nouvelle série, t. I, 1923-1924, p. 720-724.
3. *Cours*, p. 440.

Mr Simiand, dans le plan de ce que les hommes, à une certaine époque, apprécient le mieux – «de ce qui donne la considération et comporte la puissance, l'autorité, les moyens d'action dans une société donnée[1]». S'agit-il de sociétés à base religieuse ? Ce sera le degré de «pureté» qui distinguera les classes et les isolera les unes des autres. S'agit-il de sociétés guerrières, à base militaire ? Ce sera le fait d'être, ou non, porteur d'armes, ou encore de passer pour le descendant soit des vainqueurs, des conquérants, soit des vaincus, des conquis. Dans les sociétés légalistes, fondées sur des distinctions de droit civique ou politique, on aura des classements d'essence juridique, en libres et non-libres, en patriciens et plébiens, en bourgeois et habitants, etc. Seulement, les choses ne sont jamais aussi simples : une société ne s'abîme jamais dans le néant sans laisser de traces. Les buttes-témoins ne se rencontrent pas qu'à la surface du sol physique, pour l'édification des géologues et des géographes. L'histoire sociale en est pleine. A chaque époque persistent dans des couches plus ou moins profondes de la population une quantité prodigieuse d'idées, de notions, de formes sociales héritées du passé. Et il est très rare qu'à une époque donnée le principe, qui rationnellement devrait présider à la formation et à l'appréciation des classes, joue seul et agisse librement en terre vierge. Maurice Halbwachs l'a très bien dit dans son livre sur *Les Cadres sociaux de la mémoire :* «Une société ne passe pas d'une organisation à une autre en vertu d'un effort conscient de ses membres, qui se donneraient de nouvelles institutions en vue des avantages réels qu'ils en tireront[2]». Tant qu'ils n'en ont pas éprouvé les bienfaits, les institutions nouvelles ne leur en imposent que si le même prestige s'attache à elles qu'aux institutions anciennes. Et c'est ainsi que nos sociétés demeurent toujours lestées du poids d'une partie, plus ou moins grande, de leur passé. Jusqu'au jour où une révolution vient opérer une sorte de nettoyage, un déblaiement plus ou moins radical des décombres historiques. Encore ce déblaiement est-il rarement total[3].

Ainsi s'explique, par exemple, le rôle tenu dans nos sociétés, jusqu'à une époque toute récente, par le clergé ou par la noblesse d'épée : classes constituées, l'une dans le plan religieux, l'autre dans le plan militaire et qui ont continué pendant des siècles à se maintenir – non sans évolution d'ailleurs, ni adaptation – au milieu des sociétés qui de plus en plus s'organisaient sur un autre plan.

Quel plan ? Le plan économique. C'est un fait, et que Mr Simiand met bien en lumière : les classes, aujourd'hui, se définissent de plus en plus dans le cadre économique[4]. Non que nous ignorions les survivances, et que les buttes-témoins soient absentes de nos paysages. Même dans un pays de vieille culture démocratique comme la France, il subsiste des groupes qui rendent actuel le mot connu : «Deux hommes sont de la même classe, quand leurs femmes se fréquentent.» Mais enfin, dans l'ensemble, et plus qu'en aucun temps, le principe triomphe : nos classes sont, dans la mesure où elles existent, d'origine et de nature économique. Et voilà qui nous explique la place qu'elles occupent dans le cours de Mr Simiand. Je veux dire, voilà qui justifie l'auteur d'en avoir placé l'étude précisément en tête des chapitres consacrés à la Répartition. Ces chapitres traitent, successivement, de l'organisation, puis du fonctionnement de la répartition : l'anatomie d'abord, la physiologie ensuite. Or, qui étudie l'organisation de la production doit s'attacher à la considération des produits ; qui, celle de la répartition, à la considé-

1. *Cours*, p. 442.
2. Paris, Alcan, 1925 ; in-8°, p. 302.
3. Sur ce point, cf. le petit livre récent d'Henri Sée, *Évolution et Révolution*, Paris, Flammarion, 1929, in-12, p. 247-248.
4. *Cours*, p. 443.

ration des personnes. Ces personnes ne demeurent pas isolées, à l'état de poussière humaine. Elles sont, dans la vie courante, l'objet de classements familiers aux hommes des diverses époques – et la notion de classe sociale se présente ainsi tout naturellement, dans le cadre même de l'étude économique, et à une place parfaitement rationnelle. Faut-il du reste en conclure que toute étude des classes d'une société donnée doive être pareillement encadrée et localisée à cette place précise ? Evidemment non, nous ne pouvons que le répéter. Non, parce que, de société à société, ni les grandes lignes de structure économique, ni les appréciations des hommes sur les valeurs de l'existence ne se maintiennent identiques et comparables [1]. Et comme nous l'indiquions plus haut, c'est le problème de la classification qui se dresse devant l'historien : singulièrement différent de ce qu'il est, évidemment, pour l'économiste.

Pour celui-ci, s'agissant de l'état présent de nos sociétés européennes, sous quel aspect se pose-t-il ? Plus exactement, comment se pose-t-il pour Mr Simiand ? Va-t-il, comme tant d'autres, opérer par illumination : trancher au jugé, dans la matière sociale, y découper au gré de ses caprices des groupes qu'il nommera « classes » et que le langage courant lui permettra, nous l'avons vu, d'étiqueter sans effort ? Nullement. C'est à la statistique qu'il va s'adresser. A quoi tend-elle ? Il l'a dit, il y a quelques années déjà : « à permettre à l'esprit humain de se faire d'ensembles complexes une représentation relativement simple, d'apprécier la valeur de ces représentations simplifiées, d'étudier et de reconnaître si elles soutiennent entre elles des relations, et avec quel fondement et jusqu'à quel degré ces relations sont établies [2]. » Mais n'y a-t-il pas là, précisément, n'y a-t-il pas dans cette phrase le programme même d'une recherche des classes ?

Et voilà la recherche qui commence, la méthode qui s'applique. Cadre, la France, pays à la fois « représentatif du mouvement économique contemporain, et très expressif de réalités continuées » du passé dans le présent. D'abord, extension, délimitation des groupes. On commence par les divisions les plus larges. Il y a ceux, et celles, qui travaillent – entendons qui exercent une profession rémunérée ; – il y a les autres. Or, des premiers aux seconds la proportion varie : 1866, pour le sexe masculin, 55 p. 100 ; 1896 et 1901, 68 p. 100 ; 1921, 71 p. 100. Mais, dans cette population active, ne peut-on déterminer des groupements secondaires ? Si. Catégorie ouvrière (employés compris) 60 p. 100 de la population active. Catégorie patronale, le reste. Ne continuons pas. Nous n'avons pas à résumer, d'une façon schématique, une enquête qui vaut par la méthode et par un contrôle permanent de l'esprit critique le plus éveillé et le mieux nourri. Il est évident qu'ici – à condition d'être maniée par quelqu'un qui ne s'improvise pas statisticien, mais par un maître – la statistique fournit un ensemble de données fondamentales qui seules permettent de voir clair dans des situations aussi compliquées, aussi enchevêtrées que celles des sociétés modernes.

Elle ne livre pas seulement des données précises, et importantes, sur l'extension des groupes, leur importance numérique et leurs relations. Elle permet de satisfaire à d'autres curiosités. Et, d'abord, d'examiner avec objectivité la très grosse question de la permanence, ou, comme dit Mr Simiand, de la « durabilité dans la condition » indispensable pour qu'une catégorie économique puisse être considérée comme formant une classe. Car, par exemple, les apprentis ne forment pas une classe. Et s'il n'existe pas de recensements continus qui permettent de suivre les individus à travers toute leur vie, il

1. *Cours*, p. 442.
2. *Statistique* et *Expérience*, p. 7.

existe, par contre, des moyens indirects de discriminations. Entre autres, les statistiques des âges, que fournissent pour la France les derniers recensements. Et si, j'imagine, on se posait la question des apprentis – elles permettraient d'établir qu'il y a des apprentis, au sens le plus large du terme, de 13 à 25 ans ; mais qu'au-dessous et au-dessus de ces âges, aucune personne ne figure plus sous cette rubrique : donc, on n'est pas là en présence d'une classe. Autre question, non moins importante, celle de la famille. La classe comporte également la femme et les enfants. Et de ce point de vue, que de questions ! La femme travaille-t-elle, ou non ? et les enfants ? tel groupe, par exemple le groupe patronal, a-t-il plus d'enfants que tel autre ? la proportion varie-t-elle avec l'âge de groupe à groupe ? Ici encore, ne continuons pas plus avant. Nous en avons assez dit pour qu'on voie la méthode et qu'on devine sa fécondité.

Et nous revenons à notre souci permanent. Historiens, qu'y a-t-il pour nous ? Des résultats à utiliser tels quels ? des procédés d'investigation à transporter du présent dans le passé, sans modification, ou, du moins, avec le souci de les modifier le moins possible ? Evidemment non.

Les procédés ? Mais, à peine outillés pour commencer l'étude des sociétés contemporaines à l'aide de statistiques encore bien incomplètes et bien insuffisantes, nous ne le sommes pas du tout pour entreprendre, de la même façon et selon les mêmes méthodes, l'étude et l'analyse des sociétés « historiques », quelles qu'elles soient. – Les résultats ? Nous l'écrivions – qu'on nous permette de le rappeler – dans le premier fascicule de nos *Annales :* « Ne parlons pas de la fonction industrielle des ports lorsqu'il n'y avait pas d'industrie au sens actuel du mot, et rappelons nous toujours que ce n'étaient pas seulement les faits matériels, mais les mentalités qui, de nos arrière-grands-parents à nous, différaient profondément, sinon radicalement [1]. » Et cependant ? Nous l'écrivions aussi, au même moment et au même endroit, et nous ne pouvons que le répéter à nouveau : une connaissance précise des faits et du monde contemporain ne peut qu'exercer sur l'esprit de l'historien une grande force de suggestion. Elle nous permet de poser des problèmes que nous ne songerions même pas à formuler – qu'en fait, nous ne formulons pas – sans cet exemple et ce secours. Elle nous permet de dresser une sorte de table des présences et des absences, aussi bien que des ressemblances et des différences, qui est pour nous un instrument d'investigation absolument indispensable. Entre présent et passé, une comparaison est aussi féconde par ses résultats négatifs que par ses résultats positifs.

Et ceci nous conduit à un problème encore plus large. Nos classes, les classes que nous essayons, tant bien que mal, de distinguer dans les sociétés d'aujourd'hui et que seule, une analyse précise et serrant les faits, comme celle de Mr Simiand, nous permet d'appréhender d'une façon claire et objective – nos classes, dont nous parlons si souvent, et dont les relations, les conflits, la lutte nous semblent constituer un des traits permanents, un des traits vraiment fondamentaux de l'histoire humaine : ce sont des groupements d'ordre, ou mieux d'origine économique. Or, volontiers, sous prétexte de rendre nos études plus vivantes, de « renouveler » l'histoire et d'en « moderniser » l'intelligence, nous cherchons à retrouver – c'est-à-dire, en réalité, que nous tentons de projeter – dans des sociétés très anciennes, établies sur des bases tout autres que nos sociétés d'aujourd'hui, les catégories qui nous sont familières, – ces grands acteurs collectifs, entre qui se joue, pour nous, le drame du présent : je veux dire les classes d'origine économique, les

1. *Ports d'autrefois, ports d'aujourd'hui* dans *Annales*, t. I, 1929, p. 98.

classes fondées sur la fortune, les classes qui trouvent leur place, si parfaitement, dans l'étude de la répartition telle que la mène Mr Simiand. Le procédé nous paraît légitime[1]. L'est-il en vérité? Et quand nous tentons d'installer dans des milieux qui s'organisaient dans un tout autre plan que le plan économique, des catégories d'origine et de sens économique – par là, filles du présent: n'opérons-nous pas, en réalité, un travail arbitraire, factice et stérile? Je le crois, et c'est même, à mes yeux, l'objection grave qu'on peut dresser devant un certain matérialisme historique à la fois séduisant et grossier: négation même, si l'on va au fond des choses, de l'esprit historique et de la tâche particulière de l'historien. Car ce n'est pas comprendre le passé, c'est en travestir les aspects essentiels que d'en refaire après coup, d'en rétablir la structure interne sur un plan qu'il n'a jamais connu, compris ou admis.

© Annales d'Histoire économique et sociale

Recherches anciennes et nouvelles sur le mouvement général des prix du XVIe au XIXe siècle

(1932)

FRANÇOIS SIMIAND

Introduction méthodologique d'une série de cours parmi les derniers que François Simiand ait professés à l'Ecole pratique des hautes études entre 1930-1932.
L'auteur justifie les principes généraux de sa démarche, qui consiste à établir des séries de prix annuels étalées sur une durée longue. Il définit les éléments de convergence entre les exigences d'une « science économique positive » et celles de la recherche historique.

Source: *Éditions Dormat-Montchrestien, 1932, cours polycopiés, p. 5-16.*

Position raisonnée optimale de l'étude. La première à tenter

Les considérations de méthode vont être la mise à l'épreuve, dans ce cadre nouveau, de préceptes généraux de recherche positive en matière économique que j'ai développés ailleurs et de façon plus systématique[2] et dont ici je ferai simplement un rappel sommaire, et dans le cas propre de l'ordre de faits envisagé. Autrement dit, nous nous bornerons ici à présenter une application de ces préceptes dans la réalisation elle-même de l'étude que nous visons.

Précepte général des sources

Un premier précepte, auquel nous attachons la plus grande importance, et qui va tout de suite nous rapprocher des historiens, est qu'une constatation de faits doit, autant que possible, pouvoir être contrôlée. Une condition indispensable pour qu'il en soit ainsi est

1. Alors qu'il est faux qu'à toutes les époques, la condition sociale des hommes soit déterminée par leur richesse, par la quantité des biens meubles ou immeubles qu'ils détiennent. Presque toutes nos études sur les classes médiévales sont viciées par cette confusion.
2. *Le Salaire, l'évolution sociale et la monnaie*, Introduction de méthode, spécialement chapitre II et chapitre III.

qu'un autre que celui qui l'a faite ou utilisée puisse la retrouver et la vérifier. A cet effet, une première précaution, qu'il faut s'imposer d'observer, quand on travaille sur des faits, qui ne sont pas faits de laboratoire ou réalisables à la volonté du savant, est de n'utiliser des faits que s'ils sont datés, localisés et d'auteur référable, de telle façon que celui qui les trouve invoqués puisse se reporter aux constatations originales et effectives de ces faits. Cela élimine d'emblée des éléments à retenir dans l'étude (non pas des moyens de dégrossissement préalable et d'orientation dans la recherche), tous ces faits que l'on appelle de constatation commune, mais que l'on serait fort en peine de localiser et de dater, et dont on ne pourrait guère fournir une référence explicite, précise, et dont puisse être cité un auteur responsable. Ici, au contraire, nous nous imposerons, pour la recherche que nous voulons entreprendre, de n'utiliser que des faits dont on puisse citer un auteur et qu'on puisse placer à une date et en un lieu qui serviront, au minimum, de références. C'est ce que, sous une forme abstraite – que je n'impose pas, mais qui est un moyen commode de se rappeler l'ensemble des considérations que je viens de dire –, j'ai appelé *précepte de la connotation repérable*. Nous ne disons pas et ne préjugeons pas que la considération de la date, du lieu et de l'auteur, fasse partie constitutive de la donnée ; mais c'est un moyen de permettre qu'on retrouve le fait, et donc une condition pour qu'on puisse éventuellement le contrôler ou contrôler l'interprétation qui en est donnée.

D'abord cadre moderne – Ensuite, c'est un précepte qui se défend de lui-même et qui, en tout cas, est observé dans toute pratique de science positive, que de *s'attacher d'abord*, dans l'ordre de faits que l'on envisage – ici dans l'ordre des faits qu'on appelle les prix – *au cas net, au fait bien constitué, bien formé*. Il est tout à fait illusoire et inexact de penser commencer une étude par l'état originaire embryonnaire ; l'on ne comprend bien un commencement, une enfance, que si l'on a reconnu d'abord la réalisation au plein ou l'état adulte et si nous développions ce précepte, nous pourrions montrer qu'on n'a jamais procédé autrement. Mais, répétons-le ici, nous ne reprenons pas la justification théorique de ces divers préceptes, nous n'en faisons une application qu'au fur et à mesure.

Nous avons donc à partir de cas du fait « prix » dans un cadre où nous le trouvons net, bien constitué, bien formé. Tout de suite il nous apparaîtra que c'est évidemment dans des périodes et dans des sociétés où l'économie est, comme on dit, selon un vocabulaire connu, surtout une économie d'échange, et davantage encore d'échange complexe et (bien entendu) monétaire : c'est là, sans aucun doute, que nous trouvons ce fait réalisé dans ces conditions initialement les plus favorables à un départ dans la recherche.

Cette considération nous place donc d'abord dans les sociétés de l'âge *moderne*, et disons du cadre européen occidental (non pas géographiquement délimité par là, mais économiquement délimité ainsi ; nous voulons dire dans des sociétés ayant le type général de vie économique que l'on a trouvé réalisé d'abord dans l'Europe occidentale moderne contemporaine).

D'abord cadre général – Puis nous avons à nous soucier d'atteindre l'ordre de faits visé par notre étude, dans des conditions qui nous permettent d'aller plus loin que la constatation – c'est cela qui nous distingue de l'annalisme –, c'est-à-dire donc dans des conditions qui nous permettent de dégager des relations comme on le fait dans les expériences de laboratoire des sciences positives. Cela nous conduit à ne pas considérer que nous aurons ces conditions les meilleures si nous nous attachons d'abord à un cas que nous pouvons atteindre avec le plus de précision, le plus de sûreté, par exemple un prix atteint dans un cadre bien limité et dont il semble que pouvons faire une reconnaissance intégrale. En effet, il est facile d'apercevoir par une analyse, même sommaire, qu'un prix considéré isolément est susceptible de comporter tant de liaisons avec un nombre illimité de facteurs que notre description ne pourrait pas même être sûre d'épuiser cette liste et d'arriver à la constatation de tous ces facteurs. En tout cas, même si nous arrivions à une description intégrale de ce cas isolé, individuel, au sens propre du mot, nous ne pourrions rien en tirer, aucune relation qui puisse avoir valeur de proposition de science proprement dite.

Précisons bien que nous n'éliminons nullement l'étude de l'individu comme objet de science. J'ai déjà développé ce point dans d'autres circonstances. Mais on se propose d'arriver par des déterminations positives à des résultats d'explication, l'individuel ne peut arriver à être expliqué que par des résidus, que lorsqu'on a pu, dans la complexité que comporte tout fait individuel dégager déjà un certain nombre de relations avec des faits connus qui rendent compte d'une partie de ce complexe individuel, et le surplus pourra former l'objet d'une explication de cadre individuel. Contrairement à l'apparence, et contrairement à l'illusion qu'ont assez volontiers un certain nombre d'historiens, l'individu n'est pas le cadre dans lequel on peut utilement commencer si l'on veut arriver à expliquer. Il faut, au contraire, commencer par des cadres qui permettent une certaine simplification, une certaine élimination; et l'on trouve un cadre de ce genre si l'on s'attache à des exemples qui peuvent être reconnus ou constitués avec des traits majeurs, plus simples ou mieux dégagés. Par exemple, une moyenne – et nous y reviendrons – est une façon de simplifier un ensemble complexe et concret de faits, de n'en retenir qu'un ou plusieurs éléments, et de laisser, au contraire, tomber de ce que l'on retient toutes les particularités que la moyenne n'explicite plus.

Il nous faut donc nous préoccuper d'atteindre d'abord *des ensembles*, si nous voulons arriver à quelque relation un peu probante. Nous devons donc, à cet effet, *commencer par le général*. Nous avions donc quelques raisons d'indiquer, dès le début, que dans la dénomination même d'une recherche historique – ce mot aurait à être commenté; et cette position initiale nous entraîne, on le voit, peut-être à sortir ou tout au moins à nous différencier de la pratique historique, souvent pratiquée et encore préconisée.

Dans cette étude du général, à laquelle nous allons nous attacher, les genres peuvent être plus ou moins larges. A quel cadre nous prendrons-nous d'abord? La raison que nous pouvons nous donner de prendre celui-ci plutôt que celui-là est de le reconnaître présentant des conditions de constatation et d'étude relativement meilleures, c'est-à-dire relativement plus simple, plus dégagé de dépendances, ou encore relativement plus indépendant.

On peut voir facilement que le procédé essentiel de l'expérience de laboratoire consiste à isoler le fait que l'on étudie par rapport à la cause que l'on envisage de façon aussi indépendante que possible de tous les autres facteurs qui, dans la réalité concrète, se mêlent à ceux que l'on essaie d'atteindre séparément. De même ici, il nous faut, selon une expression synthétique dont j'ai dénommé ce précepte, nous attacher à saisir une *intégralité indépendante* ou tout au moins aussi indépendante que possible, ou tout au moins ayant des dépendances dont on puisse se rendre compte au mieux possible.

Faisons application de ce précepte: nous avons sans doute une présomption de moindre dépendance, si nous nous attachons à un ensemble de prix général, le plus général possible, pourvu toutefois que ce soit bien encore un ensemble ayant une réalité.

Cadre d'un marché d'extension opportune – Par cette dernière réserve qui s'impose, nous arrivons au point suivant. Notre processus de simplification dans la réalité complexe, ici, manque de la garantie que comporte l'expérience de laboratoire, qui s'y manifeste souvent en fait, ou, en tout cas, qui s'impose à la pensée du savant. Si le savant, dans son laboratoire, fait un isolement qui ne correspond pas à la réalité, le phénomène ne se produit plus. Ici, au contraire, nous pouvons faire toutes les moyennes possibles ; des chiffres ne résisteront jamais à être additionnés avec d'autres chiffres ni un total à être divisé par un certain diviseur. Mais à quoi correspondra ce résultat, à quelle réalité ? C'est-à-dire qu'ici, puisque le fait lui-même ne s'imposera pas à nous, qui physiquement force le savant à s'apercevoir qu'il est sorti de la réalité, nous avons à nous soucier de ce danger par quelques précautions critiques appropriées.

La condition que nous avons à remplir est que l'ensemble auquel nous nous attachons soit une réalité, mais une réalité d'un caractère spécial et auquel nous pouvons en propre appliquer l'expression de statistique. Nous en prendrons aisément la notion par un simple exemple. Si je calcule la moyenne des tailles de tous les animaux d'une ménagerie, j'obtiendrai un résultat arithmétique, qui manifestement n'aurait aucune signification. Si je calcule la moyenne des tailles de tous les animaux d'une certaine espèce (ou tout au moins d'un nombre suffisant), j'aurai une notion qui a une réalité, qui peut-être ne correspond à aucune des tailles des animaux existants, et qui, cependant, est une caractéristique objective, réelle, correspondant à cette espèce, et qui se reconnaît d'ailleurs par des groupements systématiques et les divers tests statistiques, dont nous aurons à reparler et nous servir. Cet exemple vous montre à quoi nous devons donc appliquer notre attention pour avoir quelque sécurité d'atteindre un ensemble ayant une objectivité : il faut que cet ensemble comporte une *certaine homogénéité*, dirons-nous, ou bien une hétérogénéité définie d'une certaine façon et sensiblement constante, dans son cadre, et ce sont là des conditions auxquelles la technique statistique nous permettra de répondre par une application appropriée.

De ce précepte que, en vocabulaire synthétique, j'ai proposé d'appeler la *ségrégation homogène*, l'application ici sera de voir à quels ensembles nous pouvons nous prendre au mieux, pour correspondre à une *réalité de prix*.

La considération essentielle pour en avoir quelque présomption sera sans doute de s'attacher à un prix ayant une certaine réalité statistique, c'est-à-dire un fondement d'ensemble objectif, au sens que nous venons de dire, ou autrement dit encore, un prix correspondant à un ensemble économique, qui comporte effectivement un cadre de détermination de ce prix même ; en termes économiques, ce sera un prix *qui correspond à un marché ayant une indépendance suffisante* (relativement à ce prix), ou tout au moins des dépendances dont on puisse se rendre compte. Pour un mouvement général des prix, quel sera donc le marché à considérer ? Distinguons entre le cadre que nous viserons et ce que nous pourrons atteindre. Au premier point de vue, si nous envisageons (comme nous estimerons ci-dessous avoir à le faire, pour plusieurs raisons) des grands produits d'échange, non limités même à une nation, même à plusieurs nations, le marché sera justement ce marché large, dépassant même la nation ou un groupe de nations, étendu aux limites qui comportent encore un interchange possible effectif. Nous nous donnerons donc ici un cadre qui, en tout cas, ne doit pas être inférieur à cette réalité (il y est peut-être supérieur, mais ce sera affaire de discussions spéciales ultérieures), en nous plaçant en principe à ce point de vue dans ce que nous avons appelé déjà plus haut le cadre européen occidental, pour l'ensemble de cette période. Si nous envisagions tout de suite et seulement le mouvement général des prix des années récentes, nous devrions prendre pour les grands produits le cadre mondial qui pour eux aujourd'hui est l'unité de marché; mais pour l'ensemble de la période à laquelle nous allons tout à l'heure attacher notre étude, il sera (jusqu'à raison contraire, et sauf corrections) suffisamment prudent de viser à ce cadre d'économie européenne occidentale. Restera à reconnaître, en fait, quelles atteintes nous en avons, et à en discuter la valeur représentative pour cet ensemble.

Catégories de prix à envisager

Puis nous devons aussi nous préoccuper d'atteindre un ensemble homogène, quant aux objets, dont nous considérons les prix. Nous avons donc à nous demander si nous viserons à atteindre tout de suite l'ensemble des prix de tout ce qui a un prix dans la vie économique, ou de tous les biens économiques, ou biens et services au sens très général de la langue économique.

Nous en connaissons les classifications traditionnelles, qui peuvent nous servir à faire, s'il y a lieu, une discrimination : biens matériels, immatériels, services, biens immobiliers (avec sous-distinctions, terres, maisons, etc.) ou biens mobiliers avec sous-distinctions nombreuses, notamment les marchandises. Est-ce que nous essaierons d'atteindre tout cela ? Il paraîtrait fort à craindre que nous ne puissions pas ici du premier coup atteindre à un ensemble assez homogène ou même assez vraisemblablement hétérogène (d'un cas à l'autre) et cela pour diverses raisons, que nous pourrons d'ailleurs reprendre ultérieurement à l'épreuve, mais dont nous ne pouvons pas préjuger. Si nous nous référons à des constatations très simples et très courantes, il nous apparaît bien, par exemple, et d'abord, que les prix des services, au sens de la langue économique, les salaires, traitements, etc. constituent pour chacun un ordre de faits qui a ses caractères ; et rien que par expérience personnelle, dans les périodes que nous venons de traverser il nous est indiqué que les mouvements de ces diverses catégories d'expressions économiques monétaires paraissent assez distincts à beaucoup d'égards (grandeur, date, et même direction) de ceux des prix des marchandises.

C'est donc une présomption que si nous voulions inclure dans une seule et même expression des données se rapportant aux services avec des données se rapportant aux autres catégories de biens, nous courrions le risque de mêler des espèces assez différentes dont nous pouvons avoir avantage, au contraire, à discerner les mouvements différents et propres.

Les services étant donc d'abord laissés de côté, dans les biens économiques prendrons-nous à la fois les biens matériels et les immatériels. Les biens matériels ont d'abord ce caractère d'être une réalité économique d'importance relativement récente, et dont, en tout cas, la proportion de présence et d'action, dans l'ensemble de la vie économique, a fortement varié. Ce sont donc facteurs qui compliqueraient notre observation pour tenir compte de ces changements et caractères, si nous voulions les comprendre, dès maintenant, dans notre grand ensemble.

D'autre part, les uns, comme les effets de commerce et ceux qui rentrent plus ou moins loin dans cette rubrique, se rapportent à des biens matériels ; d'autres comme les valeurs mobilières, du reste encore bien plus récentes d'importance, manifestent aussi, presque autant que les services, des conditions semble-t-il assez spéciales et des caractères propres de détermination de cours ou d'intérêt et de variation. Il paraît donc prudent de ne pas mélanger ces catégories ayant des prix qui paraissent assez distincts et peut-être assez hétérogènes.

Quant aux biens matériels, pouvons-nous confondre ou essayer de confondre dans une seule expression les immeubles et les meubles? Avons-nous même à nous préoccuper d'abord, et avant tout, des prix des biens immobiliers. Cela quelquefois a été soutenu pour des états de civilisation où ces biens avaient certainement une importance majeure, prépondérante ; mais du point de vue où nous nous plaçons ici, cette catégorie de biens présente dans nombre de cas possibles un caractère d'individualité qui est un obstacle à notre étude globale première. Même sur des groupes assez étendus, il est assez difficile à trouver là des unités qui aient une détermination effective et une valeur comparable, même à prendre les choses très largement. Souvent ces biens, de plus, ne sont pas matière courante d'échanges ou d'échanges comparables et la valeur économique en est objet de détermination logique, estimative, hypothétique, ou seulement en gros.

Voilà, semble-t-il, des raisons de ne pas commencer par les immeubles, et nous voilà donc amenés, par ces éliminations successives, à reconnaitre comme la réalité à laquelle nous devons nous prendre d'abord, les biens matériels mobiliers, et dans ceux-ci principalement tout ce que l'on groupe sous le nom de marchandises. C'est là que nous aurons le plus de chances de trouver – et encore, moyennant des précisions et des délimitations auxquelles nous viendrons ultérieurement – un ensemble susceptible de comporter une certaine homogénéité et de répondre aussi à diverses autres conditions d'observation et de traitement que nous verrons plus tard aussi.

Atteinte cherchée d'abord d'une variation, d'une variation complète et forte

Si avec ces précautions et ces délimitations, nous avons déterminé un objet d'étude qui présente une intégralité indépendante ou relative, un ensemble relativement homogène, comment essaierons-nous de l'atteindre ? Là, nous arrivons à un précepte qui est pour nous fondamental : c'est que si nous voulons nous rapprocher de la pratique de la science positive, nous avons à chercher à atteindre « quelque chose qui se produit », un « phénomène » au sens étymologique du mot, nous avons à ne pas nous contenter des comparaisons entre des états pris dans la coexistence, et même entre des états pris dans la succession. C'est le précepte que j'ai proposé d'appeler, en un mauvais français, et même pléonastique, mais tout de même explicite : « précepte du phénomène se produisant ». Pour atteindre le phénomène se produisant, il ne nous suffira pas de constater le prix, par exemple, en 1800 et 1850, pour en tirer le mouvement des prix dans la première moitié du XIXᵉ siècle, car nous n'atteignons ainsi, en réalité, que deux états ; et entre un niveau des prix en 1800 et un niveau des prix 50 ans après, nous pouvons imaginer les variations les plus diverses et aucune ne peut être éliminée d'avance. Si nous voulons nous conformer au précepte, nous avons donc, dans les cas où une variation n'est pas à présumer simple et unilinéaire, à nous préoccuper d'une atteinte continue, aussi continue que possible.

Nous avons en outre, par développement du même précepte, à nous préoccuper d'atteindre un *phénomène complet*, d'aller d'un commencement à une fin ; et sans doute, commencement et fin sont des mots, qui ont toujours un sens relatif : mais encore faut-il en faire une application objectivement définie, reconnaissable et critiquable. Si nous considérions un mouvement de prix, même très apparent, très fort, par exemple, entre 1922 et 1925, nous ne serions nullement assurés d'embrasser un phénomène complet. Si nous cherchons, pour fixer nos limites, quelque fait objectif qui nous dégage des interprétations inconscientes et quelquefois conscientes que l'on mêle si volontiers à des observations en ce domaine, nous apercevons celui-ci : si nous atteignons un mouvement assez caractérisé dans un sens (hausse ou baisse), nous devons nous imposer de l'embrasser jusqu'au point où il change de sens, en remontant et en descendant autant qu'il faut dans le temps : même s'il s'agit d'un phénomène actuel, il est très important de voir si, du côté le plus récent, on l'atteint jusqu'à un point où il change de sens. Par là nous avons déjà une présomption d'atteindre la totalité d'une certaine variation. Encore avons-nous à nous demander si le phénomène complet n'est pas une double variation dans un sens et dans l'autre (hausse et baisse, ou hausse et palier, ou hausse, palier, baisse, etc.). Donc il sera prudent pour nous de tâcher de remonter (ou de descendre) encore jusqu'à un point où se marque un nouveau tournant pour la seconde sorte de variation atteinte. De fait, nous le verrons de plus en plus, dans cette étude, c'est un caractère très général des phénomènes économiques d'être des phénomènes à phases alternatives dont l'unité de phénomènes comporterait donc volontiers l'une et l'autre phases prises ensemble.

D'autre part, il sera prudent, dans la complexité des faits que nous considérons, de nous attacher d'abord et surtout à des *variations fortes*.

Répétition cherchée sur base identique

Cela supposé atteint, nous suffit-il de ne l'atteindre qu'une fois ? Théoriquement, bien que cela ait été contesté, nous persistons à admettre avec la méthodologie classique, et suivant la méthode de l'induction la plus fortement présentée dans l'âge moderne, qu'une seule expérience suffit à établir une relation générale. En pratique cependant, quelle que soit la valeur de preuve d'une relation ainsi établie, aucune science ne se contente (sauf impossibilité) de cette épreuve unique.

A plus forte raison, dans l'énorme complexité de notre objet d'étude, et étant donné les différentes insuffisances de notre recherche positive, ici, nous sommes dans l'obligation de chercher le plus possible à faire ce que le savant de laboratoire fait beaucoup plus largement, bien qu'il s'attache cependant à des faits relativement plus simples, et avec de meilleures possibilités de recherches : c'est-à-dire à *répéter l'expérience*. Mais la répéter comment et dans quel cadre ? Si nous nous référions à ce qui est volontiers considéré comme une répétition d'expériences dans des études de notre cadre, nous chercherions à atteindre les mêmes groupes de faits, par exemple dans divers pays, dans diverses productions, etc. Mais par là nous ne sommes nullement assurés de nous mettre dans de bonnes conditions de comparaison, car avons-nous quelque assurance ou seulement présomption d'avoir affaire dans ces divers cadres au même ensemble de multiples conditions, dont nous avons éventuellement à nous soucier ? Bien plutôt, la présomption est que beaucoup d'éléments diffèrent entre ces divers cadres. Au lieu que si, pour répéter si possible notre expérience, nous nous plaçons dans le même cadre social successivement, par exemple, dans un même pays atteint et suivi historiquement, il est nombre d'éléments communs, retrouvés dans toute la suite de ce développement : nous en faisons donc une condition constante, par cela même que nous opérons nos diverses constatations dans ce cadre, qui les comporte également dans les diverses expériences ; et s'ils varient (souvent d'ailleurs de façon lente), nous avons plus de chances de nous apercevoir de cette variation que nous n'en avons de réussir à prendre conscience et de pouvoir tenir compte de tout ce qui différencie l'Angleterre et la France, par exemple, pour tirer résultat valable d'une répétition d'expérience entre ces deux pays.

Nous allons donc chercher à atteindre un phénomène complet, au sens que nous venons de dire et répété sur la même base.

Quelles variations atteindre d'abord ?

Mais d'observation courante, les prix comportent des variations multiples d'espèces ou de genres, et que sans rien préjuger, nous pouvons au moins caractériser par un trait objectif et peut-être assez extérieur, leur durée : d'abord des variations courtes, d'heure à heure (et même de minute à minute, dans certains cas), mettons dans le cadre maximum de la journée ; des variations assez courtes encore, un peu plus longues dans le cadre du mois de la saison, de l'année. Mais il est connu de plus que s'observent, dans notre cadre d'économie moderne, des variations souvent appelées cycliques, dans le vocabulaire contemporain, dont en tout cas le caractère souvent constaté est de s'encadrer (en double mouvement, hausse et baisse) dans une période d'années, qui est de l'ordre de la décade : disons donc *variation intradécennale*, pour ne rien impliquer qu'une description tout extérieure. Mais en outre, on a remarqué d'observations même sommaires très largement établies, qu'à travers les mouvements de cette sorte, des variations de période plus longue se manifestent : d'un siècle ou d'une partie de siècle à une autre : là encore, pour ne rien préjuger, n'aimant pas l'appellation de séculaire ou semi-séculaire (encore qu'elle soit objective), qui a été assez employée pour désigner cette sorte de variations, nous préférerons indiquer davantage, à la fois la différence et la relation avec les précédentes, en appelant celles-ci variations *interdécennales*.

Entre ces diverses catégories, et comme nous ne pouvons évidemment les étudier toutes à la fois, ni mêlées, qu'est-il le plus indiqué de prendre d'abord, pour une étude générale du prix ? Par application du précepte déjà mis en application plus haut, ce sera celles que nous pouvons présumer le plus indépendantes ou relativement le plus indépendantes des autres, celles que nous pouvons isoler le mieux d'abord ; celles dont nous pouvons, si elles ont action entre elles, présumer qu'elles commandent les autres, beaucoup plus que la réciproque. Si nous ne nous trompons, ce sont les dernières qui répondent le mieux, à première vue tout au moins, à ces diverses présomptions. Ce sont les variations les plus longues et les plus larges qui, pour le mouvement d'ensemble des prix, sont, à première vue, celles qui doivent avoir la plus grande réalité d'ensemble, la plus grande importance relative, la plus grande possibilité de conditionner les autres, beaucoup plus qu'elles ne sont commandées ou seulement même conditionnées par celles-ci.

Si donc, nous attachant à ces variations interdécennales, nous essayons, selon notre précepte ci-dessus reconnu, d'en atteindre au moins un double mouvement, un phénomène complet (hausse et baisse, ou hausse et palier), cela nous mène sensiblement au moins à une cinquantaine d'années, d'après les constatations sommaires les plus connues. Mais une seule atteinte, avons-nous vu, ne suffit certainement pas pour trouver répétition (et sur même base), si nous partons du temps présent, cela nous fait remonter déjà dans le XIXe siècle pour une seule répétition assez haut ; et comme, pour une matière aussi importante et aussi complexe, nous devons sans doute chercher plus encore, il s'impose que nous tentions de remonter jusqu'au point de départ traditionnellement accepté, sauf preuve contraire, de ces grandes fluctuations, c'est-à-dire si possible jusqu'au XVIe siècle.

Conclusion pratique

Voilà comment on le voit – par une analyse, qui réserve d'ailleurs sur tous les points et en tout état de cause la contre-épreuve du fait, disons-le bien –, nous arrivons à trouver que, si nous nous proposons de commencer de façon positive une étude économique des prix, nous aurons à nous attacher d'abord à un ensemble de prix, chacun effectivement constaté à une date et en un lieu donnés, dans un cadre d'économie moderne, d'économie européenne occidentale, à un ensemble de prix de marchandises ; à en chercher des atteintes en variations, avec la continuité que la matière comporte, qui saisissent bien le phénomène comme il se présente avec ses caractères, et complet, et d'abord dans la succession (sur base identique) des variations interdécennales qui nous fera remonter si possible et du mieux qui nous sera accessible, du temps présent jusqu'au XVIe siècle.

Par ces résultats, on voit que la position d'une recherche de science économique positive en cette matière rejoint la position de recherche qui, nous l'avons noté en commençant, est spontanément reconnue ou tout au moins présentée d'une importance réelle, et d'une valeur explicative sans doute assez considérable par l'histoire économique telle qu'elle se développe dans la période récente.

A tout prendre, il n'y a que des risques favorables à essayer de réaliser cette étude et il n'y a pas d'objections ni d'infériorité constitutive et originaire à nous placer dans ce cadre d'abord. [...]

© LGDS - Montchestien

Le matérialisme historique
(1946)

GEORGES LEFEBVRE

Ce texte est tiré d'un des ultimes chapitres d'un cours sur l'historiographie professé par Georges Lefebvre, alors titulaire de la chaire d'histoire de la Révolution française à la Sorbonne. L'auteur y brosse à grands traits les origines allemandes de l'histoire économique, ainsi que les influences de l'œuvre de Marx. Il souligne le retard pris à cette date (1946) par l'historiographie française par rapport aux Allemands et aux Anglo-Saxons.

Source : *Georges Lefebvre,* Notion d'historiographie moderne, *cours du Centre de documentation universitaire, 1946, p. 236-242. Cours réédité sous le titre* la Naissance de l'historiographie moderne, *Paris, Flammarion, 1971, préface de Guy P. Palmade, 348 pages.*

J'AI FAIT DÉJÀ quelques allusions à l'histoire de l'économie – notamment, la dernière fois, à Weber et à Sombart – mais ses progrès depuis 1870 méritent que nous y revenions.

Jusqu'au XIXe siècle, elle n'a pas eu de place marquée dans l'historiographie ; Voltaire lui avait bien donné une place mais c'était du point de vue de l'action de l'Etat et afin d'expliquer ce qu'avait fait Colbert, et c'est ainsi qu'on a continué de faire pendant longtemps.

I

L'origine de l'histoire économique vient de ce qu'il s'est créé au XVIIIe siècle une connaissance particulière qu'on appelle l'économie politique, créée par Quesnay, en France et par Adam Smith, en Angleterre. Les économistes prétendaient ériger l'étude des faits économiques en une science par l'observation rationalisée et ramenée à des lois; en fait, ils bornaient leurs observations à ce que nous appelons le sens commun. Par exemple, la base de l'activité économique leur paraissait être ce désir de l'homme de gagner afin d'assurer son bien-être et sa sécurité et, se rapportant ainsi à ce qu'ils considéraient comme la nature de l'homme, ils considéraient un homme économique, un «homo economicus», toujours le même, dans tous les pays et dans tous les temps; et de leurs déductions, ils créaient, ils formulaient des lois valables dans tous les temps et dans tous les pays. C'est ainsi qu'ils étaient arrivés, croyaient-ils, à une science; ils ne tenaient donc pas compte des circonstances historiques.

Or, au XIXe siècle, en Allemagne, un sentiment nouveau s'est fait jour, et c'est là que l'histoire économique s'est constituée. La raison, c'est que l'économie a joué un grand rôle dans la formation de l'unité allemande. Vous savez que cette unité de la petite Allemagne (l'Autriche étant exclue) s'est d'abord constituée sous forme économique, par l'effort de la Prusse, et par la création de la Zollverein.

Un publiciste, List, a été un des promoteurs et propagandistes de cette transformation, et il a représenté, en critiquant l'école classique de l'économie, qu'il y avait bien d'autres motifs qui pouvaient intervenir dans l'activité économique en dehors de l'appât individuel du gain, par exemple l'intérêt national, l'intérêt que ressent la nation de conserver telle branche de l'économie afin que les citoyens qui s'en occupent puissent vivre, puis la déterminer à établir par exemple des droits protecteurs sur l'importation des produits agricoles pour que les paysans ne soient pas obligés d'émigrer. Ou bien, il est nécessaire de maintenir certaines productions qui sont indispensables pour assurer éventuellement des fabrications de guerre. Le Zollverein lui-même avait pour origine, quant à sa réalisation du moins, la politique de la Prusse et ses intérêts financiers.

Par conséquent, il fallait examiner à chaque époque, dans chaque pays, dans chaque système économique, les conditions qui tiennent à la politique, à la religion, à toutes sortes de considérations, et la forme économique qui s'est ainsi constituée en raison des circonstances, en tenant compte de la psychologie de l'homme qui est différente selon les événements. Il faut donc que l'économie politique devienne une histoire, qu'elle adopte la méthode historique et devienne, par un côté au moins, une branche de l'histoire. Il en est résulté en Allemagne qu'un grand nombre d'économistes se sont engagés dans cette voie.

Le premier fut Knies, qui a écrit en 1853 une *Économie politique du point de vue de la méthode historique*. Retenons encore qu'un certain nombre d'historiens se sont également attelés à cette tâche sous une forme purement historique. Roscher a ainsi inauguré l'histoire économique. Il a écrit de 1854 à 1894 un *Système de l'Économie populaire* et auparavant, en 1874, il avait publié une *Histoire de l'Économie nationale en Allemagne*. Plus tard est venu Bücher, avec une série d'*Études* publiées en 1893 et encore en 1918, sur la formation de l'économie nationale *(Die Entstehung der Volkswirtschaft)*.

À partir de 1848 la grande industrie s'est installée en Allemagne; le capitalisme allemand a renforcé le mouvement de l'unité à certains égards et, d'un autre côté, cette transformation a développé une classe nouvelle, le prolétariat, et un parti socialiste.

Bismarck lui-même et surtout les théoriciens qui lui ont prêché leurs doctrines, sont venus à l'idée qu'il fallait que l'Etat intervienne dans l'économie pour réaliser un certain nombre de réformes favorables au prolétariat afin de le détourner du socialisme. Vous savez qu'à partir de 1880 Bismarck a créé pour la première fois dans le monde les assurances sociales. Il y a eu en Allemagne toute une école d'historiens, d'économistes qui se sont attachés à faire la théorie de ce système de gouvernement et qu'on a appelés les « socialistes de la chaire » parce qu'ils étaient presque tous professeurs. Le plus connu est Schmoller, qui a créé une revue : *Schmollers Jahrbücher,* pour propager ses idées.

II

L'histoire économique a été aussi très puissamment favorisée par l'apparition d'une philosophie de l'histoire, très désagréable à tous ceux dont je viens de parler, mais qui a, sans être adoptée dans son fond, exercé une influence sur les historiens : c'est le marxisme. L'essentiel de la pensée de Karl Marx à ce sujet est contenu dans le *Manifeste communiste* de 1847. Elle inspire son grand ouvrage *Le Capital,* dont le premier volume a paru en 1867. Marx était le fils d'un fonctionnaire prussien, d'origine juive, qui s'était converti au protestantisme et était entré dans la magistrature. Il avait suivi le cours d'études d'un fils de la bourgeoisie et s'était surtout occupé de philosophie : Hegel était alors dans tout son éclat. Puis il est venu en France où il a publié une revue franco-allemande en 1834 et 1835, et il y a connu nos socialistes. En 1847 il est déjà communiste ; il a publié son manifeste avec Engels. Compromis à Cologne dans les mouvements révolutionnaires du temps, il a dû s'expatrier à Londres où il s'est fixé. Il y a examiné la révolution capitaliste anglaise, et ses observations ont formé l'essentiel de son livre sur le capital. Marx, qui était en somme d'origine hégélienne, a renversé, comme plusieurs de ses contemporains (qui ont formé ce qu'on a appelé la gauche hégélienne), la conception de Hegel en ce qui concerne les rapports de l'esprit humain et de la réalité extérieure. Tandis que Hegel mettait l'esprit humain au premier plan et faisait de la réalité extérieure une espèce de réalisation de l'esprit, la gauche hégélienne disait le contraire. C'est la réalité extérieure qui joue le rôle essentiel, et l'esprit devient une espèce de miroir, de telle sorte que les idées sont inspirées à l'esprit par le spectacle des transformations que subit la réalité extérieure et dont l'esprit est à la fois le spectateur et l'enregistreur. Cette réalité extérieure toutefois n'est pas ce que les cartésiens et les sensualistes du XVIIIe siècle appelaient la matière, c'est-à-dire une série d'atomes qui sont conduits par des lois, auxquelles on ne peut pas échapper. Marx a toujours nié toute espèce de relations avec le matérialisme classique, qui remonte à Epicure et à Lucrèce. La matière pour lui c'est ce qui n'est pas l'esprit, ce qui est en dehors de notre esprit. Il s'est toujours refusé à identifier ce qui est extérieur avec l'atomisme classique des matérialistes.

Second trait caractéristique, c'est que ce monde extérieur, ses mouvements sont déterminés, non pas du tout par les lois des physiciens et par les savants, mais par le mouvement dialectique qui, comme vous le savez, est le propre de notre esprit. On retrouve là l'esprit du monde de Hegel sous une autre forme ; la réalité extérieure est conduite par les mêmes lois que notre propre esprit. Notre esprit pose une proposition, et invariablement il s'aperçoit que l'aspect des choses exige que la proposition contraire soit prise également en considération ; il pose une thèse et il lui vient l'idée qu'il y a une antithèse, et il cherche à concilier la thèse et l'antithèse dans une synthèse qui fond les deux précédentes, les réunit et les concilie. Cette démarche *dialectique* de la réalité extérieure paraît avoir été découverte à Hegel par l'observation, et c'est ce qui reste vivant dans sa philosophie. Il l'a mise en lumière par quelques exemples ; le plus connu concerne la relation entre maître et serviteur ; le maître nourrit le serviteur, mais ce dernier lui devenant indispensable, il finit par dépendre également de lui, en sorte que l'un et l'autre sont à la fois liés et d'intérêt contraire, thèse et antithèse. La synthèse serait un homme qui se servirait de lui-même.

Marx a transporté cette conception dans l'histoire sociale. Par exemple : il y avait une noblesse ; cette noblesse a suscité l'opposition de ceux qui n'avaient pas les mêmes privilèges, propriétés ou droits, c'est-à-dire le tiers-état. Il y a une thèse, c'est la noblesse, une antithèse, le tiers-état, et la Révolution française, c'est la synthèse qui a fondu la noblesse et le tiers-état dans l'ensemble de la nation. Mais dans ce tiers-état il s'était formé de très bonne heure un autre mouvement de dissociation. La bourgeoisie avait la conduite de l'économie parce qu'elle possédait les capitaux. Cette bourgeoisie, c'est la thèse ; elle a suscité l'opposition des salariés et la formation du prolétariat, c'est l'antithèse. La synthèse est le communisme qui fondra bourgeoisie et prolétariat.

Quelle est l'origine de ces mouvements qui animent le réalité extérieure ? – Eh bien, c'est l'économie ; s'il y a eu une noblesse, c'est au temps où la richesse était presque uniquement constituée par la terre ; ceux qui la possédaient étaient les maîtres de la vie des autres ; ils consentaient à la leur donner moyennant certains droits, certains services. Il y avait les propriétaires de la terre et ceux qui la cultivaient pour leur compte, les paysans. Est apparue une nouvelle source de richesse, le commerce, l'industrie, créateurs de la richesse mobilière. Ceux qui possédaient cette nouvelle richesse ont formé une classe nouvelle, la bourgeoisie, née d'un fait économique ; et dans cette bourgeoisie même, un autre mouvement est apparu lorsque, par le développement du commerce de mer qui exigeait tant de capitaux, et surtout par l'apparition de la machine qui a permis de constituer les usines et qui a exigé de plus grands capitaux encore, il s'est détaché de la bourgeoisie une partie de ceux qui la constituaient pour former la bourgeoisie capitaliste qui a dépossédé de leur indépendance les artisans et les boutiquiers pour en faire des salariés, ce qui les a rejetés dans le prolétariat.

Encore une fois c'est un fait économique auquel l'instrument de production a donné toute son importance. Marx a été amené à cette conclusion par l'importance de la machine, qui est un instrument de la production et qui a été la raison principale de ce que nous appelons le capitalisme.

Cependant les disciples de Marx ont souvent systématisé à outrance ses vues ; il y a beaucoup d'endroits où Marx ne parle pas de l'instrument de production, mais seulement des conditions de la production, et c'est tout autre chose ! Dans bien des endroits aussi, Marx ne méconnaît pas que l'esprit humain n'est pas exclusivement déterminé par l'économique ; il y a certaines tendances dans l'esprit humain qui sont indépendantes en elles-mêmes, par exemple la religion qui est influencée par l'économique mais qui n'est pas créée par lui ; de même, l'art ; de même, la curiosité scientifique. Marx n'a jamais donné un exposé dogmatique de sa philosophie et, dans ses polémiques, il lui est arrivé de donner l'impression qu'il faisait dépendre l'apparition même de la religion et de la création artistique du fait économique. Certains de ses disciples l'ont affirmé sans ambages, mais on dit qu'il lui est arrivé d'affirmer : « Au fond, je ne suis pas marxiste »...

Aux yeux des non-marxistes, l'ensemble constitue une hypothèse, une nouvelle philosophie de l'histoire. Il est clair qu'encore une fois, nous voyons naître une conception de l'histoire sous l'influence du mouvement de l'histoire elle-même puisqu'en effet, l'économie et ses transformations ainsi que leurs conséquences sociales et politiques ont pris, au cours du XIXe siècle, une importance qu'autrefois personne ne leur attribuait. C'est cette philosophie de l'histoire de Marx qu'on appelle le *matérialisme historique*, mais le mot matérialisme prête à équivoque, puisqu'on désigne généralement par là la conception atomistique et mécanique du monde que Marx répudie. C'est pourquoi les non-marxistes préfèrent parfois l'appeler : *interprétation économique de l'histoire.*

Tout le monde sait, comme j'y ai fait allusion, que Marx a tiré de ses conclusions de philosophie historique toute une doctrine politique, la doctrine communiste, des règles d'action qu'il recommandait au prolétariat. Je n'ai pas à entrer ici dans cette partie de son œuvre parce qu'elle ne concerne pas directement l'historiographie et qu'elle ne fait pas corps, à proprement parler, avec sa doctrine de la philosophie de l'histoire, en sorte qu'on peut être marxiste au sens philosophique du terme et ne pas l'être du tout au point de vue politique et communiste, ce sont deux choses distinctes. Et c'est pourquoi beaucoup de gens, qui ne sont pas du tout socialistes-marxistes du point de vue de la propriété, prêtent intérêt au système de Marx en tant que philosophie de l'histoire, et un plus grand nombre encore, tout en critiquant sa philosophie, ont au moins reconnu qu'il fallait désormais attribuer aux facteurs économiques parmi les facteurs historiques une place de premier ordre, et ainsi cela a mis l'histoire économique tout à fait au premier plan. Pour eux, la pensée de Marx est une hypothèse de recherche, c'est-à-dire une théorie qui a conduit à entreprendre des recherches auxquelles on n'avait pas pensé jusque-là.

III

L'histoire économique s'est donc puissamment développée depuis un demi-siècle. D'abord en Allemagne. J'ai déjà cité deux des grands sociologues allemands qui ont été en même temps des historiens de l'économie : Weber et Sombart. Mais l'Allemagne a gardé des historiens de l'économie qui sont restés fidèles à la conception hostile au déterminisme et à toute idée de trouver des lois au développement historique. Tel a été von Below, un des critiques les plus véhéments de Lamprecht. Il n'en a pas moins été un des représentants éminents de l'histoire économique et sociale et a fondé la revue appelée *Vierteljahrschrift* (revue trimestrielle) *für Sozial- und Wirtschaftgeschichte.* La maison d'édition Brodnitz a entrepris une collection d'histoires de l'économie dans différents pays, que les historiens ont d'ailleurs suspendue. Il en a paru pour la Russie, le Danemark, la Hollande et même pour la France : celle de Henri Sée.

En Angleterre et aux Etats-Unis aussi l'histoire économique a trouvé un grand succès, et dans ces pays-là, très souvent, il y a une Faculté spéciale pour ce qu'on appelle « les sciences humaines », les connaissances de l'homme, où l'histoire économique figure à côté de la sociologie, de l'économie politique, de la statistique, de l'ethnologie, de manière qu'elles se trouvent séparées de ce que nous appelons la Faculté des Lettres.

La France est le pays où l'histoire économique a trouvé le moins d'adhérents. Il est même remarquable que l'histoire rurale ait, pendant longtemps, excité peu de curiosité chez nous puisque la France a été et demeure encore un grand pays agricole. C'est sans doute que nous n'avons pas connu de révolution agraire comparable, en étendue et en rapidité, à l'Angleterre, à l'Allemagne, à la Russie où les études agraires et paysannes ont pris, en conséquence, un grand développement. Une explication de ce genre ne vaut pas pour l'histoire de la noblesse ou de la bourgeoisie, qui nous manque encore. Nous avons eu au second Empire un historien très estimable, Levasseur, qui a écrit une *Histoire de l'industrie et des classes ouvrières en France,* mais il n'a pas écrit d'histoire rurale, et M. Hauser, qui a été longtemps professeur d'histoire économique à la Sorbonne, s'est surtout occupé de l'industrie et des classes ouvrières. On a publié un certain nombre d'ouvrages comme celui de Sée sur les paysans en Bretagne depuis le XVIe siècle jusqu'à nos jours, mais il n'y a pas eu d'histoire d'ensemble des classes rurales jusqu'au grand livre de Max[1] Bloch, « Les traits originaux de l'histoire rurale française » ; ce qui vous montrera combien l'histoire économique a été médiocrement développée en France, c'est ce que la France n'a encore qu'une seule chaire d'histoire économique, ici à la Sorbonne, et que la première histoire économique complète de notre pays a d'abord paru en Allemagne.

La Révolution française elle-même, dans toutes les histoires que je vous ai énumérées, ne tenait pour ainsi dire aucun compte de l'histoire rurale et de l'histoire économique. Thiers était celui qui en avait parlé le mieux, mais surtout au point de vue financier, par exemple à propos des assignats ; quant aux paysans, on les laissait à l'arrière-plan ; on admettait qu'ils avaient été entièrement satisfaits de ce qu'avait fait la bourgeoisie en vendant les biens nationaux, en supprimant les droits seigneuriaux, en proclamant la liberté du commerce, alors qu'il y a de graves réserves à présenter. La part que j'ai prise au développement de l'histoire de la Révolution s'est principalement portée de ce côté-là.

L'économie a obtenu dans ces dernières années un certain nombre de revues qui ont été à vrai dire souvent inspirées par des économistes mais pénétrés de la méthode historique, et MM. Febvre et Marc Bloch (que les Allemands ont assassiné en 1944) ont créé, en 1929, les *Annales d'histoire économique et sociale* où l'histoire économique a été principalement étudiée.

Cette histoire de l'économie est restée jusqu'à nos jours une histoire en grande partie descriptive, et cette manière d'écrire l'histoire économique marque en somme la presque totalité de ceux qui la traitent.

Mais un grand économiste-sociologue, Simiand, dans ses recherches sur l'histoire du salaire et sur celle des prix, a introduit une autre méthode : il a représenté qu'il y avait, dans l'économie, des éléments qu'on pouvait observer comme on observe les choses ; qu'on peut mesurer et compter, comme le physicien mesure et compte dans son laboratoire ; qu'on pouvait appliquer, par conséquent, à l'histoire économique les méthodes de la statistique et tirer par la statistique des conclusions qui, dans une certaine mesure, se rapprochent de celles qu'obtiennent les sciences expérimentales de laboratoire. Il a essayé d'introduire la pratique des sciences de la nature dans l'économie comme on ne l'avait encore jamais fait, et cette méthode a un remarquable héritier (Simiand est mort aujourd'hui) dans l'un de vos maîtres, M. Labrousse, suppléant de Marc Bloch à la chaire économique. Il a écrit une *Histoire du mouvement des prix et des revenus au XVIIIe siècle en France* et une thèse qu'il a soutenue au commencement de l'an dernier sur la *Crise économique de la France sous Louis XVI à la veille de la Révolution :* elle concerne surtout la crise viticole et n'est que le premier d'une série de volumes qui apporteront une clarté nouvelle sur une des causes immédiates de la Révolution. [...]

© Flammarion

1. Erreur de transcription : il s'agit de *Marc* Bloch (NdE).

François Simiand
la statistique et les sciences humaines
(1977)

JEAN BOUVIER

Analyse issue d'un colloque tenu pour le trentenaire de l'INSEE (1976), à partir des textes majeurs de François Simiand, jalonnant son parcours, en réaction contre l'« histoire historisante » et en particulier contre Charles Seignobos (cf. Supra, *les deux textes reproduits de François Simiand). Jean Bouvier retrace avec soin les étapes et les modalités de la distance prise par Simiand vis-à-vis des économistes et celles du divorce consommé avec les historiens positivistes. Dans le même temps, ce dernier se rapprochait des fondateurs des* Annales, *également soucieux d'établir des terrains de rencontre entre les diverses sciences sociales et de ne pas atrophier la faculté d'abstraction de l'historien, en particulier grâce au recours à des séries statistiques. On a délibérément laissé la transcription de la discussion qui a suivi, afin de laisser apparaître les divergences d'appréciation entre historiens sur l'apport de Simiand. Sur la controverse entre Maurice Levy-Leboyer et Jean Bouvier, on peut se reporter à leurs articles respectifs.*

Source : *Pour une histoire de la statistique, Paris, INSEE, 1977, t.1, p. 434-441.*

Les rapports économie-histoire-science sociale : Simiand et les économistes

[...] LE TROISIÈME THÈME concernant le rôle de Simiand touche à ses rapports avec l'économie et avec l'histoire, comme disciplines. Il ne lui a jamais été pardonné tout à fait ni par les économistes, ni par les historiens, d'avoir osé se mêler de leurs affaires, c'est-à-dire d'avoir proposé aux uns et aux autres de considérer en toutes choses les frontières, les diversités d'approche, de visée, et de méthodologie des trois sciences humaines majeures : la troisième étant la « science sociale » qui « veut être positive et étudier les faits par l'observation et l'expérimentation[1] » – les faits, c'est-à-dire les « phénomènes sociaux[1] ».

Du côté de l'économie il avait voulu mettre les choses au point en rassemblant en 1912 diverses de ses chroniques de *L'Année sociologique* sous le titre commun : « La méthode positive en science économique ». Selon lui la « science économique positive » doit embrasser « comme par force le point de vue sociologique[2] », ce qui la distingue à la fois de « l'économie politique traditionnelle, dite abstraite ou pure[3] », et de « l'historisme économique, ou de la description pure et simple des faits ». C'est dans le recueil de 1912 qu'il réédite son étude de 1910 : « De l'économie mathématique », laquelle avait pris pour prétexte la traduction française (1909) du *Traité d'économie politique* de Jevons, préfacée par Painlevé. On peut deviner que Simiand prenait ses distances envers les diverses variantes du « marginalisme » et de leurs « systèmes d'équations fabuleux[4] ». A ses yeux

1. F. Simiand, *Méthode historique et science sociale*. Article cité (*Annales ESC*, janvier-mars 1960).
2. « La méthode positive... », p. 205.
3. Id. p. 5.
4. Id. p. 123.

les « principes de la nature humaine » ne pouvaient être pris comme support valable d'un tel « appareil mathématique » : « Les économistes mathématiciens, écrivait-il de manière vive, n'hésitent pas à donner valeur de science à leurs constructions hypothétiques avant qu'elles soient contrôlées par les faits, sans qu'elles le soient, et même alors qu'elles sont contredites par au moins une partie des faits. Et ce n'est pas trop dire que de dénoncer là un scandale méthodologique dans une science qui se propose d'expliquer une réalité[1] ». La communication de M. Claude Ménard éclairera, *a contrario*, la répugnance du marginalisme envers la statistique et l'approche « positive ». Langages de sourds ? Mais Simiand définissait le fondement même du désaccord entre problématiques en écrivant : « L'économie traditionnelle et l'économie mathématique, en voulant expliquer des phénomènes économiques essentiels (de prix, de marché, d'échange) par des phénomènes élémentaires de psychologie individuelle, traités plus qualitativement par l'une, plus quantitativement par l'autre, l'une et l'autre vont à contre-sens de la réalité, parce que les phénomènes de psychologie individuelle sont au vrai dépendants et dérivés de ces phénomènes économiques essentiels que l'on veut expliquer ou déterminer par eux[2] ». C'était là – c'est toujours – le cœur de maintes divergences. Et c'était annoncer l'essentiel de sa quête sociologique : étudier les comportements liés du patronat et des salariés à travers les fluctuations liées du profit et du salaire. La « forme statistique », martelait-il, est « le seul moyen d'atteindre les phénomènes collectifs, qui sont la condition des phénomènes individuels[3] ». Il osait écrire qu'au départ la statistique pouvait être grossière et simple dans ses méthodes, mais qu'elle utiliserait par la suite « des procédés mathématiques plus avancés ». Il voyait s'ouvrir à l'application des mathématiques en science économique « un vaste domaine[4] ». Encore que, comme je l'ai indiqué précédemment, il mesurera ensuite (en 1932) ce qui lui apparaissait comme les limites du raffinement en mathématiques statistiques – et ce que l'on peut bien déclarer, aujourd'hui, être les limites de Simiand lui-même. Mais, encore une fois, on ne peut comprendre Simiand qu'en son temps. Rappelons que dans ses recherches statistiques il ne fut qu'un « bénédictin forcené » (L. Febvre[5]), un artisan isolé sans moyens matériels, ni assistants, ni techniciens-conseillers. Nous sommes, par rapport à lui, de véritables « héritiers », ce qui doit rabattre un peu notre superbe technicienne. Dans la « Postface » du tome II de 1932 il s'évertua d'ailleurs à se situer par rapport à l'économie politique dominante. Il en était évidemment en marge : il n'enseignait qu'au Conservatoire des Arts et Métiers... Mais ses *Cours d'économie politique* de la fin des années 1920, matrice de ses trois grands volumes de 1932, apparurent à bien des historiens (en particulier à la phalange des *Annales* naissantes) comme établissant enfin des relations « positives » entre sciences humaines.

Simiand et les historiens

Quant aux rapports entre Simiand et les historiens, ils ne laissaient pas d'accabler, en quelque sorte, l'observateur d'aujourd'hui, lequel, ayant embrassé la foi de « l'interdiscipli narité » (ce qui était le sens même du manifeste des *Annales* en 1928), en mesure surtout les

1. Id. p. 130.
2. Id. p. 145.
3. Id. p. 151.
4. Id. p. 151-152.
5. L. Febvre : « F. Simiand, ou des conditions faites à la recherche en 1936 », *Annales ESC*, 1936, p. 42.

obstacles dans la vie quotidienne, à moins de la pratiquer exclusivement à l'intérieur de ses propres recherches, sans véritables contacts interdisciplinaires «externes». On pourrait répéter: «Langages de sourds?» Le dialogue ouvert en 1903 par Simiand avec l'histoire n'a pas cessé, depuis, de traverser des moments forts et des périodes d'apaisement. Je l'arrêterai à la mort de Simiand – puisque aussi bien Maurice Lévy-Leboyer et moi-même l'avons repris tout récemment, et qu'il est inutile de se répéter [1] – et sans avoir la prétention d'en faire ni une chronique exhaustive, ni une explication suffisamment raisonnée. C'est, je le redis, matière à une large recherche.

«Méthode historique et science sociale» de 1903 *(Revue de synthèse historique)* est une réponse ouverte à Seignobos, et tout particulièrement à son livre de 1901: *La méthode historique appliquée aux sciences sociales*. Le désaccord entre l'historien et le sociologue allait bien au-delà des formes et limites de la pratique statistique. Mais Simiand, en 1903, est très allusif sur ce point, qui n'était pas à ses yeux l'essentiel. C'est au développement de Seignobos [2] dit: «Nécessité (en histoire sociale) de déterminer la quantité des faits» que Simiand consacre cette simple note: «La plupart des remarques faites à ce sujet par l'auteur sont très contestables et ne paraissent tenir un compte suffisant ni des vraies conditions de la mesure scientifique, ni du véritable caractère de la statistique sociale [3]». A se reporter à ce passage de Seignobos, on ne serait pas loin des réactions de Simiand. Certes l'historien souligne «l'absolu besoin» d'une «connaissance quantitative» en «histoire sociale [4]». Mais les moyens de cette connaissance (qui seront toujours selon lui «médiocres», étant donné l'impossibilité d'une observation directe), sont limités à des définitions formelles et successives de la «mesure», du «dénombrement», de «l'évaluation», de «l'échantillonnage», et de la «généralisation [5]». Seignobos entend bien qu'on peut employer des courbes, mais met en garde contre «la tentation de comparer des tableaux ou des courbes statistiques pour déterminer la cause des évolutions sociales [6]». Pourquoi cette mise en garde – laquelle, nous le savons bien, a eu longue vie chez les historiens, même lorsque s'est développée par la suite, avec et après E. Labrousse, une histoire économique quantifiée, chiffrée, «sérielle», au point que les disciplines historiques – l'histoire «économique», «sociale», «politique», «démographique», etc. en France au XXe siècle sont entrées dans le chiffre comme à reculons? Pour deux raisons, qui n'ont point disparu. D'abord, l'importance majeure attachée par l'historien à la valeur de la source, à sa critique documentaire (les règles demeurent sur ce plan, et heureusement), car c'est la valeur de la source (Seignobos dixit) qui fixe les «limites de la connaissance possible [7]». Le reproche chronique, sinon permanent, des historiens aux économistes est bien de trop prendre pour argent comptant les «comptes fantastiques de Gregory King» (E. Le Roy-Ladurie) lorsqu'il s'agit d'«économétrie rétrospective» (P. Vilar). Dans les discussions récentes sur «l'histoire quantitative» de l'économie française du XVIIIe siècle à nos jours, cette fêlure est encore apparue. Et elle apparaîtra probablement au travers de certaines communications de notre rencontre. Or entre Simiand et les historiens de son temps la fêlure demeurera, jusqu'au bout, béante. Mais la

1. M. Lévy-Leboyer: «L'héritage de Simiand: prix, profit et terme d'échange au XIXe siècle». *Revue historique*, janvier-mars 1970; J. Bouvier: «Feu François Simiand?» *Annales ESC*, septembre-octobre 1973.
2. Seignobos, p. 200-212.
3. Article cité; d'après *Annales ESC*, 1960, note 1, p. 99.
4. Seignobos, p. 200.
5. Id. p. 201-212.
6. Id. p. 288.
7. Id. p. 210.

seconde raison des réticences d'un Seignobos devant la quantification et la statistique est leur apparente prétention à l'explication du chiffre par le chiffre. « On peut compter les crimes, les journaux, les enfants naturels ; mais de la comparaison des chiffres, que pourra-t-on conclure ? On a comparé des incommensurables, des faits qui ne sont même pas mesurables[1] ».

Et Seignobos d'ironiser aux dépens d'un Quételet, ou d'un Bourdeau, lequel a fort curieusement proposé de « compter le nombre d'exemplaires auquel a été tiré un livre pour évaluer l'influence de ce livre sur la société : ce procédé repose sur une confusion entre la mesure et le dénombrement[2] ». Si Seignobos pouvait voir où nous en sommes aujourd'hui quant aux comptages des *mots* d'un livre, quelle amertume pour lui ! Pour Seignobos c'est pure « illusion[3] » de croire « qu'on peut réduire les faits historiques en chiffres ». Et pourquoi ? Parce qu'aucun « procédé statistique[4] » ne viendra jamais à bout de la connaissance des causes, puisque les « causes sont toujours des états intérieurs, des motifs ». Les causes sont psychologiques. Elles sont au-delà de toute investigation par le chiffre et par la comparaison inter-chiffres. Le chiffre n'atteint que « les conditions matérielles, et les produits, ou les actes humains[5] » : soit la surface. Seignobos dit et répète que « tous les faits sociaux[6] » ont un « caractère psychologique[7] ». Le subjectif, le psychologique (c'est la même chose pour Seignobos) ne sauraient relever d'une quelconque mesure. Donc aucune mesure ne saurait aller au fond des « causes ». On s'aperçoit de la réelle actualité de telles affirmations (en ce qui concerne les débats entre historiens depuis une vingtaine d'années) quand on lit chez Seignobos que « la structure économique est une métaphore dangereuse[8] », si l'on veut dire qu'une « structure économique totale détermine l'organisation politique totale d'un peuple[10] ». Seignobos réduit la structure économique à « une série d'habitudes économiques, et d'arrangements collectifs de vie économique[10] ». Dans ces conditions la recherche des causes du changement économique doit passer non par l'analyse chiffrée d'une structure, mais par la réponse à cette seule question pertinente : « Quel changement intellectuel, privé, ou politique, a produit ou influencé le changement économique, ou démographique[10] ? ». Du coup « l'histoire économique » (avec un bagage léger de chiffres et de courbes) n'est déclarée qu'un « auxiliaire nécessaire de l'histoire des institutions et des événements[9] ». Voilà un clair modèle de « l'histoire historisante ». Mais que l'on comprenne bien pourquoi cellc-ci n'est pas morte. Chez ces historiens aussi, comme chez les économistes « abstraits », les « principes de la nature humaine » sont la finale explication.

C'en était trop pour F. Simiand. Son article de 1903 est un anti-Seignobos ; et (dejà) un anti-Henri Hauser : le divorce entre les deux hommes sera désormais une constante, si l'on peut dire. Mais on est bien au-delà d'oppositions de personnes. A relire le Simiand de 1903, on mesure certainement les différences d'approche. Il faudrait voir de fort près (ce qui nous éloignerait encore davantage de notre thème central : l'avancement de la statistique) comment les historiens en cause d'un côté, le sociologue de l'autre, ne

1. *Seignobos*, p. 126.
2. Id. p. 127.
3. Id. p. 133.
4. Id. p. 148.
5. Id. p. 148.
6. Id. p. 126.
7. Id. p. 134.
8. Id. p. 286.
9. Id. p. 284.

donnent pas le même sens à de mêmes mots, tels que: «science sociale», «cause», «condition», «objectif», «subjectif», «psychologique»... Si l'on voulait citer les formules les plus ramassées de Simiand, pour permettre de situer sa démarche par rapport à celle de Seignobos, on pourrait se référer aux suivantes: d'abord, «l'objectivité des résultats de la science positive n'est pas autre chose que l'indépendance où ils s'établissent de notre action propre et de notre spontanéité pensante; les régularités de coexistence et de succession entre les phénomènes que la science dégage et exprime[1] s'imposent à nous, ne procèdent pas de nous, et de là prennent leur valeur objective[2]». D'autre part: «le tout... est autre chose que la somme des parties... L'élément social n'est pas une simple juxtaposition et complication d'éléments individuels. Ainsi cet élément social, dont la place est si grande dans notre vie psychologique, nous est bien donné comme indépendant de notre spontanéité individuelle: il est *réalité*[3] au même sens que, pour la connaissance positive, est réalité l'élément dit matériel; il est *objet*[3] comme est objet le monde extérieur[4]». Ou encore: «Le problème se ramène à rechercher si l'abstraction sociologique[5], c'est-à-dire la considération objective des phénomènes sociaux en eux-mêmes, conduit à des régularités, à des lois, à une explication scientifique[6]». Quant à la recherche des «motifs» de l'action des hommes – «expliquer une pratique par son but[7]» –, à supposer que l'observateur-historien puisse reconstituer ces motifs individuels sans les avoir à son insu tirés de ses propres suppositions, Simiand souligne une ambiguïté qu'aujourd'hui toujours bien des historiens ont du mal à admettre: «La tendance à procéder ainsi, cependant très forte, se développe du postulat inconscient, illusion très naturelle à tout homme, que l'action humaine est vraiment consciente de ses vraies raisons, dans la vie sociale aussi bien que dans la vie individuelle. Mais c'est là une illusion, et dont il faut se défaire[7]». Enfin, quant aux «causes» en science sociale: «Ici, comme dans les autres sciences positives, la cause d'un phénomène est et n'est pas autre chose que, selon la formule de Mill, le phénomène antécédent invariable et inconditionné. L'établissement d'un lien causal se fait non entre un agent et un acte... mais entre deux phénomènes exactement de même ordre: il implique une relation stable, une régularité, une loi... Si donc l'étude des faits humains veut se constituer en science positive, elle est conduite à se détourner des faits uniques pour s'en prendre aux faits qui se répètent, c'est-à-dire à écarter l'accidentel pour s'attacher au régulier, à éliminer l'individuel pour étudier le social[8]».

La discussion ainsi lancée – et elle se poursuivait dans l'article de Simiand en 1903 par une analyse très fouillée et très critique des pratiques des historiens, des propositions de Seignobos concernant la classification des faits économiques, de l'absence d'«esprit constructeur» ou de «plan organisateur» dans l'histoire universitaire au plus haut niveau – allait rebondir par la suite au fil des ans, mais sans jamais retrouver après 1914-1918, semble-t-il, l'ampleur qui avait été la sienne au tournant du siècle[9]. Il n'est pas sûr que ce changement dans les rythmes et l'intensité des échanges sociologie-histoire s'explique

1. Par la méthode statistique, naturellement (J.B.).
2. Article cité, *Annales ESC*, 1960, p. 86.
3. Souligné par F.S.
4. Id. p. 87-88.
5. Exemples: «le machinisme», p. 90; ou «le marché», p. 95 (J.B.).
6. Id. p. 91-92.
7. Id. p. 94.
8. Id. p. 95.
9. Il serait naturellement nécessaire de la suivre, pendant les années 1900, dans diverses revues et publications.

uniquement par la « révolution culturelle » – progressive chez les historiens – dont la création des *Annales* fut à la fois un résultat et un commencement, revue où les signatures de Simiand et de Hauser coexistèrent... En tous les cas, c'est lorsque Simiand pénétra directement sur le territoire des historiens, et lorsque les historiens entrèrent à grandes guides dans la quantification des fluctuations – en vérité, un seul dans les années 1930 : E. Labrousse – les uns et l'autre privilégiant l'étude des prix, que les différences d'approche prirent véritablement des contours concrets et visibles. Dans ses conférences de 1930-1932 à l'Ecole pratique des hautes études : « Recherches anciennes et nouvelles sur le mouvement général des prix du XVIe au XIXe siècle [1] », Simiand justifie ainsi son objectif : « Si un mouvement global des prix a existé, il a conditionné tous les autres mouvements, beaucoup plus que ces autres mouvements n'ont été éléments conditionnant ce mouvement global [2] ». Repoussant la « météorologie du jardinet » – soit celle des historiens travaillant au plan du court terme, sur « des données de prix spéciales, locales, limitées [3] » – il vise « les mouvements communs et très généraux de prix », en n'hésitant pas à utiliser des « balances fausses » (voir son recours à d'Avenel), mais en ne négligeant pas non plus des instruments de mesure plus raffinés (travaux d'Hamilton, premières publications d'E. Labrousse). Il fait leur place aux problèmes de conversion des prix et à la méthodologie des indices [4]. Mais il trace une nette ligne de démarcation avec les historiens : « Si nous n'avions pas ce premier fonds de connaissances très grossières mais néanmoins très générales et fondées, nous ne pourrions pas faire d'observations précises de quelque utilité... C'est là qu'est la divergence initiale dans l'orientation de la recherche entre l'historien de bonne formation, de bonne critique modernes, et la direction de travail qui me paraît s'imposer par détermination critique [5] ». Mais comment les historiens de ce temps auraient-ils accepté ce point de départ : « Nous devons commencer par le général [6] » ? Comment auraient-ils pu comprendre que : « ce sont les variations interdécennales les plus longues et les plus larges qui, pour le mouvement d'ensemble des prix, sont à première vue celles qui doivent avoir la plus grande réalité d'ensemble, la plus grande importance relative, la plus grande possibilité de conditionner les autres variations [7] » ? Les historiens non quantitativistes – qui « tenaient » l'enseignement et la recherche – voyaient surgir ici les premiers linéaments d'une problématique des « mouvements longs » et allaient, des années durant, nier l'existence même des mouvements globaux de prix. On pourra lire avec intérêt, dans ce cours de 1930-1932, la réaction de Simiand à l'article [8] d'E. Labrousse dans la *Revue d'histoire économique et sociale* de 1931, portant sur le prix du blé au XVIIIe siècle, réaction d'adhésion critique : E. Labrousse viserait trop le mouvement séculaire ; rendrait difficile, en privilégiant les moyennes mobiles, le relevé des points-tournants des phases interdécennales ; devrait passer du prix d'un produit aux prix de plusieurs produits ; aurait pu recourir à la « médiane » et aux « quartiles », « indices trop peu connus dans la pratique historique [9] ». F. Simiand maintenait certaines de ces réserves (*l'Année sociologique* en 1934) [10] dans le compte rendu

1. Exemplaires dactylographiés accessibles à la Bibliothèque nationale.
2. Id. p. 272.
3. Id. p. 41-44.
4. Id. p. 46-56.
5. Id. p. 273-274.
6. Id. p. 8.
7. Id. p. 15.
8. Id. p. 393 et suivantes.
9. Id. p. 277.
10. Id.p.226-229.

qu'il fit de l'ouvrage pionnier d'E. Labrousse: *Esquisse du mouvement des prix et des revenus au XVIIIe siècle*, mais adhérait, naturellement, aux lignes de force et aux visées du nouvel historien, qui allait jouer le rôle que l'on sait, plus tard, dans les recherches d'histoire économique et sociale.

Je laisse de côté l'accueil fait à la grande œuvre de Simiand de 1932 par les historiens: mais ni Georges Lefèbvre, ni Marc Bloch, qui lui consacrèrent d'amples réflexions, et qui furent très ouverts à son œuvre, n'étaient des historiens de l'économie familiers de la statistique. Ils n'étaient pas des «faiseurs de courbes» (H. Hauser)[1]. C'est Hauser qui reprit le combat contre ces derniers, c'est-à-dire contre Simiand, dans la *Revue des cours et conférences* de décembre 1935-mai 1936. Impossible, disait-il, de séparer l'histoire des prix de «toutes les autres séries historiques[4]»; impossible de violer ainsi la «complexité des faits sociaux[4]» par de simples «procédés de laboratoire[4]». Et pour aboutir à quels résultats? À mettre en évidence des «constatations générales massives» telles que des hausses ou baisses séculaires, constatations «d'une telle généralité que les sources proprement littéraires nous les avaient déjà fait connaître[4]». Quant à faire des pesées justes avec des balances médiocres, comment y songer, puisque rien ne prouve que le «coefficient d'erreur soit connu et constant[2]»? Pourquoi user son temps, comme le fit Simiand, à «tracer des courbes au moyen de données dont il avait démontré la fragilité[3]»? La réalité historique des prix? Des «zigzags[4]» dans le temps, des disparités dans l'espace. Les raboter par le chiffre est impossible à l'historien. Celui-ci veut «saisir des réalités concrètes et humaines, joies ou souffrances». Alors: «Il n'y a plus de science que du particulier[5]». On mesure ici la filiation Seignobos-Hauser. Et la justesse de l'observation de Marc Bloch: que la faculté d'abstraction de l'historien est atrophiée singulièrement...

J'arrête ici abruptement ce retour à d'anciennes querelles, où l'on peut retrouver encore d'actuels débats. Si j'avais fait entendre que ce trop rapide essai «historiographique» mériterait approfondissement, révision, et poursuite, je m'en déclarerais satisfait.

© INSEE

L'appareil conceptuel dans l'histoire économique contemporaine

(1965)

JEAN BOUVIER

A l'aube des années soixante, peu après la publication de sa thèse sur la naissance du Crédit Lyonnais, Jean Bouvier s'interroge sur la périodisation des quatre rencontres successives entre économistes et historiens. Il analyse, à l'heure où l'histoire économique contemporaine n'en est qu'à sa «préhistoire», l'emploi différencié que les historiens font de certains concepts empruntés aux économistes, tels ceux de «quantité», «mouvement» et «structure». Et, à la lumière de quelques recherches d'alors, en histoire économique, il évoque

1. H. Hauser: «Statisticiens et historiens devant l'histoire des prix». *Revue des Cours et Conférences*. 30 mars 1936. p. 719.
2. Ibid. 29 février 1936. p. 550.
3. Id. p. 549.
4. *Revue des Cours*... 30 mars 1936. p. 715.
5. Id. p. 717.

d'autres concepts notamment ceux de: « bourgeoisie », de « profit », et d'« interaction entre l'économique et la politique », objets de débats et controverses.

Source: Revue économique, *n° 1, janvier 1965, Armand Colin, p. 1-17.*

LES PROPOS qui suivent sont limités[1]. Ils ont trait aux questions suivantes: quel est le champ de vision des *historiens* de l'économie contemporaine? De quel outillage conceptuel sont-ils amenés à se servir? D'où leur vient-il, et comment en usent-ils? Les réponses ici apportées, qu'on veuille le comprendre, ne sont pas bibliographiques. Elles se veulent d'abord réflexions[2].

I – Les rencontres économie-histoire et les deux grandes familles des historiens de l'économie

Entendons par « rencontres » les efforts conscients et systématiques visant à marier les deux modes d'analyse, le mode économique et le mode historique.

La première rencontre coïncide avec le marxisme. Celui-ci est bien un effort d'intégration entre analyse économique et explication historique du fait contemporain. Mais cette rencontre de l'économie et de l'histoire est demeurée elle-même, après Marx, au stade de la spéculation théorique de laboratoire. La mise en œuvre du noyau de la méthode marxiste appliquée à la matière historique – sa mise en œuvre par les historiens qui sont, ici, notre objet d'observation – a tardé elle aussi avec l'ensemble de la recherche économique en histoire contemporaine. Par ailleurs, dans les temps tout proches, les applications propres du marxisme à la discipline historique ont été limitées. Enfin, ces applications ont posé – et posent – des problèmes spécifiques, qui font l'objet de débats fort intéressants, ces dernières années, entre marxistes et non-marxistes, et entre marxistes eux-mêmes. Mais, quoi qu'on puisse dire, et il y aurait beaucoup à dire, au sujet des vicissitudes historiques du matérialisme historique, il demeure qu'il a, selon les cas, par rayonnement, par gravitation, par osmose – ou par répulsion – influencé tout l'environnement. Le vocabulaire économique et historique en est une permanente illustration. Ce que le marxisme apporte, en fait de noyau rationnel, c'est qu'il veut manier de concert l'analyse abstraite, l'abstraction méthodologique, et l'observation concrète, le « récit », la prise en charge du réel. Mais pour reprendre les termes de Pierre Vilar, il ne confond pas l'abstraction conceptuelle, nécessaire en tant qu'outil d'exploration, « avec la fin réelle de la recherche, qui est l'explication du devenir historique ». C'est pourquoi, vaille que vaille, le marxisme a pénétré dans les sciences de l'homme, son intention demeurant fondamentalement historique.

La seconde rencontre économie-histoire est la rencontre allemande de la deuxième moitié du XIXe siècle, celle de « l'école historique » en économie politique (Roscher, Hildebrand, Schmoller, Sombart). Jean Meuvret en a parlé en termes excellents. Son

1. Cet article est le texte d'un exposé fait au séminaire d'I. Meyerson (Centre de recherches de psychologie comparative, VIe section de l'E.P.H.E., 54, rue de Varenne, résumé dactylographié, mai 1963). Il se trouve être en étroits rapports (et en quelque sorte le symétrique) avec l'article de J. Lhomme, « Attitude de l'économiste devant l'histoire économique », *Revue historique*, avril 1964. Exemple exceptionnel d'une coordination née du hasard...

2. Dans la même direction de pensée, voir les rapports de Pierre Léon et Pierre Vilar à la *Première conférence internationale d'histoire économique*. Contributions, Communications, Stockholm, Mouton et Cie, 1960. Et l'exposé de Jean Meuvret, *L'évolution des concepts de l'histoire économique des débuts des temps modernes*, Centre de recherches de psychologie comparative, résumé dactylographié, mai 1963.

influence, en France par exemple, a été indéniable, sur un Sée, un Hauser – voire un Lucien Febvre.

La troisième rencontre fut décisive, et nous la vivons encore, nous historiens, du moins. Et certains économistes de même. Elle doit, certes, beaucoup aux deux précédentes. Ce qui en fait l'originalité et l'exceptionnel intérêt, c'est qu'elle procède d'une approche commune, sans avoir été au départ concertée, des historiens et des économistes, allant à la rencontre les uns des autres. Progressivement, en effet, l'économie politique du XIXe siècle sortit de l'abstraction et s'intéressa aux faits. Avec Juglar, Simiand, Lenoir, Lescure, Aftalion – et d'autres encore – ceux que l'on pourrait appeler les «économistes concrets», utilisant le véritable réveil statistique de la fin du XIXe siècle, passèrent ouvertement de l'analyse économique conceptuelle à l'analyse économique statistique, concrète, historique. Sans doute – ou peut-être – pour reprendre un mot de Schumpeter, que Pierre Vilar a rappelé à Stockholm, le mélange entre histoire économique et concepts économiques demeurait-il de type «mécanique», alors que chez Marx il y avait eu essai de brassage «chimique». Mais grâce à ces démarches pionnières, les historiens, de leur côté, ébranlés déjà en quelque sorte par le test de l'école allemande et plus ou moins influencés par l'appareil d'analyse marxiste – sans oublier bien sûr le mouvement réel de l'histoire en train de se faire –, eurent désormais à leur disposition ces concepts, ces techniques, cet outillage dont ils manquaient jusqu'alors tout à fait. Du moins purent-ils les avoir à leur disposition, car la grâce économique n'illumina longtemps qu'une petite minorité d'entre eux.

Il faudrait ici rappeler comment chez Henri Sée, chez Hauser, chez Lucien Febvre, chez Albert Mathiez, chez Georges Lefebvre, chez Ernest Labrousse se sont exercées les diverses influences auxquelles j'ai fait allusion, influences qui, pour les uns et les autres, se sont combinées à des degrés variables. Ces mélanges à doses hétérogènes entre Marx, Schmoller et Simiand, cités ici comme symboles, ont abouti en tous les cas à une sorte de précipitation chimique, à une mutation décisive, à une crise de la conscience historique dont la création des *Annales*, en 1929, fut le signe. On ne relit pas sans émotion le premier numéro de la revue où se rencontrèrent Marc Bloch, Lucien Febvre et tant d'autres auxquels nous sommes si nombreux à être redevables. Bien plus qu'une «école», les *Annales* étaient, et demeurent, un carrefour entre historiens se reconnaissant des préoccupations communes. Nous vivons toujours, en France, sous le signe de cette troisième rencontre entre économie et histoire. Nous en sommes les fils. Sans en méconnaître la part d'ambiguïtés, la part de désaccords et de différences. Mais en en reconnaissant le mouvement, l'élan, la richesse de contenu. Voilà bien le fait dominant dans la recherche historique, au XXe siècle, en histoire moderne et contemporaine tout particulièrement.

Sans vouloir, enfin, grossir le dernier point, on peut parler, depuis peu, d'une quatrième rencontre entre économie et histoire, rencontre très particulière parce qu'elle est le fait des seuls économistes – de certains économistes – lesquels, agressivement en quelque sorte, cet adverbe étant à prendre *cum grano salis*, pénètrent dans le domaine de l'histoire économique, drapeau levé, au nom de l'efficacité quantitative. Sous le quadruple patronage de Kuznets, de Colin Clark, de François Perroux et de Marczewski commence à s'établir une histoire économique d'un style neuf, dite par elle-même «histoire quantitative»; elle tend à faire pénétrer de gré ou de force la matière première statistique, même lorsqu'elle remonte à l'époque précapitaliste, dans les cadres des techniques actuelles de la comptabilité nationale. Disons seulement que les historiens suivent cette tentative avec une sympathie et une vigilance critique rigoureusement égales.

Peut-on maintenant classer, sans excès d'artifice, une fois rappelées ces origines proches ou lointaines, les historiens actuels de l'économie en « types », en « catégories » ? Il me semble que, sur la scène internationale, deux grandes familles d'historiens-économistes coexistent. Je m'en tiendrai à cette distinction. Je n'irai pas jusqu'à esquisser la généalogie, encore moins la biographie, des deux groupes familiaux qui ne sont pas d'ailleurs, il s'en faut, parfaitement homogènes. Et que l'on reconnaîtrait aisément pour ce qui est de l'« école française ».

D'un côté, un groupe qui est surtout, mais non exclusivement, d'origine anglo-saxonne et, plus spécialement, américaine. Ici, dans la formation de l'historien, l'économie politique tient une place considérable. L'histoire économique est alors directement éclairée et conduite par les concepts d'une économie politique à la fois raffinée dans ses méthodes et son langage, et « vulgaire » au sens où Marx employa ce mot à l'encontre des apologistes du capitalisme de son temps, sens que l'on peut, sans difficulté, débarrasser de son intention péjorative et de sa charge affective. L'histoire économique vise alors, par prédilection, des objectifs plus techniques qu'historiques. Elle tend à faire de l'analyse économique pour elle-même ; elle devient une *economist's history* et, dans ses diverses spécialités (par exemple histoire des prix, histoire des entreprises), elle peut se clore sur elle-même. Elle manie l'abstraction des concepts économiques (celui de croissance, de structure, etc.) et la fabrication de toutes sortes de « modèles » avec une délectation particulière et qui n'a d'ailleurs rien d'inutile – évidemment ! – ni de morose. Les marxistes lui font le reproche d'ignorer parfois, ou de sous-estimer simplement, les « rapports de production », pour concentrer son effort sur l'étude des « forces productives ». Enfin, un autre de ses traits est la tentation, souvent suivie d'effets, de plaquer sur le passé des modèles conceptuels ou mathématiques tirés des procédés actuels de l'analyse économique. C'est ce mouvement qui entraîne chez beaucoup d'historiens une certaine hésitation. Il a été donné aux participants du Congrès international d'histoire économique d'Aix-en-Provence (1962) d'en rencontrer un exemple, particulièrement brillant d'ailleurs[1].

L'autre famille des historiens-économistes est plus spécialement européenne. L'école marxiste en est l'élément le plus visible et, à côté d'elle, les franges qu'elle influence, même lorsque lesdites franges conservent avec soin leurs distances vis-à-vis du marxisme. Le trait commun à ce second groupe, au-delà des divergences ou des nuances, c'est, semble-t-il, le souci du social. Ce groupe n'a pas abandonné, somme toute, certaines prémonitions du saint-simonisme. Souci du social, ou plus exactement de l'analyse sociale, inséparablement liée à l'analyse économique. Dans ce cas, l'histoire économique n'est jamais étudiée pour elle-même, ni réduite à des techniques d'analyse. Elle garde ses distances vis-à-vis des abstractions et concepts des économistes, *ce qui ne signifie pas qu'elle les ignore ni qu'elle ne les utilise pas*. Elle vise, ambitieusement il est vrai, à rendre compte de la totalité, en intégrant l'étude économique dans l'histoire sociale, et en faisant de celle-ci un élément explicatif fondamental de l'évolution historique. Témoin de cette attitude, l'insistance d'Ernest Labrousse à passer de l'analyse des prix à celle des

1. Rapport de R.E. Cameron, professeur à l'Université du Wisconsin, au titre significatif : *Fondements théoriques pour une étude comparative du rôle des institutions financières, aux débuts de l'industrialisation*. L'auteur s'appuie sur les travaux d'économistes américains analysant crédit et financement dans les U.S.A. d'aujourd'hui. Et il écrit : « Bien que leurs conclusions concernent avant tout des fins politiques dans des pays économiquement avancés, spécialement aux U.S.A., et soient sujettes à discussions et débats, l'armature théorique qu'ils utilisent est utile et peut s'adapter aux études historiques. »

revenus et des fortunes ou à traquer, si l'on peut dire, la répartition sociale de la richesse ou de la misère. A l'inverse de la famille précédente, ce groupe – répétons-le, hétérogène – est parfois réticent devant l'application rétroactive des méthodes d'analyse tirées de l'observation des faits actuels, et se méfie de toute tentation de «modernisme»: il conserve un sens aigu de ce que chaque époque, chaque économie, chaque société ont de spécifique.

II – Histoire économique contemporaine et concepts

Les observations sont ici restreintes à la seconde famille des historiens-économistes et, à l'intérieur d'elle, au groupe français. Encore ne s'agit-il que de «notes» et que d'exemples cités comme caractéristiques, et non d'une analyse exhaustive d'une série de travaux achevés déjà longue, et d'une série encore bien plus longue de travaux en cours. Cet article rapide n'est pas une recension bibliographique, ni un panorama détaillé. Qu'on veuille bien le pardonner à l'auteur, qui mesure ses lignes et sa liberté au nombre de pages auquel il est astreint.

Parlons franc. Vu de près, le groupe d'historiens français attachés à l'étude de l'économie des XIXe et XXe siècles paraît incohérent et anarchique. Ce n'est pas un groupe, en vérité, mais une addition d'équipes, ou plutôt d'individualités. La *coordination* des divers travaux tient plus du hasard, et du rôle dirigeant de tel ou tel maître, que d'un ajustement pensé, délibéré, des recherches aux besoins de recherche – c'est-à-dire à ses vides. Vaille que vaille cependant, à la fois spontanément, et par le jeu de l'offre et de la demande de recherches, de secteurs de plus en plus variés se trouvent couverts. Quant à la *confrontation* des divers travaux et des diverses recherches, elle pèche sans aucun doute par une particulière faiblesse: question d'organisation, peut-être, mais de mentalités, surtout. L'artisanat domine encore. Et les «chefs-d'œuvre» s'empilent sur les rayons, les uns après les autres. Dans les revues, la discussion est feutrée: d'ailleurs (sauf aux *Annales*) elles ne comportent pas de rubrique de discussion. De colloques nationaux d'histoire économique? Point[1]. Les historiens français préfèrent se rencontrer dans des assemblées internationales.

On demanderait d'autre part à la majorité des historiens-économistes avec quels outils conceptuels sont conduits leurs propres travaux que les réponses seraient probablement décevantes: c'est que nombre d'historiens *croient* travailler sans concepts. La masse des historiens de l'économie (et pas seulement eux) n'a pas été habituée à réfléchir sur les hypothèses de travail, les cadres mentaux implicites ou explicites, les concepts d'emprunt qui président obligatoirement à toute recherche. L'attachement exclusif au concret a longtemps empêché les historiens, tous les historiens, de faire la théorie de leur métier. Ils y répugnent, en général, parce que toute théorie leur semble hors de l'histoire. Marc Bloch écrivait: «Le perpétuel effort vers le concret et le particulier tend à atrophier chez nous la faculté d'abstraction[2]». Et donnait lui-même quelques paragraphes plus loin un exemple de la timidité des historiens à employer certains grands mots, lorsqu'il caractérisait le salaire comme «revenu type de tout un groupe d'hommes, on oserait presque dire d'une classe».

1. Ou fort peu... Il a fallu des initiatives avant tout locales pour que soit réalisé le «Colloque charbon» à Lille au printemps de 1963.
2. Revue historique, n° 1, 1934.

Or, qu'ils le veuillent ou non, qu'ils en aient, ou non, plus ou moins conscience, les historiens-économistes ne peuvent se passer d'outillage conceptuel. Mais, me semble-t-il, et cela appelle sans doute discussion, l'historien-économiste n'a pas de concepts qui lui soient propres. Il ne peut travailler qu'avec un outillage d'emprunt. Pour les marxistes, il s'agit d'une règle : c'est l'économie politique (marxiste, bien sûr) qui dégage les lois du développement social, et non l'analyse historique, qui ne fait que retrouver et décrire le jeu des lois. Et pour tous les historiens de l'économie qui réfléchissent sur leur métier, c'est à l'économie politique – aux économies politiques et aux économistes – d'apporter aide et secours à leur travaux tâtonnants et empiriques. Voyons Lucien Febvre rendant compte en 1930 du grand *Cours d'économie politique* de Simiand, et réclamant des économistes « des notions positives et rigoureusement contrôlées sur les divers *modes possibles de groupement, de classement, et de présentation des faits économique*[1] ». Ironisant sur les vieilles étiquettes utilisées par les historiens (agriculture, industrie, commerce), lesquelles ignoraient les capitaux, la monnaie, les prix, Lucien Febvre réclamait en faveur de l'historien de l'économie et pour son usage « *des modes de groupement et d'articulation des faits* susceptibles de *s'appliquer* aux sociétés mêmes qu'il s'agit de décrire[2] ». Certes, disait en substance Lucien Febvre, ce n'est pas à l'économiste de faire la besogne de l'historien ; ses concepts ne sont pas transférables mécaniquement sur toute économie ou toute société passée. Et Lucien Febvre précisait que l'historien n'avait que faire de notions économiques « *déduites* de prémisses arbitraires », mais de notions induites, jaillies de l'étude positive des faits. D'où son ample salut au *Cours* de Simiand.

Les historiens-économistes peuvent, et doivent, reprendre à leur compte ces lignes de Simiand, auteur mal connu des jeunes générations : « Ce n'est pas s'éloigner du réel et se jeter dans les constructions logiques et artificielles que d'analyser ce réel avec des *catégories* claires mais précises et que d'y étudier des *relations à forme générale*, bien que *toujours proches de la donnée de fait :* seules ces catégories et ces relations donnent une intelligence véritable de la complexité même de ce réel[3] ».

On sait que, pour Simiand, l'*instrument* d'une telle méthodologie devait être l'étude du nombre, de la quantité. Pas d'économie, pas d'histoire économique, sans mesure des faits de toute espèce.

Dans les paragraphes précédents, j'ai glissé insensiblement du descriptif au normatif. Revenons alors au descriptif. Est-il possible de discerner quelques concepts-clefs, concepts d'emprunt, naturellement, qui présentement et en fait influenceraient directement l'activité des historiens de l'économie des XIXe-XXe siècles ?

Je distinguerai trois principales notions : la notion de quantité-quantitatif ; celle de mouvement ; celle de structure. A propos de chacun je dirai quelques mots de leur valeur instrumentale (aux yeux de l'historien) et de leur application effective (par les historiens).

Le débat est toujours ouvert, et disons même à vif, chez les historiens, entre histoire quantitative et histoire qualitative, au sens large de ces épithètes. Culte du chiffre, ou chiffres asservis ? Arithmétique de l'histoire économique, ou chimie de cette histoire ? Sans doute le débat est-il, fondamentalement, vaine et fausse querelle. Mais je n'en suis pas aux jugements de valeur. Constatons les faits : les historiens sont entrés dans la mesure économique, l'épée dans les reins, refusant le calcul comme a-historique. Pierre Léon a dit excellement :

1. C'est nous qui soulignons.
2. *Annales*, 1930, pp. 581-590. [Cf. *supra*, NdE]
3. Compte rendu rédigé par Simiand dans *L'Année sociologique*, 1905-1906, pp. 540 sqq.

« Pendant longtemps l'histoire économique en France est restée peureusement accrochée à l'événement, en se refusant au calcul. Cette néfaste tendance s'est prolongée presque jusqu'à nos jours [1] ». Mais il est vrai que la tendance, disons depuis une vingtaine d'années, s'est entièrement retournée du fait, avant tout, des travaux exemplaires d'Ernest Labrousse. Le chiffre est entré, et par la grande porte, dans l'histoire économique contemporaine. Il est visible dans toutes (ou presque) les thèses récentes d'histoire économique – entendons *les séries* de chiffres. Sans doute l'historien les manie-t-il avec une certaine prudence, car son intimité avec les archives le rend aisément circonspect quant à la validité des matériaux statistiques qu'il recueille. C'est bien pourquoi tous les historiens sont d'accord pour ne pas privilégier à l'excès l'étude de la mesure. Chez Pierre Léon comme chez François Crouzet, par exemple, à propos de l'industrie dauphinoise aux XVIIIᵉ et XIXᵉ siècles, comme à propos de l'économie britannique face au Blocus continental, on trouve répétée cette pétition de principe : quantitatif et qualitatif sont complémentaires et le premier ne saurait rendre le second inutile. Simplement, il lui donne de la profondeur, en permettant d'évaluer l'épaisseur relative des phénomènes. D'où une certaine distance prise à l'égard des « conceptions presque exclusivement numériques des économistes » (P. Léon) ; cependant que F. Crouzet affirme que, tout en s'appuyant sur des « bases statistiques », l'histoire économique « ne doit pas être non plus réduite à un simple commentaire d'indices ». Là-dessus, unanimité, qui vise surtout certaines études américaines.

Je ne dirai rien ici, par choix délibéré, de cette « partie adverse » qui, parmi les historiens, repousse la quête statistique et privilégie les vives colorations des descriptions qualitatives. Ce n'est d'ailleurs pas en histoire proprement économique que, on peut le dire, le conflit s'étend aujourd'hui. C'est en analyse et en comptabilité sociale, et tout spécialement dans le domaine de l'histoire moderne.

J'en viens aux concepts décisifs de mouvement et de structure économiques. Sur leur utilisation par les historiens, deux remarques préalables :

1° Il s'agit de deux concepts *liés*. – De l'observation de leur liaison doit sortir l'explication historique. Les structures se rapportent à la fois aux permanences économiques, ou, plus exactement, à ce qui change avec lenteur, et aux proportions entre phénomènes économiques. Mais les mouvements économiques, en animant les structures, les modifient : ainsi veut-on rendre compte du passage d'un système économique à un autre. On a le sentiment que les historiens-économistes manient mieux l'étude du mouvement que celle des structures. Ce second concept leur apparaît plus flou, plus incertain, plus ambigu. Aujourd'hui, c'est du côté des économistes, eux qui s'efforcent de « construire une théorie » (Jean Lhomme) [2], qu'il faut chercher inquiétudes et discussions quant à la notion de structures. Les lecteurs de la *Revue économique* et des *Cahiers de l'I.S.E.A.* ne l'ignorent pas. Les historiens, eux, se servent bien du mot. Mais, avouons-le, il est plutôt pour eux un mot, une étiquette, qu'un concept réfléchi, analysé, et systématiquement utilisé. Les analyses d'Åkerman sont-elles connues de nombreux historiens ? Ce n'est pas sûr. Il est vrai qu'Åkerman ne leur céderait en rien quant à la réciproque. Les historiens, par ailleurs, dans la connaissance qu'ils peuvent avoir, ou prendre, du marxisme, ne sont pas allés jusqu'à assumer pleinement et consciemment (en tous les cas la majorité d'entre eux) le triptyque fort « structurel » forces productives – mode de production – rapports de production, quoiqu'il leur arrive à ce sujet de « faire de la prose sans le savoir ».

1. Rapport à Stockholm : *L'industrialisation en France du XVIIIᵉ siècle à nos jours*, document cité.
2. *Revue historique*, avril 1964, *art. cit.*

2° Par contre, les historiens économistes semblent plus à l'aise avec le concept de mouvement, et l'intrusion de ce concept dans l'étude de l'histoire contemporaine me semble avoir des conséquences importantes : elle tend à perturber (positivement !), à modifier, pour l'historien, la notion de *temps historique*. Pour nous, enfin, le temps devient plastique. Le voici senti de deux manières à la fois : le temps à écoulement rapide, le temps du court terme et des accidents de parcours, temps classique et banal, le vieux temps de la vieille histoire ; mais un temps déjà analysé et organisé, avec ses cycles, ses rythmes, ses « retours ». Sous-jacents, distincts du mouvement court, mais liés à lui, les mouvements longs de l'économie commencent, par ailleurs, à être pourchassés et utilisés par l'analyse historique : *trend* et phases A-B deviennent des mots familiers du vocabulaire historique.

Mais, plus la perception du temps long s'élargit chronologiquement, plus le concept de mouvement se rapproche du concept de structure. Passant d'un temps à l'autre, du « cycle » au « Kondratief », du « Kondratief » au « séculaire », on s'élève par degrés de l'observation à l'explication. Au niveau le plus élevé, celui du mouvement le plus long, les deux concepts tendent à se confondre. Tout changement de direction dans le « trend » correspondrait à des modifications d'équilibre – équilibre économique, équilibre social. Il va de soi, encore une fois, que tout vient, ici, des économistes. Mais ces nouvelles perceptions du temps, vu de près, ou vu de loin, vu de près et de loin à la fois, influencent de plus en plus la recherche historique.

Comment les concepts de structure et de mouvement affleurent-ils dans la production historique présente ? Le premier est pour les historiens un concept de très large extension. Chez Bertrand Gille *(Banque et crédit en France de 1815 à 1848)*, la première partie de la thèse s'intitule précisément « Les structures » : description des divers types d'organismes bancaires existant à l'époque, soit de type ancien, soit de type nouveau, ceux-ci annonçant la grande banque actuelle. Chez Claude Fohlen *(L'industrie textile au temps du second Empire)*, les structures, sous leur propre vocable – « structures nouvelles » des industries textiles, à la fin de la période étudiée –, apparaissent dans les conclusions. Ces structures nouvelles proviennent à la fois des mouvements récents du secteur, et des structures héritées du passé. Elles apparaissent sous forme de trois types de modifications : dans le commerce des produits textiles, la concentration financière, la concentration technique et géographique dans la filature – et dans le tissage. En bref, dit l'auteur, il y a eu progrès « de la capitalisation d'une industrie restée jusque-là familiale et artisanale ».

Georges Dupeux *(Aspects de l'histoire sociale et politique du Loir-et-Cher de 1848 à 1914)* éclaire, lui, toute sa thèse par une ample première partie, intitulée : « Les structures économiques et sociales du département au milieu du XIXe siècle » : tableau « total », série d'instantanés pris vers 1848, des conditions naturelles, de la répartition des terrains et cultures, de celle de la population (par âges et professions), de celle de la propriété du sol et des modes d'exploitation, enfin des couches sociales et des activités urbaines. Ensuite seulement, ayant établi ses bases de départ, l'auteur passera aux mouvements – mouvement économique, puis social et politique – qui vont animer les structures.

Même type d'analyse dans la thèse d'Armengaud *(Les populations de l'Est aquitain au début de l'époque contemporaine, vers 1845 – vers 1871)* qui consacre sa première partie aux « structures économiques et sociales vers le milieu du XIXe siècle », et dont le but est de savoir comment « les structures régionales se sont adaptées au monde nouveau qui naît entre les années 1840 et les années 1870 ». Les structures (de population, de propriété et d'exploitation, de classes sociales) sont pour l'auteur «l'ossature de l'édifice régional».

Chez François Crouzet *(L'économie britannique et le Blocus continental)*, le concept de structures est utilisé à deux reprises : dans la première partie où le problème posé est celui de la vulnérabilité de l'économie anglaise face à la menace du Blocus ; et dans les conclusions où l'auteur se demande si «le Blocus a entraîné des transformations dans la structure économique de la Grande-Bretagne», transformations jugées structurelles en raison de leurs effets à long terme. Elles relèvent en effet des modifications des courants du commerce extérieur, du ralentissement de l'équipement industriel, et de l'approfondissement des problèmes sociaux posés par la révolution industrielle.

Pierre Léon, à Stockholm, a affirmé pour sa part que l'étude des mouvements longs dans la production devait être complétée par celle des «modifications de structure, cause profonde des avances et des retards dans la croissance industrielle». Mais, rien de plus difficile, dit-il, que de vouloir mesurer les modifications structurelles. De fait, celles-ci sont souvent ambivalentes. Relevant des masses, des volumes, des rapports, elles peuvent, au-delà d'un certain niveau critique, se muer en transformations «qualitatives». Elles échappent, alors, à toute comptabilisation.

Mon sentiment est que les historiens, tout en utilisant avec compétence le concept de structures, lui font jouer, si l'on peut ainsi parler, le rôle d'un immense cadre, au travers duquel se lit un paysage hétérogène : démographie, économie, classes s'y enchevêtrent. L'étiquette «structures» est à la fois indispensable, très simple, et très large. En tous les cas, le concept connaît une vogue qui n'est pas près de finir. Peut-être, à l'aide des travaux déjà livrés, mériterait-il d'être à son tour repris et, en quelque sorte, réincarné, en partant de ses divers contenus, en partant des faits.

Si l'utilisation du concept de mouvement économique paraît plus aisée, elle demeure encore souvent limitée, en histoire contemporaine du moins, aux mouvements courts, aux cylces. Pierre Léon avait relevé, à Stockholm, que «les historiens de l'économie sont le plus souvent demeurés indifférents aux évolutions à long terme». Sans doute, par l'utilisation du chiffre, la série continue d'un mouvement économique n'est-elle pas ignorée. Mais les historiens privilégient l'accident, le court terme ; là est, pour eux, le concret, leur matière même. Ils ont toujours quelque difficulté à passer à cette sorte d'abstraction que constitue déjà le balancement «Kondratief». Ils ressentent, peut-être avec les économistes eux-mêmes, une autre difficulté : celle qui relève de l'ajustement, de l'emboîtement, des mouvements courts dans les mouvements longs.

Ayant eu à étudier, personnellement, la crise boursière de 1881-1882 en France – et spécialement à Lyon, où elle fut tout particulièrement sévère – je vois bien pourquoi et comment l'historien, saisi par les drames du court terme, a de la peine à le considérer de plus haut, à le replacer dans les grands flux, à lui donner ainsi ses vraies dimensions relatives. Il lui faut faire un réel effort vers la généralisation et l'abstraction pour concevoir qu'au-delà de la réalité relevant du quotidien, le ou les mouvements longs représentent, à leur manière, l'autre réalité, celle des tendances profondes, des évolutions durables, des modifications acquises comme imperceptiblement. Certains d'entre nous iraient jusqu'à affirmer qu'il leur faut choisir, qu'une contradiction intolérable naîtrait entre la recherche des «moyennes mobiles» – prises ici comme symbole – et la succession des événements et des hommes. Reconnaissons le danger, mais ne le grossissons pas. Il revient aux historiens de l'économie de garder la mesure, de ne pas être paralysés par l'appareillage statistique, d'en user pour leur compte, sans oublier l'originalité de leur discipline. Et quelle meilleure voie, alors, que de ne pas demeurer seulement des historiens de l'économie, mais de l'économie *et de la société?* S'il arrivait qu'au niveau de l'enseignement supérieur, et de la recherche, on traçât une frontière infranchissable – parce que devenue administrative, institutionnelle – entre perception économique et perception sociale *pour une même époque*, courte ou longue, ce ne serait pas un progrès méthodologique dans les sciences humaines, mais un grave recul.

Revenons aux travaux existants. Nous voyons chez François Crouzet une étude délibérée, volontaire, de la «conjoncture», c'est-à-dire des «répercussions immédiates, directes» du Blocus continental sur l'économie anglaise dont sont analysées les «fluctuations». Bertrand Gille, dans la même direction, a consacré les trois derniers chapitres de sa thèse à l'étude des rapports entre système bancaire et conjoncture, une conjoncture suivie pas à pas de 1817 à 1848. Il propose chemin faisant de nouvelles réflexions quant aux origines et aux mécanismes des crises de cette époque intermédiaire entre économie de pénurie et économie d'abondance. Mais lorsque la période étudiée s'étend sur un espace de temps suffisamment continu, alors la perception du temps long s'impose à l'historien; de ce point de vue, les travaux de Pierre Léon sur la grande industrie dauphinoise de la fin du XVIIe siècle à 1869, où les évolutions lentes et les accidents conjoncturels sont ensemble retracés, sont caractéristiques. Et caractéristiques au même degré ceux de Georges Dupreux déjà cités sur le Loir-et-Cher de 1848 à 1914: une forte partie est consacrée aux fluctuations économiques et aux mouvements des revenus et, successivement à propos des prix, productions et revenus agricoles, le double rythme du tempo économique est disséqué. On pourra trouver chez Georges Dupeux (p. 615) un très bon exemple d'analyse des temps économiques, combinée avec celle des modifications dites structurelles. Les travaux de Marcel Gillet sur les charbonnages du Nord-Pas-de-Calais au XIXe siècle ne manqueront pas d'apporter, dans cette même perspective, des résultats intéressants.

III – Problèmes ouverts

J'esquisse ici une dernière rubrique, celle qui, à la vérité, serait la plus utile à développer, et à livrer à la double curiosité des économistes et des historiens de l'économie. Au niveau de l'application des concepts, quels sont ceux à propos desquels des débats sont engagés? J'en retiens quelques-uns. Mais qu'on veuille croire que le choix est arbitraire, et la liste sensiblement plus longue...

1°. À propos des mouvements courts: quand disparaît la vieille crise «à antécédence agricole»? Et quand l'emportent les mécanismes neufs à dominante industrielle? Quel rôle jouent les phénomènes de crédit et de banque lorsque apparaissent les premiers indices de la «crise de surproduction»? Comment faire la part de l'ancien et du nouveau dans les cycles de la longue période 1810-1873? Deux attitudes ici: ou bien on met l'accent sur la prolongation, *loin dans le XIXe siècle*, des anciennes structures et des vieilles conjonctures; ou bien, mouvement inverse, on fait remonter loin avant la crise de 1846-1850 l'hégémonie des phénomènes neufs (voir en particulier le cycle des investissements).

2°. Glissons de l'économique au social, et voici le concept de bourgeoisie. A-t-il été assez trituré! Mais impossible de passer sous silence les récents travaux d'Adeline Daumard *(La bourgeoisie parisienne de 1815 à 1848)* et la question débattue lors de la soutenance: hétérogénéité, ou homogénéité des bourgeoisies? On peut défendre les deux causes avec un égal bonheur. Mais le «fond de la question» intéresse toute l'épaisseur de l'histoire contemporaine.

3°. A propos du «concept» de *profit*. Bien sûr, les historiens de l'économie ont un immense retard à combler. Qu'on se rassure, une partie du chemin est balisée d'ores et déjà. Les économistes ont énormément écrit sur les théories du profit : un peu moins sur leurs réalités comptables. Mais enfin, est-il sérieux de raisonner en partant du profit ? Est-il une catégorie économique (et sociale, ajouterais-je) à retenir ? Il faut savoir que l'unanimité n'est pas faite à ce propos parmi nous. Quant à moi, je pense résolument qu'il est grand temps qu'ayant sauté des prix au productions, nous passions à l'étude de leur combiné final : les «résultats d'exploitation». Et de leurs rapports avec toutes les variables possibles, tant économiques que sociales.

4°. Enfin, un thème immense, proprement historique, et que les économistes ne sauraient regarder qu'avec politesse, tellement il est loin de leurs habitudes de travail : le concept des liaisons, des «interactions» de l'économique et du politique. Au niveau des décisions centrales, étatiques, d'abord, c'est la formation et l'influence des groupes de pression. Louis Girard en a fait la trame d'une très suggestive thèse sur *La politique des travaux publics du second Empire*. Bertrand Gille y a consacré une part de sa thèse principale, comme aussi de son étude sur *La formation de la grande entreprise capitaliste*. Il serait injuste de ne pas rappeler les *Dynasties bourgeoises* de Beau de Loménie, auquel il est loisible de faire toutes sortes de reproches, mais pas celui de manquer d'un flair certain. Il n'est pas question d'oublier *La grande bourgeoisie au pouvoir* de Jean Lhomme, que les historiens annexent sans regrets à leur domaine.

Au niveau de la vie régionale, la confrontation économie-politique a orienté fondamentalement la thèse de Paul Bois sur *Les paysans de l'Ouest*, celle de Pierre Barral sur *L'Isère de 1870 à 1940*, celles d'Armengaud et de Georges Dupeux, déjà signalées. Elle tient une grande place dans la thèse d'André Tudesq sur *Les notables* à l'époque de la Monarchie de Juillet.

Sur les deux points précédents les débats en cours mériteraient d'être naturellement vus de près ; ils mettent en cause des options fondamentales dont on voit les termes mis en lumière dans les travaux de Georges Dupeux. Celui-ci, enquête faite, compte au nombre des «facteurs» agissant sur les mentalités, donc sur les choix politiques, l'évolution économique elle-même : cycles et mouvements de longue durée. C'est un point qui n'entraîne pas une adhésion unanime, certains préférant donner aux «mentalités» l'indépendance la plus complète par rapport aux péripéties de l'économie. Pour ma part, d'accord avec Georges Dupeux, je vois bien le rôle actif, le rôle déterminant des mentalités. Et, comme lui, je pense que les mentalités sont aussi déterminées, *entre autres causes*, par les mouvements économiques – en particulier ceux des revenus.

Troisième point, enfin, quant aux liaisons du politique et de l'économique : les mécanismes des relations internationales contemporaines. Toute une série de concepts est ici mise en ordre de bataille : «forces profondes», «facteurs politiques», «impérialisme»... Les deux premiers, mis en honneur par P. Renouvin, ont permis le rajeunissement, le renouvellement, l'approfondissement de la bonne et vieille «histoire diplomatique». Progrès décisif, irréversible désormais.

Quant au concept d'impérialisme, il présente le défaut majeur, quoique n'ayant pas été lancé sur le marché par les marxistes, d'avoir été repris par eux avec éclat. *Volens, nolens*, les passions, ouvertes ou feutrées, s'en mêlent alors, et les efforts les plus multiples et les plus grands sont faits, soit pour l'abattre, soit pour l'exalter. Le résultat est qu'il s'en porte fort bien, puisqu'il demeure objet de dispute. On connaît son ambition, démesurée, je le reconnais: celle de surmonter, *tout en en partant*, l'antinomie, ou plutôt la distinction féconde, entre forces profondes (démographiques, économiques, et faits de psychologie collective) et *facteurs politiques* (rôle des équipes gouvernementales, des dirigeants politiques, des traditions politiques acquises, et de l'affirmation des consciences et des puissances nationales).

Où les divergences apparaissent-elles? Qu'on me permette de les signaler pour finir cette étude à la fois trop brève et trop longue, car je me suis intéressé au débat. Elles apparaissent sur trois points, dont je donne simplement les termes:

a) Mise en discussion de la possibilité *plus ou moins grande* (ici est le point central: c'est une question de degré) *de l'autonomie* des facteurs politiques par rapport aux «forces».

b) Tout particulièrement, en partant de ce premier débat, mise en discussion du concept d'«Etat»: ou bien l'Etat est conçu comme «en soi», ou bien comme l'expression concentrée et le lieu géométrique des tensions internes de l'économie, de la société, et de la vie politique. Autrement dit, ou bien l'Etat a une autonomie considérable, et tend à devenir un facteur «pur» dans les relations internationales; ou bien, *au préalable*, ce concept doit être lui-même analysé et expliqué. L'Etat, tout en étant un élément de conditionnement, est, *en même temps*, conditionné.

c) Mise en discussion du mode de classement des *forces profondes* elles-mêmes. On peut concevoir deux modes de classement: un classement *au même niveau* de forces profondes parallèles, pesant ensemble sur les choix politiques; un classement plus complexe, parce qu'attentif aux *rapports entre les forces profondes elles-mêmes*; démographie, «intérêts matériels», psychologies collectives; classement qui, on le devine, tendrait à donner une place particulière au jeu des forces sociales dirigeantes, aux «grands intérêts».

En substance, les différences d'interprétation proviennent de ce que, dans un cas, on considère forces profondes et facteurs politiques comme étant d'essence, de nature et de formes fondamentalement *distinctes*: d'où des combinaisons *variables* entre les divers éléments du jeu, qui s'entrecroisent et se hiérarchisent selon les temps et les lieux, sans ordonnance préétablie. Alors que, dans l'autre cas, on fait effort pour considérer forces profondes et facteurs politiques comme étant de même nature, jaillis du même terreau, donc explicables ensemble par ce terrain nourricier commun: économies et sociétés, «intérêts matériels» et rapports entre classes. C'est trop dire, et trop peu dire. Mais il saute aux yeux que l'existence même du débat marque les progrès faits vers une explication des relations internationales contemporaines[1].

Finalement, l'histoire économique de l'époque contemporaine en est aux temps de sa préhistoire, de son apprentissage, de ses essais empiriques, de ses tâtonnements et hésitations théoriques. Avec des concepts souvent empruntés, elle essaye d'éclairer sa marche. Ce n'est pas une mauvaise chose et, là-dessus, en tous les cas, économistes et historiens tomberont d'accord.

© Revue économique

1. Au séminaire d'I. Meyerson une discussion a été ouverte sur cet exposé. Je me permets de signaler cette observation, entre autres, qui a été alors présentée à propos des rapports de l'économique et du politique: *depuis le début du XIXe siècle*, la matière économique elle-même a changé, s'est épaissie, a pris du poids; donc la dimension, la place, le rôle de l'économique ont grandi. Et la perméabilité du politique envers l'économique est devenue plus grande. À discuter, évidemment.

L'économie – dépassement et prospective

(1974)

PIERRE CHAUNU

Cette contribution, insérée dans la partie « nouvelles approches » de l'ouvrage collectif dirigé par Jacques Le Goff et Pierre Nora, retrace l'évolution de l'histoire économique sur environ quatre décennies depuis le tournant des années 1929-1930.

Pierre Chaunu insiste sur la double innovation fondatrice, mûrie au cœur de la crise des années 1930, de l'histoire économique conjoncturelle et de la géohistoire, identifiées à leurs initiateurs respectifs, François Simiand et Fernand Braudel. L'auteur, alors professeur d'histoire moderne à l'université de Paris VI-Sorbonne, auteur d'une thèse monumentale sur Séville et l'Atlantique (1504-1650) *[publiée en onze volumes entre 1955 et 1960], se montre particulièrement attentif aux travaux d'histoire moderne, largement présents dans les livraisons des* Annales. *Il analyse les dynamismes différenciés des différentes branches de l'histoire économique, en mesure les prolongements vers l'histoire quantitative globalisante ou encore vers la démographie historique et l'histoire des mentalités, laissant ainsi espérer une histoire des systèmes de civilisation.*

Source : Faire de l'histoire *sous la direction de Jacques Le Goff et de Pierre Nora, Paris, Gallimard, 1974, tome II, p. 51-73. Réédité Folio-histoire, 1986, p. 71-100.*

Au sein de notre très vieille discipline – l'histoire, ce mot ambigu et dangereux, presque aussi vieux que l'homme dans la cité, qui juxtapose tant de domaines de plus en plus hétérogènes dans un faux ensemble –, l'histoire économique est un champ encore jeune. L'historien de métier n'est guère sensible à sa très relative jeunesse. Ce sont plutôt les dimensions déjà imposantes de l'histoire déjà longue de cette forme de l'histoire qui frappent d'abord l'esprit. On peut en chercher les lointaines origines sur l'horizon 1890. Dans les grandes histoires nationales – jamais les nations, en Europe, n'ont été aussi impérialement dévoreuses qu'en ce temps – un chapitre économique gagne timidement droit de cité. Il est rejeté tout à la fin, les quatre cinquièmes du discours sont consacrés à l'Etat, l'économie se partage le reste avec la société, la pensée et l'art.

Voyez notre Lavisse jamais refait. Cette insertion timide de la donnée économique brute ou presque brute, cette juxtaposition d'un événementiel économique à l'événementiel politique suppose, naturellement, le début d'une recherche autonome. Ernest Labrousse [1] rappelait, récemment, la qualité des travaux d'Emile Levasseur [2]. A la fin du XIXe siècle, un peu partout, dans la lancée des grandes collections de documents, apparaissent les premières histoires des prix [3], qui ne sont que des recueils de données

1. Ernest Labrousse, *Histoire économique et sociale de la France*, t. II, P.U.F., 1970, p.v.
2. Émile Levasseur, *Histoire des classes ouvrières et de l'industrie en France avant 1789*, 2e éd. entièrement refondue, Paris, 1900-1907, 5 vol.
3. Nous avions noté, en 1955, déjà (H. et P. Chaunu, *Séville et l'Atlantique (1504-1650)*, t. I, p. 28 : « De toutes les branches de l'histoire économique, l'histoire des prix est, sans conteste, celle qui a obtenu, dans le sens d'une histoire de la mesure, pour les temps modernes et même pour le Moyen Age, les résultats les plus décisifs. Elle fut pionnière. »

brutes. L'Angleterre ouvre la voie avec Rogers, toujours utile[1]. L'Allemagne et la France avec Wiebe[2] et le vicomte d'Avenel[3], sans oublier Zolla[4]. Sans oublier, non plus, proche d'une histoire économique de l'Etat, Natalis de Wailly[5] et J.J. Clamageran[6]. Cette archéologie, tout à la fois, de l'histoire économique et de l'histoire quantitative, cette apparition discrète au sein d'une production historique déjà très abondante[7], d'un appendice économique ne peut surprendre. Elle est liée à la mutation des sociétés industrielles après la révolution des chemins de fer, elle est portée par l'émulation nationale, elle est contemporaine du développement de la pensée économique, à l'époque de Pareto et des marginalismes, à la prise de conscience de l'importance économique et sociale de la crise, tant par l'économie politique libérale (Juglar) que par sa critique marxiste. Tout cela est latent depuis le milieu du XIXe siècle. Il a fallu attendre les deux dernières décennies du XIXe siècle, pour qu'une première esquisse de secteur historiographique économique autonome se constitue. La formation de cette première masse critique, ô combien modeste ! de transformation n'est pas l'effet du hasard. La grande dépression (1873-1874 – 1900-1905), dans la périodisation de Simiand, joue, bien évidemment, son rôle, au niveau des motivations. On sait l'importance de ce long tassement des prix agricoles, dans des sociétés où le secteur agricole reste, socialement sinon économiquement, le plus lourd, où une partie de l'élite intellectuelle continue à vivre (c'était le cas du vicomte d'Avenel) ou à recevoir un complément de revenu de la rente foncière, atteinte, à la longue, par la diminution tendancielle des revenus agricoles. On sait la gravité des tensions qui marquent le passage de la deuxième à la troisième étape du développement industriel. Ces transformations n'agissent pas directement, mécaniquement, au niveau de la création intellectuelle. Nombreux, multiples, divers sont les médiateurs, lents aussi les effets de remontée, à une époque où la densité et la rapidité des circuits de communication n'a pas encore le degré d'efficacité atteint dans nos sociétés postindustrielles. D'où l'ampleur des latences. La morosité de la fin du XIXe siècle continue à peser sur les esprits, quand elle a, au niveau des choses, cédé la place, depuis cinq, dix ou quinze ans, à l'agressive croissance du début du XXe siècle. Tout au plus est-on obligé de constater que le mouvement reçu de l'impulsion des années 1890, faute d'être soutenu, n'arrive pas, avant la véritable révolution de 1929 et des années 30, à sortir l'histoire économique de son indétermination.

L'histoire, science humaine fédératrice de notre temps, est née, entre 1929 et le début des années 30, de l'angoisse et du malheur des temps, dans l'atmosphère douloureuse d'une crise aux dimensions énormes et aux répercussions infinies.

---

1. J.E. Thorold Rogers, *A History of Agriculture and Prices in England from the year after the Oxford Parliament to the commencement of the Continental War (1793)*, Oxford, 7 vol., 1886-1902 ; et du même, *Six Centuries of Work and Wages*, Londres, 2 vol., 1884.
2. G. Wiebe, *Zur Geschichte der Preisrevolution des XVI. und XVII. Jahrhunderts*, Leipzig, 1895.
3. Vicomte G. d'Avenel, *Histoire économique de la propriété, des salaires, des denrées et de tous les prix en général, depuis 1200 jusqu'à l'an 1800*, Paris, 7 vol., 1894-1926.
4. D. Zolla, « Les variations du revenu et du prix des terres en France aux XVIIe et XVIIIe siècles », *Annales de l'École libre des sciences politiques*, Paris, 1893-1894.
5. Natalis de Wailly, *Mémoire sur les variations de la livre tournois depuis le temps de Saint Louis jusqu'à l'établissement de la monnaie décimale*, Paris, 1857.
6. J.-J. Clamageran, *Histoire de l'impôt en France*, Paris, 1867-1876, 3 vol., 1 800 p.
7. Jamais la production des grands outils documentaires n'a été aussi abondante, en Europe occidentale, qu'entre 1880-1890 et 1910.

I

L'histoire encore vivante est postérieure au tournant des années 1929-1933. Ce qui est antérieur a valeur de document, assimilé dans l'histoire dont nous nous nourrissons. Avant 1929, nous sommes en présence d'une archéologie de l'histoire économique.

Tout commence sur l'horizon 1929-1930. Quarante, quarante-cinq ans nous séparent de ce moment. Est-ce la réalité objective de la création intellectuelle de cette époque, ou celle d'une crise économique à la fois conjoncturelle et structurale, qui commande de nous arrêter, ou est-ce le jeu naturel de la succession des générations[1], qui fait buter les historiens des premières années 1970 sur le seuil des premières années 30?

La génération des historiens qui, entre la quarantième et la soixantième année, sont, aujourd'hui, aux postes de commande de la recherche, de l'écriture et de l'enseignement, a commencé à produire dans l'atmosphère de la grande crise économique. En France, Ernest Labrousse (né en 1895) et Fernand Braudel (né en 1902) ont joué un rôle de direction, ont exercé un empire, qui s'impose à l'intelligence de tous. Les grandes œuvres qui ont nourri toute l'histoire économique de l'après-Deuxième Guerre mondiale (de *l'Esquisse*[2] à la *Méditerranée*[3] en passant par la *Crise*[4]), sont des œuvres pensées, conçues, jaillies dans l'atmosphère de la crise de 1929.

D'autre part, les hommes qui, entre quarante et cinquante ans aujourd'hui, sont placés aux postes de responsabilité, ont une mémoire et une expérience qui portent jusqu'au seuil de la décennie des années 30. Le demi-siècle est, pour une périodisation d'histoire intellectuelle, une durée qui s'affirme volontiers. D'autant plus aisément que la mutation structurelle de la fin des années 20 et du début des années 30 s'impose, objectivement, à l'analyse historique comme un temps fort.

Tout concourt au tournant des années 1929-1930. Dans l'ordre de la pensée, 1928-1937 valent, à peu de chose près, le tournant scientifique (1898-1905) du début du XXe siècle (des *quanta* à la première formulation de la relativité restreinte). La durée privilégiée des premières années 30 s'organise sur deux plans: elle superpose le temps de l'absolue novation et le temps de maturation des conséquences tirées des innovations fondamentales du début du siècle. La formulation de la relativité générale date des années de la Première Guerre mondiale. Le temps n'est pas favorable alors à la diffusion. Quinze ans pour en tirer les conséquences, un début de vérification. La relativité ne modifie profondément l'horizon scientifique qu'au terme d'efforts parallèles, voire complémentaires et conséquents: la mécanique ondulatoire que Louis de Broglie crée en 1923 a, en 1929, partie gagnée. La physique relativiste, au seuil des années 30, sort du monde des savants. Langevin et Russell lui donnent une dimension philosophique. Relativiste et quantique, la physique débouche au plan de la culture. Elle insinue ses interrogations bouleversantes au niveau de la philosophie. Il faut chercher très loin l'équivalent de semblable perturbation des pensées.

Tremplin de tous les rebondissements, voici la radioactivité. Lord Rurtherford: la

1. Yves Renouard, «La notion de génération en histoire», *Revue historique*, t. CCIX, n° 425, janvier-mars 1953, p. 1-23; et *Études d'histoire médiévale*, t. I, Paris, S.E.V.P.E.N., 1968, p. 1-23.
2. Ernest Labrousse, *Esquisse du mouvement des prix et des revenus en France au XVIIIe siècle*, Paris, Dalloz, 1933, 2 vol., XXIX-306 p., 391 p.
3. Fernand Braudel, *la Méditerranée et le monde méditerranéen à l'époque de Philippe II*, Paris, A. Colin, 1949, XV-1 160 p.; deuxième édition profondément remaniée et considérablement augmentée, Paris, A. Colin, 1966, 2 vol., 589 et 629 p.
4. Ernest Labrousse, *la Crise de l'économie française à la fin de l'Ancien Régime et au début de la Révolution*, Paris, P.U.F., 1944, LXXV-664 p.

première transmutation provoquée se place à Cambridge en 1919. Fin 1933 une quarantaine de radio-isotopes naturels sont connus. Frédéric et Irène Joliot-Curie découvrent les très précieux isotopes artificiels. En 1937, on en avait créé 190. Hubble a découvert le *redshift* grâce au nouveau télescope du mont Wilson, en 1924-1928 : point de départ de l'univers en expansion et d'une nouvelle cosmogonie. Cet observateur modeste aura fait pour l'astronomie des années 30 autant que Herschel, à la fin du XVIIIe siècle. Point de départ que l'on apprécie mal alors, comme la découverte par Fleming en 1929 du *Penicillium notatum*. Mais qui peut prévoir la portée des balbutiements cybernétiques des années 30 ?

Relativité, radioactivité, d'une part ; *redshift*, antibiotique, cybernétique, d'autre part. Et, très loin dans l'ordre du savoir, Freud... et pourquoi pas les travaux de l'Ecole biblique de Jérusalem.

L'histoire, discipline intellectuelle, ne peut être coupée de l'ensemble de la production intellectuelle [1]. Mais elle est appelée, en outre, au rendez-vous des années 1929-1939, par des médiateurs économiques et sociaux qui s'imposent facilement. C'est un problème essentiel.

L'histoire est la plus ancienne des sciences sociales. Le récit, la chronique chez les grands, d'Hérodote à Michelet en passant par Las Casas, a toujours dépassé l'événement. Elle a toujours débouché sur un système implicite de la société. Les correspondances ont toujours existé entre l'histoire que l'on écrit, et celle que l'on vit, entre le système de civilisation de l'historiographie et l'organisation du passé dans le discours historique. Les correspondances peuvent être discrètes, la relation tellement profonde qu'elle est à peine perceptible. Ce fut le cas à la fin du XIXe siècle, à l'époque de l'historiographie « positiviste », hypercritique et scientiste.

La mutation historiographique qui se produit sur l'horizon des années 30, c'est, d'abord, la montée en surface des correspondances. L'histoire économique quantitative, première manière, est une tentative de réponse, sans fard, aux angoissants problèmes d'une époque. La liaison, le couplage, deux par deux, coup par coup, science de l'homme, remontée historique, se fait, ouvertement, en réponse au problème numéro 1, la crise. Il faut relire et méditer ce classique d'une pluridiciplinarité active, d'une histoire utile et engagée que François Simiand publiait au cours de la tourmente, et dont le titre limpide définit le programme de l'histoire économique qui se crée : « Les fluctuations économiques à longue période et la crise mondiale [2] ». La crise mondiale, le mot est partout, la préoccupation dans tous les esprits. Une bibliographie énorme, plusieurs dizaines de milliers de titres en quarante ans. Tout a été dit, presque toutes les hypothèses formulées. Je rappelle, d'abord, qu'aux Etats-Unis, les niveaux de production de 1929 ne sont dépassés qu'à la charnière des années 1941-1942, avec l'entrée en guerre ; qu'en 1932 [3], la production de l'acier est de 17% du niveau de 1929, les équipements agricoles à 20%, les textiles à 70%, la production agricole à 94%... que la crise est presque aussi marquée, dans toute l'Europe du Nord-Ouest industrialisé, principalement en Allemagne. Dans les pays très peu industrialisés, seulement ou artificiellement protégés par une économie étatisée en circuit économique fermé, des

1. En dépit de l'allongement statistique de la vie humaine, allongement stoppé depuis quinze ans, dans les secteurs les plus développés où quelques tassements dus à nos mauvaises habitudes sont perceptibles, cette durée est une donnée trois fois millénaire. Au psaume XC (§ 10), dans cette très vieille prière dite Prière de Moïse du Psautier, ne lisons-nous pas : « Nous voyons nos années s'évanouir comme un son. Les jours de nos années s'élèvent à soixante et dix ans, et pour les plus robustes, à quatre-vingts ans »... Cinquante ans de vie adulte.

2. François Simiand, Paris, Alcan, in-12, II-142 p., 1932.

3. Frank Freidel, *America in the Twentieth Century*, New York, A.A. Knopp.

croissances, comme en Amérique latine (au Brésil, par exemple) où l'industrie n'est rien et l'agriculture d'exportation, en crise, comme l'acier aux Etats-Unis, tout comme en U.R.S.S. qui ne dépasse, vraiment, les indices industriels de la Russie tsariste qu'au seuil du deuxième plan (1934) et qui est loin d'égaler la production agricole de 1913. En France, faux ensemble économique très hétérogène, relativement à l'abri, en apparence, la commission du plan Monnet a pu calculer que les pertes dues au non-renouvellement des équipements de 1930 à 1939 avaient excédé le niveau des pertes dues à la guerre de 1940 à 1945. Enfin et surtout, ces années ont été celles d'une crise démographique d'une gravité extrême. De 1930 à 1939, presque tous les pays industriels ont eu un coefficient net de reproduction inférieur à l'unité. Avec des taux de 0,4 ou de 0,5, dans quelques grandes capitales (Vienne et Stockholm), au moment de l'œil de la crise. De tels comportements destructeurs de vie, à court comme à long terme, traduisent bien, évidemment, de très profonds désarrois. Nous les voyons réapparaître, en Europe, depuis 1970 avec une brutalité au moins égale à celle des années 30. C'est entre 1937 et 1942 que commencent à jouer en sens inverse les mécanismes autorégulateurs et que la situation démographique se redresse de 1942/45, en gros, à 1962/64. Une crise de cette ampleur, qui affecte, en même temps, tous les domaines[1] ne peut être justiciable du monisme d'un seul système d'explication. Cela, François Simiand l'avait senti, même si son système paraît, aujourd'hui, un peu court. En réalité, la crise de la décennie 30 est le type même de l'ajustement structurel, elle résulte de la superposition de causes qui se situent sur des plans très différents, avec des phénomènes d'écho. 1929-1939, la fin des latences, 1929-1939, c'est, en un mot, la fin de toute une suite de «frontières», avant l'ouverture des nouvelles frontières technologiques, et l'entrouverture d'un nouveau système de civilisation. 1930, la fin d'un type de croissance qui est celle du XIXe siècle, une croissance qui associe les vieux recours traditionnels de l'espace et du nombre aux nouveaux recours de plus en plus exclusif à l'innovation.

II

L'histoire économique moderne est née là, entre 1929 et 1932, avec la grande entreprise[2] d'histoire scientifique des prix, qui a, en quelques années[3], procuré ces longues séries, fines, nerveuses, complexes, qui remontent hardiment le cours du temps, raccordant la protostatistique du XVIIIe siècle et du début du XIXe siècle sur la statistique élaborée du XVIIIe finissant sur une préstatistique qui, dans les pays méditerranéens, remonte allégrement jusqu'au XIVe parfois, pour l'Italie, jusqu'au XIIIe siècle. L'œuvre collective qui caractérise le mieux cette période est la création, en 1929, par Marc Bloch et Lucien Febvre, des *Annales*, au titre révélateur, d'*Annales d'histoire économique et sociale*. C'est entre 1929 et 1932, pour donner

1. Jusques et y compris, naturellement, le domaine religieux. Les années 30 sont, aussi, celles d'un ressaisissement et d'un ressourcement de la pensée théologique et mystique (Karl Barth). À partir de 1955-1960, un néo-libéralisme animé, aux États-Unis, par une *diaspora* de théologiens allemands, lancé comme un produit de consommation par les *mass media*, contribue à la grande évacuation du contenu de la pensée chrétienne, à la grande destruction par l'intérieur de toutes les églises, dans la décennie des années 1960.

2. Henri Hauser, «Un comité international d'enquête sur l'histoire des prix», *Annales d'histoire économique sociale*, t. II, 1930, p. 384-385.

3. Pour la France, Henri Hauser, 1936, Ernest Labrousse, 1933 et 1944; – pour l'Angleterre, Beveridge, 1939; – pour la Hollande, N.W. Posthumus, 1946-1968; – pour la Belgique, C. Verlinden et Y. Craey-Beckx, 1959; – pour l'Allemagne, M.J. Elsas, 1936-1949; – pour l'Autriche, A.F. Pribram, 1938; – pour le Danemark, A. Friis, 1958; – pour la Pologne, S. Hoszowski, 1928, 1934, trad. française 1954; – pour la Russie, A.G. Mankov, 1954, – pour l'Espagne, E.J. Hamilton, 1934, 1937 et 1947; – pour le Portugal, V.M. Godinho, 1958; – pour l'Italie, A. Fanfani, 1940 et G. Parenti, 1939 et 1942.

Pour une récapitulation synthétique de toutes les recherches consacrées à l'histoire des prix, F. Braudel et F.C. Spooner, *Prices in Europe from 1450 to 1750 in Cambridge Economic history*, t. IV, Cambridge, 1967, pp. 378, 485 et 608-675.

une explication partielle, certes, mais cohérente à la crise de 1929, que François Simiand a perfectionné sa théorie des mouvements de longue durée, dépassant les mouvements de longue durée tels que Kondratieff les avait conçus, en liaison peu convaincante avec les cycles d'activité solaire [1], dans la théorie des phases appelée à un extraordinaire succès dans l'historiographie de langue française. Dès 1932, François Simiand [2] avait expliqué la crise de 1929-1932 par la superposition d'une crise cyclique et d'un changement de phase, comparant la situation de ces années à celle de 1873, de 1817, avançant même quelques jalons en direction du début du XVIIe et du milieu du XIVe siècle.

Une histoire économique systématiquement quantificatrice est née là. Deux essentiels sont acquis: le couplage entre une branche de l'histoire et une science humaine du présent. L'histoire écononmique n'est pas seulement une branche de l'histoire, mais science auxiliaire de l'économie politique. Elle accepte d'appliquer au passé des modèles adaptables calqués sur l'analyse mathématique des données quantifiables de l'activité économique. Second point, l'histoire garde une prédilection pour le mouvement. Cette histoire économique partiellement quantitative est une histoire du *mouvement*, de la variation, de la structure ondulante de l'économie. Cette préoccupation, finalement, aura contribué à ménager une forme de transition entre l'historiographie traditionnelle et l'historiographie nouvelle. L'histoire, même structurelle, restait, après Simiand, dans la pensée d'Ernest Labrousse, l'histoire du changement de la variation.

C'est aussi, par rapport à ce choix implicite, qui est continuité, que se situe la seconde novation fondamentale des années 30, la genèse lointaine de l'histoire géographique [3] qui doit tout au génie inventif de Fernand Braudel. Fernand Braudel a présenté, dans la préface de la *Méditerranée* [4] ce qui fut, au terme des années 30, ce qu'il faut bien appeler l'horizon borné de l'histoire positiviste épuisée: une merveilleuse technique, un remarquable instrument de recherche [5] au service d'une chronique améliorée de l'Etat. Ce qui manque le plus à l'histoire d'avant les années 30, c'est la problématique. A côté de cette histoire sans problème, la géographie humaine, à l'époque d'Albert Demangeon et sur la lancée de Vidal de la Blache, a pu offrir aux historiens un ensemble de problématiques parfaitement transposable. L'histoire de la géohistoire, ce fut à la limite, de 1930 à 1945, l'histoire de l'élaboration d'une œuvre, le passage de la politique méditerranéenne de Philippe II à la Méditerranée et au Monde méditerranéen à l'époque de Philippe II. La Méditerranée, c'est-à-dire, l'espace, 3 millions de kilomètres carrés d'eau, 2 millions de kilomètres carrés de terre, quatre mille ans d'histoire, puisque l'écriture fut d'abord méditerranéenne. La Méditerranée, c'était, merveilleuse découverte, l'espace dégagé de l'Etat, l'espace vrai, c'est-à-dire le paysage, le dialogue de l'homme avec la terre, avec le climat, ce séculaire combat de l'homme et des choses, sans l'écran de l'Etat, sans la *diminutio capitis* du cadre national avec sa géographie administrative et ses frontières. La géohistoire, c'était, encore en histoire, un temps très long, presque géologique, un temps immobile, en opposition dialectique, donc, avec le temps court, nerveux, que la dyna-

1. N.D. Kondratieff, « Die langen Wellen der Konjonktur », *Archiv für Sozial-Wissenschaft*, 1926 ; et à ce propos voyez Gaston Imbert, *Des mouvements de longue durée Kondratieff*, Aix-en-Provence, La Pensée universitaire, 1959, XII-538 p. + hors-texte.
2. *Les Fluctuations économiques de longue période et la crise mondiale*, *op. cit.*
3. Cf. Pierre Chaunu, « L'Histoire géographique », *Revue de l'enseignement supérieur*, 1969, n° 44-45, pp. 66-67.
4. Fernand Braudel, *op. cit.*, 1949, p. IX-XXV.
5. De Laurent Valla, de l'humanisme italien du XVe siècle aux bénédictins de Saint-Maur, sur l'horizon de la crise de conscience européenne au seuil des Lumières, jusqu'à l'herméneutique biblique historiciste des universités allemandes au XIXe siècle, les techniques de la critique du texte et de l'établissement du fait ont eu tout le temps d'atteindre un point de perfection formel qui ne sera jamais plus dépassé.

mique conjoncturelle [1] de l'école de Simiand et plus encore de Labrousse avait repêché de la démarche habituelle de l'histoire, avec comme une prédisposition structuraliste bien avant l'heure. C'est au moment où l'espace va cesser de commander la croissance, où les derniers empires des colonies avec drapeaux, legs de l'Europe industrielle du XIXe en perte de vitesse, sont sur le point de s'effondrer et de se transformer en des systèmes plus complexes de dépendance, que les dimensions géographiques assiègent l'histoire. L'histoire économique des années 30 et 40 est au rendez-vous de la dynamique conjoncturelle et de l'analyse du couple temps-espace.

L'histoire économique, en France, de 1945 à 1960, s'efforce d'incorporer, en dépassement, sous l'impulsion d'Ernest Labrousse et de Fernand Braudel, cette double innovation. Elle rêve de combiner la leçon de Simiand et celle de la géohistoire. Elle cherche la totalité – une totalité économique – dans des espaces qui vont du petit pays [2] dont le modèle a été procuré par le *Beauvaisis exemplaire* [3], des Catalognes [4], la province presque nation [5], de la province prétexte à l'exploration géniale de la plus longue durée [6], dans une entreprise qui annonce les formes nouvelles [7] d'une autre histoire économique, aux grands espaces océaniques, Atlantique méridien [8] des Portugais [9], Atlantique parallélogrammique de la Carrière des Indes [10], océan Indien [11] et Pacifique [12]. C'est peut-être dans cette étude des espaces océaniques [13] que tente de se réaliser le plus ouvertement la combinatoire de la dynamique conjoncturelle de Simiand-Labrousse et de la géohistoire de Fernand Braudel. Ces recherches macro-spatiales s'expriment tout naturellement dans les analyses en structure et conjoncture. Depuis les années 50, au moins, l'histoire économique a dépassé la parcimonie préalable dangereuse mais nécessaire d'une conjoncture réduite au prix. Elle a cherché dans les trafics [14], entre autres, le substitut de l'impossible production [15]. L'impossible production est à la mesure même du présupposé implicite de l'histoire économique quantitative à la première génération. Partie du modèle des prix, désireuse d'atteindre la structure ondulante, la dynamique conjoncturelle des économies anciennes de l'ère préstatistique, cette histoire quantitative à la

1. Pierre Chaunu, «Dynamique conjoncturelle et histoire sérielle», *Industrie*, n° 6, juin 1960, 4, rue de Ravenstein, Bruxelles.
2. Pierre Goubert, *Beauvais et le Beauvaisis de 1600 à 1730. Contribution à l'histoire sociale de la France au XVIIe siècle*, Paris, S.E.V.P.E.N., 1960, 2 vol., LXXII-653 p. + planches de l'atlas.
3. Sur le petit pays, une des cellules fondamentales de la sociabilité, notre article : Pierre Chaunu, «En marge du Beauvaisis exemplaire. Problèmes de fait et de méthode», *Annales de Normandie*, n° 4, décembre 1960, pp. 337-365.
4. Pierre Vilar, *la Catalogne dans l'Espagne moderne. Recherches sur les fondements économiques des structures nationales*, Paris, S.E.V.P.E.N., 3 vol., 1962, 717 p. + 586 p. + 570 p. + 1 atlas.
5. À ce propos, Pierre Chaunu, «Les Espagnes périphériques dans le monde moderne», *Revue d'histoire économique et sociale*, t. XVI, 1963, n° 2, pp. 145-182.
6. Emmanuel Le Roy Ladurie, *les Paysans de Languedoc*, Paris, S.E.V.P.E.N., 1966, 2 vol., 1060 p. + cartes, graphiques, hors-texte.
7. Pierre Chaunu, «À partir du Languedoc. De la peste noire à Malthus, cinq siècles d'histoire sérielle», *Revue historique*, t. CCXXXVII, fascicule 482, avril-juin 1967, pp. 359-380.
8. Frédéric Mauro, *le Portugal et l'Atlantique au XVIIe siècle (1570-1670). Étude économique*, Paris, S.E.V.P.E.N., 1960, LXII-550 p.
9. Pierre Chaunu, «Brésil et Atlantique au XVIIe siècle», *Annales E.S.C.*, 1961, n° 6, pp. 1176-1207.
10. H. et P. Chaunu, *Séville et l'Atlantique*, Ire partie, 7 t. en 8 vol., Paris, S.E.V.P.E.N., 1955-1957, 3 890 p., grand in-8° et in-4°; P. Chaunu, *Séville et l'Atlantique*, IIe partie, 2 t. en 4 vol., Paris, S.E.V.P.E.N., 1960, 3 453 p., grand in-8°.
11. Vitorino Magalhaes Godinho, *l'Économie de l'empire portugais aux XVe et XVIe siècles* (achevé en 1958), publié en 1969, Paris, S.E.V.P.E.N., 1969, 857 p. + IV.
12. Pierre Chaunu, *les Philippines et le Pacifique des Ibériques*, Paris, S.V.E.P.E.N., 2 vol., 1960 et 1966, grand in-8°, 302 p. et 80 p.
13. À ce propos, une mise au point bibliographique plus complète dans Pierre Chaunu, *l'Expansion européenne du XIIIe au XVe siècle*, Paris, 1969, P.U.F., 396 p. in-8; et *Conquête et exploitation des nouveaux mondes*, Paris, 1969, 445 p. in-8.
14. F. Braudel et R. Romano, *Navires et marchandises à l'entrée du port de Livourne (1547-1611)*, Paris, 1951, 112 p.
15. H. et P. Chaunu, *Séville, Introduction méthodologique*, Paris, 1955, XVI-332 p. + cartes, pp. 1-31.

première génération est trop marquée, encore, par l'angoisse de la crise [1], par les ambitions d'une quantification fine, pour se résoudre, d'entrée de jeu, au substitut modeste mais utile de la pesée globale en histoire où Fernand Braudel a excellé [2]. On peut être tenté d'accorder à la critique ultérieurement formulée par les quantitativistes de l'école Kuznets, Marczewski [3], que cette histoire quantitative à la première génération a peut-être consacré trop d'efforts à des séries extrêmement fines de secteurs minoritaires au détriment des secteurs les plus vastes de l'économie. Et pourtant, c'est précisément par la rigueur de la pensée et la sûreté du résultat, que la dynamique conjoncturelle régressive, l'histoire économique à la première génération, peut sous-tendre, aujourd'hui, les ambitions immenses, qui naissent au seuil des dernières décennies du siècle, au troisième niveau de ce que je suis tenté d'appeler l'histoire sérielle.

On peut, dix ans après, tenter un bilan. Trois lois me paraissent se dégager. Nous nous sommes efforcé de démontrer, dans le cadre privilégié de l'espace atlantique espagnol et hispano-américain [4], la réalité de l'hypothèse quadricyclique [5] appliquée à un secteur très large [6] de l'économie. Cycles de Kitchin, de Juglar, Kondratieff et phases se superposent sans contestation possible. L'hypothèse a été très largement vérifiée [7]. Nous pouvons formuler, sous forme de loi, le premier acquis de la dynamique conjoncturelle: la structure ondulante des économies et des sociétés est universelle. L'hypothèse multicyclique s'applique partout. Elle n'a subi aucun démenti. Même si de la fin du XIIIe à la fin du XVIIIe les fluctuations s'inscrivent toutes entre deux plans presque horizontaux. Ce rectificatif est postérieur. La théorie du monde plein [8], les *checks* malthusiens empruntés à M.M. Postan [9], les recherches conduites en démographie historique et la grande enquête de la VIe section de l'École des hautes études sur la production agricole d'après les dîmes [10] tendent à proposer pour la très longue durée du XIIIe au début et du XIXe siècle, en Occident, un *trend* presque horizontal, un trend faiblement ascendant et non pas, bien sûr, cette fausse horizontalité hâtivement plaidée sur des échantillons microscopiques et peu représentatifs [11].

La seconde loi découle de la première. Elle permet d'affirmer l'existence d'une conjoncture économique. Les milliers de courbes dessinées à partir de séries minutieusement calculées, dans une remontée toujours plus systématique du proto-statistique sont presque toujours liées entre elles par des corrélations positives. Exemples typiques: la corrélation positive prix/trafic à l'intérieur de l'espace atlantique qui lie Séville, c'est-à-dire l'Europe, et l'Amérique, la corrélation positive qui lie les prix, les indices

1. «Connaître, analyser, dominer pour les mieux domestiquer les fluctuations économiques... voilà la préoccupation essentielle...», P. Chaunu, «Dynamique conjoncturelle et histoire sérielle», *op. cit.*, Bruxelles, 1960.
2. Pierre Chaunu, «La pesée globale en histoire», *Cahiers Vilfredo Pareto*, t. XV, 1968, Genève, Droz, pp. 135-164.
3. Les critiques des quantitativistes américains ultra-libéraux ont rejoint curieusement celles des marxistes de stricte observance, dix ans plus tôt.
4. H. et P. Chaunu, *Séville et l'Atlantique*.
5 L'expression est de Guy Beaujouan, dans le compte rendu qu'il a consacré à notre étude in *Journal des savants*, 1960.
6. Pour une pesée globale de ce secteur, P. Chaunu, *Conquête et exploitation des nouveaux mondes*, et P. Chaunu, «Place et rôle du Brésil dans les systèmes de communication et dans les mécanismes de la croissance de l'économie du XVIe siècle», *R.H.E.S.*, t. XLVIII, n° 4, pp. 460-482.
7. F. Braudel et F.C. Spooner, in *Cambridge Economic History*, 1967, *op. cit.*
8. Elle doit beaucoup en France à Emmanuel Le Roy Ladurie... Nous lui faisons large place dans nos études en cours sur les systèmes de civilisation.
9. In *The Cambridge Economic History of Europe*, t. I, 1re éd. 1941, 2e éd. 1966.
10. *Les Fluctuations du produit de la dîme*, Association française des historiens économistes, Premier congrès national, Communications et travaux rassemblés et présentés par J. Goy et E. Le Roy Ladurie, École pratique des hautes études, VIe section, Cahier des Etudes rurales III, Mouton, Paris-La Haye, 1972, 396 p.
11. M. Morineau, «Les faux semblants d'un démarrage économique», Paris, 1971, *Cahiers des Annales*, n° 30.

d'activités de l'Atlantique et du Pacifique des Ibériques aux xvie, xviie et xviiie siècles, la corrélation prix/trafics, populations, activités [1], qui s'établissent dans tous les secteurs.

Troisième loi. Du xiiie au xxe siècle, des secteurs moins développés vers les secteurs plus développés, du monde extra-européen vers le Monde issu de la vieille chrétienté latine, on observe une tendance à l'atténuation des amplitudes et à la réduction des périodes. Cette loi ne supporte aucune exception. Elle se vérifie sur les courbes de population, sur les prix, sur les indices d'activité et de production, hors d'Europe et en Europe.

III

Au point de la recherche, l'histoire économique a déjà muté. Sur l'horizon des années 50, aux États-Unis, d'abord, dans l'ombre des chaires d'économie politique, en Europe, une recherche plus ambitieuse dans ses visées, mais surtout, différente dans ses motivations profondes, se constitue, sans interférer, tout de suite, sur les recherches de dynamique conjoncturelle. Un grand nom, au départ, Simon Kuznets. Je me bornerai à renvoyer à un débat courtois[2] et à reprendre la conclusion qui semble s'en être dégagée. Nous réserverons désormais le terme d'histoire quantitative aux entreprises du type de celles de Simon Kuznets et de Jean Marczewski, « nous parlerons désormais[3] d'histoire quantitative, seulement quand les résultats pourront se couler dans un moule de comptabilité nationale », régionale et macrospatiale, quand la quantification aura été globale, systématique et totale.

En fait, cette forme d'histoire est, sur le plan technique, liée à la généralisation, dans les pays les plus industrialisés, donc les mieux armés dans l'ordre de la statistique économique, des grands systèmes de comptabilité nationale.

L'effort se poursuit. A quelques ratés relativement minimes près – ils portent presque uniquement sur le protostatistique –, l'histoire économique totalisante des économistes a fait faire à une connaissance utile du passé de très sensibles progrès.

L'expérience a ses limites, elle a aussi ses dangers, elle est appelée, selon toute vraisemblance, à préparer de nouveaux dépassements. En réalité, elle s'établit en corrélation étroite avec des préoccupations qui sont, peut-être, ressenties avec moins d'acuité, au seuil de la décennie 70 qu'elles ne le furent au cours des années 50 du xxe siècle. Cette forme d'histoire quantitative est d'abord une histoire de la croissance. La première histoire économique fut, essentiellement, histoire de la dynamique conjoncturelle. Elle fut *histoire de la Crise.* L'histoire quantitative des économistes fut, d'abord, une histoire du démarrage, *de la croissance* et des disparités de la croissance. Elle est inséparable du succès de Rostow[4]. Elle est inséparable de la décolonisation, de la découverte d'un tiers monde, hors d'Europe et de l'Amérique du Nord, des disparités régionales de tous les *Mezzogiorno* et, surtout, du fameux phénomène de l'ouverture des ciseaux. L'accélération de la croissance économique, l'amélioration malheureusement très provisoire de la santé démographique des pays déve-

1. P. Chaunu, « Le renversement de la tendance majeure des activités et des prix au xviie siècle », *Studi in onore di Amintore Fanfani*, t. IV, Milan, 1962, p. 221-257 et « Le xviie siècle. Problèmes de conjoncture », in *Mélanges Antony Babel*, Genève, 1963, p. 337-355.
2. Jean Marczewski, *Introduction à l'histoire quantitative de l'économie française* (11 vol. parus de 1961 à 1969, fondamental). Introduction, *op. cit.*, Paris, I.S.E.A., 115, A.F., n° 1, pp. 1, LIV ; repris in *Cahiers Vilfredo Pareto*, t. III, Genève, Droz, 1964. « Buts et méthodes de l'histoire quantitative », pp. 125, 164 et pp. 177-180 ; cf. en outre Pierre Chaunu, « Histoire quantitative ou histoire sérielle », *Cahiers Vilfredo Pareto*, t. III, Genève, Droz, 1964, pp. 165-176 ; « Histoire sérielle, bilan et perspective », *Revue historique*, fasc. 494, avril-juin 1970, pp. 297-320, et *Revue roumaine d'histoire*, 1970, n° 3.
3. Pierre Chaunu, *Revue historique*, avril/juin 1970, p. 300.
4. M.W. Rostow, *les Étapes de la croissance économique*, 1re éd. anglaise en 1960, Paris, Seuil, 1963.

loppés, la reprise en Europe industrielle et en Amérique du Nord de la croissance démographique, ce qu'on a appelé, à tort et à travers, l'explosion démographique du tiers monde, ont fait prendre conscience d'une structure très ancienne du développement. Le développement, avant d'atteindre le seuil d'une hypothétique maturité, est, d'abord, cumulatif, les secteurs déjà les plus développés sont ceux qui ont l'aptitude à se développer le plus rapidement et, par conséquent, la distance qui sépare les pays industriels développés des secteurs traditionnels acculturés et involués a tendance à s'accroître. Il faut se pencher sur les mécanismes du développement qui ne doit pas être confondu avec la croissance [1], distinguer les caractères les plus généraux des traits spécifiques du développement historique moteur du *take off* anglais et européen [2].

Cette seconde forme d'histoire économique a ses limites et ses dangers. Ses limites. Il est bien évident que la quantification totale circulaire dans un système clos de comptabilité ne saurait, en aucun cas, remonter au-delà du XIXe siècle, pour les secteurs privilégiés de l'Europe et de l'Amérique industrielle. Dans l'Angleterre de Gregory King, on peut, peut-être, s'aventurer au-delà, à travers un protostatistique bien fourni. Même si, sur quelques points, des réserves ont été émises, Phyllis Deane et W.A. Cole [3] ont procuré ce qui me semble constituer, à ce jour, la seule histoire quantitative, tant soit peu réussie, qui parte de la fin du XVIIe siècle, grâce, notamment, à l'œuvre géniale et pionnière de Gregory King. Mais il est bien évident que la quantification de Deane et Cole peut à peine être assimilée à une quantification totale. Elle ne répond que très imparfaitement aux exigences des Kuznets et de Marczewski. Qu'apporte, en revanche, la *New Economic History* [4]? Cette prétendue histoire est à peine de l'histoire. Elle se complaît dans le temps très court d'un presque temps présent, elle se cantonne au secteur américain hyperdéveloppé, où elle raffine, sans grand mérite, sur un matériel statistique abondant, et, pour l'essentiel, déjà préélaboré.

La *New Economic History* n'est guère, dans ces conditions, que la section nord-américaine de la deuxième histoire économique quantitative, l'histoire à l'âge de la comptabilité nationale et des modèles. A l'intérieur même de l'économie américaine, la *New Economic History* est embarrassée dès qu'elle aborde les années 1830. Pratiquement les auteurs renoncent à incorporer à leur systématique cette archéologie lointaine pour eux des années 1800-1830. Ils ont conscience, plus ou moins obscurément, d'une modification structurelle qui rend difficiles et chanceux les raccords. D'où le recours révélateur aux modèles théoriques qui fait intervenir les hypothèses sans vérification historique. L'exemple le plus célèbre est celui du développement de l'économie américaine sans les chemins de fer. On a atteint l'absurde. Il y a enfin l'énormité des

1. Pierre Chaunu, «Croissance ou développement? À propos d'une véritable histoire économique de l'Amérique latine aux XIXe et XXe siècles», *Revue historique*, fasc. 496, oct.-déc. 1970, pp. 357-374.

2. De nombreuses révisions récentes sont consacrées au *take off* historique de l'Angleterre et de l'Europe occidentale. On a réservé un accueil démesuré aux études de Paul Bairoch (cf. *Révolution industrielle et ses développements*, Paris, S.E.D.E.S., 3e éd., 1969). Remarquable et récente analyse de François Crouzet, «The Economic history of modern Europe», *The Journal of Economic History*, vol. XXXI, mars 1971, n° 1, pp. 135-152; R.M. Hartwell, «The causes of the Industrial Revolution in England», in *Debates in Economic History* de Peter Mathias, Londres, Methuen, 1re éd., 1967 et 1970, IX-179 p.; David S. Landes, *The Unbound Prometheus, Technological Change and Industrial Development in Western Europe from 1750 to the Present*, Cambridge, 1969, IX-566 p. (traduction française à paraître chez Gallimard en 1974), et une très remarquable analyse encore semi-confidentielle de E.A. Wrigley sur «Modernisation et industrialisation», diffusée par le *Cambridge group for the history of Population and Social Structure*. Une mise au point utile: Claude Fohlen, *Qu'est-ce que la révolution industrielle?* Paris, Robert Laffont, 1971, 317 p.

3. Phillys Deane et W.S. Cole, *British Economic Growth, 1688-1959, University of Cambridge Department of Applied Economic Monographs*, Cambridge University Press, 1964, XIV-348 p. + cartes.

4. Maurice Lévy Leboyer, «La New Economic History», *Annales E.S.C.*, 1969, n° 5, pp. 1035-1069.

présupposés philosophiques implicites. L'*homo oeconomicus* de la *New Economic History* me paraît, à de rares exceptions près, peut-être, parfaitement rodé. Non seulement sa réaction au seul profit est parfaite, immédiate, sans hésitation, sans conflit, sans latence, un homme parfait, tel qu'on en rêvait dans les cours d'économie politique, à l'époque de Jean-Baptiste Say, sans corps, sans sexe, sans affectivité, sans racine, sans esprit, sans âme. Toujours conscient, bien informé, prêt à réagir au seul profit, comme une mécanique de Vaucanson. Ce n'est que passage à la limite, mais il montre qu'il ne suffit pas d'aller de l'avant pour progresser, il faut savoir, aussi, et cela est, chaque jour, un peu plus difficile, conserver l'acquis, sous peine de passer, sans transition, du temps des ordinateurs à celui des cavernes.

La quantification globale ne doit pas se payer d'une régression du matériau statistique utilisé par rapport aux étapes antérieures de la recherche.

Mais la principale limitation est ailleurs. Elle me paraît résider dans le fait que la nouvelle histoire économique quantitative sort plus difficilement que la dynamique conjoncturelle et l'histoire géographique des années 30 à 50 du secteur de l'économique étroitement délimité.

IV

C'est pourquoi la nouvelle histoire économique quantitative appelle presque immédiatement de nouveaux dépassements. Depuis quelques années se dessine ce que je suis tenté d'appeler le *retour au sériel et l'intrusion du quantitatif au troisième niveau*. La dynamique structurelle place ses lointains référants vers 1890, elle explose entre 1930 et 1935, culmine entre 1950 et 1960. L'histoire quantitative globalisante a ses premiers référants vers 1930, elle traverse son *take off* au début des années 60, elle culmine entre 1965 et 1968. Elle est loin d'avoir épuisé son élan. Les possibilités de combinaisons sont immenses avec la dynamique conjoncturelle et la géohistoire. Elle possède depuis la mise en marche des ordinateurs de la troisième génération[1] d'énormes possibilités. Marcel Couturier, Emmanuel Le Roy Ladurie, François Furet ont été parmi les premiers en France à en tirer parti. Il n'y a pratiquement pas de travail important dans l'histoire économique depuis 1968 qui ne recoure massivement au traitement informatique. La nouvelle histoire économique quantitative n'est pas née avec l'ordinateur mais sa croissance est largement facilitée par le prestigieux multiplicateur de tous nos moyens. L'ordinateur, plus qu'au progrès de l'histoire économique, est appelé à contribuer au débordement des méthodes de l'histoire économique.

C'est là que se situe la grande mutation de l'histoire. L'histoire économique, aujourd'hui, moins qu'un objet, est, d'abord, un état d'esprit, un ensemble de méthodes, une approche. Pour tout ce qui s'aventure, pour tout ce qui déborde, j'ai proposé d'abandonner quantitatif et de garder sériel. L'histoire sérielle englobe toutes les histoires quantitatives, mais elle les dépasse, partie à la conquête du troisième niveau, tâtonnant aux limites des systèmes de civilisation.

L'histoire sérielle a, elle aussi, ses référants. Depuis vingt ans, Alphonse Dupront, parti de l'idée de croisade, s'est penché sur les aspects les plus secrets du mental collectif, allant des mots aux choses, des manifestations paniques de la Foi au vocabulaire des

1. L'expression a été popularisée pour les historiens de langue française par Marcel Couturier, « Vers une nouvelle méthodologie mécanographique. La préparation des données », *Annales E.S.C.*, 1966, n° 4, juillet-août, pp. 769-778.

Lumières. L'histoire sérielle, qui fait aussi écho aux angoisses du temps présent, envisage un système d'alliances privilégiées avec des sciences humaines qui n'ont guère bénéficié, jusqu'ici, des remontées sérielles, de l'anthropologie aux diverses ethnologies, et à la psychologie collective. Sans omettre cette vieille alliée traditionnelle, toujours renouvelée, la démographie.

L'histoire économique ne cesse d'améliorer ses techniques. Il lui arrive de trouver plus que ce qu'elle recherche dans les détours de ses cheminements intellectuels.

Trois exemples entre plusieurs. Emmanuel Le Roy Ladurie a montré, des *Paysans de Languedoc*[1] à la grande enquête militaire de 1866[2], qu'une anthropologie physique régressive était souhaitable, possible et infiniment fructueuse. Connaître le matériel humain. Emmanuel Le Roy Ladurie[3] encore a montré comment une histoire de la variable climatique était possible dans la courte, dans la moyenne et dans la très longue durée[4]. Le Centre de Recherches d'histoire quantitative de l'Université de Caen a mis au point une méthode que je propose d'appeler méthode d'histoire administrative sérielle et de cartographie régressive[5]. Elle permet l'utilisation exhaustive des données chiffrées dispersées, pour toute la durée de la société traditionnelle, dans un cadre régional, de la fin du XIIIe au début du XIXe siècle. Le gain de productivité est énorme. La récupération d'un matériau inutilisable par les méthodes traditionnelles, considérable. Cette méthode est fructueuse, en raison de la prodigieuse stabilité de l'habitat rural du XIIIe au XIXe siècle sur l'horizon du monde plein. Elle donne toute sa mesure aujourd'hui, grâce aux ordinateurs. Elle a été conçue dans la perspective d'une étude de population, sur la très longue durée[6]. L'histoire administrative sérielle comme la cartographie régressive rappelle, évidemment, le rôle privilégié de la démographie historique.

C'est elle, au vrai, cette fille aînée de l'histoire économique, – à quelle histoire économique peut-on prétendre sans ce que Ernest Labrousse appelle traditionnellement le diviseur, il faut préciser un diviseur pondéré? – qui est la première responsable aujourd'hui des rebondissements en chaîne de l'histoire sérielle[7]. Science française, science de la longue durée, la France étant un laboratoire du vieillissement catastrophique des populations industrielles[8]. Science qui appelle, presque nécessairement, un pourvoyeur de longues séries. Science des remontées. La démographie historique est, depuis dix ans, le secteur n° 1, de beaucoup le plus fécond[9] de toute la recherche historique[10]. La géniale méthode Fleury-Henry est une méthode d'historien et même,

1. *Op. cit.*, Paris, 1966.
2. J.P. Aron, P. Dumont, E. Le Roy-Ladurie, *Anthropologie du conscrit français d'après les comptes numériques et sommaires du recrutement de l'armée, 1819-1826*, présentation cartographique, VIe section de l'E.P.H.E., Mouton, Paris-La Haye, 1972, 262 p.
3. Emmanuel Le Roy Ladurie, *Histoire du climat depuis l'an mil*, Paris, 1967, Flammarion, 379 p. + 31 pl.
4. Pierre Chaunu, «Le climat et l'histoire à propos d'un livre récent», *Revue historique*, t. CCXXXVIII, fac. 484, pp. 365-376.
5. Pierre Chaunu, «Les enquêtes du centre de recherches d'histoire quantitative de Caen. Bilans et perspectives...», *Colloque du C.N.R.S. de Lyon, octobre 1970, Industrialisation en Europe au XIXe siècle, cartographie typologie*, Paris, C.N.R.S., 1972, p. 285-304.

La méthode, dont le mérite revient d'abord à Pierre Gouhier, sera exposée en détail dans le tome II (à paraître fin 1971) de *l'Atlas historique de Normandie*, Caen, C.R.H.Q., in-f°, et dans un fascicule à paraître à part au C.R.H.Q. de Caen.
6. Pierre Gouhier, *la Population de la Normandie du XIIIe au XIXe siècle*, thèse en cours.
7. Je renvoie à mon chapitre «La dimension de l'homme» dans P. Chaunu, *la Civilisation de l'Europe des Lumières*, Paris, Arthaud, 1971, 670 p. + 200 pl.
8. Pour la première fois de 1847 à 1851, d'une manière à peu près continue à partir de 1896.
9. Très bref bilan dans *l'Europe des Lumières*, pp. 95-170.
10. Voyez *Population et Population Studies*, depuis 1946 et les *Annales de démographie historique* depuis 1964, et publications de l'I.N.E.D. de la VIe section de l'École des hautes études, du Centre de Cambridge et du C.R.H.Q. de Caen.

caricaturalement, de généalogiste : quoi de plus historique, au sens le plus traditionnel, que la reconstitution des familles, quoi de plus sériel qu'une méthode qui permet de calculer le coefficient net de reproduction et l'espérance de vie à Colyton du XVIe siècle à nos jours ?

L'histoire démographique, aujourd'hui, vaut surtout par ses produits, faut-il dire ses retombées ? Le patient labeur sur les fiches de dépouillement des archives des pauvres, conduit, bien évidemment, à l'histoire religieuse sérielle[1], à l'histoire des attitudes devant la vie, à l'histoire du couple, donc de la structure de base la plus fondamentale de sociabilité, à l'histoire de l'amour, de la vie et de la mort.

Nous nous sommes efforcé de démontrer ailleurs[2] les mécanismes qui conduisent l'histoire sérielle, hier économique et sociale, à l'assaut du troisième niveau, à savoir l'essentiel, l'affectif, le mental, le psychique collectif... disons mieux les systèmes de civilisation. Cette branche de l'histoire existait depuis plusieurs décennies. Alphonse Dupront, longtemps, en a tracé, presque seul, les avenues pionnières. La mutation de ces dernières années découle de l'élargissement des champs d'intérêt, et de l'adaptation à ce secteur nouveau des méthodes sérielles mises au point par l'historien économiste, à savoir la constitution de séries statistiques, qui portent le troisième niveau, au bénéfice de l'analyse mathématique des séries et de la double interrogation du document, d'abord en soi, puis par rapport à sa position au sein de la série homogène dans laquelle l'information de base est intégrée et posée.

Plusieurs approches sont possibles. Le contenu de la civilisation écrite est relativement plus facile à cerner. François Furet[3], Henri Martin[4], Robert Estivals[5], quelques autres[6] ont jeté les bases d'une étude quantitative du volume global de l'écrit imprimé. Elle peut, avec l'aide de l'ordinateur, grâce à la sémantique quantitative, arriver à un début encore bien modeste d'une étude de contenu global des différentes couches du discours élaboré.

Le contenu des cultures traditionnelles, l'accès à la pensée, à la sensibilité, au cadre de vie de ceux qui n'accèdent pas au langage écrit, est beaucoup plus difficile à trouver. Là encore, les méthodes de l'histoire économique sont adaptables et transposables. Victor-Lucien Tapié[7] et ses élèves viennent de prouver éloquemment ce que l'on peut attendre du traitement sériel d'une image privilégiée, merveilleux témoin de la sensibilité religieuse et du contenu de la Foi, les retables des églises de campagne du XVIIe et du XVIIIe siècle. Le traitement du contenu de l'image s'est fait, en partie, en utilisant les procédés graphiques exposés par Jacques Bertin dans la *Sémiologie graphique*[8]. Cette

1. Un ensemble de possibles entre autres, autour de l'empressement devant le baptême ; cf. aussi P. Chaunu, « Une histoire religieuse sérielle », *Revue d'histoire moderne et contemporaine*, 1965, n° 1, pp. 5-34.
2. P. Chaunu, « Un nouveau champ pour l'histoire sérielle, le quantitatif au troisième niveau », *op. cit.*, *Mélanges Fernand Braudel*, t. II, Privat, 1972, pp. 105-126.
3. François Furet et collaborateurs, *Livre et société dans la France du XVIIIe siècle*, Paris-La Haye, Mouton, 1965, t. I, in-8°, 238 p., 1970, t. II, 228 p.
4. Henri J. Martin, *Livre, pouvoir et société à Paris au XVIIe siècle (1598-1701)*, Genève, Droz, 2 vol, 1969, in-8°, 1 091 p., cartes et graphiques, voie tracée déjà dans l'*Apparition du livre*, en collaboration avec Lucien Febvre, 1958, XL-558 p.
5. Robert Estivals, *le Dépôt légal sous l'Ancien Régime de 1537 à 1791*, Paris, Marcel Rivière, 1961, III-141 p. ; *la Statistique bibliographique de la France sous la monarchie au XVIIIe siècle*, Paris-La Haye, Mouton, 1965, 460 p. ; une thèse multigraphiée (bibliothèque de la Sorbonne) soutenue le 30 mai 1971 sur la *Bibliographie bibliométrique*.
6. Jean Quéniart, Geneviève Bollême..., récemment créée une *Revue d'histoire du livre*.
7. Victor-L. Tapié et collaborateurs, *Enquête sur les retables*, Paris, Centre de recherches sur la Civilisation de l'Europe moderne, 1972, 2 vol.
8. Jacques Bertin, *Sémiologie graphique*, Paris, Gauthier-Villars, Mouton, 1967, grand in-4°, 431 p.

enquête pionnière est, aujourd'hui, le point de départ d'une exploration que nous voudrions méthodique de l'image.

L'enchaînement est plus sensible encore pour le mobilier, l'église et l'habitat paysan.

Une enquête assez classique d'histoire économique[1] débouche aujourd'hui sur un inventaire monumental d'un type tout à fait nouveau. Par-delà l'objet, saisi dans une pesée globale, c'est le contenu d'une civilisation non écrite que l'on s'efforce de cerner.

Mais ce sont, évidemment, les études sur le sexe, la vie et la mort qui vont le plus loin[2]. Le grand livre pionnier de Michel Vovelle[3], le beau livre plus classique mais d'une rare finesse d'analyse de François Lebrun[4], tout un ensemble de thèses qui débutent, montrent que le quantitatif maîtrisé, grâce à l'économique, hier, et l'informatique demain, peut atteindre un pan capital d'une histoire de l'essentiel[5].

Pièce par pièce, une histoire globale des systèmes de civilisation s'ébauche. La concordance est évidente avec la crise de civilisation qui affecte, depuis 1962, secteur par secteur, les pays qui arrivent, progressivement et sectoriellement, à l'ère post-industrielle. La crise met en cause les transpositions laïques des valeurs de civilisation de chrétienté réalisées au siècle des Lumières, la transposition eschatologique de la finalité chrétienne sur une croissance longtemps automotivante. A l'histoire des manières de faire[6] succède, presque nécessairement, celle des manières de penser, de sentir, l'histoire est arrivée au seuil des motivations.

C'est pourquoi les recherches quantitatives conduites sur la formation du couple, sur les attitudes collectives devant la mort ne constituent qu'une étape utile mais très provisoire. C'est l'ensemble du discours qu'il faut atteindre, pour coder correctement les signes paniques qui traduisent l'essentiel. Il faut, à la lueur du sériel, revenir aux pensées les plus élaborées de l'élite. Le sériel débouche sur une modalité supérieure d'analyse de la qualité.

L'histoire des systèmes de civilisation, qui est aujourd'hui nécessité vitale, est à ce prix.

© Gallimard

1. Jean-Pierre Bardet, Pierre Chaunu, Gabriel Désort, Pierre Gouhier, Hugues Neveux, *le Bâtiment, enquête d'histoire économique, XIVe-XIXe siècle*, I, *Maisons rurales et urbaines dans la France traditionnelle*, Paris, Mouton, 1971, 545 p. + pl.
2. « Le quantitatif au troisième niveau », art. cité.
3. Michel Vovelle, *Piété baroque et déchristianisation. Attitudes provençales devant la mort au siècle des Lumières*, Paris, Plon, 1973, 700 p.
4. François Lebrun, *les Hommes et la mort en Anjou aux XVIIe et XVIIIe siècles. Essai de démographie et de psychologie historiques*, Paris-La Haye, Mouton, 1971, x-562 p.
5. Après l'exploit de Michel Vovelle, à travers 50 000 testaments sur les 500 000 conservés pour la Provence de 1680 à 1790, Jean-Marie Gouesse en prépare un semblable dans une thèse en cours, sur la formation du couple, d'après le traitement sériel des centaines de milliers de demandes de dispense conservées dans l'Ouest.
6. Je m'efforce de le montrer dans *Histoire Science Sociale – La durée, l'espace et l'homme à l'époque moderne*, Paris, SEDES, 1974, grand in-8°, 450 p.

A propos de l'histoire dite «économique»

(1987)

JEAN BOUVIER

Il s'agit du «post-scriptum», du texte final de l'ouvrage collectif «Mélanges», élaborés en 1986 par une vingtaine d'historiens en hommage à Jean Bouvier, qui rédigeait là ses ultimes lignes publiées. Il y dresse une sorte de bilan de l'histoire économique française à la lumière de sa propre pratique, et des travaux publiés depuis un demi-siècle. A vingt-cinq années de distance il confirme la validité de grands principes initiaux, tels l'articulation entre histoire économique et histoire sociale ou le maintien des perspectives d'histoire totale, tout en plaidant pour l'«éclectisme» de l'historien dans le choix de ses outils parmi les analyses théoriques livrées par la science économique.

Source: *Patrick Fridenson, André Strauss (éd),* Le capitalisme français – XIXe-XXe siècles – Blocages et dynamisme d'une croissance, *Paris, Fayard, 1987, pp. 399-409.*

BIEN SÛR, il revient aux lecteurs de cet ensemble d'études de juger, chacun pour son compte propre, avec ses attentes et ses interrogations personnelles, si notre pari initial collectivement assumé a été tenu: contribuer à la «revalorisation de l'histoire économique dans notre pays» et faire entendre, par la diversité des sujets exposés et, surtout, des démarches d'analyse et d'exposition de chacun d'entre nous, que l'histoire économique est une introduction, un apprentissage, un préalable non inutile à la compréhension des problèmes de notre temps. Car ceux-ci sont hérités du passé, le plus proche et le plus lointain. Tous les passés pèsent sur le présent, a dit Fernand Braudel, de mille manières.

Non pas un manifeste

Notre recueil n'est pas un manifeste. Des historiens liés par quelques communes sympathies, mais ne représentant pas un groupe pour autant, ont accepté d'être compagnons de route tout en demeurant libres dans leur écriture, autour d'un problème posé, apte à faire progresser l'intelligibilité d'une économie et d'une société: celui des croisements et relais entre blocages et dynamismes, de diverses origines. Notre panorama, de ce point de vue, n'est pas, et ne visait pas à être complet. Cet ouvrage n'est pas un traité, mais un essai, dominé par cette évidence: le capitalisme français a connu, lui aussi, une «croissance». Alors il faudrait porter davantage attention à ses moteurs qu'à ses freins. Mais ne poussons pas plus loin la répétition là-dessus.

Je voudrais, en guise de point d'orgue, mais sans engager l'ensemble de notre amicale cohorte dans une quelconque responsabilté à propos des lignes qui vont suivre, faire quelques réflexions, aussi «libres» que mes précédentes, sur l'histoire dite «économique» et au-delà sans doute. Mais de la façon la plus brève et la plus directe possible.

... économique et sociale

Histoire *dite* «économique»? Sans doute serait-il (relativement...) facile de spécifier les approches économiques, celles des économistes, celles des historiens, au-delà de l'éclatement des voies suivies par les uns et les autres, et de différencier les historiens et les économistes, tout en observant leurs mutuels échanges. Echanges inégaux, il est vrai, les historiens étant plus attentifs aux apports de l'analyse des économistes à leurs propres recherches que les économistes (du moins la fort grande majorité d'entre eux) n'apparaissent soucieux de prendre en compte le poids de l'histoire et les exigences propres du métier d'historien.

Mais mon souci présent est autre. C'est de répéter, pour mon compte, et après nos anciens maîtres, sans lesquels nous ne serions pas ce que nous sommes devenus – et mieux vaudrait ici pratiquer la modestie que la superbe –, de répéter donc, qu'il n'y a pas d'économie pure, autonome, à seuls mécanismes et logiques économiques, s'expliquant par de seules régulations matérielles et monétaires internes à une «sphère» ou un «domaine» qui seraient l'Economie seule, tout le reste étant proclamé «exogène». Tout le reste, c'est-à-dire le social, le politique et le mental. Pour l'historien, rien n'est «exogène».

On rougirait de le redire, si le prurit de l'économie épurée de toutes contaminations «exogènes», donc de l'histoire économique, rendue «scientifique» par bornages stricts et mathématisation impérialiste, n'en affectait plus d'un. Pour l'historien de l'économie, les mécanismes et le développement dits «économiques» sont *incarnés* dans des individus, des groupes et des milieux sociaux (y compris la famille), des firmes, donc des forces et des volontés, concrètement saisies, et montrées. Certains économistes le savent et le disent. «Ce sont des comportements sociaux qui sont responsables de l'évolution économique[1]» (Mockers, 1975). Bernard Rosier et Pierre Dockès (1983) évoquent «l'inacceptable séparation entre les faits considérés comme économiques [...] et les faits considérés comme sociaux[2]». Il ne suffirait pas de dire que toute «variable» économique doit être socialement perçue dans sa genèse et ses impacts (prix, salaires, profits, taux d'intérêt...). Ni d'évoquer les relations de causalités réciproques entre pouvoirs économiques et hiérarchies de dynamiques sociales. Bien sûr: «Histoire économique et sociale», nous ont dit, dès le premier tiers du XXe siècle, les Sée, Hauser, Bloch, Simiand, Febvre, Lefebvre, Labrousse, Braudel, Vilar. Cette liaison proclamée nécessaire doit autant aux exigences de la démarche historienne qu'à des propensions idéologiques. Il s'agit fondamentalement de considérer les attitudes, comportements et rapports sociaux comme éléments indissociables, forces endogènes directement constitutives et «facteurs» des activités et du développement baptisés, restrictivement en vérité, «économique». Approche à la fois micro, méso, et macro-sociale (la grandeur de l'échelle ne modifie pas la nature du regard) qui reconnaît une spécificité, une autonomie de nature sociologique au jeu et aux rapports de forces entre «agents économiques» (quelle expression courante simplificatrice!) coagulés en classes, groupes et milieux et organisant de plus en plus les modalités de la défense de leurs intérêts en tant que «macro-décideurs». François Simiand, à sa façon, avait établi sa lecture du «progrès» sur une démarche de ce type, en considérant les stratégies, liées et antagonistes à la fois, des

1. *L'inflation en France*, Cujas, 1975, pp. 27-28.
2. *Rythmes économiques, crises et changement social*, La Découverte-Maspero, 1981, pp. 158-159.

entrepreneurs et des ouvriers, gérant leurs respectifs revenus, les profits et les salaires.

Pour le maintien des perspectives globales-totales

Plaider encore et toujours pour le franchissement de la frontière entre analyse économique et analyse sociale du devenir et des changements dans l'histoire des sociétés, c'est sans doute s'engager dans une voie dite de plus en plus sans issue : la recherche de la « totalité », de la « globalité ». C'est cependant pour le maintien d'une telle perspective qu'à contre-courant, mais non pas isolé cependant, je voudrais plaider. Car je crains que contresens et faux-sens n'entourent le thème de l'histoire « totale » ou « globale », à propos de laquelle, chez quelques « Modernes », il est bon de se gausser, ou d'apparaître dubitatif. Le premier degré, simple si l'on peut dire, est celui de l'« interdiscipinarité », au sujet duquel des tenants de sciences humaines et sociales distinctes ont proclamé non sans raisons que leur discipline propre était par obligation et construction un « carrefour » de disciplines. Ce qui vaut pour l'histoire, évidemment. Mais l'interdisciplinarité peut osciller entre « une juxtaposition des approches » et une « véritable intégration tendant à la création d'une science de l'Homme » (Olivier Dumoulin, 1986[1]). Le célèbre texte ouvrant le premier numéro en 1929 des *Annales d'histoire économique et sociale*, dû à Marc Bloch et Lucien Febvre, tentait d'établir une relation entre les deux démarches, mais ne demandait pas l'impossible fusion. Emmanuel Le Roy Ladurie a fort bien dit que « en mettant les sciences sociales au passé, l'histoire a progressé sur toute la ligne du front » depuis les années 1930, par une « opération régressive[2] ». Et voici un simple exemple d'interdisciplinarité régressive : « Les sciences sociales, sans l'apport de la psychanalyse, se limitent à la scène du visible » (Eugène Enriquez, 1986[3]).

Le second degré est « l'histoire totale-globale » en elle-même, dans toute l'épaisseur et l'ambiguïté de ce terme, ou de ce concept. L'histoire est peut-être, avec la sociologie, selon Jean-Claude Passeron[4], celle des sciences de la société qui a le plus à faire de ce que le sociologue Marcel Mauss nommait « le fait social total ». En tous les cas, des historiens ont repris à leur compte cette folle ambition et s'y sont tenus : Marc Bloch[5], Lucien Febvre, Fernand Braudel, Ernest Labrousse, Pierre Vilar... Ernest Labrousse a popularisé la trilogie relationnelle entre l'économie, le social et le mental (« l'ordre logique », disait-il), que Pierre Chaunu reprend dans son thème des « trois niveaux[6] ». Fernand Braudel conçoit le tout social comme l'« ensemble des ensembles ». Certes il dut rabattre de ses ambitions premières ; en 1958 il voulait « soumettre [...] à une problématique commune[7] » les diverses sciences de l'homme et ne celait pas son « désir d'unification, même autoritaire ». En mai 1985 il maintenait la même ligne, mais plus prudemment : « Certes, la globalité est une utopie, mais c'est vers elle qu'il nous faut tendre[8] ». Pierre Vilar est demeuré plus constamment déterminé. Oui, « l'histoire totale est peut-être un

1. Article « L'interdisciplinarité », *Dictionnaire des sciences historiques*, sous la direction d'André Burguière, PUF, 1986, pp. 577-579.
2. « Dix années de recherches historiques », *L'Histoire*, n° 2, juin 1978.
3. « L'apport de la psychanalyse », *L'état des sciences sociales en France*, La Découverte, 1986, pp. 20-25.
4. « Les sciences sociales : unité et diversité », *ibid.*, pp. 10-15.
5. Voir le beau texte « Marc Bloch, historien et résistant », *Annales ESC*, septembre-octobre 1986, pp. 1091-1105.
6. « L'économie, dépassement et prospective », dans *Faire l'histoire*, II, *Nouvelles approches*, sous la direction de Jacques Le Goff et de Pierre Nora, Gallimard, 1974. Reprint en 1986, Folio-Histoire, pp. 1-100.
7. Dans le *Traité de sociologie*, tome I, PUF.
8. Jean Boutier, « Histoire moderne : la fin d'une « utopie » ? » *L'état des sciences sociales*, *op. cit.*, pp. 64-68.

rêve» (1972[1]), mais en tout état de cause «l'histoire est totalité» et l'histoire discipline «devrait être reconnue comme la seule science à la fois globale et dynamique des sociétés». C'est à lui que l'on doit cette lapidaire équation: «Economie + social + politique + idéologique et spirituel égale: historique.» Ou bien encore, en 1973: «Toute histoire neuve privée d'ambition totalisante est une histoire d'avance vieillie[2].»

Pour les générations d'historiens plus récentes la notion du «global-total» n'a pas tout à fait disparu, mais elle est mise en débat de manière critique. François Caron reprend le fil: «L'histoire est par essence globale» (1981[3]). Et: «Il ne s'agit nullement de plaider pour un refus de l'histoire globale.» Mais il a grand souci (que je partage tout à fait) du maintien de la «diversité des méthodes» et de la séparation des «royaumes», sauf à risquer de verser vers le «totalitarisme». François Furet, lui, est tout à fait iconoclaste: «L'idée de l'histoire totale est insaisissable» (1981[4])... «Il n'existe pas de concept qui rende compte de tous les aspects de la chose étudiée.» Et voici le risque du globalisme: «La dérive sans limite de ce qui est historique risque de multiplier l'insignifiant.»

Très certainement. Mais la multiplication concurrentielle des curiosités, des objets et des sentiers de l'histoire n'est pas synonyme de recherche de la totalité. Celle-ci peut être entendue de deux façons: ou bien la saisie préférentielle des macro-relations économiques, sociales, politiques... d'un ensemble national déterminé visant à une science des sociétés conçue par grandes masses telle que l'on en trouve les éléments chez Marx et d'autres avant lui, ou telle qu'un Stanley Hoffmann l'a proposée concernant la prétendue «société bloquée» de la France du XIXe siècle et de la première moitié du XXe siècle. Ou bien le concept d'histoire «totale-globale», et c'est une autre forme de son caractère opérationnel, consiste, à propos de tout objet de recherche, étroit ou large, micro, méso ou macro, de court ou de long terme, à cultiver l'exclusif souci «de dire seulement ce dont le tout dépend, et ce qui dépend du tout» (Pierre Vilar, 1973[5]): synthèse et analyse liées. L'histoire «totale» ne consiste nullement à parler de tout à propos de tout, ni à entasser le maximum de connaissances possibles autour de son objet, ni à annexer de nouvelles provinces à son empire. Sa règle, ce n'est nullement «le principe du tout est dans tout» (François Caron[6]). Elle est, ou devrait être, un état d'esprit, que les historiens cultivent d'ailleurs souvent sans le savoir, car ils ne réfléchissent pas toujours sur leur métier. Conscients eux aussi (comme les sociologues, les géographes, les ethnologues, les anthropologues...) de l'effrayante imbrication des éléments multiples de causalité quand c'est la fourmilière humaine qui est en cause, ils sont en quête permanente de tout «terrain d'analyse utile» (Pierre Vilar, 1973[7]), recherchant toutes les interférences possibles entre «la partie» et «le tout», entre l'amont et l'aval, mais sans posséder, hélas, l'appareil de précision qui ne laisserait rien échapper de l'image multidimensionnelle désirée. Lorsque François Caron propose pour l'histoire dite économique de «limiter le champ de recherches et de spécifier les données et connexions; puis d'interroger d'autres méthodes et approches[8]», il marche d'un pas alerte vers la «totalité». Au fond, cette

1. «Problèmes théoriques de l'histoire économique», *La Nouvelle critique*, 1972.
2. «Histoire marxiste, histoire en construction», *Annales ESC*, janvier-février 1973.
3. «Histoire économique et histoire globale» dans *l'Histoire et ses méthodes*, Lille, Presses universitaires de Lille, 1981.
4. «En marge des *Annales*: histoire et sciences sociales», *Le Débat*, décembre 1981.
5. «Histoire marxiste», *art. cité*.
6. Voir note 11, p. 000.
7. Voir note 1, p. 000.
8. Voir note 11, p. 000.

épistémologie ne relève-t-elle pas du simple bon sens, lorsque nous sommes à notre métier ?

Je suis en accord ici, me semble-t-il, avec les développements de Jacques Revel sur « l'histoire globale » à propos de Fernand Braudel. Oui, « parler de l'histoire globale, c'est s'interroger sur la possibilité de raconter une histoire complexe [...] L'histoire globale n'est plus une accumulation de données, de disciplines, etc., mais une réflexion sur la non-linéarité du discours historique. Le travail de l'historien c'est de complexifier le réel, non de le simplifier[1] ».

Histoire et économie

L'histoire de l'histoire « économique » est vieille de plus d'un siècle quoiqu'elle ait, en France, marché lentement[2]. Sa belle époque s'ouvre avec les travaux labroussiens des années 1930. Aujourd'hui ce temps paraît révolu : dans l'éclatement des histoires, son importance relative a reculé. Les raisons en sont multiples, mais peu importe ici. Elle demeure en tous les cas un terrain de disputes entre économistes (formés aux « sciences économiques ») et historiens d'origine « littéraire ». Des six rencontres conscientes, voulues, entre les interrogations des économistes et les projets des historiens, cinq sont le fait des premiers : Marx... oh, oui ! ; l'école « historique » allemande de la seconde moitié du XIXe siècle ; l'histoire dite « quantitative » des années 1960 initiée par Kuznets et mise en route en France par l'équipe de François Perroux ; la *New economic history* des années 1970, autre importation américaine, mais dont les fruits, en France aussi, n'ont pas dépassé les promesses des fleurs ; enfin, plus récent, le groupe divers mais cohérent de l'« école de la régulation » dont la démarche « globale » et historique est évidente[3].

Les historiens ont pris l'initiative des années 1930 aux années 1970, avec et après Ernest Labrousse, et mes collègues accepteront sans doute que la liste de leurs noms ne soit pas ici intégralement livrée, ni leurs relations de solidarités-concurrences explicitées.

Les historiens en tout cas sont généralement plus à l'écoute des économistes que l'inverse. Et ils jugent (c'est l'un de leurs points d'accord) que, dans les rencontres initiées par ceux-ci, les exigences du métier d'historien sont assez malmenées. L'histoire ramenée au rang de « science auxiliaire » de l'analyse économique n'est que servante. Je ne puis dresser ici le portrait-robot des « deux modes de pensée, des deux mondes d'analyse » (Pierre Vilar[4]). Mais leur rapprochement est une nécessité et les échanges entre les deux « modes », par services mutuels même imparfaitement intégrés, ont montré leur efficacité. Rappelons seulement que l'histoire « économique » emprunte aux économistes la quasi-totalité des concepts dont elle a besoin. Il est à remarquer que des « trois principes marxistes essentiels » (Pierre Vilar[5]) en fait d'histoire économique et sociale (primat du technico-économique, nécessité de quantifier, prise en compte systématique

1. « Une œuvre inimitable » dans : *Braudel dans tous ses états, Espaces-Temps*, n° 34-35, 1986. *Ibid.*, F. Dosse, « Les habits du président Braudel » : sur « l'histoire totale » selon ce dernier.
2. F. Mendels, « L'histoire économique », *Dictionnaire des sciences historiques, op. cit.*
3. La plus récente mise au point : Robert Boyer, *La théorie de la régulation, une analyse critique*, Agalma, La Découverte, 1986.
4. « Croissance économique et analyse historique ». Ce texte fondamental écrit en 1960 a été repris dans l'ensemble des articles de Pierre Vilar, *Une histoire en construction*, Hautes Études-Gallimard-Seuil, 1982, pp. 13-86. C'est le programme le plus complet qui existe d'approche « globale-totale ».
5. « Histoire marxiste, histoire en construction », *art. cit.*

des inégalités), les deux premiers sont considérés comme allant de soi par la totalité des historiens et des économistes. C'est encore Vilar qui a le mieux tracé en 1960 ce que devrait être un fonctionnement de type «global» des relations entre démarches d'historiens et démarches d'économistes. Il appelait de ses vœux «une recherche mettant à la fois l'observation historique au service de la théorie économique; l'observation économique au service de l'analyse historique; la théorie économique, ou tout du moins le raisonnement économique, au service de cette observation économique par la problématique qu'elle suggère[1]». Ainsi une histoire «économique» efficace devrait fonctionner selon de constants allers et retours entre théories et cas, concepts et phénomènes, mais aussi entre structures et événements.

C'est en ce point, par la rencontre de la déjà vieille opposition «structures-conjonctures», que l'on touche à la plus grande spécificité de l'histoire, et pas seulement de l'«économique». De toutes les sciences humaines-sociales, l'histoire est la plus consubstantielle au temps. Ou plutôt: aux temps, aux rythmes. Les structures bougent, elles aussi, simplement bien moins vite que les conjonctures. Et le mental peut être «prison de longue durée» (Braudel). Cependant il n'existe pas d'«histoire immobile», mais des temps séculaires et des «niveaux» du tout de l'ensemble social, où les changements sont lents, très lents, de sorte que l'histoire court sur son erre en paraissant autoreproduire de l'immobilité. Dieu merci, des «événements» dits imprévisibles, en tous les cas imprévus, dans l'ordre naturel, ou économique, ou social, ou politique, relevant des soubresauts conjoncturels, viennent révéler tensions et contradictions structurelles, et entraîner des accélérations des temps et des rythmes et des innovations dans la conduite des sociétés et des Etats.

Maurice Aymard a rappelé la tripartition du temps, base des analyses braudéliennes: temps «géographique», le plus visqueux, qui lie les hommes au milieu naturel; temps «social», plus mobile, celui des économies, sociétés, civilisations, Etats; temps «individuel»: les rythmes courts des événements[2]. Mais les mouvements propres aux phénomènes «économiques» font apparaître une tripartition de veine comparable: trends séculaires; mouvements interdécennaux dits «longs», fluctuations courtes, intradécennales des «cycles». Entre Juglar et Kondratief, Simiand et Schumpeter, les économistes et historiens se sont battus et débattus au milieu des pires difficultés pour tenter de reconstituer l'insaisissable: les temps à la fois invisibles, mais perçus; «superposés et inséparables» (Maurice Aymard); vécus et reconstruits. Ernest Labrousse nous a donné une exemplaire étude de cas en éclairant l'énorme affaire de 1789 par la rencontre de rythmes économiques spécifiques dont l'entrelacement produit l'événement[3]. La question la plus controversée dans les réflexions sur le temps et les rythmes est de savoir si chaque temps (séculaire; long; court) des fluctuations a ses propres mécanismes explicatifs, son mode autonome particulier de fonctionnement; ou si les trois rythmes (en tous les cas le premier et le second...) ne sont que de pures reconstructions ex post des statisticiens, artefacts, illusions... Les positions de maints historiens sont là-dessus parfaitement opposées[4].

Pas étonnant. Les fluctuations de l'«économie» mettent en jeu, en tous temps et tous

1. Rapport de 1960, voir note 22.
2. «Braudel (Fernand), 1902-1985», *Dictionnaire des sciences historiques, op. cit.*, p. 99.
3. *La crise de l'économie française à la fin de l'Ancien Régime et au début de la Révolution*, Paris, 1944.
4. J'ai tenté de les expliciter dans: «Les difficultés spécifiques de l'analyse des fluctuations longues», *Revue internationale d'histoire de la banque*, n° 28-29, 1984, Droz, Genève.

lieux, un ensemble de mécanismes, forces, pulsions, ébranlements, qui ne peuvent pas être *une mécanique*, puisque cet ensemble est composé d'éléments de natures diverses, d'âges différents et jouant dans des espaces (géographiques, sociaux) distincts. Derrière tous les types de rythmes se laissent entrevoir des enchaînements où grandeurs économiques, éléments climatiques, flux démographiques, comportements des acteurs sociaux, tissent entre eux des rapports dont, avouons-le, aucune théorie, aucun « modèle », aucune étude empirico-historique ne maîtrisent la complète analyse. Difficultés de sciences-humaines-sociales qui ne peuvent être « exactes ». Et difficultés des démarches globalisantes...

Vive l'éclectisme !

Voici de ma part une provocation (puisque ce mot d'ordre apparaîtra tel à bien des gens d'obédiences diverses) mais consciente et délibérée. Je ne vise pas ici l'éclatement, l'émiettement, la pulvérisation croissante des « disciplines » composant l'ensemble des sciences de l'homme et de la société [1]. Ce mouvement-là est naturel et générateur de crises fécondes. Il accompagne, comme toute diversification, l'émergence d'interrogations et de méthodes nouvelles, les unes et les autres en rapport avec l'évolution récente et présente de nos sociétés. Sans doute la médaille a-t-elle son revers bien visible. Les approches « globales » s'éloignent de l'horizon. Denis Woronoff écrivait dès 1975 : « La recherche historique se développe par métastases sans plan ni directives [2] », et voyait dans cet état de fait « une des manifestations de la misère théorique en France ».

« Misère », c'est-à-dire absence ; mais : de *la théorie*, ou de *théories* ? Longtemps, dans le vocabulaire des économistes depuis 1945 « la théorie » signifiait Keynes exclusivement (« la théorie moderne », précisait-on parfois). Pour les marxistes « la théorie » renvoie à Marx et ne peut renvoyer qu'à lui. « La seule théorie existante de l'histoire est celle de Marx » (Pierre Vilar, 1982 [3]).

Encore que je ne sois pas loin de le penser aussi, tout emploi du singulier en matière de théorie me laisse insatisfait. Puisque j'ai voulu « libres » ces propos de fin d'ouvrage, tant pis pour moi.

D'un côté, il y a dans toute théorie, ancienne (voire fort ancienne) ou récente, et dans toute méthodologie qui s'y rattache, un noyau de rationalité, quelques interrogations essentielles, quelques innovations qui peuvent ne pas être seulement valables pour le temps qui les a vu naître. La notion, courante, de théories dites « dépassées » est aussi courte que celle du « retard » d'un pays sur un autre. Les historiens sont souvent surpris, à la lecture de textes économiques du XVIIIe ou du XIXe siècle (et l'on pourrait remonter plus haut), de la pertinence et de la « modernité » de maints raisonnements. On en dira autant des historiens de la génération antérieure à la nôtre, ceux que je nomme nos vieux maîtres. On a plaisir à voir que dans leur ouvrage récent, si savant par la méthode, Maurice Lévy-Leboyer et François Bourguignon se réfèrent quelquefois et positivement

1. Ces mots reviennent comme un refrain dans *L'état des sciences sociales en France*, et le *Dictionnaire des sciences historiques*, 1986, *op. cit.*
2. « Le recours à la nature », *Politique aujourd'hui*, novembre-décembre 1975.
3. ... « Car les théories économiques et sociologiques non marxistes évacuent l'histoire, tandis que la pratique positiviste de l'histoire interdit de la penser ». Avant-propos de *Une histoire en construction*, *op. cit.*, p. 10.

à Ernest Labrousse en confirmant ce qui, chez ce dernier, était déjà tout autre chose que des intuitions [1].

Par ailleurs je considère la diversité des théories et des méthodes dont les historiens peuvent disposer comme une indispensable panoplie d'outillages divers (conceptuels et pratiques), comme un nécessaire trousseau de clés devant être utilisées par nous de la manière la plus systématique possible, par une sorte de mise en concurrence des approches pour en éprouver la fiabilité et l'efficacité. Celles-ci sont bien, et se disent, en affrontements. Mais, avec chacune, la tentation de l'excellence et du monopole de la «scientificité». Or il suffit de s'être essayé au maniement de la panoplie, par exemple à propos des inflations du XXe siècle, pour s'apercevoir que les diverses théories, privilégiant chacune l'une des démarches d'analyse d'un phénomène complexe, sont autant complémentaires que concurrentes. Pour rendre compte de nos inflations il est bon d'être *successivement* monétariste, keynésien, marxiste, sociologue ; et de tenter de l'être *à la fois* (c'est bien, alors, de l'histoire «globale»).

Mes éclectiques propositions consistent ainsi à refuser toute mono-discipline, toute mono-théorie, tout impérialisme intellectuel. Ce qui signifie que je conserve Marx comme compagnon de route, en gardant, moi, mon sang-froid, ma liberté, et mon bon sens. Je suis heureux de lire sous la plume de Jacques Le Goff : «Il n'y a pas d'incompatibilité pour moi entre psychanalyse et psychologie collective, et analyse sociale des classes... L'historien approfondit l'histoire en assimilant une problématique, des méthodes nouvelles, que lui enseigne l'ensemble des sciences humaines» (1974 [2]).

C'est le même comportement devant la recherche qui me fait hésiter face aux choix tranchés et aux démarches exclusives, parfois mêlés de condamnations qui se veulent abruptes : entre macro et micro (économie ou sociologie), entre le suivi des divers rythmes de l'histoire économique (et non économique). Craignons de proclamer meilleure, ou supérieure, la voie qui nous convient le mieux, parce qu'elle nous paraît adaptée à notre problème. Qu'un autre que nous, sur le même thème, se pose une interrogation initiale différente, il empruntera un chemin distinct : non pas meilleur, mais autre. On peut raisonner sur les phases nationalisatrices en France, de 1908 à 1986, selon la courte durée de chacune, quelques mois, quelques années. Ou l'on peut prendre une vue d'ensemble de la tendance, en longue durée. Les deux parcours, qui n'aboutissent pas aux mêmes conclusions, ne sont pas séparés par des différences de qualité scientifique. Les analyses de court terme, en histoire chaude, dégagent des changements, ruptures, tensions, innovations. Voici les nationalisations, «avancées démocratiques». Les analyses de longue période, en histoire froide, conduisent à une tout autre perspective : les nationalisations confortent l'«économie mixte» et sont l'un des moyens d'adaptation et de consolidation du capitalisme. Quant aux guerres de religion à leur propos, ce ne sont que des mots.

Jean-Claude Perrot a dit, à l'occasion du vingtième anniversaire de la Société de démographie historique : «Aucune explication monocausale n'est admissible.» Et Edgar Morin : «La science n'est pas le monopole d'une théorie, mais le produit de l'antagonisme entre théories, dans des conditions de vérification qui s'imposent à une commu-

1. *L'Économie française au XIXe siècle, analyse macro-économique*. Economica, 1985.
2. «Méthodes de l'histoire et sciences humaines», *Aujourd'hui, l'Histoire*, Éditions sociales, 1974.

nauté scientifique[1]. » La quête douloureuse des sciences humaines-sociales, c'est celle de leurs propres « conditions de vérification »...

Mais je clos ces pages finales, pour demeurer en excellente compagnie, par un extrait de Mona Ozouf : « La seule voie qui reste aux historiens est une histoire critique qui ferait comprendre à quelles conditions l'historien met de l'intelligibilité dans le chaos des événements et ferait sentir qu'il n'y parvient jamais tout à fait[2]. »

© Fayard

1. « Pour une sociologie ouverte », dans *L'état des sciences sociales en France*, *op. cit.*
2. Débat avec Claude Nicolet sur l'instruction civique, *Le Débat*, n° 34, mars 1985.

II

CONJONCTURE, RYTHMES, CYCLES

La conjoncture se manifeste au début du XXe siècle comme l'un des objets d'étude de la science économique. Au sens où elle rassemble les éléments constitutifs de la situation économique, à un moment donné, d'une branche, d'un secteur, d'un pays où d'un ensemble plus vaste, elle présente un intérêt scientifique pour la connaissance du présent, mais aussi politique, voire stratégique, par les implications qu'elle fournit en matière de prévision. C'est surtout après la Première Guerre mondiale qu'on peut en constater le développement, parallèlement à une élaboration plus rigoureuse de la politique économique et aux exigences de prospective.

La conjoncture prend place parmi les domaines d'investigation de la science économique dans les années 1920 à Harvard, à Berlin ou à Moscou (ces deux dernières villes accueillent même un Institut de conjoncture).

En France, l'attention des historiens économistes pour la conjoncture résulte pour une grande part des travaux conduits par François Simiand jusqu'au début des années trente et, au-delà, de ceux d'Ernest Labrousse.

À partir de l'établissement des données chiffrées sur une durée assez longue, François Simiand amorce la première analyse quantitative des conjonctures de l'économie française du XIXe et du premier tiers du XXe siècle. Après ses premières recherches (1904-1913) sur l'évolution des salaires et des prix charbonniers, il systématise sa démarche dans son ouvrage majeur le Salaire, l'évolution sociale et la monnaie *(1932)* [1]*, dans lequel il constate les mouvements longs – qu'il aime appeler interdécennaux – des salaires et des prix, les fameuses phases A et B, composant les deux moments d'un cycle s'étendant sur quatre ou cinq décennies. Il les rattache aux comportements des principaux acteurs économiques, patrons et ouvriers, à travers les tensions dans les évolutions différenciées des prix et des salaires. Sa démarche est reprise et approfondie pour la France du XVIIIe siècle par Ernest Labrousse. Dans les années vingt de ce siècle, ses études entraînent ce dernier vers l'histoire, en particulier celle de la Révolution française, puis vers les sciences économiques, avant de retrouver l'histoire. Dès l'*Esquisse *(1933), son souci de confronter l'évolution des revenus (rentes foncières, salaires) avec celle des séries de prix agricoles sur les marchés le conduit à réfléchir sur la conjoncture agricole et artisanale, et à ses effets différenciés sur les diverses classes de la société rurale et urbaine.*

Ces premiers travaux consistent à reconstituer la conjoncture en privilégiant les séries de prix agricoles issus des mercuriales. Mais il ouvre une perspective en souhaitant établir des corrélations entre divers types de courbes, comme en témoigne sa thèse ès lettres (1943), la

1. Cf. *supra*, chapitre I.

Crise de l'économie française à la fin de l'Ancien Régime et au début de la Révolution, *qui éclairent aussi bien la conjoncture sociale que politique – les ébranlements de l'été 1789 ne sont pas absents dès l'Introduction de l'*Esquisse.

Dans le même temps (les années 1920), les travaux de l'économiste russe Nicolas Kondratieff à l'Institut de conjoncture de Moscou sur les mouvements longs de la conjoncture des pays industrialisés suscitent intérêt et réflexions chez les historiens nourris des principes de Simiand-Labrousse comme chez ceux qui gravitent autour de l'équipe fondatrice des Annales, *dont Fernand Braudel. Déjà, dans la préface de sa thèse (1946,* la Méditerranée et le monde méditerranéen à l'époque de Philippe II, *Paris, A. Colin, 1re éd. 1949; 2e éd. 1966, 2 volumes), celui-ci distingue trois temps dans l'histoire. Il systématise le propos quelques années plus tard et assigne en « récitatif » de la conjoncture, celui du cycle cher à Simiand et à Kondratieff, une place intermédiaire entre le temps court et le temps séculaire, celui de la longue durée. L'histoire conjoncturelle, ainsi placée en situation médiane, ne peut ignorer sa double articulation au mouvement bref de l'événement et aux structures, ces « prisons de longue durée » (F. Braudel).*

Par une série d'apports successifs se trouvait ainsi bâtie une construction méthodologique assez solide pour inspirer une floraison de travaux dans les décennies 1950 et 1960. Les historiens vont multiplier les domaines d'investigation de l'approche conjoncturelle. Aux cycles de la conjoncture des prix se superposent notamment – si l'on s'en tient à la période contemporaine – ceux de la production (F. Crouzet, M. Lévy-Leboyer), de l'investissement (F. Caron) ou des profits (J. Bouvier, F. Furet, M. Gillet), ou encore des grèves (M. Perrot), sans parler des cycles démographiques (qui inspirent davantage les travaux en histoire moderne, à la suite des recherches pionnières de Pierre Goubert) ou commerciaux (cf. la thèse citée de Pierre Chaunu).

À l'heure de la belle croissance trentenaire des pays industrialisés, puis de la dépression des années 1970-1980, le débat sur la pertinence des mouvements longs va peu à peu épuiser ses vertus, au profit d'autres approches et d'autres objets.

De surcroît, des historiens, par attachement à l'analyse courte et précise dans le temps comme dans l'espace, voient davantage dans l'approche conjoncturelle des mouvements longs la confirmation inévitable d'hypothèses qui pèsent sur le traitement statistique des données que le résultat d'une véritable construction pertinente. Une partie des travaux du Colloque international d'histoire économique de Budapest en 1982, consacrée au thème des « fluctuations longues », éclaire à cette date l'ampleur des travaux scientifiques inspirés par l'approche conjoncturelle, mais aussi le caractère incisif de certains objectifs, signe d'un scepticisme à l'égard de généralisations spatiales et chronologiques jugées excessives.

Les interrogations sur la dépression actuelle ainsi que l'attachement – jusqu'à sa mort (1985) – de Fernand Braudel pour l'approche conjoncturelle des mouvements longs rendent toutefois partiellement compte du caractère relativement durable de cette démarche chez les historiens français de l'économie.

Recherches anciennes et nouvelles sur le mouvement général des prix du XVIe au XIXe siècle
(1932)

FRANÇOIS SIMIAND

Partie conclusive d'une série de conférences prononcées par François Simiand à l'École pratique des hautes études en 1930-1932.

Ce dernier s'attache à l'analyse des mouvements longs, qu'il aimait appeler « interdécennaux », des salaires et des prix, les fameuses phases A et B. Il soupèse les diverses formes de l'impact des « moyens monétaires » sur la conjoncture et, en retour, les effets de cette dernière sur les différentes composantes de l'économie.

Tout en marquant les limites de sa thèse, il donne ici le cadre conceptuel fondamental de l'histoire conjoncturelle, dont plusieurs historiens vont s'emparer à la suite d'Ernest Labrousse.

Cette conclusion résume les principaux résultats de son grand ouvrage contemporain, le Salaire, l'évolution sociale et la monnaie *(1932).*

Source : *Éditions Domat-Montchrestien, cours polycopié, 1932, p.644-654.*

Arrivés à une présomption de ce genre, ce que nous avons à faire, selon l'ordre d'opérations que nous avons prévu, est un essai de repartir de cet antécédent ainsi atteint, pour voir si nous retrouvons ce qui ainsi paraît y être lié. Cet essai peut s'éclaircir, pour la première sorte de phases, en y distinguant trois cas : cas où l'augmentation du taux d'accroissement des moyens monétaires s'applique à des moyens monétaires de métaux précieux, ou convertibles, que j'appellerai Phases A tout court. [...]

Phases A

Ici, nous avons à sous-distinguer encore, selon que cette augmentation des métaux précieux, ou de moyens monétaires convertibles, procède d'une origine non économique, publique, ou privée, ou bien d'une origine économique.

I – Métaux précieux d'origine extra-économique

Le premier cas est notamment celui, aux XVIe et XVIIe siècles, de l'Espagne, qui se trouve jouir brusquement d'une augmentation énorme et sans précédent dans l'histoire, de métaux précieux, par le fait de la découverte dans l'Amérique, dans les possessions espagnoles, de quantités extraites ou possibles à extraire sans précédents, elles aussi, de ces métaux précieux. Même lorsqu'il y a eu exploitation de mines, elle n'avait guère, nous l'avons vu, de pleins caractères économiques. C'est donc bien là un apport extra-économique, s'il en fut.

Comment un apport de ce genre entre-t-il dans l'économie européenne ? Dans l'économie espagnole d'abord ? Peut-être assez vraisemblablement en achats de consommation, qui sont facilités par cette manne aussi libéralement dévolue, soit à l'État, soit à des économies privées. Ces achats de biens de consommation peuvent assez volontiers sans doute être consentis à prix plus élevés, puisque cette dépense plus grande ne coûte rien à ceux qui la font : c'est d'ailleurs ce que nous avons constaté. Toutefois, il s'aperçoit aussi, dès ce moment-là, une augmentation des quantités de produits demandés à la faveur de ces moyens d'achat nouveaux. D'autre part, cet appel incite des produits, qui restaient en économie fermée, à se diriger sur l'échange avec avantage, ou encore et bien vite incite à produire plus ou autre chose pour répondre à cette demande, qui continue de croître. Rappelons-nous comme nous avons pu le constater avec précision, pour des productions françaises prenant la voie de l'Espagne à cette époque-là.

Il ressort donc que cet apport de métaux précieux, même extra-économique, et dans des pays qui, en usage privé, soit en usage public, en font surtout emploi en achats de consommation, aboutit directement et indirectement très vite, à une augmentation de la production, à une incitation à des productions nouvelles et à des activités économiques nouvelles, qui sont des activités dirigées sur l'échange, et fonctionnant par l'échange. Avec donc un ou deux stades de transmission au plus, c'est sûrement un effet sur la production, nous pouvons rattacher à cet antécédent avec les diverses conséquences que nous avons pu apercevoir ci-dessus.

2 – Métaux précieux d'origine économique

Dans le cas où les métaux précieux, qui se trouvent entrer dans une économie en un accroissement augmenté, ne proviennent pas de l'intérieur de cette économie ni par voie extra-économique, comment y pénètrent-ils ? Forcément, c'est en contre-partie d'opérations économiques, de ventes de produits ou de prestation de quelque service économique. En pareil cas, est-ce que de l'argent qui, cette fois, est de l'argent gagné, et qui n'est pas obtenu comme une manne gratuite, sera dépensé largement en consommations, en consommations de luxe ? Très peu probablement, et d'autant plus que l'on aurait affaire à des activités commerciales, industrielles, et même surtout agricoles, orientées sur l'échange, pour tirer de cet échange, non pas sans doute surtout des jouissances supplémentaires, mais surtout des réserves, des avances, des moyens de production nouveaux. Or, si ces emplois de cette surabondance relative de métaux précieux sont surtout orientés sur l'affectation en moyens de production, il en apparaît une incitation bien plus directe que dans le cas précédent, initiale dans ce cadre, sur la production. On peut penser aussi que par là de préférence peuvent être entreprises et soutenues des productions à processus plus longs, supposant des immobilisations, qui sont incontestablement facilitées par ces moyens monétaires (ou de crédit) plus grandes à la disposition, soit des intéressés directement, soit des intermédiaires spéciaux à cette dispensation que sont les banques. De fait, le développement bancaire dans ces périodes-là est caractéristique et montre que par l'augmentation de ces moyens, une utilisation majeure est obtenue, qui se dirige sur les activités productrices, et va sans doute à des moyens de production.

Qu'une hausse de prix se produise dans cette période-là n'est pas pour surprendre. Car, avec des avances plus libérales, il s'y constitue aussi une facilité plus grande à les consentir plus élevés, mais surtout lorsque et dans la mesure où ces activités sont de production en processus complexe et à échelons et qu'elles se limitent et s'appliquent simplement à revendre ce qu'elles ont acheté : il suffit qu'elles aient une perspective de vendre leurs produits au moins aussi cher quant à leurs matières qu'elles les ont achetées ou même auront à les racheter, pour qu'elles puissent entrer dans le mouvement. Or, du moment où cette croissance commence à s'implanter, elle commande son extension elle-même – la hausse entraîne la hausse. Et le mouvement ainsi engrené peut passer des industries primaires aux industries secondes, tierces dans le processus, tant qu'elles sont en un stade de transformation, toujours par les mêmes raisons, et toujours soutenues par les avances, qui permettent le résultat terminal.

D'autre part, si les recettes de production se sont augmentées, s'augmentent aussi les revenus tirés de la production ; et dès lors, ces revenus accrus et pour autant surtout qu'ils le sont par la conjoncture favorable, peuvent consentir aussi des prix d'achats augmentés.

Et le mouvement peut continuer tant qu'existe et agit ce soutien, ce soutien croissant, que l'augmentation du taux d'accroissement des moyens monétaires constitue à un développement de l'économie en ce sens. [...]

Phases B

Là, on part simplement ; non pas de l'inverse de ce qui s'est produit en phase A, mais de ce que nous avons reconnu une augmentation atténuée ou une stabilisation, et non plus une continuation de la hausse.

Ces nouvelles conditions pourraient paraître favorables à une poussée nouvelle de production, puisque, à ce moment-là, l'intérêt, le taux du capital baisse, les capitaux se montrent abondants. Et cependant nous y constatons, de façon générale, au plus une stagnation. Comment le comprendre ? Peut-être en reprenant ce que nous venons de dégager pour les phases A. Dans leur cas, une incitation générale à la production intervenait, avons-nous dit, du fait que d'abord les profits augmentaient largement et pouvaient se retourner accrus à mesure même que l'augmentation durait ; et cela pouvait se réaliser moyennant un soutien de la forme d'avances (c'est-à-dire à base monétaire directe ou indirecte) lui-même croissant. Si cette base ne croît plus, cela indique pratiquement que les disponibilités à usage d'avances se restreignent, que les organismes, qui les détiennent et en font l'emploi, c'est-à-dire les organismes bancaires et financiers « resserrent les crédits » comme on le dit en termes modernes. Par suite, les productions qui étaient lancées, et surtout d'autant plus qu'elles étaient lancées, sont obligées de ne plus attendre, de vendre au plus vite, d'écouler leurs stocks, de se presser de « réaliser » leur avoir. Les prix ne haussent donc plus, très certainement ; il est même beaucoup de chances pour qu'ils commencent à baisser. Et alors – fait inverse – la baisse entraîne la baisse, parce que de nouveau, lorsqu'on s'adresse ici à des acheteurs, qui ont pour métier de revendre après transformation ou opération commerciale, ce qui leur importe n'est pas le prix actuel par rapport au prix d'hier, mais le prix de demain par rapport au prix d'aujourd'hui : c'est-à-dire ce qu'ils peuvent prévoir du mouvement des prix. S'ils pensent ou simplement s'ils soupçonnent que le mouvement est ou puisse passer à la baisse, ils s'abstiennent, ne sachant pas s'ils pourront retrouver les dépenses qu'ils feraient aujourd'hui sur un prix les couvrant et dans des circonstances encore correspondantes.

Ces conséquences immédiates entraînent évidemment un resserrement des activités, un arrêt, voire même une régression des productions. Sans doute aussi, on luttera ou on essaiera de lutter contre ces effets. C'est d'abord par les moyens qui paraîtront les plus simples : ainsi, dans ces moment-là, puisqu'il semble exister sur le marché trop de produits par rapport au achats possibles, on essaiera de réduire les productions. Mais il faut y arriver, l'obtenir de la part de divers producteurs ; et c'est d'autant plus difficile que les marchés sont plus étendus. Ce n'est guère possible que dans un cercle limité. D'où le passage à une politique restrictive, à une défense douanière ou autre et de fait notre grande phase B marque bien un renforcement des protections douanières pour autant que nous l'ayons aperçu.

Seulement cet expédient ne suffit pas ; car il ressort à entraîner encore un abaissement par rapport aux revenus antérieurs. Pour tenir mieux le coup, et du reste pour se protéger contre la concurrence intérieure qui subsiste, il faut donc tâcher d'abaisser encore le prix de vente et pour cela d'abaisser les coûts. Le producteur, le chef d'entreprise fera cet effort sur les divers éléments de son coût de revient, mais là il rencontre des résistances : les revenus qui ont haussé dans la période précédente, correspondant aux opérations de transformation, et notamment les revenus du travail ouvrier résistent. Il est tout de même une possibilité de les maintenir relativement, qui est d'augmenter la production et la productivité. L'augmentation de la production augmente le montant global des profits (ainsi que des autres revenus du reste), et celle de la productivité facilite une conciliation entre l'abaissement des coûts unitaires et le maintien des gains ; de sorte que d'un côté on voulait restreindre la production, et que de l'autre on est obligé de l'augmenter. C'est cette augmentation de la production et de la productivité qui donne un moyen de retrouver, au total, avec des prix abaissés, un montant de valeurs produites, qui soit le plus près possible du montant atteint à la hausse. De là ressort la puissance croissante, impérative de la pression qu'en ces périodes nous trouvons sur les transformations, qui aboutit à un meilleur rendement, à un coût de revient baissé, en même temps qu'à une augmentation des quantités : ce qui fait multiplier par un facteur le prix diminué, un facteur de quantités physique qui est très augmenté, et le résultat peut donc être, non pas un total de valeur de production, non plus en hausse forte, comme Phases A, mais tout au moins sensiblement stabilisé plus haut qu'il ne l'était avant cette phase A.

Parfois, il nous faut bien le noter, ce qui se réalise dans cette seconde phase, se réalise tel en consécution de ce qui s'est réalisé dans la première phase. S'il s'y produit ces augmentations de rendement et de production, c'est essentiellement parce que les revenus atteints dans la phase A se défendent, et essaient de maintenir au moins leurs montants, sinon leurs quotités, grâce à une augmentation des productions et des productivités.

Critique et appréciation terminale de nos résultats

Voilà de nos résultats une très sommaire et très grosse esquisse, qui aurait besoin d'être complétée, précisée ; notamment par des différenciations entre les stades de production, entre les branches de production, – l'agriculture notamment analysée à part à divers points de vue – ; par des différenciations, selon les pays, selon les caractères des diverses économies nationales. Mais tout de même et en gros, cette esquisse paraît pouvoir se rapprocher assez de ce que l'analyse du développement mieux connu du XIXe et du XXe siècle nous présente, et être donc une coordination et à la fois une généralisation de ces résultats plus récents, qui se trouveraient vérifiés dans une période remontant jusqu'au début de l'économie moderne.

Je remarque encore que ce que l'on a au total de la phase A, et de la phase B, c'est très manifestement une plus grande somme (en valeurs et en quantités) de biens produits, un total de revenus tirés de la production, qui est augmenté, et dans l'ensemble ou dans beaucoup de cas, des prix qui sont finalement abaissés. Or ces trois expressions cumulées sont très sensiblement, je crois, la définition du progrès économique, qui se trouverait donc réalisé par cette sommation de la phase A et de la phase B, et ne se trouverait proprement réalisé, ni par l'une, ni par l'autre séparément.

Compléments désirables

Est-ce une interprétation qui se suffise ? Avant d'en juger, il faudrait évidemment ajouter quelques autres discussions, qui seraient plus à leur place en une étude jouissant d'éléments meilleurs. Mais en voici, en tout cas, l'objet. Nous devrions d'abord dûment examiner si cette interprétation arrive bien à ce qui est l'objet d'une recherche d'interprétation positive, c'est-à-dire à trouver un antécédent, qui soit le plus étroitement possible lié au fait que l'on vise à expliquer et par une relation de forme universelle.

Or, on peut apercevoir que, dans cette interprétation, s'il est bien un terme antérieur, qui est la variation monétaire, et un terme postérieur, qui est celle des prix, les ordres de faits que nous venons de rapidement analyser consistent à réintroduire entre les deux quelque chose ou plutôt quelqu'un, c'est-à-dire : l'homme. Ce n'est plus une relation automatique entre une quantité de monnaie et une valeur des prix, comme dans la théorie – bien nommée en ce sens – quantitative ; entre ces éléments matériels, physiques, nous apercevons, nous rétablissons l'homme, la psychologie humaine. Cette psychologie humaine nous apparaît diversifiée suivant les phases, mais régulièrement, et cela peut s'interpréter par ce que ces phases apportent des hommes concertées ; c'est une psychologie alternée, parce qu'elle dépend, en effet, d'une condition alternative.

Plus encore, nous aurions à discuter ce que j'appellerai d'un mot de rationalité d'une telle interprétation ; et les tests propres à en décider seraient, je crois, si cette interprétation apporte une coordination nouvelle des faits et qui puisse s'étendre, si elle présente un ensemble de relations et de résultats qui ne pourrait être réalisé autrement, si enfin elle peut éliminer en elle l'élément de contingence, qui pourrait y apparaître. Voilà en quel sens il nous faudrait poser la discussion pour critiquer et assurer la portée d'une thèse de ce caractère. (Je me permets de renvoyer, pour une présentation de pareilles discussions, à mon ouvrage *le Salaire, l'évolution sociale et la monnaie*, t. II, livre III, chap. VII.)

Quelle validité ? Quels enseignements ?

Je n'ai pas besoin de rappeler qu'il existe chez tous les historiens la plus grande défiance pour l'espèce de détermination que je viens de résumer, et le plus grand scepticisme sur les résultats possibles ; et ce scepticisme est volontiers partagé d'ailleurs par les économistes, et dispense d'un effort de recherche nouvelle sur ces faits.

Ces sentiments tiennent, en somme, comme je le disais aussi au début, au fait que l'on ne conçoit ou ne comprend pas, qu'il est possible d'atteindre en très gros – mais en très suffisamment probable pour l'utilisation à en faire – des faits très gros eux-mêmes, et que des sources même très mauvaises peuvent, dûment utilisées, conduire à des résultats de cette valeur, qui leur demandent seulement ce qu'elles peuvent donner.

D'autre part, cette reconnaissance, même très grosse et très sommaire, montre – et c'est un résultat d'une très grande utilité – sur quelle période, sur quelle partie de l'expérience, il y aurait à la fois possibilité de faire plus et intérêt à faire plus, et donc indication et intérêt à porter l'effort. Par exemple : cette période, que nous venons encore de signaler, comme probablement cadre possible d'une expérience à certains égards décisive, celle du système de Law ; ou par exemple encore, ce tournant du XVIIIe et du XIXe siècle, où dans les chapitres précédents, nous avons aperçu tout ce qui restait à atteindre du plus grand intérêt à la fois pour l'intelligence historique de cette période et surtout pour la portée économique des résultats à en dégager.

Nous apercevons aussi comme établi par toutes nos épreuves, que pour atteindre le mouvement général des prix en sa nature globale, son amplitude et même sa direction, il est tout à fait insuffisant et peut-être trompeur de regarder seulement aux prix des céréales, et même des produits agricoles, et qu'il est indispensable d'y joindre des prix représentatifs des autres catégories de marchandises.

Enfin, dans cet effort même sommaire, arrivant à des résultats sommaires, on aperçoit pourquoi il est important de continuer l'effort dans ce cadre ; c'est que très probablement le mouvement des prix et celui des phénomènes économiques qui s'y lient sont – j'allais dire « le cœur » de l'organisation économique –, il serait plus exact de dire : sont la « circulation sanguine » du fonctionnement de l'organisme économique. Tant que l'on n'a pas atteint et compris la circulation sanguine des organismes qui en ont une, ne manque-t-on pas d'une reconnaissance essentielle à quelque intelligence véritable de leur fonctionnement ?

Et aussi, qu'on le veuille ou non, tant que l'on n'aura pas atteint suffisamment ce mouvement général des prix et des faits qui l'entourent ou le fondent, osons dire qu'on ne comprendra pas l'évolution économique moderne.

Voilà une grosse thèse, et sommairement insuffisamment présentée ; mais si elle peut inciter, encourager de nouveaux et nombreux chercheurs à faire en sorte qu'elle devienne moins sommaire, moins insuffisante, je ne souhaite pas de meilleure conclusion à l'étude que nous venons de tenter.

© LGDS - Montchestien

Esquisse du mouvement des prix et revenus en France au XVIIIe siècle

(1933)

ERNEST LABROUSSE

Ce texte est l'introduction de la thèse de droit, soutenue en 1932 par Ernest Labrousse, qui fournit à la fois un aperçu des sources utilisées et des résultats obtenus.

*Par rapport au mouvement interdécennal de Simiand, Labrousse innove en y articulant le mouvement cyclique et saisonnier. L'introduction de l'*Esquisse du mouvement des prix et revenus en France au XVIIIe siècle *donne un aperçu de la démarche, en particulier la liaison entre le mouvement de la conjoncture (courte, moyenne, longue) et le « bouleversement des conditions », tout en s'écartant des « excès puérils du matérialisme historique ».*

Source : Esquisse du mouvement des prix et revenus en France au XVIIIe siècle, *Paris,*

Dalloz, 1933, p. XXI-XXVII. Une réimpression en a été effectuée en 1984 par les Éditions des Archives contemporaines (2 tomes, 695 pages).

Introduction

Peut-être voudra-t-on bien trouver dans cet ouvrage ce que l'auteur a essayé d'y mettre. On n'y cherchera pas ce qu'il en a délibérément écarté.

Cette *Esquisse*, conçue primitivement comme un raccourci sommaire de nos connaissances sur le mouvement des prix et des revenus au xviiie siècle, devait servir d'introduction à une étude des *Origines historiques françaises des Assurances sociales, d'après les doctrines et les expériences révolutionnaires,* commencée en 1934. L'introduction, remaniée et développée, est devenue une œuvre autonome. L'œuvre est restée une introduction.

Elle peut préluder sans doute à une étude plus large que celle de l'assistance et de la prévoyance sociales à l'époque révolutionnaire. Elle constitue un schéma simplifié, une première esquisse, parfois un pointillé assez lâche, du mouvement des prix et des revenus en France au xviiie siècle, l'étude des prix, effectuée d'un point de vue budgétaire plus que monétaire, ne faisant guère que préparer celle des revenus. On la considérera comme une introduction à l'histoire de la condition des personnes au xviiie siècle, dans la mesure où celle-ci dépend du mouvement du salaire et de la rente. Nul doute que l'enquête en cours du Comité scientifique international pour l'histoire des prix, dirigée, dans le cadre français, par M. Henri Hauser, qui a bien voulu nous demander d'y collaborer, ne complète, ne précise et ne rectifie cette étude, dont on voit ainsi le caractère provisoire, sur de nombreux points : mais nous la croyons fondamentalement juste, en raison de la qualité de nos sources, de l'ampleur – relative – de nos recherches et des concordances remarquables qu'elles ont révélées.

La place donnée au cours de ce travail à la question des sources dispense d'en parler longuement ici. Chaque chapitre débute par une étude des sources et des procédés de calcul utilisés pour la constitution des moyennes. Un livre entier est consacré aux sources du blé. Disons cependant qu'elles sont généralement empruntées aux mercuriales, soit directement, soit indirectement, d'après les états de prix élaborés par les subdélégués et les intendants, et transmis au Contrôle général. Nous avons procédé à une assez longue critique de ces documents, dans l'ensemble desquels n'apparaît en principe aucune erreur systématique. Non que chaque prix soit pesé au scrupule avant de figurer sur les états régionaux ou locaux. Mais une compensation s'établit dans la masse des données statistiques, entre des erreurs nombreuses, indépendantes et, le plus souvent, de faible importance. La critique historique traditionnelle permet d'identifier chaque catégorie de documents, d'établir, à l'aide de prélèvements répétés, la nature et la fréquence des erreurs qui leur sont propres. Ferions-nous simplement œuvre d'historien ? Vérifierons-nous, par exemple, la valeur d'un témoignage ordinaire, d'un chapitre des *Mémoires* de Choiseul, de Louvet ou de Mme Roland ? Les erreurs, même supposées le plus souvent de faible importance, comme dans le cas des états de prix, devraient être additionnées et leur nombre pourrait finalement entraîner la récusation du document. Loin de se combiner et de s'éliminer mutuellement, elles se superposent. En matière statistique, ce n'est pas le total qui importe, mais le solde, les erreurs étant affectées le plus souvent d'un signe contraire. Une méthode de conversion défectueuse grossit-elle, par exemple, dans une subdélégation, le prix du blé, calculé d'après le prix de la mesure locale, au setier de

Paris? Dans la masse des quatre cents états des subdélégations correspondantes du Contrôle général, une erreur de sens inverse tendra à le sous-évaluer. Rencontre banale pour le statisticien, surtout dès que peut jouer, comme c'est très souvent le cas ici, la loi des grands nombres. La critique historique traditionnelle identifie les erreurs et en fait la somme arithmétique. La critique statistique compense les erreurs et en fait la somme algébrique. Elles sont l'une et l'autre indispensable à l'historien des prix. On verra également que l'erreur, même non compensée, mais constante, peut être indifférente à l'expression exacte des mouvements du marché.

La qualité de sources est donc, sinon généralement excellente, du moins une des meilleures qu'on puisse espérer. L'ampleur de notre enquête a été facilitée par la concentration des sources dans les états de prix des subdélégués et des intendants, ou encore dans les états de l'inspection des manufactures. Concentration, mais non centralisation : ces états sont à peu près introuvables aux Archives nationales, où ils devraient constituer un fonds considérable. Établis en double par l'expéditeur provincial, ils figurent toutefois assez souvent dans les dépôts d'archives départementaux, au fonds des intendances. Les prix des anciennes généralités d'Amiens, de Caen, de Bretagne, de Riom, de Montauban, de Languedoc, de Grenoble, de Besançon, dont la contribution est d'ailleurs très inégale, ont permis, concurremment avec un certain nombre de mercuriales, de taxes, ou de documents comptables appartenant à d'autres régions, d'établir, sur des bases parfois assez larges, des moyennes auxquelles nous ne demandons, comme nous allons le voir, que l'indication du mouvement et non du niveau des prix. La publication à titre de documents justificatifs de toutes les sources dont nous avons usé aurait été désirable. Il a fallu y renoncer, en raison même de leur importance, qui aurait exigé plusieurs volumes comme celui-ci [1]. Il n'est d'ailleurs pas une seule de nos moyennes qu'on ne puisse reconstituer à l'aide des références et de la méthode de calcul indiquées. Chaque opération exigée par le calcul des moyennes ou par les comparaisons numériques présentées dans cet ouvrage a été effectuée deux fois ou assortie de sa preuve.

La concordance des résultats établis d'après des indices dans la constitution desquels sont intervenues des sources sensiblement différentes confère un crédit certain aux qualifications obtenues, et aussi, mais dans une bien moindre mesure, à certaines « quantifications ».

Seul importe ici le chiffre relatif, et non le chiffre absolu. Seuls nous intéressent les mouvements du marché. Que faut-il entendre par là ?

Remontons l'histoire internationale des prix, de nos jours au début du XIXe siècle. Nous y relevons trois grandes catégories de variations, bien connues des économistes : 1°. Un mouvement dit de longue durée, ou séculaire, ou interdécennal [2], alternativement de hausse et de baisse, peut-être aujourd'hui orienté à la baisse, mais ascendant depuis 1896 jusqu'à ces dernières années ; de 1873 à 1896, c'est, au contraire, un long mouve-

1. Mais l'heureuse initiative de M. Henri Hauser nous permettra de réparer en partie les conséquences de cette abstention : un dépôt des travaux manuscrits français du Comité international pour l'histoire des prix a été constitué aux Archives nationales. Nous y verserons, sur fiches conformes au modèle établi par le Comité, toute notre documentation. La présente étude comportera d'ailleurs, pour les prix et pour les revenus, une seconde partie, réservée à l'interprétation des phénomènes ici décrits, interprétation nécessitant : a) la comparaison du mouvement des prix et des revenus sur divers marchés régionaux au XVIIIe siècle ; b) la comparaison du même mouvement au XIXe et au XXe siècle. Nous aurons à publier, à cette occasion, une partie de nos pièces justificatives. Les pièces justificatives intéressant les prix du blé seront toutefois publiées les premières dans notre *Prix du blé en France dans la seconde moitié du XVIIIe siècle, d'après la correspondance et la statistique du Contrôle général* (en préparation).
2. Cette dernière qualification proposée par M. François Simiand.

ment de baisse qu'on enregistre ; un mouvement de hausse le précède, du milieu du siècle à 1873, précédé lui-même par un mouvement de baisse né au cours de la seconde décade du siècle.

2°. Un mouvement dit cyclique, ou intradécennal[1], alternativement de hausse et de baisse, mais de durée beaucoup plus courte, et délimité par les années de crise.

3°. Au cours de chaque année, un mouvement dit saisonnier.

On retrouve au XVIIIe siècle cette même hiérarchie de mouvements, malgré les différences radicales qui distinguent les variations des divers produits sur le marché d'autrefois et sur le marché moderne. Notre ouvrage permet de relever les caractères propres à chacun des produits étudiés, de même qu'aux revenus qui présentent alors la plus large signification sociale, comme la rente et le salaire. L'orientation de leur mouvement de longue durée, cyclique et saisonnier, n'est pas douteuse, ainsi que la qualification de leur amplitude et même, dans la plupart des cas, l'amplitude comparée des mouvements des divers articles. On verra, par exemple, que le mouvement de longue durée se manifeste par une hausse générale sur le marché des produits et des services ; que le mouvement cyclique et saisonnier du seigle est supérieur à celui du blé, qui est lui-même supérieur à celui de la viande ; que celui des produits alimentaires, dans leur ensemble, dépasse de beaucoup celui des produits fabriqués qui s'apparente, par contre, à celui du salaire. Mais la mesure de l'amplitude de ces mouvements pose des questions auxquelles on ne peut encore répondre le plus souvent qu'avec une grande imprécision. Qualifications absolues sûrement fondées, qualifications relatives fondées, quantifications absolues ne représentant, au moins en droit, qu'un ordre de grandeur de valeur très variable, et d'ailleurs distinguées et classées, tels sont les résultats que ce travail a pu atteindre.

Son caractère est essentiellement descriptif. Nous n'avons pas cherché à établir une loi du salaire ou de la rente antérieurement à la révolution culturale, industrielle et sociale du XIXe siècle, sous l'ancien régime économique considéré ici au sens strict du terme, c'est-à-dire moins dans son statut juridique, profondément transformé au cours du dernier siècle de la monarchie, que dans le traditionalisme de sa technique, dans la rigidité de sa production, de sa circulation, de sa consommation, dans la longueur des temps de « frottement ». La délimitation de cette étude, consacrée à une seule phase, ou même à une partie de phase, du mouvement de longue durée contre-indiquait un tel essai. On ne saurait, à plus forte raison, transposer des résultats, valables pour le XVIIIe siècle, à une époque plus voisine de la nôtre, sans une violence naïve contre les faits, inconciliable avec l'esprit scientifique. Nous avons voulu avant tout observer et décrire. Nous avons renoncé à toute explication du mouvement de longue durée. Notre explication du mouvement cyclique et saisonnier, dont les composantes diffèrent tant de celles que nous voyons en action sur le marché moderne, ne va pas au-delà des phénomènes immédiats et l'offre et la demande, conçues, disons-le une fois pour toutes, sans qu'il soit besoin de les qualifier régulièrement au cours de cet ouvrage, sous la forme marginale : vue simplifiée, dont ici l'intérêt principal aura été de permettre, sur nos séries statistiques, un premier jugement de vraisemblance, de constituer un élément auxiliaire de contrôle. Nous n'entendons établir entre les faits observés aucune relation nécessaire, réservant, comme nous l'avons déjà dit, un essai scientifique d'explication à une étude ultérieure.

Mais l'observation n'a pas été complète. La délimitation de notre étude ne correspond

1. Même observation que *supra*, note précédente.

pas à celle du mouvement de longue durée. La hausse naît vers la jonction du premier et du deuxième tiers du XVIIIe siècle. Elle se prolonge jusqu'à la deuxième décade du siècle suivant. C'est, après celle du XVIe siècle, la plus longue et la plus violente de l'histoire des prix. Pourquoi nous arrêter à 1789?

Nous ne cédons pas ici au prestige de la chronologie traditionnelle. La hausse de longue durée ne nous paraît pas un phénomène d'Ancien Régime. Mais 1789 est une grande date économique, en même temps qu'une grande date politique. La Révolution éclate l'année, presque le mois, où le blé cote son maximum depuis les 56 ans que le mouvement de hausse a commencé. L'unité, la constance du milieu monétaire, politique et technique durant cette période, permettent une bonne observation des prix. Au-delà de 1790, la visibilité économique est bien moins satisfaisante: elle est brouillée par les troubles d'inflation, du maximum, des réquisitions, de la guerre européenne, par les bouleversements sociaux que la Révolution a provoqués, peut-être accessoirement par les débuts de la révolution industrielle. L'économiste a lui aussi le droit de prélever les coupes les plus favorables à l'observation du phénomène étudié: nul doute ici que la coupe doive être effectuée à la fin de l'ancien régime politique, qui coïncide avec la période la plus utilement observable de l'ancien régime économique.

Mais cette période est en même temps d'un intérêt capital dans l'histoire des prix et dans l'histoire des hommes. Elle permet de reconstituer le rythme des premiers, non seulement pour le demi-siècle observé, mais pour toute la durée de l'ancien régime économique lui-même. L'identité approximative des grands facteurs de l'offre et de la demande limite les dangers de la généralisation inductive et permet, sous certaines réserves, notamment de «quantification», d'attribuer au moins aux deux siècles précédents le rythme cyclique des prix relevé au XVIIIe siècle.

Ce qui est, par contre, spécial à la période étudiée, c'est la longueur et l'amplitude de la hausse de longue durée. La courbe des prix du blé présente en 1789 la cote la plus élevée, non seulement depuis le début du mouvement de hausse, en 1734, mais depuis la terrible crise de 1709. Nous avons fait halte sur ce sommet historique. La vue est grandiose sur le XVIIIe siècle économique et social. Le bouleversement des prix a provoqué le bouleversement des conditions. Le bouleversement des institutions a suivi. Autour de nous toute une flore d'institutions nouvelles s'épanouit dans l'ardent orage de la Révolution. On ne saurait, certes, se tenir trop en garde contre la confusion d'un rapport causal, même au sens vulgaire du mot, et d'un ordre purement successif et contingent. Les excès puérils où sont tombés parfois certains essayistes du «matérialisme» historique sont là pour nous le signifier. Mais l'interprétation économique de l'histoire s'est affirmée aussi comme une des hypothèses les plus puissantes et les plus fécondes de la science. L'étude comparées du mouvement économique et institutionnel permettra de vérifier cette hypothèse dans des conditions particulièrement favorables: si le premier a agi, au moins accessoirement, sur le second, la violence de la cause doit rendre l'effet plus aisément perceptible. Et, d'autre part, la multiplicité des institutions nouvelles ouvre un champ de recherches exceptionnel où retrouver ces effets. Les années 1789 et 1790, où fleurit la production juridique spontanée de la Révolution, où commence, à l'échelle nationale, une révolution sociale et économique susceptible de retentir fortement sur les prix et les revenus, apparaissent ainsi comme le terme légitime d'un travail qui se propose non seulement la recherche du rythme des prix et des revenus sous l'ancien régime économique, ainsi que la mesure de leur mouvement de longue durée et l'étude de son retentissement social, mais qui veut préparer aussi une contribution expérimentale à l'appréciation des grandes hypothèses interprétatives de l'histoire.

Dernière considération, qui n'a d'ailleurs pas été déterminante : à partir des troubles monétaires et des bouleversements provoqués par la Révolution sur le marché de la main-d'œuvre, le mouvement de longue durée du salaire exprimé en biens de consommation populaire se renverse. Jusqu'à 1789, il décline, avec, peut-être, une tendance à la stabilisation à mesure qu'on approche de la fin de l'Ancien Régime. Le salaire hausse moins que le coût de la vie ouvrière et paysanne. Mais – après cette longue période de frottement où la production, calculée par tête, ne suit que de loin l'invitation des prix – entre 1789 et la première ou la seconde décade du XIXe siècle, il hausse au contraire davantage. Un des caractères essentiels du mouvement des revenus depuis le début du mouvement de longue durée disparaît. On comprend aisément l'importance sociale d'un tel changement et la part qui peut lui être faite dans un travail orienté tout entier, comme celui-ci, vers l'étude des revenus.

Il convient toutefois de ne pas oublier que l'année 1789 n'est qu'une station sur la route des hauts prix qui continue de monter jusqu'à la deuxième décade du XIXe siècle, exactement jusqu'en 1817 pour les produits agricoles, et que nous ne manquerons pas, au reste, de suivre rapidement jusqu'à cette date.

Le voyage sera plus aisé que de 1734 à 1789 : car entre ces deux termes la route n'existe pas, et il faut la faire. On ne disposait, jusqu'ici, en effet, que de courbes insuffisantes ou suspectes. Aucune statistique des prix utilisable, c'est-à-dire dont on ait identifié et vérifié, au moins partiellement, les sources et les méthodes, ne donnait, pour l'ensemble de la France, le prix moyen du blé ou de tout autre produit. Nous avons dû constituer cette documentation, seule susceptible d'autoriser à la fois la généralité et la précision relative des conclusions de ce travail.

Il n'eût pas été possible de l'entreprendre, si modeste que soit le point où nous avons laissé l'entreprise – simple esquisse, simple contribution très incomplète au sujet traité, conçue plus particulièrement sous l'angle budgétaire, de caractère provisoire et descriptif – à un stade moins avancé des études économiques et notamment de l'application des méthodes statistiques à ces études. On connaît l'œuvre de MM. Albert Aflation et François Simiand. La lecture de cet ouvrage montrera tout ce qui leur est dû.

© Dalloz-Sirey

Le Mouvement des prix et les origines de la Révolution française

(1937)

GEORGES LEFEBVRE

Auteur d'une thèse fondamentale consacrée aux Paysans du Nord pendant la Révolution française *(1924), Georges Lefebvre succède en 1937 à Albert Mathiez à la chaire d'histoire de la Révolution française à la Sorbonne. La même année, dans un compte rendu lumineux, il reprend avec vigueur les principaux acquis des travaux de François Simiand, notamment sur l'adaptation des comportements sociaux – et tout particulièrement ceux des patrons et des ouvriers – aux fluctuations conjoncturelles et y décèle une « théorie d'ensem-*

ble». Il y ajoute «la réaction de l'historien» et s'interroge sur la filiation entre Simiand et Labrousse. Démarche convergente avec celle de Marc Bloch et Lucien Febvre, qui sollicitent fréquemment sa collaboration aux Annales.

Source : *Georges Lefebvre, «Le mouvement des prix et les origines de la Révolution française»,* Annales d'histoire économique et sociale, *1937, n°3, p. 281-301. Paru simultanément dans les* Annales d'histoire de la Révolution française, *1937.*

[...]

La réaction de l'historien

Si brève que soit cette esquisse, je veux espérer qu'elle inspirera pour les travaux de Simiand la considération qu'ils méritent. Ce n'est pas à dire, toutefois, qu'ils ne soulèvent aucune objection.

Du point de vue économique, je me demande si l'extension du marché ne mériterait pas plus de considération, tout au moins en période d'économie capitaliste dont l'un des traits fondamentaux est précisément l'incessante recherche de débouchés nouveaux. En son essence, le capitalisme est *conquérant*, c'est-à-dire qu'il progresse, à l'intérieur de l'État, en évinçant l'artisanat et le petit commerce, et que, d'autre part, il ne peut réaliser la totalité du profit qu'en s'annexant des marchés extérieurs où il déverse les produits que salariés, rentiers et fonctionnaires ne peuvent acheter puisque leurs revenus ne représentent qu'une part de la valeur terminale de la production. Admettons, avec Simiand, que la conquête de nouveaux débouchés ou la restriction du marché ne peuvent être la cause des fluctuations de longue durée dans l'activité économique ; il se pourrait néanmoins qu'elles en fussent une condition *permissive* : en phase A, ce serait grâce à l'extension du marché que la production aurait la faculté d'augmenter ; en phase B, le resserrement contribuerait à aggraver la baisse tandis qu'une extension nouvelle favoriserait la reprise. Si donc, un jour, la terre venait à être entièrement exploitée suivant le mode capitaliste, le problème se pose de savoir si la monnaie serait encore en mesure de jouer le rôle que Simiand lui attribue. A la vérité, on répondrait sans doute qu'à pareille époque, le capitalisme n'exiterait plus et aurait fait place à une économie d'un autre type, puisqu'une des conditions nécessaires de son existence – l'incessante conquête de débouchés nouveaux – serait devenue irréalisable. Il n'en resterait pas moins que le champ d'application du rythme économique que Simiand a mis en lumière se trouverait limité dans l'avenir, de même qu'il l'est dans le passé à la période de l'économie monétaire, sans pouvoir s'étendre à celle de l'économie naturelle.

Il me semble que l'influence des faits démographiques justifierait également quelques réserves. Des courbes construites par Simiand pour le XIXᵉ siècle, il résulte sans doute qu'ils ne peuvent être considérés comme la cause des phases A et B, puisque, pendant cette période, l'accroissement de la population a été continu, tandis que la courbe des prix change plusieurs fois de sens. Il resterait pourtant à vérifier si les variations démographiques n'exercent aucune action sur eux. En ce qui concerne les dernières décades de l'Ancien Régime, j'ai considéré l'augmentation assez rapide de la population comme une des causes de la hausse ; admettons désormais avec Simiand qu'elle n'en est pas la cause première ; j'incline à penser nonobstant qu'elle a contribué à la renforcer. En sens inverse, tel accroissement du nombre des habitants pourrait freiner la baisse, au moins en ce qui concerne les denrées de première nécessité. Quant à la diminution de population à la suite des ravages de la guerre ou d'épidémies meurtrières, comme on en a tant vu du XIVe au XVIIe siècle, il ne paraît pas niable qu'elle ait réagi tout au moins sur les salaires pour les élever et sur les fermages, pour les diminuer ; le prix des denrées a pu s'en trouver abaissé par la raréfaction de la demande, mais il y aurait lieu d'examiner si la réduction concomitante de la production n'a pas eu la conséquence opposée. Bref, la question se pose de savoir si les faits démographiques n'interviennent pas pour atténuer ou pour accentuer les caractères des phases A et B.

J'en viens maintenant aux objections des historiens dont plusieurs n'ont manifesté pour l'œuvre de Simiand qu'une sympathie assez tiède [1]. On reconnaîtra qu'il avait, tout d'abord, prêté le flanc à leurs critiques en se montrant trop complaisant pour certaines de ses sources. Une de ses formules : *on peut faire des pesées justes avec des balances fausses* – n'a pas laissé de scandaliser quelques-uns. Elle est pourtant irréprochable au sens où l'entendait Simiand ; si telle série de prix se révèle entachée par une cause d'erreur, les *valeurs absolues* qu'elle fournit ne méritent pas confiance : la balance est fausse ; pourtant, si la cause d'erreur s'est exercée avec la même constance, l'allure de la courbe construite à l'aide de ces valeurs n'en exprimera pas moins fidèlement les *variations* du prix : la pesée sera juste ; il en sera ainsi, par exemple, si l'auteur s'est trompé sur la contenance de la mesure ou de l'unité monétaire, ou si l'on peut démontrer que, dans l'établissement des mercuriales, il n'a été régulièrement tenu compte que du prix le plus haut ou du prix le plus bas. En fait, les réserves des historiens n'en sont pas moins justifiées parce que, justement, la cause d'erreur n'est généralement pas constante. Tel est le cas du recueil d'Avenel, objet principal du débat, dont Simiand a cru pouvoir faire usage dans ses *Recherches anciennes et nouvelles sur le mouvement des prix*. D'Avenel n'indique pas de quels documents il a tiré ses indications ; il ne publie qu'une partie des prix qu'il avait relevés sans expliquer les motifs de ses choix ; il ne paraît pas s'aviser que, d'une région à l'autre, et parfois d'une époque à l'autre dans la même région, la mesure varie ; comme il embrasse une période étendue, la valeur de l'unité monétaire éprouve des variations nombreuses qu'il n'est pas facile d'apprécier. L'ouvrage ne peut donc être utilisé tel que si l'on recherche des *valeurs absolues* et il induirait en erreur l'historien qui voudrait établir une courbe de variations pour une période de courte durée. C'est donc à juste titre qu'on a reproché à Simiand de ne pas l'avoir contrôlé par des recherches d'archives. Mais cette vérification, M. Labrousse l'a faite pour ce qui concerne le XVIIIe siècle et il a conclu que, si le recueil d'Avenel, en effet, ne permet pas d'étudier les variations cycliques et saisonnières, on y peut constater les fluctuations de longue durée avec une approximation suffisante. Comme Simiand n'y a pas cherché autre chose, il y a donc lieu de passer condamnation, sans recommander, bien entendu, à personne de courir pareil hasard.

Cette question des sources ne se fût-elle point posée, l'œuvre de Simiand n'en eût pas moins déconcerté les historiens par son caractère abstrait. Le principal de ses livres – celui qui concerne le salaire – est de lecture vraiment difficile. La phrase suit pas à pas la démarche de l'esprit ; énonçant une proposition, elle s'applique à mentionner aussi toutes les variables dont cette dernière dépend ; compliquée qu'elle est d'incidentes, suspendue par des parenthèses, souvent très longue, il faut la lire, si je puis dire, à pas comptés, sans cependant perdre de vue l'ensemble ; elle exige un effort simultané d'analyse et de synthèse qui ne permet pas à l'attention de se relâcher un instant. Comme

1. Voir, par exemple, H. Hauser, « Quelques réflexions sur l'histoire des prix », dans la *Revue des cours et conférences*, 1936, et dans *Scientia*, 1er mars 1936.

les valeurs absolues n'apparaissent jamais, non plus que les événements, l'historien, privé des repères auxquels il est accoutumé, est tout à fait dérouté.

Quand enfin il s'est habitué à ce «climat» nouveau, l'objection capitale ne tarde pas à se dessiner: l'homme, vivant et souffrant, n'apparaît pas dans l'œuvre de Simiand. M. Marc Bloch a remarqué qu'il s'interdit de faire appel aux documents qui expriment les réactions de l'homme en présence des faits économiques, ses sentiments d'insécurité ou de confiance, de colère ou de satisfaction. Ce n'est pas, comme on l'a vu, qu'il fasse abstraction des faits psychologiques puisque, au contraire, c'est par leur intermédiaire qu'il établit les liaisons causales. Mais il écarte les documents, dont parle M. Bloch, comme entachés de subjectivisme, et aussi parce que les représentations collectives qu'il retient ont strictement trait à la signification sociale de la monnaie et de l'effort. Pourtant, il y a d'autres représentations de cet ordre dont l'influence n'est pas niable, par exemple, sur l'action ouvrière qui provoque la hausse du salaire ou en freine la baisse, sans compter que, pour les époques où les données statistiques se font rares, c'est à ces documents subjectifs qu'il faudra bien faire appel.

Cette absence de l'homme ou, si l'on préfère, de l'individu est rendue encore plus sensible par deux lacunes graves qui se justifient sans doute par le dessein de Simiand – l'étude du salaire *nominal* et des fluctuations de longue durée – mais dont sa tournure d'esprit a dû l'empêcher de souffrir comme c'eût été le cas pour un historien.

Ayant identifié le salaire à une *somme de monnaie*, il n'a rien dit du salaire *réel* c'est-à-dire de la quantité de marchandises que cette somme de monnaie est susceptible de procurer ou, si l'on aime mieux, du rapport entre le salaire nominal et le coût de la vie. On l'approuve d'avoir démontré objectivement que l'homme attache un prix particulier à son revenu nominal parce que sa dignité sociale en dépend, et à cause des possibilités d'achat futures et indéterminées qui s'y trouvent impliquées. Mais on ne saurait admettre que le revenu réel soit indifférent et il doit l'être d'autant moins que la catégorie sociale est plus modeste. Lorsque l'ouvrier défend son salaire nominal, c'est aussi aux possibilités passées qu'il pense, au niveau de vie matérielle qu'il avait atteint et dont il juge que la vie serait intolérable s'il était obligé de s'en départir. Cette observation ne contredit pas la conception de Simiand, mais elle la complète et l'enrichit. Au surplus, l'intérêt du salaire réel ne lui avait pas échappé et il avait promis de l'étudier séparément: il est mort en 1935, âgé seulement de 62 ans, et son œuvre, comme il arrive trop souvent, est demeurée inachevée. C'est d'autant plus regrettable qu'aux yeux de l'historien l'importance du problème dépasse l'explication des mouvements du salaire nominal. Comme ce dernier hausse et diminue moins que les prix, on peut se demander si, du point de vue du salaire réel, les phases A et B sont convenablement qualifiées: il pourrait advenir qu'il baissât en phase A et haussât en phase B, l'avantage, dans ce dernier cas, se trouvant naturellement compensé par les ravages du chômage. D'autre part, les prix montent inégalement; donc, au cours de la phase A, il pourrait arriver que l'ouvrier fût contraint de modifier la composition de son budget; les denrées alimentaires y tiennent la première place et leur quote-part était autrefois beaucoup plus grande qu'aujourd'hui; or, jusqu'au milieu du XIXᵉ siècle, c'étaient elles dont le prix variait avec le plus d'amplitude. Les conséquences sociales et historiques des fluctuations de longue durée ne sont donc pas éclaircies par l'analyse de Simiand.

Ce n'est pas tout. Les prix sont affectés d'autres fluctuations qu'il n'entrait pas dans son dessein d'étudier, mais qui n'importent pas moins à l'historien. Elles sont étudiées depuis plus longtemps parce que plus courtes, donc plus aisément perceptibles et observables.

Ce sont d'abord les fluctuations *saisonnières* dont la réalité, au moins, est de notoriété commune. Ce sont ensuite les fluctuations *cycliques* qui ramènent un maximum et un minimum alternatifs de prix au cours d'une période dont la durée va toujours se réduisant depuis que notre civilisation est parvenue au stade industriel et capitaliste, mais qui, au XVIIIe siècle, encore essentiellement agricole, était communément estimée à onze ans : le minimum cyclique correspond à l'une de ces crises économiques dont nous n'avons que trop d'occasions de mesurer l'importance historique. Ces fluctuations saisonnières et cycliques exagèrent considérablement l'amplitude des mouvements de longue durée ; elles introduisent, dans les phases A et B, des variations temporaires de hausse et de baisse qui donnent à la courbe son allure en dents de scie ; c'est par elles que le mouvement de longue durée se révèle à la grande majorité des humains ; ce sont elles qui impressionnent la conscience collective ; ce sont elles qui provoquent les réactions qui sont la trame de l'histoire. Encore une fois, la qualification de la phase A se trouve ainsi mise en question : en principe, les antagonismes de classe semblent devoir alors s'atténuer ; cependant le cataclysme de 1789, qui est essentiellement le résultat d'un conflit de classes, s'est inscrit en phase A. L'analyse était donc à reprendre aux yeux des historiens. Telle a été l'œuvre de M. Labrousse.

L'enquête de M. Labrousse

Il y a plus d'une ressemblance entre lui et Simiand quant à l'attitude de l'esprit en présence des faits. D'ailleurs, si M. Labrousse n'a pu utiliser les *Recherches anciennes et nouvelles sur le mouvement des prix*, il a connu le grand ouvrage sur le salaire. C'est à des données statistiques et à des courbes qu'il cherche également à réduire les faits économiques et sociaux et, par conséquent, il s'efforce implicitement, lui aussi, d'en élever l'étude à la dignité de science, en y introduisant la méthode des sciences de la nature. Sans exposé dogmatique, il applique en fait des préceptes de Simiand, notamment ceux de l'identité de base et de la ségrégation homogène. De la comparaison des courbes, il tire des conclusions qui jettent de la lumière sur la psychologie collective et sur les liaisons causales dont elles donnent la clef.

Toutefois les différences sont également sensibles. Si M. Labrousse est un économiste et un sociologue de par la nature des faits qui l'intéressent surtout, c'est aussi un historien, et tel qu'il m'apparaît, du moins après la lecture du premier grand ouvrage qu'il ait publié, il est surtout un historien. Simiand part des faits que lui livrent les statistiques, établies par d'autres, pour remonter à leurs causes, et pour en donner une théorie, avec un dédain peu dissimulé pour les *événements historiques* qui en ont été, pour une part, la conséquence. M. Labrousse, au contraire, au moins pour le moment, écarte la prétention de rechercher la cause des fluctuations de longue durée ou cycliques, et même d'examiner si les mouvements des prix, salaires et autres revenus, qu'il a constatés au cours de la période choisie, se retrouvent dans celles qui précèdent et qui suivent. Il déclare s'en tenir purement et simplement à en présenter la *description*. En réalité, il ne se borne pas là ; lui aussi établit des relations causales : mais elles visent les *conséquences historiques* de ces mouvements, non leurs *antécédents rationnels*. On ne dénature sans doute pas la démarche de son esprit en supposant que sa recherche a été provoquée par l'attrait qu'exerçait sur lui un grand événement historique, la Révolution française, dont certains traits appelaient une explication, sans qu'il décidât à l'avance si elle serait contingente ou rationnelle. Bref, il a travaillé comme un historien qui a bien conscience que les faits qu'il établit constitueront des matériaux éprouvés pour l'économiste et le sociologue, qui, par conséquent, opère en liaison avec eux, mais dont la fonction propre est, d'abord et avant tout, de constater ces faits, puis de montrer comment ils ont servi, pour une part au moins, à construire l'histoire, c'est-à-dire à déterminer des faits subséquents, les uns également économiques et sociaux que la statistique, à son tour, ramènera à des données numériques et à des courbes, les autres purement *événementiels*, comme dit Simiand, qui échappent à la compétence du statisticien.

Entre ces deux érudits, comme entre la discipline économique ou sociale d'une part et la discipline historique de l'autre, la différence se ramène, au moins dans une certaine mesure, à deux penchants de l'esprit : l'un plus abstrait, et peut-être plus philosophique, que confirme d'ailleurs la discipline mathématique de la statistique ; l'autre plus concret. Distinction qui, bien entendu, n'a rien d'absolu, car rien n'empêchera M. Labrousse, j'en suis convaincu, après avoir étudié d'autres périodes, de construire à son tour une théorie du mouvement économique qui confirmera sans doute celle de Simiand, mais aussi la nuancera et la complétera.

Mais de son attitude résulte, en ce qui concerne la méthode, une différence capitale. Tandis que Simiand part des faits qu'on lui livre, non sans les éprouver assurément, M. Labrousse a recherché des faits nouveaux dans des sources nouvelles ; en même temps qu'il a enrichi ainsi notre expérience, il a pu critiquer expérimentalement les sources anciennes. Ce que perd cette démarche en faculté généralisatrice, elle le gagne en force analytique ; elle restreint la surface de la recherche pour l'approfondir. De l'historien, c'est elle qui emporte le suffrage. L'expérience montre, à mon avis, que l'une des conditions des progrès de l'économie politique et de la sociologie, c'est que l'historien fasse son métier propre, en toute sûreté de conscience.

M. Labrousse s'est proposé d'étudier le mouvement des prix, du revenu foncier et du salaire en France, avec ses fluctuations de longue durée, cycliques et saisonnières, durant la période qui va de 1726 à 1789, laquelle embrasse la majeure partie de la phase A dont il a fixé le début, d'après le prix du blé, à 1734, et la fin à 1817. Il ne s'est pas interdit cependant de remonter au-delà de 1734 pour asseoir plus solidement sa base de comparaison ; parfois, il a poussé d'autre part jusqu'à 1817 ; mais, en général, il s'est arrêté à 1789 : c'est assurément que la Révolution a bouleversé les conditions du mouvement, notamment au point de vue monétaire, et mérite des recherches spéciales ; mais on ne peut s'empêcher de retrouver ici l'influence des préoccupations originelles de l'auteur et son « historicisme » s'en trouve souligné.

La période étudiée ainsi définie, le principe de l'identité de base paraît respecté : à partir de 1726, la monnaie reste stable ; il y a peu de changements législatifs, techniques ou sociaux ; la guerre ne touche guère le royaume. A la vérité, une réserve s'impose : en 1764, en 1774, en 1787, la liberté du commerce des grains a été proclamée ; mais, répond M. Labrousse, elle n'a pas égalisé les prix entre les régions ; faute de moyens de communications, le marché n'est pas devenu national à proprement parler ; les conditions de l'observation n'ont donc pas été modifiées quant à l'essentiel ; pour ce qui est de l'exportation, permise en 1764 et en 1787, elle a toujours été insignifiante : 1 à 2% au plus de la production totale ; si sa liberté a probablement exercé une certaine action dans quelques régions frontières, elle n'a pas pu modifier la courbe générale du prix des grains ; encore moins les mouvements cycliques et saisonniers. Je pense que la réponse est pertinente dans l'ensemble. C'est pourtant un des points que les études locales vérifieraient utilement ; les régions traversées par de grandes voies de communication pourraient avoir été plus touchées que ne le croit M. Labrousse. M. Dion a dressé une courbe du prix du blé à Beaugency qui manifeste, après 1764, une hausse subite dont la faculté d'exportation qu'offrait la Loire pourrait être l'explication[1].

Pour le froment, et pour lui seul, on disposait jusqu'ici de deux tables générales, c'est-à-dire indiquant le prix moyen du royaume : l'une adjointe au rapport de Creuzé-Latouche du 8 décembre 1792, l'autre publiée en 1837 dans les Archives statistiques du ministère des Travaux publics, Agriculture et Commerce ; toutes deux commencent en 1756 et s'arrêtent à 1790 ; toutes deux proviennent d'une table manuscrite, conservée aux Archives nationales (F^{20} 108), dressée vraisemblablement à l'aide des papiers du Bureau des subsistances du Contrôle général des finances. En effet, à partir de 1756, les subdélégués furent tenus d'adresser tous les quinze jours, et à partir de 1771, tous les huit jours, un état des prix des principales denrées d'après les mercuriales du marché de leur résidence. L'intendant s'en servait pour établir un tableau réacapitulatif tous les quinze jours : il l'envoyait, avec les états des subdélégués, au Bureau des subsistances, qui calculait ensuite la moyenne par généralité et la moyenne nationale. Les documents cités plus haut nous conservent les résultats de son travail mais, ses archives ayant disparu, il est impossible de les vérifier sans recourir aux Archives départementales où les états des subdélégués et des intendants subsistent en double, au moins pour une part. Les recherches de M. Labrousse lui ont permis de calculer à nouveau les prix des généralités correspondant aux 7/10 du tableau général qui nous est parvenu. De la confrontation, il résulte qu'il y a concordance à 1 ou 2% près en moyenne ; l'écart vient probablement pour la plus grande part des divers procédés employés pour la réduction des mesures ou pour le calcul en poids ; on notera, d'ailleurs, que l'intendant et le Bureau n'enregistraient pas automatiquement les indications reçues, mais les contrôlaient de leur mieux et se sont employés à en améliorer la confection. On ne saurait bien entendu s'abstenir de faire la part de la routine bureaucratique. Mais nous avons aussi notre moyen de contrôle qui est de se rapporter aux mercuriales elles-mêmes. A s'en tenir même aux états des subdélégués, le principe de la concordance est un « test » dont on ne peut nier la valeur : si les subdélégués, opérant séparément, nous fournissent des prix dont les courbes présentent des variations concomitantes, ce serait s'abandonner à l'hypercritique que de mettre en doute la réalité de ces variations. Finalement, M. Labrousse conclut que la table générale dont on se servait jusqu'à présent sans l'avoir critiquée se trouve digne de foi.

Reste à savoir si les mercuriales de marché qui lui servent de base méritent créance. La concordance doit ici encore être prise en considération. Mais on peut aussi examiner quels facteurs étaient susceptibles d'altérer la sincérité des opérateurs. Je dois renvoyer sur ce point à l'ouvrage lui-même. Toutefois, il est une bonne raison à invoquer pour justifier la confiance que M. Labrousse accorde, en définitive, aux mercuriales : c'est qu'on s'y reportait dans les tribunaux et entre particuliers pour réduire en numéraire les redevances et fermages en nature ; si elles eussent été systématiquement infidèles, il n'est pas vraisemblable qu'on l'eût supporté.

Il faut toutefois constater que les prix qu'elles indiquent sont inférieurs à ceux que notent les subdélégués et les intendants, parce que l'autorité supérieure ne retenait que les plus hauts cours, l'écart moyen est de 4,5%. Or pour les années antérieures à 1756, c'est aux mercuriales qu'on se trouve réduit : on n'en peut accorder les indications à la

1. R. Dion, *le Val de Loire*, p. 532.

table générale qu'en les majorant. Comme, en fait, l'écart varie, cet ajustement, réalisé sur la base de l'écart moyen, comporte une part d'arbitraire ; bien qu'elle soit trop faible pour changer de sens les mouvements, il faut pourtant retenir que les courbes, de 1734 à 1756, ne devraient se reporter aux mercuriales elles-mêmes pour retrouver les valeurs *quantitatives*.

Pour les autres céréales, tout était à faire, car nous ne disposions d'aucune table générale, le Bureau du contrôle général ne retenant que le blé de toutes les denrées cotées par les subdélégués et les intendants. M. Labrousse a donc repris les états de ces fonctionanaires locaux pour dresser des tables de généralités et des tables nationales. Les séries constituées étant lacunaires, il a fallu procéder à des ajustements en prenant pour base le rapport, constaté dans les années où les séries sont complètes, entre telle et telle céréale ; par exemple, le prix du seigle est en moyenne 68 % de celui du blé : quand le prix du seigle manque, on le rétablit hypothétiquement en fonction de celui du froment.

La difficulté devient plus grande pour les autres denrées : légumes secs, vin, fourrages, viande et suif, textiles, fer, bois à brûler. Les lacunes se font beaucoup plus fréquentes et l'ajustement souvent impossible. Ajoutons que certains produits, comme la chandelle, ne sont pas représentés et, enfin, qu'il a fallu renoncer à distinguer le prix de gros et le prix de détail.

Pour la rente foncière, la situation s'aggrave encore ; aucune enquête publique, rien que des sources privées, c'est-à-dire les baux conservés dans les archives ecclésiastiques et seigneuriales ou parmi les minutes notariales. La recherche y est, à la vérité, simplifée par le fait que, pour les grands domaines surtout, les baux étaient généralement de neuf années. M. Labrousse a principalement utilisé les renseignements réunis par Zolla [1] ; les calculs reposent principalement sur les données relatives à 74 domaines appartenant surtout au clergé ou aux établissements hospitaliers.

C'est en ce qui concerne le salaire qu'on est le plus mal renseigné, étant réduit aux sources locales qui ne permettent pas de dresser des tables continues. De l'enquête ouverte par le gouvernement en 1729, il ne reste rien ; la première qui soit utilisable date de 1777 : la hausse des salaires était déjà commencée ; viennent ensuite les renseignements fournis sur les salaires de 1790 par la taxation de 1793. Au total, M. Labrousse a pu établir 61 séries, dispersées en 11 généralités, et concernant, chacune, une profession, principalement le bâtiment, les textiles et le journalier agricole, dans une localité et pour une saison. Ce n'est guère. Mais ces indications ont une grande valeur représentative parce qu'au XVIIIe siècle les observateurs sont d'accord pour constater la stabilité du salaire qu'ils opposent à la variation des prix, en sorte qu'une cote annuelle possède une valeur représentative pour une période.

Étudiant, entre autres, les variations cycliques, M. Labrousse a employé le procédé des *moyennes mobiles* qui consiste à calculer le prix moyen non d'une année, mais d'un ensemble d'années comprenant celles qui précèdent et celles qui suivent, plus l'année considérée, le tout constituant un cycle. La difficulté est d'évaluer sa durée ; M. Labrousse pense qu'on peut l'étendre à treize années, six avant l'année considérée et six après. Mais ne se dissimulant pas que la durée du cycle peut varier, il a pris, comme points de comparaison, le cycle 1726-1741 d'une part, et le cycle 1771-1789, d'autre part, en

1. « Les variations du revenu et du prix des terres en France au XVIIe et au XVIIIe siècles », dans *Annales de l'École des sciences politiques*, 1893.

ajoutant une comparaison subsidiaire avec un cycle 1785-1789 comme plus propre à mettre en lumière la situation au début de la Révolution.

L'effort de recherche, de critique et d'élaboration est digne d'éloges et on peut accorder, comme le croit M. Labrousse, que les investigations futures ne changeront pas le sens de ses conclusions. Mais je ne pense pas qu'elles seront inutiles et que les bonnes volontés doivent être découragées. D'abord, il ne sera pas vain de confirmer l'enquête et d'atteindre peut-être une approximation plus serrée des pourcentages. Puis, certaines denrées sont représentées par des séries discontinues ou peu nombreuses qu'il serait bon de renforcer ; d'autres denrées manquent ; le prix du pain n'a pas été pris en considération par M. Labrousse, et il serait fort utile, on verra bientôt pourquoi, de le comparer à celui des grains ; pour ce qui concerne la rente et le salaire, les données sont vraiment trop peu nombreuses ; il serait aussi à souhaiter que la valeur vénale de la terre fût prise en considération ; enfin il restera toujours à faire l'histoire des faits monétaires. Les érudits locaux doivent donc se persuader qu'ils ne perdront pas leur temps à établir des séries nouvelles à l'aide des archives qui sont à leur portée, notamment des minutes notariales. En outre, M. Labrousse a visé à établir des prix nationaux ; il ne serait pas inutile de prendre comme unité de base telle ou telle région du royaume : la France de l'Ancien Régime était extrêmement diverse et c'est une des tâches qui s'imposent à nous de mettre cette complexité en lumière par les mêmes procédés statistiques qui ont apporté tant de nouveautés, comme on va s'en rendre compte, à l'histoire de la communauté nationale. Si j'ai insisté sur la méthode de M. Labrousse, c'est qu'elle apportera désormais aux chercheurs une aide précieuse : son ouvrage doit être pour eux un guide et un instrument de travail[1].

[...]

© Annales d'histoire économique et sociale

Préface à la Crise de l'économie française à la fin de l'Ancien Régime et au début de la Révolution
(1990)

JEAN-CLAUDE PERROT

Jean-Claude Perrot est l'auteur d'une thèse importante sur Caen au XVIII*e siècle (1977), professeur d'histoire moderne à la Sorbonne (Paris I) et directeur de recherche à l'EHESS. Dans sa préface à la réédition de la* Crise de l'économie française à la fin de l'Ancien Régime et au début de la Révolution *(dont la première édition date de 1944), il démêle magistralement l'écheveau de l'itinéraire intellectuel d'Ernest Labrousse et détaille le « modèle de science sociale » que représente son ouvrage majeur, en le mettant en perspective avec l'*Esquisse du mouvement des prix et revenus en France au XVIIIe siècle. *Il insiste en particulier sur l'élargissement des sources utilisées : la production, les échanges, l'étude de la démographie , afin de mieux saisir la conjoncture sociale des revenus et de fonder plus*

1. M. Labrousse a donné un exposé complet de sa méthode dans sa thèse de doctorat : *la Crise de l'économie française à la fin de l'Ancien Régime et au début de la Révolution* (Paris, 1943), dont il constitue la première partie et le début de la seconde. Voir aussi ses articles : « Le froment dans les régions françaises, 1782-1790 », dans *Annales d'histoire sociale*, 1939, et « Quelques observations sur la lecture des courbes économiques », dans *Annales historiques de la Révolution française*, 1937.

fermement l'articulation entre l'économique et le politique, en particulier pour interpréter le déclenchement de la Révolution.

Source : *Préface de* la Crise de l'économie française à la fin de l'Ancien Régime et au début de la Révolution, *2e édition, Paris, PUF, 1990, p. 20-30.*

La crise, un modèle de science sociale

DU PROJET DE 1944, demeurent un plan laconique, une introduction générale, des rélexions de méthode et leur application au secteur viticole. Les deux tiers du livre sont consacrés à cet exercice de virtuosité où toutes les difficultés se trouvent réunies. Qui saura en triompher traiterait aisément des autres secteurs productifs par les mêmes voies. En effet les données publiques s'avèrent particulièrement courtes et lacunaires. La céréale était simple, le vin est sophistiqué. Le produit est toujours hétérogène, la carte propose, hier comme aujourd'hui, des piquettes et des grands crus ; on les tient dans des futailles d'une métrologie déroutante. Les caprices du ciel affectent en même temps quantités et qualités. Le vigneron est un cultivateur qui crée un produit net, un éleveur qui valorise des stocks, à la limite un notable négociant : autant de types de revenus. Une ligne floue sépare fréquemment le propriétaire et l'exploitant métayer ; la belle simplicité des baux fermiers disparaît et, même s'il reste de grandes régies ecclésiastiques ou seigneuriales, elles ne parlent pas du breuvage quotidien mais des grands vins. Enfin, de toutes les denrées, celle-ci est la plus voyageuse ; dans les villes, pour des qualités voisines, le prix enregistré au marché inclut des frais de transport dissemblables qui sous-entendent des tarifs variés à la production et des revenus différents. De fortes exportations, ciblées sur des qualités et des provenances spécifiques, brouillent le mouvement des prix en juxtaposant un marché de gros au détail, en confrontant une offre locale à une demande qui peut être, en part variable selon les années, régionale, nationale ou européenne.

Bref, opacité préliminaire, des prix, des ventes, des revenus. Les méthodes de l'*Esquisse* perdent de leur efficacité ; les deux cents premières pages de *la Crise* doivent apporter des compléments qui seront précisés dans la partie appliquée.

En attendant, l'introduction et la première partie s'emploient d'abord à poser les conclusions de l'*Esquisse* comme des résultats acquis. Les fluctuations temporelles, spécialement le cycle des prix, constituent toujours en principe le meilleur symptôme des structures d'ancien type, vigoureusement originales en regard du système industriel ; ce calendrier commande toujours celui des revenus, notamment en période de maxima saisonnier, cyclique et séculaire cumulés : « l'effet 1789 » était annoncé depuis l'*Esquisse*. Comme naguère enfin aucune autonomie n'est accordée à la conjoncture financière. Son étude ne doit pas figurer comme telle dans l'interprétation économique satisfaisante de la Révolution ; puisque l'étranglement fiscal et l'endettement public découlent en priorité de l'affaissement des capacités contributives, ce serait s'arrêter à mi-chemin causal, prendre l'apparence pour les réalités, décrire une économie « vulgaire » au sens de Marx.

Ces principes connus vont-ils suffire à l'examen des antécédents révolutionnaires ? Voici qu'ils apparaissent d'abord mal adaptés du point de vue de la chronologie. L'enquête est close maintenant en 1791. Il est vrai que l'effondrement statistique et la réforme administrative interdisent de prolonger ou de raccorder même des indices. Mais enfin 1791 est une année quelconque dans le mouvement séculaire comme dans le cycle. De son côté, le début de l'étude commence à une date floue comprise entre 1770 et 1778. Le souci de cerner des fluctuations légèrement ou franchement discordantes selon les secteurs productifs peut rendre compte de cette plage aux rives incertaines. De toute manière, l'unité de la recherche n'est plus assurée par la grille des mouvements périodiques, mais par le recours à une catégorie nouvelle, *l'intercycle*.

L'auteur le définit comme l'addition d'un premier cycle complet avec « partie ou tout » d'un second cycle. Il est donc clair que son existence ne peut être rigoureusement déduite de l'analyse descriptive. Comment choisir *a priori* la partie ou le tout ? Ecartons les analogies qui viennent à l'esprit : la phase de Simiand, le mouvement Kondratieff, elles seraient artificielles à ce stade de la réflexion. Refusons de croire qu'un pur artifice de langage désigne ici le règne de Louis XVI. Il ne reste qu'une hypothèse ; l'intercycle possède une consistance économique propre, malgré sa nature accidentelle et presque exorbitante au regard du XVIIIe siècle.

Toutefois, si les tenants et les aboutissants d'une telle perturbation peuvent être définis, un immense bénéfice intellectuel en résulte aussitôt, l'horizon quatre-vingt-neuf s'éclaire sur toute sa profondeur de champ. Les lointains économiques, vieux de quinze-vingt ans, d'où sont partis les groupes sociaux et les hommes politiques qui envahissent la scène, sont restitués. C. E. Labrousse avait coutume de souligner ce retard du social ou de l'institutionnel sur l'économie.

La nature de l'explication dans les sciences sociales constitue donc bien l'enjeu de ce livre. Et, comme souvent dans la tradition historique nationale, la compréhension de l'événement révolutionnaire en fixe la récompense. Ou bien la Révolution requiert une étude exclusivement politique ; dans ce cas la connaissance de l'homme en société que l'auteur cherche à construire depuis l'*Esquisse* est infirmée et la peine est perdue. Ou bien le politique est impuissant à rendre compte de sa propre genèse, alors 1789 appelle l'intercycle comme les calculs de Le Verrier, la planète inconnue. Mais il faut armer cette notion d'un contenu économique réaliste, donner à la fluctuation différentielle des revenus une assise qui dépasse celle des propensions repérées jusqu'ici, sortir en un mot des simples indices conjoncturels tirés du taux des prix, des rentes et des salaires.

A cette exigence répond l'examen de nouvelles sources. Elle concernent :

1. – *La production. L'Esquisse* n'avait retenu que le mouvement du textile pour confirmer sa contrariété avec les prix céréaliers. *La Crise* aborde les graves difficultés documentaires du produit agricole et démontre le parti à tirer des Etats de récoltes. Les estimations en fractions d'année commune, disponibles depuis le milieu du XVIIIe siècle, sont inadaptées au repérage du mouvement long et d'ailleurs le glissement en volume de cet indicateur passerait lui-même inaperçu. Mais en moyen terme – celui de l'intercycle éventuel –, avec des techniques de production stables, les quantités annuelles confirmées le cas échéant par la dîme en nature peuvent enfin être confrontées aux prix.

2. – *L'échange*. Si le commerce extérieur demeure inaccessible en volume global, les Etats des grandes foires annuelles du royaume enregistrent un indice des mouvements interrégionaux. Les données prix-quantités (par ex. les 270 articles de Beaucaire, le premier marché de France) et le rapport marchandises apportées/marchandises vendues permettent d'atteindre le profit sous certaines hypothèses. La balance du commerce extérieur forme d'autre part une série continue depuis le règne de Louis XV. Il faut être pointilleux sur les prix fixés par les Chambres de commerce et les quantités établies en

douane, mais le mouvement global, les écarts entrées-sorties, la ventilation par poste de marchandises gardent leur valeur de baromètre.
3. – *Pour l'emploi*, la voie démographique reste ouverte. Elle ne mesure pas la population active, encore moins l'évolution du chômage ; cependant le mouvement général naissances, décès, et mariages, d'après les relevés du contrôleur des finances Terray, signale un taux de pression et, compte tenu du décalage de génération, le flux variable d'offre de main-d'œuvre.

Ces quantités numériques nouvelles multiplient finalement les conditions restrictives auxquelles doivent satisfaire de possibles interprétations causales. Plus resserré chronologiquement, mieux alimenté en statistiques, l'intercycle peut autoriser une « modélisation » dense, attentive au réalisme des hypothèses. Par exemple, un fréquent usage des écarts entre le minimum mensuel de l'année la plus basse et le maximum mensuel du millésime le plus haut qui synthétise l'effet de toutes les variations périodiques ; ou encore le privilège réservé aux mouvements régionaux sur la courbe nationale trop compensatrice des écarts ; c'est la répétition locale des mêmes équations de revenu qui constitue dorénavant le fait intéressant ; ou bien enfin le recours aux catégories de l'Arithmétique politique : les surfaces de culture, les rendements, la ventilation du produit agricole selon ses emplois, le calcul de quantités solidaires telles que les budgets ressources-consommation des familles.

Était-il possible d'articuler toutes ces ressources et méthodes entre elles, de les mener à la limite de leur rendement intellectuel ? Le secteur viticole donne la réponse.

Considérons des ensembles régionaux, le vignoble méridional, le vignoble continental, au sein desquels de nombreuses analogies – le climat, le régime de propriété, les techniques agricoles – permettent la substitution de données souvent défaillantes. Le procédé se justifie d'autant plus qu'il s'agit exclusivement de la production courante, celle qui assure le gagne-pain de quelque deux millions de vignerons et désaltère vingt-huit millions de sujets.

Inlassablement reprises vignoble par vignoble, le Dauphiné, le Languedoc, la Guyenne, ou bien l'Alsace, la Champagne, la Bourgogne, l'Anjou, toutes les démonstrations s'accordent entre elles. Le mouvement des quantités et des prix, dont l'inversion est à peine décalée par les stocks ou la demande étrangère, dessine entre deux chertés exceptionnelles, 1778 et 1789-1791, un interminable marais de prix misérables, déprimés par la surabondance. Cycle peu commun, démesurément alangui ? Intercycle ? Puisque le constat est fait, la dénomination serait indifférente si cette perturbation ne devait être remplacée dans le mouvement séculaire des prix 1733-1817. Dans ce cadre, trop de caractères l'opposent aux processus temporels courants pour l'y confondre. L'intercycle a valeur de signal, il souligne un événement rare dont les conséquences forment une « révolution. Non sans doute la Révolution [1] ».

Toujours est-il que ce clignotant rouge n'enchantera que les ivrognes, le vigneron, lui rafistole des tonneaux de fortune, se lamente dans sa cave pleine, scrute son chiffre d'affaires d'année en année.

Le mouvement du chiffre est accessible par la combinaison des flux prix-quantités et cette courbe essentielle pour l'analyse ultérieure des revenus aura finalement coûté cinquante pages de sources et cent-cinquante pages d'analyse de l'auteur [2]. Idéalement,

1. C.-E. Labrousse, *la Crise*..., Introduction générale, p. XLVII.
2. *Ibid.* Les documents : p. 215-265 ; l'analyse, p. 267-422.

Quesnay l'avait déjà souligné pour les céréales, les meilleures scores seraient obtenus avec des récoltes moyennes et des bons prix, le « bon prix » physiocratique. L'occurrence est exceptionnelle dans l'intercycle. Aux deux extrémités l'effondrement des quantités a entraîné celui du chiffre d'affaires et dans le long intervalle de surabondance, la chute des prix a freiné sa remontée. C'est aller de Charybde en Scylla. La présence des stocks atténue à peine la perte en 1778 et 1789 ; elle aggrave la déroute dans l'entre-deux.

Résultat majeur depuis l'*Esquisse* et toujours valable : dans ces périodes de dérèglement de l'offre, les différences de revenu s'accroissent selon le statut des producteurs. Bien sûr les malheurs du ciel tombent sur tout le monde, même si la dispersion des parcelles, un savoir-faire rusé, des tailles opportunes, un binage persévérant, une vendange progressive peuvent retoucher certains désastres. La discrimination essentielle vient d'ailleurs, des positions sociales, du régime foncier, en un mot de la propriété. Trois figures principales : le seigneur, l'abbé, le citadin aisé qui recueillent une rente ; le propriétaire exploitant qui travaille à son compte et peut prétendre à un profit ; le métayer qui doit le partager.

En dépit de la terminologie concrète qui semble faire coïncider ces catégories avec des groupes de personnes bien identifiées dans le royaume, la distinction n'est pas de nature sociologique. Pas plus que dans l'*Esquisse*, il n'existe pour l'instant d'enquête sur les volumes humains concernés, de hiérarchie des exploitations, de croisement de leurs tailles avec le statut des exploitants, de résultats macro-économiques sur la répartition des revenus. Les notions utilisées viennent d'un autre horizon théorique. Raisonner sur l'évolution des rentes, profits, salaires (accessoirement pour les travaux à façon), c'est encore choisir l'analyse fonctionnelle, de nature micro-économique, c'est partir de l'unité de production.

Les économistes reconnaissent immédiatement ici la ligne de partage qui sinue entre les théories traditionnelles du revenu[1]. Pour quelques chapitres de plus, C.-E. Labrousse adopte donc l'optique d'A. Smith et de J.-B. Say. Comme eux, il a d'abord envisagé les prix, et ce sont les composantes du prix : rente, profit, salaire, qui règlent en dernière instance la répartition. Puisque toute production se résout en un mélange variable des trois facteurs, les agents qui les ont fournis sous forme de terre, capital et travail sont rémunérés au prix du marché selon leurs apports. Il va de soi que ces agents sont des entités économiques : le rentier, l'exploitant propriétaire ou locataire. L'hypothèse que puissent se trouver fréquemment réunis dans la même main des mélanges variables de facteurs de production n'est pas envisagée. A ce partage on n'ajoutera pas non plus les effets d'une répartition secondaire qui se réaliserait par exemple à travers la fiscalité directe.

Il est vrai que l'application empirique trouve assez d'obstacles en chemin pour retenir provisoirement toute l'attention. Le principe de discrimination des revenus est simple cependant. Des frais fixes, des charges non proportionnelles amputent différemment, et de plus en plus lourdement, la part du chiffre d'affaires qui rémunère les agents lorqu'on descend du rentier au métayer. Mais le calcul doit être fait année par année, catégorie par catégorie sur indice.

Ce faisant, surgissent des difficultés auxiliaires. Comment prendre en compte la réalisation des stocks du grand rentier ? Un nouvel indice, celui des exportations à

1. Jean Marchal, J. Lecaillon, *la Répartition du revenu national*, Paris, 4 vol., 1958-1970 ; spécialement t. III, *les Modèles*.

Bordeaux, servira d'indicateur de mouvement[1]. S'agit-il des fluctuations des taux de profit des métayers ? C'est en bonne logique le rapport profit/capital productif. Le capital productif fait défaut ; on se contentera d'un « symptôme » éloigné de ce taux en formant le rapport frais de culture/chiffre d'affaires ; ce dernier varie en moyenne comme le capital productif, compte tenu des vieilles techniques agricoles[2].

Le lecteur ne saurait dépenser trop de temps à l'examen des annexes où C.-E. Labrousse, comme dans un cahier de laboratoire, donne le protocole de ses observations. Neuf opérations sur indices vont permettre d'extraire par exemple la série annuelle du profit du métayer, conçu comme un reliquat du chiffre d'affaires. Ses soustractions en chaîne se présentent typiquement comme la formule développée de la comptabilité physiocratique. Il faut enlever successivement les 50% du bailleur, les dîmes et droits seigneuriaux à 10%, les frais fixes à 15% de la part du métayer, les frais proportionnels (vendanges et pressoirs) à 9,33% du chiffre d'affaires, les tonneaux et les Aides à 15% de la part du métayer, nette des dîmes et des droits seigneuriaux[3].

Avec ces procédés homogènes d'élaboration, rentes et profits présentent des écarts indiciels dont l'amplitude définit précisément l'intercycle recherché et désormais attesté. Est-il nécessaire maintenant de quitter la répartition fonctionnelle pour la répartition sociologique des revenus ? De revenir en somme à l'autre tradition analytique : Quesnay, Ricardo, Stuart Mill ? Il suffit de s'assurer que ces résultats éventuels ne réfuteront pas les précédents. L'épreuve est faite au chapitre v du livre II et l'appui des arithméticiens Young, Lavoisier permet d'obtenir à tout le moins une probabilité qualitative de conformité : « Les catégories économiques correspondent à des catégories sociales[4]. »

Pour ne pas être jugée réductrice, cette proposition capitale mérite cependant un surcroît de preuves indépendantes des précédentes. Des observations sociopolitiques pourraient les administrer si leur degré d'autonomie était suffisamment précisé. Supposons cette ultime épreuve réussie, l'interprétation économique de la Révolution aura trouvé du même coup ses paradigmes. C'est l'objet du chapitre dernier de *la Crise*. La chaîne des inférences qui attestent à la foi des liens, éventuellement des solutions de continuité, de l'Economie au Politique mérite en ce cas une extrême attention. C'est une manière de penser la Révolution qui rivalise dès lors avec d'autres.

1. – Au point de départ, la conjoncture intercycle des prix et revenus. Personne ne la maîtrise évidemment. L'accident surgit d'aléas naturels et de structures de production rigides à moyen terme. Un exemple symbolique : l'étiage du chiffre d'affaires se place en 1786 ; c'est aussi l'année où le contrôleur général des finances de Calonne fonde en vain un Comité d'agriculture pour remonter la pente. Le hasard veut que Lavoisier y soit appelé et qu'il puisse témoigner de ses expériences agronomiques ; il s'est installé en 1778 dans le pays de Blois ; c'est exactement le début de l'intercycle, nous seuls le savons. Entre-temps, 120 000 livres d'investissement supplémentaire n'ont pas produit 5% de profit[5]. On imagine ce qui est arrivé aux petits tenanciers. Les travaux du Comité ont multiplié de semblables constats d'impuissance.

2. – La conjoncture commande les niveaux de vie. La démonstration se tire des chapitres

1. C.-E. Labrousse, *la Crise*..., p. 515 sq.
2. *Ibid*, p. 537, en note.
3. *Ibid*, p. 548-549.
4. *Ibid*, p. 581.
5. Lavoisier, *De la richesse territoriale du royaume de France*, texte et documents présentés par J.-C. Perrot, Paris, 1988. Cf. « Résultats de quelques expériences d'agriculture et réflexions sur leurs relations avec l'économie politique, 1878 », p. 207 sq.

où C.-E. Labrousse a converti les revenus nominaux en pouvoir d'achat exprimé par des biens de consommation. L'écart nominal s'y trouve encore aggravé en termes réels.
3. – L'évolution des niveaux de vie écartèle la condition des personnes dans la société au profit des extrêmes : douceur de vivre, misère des temps, tout est vrai. Le mouvement centrifuge s'opère aux marges de chaque groupe : le petit métayer sera le vagabond du lendemain. Ainsi les perturbations de niveau déterminent à tout instant le volume des catégories sociales et leur hiérarchie.
4. – Ces fluctuations engendrent des logiques de situation et par conséquent des conduites nouvelles. Il est indifférent que l'agrégation de tels choix produise des effets collectifs voulus ou surprenants – c'est l'hypothèse de l'individualisme méthodologique – ou bien que ces phénomènes de groupe résultent d'une conscience commune qui s'impose à chacun – c'est l'hypothèse de Durkheim que C.-E. Labrousse d'ailleurs pratiquait rarement.

Mais il faut relever le déplacement des méthodes. Dans les propositions précédentes, les groupes sociaux sortaient des classifications de l'économiste, construites sur le critère « objectif » du statut dans la production. Le tri repose maintenant sur les horizons sociaux et les conduites partagées par les intéressés ; il enregistre leur comportement « subjectif ». Les deux types de classement sont peut-être associables terme à terme, mais comme ce parallélisme est dépourvu de fondement nécessaire, il peut jouer le rôle de preuve indépendante et démontrer une forme d'enchaînement Economie-Société, Société-Politique dans lequel chaque niveau sera symptôme des autres. Le rapport entre les deux définitions des classes sociales devient décisif.
5. – Admettons que le sentiment des individus ou des groupes sociaux, au deuxième sens du terme, en un mot si l'on veut « la conscience de classe », ne puisse être adéquat aux circonstances. La société du XVIIIe siècle n'aura pas reconnu l'intercycle et sans doute elle est obscure à elle-même. Mais chacun prend la mesure de ses heurs et malheurs et cette hypothèse n'impose pas davantage le sacrifice de la rationalité des acteurs. La réaction « féodale » est tout à fait rationnelle si la rente seigneuriale s'avère spécialement fructueuse ; qui peut anticiper la nuit du 4-Août ? L'assaut des petits vignerons contre la fiscalité indirecte ne l'est pas moins ; il s'agit d'encourager la consommation, de résorber le trop-plein, de relever le bénéfice ; les mécontents ont-ils pensé qu'ultérieurement la hausse de la taille ou de la capitation leur reprendrait l'avantage ? Non, certainement.

Ainsi, la société ne voit pas, ne dit pas tout ce qu'elle est, mais ce qu'elle dit, peu importe, montre où elle en est. Les discours fiscaux ou politiques ne révèlent pas des causalités, ils portent des signes. Proposent-ils des stratégies pour sortir de la crise, celles-ci sont peut-être fausses, elles sont pour le moins triviales. Le clergé tolère l'abolition des octrois, mais il veut la dîme, les nobles la sacrifieraient, cependant ils tiennent au champart, les bourgeois s'en moquent, mais ils ne démordent rien des baux de métayage, etc.

Le découpage des arguments n'en identifie pas moins des groupes qui s'accordent à la fois à la grille des catégories économiques dont ils vérifient la pertinence au tableau des forces politiques dont ils font entrevoir les dynamiques contradictoires. Finalement, la continuité de l'enchaînement s'appuie sur de fortes présomptions déductives. Puis des observations indépendantes opérées aux deux extrémités de la liaison éventuelle Economie-Politique s'articulent effectivement des unes aux autres à mi-parcours. Voici l'économie pleinement autorisée à entrer dans une interprétation de la Révolution : elle détermine le volume et les frontières des catégories sociales, au premier sens du terme.

Voici d'autre part le Politique en interdépendance avec l'Economie : il munit ces catégories sociales des logiques interprétatives qui, même illusoires, rendent compte de leurs conduites.

L'ouvrage de 1944 s'arrête sur ce plaidoyer : les faux procès du moment intentés à la monarchie, toutes ces listes socialement différenciées de griefs fiscaux viennent de corroborer les véritables antécédents économiques de 1789. Les hommes en sortent acquittés, mais non la structure de la société ; l'histoire de C.-E. Labrousse rejoint là, silencieusement, son éthique de la vie collective.

Jamais nous ne lirons la synthèse qui devait conclure ce grand livre. De brèves indications éparses dans un article fameux de 1948[1], l'intérêt que l'auteur portait aux Cahiers des états généraux qui transforment en *Common Knowledge* le for intérieur des Français, son admiration pour *la Grande Peur* de G. Lefebvre, ce véritable traité des phantasmes mimétiques, font pressentir combien l'œuvre achevée se serait approchée du présent, des sciences de l'homme en société aujourd'hui.

© Presses universitaires de France

La longue durée
(1958)

FERNAND BRAUDEL

Poursuivant la tradition suivie jusqu'à sa mort (1955) par Lucien Febvre, Fernand Braudel aborde dans la rubrique « Débats et Combats » des Annales *– revue désormais dirigée par lui – des questions théoriques et méthodologiques relatives à l'évolution de la recherche historique dans son dialogue avec les autres sciences humaines.*

S'interrogeant sur la crise traversée par l'histoire depuis les années trente, il rédige un article-manifeste intitulé « la longue durée », qui va demeurer un texte de référence pour les historiens des trois décennies suivantes.

*Reprenant la décomposition des trois temps de l'histoire présentés dans la préface de sa thèse (*la Méditerranée et le monde méditerranéen à l'époque de Philippe II, *Paris, A. Colin, 1949), Fernand Braudel insiste sur cette temporalité spécifique de l'histoire économique labroussienne, l'histoire conjoncturelle, troisième terme de sa célèbre tripartition, situé entre le temps court et la durée séculaire.*

Source : *« La longue durée »,* Annales (Économies, Sociétés, Civilisations), *n°4, octobre-décembre 1958, Débats et Combats, p. 785-732. Réédité in* Écrits sur l'histoire, *Paris, Flammarion, 1969, p. 41-51.*

Il y a crise générale des sciences de l'homme : elles sont toutes accablées sous leurs propres progrès, ne serait-ce qu'en raison de l'accumulation des connaissances nouvelles et de la nécessité d'un travail collectif, dont l'organisation intelligente reste à mettre sur pied ; directement ou indirectement, toutes sont touchées, qu'elles le veuillent ou non, par les progrès des plus agiles d'entre elles, mais restent cependant aux prises

1. C.-E. Labrousse, « 1848, 1830, 1789. Comment naissent les révolutions », *Actes du Congrès historique du centenaire de la révolution de 1848*, Paris, 1848, p. 1-20.

avec un humanisme rétrograde, insidieux, qui ne peut plus leur servir de cadre. Toutes, avec plus ou moins de lucidité, se préoccupent de leur place dans l'ensemble monstrueux des recherches anciennes et nouvelles, dont se devine aujourd'hui la convergence nécessaire.

De ces difficultés, les sciences de l'homme sortiront-elles par un effort supplémentaire de définition ou un surcroît de mauvaise humeur ? Peut-être en ont-elles l'illusion, car (au risque de revenir sur de très vieux rabâchages ou de faux problèmes) les voilà préoccupées, aujourd'hui plus encore qu'hier, de *définir leurs buts, leurs méthodes, leurs supériorités*. Les voilà, à l'envi, engagées dans des chicanes sur les frontières qui les séparent, ou ne les séparent pas, ou les séparent mal des sciences voisines. Car chacune rêve, en fait, de rester ou de retourner chez elle... Quelques savants isolés organisent des rapprochements : Claude Lévi-Strauss[1] pousse l'anthropologie « structurale » vers les procédés de la linguistique, les horizons de l'histoire « inconsciente » et l'impérialisme juvénile des mathématiques « qualitatives ». Il tend vers une science qui lierait, sous le nom de *science de la communication*, l'anthropologie, l'économie politique, la linguistique... Mais qui est prêt à ces franchissements de frontière et à ces regroupements ? Pour un oui, pour un non, la géographie elle-même divorcerait d'avec l'histoire !

Mais ne soyons pas injustes ; il y a un intérêt à ces querelles et à ces refus. Le désir de s'affirmer contre les autres est forcément à l'origine de curiosités nouvelles : nier autrui, c'est déjà le connaître. Bien plus, sans le vouloir explicitement, les sciences sociales s'imposent les unes aux autres, chacune tend à saisir le social en son entier, dans sa « totalité » ; chacune empiète sur ses voisines en croyant demeurer chez elle. L'économie découvre la sociologie qui la cerne, l'histoire – peut-être la moins structurée des sciences de l'homme – accepte toutes les leçons de son multiple voisinage et s'efforce de les répercuter. Ainsi, malgré les réticences, les oppositions, les ignorances tranquilles, la mise en place d'un « marché commun » s'esquisse ; elle vaudrait la peine d'être tentée au cours des années qui viennent, même si, plus tard, chaque science avait avantage, pour un temps, à reprendre une route plus étroitement personnelle.

Mais se rapprocher tout d'abord, l'opération est urgente. Aux Etats-Unis, cette réunion a pris la forme de recherches collectives sur les aires culturelles du monde actuel, les *area studies* étant, avant tout, l'étude par une équipe de *social scientists*, de ces monstres politiques du temps présent : Chine, Inde, Russie, Amérique latine, Etats-Unis. Les connaître, question de vie ! Encore faut-il, lors de cette mise en commun de techniques et de connaissances, que chacun des participants ne reste pas enfoncé dans son travail particulier, aveugle ou sourd, comme la veille, à ce que disent, écrivent ou pensent les autres ! Encore faut-il que le rassemblement des sciences sociales soit complet, que l'on ne néglige pas les plus anciennes au bénéfice des plus jeunes, capables de tant promettre, sinon de toujours tenir. Par exemple, la place faite à la géographie dans ces tentatives américaines est pratiquement nulle, extrêmement mince celle que l'on concède à l'histoire. Et d'ailleurs, de quelle histoire s'agit-il ?

De la crise que notre discipline a traversée au cours de ces vingt ou trente dernières années, les autres sciences sociales sont assez mal informées et leur tendance est de méconnaître, en même temps que les travaux des historiens, un aspect de la réalité sociale dont l'histoire est bonne servante, sinon toujours habile vendeuse : *cette durée sociale, ces temps multiples et contradictoires de la vie des hommes, qui ne sont pas*

1. *Anthropologie structurale*. Paris, Plon, 1958, *passim* et notamment, p. 329.

seulement la substance du passé, mais aussi l'étoffe de la vie sociale actuelle. Raison de plus pour signaler avec force, dans le débat qui s'instaure entre toutes les sciences de l'homme, l'importance, l'utilité de l'histoire, ou plutôt de la dialectique de la durée, telle qu'elle se dégage du métier, de l'observation répétée de l'historien ; rien n'étant plus important, d'après nous, au centre de la réalité sociale, que cette opposition vive, intime, répétée indéfiniment, entre l'instant et le temps lent à s'écouler. Qu'il s'agisse du passé ou de l'actualité, une conscience nette de cette pluralité du temps social est indispensable à une méthodologie commune des sciences de l'homme.

Je parlerai donc longuement de l'histoire, du temps de l'histoire. Moins pour les lecteurs de cette revue, spécialistes de nos études, que pour nos voisins des sciences de l'homme : économistes, ethnographes, ethnologues (ou anthropologues), sociologues, psychologues, linguistes, démographes, géographes, voire mathématiciens sociaux ou statisticiens – tous voisins que, depuis de longues années, nous avons suivis dans leur expériences et recherches parce qu'il nous semblait (et il nous semble encore) que, mise à leur remorque ou à leur contact, l'histoire s'éclaire d'un jour nouveau. Peut-être, à notre tour, avons-nous quelque chose à leur rendre. Des expériences et tentatives récentes de l'histoire, se dégage – consciente ou non, acceptée ou non – une notion de plus en plus précise de la multiplicité du temps et de la valeur exceptionnelle du temps long. Cette dernière notion, plus que l'histoire elle-même – l'histoire aux cent visages – devrait intéresser les sciences sociales, nos voisines.

I. – Histoire et durées

Tout travail historique décompose le temps révolu, choisit entre ses réalités chronologiques, selon des préférences et exclusives plus ou moins conscientes. L'histoire traditionnelle attentive au temps bref, à l'individu, à l'événement, nous a depuis longtemps habitués à son récit précipité, dramatique, de souffle court.

La nouvelle histoire économique et sociale met au premier plan de sa recherche l'oscillation cyclique et elle mise sur sa durée : elle s'est prise au mirage, à la réalité aussi des montées et descentes cycliques des prix. Il y a ainsi, aujourd'hui, à côté du récit (ou du « récitatif » traditionnel), un récitatif de la conjoncture qui met en cause le passé par larges tranches : dizaines, vingtaines ou cinquantaines d'années.

Bien au-delà de ce second récitatif se situe une histoire de souffle plus soutenu encore, d'ampleur séculaire cette fois : l'histoire de longue, même de très longue durée. La formule, bonne ou mauvaise, m'est devenue familière pour désigner l'inverse de ce que François Simiand, l'un des premiers après Paul Lacombe, aura baptisé histoire événementielle. Peu importent ces formules ; en tout cas c'est de l'une à l'autre, d'un pôle à l'autre du temps, de l'instantané à la longue durée que se situera notre discussion.

Non que ces mots soient d'une sûreté absolue. Ainsi le mot *événement*. Pour ma part, je voudrais le cantonner, l'emprisonner dans la courte durée : l'événement est explosif, « nouvelle sonnante », comme l'on disait au XVe siècle. De sa fumée abusive, il emplit la conscience des contemporains, mais il ne dure guère, à peine voit-on sa flamme.

Les philosophes nous diraient, sans doute, que c'est vider le mot d'une grosse partie de son sens. Un événement, à la rigueur, peut se charger d'une série de significations ou d'accointances. Il porte témoignage parfois sur des mouvements très profonds, et par le jeu factice ou non des « causes » et des « effets » chers aux historiens d'hier, il s'annexe un temps très supérieur à sa propre durée. Extensible à l'infini, il se lie, librement ou non, à toute une chaîne d'événements, de réalités sous-jacentes, et impossibles, semble-t-il, à détacher dès lors les uns des autres. Par ce jeu d'additions, Benedetto Croce pouvait prétendre que, dans tout événement, l'histoire entière, l'homme entier s'incorporent et puis se redécouvrent à volonté. A condition, sans doute, d'ajouter à ce fragment ce qu'il ne contient pas au premier abord et donc de savoir ce qu'il est juste – ou non – de lui adjoindre. C'est ce jeu intelligent et dangereux que proposent des réflexions récentes de Jean-Paul Sartre[1].

Alors, disons plus clairement, au lieu d'événementiel : le temps court, à la mesure des individus, de la vie quotidienne, de nos illusions, de nos prises rapides de conscience – le temps par excellence du chroniqueur, du journaliste. Or, remarquons-le, chronique ou journal donnent, à côté des grands événements, dits historiques, les médiocres accidents de la vie ordinaire : un incendie, une catastrophe ferroviaire, le prix du blé, un crime, une représentation théâtrale, une inondation. Chacun comprendra qu'il y ait, ainsi, un temps court de toutes les formes de la vie, économique, social, littéraire, institutionnel, religieux, géographique même (un coup de vent, une tempête), aussi bien que politique.

A la première appréhension, le passé est cette masse de menus faits, les uns éclatants, les autres obscurs et indéfiniment répétés, ceux même dont la microsociologie ou la sociométrie, dans l'actualité, font leur butin quotidien (il y a aussi une microhistoire). Mais cette masse ne constitue pas toute la réalité, toute l'épaisseur de l'histoire sur quoi peut travailler à l'aise la réflexion scientifique. La science sociale a presque horreur de l'événement. Non sans raison : le temps court est la plus capricieuse, la plus trompeuse des durées.

D'où chez certains d'entre nous, historiens, une méfiance vive à l'égard d'une histoire traditionnelle, dite événementielle, l'étiquette se confondant avec celle d'histoire politique, non sans quelque inexactitude : l'histoire politique n'est pas forcément événementielle, ni condamnée à l'être. C'est un fait cependant que sauf les tableaux factices, presque sans épaisseur temporelle, dont elle coupait ses récits[2], sauf les explications de longue durée dont il fallait bien l'assortir, c'est un fait que, dans son ensemble, l'histoire des cent dernières années, presque toujours politique, centrée sur le drame des « grands événements », a travaillé dans et sur le temps court. Ce fut peut-être la rançon des progrès accomplis, pendant cette même période, dans la conquête scientifique d'instruments de travail et de méthodes rigoureuses. La découverte massive du document a fait croire à l'historien que dans l'authenticité documentaire était la vérité entière. « Il suffit, écrivait hier encore Louis Halphen[3], de se laisser en quelque sorte porter par les documents, lus l'un après l'autre, tels qu'ils s'offrent à nous, pour voir la chaîne des faits se reconstituer presque automatiquement. » Cet idéal, « l'histoire à l'état naissant », aboutit vers la fin du XIXe siècle à une chronique d'un nouveau style, qui, dans son ambition d'exactitude, suit pas à pas l'histoire événementielle telle qu'elle se dégage de correspondances d'ambassadeurs ou de débats parlementaires. Les historiens du XVIIIe siècle et du début du XIXe avaient été autrement attentifs aux perspectives de la longue durée que seuls, par la suite, de grands esprits, un Michelet, un Ranke, un Jacob Burckhardt, un Fustel surent redécouvrir. Si l'on accepte que ce dépassement du temps court a été le bien le plus

1. Jean-Paul Sartre, « Questions de méthode », *les Temps modernes*, 1957, nos 139 et 140.
2. « L'Europe en 1500 », « le Monde en 1880 », « l'Allemagne à la veille de la Réforme »...
3. Louis Halphen, *Introduction à l'Histoire*, Paris, P.U.F., 1946, p. 50.

précieux, parce que le plus rare, de l'historiographie des cent dernières années, on comprendra le rôle éminent de l'histoire des institutions, des religions, des civilisations, et, grâce à l'archéologie à qui il faut de vastes espaces chronologiques, le rôle d'avant-garde des études consacrées à l'antiquité classique. Hier, elles ont sauvé notre métier.

La rupture récente avec les formes traditionnelles de l'histoire du XIXe siècle n'a pas été une rupture totale avec le temps court. Elle a joué, on le sait, au bénéfice de l'histoire économique et sociale, au détriment de l'histoire politique. D'où un bouleversement et un indéniable renouveau ; d'où, inévitablement, des changements de méthode, des déplacements de centres d'intérêt avec l'entrée en scène d'une histoire quantitaive qui, certainement, n'a pas dit son dernier mot.

Mais surtout, il y a eu altération du temps historique traditionnel. Une journée, une année pouvaient paraître de bonnes mesures à un historien politique, hier. Le temps était une somme de journées. Mais une courbe des prix, une progression démographique, le mouvement des salaires, les variations du taux d'intérêt, l'étude (plus rêvée que réalisée) de la production, une analyse serrée de la circulation réclament des mesures beaucoup plus larges.

Un mode nouveau de récit historique apparaît, disons le « récitatif » de la conjoncture, du cycle, voire de l'« intercycle », qui propose à notre choix une dizaine d'années, un quart de siècle et, à l'extrême limite, le demi-siècle du cycle classique de Kondratieff. Par exemple, compte non tenu des accidents brefs et de surface, les prix montent, en Europe, de 1791 à 1817 ; ils fléchissent de 1817 à 1852 : ce double et lent mouvement de montée et de recul représente un intercycle complet à l'heure de l'Europe et, à peu près, du monde entier. Sans doute ces périodes chronologiques n'ont-elles pas une valeur absolue. A d'autres baromètres, celui de la croissance économique et du revenu ou du produit national, François Perroux[1] nous offrirait d'autres bornes, plus valables peut-être. Mais peu importent ces discussions en cours ! L'historien dispose sûrement d'un temps nouveau, élevé à la hauteur d'une explication où l'histoire peut tenter de s'inscrire, se découpant suivant des repères inédits, selon ces courbes et leur respiration même.

C'est ainsi qu'Ernest Labrousse et ses élèves ont mis en chantier, depuis leur manifeste du dernier Congrès historique de Rome (1955), une vaste enquête d'histoire sociale, sous le signe de la quantification. Je ne crois pas trahir leur dessein en disant que cette enquête aboutira forcément à la détermination de conjonctures (voire de structures) sociales, rien ne nous assurant, à l'avance, que ce type de conjoncture aura la même vitesse ou la même lenteur que l'économie. D'ailleurs ces deux gros personnages, conjoncture économique et conjoncture sociale, ne doivent pas nous faire perdre de vue d'autres acteurs, dont la marche sera difficile à déterminer, peut-être indéterminable, faute de mesures précises. Les sciences, les techniques, les institutions politiques, les outillages mentaux, les civilisations (pour employer ce mot commode) ont également leur rythme de vie et de croissance, et la nouvelle histoire conjoncturelle sera seulement au point lorsqu'elle aura complété son orchestre.

En toute logique, ce récitatif aurait dû, par son dépassement même, conduire à la longue durée. Mais, pour mille raisons, le dépassement n'a pas été la règle et un retour au temps court s'accomplit sous nos yeux ; peut-être parce qu'il semble plus nécessaire (ou plus urgent) de coudre ensemble l'histoire « cyclique » et l'histoire courte traditionnelle que d'aller de l'avant, vers l'inconnu. En termes militaires, il s'agirait là de consolider des

1. Cf. sa *Théorie générale du progrès économique*. Cahiers de l'I.S.E.A., 1957.

positions acquises. Le premier grand livre d'Ernest Labrousse, en 1933, étudiait ainsi le mouvement général des prix en France au XVIIIe siècle [1], mouvement séculaire. En 1943, dans le plus grand livre d'histoire paru en France au cours de ces vingt-cinq dernières années, le même Ernest Labrousse cédait à ce besoin de retour à un temps moins encombrant, quand, au creux même de la dépression de 1774 à 1791, il signalait une mesure des sources vigoureuses de la Révolution française, une de ses rampes de lancement. Encore mettait-il en cause un demi-intercycle, mesure large. Sa communication au Congrès international de Paris, en 1948, *Comment naissent les révolutions?* s'efforce de lier, cette fois, un pathétisme économique de courte durée (nouveau style), à un pathétisme politique (très vieux style), celui des journées révolutionnaires. Nous revoici dans le temps court, et jusqu'au cou. Bien entendu, l'opération est licite, utile, mais comme elle est symptomatique! L'historien est volontiers metteur en scène. Comment renoncerait-il au drame du temps bref, aux meilleures ficelles d'un très vieux métier?

Au-delà des cycles et intercycles, il y a ce que les économistes appellent, sans toujours l'étudier, la tendance séculaire. Mais elle n'intéresse encore que de rares économistes et leurs considérations sur les crises structurelles, n'ayant pas subi l'épreuve des vérifications historiques, se présentent comme des ébauches ou des hypothèses, à peine enfoncées dans le passé récent, jusqu'en 1929, au plus jusqu'aux années 1870 [2]. Elles offrent cependant une utile introduction à l'histoire de longue durée. Elles sont une première clef.

La seconde, bien plus utile, est le mot de *structure*. Bon ou mauvais, celui-ci domine les problèmes de la longue durée. Par *structure*, les observateurs du social entendent une organisation, une cohérence, des rapports assez fixes entre réalités et masses sociales. Pour nous, historiens, une structure est sans doute assemblage, architecture, mais plus encore une réalité que le temps use mal et véhicule très longuement. Certaines structures, à vivre longtemps, deviennent des éléments stables d'une infinité de générations: elles encombrent l'histoire, en gênent, donc en commandent, l'écoulement. D'autres sont plus promptes à s'effriter. Mais toutes sont à la fois soutiens et obstacles. Obstacles, elles se marquent comme des limites (des *enveloppes*, au sens mathématique) dont l'homme et ses expériences ne peuvent guère s'affranchir. Songez à la difficulté de briser certains cadres géographiques, certaine réalités biologiques, certaines limites de la productivité, voire telles ou telles contraintes spirituelles: les cadres mentaux aussi sont prisons de longue durée.

L'exemple le plus accessible semble encore celui de la contrainte géographique. L'homme est prisonnier, des siècles durant, de climats, de végétations, de populations animales, de cultures, d'un équilibre lentement construit, dont il ne peut s'écarter sans risquer de remettre tout en cause. Voyez la place de la transhumance dans la vie montagnarde, la permanence de certains secteurs de vie maritime, enracinés en tels points privilégiés des articulations littorales, voyez la durable implantation des villes, la persistance des routes et des trafics, la fixité surprenante du cadre géographique des civilisations. [...]

© Flammarion

1. *Esquisse du mouvement des prix et des revenus en France au XVIII siècle*. 2 vol., Paris, Dalloz, 1933.
2. Mise au point chez René Clémens, *Prolégomènes d'une théorie de la structure économique*, Paris, Domat-Montchrestien, 1952; – voir aussi Johann Akerman, «Cycle et structure», *Revue économique*, 1952, n° 1.

Le Mouvement du profit en France au XIXe siècle
(1965)

J. BOUVIER, F. FURET, M. GILLET

Reflet des travaux inspirés de la problématique conjoncturelle chère à E. Labrousse, cet ouvrage résulte d'un travail de construction et d'interprétation de séries longues (surtout sur la seconde moitié du XIXe siècle) portant sur les profits de firmes bancaires, sidérurgiques et houillères, réalisé par trois historiens de la génération postérieure à celle du maître. On en a retenu les principales conclusions sur la validité de la problématique des mouvements longs pour les profits.

Source : le Mouvement du profit en France au XIXe siècle, *Conclusion générale, Mouton, 1965, p. 200-203 ; 246-247 ; 250-251 ; 269-274.*

Conclusions générales

I.–Développement économique et grands flux des profits

F. SIMIAND ET KONDRATIEFF avaient raison : les mouvements longs sont une réalité. Une réalité d'autant plus contraignante que nous venons de la retrouver au cœur des profits d'entreprises ; c'est-à-dire au cœur des résultats économiques. Le climat général des affaires se lit sur le baromètre des profits ; or il n'existe pas de lecteurs plus intéressés que les entrepreneurs eux-mêmes. Mais à quoi aboutissent les grands flux des profits ? A leur victoire, tant sur la stagnation ou la baisse des prix unitaires, que sur l'érosion du « prix de l'argent ». Le profit du XIXe siècle est une catégorie économique victorieuse, par conséquent, dominante : grâce aux « progrès de l'industrie », c'est-à-dire grâce à l'effort quantitatif portant à la fois sur les masses produites, sur les techniques de production, sur les coûts de production – comme le même effort a porté sur le volume des capitaux traités, quand il s'agit des banques.

Sans doute n'avons-nous saisi dans cette enquête que des profits de grandes firmes. Mais les secteurs dominants donnent le ton. Ils sont surtout les grands bénéficiaires du mouvement général. Qu'advient-il alors du profit des secteurs moins dynamiques, ou en déclin relatif ? Que se passe-t-il dans l'entreprise moyenne ? Peut-être le saura-t-on un jour. Nous avons vu en tous les cas les petites sociétés houillères du Nord et du Pas-de-Calais participer elles aussi à la montée des profits de la fin du XIXe et du début du XXe siècle.

Ces profits, tirés vers le haut, sont bien un sous-produit de la « croissance ». Le phénomène essentiel c'est le « trend » séculaire des productions (industries lourdes) et des masses de capitaux agglomérés (banques). Production de masse des biens matériels, circulation massive des capitaux, ont finalement eu raison des fluctuations, courtes et longues, des prix – prix unitaire des produits et prix de l'argent. Les produits « bruts », les chiffres d'affaires et les revenus du capital subissent fondamentalement l'effet des niveaux régulièrement exhaussés des quantités de marchandises, ou de capitaux, traitées. L'ère industrielle est bien celle des grands volumes, des poids lourds, des chiffres massifs, celle d'une énorme modification quantitative.

On ne peut pas, alors, éviter de poser la question du «démarrage», du «take-off», pour reprendre la problématique de Rostow[1]. Celle-ci, il est vrai, si séduisante apparaisse-t-elle, ne recueille pas des historiens une adhésion véritable[2]. Mais, du moins, s'est-on demandé si, dans le cours du XIXe siècle économique français, un moment particulier avait connu cette poussée, cet arrachement qui marquerait le passage à un degré nouveau de l'industrialisaton. Rostow répond «oui»: la période 1830-1860. Dans une étude récente[3], J. Marczewski émet de sérieux doutes sur cette hypothèse. Traitant l'ensemble des données chiffrées selon les modèles de la comptabilité nationale contemporaine, il décèle dans le développement industriel français du XIXe siècle, «une croissance très graduelle», mais «non un véritable take-off». Selon lui «aucune période du XIXe siècle» ne peut être considérée comme telle, si l'on étudie les diverses branches industrielles. Ce qu'il décèle, plus précisément, c'est «trois périodes d'accélération» (1796-1844; 1855-1884; 1895-1913) et «deux périodes de ralentissement» (1845-1854; 1885-1894)[4]. On voit que ces phases, déterminées à l'échelle de l'histoire industrielle globale, correspondent grossièrement à celles que nous avons, pour notre part, reconnues dans les trois secteurs envisagés – du moins à partir des années 1850. C'est à une constatation de même type qu'aboutit Pierre Léon dans son étude sur l'industrialisation en France du XVIIIe siècle à nos jours[5]. De cette étude, tirons le tableau suivant:

Productions = pourcentage d'accroissements annuels moyens

	1820-1850	1851-1873	1874-1896	1896-1913
Charbon	4,9%	6,1%	2,4%	1,7%
Fonte	2,4%	6,7%	2 %	4,5%
Acier				7,6%

On voit que la grande époque de l'accélération des vitesses annuelles des quantités produites est le troisième quart du siècle et que, production charbonnière exclue, un nouvel élan s'amorce à la fin du siècle et au début du XXe siècle. Les mouvements longs dans les quantités produites ne sont reconnaissables qu'au niveau des vitesses de croissance; mais la croissance elle-même n'est pas mise en question.

Qu'observons-nous dans le cas des firmes dont nous avons les données séculaires? Les courbes de l'*extraction annuelle* de nos quatre sociétés houillères du Massif central depuis 1810-1820 mettent bien en évidence le coup de fouet de la période 1845-1850-1865-1875. Les choses sont plus incertaines dans les années 1810-1840; montée «longue» régulière des quantités à Carmaux et Roche-la-Molière–Firminy, mais accélérations très nettes en 1822-1837 à Blanzy et 1820-1833 au Creusot. Pour les *produits bruts* et les *revenus nets* de quatre firmes, Carmaux et Roche-la-Molière laissent apparaître des lignes de moyennes mobiles montant avec régularité jusqu'aux sommets du siècle (1870-1875); mais, dans le

1. W.W. Rostow. *The stages of economic growth. A non communist Manifest*. Cambridge. University Press. 1960.
2. Voir la très suggestive étude de Pierre Vilar. «Développement historique et progrès social; les étapes et les critères». *la Pensée*. n° 7-8. 1961.
3. J. Marczewski. «Y a-t-il eu un "take-off" en France?». *Cahier de l'I.S.E.A. – Évolution des techniques et progrès de l'économie*. série AD. n° 1. supplément n° 11. mars 1961.
4. M. Markovitch a. depuis cette étude. systématiquement repris l'«histoire quantitative» de l'industrie française depuis la fin du XIXe siècle. Trois cahiers de l'I.S.E.A. sont à paraître sur ce thème.
5. Conférence internationale d'histoire économique. Stockholm. 1960. *Communications*. Mouton & Co. École pratique des hautes études. 1960.

moins long terme, il y a accélération visible du revenu net à Carmaux en 1827-1833 et à la Roche-la-Molière à partir de 1830-1840. Blanzy ne laisse pas apparaître une accélération marquée du revenu net avant 1841. Quant au Creusot, le démarrage d'après 1820 est brisé net dès 1826 : nous nous trouvons dans l'incertain domaine des accidents de marche. Il serait nécessaire, en vérité, de reprendre le problème du « take-off », non pas globalement – on peut considérer après les travaux de J. Marczewski et de M. Markovitch que cette question est réglée – mais sectoriellement, et régionalement, et de commencer, précisément, par le charbon. C'est une direction de recherche que nous suggérons.

Tout s'est passé comme si la croissance industrielle procédait d'un flux régulier dans sa direction, avec des poussées d'accélération, puis des moments de freinage sans qu'on puisse qualifier de « take-off » – au sens où l'entend Rostow – une période privilégiée. Mais ce n'est pas au niveau des quantités produites qu'apparaissent avec le plus d'évidence les fluctuations longues. Les productions grandissent imperturbablement, alors que « produits bruts », valeurs et chiffres d'affaires, « revenus nets » et profits subissent avec netteté – en même temps qu'ils sont tirés vers l'avant par la force massive des productions montantes – quoique inégalement, l'influence des houles des prix. En fin de course viennent alors les records de la « belle époque ».

Regardons une dernière fois les trois grands balancements des profits qui, au-delà de décalages chronologiques inévitables entre entreprises, s'imposent avec insistance à l'observateur. Pour la période où les données des trois secteurs (charbonnages, sidérurgie et banques) sont complètes, c'est-à-dire du milieu du siècle à la guerre mondiale, un même mouvement rythmique gonfle ou déprime les profits. La grande dépression de ce que l'on peut appeler, pour simplifier, le troisième quart du siècle, est entourée de deux périodes d'essor et de montée des bénéfices d'entreprises, la seconde méritant pleinement le titre non usurpé de « belle époque » du grand capitalisme. Grande dépression pour l'ensemble des activités économiques, mais qui, dans tel secteur particulier – ici les charbonnages du Nord-Pas-de-Calais – peut n'être, nous l'avons vu, que relative, et simplement traduite par un ralentissement. Au-delà de cette phase, les records sont atteints dans les quinze à vingt ans d'avant guerre. Les masses des profits sont effectivement portées vers un sommet.

Ne peut-on pas avancer l'hypothèse que ce volume triomphant des bénéfices a été partagé, dans les trois secteurs en question, par un nombre de firmes qui serait allé en diminuant ? Il faudrait alors, en complément de notre enquête, en conduire une nouvelle, qui l'éclairerait singulièrement : l'enquête sur la concentration capitaliste dans les charbonnages, la sidérurgie et la banque, des années 1820 au début du XXe siècle. Cette concentration est sans doute fort peu avancée dans les charbonnages – bloquée qu'elle fut par la rentabilité de nombreuses sociétés moyennes ou petites et par l'important décret d'octobre 1852. Il semble en aller autrement dans la sidérurgie qui, très tôt, à partir des années 1840, traversa des phases de « fusions » successives. Les entreprises de type monopolistique sont en train d'y naître, de fusions en fusions, de prises de participations en prises de participations, d'un développement – ne disons pas continu, mais chronique – vers la concentration des pouvoirs économiques et des contrôles. Tout ne s'est-il pas passé comme si une masse croissante de bénéfices s'était partagée entre des parties prenantes de moins en moins nombreuses ? – ou, du moins, parmi lesquelles la part des profits des plus grandes d'entre elles allait croissant plus que proportionnellement ?

Sociétés sidérurgiques : profits, en indices

Indice 100 : Le point de départ chronologique de la série.

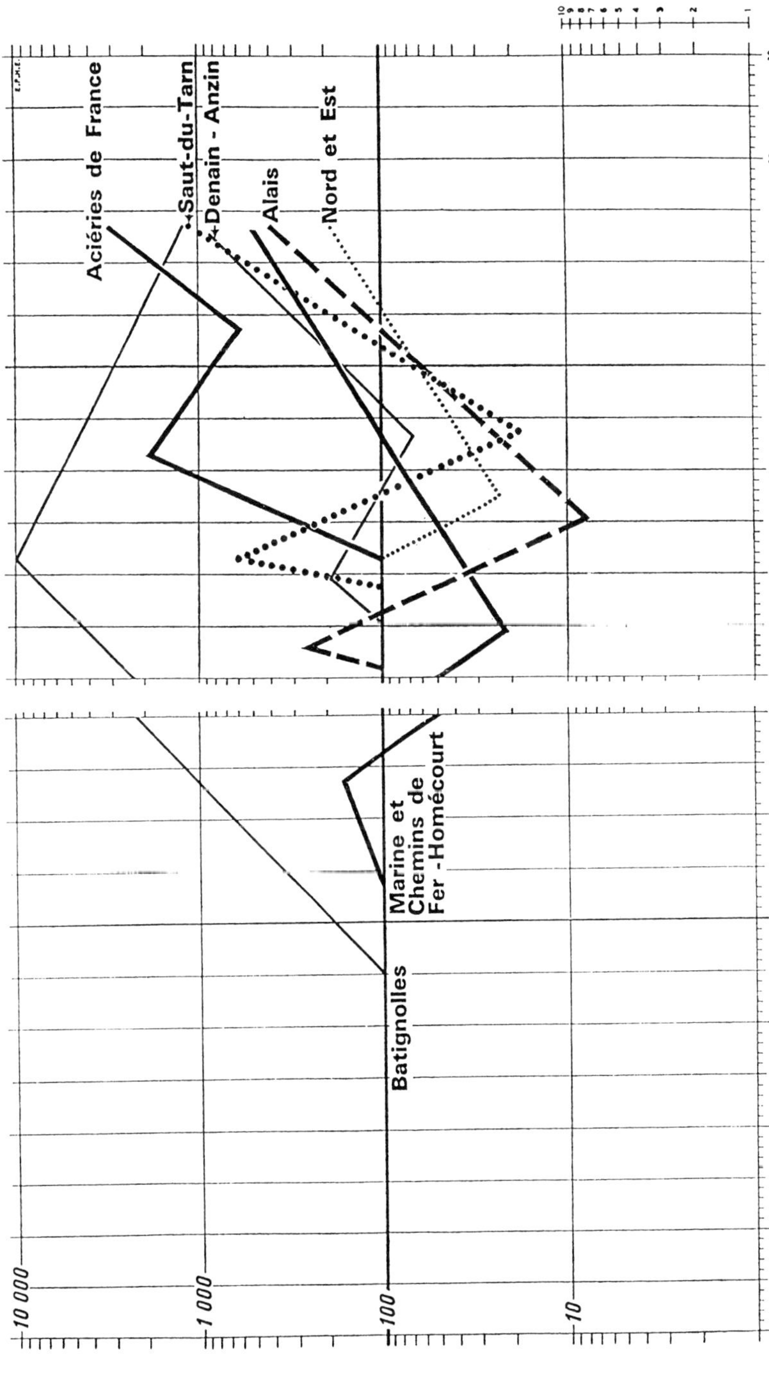

Mouvements longs, repérés sur la base des données annuelles, par simple observation des courbes.

Sociétés sidérurgiques : profits, en indices,
Indice 100 : Le point de départ chronologique de la série.

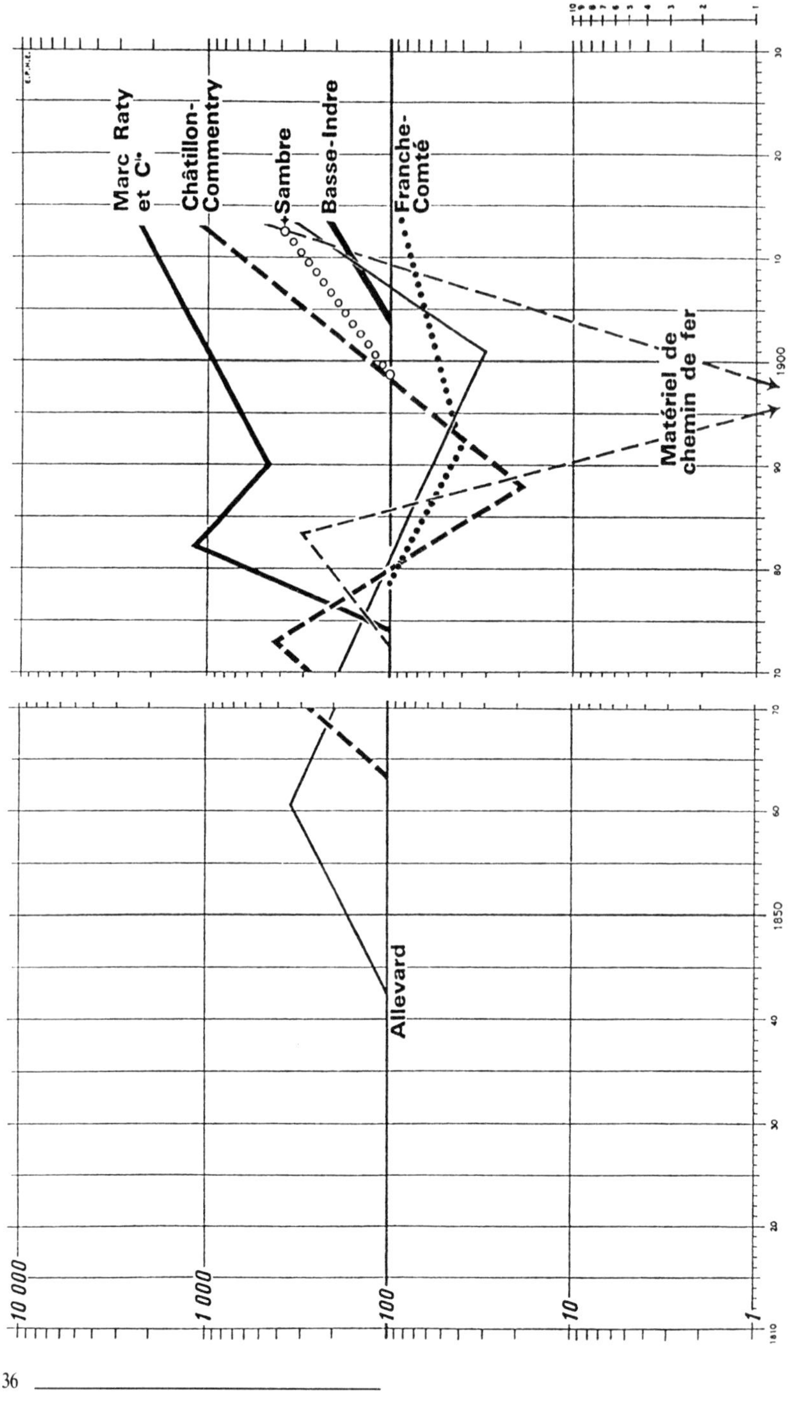

Mouvements longs, repérés sur la base des données annuelles, par simple observation des courbes.

Banques d'affaires : profits et moyennes mobiles des profits.

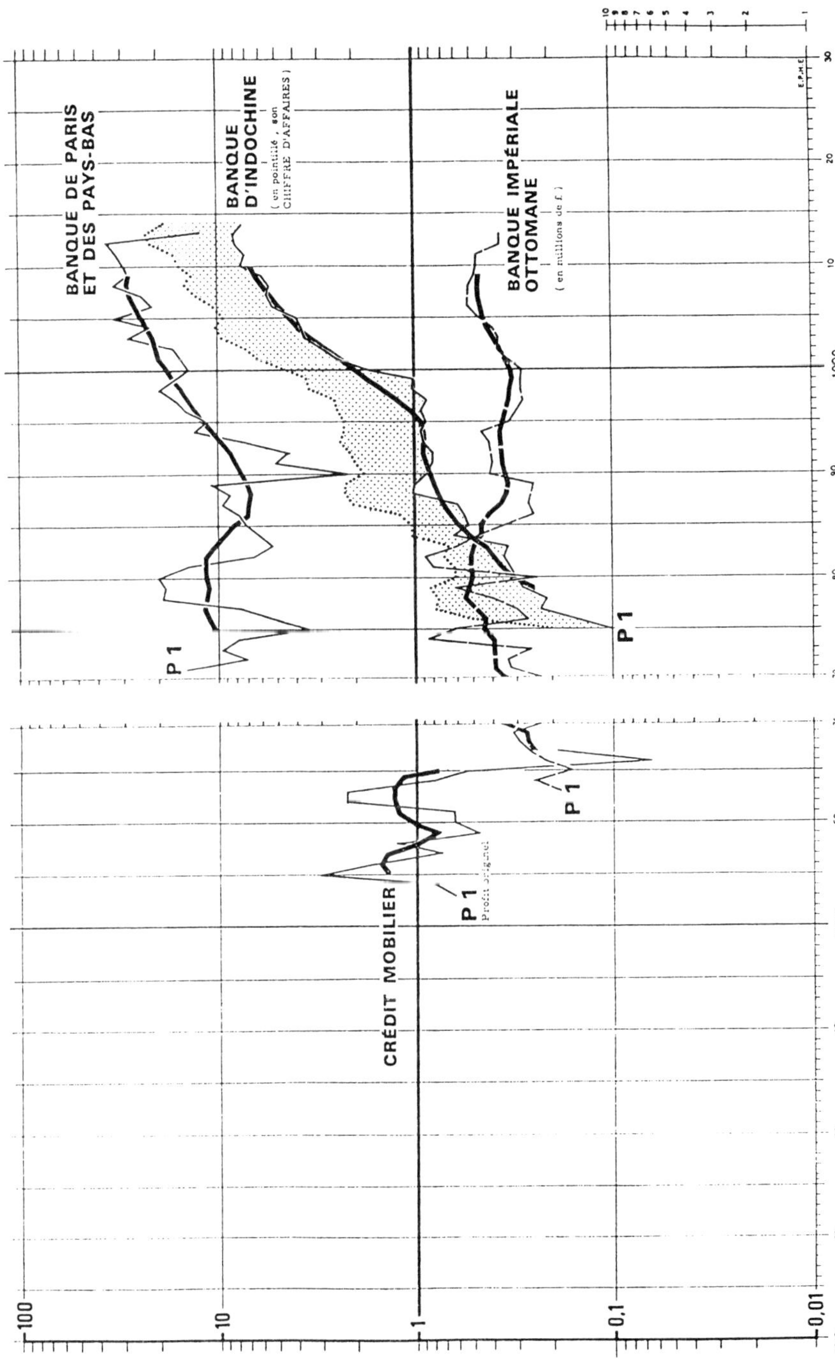

Moyennes mobiles : 9 ans.

Banques de dépôts : profits et moyennes mobiles des profits.

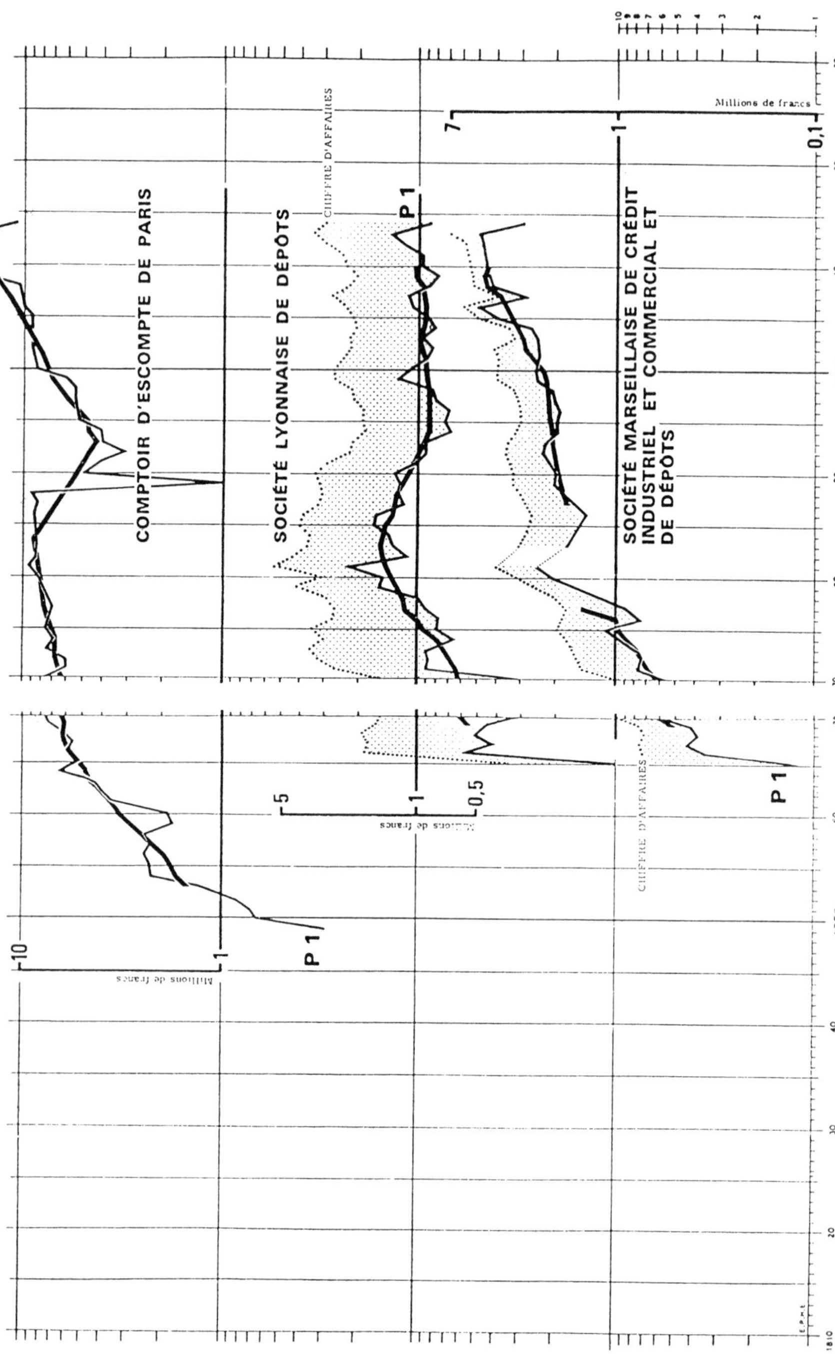

Moyennes mobiles 9 ans.

Entendons bien qu'aux disparitions d'entreprises dans les trois secteurs, forme radicale de la concentration – l'histoire des cimetières économiques restant à faire – s'est ajoutée la croissance propre des grands groupes industriels ou bancaires. De toute façon, par conséquent, le triomphe final des profits est le triomphe des forts.

Revenons sur une autre constatation essentielle : la sensibilité plus grande des profits en temps de hausse, leur fragilité plus grande en temps de baisse, si l'on compare leurs mouvements longs à ceux des chiffres d'affaires ou des « produits bruts ». Le plus souvent, dans les deux sens, vers le haut ou vers le bas, ces mouvements sont plus que proportionnels à ceux des valeurs produites ou vendues, valeurs qui se trouvent être le support du profit. Les profits apparaissent ainsi comme plus sensibles à la conjoncture, plus vulnérables, dans le beau temps comme dans le mauvais temps, aux sautes des prix ; le fait a été relevé dans les cas du charbon comme dans celui des produits sidérurgiques – du moins ici partiellement, car nous n'avons pu alors raisonner que sur les *valeurs du secteur* et non sur les *chiffres d'affaires des firmes*. Par beau temps, en phase A, un remarquable effet cumulatif se produit, qui marie les poussées convergentes des prix, des quantités produites, et des taux de profit, pour aboutir au gonflement des masses de profits. Par mauvais temps, en phase B, les masses de profits peuvent continuer à grandir – quoique à moins grande vitesse – si la poussée de la production demeure très forte (cas des houillères du Massif central dans la première moitié du siècle et des firmes charbonnières du Nord et du Pas-de-Calais dans le troisième quart). Mais si le multiplicateur des quantités produites ne joue pas suffisamment, c'est alors le tassement, la stagnation, voire le recul profond de la masse des profits (cas des charbonnages du Massif central et des firmes sidérurgiques en 1875-1895). Cette sensibilité du profit a aussi été reconnue dans le secteur bancaire.

Les profits sont ainsi la zone vulnérable de l'économie d'entreprise, la zone clef, la zone décisive. Mais puisque, finalement, leur montée séculaire est reconnaissable, on comprend mieux alors les succès de la croissance séculaire : celle-ci était possible, parce que désirable. Les « innovations » étaient souhaitables, parce que fructueuses. Le profit des grands secteurs capitalistes est devenu une zone d'appel pour les capitaux. La croissance, ce n'est pas seulement des vitesses et des taux. Ce sont des « entrepreneurs » qui investissent, et gagnent. Les processus économiques marquent aussi l'évolution sociale.

Mais puisque, précisément, le profit l'emporte sur les influences contraires (mouvement séculaire des prix, contestations ouvrières), une nouvelle question se pose alors : celle de son partage.

La recherche demeure ouverte et possible – et nous la laissons ici volontairement telle – sur ce thème qui a été abordé à propos des charbonnages : la répartition du profit entre les firmes et leurs actionnaires, c'est-à-dire la part du profit attribuée finalement au dividende. En partant des tableaux statistiques donnés, on pourrait déterminer cette part avec une certaine exactitude : cela a été fait du moins dans le cas du Nord et du Pas-de-Calais ; et un exemple particulièrement net a pu être présenté, dans la partie méthodologique sur la comptabilité du profit[1] à propos du bilan des Aciéries de France en 1906-1907. Notre sentiment est le suivant : *a)* la part des profits donnée au dividende est nettement plus élevée dans le cas des charbonnages du Nord et du Pas-de-Calais que dans les autres cas : houillères du Massif central, firmes sidérurgiques, banques. L'histoire particulière de

1. Première partie : « Profit et comptabilité d'enteprise ».

l'essor houiller du Nord-Pas-de-Calais permet de le comprendre. *b)* Dans tous les cas le dividende « style XIXe siècle » est au-dessus du dividende actuel ; quoique les actionnaires des grandes firmes d'avant 1914 aient eu souvent l'occasion de gémir – mais rarement de passer à la révolte – contre les conseils d'administration, ils ont connu du bon temps, surtout si l'on n'oublie pas que ce temps fut celui des prix sages et des monnaies fortes. Par ailleurs, il n'est pas douteux que la société capitaliste en expansion est une société d'actionnaires. Il est de bon ton d'insister sur la persistance des structures familiales dominantes dans le capitalisme français des petites unités. Sans doute. Mais cette observation ne devrait pas faire prendre à la légère une mutation déjà largement visible bien avant 1914 : la montée des grandes firmes anonymes, et la montée de l'actionnariat. Dans les houillières du Nord et du Pas-de-Calais, au début du XXe siècle, le nombre des actionnaires a brusquement grossi et, en 1912, il y a autant d'actionnaires que d'ouvriers. Les actionnaires des grandes banques et des firmes sidérurgiques étudiées se comptaient par dizaines de milliers, parfois, pour chaque société. Faudrait-il rappeler que la Compagnie des Chemins de fer du Nord avait plus de 20 000 actionnaires dès avant 1848 ?

La croissance de l'actionnariat est donc un fait social visible, nouveau, caractéristique d'une évolution à large échelle. L'actionnaire relaie l'ancien rentier du sol ; et le dividende concurrence la rente d'État, d'autant plus qu'aux rendements nominaux des actions s'ajoutent souvent les substantielles plus-values provenant de la montée des cours.

Dernière observation quant à la victoire finale du profit dans les grandes unités à la veille de 1914 : ce haut capitalisme donne l'impression de la force retrouvée, de la santé conquérante ; les courbes grimpent allègrement. N'y aurait-il pas, masquées par eux, des faiblesses structurelles hypothéquant l'avenir ? Il semble bien que ce soit le cas pour les charbonnages – même pour les plus dynamiques d'entre eux. On ne peut pas trancher la question en l'état actuel des connaissances, pour ce qui est de la sidérurgie. Quant aux banques, on sait les vifs reproches qui leur étaient adressés avant 1914. Nous touchons là un problème controversé, et qui le demeurera : le jugement à porter sur l'état général du capitalisme français de la « belle époque ». Mais nous pensons avoir mis en valeur les nombreux signes de croissance et de réveil que ce capitalisme présentait au début du XXe siècle.

© Éditions de l'EHESS

Quelques extraits d'articles de Kondratieff

(1981)

Traduction et présentation de Patrick Verley

L'économiste russe Nicolas Kondratieff a souvent été invoqué sans qu'on ait eu directement recours à ses propres textes. Patrick Verley, enseignant et chercheur à l'Institut d'histoire économique et sociale de l'université de Paris-I, présente et traduit quelques extraits de son article de 1925 publié dans le recueil de l'Institut de conjoncture de Moscou. Après avoir élaboré différentes séries attestant de l'existence « probable » des fluctuations longues de l'économie, Kondratieff avance avec prudence des facteurs d'explications, parmi lesquels il tend à minorer les facteurs monétaires et à valoriser – pour le XIXe siècle – l'évolution de la productivité du travail.

Source : *Patrick Verley, « Quelques extraits d'articles de Kondratieff »,* Recherches et Travaux, *Bulletin n° 10, Institut d'histoire économique et sociale de l'université de Paris-I, novembre 1981, p. 23-24 ; p. 28-31 ; p. 38-39.*

L'ÉCONOMISTE RUSSE Nicolas Dimitrievitch Kondratieff naquit en 1892 ; il mourut quelque part dans une prison russe vers 1930. Il avait fondé et dirigé de 1920 à 1928 l'Institut de conjoncture de Moscou.

Dans les années 1919-1921, il en vint à admettre l'existence de fluctuations conjoncturelles longues. De nombreux auteurs comme Moor, Lescure, Aftalion, Spiethoff ou Cassel l'avaient déjà pressentie mais sans y accorder d'importance particulière. Kondratieff aborda ce problème pour la première fois, mais sans développer d'analyse théorique spécifique dans *l'Économie mondiale et sa conjoncture pendant la guerre et après la guerre* (*Micojove chozjajstvo i jego konjonktury vo vremja i posle vojny*, Moscou, 1922). Au printemps 1925, il publiait dans le recueil de l'Institut de conjoncture (Questions de conjoncture, *Voprossy konjonktury*), un article sur les « Grands cycles de la conjoncture » (*Bol' schije cycly konjonktury*) qui témoignait d'une analyse beaucoup plus poussée. Cet article a été traduit en allemand en 1926 dans *Archiv für Sozialwissenschaft und Sozialpolitik*, 56e volume, Tübingen, ce qui rendait les travaux de Kondratieff plus accessibles aux économistes occidentaux.

La première partie de cet article est consacrée à une analyse statistique serrée des données disponibles pour l'Angleterre et les États-Unis : niveau moyen des prix de gros, taux d'intérêt du capital, salaires nominaux, commerce extérieur, production et consommation de charbon, fonte et plomb. Sa méthode consiste à calculer la série théorique du trend, puis les écarts de la série empirique à la série théorique, puis à lisser, par des moyennes mobiles, cette série des écarts. Les diagrammes qu'il propose montrent clairement l'existence de trois cycles faisant alterner soit des phases de hausse et de baisse – si le trend est horizontal –, soit les phases de hausse ou de baisse plus forte ou plus ralentie, selon que le trend est ascendant ou descendant. Il y a coïncidence entre le début et la fin des phases ascendantes et descendantes de la plupart des séries statistiques étudiées (celles indiquées ci-dessus, ainsi que de nombreuses autres comme nous le montre ci-dessous le tableau de la chronologie des mouvements longs).

Kondratieff remarque qu'il y a également coïncidence entre la partie descendante de la fluctuation longue et une dépression conjoncturelle persistante qui touche principalement l'agriculture. Pendant cette phase ont lieu des inventions techniques qui ne passeront au stade de l'application industrielle qu'au cours de la phase ascendante suivante. En revanche, dans la partie ascendante du cycle, il y a augmentation de la production d'or, le marché mondial s'étend (principalement par l'intégration de nouveaux pays coloniaux), le climat politique se détériore (guerre, bouleversements sociaux...). Toute cette analyse reste très prudente et très nuancée. Kondratieff conclut : « *Nous affirmons, sur la base des données disponibles, que l'existence des fluctuations longues cycliques de la conjoncture est très probable.* »

Le caractère cyclique de ces fluctuations une fois reconnu, restait à les expliquer.

Kondratieff ne propose pas, à proprement parler, de théorie explicative ; mais il laisse pressentir qu'elles sont liées au « problème du développement économique général » : « ... Si l'on admet l'existence des fluctuations longues, on ne doit naturellement pas penser que la dynamique économique consiste seulement en fluctuations autour d'un niveau déterminé. Elle représente sans aucun doute un processus de développement ; mais ce développement ne s'exprime pas seulement par les fluctuations moyennes, mais aussi par les fluctuations longues [...]. En affirmant l'existence des fluctuations longues et en contestant qu'elles proviennent de causes aléatoires, nous pensons que les fluctuations longues ont des causes qui ressortissent à l'essence même de l'économie capitaliste. Cela conduit naturellement à se demander de quel type de causes il peut s'agir. Nous sommes pleinement conscient de la difficulté comme de l'extrême importance de cette question, mais nous n'avons pas eu le projet de commencer dans la présente esquisse à construire une théorie particulière des fluctuations longues. »

Si donc cet article ne propose pas de théorie du cycle long, en revanche il réfute très fermement les différentes théories « aléatoires » ou exogènes : transformations de la technique, influence des guerres et révolutions, insertion de nouveaux marchés dans l'économie mondiale, variation de la production d'or, etc.

Quelques extraits de l'article «Les fluctuations longues de la conjoncture»

Extrait II – Chronologie des cycles suivant le type de données

	Premier cycle Début phase		*Deuxième cycle Début phase*		*Troisième cycle Début phase* (Date probable)	
	Asc.	*Desc.*	*Asc-*	*Desc.*	*Asc.*	*Desc.*
FRANCE						
1 Prix	–	–	–	1873	1895	1920
2 Taux d'intérêt	–	1816⁺	1844	1872	1894	1921
3 Portefeuille de la Banque	–	1810⁺	1851	1873	1902	1914
4 Dépôts dans les caisses d'épargne	–	–	1844	1874	1892	–
5 Salaire du mineur de charbon	–	–	1849	1874	1895	–
6 Importations	–	–	1848	1880	1856	1914
7 Exportations	–	–	1848	1872	1894	1914
8 Total du commerce extérieur	–	–	1848	1872	1896	1914
9 Consommation de charbon	–	–	1849	1873	1896	1914
10 Surface cultivée en avoine	–	–	1850⁺	1875	1892	1915
ANGLETERRE						
1 Prix	1789	1814	1849	1873	1896	1920
2 Taux d'intérêt	1790	1816	1844	1874	1897	1921
3 Salaire agricole	1790	1812-17	1844	1875	1899	–
4 Salaire du textile	–	1810⁺	1850	1870	1890	–
5 Commerce extérieur	–	1810⁺	1842	1873	1894	1914
6 Production de charbon	–	–	1850⁺	1873	1893	1914
7 Production de fer	–	–	–	1871	1891	1914
8 Production de plomb	–	–	–	1870	1892	1914
ÉTATS-UNIS						
1 Prix	1790	1814	1849	1866	1896	1920
2 Production de fer	–	–	–	1875-80	1900	1920
3 Production de charbon	–	–	–	1893	1896	1918
4 Surfaces cultivées en coton		–	–	1874-81	1892-95	1915
ALLEMAGNE						
Production de charbon	–	–	–	1873	1895	1915
MONDE ENTIER						
1 Production de fer	–	–	–	1872	1894	1914
2 Production de charbon	–	–	–	1873	1896	1914

Extrait III – La critique de la théorie monétariste de la conjoncture

«Une augmentation de la production d'or a bien une influence sur la hausse des prix et sur la conjoncture. Mais cela ne doit pas conduire à admettre la thèse que les variations dans la production d'or sont de type aléatoire et exogène, et qu'il en va de même pour les fluctuations des prix et de la conjoncture. Nous tenons cette thèse non seulement pour non démontrée, mais encore pour fausse. Elle est fondée sur l'idée 1° – que la découverte de gisements d'or et que les perfectionnements de la technique d'extraction de l'or sont aléatoires, et 2° – que chaque découverte de gisement aurifère et que chaque invention technique dans le domaine de l'extraction de l'or ont eu pour conséquence un accroissement de la production. Aussi grand que soit l'élément de créativité dans ces inventions techniques, aussi grande que soit la part du hasard dans chaque découverte, ils ne sont pas cependant complètement dus au hasard.

Les variations de la production d'or sont encore moins dues au hasard. Elles ne sont pas simplement fonction de l'activité des inventeurs dans le domaine de la technique minière et de la découverte de nouveaux gisements. Au contraire, l'intensité de l'activité des inventeurs et chercheurs et l'application pratique des perfectionnements techniques dans l'extraction aurifère dépendent de causes générales. La production d'or ne dépend des inventions techniques et de la découverte de mines d'or que de manière secondaire et dérivée.

Même si l'or est pour tous la matérialisation de la valeur et qu'il est convoité pour cela, il est cependant une marchandise. Et comme chaque marchandise, il est produit avec des coûts de production. Donc, la production d'or – même si elle provient de nouveaux gisements – ne peut augmenter de manière importante que si elle est lucrative, c'est-à-dire que si le coût de production de l'or et sa valeur – c'est-à-dire le prix des autres marchandises – se trouvent dans un rapport favorable. Si ce rapport n'est pas favorable, même des mines d'or dont les réserves sont loin d'être épuisées peuvent être arrêtées: s'il est favorable, même des gisements relativement pauvres seront mis en exploitation.

Quand le rapport entre la valeur de l'or et le prix des autres marchandises est-il le plus favorable pour l'extraction de l'or ? Nous savons que les prix des marchandises atteignent leur point le plus bas à la fin de la phase descendante de la fluctuation longue. A ce moment donc l'or atteint le maximum de son pouvoir d'achat ; l'extraction de l'or est la plus rémunératrice.

Tout ceci est illustré par la statistique suivante concernant l'exploitation de l'or au Transvaal :

	Coût de production	*Bénéfice*
1890	42 sh, 2 d	7 sh, 2 d
1895	33 sh, 5 d	11 sh, 11 d
1899	28 sh, 0 d	14 sh, 3 d
1903	24 sh, 9 d	14 sh, 11 d
1906	22 sh, 2 d	11 sh, 6 d
1913	17 sh, 11 d	9 sh, 10 d

Pourquoi le niveau absolu des prix est-il à la baisse au XIXe siècle?

«La baisse du niveau général des prix signifie en même temps la hausse du pouvoir d'achat de l'or. Mais est-ce que le niveau général des prix baisse parce que le pouvoir d'achat de l'or augmente – et ceci pour des raisons qu'il faut chercher du côté de l'or – ou bien, inversement, est-ce pour des raisons qu'il faut chercher du côté de la production, de son offre et de sa demande ? *Si l'on ne considère pas les fluctuations, mais les tendances fondamentales et durables du mouvement des prix dans la période étudiée, il est évident que l'on doit répondre de la deuxième façon.* L'hypothèse selon laquelle la tendance générale des prix à la baisse s'expliquerait par la hausse du pouvoir d'achat de l'or paraît peu vraisemblable pour une série de raisons.

Une tendance séculaire autonome à la hausse du pouvoir d'achat de l'or pourrait avoir deux origines: soit un manque d'or croissant, soit un coût croissant de sa production. Lorsqu'on parle de manque d'or, ou de surabondance de l'or, on se place au point de vue de l'équilibre de la circulation, et ce que l'on entend par là, c'est un manque ou un excès relatif d'or par rapport à un état donné du système de crédit, de la circulation des marchandises et de la vitesse de circulation de la monnaie... On ne peut donc nier qu'à une période déterminée le stock d'or disponible ne témoigne d'un relatif manque, ou bien d'une relative abondance. Et il faut tenir compte de cet état de choses lorsqu'on explique les fluctuations de prix. Lorsqu'on tient compte non seulement du développement de la production de l'or, mais aussi de l'accroissement de la circulation monétaire sur la base de l'or, et de l'accroissement de la vitesse de circulation de la monnaie, il ne reste plus de raisons, ni théoriques, ni empiriques, qui permettent d'affirmer que le manque d'or – au sens défini ci-dessus – ait entraîné, depuis le début du XIXe siècle, une tendance générale à la hausse. On ne peut considérer comme convaincant le très intéressant essai de Cassel de démontrer que le niveau général des prix (et ses fluctuations de longue durée) suit régulièrement depuis le début du XIXe siècle les variations du stock relatif d'or.

En partant des thèses que nous venons d'énoncer, nous croyons pouvoir affirmer que la tendance à la baisse du niveau des prix depuis le début du XIXe siècle ne peut pas dépendre d'un manque d'or relatif croissant.

En ce qui concerne les coûts de production de l'or, compte tenu des découvertes continues de nouveaux gisements et du progrès technique général, on ne peut pas plus affirmer que, depuis le début du XIXe siècle, leur tendance générale soit à la hausse.

Ce qui est d'une importance décisive pour la tendance générale à la baisse du niveau absolu des prix depuis le début du XIXe siècle, c'est le *progrès technique* (plus précisément celui qui concerne le perfectionnement des moyens de production, des moyens de transports et de l'organisation de la production), et c'est surtout *la productivité croissante du travail* qui en découle. Cette croissance des moyens techniques et de la productivité du travail a entraîné une *baisse des coûts de production* qui, dans des conditions de concurrence sérieuse à l'intérieur des pays et au niveau international, est la cause première et la plus importante de la tendance durable, ci-dessus décrite, à la baisse des prix.

On pourrait penser que cette thèse constitue un cercle vicieux. D'après elle, la baisse des coûts de production est *la cause première et immédiate* de la tendance à la baisse des prix. Mais comme les coûts de production (sous leur forme monétaire) sont en grande partie fonction des prix, c'est – semble-t-il – comme si nous rapportions la baisse des prix à la baisse des coûts tout en expliquant la baisse des coûts par celle des prix.

Mais il n'en est pas ainsi en réalité. Les coûts de production sont non seulement fonction des prix mais aussi fonction des conditions naturelles et techniques de la production. Aussi est-il essentiel de distinguer les coûts de production sous leur *forme monétaire* et sous leur *forme réelle*.

Le raisonnement formulé ci-dessus sur la cause de la baisse des prix prend les coûts de production sous leur forme réelle, et donc leur baisse dépend des conditions de technique et d'organisation de la production qui trouvent leur expression intégrale dans la croissance de la productivité du travail.

La thèse de la productivité croissante du travail et de la baisse des coûts réels de la productivité depuis le début du XIXe siècle peut être appuyée par quelques données statistiques. Dans ce but, nous avons spécialement construit des indices de la productivité du travail industriel et agricole. [...]

«*Ce phénomène de croissance de la productivité du travail est le facteur essentiel de la baisse générale des coûts de production en termes réels*. On peut comprendre aisément cette proposition. Les coûts en travail ne constituent pas tous les coûts; s'y ajoutent les dépenses en capital, et il pourrait sembler que le rendement croissant du travail n'engendre pas obligatoirement la tendance à la baisse des coûts réels. Ceux-ci pourraient même plutôt s'accroître du fait des dépenses en capital, pour les trois raisons suivantes: 1° – le coût croissant du capital en termes réels, 2° – son rendement en fait décroissant, en fonction de, 3° – le processus d'intensification du capital dans la production. Mais ces remarques ne suffisent pas à réfuter la thèse des coûts décroissants.

La première de ces raisons d'augmentation des coûts du fait des dépenses en capital ne pourrait agir que dans un cas: celui où la croissance de la productivité du travail ne concernerait que quelques branches isolées. Car si elle touche l'ensemble de la production, c'est-à-dire les branches fondamentales et donc la production des biens de production, l'argument perd sa valeur. La deuxième raison de baisse des coûts de production ne serait valable que dans l'hypothèse d'une évolution régressive de la technique et de l'organisation. Or, il est bien évident que, dans la période observée, on peut partir du point de vue d'une évolution inverse. Quant à la troisième raison, le processus d'intensification du capital dans la production, il n'y a aucun doute qu'il a réellement existé. Cependant, d'un point de vue historique et empirique, c'est justement cette intensification du capital qui, à côté des améliorations de la technique et de l'organisation, a été le facteur fondamental de la hausse de la productivité du travail et de la baisse des coûts de production. C'est pourquoi l'intensification du capital dans la production ne peut, en tant que telle, constituer une cause de hausse des coûts de production. Les séries obtenues pour la productivité du travail aux Etats-Unis en apportent la preuve [...]. Nous parvenons ainsi à la conclusion que le processus de croissance de la productivité du travail est l'expression symptomatique et probante d'une baisse générale des coûts de production moyens en termes réels; pour être plus précis, notons encore que, en même temps et grâce à ce même progrès technique, il y a aussi une baisse des coûts de transport.

S'il en est ainsi – sous la condition d'une concurrence suffisamment développée sur le marché – la baisse des coûts réels doit conduire inévitablement à une baisse des coûts dans leur expression monétaire, ainsi qu'à une baisse du niveau des prix [...]. Du fait de l'action de la demande, les prix du marché [...] n'ont pas besoin de suivre exactement la baisse des coûts. Pourtant, à la condition d'une concurrence véritable, une telle situation ne peut se maintenir à la longue car, tôt ou tard, se met en marche le mécanisme bien connu: lorsque le prix du marché ne baisse pas – contrairement aux coûts de production –, la branche productrice considérée devient particulièrement rentable, sa production augmente, l'offre de marchandises croît, et les prix, finalement, chutent. Si la baisse des coûts réels se continue dans cette même branche, le processus correspondant doit, pour l'essentiel, se répéter, c'est-à-dire que le prix du marché baisse de nouveau. Lorsque cette chute des coûts réels atteint peu à peu toutes les branches de la production, les prix de leurs produits doivent aussi baisser.

Ainsi, d'un point de vue dynamique, le processus moléculaire de la chute des coûts réels doit conduire à une chute des prix du marché. [...] Pour toutes les raisons énoncées ci-dessus, nous affirmons que la cause principale de la tendance générale des prix à la baisse du début du XIXe siècle à la Guerre mondiale est le progrès technique au sens large, qui conditionne une croissance durable de la productivité du travail dont la conséquence est la chute des coûts réels dans la production et les transports. Inversement, il est clair qu'une des causes les plus importantes de la hausse des prix pendant la Guerre mondiale est l'accroissement des coûts réels dans la production. Il va de soi que cette thèse ne doit pas être interprétée de manière mécaniste ; cela ne signifie nullement que tout mouvement général de prix dans tel pays ou dans telle branche de la production soit causé précisément et uniquement par l'évolution des coûts de production dans ce pays ou cette branche. Pour appliquer le mécanisme que nous avons décrit, il faut tenir compte de tout le système compliqué des relations engendrées par la concurrence dans le cadre de l'économie mondiale. Il peut très bien apparaître que ce ne sont pas les conditions de production du pays donné qui ont eu une influence d'autres pays. Ceci est particulièrement important pour comprendre la dynamique des prix agricoles en Angleterre [...].

Après avoir décrit précisément les mouvements des indices de prix anglais et américains, et précisé les points de retournement, Kondratieff expose les différents types de théorie explicative que propose la littérature économique. Il les conteste et, allant plus loin que dans l'article de 1925, il nous livre sa théorie.

L'explication du grand cycle selon Kondratieff

« De notre point de vue, il faut chercher l'explication des grands cycles et, en particulier, des grands cycles du mouvement des prix, dans le caractère du mécanisme du développement socio-économique et dans la régularité interne de son processus de fonctionnement global [...].

En théorie, on peut considérer toutes les sortes de fluctuations conjoncturelles comme une déviation des éléments de l'économie par rapport à la situation dans laquelle ils se seraient trouvés si l'économie dans son développement conservait son équilibre dynamique. Mais, lorsqu'on parle d'équilibre économique, il faut absolument distinguer entre les différents types d'équilibre. On peut entendre par là l'équilibre du marché (et les prix d'équilibre) sur la base d'une demande donnée, et d'une offre donnée mais fixe. Ce serait l'équilibre en *période courte*. On peut aussi parler d'équilibre (et de prix d'équilibre) s'appliquant à des *périodes plus longues*, où non seulement la demande, mais aussi l'offre se modifient : ces transformations s'accomplissent à partir d'un fonds qui reste inchangé des principaux biens capitaux (facteurs de production). On peut enfin parler d'équilibre (et de prix d'équilibre) pour une *période encore plus longue*, pendant laquelle se transforment non seulement le stock et l'offre de marchandises, mais aussi la quantité des biens capitaux.

Ces biens se caractérisent (installations, aménagements...) par la lenteur de leur obsolescence. C'est pourquoi leur production ou leur création nécessitent aussi des périodes de temps plus longues, qui dépassent le cadre des cycles commerciaux et industriels habituels. L'extension du stock de tels biens capitaux ne s'effectue pas de manière linéaire et régulière. *L'existence des fluctuations longues de la conjoncture est liée au mécanisme d'extension de ce stock de biens capitaux*. La période d'extension rapide de ce fonds correspond à la phase ascendante, et la période de ralentissement et d'arrêt dans la production de ces biens capitaux correspond à la phase descendante du grand cycle.

La création de ce type de biens capitaux nécessite une dépense considérable de capital, et ceci sur une période relativement longue. C'est pourquoi une série de conditions déterminent l'existence de telles périodes de création accrue de biens capitaux, c'est-à-dire de phase croissante de fluctuation longue. Ces conditions sont les suivantes : 1° – un taux d'épargne important, 2° – une offre relativement riche de capital financier à bon marché, 3° – son accumulation sur des opérations et des centres financiers puissants et 4° – un bas niveau des prix qui incite à épargner et à entreprendre la création d'équipements capitaux de longue durée. L'existence de ces conditions constitue une situation qui, tôt ou tard, suscite une production accrue de biens capitaux de base (au sens que l'on a vu) et, avec elle, une fluctuation conjoncturelle ascendante longue.

Le bas niveau des prix au début de la phase ascendante conditionne un pouvoir d'achat relativement haut de l'or, ce qui en rend la production particulièrement rentable et suscite son extension [...]. L'extension de la production d'or, si elle a lieu, favorise le début de hausse conjoncturelle. L'expansion du crédit, qui est inévitable dans ces conditions, agit dans le même sens. La phase ascendante de la conjoncture est ensuite caractérisée dans son déroulement par l'extension des capacités productives et des échanges commerciaux, ainsi que par une concurrence accrue. Cette croissance des forces productives et cette intensification de la concurrence ont pour conséquence une exploitation plus intensive des domaines et des pays anciens dans la zone dominée par le marché capitaliste, ainsi que l'inclusion de domaines et de pays nouveaux ; cela rend plus serrée la lutte pour les marchés extérieurs et crée des conditions de conflits politiques extérieurs et sociaux intérieurs.

Au cours de la phase ascendante, il y a peu à peu un manque relatif de capital dont le coût augmente. Si des conflits extérieurs ou intérieurs éclatent alors, ils constituent une extension des usages improductifs du capital et une destruction de biens économiques : ils renforcent donc la tendance déjà existante. Enfin, la hausse progressive des prix (progressive, c'est-à-dire croissante en valeur absolue mais aussi en rythme) et donc la baisse correspondante du pouvoir d'achat de l'or freinent le progrès ultérieur de la production d'or et diminuent les possibilités de continuation de la phase ascendante.

Toutes ces tendances, en s'intensifiant, finissent par arrêter la phase ascendante, et le retournement se produit : les prix baissent, le taux d'intérêt diminue, le taux de croissance de la production et des échanges commerciaux se ralentit. Cette phase longue de dépression économique est caractérisée par un relatif apaisement des conditions politiques et sociales principalement dans les couches sociales dont le revenu réel augmente en valeur relative du fait de la baisse du niveau des prix. On comprend que le déroulement de la phase longue de baisse recrée, peu à peu, les conditions d'une nouvelle phase de hausse.

Mais il est sûr que cette hausse n'a aucun caractère d'absolue nécessité. Le changement organique du système économique lui-même peut déformer le caractère de la dynamique économique. Si aucun changement de cette sorte ne s'est produit, alors une nouvelle phase ascendante suivra la phase descendante. Le nouveau cycle n'est cependant pas la répétition exacte de celui qui l'a précédé car, à la fin du premier cycle, l'économie globale a atteint un nouveau degré dans son développement. Mais le mécanisme général reste, pour l'essentiel, le même dans le nouveau cycle.

En réalité, les grandes fluctuations cycliques et, en particulier, celles des prix, se présentent de manière plus compliquée ; cette complexité plus grande provient principalement de l'existence de fluctuations cycliques de courte durée [...].

© Bulletin de l'Institut d'histoire économique et sociale de Paris I

À la halle de Charleville, fourniture et prix des grains, ou les mécanismes du marché (1647 – 1821)

(1974)

MICHEL MORINEAU

*Article qui propose une certaine révision de l'approche de la conjoncture, telle que l'a proposée Ernest Labrousse dans l'*Esquisse, *notamment par le souci d'« aller au-delà de la mercuriale », en intégrant d'autres données que l'évolution des prix des céréales. Cela, conduit l'auteur à redonner au siècle de Louis XVI « un peu de sa douceur de vivre », par-delà la baisse des prix céréaliers.*

Source : Actes du 95e Congrès national des sociétés savantes (Reims, 1970), *Section d'histoire moderne et contemporaine, Paris, Bibliothèque nationale, 1974, t. II, p. 180-189.*

La mercuriale et la conjoncture : Charleville, pierre de touche ?

On a suffisamment daubé sur les auteurs qui, à partir de leur petit village, ont prétendu reconstituer un siècle, et puis la France, pour que nous n'ayons aucune envie d'exalter outre mesure l'importance de notre marché et de nos observations. Modeste dans sa généralité, infime dans la nation, de quoi Charleville se glorifierait-elle ? Quant à notre étude, elle n'a révélé peut-être, après tout, que des faits d'évidence comme cette corrélation inverse des prix et des quantités. Nous ne protesterons même pas contre l'appellation de paraphrase (une paraphrase des courbes) dont certains la taxent, en faisant pourtant remarquer qu'en ce cas le mérite aura éventuellement été de reconstruire la « phrase »... avant de la « paraphraser ».

Mais poursuivons, sans esprit de plaidoyer. La halle de Charleville n'avait qu'une envergure restreinte. Soit. À la même époque, des centaines, des milliers d'autres marchés du même type fonctionnaient en France, chacun répercutant, de la même manière, les aléas de la production agricole à l'intérieur de son périmètre d'approvisionnement. Abstraction faite des modalités purement autochtones (la priorité au froment, l'association à la Champagne, les opportunités ouvertes en aval par la Meuse), le mécanisme de l'animation et le mécanisme de la formation des prix que nous avons décrits sur pièces sont indéfiniment répétables sur tout le territoire. Charleville acquiert donc ainsi, par sa banalité même, une valeur d'exemple ou de modèle.

L'extension n'est pas uniquement géographique ; elle est chronologique. Aucune raison ne milite, en effet, pour limiter aux seules périodes au cours desquelles nous l'avons vue se former cette relation élémentaire et, à la fois fondamentale, de l'inversion des prix et des quantités, dans laquelle la mercuriale et le marché sont les miroirs opposés tête-bêche d'une même image : la conjoncture régionale. On peut l'appliquer à la courbe complète des prix de Charleville depuis le XVIIe siècle, en se réservant le droit de discussion sur les moments litigieux. Et, en vertu des concordances et des conformismes, à l'ensemble français au XVIIIe siècle dont on connaît bien les coordonnées depuis l'*Esquisse* de C.-E. Labrousse. Au surplus, il existe des représentations identiques des événements, soit à partir de matériaux semblables, comme à Colmar, soit à partir de documents d'une autre nature (chroniques), comme dans le Maine, dans la période non inventoriée sur notre place par la faute des lacunes du hallage et, même pour la Champagne, entre 1767 et 1789. De sorte que les cycles traduisent, ainsi que nous l'avons dit ailleurs, des séries métivales et la tendance séculaire la somme de leurs effets terminaux conservés par la résistance à la baisse [1].

Une fois cela entériné, notre façon de concevoir la conjoncture et ses répercussions sur les hommes doit-elle être changée? Oui et non. En un sens, l'enseignement de la halle de Charleville ramène, d'abord, à la grande leçon de C.-E. Labrousse dans sa pureté, en la débarrassant des significations secondes et supplémentaires que Simiand avait cru pouvoir lui adjoindre, c'est-à-dire l'identification d'un trend de hausse des cours avec un trend du progrès économique, *ex opere operato*. Il nous convie à regarder avec des yeux dessillés la fin de l'Ancien Régime, la Révolution, l'Empire et les débuts de la Restauration sous leur jour véritable, dans leur alternance de disettes et de profusions inégalement distribuées dans le temps. Mais on peut tenter l'approfondissement de certaines conclusions et chercher, en particulier, si la montée des prix a été profitable ou nuisible et à qui?

On commencera, pour cela, par l'examen du chiffre d'affaires des marchés et de son évolution. A l'époque du hallage de Charleville, nous sommes contraints de nous contenter d'un indice avec tout le flou hérité de ses hypothèses de construction [2]. En gros,

1. Pour Colmar, voir annexe 7 et fig. 6. Série champenoise, d'après Arch. dép. Marne, C 423 et selon les bases (faibles) retenues par l'intendant; prix d'après la récapitulation de l'annuaire statistique de 1837.

	Récolte de froment (en sacs) –	*Récolte de seigle (en sacs)* –	*Total* –	*Prix de l'hl de froment* –
1767	(mauvaise)	(mauvaise)		
1768	(mauvaise)	(mauvaise)		
1769	(mauvaise)	(mauvaise)		
1770	400 000	300 000	700 000	16.78
1771	800 000	600 000	1 400 000	18.32
1772	900 000	900 000	1 800 000	12.67
1773	1 000 000	750 000	1 750 000	13.70
1774	900 000	300 000	1 200 000	12.93
1775	900 000	750 000	1 650 000	15.21
1776	600 000	900 000	1 500 000	10.40
1777	900 000	600 000	1 500 000	10.33
1778	600 000	400 000	1 000 000	11.55
1779	400 000	400 000	800 000	12.74
1780	750 000	600 000	350 000	11.23
1781	900 000	900 000	1 800 000	11.04
1782	600 000	400 000	1 000 000	11.45
1783	900 000	900 000	1 800 000	11
1784	400 000	300 000	700 000	14.12
1785	1 000 000	800 000	1 800 000	14.25
1786	750 000	1 000 000	1 750 000	9.43
1787	800 000	800 000	1 600 000	11.04
1788	600 000	520 000	1 120 000	13.89
1789	500 000	600 000	1 100 000	21.34
1790				16.36

On ne discutera pas ici de l'ajustement dans le détail. Le caractère composite des estimations de l'intendant et du prix moyen provincial entraînerait dans de trop longues considérations. Notons seulement que l'on trouve confirmation de la sous-estimation de l'année commune et, par voie de conséquence, d'un grand nombre de résultats lorsque l'on apprend l'existence de stocks après une récolte seulement passable: en 1776 et 1778, par exemple (moissons de 1775 et 1777). En 1781, il resterait encore en mai la moitié de la récolte précédente et en septembre, un tiers! Ces cumuls seraient à prendre en considération dans une analyse minutieuse. Renvoyons, en outre, aux exemples de 1735-1738 pour une vision des compensations interlocales qui s'établissent au sein d'une moyenne et rappelons enfin que le prix du froment n'a pas la même valeur représentative pour la Champagne que pour Charleville. Le tableau reste probant, malgré tout. (Nous n'avons pas retenu les chiffres des récoltes de l'orge parce qu'ils ne sont pas présents chaque année.)

2. L'indice est construit d'après la quantité totale des arrivages multipliée, arbitrairement, par le prix du froment en octobre. L'indice 100 correspondrait à un bail de hallage de 1 600 livres (valeur moyenne) et un prix (assez élevé) de 37 sols le cartel. Le principe de construction de l'indice de Colmar est le même, sauf que le prix retenu est celui du viertel à la Saint-Martin ou au marché le plus proche.

cependant, il donne des indications valables. Financièrement, ce sont des prix qui déterminent les meilleures années, leurs variations étant proportionnellement beaucoup plus fortes que celles des quantités. Les grandes disettes (1693-1694 ou 1740-1741), les crises moyennes (1730 et 1735) ont provoqué des flux monétaires qui surpassent et surclassent celui de 1717, malgré son record des ventes. Le retour de la mercuriale à des niveaux plus bas engendre des dépressions sévères (*cf.* 1695 et 1696) et la conjonction de faibles transactions avec un minimum des prix un marasme inquiétant (*cf.* 1687 et 1689). Toutefois, la comparaison de 1740 et de 1741 fixe une limite à la croissance du chiffre d'affaires par les prix : un déficit important des arrivages la cassait, lui aussi.

Un indice peut encore être calculé pour le marché de Colmar entre 1749 et 1789 (fig. 6). Son allure le rend passible de commentaires en grande partie décalqués sur les précédents : coïncidence des gros chiffres d'affaires avec les années chères, des faibles avec les bas prix. On ne s'y appesantira point. Ce qui est intéressant et inédit ici, c'est la physionomie du négoce après la crise de 1768-1770. On s'attendait à la trouver mal en point après la chute des cours : elle manifeste une résistance, une fermeté plus qu'honorables. Une diminution de 33% sur la cotation en 1771 ne s'accompagne que d'un écrêtage de 14% sur le chiffre d'affaires de l'année précédente qui fut dépassé en 1772. Des arrivages massifs sont parvenus à contrecarrer les tendances imprimées par la mercuriale. Cette situation se maintient jusqu'à la Révolution. Tous les indices décennaux que l'on peut établir pour le règne de Louis XVI, fût-ce en choisissant exprès une période de creux comme 1776-1785, sont supérieurs à ceux des décennies 1749-1758 ou 1759-1768. 187 contre 109 et 124 respectivement, et à peine inférieurs à ceux des décennies terribles de 1769-1778 et 1780-1789 : 194 et 200. La progression des volumes, de 10% environ après la disette, sur la période immédiatement antérieure, concourt activement à la mise en relief du phénomène, mais, celui-ci serait apparu, sans elle, tout simplement parce que les prix ne revinrent pas à leur niveau des années 1760.

Revenons à Charleville. De 1799 à 1821, la documentation autorise de la finesse dans la restitution du chiffre d'affaires (fig. 5) puisque l'on dispose de la ventilation des céréales et de leurs prix moyens. On s'assurera sans peine que les résultats de 1802, 1811-1812, 1816-1817 confirment ceux du hallage jusques et y compris le freinage et le patinage des mouvements monétaires en deçà d'un certain volume des ventes. Mais la meilleure année – nous allions écrire l'année impériale – fut 1805 grâce à la conjonction d'un « bon prix » et d'une énorme activité de la halle. On en sait les causes ; on en soupèsera le poids de napoléons : l'exercice dépasse de près de moitié celui de 1802 et de plus de 100% celui de 1804. Il y aurait eu là – il y eut là peut-être – de quoi réjouir de bons gros bas de laine et entretenir dans quelques chaumières la légende du Petit Tondu malgré la récession sensible de 1807. La Restauration, par contre, n'offrit rien que de rebutant. Excessives, les disettes de 1816 et 1817 n'ont pas soulevé le niveau monétaire à la mesure de la mercuriale. Une carence de la halle, sournoise et généralisée, infléchit vers le bas, jusqu'en 1821, le chiffre d'affaires.

De ces trois analyses, il ressort que les réactions positives du chiffre d'affaires aux hausses des prix sont piquées sur des mouvements de fond dérivés de ceux du marché (accroissement ou diminution des ventes) et qui peuvent modifier considérablement, jusqu'à la dénaturer, la tonalité conjoncturelle. Mais ces indices et ces nombres ne sont pas, en eux-mêmes, une fin. Quelles étaient les parties prenantes dans le ruisseau d'argent ?

En premier lieu, les marchands, répondra-t-on. A juste titre, sans doute, mais on ne saurait en prendre prétexte pour clore malicieusement la discussion. Etant donné la structure des marchés d'autrefois et la règle du libre accès des paysans, les possibilités d'action des blatiers dépendaient de leurs capacités de stocker et de gagner un bénéfice avec des kilomètres ou des mois. Acheter en baisse, revendre en hausse, b.a.-ba du métier. Leur intervention s'amplifiait donc au fur et à mesure du déroulement d'une crise et réduisait d'autant la part revenant aux propriétaires ruraux et aux exploitants. Malheureusement, nous n'avons pas d'éléments autorisant à ventiler le chiffre d'affaires de la halle entre les uns et les autres. On retiendra seulement la nécessité d'une pondération dans toute déduction fondée sur des totalités et mettant hors circuit des intermédiaires essentiels du marché.

Il est inutile de reprendre ici la magnifique description et la classification des vendeurs fournies par C.-E. Labrousse. Du dignitaire ecclésiastique détenteur du produit de ses dîmes et sans problèmes au sujet de sa subsistance au métayer privé de stock et tourmenté par l'anxiété de tenir jusqu'à la prochaine moisson, toutes les situations juridiques et économiques ont été répertoriées et le comportement des hommes vis-à-vis de la conjoncture défini théoriquement. Mais la question peut être abordée sous un autre angle, celui de la dimension requise d'une exploitation pour permettre à son chef d'apporter du blé à la halle. On s'aidera dans cette entreprise des considérations générales sur le rendement, et des remarques faites en 1788 par le subdélégué de Reims et valables, *mutatis mutandis*, dans la généralité[1].

Un rendement à la semence de 6 pour 1 aurait permis à un père de famille de faire son blé pour lui et les siens, en comptant quatre personnes en tout, sur un domaine de quinze arpents (environ 4,5 ha). Ce paysan n'aurait fait aucune apparition sur le marché autrement qu'en curieux. Pour le pouvoir, il lui aurait fallu être propriétaire et gagner par ailleurs le reste de sa subsistance et de ses besoins. Un rendement à la semence de 5 pour 1 mettait sur le même pied un tenancier exploitant 30 arpents (10 ha) et acquittant suivant l'usage champenois le tiers franc. Un rendement de 4 pour 1 exigeait une superficie de 60 arpents (20 ha) pour un résultat identique, laissant toutefois un surplus négociable que la présence, presque inéluctable, d'un domestique aurait amenuisé. Pratiquement donc petits et moyens exploitants ne pouvaient participer au marché, comme vendeurs, que si la récolte correspondait à un rendement de 5 pour 1, au moins, ce qui était l'indice de

1. Arch. dép. Marne. C 424. Lettre du subdélégué à l'intendant (août 1788). Le calcul est le suivant :
Un laboureur cultive 90 arpents, dont 30 en grains, 30 en mars et 30 mis en versaine (jachère) chaque année. Il faut trente mesures pour les semences dans chacune des deux soles mises en culture. Dans une année assez abondante, il récolte dix pour un *(sic)*, soit au total 600 mesures.

Sur la récolte de la première sole	mesures		300
Il faut déduire			
Les semences	30		
La consommation à la ferme	48		
	–		
(estimation reposant sur une consommation par tête de 6 mesures par an ou 2 livres de pain par jour et un nombre de 8 consommateurs : le père, la mère, trois enfants, deux domestiques et un convive occasionnel (ouvrier à la journée, mendiant, etc.).			
Total		–	78
	Restent		222

l'année dite commune dans la province. Au-dessous, ils étaient exclus. Les mauvaises moissons ne prêtaient qu'aux riches leurs bonnes fortunes et la taille des exploitations devait être assez considérable, même pour la Champagne. La distribution du revenu céréalier obéissait à une modulation : en temps de crise, un groupe restreint de bénéficiaires se partageait un plus gros gâteau ; en temps d'abondance, une masse de paysans recevaient chacun une somme beaucoup plus mince. Dans le premier cas, sélection sociale accentuée par le passage des démunis à la position d'acheteurs et concentration de la richesse ; dans le second cas, nivellement relatif des chances et diffusion *microfinée* des profits.

Dans une appréciation bien tempérée de la conjoncture, la notion de chiffre d'affaires cède le pas à celle de niveau de vie de la majorité. Alors se dissipent les illusions entretenues par la hausse des prix. La longue montée qui va de 1766 à 1771, à Charleville, prend sa coloration exacte de disette prolongée et l'intendant Rouillé d'Orfeuil la commente parfaitement :

« [...] Malheureusement, c'est la quatrième année de disette que nous éprouvons cette année. Il faut ajouter que le petit métayer n'aura rien à porter au marché et que le gros laboureur qui est à son aise ne se pressera point de vendre. Il n'y a que les apparences des récoltes de 1771 qui le décideront... Cette perte immense que l'on ne peut calculer réduit au désespoir et à la mendicité les habitants de 6 à 700 paroisses [sur 2 200]... On peut donc regarder la récolte des seigles comme entièrement manquée en Champagne puisqu'en effet il est prouvé que le produit suffira tout au plus au laboureur pour les frais de la moisson et les nouvelles semences... *(29 septembre 1770)*.

Sans les secours (venus de Flandre, du Soissonnais et de Paris) toute cette province aurait éprouvé non seulement les horreurs de la dizette mais ceux de la famine... sans les travaux publics, les aumônes abondantes et les distributions gratuites qu'on a multiplié

Le laboureur en vendra 122 pour acquitter ses impositions, ses achats ou ses remplacements de bestiaux, ses frais de charron, de maréchal et autres dépenses courantes. Les 100 autres payeront son tiers francs (redevance au propriétaire).

Sur la récolte des mars	mesures		300
Il faut déduire			
Les semences	30		
La nourriture des animaux	90		
(2 chevaux, 2 vaches, 60 bêtes blanches, 2 porcs et de la volaille).			
Total		–	20
	Restent		180

Sur lesquelles 100 serviront à acquitter le tiers franc.

Le subdélégué termine en faisant remarquer que si la récolte est inférieure de moitié (rendement 5 pour 1), le laboureur ne pourra mettre sur le marché que 72 mesures, y compris le tiers franc, de grains de première sole (102 avec les mars). Si l'on veut bien se donner la peine de reprendre les calculs, on s'apercevra que le cultivateur serait, dans ce cas, au bord de la déconfiture. En effet, le tiers franc absorberait au minimum 90 mesures (en admettant que 10 mesures de gros grains vaillent pour 20 des menus) et il ne demeurait que 12 mesures pour les frais divers.

Nous n'avons pas retenu tous les éléments d'appréciation du subdélégué. Son rendement est manifestement exorbitant pour la Champagne. Nous avons préféré aussi, pour l'unification de nos exemples, conserver une consommation moyenne annuelle par tête de 3 hl, bien que, vraisemblablement, deux livres de pain, par jour, n'aient pas fait peur à un paysan. Nous avons retenu la quantité de semence : 1 mesure par arpent, la redevance au tiers franc et nous avons admis que la récolte des mars servait à entretenir le bétail. Ces hypothèses ne vicient pas notre estimation qui vaut, on s'en doute, comme image et comme approximation. À partir des rendements de l'Ancien Régime on ne peut guère trouver de grandes différences dans l'évaluation des dimensions minima d'une exploitation familiale vivant en autarcie (relative, limitée aux céréales panifiables). Tout récemment, R. Robin a calculé que le seuil de l'indépendance pour un petit propriétaire bourguignon dans l'Auxois se situait aux alentours de 6 ha (avec un rendement de 6 pour 1, une famille de 5 personnes et une consommation totale de 20 hl). *Grosso modo* ce sont les mêmes chiffres en Bourgogne et en Champagne. R. Robin, *la Société française en 1789 : Semur-en-Auxois*, Paris, 1970, p. 184.

dans les cantons, le peuple seroit peri de misère. *Il y a beaucoup de paroisses où le pauvre n'a vécu que d'herbes et de légumes pendant les mois de may, juin et juillet* (1771).»

Et encore, après la mauvaise passe:

«En général le peuple se ressent ou se ressentira longtemps de la dizette et de la cherté qu'il a éprouvé. Les habitants des campagnes et ceux des villes ont été obligés de vendre les effets qui leur sont les plus nécessaires, même leurs habillements pour se procurer du pain...» (1775).

Il semble, par contre, que l'on doive rendre au règne de Louis XVI un peu de sa douceur de vivre. Le retour à l'abondance, même s'il se traduisit par une baisse des prix, après tout, n'était pas un mal. Il soulagea une multitude de paysans, leur permit de reprendre leur place aux halles et, finalement, sur le plan financier, globalement, ne fit pas sombrer le chiffre des affaires, comme nous l'avons vu à Colmar. Naturellement, le point de vue des gros laboureurs pouvait différer et une baisse trop profonde embarrasser tout le monde. L'intendant le demanda à ses subdélégués en 1788. Celui de Reims lui répondit:

«Il n'est point de notre connoissance que dans le cours de cette année les propriétaires aient porté des plaintes sur le peu de faveur du prix des grains malgré le Prix modique de cette denrée depuis quelques tems. Cette classe de sujets est la plus aisée et elle ne s'est portée à conduire ses grains à Charleville qu'au fur et à mesure de ses besoins pour satisfaire aux impositions et sur la facilité avec laquelle ils consommaient leurs marchés étant sûrs de tout vendre à très peu de frais et souvent de trouver des voitures de retour, ce qui les dédommageait amplement des frais de route.»

Dans une conjoncture de baisse, il suffit souvent d'attendre...

On arguera de la hausse des fermages, qui aurait pu regagner les avantages que nous sommes obligés de reconnaître à l'époque. Pour qu'elle ait agi effectivement dans le sens d'une détérioration de la condition paysanne, il aurait fallu qu'elle dépassât l'intensité de la hausse des prix. Est-ce le cas? Si elle l'avait épousée, seulement, on en serait revenu à la situation antérieure à la crise.

Reste encore que les années de cherté avaient lancé ou relancé dans le public de grosses quantités de monnaie et que cette manne fit relativement défaut ensuite. La baisse des prix des grains entraînant la diminution du flux monétaire n'aurait-elle pas été responsable d'une récession dans les secteurs de l'économie autres que celui des céréales? Dinstinguons. La proposition postule un réemploi immédiat des gains: or les bénéficiaires de la hausse sont des gens ayant une assise solide dans leurs affaires et qui, par conséquent, peuvent capitaliser et ne dépenser leurs grains que petit à petit, suivant leur humeur; pourquoi ne l'auraient-ils pas fait après 1771 et sous le règne de Louis XVI? D'autre part, la structure des autres secteurs n'est pas indifférente pour juger des possibilités d'interaction avec un revenu gagné durant une disette. Comme l'a fort bien expliqué C.-E. Labrousse, il existe des contradictions tendancielles dont la plus éloquente concerne le vin et le blé. Ces deux denrées intéressent la clientèle la plus vaste, mais l'une est moins nécessaire que l'autre et sa vente se contracte lorsqu'une hausse des grains exerce une ponction sur les disponibilités populaires. Cette perte ne serait pas compensée par l'augmentation de la consommation de quelques laboureurs et marchands. Quant à la faible valeur des vins de 1776 à 1787, elle s'explique beaucoup mieux par la surproduction et, parfois, la mauvaise qualité (1786 en Champagne) que par une incapacité des acheteurs. N'insistons pas et renvoyons à l'ouvrage célèbre qui a parfaitement éclairé cette question[1].

A l'égard de la production textile, il en irait de même. Nous voulons dire que les habitants, en masse, donc les paysans, disposèrent de plus de deniers pour acheter du drap et de la toile durant l'intercycle Louis XVI que durant la hausse Louis XV. La vérification du fait sera malaisée à cause de l'ombre officielle qui couvre la fabrication des étoffes grossières dont se vêtaient la majorité des gens, de l'insuffisance des renseignements sur le goût et la concurrence verticale, etc. La courbe d'un centre de réputation mondiale comme Sedan, le voisin de Charleville, ne s'interprète pas d'abord et uniquement en fonction du pouvoir d'achat de la population des environs dont on ignore si elle fait vraiment partie de la clientèle et pour quelle fraction? Les modifications dans les conditions de la production, dans les conditions de l'écoulement, l'état du marché extérieur, la compétition internationale et le traité de 1786, autant de facteurs à reconnaître. Que l'on songe, par analogie, à la crise de l'industrie languedocienne à la fin de l'Ancien Régime[2].

Observations et réflexions ci-dessus ne visaient pas à évacuer à toute force les perturbations du règne de Louis XVI. De la grande épizootie, épouvantable en Champagne, de 1784-1785, à l'arrêt massif des métiers de la soierie lyonnaise, leur dénombrement s'avère au contraire tâche urgente : elles ont fait la couleur du temps au même titre que le cours du blé. Ce qui est suggéré c'est, au fond, de garder la tête froide devant une baisse du prix des céréales, de ne pas crier immédiatement à la récession ou d'y rattacher automatiquement tous les mouvements des autres secteurs : s'ils le sont, une enquête le montrera. Ce qui est suggéré aussi, c'est que la conjoncture prise à un moment précis est toujours chose complexe et que pour la saisir il faut distinguer tous les fils avec leurs prolongements et leurs connexions. Aller au-delà de la mercuriale : sauf présomption, l'étude du marché de Charleville et celle de Colmar fondent assez ce désir et ce souhait.

© Bibliothèque nationale

1. Récoltes du vin en Champagne de 1773 à 1789, d'après Arch. dép. Marne, C 423 et Labrousse (C.-E.), *la Crise de l'économie française à la fin de l'Ancien Régime*, Paris, 1944 (ouvrage auquel nous nous référons explicitement dans ce paragraphe).

Pièces jauge de Champagne

1773 :	315 628	1779 :	758 837	1785 :	1 200 000
1774 :	356 000	1780 :	727 112	1786 :	1 000 000
1775 :	624 931	1781 :	1 370 290	1787 :	600 000
1776 :	622 478	1782 :	909 655	1788 :	900 000
1777 :	235 802	1783 :	624 402	1789 :	350 000
1778 :	447 486	1784 :	537 512		

Une bonne année ou une année abondante était estimée à 1 043 000 ou 1 085 000 (deux chiffres dans les sources). La pièce de Champagne était de 24 setiers de Paris.

2. Carrière (Ch.) et Morineau (M.), « Draps du Languedoc et commerce du Levant au XVIIIe siècle », dans *Revue d'histoire économique et sociale*, 1969, p. 108-121. Pour un dernier état de la question, voir Braudel (F.) et Labrousse (E.), *Histoire économique et sociale de la France*, t. II : 1600-1789, Paris, 1970.

Civilisation matérielle et capitalisme

(1979)

FERNAND BRAUDEL

Parmi les historiens qui attachent une grande attention à la conjoncture, perçue comme une force endogène, on doit compter Fernand Braudel, qui manifeste sur cette question une fidélité à ses premiers textes des années 1940 et 1950 , jusqu'à sa disparition en 1985.

Dans les dernières pages de sa trilogie sur l'histoire du capitalisme (rééditée en 1979), Fernand Braudel considère que la conjoncture est « bien le temps du monde » et, à propos des mouvements Kondratieff, il annonce « y croire » aussi bien pour le XVIII*e siècle que pour les temps plus récents.*

Source : Civilisation matérielle et capitalisme, *Paris, A. Colin, réédition 1979, tome 3, p. 528-534.*

Bibliographie : *Un texte contemporain et complémentaire : Fernand Braudel, « Des mouvements séculaires », in* Mélanges en l'honneur de Charles Morazé – Culture, science et développement, *Privat, 1979, p. 179-183.*

Quel rôle attribuer à la conjoncture ?

CETTE QUESTION, la dernière du présent chapitre et qui restera sans réponse catégorique, nous fait-elle sortir de notre propos, qui était de dépasser le champ historique de la révolution industrielle ? Oui, dans une certaine mesure, car le temps de la conjoncture retenue ici est celui de la conjoncture relativement courte (pas au-delà du Kondratieff). Nous abandonnerons la longue durée pour voir le spectacle à partir d'observatoires plus proches de la réalité observée. Le détail va grossir devant nos yeux.

Les fluctuations longues et mi-longues qui se succèdent inlassablement les unes aux autres, comme un train d'ondes ininterrompu, sont une règle de l'histoire du monde, une règle qui vient de loin jusqu'à nous et destinée à se perpétuer. Quelque chose comme un rythme répétitif, Charles Morazé a parlé de *structures dynamiques*, de mouvements comme pré-programmés. Cette conjoncture nous conduit forcément au cœur des problèmes déjà abordés, mais par des chemins particuliers, ceux de l'histoire des prix, dont l'interprétation a été l'un des gros problèmes de l'historiographie durant les quarante ou cinquante dernières années. Dans ce domaine, les historiens anglais n'ont rien à envier à leurs collègues étrangers. Ils ont été parmi les premiers et les meilleurs collecteurs de séries de prix. Mais ils ne voient pas la conjoncture de la même façon que les autres historiens (les français en particulier).

En simplifiant à l'excès, je dirais que les historiens anglais ne considèrent pas la conjoncture comme une force exogène, ce qui reste notre point de vue, formulé plus ou moins explicitement par Ernest Labrousse, Pierre Vilar, René Baehrel ou Jean Meuvret. Pour eux et pour moi-même, la conjoncture commande les processus concomitants, elle brasse l'histoire des hommes. Pour nos collègues anglais, ce sont les processus et les événements nationaux qui créent des conjonctures particulières à chaque pays. La stagnation et le recul des prix de 1778 à 1791 sont commandés, pour nous, par l'intercycle international de Labrousse, pour eux par la guerre des colonies d'Amérique (1774-1783) et ses conséquences. Je suis, quant à moi, trop persuadé de la réciprocité des perspectives pour ne pas accepter que les deux façons de voir soient valables et que l'explication, en fait, doive aller dans les deux sens. Mais selon que l'on ira dans l'un ou dans l'autre, les responsabilités ou, si l'on préfère, les causes efficientes, risquent de changer de bord et de nature.

T.S. Ashton et les historiens qui ont repris son point de vue ont certainement raison lorsqu'ils énumèrent la série des facteurs qui pèsent sur les fluctuations. La première force en cause, c'est la guerre. Nul n'y contredira. Plus exactement, c'est le balancement entre la guerre et la paix (guerre de Sept Ans 1756-1763, guerre des colonies anglaises d'Amérique 1775-1783, guerre contre la France révolutionnaire et impériale 1793-1802, 1803-1815). Ensuite viennent les oscillations de l'économie rurale (qui reste, répétons-le, la première activité de l'Angleterre jusqu'au voisinage des années 1830) entre bonnes, moyennes et mauvaises récoltes, ces dernières (1710, 1725, 1773, 1767, 1792-1793, 1795-1796, 1799-1800) sont le point de départ de crises dites d'Ancien Régime qui remuent toute la masse de la vie économique. Même au XIXe siècle, l'appel qui sera de plus en plus fréquent et important au blé étranger ne cessera de faire osciller l'économie anglaise, ne serait-ce qu'en raison des paiements immédiats (et au comptant disent les correspondances) qu'il faut effectuer pour obtenir l'arrivée rapide des sacs de blé ou des barils de farine.

Autres facteurs des *fluctuations* anglaises, les *trade cycles*, les cycles marchands : le commerce anglais a ses flux montants puis descendants, qui se traduisent eux aussi, dans les baisses et hausses de la conjoncture. Ou encore, les mouvements de la circulation monétaire, pièces d'argent et d'or d'un côté, masse des billets de toute provenance de l'autre. La Bourse de Londres (où « l'état sensitif » est la règle, où la crainte est un visiteur plus insistant que l'espérance) est un curieux sismographe qui enregistre les mouvements multiples de la conjoncture, mais qui, aussi, a le pouvoir diabolique de créer lui-même des tremblements de terre : ainsi en 1825-1826, en 1837, en 1817. De dix ans en dix ans, en effet, comme c'était déjà la règle approximative durant le dernier tiers du XVIIIe siècle, il y a, aux derniers étages de la vie économique, à côté des crises de type traditionnel dites d'Ancien Régime, des crises de crédit.

Tel est le sens des réflexions de nos collègues anglais. Pour les historiens français – ont-ils raison, ont-ils tort, c'est une question à débattre – la conjoncture est une réalité en soi, bien que peu facile à expliquer en elle-même. Nous pensons, avec Léon Dupriez et aussi avec Wilhelm Abel, que les prix forment un ensemble. Dupriez parle même d'une *structure des prix*. Ils sont liés, et s'ils oscillent tous, c'est en ajoutant leurs variations particulières les uns aux autres. Et surtout, ils ne sont pas une « vibration » qui serait limitée à une économie nationale, si importante soit-elle. L'Angleterre n'est pas seule à fabriquer ses prix, ni les flux montants et descendants de son commerce, ni même sa circulation monétaire ; les autres économies du monde et du monde entier l'y aident et toutes marchent presque au même pas. C'est ce qui nous a, historiens, le plus frappé dès le début de nos recherches. Voyez à ce sujet les pages décisives et révélatrices de René Baehrel, sous le signe de la surprise.

La conjoncture qui soulève, arrête ou déprime les prix anglais, ce n'est donc pas le temps propre à l'Angleterre, mais bien « le temps du monde ». Que ce temps soit en partie formé en Angleterre, que Londres en soit même l'épicentre essentiel, c'est probable, presque certain, mais le monde travaille et déforme la conjoncture qui n'est pas la propriété exclusive de l'île. Les conséquences sont évidentes : la zone de résonance des prix c'est l'ensemble de l'économie-monde dont l'Angleterre occupe le centre. La conjoncture en Angleterre est donc en partie exogène et ce qui se passe hors d'Angleterre, notamment dans une Europe proche, porte témoignage sur l'histoire anglaise. Europe et Angleterre sont enveloppées par la même conjoncture, ce qui ne veut pas dire logées exactement à la même enseigne. Parlant du rôle de la *crise* conjoncturelle dans l'économie générale, j'ai, au contraire, souligné qu'elle ne frappe pas, ne peut pas frapper de la même façon les faibles et les forts (par exemple l'Italie et la Hollande au XVIIe siècle), qu'elle est donc l'occasion d'une redistribution des tâches et rapports économiques internationaux, renforçant finalement le dynamisme des plus forts et accentuant le recul des affaiblis. C'est pourquoi je ne suis pas d'accord avec l'argument qu'utilise P. Mathias pour nier le rôle, de 1873 à 1896, d'une branche descendante d'un Kondratieff et sa responsabilité dans le *Great Deperssion* qui frappe l'Angleterre durant ces mêmes années. Si alors les taux de croissance en Allemagne et aux Etats-Unis, argue-t-il, sont bien tombés au cours de cette période, il reste que le sort de l'Allemagne, des Etats-Unis et de l'Angleterre est bien différent, qu'il y a recul relatif des îles Britanniques, diminution de leur part dans l'économie mondiale. Sans doute. Déjà s'amorce ce qui sera patent lors de la crise de 1929. Mais c'est un fait qu'il y a décélération de la croissance *à la fois* en Allemagne, aux Etats-Unis, en Angleterre, et en France bien entendu. Et c'est ce mouvement harmonisé des *courbes*, non des niveaux, qui est peu niable, bien que certainement surprenant.

Ce qui est évident au XIXe siècle, évident plus encore dans notre monde d'aujourd'hui, à savoir une conjoncture qui se révèle analogue sur des vastes espaces et frappe presque partout en même temps, est déjà évident au XVIIIe siècle et même plus tôt. La tentation est donc grande de comparer ce qui se passe en Angleterre, des années 1770-1780 jusqu'aux années 1812-1817, à ce qui s'est passé en France où nous disposons de l'étude exhaustive d'Ernest Labrousse. Toutefois n'ayons pas trop d'illusions : l'image française ne saurait valoir aussitôt au-delà de la Manche. Les courbes qui nous sont offertes sont multiples et ne parlent pas obligatoirement le même langage. Si la conjoncture des prix, des salaires, de la production était étudiée de pays à pays avec les mêmes critères imposés, les coïncidences ou les divergences s'affirmeraient mieux et le problème de la ressemblance ou de la dissemblance serait résolu. Ce n'est pas le cas. Mais si l'on compare les courbes de prix des biens de production et de consommation, les unes anglaises, les autres françaises, on voit tout de suite que celles-ci sont plus mouvementées, plus dramatiques que celles-là. Et peut-être est-ce normal : au centre du monde l'eau bouillonne moins qu'ailleurs. On hésitera, sur la courbe des prix anglais empruntée à P. Deane et A. Cole, à reconnaître un intercycle de 1780 à 1792 ; il s'agit plutôt d'un palier, d'une stabilité, comme dit L. Dupriez pour qui cette stagnation commencerait en 1773. En revanche, la concordance des courbes est sans discussion en ce qui concerne le Kondratieff qui suit : point de départ 1791, sommet 1812, terme de la descente 1851.

On conclura que la révolution industrielle anglaise a connu, de 1781 à 1815 (dates grosses), deux mouvements, deux respirations, difficile la première, aisée la seconde. En gros, c'est le rythme respiratoire de la France et du continent européen : à la France malheureuse, affligée de Louis XVI qui va ouvrir ses portes aux tornades de la révolution politique, correspond une Angleterre de George III, troublée, elle aussi, par une conjoncture maussade. En Angleterre, l'explosion politique ne sera pas au bout de l'épreuve, mais épreuve il y a. Pendant une dizaine d'années s'interrompt la montée qui avait jusque-là favorisé l'économie anglaise. Ne disons pas que rien ne va plus, mais rien ne va plus aussi bien. L'Angleterre, comme la France, paie le prix des efforts et dépenses fantastiques de la guerre d'Amérique. Et la crise qui suit complique tout, redistribue les tâches, accuse les différences sectorielles. Le commerce connaît, en France comme en Angleterre, un gonflement spectaculaire, mais enfin, d'un côté comme de l'autre, les balances commerciales se dérèglent, à la fois contre l'Angleterre et contre la France. Le rattrapage marchand est tenté avec vigueur, mais il ne réussit qu'à moitié. Qu'en 1786 soit signé le traité d'Eden, ce rapprochement entre deux puissances hostiles et qui se défient l'une et l'autre, n'est-ce pas la recherche d'une sécurité ?

Généralement, le résultat d'une dépression anormalement longue est d'opérer une sélection entre les entreprises, favorisant celles qui s'adaptent et résistent, achevant celles qui se révèlent trop faibles pour survivre. La chance de l'Angleterre est d'avoir abordé ce parcours difficile au moment où se multipliaient chez elle les innovations de la « seconde génération » : la jenny (1768), le filage mécanique à partir de l'énergie hydraulique (1769), la perceuse (1775), la machine à vapeur rotative (1776-1781), le puddlage (1784), la première batteuse utilisable (1786), le tour perfectionné (1794). Soit un énorme investissement technique, à la veille de la reprise.

En 1791, le temps économique redevient favorable : les prix montent, les activités se gonflent, se divisent, la productivité gagne au partage. L'agriculture anglaise en profite jusqu'à Waterloo, et les exploitations moyennes arrivent à subsister grâce aux prix favorables. C'est ce temps propice qui permet aussi le gaspillage insensé des guerres révolutionnaires et impériales (pour l'Angleterre 1 milliard de livres de dépenses). Mais comme ce temps n'est pas la seule propriété de l'Angleterre, le continent voit aussi, bien qu'au ralenti, se créer une industrie moderne.

Toutefois, la conjoncture à la hausse a gonflé les prix en Angleterre plus vite que les salaires. La progression démographique aidant, il y a eu, alors, diminution du niveau de vie, du revenu *pro capite* en prix courants, de 1770 à 1820 : 1688, 9,1 livres sterling : 1770, 1901 ; 1798. 15,4 : 1812, 14.2 : 1822. 17.5. Une meilleure preuve nous en est donnée par la courbe de Phelps Brown et Sheila Hopkins qui concerne les salaires des maçons anglais, du XIIIe au XIXe siècle. [...] Cette courbe est décisive. Elle montre, sur une distance multi-séculaire, la corrélation régulière entre montées des prix et baisses des salaires réels : les prix à la hausse déterminent un essor de la production et un essor de la population – les phénomènes liés l'un à l'autre se commandent – mais, chaque fois, les salaires décroissent ; le progrès, dans les conditions de l'Ancien Régime, se fait au détriment du niveau de vie des travailleurs. Or cette règle, qui est le signe indélébile de l'Ancien Régime, se marque encore, selon les calculs de P. Brown et S. Hopkins, de 1760 à 1810-1820, les plus bas niveaux des salaires se situant au voisinage des années 1800, quand la courbe, qui enregistre l'ensemble de la conjoncture, va s'approcher de ses sommets. Que la situation des salaires s'améliore au-delà de 1820, alors que les prix descendent, ce n'est là qu'une reprise des règles antérieures. Le miracle, le changement, en effet, ne se produiront qu'avec le départ d'un nouveau cycle de Kondratieff à partir de 1850 (autre date significative à la fois pour l'Angleterre et le continent). Cette fois, les prix monteront et les salaires suivront le mouvement : la croissance continue fait son entrée en scène.

J'arrive ainsi au cœur d'un débat que trop d'historiens, plus ou moins sciemment, ont évité au sujet du prix qu'a payé l'Angleterre pour son passage à la franche modernité. Je crois, avec les historiens qui se sont les premiers penchés sur la question, qu'il y a eu alors détérioration du bien-être matériel des masses anglaises, régression des salaires réels, aussi bien pour les ouvriers des champs que pour ceux des usines ou des transports... Je croirais volontiers (à mes risques et périls, n'étant pas un connaisseur chevronné de cette période) que la première phase de l'industrialisation, de 1760 à 1815, a été plus dure encore que celle qui a suivi Waterloo, bien que les agitations ouvrières et paysannes aient été plus vives au-delà de la victoire anglaise qu'auparavant, et plus tenaces. Mais l'agitation n'est-elle pas une preuve sinon de bonne, du moins de meilleure ou suffisante santé ? Il est vrai toutefois (et c'est le prix *supplémentaire* de la croissance industrielle par rapport aux autres formes de croissance qui avaient précédé) que de 1817 à 1850, la montée des salaires réels et du revenu *pro capite* enregistrée par la courbe de Brown et Hopkins fut en partie annulée, pour les masses ouvrières, par les drames d'une urbanisation trop rapide qui a cumulé les résultats catastrophiques d'un habitat misérable, d'une alimentation malsaine (et même avariée, faute de transports suffisants), d'un déracinement social qui coupe les individus des appuis familiaux et des ressources diverses de la communauté villageoise. Mais, de 1780 à 1815, avec la dégringolade des salaires réels (qui avait commencé, notons-le, dès 1760, c'est-à-dire avec la vive montée de la production et de la population qui caractérise la seconde moitié du XVIIIe siècle, et non pas seulement avec la guerre américaine), la situation est certainement plus dramatique encore.

«Deux générations ont été sacrifiées à la création d'une base industrielle.» Cette conclusion d'historiens d'aujourd'hui, appuyée sur les commentaires de contemporains anglais, n'est pas démentie si l'on regarde l'Angleterre de ces années-là avec les yeux du commandant, plus tard mestre-de-camp Pillet. Blessé et fait prisonnier au Portugal, à Cintra, en 1807, il a vécu en Angleterre de longues années jusqu'à sa libération, et s'il n'a pas pour elle une grande tendresse (quel prisonnier a jamais aimé ses geôliers?), il en parle en témoin averti, nullement haineux, et qui semble naturellement porté à l'impartialité. Il a gardé le souvenir d'années très dures pour l'Angleterre. «J'ai vu toutes ses manufactures sans ouvrage, écrit-il, son peuple travaillé par la famine et accablé d'impôts, son papier-monnaie discrédité...» En 1811, «les manufacturiers, ne pouvant plus payer leurs ouvriers, leur donnaient pour salaire des produits de leurs manufactures; et ces malheureux, pour se procurer du pain, les vendaient sur les lieux mêmes, à deux tiers de leur valeur réelle». Un autre témoin. Louis Simond, lucide lui aussi et admirateur de l'Angleterre, note au même moment que «l'ouvrier ne peut plus avec son salaire ordinaire se procurer le pain, la viande, les vêtements nécessaires pour son entretien et celui de sa famille». Quant aux ouvriers agricoles, «leur salaire se traîne [...] péniblement en arrière du taux général de toutes choses». En 1812, à Glasgow, il note que «les gages des ouvriers en coton [...] ne sont maintenant qu'un quart de ce qu'ils étaient il y a dix-neuf ans, quoique tout ait doublé de prix dans l'intervalle». On doutera des chiffres, non de l'appauvrissement dénoncé.

Mais le commandant Pillet voit plus loin, me semble-t-il, dans la mesure où, militaire, il est conscient de l'énorme effort d'armement de l'Angleterre. Pour alimenter ses armées, le gouvernement anglais recrute des soldats «dans une proportion bien autrement effrayante que ne l'est aucun des appels faits à notre population». C'est une charge écrasante que d'entretenir des armées qui, au total, groupent plus de 200 000 hommes (et la solde du soldat de ligne anglais est quatre fois celle du français), de maintenir une énorme flotte. D'où peut-être la dureté inflexible avec laquelle sont menés soldats et marins, issus des classes les plus malheureuses de la société, de «l'écume des écumes». D'un fils de famille qui tourne mal et à qui les siens achètent un brevet d'officier, on disait : « Ce coquin-là aurait été pendu : il n'est bon qu'à porter l'habit rouge. » Le pire sous-prolétariat de l'Angleterre est là, ravitaillé en hommes par la misère des vrais prolétariats, ouvrier, paysan ou vagabond. A qui la faute ? Ni à l'industrialisation, ni au capitalisme en train d'escalader les sommets de la richesse, ni même à la guerre, ni à la conjoncture qui est une enveloppe, mais à tout cela à la fois.

Bien des historiens ne veulent pas regarder cette réalité douloureuse en face. Ils refusent de l'admettre. L'un dit que les mesures du niveau de vie échappent à toute exactitude ou certitude. Un autre que la situation ouvrière était pire, ou pour le moins équivalente avant les premières victoires de la mécanisation. Un troisième assure qu'il ne croit pas que les prix aient jamais baissé de 1790 à 1830. Mais de quels prix parle-t-il, les prix nominaux ou les prix réels ? Et les courbes ne disent-elles pas à suffisance que les prix ont augmenté, puis régressé ? Et les salaires ? Il est évident que le peuple anglais a payé lourdement ses victoires, même les progrès de son agriculture qui n'a enrichi qu'une classe de fermiers, plus sûrement encore ses machines, ses victoires techniques, sa primauté marchande, la royauté de Londres, la fortune des industriels et celle des actionnaires de la Banque d'Angleterre – tout cela et non pas seulement ses victoires militaires, ses armées, sa flotte et Waterloo. Il est juste d'ajouter qu'après 1850, plus tard, le peuple anglais tout entier (quelles que fussent ses inégalités sociales) a pris part au triomphe mondial de l'Angleterre. C'est le sort des peuples qui se trouvent au centre d'une économie-monde d'être *relativement* les plus riches et les moins malheureux. Du haut en bas de l'échelle sociale, les Hollandais du XVIIe siècle, les « Américains » d'aujourd'hui ont joui, ou jouissent de ce privilège qui fut celui des Anglais du XIXe siècle. [...]

© Armand Colin

Les difficultés spécifiques de l'analyse des fluctuations longues
(1984)

JEAN BOUVIER

Il s'agit de l'intégralité du texte du rapport général sur le thème des mouvements longs traité au Colloque international d'histoire économique de Budapest de 1982. Jean Bouvier, alors directeur de l'Institut d'Histoire économique et sociale de la Sorbonne, dresse un tableau fort contrasté des usages à multiples niveaux de la problématique des mouvements longs, telle qu'y recourent divers historiens, et évoque ceux qui la récusent.

Source : Revue internationale d'histoire de la Banque, *n° 28-29, 1984, p. 408-415.*
Bibliographie : « les Mouvements de longue durée dans la pensée économique », *Actes du colloque organisé par le Centre régional de la productivité et des études économiques et l'Association Charles-Gide pour l'étude de la pensée économique, Montpellier, septembre 1992.*

LEON DUPRIEZ ET SIMON KUZNETS auraient dû être parmi nous. Ils ont craint les fatigues du déplacement. Ayant plus que tout autre peut-être travaillé sur notre thème, ils ont droit à l'expression de nos regrets et de notre sympathie. Je tenais à ouvrir cette journée en leur rendant hommage. J'emploierai les mêmes formules à propos de notre collègue Guiseppe Parenti de Florence, qui a dû retirer au cours de l'été 1981 son nom de la liste des rapporteurs. J'avais proposé comme thème : les « mouvements longs » (ou « fluctuations longues », « long waves », « long swings », « langen Wellen »...) en m'interdisant de donner trop de précision sur le contenu de ces notions. Je voulais laisser jouer les initiatives personnelles, et les différences d'interprétation. Dans l'espoir, somme toute, de réaliser un « sondage aléatoire » et de rendre visible la diversité des approches. En ce sens, ce sondage n'est pas un échec. On aurait pu envisager une tout autre préparation de notre journée : directive, « planifiée », plus réfléchie somme toute. L'évidente rançon de la formule dont je suis le seul responsable est qu'il serait de faible intérêt que je résume les rapports de chacun ; et qu'il n'est pas question de tenter une quelconque synthèse des diverses communications. J'ai donc pris le parti de formuler diverses considérations d'ordre général qui porteront sur un ensemble chronologique pluriséculaire européen.

Les fluctuations longues sont la « frange obscure » (S. Kuznets) des mouvements de l'économie, situées quelque part entre les respirations séculaires et les cycles courts. Evolutions « logistiques » (S. Kurowsky, 1963 ; R. Cameron, 1973), trends, mouvements interdécennaux ont été repérés et mesurés pour des périodes à systèmes économico-sociaux différents (Pareto, 1913 ; Kondratieff, 1926 ; F. Simiand, 1932 ; L.H. Dupriez, 1951 ; G. Imbert, 1959). Quelles sont les difficultés spécifiques qui rendent leur approche incertaine ?

Les dimensions idéologiques

Comme tout débat scientifique, le nôtre est influencé par l'état de la conjoncture économique et par des enjeux idéologiques. Le passage de la conjoncture mondiale, pendant la dernière décennie, du beau temps au temps médiocre a, par exemple, redonné vigueur au thème (L. Dupriez, 1962-1980). Et le destin personnel de Kondratieff dans les années 1920 éclaire les ambiguïtés et les variations de positions à l'égard de ses recherches qui se situaient dans la mouvance du marxisme. L'affaire de « l'effet Slutzky » dans les années 1930 est un épisode de ces tensions idéologiques et pas seulement une expérimentation statistique. En Allemagne, en France, depuis les années 1930, l'attitude des marxistes eux-mêmes a varié face aux travaux de Kondratieff, en particulier ceux de 1926 et 1928. Dans le second pays (P. Boccara, 1967 ; L. Fontvieille, 1976-1980) on assiste à un essai de rapprochement entre la chronologie Kondratieff et la problématique de la « baisse tendantielle du taux de profit » issue de Marx. Kondratieff d'ailleurs mériterait d'être relu « dans le texte » (en particulier pour son étude de 1928). Il est bien plus riche de contenu et plus nuancé qu'on ne l'a trop souvent présenté.

Les outils statistiques : « Facts or (and) artefacts » (I. Adelman, 1965)

Y aurait-il (Mockers, 1981) « une certaine inadaptation du langage mathématique à la saisie de la logique des relations économiques et sociales en dynamique » ? Des économistes de plus en plus nombreux se posent aujourd'hui cette question, alors que la fascination de l'économétrie progresse chez les historiens. L'analyse « spectrale » est proposée comme la plus intéressante des procédures aptes à repérer les fluctuations longues. Mais toute approche statistique et économétrique comporte inévitablement la production d'artefacts. Un économètre français de réputation internationale confiait dans un séminaire (1980) : « Ou bien les fluctuations longues existent, et les procédés les plus simples sont alors les plus sûrs pour les repérer ; ou bien elles n'existent pas, et, dans ce cas, les procédés les plus sophistiqués risquent d'en faire apparaître. » C. W. J. Granger (1969) a rappelé qu'il faut disposer d'un nombre de données égal à au moins sept fois la longueur du « cycle » le plus long pour appliquer l'analyse « spectrale » : soit quelque 140 années pour l'étude des « Kuznets », et quelque trois siècles et demi pour celle des Kondratieff... La méthode plus ancienne des *trend deviations* comporte elle-même une hypothèse implicite : les fluctuations longues se définiraient *par rapport* à un *trend* séculaire représentant une sorte d'état d'équilibre. Dans ce cas la conception des fluctuations longues *induit* la technique statistique ; et la technique, en même temps, détermine la conception. Condamner l'économétrie : non. Mais ne pas en faire une arme absoluc : si.

Le brouillage des divers temps de l'Histoire

Les fluctuations économiques de tous types (du Moyen Âge à nos jours ne sont, à proprement parler, ni cycliques, ni périodiques, mais récurrentes. Et elles restituent les trois manières d'être du « temps » de l'Histoire, qui sont aussi trois modalités de lecture du temps : le séculaire, le « temps long », le « cycle court ».

Ici, deux démarches s'opposent. La première voit dans les longues durées une « création de l'esprit » (Aftalion, 1937). Les intensités et amplitudes des mouvements courts, et elles seules, dit-on, génèrent directement, automatiquement et visuellement les phases plus longues. Alors celles-ci ne recèlent pas de mécanismes *autonomes*, qui leur seraient propres. Rien n'est dans la longue durée qui ne soit d'abord dans la courte : « Respectons le cycle » (P. Vilar, 1974). D'autre part, seul le temps « court » est vécu, mémorisé, donc seul agissant sur les comportements des « agents économiques ». Cette démarche explique les réticences d'historiens devant toutes les procédures statistiques de « lissage » des données.

La seconde démarche est celle de Fernand Braudel (la plus chronologiquement ample, 1979) ou de bien d'autres (la plus argumentée, celle de J.C. Perrot, 1975). « La dialectique du temps long et du temps court s'impose, quoi qu'on veuille » (F. Braudel). D'une part, tous les types de temps coexistent dans l'instant t. « Nous vivons à la fois dans le temps court et le temps long. » L'héritage du second est toujours présent et pèse sur nous. D'autre part, tous les changements, de quelque ordre qu'ils relèvent, mûrissent lentement au cours des longues durées. Le *trend* séculaire, pour l'observation duquel F. Braudel nourrit une particulière prédilection, est vu comme « un processus cumulatif qui s'ajoute à lui-même. Année après année il compte à peine ; siècle après siècle, il est un acteur important ». Les mouvements séculaires des prix sont le signe des « âges successifs de l'économie », dans le large cadre spatial d'« économies-monde » dont les « centres » (grandes cités marchandes, puis économies nationales dominantes) se déplacent au cours des siècles d'un pays à un autre ; jusqu'au temps présent.

On fait remarquer (J.C. Perrot, 1981) que cette problématique des temps de l'Histoire semble se trouver consolidée par les approches économétriques récentes (en particulier celle de B. Mandelbrot. Un processus dépend toujours de son passé le plus long. « Les données enregistrent la persistance d'ébranlements frontaux très anciens, tels qu'expansion coloniale, ruptures technologiques, etc. » (J.C. Perrot). On peut ajouter : des découvertes de mines, des fluctuations a-périodiques qui vont s'amortissant lentement, puis se trouvent relayées par d'autres ébranlements et leurs échos successifs. D'où la formule de C.W.J. Granger : « Les évènements qui affectent l'économie pour une longue période sont plus importants que ceux qui ne l'affectent qu'à court terme. » Nous sommes ici exactement à l'inverse de la première démarche. On a fait remarquer enfin que plus s'allonge en amont la durée chronologique de l'observation, plus peuvent se modifier les perspectives de telle ou telle fluctuation par rapport à des oscillations englobantes encore plus longues.

Aucune dialectique verbale ne peut aisément marier les deux démarches ainsi opposées. Elles dominent l'ensemble des travaux. La première tend à ramener le jeu des causalités au niveau des mécanismes du court terme. La seconde, à déplacer ce jeu à l'intérieur des fluctuations « séculaires » et « longues ».

L'entrelacement de facteurs et de mécanismes multiples

Derrière tous les types de fluctuations se laissent entrevoir des enchaînements où grandeurs économiques (tant de conjonctures que de structures), flux démographiques, comportements des acteurs sociaux tissent entre eux des rapports dont, avouons-le, aucune théorie, aucun « modèle » et aucune étude empirico-historique ne maîtrisent la complète analyse. Les sciences humaines-sociales ne peuvent être exactes.

Une question du moins paraît résolue : les fluctuations longues ne sont pas propres à l'économie capitaliste, quoique ce soit à son propos qu'elles aient été d'abord étudiées. Elles ont été repérées, malgré les changements des systèmes économiques (ou « modes de production ») et des rapports sociaux, depuis le Moyen Age. La vraie difficulté, c'est la succession et le relais de leurs mécanismes, dans l'hypothèse où ces mécanismes relèveraient d'une autre logique que ceux des mouvements courts. A supposer par exemple que les fluctuations Kondratieff soient liées à l'investissement industriel du XIXᵉ siècle, il serait difficile de baptiser « Kondratieff » des fluctuations antérieures au « factory system ». Par conséquent à chaque grande époque de fluctuations longues devraient correspondre des enchaînements et causalités spécifiques, en raison des oppositions entre croissance « de type traditionnel » et « de type moderne », sur lesquelles insista S. Kuznets. J.C. Perrot, par exemple, voit la démographie comme « réalité de base du mouvement long » dans l'économie ancienne. Elle ne l'est plus au même degré et selon les mêmes mécanismes dans l'économie industrielle-capitaliste. En outre les fluctuations propres à « l'ancien régime économique » ont une dynamique plus irrégulière que celles de l'économie industrielle, où le volontarisme des interventions privées et publiques n'a fait que progresser.

Mais une lente dérive se produit d'un système de production à un autre en longue durée, de l'économie rurale dominante à l'économie urbaine triomphante, selon la lente histoire du développement du capitalisme. Au cours de cette dérive multiséculaire les malédictions des déséquilibres et des rééquilibrages « malthusiens » font place très lentement aux temps des abondances de l'offre. Sur de longues périodes coexistent alors, contradictoirement, des mécanismes (démographiques, économiques, sociaux) différents : les uns, en voie d'émergence et d'extension ; les autres encore dominants mais en recul relatif. La dérive se lit au niveau des marchés, et à l'échelle du monde. On a beaucoup étudié dans le cadre du « cycle court » les crises dites « mixtes » des deux premiers tiers du XIXᵉ siècle en Europe occidentale, qui participent à deux systèmes économiques sociaux différents quoique étroitement imbriqués. N'en va-t-il pas de même pour les fluctuations longues, propres à des époques de transition affirmées lorsque s'accélèrent les changements (au XVIIIe siècle) et ne faudra-t-il pas inventer le concept de fluctuations longues «mixtes» où mécanismes démographiques et agraires d'ancien type, et logiques commerciales urbaines, puis industrielles, de développement plus rapide se croiseraient de manière de plus en plus serrée ?

Par ailleurs la croissance économique n'étant pas une pure mécanique entre variables dites «économiques», mais aussi un ensemble de frottements sociaux et d'affrontements entre nations, les fluctuations (longues et courtes) comportent de perpétuels décalages (chronologiques; sectoriels; géographiques; nationaux) y compris les célèbres «leads and lags». Si l'on focalise l'attention sur les décalages et les disparités on peut proclamer l'inexistence des fluctuations longues en tant que rythmes globaux réguliers, homogènes, tant à l'échelle des pays qu'au plan international. D'où l'écartèlement des analyses statistiques des mouvements longs, repérés tantôt selon branches et secteurs, tantôt selon des données macro-économiques agrégées au maximum, y compris dans le cadre mondial. D'où le passage (très tôt effectué, il est vrai) de l'étude des prix à l'étude d'autres variables, en particulier des quantités, où les inerties sont naturellement plus fortes. C'est pourquoi aussi on a pu, par exemple (A.S. Milward, 1980), tenir pour mineure la «conjoncture mondiale» pour la période 1870-1914 dans l'analyse des fluctuations longues en Europe et insister sur les contrastes des chronologies nationales, et sur la prééminence des mécanismes propres à chaque pays. Alors qu'H. Van der Wee (1970) avait éclairé les *trends* des XIIIe-XVIIIe siècles européens par les fluctuations du «commerce mondial» (continental et maritime), à une époque où, cependant, l'économie était beaucoup moins pénétrée que celle de 1870-1914 par les échanges internationaux. Ce serait donc naïveté que d'espérer trouver dans les fluctuations économiques (y compris dans les courtes) des dates «rondes», des chronologies uniformes, des cycles majestueux, des homogénéités sectorielles, régionales, nationales.

Le caractère relativement flou, que Kondratieff avait souligné, des chronologies des mouvements longs, flou qui est plus sensible (en raison aussi de l'état du matériel statistique) pour les temps de la «croissance traditionnelle» que pour ceux de la «croissance moderne», se comprend encore mieux si l'on observe le rôle des acteurs sociaux dans le déroulement des fluctuations. Voici trois auteurs différents, et traitant de périodes distinctes, qui font intervenir dans l'explication du déroulement des fluctuations longues les comportements, la stratégie des acteurs, sous la contrainte, certes, d'éléments climatiques, démographiques ou économiques, mais auxquels les acteurs s'adaptent, en imprimant leur propre influence sur les fluctuations: Hugues Neveux (1974) place la «stratégie socio-politique» des exploitants de la terre dans le Cambrésis (XVe-XVIe siècle) comme cause agissant en longue durée sur les fluctuations céréalières (prix, production). Irsigler (1978) insiste sur l'influence croissante des gros vendeurs et des intermédiaires sur le marché des grains de Cologne (XVIe-XVIIIe siècle) comme élément explicatif des fluctuations des quantités et de prix. Et jadis, le premier F. Simiand (1933) avait pour le XIXe siècle français éclairé les stratégies liées du profit et du salaire, c'est-à-dire des entrepreneurs et des ouvriers, en relation avec les fluctuations nommées par lui A (hausses, ou accélérations) et B (baisses, ou décélérations).

La prise en compte des causalités sociales dans les fluctuations nous confirmerait, enfin, que les variables économiques n'ont pas le même sens, la même valeur pour les divers milieux socio-économiques: chaque groupe social, par exemple, a sa propre lecture des prix. L'interrogation: la hausse des prix agricoles dans l'économie «ancienne» est-elle signe de progrès général, ou signe de difficultés profondes? doit comporter deux types de réponse. La première, c'est qu'une telle hausse, dramatique dans le court terme, peut être, dans le long terme, signe et condition de développement global. La seconde, qui se lie à la précédente, c'est que les consommateurs (ruraux et urbains) pâtissent de la hausse, mais que les grands producteurs et vendeurs la jugent bénéfique: elle augmente le «produit net». Le «bon prix» du blé sur les riches terroirs selon les physiocrates n'est pas un mythe de théoriciens.

Une même lecture de type économico-social a été faite à diverses reprises pour des périodes différentes (Schichler van Bath, 1963, 1965; Guy Bois, 1976; Kondratieff, 1928; Rostow, 1978, etc.) des *terms of trade* entre prix agricoles et industriels, et des productivités différentielles des deux secteurs en tant que mécanismes des fluctuations longues. Le rapprochement de ces études, qui appliquent des problématiques comparables à des systèmes économico-sociaux non-identiques, nous indique une ultime ambiguïté: dans des structures globales différentes (du produit physique, de la population, des groupes sociaux, des organisations étatiques) et à des siècles de distance, des mécanismes tels que ceux des *terms of trade* agriculture-industrie conservent un fort pouvoir explicatif. Il existe des mécanismes invariants, trans-séculaires, en même temps que se produisent des changements dans les «rapports de force» entre ces mécanismes, en raison même de l'évolution lente des «modes de production» et des structures globales.

Il est peut-être utile de se référer finalement au concept de «régulation», revivifié dans les dernières années par un groupe d'économistes français. Selon sa définition la plus dense, la «régulation» serait: «Tout processus dynamique d'adaptation de la *production* et de la *demande sociales*, selon la conjonction d'ajustements *économiques*, associés à une configuration donnée des *rapports sociaux, des formes institutionnelles*, et des *structures économiques*» (Robert Boyer, 1980).

Le concept peut être appliqué dans le cadre du cycle court, et dans celui des fluctuations longues. Toutes les études empiriques et statistiques des historiens et des économistes vont spontanément dans le sens d'une telle proposition conceptuelle, au-delà des différences de leurs approches respectives (Ainsi W.W. Rostow, 1978; R. Sprec, 1978; W.A. Lewis, 1978; D. Petzina, 1981...). L'intérêt du concept de régulation (depuis fort longtemps appliqué en mécanique, en biologie et en physique) c'est qu'il oblige à maintenir toujours présente la nécessaire approche *globale* des fluctuations économiques. Celles-ci, nous le savons bien, mettent en jeu un ensemble de «mécanismes», «causes», «pulsions», «forces» qui ne sont pas, ne peuvent pas être une *mécanique*, puisque ces forces sont de natures diverses, d'âges différents, et jouent dans des espaces (aussi bien sociaux que géographiques) distincts.

Le concept de régulation permet en outre de se poser la question de la place relative, au cours du temps, des mécanismes spontanés, auto-correcteurs («feedback»), et des mécanismes volontaristes, organisés, interventionnistes, en particulier ceux émanant de l'Etat, et des grandes firmes, qui ont tendu, de plus en plus, sans y arriver tout à fait naturellement, à une certaine maîtrise du développement économique à courte et à moyenne échéance.

L'histoire des fluctuations économiques et la variété de leurs rythmes pourraient donc être comprises comme traduisant une succession de *modes de régulation*, se croisant et se recouvrant dans le temps comme les tuiles d'un toit, de même que se succèdent, de siècle en siècle, et se recouvrent pendant de longues périodes, des systèmes économico-sociaux, «modes de production», et «formations sociales», terrains nourriciers de régulations aux contraintes et aux logiques changeantes.

Nous cherchons tous, quoi qu'il en soit, des *relations* à l'intérieur d'ensembles globaux, pour tenter d'éclairer des mouvements, et leurs rythmes. A.S. Milward a écrit que le «long cycle» dans l'Europe de la fin du XIXe siècle «was probably never born». Si cette affirmation demeure en débat, une autre ne l'est pas: l'historien ou l'économiste n'est pas encore né, qui nous présentera un (ou des) «modèle(s)» incontestable(s) des temps longs de la croissance. A quoi Michel Morineau rétorque en substance, ici même: «Remettons plutôt l'Histoire en chantier.» Ainsi est assuré l'avenir des congrès internationaux... en longue durée.

© Revue internationale d'histoire de la Banque

III

CRISES

Sous l'influence d'Ernest Labrousse, les historiens de l'économie, empruntant aux économistes la conception de la crise comme phénomène cyclique, s'attachent à partir des années 1940 à analyser les fluctuations courtes.

L'ouvrage de Clément Juglar Des crises commerciales et de leur retour périodique en France, en Angleterre et aux États-Unis *(1862) repère pour la première fois un cycle court d'une durée de huit à onze ans. En décalage avec l'école libérale de Ricardo et Say, l'auteur voit dans la crise une étape naturelle du cycle, marquée par le temps court du retournement, dû à l'excès même du développement industriel et commercial. Quelques économistes, tels Kitchin ou Kondratieff, repèrent des cycles à partir de l'étude du mouvement des prix. Les travaux de François Simiand, recoupant ceux de Kondratieff, font du cycle le moteur et le cadre de son analyse de l'histoire économique en gestation.*

Alors que les principaux travaux portent sur une économie de type industriel, Ernest Labrousse place l'étude des cycles au cœur de l'analyse des structures économiques et sociales d'un Ancien Régime à dominante agraire et marchande. Dans sa thèse ès lettres, la Crise de l'économie française à la fin de l'Ancien Régime et au début de la Révolution, *parue en 1944, il construit, outre une radiographie des fluctuations de la moyenne durée, le portrait-robot de la crise économique d'ancien type. Crise de sous-production agricole à l'origine, suivie par une flambée des prix des grains, elle s'étend à la ville et aux activités artisanales et industrielles par la rétraction brutale de la demande urbaine et rurale en produits autres que céréaliers.*

Au-delà de l'étude attentive de la conjoncture courte, Ernest Labrousse analyse les effets de la crise et les réactions consécutives et différenciées selon les groupes sociaux, distinguant, en une palette contrastée, les diverses catégories de victimes et de bénéficiaires. Histoire économique et *sociale, donc. Mieux, il accède au politique en se souciant des comportements collectifs. Dès son* Esquisse, *il a mis en relation fluctuations économiques, différenciations sociales et événements révolutionnaires, la hausse spectaculaire des prix du blé à l'été 1789 au maximum du mouvement de longue durée ne pouvant être pensée sans liaison avec l'effervescence politique rurale et urbaine.*

Dans la Crise, *il repère la récurrence de ce même type de crise dans le premier* XIX*e siècle jusqu'à celle de 1847. Et, lors du centenaire de la révolution de 1848, Ernest Labrousse, alors professeur à la Sorbonne où il dirige l'Institut d'histoire économique et sociale, brosse une synthèse sur la genèse des trois révolutions (1789, 1830, 1848) où, tout en rejetant l'explication monocausale du déterminisme de la crise économique, il dissèque le « mélange explosif », à l'intersection entre la conjoncture économique, les antagonismes sociaux et* *l'ébranlement du système politique. Sorte d'apogée en matière d'histoire globale, consacrant le « modèle » de la crise d'ancien type.*

Au-delà de 1847, et dès cette date, jusqu'aux années 1870, les crises en France apparaissent « mixtes », mêlant les traits de la crise labroussienne d'Ancien Régime et les aspects neufs d'une économie en voie d'industrialisation.

Tous ces travaux, suscités de près ou de plus loin par l'exemple de ceux de Labrousse, reposaient sur des méthodes, des concepts et des problématiques bâties lors de la dépression des années 30. Les retombées de la crise dite « de 1929 » ont eu leur part dans l'attention des historiens pour les désajustements de la conjoncture courte. Avec la croissance des Trente Glorieuses, les centres d'intérêt se sont quelque peu déplacés. Toutefois, la crise d'Ancien Régime bénéficie d'une cure de jouvence, mais cette fois dans les thèses d'histoire démographique – portant, il est vrai, surtout sur la France moderne – impulsées par le travail pionnier de Pierre Goubert sur Beauvais et le Beauvaisis (publié en 1960).

En outre, des études plus précises sur les crises du premier XIX*e siècle ont diversifié les approches de la crise de type ancien par rapport au modèle labroussien. Quant aux crises industrielles de la fin du* XIX*e siècle, elles demeurent mal connues, en dépit de la thèse (non publiée) de Jacques Néré et de la thèse secondaire de Jean Bouvier sur* le Krach de l'Union générale de 1882 *(1960). Ce dernier effectue une étude détaillée pour le milieu lyonnais des symptômes chronologiquement étalés de la crise, parmi lesquels il tente de donner une signification à la juxtaposition dans le temps des manifestations, boursières d'abord, productives ensuite.*

La crise de 1974 vient à son heure rappeler les contraintes de la conjoncture. Plusieurs auteurs, dont Jean Bouvier (en 1986), ont disséqué indices économiques et financiers pour confronter les processus de déclenchement comparé des années 30 et 70. Mais, cette fois-ci, l'historien est redevable aux économistes soucieux d'histoire – en l'occurrence ceux de l'école française dite « de la régulation » autour de Robert Boyer – pour l'emprunt qu'il leur fait de grilles d'analyse théorique à titre d'hypothèses de travail et d'outils employés pour donner cohérence et intelligibilité aux matériaux rassemblés.

Autre grille d'interprétation, celle des économies-mondes, construite à partir de l'histoire des temps modernes par l'historien américain Immanuel Wallerstein (et adaptée par Fernand Braudel) pour « lire » la crise des années 1970-1980. Mais les délimitations entre historiens des temps présents et économistes n'apparaissent pas toujours clairement, dès le moment où le matériau de travail de l'historien – les archives – lui fait défaut.

Des crises commerciales

(1862)

CLÉMENT JUGLAR

Économiste isolé par l'intérêt qu'il porte à la notion de crise jusque-là négligée par les économistes libéraux, Clément Juglar fait un travail de repérage sur le XIX*e siècle à partir d'indices monétaires et financiers.*

Nous ne reproduisons que le tableau de la chronologie des crises pour le premier XIX*e siècle (en France, en Angleterre et aux États-Unis) et l'introduction de l'ouvrage qui, au-delà des données empiriques, présente la thèse centrale de la crise. Celle-ci est le produit de symptômes analysés comme autant de « signes d'une grande prospérité ». Les crises ne se* *manifesteraient que dans les sociétés riches, comme « une des conditions du développement de la grande industrie ».*

Source : *Clément Juglar,* Des crises commerciales et de leur retour périodique en France, en Angleterre et aux Etats-Unis, *Paris, 1862, p. 1-9.*

> Rechercher les causes et signaler les effets des crises commerciales survenues en Europe et dans l'Amérique du Nord durant le cours du XIXe siècle.
> *Texte de la question posée par l'Académie des sciences morales et politiques.*

ETUDIER et rechercher la nature et l'origine des causes de tout ce qui nous entoure et nous touche le plus directement présente toujours les plus grandes difficultés, parce que solidaires, liés comme nous le sommes à tant d'accidents, dépendants ou indépendants de notre volonté, nous subissons les influences les plus contraires et les plus variées, et quand nous essayons de préciser les causes déterminantes, une foule de causes occasionnelles nous assiègent, troublent la vue et nous donnent le change, nous faisant souvent prendre l'accident pour le principe même du mal.

Le véritable critérium des causes, c'est de les voir, dans des circonstances semblables, reproduire les mêmes effets, particularité malheureusement assez rare dans les phénomènes sociaux et dans tout ce qui touche à la vie. Dans cette incertitude, on invoque tour à tour les causes les plus contraires pour se rendre compte des mêmes effets. On est surpris de la légèreté, de la facilité avec laquelle l'esprit humain accepte tout ce qu'on lui propose ; tellement il est avide de savoir, de se rendre compte et, quand il ne trouve rien de mieux, combien facilement il se paye de mots. La multiplicité même des causes que l'on invoque le plus souvent suffit, il nous semble, pour prouver leur peu d'efficacité, puisque, alors qu'une seule devrait suffire, on en accumule un grand nombre, de sorte que, comme elles ne sont pas toujours réunies pour produire le même effet, on peut aussi rigoureusement conclure, en les éliminant une à une, qu'aucune n'est cause déterminante, pas même secondaire, puisque sa présence n'est pas indispensable pour produire le résultat attendu.

Il y a donc un état antérieur qu'il faut étudier avec soin, et en l'absence duquel les causes que l'on croirait les plus puissantes sont sans action. C'est ce qu'en médecine on appelle la prédisposition : le froid, par exemple, est la cause de beaucoup de maladies : chez l'un d'un rhumatisme, chez l'autre d'une pneumonie, chez un troisième d'une pleurésie. La cause restant la même, le résultat est tout différent. C'est la prédisposition locale qui fait pencher la balance dans un sens ou dans un autre, et la preuve, c'est qu'en son absence le froid ne produit aucune maladie sur le même individu. Il en sera de même pour les crises ; nous nous attacherons à déterminer quelles sont les circonstances dans lesquelles elles se développent, et les causes à la suite desquelles elles éclatent. Mais nous insisterons surtout sur les conditions indispensables à leur existence, sur les phénomènes constants que l'on observe alors en dehors des causes si diverses, si variées, que l'on invoque selon le besoin du moment.

Quand on examine les comptes rendus officiels de la situation des banques de France, d'Angleterre, des Etats-Unis, on ne tarde pas à reconnaître, au milieu des divisions nombreuses de leur actif et de leur passif, quelques chapitres dignes de la plus grande attention.

Ce sont :

1° Le développement des escomptes et des avances ;
2° La réserve métallique ;
3° La circulation ;
4° Les dépôts et comptes courants.

Les deux premiers surtout présentent une marche tellement identique et régulière dans les périodes de crise et de prospérité, qu'ils devront nous servir de guide pour les reconnaître et les distinguer, et avant même que l'on signale les causes traditionnelles, nous indiquer si le danger est proche ou éloigné. Les deux derniers chapitres, la circulation et les dépôts, ne présentent pas la même régularité, leurs oscillations n'ont pas le même caractère ; leurs écarts, beaucoup moins considérables, peuvent se manifester en l'absence de crises, par suite de quelques besoins particuliers et locaux, sans influencer la marche générale des affaires. Ainsi, en 1857, les dépôts augmentent à la banque d'Angleterre au même moment où ils baissent en Amérique.

Pour donner toute la rigueur possible à notre démonstration, nous tâcherons de prouver que pour les escomptes et la réserve métallique, les mêmes phénomènes s'observent en France, en Angleterre, à Hambourg, aux États-Unis, en Europe et en Amérique. Ce sera là pour nous la pierre de touche, le véritable critérium des crises.

De nombreuses lacunes dans les documents officiels nous empêcheront seules de donner une démonstration aussi complète que nous l'aurions désiré pour les premières années du siècle ; heureusement pour les suivantes la concordance est tellement parfaite, qu'eût-on voulu inventer les chiffres, on n'aurait pu mieux rencontrer, on n'eût même pas osé. Tous les relevés sont tirés des sources officielles, des rapports au Parlement pour l'Angleterre, des rapport au Congrès pour les États-Unis, des comptes rendus de la Banque pour la France.

Avant d'exposer le tableau des crises depuis 1800, nous énumérerons sommairement la liste des causes générales ; puis, le développement, l'explosion et la liquidation des crises ayant été bien indiquées, ainsi que leurs effets et leurs conséquences, nous ferons un résumé historique des crises commerciales depuis 1800 en France, en Angleterre et aux États-Unis, afin de confirmer par de plus amples renseignements ce que nous ne ferons qu'indiquer ici.

Causes des crises

Les symptômes qui précèdent les crises sont les signes d'une grande prospérité ; nous signalerons les entreprises et les spéculations de tous genres ; la hausse des prix de tous les produits, des terres, des maisons ; la demande des ouvriers, la hausse des salaires, la baisse de l'intérêt, la crédulité du public, qui, à la vue d'un premier succès, ne met plus rien en doute ; le goût du jeu en présence d'une hausse continue s'empare des imaginations avec le désir de devenir riche en peu de temps, comme dans une loterie. Un luxe croissant entraîne des dépenses excessives, basées non sur les revenus, mais sur l'estimation nominale du capital d'après les cours cotés.

Les crises ne paraissent que chez les peuples dont le commerce est très développé. Là où il n'y a pas de division du travail, pas de commerce extérieur, le commerce intérieur est plus sûr ; plus le crédit est petit, moins on doit les redouter.

Causes diverses

Les guerres, les révolutions, les changements de tarif, les emprunts, les variations de la mode, de nouvelles voies ouvertes au commerce. Nous avons dit plus haut ce que nous pensions de ces causes, dont nous ne méconnaissons pas l'importance, et combien souvent elles produisaient des effets différents. Nous trouvons quelque chose de plus constant, de plus régulier dans l'examen des escomptes et de la réserve métallique des banques.

Le *développement exagéré* des *escomptes* et la *diminution* de la *réserve métallique* des *banques*, de même que la *diminution* des *escomptes* et l'*abondance de l'encaisse*, paraissent, depuis 1800 du moins, présenter une concordance tellement parfaite, qu'il serait difficile de ne pas remarquer et signaler cette solidarité.

Quoique l'examen des documents statistiques qui vont suivre puisse engager à conclure et à reconnaître une loi économique, la prudence conseille de ne pas trop se hâter. La période de 1800 à 1862 est d'ailleurs trop courte, quoique la confirmation de ces recherches se trouve en France, en Angleterre et aux États-Unis. Néanmoins, si on leur refuse pour le moment toute la rigueur d'une loi nouvelle, il faut y voir plus qu'une simple coïncidence abandonnée au hasard. Nous avons pensé répondre au vœu de l'Académie en lui soumettant ce travail; on nous pardonnera donc de trancher quelquefois les difficultés à notre point de vue particulier.

On ne saurait trop s'habituer à l'idée du retour périodique de ces tourmentes commerciales qui, jusqu'ici du moins, paraissent une des conditions du développement de la grande industrie. Les crises se renouvellent avec une telle constance, une telle régularité, qu'il faut bien en prendre son parti, et y voir le résultat des écarts de la spéculation, d'une extension inconsidérée de l'industrie et des grandes entreprises commerciales. Il y a des moments dans la vie des peuples où tout paraît conspirer pour donner un essor sans pareil aux affaires ; toutes les entreprises qui se fondent trouvent les capitaux nécessaires ; on s'arrache les titres, on les achète avec une confiance sans réserve dans l'avenir.

L'impulsion donnée au travail est telle que, pendant quelques années, les matières premières suffisent à peine aux manufactures, les importations et les exportations augmentent sans cesse, puis tout à coup tous les canaux paraissent remplis, il n'y a plus d'écoulement possible, toute circulation cesse et une crise éclate ; toutes les spéculations s'arrêtent ; l'argent, si abondant quelques mois auparavant, diminue ; la réserve disparaît même, les appels de fonds continuent, on ne peut y satisfaire ; les titres flottants viennent sur le marché : de là dépréciation de toutes les valeurs, obligation de se liquider dans les plus mauvaises conditions. Ces écarts, ces excès de la spéculation, sont trop dans la nature humaine pour qu'on puisse les prévenir par aucune mesure.

Quand on étudie les comptes rendus officiels publiés par le gouvernement et les grandes administrations publiques, on est frappé d'un fait très remarquable, que les chiffres offrent d'eux-mêmes tout d'abord : on y trouve les périodes croissantes et décroissantes qui se succèdent avec la plus grande régularité.

Que l'on observe le tableau des douanes, le prix moyen des céréales, les relevés du mouvement de la population, le cours des fonds publics, le même résultat se manifeste, la même concordance avec les comptes rendus des banques se retrouve.

Le tableau suivant, résumé comparé des crises commerciales et de leurs liquidations depuis 1800, en France, en Angleterre et aux États-Unis, indique d'une manière sommaire le mécanisme du développement et de la liquidation des crises[1]. [...]

ANNÉES	FRANCE				ANGLETERRE				ÉTATS-UNIS			
1800	Liquid.	111	25	8	Liquid.	6	6	15				
1801												
1802												
1803					Crise.	10	3	17				
1804	Crise.	630	1	79	Liquid.	9	7					
1805	Liquid.	255	83	48								
1806												
1807												
1808												
1809												
1810	Crise.	715	32	117	Crise.	20	3	24				
1811	Liquid.	391	124	54								
1812					Liquid.	12		23				
1813	Crise.	640		133								
1814	Liquid.	84	5	10								
1815					Crise.	14	2	28				
1816												
1817					Liquid.	3	11	29				
1818	Crise.	615	34	126								
1819					Crise.	6	3					
1820	Liquid.	253	218	79								
1821					Liquid.	2	11	23				
1822												
1823												
1824												
1825												
1826	Crise.	688	86	251	Crise.	4	2	25				
1827					Liquid.	1	10					
1828	Liquid.	427	238	156								
1829					Crise.	3	6	19				
1830	Crise.	617	104	238	Liquid.	1						
1831												
1832	Liquid.	150	281	192								
1833												
1834												
1835												
1836	Crise.	760	89	241						457	43	
1837		756	248	190	Crise.	15	4	18	Crise.	525	37	149
1838						8	10	19		485	35	116
1839	Crise.	1.047	249	234	Crise.	12	2	17	Crise.	492	45	135
1840												
1841	Liquid.	885	169	169	Liquid.	7	16	22	Liquid.	386	49	75
1842												
1843												
1844												
1845												
1846												
1847	Crise.	1.327	57	311	Crise.	38.3	8	17				
1848										344	35	128
1849	Liquid.	256	626		Liquid.	4	22	23		332		114
1850												
1851												
1852												
1853												
1854												
1855												
1856										634	59	204
1857	Crise.	2.085	72	649	Crise.	49.1	6	22	Crise.	684	58	214
1858										583	74	155
1859	Liquid.	1.141	287									

1. Pour permettre le contrôle des chiffres, nous avons conservé la monnaie en usage dans chaque pays: en France les relevés sont en millions de francs, en Angleterre, en millions de livres sterling, aux États-Unis, en millions de dollars.

Influence du mouvement des prix et des revenus sur les événements

(1933)

ERNEST LABROUSSE

Partie finale de la thèse de droit, dans laquelle E. Labrousse, après avoir construit et analysé la conjoncture à travers les fluctuations des prix et des revenus, s'interroge sur leurs interactions avec l'événement politique. En l'occurrence, la crise révolutionnaire de l'été de 1789 a correspondu au prix maximal du blé depuis la deuxième décennie du siècle.

Source : *Ernest Labrousse,* Esquisse du mouvement des prix et des revenus en France au XVIIIe siècle, *Paris, Dalloz, 1933, p. 640-641. Réimpression en 1984 aux éditions des Archives contemporaines.*

Au-dessous des luttes politiques, ces crises économiques rythment le mouvement révolutionnaire...

Georges Lefebvre

la Révolution française.

L'INFLUENCE provocatrice du mouvement des prix et des revenus sur le déclenchement et sur le rythme de la Révolution n'est plus à démontrer. La conjoncture économique a créé pour une large part la conjoncture révolutionnaire.

L'idée n'est certes pas nouvelle, du moins sous sa forme la plus simple. La police de tous les régimes, depuis l'Empire romain jusqu'à l'Empire français, a compris l'intérêt qui s'attachait à l'approvisionnement des grandes villes et à la surveillance des prix du pain. On savait déjà que 1789 était une année de pain très cher, que le traité de commerce de 1786 avait provoqué un effondrement de la production textile et un vaste chômage ouvrier. Mais les caractères généraux des crises sous l'ancien régime économique, la solidarité des phénomènes par quoi elles se manifestent, leur aggravation en 1789, imputable à la violence du mouvement cyclique et du mouvement de longue durée, permettent de mieux évaluer la pression du milieu économique sur les événements.

Nous l'avons déjà noté à plusieurs reprises : l'explosion révolutionnaire qui survient en juillet 1789 dans les villes et les campagnes coïncide non seulement avec l'année, mais, approximativement, avec la période de l'année où le prix du blé atteint son maximum depuis le début du mouvement de longue durée, et, même depuis la seconde décade du siècle. La hausse cyclique a été d'une soudaineté exceptionnelle. L'amplitude du mouvement, exceptionnelle aussi. Le maximum cyclique est atteint à la fois dans la presque totalité du Royaume, dans 27 généralités sur 32. Soudaine, virulente, générale, la crise agricole de sous-production éclate dans un pays frappé déjà par une grave crise industrielle, provoquée d'ailleurs par un pur événement, le traité de commerce franco-anglais de 1786. Mais la crise agricole va réagir, comme c'est la règle, sur l'activité industrielle, et notamment sur l'activité textile, la grande industrie de l'ancien régime économique. On assiste alors à la généralisation et à la marche inexorable du mal. Si les crises périodiques de l'économie moderne se traduisent pour le travailleur, comme celles d'autrefois, par la chute du salaire et par le chômage, elles en diffèrent par un caractère essentiel : le coût de la vie ne monte pas, ou ne monte pas sensiblement, ou même, le plus souvent, baisse.

Nous savons, au contraire, quelles catastrophes résultent, au XVIIIe siècle, du synchronisme du chômage agricole et industriel, de la tendance à la baisse du salaire unitaire, et des maxima cycliques des prix des céréales – incomparablement plus violents et plus répercutés sur le budget du salarié que ceux d'aujourd'hui et du dernier tiers du siècle précédent.

La chute cyclique du revenu du travailleur des villes et des campagnes, renforcée de sa chute de longue durée, fait de la crise de 1789 une des plus terribles de l'ancien régime économique. La baisse des prix du vin depuis 1781 l'aggrave encore pour une grande partie de la nation paysanne, notamment pour une multitude des petits propriétaires de vignobles, vendeurs de vin et vendeurs de main-d'œuvre, qui échangent à la fois leur vin et leur travail contre des quantités décroissantes de pain.

Les difficultés qui s'accumulent pour la monarchie, nées de la crise financière qu'accentue précisément la crise économique, trouvent dans un tel milieu une résonance très amplifiée. La révolte parisienne se généralise en juillet et en août dans les villes et les campagnes. C'est une émeute de la faim. Le paysan brûle les chartriers et refuse de payer les droits seigneuriaux. «... Après les pillages de châteaux et de greniers à sel, les incendies des bureaux des fermes générales et des barrières des villes, les émeutes des marchés et les taxations du pain, l'ancien régime se trouvait abattu, et l'Assemblée n'avait plus qu'à reconnaître le fait accompli.» Ainsi s'exprime M. Sagnac dans son histoire de la Révolution [1]. Emeutes des marchés et taxations du pain? C'est l'antagonisme du salaire qui s'effondre au minimum et de la rente foncière qui s'élève au plus haut. Incendies des barrières des villes, des bureaux des fermes, pillages des greniers à sel? C'est la contradiction du salaire qui s'abaisse, et l'impôt de consommation qui s'aggrave. Pillages des châteaux? C'est encore, pour une part, l'antagonisme du salaire qui s'abaisse, du revenu global mixte du propriétaire-acheteur qui fléchit au plus bas et des droits féodaux, progressifs sur la pauvre année, sur la pauvre terre, sur la pauvre culture et sur le cultivateur pauvre, qui atteignent alors leur maximum en valeur.

L'opposition du salaire et de la rente, du salaire et de l'impôt, du revenu complexe de la masse paysanne et des droits féodaux, au cours du mouvement de longue durée, se renforce alors d'une éclatante leçon cyclique. Le mouvement des revenus reproduit et aggrave en quelques mois, dans un raccourci dramatique, le mouvement de plus d'un demi-siècle. La révolte de 1789 contre les communs privilégiés de la rente, de l'impôt monarchique et de l'impôt féodal constitue déjà elle-même, bien qu'à des degrés inégaux, un aperçu symbolique de la Révolution.

© Dalloz-Sirey

La crise de l'économie française à la fin de l'Ancien Régime et au début de la Révolution

(1944)

ERNEST LABROUSSE

Thèse de doctorat ès lettres achevée en 1943, ce travail porte sur l'étude conjoncturelle de l'« intercycle » 1778-1791, dont on a retenu ce qui a trait à la crise de 1788-89 et à sa généralisation. Ernest Labrousse décrit les enchaînements de la crise, depuis la mauvaise

1. Lavisse, *Histoire de France contemporaine*, t. I, *la Révolution*, par P. Sagnac, p. 68.

récolte qui « décide de tout », jusqu'à l'amputation des revenus agricoles, dont découle alors le « mal des villes ». Passage célèbre, maintes fois cité, détaillant le mécanisme qui « rend compte », de toutes ces crises de l'ancien type.

Source : *Ernest Labrousse,* la Crise de l'économie française à la fin de l'Ancien Régime et au début de la Révolution, *P.U.F., Paris, 1944, p. XXXIX-XLI et p. 175-181. L'ouvrage a été réédité aux P.U.F. en 1990, avec une préface lumineuse de Jean-Claude Perrot, professeur d'histoire moderne à la Sorbonne (Paris-I) de 1978 à 1992.*

J'AI SOUS LES YEUX toutes les grandes courbes de la régression – notamment celles [...] du vin et du blé, publiées ici même – et, à côté, toutes celles du XVIIIe siècle et du début du XIXe siècle, par exemple la courbe capitale des prix du blé publiée dans *l'Esquisse* et dans les *Annales historiques de la Révolution française*. Évidemment, vue de haut, dans l'ensemble, la régression ne semble qu'un accident, assez vite liquidé. Le temps a duré davantage aux contemporains. Et la crise cyclique qui éclate en 1789, après une rémission d'un an ou deux, atteint une économie en état de moindre résistance.

Après la régression prérévolutionnaire, commence, en 1787, le cycle révolutionnaire, dominé par la crise de 1789 et couvrant une période de cinq années qui prend fin en 1791.

Il semble, au début, qu'à certains égards le XVIIIe siècle économique recommence, que l'élan d'autrefois se retrouve, que les anciens niveaux ne vont pas tarder à être rattrapés et dépassés. Le revenu agricole se redresse vivement. Mais le pouvoir d'achat agricole ne se retrouve pas tout de suite : le cultivateur reconstitue l'épargne attaquée ou disparue durant la régression ; il refait son cheptel décimé par la crise de 1785 ; ou encore il paie les dettes des dix dernières années, il commence de rembourser le créancier hypothécaire. Le débouché rural ne se rouvre donc pas pleinement, il s'en faut. La production industrielle en est d'autant plus gênée qu'elle souffre de ses maux propres, surtout de la cherté des laines, consécutive à la réduction du troupeau ovin par la crise fourragère, et d'une concurrence anglaise aggravée à l'intérieur comme à l'extérieur. Le commerce international est toutefois florissant et dépasse alors, après une longue stagnation dont il sort à peine, tous les maxima du siècle ; notamment, le commerce des produits coloniaux atteint son apogée.

Un accident cyclique grave survient en 1788. La récolte des céréales est très mauvaise : indice de crise imminente, de crise générale, dans l'économie de l'ancien type. La récolte de l'année suivante reste médiocre. Cependant, à d'autres époques, la situation a été pire. 1788 succède à toute une série d'années excédentaires et la moisson de 1787 compte parmi les belles. Si les prix se tendent violemment, atteignant des cotes inégalées, si la plus haute cime antérieure, celle de 1770, est dépassée en 1789, si un palier des hauts prix persiste, du milieu de l'année au milieu de 1790, la hausse n'a toutefois été que de 50 % par rapport au minimum cyclique de 1786. Proportion sans doute considérable, mais très inférieure à celle de beaucoup d'autres crises ; l'écart était de 100 % encore en 1817. La poussée de 1789-1790, soudaine, brutale, très accusée, portant le prix à un niveau record, n'atteint donc pas, par contre, à beaucoup près, une amplitude record[1]. Mais elle frappe une économie à peine convalescente, tout ébranlée encore d'un grave et long malaise, ainsi que de la commotion de 1785. Et la commotion politique de 1789 complique de son

1. Amplitude calculée d'après l'écart entre les prix moyens annuels, le prix de l'année maxima étant comparé au prix de l'année minima qui précède immédiatement. Les prix ne subissent donc, dans cette opération élémentaire, aucune élaboration. Les écarts sont calculés « bruts », sans isolement de variation cyclique par élimination du mouvement de longue durée. [...]

côté la crise, inquiétant la manufacture et le négoce, troublant gravement le commerce de luxe, mettant en fuite les personnes et les capitaux.

La crise cyclique se déclare dans le second semestre de 1788. La mauvaise récolte a comme d'ordinaire décidé de tout. En premier lieu, du sort des campagnes, où l'exploitant-marchand n'a que très peu à vendre : les faibles quantités négociables dont il dispose ne lui permettent guère de profiter de la hausse des prix. Hausse seulement amorcée, d'ailleurs, lorsqu'il apporte à la Saint-Martin ou à la Saint-Michel sa récolte à la halle. Les hauts prix de 1789 ne seront pas généralement pour lui. Son revenu recule. Le bétail se vend mal, la consommation urbaine de viande se réduit : à ce titre encore, le profit de l'exploitant tombe. Le vigneron semble à première vue moins mal en point. La vendange de 1788 a sans doute été médiocre mais il vend beaucoup plus cher. Le profit de l'année-récolte 1788-1789 fléchit à peine. Le vigneron est toutefois acheteur de pain : préservé, ou à peu près, comme producteur, il se trouve gravement atteint en 1789, comme consommateur, par la furieuse poussée saisonnière du prix. La crise frappe ainsi, dans tous les grands secteurs de la production agricole, le cultivateur-marchand, le chef d'entreprise exploitant un domaine assez étendu pour disposer du surplus négociable, après avoir prélevé les quantités nécessaires à la subsistance familiale, à l'impôt en nature, et, dans le cas du producteur de grains, à la semence. La situation du vaste prolétariat paysan est pire. Le vendeur de travail apparaît bien plus défavorisé encore que le vendeur de blé, de viande ou de vin. Le chômage cyclique s'est accru en 1788 : la production a fléchi. Il y a eu moins de blés à moissonner et surtout moins de grains à battre en grange ; moins de raisin aussi à vendanger.

Par contre, le prix des céréales n'a cessé de monter : entre les bas prix saisonniers de 1788 et les maxima de 1789, la hausse du blé est des 2/3 dans l'ensemble du pays. Comme d'habitude, les céréales populaires ont monté plus encore : la hausse du seigle atteint les 3/4. Autant dire que toutes les ressources du journalier vont à sa subsistance au sens le plus strict, qu'il diffère toutes les consommations susceptibles d'être ajournées, notamment les achats de produits textiles. Le cultivateur-marchand, dont on connaît le sort, fait de même. Le débouché rural se ferme.

On devine ce qui se passe du côté des manufactures et du bâtiment. Privé de la clientèle agricole, le textile faiblit. Le fabricant sait bien d'ailleurs, dès le second semestre de 1788, le sort que lui réserve la conjoncture. Il connaît ces situations : la hausse du prix du pain n'éprouvera pas moins l'artisan et le salarié des villes que le producteur et le manouvrier des campagnes ; comme la clientèle rurale, et pour les mêmes raisons, la clientèle urbaine va faire défaut. Déjà le commerce de détail se réserve. Négociants-fabricants et manufacturiers, qui se plaignaient depuis un an et demi de la concurrence anglaise due au traité de commerce, ralentissent les métiers. Le profit tombe. Le chômage industriel s'aggrave. Dans le courant du dernier trimestre de 1788, le mal dépasse toute prévision. La production nationale des étoffes s'effondre. Elle ne représente plus, en 1789, que la moitié du chiffre de 1787. Le chômage tourne à la catastrophe, l'emploi tombant, au moins, comme la production : de 50 %. Le taux du salaire fléchit lui-même, plus variable dans l'industrie que dans l'agriculture. Le bâtiment languit, de son côté, atteint par la crise agricole et industrielle, ainsi que par l'insolvabilité des preneurs, patrons ou salariés, qui réduit les disponibilités des propriétaires. Le mal des villes dépasse peut-être finalement celui des campagnes. Minée depuis plus de 10 ans par le déclin du profit et par le chômage, l'économie entière s'effondre sous le coup de 1789. Il faut se résigner à voir dans les cahiers de doléances autre chose que des criailleries d'électeurs ou de contribuables. Le rédacteur du cahier n'exagère pas : c'est la crise, qui exagère.

Si la baisse du prix des grains postérieure à la récolte de 1789 contribue temporairement à détendre la situation, les troubles politiques qui éclatent au même moment l'aggravent, et aussi, dans les quatre derniers mois de l'année, et durant le premier semestre de 1790, une nouvelle vague de hausse, qui pousse, dans l'ensemble du pays, le maximum saisonnier des céréales au delà de celui de 1789, achevant la déroute générale, portant à son paroxysme le mal du textile et du bâtiment. Un cataclysme économique couvre ainsi la première année de la Révolution auquel échappent seulement une poignée de fermiers et de féodaux, bénéficiaires des hauts prix saisonniers des grains.

Mais, avec la bonne récolte de 1790, la conjoncture se renverse. Le cultivateur-marchand retrouve un surplus négociable. Le prix des grains se détend brusquement, libérant un vaste pouvoir d'achat populaire. Le textile et le bâtiment repartent. Le chômage cyclique décroît. L'ouvrier cherche à réajuster son salaire, des actions collectives se déclenchent. Légèrement excitée par un début d'inflation, la production n'en va que plus vite. Les temps faciles sont revenus – qui ne durent d'ailleurs pas un an.

Le cycle révolutionnaire, le cycle « de 1789 » est clos. Et la suite, et les fluctuations de la fin du siècle, ainsi que du début du siècle suivant, montrent bien qu'est clos aussi le long épisode de contraction 1778-1787. Le réveil économique de 1787 se confirme. Au delà de la trouble période de l'assignat – période exceptionnelle, où les fluctuations économiques n'ont pas toujours la même signification qu'en période de monnaie métallique ou de papier convertible – la montée des prix, des profits, des salaires, continuera, de cycle en cycle, et ne s'arrêtera plus, jusqu'en 1817.

Après la contraction prérévolutionnaire, après le cycle révolutionnaire, le « XVIIIe siècle » recommence. [...]

[...] En général, le cultivateur pâtit, même le groupe réduit de ceux dont le domaine est assez grand pour laisser un surplus négociable lors de la mauvaise année, une fois effectués les divers prélèvements dont il vient d'être parlé. Cette petite minorité de propriétaires paysans, et surtout de fermiers, détient cependant des superficies considérables et joue un rôle économique de premier ordre. Elle embauche une forte partie de la main-d'œuvre rurale. Lors de la mauvaise année, elle embauchera moins ; notamment moins de main-d'œuvre temporaire : moins de moissonneurs si le gerbage est réduit, et, plus tard, moins de batteurs. Elle s'efforcera également de rogner le salaire. Elle rognera elle-même sur ses dépenses de toutes sortes, sur ses achats à la ville : il faut bien payer le fermage et l'impôt, dont les créanciers n'attendent pas ! Quant aux innombrables cultivateurs, qui, loin de vendre du blé, n'en ont pas assez, en temps ordinaire, pour leur propre consommation, ils sont, on s'en doute bien, dans une situation encore plus précaire. Comme tout le monde, ils ont récolté moins de grains. Il va falloir acheter davantage, pour combler le déficit accru de leur production domestique, et acheter à plus haut prix. Où trouver l'argent ? Cette catégorie d'exploitants, très commune dans les campagnes, vit d'un revenu mixte : revenu en nature de la terre qu'elle détient en propriété ou en location, et qui couvre une partie de ses besoins ; revenu en argent obtenu par un salaire, ou encore par l'exploitation d'un petit commerce. L'exploitant est, par exemple, métayer-tisserand, ou propriétaire-journalier-cabaretier. Il faudrait donc qu'une augmentation du gain en argent réalisé au titre du salaire ou du profit commercial vînt compenser la hausse du blé. On verra bientôt ce que fait le profit. On devine, ou on sait déjà ce que fait le salaire rural. Sans baisser toujours, le taux tend à la baisse. Et surtout l'emploi diminue. Au temps même où le prix des céréales et du pain augmente de 50 %, ou de 100 %, le salaire monétaire fléchit. Ainsi s'effondre le revenu mixte de l'exploitant évalué en biens de consommation populaire, en « pouvoir d'achat ». Quant au revenu du prolétaire à l'état pur, du journalier sans terre, c'est, de tous, le plus atteint. Ce journalier achète la totalité du pain nécessaire à la subsistance familiale : comme cette dépense représente environ, en temps normal, la moitié de ses ressources, on devine ce que la poussée des prix laisse en pouvoir d'achat à un salaire monétaire qu'attaque à la fois la baisse du taux et le chômage.

La crise des céréales tend donc à bloquer, dans l'économie de l'ancien type, le débouché des campagnes. L'immense majorité des revenus est en baisse. Le profit des cultivateurs-marchands fléchit. Le revenu mixte de la masse des autres exploitants

Un exemple de relation stable : le haut prix cyclique des céréales cause des crises économiques de l'ancien type (XVIIIe siècle : crises de 1770 et de 1789)

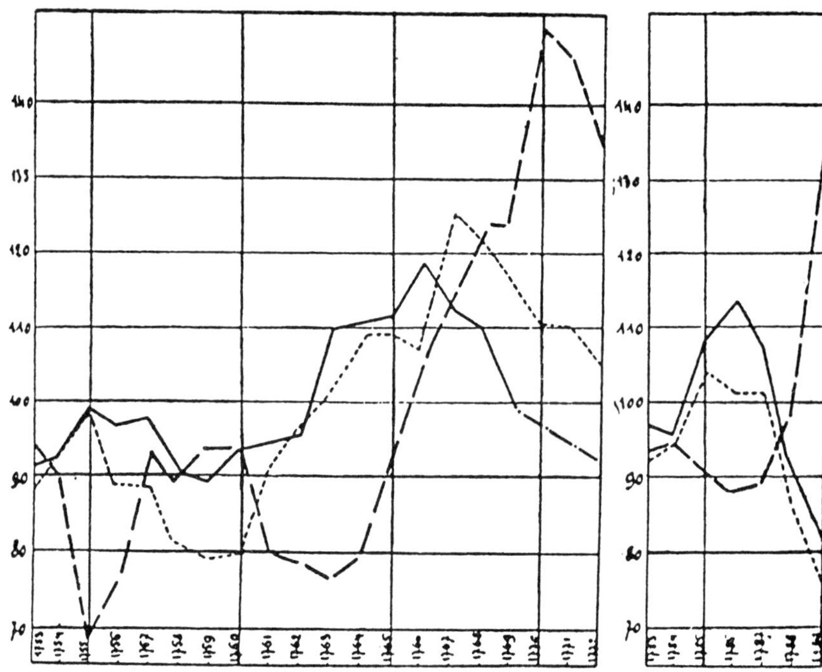

Diagr. 1 (Base 1753-1772 et 1783-1789 = 100)

Indice du prix du froment en France .... ____________
Indice de la production textile (généralité d'Amiens) .... ____________
Indice de la production textile (généralité de Rouen) .... ____________

La contrariété tendancielle du mouvement des prix du froment et de la production textile apparaît nettement.

s'écroule. C'est à peine s'il reste au journalier de quoi acheter du pain. La crise est née d'une défaillance de la récolte. Mais c'est la hausse du prix des grains qui l'a généralisée, qui a atteint la masse des revenus, même dans le milieu rural. Personne évidemment ne reste passif devant l'événement. Chacun cherche à «se débrouiller», en premier lieu à trouver une activité compensatrice. La crise en créera quelques-unes. Elle tendra par exemple à accroître le roulage à longue distance : on verra bientôt que jamais le blé n'est plus mobile qu'en temps de maximum cyclique. Mais tout le monde ne peut être entrepreneur de transports, ni même charretier : d'autant que d'autres échanges sont en baisse et que, sous cette influence, le trafic se ralentit. On vivra donc sur l'épargne. Ou encore ou s'endettera : le métayer empruntera au maître. Ou l'on mendiera. De toutes façons, du fermier au journalier, on différera toutes les dépenses qui ne présentent pas un caractère d'urgence, on achètera moins dans les villes, on surseoira notamment à s'approvisionner en produits textiles fournis par le commerce. Chacun, sans doute, achète habituellement assez peu. Mais le monde paysan constitue, par ses dimensions, un grand débouché. Ce débouché se contracte. Le budget du pain refoule violemment le budget des produits manufacturés.

Alors apparaît le deuxième temps du mal : la crise de sous-production agricole entraîne une sous-consommation de produits industriels et déclenche la crise de surproduction industrielle relative. Née dans la campagne, la crise gagne la ville, la manufacture, et réfléchit même sur les campagnes dans la mesure où le travail à domicile les associe à l'économie industrielle. La production textile tombe lourdement – et l'on sait la place capitale qu'elle occupe alors. Les prix tendent à baisser. Les profits s'écroulent. Le taux du salaire fléchit. L'emploi s'effondre au moins dans les mêmes proportions que les quantités produites. La condition de l'ouvrier des villes apparaît pire que celle du journalier : car le chômage est pire, et la mobilité du taux du salaire très supérieure. En même temps le prix du pain progresse : de 50 %, de 100 %, comme dans les campagnes ! La réduction du pouvoir d'achat des villes contribue de son côté à réduire la consommation des produits industriels. La crise nourrit la crise. Tout le commerce urbain souffre, et notre journalier-cabaretier de tantôt demanderait en vain à son modeste profit un supplément de ressources : profit et salaire se dérobent à la fois. Le chômage dépeuple les grandes cités. Il les peuple aussi de mendiants, car l'aumône, municipale, confessionnelle, ou privée, y est plus libérale. Mais la populace sans gîte qui s'y presse ne compense pas, pour les propriétaires d'immeubles, l'exode de la population ouvrière. Le revenu de la propriété bâtie diminue les constructions qui ralentissent. Le bâtiment professionnel, atteint par la crise des affaires, ne va pas mieux que le bâtiment bourgeois. Le recul économique est général. Le profit s'effondre dans tous les secteurs industriels. Le salaire est au plus bas dans toutes les professions. Et le prix du pain au plus haut.

La contraction de la récolte et la violente réaction du prix des céréales ont ainsi causé la crise. Du moins dans le milieu économique plus haut défini, qui persiste pendant des siècles. Ces phénomènes solidaires, cette contamination de l'économie industrielle et, plus généralement, de toute l'économie urbaine par l'économie rurale, s'observe en 1847 comme cent ans plus tôt, comme à la fin du XVIIIe siècle, comme sans doute – mais l'étude n'a pas été reculée aussi loin – dans tous les temps où l'économie d'échange présente les mêmes caractères. C'est bien ce qu'expriment, chacun à sa manière, les trois diagrammes suivants. Le premier, intéressant la seconde moitié du XVIIIe siècle (diagramme 1), atteste, entre beaucoup d'autres, la contrariété cyclique tendancielle du mouvement des prix des céréales et de l'activité textile. Quand le prix des céréales monte, au cours du

Un exemple de relation stable (suite) : le haut prix cyclique des céréales cause des crises économiques de l'ancien type (XIXe siècle : crises de 1830, 1839, 1847)

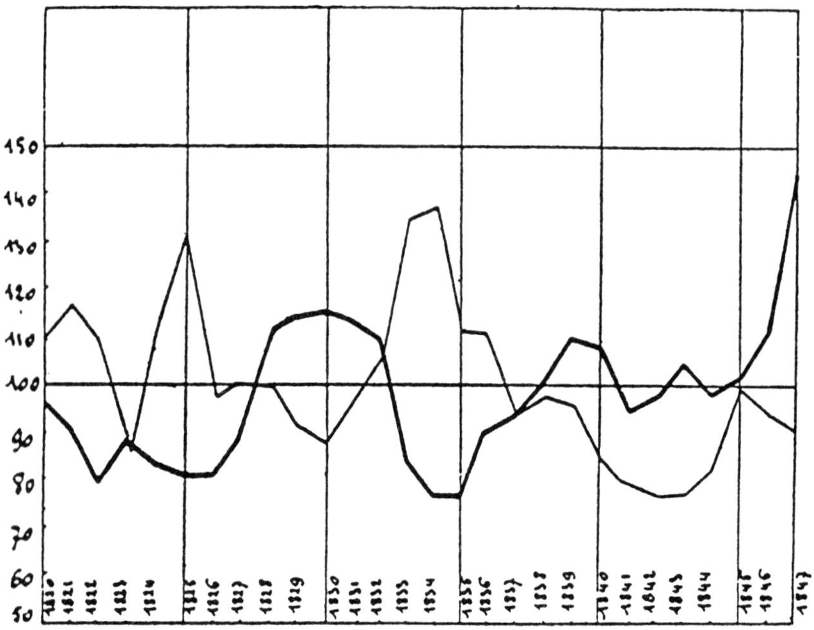

Diagr. 1 *bis* (Base 1820-1857 = 100)

Indice du prix du froment .... ————

Indice du prix de la laine .... ————

La contrariété des variations du froment et du produit textile est aussi visible qu'au diagramme précédent.

cycle, et notamment quand il monte au delà d'un certain niveau (en général au delà du prix moyen du cycle considéré), la manufacture se ralentit : ce qui signifie baisse du profit, baisse du salaire, chômage, superposition des catastrophes agricole et industrielle, violente poussée du coût de la vie et effondrement du revenu. On ne retrouve plus malheureusement au XIXe siècle une documentation statistique comparable à celle de l'inspection des manufactures. Mais des symptômes très expressifs attestent la persistance de la même relation. A défaut de la statistique des quantités, un symptôme de l'activité textile, les variations du prix de la laine qui monte en période d'activité et baisse en période de dépression, nous révéleront ces temps d'activité et de dépression : comme les mouvements de la production, les mouvements du prix de la laine qui les traduisent, tendent à s'effectuer, dans la première moitié du XIXe siècle, en sens inverse de ceux des prix des céréales (diagramme 1*bis*). De même les variations du taux du salaire (diagramme 1*ter*) : salaire du bâtiment, salaire de l'industrie textile, salaire de la métallurgie, décrivent les variations contraires à celles du blé. Les courbes industrielles de ces deux diagrammes, empruntées à des sources différentes, concordent assez remarquablement: les salaires montent ou baissent, selon que monte ou baisse la courbe de la laine, selon que s'accélère ou se ralentit le rythme de la production, dominé par la variation du prix des céréales. Le mécanisme de la crise reste celui d'autrefois. Les crises de 1817, 1839, 1847, qui apparaissent si nettement sur ces diagrammes, répètent celles de 1770 et de 1789 – et de temps encore beaucoup plus anciens. Toutes ces crises, dont nous avons aujourd'hui perdu l'idée, sont caractérisées par le recul du revenu monétaire et la forte avance du coût de la vie. Plus précisément, cette forte avance est cause. La crise, née de la mauvaise récolte, est généralisée par la brutale poussée du prix des grains, antécédent le moins substituable de la crise économique. Inversement, la baisse du prix des grains tend à rétablir, mais à terme, le pouvoir d'achat de la généralité des revenus, une fois réparés les malheurs de la crise, une fois reconstituée l'épargne, ou remboursées les avances, dont toute une partie de la population a vécu.

Cette reconstruction du mécanisme de la crise, qui rend compte, en gros, de l'essentiel de toutes les crises de l'ancien type, n'est indifférente ni à l'histoire économique, ni à l'histoire politique, ni à l'histoire biographique. Elle aboutit, en l'espèce, à décharger les gouvernements des responsabilités principales, à substituer à une causalité anthropomorphique une causalité naturelle. Non que l'action des hommes soit indifférente, non qu'un gouvernement soit complètement désarmé, même en économie libérale, devant les catastrophes économiques, ni qu'il en soit toujours complètement innocent. Le volontaire, le délibéré, n'est toutefois ici qu'un facteur accessoire. L'historien qui ne néglige aucun aspect de la réalité ne saurait sans doute l'ignorer. Mais, dans la recherche des causes, l'essentiel est ailleurs. Les courbes fossiles d'une économie disparue nous l'ont dit.

Une autre tâche, on le sait, s'impose dans cette recherche à l'historien des fluctuations économiques: après avoir déterminé la relation durable, il recherchera avec fruit la durée de la relation. Opération qui peut d'ailleurs n'être pas sans profit pour l'économiste lui-même: il ne sera pas d'une mauvaise méthode, dans l'étude d'un phénomène comme celui des crises modernes, d'aller du simple au complexe, des solidarités élémentaires des crises de l'ancien type au mécanisme beaucoup plus compliqué de celles d'aujourd'hui. Il ne sera pas non plus indifférent à l'historien, on s'en apercevra bientôt, pour la pleine intelligence de la période observée, de savoir si les relations stables qu'il découvre sont vieilles ou nouvelles, éphémères ou prolongées.

La crise cyclique, qu'on retiendra toujours en exemple, évolue rapidement du type ancien au type moderne, durant le troisième quart du xixe siècle. Les fluctuations du prix du froment s'apaisent, avec les chemins de fer et les changements radicaux qui s'opèrent dans la composition de la ration alimentaire du travailleur. A partir de 1856, la variation cyclique cesse de porter les prix du froment du simple ou double. A partir de 1867, les hausses de 50 % disparaissent. Les amplitudes répétées des 150 ans qui précèdent ne se répètent plus. En même temps que la variation agricole perd en force, la variation industrielle gagne en force (qu'on compare les faibles réactions du prix de la houille au xviiie siècle et dans la première moitié du xixe siècle aux énormes déséquilibres de la seconde moitié !) comme en importance: l'industrialisation et l'élasticité croissante de l'économie transforment toute la vie cyclique. L'influence dominatrice passe du blé à la métallurgie. La fluctuation agricole cesse ainsi de commander à la fluctuation industrielle. Le règne des céréales se clôt. Des relations périmées font place à des relations

Un exemple de relation stable (fin) :
le haut prix cyclique des céréales
cause des crises économiques de l'ancien type
(XIXe siècle : crises de 1817, 1830, 1839, 1847)

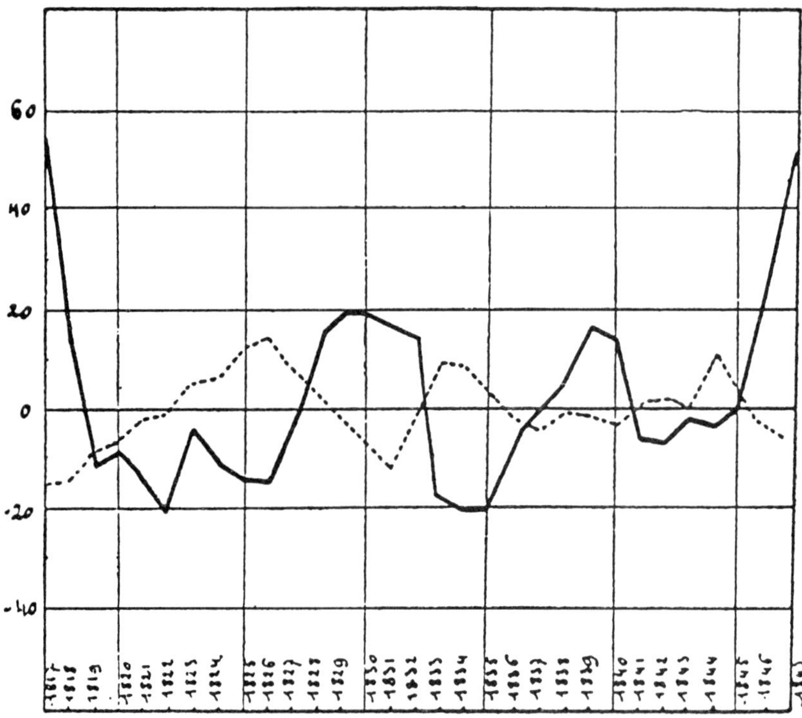

Diagr. 1 *ter* (Base 1817-1847 = 100)

Indice du prix du froment ....
Indice du salaire ....

Comme aux deux diagrammes précédents, la contrariété des mouvements comparés est très apparente.

nouvelles. La crise, plus grave à certains égards que celles des temps qui précèdent, n'apporte plus aux classes populaires la même intensité de souffrance. Notamment disparaît la concordance de la hausse du prix du pain et de la baisse du revenu. [...]

© Presses universitaires de France

1848-1830-1789
Comment naissent les révolutions
(1948)

ERNEST LABROUSSE

Texte intégral de la sténotypie de la communication de Ernest Labrousse, qui en a délibérément conservé le caractère oral, lors du centenaire de la révolution de 1848. Par son souci de généralisation et d'articulation entre l'économique, le social et le politique, cet article fait figure de modèle du raisonnement labroussien.

Source : *Ernest Labrousse, « 1848-1830-1789 – Comment naissent les révolutions », extrait des* Actes du Congrès historique du centenaire de la révolution de 1848, *Paris, P.U.F., 1948, p. 1-20.*

I

Les révolutions se font malgré les révolutionnaires.

Alors que l'événement est là, les gouvernements n'y croient pas. Mais le « révolutionnaire moyen » n'en veut pas.

Rappelez vous 1848, 1830, 1789 ! Quel personnage plus assuré du lendemain que Louis-Philippe ? Quel homme plus sûr de lui que Charles X à la veille des Trois Glorieuses ? Et je ne parle pas de la Cour, de mai à juillet 1789 !

D'autre part, notre « révolutionnaire moyen » hésite à franchir le pas. Ou plutôt même, comme c'est le cas en 1848, il s'y refuse exception faite du groupe infime des communistes matérialistes. Mais Louis Blanc ? Mais la majorité parlementaire ? Mais, dix huit ans plus tôt, la majorité des 221 ? Mais le futur « ministre moyen » Laffitte ? Mais le « député moyen » du tiers état de Paris en 1789 ?

Si bien que toutes ces révolutions vont apparaître aux contemporains comme des révolutions-surprises ! Je ne sais d'ailleurs rien de plus significatif que la revue de la presse du 25 février. Permettez-moi d'ouvrir avec vous ces journaux que vous auriez pu déplier à Paris, dans le tumulte des crieurs, au Palais Royal ou Boulevard des Italiens, sur une table du café de Foy ou de Tortoni.

Voici le *Constitutionnel* du 25 février 1848. Vous y voyez que, pour une question de minutes, le régime vient de tomber. « L'ancien gouvernement est tombé comme sont tombés ses prédécesseurs, pour avoir compris son intérêt et son devoir, un jour, une heure, une minute trop tard ! » Voici maintenant la presse d'opposition. Opposition de droite. *L'Union monarchique* écrit : « Une révolution s'est accomplie en quelques heures. Les quatre voitures qui emportaient vers le Cours-la-Reine, Louis-Philippe, sa famille et les débris de sa maison tombée, viennent à peine de disparaître de l'horizon. Ce n'était plus un cortège de roi... justice était faite ! »

Et voici maintenant – faisons vite – vers la gauche de « l'éventail politique », la *Démocratie pacifique* des Fouriéristes et de Victor Considérant, pas tellement « chauds » pour le suffrage universel : « Les heures qui nous séparent de notre dernier numéro sont des années. Jamais le temps n'a marché si vite ! Paris vient de prouver à l'Europe, qui s'étonnait de son silence, que son réveil devait être une explosion. » Et plus loin : « Les conséquences sont incalculables. Les secousses sympathiques vont atteindre les extrémités du continent.» Et encore (dédié à notre collègue Renouvin, en souvenir de sa communication d'hier): «L'unité fédérale et libérale de l'Europe devient facile, irrésistible.»

Quant à *La Réforme*, elle nous dit tout simplement: «Les événements vont trop vite pour laisser le temps de les commenter.» Et *Le National* – ce sera ma dernière citation – écrit, toujours dans son numéro du 25: «Jamais révolution n'a été aussi rapide, aussi imprévue. Que le peuple soit fier de sa victoire! Que la France apprenne avec bonheur que les Parisiens viennent de faire de nouveau justice d'un gouvernement pris en flagrant délit d'attentat contre la liberté! Que l'Italie, que la Suisse, que les peuples nos frères applaudissent à notre triomphe; celui-ci sera, nous l'espérons bien, fécond en résultats.»

Telle est la presse du 25 février...

Un de nos invités, un de ceux qui ont participé, avec le plus d'éclat, à nos débats de Milan, nous disait que, dans l'opinion des hommes de 1848, dans les préoccupations de l'Italien moyen, du «révolutionnaire moyen» de Lombardie et de Vénétie, les problèmes sociaux ne tenaient que peu de place.

Gardons-nous de ne juger les hommes que sur ce qu'ils pensent d'eux-mêmes. Gardons-nous de demander des témoignages sans réplique aux contemporains. Ce n'est pas toujours – rappelez-vous le cinéma – le spectateur du premier rang qui voit le mieux l'image! Ici, en tout cas, tous nos spectateurs du premier rang, tous nos spectateurs du 24 février ont mal vu.

Révolution-surprise cette révolution du type classique, que de classiques symptômes annoncent? Cette répétition de 1830 et de 1789?

On distinguera sans doute bien des types de révolutions. Il y a les révolutions largement populaires et les pronunciamientos, les révolutions de masse et les révolutions de palais. 1848, comme 1830, comme 1789, a été une révolution de masse! Mais que de variantes dans les révolutions de masse: ces révolutions peuvent être, si j'ose dire, «spontanées» ou «dirigées». Spontanées, improvisées dans l'élan populaire, échappant plus ou moins à l'influence directrice des sectes. Ou dirigées: subissant par exemple l'influence déterminante d'un parti de masse.

Rien de semblable en 1848, en 1830, en 1789. Il n'y a pas d'armée encadrée de la révolution. C'est la levée en masse, volontaire et improvisée.

Ainsi donc, deuxième caractère de ces trois révolutions: ces révolutions de masse sont des révolutions spontanées.

Mais que de types encore à reconnaître dans des révolutions de cette nature. Type «endogène», type «exogène», par exemple. Révolution endogène que celle qui naît d'une situation intérieure, et de cette situation intérieure seulement, qui suit librement son cours jusqu'à son terme. C'est le cas des trois révolutions françaises. L'an 1789, l'an 1830, l'an 1848 n'ont pas été influencés par l'invasion ou l'occupation, par un choc extérieur, comme le seront les mouvements du Quatre-Septembre et de la Libération. Conséquences: les révolutions du premier groupe présenteront un caractère plus social que celles du second; celles-ci étant plutôt du type national, ou d'un type mixte, national et social.

Tel est donc le troisième caractère que je dégage des trois révolutions que nous allons étudier: révolutions de caractère «endogène», à prédominance sociale.

Finalement, pour réaliser une révolution du genre de 1789, de 1830 ou de 1848, pour mettre une masse en mouvement, en l'absence d'un mot d'ordre de grand parti populaire et de ce choc traumatique de la défaite ou de l'occupation dont je parlais tout à l'heure, la seule force assez puissante sera un fait, également de masse, dont le fait économique constitue le type le plus accompli.

Est-il besoin de préciser de nouveau le sujet de cette communication, de délimiter de nouveau mon dessein ? Le titre est assez clair. Il ne s'agit pas pour moi de rechercher les origines lointaines de nos trois révolutions, mais seulement, si je puis dire, le processus, les techniques des jours mêmes où s'accomplit, au sens propre, la révolution. Je limiterai cet exposé au fait même de l'explosion.

Premier élément explicatif de l'explosion révolutionnaire : c'est un état de tension économique. Tension économique, en 1789, en 1830, en 1848 ; sans doute les facteurs sont différents à bien des égards ; ils demeurent cependant, au fond, très proches. L'histoire de nos difficultés économiques à ces trois dates se répète étonnamment.

La tension de 1789 commence par un accident naturel bien connu : par deux mauvaises récoltes de céréales. A l'origine des difficultés économiques, je vais donc trouver un fait naturel, un fait spontané, échappant à la volonté de l'homme, et non point cette « infernale trame de la cupidité » dont parlera Louis Blanc quand il relatera la hausse des prix des grains, la hausse violente du coût de la vie populaire en 1788-1789 : hausse du prix des grains dont vous apprécierez la force explosive si je vous rappelle d'un mot que, dans le budget populaire moyen, dans le budget de l'ouvrier et du manouvrier, les dépenses en pain représentent alors, bon an, mal an, environ 50 % des dépenses totales.

Les mauvaises récoltes de 1788 et de 1789 ont donc provoqué une hausse considérable du prix des subsistances. Hausse sans doute très variable selon les régions ; hausse qui va être d'environ 50 % pour l'ensemble du pays, si je l'apprécie d'après l'écart des prix moyens annuels. Mais, si je suis ma courbe de plus près, de semaine en semaine – ou mieux encore, pour avoir une vue plus sûre, plus moyenne des événements : de mois en mois – je relève, aux temps difficiles de la soudure, une augmentation de 100 % dans l'ensemble du royaume ; et, dans certaines régions, de 200 %.

Voilà donc, au premier temps, une manière de cataclysme naturel ! Voilà donc un peuple qui vit essentiellement de subsistances, et le prix des subsistances, à la suite de ce cataclysme naturel, va échapper aux possibilités de la masse des consommateurs.

Mauvaise récolte et hausse des prix vont provoquer l'effondrement du pouvoir d'achat d'un large groupe social. En premier lieu de toute la paysannerie : effrondrement du pouvoir d'achat de la plupart des producteurs et vendeurs paysans, parce que, lors des années de mauvaise récolte, ils n'ont précisément rien à vendre. La hausse des prix est bien loin de compenser l'effondrement, l'anéantissement des quantités négociables, des stocks négociables entre leurs mains. D'autre part, du côté des paysans journaliers, de la masse des paysans consommateurs (rappelez-vous la communication de M. de Saint-Jacob et l'importance qu'il attribuait à cette catégorie), le pouvoir d'achat s'est effondré : car le salaire ne monte pas alors que monte le prix des grains.

Et voici maintenant que notre tension économique, phénomène spontané, échappant à la direction gouvernementale, va nous apparaître avec toutes ses conséquences, va se répercuter sur toute la vie industrielle. Vous savez ce qu'est la France de 1789 ! C'est une France essentiellement rurale. Imaginez maintenant les conséquences, sur le débouché industriel, de la fermeture du débouché rural et découlant inexorablement de celle-ci !

Comment ne pas évoquer, à ce sujet, les beaux travaux de nos devanciers, et particulièrement cet article de Charles Schmidt, paru il y a quarante ans dans la *Revue historique*, où il nous décrit, depuis le début de 1788, les différentes phases des angoisses gouvernementales : le chômage, la crise dans le textile et dans toutes les industries. Le mal s'aggrave considérablement en cours d'année. Si bien que se démasque à la fin une superposition de catastrophes. Catastrophe agricole ; catastrophe industrielle ; chômage ; baisse du taux du salaire. Consultons la statistique fiscale des plombs de marque, la comptabilité des plombs de marque, – des « plombs », c'est-à-dire de cette sorte de visa fiscal apposé à la pièce qui a subi les formalités du contrôle. Nous savons qu'il a été envoyé, en province, en 1789, la moitié des plombs de 1787. La chute de la production industrielle peut donc être présumée de 50 %. Bien d'autres faits confirment cette proportion. Ainsi donc le chômage industriel, le chômage urbain peut être de l'ordre de 50 %. Ajoutez la baisse du taux du salaire – de 15 à 20 %. Et cela, au moment où le coût de la vie monte dans la proportion de 100 à 200 %, comme nous le voyions tout à l'heure.

C'est dans cette atmosphère de crise économique que va naître la révolution de 1789.

Il en sera de même en 1830. Bien entendu, les crises se suivent et ne se ressemblent pas. La crise de 1830 commence bien avant 1830. Elle commence alors que s'achèvent les belles, les faciles années de la Restauration. La coupure, dans la vie économique de la Restauration, se fait aux environs de 1825. Cela commence par une contagion anglaise, par une sorte de « mal anglais », par la crise anglaise, née en 1825 et transmise dès la même année à nos marchés. Il ne s'agit encore que d'une crise par contagion, que d'un mal importé, atténué, modéré, sans racines françaises. Mais la crise va prendre en 1827-1828 un caractère tragique et nous allons voir réapparaître tous les grands symptômes de 1789.

D'abord, de mauvaises récoltes, et en premier lieu, toute une série de mauvaises récoltes de pommes de terre, au temps où la récolte de pommes de terre représente environ les 3/5e en poids de la récolte de froment et est devenue un grand élément de la subsistance populaire.

Après la crise de la pomme de terre – ou plutôt, s'ajoutant à la crise de la pomme de terre – la crise des grains. Crise relativement modérée – les prix ne montent guère que de 50 % – mais beaucoup plus longue qu'en 1789. Comparons les courbes : en 1789, poussée, élan des prix, pointe aiguë de juin-juillet ; en 1830, dôme des prix, suite d'un morne plateau de hauts prix, de difficultés, de misère qui a commencé en 1828. Les conséquences industrielles de ces difficultés agricoles sont les mêmes que tout à l'heure : la fermeture du débouché rural entraîne la fermeture de la fabrique, le ralentissement considérable de la production industrielle. Les faillites se précipitent : c'est le temps où la Banque de France refuse d'accepter les traites qui portent des signatures d'Alsace, parce que ses signatures sont réputées signatures cotonnières, parce que le deuxième temps de la crise est textile, comme en 1789 ! Ainsi, du côté bourgeois, chute du profit. Du côté ouvrier, diminution du pouvoir d'achat. Nous avons sur cette époque, pour le salaire, une information dont nous ne disposions pas pour 1789. Dans le bâtiment de Paris, par exemple, entre 1825 et 1830, le salaire recule de 30 % ; dans le textile de province, d'après un certain nombre de sondages, le salaire recule de 40 % ; dans la métallurgie, recul du salaire de plus du tiers. Et, naturellement, chômage aggravé, notamment depuis l'hiver 1828, alors que se produit cette hausse du prix du pain d'environ 50 %.

Sans doute, à la différence de 1789, nous ne verrons pas éclater en 1830 la révolution au maximum de la pression, de la tension économique et sociale ; mais, néanmoins, les prix de juillet 1830 seront des prix de crise, de difficultés, analysé tout à l'heure, à savoir le chômage, la baisse du taux du salaire, la hausse du coût de la vie, en un mot l'anéantissement du pouvoir d'achat populaire.

Que de citations de journaux pourrais-je vous faire encore ! Voici la moins longue, du 2 janvier 1830 :
« La rigueur prématurée de l'hiver, la cherté du pain, le défaut de travail et la détresse des classes inférieures de la société, ont excité, dans les classes supérieures, une sympathie et une pitié généreuses. » On a ouvert des souscriptions ; on va organiser des bals. « Qu'on en ait envie ou non, il faudra bien danser par charité ! »

La crise sociale persiste néanmoins dans cette atmosphère de crise économique. Et dans cette crise sociale – ou près de la crise sociale – éclate la crise révolutionnaire de juillet. La crise sociale couvre notamment les années 1828 et 1829. Les plus graves troubles sont des troubles de subsistances. Nous en avons la carte, une carte qui les révèle centralisés dans l'ouest, dans le nord-ouest, dans le centre du royaume. En certains points, l'émeute est presque quotidienne. Pour le seul mois de mai 1829, 25 rapports informent le gouvernement de nouveaux troubles, ce qui fait à peu près une émeute nouvelle par jour. Sans doute, à la fin de 1829, l'agitation s'apaise-t-elle, et nous ne voyons pas ici la révolution politique concorder exactement avec les mois de convulsion sociale. On en est tout près, néanmoins. Si le temps des paroxysmes sociaux est dépassé, la cause subsiste toujours : la tension économique, qui persistera, aggravée par la Révolution, jusqu'en 1832.

Et voici maintenant la crise de 1847. Ce qui caractérise cette crise, c'est la persistance de l'ancien processus de tension et l'apparition d'un processus nouveau. C'est un cumul de déséquilibres : déséquilibre naturel de la vieille économie des grains et des textiles ; déséquilibre artificiel de la nouvelle économie métallurgique.

Crise de l'ancien type, tout d'abord, c'est-à-dire crise essentiellement agricole, et crise textile : je vous ai dit que 1847 répétait 1830 ! Cela commence encore par une maladie de la pomme de terre, de la pomme de terre qui a pris une place bien plus considérable encore qu'en 1830 dans les subsistances populaires. La maladie commence en 1845-1846. La récolte de céréales de 1846 est mauvaise. Vous comprenez l'importance de ce « doublet » : le haut prix de la pomme de terre, subsistance populaire se répercutera sur le prix du pain, subsistance substituable ! La hausse d'un grand produit populaire comme la pomme de terre va amener, même en l'absence de mauvaise récolte, une hausse considérable du prix des grains. A plus forte raison quand la récolte est mauvaise, comme c'est le cas en 1846. Nous allons voir alors se reproduire, dans la France de 1847, à peu près les événements économiques de la France de 1830 et de 1789 ! Comme j'aimerais vous présenter la carte du sinistre économique 1846-1847 ! Vous auriez au nord et au nord-est une grande tache ténébreuse, avec une hausse d'environ 100 ou 150 % du prix des grains ; vers l'est, la tache est moins sombre ; l'atmosphère s'éclaircit, le cataclysme décroît en force, à mesure que nous descendons, vers le sud-ouest, les pentes du Massif central, pour décroître plus encore vers le sud, vers ces rives protégées qu'ont toujours été celles de la Méditerranée. Quelle différence, en 1847 comme 1789 – et c'est bien là ce qui atteste la permanence profonde de nos structures économiques – entre le marché lorrain du blé et le marché provençal ! Entre les dures tensions continentales et la modération maritime qui imprègne la vie économique des provinces de l'océan ou de la mer intérieure ! La Méditerranée : mer compensée, sorte de marché mondial en miniature où accourent le blé du Nord par le couloir de la Saône, et le blé lointain de l'Italie, et, plus lointain encore, le blé d'Afrique ou du Levant ! Si bien que sous ces ciels, jamais la moisson n'est violemment déficitaire ! Une sorte de compensation des « chances météorologiques » va jouer dans cette espèce de monde en miniature, d'univers commercial en miniature que représente la Marseille de toujours !

1847 ! 1789 ! Faits identiques ! Structures et conjonctures économiques encore étonnamment proches !

Et voici d'autre part, apparaissant sur le marché du textile, les répercussions que nous connaissons déjà. Au temps où le coût de la vie monte avec la fougue que nous savons, la production textile s'effondre ; le profit textile s'effondre ; nous verrons tout à l'heure ce qu'il est en du salaire !

Telle renaît donc la crise de l'ancien type. Mais la Révolution de 1848 va éclater, ainsi que je vous le disais, comme au lieu de rencontre des crises de l'ancien type et du nouveau. A la crise de l'économie des blés et des textiles va se superposer la crise de l'économie de la métallurgie.

Pour la première fois l'économie française va connaître en effet une dure crise de la métallurgie. Rappelons quelques dates bien connues : 1847 ; c'est tout près de 1841, date de la grande loi sur les expropriations, date du statut des exportations indispensables à la construction de notre réseau ferré ; et c'est tout près de 1842, qui a donné son statut, sa Charte à ce réseau.

Un plan de construction a été établi ; il a même été établi, dans l'illusion de la prospérité, presque au moment où prenaient fin, en 1846, les temps faciles. Mais qui croyait à la crise proche ? Par l'association des crédits privés, des crédits locaux et des crédits d'État, le plan devait permettre la construction rapide du chemin de fer. L'âge du fer, l'économie du fer et de l'acier allait commencer.

La métallurgie moderne, au coke, a déjà pris un rapide élan. Mais la crise éclate et il n'y a plus de disponibilités ; il n'y a plus de crédits ; on va suspendre le plan. On ajourne ainsi près de un milliard de francs de travaux publics, c'est-à-dire que l'on renonce à environ 500 millions de journées de travaux, au taux de deux francs par journée. Dès lors la métallurgie va s'effondrer. De même la mine. Entre 1847 et le début de 1848, la production en valeur de la métallurgie baisse du tiers. Elle baissera bientôt de moitié. Le chiffre de la mine recule de 20 %. Et plus que la production en valeur, tombe le chiffre d'affaires. Car toute la production n'est pas vendue. Enfin, plus que le chiffre d'affaires, baisse le profit. Car certains éléments du coût de production, du prix de revient vont rester sensiblement les mêmes : tels les loyers, les impôts, l'intérêt des énormes capitaux investis.

Que peut donc penser la bourgeoisie du début de 1848 ? Nous le rechercherons dans un instant.

Pour ce qui est du salaire, les mêmes causes que celles que nous avons déjà analysées font violemment pression sur lui. Dans la grande industrie, par exemple dans l'industrie textile, la chute est d'environ 30 %. Ajoutez le chômage que vous devinez, avec l'effondrement de la production. Ajoutez la ruine du pouvoir d'achat, avec la hausse du prix des grains de 100 à 150 %.

Sans doute la crise sociale va-t-elle faire son plein en 1847. Sans doute le prix des grains va-t-il considérablement baisser dans le second semestre de 1847 et au début de 1848, où il retrouvera à peu près le niveau de 1844 – ce qui n'est pas encore le bas prix. Néanmoins, la grande, la violente pression des prix du blé est terminée. Mais la vague de hauts prix a passé sur le pays comme une inondation et, comme une inondation qui se retire, elle a laissé derrière elle toute une population sinistrée, à l'épargne anéantie. Très souvent, comme en témoignent les Monts de Piété, le mobilier lui-même a été engagé. C'est le chômage ! La révolution éclatera dans un monde économique sinistré.

Comme en 1830, elle éclatera d'ailleurs non pas au temps des convulsions sociales, de ces convulsions de 1847 qui ont gagné toute la province, mais au lendemain. La pression sociale n'est plus la même, en janvier 1848, qu'en avril ou en mai 1847. Mais il reste toujours la pression économique, une bourgeoisie et un prolétariat sinistrés, sans avances et sans travail.

Comment ce prolétariat et cette bourgeoisie vont-ils réagir à la crise ? Ce qui revient à dire : quelle est l'influence des crises sur les révolutions ?

Les crises vont être imputées au gouvernement. Imputée au gouvernement, me direz-vous, une mauvaise récolte ? Non pas, naturellement, le fait de la mauvaise récolte. Mais on dira : si les prix ont monté, c'est parce que le gouvernement a laissé trop sortir de blé dans les années d'avant – ou parce qu'il n'en a pas importé assez – dans l'année déficitaire. Si la métallurgie s'arrête, s'il y a une crise textile c'est parce qu'on a taxé trop haut les matières premières à l'importation ; et parce qu'on n'a pas assez encouragé l'exportation. Quand il survient une crise, comme celle de 1788-1789, au lieu d'accuser la nature, on s'en prendra au traité de commerce franco-anglais, dont je ne dis pas qu'il soit innocent, mais à qui ne reviennent pas les responsabilités les plus lourdes ! En un mot, cette espèce de conception anthropomorphique de la crise, en la personne d'un ministre ou d'un ministère, je la retrouve à l'origine de nos trois révolutions. Je pourrais multiplier les textes pour 1789 et 1830 ; vous trouverez naturel que je m'oriente tout de suite, pour faire vite, vers 1848.

Que dit par exemple *La Réforme* ?

« La classe ouvrière et la classe bourgeoise ont été atteintes par des désastres économiques que le gouvernement n'a su ni prévoir ni combattre. Qui donc peut se féliciter du bien-être de la France ? Ceux qui n'ont pas souffert, parce qu'ils avaient sous la main les libéralités du budget. »

Non seulement, d'ailleurs, la crise est imputée au gouvernement, mais, bien plus haut, au régime lui-même. Laissez-moi vous citer, un texte caractéristique, de Ledru-Rollin : un discours à l'occasion du débat sur l'Adresse, en 1847. Que dit-il de la situation économique ? A qui en impute-t-il la responsabilité ?

« Si nos industries, notre commerce, notre crédit financier, déclare-t-il à la Chambre, sont dans un état alarmant de souffrance, je pourrais dire de ruine imminente, à qui la faute ? A qui imputer la responsabilité ? Au système qui pèse si lourdement sur nous depuis seize ans !

« C'est vainement que, pour se défendre, il invoque, comme cause de cette détresse, un accident calamiteux, mais passager : le peu d'abondance des céréales. A la veille de 1789, pour masquer d'autres plans, couvrir d'autres désordres on l'invoquait aussi. Ce n'est là que la dernière goutte qui fait déborder le vase déjà trop plein. La détresse des classes ouvrières, le malaise des commerçants, le manque de numéraire, tiennent à des causes plus générales, fondamentales, permanentes. Ainsi, à ne jeter les yeux que sur le tableau des douanes (des cinq dernières années)... nous voyons que la France a fait pour 551 millions d'exportations de moins qu'elle n'a fait d'importations, d'où la conséquence qu'en cinq ans seulement, pour solder la balance, il a fallu faire sortir de France 551 millions de numéraire pour enrichir l'étranger, chiffre effrayant qu'il faudrait peut-être augmenter encore de 200 millions pour être dans les limites du vrai, car on sait quelles tolérances sont accordées aux déclarations de l'exportation et de l'importation».

Et les journaux notent ici: mouvement.

«Les jeunes membres du parti conservateur qui nous entretiennent de réformes, croient-ils que cette décadence de notre commerce ne tienne point à la politique extérieure de notre gouvernement? Politique servile et heureuse qu'ils appuient pourtant de leurs votes!

«N'est-ce point également le gouvernement qui a amené ces conditions de ruine de nos manufactures, ces désastres du commerce intermédiaire en laissant monopoliser par les grands possesseurs de capitaux la plupart de nos branches d'industrie, en constituant de ses propres mains une aristocratie des écus, une féodalité financière?

«N'est-ce pas lui qui a jeté en pâture aux traitants, aux joueurs de toutes sortes, un milliard de primes dans la question des chemins de fer? Un milliard! dont 600 millions pour quelques maisons de France et 400 millions qui sont allés enrichir des capitalistes de l'Angleterre et de l'Allemagne...

«Encore un coup, au lieu d'attendre des réformes d'un pareil régime, ce qu'il faudrait faire avant tout, c'est de cesser de le défendre et de le réformer lui-même.

«... Par les faiblesses extérieures, par les fautes intérieures du gouvernement, les difficultés du commerce et de l'industrie s'expliquent de longue main!»

Voilà l'imputation. Voilà comment un gouvernement, comment un régime peut être, dans les circonstances difficiles d'une grave crise, l'objet d'une solennelle et efficace accusation.

Mais, me direz-vous, il ne s'agit là que du monde parlementaire! L'accusation porte évidemment bien au-delà. Elle révèle une propagande portant sur toute la moyenne et la petite bourgeoisie, sur le monde populaire. La crise réveille, intensifie, coalise, synchronise tous les mécontentements. On a parlé, à propos de troubles récents, d'un mystérieux «chef d'orchestre». Le chef d'orchestre, en 1848, et lors des deux révolutions précédentes, n'est autre que le rythme anonyme de la production capitaliste: rythme périodique, rythme cyclique, rythme décennal de la production, intensifié depuis longtemps par la science économique, de Marx à Aftalion et à Simiand.

Entendons-nous bien. Est-ce à dire que le révolutionnaire, que le chef de barricade, y monte pour conquérir le pain? Qu'une révolution n'est qu'une jacquerie d'affamés? Nullement. Mais tous les griefs politiques contre un gouvernement se trouvent réveillés à cette occasion; tous les griefs économiques, tous les griefs sociaux se trouvent réveillés par une crise qui, précisément, va aggraver toutes les inégalités sociales.

Grand sujet, sans doute, que celui de la psychologie du révolté. Je ne puis ici qu'esquisser des directions, qu'esquisser une réponse. La bonne méthode consiste à expliquer, à étudier, dans le présent, l'influence de ces fluctuations, de ces rythmes de la production capitaliste sur l'opinion politique, sur l'opinion générale, et d'appeler ainsi à l'aide l'Histoire régressive de Marc Bloch. Dans la société d'aujourd'hui, comme dans la société d'alors, deux grandes catégories apparaîtront dans la masse en révolte: les croyants et les flottants. Les croyants n'ont sans doute pas besoin de crise économique pour entreprendre une révolution. Mais tous leurs griefs, toute leur hostilité seront alors portés à l'état aigu. A eux seuls, d'ailleurs, ils ne peuvent rien. Il leur faut le levier de tout un peuple. Ce sont les croyants, sans doute, qui font les révolutions. Mais ce sont les flottants qui les gagnent. Ce sont les flottants, par le poids de leur masse, qui transforment l'émeute en mouvement victorieux. Il y faut une masse innombrable, une sorte d'« unanimisme » populaire.

Victor Hugo, dans *les Misérables* je crois, a fort bien posé le problème. Entre le gouvernement et l'émeute, quel contraste de forces ! D'un côté des divisions, de l'autre des bandes. D'un côté des arsenaux, des canons ; de l'autre quelques barils de poudre et un armement hétéroclite. Pour faire pencher la balance, contre l'armée, du côté de la foule désarmée, il faut une foule innombrable, enthousiaste, et le concours général, actif ou passif, de l'opinion.

Il faut, en un mot, un poids et une valeur de masse : et c'est le phénomène économique, phénomène de masse par excellence, qui, par son caractère de généralité et d'acuité, peut provoquer un pareil soulèvement.

La crise va donc synchroniser contre le gouvernement toutes les forces hostiles. En même temps, elle disperse les forces de ce gouvernement. Elle les disperse parfois matériellement, militairement. C'est le cas en 1789 où il faut faire face partout aux émeutes de subsistance. C'est le cas en 1830, sans doute dans une moindre mesure, mais c'est quand même le cas avec les incendiaires de Normandie. C'est le cas en 1848, d'une façon indirecte, passive, avec la Garde Nationale de boutiquiers, frappée par la crise, frappée par la mévente, et qui passe le fusil à l'insurgé. Rappelez-vous les heures de février, de la 12e Légion, la participation de la 12e Légion de la rue Mouffetard qui partira d'ici, tout à côté de la place du Panthéon, entraînant derrière elle, poussant devant elle un certain nombre de ses représentants qui, la veille, faisaient figure moins glorieuse dans les conciliabules de l'opposition !

II

La crise rassemble donc contre le gouvernement, en même temps qu'elle disperse les forces gouvernementales.

Mais elle ne fait que contribuer à créer la crise politique.

Elle n'en explique qu'une partie... Et peut-être pas la plus grande, si capitale qu'elle nous apparaisse dans l'explication du déclic révolutionnaire.

Que de limites en effet, à l'explication des révolutions par les crises.

Ces crises, je l'ai indiqué d'un mot, présentent en gros, dans l'ensemble, une périodicité décennale. Il y a des crises économiques décennales. Il n'y a pas de révolutions décennales.

Il faut donc, pour que se constitue cette espèce de mélange explosif qui va être la révolution, que d'autres éléments interviennent. Et notamment il va falloir que la crise économique rencontre la crise politique. Crise politique qui va se manifester par la décomposition des forces gouvernementales, des forces militaires, comme nous l'avons vu tout à l'heure ; mais aussi des forces politiques, des forces parlementaires, ministérielles, comme nous allons le voir maintenant.

Tout d'abord, des difficultés financières vont agir comme un dissolvant redoutable et compromettre la position du gouvernement devant l'opinion publique ou parlementaire. Ces difficultés sont naturellement liées aux difficultés économiques. Qui dit crise économique dit crise budgétaire, latente ou déclarée. Avec la crise économique, l'impôt rentre moins bien ; les recettes sont moindres ; le crédit public est atteint. Par contre les charges sont plus considérables, avec les frais d'assistance. Si bien que les gouvernements vont connaître une sorte d'instabilité, de fragilité particulière en temps de crise financière. Les ministres se succèdent rapidement. Faites donc le décompte des contrôleurs généraux de 1787 à 1789, et dites-moi si, par exemple, un Lambert ou un Laurent de Villedeuil ont fortement marqué vos mémoires ! A l'intérieur même de l'équipe gouvernementale, on tiendra le ministre des Finances dont le budget n'est pas en équilibre pour un compagnon de route peu souhaitable !

Si bien que ces trois crises, 1789, 1830 et 1848 vont être marquées – bien qu'inégalement – par des crises financières graves agissant sur le gouvernement, compromettant la stabilité gouvernementale. De 1787 à 1789, nous le savons bien. N'oublions pas également qu'en 1830, le déficit est continu depuis 1827, que le budget de 1828 n'est équilibré qu'au prix de cinquante millions de ressources extraordinaires, que de fortes moins-values apparaissent au cours du premier trimestre de 1830 ; cependant qu'il faut solder les frais de l'expédition de Morée et d'Algérie ! C'est alors que de nouveaux griefs vont encore apparaître et se réveiller, et que l'opposition aura la partie belle. Rappelez-vous le fameux incident de la salle à manger de Peyronnet, qui fera d'autant plus scandale qu'il éclata dans une période de vaches maigres. On a beau jeu à dénoncer les « libéralités » du régime. Par exemple le traitement d'un colonel suisse à 15.000 francs (il y a de l'argent pour les colonels suisses ! pour les corps privilégiés de la maison du roi !) – qu'on compare aux 6.000 francs du colonel français ! La crise financière vient donc vicier l'atmosphère politique, ou contribuer à la vicier. Et naturellement nous la retrouvons avant 1848, avec un déficit de 1847 : déficit record de 258 millions, 20 % des recettes ordinaires.

La crise politique sera caractérisée d'autre part par l'extrême division, l'extrême fractionnement des partisans du régime, alors que l'opposition, elle, va faire son plein.

La crise politique d'avant 1789 est bien connue. Les forces du régime se décomposent. C'est d'abord cette « révolution aristocratique » que M. Georges Lefebvre, dans son *1789*, nous expose comme telle, avant la révolution bourgeoise. Et, d'autre part, au temps même de cette révolution bourgeoise, l'action attractive de la bourgeoisie va dissocier une partie des forces de la noblesse et du clergé. Et les classes populaires bloquent avec la bourgeoisie. Ainsi donc, décomposition des forces gouvernementales, et, d'autre part, passage d'une partie de ces forces dans les rangs de l'opposition.

Avant 1830 ? C'est la *Défection*. En 1830, sous le ministère Polignac ? C'est le désaccord au sein du ministère et le remaniement ministériel de dernière heure ; alors qu'au contraire la coalition libérale fait son plein, alors que les « 221 », d'accord avec Cavaignac et les républicains, font bloc et reviennent 274 !

Et en 1848 ! Que de progrès de l'opposition ! Quelle crise politique croissante dans cette Chambre censitaire de 1846 ! J'ai une longue liste de scrutins : vous en citerai-je quelques-uns ?

La majorité de Guizot est d'abord énorme : trois quarts contre un quart. Mais voici d'autres scrutins. On va voter par exemple sur la réforme électorale. Les jeunes conservateurs hésitent. Le gouvernement obtiendra cependant encore une assez confortable majorité, bien que déjà fort réduite : 252 voix contre 154. Voici maintenant un vote sur une proposition de Rémusat, à propos de la réforme parlementaire, et non plus de la réforme électorale. La majorité du gouvernement va tomber à 219 voix : 228 contre 185, chiffre record. Cette majorité se réduira encore sur le vote de l'amendement Sallandrouze par l'attitude de quelques conservateurs ; de 43 voix, elle n'est plus maintenant que de 33.

Toujours donc, au cours de nos trois grandes Révolutions, la crise politique concorde avec la crise économique et constitue le second et redoutable élément de ce mélange dont je parlais tout à l'heure.

Vais-je donc vous proposer une explication dualiste? Vous dire, sans plus, qu'à l'origine des Révolutions nous trouvons à la fois une crise économique et sociale, et une crise politique, sans rechercher dans quelle mesure la crise politique exprime elle-même une crise sociale?

Non que je refuse en principe une explication dualiste. J'irai, pour ma part, bien au-delà du dualisme. Une révolution, comme n'importe quel événement historique, naît d'antécédents multiples, innombrables. Dans chaque révolution, que de causes personnelles, morales, sentimentales! Que de contingences! Que de hasards! Incertitudes des hommes des tiers partis de toujours. Scandales retentissants, comme ceux qui amènent, à la fin de la monarchie de Juillet, toute cette brochette de pairs voleurs et assassins devant la plus haute juridiction du royaume: l'ébranlemennt moral est considérable. Il y a enfin le fait national, fait passionnel par excellence. Que de frissons passionnels, en 1830, à la vue des drapeaux tricolores. Que de haines contre Guizot et contre le régime de Juillet, complices par action ou par abstention des traités de 1815. Mais le «frisson tricolore» est aussi un frisson social. Le drapeau de la Révolution est aussi un drapeau social: celui de la bourgeoisie progressive. Rien de plus significatif que ces débats européens, que ces commentaires des chancelleries, au lendemain des événements de 1830 ou de 1848. Jamais l'Europe n'a été davantage partagée en deux blocs! Jamais n'est apparue, d'une façon plus évidente, la coexistence de la vieille et de la nouvelle Europe. C'est le choc, non pas simplement de deux classes, mais de deux civilisations; de la civilisation foncière et de la civilisation industrielle, le choc de la richesse en état et de la richesse en mouvement, de la fixité, de l'hérédité, de la tradition – et de la circulation active des élites; le conflit de l'aristocratie conservatrice et des audaces bourgeoises, l'ancien monde contre le nouveau. Et lorsque nous voyons par exemple Metternich comparer l'événement de 1830 à la rupture de la digue, je ne sais rien de plus exact, je ne sais pas de comparaison plus admirable. Il déclare la société en danger. C'est en effet le cours de la Révolution française, avec ses chocs de classe, qui reprend. Si bien que l'option nationale, le drapeau tricolore, l'extension à l'échelle internationale de la Révolution française, c'est au fond une option sociale.

Et, de même, ces crises politiques que nous avons étudiées ont aussi des dessous sociaux.

Ces divisions, ces luttes politiques expriment largement, au fond, des conflits sociaux permanents, des conflits sociaux que je pourrais presque dire de toujours, mais portés alors à l'état aigu.

Vous me dispenserez, j'imagine, de vous exposer que les chocs de 1789 mettent aux prises l'aristocratie et la bourgeoisie! Une bourgeoisie qui croît en richesse: ce qui ne veut pas dire une bourgeoisie qui croît simplement en capitaux, qui empile des bénéfices, mais une bourgeoisie active, maîtresse des activités économiques, maîtresse du marché du travail, de l'emploi, maîtresse de la production. Je ne sais rien qui contraste davantage avec cette activité industrielle de la bourgeoisie que l'absentéisme foncier de l'aristocratie. Il y a bien, de ce dernier côté, une accumulation de richesses; mais c'est une accumulation de richesses passives. Cette bourgeoisie, qui croît en richesses, en pouvoir économique, croît aussi en culture, en nombre. N'oubliez pas que la bourgeoisie prolifère. Elle prolifère physiquement, mais bien plus encore économiquement, en tant que classe, dans les villes grandissantes, alors qu'au contraire, la noblesse se fige en caste.

Enfin, la bourgeoisie grandit en conscience. C'est peut-être au XVIIIe siècle que cette conscience de classe s'affirme avec le plus de force. Une bonne conscience : car la gestion bourgeoise conduit l'ensemble des classes à une prospérité générale. Elle est comme la classe missionnaire, comme la classe élue, chargée de guider l'humanité vers toutes les formes de progrès. Elle le sait, elle le dit. Toute la littérature ne fera que le répéter. La classe bourgeoise exerce alors sur la société son attraction de classe grandissante et victorieuse. Elle va attirer à elle les éléments des forces décomposées de l'ancien régime. Ses ambitions et son prestige de classe montante et de classe progressive n'expliquent-ils pas, au fond, l'essentiel des heurts politiques de mai-juillet 1789 ?

En 1830 ? N'est-ce pas la situation de 1789, relativement simple encore, qui réapparaît – avec sans doute bien des nuances ? C'est toujours, dans ce conflit des 221 et de l'ancienne monarchie, même rénovée par la Charte, le conflit bourgeoisie contre aristocratie, mais d'une bourgeoisie qui a eu peur et qui redoute le dur niveau égalitaire de l'an II.

La situation est beaucoup plus confuse en 1848. Ce n'est plus la lutte bourgeoisie-aristocratie, ce n'est pas encore la lutte bourgeoisie-prolétariat. C'est, si vous voulez, une espèce de lutte des classes triangulaire, avec deux bourgeoisies (la grande et la petite) et le peuple. Mais la classe montante n'est plus la bourgeoisie. C'est déjà le prolétariat : le prolétariat rassemblé, le prolétariat urbain des villes en plein progrès, le prolétariat « coagulé » de la fabrique et l'artisanat des faubourgs, et non plus le prolétariat d'autrefois, le prolétariat dispersé de la manufacture du XVIIIe siècle : « manufacture », terme abstrait, englobant les travailleurs éparpillés dans le plat-pays, « manufacture », qui préexiste à « fabrique ». En 1848, un prolétariat de fabrique est né : un prolétariat rassemblé, dans lequel va naître, à un plus haut degré que jadis – ce qui n'est pas beaucoup dire – une conscience de classe.

Le prolétariat apparaît donc déjà comme la classe montante. C'est par rapport à lui que l'opinion politique va se classer. Il n'y aura vraiment de programme social, par exemple, indépendamment des sectes socialistes, que chez les hommes du *National*, de *la Réforme* et chez les chrétiens sociaux. Programme social avec la limitation de la journée de travail, parfois le salaire minimum, l'amorce d'une législation du travail, des Caisses de retraites. De telles préoccupations vont distinguer, classer certains partis. Le suffrage universel lui-même est un aspect de la question prolétarienne : c'est le suffrage du pauvre.

Il n'empêche que le prolétariat est encore mineur, qu'il demeure classe politiquement subordonnée, classe auxiliaire ; c'est néanmoins la classe qui monte, alors que la bourgeoisie est plus divisée, plus dissociée que jamais.

Cette dissociation, sur laquelle j'aurais tant à dire, je la résumerai d'un mot ; elle s'exprime par la défiance de la petite bourgeoisie, que je pourrais appeler la bourgeoisie « concurrentielle », contre la grande bourgeoisie de monopole. C'est un fait bien caractéristique que de voir, notamment, depuis les difficultés économiques de 1837-1840, les auteurs socialistes mettre l'accent sur les dangers que présentent, pour la petite entreprise, pour l'artisanat, pour le petit filateur, les progrès de la grande entreprise et de la concentration industrielle. Sans doute Sismondi avait-il annoncé déjà ces sombres perspectives. Mais c'est maintenant toute une école, tout un courant de pensée qui proclame le danger, pour la petite bourgeoisie, des progrès de la grande. D'autre part, le gouvernement va, visiblement, ostensiblement, prendre position, à côté de la grande bourgeoisie, dans le problème des compagnies de chemins de fer, de la banque, de la mine, des hauts fourneaux. Il refuse d'appliquer la loi sur les coalitions – et du point de vue juridique, sa position paraît inattaquable – aux grandes coalitions de capitaux. Il poursuit les coalitions ouvrières, il traduit les mineurs en grève devant les tribunaux, mais il refuse de voir une coalition patronale dans une grande compagnie minière concentrée par absorption de petites entreprises. Et de même la grande banque commence à absorber la banque locale. La compagnie des chemins de fer – privilégiée, à monopole – ruine les petites entreprises de transporteurs. Et dans la métallurgie, chez les maîtres de forges, c'est le monstre, c'est le «poids lourd» chargé de coke qui fait pour la première fois reculer durablement, même en nombre absolu, le haut fourneau au bois.

Certains éléments de la petite bourgeoisie se sentent donc menacés dans leur existence, et s'irritent ou s'inquiètent des faveurs accordées au capitalisme de monopole, déjà redoutable en soi, par le gouvernement de la monarchie de Juillet.

Autre sujet de division bourgeoise: le désaccord sur la politique extérieure. Une fraction très importante en nombre de la bourgeoisie accepte, au début de 1848, le danger de la continuation, à l'échelle européenne, de l'œuvre de la Révolution française, et cela, au risque d'encourager partout – et même chez nous, par un choc en retour – l'esprit révolutionnaire. Désaccord enfin, comme chacun sait, sur la politique intérieure: la petite bourgeoisie et l'artisanat non censitaires veulent voter.

Finalement, la décomposition de la bourgeoisie se manifeste par ce partage presque égal, en deux blocs, de la Chambre de 1848. Est-ce à dire que cette bourgeoisie opposante, cette bourgeoisie concurrentielle, nationale, libérale, peut s'unir pour gouverner? En rien. Comme il serait difficile de faire gouverner d'accord Molé et Garnier-Pagès! Impossible d'imaginer la conjonction de Barrot et de Ledru-Rollin. Et c'est bien là un des aspects essentiels du drame de 1848 que ce prolétariat mineur et cette bourgeoisie profondément divisée qui ouvrent alors comme une vacance de pouvoir.

Finalement, quelles vont être les conséquences de cette grave crise politique de 1848, dont nous venons d'esquisser les dessous sociaux, sur la révolution?

Cette crise politique va donner à la crise sociale un objectif politique, et la crise économique donnera à la crise politique une immense force sociale.

Nous apercevons maintenant la nature de notre mélange explosif. C'est, dans les trois cas, la rencontre d'une grande commotion économique et de grandes difficultés politiques, la rencontre d'une grande crise économique et d'une grande crise politique, la crise politique traduisant elle-même, dans une large mesure, des antagonismes sociaux antérieurs et divisant profondément la classe dominante ou les classes dominantes.

Mais ce n'est pas encore assez pour l'explosion! Pour que ces deux forces conjuguées, tension économique et tension politique, fassent tout sauter, il va falloir qu'elles rencontrent une résistance.

En 1789, ce sera la préparation du coup de force royal.

En 1830, les Ordonnances.

En 1848, le refus de toute promesse de réforme et l'interdiction de la manifestation réformiste.

... Sir Charles Webster! Comme vos gouvernements ont su éviter cette «résistance», aux temps les plus dangereux! Je pense à cette extraordinaire technique de déminage, de désamorçage révolutionnaire, du grand parti conservateur anglais. En Angleterre, politique de souplesse: on cède à temps et rien ne saute. En France on résiste – et tout saute. Je n'entends certes pas expliquer ainsi les différences entre les évolutions anglaises et nos révolutions françaises. Ce n'est là qu'un aspect, je dirais presque second, improvisé – et comme littéraire... – de la question. Mais je me demande néanmoins si ce fait n'explique pas, pour une part, la présence du caractère explosif dans notre histoire intérieure, et l'absence si remarquable de ce caractère au cours des derniers siècles de votre histoire.

Mais il s'agit là d'une aventure d'histoire comparée dans laquelle je n'entends pas m'engager. Je ne me suis proposé que l'étude d'un cas français, l'étude de trois explosions françaises... j'entends bien «explosions», car j'ai limité mon étude au temps même des journées révolutionnaires. Je n'ai présenté qu'un simple essai, de simples suggestions à reprendre, à revoir, à compléter.

Je me suis trouvé devant la catégorie de révolutions la plus favorable à l'interprétation économique. Et cependant nous avons vu que d'autres facteurs que les facteurs économiques entrent en jeu : facteurs personnels, facteurs moraux, facteurs à la fois idéologiques et sociaux comme ceux qui dérivent du fait national. *A fortiori*, la part des faits non économiques serait plus grande, s'il s'agissait d'autres types de révolutions.

Ne croyez donc pas que je tende à je ne sais quelle explication unitaire, totalitaire de l'histoire. Le fait économique est pour nous le fait majeur, mais non point, il s'en faut, le fait unique. Je ne connais, pour ma part, pas plus d'Histoire matérialiste que d'Histoire idéaliste. Je ne connais qu'une Histoire positive: celle qui s'applique à faire le tour complet des problèmes, à les creuser aussi profondément que possible, à ne négliger ni le dessus, ni le dessous; l'Histoire qui pose ainsi les questions d'infrastructure et de superstructure, celle qui va des économies aux idéologies.

C'est vous dire que notre histoire est à la fois sociologique et traditionnelle. Traditionnelle, parce qu'elle ne néglige, dans les limites de l'événement, ni l'individu ni le hasard. Nouvelle, parce qu'elle tend à se pénétrer de sociologie, à étudier des ensembles, à rechercher le fait dominant. Mais, croyez-moi, en se pénétrant de sociologie, en établissant des liens avec les disciplines voisines, elle les renouvellera, elle les révolutionnera à son tour, en leur donnant notre méthode, la méthode historique; en substituant, notamment en sociologie économique, à la vieille économie conceptuelle, abstraite, introspective, une économie positive d'observation statistique, de psychologie sociale reconstituée par enquête dans sa durabilité ou sa variabilité ; une science économique qui mettra sous chaque affirmation un document.

En un mot, nous sommes les hommes de l'Histoire complète, qui doit être complète pour être vraie. Nous sommes les hommes des hypothèses de travail à vérifier: esprits libres qui entendons créer une Histoire nouvelle, et qui voudrions l'apporter en présent à cette rencontre commémorative. N'est-ce pas célébrer de la façon la plus durable ce centenaire de 1848? N'est-ce pas répondre de la façon la plus valable au message de liberté et de justice sociale que son grand souvenir européen nous apporte?

© Presses universitaires de France

Le Krach de l'Union générale

(1960)

JEAN BOUVIER

Dans sa thèse complémentaire, Jean Bouvier dissèque les indicateurs financiers et industriels de la région lyonnaise afin de construire une radiographie de la crise de 1882. On a retenu la conclusion, dans laquelle il résume son analyse et son interprétation de l'articulation entre les phénomènes financiers et boursiers, d'une part, et la conjoncture industrielle, d'autre part. Si la rupture première se produit au sein du marché financier, les « véritables excès » se manifestent dans la sphère de la production, à l'orée des langueurs de la grande dépression de la fin du siècle.

Source: *Jean Bouvier,* le Krach de l'Union générale (1878-1885), *Paris, P.U.F., 1960, p. 280-284.*

[...] L'HISTOIRE financière de l'Union a pris d'autant plus de relief qu'elle s'est naturellement insérée dans l'évolution économique. Elle se présente comme un raccourci typique d'un des épisodes de cette évolution. Au centre d'une longue période de difficultés économiques diverses, et d'adaptation du capitalisme français à des circonstances nouvelles – fin de l'ère ferroviaire, orientation affirmée vers l'exportation des capitaux «excédentaires» – période allant, en gros, de 1873 à 1895, la flambée de prospérité de 1879-1881 fut aussi brève qu'intense dans l'histoire de la banque Bontoux elle-même, qui la symbolise.

Le Krach a été l'un des signes précurseurs de la longue et profonde dépression des années suivantes. Il n'en est pas plus la «cause» que ne l'ont été la tension du marché monétaire dans l'été et l'automne 1881, ou la tendance à la baisse de certains prix dès cette année-là.

Lorsque se prépare la crise, c'est-à-dire le renversement de la conjoncture, le changement de climat dans les affaires, se multiplient des signes – apparemment – dispersés. Le Krach de janvier fut l'un d'eux.

Les économistes s'appliquent à chercher les traits communs, les mécanismes fondamentaux de ces ruptures de pente. L'historien est davantage attiré vers les aspects particuliers à chaque crise.

Ce qui distingue précisément celle dite « de 1882 » des précédentes – pour le cas français – c'est que les aspects boursiers et bancaires en éclipsent d'abord tous les autres. Les contemporains ont tellement été abasourdis par la violence de la chute boursière et de ses suites immédiates qu'ils ne l'ont conçue, pendant des mois, que comme un accident limité, sans conséquences profondes. Il est vrai qu'il y a eu antériorité de l'effondrement du marché financier. La dépression industrielle sous ses formes bien connues ne s'est développée qu'après.

L'«accident» de 1882 prend alors, relativement, ses dimensions véritables, et les économistes distingués, laissant de côté leurs spéculations de 1882 sur les causes uniquement psychologiques – selon Leroy-Beaulieu – de la panique boursière, sont contraints de rechercher quelques années plus tard les causes profondes des difficultés fondamentales du capitalisme français, cependant que, dans le monde des grandes affaires, on cargue les voiles.

Léon Say, qui ne manquait pas de lucidité, écrivait dès le 15 novembre 1882, dans le *Journal des Economistes*: «L'impossibilité dans laquelle on s'est trouvé de liquider les opérations de Bourse d'une banque qui spéculait sur ses propres actions n'est qu'un fait particulier. Le fond de l'affaire c'est que depuis deux ans la France avait mis ses épargnes dans des entreprises improductives ou imaginaires, et qu'elle les avait perdues. Si l'effondrement de cette banque ne s'était pas produit, il se serait produit autre chose. Si la spéculation ne s'était pas fourvoyée dans cette voie, elle se serait fourvoyée dans une autre... Le pays était acculé à liquider les pertes immenses qu'il avait subies.»

Il y a ici une notation vraie : celle du gaspillage propre à l'économie de libre entreprise et aux structures hypertrophiées du crédit et de la Bourse.

Accidents nécessaires, répètent alors les tenants de l'économie libérale. Un Frédéric Passy dogmatise en 1883, devant la Société d'Economie Politique: «Aux maux de la crise, il n'y a qu'un remède, le temps, et, il faut bien le dire, le resserrement de la dépense, le ralentissement de la production engorgée [1].»

Clément Juglar opine quelques mois plus tard dans le même cénacle étroit: «Une crise, pour une nation, c'est l'opération rendue nécessaire pour rétablir un équilibre rompu par des excès [2].»

Toute la question est de savoir quelles sortes d'«excès». Ici, les notations de Léon Say citées plus haut ne suffisent plus. Sans avoir ni l'intention, ni la possibilité, de trancher entre les différentes théories des «crises», l'historien peut bien constater qu'il ne s'agit pas seulement de gaspillage, ni d'excès, à porter au seul compte de la «spéculation».

Lorsque à partir de l'été 1881 le «syndicat» des grands établissements de crédit français [3] décide de ne plus lancer d'affaires nouvelles ; qu'à l'automne le Crédit Lyonnais s'engage dans une rigoureuse politique de diminution du volume de ses crédits et, qu'à la suite du Krach, tout le système bancaire adopte une semblable attitude, c'en est fini de l'expansion du crédit qui avait soutenu et accompagné, depuis 1879, l'expansion du mouvement industriel et commercial. La cause *immédiate* du Krach réside bien dans le double mouvement du «gaspillage» des épargnes et de la «grève» des capitaux. Aussi la première rupture se produit-elle au niveau du marché financier.

A la question posée dans un ouvrage récent par un économiste : «Le renversement de la tendance, qui fait succéder la dépression à la prospérité, est-il provoqué par une pénurie de capitaux, ou par une insuffisance de la demande de biens de consommation ? [4]» il semble bien qu'*en 1882* c'est le premier terme de l'alternative qui soit vrai.

Mais au delà des phénomènes boursiers, monétaires et financiers, derrière eux et après eux, se produisent les véritables «excès»: ceux de l'appareil de production progressivement gagné par la paralysie de la dépression – par une paralysie *régressive*. Ici apparaissent les déséquilibres fondamentaux. La dépression atteint son maximum d'intensité en 1884-1885 lorsque l'industrie des moyens de production se trouve atteinte dans tous ses secteurs : l'arrêt des hauts fourneaux de Givors, le maximum des faillites «industrie», et la fermeture de la Compagnie des Ateliers et Chantiers du Rhône en témoignent.

C'est pourquoi le problème de la fièvre des faillites *en 1881* revêtait une particulière importance. En expliquant cette fièvre par une chute des revenus des consommateurs, chute qui aurait été en rapport avec un ralentissement de l'activité économique, on confirmerait les théories de la «sous-consommation» sur l'origine des crises. Mais il nous a semblé que les faillites lyonnaises du second semestre 1881 ressortaient plutôt des prémices du Krach de Bourse. Autant qu'on en puisse juger les indices d'une dépression économique sont à ce moment trop faibles pour expliquer l'ascension des faillites qui se produit alors.

1. *Journal des Économistes*, avril 1883. Discussion sur les travaux publics en temps de crise comme moyen d'en atténuer les effets.
2. *Ibid.*, juin 1884. Y a-t-il une crise économique générale en France ?
3. Voir notre thèse sur *le Crédit Lyonnais*, chapitre XI.
4. G. von Haberler, *Prospérité et dépression*, S.D.N., Génève, 1937, p. 137.

Leur mouvement ascendant changera, par la suite seulement, de signification. Aux faillites du Krach de Bourse (1881-1882) succéderont les faillites de la dépression industrielle (1883-1885) : la baisse du pouvoir d'achat des consommateurs aggravera la situation d'un secteur commercial déjà ébranlé par ses pertes spéculatives.

Il s'est ainsi produit une série successive de reculs aboutissant au recul majeur, le tout échelonné de 1881 à 1885.

Ces traits devaient être fixés pour déterminer les conditions particulières – du moins dans un cadre régional – du déclenchement de la grande dépression de la décennie 1880 dont la gravité exceptionnelle nous apparaît surtout dans sa longueur. Cette courbe des faillites qui continue à plafonner jusqu'en 1890 bien au-dessus du niveau de 1878-1881 est inquiétante. Elle indique peut-être, même dans un cadre strictement local, la gravité des difficultés qui atteignent alors l'économie française dans son ensemble.

Tout n'est certes pas dit sur le Krach lui-même ; encore moins sur les ondes de choc qui l'ont précédé, accompagné, et suivi. Nous avons tenu au titre d'« Etudes sur le Krach », parce que ces études doivent être poursuivies. Nous comprenons le présent travail comme une manière d'aborder un thème plus vaste : celui de la crise et de la dépression des années quatre-vingt dans leur ensemble.

Mais si notre enquête a élargi peu à peu son horizon, il nous était sans doute permis de lui fixer des bornes. Il nous apparaît simplement justifié d'avoir pris conscience de certains problèmes, et de certaines directions de travail.

Pour l'essentiel deux thèmes généraux seraient à reprendre sur un registre plus large, c'est-à-dire à une autre échelle que l'échelle régionale lyonnaise : le thème des *préparatifs* de la « crise », de ses signes précurseurs, en particulier dans l'industrie ; et celui de l'*installation* de la « dépression » : problème de chronologie ; problèmes de localisation, à la fois géographique et socio-professionnelle ; problèmes de mentalités et de réflexes aussi.

Sans oublier que nous nous trouvons alors devant l'une des premières crises de l'économie contemporaine, à dominante industrielle.

Il existe des chances pour que le cas lyonnais, malgré ses caractères spécifiques, ait aussi une valeur générale.

© Presses universitaires de France

La crise comme transition

(1982)

IMMANUEL WALLERSTEIN

Passage d'un ouvrage collectif, où l'historien américain Immanuel Wallerstein, directeur du Fernand Braudel Center à Birghampton (État de New York) et initiateur de la théorie des économies-mondes – qui a inspiré les derniers travaux de Fernand Braudel –, propose une interprétation de la crise des années 1970. Il s'agit d'une analyse théorique, partiellement tributaire de concepts marxistes, où la crise est conçue comme « goulot d'étranglement de l'accumulation » dans l'économie-monde.

Source : *Immanuel Wallerstein, « La crise comme transition »* in *Samir Amin et alii,* la Crise, quelle crise? dynamique de la crise mondiale, *François Maspero, Paris, 1982, p. 10-25 et p. 39-42.*

Le terme de crise est sur toutes les lèvres et nous avons constamment l'impression de passer d'une crise à une autre. Ce terme a été tellement galvaudé que nous ne savons plus très bien ce qu'il signifie. Si tout est crise, rien ne l'est. Pourtant, le fait est que le monde se trouve au milieu d'une crise – structurelle et donc fondamentale – qui porte sur le très long terme et qui se prête, par conséquent, non à une résolution mais plutôt à un déploiement. Simultanément, nous sommes en pleine stagnation économique, qui est ce que d'aucuns appellent aussi « la crise ». Il faut pourtant bien voir qu'une telle stagnation n'a rien de nouveau (puisque le mouvement des oscillations économiques est cyclique depuis plusieurs siècles) et que la stagnation actuelle n'est pas la crise, bien qu'elle l'accentue et la rende plus évidente à tous. Le fait de surmonter la stagnation (donc de relancer l'expansion économique mondiale), et qui demandera déjà une dizaine d'années, ne mettra pas un terme à la crise mais sera au contraire un facteur d'aggravation : paradoxe qui n'est qu'apparent lorsque l'on sait ce qu'est la crise et quels sont ses mécanismes.

La crise, pour nous, est celle du déclin de l'économie-monde capitaliste. Ce système politico-économique a émergé il y a cinq siècles en Europe, mettant un terme au déploiement de la «crise du féodalisme» qui a sévi en Europe entre 1300 et 1450 ; de la même façon, il connaît à présent une crise d'ensemble après avoir conquis le globe et multiplié les succès techniques et scientifiques. Cette crise a commencé dans les années 1914-1917 et se poursuivra certainement au cours du XXIe siècle. Elle semble être la crise de transition de l'économie-monde capitaliste vers un ordre socialiste mondial. Notre propos est précisément d'établir des pronostics raisonnables, puisque ce n'est que par l'analyse des tendances séculaires sous-jacentes à nos structures présentes que nous pourrons faire les extrapolations qui nous permettront d'agir afin de modeler notre monde (dans la limite de nos actions individuelles et collectives).

I. Les mécanismes du système

Pour apprécier la crise de notre système historique, il faut comprendre son mode de fonctionnement présent et passé. Mais il faut bien voir aussi, quoi qu'il nous en coûte, que ce sont les succès de notre système historique qui ont entraîné la crise, et non ses échecs. La recherche permanente de l'accumulation a été l'axe essentiel de l'économie-monde capitaliste. Chaque fois que les forces économiques du système (entrepreneurs privés aussi bien que collectifs) se sont heurtés à un ralentissement de l'accumulation dû à un goulot d'étranglement qu'elles avaient elles-mêmes provoqué, elles ont toujours agi efficacement pour ouvrir ou contourner ce goulot, et retrouver le chemin de l'accumulation globale. De même, chaque fois que des acteurs individuels ont renoncé à accumuler, ils ont été écartés de la scène par d'autres qui se sont montrés plus fidèles à la loi primordiale du système et plus avides de ses récompenses. Bref, les contradictions du système ont été constamment surmontées, et elles le sont encore. La stagnation économique que l'économie-monde a connue depuis 1967 sera presque certainement surmontée d'ici à 1990, et le monde a toute chance alors de connaître une nouvelle période de relative prospérité apparente. C'est cette «force» même du système, son pouvoir de récupération et sa capacité de régénérer l'expansion économique qui l'a mené à sa crise structurelle et qui tend à l'aggraver. Ainsi, après avoir fonctionné et prospéré pendant cinq siècles, ce système est maintenant en train de se désintégrer, au moment même où il atteint un niveau d'efficacité sans précédent.

Qu'est-ce que ce système que nous appelons capitalisme, et qui s'est forgé dans le cadre d'une économie-monde elle-même inscrite politiquement dans un système interétatique composé d'États-nations en principe souverains? C'est un système reposant sur une curieuse logique, qui fait de l'accumulation un but en soi. Il paraît normal de penser que la finalité de notre travail, individuel ou collectif, est la consommation, dans le sens le plus large du terme. Mais consommer quand? Même les écureuils savent que, pour répartir la consommation dans le temps, ils ne doivent pas consommer tout tout de suite. La prudence élémentaire conduit donc à épargner. Joseph conseilla au Pharaon d'épargner en vue des sept années de vaches maigres à venir, et les écologistes d'aujourd'hui nous avertissent de l'épuisement potentiel de pratiquement toutes les ressources non renouvelables. Aussi, de tout temps, on a pris la précaution d'épargner. Le créateur d'outils qu'est l'homme a ajouté au concept de l'épargne celui de l'investissement. Il a ainsi transformé des biens consommables en capital fixe permettant de produire à nouveau (et plus) des biens de consommation. C'est la terre qui, transformée elle aussi d'une certaine façon – défrichée et/ou fertilisée et/ou clôturée – a constitué, de façon privilégiée, le premier grand type d'investissement et qui a été, pendant des millénaires, le dépositaire principal de l'accumulation. Une fois les biens consommables épargnés et a fortiori investis, il convient de savoir qui peut légitimement en profiter, et donc à qui ils appartiennent.

La question de l'État

L'épargne, l'investissement et la propriété ont fait partie intégrante de tout système historique connu jusqu'à présent. Il ne s'agit pas d'inventions du monde moderne. Elles ne sont pas spécifiques au capitalisme, pas plus d'ailleurs que le changement technologique. Les inventions et les innovations se sont développées de façon continue dans l'histoire de l'humanité, même si elles ont vu leur fréquence s'accélérer depuis les temps modernes. Ce qui fut la caractéristique de l'époque moderne, c'est la stabilisation d'une structure particulière, celle de l'économie-monde, correspondant à la division sociale du travail aux frontières plus larges que celles de toute autre structure politique. Ce ne sont pas les structures politiques qui ont contenu les «économies». Bien au contraire, c'est l'économie-monde qui a englobé les structures politiques, ou États. Ce n'est que dans le cadre d'un tel système historique qu'ont pu prospérer des personnes ou des groupes donnant la priorité à l'accumulation ininterrompue du capital. Mais le grand problème des capitalistes a toujours été l'État, qui contrôle la production d'armes. Car, par définition, l'État peut s'approprier et redistribuer les richesses. Aussi l'accumulation *ininterrompue* du capital est-elle, de façon apparemment contradictoire, conditionnée par l'existence d'un État qui puisse aider le capitaliste à s'approprier les biens d'autrui, mais qui ne puisse pas par ailleurs s'approprier les profits des capitalistes.

Cette difficulté n'est surmontable qu'à condition que l'économie *unique* au sein de laquelle le capitaliste opère soit composée de *multiples* États. En ce cas, les divers États peuvent être amenés à l'aider à accumuler (par la répression de la force de travail, ou la création d'avantages monopolistiques au détriment d'autres capitalistes). Mais, à supposer qu'un État donné s'attaque à sa propriété ou à ses privilèges, le capitaliste pourrait toujours recourir à la protection d'autres États. Une fois un tel système mis en place, le capitalisme pouvait «décoller». Et c'est bien ce qui s'est passé historiquement.

Ce qui est illogique dans ce système, c'est que l'accumulation comme but en soi n'a aucun sens d'un point de vue social, puisque les hommes, collectivement, souhaitent consommer et jouir, et non accumuler. Non seulement elle implique en soi une répartition inégale de la consommation, mais surtout, par rapport au système précédent où l'appropriation des nobles/guerriers se faisait au détriment des paysan/producteurs dans le cadre des économies impériales (ou empires-mondes), l'accumulation implique une inégalité bien plus grande et donc une polarisation toujours croissante, dans le cadre du déséquilibre psychologique d'un système dont la *raison d'être*[1] est l'accumulation inlassable et ininterrompue.

Ce manque de logique a été masqué, et dans une certaine mesure légitimé, pendant plusieurs siècles par le fait qu'en limitant les pouvoirs d'appropriation de chacun des États (non pas tant par des contraintes constitutionnelles internes que par les astreintes du système intérétatique sur le pouvoir réel de chaque État) on a supprimé les freins à l'intervention et à l'innovation qui existaient dans les systèmes historiques d'avant 1500, et qui avaient considérablement ralenti le rythme du progrès technologique. Une fois ces contraintes politiques balayées pour une large part par la création et la stabilisation de cette nouvelle structure – l'économie-monde capitaliste – le changement technologique est tout naturellement devenu une arme supplémentaire dans l'arsenal des capitalistes. Le monde est alors rentré dans l'époque nouvelle des machines, substituts de l'énergie humaine. Les résultats ont été si spectaculaires que nous avons eu tendance à négliger le fait que peu de gens ont été touchés par ces succès technologiques, et plus précisément que l'utilisation des machines a impliqué une augmentation et non une diminution de la dépense moyenne d'énergie humaine par personne et au cours d'une vie.

En effet, avec le « progrès scientifique », on a assisté à 1) la hiérarchisation de l'espace (correspondant à la création d'une division de travail de plus en plus polarisée géographiquement, de centres et de périphéries, dans le cadre d'une intégration toujours plus grande de l'économie-monde) ; 2) la création d'une structure divisée à l'échelle mondiale en deux classes (les capitalistes ou bourgeois d'une part et les producteurs directs de l'autre), et la création dans son sillage des structures domestiques appropriées pour assurer la reproduction de la structure de classes ; 3) la création d'États fonctionnant au sein d'un système interétatique, et dont la puissance, inégale, correspond à la hiérarchisation de l'espace dans l'économie (et la création dans leur sillage des « peuples », – nations, groupes ethniques – dont les rapports avec les États ne sont guère aisés).

L'ensemble de ce cadre fondamental – centre et périphérie, bourgeoisie et prolétariat, États et peuples... – était déjà en place au XVIe siècle, dans une économie-monde capitaliste qui ne recouvrait à l'époque qu'une partie du globe. Certes, ses structures étaient alors moins bien définies qu'aujourd'hui. Notre propos n'est pas ici de retracer l'histoire de l'émergence de cette économie-monde, mais bien plutôt d'examiner son mode de fonctionnement depuis qu'elle existe, car c'est ainsi que nous pourrons déterminer la nature de la crise actuelle, comprendre ses origines et faire quelques hypothèses concernant son déroulement probable. Le système capitaliste, comme tout système, possède ses propres contradictions, ce qui signifie simplement que les mécanismes nécessaires pour atteindre *simultanément* un ensemble d'objectifs minent et contredisent l'accomplissement de ces objectifs. Commençons par examiner l'une de ces contradictions, peut-être la plus fondamentale.

1. En français dans le texte *(N.d.T.)*.

Le déséquilibre global offre-demande

La condition primordiale de l'existence du système capitaliste et ce qui fait sa caractéristique propre c'est, nous l'avons dit, la recherche d'une accumulation ininterrompue. La structure formelle du système – une économie-monde unique dotée de multiples États liés par un système interétatique – est parfaitement adaptée à cet objectif : elle favorise en effet l'aptitude de chaque « entreprise » à prendre ses propres décisions de production (et de commercialisation du produit), afin d'optimiser le profit à moyen terme. Dans un tel système, la majorité des entrepreneurs (privés ou collectifs) prendra des décisions rationnelles correspondant à leurs intérêts propres. L'addition de toutes ces décisions constitue l'offre mondiale à un moment donné. Tant qu'il semble y avoir un marché susceptible d'accueillir des biens supplémentaires, l'offre mondiale aura tendance à s'accroitre, grâce précisément à la « main invisible » d'Adam Smith. Aussi, chaque entrepreneur (ou du moins un grand nombre d'entre eux) aura intérêt à accroître sa production, et la structure de l'économie-monde lui en donne la faculté politique. Mais, à l'évidence, cela n'a de sens que dans la mesure où une demande pour ce qui est produit existe quelque part dans le système mondial. A une certaine époque, on a vécu dans l'illusion optimiste que la production créait la demande ; mais l'amère expérience a montré que ce n'est pas le cas. Car la demande n'est pas fonction de la production, mais de la façon dont les revenus des entreprises sont distribués, qui constitue en dernier ressort le facteur déterminant de la demande.

Comment cette distribution s'effectue-t-elle ? Elle ne répond à aucune règle automatique ou objective. Dans la mesure où toute entreprise comprend deux types d'individus – ceux qui contrôlent le capital accumulé et ceux qui fournissent la force de travail –, il existe une infinité de modes possibles de répartition du revenu, et par là même une source intarissable de conflits acharnés. Ce type de conflit se manifeste à l'intérieur de l'entreprise, mais il est bien entendu dépendant (limité, contenu par) des décisions politiques prises par l'Etat. Or il y a de nombreux Etats. Aucun d'entre eux ne peut contrôler la totalité de l'économie-monde, et chacun d'entre eux recherche une certaine stabilité. De plus, les décisions politiques concernant les paramètres de la répartition sont difficiles à prendre ; elles sont le résultat de luttes politiques et ne se modifient pas facilement. Aussi les décisions étatiques tendent-elles à être fixées à moyen terme. Et c'est bien là que se situe la contradiction. Résultat de l'ensemble des décisions politiques prises dans chaque État, la demande mondiale reste stable sur le moyen terme, alors que l'offre mondiale s'engage dans une production toujours plus importante. Tôt ou tard, en général au bout de vingt-cinq ans, un point est atteint où l'offre de biens additionnelle rencontre une demande insuffisante, et l'économie-monde capitaliste connaît l'un de ses traditionnels « goulots d'étranglement de l'accumulation ». Nous traversons actuellement un tel goulot d'étranglement, depuis 1967 environ.

Lorsque l'économie-monde atteint ce point, s'ouvre une période de « malaise » global. Rien ne va plus comme avant, la prospérité n'est plus qu'un vieux souvenir. Il est certain que tous ne subissent pas de la même façon ces difficultés économiques. Pour certains – et peut-être même pour beaucoup – la période de « vaches maigres » est celle des profits les plus élevés. Quoi qu'il en soit, une telle période connaît traditionnellement deux sources principales de changement. Du côté de l'offre, les producteurs qui ont de la difficulté à écouler leurs biens recherchent soit de nouveaux clients, soit de nouveaux produits ou des moyens nouveaux pour réduire leurs coûts de production (et par là même maintenir leur niveau de profit, en valeur absolue, ou du moins leur taux de profit). Du côté de la demande, ceux pour qui le temps des vaches maigres se traduit par un abaissement du pouvoir d'achat cherchent à négocier politiquement leur part dans la répartition au sein de l'entreprise et avec l'État.

La restructuration des « industries de pointe »

L'agitation qui s'ensuit peut durer vingt-cinq ans, jusqu'à ce qu'interviennent les « ajustements » en tous genres. Mais quel est l'objet de ces ajustements ? L'économie-monde repose sur une hiérarchisation géographique, où il existe une corrélation entre le degré d'intensité capitalistique du procès de production dans certains pays, le niveau de salaires réels des travailleurs non spécialisés, et la part de la population qui contrôle le « capital humain » (mais pas forcément le capital réel) et dispose des revenus moyens et supérieurs. Cette corrélation s'établit à un niveau élevé pour ces trois variables dans les pays du « centre » à un niveau moyen dans les pays de la « semi-périphérie », et à un niveau faible dans ceux de la « périphérie ». Trois phénomènes au moins peuvent donc à l'évidence faire l'objet d'un « ajustement » : la localisation d'activités de production spécifiques, le niveau de rémunération (salaire des ouvriers, nombre de personnes tirant leurs revenus de leur « capital humain ») et la taille globale de l'économie-monde. Le passé montre que des changements sont toujours intervenus dans ces trois domaines, afin de résoudre les « goulots d'étranglement de l'accumulation ».

Ce sont les débouchés des « industries de pointe » qui connaissent le plus de difficultés, car, en raison de leur taux de profit élevé, ce sont justement des industries qui ont attiré un nombre toujours croissant de producteurs ; d'où une offre globale accrue. Comme bon nombre d'entrepreneurs se précipitent pour bénéficier des possibilités qu'offre la période de « vaches grasses », la machine s'engorge. La première solution, c'est la faillite de certains producteurs, qui permet à la fois une plus grande concentration de la propriété et une réduction de la production à l'échelle mondiale. Une seconde solution consiste, grâce à des innovations relativement mineures, à accroître l'intensité capitalistique de la production, ce qui entraîne une réduction de la masse salariale. Cela impose cependant que le coût effectif du nouveau capital soit moindre que le gain résultant de la suppression des salaires, et, d'autre part, que « le chômage technologique » induit soit politiquement viable dans l'État considéré ; ce qui n'a pas toujours été le cas (particulièrement dans les États où les industries de pointe sont localisées), étant donné la force des structures syndicales des travailleurs organisés. Une troisième solution est la délocalisation des unités de production dans une zone où le niveau des salaires est historiquement plus bas, généralement par transfert du centre vers la semi-périphérie ; ou plus rarement de la semi-périphérie vers la périphérie. Mais, si la délocalisation et la capitalisation accrue de l'industrie qui en résulte permettent à un entrepreneur donné de reconstituer ses profits, elles tendent à aggraver le dilemme de l'économie-monde, dans la mesure où elles peuvent amener une *réduction* de la demande globale. Aussi, tôt ou tard, cette évolution doit se solder par des faillites (et des concentrations) qui ont pour effet une réduction de l'offre globale, mais aussi une réduction de la demande, du fait du chômage.

Une autre solution consiste à ouvrir des voies nouvelles grâce à des innovations technologiques majeures permettant la mise en place dans le pays du centre de nouvelles « industries de pointe ». Etant donné le niveau élevé de l'investissement primaire (comprenant le financement du processus d'invention lui-même), une telle solution nécessite l'utilisation de fonds publics, destinés à subventionner (directement ou indirectement) les entrepreneurs et, ce qui est sans doute plus important, à leur garantir les premiers débouchés du produit nouveau. Cela dit, au niveau de l'équilibre global, ce « surcroît » de demande impose au préalable une redistribution par les gouvernements de la demande globale existante ; mais, si elle répond aux soucis des entrepreneurs des nouvelles « industries de pointe », cette redistribution n'apporte pas nécessairement une solution aux difficultés de l'économie-monde. Ainsi, l'avance technologique qu'induit régulièrement chaque période de stagnation globale n'est pas *la* solution au problème du renouvellement du procès global d'accumulation. Elle redistribue la géographie globale de la production, et donc la structure globale du pouvoir (sans d'ailleurs pour autant modifier de façon significative la hiérarchisation spatiale de la production, et donc le développement inégal de l'économie-monde). Mais elle ne résout pas nécessairement le problème de la demande globale.

Luttes de classe dans le centre et délocalisation

La demande globale pourrait bien sûr être accrue par une augmentation de la production globale (la vieille idée que la production est créatrice de demande), mais cela présupposerait une économie-monde florissante et non un système où le niveau de la production mondiale excède *déjà* la demande globale. Face à une telle situation, qui est précisément celle des stagnations récurrentes, la seule solution possible est un accroissement de la demande par redistribution du surplus. Mais on bute ici sur une autre contradiction du système. Dans la mesure où l'objectif de l'activité économique est l'accumulation à outrance, une redistribution du surplus impose une baisse de l'accumulation globale par le biais d'une diminution du profit. Et pourtant il apparaît essentiel de permettre une nouvelle expansion de la production globale, qui seule permettra d'accroître le profit.

Dans ces conditions, il n'est guère surprenant que les entrepreneurs soient quelque peu déroutés, tiraillés comme ils le sont entre leur réticence à réduire immédiatement leurs profits (en augmentant les salaires) et l'avidité d'en obtenir à terme (grâce à l'augmentation de la demande induite par les hausses de salaires). Mais les producteurs directs, eux, ne connaissent pas ce type de problème, et ne se soucient guère de l'essor de l'économie-monde. Ce qui les préoccupe au premier chef, c'est leur survie immédiate, menacée par la stagnation globale.

D'où une période de lutte politique aiguë qui porte sur les questions de répartition. Elle se manifeste de différentes manières : arrêt de travail et appropriation de l'outil de travail au niveau de l'entreprise ; boycott alimentaire ou émeutes, au niveau des consommateurs ; manifestations, soulèvements et révolutions au niveau de l'État. Une telle situation peut également déboucher sur des conflits aigus entre États, qui vont du recours à des pratiques protectionnistes jusqu'à l'éclatement de conflits locaux, et même jusqu'au déclenchement de ces guerres civiles globales que nous appelons guerres mondiales.

Le déroulement de ces conflits aigus nécessite la dépense du capital accumulé en consommation immédiate, et contribue par conséquent à l'accroissement à court terme de la demande mondiale effective tout en restreignant l'offre par la destruction et l'interruption de la production. Il ne faudrait pourtant pas exagérer la portée de ce phénomène, qui ne peut porter que sur le court terme et se trouve contrecarré par une baisse de la demande provoquée par la mort et les privations. Néanmoins, une phase aiguë de la lutte de classe dans les pays du centre s'est généralement traduite, à moyen terme, par une hausse du revenu réel du secteur stable du prolétariat employé à plein temps, ce qui constitue une nouvelle base de la demande réelle.

De plus, le transfert vers la semi-périphérie d'une partie des industries qui ont été de pointe a deux conséquences importantes : d'abord un élargissement de la catégorie des techniciens, cadres moyens, professions libérales, etc., dans les États où ces industries délocalisées ont été implantées. Pour les personnes concernées, cela signifie une promotion sociale et une augmentation du revenu collectif réel. D'autre part, la nouvelle main-d'œuvre qui va travailler dans ces industries passe d'un statut de prolétaire temporaire (ou de semi-prolétaire) à celui de prolétaire permanent. Bien que leurs salaires soient nettement inférieurs à ceux des pays du centre (d'où l'intérêt de la délocalisation), ce niveau de salaire représente une nette amélioration, en termes monétaires, par rapport à leur revenu antérieur de semi-prolétaires (mais, puisqu'il s'agit en général moins d'une augmentation du revenu réel que du revenu monétaire de ces familles de prolétaires, ils sont souvent recrutés comme salariés par force ou par nécessité, pour un travail en général plus pénible). Pour les entrepreneurs de la semi-périphérie, le coût de la main-d'œuvre est néanmoins tout à fait supportable et le coût total de la production est donc très compétitif sur le marché mondial, ou du moins sur les segments de marché situés dans la région. Les possibilités de jouer sur la concurrence sont souvent facilitées par l'existence de conflits aigus entre pays du centre, ce qui tend à améliorer les termes de l'échange des pays de la semi-périphérie.

L'expansion des frontières de l'économie-monde

A un niveau global, les divers mécanismes à l'œuvre durant des périodes prolongées de stagnation entraînent donc une expansion globale de la demande effective. Si l'on y ajoute les divers facteurs qui diminuent le taux de croissance de l'offre, l'économie-monde se trouve à nouveau en période d'euphorie où les produits proposés trouvent acheteur et où les perspectives d'accumulation paraissent s'améliorer une fois de plus. La redistribution du surplus qui a permis une hausse de la demande globale a cependant été réalisée au détriment de la bourgeoisie mondiale (inégalement bien sûr). Or cela est en contradiction avec le principe initial d'une accumulation ininterrompue du capital. Il faut donc qu'il y ait des compensations. L'une d'elles est bien sûr la reprise de l'expansion de la production mondiale. Même si le taux du profit est globalement plus bas, son niveau absolu se maintient ou a même tendance à croître.

Mais un autre mécanisme est susceptible de jouer pour accroître le taux global de profit : c'est l'incorporation par l'économie-monde de nouvelles zones jusqu'ici restées en dehors de son influence. Historiquement, ces zones correspondaient surtout aux frontières externes de l'économie-monde, et plus rarement à des enclaves situées dans des régions reculées ou d'accès difficile. La transformation de ces zones en nouveaux lieux de production périphérique, en général de matières premières, implique la *création* d'une force de travail adéquate pour faire fonctionner les nouvelles entreprises exportatrices, mais aussi les entreprises alimentaires nécessaires au ravitaillement des travailleurs dans les mines et/ou dans l'agriculture d'exportation, sans parler de la production de subsistance pour les régions « réservoirs de main-d'œuvre ».

Du point de vue du capitalisme mondial, l'intégration de ces nouvelles régions ne se justifie pas à court terme par la demande potentielle qu'elles peuvent fournir, mais au contraire par le réservoir « d'offre » à bon marché qu'elles représentent et par la hausse du taux de profit global qui peut en résulter. Il est par conséquent indispensable que les salaires réels dans ces régions soient nettement inférieurs à ceux pratiqués dans d'autres parties de l'économie-monde. Le principal mécanisme utilisé pour cela est le développement des «foyers à revenus multiples»[1], ce qui permet aux employeurs des secteurs «exportateurs» de payer des salaires individuels inférieurs au minimum nécessaire à la survie d'un foyer donné. Ces salariés parviennent à survivre néanmoins, puisqu'ils sont insérés dans une structure de foyers «semi-prolétarisés» leur permettant de vivre du revenu engendré par d'autres moyens (production de subsistance, petites fabrications marginales, loyers) et par d'autres membres du foyer, ou qu'eux-mêmes perçoivent d'un autre travail. Cette structure n'implique pas seulement une «surexploitation» (en comparaison avec l'exploitation des autres salariés de l'économie-monde), puisque ces salaires sont insuffisants pour reproduire la force de travail, mais surtout elle masque le fait que l'employeur s'approprie le surplus dégagé par tous les membres du foyer, y compris ceux qui ne sont pas à son service. Par ailleurs, le fait qu'il faille investir plus pour fournir les matières premières nécessaires à l'expansion de la production mondiale est presque secondaire par rapport au fait que les nouveaux lieux de production permettent une restauration du taux mondial de profit, jusque-là mis en péril par la redistribution imposée par les conflits de classe que la stagnation a déclenchés. C'est la raison pour laquelle les stagnations ont eu souvent pour résultat de repousser les frontières de l'économie-monde.

Le capitalisme a donc été un système historique qui a surmonté ses difficultés périodiques et les goulots d'étranglement de l'accumulation selon un processus cyclique. Les industries de pointe (en termes de niveau de rentabilité), comme les pays leaders (en termes de puissance, de concentration, d'accumulation du capital et de richesse), n'ont jamais été les mêmes sur le long terme. Les produits nouveaux comme les États puissants sont passés par des phases de croissance et de déclin relatif, avant d'être remplacés par d'autres. Le système mondial est loin d'avoir épuisé son réservoir de produits et de pays susceptibles de jouer un rôle dominant. Mais ce manège s'est toujours déroulé dans le cadre du même système historique, qui s'est reproduit grâce à la même structure (une économie-monde dotée d'un système interétatique) et au même mécanisme (l'accumulation sans fin). Ces deux caractéristiques ont perduré à travers les changements cycliques, qui n'ont pas eu d'impact sur le fonctionnement *global* du système, quelle que soit leur importance pour certains de ses sous-ensembles. Le produit rentable importe peu (textile ou acier, électronique, microprocesseur ou biotechnologie) pour les capitalistes, dès lors qu'il existe un produit garantissant un profit maximum, sur lequel ils peuvent investir. De même, il leur importe peu que le pouvoir hégémonique soit détenu par les Hollandais, les Britanniques ou les Américains s'il existe au centre des pays assez forts (et éventuellement un pays hégémonique) pour leur garantir les conditions politiques permettant la recherche du profit.

1. Traduction de *income-pooling households*. Il n'existe pas de traduction française adéquate du terme *household*, qui sera rendu par la suite par les termes *foyer* ou *groupe familial*. Mais il conviendra de garder présent à l'esprit que le mot anglais désigne un ensemble de personnes vivant sous le même toit, qui n'appartiennent ni nécessairement ni exclusivement à la même famille *(N.d.T.)*.

II. Les limites structurelles à la reproduction du système

Cependant, ce modèle cyclique ne peut se perpétuer indéfiniment, car il ne s'agit pas en fait d'un processus réellement cyclique mais qui évolue en spirale. Si l'on considère les mécanismes économiques sous-jacents, apparaît une série de limites inhérentes au système, qui constituent un frein à sa reproduction, et sont à l'origine de la crise actuelle. Les deux principaux mécanismes de renouvellement du système – la prolétarisation et l'expansion géographique – possèdent leurs propres limites. Les courbes de leur fonction sont asymptotiques. Le mécanisme à la fois le plus évident et le moins important des deux est celui de l'expansion géographique. On s'en souvient, nous avons montré que celle-ci a joué un rôle clé dans le maintien du taux de profit global grâce à l'intégration de nouveaux travailleurs salariés, surexploités et intermittents, intégrés dans des foyers semi-prolétaires. Tout se passait donc comme si l'économie-monde en tant que telle avait à sa disposition une offre illimitée de travailleurs « immigrés » en provenance de l'extérieur du système (à la différence que c'est le système qui s'est étendu géographiquement pour les incorporer et non l'inverse), embauchés au bas de l'échelle des salaires pour remplacer ceux qui sont « montés ». Quelle que soit son efficacité, ce mécanisme a constamment supposé une offre illimitée de main-d'œuvre qui n'existait pas en réalité. A la fin du XIXe siècle, l'économie-monde a repoussé ses frontières externes pour couvrir la totalité du globe. A la fin du XXe siècle, elle a réduit la plupart des « poches » qui lui échappaient, et pratiquement toutes les populations ont été progressivement intégrées dans le système. L'impossibilité concrète de poursuivre cette intégration ne peut donc que provoquer à terme la désagrégation de la structure du système.

Pourtant, bien que moins dynamique, le système peut durer encore quelque temps, jusqu'à ce que l'incapacité d'intégrer de nouvelles populations fasse sentir ses effets par la baisse progressive du taux global de profit. La vraie pierre d'achoppement est le procès de prolétarisation, ou plus généralement le procès de mercantilisation. Il faut insister sur ce phénomène essentiel, car c'est celui par lequel le succès même du système devient en fait son principal facteur de déstabilisation. Si en effet la mercantilisation est perçue comme un succès du système pour ses défenseurs, comme d'ailleurs pour ses adversaires, on souligne beaucoup plus rarement que c'est précisément ce « succès » qui en nourrit la chute. Je veux parler ici de ce que les économistes néoclassiques appellent « la libre circulation des facteurs de production » ou ce que Marx nomme la réalisation de la « loi de la valeur ».

Le discours un peu facile sur le capitalisme comme système de libre entreprise fondé sur la liberté de travail (et bien sûr sur l'aliénation de la terre et des ressources naturelles) empêche de saisir le fait le plus évident de toute l'histoire de l'économie-monde, à savoir qu'à aucun moment, en cinq siècles d'existence du système, les facteurs de production n'ont été complètement libres, et qu'à aucun moment la loi de la valeur n'a joué pleinement. En fait, l'analyse empirique vérifie que les entreprises capitalistes ont opéré et se sont enrichies dans un monde où certains seulement des facteurs de production étaient « libres », et dans lequel la loi de la valeur n'a joué que dans certains secteurs de l'« économie ». Ainsi, même aujourd'hui, et même dans les pays du centre comme les États-Unis, l'Europe de l'Ouest ou le Japon, toutes les terres et ressources naturelles ne sont pas appropriables, tout travail n'est pas nécessairement rémunéré en argent, et tous les produits ne se vendent ni ne s'échangent sur le marché ; sans parler des hautes barrières interétatiques qui constituent un frein à la libre circulation des ressources, du capital et du travail. A l'évidence, toute définition du capitalisme qui supposerait une telle liberté des facteurs ou d'une fraction substantielle de ces facteurs conduirait immanquablement à la conclusion absurde selon laquelle l'économie-monde n'est pas encore capitaliste mais est restée encore de type «féodal» ou «précapitaliste».

Une telle conclusion serait aberrante. Ce qui est erroné, c'est de ne pas reconnaître comme aspect central du fonctionnement de l'économie-monde capitaliste le caractère partiel de la liberté des facteurs de production et l'imparfaite réalisation de la loi de la valeur. Ce phénomène d'«imperfection» est la *caractéristique* du capitalisme. Cependant, le fonctionnement interne du capitalisme tend vers la pleine liberté des facteurs de production ainsi que vers la réalisation totale de la loi de la valeur. Et c'est précisément ce «succès» qui est facteur de crise et qui entraînera le système capitaliste vers sa chute.

Chaque avance technologique a favorisé l'émergence de nouveaux échanges économiques sur le marché. Pour ne citer que quelques cas récents d'élargissement de la sphère de consommation, bon nombre des relations familiales internes ont ainsi été progressivement mercantilisées dans les pays du centre depuis une trentaine d'années (restaurants, *fast-food*, laveries automatiques, crèches). Certes, ce type de mercantilisation avait déjà touché une petite minorité, mais il s'est étendu désormais à la majeure partie de la population. Et l'on assistera certainement d'ici trente ans à la commercialisation sur une grande échelle de l'énergie solaire sous la pression des écologistes anti-establishment, au profit de quelques-uns. A l'instar de la progressive mercantilisation des terres, celle du fond des mers a déjà commencé. Après celle de l'or, de la monnaie fiduciaire et des chèques, ce sera le tour de la mercantilisation du crédit avec l'introduction des cartes magnétiques, des communications téléphoniques, etc. Enfin, lentement mais sûrement on s'achemine vers la mercantilisation de la force de travail, la transformation des foyers semi-prolétarisés en foyers prolétarisés permanents, pour les raisons déjà indiquées. Parallèlement, les titres de propriété du capital passent des formes lourdes, difficilement transmissibles (telles que la terre, les machines et même l'or), à des formes très facilement fongibles, c'est-à-dire des revenus liés aux positions sociales qui n'ont que peu de rapport avec la productivité et dont la détention peut être achetée (par le biais de «l'éducation»).

Certes, rien de cela n'est réellement nouveau, mais il faut tout de même remarquer deux choses: la progression de la mercantilisation des relations représente pour les détenteurs de capital un pis-aller, dans la mesure où elle réduit la capacité globale d'accumulation, la possibilité de surprofits et la sécurité du capital existant pour les grands capitalistes. Pourtant, ce sont bien ces mêmes capitalistes qui accélèrent régulièrement le processus de mercantilisation dans le but d'éviter les goulots d'étranglement de l'accumulation, préférant sacrifier le taux de profit plutôt que le profit absolu. Enfin, il y a une limite inhérente à la mercantilisation: c'est 100 %. Même si nous sommes encore loin d'atteindre cette limite, c'est au début du XXe siècle qu'on a commencé à en entrevoir la possibilité.[...]

Le tournant de 1967 et la fin de l'hégémonie américaine

Ce qui paraît tout à fait extraordinaire, cependant, c'est que cette période 1945-1967 fut une période d'optimisme général pratiquement sans borne qui faisait en quelque sorte pendant au pessimisme et aux souffrances aiguës (du moins pour certains) qui ont prévalu pendant l'entre-deux-guerres. Durant la période 1945-1967, les forces dominantes aux États-Unis croyaient bien que «l'ère américaine» était arrivée. Bien que la propagande officielle se répandît sur la grande menace communiste, les dirigeants étaient persuadés dans leur for intérieur que le système hiérarchique mondial en vigueur était éternel. Cet optimisme fut d'ailleurs partagé en Europe de l'Ouest et au Japon qui, grâce à la reconstruction rapide d'après-guerre, avaient non seulement retrouvé leur rôle d'États du centre de l'économie-monde, mais étaient également parvenus, à partir des années soixante, à un niveau de prospérité relative plus élevé que jamais. A la même époque, l'URSS considérait aussi la situation comme très positive. La puissance de l'État avait été grandement renforcée par la conjugaison de différents facteurs : son développement militaire, sa capacité à construire enfin un puissant tissu industriel, le développement de sa zone d'influence en Europe de l'Est, ainsi que les effets bénéfiques induits par les succès du mouvement révolutionnaire mondial (qui contribuèrent à ce processus de reconnaissance diplomatique et d'intégration mondiale que nous appelons la «détente»). Enfin, les forces antisystémiques des États de la périphérie gagnèrent de plus en plus de terrain, tout en ralliant à leur cause une partie non négligeable des bourgeoisies locales.

Certes, ces différentes raisons d'optimisme étaient contradictoires ; les aspects positifs pour certains s'inscrivaient souvent en négatif pour d'autres. Mais l'expansion continue de l'économie mondiale a fait qu'on a vu tout en rose. Les aspects négatifs de la situation étaient largement sous-estimés. Tout cela a cependant changé après 1967, une fois que le renversement cyclique s'est opéré et que la stagnation de l'économie mondiale s'est affirmée (soit la phase B du cycle de Kondratieff qui dure en général environ vingt-cinq ans). Comme nous l'avons déjà expliqué, cette phase actuelle de stagnation n'est pas «la crise». Mais ce renversement survenant au milieu de la crise éclaire celle-ci d'un visage nouveau et la rend évidente pour tous.

La surproduction à l'échelle mondiale de biens hautement mécanisés (équipement électronique, sidérurgie, automobile, mais aussi le blé) constitue un trait fondamental de cette stagnation, comme de toute stagnation de ce type. Mais le terme de surproduction prête à caution. Il ne signifie pas produire plus que ce que les consommateurs désirent, mais plus qu'ils ne peuvent absorber. Les producteurs se voient donc dans l'obligation de lutter pour conquérir des marchés. L'absurdité, en terme de rationalité sociale, d'une telle situation peut être illustrée par un exemple simple : en 1980, dans un monde qui connaît encore les famines et les restrictions alimentaires, les producteurs de blé américains n'ont pas manqué de critiquer leur gouvernement au sujet de l'embargo politique sur les ventes de céréales à l'URSS. Ils n'auraient sûrement pas montré une telle acrimonie si d'autres marchés étaient restés ouverts. Comme ce n'était pas le cas, ils ont considéré qu'ils «perdaient» ce précieux marché, au profit des producteurs argentins et d'autres pays.

La «surproduction» est bien entendu la conséquence directe de la croissance enregistrée à partir de 1945 dans tous les secteurs et dans tous les pays : d'abord dans les pays gros producteurs (États-Unis, Europe de l'Ouest, Japon), puis dans ceux des régions intermédiaires (URSS, Europe de l'Est, Brésil, Inde, Afrique du Sud...). La courbe de la production mondiale a accusé une hausse constante à partir de 1945 jusqu'aux premiers signes de la stagnation en 1967. Puis, lorsque le marché mondial a commencé à s'essouffler, la «stagnation» s'est installée et les producteurs oligopolistiques mondiaux ont cherché à maintenir leurs marges de profit en haussant leurs prix, tout en se livrant à une concurrence acharnée.

Il s'agit bien là d'un jeu dangereux qui peut avoir pour résultat des fluctuations de prix très importantes (comme le montrent, par exemple, les évolutions en dents de scie des prix des compagnies aériennes), ainsi que de fortes hausses des taux de chômage (dans la mesure où les principaux pays industrialisés cherchent à exporter le chômage chez le voisin grâce à des manipulations financières et fiscales). En même temps, bon nombre de firmes importantes tâchent de résoudre leurs problèmes immédiats par des réductions de coût, moyennant des opérations très classiques en phase B : les *runaway shops*. Ainsi, c'est dans les années soixante et soixante-dix qu'une partie non négligeable de la production de biens mécanisés a été exportée des pays du centre vers les « zones franches » de la périphérie, vers les « nouveaux pays industriels », et même vers les pays du bloc socialiste (comme Fiat en URSS), là où la main-d'œuvre est meilleur marché.

La fin de la période de croissance rapide (aux alentours de 1967, mais des signes avant-coureurs s'étaient manifestés auparavant) a marqué la fin de l'ère de gloire des États-Unis – ère d'hégémonie mondiale brève mais fulgurante. Cette hégémonie a surtout été évidente dans les domaines militaire et politique, manifestée par la supériorité de leur armée et leur capacité à imposer leur volonté. Mais les racines de cette force étaient, comme toujours, économiques : les États-Unis ont démontré après-guerre leur capacité à fabriquer efficacement des produits bon marché et de qualité, ce qui leur a permis de surpasser les autres pays industrialisés, y compris sur leurs propres marchés. Mais à la fin des années soixante, les États-Unis ne pouvaient guère vendre plus que les Européens et les Japonais sur leurs marchés. Et les années soixante-dix virent leur capacité à vendre à meilleur prix décliner sur leur propre marché ; c'est vers la fin de cette décennie que les firmes européennes et japonaises commencèrent à implanter ou acheter des filiales aux États-Unis, y compris dans le domaine bancaire.

Il ne faut pas, malgré tout, pécher par outrance. Les États-Unis ne sont pas une puissance économique du passé. Ils assurent encore sur le territoire une fraction importante de l'activité économique mondiale, et leur puissance reste supérieure à celle de l'Europe de l'Ouest et du Japon. Mais leur force n'est plus suffisante pour que l'on puisse parler encore d'hégémonie, et ils n'ont donc plus la capacité d'imposer leur volonté au niveau politique. Ils doivent d'abord négocier sérieusement et/ou entrer en concurrence avec leurs partenaires commerciaux d'antan. De plus, la structure de leurs coûts est certainement moins souple que celle de l'Europe et du Japon, non pas à cause du niveau de salaire de la main-d'œuvre qualifiée, mais à cause de l'importance de la couche des cadres et des coûts indirects qu'elle impose aux entreprises américaines. Economiquement parlant, on peut dire qu'il existe aujourd'hui trois géants (et non plus un seul), dont les luttes triangulaires seront prépondérantes sur la scène politique mondiale des années quatre-vingt. Quel est l'enjeu de ces luttes ? C'est le contrôle des industries de pointe susceptibles d'être la base d'accumulation et de profit durant la prochaine remontée du cycle de Kondratieff (que l'on peut situer aux alentours des années 1990). Il est d'ores et déjà clair que ces « nouvelles industries de pointe » sont les microprocesseurs, la biotechnologie et les nouvelles sources d'énergie. Scientifiques et ingénieurs ont été mis au travail. Les innovateurs schumpeteriens auront leur place au soleil. [...]

© François Maspero

A propos du déclenchement des deux «grandes crises» du XXe siècle: le cas français
(1986)

JEAN BOUVIER

L'une des dernières synthèses écrites par Jean Bouvier, dans laquelle il détaille les indices de la conjoncture et procède à une analyse comparative entre les années 1970 et les années 1930. Il emprunte explicitement des interprétations tirées des travaux des économistes du CEPREMAP, en particulier sur le déclenchement des crises de 1930 et de 1974, et, plus généralement, sur le « mode de régulation » de l'économie dans les années 1920 et les années 1960.

Source: *Jean Bouvier,* À propos du déclenchement des deux grandes crises du xxe siècle: le cas français, rapport du Congrès de l'Association internationale d'histoire économique, Berne, août 1986, 21 p. dactylographiées (Université de Paris I, Institut d'Histoire économique et sociale).

Bibliographie: *Pour une analyse détaillée, voir le chapitre que Jean Bouvier a rédigé in Fernand Braudel, Camille-Ernest Labrousse (sd),* Histoire économique et sociale de la France, *T. 4, 3e volume, P.U.F., Paris, 1982, « La crise économique insolite 1974-1979 », p. 1577-1667. Et, plus ancien, son article «crise économique» dans l'*Encyclopædia Universalis, *t. 5.*

Nous savons donc que le retour des grandes crises est toujours possible, alors que, à coup de «discours» et de cours sur les «miracles» de l'après-deuxième guerre mondiale, on nous avait persuadés du contraire. Seules, dans les années 1960, les voix discordantes des libéraux (Rueff), des partisans du «Kondratief» (Dupriez) et des marxistes, prêchant également mais obstinément dans le désert, avaient rappelé la possibilité et l'inéluctabilité d'une grande rupture. C'est-à-dire d'une grande réadaptation.

Le double principe des crises «contemporaines» celles des XIXe et XXe siècles, où le poids des mécanismes capitalistes est allé, de crise en crise, en s'affirmant, est simple: d'une part les crises mûrissent, éclatent et s'étalent dans la suite et selon la logique même des mécanismes de l'expansion qui les précéda. C'est l'expansion qui enfante naturellement la crise, car l'expansion se nourrit des disparités engendrées par ses succès mêmes, et les disparités finissent par entraîner le grippage du système. D'un autre côté, la crise, qui apparaît créatrice, car elle est la grande purge du système encombré. Elle contraint à des adaptations, à des retranchements, à de nouveaux choix. Elle est «régulation», concept que nous retrouverons. Elle arrive toujours à sa fin. Et la machine repart. Plus ou moins vite, évidemment. Le capitalisme, à travers ses durées, a progressé de crise en crise. S'il est vrai que ses «contradictions» ne cessent de «s'approfondir» (l'a-t-on assez écrit à satiété!), il est vrai aussi qu'il persévère sous nos yeux dans son être, qu'on le déplore ou qu'on y applaudisse. A travers les crises, c'est-à-dire grâce à elles.

Mais il y a régulation et régulation. Il a toujours été vrai que les économies traversent des crises de conjoncture liées à leurs structures profondes de tous ordres. Les régulations changent donc de nature et de mécanismes avec les modifications structurelles

elles-mêmes. Le schéma problématique proposé en durée séculaire par l'équipe du CEPREMAP[1] est pertinent, qui distingue, du XVIIIe siècle à notre époque, trois types de régulations se recouvrant dans le temps comme les tuiles d'un toit: régulation «à l'ancienne» (issue du modèle «labroussien» de la crise de l'ancien régime économique, «pré-capitaliste»), dont les éléments jouent jusque dans le troisième quart du XIXe siècle; régulation «concurrentielle», en rodage dès le premier tiers du XIXe siècle, et qui fonctionne encore dans les années 1930; régulation «monopoliste», dite encore «administrée», dont les éléments commencent à avoir quelque influence dans l'entre-deux guerres, et qui commandent notre après-guerre. Les crises de 1929 et de 1974 relèvent de ce dernier recouvrement et de cette transition. Elles vont donc se présenter comme semblables et comme distinctes.

I
«Clignotants» des deux crises et chronologies de leur déclenchement

Toute analyse du déclenchement d'une crise, et quelle qu'elle soit, est propice à de fausses querelles. Celle dite (par commodité) «de 1929» en offre un récent et bel exemple. Quand et où la crise commence-t-elle? Ainsi posé, le problème est trop simplement formulé, puisque toute conjoncture (en essor, en prospérité, en crise, en dépression) est hétérogène. Secteurs et branches, indices et variables, ne marchent pas ensemble d'un même pas accordé comme dans les défilés militaires. Il y a «prospérité» quand les indices majeurs du développement sont au beau temps: taux de profit; rendement économique du capital; productivité du travail; chômage; endettement (des firmes; de la puissance publique; de l'économie nationale par rapport à l'étranger), tous indicateurs en quelque sorte synthétiques, traduisant la prédominance d'ajustements bien ordonnés (spontanément ou non, c'est une autre affaire). Il y a «crise» puis dépression lorsque ces indicateurs se renversent fortement et durablement. Mais leurs dates de renversement dans l'un ou l'autre sens ne sont jamais en coïncidence immédiate. Les décalages, dus en particulier aux délais des transmissions dans l'ensemble du «corps» économique et social, sont de nature. Au niveau même des indicateurs synthétiques, et encore davantage à celui d'indicateurs plus désagrégés, plus particuliers, plus sectoriels (les différentes composantes de «la» production industrielle; ou celles de «l'indice général» des prix à la consommation, par exemple), l'hétérogénéité des situations et des conjonctures est la règle. On n'est justifié à parler de la prospérité, ou de la crise-dépression que lorsque *la majorité* des indicateurs, synthétiques ou sectoriels, émet le même signal, positif ou négatif. La majorité: jamais la totalité. Dans ces conditions existe toujours une frange chronologique pouvant aller de plusieurs mois à quelques années au cours de laquelle dans le ciel de l'économie les nuages se mêlent aux rayons de soleil. Si l'observateur et l'historien n'y prennent garde, ils seront tentés, en ces temps de transition d'un état économique dominant à un autre, de privilégier l'existence des zones d'ombre qui gagnent du terrain ou qui demeurent encore, de celles où le beau temps perdure (ou s'installe). D'où l'intérêt de la notion de «clignotants» antérieurs au plein état de la crise-dépression. Intérêt empirique, au simple niveau de la description-

1. «Approches de l'inflation: l'exemple français». Quatre fascicules ronéographiés. 1978. Paris; par: Bénassy, Boyer, Gelpi, Lipietz, Mistral, Munoz, Ominami.

repérage d'une crise qui mûrit et se prépare sur plusieurs terrains, dans un apparent désordre. Intérêt théorique, puisque ces clignotants sont des signes (et des signaux d'alerte) de disparités en cours d'apparition et de développement, au cœur même de la prospérité, et par son fait même. D'où les développements suivants, qui privilégient les signaux partiels de dysfontionnement dans les années heureuses qui ont précédé en France les deux «grandes crises».

A. – Une présentation révisionniste des origines de la crise en 1929 en France

C'est celle proposée par l'historien Jacques Marseille en 1980, toutes relectures faites d'anciens indices et d'anciens textes d'économistes[1]. L'opinion dominante en France (depuis les années 1930...) c'est que le déclenchement de la crise française est décalé vers l'aval d'une année environ par rapport aux autres pays, États-Unis en tête. La faible insertion de l'économie française dans les échanges mondiaux, a-t-on dit et redit; l'importance du secteur agricole et de la population rurale (50 % de la population totale); la bonne santé du franc depuis la dévaluation du 25 juin 1928; l'afflux des capitaux à court terme de la mi-1926 jusqu'en juin 1931 encore sur le marché monétaire national; autant d'amortisseurs et d'éléments de freinage pour le démarrage et l'extension de la crise. Chaque auteur répétant ses prédécesseurs, ces vérités partielles sont devenues un mythe global. Certes, le sagace Alfred Sauvy s'est gardé de le reprendre à son compte, mais il ne s'y est pas opposé[2]. Le mythe a été le produit des paresses intellectuelles. On a confondu la moindre gravité relative de la crise en France (1930-1935) avec un soi-disant retard dans l'émergence de certains signes précurseurs. On a négligé une approche plus systématique de ceux-ci. On a eu tort de faire fond sur certaines données statistiques particulièrement peu fiables, en raison des lourdes insuffisances de leurs enregistrements à l'époque: l'indice global de la production industrielle et le niveau national de chômage, en particulier, données qui étaient fort loin de refléter les réalités. Selon J. Marseille, la France «est touchée précocement par la crise» (p. 649) et cet auteur analyse l'antériorité de certains «clignotants» dont nous donnons ici la liste, sans en reprendre la démonstration statistique, laquelle privilégie avec raison les données désagrégées, par branches et secteurs, par rapport à des données de type macroéconomique: baisse des prix de gros à partir de mars 1929 pour les produits alimentaires, les textiles, les cuirs et les peaux, le caoutchouc; fléchissement à partir de mars 1929 de l'indice du coût des valeurs à revenu variable (surtout pour: textiles, sociétés coloniales, compagnies de navigation, forges et aciéries, compagnies ferroviaires); baisse des émissions de titres en 1929 sur 1928: caoutchouc, textiles, transports; cuirs et peaux; arrêt en 1927 de l'essor de la plupart des exportations d'objets fabriqués (en liaison avec la stabilisation de fait du franc sur le marché des changes: – 14 % en volume pour les trois quarts de ces exportations de 1926 à 1929); maximum des indices trimestriels de production de certaines branches industrielles atteint: au deuxième trimestre 1928 pour laine et soie; au quatrième trimestre 1928 pour coton et cuir; au deuxième trimestre 1929 pour fonte, acier, automobile; au quatrième trimestre 1929 pour le caoutchouc; au premier trimestre 1930 pour les industries extractives; au deuxième trimestre 1930 pour

1. «Les origines inopportunes de la crise de 1929 en France» (*Revue économique;* juillet 1980).
2. Dans le tome I de son *Histoire économique de la France entre les deux guerres*, chapitre VI (Fayard, 1965).

le papier et le bâtiment; un taux de chômage réévalué à quelque 10 % des salariés (fonctionnaires exclus) en 1930-1931; des profits en recul (grandes firmes) en 1929 par rapport à 1928 pour le caoutchouc, les automobiles, les textiles; un taux de profit global industriel en baisse à partir de 1926; une progression des faillites et liquidations judiciaires à dater de mars 1929; le record de rendement de la taxe sur le chiffre d'affaires à la mi-1929; le fléchissement des indices des transports au cours du second semestre 1929; le gonflement des liquidités et de l'offre d'argent en 1928-1929, avec baisse des taux d'intérêts... Sur de telles bases l'auteur de l'article peut ensuite montrer (en analysant productions, productivité industrielle, demande globale, pouvoirs d'achat) « à quel point le concept de surproduction est opératoire pour rendre compte de la précarité de la crise en France » (p. 675). Les « clignotants » traducteurs de tensions internes s'allument ainsi pendant les mêmes années, voire les mêmes mois, que dans les autres pays industriels. Avant le Krach de Wall-Street, naturellement.

B. – Quelques signaux antérieurs à la crise dite « de 1974 » en France

Avant 1914, et avant la Seconde Guerre mondiale encore, les « clignotants » apparaissent au niveau des prix de l'argent (et d'abord du taux d'escompte « central »), du cours des matières premières et des prix de gros, du mouvement des salaires réels et des profits, de ceux des faillites et liquidations judiciaires, de la politique bancaire des crédits, du taux des « reports » en Bourse: le tout *avant* la cassure des cours de Bourse, et *avant* la crise dans ses splendeurs. Cet ordre d'écriture, on s'en doute, est un désordre. Il ne se veut ni hiérarchie des « causes », ni enchaînement des causalités. Pour une raison élémentaire: l'ordre d'apparition des « clignotants » n'était pas le *même* dans les diverses périodes d'avant-crise[1].

On devine le soin qu'il faudrait mettre (c'est-à-dire les soins: statistiques, chronologies, sectoriels, géographiques) à une étude valable des « clignotants » de la crise de 1974-1975: balayer plusieurs années antérieures; désagréger au maximum les variables sectorielles et de branches (exemple: l'industrie); descendre jusqu'aux fluctuations mensuelles des données de production, de consommation, monétaires, de revenus, etc.; comparer la chronologie « nationale » aux chronologies « internationales », et à d'autres chronologies nationales...

Selon E. Mandel, la vague inflationniste de la fin des années 1960 et au début des années 70 a comme recouvert, et « contenu », tout en les approfondissant, les « contradictions de base » du système économique impérialiste, contradictions que la crise fait ensuite apparaître « à la surface »[2]. C'est tout dire, en usant du terme, fort et magique à la fois, de « contradictions ». Précisément, pour aller au delà des mots, le repérage des « clignotants » est le seul moyen de déceler, à la surface, l'existence des agitations et glissements des fonds. Les laves mettent un certain temps à percer la croûte terrestre, et les secousses sismiques nous rappellent sans cesse leur incessant cheminement invisible.

Il n'est pas dans mon propos de défendre une quelconque hiérarchie des « cligno-

1. Sur l'apport des historiens à la connaissance des crises du XIXe siècle, voir: J. Bouvier: « Les crises économiques » in *Faire de l'histoire* (N.R.F., 1974, tome 2, p. 25-50).
2. *The Second Slump*, New Left Review Editions, 1978, p. 78.

tants». Tout au plus peut-on observer (et là est l'une des difficultés d'une telle démarche) que les variables économiques et sociales sont plus ou moins sensibles (ou élastiques), et qu'il faudrait disposer par conséquent de divers types de sismographes pour déceler des mouvements (c'est-à-dire des «contradictions») situés à différentes profondeurs, à divers niveaux et à diverses articulations du système productif capitaliste. On sait depuis longtemps que les divers prix (des produits; et de l'argent) sont plus sensibles et plus élastiques que, par exemple, les indices de l'emploi, de l'activité, et de la production. Quant à ceux de l'investissement, ils sont encore plus rigides. L'enregistrement *statistique* répercute donc des phénomènes d'inertie (inerties «physiques», économiques, comptables, sociales...), et ces phénomènes rendent plus difficile la compréhension intime des relais de causalité. D'où la validité de certains procédés statistiques qui comparent des évolutions de variables décalées dans le temps (d'un ou deux trimestres par exemple). Les indications qui suivent sont donc extrêmement grossières, certainement très incomplètes, et toutes sont ambiguës. Elles mériteraient, *chacune d'abord*, une analyse approfondie. *Après* seulement, on pourrait passer à leurs inter-relations, et à leur conditionnement global, ce qui nous ramènerait à l'essentiel: aux «contradictions» elles-mêmes et à leurs «régulations». Régulations soit spontanées (c'est la crise elle-même, donc son rôle et son efficacité), soit forcées (c'est l'intervention des États pour une «issue» à la crise). L'exigence propre de l'historien serait, précisément, de porter attention à l'enregistrement *tout empirique* (il le sait) des «clignotants», *avant* de se hâter aux hypothèses, aux «modèles», et aux généralisations théoriques. Il sait aussi, d'ailleurs, que tout empirisme est un piège puisque 1°) on ne peut enregistrer que ce qui est à notre effective disposition; 2°) tout enregistrement consciemment ou non fonctionne à la manière d'un filtrage; 3°) rien n'est pire que de jouer à l'empirisme sur fond d'une (ou de) théorie(s) implicite(s) non formulée(s). Tant pis, par conséquent, pour l'auteur de ces pages.

Le lecteur, enfin, devra faire confiance à ce dernier, car il n'est pas possible de fournir ici les éléments statistiques (tableaux de chiffres), ni leurs traductions en courbes qui rendraient *visibles* les phénomènes observés. Je renverrai aux publications elles-mêmes. Chacun pourra illustrer le dossier et, qui sait, rectifier mes erreurs et mes «présupposés» de lecture.

1°) La croissance de la *P.I.B.* (production intérieure brute) en volume (en volume: «francs 1963») étalonnée trimestriellement au cours des années 1969-1975, voit son taux de croissance annuel diminuer *à partir de 1972* selon le mouvement suivant au cours des sept ans: 3,93; 5,18; 5,63; 3,94 (1972); 3,10 (1973); 2,95 (1974); 3,70 (1975). (*Indicateurs du VIIe plan*, avril 1977, p. 23.)

2°) *La production industrielle* (bâtiment compris):

a) est en croissance ralentie au premier semestre 1973, par rapport à 1972;

b) ce ralentissement se transforme, de juin à octobre 1973, en un palier absolu;

c) la croissance reprend (aussi vive qu'en 1972) de novembre 1973 à février 1974 (au moment même de l'annonce du coup pétrolier), puis retrouve un développement non ascensionnel jusqu'en avril. En juin 1974 (après la pointe d'accélération de mai) commence le long recul de la production: jusqu'à l'automne de 1975.

Il n'y a donc aucune conjonction *de très court terme* entre la crise et l'événement pétrolier. Mais, dans tous les cas, la croissance industrielle de moyenne durée (depuis la fin de 1968) est mise en cause dès 1973 avant l'automne[1].

3°) En décomposant le produit industriel en trois secteurs: biens d'équipement, biens intermédiaires, biens de consommation, on s'explique mieux le destin de la production industrielle agrégée.

a. En 1973 la croissance des *biens d'équipement* est forte et régulière (indices trimestriels) et se poursuit en 1974. Leur retournement dans la crise se situe en septembre 1974 seulement.

b. Les *biens intermédiaires* (indices mensuels) ont une conjoncture très comparable, quoique moins régulière. Mais cette moindre régularité tient à la différence entre enregistrements mensuels et trimestriels.

c. Ce sont les *biens de consommation* qui freinent en 1973 et au début 1974 le dynamisme industriel. D'avril 1973 à l'été 1974 leur production, en dents de scie, dessine un palier extrêmement net[2].

On se doute qu'il faudrait désagréger l'observation de biens de consommation (durables et non durables; agricoles et industriels; importés et «domestiques»...). Mais le lieu de ralentissement de la croissance industrielle se trouve bien là.

4°) Le *taux d'investissement productif* (trimestriel C.V.S.) est déclinant à partir du deuxième trimestre 1973, jusqu'à la mi-1974[3]. Idem pour la *part de l'autofinancement* dans la P.I.B.[4].

Les variations du *volume de l'investissement productif* (par rapport à l'année précédente), après avoir baissé de 1960 à 1965, s'être redressées en 1966-1969 (et très fortement cette dernière année) baissent à nouveau en 1970, 1971, 1972, 1973, avant de plonger bien plus bas en 1974 et 1975. (*Caisse nationale des marchés de l'État*: n° 76, troisième trimestre 1977. Etudes «La politique d'investissement des entreprises industrielles depuis la crise», p. 88).

5°) Les *«perspectives générales de production des industriels»* (obtenues on le sait par sondages mensuels, et qui anticipent assez exactement l'évolution ultérieure de la production effective), après une vive poussée en 1972 se prolongeant jusqu'en juin 1973, reculent au delà. Un bref réveil de l'optimisme productif se produit en novembre 1973, mais au delà c'est la glissade vers le bas[5].

6°) Ce pessimisme «pré-pétrolier» est quelque peu, sinon éclairé, du moins confirmé, par l'évolution du pourcentage des industriels déclarant des difficultés de trésorerie[6]. Au niveau de 30 % dans le premier semestre de 1973 et immobile, le pourcentage augmente dans le cœur de l'été 1973, et continue d'augmenter pendant l'année 1974.

7°) Selon les enquêtes mensuelles de l'INSEE concernant *carnets de commandes et stocks de produits fabriqués* dans l'industrie, c'est à partir de septembre 1973 que se dégrade la situation: diminution des commandes; alourdissement des stocks. Ces derniers avaient connu une nette tendance à l'allègement depuis 1971; et les commandes avaient crû pendant 1972 et les trois premiers trimestres de 1973. La dégradation

1. Voir: *Tendances de la conjoncture*, I.N.S.E.E., 15 avril 1978, courbes p.II. En observant les indices (trimestriels) de la production industrielle (B.T.P. exclu), on relève, à la différence de 1970-1972, la remarquable immobilité des 4 indices en 1973: 121; 119; 121; 122 (*Indicateurs du VIIe Plan*, avril 1977, p. 25).
2. Voir *Tendances de la conjoncture*, I.N.S.E.E., 15 avril 1978, courbes p.II.
3. *Indicateurs du VIIe plan*, avril 1977, p. 29 (C.V.S. = corrigé de variations saisonnières).
4. *Ibid.*, p. 31.
5. *Tendances*..., 15 avril 1978, p. 29.
6. Courbe reprise par M. Boeda, in *Revue d'Économie politique*, novembre-décembre 1975, p. 921.

s'approfondit pendant toute l'année 1974. Les carnets de commandes de « biens d'équipement » qui avaient eu une allure dynamique en 1972 et dans le premier semestre 1973 glissent vers le bas dans le second semestre. Leur reprise au premier semestre 1974 n'est que feu de paille [1].

8°) C'est à partir du *printemps 1973* que le pourcentage des entreprises déclarant des « goulots de production » au niveau des *approvisionnements* augmente ; pour les moyens d'*équipement*, le pourcentage avait augmenté de mars 1972 à mars 1973 et était ensuite demeuré à un haut niveau [2].

9°) Le *niveau de la demande* de produits industriels, tel que perçu par les industriels (ceux qui ne déclarent pas le niveau de leurs commandes), après un mouvement régulier de montée de la mi-1971 à la mi-1973, est à l'étale dans le second semestre de cette année, le demeure dans les quatre premiers mois de 1974, puis recule fortement jusqu'à l'automne 1975. Selon la même source la demande *étrangère* est perçue *à la baisse* à partir de l'été 1973, après une montée en 1972-1973.

10°) Mais que dire de la *consommation* antérieurement à 1974 ? Les données objectives ne paraissent pas aller dans le sens de la variable précédente. Les « immatriculations de voitures neuves » ont certes reculé dès l'été 1973 (à partir d'août) et jusqu'au printemps 1975, tombant du niveau mensuel de 155.000 au niveau de 105.000 (corrigé des variations saisonnières). Mais toutes les variables (annuelles) de la consommation des ménages (en volume) sont, pour 1973, au dessus de la moyenne des trois années antérieures. Il faudrait pouvoir passer à des données trimestrielles, ou mieux, mensuelles pour 1973.

11°) C'est du second semestre 1972 que date (après baisses et stagnations en 1970-1972) l'envoi exceptionnel des *cours mondiaux des matières premières*, soit industrielles, soit alimentaires. L'indice global passera du niveau 110-116 en 1972 au « peak » de 240 dans le premier trimestre 1974. Le coup pétrolier, malgré son caractère spectaculaire, n'était donc nullement isolé, et vint se loger dans une tendance générale et antérieure.

12°) *L'indice des prix à la consommation est*, lui aussi, dans son alacrité, fort peu lié à l'augmentation du « brut ». Ses variations *mensuelles* en *hausse* s'accélèrent dès mars 1973 et continuent à accélérer ensuite pendant douze mois. A partir de 1974 (c'est-à-dire au moment où la hausse pétrolière produit ses pleins effets) est même entamée une décélération (ralentissement progressif) de la hausse, qui s'étend jusqu'en 1978 [3].

13°) La *durée hebdomadaire de travail* (dans les industries de transformation) est en baisse régulière de 1969 à 1973 [4]. Mais ce « clignotant », *pour ces années*, ne peut avoir qu'une signification conjoncturelle infime ; il traduit plutôt l'efficacité de la revendication syndicale. Le sens du phénomène (qui s'accélère en 1974 et 1975) se modifie alors, en enregistrant la poussée du chômage partiel.

14°) Alors que le stock des *demandes de travail en fin de mois* (en augmentation régulière en 1970 et 1971) avait sensiblement ralenti sa croissance dans le courant de 1972 et au premier semestre 1973, il augmente vivement à partir du printemps de 1973 avant de « s'envoler » dans les années suivantes [5].

1. *Tendances*..., 15 avril 1976, p. 29, et *Graphiques mensuels* de la Direction générale des études, Banque de France.
2. *Tendances*..., 15 avril 1978, p. 31.
3. *Tendances*..., 15 avril 1978, p. 91.
4. *Ibid.* p. 47.
5. *Ibid.* p. 39.

Le flux des *demandes nouvelles présentées dans le mois* obéit à la même chronologie et aux mêmes mouvements[1].

Le stock des *offres d'emploi en fin de mois* a crû pendant tout 1973 (jusqu'en octobre : au delà il décline), mais moins vivement qu'en 1971 et 1972. On sait du reste que le chômage est devenu à la fois structurel et conjoncturel depuis le milieu des années 1960. En tous les cas sa chronologie est rigoureusement « non pétrolière ».

15°) Le *taux de couverture* (hors produits énergétiques) des échanges commerciaux extérieurs (*en valeur*; et comptabilisés soit caf-fob soit fob-fob), qui était allé en s'améliorant en 1970, 1971, 1972, commence à refluer en mars 1973, et recule jusqu'à l'automne de 1974, où il retrouve alors sa médiocre situation de 1969[2]. En *volume*, importations et exportations ralentissent la croissance qu'elles avaient connue en 1970-1972, au cours de 1973. Plus exactement : 1° les *exportations* reculent en volume dès le second semestre 1972 et ont en 1973 une croissance plus lente que dans les années précédentes ; 2° les *importations* (toujours significatives du degré d'activité intérieure) stagnent tout le printemps, l'été et l'automne de 1973, et reprennent quelques mois dans l'hiver 1973-1974, pour retraiter fortement dès mars 1974.

16°) Les *émissions nouvelles* d'obligations et d'actions diminuent dans le cours de 1973. Elles avaient augmenté durant 1972[3].

17°) Les taux de l'argent (taux d'escompte), en baisse lente en 1970, 1971, 1972 après leurs beaux niveaux de 1968-1969, se redressent à partir des derniers mois de 1972 et atteignent des sommets inégalés dans le second semestre 1973 et le premier semestre 1974 : l'antécédence d'un tel mouvement par rapport à l'éclatement de la crise (second semestre 1974) nous ramène loin dans le passé... Il en va de même pour la suite : baisse des taux de la mi-1974 à la fin 1975[4]. On notera, particulièrement, le mouvement ascensionnel du « taux de base » des banques (reflétant le prix de leurs crédits) : de 7.10 % le 22.XI.1972, il passe à 7.40 % le 16 avril 1973, et en quatre étapes, atteint 10.40 % le 20 septembre. Son maximum : 12.40 % à partir du 17 juin 1974 (selon la revue de la *Caisse Nationale des Marchés de l'État*, n° 76, troisième trimestre 1977, p. 106).

18°) Le *taux de change du franc* « par rapport à la monnaie mondiale » (moyenne pondérée des monnaies de onze pays), qui s'était amélioré régulièrement pendant 1972 et, plus rapidement, dans le premier semestre 1973, se dégrade dans le second semestre et poursuit cette tendance jusque dans l'été 1974[5].

19°) *Productivité du capital, rentabilité et taux de profit* : énorme et décivise affaire, qui va être ici réduite à des expressions simples. Dans les dernières années un grand nombre d'études statistiques ont été produites. Leur relecture, leur confrontation, en critique positive, serait le plus sain des exercices préalables. Fort rares sont celles émanant des marxistes. Comme si ces derniers hésitaient à « aller au charbon », ou à confronter les nécessaires analyses théoriques (ou : les noires mêlées intra-marxistes sur la « loi de la baisse tendancielle du taux de profit ») aux rebutantes et nécessaires approches statistiques (ou : « Mais comment cela s'est-il passé effectivement ? »). On connaît les deux difficultés majeures, qui relèvent à la fois de l'ordre conceptuel et de l'ordre statistique-comptable : quel profit rapporter à quel capital ? On sait qu'il y a plusieurs niveaux où le

1. *Ibid.* p. 39.
2. *Ibid.* p. 73.
3. *Ibid.* p. 103.
4. *Ibid.* p. 103.
5. *Ibid.* p. 81.

profit peut être calculé ; plusieurs manières de calculer le capital ; et plusieurs « frontières » possibles pour ce dernier. Et que l'on devine l'enjeu : ou bien il est démontré que, dans les années 1960 et 1970 (jusqu'en 1973 inclus : *avant* la crise) les taux de profit n'allaient pas si mal et se tenaient à un niveau satisfaisant (pour le capitaliste-investisseur) à travers d'inévitables et d'habituelles oscillations courtes, sans qu'une tendance vers le bas apparût. Ou bien l'on décèle, repère, et démontre l'apparition d'une telle tendance, une dégradation du (des) taux, auquel cas on aurait ici le « clignotant » de crise le plus révélateur et le plus annonciateur. Mais *ex ante*, vraiment ? Quoi qu'il en soit de cette question (dont on peut débattre si elle est fausse, ou non), on peut citer cette formule de Marie-Claude Pichery : « Ce qui est commun à l'évolution des taux de rentabilité (depuis le début des années 1960) c'est la marque d'un changement de la tendance de la rentabilité aux environs de 1969-1970 » : un changement *vers le bas*, en vérité [1]. Sans faire du tout la bibliographie des travaux récents sur la question, on citera comme particulièrement intéressant le numéro de juin-juillet 1977 des *Annales des Mines*, lequel contient en particulier le dernier état des travaux de J. Mairesse et H. Delestré : « Investissement industriel et profits : quelques observations ». Travaux dont M.-C. Pichery ignorait les résultats lorsqu'elle rédigea son article. Bel exemple, ici, des difficultés et des ambiguïtés de lecture : pour les auteurs « le taux d'autofinancement et la rentabilité sont maintenus à des niveaux élevés, du moins jusqu'en 1973 ». Mais ils observent, et leur lecteur aussi, que si 1969 est l'année record des taux depuis 1956, *à partir de 1970* les divers taux de rentabilité *nets* des sociétés privées non agricoles reculent sensiblement quoique faiblement, soit bien *avant* que la crise ne se déclenche.

Selon le rapport dit « Paul Mac Cracken », édité en juin 1977 par l'OCDE [2], c'est en France seulement que le « taux de rendement brut du capital » se serait maintenu depuis 1960 selon une tendance *ascendante* jusqu'en 1972 inclus (encore que la tendance ait fait place à un *palier* en 1970, 1971, 1972) alors que le taux était nettement à la baisse, dans les années 1960, aux USA, en Allemagne, Italie, Royaume-Uni, Pays-Bas, Suède [3]. « S'il ne semble pas, lit-on, y avoir eu une baisse universelle de la rentabilité, il y a eu probablement une baisse tendancielle dans certains pays. Cela ressort très clairement d'une analyse de l'évolution de la part des profits bruts dans la valeur ajoutée par les entreprises » [4]. On notera que la source française dudit *Rapport* (sur le problème de la rentabilité), est précisément et uniquement l'enquête récente de J. Mairesse et H. Delestré [5], encore que les auteurs du rapport n'aient utilisé qu'une part minime de l'enquête, et aient retenu un taux (global) de rentabilité *brute*, lequel en 1970-1973 a meilleure tenue que les divers taux *nets*...

Des taux de profit en tant que « clignotants » on dira donc : affaire à revoir et affaire à poursuivre [6].

20°) Selon le *Bulletin mensuel d'informations financières et boursières de la Société Générale* (n° 200, décembre 1978) l'évolution de la masse des dividendes distribués de 1967 à 1978 laisse voir que « la crise de 1974-1975... a été précédée par un net essouffle-

1. Annuaire de la *Revue d'économie politique* : « La France économique 1976-1977 » ; p. 144 (dans l'étude : « L'accumulation et la rentabilité du capital », p. 134-151).
2. *Pour le plein emploi et la stabilité des prix*.
3. Voir graphiques, *ibid.* p. 181.
4. *Ibid.* p. 180.
5. *Ibid.* p. 336.
6. Voir en particulier, dans le *Rapport sur les comptes de la nation* de l'année 1977, les courbes de « rentabilité des entreprises » ; p. 105-109.

ment perceptible dès 1971, ce qui fait dire à certains que la cassure dans le rythme de la croissance économique date non de 1974, mais de 1970» (p. 13). En *valeur* (francs courants) la masse des dividendes a eu en 1971-1973 (et, à plus forte raison, à partir de 1974), un taux de croissance annuel inférieur à 1967-1970. En *volume* (francs constants) le phénomène est, naturellement, encore plus net *(ibid)*. Cette variable, certes, ne se confond pas avec le profit, mais ne lui est cependant pas tout à fait étrangère.

21°) Toutes les études (et fort diverses d'origine et de méthodes) indiquent une forte croissance de *l'endettement des firmes non-financières* dans les années 1960 et 1970 jusqu'en 1973 inclus. Exemple, l'enquête (non publiée) de P. Artus et H. Sterdyniak (INSEE): «L'évolution de la structure financière des entreprises», 29 novembre 1978: calculs des ratios d'endettement par rapport au capital (évalué soit au coût d'acquisition, soit au coût de renouvellement).

La seule observation globale qui paraisse acquise à travers ces élémentaires repérages (mais elle nous semble importante.) est qu'il est impossible de donner à la crise de 1974-198... ? une origine mono-pétrolière [1]. De nombreux «clignotants» ont fonctionné *avant octobre 1973*, traduisant des difficultés de fonctionnement, des retournements du sens de diverses tendances antérieures (retournements indiquant des dégradations et des évolutions négatives), où causes de très court terme (conjoncture) et causalités profondes (structures) ont dû avoir leur part. Mais écrire ces derniers mots, c'est déjà s'engager dans une démarche explicative, laquelle doit demeurer entièrement ouverte. Le Rapport Mac Craken lui-même, au terme de l'analyse des tensions de 1972-1973, écrivait (*ex post*, il est vrai...): «1974 aurait été sans doute une année de récession, même sans la crise pétrolière» (p. 79).

J'ai volontairement présenté une «liste» linéaire, plate, sans relief ni hiérarchie, des divers clignotants de la crise. La liste n'est d'ailleurs point close (voir, par exemple, du côté de la démographie des entreprises: naissances et faillites; et du côté de la – et des – productivité(s)). Il est fort probable que les réflexions critiques et les études que ces pages pourraient susciter amèneraient à se poser, entre autres, les questions suivantes: distinguer clignotants de «courte» conjoncture et clignotants de tendance «moyenne»; distinguer signes «mineurs» et signes «majeurs» de la crise en voie de maturation, ces derniers traduisant des disparités profondes, des déséquilibres.

II
Comparaison des intensités initiales des deux crises

D'une telle comparaison nous ne tirerons pas de «raison», nous donnant comme objectif de laisser entendre que, dans la suite séculaire des crises, les deux en observation méritent le nom de «grandes», mais que les niveaux de leurs atteintes ne furent pas identiques.

1. Une étude stimulante (à coup de *simulations* économétriques) de P. Artus et P. Morin (INSEE 1978), non encore publiée lorsque ces pages ont été rédigées, a montré, sous le titre: «La crise dans le modèle Metric», qu'en «corrigeant» la conjoncture française de l'impact de *toutes* les variables extérieures (taux de change, prix du pétrole, et matières premières industrielles importées, inflation et crise à l'étranger) et de l'impact de conséquences internes de la crise (mesures de politique économique et nouveaux comportements des «agents», en particulier quant aux stocks) on obtenait *cependant* pour les années 1973-1977: une croissance ralentie, un chômage en expansion, une belle inflation...

Le tableau ci-contre, dû à Robert Boyer[1], l'indique nettement.

On lit ici les traits essentiels *des deux années de début des deux crises*. Car celles-ci se sont poursuivies au-delà de 1932, et au-delà de 1975. C'est même en cela d'abord qu'elles sont «grandes»: leur durée est exceptionnelle, leurs «sorties de crise» tardives, les reprises avortées. Au moment même où ces lignes sont écrites (début juillet 1984) personne n'ose plus évoquer en France comme on le fit en 1976-1979 à diverses reprises la célèbre «prochaine sortie du tunnel».

Mais voyons nos chiffres de 1930-1932, et du troisième trimestre 1974 au troisième trimestre 1976.

Au niveau des phénonèmes économiques dits «réels», les atteintes de la crise récente sont bien moins prononcées qu'au début des années 1930. Production industrielle, production intérieure brute (PIB), investissement ont, au bout de deux années, bien mieux résisté en 1975-1976 qu'en 1930-1932. L'atteinte à l'investissement (variable «clef») fut en particulier bien plus forte il y a quelque quatre décennies. Il en va de même du déficit du commerce extérieur. Mais le plus remarquable des phénomènes «réels» est le *maintien de la croissance de la consommation* (des «ménages» et de l'État) *pendant la crise récente*, alors qu'elle avait nettement reculé en 1930-1932. C'est l'un des indices des changements durables acquis lors de la période 1950-1970 dans le statut de la demande des ménages: «société de consommation»... Ainsi, moindre gravité «physique» de la crise dernière. Ne serait-ce pas là l'explication vraie de ce fait qui nous frappe tous: notre crise fut alors supportée, car elle était supportable?

Du côté monétaire et financier, autres découvertes qui paraîtront insolites. Le poids relatif (par rapport à la P.I.B.) des variations du déficit du budget est le même dans les deux crises. On peut interpréter grossièrement ce phénomène en parlant d'une intensité égale de l'intervention (économique et sociale) de l'État dans les deux cas. Car il ne faut jamais croire les *discours* sur les finances publiques, mais regarder les chiffres. *On parle*, en tous temps, de l'équilibre budgétaire, mais on *subit* le déficit. En matière monétaire, la différence entre les deux crises paraît éclatante: en «valeur» (c'est-à-dire en «francs courants») la masse monétaire est en situation déflationniste en 1930-1932, mais en remarquable position inflationniste en 1974-1976. C'est l'un des aspects de notre «stagnation». Mais la surprise vient de ce qu'en volume (c'est-à-dire en francs dits «constants», donc en pouvoir d'achat, ou en capacité effective d'intervention économique) la masse monétaire, au cours de ces deux crises, a augmenté, somme toute, dans les mêmes proportions, de l'ordre de 5 à 7 % l'an... Nouvelle preuve des profondes tromperies statistiques qu'entraîne l'inflation-prix.

Tromperies qui s'éclairent quand on en vient aux prix, aux salaires, à l'emploi. La baisse des prix de 1930-1932 (et années postérieures jusqu'en 1934-1935), les vives hausses de 1974-1976 (et celles des années qui précèdent et qui suivent) nous rappellent opportunément le contraste majeur: la crise de 1929 se rattache toujours, d'une certaine manière, aux régulations du XIXe siècle, où les prix sont plastiques au cours du cycle. La crise de 1974-1976 est d'un autre âge, d'une autre société, puisqu'elle marie le maintien de l'inflation-prix aux freinages de la croissance.

1. Robert Boyer: «La crise actuelle: une mise au point en perspective historique» (*Critiques de l'économie politique*; avril-septembre 1979).

QUELQUES ÉLÉMENTS DE COMPARAISON SUR LE DÉROULEMENT DES DEUX CRISES EN FRANCE
(Taux de variation en %)

	1931 / 1930	1932 / 1931	1975 III / 1974 III	1976 III / 1975 III
a) Production, consommation, investissement				
	%	%	%	%
– Production industrielle	– 11,2	– 13,6	– 12	+ 11,6
– P.I.B.	– 4,2	– 4,3	– 4,5	+ 7,5
– Investissement	– 15	– 20,2	– 7	+ 1
– Consommation	– 5,1	– 6,9	+ 4,2	+ 4
– Solde commercial extérieur rapporté à la P.I.B.	– 4,7	– 4,6	– 0,9	– 0,8
b) Monnaie, finances publiques				
– Masse monétaire				
• Nominale	+ 3,1	– 0,1	+ 16,5	+ 17,3
• Réelle	+ 6,1	+ 7,6	+ 5	+ 7
– Solde d'exécution du budget rapporté à la P.I.B.	– 2,1	– 2,2	– 2,4	– 2
c) Salaires, emploi, revenus, prix				
– Salaire horaire nominal	+ 1,3	– 1,9	+ 17,4	+ 14,9
– Salaire horaire réel	+ 4,2	+ 6	+ 5,9	+ 4,8
– Pouvoir d'achat de la masse salariale	– 7,6	– 12,1	+ 1,3	+ 3,8
– Emploi des secteurs non agricoles	– 7,5	– 12,8	– 2,4	– 0,5
– Prix à la consommation	– 2,8	– 7,5	+ 10,9	+ 9,6

Du côté du revenu salarial, les salaires horaires (ou « taux » des salaires), nominaux ou réels, ne se conduisent pas de même manière. Le contraste déflation-inflation est naturellement retrouvé pour les premiers, d'une crise à l'autre. Mais le pouvoir d'achat du taux du salaire, chose difficile, somme toute, à concevoir, *augmente dans la même proportion durant les deux crises*. Et c'est bien simple : en raison de la *baisse des prix* en 1930-1932 ; en raison d'*une plus vive hausse du salaire horaire nominal* (15 à 17 % l'an) en 1974-1976 que de l'indice des prix à la consommation (9 à 10 % l'an). Pour ceux des salariés qui, au cours des deux crises, n'ont chômé ni totalement ni partiellement, la crise fut donc aisément supportable. Autant le dire, car ce simple rappel peut entraîner d'utiles réflexions *politiques* trop souvent négligées, tant par les témoins des crises que par les historiens.

La leçon change quelque peu si l'on considère le pouvoir d'achat de la « masse salariale », c'est-à-dire le salaire réel global de la masse des salariés effectivement au travail : en 1930-1932, lourde chute du pouvoir d'achat national des salariés. Pourquoi ? En raison de la variable *chômage*, laquelle augmente dans la même proportion que le salaire global diminue. Les économistes disent, en leur inimitable langage, qu'il y a alors

« ajustement de l'emploi » au recul de la production industrielle. Mais en 1974-1976 la situation est tout autre : l'augmentation du chômage est très faible ; et le pouvoir d'achat de la masse salariale fait plus que se maintenir. Les deux variables sont naturellement liées. D'où le maintien plus haut signalé de la consommation globale. Il n'y a pas eu avant 1976 d'« ajustement de l'emploi ». Mais ensuite, oui... et jusqu'en 1984 inclus. Pour des raisons sociopolitiques qui n'ont alors échappé à personne, les entreprises ont freiné les débauchages avec l'accord implicite de l'État. Situation provisoire, car après les « bonnes élections » de 1978, « dégraissages », débauchages, restructurations et « redéploiement » ont rendu à l'emploi une partie de la souplesse qu'exige la régulation capitaliste. Mais c'est encore notre situation en 1984 malgré les freinages de 1982-1984 : stagflation affirmée évidente, chômage inéliminable et en hausse, stagnation (puis faible recul) du pouvoir d'achat salarial. Mais tout va bien pour l'ordre social. Les « grandes peurs » ne sont plus qu'idéologiques. Signe que l'explication « économique » est loin de se suffire à elle-même.

III
Années vingt, années soixante : deux modes de régulation ?

Plus que le jeu des ressemblances et des différences entre les deux crises, cette double photographie nous fait pressentir que si la logique du capitalisme demeure d'une période à l'autre (l'accumulation pour et par le profit), les relations de régulation sont différentes. « Régulation ? » « La manière dont se reproduit la structure déterminante d'une société dans des lois générales », dit M. Aglietta. Ou, selon R. Boyer : la « conjonction des ajustements des grandeurs économiques, associées à une configuration donnée (c'est nous qui soulignons) des *rapports sociaux*, des *formes institutionnelles*, et des *structures économiques* »[1].

Le concept de « régulation » en économie est un transfuge des sciences physiques et biologiques. Sa richesse est égale à sa complexité, et celle-ci à ses ambiguïtés. Mais si flou et si lâche qu'il paraisse, il peut être utilisé comme principe ordonnateur d'une approche en histoire globale, celle-ci consistant en la prise en compte des inter-relations entre le « tout » et ses « parties ». La notion d'« ajustements entre grandeurs économiques » ne relève pas des théories de l'équilibre statique mais d'une conception historique, donc dynamique d'états successifs d'équilibres relatifs et provisoires, à travers une incessante série de déséquilibres en chaîne se répondant et se compensant entre eux au moment des phases positives, ascendantes, des mouvements « cycliques » : le qualificatif de « récurrents » serait d'ailleurs plus pertinent, car les « cycles », avec leurs caractères de périodicité, de régularité et leurs retours de l'état *ex-ante*, n'existent que dans les livres. « Ajustements » ? Toute leur histoire, pour ne considérer que les deux derniers siècles, est dominée par le « jeu » entre mécanismes spontanés, issus du libre arbitre désordonné d'acteurs économiques inégaux, et mécanismes volontaristes, mis en place tant par les décideurs publics que par les puissances oligopolistiques privées. S'il est avéré qu'il y a tendance au glissement, en très longue durée, c'est-à-dire séculaire, des mécanismes spontanés à des mécanismes incités, consciemment régulateurs de la part de ceux qui les

1. Formule citée dans Baslé, Vidal, Mazier : « Croissance sectorielle et accumulation en longue période » ; *Statistiques et études financières*, série orange n° 40, 1979, p. 4.

mettent en place, on sait de reste, par expérience plus que par théorie, que rien n'est plus rare qu'une croissance longtemps maîtrisée : les mécanismes spontanés venant détruire l'harmonie attendue de macro-décisions conscientes ; et celles-ci entraînant inmanquablement des effets dits « pervers ». Mais les ajustements dits « économiques » jouent dans des cadres et se déploient dans des milieux qui en orientent les voies et les moyens : « structures économiques », « rapports sociaux », « formes institutionnelles ». A ces trois niveaux les « formations sociales » (où coexistent divers « modes de production » d'âges différents) évoluent en longue durée de manière d'abord insensible, puis de plus en plus rapide, et alors perçue par les acteurs (privés et publics ; individus et groupes sociaux). De sorte que tout au cours de périodes longues (durant plusieurs décennies) s'affirme une certaine stabilité des cadres à l'intérieur desquels s'effectuent les ajustements économiques, donc des processus de régulation eux-mêmes. Ce qui a permis aux économistes CEPREMAP de proposer la typologie ternaire des régulations « à l'ancienne », « concurrentielle », « monopoliste » (ou « administrée »). Tant qu'on en reste à ce niveau de schématisation, on semble fort loin des respectives approches historiques des deux grandes crises du xxe siècle. Mais la lecture proprement historique-concrète (et une lecture en « histoire globale ») des séquences séculaires des processus de régulation nous ramène directement à notre objet, car c'est à propos des périodes de transition, mot non galvaudé, d'un processus de régulation dominante à un autre, que l'historien se sent plus précisément concerné. Les grands types de régulation dominante se présentent à la fois comme une succession d'états assez stables et comme de longues prises de relais d'une régulation à une autre, au cours desquelles les deux types de régulations coexistent et interfèrent. Les historiens le savent fort bien pour le progressif passage en Europe occidentale des années 1820 aux années 1860 des crises « anciennes », à mécanismes agricoles dominants, aux crises dites alors « commerciales », c'est-à-dire à logiques industrielles dominantes. Les questions sont moins connues, parce que plus difficiles et moins étudiées, au xxe siècle, d'une guerre mondiale à l'autre, de la régulation dite par le groupe du CEPREMAP « concurrentielle » à la régulation « monopoliste », ou « administrée ». La difficulté centrale vient probablement de ce qu'« il n'y a pas adéquation parfaite entre l'état des structures économiques et sociales et les modalités dela régulation »[1], particulièrement dans cette période. Durant l'entre-deux-guerres en France coexistent des structures de plus en plus oligopolistiques (« groupes » industriels, « groupes » bancaires, cartellisation de plus en plus étendue dans les branches « lourdes ») et des formes institutionnelles certes nouvelles, mais encore « largement inutilisées »[2] ; négociations et contrats collectifs de travail ; intervention publique dans le crédit industriel à moyen terme (1920 : le *Crédit National*) ; premiers pas (loi du 30 avril 1930) des *Assurances Sociales*. Cependant, « la régulation demeure largement concurrentielle »[3], comme l'indiquent le maintien de la plasticité des taux de salaires nominaux à la baisse en 1920-1921 et 1930-1935, en temps de crise industrielle ; la sensibilité des prix nominaux aux fluctuations des marchés ; la part très faible du salaire indirect dans le salaire total ; et les efforts de l'État et des autorités monétaires pour maintenir, autant que faire se pouvait, une certaine contrainte monétaire, par l'attachement au Gold Bullion Standard (juin 1928 – septembre 1936).

1. Baslé, Mazier, Vidal, *ibid.*
2. *Ibid.*
3. *Ibid.*

Il faudrait naturellement aller bien plus loin dans ce type d'approche, que certains économistes français, fort inclinés aussi vers l'Histoire, ont fait progresser dans les récentes années, en signalant qu'il existe entre eux des points de divergence, en particulier quant aux spécificités (continuités; et nouveautés) du «régime d'accumulation» (du capital) dans les années 1920 et 1930 (accumulation «intensive», ou «extensive»?) et quant à la mesure, pour cette période, des progrès de la productivité du travail dans l'industrie. Quoi qu'il en soit, les deux crises majeures du XXe siècle doivent être qualifiées de «grandes», parce qu'elles sont à la fois le produit et la matrice de profondes mutations dans l'organisation économique et les rapports sociaux. Elles marquent l'épuisement des mécanismes non-pervers du mode de régulation antérieur, lequel a perdu, spontanément somme toute, ses vertus: régulation «administrée» dans les trois décennies d'après 1945. L'un des mécanismes de maturation de la crise industrielle en France à la fin des années 1920, c'est une très grande disparité dans les évolutions sectorielles (secteurs I et II), en matière d'accumulation et d'emploi, de salaires, de prix, de profits: le secteur I se rapprochant de certains aspects du «modèle américain»; et le II conservant ses traits de la fin du XIXe siècle, de sorte qu'un hiatus se fait jour entre le dynamisme des capacités productives dans certaines branches et l'expansion lente des consommations courantes[1].

Or, du triple point de vue des rapports sociaux, des structures économiques et des formes institutionnelles, la France de 1974 est loin de ressembler à celle du début des années 1930. C'est le fond de l'affaire.

Les deux crises peuvent se ressembler par certaines de leurs dimensions et manifestations. Mais leurs oppositions les plus visibles relèvent de régulations de nature différente. En 1929, la régulation «concurrentielle» du XIXe siècle perdure, dans une économie et une société françaises «dualistes», qui n'ont encore fait ni leur révolution «taylorienne», ni achevé (il s'en faut!) leur «exode rural», et dont les styles de consommation sont encore traditionnels. En 1974, l'intensité des développements capitalistiques des décennies d'après la deuxième guerre mondiale, lesquels s'étendent alors du secteur I (biens de production) au secteur II (biens de consommation), a forgé de nouvelles structures, auxquelles on a donné, par commodité autant que par raison, le nom de «monopolistes», ou d'«administrées»: profits et salaires contrôlés, confortés, disciplinés par les «macro-décideurs»; revenus sociaux «indirects» à poids croissant; consommations réellement «de masse»; concentrations dynamiques des «groupes financiers»; accumulation du capital gérée par de puissants groupes monopolistes; économie nationale intégrée de plus en plus dans le marché mondial et en dépendant, institutionnalisation et contractualisation des relations entre «le capital» et «le travail»; concertations «planifiées» entre l'État et les intérêts privés; sophistication des politiques conjoncturelles et des interventions structurelles de la puissance publique. Le contexte des deux crises n'est vraiment plus le même.

Dans le déclenchement à court terme des deux crises, l'état des conjonctures ne se répète pas en tous points. Pas de Krach boursier en 1974 à l'orée de la crise, rappelant les ondes de choc issues de celui d'octobre 1929 à Wall Street. Situations opposées des mouvements des prix: de 1926-1927 à 1930, les prix (mondiaux et nationaux), après la «fin de l'inflation» (J. Gabillard) des années 1920, sont stabilisés, voire en baisse pour ceux de gros. Alors que de 1968 à 1974 l'inflation-prix s'emballe...

1. C'est aussi l'un des thèmes de l'article déjà cité de Jacques Marseille.

Y aurait-il, dans les deux cas, un décalage chronologique dans l'éclatement de la crise en France, qui se serait trouvée *en retard* par rapport à la crise mondiale ? C'est à peine exact pour 1974. On le répète mécaniquement et par habitude pour la crise de 1930-1932. Mais cette vieille assertion, nous l'avons vu, est à nuancer sérieusement.

Par ailleurs en 1930-1932 comme en 1974-1975 on a plaidé pour rejeter les causes, et quasiment la faute, sur l'extérieur, sur l'étranger : en 1974 et aujourd'hui, nous répète-t-on, c'est la crise-tout-pétrole. En 1931 l'économiste Charles Rist ne voyait dans les difficultés françaises « qu'une répercussion d'un évènement extérieur à l'économie du pays »[1]. Mais en fait dans les deux cas, la crise est le produit de déterminants tant intérieurs qu'extérieurs, tant nationaux qu'internationaux : les coups (coûts) pétroliers aggravent et entretiennent la crise ; ils ne la créent pas à eux seuls. Dans les deux cas, pour reprendre la formule de Sauvy à propos de la crise dite de 1929 et de la stabilisation des prix qui la précéda, le « mouvement est mondial et ne saurait être localisé »[2]. Dans les deux cas, quand la crise apparaît dans toute sa force (1931-1932 ; 1974-1975), on ne se souvient plus des signaux qui l'ont précédée, des clignotants nombreux qui se sont mis au rouge des mois avant le krach d'octobre 1929, des mois avant la première augmentation du prix du pétrole (décidée en octobre 1973 ; effective au début de 1974).

Mais enfin, pourquoi les deux grandes crises, et pourquoi celle de 1974, après tant d'années de développement accéléré depuis le dernier après-guerre ? Le vertige intellectuel ne peut que fondre sur celui qui lit (ou relit) une part (la totalité, c'est impensable) de la « littérature » concernant nos deux sujets. Dans les années 1970 comme dans les années 1930 les augures se déchirent, les théories s'affrontent, les méthodologies se culbutent, les condamnations réciproques pleuvent. Libéraux, monétaristes, keynésiens, marxistes, se retrouvent sur la brèche avec un arsenal dont beaucoup d'armes ont servi deux fois. Il y a des poudres qui demeurent longtemps sèches. Les seules certitudes : toute approche monocausale est atrophiée ; tout impérialisme théorique, infécond, parce que ne découvrant qu'un champ de possibles, ou qu'un plan d'analyse. La question, dans les deux cas, n'est pas *pourquoi* la crise, puisque celle-ci va de soi dans son principe, comme produit spontané et « naturel » de l'essor et de la croissance en économie capitaliste. La question est : quels types de « disparités », quels genres de « tensions », quels mécanismes de « contradictions » ont joué *effectivement*, et *différemment, hic et nunc* ?

On aura quelqu'indulgence, je l'espère, pour le rédacteur de cette communication en ne lui demandant pas de condenser en quelques dizaines de lignes les deux entrées de crise et les difficultés des deux modes de régulation, autour de 1929 et autour de 1974. Quoique les historiens n'aient droit à aucun privilège en la matière, prenons prétexte de l'une des formules finales de Jacques Marseille : « La crise de 1929 (en France) serait, ainsi, non pas la dernière du XIXe siècle, non pas le première du XXe siècle, mais le divorce explosif entre deux mondes, le monde productiviste du XXe siècle, qu'annonce l'essor fantastique de la productivité dans les années 1920, et le monde du XIXe siècle, où le salaire et la consommation sont encore soumis à la « loi d'airain », le monde où le fait de « jouir de la vie » est encore considéré par la majorité du patronat comme puissant facteur de « désorganisation sociale »[3].

La crise de 1974 s'est épanouie, elle, au sein de la société de consommation et

1. J. Marseille, article cité p. 649.
2. *Histoire économique de la France dans l'entre-deux-guerres*, Fayard, tome I, p. 103.
3. Article cité p. 684.

d'inflation, après trois décennies d'urbanisation accélérée, de consommations de masse normalisées, de développement des échanges extérieurs, d'intensifications capitalistiques et d'accélération des concentrations monopolistes. Ce régime spécifique de croissance et d'accumulation, beaucoup plus «intensif», efficace, et profond que celui des années 1920 s'est trouvé ébranlé à la fin des années 1960 et au début des années 1970 par des processus internes de «suraccumulation» (thèse marxiste, voire néo-keynésienne); mais aussi en raison des changements induits par les progrès rapides de «l'internationalisation»: dépendances accrues envers l'extérieur aux importations et aux exportations, internationalisation des structures et des opérations des «groupes» industriels, bancaires, financiers. Les analyses se succèdent, qui essayent de proposer divers schémas explicatifs de l'entrée dans la crise, mais il n'est pas question ici d'en présenter les diverses approches. Toutes, en tous cas, décèlent *avant 1974* des «indices de dégradation des conditions de la croissance»[1].

Succédant à l'efficacité de la «régulation monopoliste» des années 1945-1970 la crise des années 1970 remet en cause les bases mêmes de cette régulation et de la prospérité qu'elle entraîna. Tout ce qui touche au rapport salarial (mode de fixation des salaires; croissance des salaires; mobilité de la force de travail); aux formes de la concurrence oligopolistique; à la politique sociale de l'État; à l'insertion de l'économie nationale dans le marché mondial, a été atteint et mis en cause par la crise. Le mode de régulation antérieur est alors bloqué. Ses éléments «institutionnels» sont donc mis en débat. D'où les «politiques de revenus», en fait, appliquées (c'est-à-dire la discipline des seuls salaires); les critiques contre le Welfare State; la résurgence des discours en faveur de la «concurrence»; les plaidoyers pour le «redéploiement» mondial de l'industrie française. La crise est «grande», moins par son poids intrinsèque, que par la destruction des anciens mécanismes de régulation et par la nécessité de leur en substituer de nouveaux, dans le cadre du capitalisme, naturellement.

La crise de 1974 est donc «grande», parce qu'elle signale le mauvais fonctionnement d'un mode de régulation qui avait été efficace pendant les trois décennies antérieures. Elle ne pouvait pas être, et n'a pas été, la répétition des simples inflexions de croissance, des «récessions» d'après la deuxième guerre mondiale. De même avait été grande celle de 1929, qui ne pouvait pas être non plus la réédition des crises cycliques du XIXe siècle. Dans les deux cas, des modifications structurelles, nationales et mondiales, impulsées certainement sinon initiées par les deux guerres du XXe siècle, modifications atteignant tant les phénomènes «réels» que les conditions monétaires, ont abouti à des dérèglements et à des mises en cause profondes. La crise de 1929 fut un «tournant» dans l'histoire du monde. Celle de 1974 a toutes chances, plus tard, d'apparaître telle. Mais présentement, nous voyons mal où elle nous conduit. Nous ne paraissons savants qu'*ex post*.

© Institut d'Histoire économique et sociale

1. Ces indices sont très finement analysés dans l'étude de Catherine Lapierre-Donzel: «Étude en sept secteurs de la croissance française entre 1950 et 1976» (*Statistiques et études financières*, série orange n°42, 1980).

IV

PROTO-INDUSTRIALISATION, FORMATION DE LA MAIN-D'ŒUVRE INDUSTRIELLE

Dès les années 1960, plusieurs historiens, en particulier lors de congrès internationaux, ont mis en évidence le poids des industries rurales dans la production manufacturière de l'Europe au XVIII*e siècle. À la même époque, divers travaux soulignent la complexité du processus de formation de la main-d'œuvre industrielle. Sur ces deux terrains, les notions de « première révolution industrielle » et de « prolétariat » se trouvent contestées, dans la mesure où elles évoquent une évolution brutale vers la constitution de grandes usines rassemblant des masses ouvrières. Le passage rapide du* domestic *au* factory system, *conforté ou non par une lecture sommaire de Marx, se trouvait placé au cœur des débats. L'initiative de cette révision revient pour une large part à des auteurs anglo-saxons.*

*Dans son rapport à la III*e *Conférence internationale d'histoire économique, en 1965 (« The formation of the industrial working classes : some problems », Munich, 1965), Eric J. Hobsbawm mettait en garde contre les approches simplificatrices sur la formation d'un prolétariat de salariés industriels et incitait à bien établir les étapes différenciées entre les transformations du système productif, les formes de rémunération (notamment la redoutable question de l'extension du salariat), les mutations sociales et l'évolution des représentations collectives.*

Sa grande synthèse sur l'histoire économique de la Grande-Bretagne, parue à la fin des années 1960, insiste sur la présence faible jusqu'en 1840 de l'« employeur capitaliste » et du « prolétaire » à l'état pur face aux « moyens » de production, formes transitoires et intermédiaires, ainsi que sur la rareté de l'ouvrier d'usine.

Eléments confortés par le travail de E.P. Thomson sur la Naissance de la classe ouvrière anglaise. *1780-1830. (trad. fr. Gallimard, Ecoles des Hautes Etudes, 1984), puis de W.H. Sewell,* Work and revolution in France, the language of labor from the old regime to 1848, *Cambridge, 1980.*

Outre le groupe de Götingen, il revient à un historien américain, F. Franklin Mendels d'avoir caractérisé par le terme de « proto-industrialisation », la première phase d'un processus d'industrialisation présentée comme s'étalant de manière complexe dans le temps et dans l'espace. L'article qui, pour la première fois, formalise cette conception (« proto-industrialization, the first phase of the industrialization process » Journal of Economic History, *vol. XXXII, mars 1972, n° 1, p. 241.261) a suscité dès sa publication de vifs engouements et a nourri débats et colloques. L'auteur, par ce concept, offrait l'instrument pour penser simultanément l'étalement de mutations affectant la production, la main-d'œuvre et l'espace, et en particulier, pour interpréter le maintien et même l'éclosion d'industries rurales et domestiques, non comme la persistance archaïque de fabrications artisanales, mais comme la première étape du long processus d'industrialisation.*

La proto-industrialisation fournit des hypothèses théoriques sur le triple aspect économique, social et spatial de ce processus. Par contraste avec la « révolution industrielle » s'appuyant sur de vastes usines urbaines concentrant un prolétariat coupé brutalement de ses racines, la proto-industrialisation se manifeste par le maintien, et même l'expansion d'une fabrication à la fois rurale, domestique, saisonnière (constituée d'activités non agricoles de saison morte), sans pour autant limiter ses débouchés à l'autoconsommation ou même à un marché géographiquement proche, la clientèle atteinte pouvant être extérieure à la région, voire au pays. Un tel système, dès lors qu'il emploie une main-d'œuvre rendue partiellement mais constamment excédentaire, du fait des particularités des structures agraires et démographiques, réduit fortement les coûts multiples (financiers, urbanistiques, mais aussi sociaux et politiques), entraînés par une industrialisation sous la forme d'une concentration urbaine.

Ces réalités ont été étudiées surtout dans l'Europe du Nord du XVIII*e siècle. Deux numéros spéciaux de* la Revue du Nord *(t. LXI, n° 240, janvier-mars 1979, 290 p. ; t. LXIII, n° 248, janvier-mars 1981, 310 p.) en témoignent.*

Plusieurs analyses régionales, grâce à l'élaboration de thèses (celles de Serge Chassagne, Jean-Pierre Hirsch, Denis Woronoff) sont venues enrichir, préciser ou nuancer les caractères de cette étape de l'industrialisation.

La thèse d'Alain Dewerpe au titre significatif : L'Industrie aux champs. Essai sur la proto-industrialisation en Italie septentrionale 1800-1880, *Ecole française de Rome, 1985) fournit des développements précieux sur la proto-industrialisation, conçue plutôt comme une forme de développement spécifique que comme une étape vers l'industrialisation.*

Des débats se sont développés sur cette notion d'« étape » et certains historiens ont contesté le caractère généralisable du concept, à cause des limites observées dans la prise en compte des activités urbaines ou dans les bornes de l'espace analysé ou encore dans l'attention trop nettement portée sur les industries textiles.

Cette floraison de travaux aura néanmoins permis de déplacer la chronologie, la géographie et la dynamique même de l'industrialisation. Leurs retombées n'ont pas seulement affecté l'histoire économique au sens strict, mais aussi, aux confins de l'histoire sociale, les conceptions de la naissance de la main-d'œuvre industrielle.

Nombre des travaux déjà cités ou d'autres (telles la thèse d'Yves Lequin ou les recherches de Pierre Caspart) insistent sur la complexité de la formation de la main-d'œuvre industrielle dans plusieurs régions françaises, soulignant en particulier les multiples liens tissés avec l'espace rural.

Aussi bien du côté de l'accumulation du capital, des relations villes-campagnes que de la constitution de la classe ouvrière, l'historiographie depuis une vingtaine d'années multiplie ainsi les travaux qui conduisent à nuancer, à étaler et à complexifier la rupture à laquelle la révolution industrielle a longtemps été identifiée.

Histoire économique et sociale de la Grande-Bretagne
(1977)

ERIC J. HOBSBAWM

L'Histoire économique et sociale de la Grande-Bretagne *est un ouvrage de synthèse qui présente l'avantage, par rapport à d'autres travaux plus précis du même auteur, d'avoir été traduit en français. Les premières pages nuancent fortement l'idée d'un processus brutal de révolution industrielle, et insistent au contraire sur l'« heureux mélange de nouveau et d'ancien ». L'auteur, chercheur britannique de réputation internationale (né en 1917), a su mêler un intérêt certain pour les analyses marxistes et une approche nuancée du processus d'industrialisation britannique, aux termes de laquelle l'« employeur capitaliste » et le « prolétaire » ne se rencontrent pas à l'état pur.*

Source : *Eric J. Hobsbawm,* Histoire économique et sociale de la Grande-Bretagne, *t. 2,* De la Révolution industrielle à nos jours, *Seuil, Paris, 1977 (trad. fr. de* The Pelican Economic History of Britain. From 1750 to Present Day. Industry and Empire, *Penguin Books, Londres, 1968), p. 52-62.*

Bibliographie : *Pour une mise au point méthodologique, voir son rapport in* IIIe Conférence internationale d'histoire économique, *Mouton, 1965.*

[...] LA PREMIÈRE révolution industrielle fut techniquement assez primitive, non pas faute d'une science et d'une technologie ou parce que les hommes ne s'y intéressaient pas, mais simplement parce qu'il suffisait en général d'appliquer des idées et des mécanismes simples, souvent mis au point depuis des siècles, ordinairement peu onéreux, pour obtenir des résultats étonnants. La nouveauté ne résidait pas dans l'innovation, mais dans l'aptitude de gens réalistes à appliquer la science et la technologie élaborées depuis longtemps ; la nouveauté, c'était aussi ce large marché qui s'ouvrait aux nouveaux produits dont les prix baissaient rapidement. Ce qui frappe, ce n'est pas la floraison du génie inventif individuel, mais l'ensemble des facteurs qui poussèrent les hommes à résoudre des problèmes pratiques.

Cette situation était très favorable, car elle a donné aux pionniers de la révolution industrielle un avantage énorme et peut-être décisif. Elle a permis à un ensemble, non particulièrement instruit ou subtil, d'hommes d'affaires et d'artisans habiles de travailler dans une économie prospère et en expansion dont ils pouvaient aisément saisir les chances. En d'autres termes, elle minimisait les exigences fondamentales – aptitudes, capitaux, complexité dans les affaires ou dans la planification et l'organisation gouvernementales –, sans lesquelles aucune industrialisation n'est possible. Examinons par contraste la situation d'une nation aujourd'hui en voie de développement qui décide de faire sa propre révolution industrielle. Le premier stade – par exemple, la construction d'un réseau de transports suffisant – exige la maîtrise d'une science et d'une technologie qui ont des siècles d'avance sur les compétences habituelles de la quasi-totalité des habitants. Les unités de production caractéristiques de notre époque – disons l'usine de véhicules automobiles – sont d'une taille et d'une complexité qui les situent au-delà de l'expérience de la poignée d'hommes d'affaires locaux, et exigent un investissement initial dépassant de loin les capitaux personnels qu'ils pourraient y consacrer. Même les aptitudes mineures et les habitudes auxquelles nous sommes tellement accoutumés dans nos sociétés que nous ne les remarquons plus, mais dont l'absence serait désastreuse, sont aussi rares que des rubis : instruction élémentaire, sens de la ponctualité et de la régularité, travail routinier. Prenons un exemple simple. On pouvait encore au XVIIIe siècle créer une industrie minière en creusant à faible profondeur des galeries latérales, en y faisant descendre des hommes avec des pics, en transportant le charbon à la surface dans de petits chariots tirés à bras ou par des poneys, et en utilisant des paniers[1]. Il serait tout à fait impossible d'exploiter ainsi les puits de pétrole, surtout quand il s'agit de concurrencer une industrie internationale géante et très bien organisée.

De même, le problème crucial du développement économique des pays arriérés d'aujourd'hui est, le plus souvent, celui que Joseph Staline, qui avait beaucoup d'expérience en la matière, exprimait en une phrase : « Les cadres décident de tout. » Il est beaucoup plus simple de trouver le capital nécessaire à la construction d'une industrie moderne que des gens pour la faire marcher ; il est beaucoup plus simple de mettre sur pied un organisme de planification avec la poignée de docteurs en science économique dont la plupart des pays disposent que de donner à la masse des gens ces qualifications intermédiaires, cette compétence technique et administrative sans lesquelles une économie moderne s'enlise dans l'inefficacité. Les pays retardataires qui ont réussi à s'industrialiser ont été aussi ceux qui ont trouvé les moyens de multiplier rapidement ces cadres et de les utiliser dans le contexte d'une population globale manquant encore des aptitudes et habitudes de l'industrie moderne. Ils ont constaté que, sur ce point, l'histoire de l'industrialisation britannique ne les concernait pas, simplement parce que la Grande-Bretagne n'avait pas eu à faire face à ce problème. A aucun moment, par exemple, l'Angleterre n'a souffert visiblement d'une pénurie d'hommes compétents pour travailler les métaux et, comme l'emploi du mot *engineer* le montre, on pouvait facilement recruter les techniciens les plus spécialisés parmi les hommes ayant travaillé en atelier[2]. Elle put même se passer d'un système national d'enseignement primaire jusqu'en 1870, et secondaire jusqu'en 1902.

Un exemple est à cet égard caractéristique. Le plus grand des premiers cotonniers fut Sir Robert Peel (1750-1830), qui laissa à sa mort presque un million et demi de livres – une grosse somme pour l'époque ; son fils devait devenir Premier ministre. Les Peel appartenaient à une famille de petits propriétaires terriens qui, comme d'autres dans les collines du Lancashire, pratiquaient à la fois la culture et le travail du textile en chambre, au moins depuis le milieu du XVIIe siècle. Le père de Sir Robert (1723-1795) colportait encore ses articles à travers la campagne ; il s'installa dans la ville de Blackburn en 1750 seulement, sans toutefois abandonner complètement l'agriculture. Il possédait une certaine instruction – non technique –, quelques dons pour le dessin et le goût de l'invention (du moins savait-il apprécier les découvertes de ces concitoyens, tel le tisserand James Hargreaves, charpentier et inventeur de la *spinning-jenny*) ; ses terres valaient entre 2 000 et 4 000 livres ; il les hypothéqua au début des années 1760 pour fonder une société d'impression sur calicot avec son beau-frère Haworth et un certain Yates qui apporta les économies que ses parents avaient ramassées dans l'auberge du Black Bull. La famille avait déjà de l'expérience : plusieurs de ses membres étaient dans

1. Je ne veux pas dire que cela n'exigeait pas beaucoup de savoir-faire accumulé et quelques techniques très raffinées, ou que l'industrie minière britannique ne possédait ou ne mit au point aucun équipement plus élaboré et plus puissant, comme la machine à vapeur.
2. C'est aussi valable pour le travailleur sur métaux qualifié que pour le technicien spécialisé de plus haut niveau, tel que l'ingénieur « civil » ou « électricien ».

le textile, et les perspectives de l'impression sur calicot, alors spécialité londonienne, paraissaient excellentes ; elles l'étaient. Trois années plus tard (vers 1765), la demande de coton à imprimer était telle que la société se mit à la manufacture du tissu lui-même ; ce fait prouve, comme le faisait remarquer un historien local, « la facilité avec laquelle on faisait de l'argent à cette époque [1] ». Les affaires prospérèrent et essaimèrent : Peel resta à Blackburn, tandis que ses deux associés s'installaient à Bury, où le futur Sir Robert devait les rejoindre en 1772, en apportant un petit capital de son père.

A vrai dire, la société n'en avait pas tellement besoin. Le jeune Peel, un entrepreneur d'une énergie remarquable, n'eut aucune difficulté à trouver d'autres associés locaux : ils étaient nombreux à vouloir investir dans cette affaire en plein essor qui cherchait à étendre ses activités à d'autres régions et à d'autres secteurs. L'impression sur tissu, à elle seule, rapporta régulièrement 70 000 livres par an en moyenne, et la société ne manqua jamais de capitaux. En 1785, c'était une firme très importante, ouverte aux dernières méthodes de production utiles et rentables, comme les machines à vapeur. En 1790 – à quarante ans, dix-huit ans seulement après être entré dans les affaires –, Robert Peel était baronet, membre du Parlement et représentant incontesté d'une nouvelle classe : celle des industriels [2]. Il se distingua des autres entrepreneurs acharnés du Lancashire et de ses associés dans la mesure où, dédaignant de se retirer dans une aisance confortable – ce qui lui aurait été facile vers 1785 –, il préféra s'élever dans le monde vertigineux des capitaines d'industrie. D'ailleurs, à l'époque, n'importe quel membre de la classe moyenne rurale du Lancashire doué d'énergie et d'un certain sens du commerce, aurait eu du mal à ne pas faire fortune dans l'industrie du coton. La simplicité des affaires était alors telle que, longtemps après la création de la société, Peel n'avait pas d'« atelier du dessin » et que les modèles qui la lancèrent étaient élaborés un peu n'importe comment. On pouvait vendre à peu près ce qu'on voulait au client britannique ou étranger.

C'est ainsi qu'en un temps record et sans aucune difficulté, un système industriel nouveau, fondé sur une technologie nouvelle, fit son apparition dans les fermes et les villages pluvieux du Lancashire. La recette tenait à un heureux mélange de nouveau et d'ancien, le nouveau ayant fini par emporter le succès. Le capital accumulé dans l'industrie se substitua aux hypothèques sur les exploitations agricoles et aux économies des aubergistes ; les ingénieurs remplacèrent les inventeurs tisserands-charpentiers, les métiers mécaniques les artisans, et un prolétariat d'usine la masse composite des travailleurs à domicile indépendants et des ouvriers de quelques établissements mécanisés. Dans les décennies qui suivirent les guerres napoléoniennes, le modernisme et l'industrialisation, autrefois apanage d'une minorité de pionniers, se substituèrent progressivement aux réflexes traditionnels et dominèrent les mentalités du Lancashire. Le nombre des métiers mécaniques passa en Angleterre de 2 400 en 1813 à 55 000 en 1829, de 85 000 en 1833 à 224 000 en 1850, alors que l'effectif des artisans tisserands, qui atteignit son maximum – 250 000 – dans la décennie 1820 tomba à 100 000 un peu après 1840 ; au milieu des années 1850, ils n'étaient plus que 50 000 et mouraient de faim. Il ne

1. T. Barton, *History of the Borough of Bury*, 1874, p. 59.
2. « C'était un excellent spécimen de cette classe d'hommes qui, utilisant dans le Lancashire les découvertes des autres ou les leurs et profitant des facilités locales pour fabriquer et imprimer les cotonnades, bénéficiant de plus d'un vaste marché ouvert il y a plus d'un demi-siècle aux articles manufacturés, réussirent à atteindre une grande opulence sans posséder ni manières raffinées ni culture spécialisée ; leurs connaissances étaient celles de l'homme de la rue » (P. A. Whittle, *Blackburn As It Is*, Preston, 1852, p. 262).

faudrait pas oublier pour autant que même cette deuxième phase de la transformation industrielle fut relativement primitive et légua son archaïsme.

On peut en dégager deux conséquences. La première tient aux méfaits de la structure extrêmement décentralisée et hétéroclite de l'industrie cotonnière qui, comme la plupart des industries britanniques du XIXe siècle, était fondée sur les activités non coordonnées d'une multitude de petits entrepreneurs. Elle fut, et elle resta en grande partie, un ensemble de firmes de dimensions moyennes, très spécialisées (et souvent très localisées) ; commerçants divers, filateurs, tisseurs, teinturiers, finisseurs, blanchisseurs, imprimeurs, etc., souvent attachés à une spécialité à l'intérieur de leur propre branche, et reliés les uns aux autres par un tissu d'affaires traitées « sur place ».

Une telle structure offre l'avantage de la souplesse et prête fort bien à une expansion initiale rapide ; mais plus tard, quand le développement industriel nécessite le concours technique et économique de la planification et de l'intégration, elle devient très rigide et inefficace. La seconde conséquence fut la montée d'un puissant mouvement syndical : dans la plupart des cas, l'industrie reposait sur une main-d'œuvre instable et inorganisée composée presque exclusivement de femmes, d'enfants et d'immigrants non qualifiés, etc. ; les syndicats de l'industrie cotonnière du Lancashire tentèrent de les encadrer : regroupant une minorité de fileurs spécialisés travaillant sur les mules, ils ne pouvaient être délogés de leur position de force par une mécanisation moderne – des essais dans ce sens tentés en 1830 échouèrent ; ils s'efforcèrent de faire adhérer la majorité des ouvriers non qualifiés aux syndicats et y parvinrent en grande partie dans la mesure où il s'agissait... de leurs femmes et de leurs enfants. Ce syndicalisme professionnel triompha grâce à la structure très archaïque de l'industrie cotonnière en cette phase cruciale de son développement.

Elle était cependant, selon les normes du XVIIIe siècle, révolutionnaire. Elle signifiait de nouveaux rapports économiques entre les hommes, un nouveau système de production, un nouveau rythme de vie, une nouvelle société, une nouvelle ère historique ; les contemporains en furent conscients, presque dès le départ.

« Comme à la suite d'une inondation soudaine, les constitutions médiévales et les limites imposées à l'industrie disparurent, et les hommes d'Etat s'émerveillèrent devant ce phénomène grandiose qu'ils ne pouvaient ni comprendre ni suivre. La machine servait avec obéissance l'esprit de l'homme. Cependant, de même que le machinisme dépréciait la force de l'homme, le capital triomphait de la main-d'œuvre et créait une nouvelle forme d'esclavage... La mécanisation et la division incroyablement élaborées du travail diminuèrent la force et l'intelligence dont on avait besoin dans les masses, et la concurrence réduisit les salaires au minimum vital. Quand les marchés étaient saturés, ce qui se produisait à des intervalles plus ou moins rapprochés, les salaires tombaient au-dessous de ce minimum indispensable. Souvent, le travail s'arrêtait complètement pour quelque temps... et une masse d'hommes misérables encouraient la faim et toutes les affres du besoin. »

Ces phrases – qui ressemblent à celles des révolutionnaires sociaux comme Friedrich Engels – ont été écrites au début des années 1840 par un homme d'affaires libéral allemand. Une génération plus tôt, un autre industriel, le maître cotonnier Robert Owen, avait souligné le caractère révolutionnaire du changement dans ses *Observations on the Effect of the Manufacturing System*, en 1815 : « Le caractère des habitants d'un pays qui se couvre de manufactures change ; et cette nouvelle personnalité est fondée sur un principe tout à fait défavorable au bonheur individuel ou collectif. Il faut donc s'attendre à la généralisation des maux les plus lamentables et les plus tenaces, à moins que cette tendance ne soit contrecarrée par les lois et le gouvernement. Le système des manufactures s'est déjà tellement répandu dans l'Empire britannique qu'il a profondément modifié la personnalité de la majorité des gens.»

Le nouveau système, dont les contemporains voyaient le meilleur exemple dans le Lancashire, leur semblait caractérisé par trois éléments. D'une part, la division de la population industrielle en employeurs capitalistes et en ouvriers qui ne possédaient rien sinon leur force de travail qu'ils vendaient contre salaire. D'autre part, la production dans une «usine», cet ensemble de machines spécialisées et de main-d'œuvre spécialisée, ou comme le Dr Andrew Ure, un des premiers théoriciens de l'industrialisation, le disait: «un vaste automate composé de différents organes mécaniques et intellectuels agissant dans un concert ininterrompu... tous étant subordonnés à une impulsion autorégulatrice[1]». Enfin, la domination de toute l'économie – en fait de toute la vie – par la recherche et l'accumulation des profits capitalistes. Certains – ceux qui ne voyaient rien de fondamentalement mauvais dans le nouveau système – ne se donnaient pas la peine de distinguer entre les aspects sociaux et les aspects techniques. D'autres – ceux qui étaient obligés d'entrer dans le nouveau système contre leur volonté, n'y gagnant que la paupérisation, comme ce tiers de la population de Blackburn qui en 1833 vivait d'un revenu *par famille* de 9 shillings 2 pence par semaine (un shilling 8 pence par personne en moyenne)[2] – étaient tentés de rejeter le tout. Un troisième groupe – Robert Owen en fut le principal représentant – distinguait l'industrialisme du capitalisme. Il acceptait la révolution industrielle et le progrès technique, parce qu'ils apportaient avec eux connaissance et abondance potentielles. Il récusait sa forme capitaliste, parce qu'elle était à l'origine de l'exploitation et du paupérisme.

Il est naturellement facile de critiquer, dans le détail, l'opinion de l'époque: en fait, la structure de l'industrialisme était loin d'être aussi «moderne» qu'elle en avait l'air, même à la veille de l'ère des chemins de fer. L'«employeur capitaliste» et le «prolétaire» ne se rencontraient pas à l'état pur. En revanche, les «moyens» (on ne les appellera classe moyenne que dans le premier tiers du XIXe siècle) étaient nombreux à vouloir réaliser des bénéfices; pourtant, ils ne furent qu'une minorité à se soumettre à la rude logique du progrès technique et à appliquer le commandement selon lequel il faut «acheter sur le marché le moins cher et vendre sur le plus cher». Ils étaient légion à ne vivre que du salariat, mais beaucoup n'étaient encore que des travailleurs indépendants, des artisans, des petits propriétaires en quête d'un emploi partiel, de modestes entrepreneurs cherchant une rémunération d'appoint. Les vrais ouvriers d'usine, eux, étaient encore rares. Entre 1778 et 1830, il y eut maintes révoltes contre l'extension du machinisme, soutenues et même suscitées par des hommes d'affaires ou des agriculteurs locaux. C'est dire à quel point le secteur «moderne» de l'économie était encore limité; ceux qui en faisaient partie l'acceptaient bien volontiers; c'étaient ceux qui n'y étaient pas encore entrés qui essayaient d'arrêter sa progression: leur échec montre que le secteur «moderne» dominait déjà l'économie.

De nouveau, nous devons attendre la technologie du milieu du XXe siècle pour arriver à la semi-automatisation ou à l'automatisation de la production en usine, que les «philosophes de la valeur» de la première moitié du XIXe siècle prévoyaient avec tant de satisfaction et dont ils discernaient les avantages pour les manufactures cotonnières imparfaites et archaï-

1. A. Ure, «The Philosophy of Manufactures», 1835, *in* K. Marx, *The Capital*, éd. angl. 1938, p. 419.
2. «Il y eut en 1833 une singulière estimation du revenu familial; la voici: le revenu total de 1 778 familles (toutes travaillant) à Blackburn, comprenant 9 779 individus, ne s'élevait qu'à 828 livres 19 shillings 7 pence» (P. A. Whittle, *op. cit.*, p. 223).

ques de leur temps. Pour un ingénieur de production moderne, les entreprises antérieures à l'apparition des chemins de fer ne présentent qu'un intérêt archéologique, exception faite peut-être des usines à gaz ou des usines chimiques. Cependant, le travail en usine écrasait l'homme, le déshumanisait, le réduisait à un facteur de production, à un élement de la main-d'œuvre, avant de l'éliminer et de le remplacer par la machine « autonome » (automatique) ; que cette usine ait inspiré de telles visions aux contemporains est significatif. Pour eux, l'usine et ses processus rationnels, ses machines précises, imposant un rythme constant et inhumain à une main-d'œuvre spécialisée désormais assujettie à la discipline de la mécanisation, soumise aux agressions de la lumière artificielle, de l'acier et de la fumée, cette usine *était* une forme révolutionnaire de travail. Mieux rémunéré que le travail à domicile, le travail en usine rebutait pourtant les ouvriers qui redoutaient d'y perdre leur droit inaliénable à l'indépendance. Les entreprises recrutaient donc des femmes et des enfants, plus dociles : en 1838, seuls 33 % de la main-d'œuvre dans les usines de textile étaient des hommes adultes. [...]

© Editions du Seuil

L'enjeu des discussions autour du concept de « proto-industrialisation »

(1979)

PIERRE DEYON

Ce texte présente le premier fascicule d'un numéro spécial de la Revue du Nord *intitulé « Aux origines de la révolution industrielle. Industrie rurale et fabriques ». Cet article liminaire dresse l'état de la question, à la suite des travaux d'un séminaire tenu à l'université de Lille en 1976-78. Pierre Deyon, alors professeur à Lille, y distingue, à propos du modèle proposé par l'historien F. Mendels sur la proto-industrialisation, ce qui rencontre l'accord des historiens : ouverture des marchés, transfert d'activité des villes vers les campagnes, conséquences démographiques de la proto-industrialisation et ce qui, au contraire, soulève objections et suscite débats à la fois sur les facteurs de développement des industries rurales au* XVIII*e siècle et sur leurs effets, en particulier sur la révolution industrielle.*

Source : *Pierre Deyon, « L'enjeu des discussions autour du concept de "proto-industrialisation" »,* Revue du Nord, *t. LXI, n° 240, janvier-mars 1979, p. 9-15.*

Bibliographie : *en complément, Pierre Jeannin, « La proto-industrialisation, développement ou impasse »,* Annales E.S.C., *35e année, janvier-février 1980, p. 52-65. Bonne généalogie et approche historiographique.*

On connaissait depuis longtemps l'importance des industries rurales dans la production manufacturière de l'Europe au XVIIIe siècle [1], mais peu d'historiens avaient osé interpréter cette diffusion des industries domestiques, comme une étape préalable de la révolution industrielle. La plupart d'entre eux, au contraire, y voyaient les derniers avatars de la fabrication artisanale, le dernier recours du capitalisme commercial. C'est

1. Voir en particulier le très riche rapport de H. Kellenbenz à la deuxième conférence internationale d'histoire économique à Aix-en-Provence, *Ländliches Gewerbe und bäuerliches Unternehmertum*, Paris, 1965, p. 377 à 429.

au jeune et brillant historien américain, F. Franklin Mendels que l'on doit un renversement complet de cette problématique traditionnelle[1]. Mendels part de l'hypothèse que cette «proto-industrialisation» constitue simplement la première phase du processus global de la modernisation industrielle. Il montre, en premier lieu, comment la multiplication des ateliers ruraux, le développement de la production pour le marché transforment l'économie et l'espace agricoles, comment ils modifient les structures démographiques, entretiennent et aggravent le surpeuplement rural et sa conséquence inévitable le morcellement foncier. Il discute ensuite des rapports entre proto-industrialisation et révolution industrielle. Ses arguments essentiels sont que la proto-industrialisation, en contribuant à l'accumulation du capital, en multipliant les liaisons commerciales et en organisant les marchés, en encourageant la diffusion du savoir technique et du progrès agricole, créait un terrain favorable à la localisation des industries modernes, comme cela s'est vérifié par exemple en Alsace, en Rhénanie ou dans la région lilloise. Mais F. Mendels sait bien que ce relais n'a pas toujours et partout fonctionné, qu'en Bretagne, en Irlande, dans l'East Anglia et l'Ouest du bassin de Londres, les industries domestiques et rurales ont disparu, sans que naissent pour les remplacer des fabriques modernes. Mendels insiste justement sur la nécessité d'analyser les raisons de ces «ratages», le processus de la modernisation industrielle n'étant jamais ni automatique ni inévitable. Mendels souhaite aussi que l'on étudie de plus près les conséquences démographiques et sociales de cette «désindustrialisation», ainsi que les migrations et les formes de protestation qu'elle provoqua. Le nord de la France constitue certainement pour vérifier ces hypothèses et ces interprétations, pour prolonger ces recherches un terrain privilégié, puisqu'on y trouve, du XVIIIe au XXe siècle, toutes les formes d'industries textiles, tous les types d'organisation, de localisation et aussi l'exemple de continuités heureuses que de lentes déchéances manufacturières.

Bien sûr, le modèle proposé par F. Mendels a provoqué commentaires et polémiques[2]. Certains de ses éléments rencontrent un accord unanime, d'autres suscitent réserve et opposition. Nous allons essayer de faire le bilan de ces discussions, en distinguant en premier lieu les causes et les caractères originaux du développement des industries rurales au XVIIIe siècle, et en analysant ensuite ses conséquences sociales, son influence modernisatrice et ses rapports avec la révolution industrielle. Cohérence et pertinence du concept, telles sont les deux exigences qui sous-tendent les recherches, les interrogations actuelles sur la proto-industrialisation.

Tous les spécialistes considèrent que l'ouverture de nouveaux marchés outre-Atlantique ainsi que l'âpre concurrence à laquelle se livrèrent les exportateurs européens contribuèrent à la diffusion dans les campagnes du travail manufacturier: celui des fibres textiles, mais aussi celui du cuir, du bois et des métaux. Dans beaucoup de régions agricoles, une main-d'œuvre abondante et peu exigeante était disponible pour ces

1. Parmi ses principaux travaux, citons outre sa thèse présentée devant l'université de Wisconsin, *Industrialization and Population Pressure in XVIIIth Century Flanders*, 1969; «Protoindustrialization, the first phase of the industrialization process», *Journal of Economic History*, mars 1972; «Agriculture and peasant industry in eighteenth Flanders» in *Essays in Agrairian Economic History*, Princeton, 1975, édité par W. N. Parker et E. J. Jones; «Social mobility and phases of industrialization», *Journal of Interdisciplinary History*, 1976; «Aux origines de la proto-industrialisation», à paraître dans *Bulletin d'histoire économique et sociale de région de Lyon*.

2. En particulier P. Kriedte, H. Medick, J. Schlumbohm, *Industrialisierung vor des Industrialisierung*, Göttingen, 1977; C. Tilly, *Historical Studies of Changing Fertility*, Princeton, 1978; Jan de Vries, *The Economy of Europe in an Age of Crisis*, Cambridge U.P., 1976; B.A. Holderness, *Pre-industrial England*, Londres, 1976; R. Roehl, «L'industrialisation française», *Revue d'histoire économique et sociale*; D. Levine, *Family Formation in an Age of Capitalism*, New York, 1977; D.T. Jenkins, *The West Riding Wool Textile Industry*, Eddington, 1975.

activités nouvelles. La croissance démographique et l'excessif morcellement des petites exploitations la contraignait à rechercher dans un artisanat, souvent pratiqué à temps partiel, un complément de ressources. Partout l'on constate cette coïncidence entre la carte des industries rurales et celle des plus fortes densités, même si l'on peut parfois se demander, comme nous le verrons plus loin, si la surpopulation n'est pas autant conséquence que cause de multiplication des ateliers domestiques de filage, de tissage ou de quincaillerie. Cette ruralisation du travail manufacturier, qui ne laisse souvent en ville que les marchands et les façonniers, responsables des opérations les plus délicates d'apprêt et de finissage, obéit à une double logique économique. Celle de la localisation des facteurs de production, tout d'abord, qui commande de déplacer plutôt vers le village la laine nécessaire à l'activité du tisserand, que de transporter le volume huit à dix fois supérieur du grain, indispensable à l'alimentation d'un ouvrier urbain et de sa famille. La logique également de la réduction des prix de revient, qui incite le marchand à s'approvisionner sur les marchés ruraux en produits semi-finis (Kaufsystem), ou à donner à façonner la matière première à un salarié rural (Verlagsystem ou putting out system)[1]. Les travailleurs de la campagne, isolés, dépourvus d'organisation collective, et qui souvent tirent encore quelque subsistance d'un lopin de terre ou d'une participation aux travaux agricoles de l'été, présentent des exigences salariales réduites par rapport à leurs confrères et concurrents de la cité. L'entrepreneur achète moins cher leur force de travail. Il trouve auprès d'eux une offre de main-d'œuvre plus souple et plus solide. Il est donc pour lui tentant et facile d'échapper de cette manière à l'inélasticité de l'économie urbaine, aux surenchères et aux résistances des anciennes corporations. Ce recours offre enfin un moyen d'esquiver les contraintes des règlements, les visites des égards : une étape vers la liberté d'entreprendre et de fabriquer, que l'arrêt du Conseil de septembre 1762 consacra en partie !

Ces arguments et ces motifs économiques dessinèrent au XVIIIe siècle une nouvelle carte des manufactures européennes. Ils provoquèrent d'importants transferts d'activité, des villes vers les campagnes voisines. Presque toutes les capitales industrielles des XVIe et XVIIe siècles subirent cette hémorragie et virent partir vers le plat pays leurs métiers et leurs ateliers. Ce fut le sort de Leyde et de Delft, au profit de la Veluwe et de la Drenthe, de Venise au profit de son hinterland, de Lille au profit de Roubaix, de Cracovie au profit d'Andrychow, d'Amiens, de Valenciennes, de Zurich et de Gand au profit des campagnes voisines[2]. Cette évolution fut cruelle aux tisserands et aux artisans citadins, mais elle ménagea généralement les intérêts du commerce et le rayonnement de la cité. Ses négociants conservèrent le contrôle de la production dans les campagnes et le monopole de l'écoulement des produits finis[3]. Ainsi s'élargirent sur le terrain de vastes nébuleuses proto-industrielles, de l'Irlande au bassin de Londres par le Lancashire et le West Riding, de l'Ouest français à la Picardie et aux Flandres, de la Westphalie à la Saxe, la Bohême et la Silésie, du Languedoc à la Catalogne. Une nouvelle organisation de

1. Dans l'un et l'autre cas, le marchand négociant n'investit rien en capital fixe, le cycle manufacturier n'a encore rien de commun avec la crise cyclique postérieure à la révolution industrielle.
2. J. D. Chambers, *The Vale of Trent*, *Economic History Review*, supp. 1957 ; R. Braun, *Industrialisierung und Volksleben*, Winterthur, 1960 ; id., *Sozialer und kultureller Wandel in einem ländlichen Industriegebiet*, Zurich, 1965 ; Ph. Guignet, *Mines, manufactures et ouvriers du Valenciennois au XVIIIe*, New York, Arno Press, 1978 ; P. Caspard, « Conceptions prénuptiales et développement du capitalisme », *Annales*, 1974, p. 989 et ss.
3. De 1700 à 1780, le nombre de métiers à tisser en activité à Gand diminue de 50 % et le nombre de pièces amenées au marché de la même ville double. F. Mendels, « Agriculture and Peasant Industry... », *Essays in Agrarian Economic History*, 1975, p. 181.

l'espace naissait peu à peu sur un réseau plus nourri d'échanges, et F. Mendels a montré que la production agricole pouvait à son tour être affectée par ces transformations et entraînée dans un mouvement de spécialisation et de modernisation. Ainsi a-t-il opposé dans les Pays-Bas autrichiens au xviiie siècle, l'agriculture de la Flandre intérieure à celle de la Flandre maritime. La première, dans une zone densément peuplée et largement consacrée au travail du lin, présentait un caractère d'auto-subsistance paysanne et connaissait une fragmentation continue des exploitations, les céréales et les pommes de terre assurant la nourriture de la famille et le lin procurant la matière première de l'ouvroir domestique. La Flandre maritime, au contraire, sur des sols lourds, aux labours difficiles, mobilisait entièrement au service de son agriculture une population peu dense. Elle conservait de grandes fermes et ses productions céréalières et pastorales prenaient le chemin des marchés urbains, contribuant ainsi au ravitaillement des zones plus peuplées de l'intérieur. Dans cette frange maritime, les densités rurales étaient deux à trois fois inférieures à celles des provinces textiles, et la croissance démographique du xviiie siècle demeura bien plus faible. Mendels considère cette spécialisation commerciale et pastorale de la Flandre maritime comme une conséquence de la proto-industrialisation de la province intérieure : une preuve supplémentaire des effets d'entraînement modernisateur des industries rurales du xviiie siècle. Cette partie de l'analyse attend encore des confirmations, tirées d'autres monographies régionales, et dans l'état actuel de nos informations, soulève quelques réserves. Si les deux agricultures flamandes forment en effet une sorte de diptyque significatif, leur opposition comporte des nuances et peut aussi s'expliquer par d'autres raisons, dans le cadre général d'une économie à forte composante urbaine et mercantile, et d'un territoire aux densités de population tout à fait exceptionnelles.

Le consensus des historiens se rétablit à propos des conséquences démographiques de la proto-industrialisation. A ce sujet en effet aucun doute n'est permis. Depuis les travaux pionniers de Chambers sur la vallée de la Trent, toutes les monographies ont montré que la diffusion rurale des industries, en offrant des ressources supplémentaires aux jeunes ménages, abaissait les âges au mariage, favorisait la fécondité légitime et illégitime, souvent entretenait et accentuait le morcellement des exploitations familiales. P. Deprez a pu ainsi opposer la châtellenie du Vieubourg aux districts voisins du pays d'Alost. Après 1750, dans la châtellenie la croissance démographique s'affirme au même rythme que le progrès des industries linières, alors que dans les régions plus fertiles, où la productivité agricole s'intensifie, le travail textile disparaît et la population se stabilise [1]. Mendels a même pu établir une corrélation entre le mouvement des mariages et les fluctuations positives du prix du lin et des toiles dans les régions proto-industrielles [2]. C'en était bien terminé des vieilles fatalités malthusiennes à composante alimentaire. Mais là encore le cas flamand, par sa précocité et son ampleur, n'est-il pas exceptionnel ? Chacun attend avec impatience de nouveaux éléments de comparaison et d'analyse. Ce qui paraît par contre et dès maintenant partout établi, c'est une sorte de prime à la surpopulation, apportée dans les campagnes par le travail industriel. Prime aussi à la paupérisation, alors que recule l'alphabétisation des enfants mobilisés autour des rouets, des jennys et du métier paternel. Dans beaucoup de régions ce déséquilibre démographi-

1. D. Deprez, « Demographic development of Flanders in XVIIIth century », in *Population in History*, édit. Par D. V. Glass et D. E. C. Eversley, 1965.
2. En particulier dans son article du *Journal of Economic History*, mars 1972.

que et social ne prit fin qu'avec la brusque concentration de la main-d'œuvre dans les usines et l'émigration vers les villes. Accrochés à leurs villages à demi-désertés les derniers des artisans ruraux payèrent d'un surcroît de misère cette ultime évolution.

Voici donc directement abordée la grande et difficile question des rapports entre la proto-industrialisation et la révolution industrielle! On sait comment les premiers progrès de la mécanisation dans le textile s'accommodèrent de la dispersion du travail domestique, puis comment le recours à l'énergie hydraulique et à la machine à vapeur sonna le glas des formes anciennes de l'industrie rurale et rassembla les travailleurs dans les fabriques. En Europe le processus s'accéléra après 1815, sous les effets convergents de la concurrence britannique et de la baisse générale des prix. Certaines régions aux vieilles traditions manufacturières perdirent peu à peu tout caractère industriel. En Flandre intérieure belge, les tisserands ruraux durent après 1845 émigrer vers Gand, Lille ou la Wallonie. D'anciennes concentrations textiles, comme la Picardie et le Cambraisis, perdirent une grande partie de leur importance et ne s'engagèrent qu'à pas comptés dans la révolution industrielle. Par contre, d'autres districts, comme le Yorkshire, l'Alsace, la Silésie, Lille et sa banlieue, prirent parfaitement le relais et entrèrent dans un processus d'industrialisation et d'urbanisation accélérées[1]. L'analyse de ces différents cas de figure devrait éclairer les mécanismes de la révolution industrielle en révélant, en particulier dans le cas des échecs, l'élément déterminant, responsable de la désindustrialisation[2].

La question essentielle, celle qui justifie ou invalide le concept de proto-industrialisation, concerne à la fois la formation de la main-d'œuvre, le progrès technique et l'accumulation du capital. On peut facilement imaginer que le travail artisanal à domicile a constitué une étape intermédiaire entre la participation à la vie de la communauté paysanne et l'intégration à l'usine moderne, encore faudrait-il le prouver par l'accumulation de biographies et l'étude des migrations ouvrières. N'a-t-on pas constaté souvent que la mentalité du travailleur à domicile demeurait très éloignée des exigences imposées à l'ouvrier de fabrique ? Déjà Richard, pour mieux discipliner ses façonniers, assurer la bonne qualité et la régularité de ses productions, avait dû installer à demeure dans les villages du Saint-Quentinois des contremaîtres et distribuer dans chaque atelier familial des règlements de travail. Ces préoccupations tout autant que la hausse des frais de distribution et de ramassage ont dû opposer une limite naturelle à l'extension indéfinie des industries rurales.

De la même façon, la mécanisation du travail textile ne pouvait se réaliser dans le cadre des ateliers artisanaux, mais elle y trouva sans doute à l'origine un milieu favorable aux premiers bricolages et aux premiers essais. Cette transition conduisit de la spinning jenny, installée dans les ateliers domestiques de la campagne, au métier continu d'Arkwright et à la mule jenny de Crompton, qui nécessitaient l'énergie du moulin puis de la machine à vapeur. Ni ces transitions technologiques, ni l'extension des échanges et l'affirmation de l'esprit capitaliste, liées au développement des industries rurales ne permettent de conclure à l'existence d'un rapport génétique entre la proto-industrialisation et la révolution industrielle. Mais la succession dans le temps suggère naturellement entre les deux phénomènes une relation. On constate même dans certains cas une

1. Traitant l'un de la région d'Ivanovo en Russie, l'autre de celle de Nottingham, V. Yatsunsky et J. D. Chambers avaient bien décrit cette transition dans leur communication au congrès international d'histoire économique d'Aix-en-Provence en 1962.
2. Selon un modèle d'analyse dont la New Economic History a donné de nombreux exemples. La difficulté et le coût élevé de l'approvisionnement en charbon ont certainement constitué pour certaines entreprises un handicap insurmontable.

complémentarité au moins provisoire entre le travail à domicile et la fabrique. Un propriétaire d'usine, en période de forte activité, confie une partie de ses commandes aux ateliers domestiques, mais abandonne ceux-ci et les met au chômage, lorsque fléchit le marché. Il reporte alors sur l'usine seule toutes ses fabrications afin d'assurer l'amortissement régulier du capital fixe. Ici la proto-industrialisation protège et génère aux moindres risques la révolution industrielle. Il existe donc bien, non une nécessité, mais une logique possible du passage progressif de l'une à l'autre. Seules la vapeur et la machine font sauter les goulots d'étranglement qui limitaient le système proto-industriel et suscitent une nouvelle occupation de l'espace, une nouvelle organisation du travail. De la même façon, l'urbanisation n'est pas provoquée par le surpeuplement des zones d'industrie rurale, mais elle lui apporte un remède et rétablit dans des campagnes délivrées des fatalités malthusiennes un nouvel équilibre écologique.

Nous avons devant nous un immense champ de recherche. Son exploration suppose, semble-t-il, le parcours de quatre itinéraires privilégiés. Le premier concerne le volume et la localisation de la production manufacturière dans les campagnes. De nombreuses séries d'archives nous permettent de repérer et de dénombrer les ateliers domestiques: les descriptions d'outillage, insérées dans les inventaires après décès, les mentions professionnelles figurant sur les dénombrements, les registres de catholicité, les rôles de patente, enfin les rapports des préfets de l'Empire qui couvrent heureusement l'essentiel de l'Europe du Nord-Ouest. Cette cartographie de la proto-industrialisation appelle naturellement celle des densités rurales, et plus particulièrement celle des populations agricoles, dépourvues de terre ou confinées sur des lopins trop exigus. Cette comparaison fournit le premier canevas de toute une série d'analyses démographiques concernant en particulier: les migrations des populations vers les régions d'industrie rurale, l'étude des âges au mariage, de la fécondité légitime et illégitime dans les villages manufacturiers et dans d'autres villages témoins, la mesure des effets de la hausse des prix industriels sur les comportements des populations (mariages et conceptions), l'équilibre des subsistances, la recherche des complémentarités et des spécialisations inter-régionales liées à la proto-industrialisation.

Enfin deux dernières enquêtes concernent la généalogie des entrepreneurs et le processus de formation de la classe ouvrière. A ce titre, elles commandent aussi le problème des origines de la révolution industrielle. Il nous faut mieux connaître les marchands négociants, les « Verlager », les commissionnaires qui animaient les métiers et les activités du plat pays. Nous trouverons bien sûr parmi eux et parmi leurs descendants quelques entrepreneurs des premières fabriques, mais dans quelles proportions et avec quels résultats ? La même question des origines familiales et des antécédents professionnels se pose à propos des ouvriers de la première révolution industrielle. Grâce aux dénombrements, aux listes nominatives et à l'état civil, nous connaîtrons mieux la contribution des artisans des vieilles communautés urbaines, celle des ouvriers de la campagne, celle des fils de paysans à la constitution de la classe ouvrière. « The making of the french working class », encore un thème privilégié pour des comparaisons avec la Grande-Bretagne, la Belgique et la Ruhr, nos voisines !

© Revue du Nord

La proto-industrialisation : Théorie et réalité
(1981)

PIERRE DEYON
FRANKLIN MENDELS

Des six cents pages que représentent les deux livraisons de la Revue du Nord, *nous avons conservé le rapport d'introduction pour l'une des sections du VIII*[e] *Congrès international d'histoire économique, tenu à Budapest en 1982, en raison de son caractère général et historiographique.*

Source : *Pierre Deyon, Franklin Mendels, « La proto-industrialisation : théorie et réalité »,* Revue du Nord, *t. LXIII, 1981, n° 248, p. 11-16.*

[...] L'EXISTENCE, le déclin ou la croissance des industries rurales avant la Révolution industrielle n'ont jamais cessé d'intéresser les historiens économistes. Déjà au deuxième Congrès International d'Histoire Economique à Aix-en-Provence en 1962, les industries rurales furent à l'ordre du jour d'une session dont les actes ont été publiés[1]. Le phénomène de l'« industrie avant l'industrialisation » est devenu même depuis quelques années l'objet d'une attention croissante[2]. C'est en partie la conséquence du développement des études d'histoire démographique et surtout des recherches sur les relations entre phénomènes économiques et phénomènes démographiques. C'est plus largement la conséquence du développement de l'anthropologie historique, de la continuation du grand débat sur le problème de la transition du féodalisme au capitalisme, ainsi que de la publication de plusieurs études quantitatives sur la croissance des nations, de leur produit national brut et de ses composantes pendant la Révolution industrielle et les décennies qui l'ont précédée. Bref, l'étude des formes pré-industrielles de l'industrie a bénéficié de la convergence des intérêts d'historiens dont les méthodes, les préoccupations et les horizons sont divers.

C'est en vue d'intégrer ces problématiques diverses dans une perspective de longue

1. Deuxième Congrès International d'Histoire Economique, Aix-en-Provence, 1962 (Paris, Mouton, 1965), tome 2.
2. Peter Kriedte et al., *Industrialisierung vor der Industrialisierung*? Göttingen, Vlaadenhoeck u. Ruprecht, 1977. Traduction anglaise à paraître, Paris et Cambridge, Maison des Sciences de l'Homme et Cambridge University Press ; Herbert Kisch et Franklin Mendels, eds., *Protoindustrialization in Europe : A Transitional Phase*, à paraître ; « Aux origines de la révolution industrielle. Industrie rurale et fabrique », *Revue du Nord*, t. LXI, n° 240 (janvier-mars 1979) ; Louis Bergeron, et., *Inerties et révolutions 1730-1840* (vol. 3, of Pierre Léon *Histoire économique et sociale du monde)*, Paris, Colin, 1978, pp. 7-9, 13-50, 317-45 and passim ; Peter Mathias and MM. Postan, eds., *The Cambridge Economic History of Europe*, vol. II, Cambridge, Cambridge University Press, 1978, chap. III, Sidney Pollard, chap. IX, J. J. Lee, chap. X, J. Kocka, part II, chap. VII, Olga Crisp ; Jan de Vries, *The Economy of Europe in an Age of Crisis, 1600-1750*, Cambridge, Cambridge University Press, 1976, chap. 3, B.A. Holderness, *Pre-Industrial England*, London, Dent & Sons, 1976, Conclusion ; Joël Mokyr, *Industrialization in the Low Countries 1750-1850*, New Haven, Yale University Press, 1976 ; Richard Rudolph, « The Pattern of Austrian Industrial Growth from the Eighteenth of the Early Twentieth Century », *Austrian History Yearbook*, vol. 11 (1975), pp. 3-36 ; David Levine, *Family Formation in an Age of Capitalism*, New York, Academic Press, 1977, Richard Roehl, « French Industrialization : A Reconsideration », *Explorations in Economic History*, vol. 13 (1976), pp. 233-82 ; Eric L. Jones, « Environment, Agriculture and Industrialization », *Agricultural History*, vol. 51 (1977), pp. 491-502 ; Gerd Hohorst, *Wirtschaftswachstum und Bevölkerungsentwicklung in Preussen 1816 bis 1914*, New York, Arno Press, 1977, Eric Almquist, « Pre-Famine Ireland and the Theory of European Proto-industrialization », *Journal of Economic History*, vol. 39 (1979). C. Lis and H. Soly, *Poverty and Capitalism in Pre-industrial Europe*, Atlantic Highlands, N.-J. : Humanities Press, 1979 ; Charles Tilly and Richard Tilly, « An Agenda for European Economic Historians in the 1970 s », *Journal of Economic History*, vol. 31 (1971), pp. 184-198 ; Patrick O. Brien and Caglar Keyder, *Economic Growth in Britain and France 1780-1914*, London ; George Allen & Unwin, 1978.

durée qu'a été développée l'hypothèse de la «proto-industrialisation». En effet, si on observe en premier lieu que la plupart des grandes régions, qui s'industrialisent au XIXe siècle, connurent d'abord une période préliminaire de développement des industries domestiques dans les campagnes, on peut considérer cette dernière comme la première phase d'un processus régional plus long qui en comporte deux: la proto-industrialisation puis l'industrialisation moderne et usinière. Il est cependant aussi intéressant de noter que dans de nombreux cas, le processus régional de proto-industrialisation mena non pas à la Révolution industrielle mais à la «désindustrialisation»[1]. C'est dans une perspective comparatiste qu'il convient donc de se demander pourquoi. Il est au préalable essentiel de définir clairement la proto-industrialisation avant de soumettre cette interprétation au test des faits et des documents. Par proto-industrialisation, nous entendons un phénomène essentiellement régional et qui doit donc s'observer à ce niveau, et non pas au niveau national, où risque d'être masquée la complexité des inter-actions entre secteurs et entre branches. On dira qu'il y a eu proto-industrialisation dans une région si on peut y constater la combinaison de trois phénomènes.

Premièrement, la proto-industrialisation implique l'apparition d'un type d'industrie dont la production finale était destinée à *un marché situé hors de la région* et souvent même hors des frontières nationales. Il s'agit donc déjà d'un secteur soumis à l'influence de marchés éloignés, donc en partie autonome par rapport aux conditions conjoncturelles locales. On doit ainsi distinguer la proto-industrialisation des artisans traditionnels locaux et de cette petite industrie, qui a toujours permis aux habitants des campagnes de se vêtir, de se chausser ou de se munir d'outils agricoles.

Deuxièmement l'aspect le plus significatif de la proto-industrialisation concerne la participation de populations *paysannes* à cette production artisanale pour le marché. Ces populations trouvaient ainsi les ressources supplémentaires nécessaires pour assurer leur subsistance et le paiement des divers prélèvements auxquels elles étaient soumises. L'activité artisanale des paysans était saisonnière, car elle s'intercalait entre les travaux agricoles, sauf toutefois quand la proto-industrialisation avait atteint sa forme extrême ou ultime de développement et occupait alors des familles entières à plein temps. Par proto-industrialisation, nous entendons donc une industrie qui fournissait avant tout de l'emploi dans les campagnes, mais qui associait toujours dans des systèmes complexes et variables l'artisanat rural, certaines formes d'artisanat urbain et des manufactures concentrées. C'était souvent à la ville qu'étaient réalisées les dernières phases d'élaboration du produit, celles qui exigeaient le plus haut niveau de qualification de la part des artisans dispersés dans la cité ou concentrés dans des ateliers équipés d'un capital fixe encore modique. C'est également à la ville que les artisans des campagnes venaient trouver le marché d'écoulement de leurs produits (Kaufsystem) et que résidaient les «marchands fabricants» (Verlagsystem ou putting out system). Ainsi il convient de ne pas oublier que l'ensemble du système était organisé et coordonné à partir de la ville.

Troisièmement, la proto-industrialisation implique encore l'association de producteurs de surplus agricoles commercialisés et d'une paysannerie cultivant des exploitations, dont les dimensions insuffisantes rendaient nécessaire la recherche de revenus de complément. Cette paysannerie augmentait ses revenus non seulement grâce aux arti-

1. Franklin Mendels, «Proto-industrialization: The First Phase of the Process of Industrialization», *Journal of Economic History*, vol. XXXII (1972), pp. 241-61.

sans ruraux, mais aussi en travaillant pour les grandes exploitations voisines à certains moments de l'année, quand une main-d'œuvre supplémentaire y devenait indispensable. Cette complémentarité entre petites et grandes fermes pouvait se réaliser soit au sein de chaque village, soit dans le cadre d'une polarisation intra-régionale, soit même grâce à des échanges plus lointains. On peut se demander si le modèle d'association intra-régional ne constituait pas la forme la plus dynamique de proto-industrialisation dans une perspective de croissance et de développement.

Pour qualifier une situation de proto-industrielle, nous exigeons donc la présence simultanée de ces trois élements : industries rurales, débouchés extérieurs et symbiose avec le développement régional d'une agriculture commercialisée. Il nous semble que les régions proto-industrialisées ainsi définies possédaient des caractères originaux qui contribuèrent à les propulser vers la révolution industrielle ou du moins facilitèrent leur adoption du machinisme. En effet, les conséquences de la proto-industrialisation furent premièrement de rompre le système auto-régulateur de la démographie ancienne, qui avait jusque-là ajusté l'accroissement naturel aux subsistances locales. Cet ajustement avait été effectué soit par les paysans eux-mêmes, soit sous la contrainte de leurs seigneurs ou de leurs propriétaires fonciers, parfois encore grâce à d'anciennes coutumes d'héritage ou de succession. La rupture du système auto-régulateur eut pour conséquence de favoriser un essor considérable des familles et des villages. Aux subsistances locales s'ajoutaient maintenant des revenus artisanaux supplémentaires, dont le volume n'était pas directement lié à la dimension des fermes. Il devint possible de tolérer leur morcellement et leur fragmentation d'une génération à l'autre, d'autant plus que l'approvisionnement était complété dans la région par des fermes écoulant des surplus alimentaires.

Toutefois, les régions où la proto-industrialisation poursuivit ainsi son cours connurent bientôt des rendements décroissants, caractéristiques de la manufacture dispersée, dont l'expansion créa en effet pour les marchands-fabricants des difficultés de collecte du produit et de contrôle de qualité. C'est ainsi que certains d'entre eux trouvèrent avantageux de réunir au moins une partie de leur main-d'œuvre dans des ateliers, puis d'utiliser les possibilités offertes par les inventions et mécaniques susceptibles d'augmenter la productivité des ouvriers.

Deuxièmement, le capital nécessaire à cette constitution d'ateliers et à l'introduction des mécaniques avait été constitué localement par le développement de la proto-industrialisation. Elle avait enrichi non seulement des marchands, mais aussi le secteur rural lui-même, c'est-à-dire les fermes commerciales et les propriétaires fonciers, qui tiraient des rentes élevées des petites fermes morcelées où résidaient les artisans. Bref, grâce à la proto-industrialisation, la classe des marchands comme celle des propriétaires fonciers avaient constitué une réserve de capital.

Troisièmement, la proto-industrialisation avait contribué à l'acquisition par les marchands d'une nouvelle expérience du négoce et parfois même des techniques et c'est tout naturellement dans cette école de commerce que se recrutèrent un grand nombre des tout premiers patrons d'industrie.

Quatrièmement, la proto-industrialisation facilita la formation d'une main-d'œuvre d'artisans qualifiés.

Enfin, le développement du secteur commercial agricole et régional pendant la phase de proto-industrialisation prépara ce secteur à fournir un effort redoublé lors de l'urbanisation qui accompagna la phase suivante, en écoulant des produits alimentaires sans augmentation excessive de leurs prix.

Tels sont les mécanismes principaux qui semblent avoir facilité la transition entre la proto-industrialisation et la phase moderne et l'industrialisation. Il ne s'agit pas cependant de proposer ici un modèle unique réunissant un ensemble de conditions nécessaires et suffisantes, mais d'analyser et de préciser l'une des voies du processus d'industrialisation vérifiée dans un grand nombre de cas et de soumettre cette hypothèse à un ensemble de confrontations et de comparaisons internationales. En outre nul n'ignore que la diffusion et la prospérité commerciale des industries rurales demeurèrent parfois des phénomènes sans lendemain et furent même suivies par une véritable désindustrialisation de la région considérée. De nombreuses questions demeurent donc à étudier et nous espérons que le Congrès de Budapest et ses travaux préparatoires offriront l'occasion d'obtenir des réponses ou du moins des éclaircissements de la part des collègues désireux de participer à ce débat[1].

L'intérêt de la discussion sur la proto-industrialisation est d'autant plus évident que ces questions sont probablement pertinentes par rapport aux problèmes contemporains des pays en voie de développement. Au renouveau d'intérêt pour les industries rurales parmi les historiens, correspond un regain similaire parmi les économistes. Au vu des déceptions apportées par les grands projets de développement économique des dernières décennies, beaucoup d'économistes commencent à se demander si la condition indispensable du développement économique et la stratégie optimale de la croissance passent nécessairement par le transfert dans les pays pauvres de la technologie la plus avancée, avec des coûts d'investissement très élevés. Il s'agit de savoir si la technologie appropriée aux pays en voie de développement ne serait pas une technologie impliquant un emploi plus intensif de la main-d'œuvre, facteur abondant, afin de maximiser la productivité du capital, facteur rare.

Les problèmes à résoudre sont urgents; car on estime que dans les vingt ans à venir, trente millions d'emplois devront être créés chaque année simplement pour faire équilibre à l'expansion de la force de travail dans le Tiers Monde. Si en même temps on essaie de pourvoir d'emplois productifs les populations aujourd'hui fortement sous-employées, c'est un milliard de nouveaux emplois qui devront être créés avant l'an 2000! Or le capital nécessaire pour créer ces emplois, selon les modèles couramment utilisés dans les pays occidentaux, seraient d'un coût écrasant; il faut aujourd'hui 20 000 dollars d'investissement pour établir un poste de travail dans l'industrie américaine et la dépense ne serait pas moindre pour la création d'industries modernes dans le Tiers Monde.

Une partie au moins des programmes d'aide aux pays en voie de développement proposés ces dernières années concerne les artisanats ruraux dont la ressemblance avec l'expérience européenne de la proto-industrialisation est frappante. D'autres programmes encouragent de petites entreprises rurales ou urbaines qui constituent plutôt un modèle intermédiaire entre les ateliers domestiques et l'usine. Il ne s'agit donc pas de trouver dans les études historiques une expérience rigoureusement semblable et applicable au monde contemporain, mais nous pensons qu'il serait utile et pour les historiens

1. Les régularités que nous cherchons à découvrir dans le processus d'industrialisation sont des régularités statistiques qui permettent des écarts et des variations. Il ne s'agit pas ici d'imposer un déterminisme absolu. Comme l'ont bien montré les œuvres d'Alexander Gerschenkron, il est essentiel dans l'étude de la révolution industrielle de faire place aux facteurs de substitutions lorsque certaines préconditions sont absentes. Gerschenkron, *Economic Backwardness in Historical Perspective* (Cambridge; Harvard University Press, 1962), pp. 47, 358.

et pour les économistes de prendre connaissance de leurs intérêts communs et d'entrer en communication. Nous espérons que la réunion de Budapest en offrira l'occasion.

Le huitième congrès international d'histoire économique à Budapest réservera trois sessions au thème «proto-industrialisation: théorie et réalités». Nous avons l'intention de les consacrer successivement à

1°) la proto-industrialisation comme phase préparatoire de la révolution industrielle en Europe

2°) le déclin des industries rurales et les processus de désindustrialisation régionale en Europe

3°) les industries rurales en Europe: perspectives historiques et contemporaines.

Nous espérons ainsi contribuer à la formation d'une nouvelle vision théorique du développement économique qui inclurait l'industrie moderne et l'agriculture mais aussi une forme intermédiaire d'activité: rurale mais non agricole, industrielle mais peu consommatrice de capital (donc peu «capital intensive»). Etant donné le caractère problématique de certaines des propositions ci-dessus, nous présentons aux participants du congrès de Budapest une liste non limitative de questions et de suggestions.

Préalable cartographique

Une des lacunes les plus évidentes dans notre documentation à propos des phénomènes discutés jusqu'ici est l'absence d'une cartographie systématique des industries rurales à une époque antérieure à la révolution industrielle. Etant donné l'existence d'un fonds d'archives constitué par les enquêtes économiques et démographiques dans les départements de l'empire napoléonien, on possède déjà une base quantitative relativement uniforme pour une cartographie industrielle d'une partie importante de l'Europe. Il faudrait compléter cette carte pour pouvoir identifier les zones d'industrie rurale autour des années 1780-1820 dans les parties de l'Europe qui ne furent pas dénombrées par les fonctionnaires français. Il s'agirait de cartes de l'emploi, des quantités et des valeurs produites (ainsi que de leurs quotients par rapport à la population) pour chacun des secteurs typiquement proto-industriels surtout textiles et métallurgiques mais aussi pour d'autres spécialisés (horlogerie, poterie, sabots, etc.). Pour obtenir des renseignements utilisables aux fins d'une vérification des hypothèses de la proto-industrialisation, il serait souhaitable que ces cartes soient dressées au-dessous du niveau départemental (pour la France), c'est-à-dire au niveau de l'arrondissement ou du canton (ou équivalent).

D'autre part en vue de la même vérification des hypothèses énoncées plus haut, il faudrait cartographier la production de céréales et de pommes de terre en volume et par habitant, afin de pouvoir délimiter les régions produisant des surplus exportables. On devrait également avoir une carte européenne de vin, du tabac et des autres cultures commerciales et «labor intensive» qui pouvaient remplacer les industries rurales en offrant à certaines populations rurales du travail à plein temps.

© Revue du Nord

Les temps de l'industrie et les temps de l'agriculture

(1981)

FRANKLIN MENDELS

L'historien américain auteur du concept de proto-industrialisation s'interroge ici sur le « cadre géographique d'agrégation et d'analyse le plus pertinent » et plaide en conséquence pour une approche régionale, récusant le niveau national préconisé par Simon Kuznets. Il précise de manière éclairante les aspects géographiques – il conteste l'approche nationale – et temporelle (au sens du « calendrier des travaux et des jours ») de « la symbiose économique et sociale entre agriculture et industrie », en se fondant sur son article pionnier de 1972. Il s'appuie sur certaines réflexions de géographes qui considèrent la région comme un « système » et procède à une sorte de vérification a contrario *à partir de certaines régions viticoles, où les exigences élevées de travail viennent s'opposer au développement d'une industrie rurale. Des travaux également présents dans cette publication apportent du neuf sur des exemples régionaux, notamment les articles de Pierre Caspard, Pierre Cayez, Serge Chassagne, Gérard Gayot, Jean-Pierre Hirsch et William Reddy.*

Source : *Franklin Mendels, « Les temps de l'industrie et les temps de l'agriculture. Logique d'une analyse régionale de la proto-industrialisation »,* Revue du Nord, *t. LXIII, 1981.*[1]

Jusqu'à une date encore récente, la plupart des historiens de la croissance économique partageaient l'opinion de Simon Kuznets selon qui, de tous les niveaux d'analyse concevables pour des études comparatives, le niveau national «était un de ceux qui semblaient les plus étroitement ajustés au processus d'industrialisation et par conséquent les plus prometteurs quant à leur aptitude à révéler les ressemblances et les différences significatives sans irrémédiablement occulter les autres»[2]. Les hypothèses principales qui guidaient l'étude comparative de l'industrialisation dans les années 50 et 60, c'est-à-dire les paradigmes du «retardement relatif» de Gerschenkron et du «décollage» de Rostow, ainsi d'ailleurs que les études quantitatives inspirées par les méthodes et les analyses de Kuznets sur la «croissance économique moderne», quand elles furent d'abord présentées puis plus tard discutées et confrontées à de nouveaux cas, le furent en tant que théories de la croissance économique des états[3].

Depuis quelques années, des analyses nouvelles ont reposé la question du cadre géographique d'agrégation et d'analyse le plus pertinent, celle de savoir quel ensemble spatial saisit et englobe le processus d'industrialisation dans sa vraie nature, de la façon la

1 Cet essai est une traduction, avec plusieurs révisions, de « Seasons and Regions in Agriculture and Industry during the Process of Industrialization », paru dans Sidney Pollard, ed., *Region und Industrialisierung. Studien zur Rolle der Region in der Wirtschaftsgeschichte der letzten zwei Jahrhunderte*. Göttingen : Vandenhoeck & Ruprecht, 1980, pp. 177-195. Avec la permission de Sidney Pollard et de Vandenhoeck & Ruprecht.

2. Simon Kunznets, *Modern Economic Growth : Rate Structure and Spread*, New Haven : Yale University Press, 1966, p. 19. Cf. aussi *id.*, « The State as a Unit in the Study of Economic Growth », *Journal of Economic History*, XI, (1951) ; *id. Croissance et structures économiques*. Paris : Calmann-Lévy, 1972 ; *id.*, *Economic Growth of Nations*. Cambridge : Harvard University Press, 1971.

3. Alexander Gerschenkron, *Economic Backwardness in Historical Perspective*, Cambridge : Harvard University Press, 1962. W. W. Rostow, *les Étapes de la croissance économique*, Paris, Le Seuil, 1962.

plus adéquate, la plus exacte, et la plus apte à augmenter nos connaissances. Dans leurs remarques finales lors du colloque sur l'industrialisation au XIXe siècle qui fut tenu à Lyon en 1970, Pierre Léon et François Crouzet s'accordèrent pour affirmer que l'industrialisation européenne doit se concevoir comme étant le fait d'un nombre limité de petites régions[1]. D'autres chercheurs, tels Sidney Pollard, Paul Bairoch, et Immanuel Wallerstein, ont depuis utilisé au contraire des perspectives supra-nationales[2].

Cependant, malgré quelques écarts du cadre national traditionnel, le poids des habitudes continue à faire graviter les travaux d'histoire économique vers leur niveau conventionnel, c'est-à-dire l'entité nationale. En effet, même s'il est vrai que la petite région constitue un cadre propre à une thèse de doctorat, à une «monographie», il n'en reste pas moins que l'histoire nationale demeure celui de la «synthèse», de l'édifice achevé dont les études régionales et locales constituent les fondations et les étages[3]. De même, l'«histoire comparée» devient d'habitude une confrontation d'histoires nationales, comme le montrent encore les études les plus récentes composées dans ce style, celles de Barrington Moore, de Robert Brenner, de Michael Hechter, ou d'Immanuel Wallerstein[4].

Or nous affirmons que la méthode comparative appliquée à l'étude historique de l'industrialisation européenne ne portera vraiment ses fruits que lorsqu'elle se placera au niveau d'une étude comparée des régions. En particulier, l'analyse de la proto-industrialisation, la phase qui précéda la Révolution Industrielle proprement dite et la prépara, démontre bien que c'était dans le cadre régional, et non pas dans des ensembles nationaux ou continentaux, que se trouvaient réunis les ingrédients du décollage industriel, et qu'ils s'y combinaient. Nos études sur la Flandre, menées en comparaison avec d'autres régions européennes où des industries rurales s'étaient implantées avant la Révolution Industrielle, nous ont convaincu que le déclenchement de cette grande transformation fut avant tout une affaire d'interactions réciproques assez complexes entre agriculture, industrie et population, plutôt que d'un primat de l'un ou l'autre de ces éléments. Or, comme ces interactions s'effectuaient et se manifestaient surtout à l'intérieur de petites régions, une optique de comptabilité nationale les cache, au moins en partie, de notre regard. Plus précisément, la région était l'étendue d'espace dans laquelle le calendrier agricole et le rythme industriel pouvaient se synchroniser et s'enchevêtrer efficacement. C'était le cadre géographique dans lequel les sociétés «pré-industrielles» pouvaient assurer un emploi continu des populations en tous temps et en toutes saisons, ce qui était justement une exigence fondamentale pour un fonctionnement à peu près

1. Pierre Léon et al. eds., *l'Industrialisation au XIXe siècle. Cartographie et typologie*, Paris, éditions du C.N.R.S., 1974, p. 595-600.
2. Sidney Pollard, «Industrialization and the European Economy», *Economic History Review*, XXVI (1973). Immanuel Wallerstein, *le Système du monde du XVe siècle à nos jours*, t. 1, *Capitalisme et économie-monde 1450-1650*, Paris, Flammarion, 1980. Paul Bairoch, «Europe's Gross National Product: 1800-1975», *Journal of European Economic History*, V (1976).
3. C'est particulièrement vrai en France, où de nombreuses thèses d'État sont reprises dans *l'Histoire économique et sociale de la France* sous la direction de Fernand Braudel et Ernest Labrousse, Paris, P.U.F., 1970-1980, 6 volumes, *l'Histoire de la France rurale*, sous la direction de Georges Duby et Armand Wallon, Paris, Le Seuil, 1976-77, 4 volumes, et maintenant *l'Histoire de la France urbaine*, sous la direction de Georges Duby, Paris, Le Seuil, 4 volumes à paraître.
4. Barrington Moore, Jr., *les Origines sociales de la dictature et de la démocratie*, Paris, Maspéro, 1969. Robert Brenner, «Agrarian Class Structure and Economic Development in Pre-Industrial Europe», *Past & Present*, n° 70 (1976), pp. 30-75. Michael Hechter, «Regional Modes of Production and Patterns of State Formation in Western Europe», *Amercian Journal of Sociology*, LXXXV, 5 (1980), pp. 1061-94. I. Wallerstein, *op. cit.* Aussi Alan Milward et S.B. Saul, *The Economic Development of Continental Europe 1780-1870*, Londres, 1973. Id., *The Development of the Economies of Continental Europe*, 1850-1914, Londres, 1977. Peter Mathias et M.M. Postan, eds., *Cambridge Economic History of Europe*, t. VII, Cambridge, Cambridge University Press, 1978. Carlo Cipolla, ed., *The Emergence of Industrial Societies Fontana Economic History of Europe*, Londres, 1973.

satisfaisant de ces sociétés toujours menacées par la pénurie. Avant la Révolution Industrielle et les nouveaux moyens de transport, de communication et de production qu'elle apporta, c'était l'entité spatiale où pouvait s'effectuer un amalgame industrie-agriculture par l'intercalement de l'industrie dans le calendrier cyclique de l'agriculture.

On sait la place que tenait la culture des céréales dans le mode de vie et l'organisation du monde paysan en Europe depuis les temps les plus reculés. Il convient de rappeler ici que, par opposition aux systèmes économiques primitifs fondés sur la cueillette, la chasse, ou la pêche, où le travail apporte instantanément ses fruits, un caractère essentiel du mode de vie agricole européen fondé sur les céréales est l'impératif d'un décalage entre semailles et moisson, d'une attente entre travail et produit. Entre l'investissement en travail et la récolte du produit existe chaque année un laps de temps assez important pendant lequel l'agriculteur doit attendre que l'énergie solaire agisse. Les conséquences de cet asynchronisme obligatoire entre «input» et «output» sont d'autant plus grandes que les exigences alimentaires de l'agriculteur (et de ses animaux domestiques) suivent un cycle tout différent, puisqu'il est quotidien. C'est donc le rythme du soleil, du climat, et des saisons qui détermine le flux des subsistances, et la cadence du travail humain doit s'y assujettir.

L'agriculteur est ensuite placé sous une deuxième contrainte temporelle, non moins significative que la première. De même que la gestation des matériaux organiques suit un calendrier déterminé en dehors de toute influence humaine, leur dégradation est elle-même inéluctable. En conséquence, la récolte, dès qu'elle a atteint sa maturité, doit être vite engrangée. Il s'ensuit que la récolte qui succède à la saison morte est en général une période d'activité fébrile. Dans la littérature russe, on en parle en un terme, «strada», qui implique à la fois souffrance et passion [1].

Les conséquences de ces déphasages et de ces irrégularités pour l'organisation de l'Etat, de la hiérarchie sociale, et de la famille ont bien attiré l'attention de certains observateurs [2], car par contraste, l'industrie moderne se caractérise par l'emploi continu du travail. Les techniques nouvelles et les nouveaux systèmes d'organisation permettent l'accélération ou le ralentissement de la production selon des critères dictés par le calcul des coûts et des bénéfices du capitaliste. L'utilisation d'un fonds d'énergie non-organique à un éventail toujours plus large d'activités permet de moduler la vitesse de production selon des critères de rentabilité. Par conséquent, l'industrialisation moderne n'eut pas seulement l'effet d'augmenter sa régularité au cours du calendrier annuel, ou même quotidien, c'est-à-dire de réduire sa «porosité». Le symbole de la société technologique est bien la chaîne de montage. Tout autant qu'il s'avère parfois économique de faire fonctionner l'usine moderne sans jamais l'arrêter, la même organisation linéaire du travail, avec la fragmentation et la simplification des tâches qu'elle implique, a pour effet de réduire les temps morts afin que le travail effectif soit continu, au lieu d'être sans cesse interrompu par des mouvements subsidiaires de personnel et de matériaux [3]. On pourrait

1. Olga Crisp, «Labour and Industrialization in Russia», in *Cambridge Economic History of Europe*, VII, 2e partie, p. 376.
2. Claude Meillassoux, *Femmes, greniers et capitaux*, Paris, Maspéro, 1977. William H. McNeill, *le Temps de la poste*, Paris, Hachette, 1978. Marvin Harris, *Cannibals and Kings. The Origins of Culture*, New York, 1977, chap. 7. Cf. aussi le numéro consacré à «Temps et société» dans *les Cahiers internationaux de sociologie*, LXVII (1979).
3. Nicholas Georgescu-Roegen, «Process in Farming versus Process in Manufacturing. A Problem of Balanced Development», in Ugo Papi et Charles Nunn, eds., *Economic Problems of Agriculture in Industrial Societies*, Londres, Macmillan, 1969. Stephen Marglin, «What do Bosses do? The Origins and Functions of Hierarchy in Capitalist Production», *Review of Political Economy*, VI et VII (1974-75). Karl Marx, *le Capital*, Livre I, tt. 1-2, Paris, Editions sociales, 1973.

donc considérer l'agriculture céréalière et la chaîne de montage comme les deux extrêmes d'une évolution linéaire qui se manifesta en Europe par une augmentation séculaire de la continuité et de l'intensité du travail. Ce point de vue nous permet de placer la proto-industrialisation dans une nouvelle perspective.

Depuis les débuts de l'agriculture primitive, les changements techniques agricoles ont pris la forme d'innovations dont le but ou du moins l'effet fut d'assurer un flux plus continu du travail d'une saison à l'autre. Le développement du potentiel nourricier de la terre s'est réalisé par une augmentation de l'intensité du travail qui à son tour prit la forme d'une réduction progressive des temps morts, c'est-à-dire d'une augmentation de la continuité des tâches. Cette tendance séculaire commença bien avant la Révolution Agricole des XVIIe et XVIIIe siècles. Déjà l'adoption du système triennal de rotation au Moyen Age aboutit à une meilleure utilisation de la terre en réduisant la part de la jachère. Elle imposa une augmentation du travail tout en améliorant sa répartition grâce à l'alternance des blés d'hiver et de printemps dont les temps de maturation diffèrent. Ainsi l'augmentation de travail prit la forme d'une réduction des périodes creuses. L'introduction des cultures savantes, des nouveaux légumes, des rotations complexes, dans une économie encore essentiellement céréalière eut le même effet : celui de mieux répartir le labeur pendant l'année en réduisant l'oisiveté de la saison morte[1]. Plus tardivement, l'agriculture mixte, le développement des plantes fourragères, les labours successifs, firent de même. Enfin la culture du maïs et de la betterave modifièrent dans la même direction l'équilibre qui devait toujours s'établir entre exigences de travail en période de pointe et coûts d'entretien de main-d'œuvre en périodes creuses[2]. Au XIXe siècle en Flandre, la betterave ajouta une période de travail intensif vers les mois d'octobre-novembre aux exigences déjà élevées de la moisson des céréales, quelques semaines plus tôt. Quant à la mécanisation de l'agriculture, elle aussi réduisit les déséquilibres, mais désormais non plus en réduisant la durée des saisons mortes, mais en économisant la main-d'œuvre en périodes de pointe.

Néanmoins, un aplanissement parfait des pointes et des creux est probablement impossible dans des pays à climat froid ou tempéré – ces mêmes pays qui furent les premiers à s'industrialiser. En fait, l'intensification et la répartition du travail ne progressèrent pas souvent au même pas. Une étude sur l'agriculture anglaise au XVIIIe siècle démontre qu'une ferme opérant selon le nouveau modèle exigeait une augmentation d'environ 45 % de l'investissement en travail. Sans rendre la pointe de la moisson plus aiguë, cette évolution ajouta deux périodes de pointe supplémentaires, l'une en mars, l'autre en juin, tandis que la durée des creux des autres mois, surtout hivernaux, ne fut que très peu réduite[3]. S'il est vrai, comme C. Peter Timmer, l'auteur de cette étude, le pense, que la main-d'œuvre permanente employée dans cette ferme dut être augmentée de 40 %, on soupçonne que la quantité globale d'oisiveté, mesurée en heures, a dû augmenter. L'alternative à ce gaspillage de main-d'œuvre aurait consisté pour le fermier à engager des travailleurs saisonniers, mais à quel prix ? Pour obtenir un maximum de revenu net, on devait trouver un moyen qui permît à la fois de s'assurer une main-

1. Ester Boserup, *Evolution agraire et pression démographique*, Paris, Flammarion, 1970. Richard Wilkinson, *Proverty and Progress. An Ecological Perspective on Economic Development*, Londres, 1973.
2. Paul Hohenberg, « Maize in French Agriculture », *The Journal of European Economic History*, VI, I (1977), pp. 63-102.
3. C. Peter Timmer, « The Turnip, the New Husbandry, and the English Agricultural Revolution », *Quarterly Journal of Economics*, LXXXIII (1969). Cf. aussi E. J. T. Collins, « Labour Supply and Demand in European Agriculture, 1800-1880 », in Eric L. Jones et S. J. Woolf, eds., *Agrarian Change and Economic Development*, Londres, Methuen, 1969.

d'œuvre suffisante au moment de la haute saison et d'éviter de l'entretenir dans l'oisiveté au moment de la basse saison. Ce même dilemme se retrouvait à tous les niveaux, celui de la petite exploitation familiale, comme celui de la grande ferme commerciale, ou de la communauté entière, ou de la région. Et nous avons vu que le progrès agricole séculaire a tendu à réduire le total des temps morts aux champs, sans toutefois réussir à éliminer ce dilemme.

Pour les habitants des campagnes, l'activité non agricole des saisons mortes est aussi ancienne que l'agriculture elle-même. Les besoins de logement, d'habillement, et d'outillage ont toujours été satisfaits de façon plus ou moins autonome par les agriculteurs eux-mêmes grâce à leur travail hivernal – ou du moins celui de leurs voisins. Il semble bien que cette activité ne soit pas conceptuellement différente du progrès agricole séculaire puisque, comme lui, elle augmente seulement le produit des agriculteurs en substituant du travail à des loisirs. Comme lui, l'activité artisanale autarcique permet d'augmenter la productivité des travailleurs sans augmenter nécessairement la productivité du travail, car la production par travailleur augmente, mais également le nombre d'heures de travail fourni par chaque travailleur. Certains économistes ont récemment étudié les mécanismes et la rationalité de la production domestique à fins autarciques, qu'ils ont baptisée la production de « biens Z »[1]. Naturellement, ils considèrent que cette production est destinée à se réduire, puis à disparaître pendant le déroulement du processus de développement économique, mais ils analysent les modalités de ce déclin, les conditions qui le ralentissent ou l'accélèrent.

Tout autres et bien plus décisives pour l'évolution d'une localité furent les conséquences de l'apparition et de la croissance d'activités non agricoles de saison morte, quand celles-ci furent orientées vers des marchés extérieurs et accompagnées d'une commercialisation et d'une modernisation de l'agriculture régionale. C'est cet ensemble de phénomènes régionaux qui constitue pour nous la proto-industrialisation. Alors qu'on pourrait dans une première approche considérer que la proto-industrialisation n'était pour une région qu'un pas supplémentaire dans l'intensification séculaire du travail aux champs – ce qui n'est pas faux –, nous prétendons que la nouvelle forme de symbiose économique et sociale entre agriculture et industrie constituait une transformation essentielle, fondamentale. Elle ne permit pas seulement une véritable croissance économique, c'est-à-dire une augmentation des productions, des échanges, des profits marchands et de la population à cette époque encore « pré-industrielle », elle prépara en outre le terrain pour des changements ultérieurs beaucoup plus visibles et mesurables, le machinisme et l'industrialisation moderne. On pourrait certes invoquer contre cette hypothèse le cas des régions où la proto-industrialisation évidente au XVIIIe siècle se révéla au XIXe comme un cul-de-sac. Ce fut le cas par exemple en Bretagne, dans le Calvados, ou en Languedoc. Il y eut aussi les régions où les usines semblèrent s'implanter sur un terrain dénué d'industries traditionnelles, comme ce fut le cas pour la sidérurgie lorraine. Enfin, il existe des cas intermédiaires où les usines furent construites à un rythme insuffisant pour absorber tous les artisans qu'elles mettaient au chômage par leur concurrence, comme ce fut le cas en Flandre belge et en Irlande du Nord. Cependant, bien qu'une recherche cartographique systématique reste à faire, il semble qu'une

1. Stephen Hymer and Stephen Resnick, « A Model of an Agrarian Economy with Non-Agricultural Activities », *American Economic Review*, LIX (1969) et *id.*, « The Decline of Rural Industry under Export Expansion : A Comparison among Burma, Philippines, and Thailand 1870-1938 », *Journal of Economic History*, XXX (1970).

autocorrélation spatiale imparfaite mais forte existe entre l'industrie moderne et la proto-industrialisation. Cette corrélation ne semble être ni le fait du hasard, ni expliquée seulement par des éléments que ces deux phases de l'industrialisation auraient eu en commun. Au contraire, la corrélation s'explique par une causalité qui a été expliquée ailleurs[1]. Le but de cet essai n'est pas d'y revenir, mais plutôt de mettre en avant la dimension proprement régionale du processus de proto-industrialisation, donc de démontrer que l'unité territoriale propre à son analyse est la petite région.

Les recherches de démographie historique et d'histoire de la famille ont montré que la croissance de la population en Europe occidentale avant même l'époque de Malthus était modérée non seulement par une mortalité obéissant à ses propres lois, mais aussi par l'impératif d'un équilibre volontaire entre la dimension des familles et la dimension des terres qu'elles exploitaient. Un célibat assez fréquent, le mariage tardif, et parfois le contrôle des naissances jouaient un rôle important dans le maintien de cet équilibre. Dans les communautés rurales où la dimension des fermes était suffisante pour offrir du travail à tous les ménages, les artisanats de morte-saison n'exerçaient encore qu'un effet limité sur le mécanisme autorégulateur éco-démographique. Si toutefois les artisanats saisonniers s'accompagnaient d'un morcellement des terres par le jeu des héritages ou par l'action des propriétaires louant leurs terres en petites parcelles et permettant ainsi l'établissement de nouveaux ménages, alors le «peuplement» pouvait s'accroître[2]. Désormais la population paysanne cessait d'occuper entièrement ses bras dans l'agriculture, même au moment de la moisson. Les hommes adultes s'expatriaient pendant l'été afin de s'employer ailleurs, parfois très loin, alors que les femmes et enfants restant dans les fermes suffisaient pour s'occuper des travaux nécessaires.

Supposons que de grandes fermes, dont la main-d'œuvre familiale était insuffisante au moment de la moisson, se situaient au pays même, à quelques heures de marche. Alors le niveau de vie des habitants des petites parcelles pouvait s'améliorer car les frais et les aléas des déplacements se trouvaient diminués. Ainsi quand une communauté paysanne bénéficiait d'un débouché pour ses produits artisanaux, tandis que ses fermes étaient morcelées et qu'il était facile pour de nouveaux ménages de s'y établir, l'existence de revenus supplémentaires dans les grandes fermes voisines ne pouvait qu'encourager un processus «involutif» dans cette communauté[3]. La densité de la population pouvait croître. Dans ce cas les propriétaires voyaient leurs rentes foncières augmenter, d'autant plus que les revenus artisanaux supplémentaires des paysans s'ajoutaient à un rendement agricole accru si ces paysans se mettaient à substituer des cultures intensives, comme la pomme de terre, aux céréales. A la limite, si le processus «involutif» allait jusqu'au point où les paysans cessaient de produire suffisamment d'aliments sur les petites parcelles qui

---

1. Franklin Mendels, «Proto-industrialization: The First Phase of the Process of Industrialization», *Journal of Economic History*, XXXII (1972).

2. Jacques Dupaquier et J. Jacquart, «Les rapports sociaux dans les campagnes françaises au XVIIIe siècle: quelques exemples», in Daniel Roche, ed., *Ordres et classes. Actes du colloque d'histoire sociale. St-Cloud, 24-25 mai 1967*, Paris, Mouton, 1978. Jacques Dupaquier, «De l'animal à l'homme: le mécanisme autorégulateur des populations traditionnelles», *Revue de l'institut de sociologie. Université libre de Bruxelles* (1972), pp. 177-211. Id., «Révolution française et révolution démographique», in Ernst Hinrichs et al., eds., *Vom Ancien Régime zur Französischen Revolution*, Göttingen, Vandenhoeck und Ruprecht, 1978, pp. 233-260.

3. Clifford Geertz, *Agricultural Involution. The Process of Ecological Change in Indonesia*, Berkeley, University of California Press, 1963. Joan Thirsk, «Industries in the Countryside», in F. J. Ficher, *Essays in the Economic and Social History of Tudor and Stuart England*, Cambridge, Cambridge University Press, 1961. Rudolph Braun, *Industrialisierung und Volksleben*, Zurich, 1960. Lutz K. Berkner et Franklin Mendels, «Inheritance Systems, Family Structure, and Demographic Patterns in Western Europe 1700-1900», in Charles Tilly, ed., *Historical Studies of Changing Fertility*, Princeton, Princeton University Press, 1978.

leur restaient, la zone de grandes fermes commerciales voisine leur assurait un approvisionnement local par l'intermédiaire du marché situé au bourg rural voisin, ou à la ville. Cette assurance était un avantage non-négligeable à une époque où le chemin de fer était encore inconnu et donc où le coût de biens à faible valeur spécifique, tels que les céréales, augmentait rapidement avec la distance.

On peut considérer le développement du même processus du point de vue de la grande agriculture. La croissance démographique et en particulier la croissance urbaine des derniers siècles de l'Ancien Régime était fondée sur la production croissante de surplus alimentaires exportables par le secteur d'agriculture commerciale. Les fermes, les communautés, les zones géographiques qui répondirent à cet appel du marché par des évictions de paysans, des remembrements, des clôtures et des interdictions de morcellement et d'établissement furent bien plus aptes à développer leur agriculture commerciale quand elles disposaient d'un volant de main-d'œuvre disponible pour les périodes de pointe. Quand les journaliers devaient venir de loin, les risques du voyage et les difficultés du passage se répercutaient sur le coût du travail. En l'absence d'une industrie de morte-saison, il était impossible de trouver une main d'œuvre à la fois disponible en quantité suffisante et exigeant des salaires modiques. L'entretien d'une main-d'œuvre dépendait au contraire soit de paiements directs pendant la saison morte par le moyen de contrats d'emplois annuels (ou du moins semi-annuels), soit de paiements indirects par le truchement de l'aide aux indigents. Quelle qu'en fût la forme, ces coûts étaient assumés directement ou indirectement par les gros exploitants agricoles. Au contraire on voit que la grande agriculture et la petite culture avec industries saisonnières pouvaient se compléter. Chacune pouvait incorporer les bénéfices externes dérivés de la présence à proximité de l'autre, dans la région, à condition que cette denière soit d'une dimension suffisamment modérée pour qu'on puisse la traverser à pied en deux ou trois jours[1]. On entrevoit aussi une issue à l'ancien débat, récemment relancé, sur la supériorité présumée de la grande agriculture sur la petite au point de vue du développement économique[2]. D'après notre analyse, il semblerait que ce fût la coexistence de petites et de grandes fermes qui offrait à une région les meilleures chances de développement. Tandis qu'à la question du primat de l'agriculture, de l'industrie, ou de la population dans la genèse de la Révolution Industrielle, nous proposons la réponse selon laquelle c'est l'interaction régionale et l'enchevêtrement de ces trois éléments qui l'explique[3].

Enfin, on peut considérer la proto-industrialisation dans l'optique urbaine. Il est vrai que le rôle des villes a été négligé et celui des campagnes singulièrement mis en valeur dans l'historiographie de la proto-industrialisation[4]. On risque de créer l'impression que les villes furent entièrement extérieures ou même superflues, ce qui serait tout aussi excessif que de considérer au contraire les villes comme le seul creuset des forces dynamiques de l'économie. Il est vrai qu'une étude récente de l'économie lombarde au XVIIe siècle les repésente comme un obstacle retardateur qu'il fallut contourner pour engendrer le développement économique moderne[5]. On sait par ailleurs que la croissan-

1. Mendels, « Aux origines de la proto-industrialisation », *Bulletin du Centre d'histoire économique et sociale de la région lyonnaise* (1978).
2. Brenner, « Agrarian Class Structure », *op. cit.*, et les numéros suivants de *Past & Present*.
3. Paul Bairoch, *Révolution industrielle et sous-développement*, Paris, SEDES, 1963.
4. David Herlihy, « Urbanization and Social Change », *Seventh International Economic History Conference. Four 'A' Themes*, Édimbourg, 1978, pp. 59, 82.
5. Domenico Sella, *Crisis and Continuity. The Economy of Spanish Lombardy in the XVIIth Century*, Cambridge, Harvard University Press, 1979, p. 136 sqq.

ce économique des villes ne fut pas aussi rapide que celle des campagnes pendant cette période, et que pour l'emploi et la production les industries rurales surpassaient les industries urbaines. Néanmoins, la ville est un élément essentiel qui couronne en quelque sorte l'édifice régional de la proto-industrialisation. Elle coordonnait, dirigeait même la proto-industrialisation par ses marchés et ses marchands. C'est de la ville que les marchands du «putting out system» ou «Verlagsystem» dirigeaient la manufacture dispersée dans les campagnes. C'est à la ville que les artisans-paysans indépendants du «Kaufsystem» apportaient leurs produits. C'est encore à la ville que se trouvaient les ateliers de finissage et d'élaboration du produit, ceux qui étaient les plus intensifs en capital et en savoir-faire, et souvent donc contribuaient pour une part considérable à la valeur ajoutée totale contenue dans le produit fini. C'est de la ville que les marchands grossistes réexpédiaient les marchandises vers d'autres régions. C'est à la ville qu'étaient déversés les surplus alimentaires commercialisées (et la population urbaine bénéficiait réciproquement de l'existence d'une région contiguë assurant son approvisionnement).

L'importance d'un pivot central urbain se voit encore quand on porte son attention sur l'agencement spatial qui semble caractériser les régions en cours de proto-industrialisation. Il semble en effet remarquable que ces régions n'étaient pas homogènes. L'équilibre entre agriculture et industrie, c'est-à-dire entre grandes fermes et petites exploitations familiales, ne se réalisait pas habituellement dans chaque village de la région. On trouvait au contraire une sorte de différentiation spatiale en zones de grandes fermes commerciales d'une part, et de petites fermes de l'autre. Pourquoi cette spécialisation territoriale, au lieu d'un système où les interactions entre petites et grandes fermes que nous avons déjà décrites se seraient réalisées à l'intérieur de chaque communauté? D'abord, la structure économique de la région était en partie dictée par la géographie physique. Souvent les grandes fermes se trouvaient dans une zone fertile privilégiée par ses sols tandis que les petites fermes et leur travail d'industrie se trouvaient dans des zones moins propices à l'agriculture, soit des terrains arides ou montagneux, soit au contraire des terres basses, froides et humides. D'autre part, on se souvient que les industries rurales de la proto-industrialisation étaient, par définition, tournées vers les marchés extérieurs, et non pas seulement vers les besoins locaux. Des marchands devaient donc s'occuper de la collecte des produits afin de les grouper en vue d'une expédition. Or il est clair que cette activité de collecte, effectuée soit par des marchands urbains, soit par les paysans eux-mêmes portant leur production au marché, soit encore par des intermédiaires, était moins difficile et moins coûteuse là où les producteurs, bien que dispersés dans les plats pays, ne l'étaient pas de façon excessive. Une augmentation de la dispersion affectait sensiblement les coûts de collecte, de coordination, et de contrôle. Les difficultés qu'elle entraîna à la fin du XVIIIe siècle lorsqu'une demande en pleine expansion obligea les marchands à élargir leur rayon d'action nous le confirment. Ce sont justement ces difficultés qui furent pour plusieurs d'entre eux la principale incitation à regrouper toute la production en atelier[1]. Il était donc avantageux pour un fonctionnement économique du «système» proto-industriel que l'industrie rurale fût concentrée dans des zones relativement restreintes et faciles à atteindre d'un point central de collecte et de distribution.

Cette analyse de l'agencement spatial de l'économie pendant la proto-industrialisation

1. David Landes, *l'Europe technicienne*, Paris, Gallimard, 1975, p. 82 sqq.

rejoint assez bien les conclusions auxquelles un certain nombre de géographes ont abouti dans leurs discussions sur la région, un sujet qui les intéresse depuis longtemps. En effet, de plus en plus, les géographes semblent frappés par la diversité et la complémentarité des types d'économie qu'on trouve dans les régions naturelles ou historiques, plutôt que par leur homogénéité. Il s'agit non seulement de la complémentarité entre la ville et sa campagne environnante, dans le cas des régions qu'ils appellent « nodales », mais aussi de la diversité et des interactions entre les divers pays qui constituent les régions qu'ils appellent alors « fonctionnelles » [1]. D'ailleurs, selon Paul Claval, c'est le lent développement des échanges commerciaux qui créa des subdivisions spécialisées à l'intérieur des régions, et ainsi leur évolution de l'homogénéité à la complémentarité interne. Il conçoit les régions dans les sociétés primitives et les civilisations rurales traditionnelles comme très faiblement ouvertes aux échanges externes. « Région fonctionnelle, elle le devient lorsque l'épanouissement de l'économie de marché, vers la fin de l'époque moderne, ouvre les régions rurales aux grands courants d'échange » [2]. La complexité de la région et la solidarité des éléments qui la composent et la définissent ont enfin conduit certains géographes à la considérer comme un « système », ce qui leur permet d'y chercher des phénomènes d'équilibre, autorégulation, dégradation, et autres concepts empruntés à des disciplines étrangères à la géographie, telles que la cybernétique [3].

Nous avons ainsi assemblé les éléments principaux d'une économie en cours de proto-industrialisation. Il nous est apparu que ces éléments s'articulaient principalement à l'intérieur de structures régionales dont ils contribuaient par ailleurs à déterminer l'agencement. Une sorte de vérification *a contrario* de cette analyse nous est offerte par la considération des régions d'Europe où le développement d'une agriculture commerciale était fondé non sur les céréales mais sur des produits dont les exigences de travail étaient toutes différentes. Concernant la vigne, Colbert avait déjà remarqué qu'elle constituait un obstacle à l'industrialisation, car elle occupait tous les habitants [4]. En effet, bien qu'elle fixât sur le sol une population dense et bien qu'elle facilitât le morcellement des terres en petites parcelles, elle occupait le vigneron pendant la plus grande partie de l'année. On voit bien par l'exemple de l'Anjou comme par celui du Beaujolais, que dans des régions qui possédaient à la fois une viticulture commerciale et une industrie rurale exportatrice, ces deux spécialisations n'étaient pas pratiquées dans les mêmes villages. On trouvait soit l'une, soit l'autre. La corrélation négative était parfaite [5]. De même, dans les balkans, la production commerciale de prunes et de tabac représentait une alternative aux manufactures rurales. Comme ces dernières, elles offraient un supplément

1. Brian J. Berry et al., eds. *The Geography of Economic Systems*. Englewood Cliffs, Prentice Hall, 1976, p. 245. Robert E. Dickinson, *City and Region. A Geographical Interpretation*. Londres, 1964, p. 452. Georges Bertrand, « Pour une histoire écologique de la France rurale », in *Histoire de la France rurale, op. cit.*, t. 1, p. 100 sqq.
2. Paul Claval, *Régions, nations, grands espaces*. Paris, Génin, 1968, p. 324.
3. Roger Brunet, « Pour une théorie de la géographie régionale », et Jacqueline Beaujeu-Garnier, « La géographie et la notion des systèmes », in *la Pensée géographique française contemporaine. Mélanges offerts à André Meynier*. Saint-Brieuc, Presses Universitaires de Bretagne, 1972, pp. 649-662, 107-114. L. H. Klaassen et al., « Very Long Term Evolution of a System of Regions », in *Sixième Congrès international d'histoire économique. Copenhague 1974, 5 thèmes*, pp. 94-108.
4. P. Clément, *Lettres, instructions et mémoires de Colbert*, t. 2, pp. 624-25, cités dans Roger Dion, *Histoire du vin et de la vigne en France*. Paris, 1959, pp. 32-33. Cf. aussi Mendels, « Aux origines... », *op. cit.*
5. Charles Tilly, *The Vendée*. Cambridge, Harvard University Press, 1964. Georges Durand, « L'enquête de l'intendant Lambert d'Herbigny sur la généralité de Lyon en 1697 ». Mémoire de D.E.S., Sorbonne, 1957. Sur le cycle de travail dans la vigne, voir Georges Durand, *Vin, vigne et vignerons en Lyonnais et en Beaujolais (XVIe, XVIIe siècles)*. Lyon, Presses Universitaires de Lyon, 1979, p. 308 sqq.

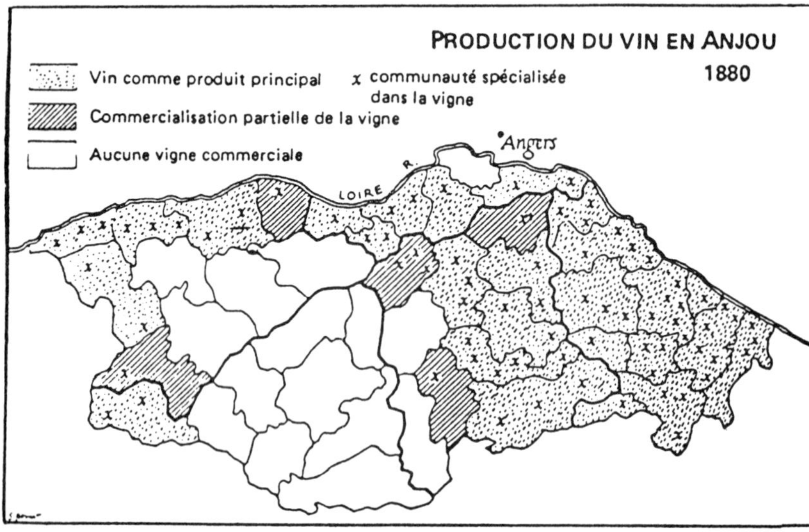

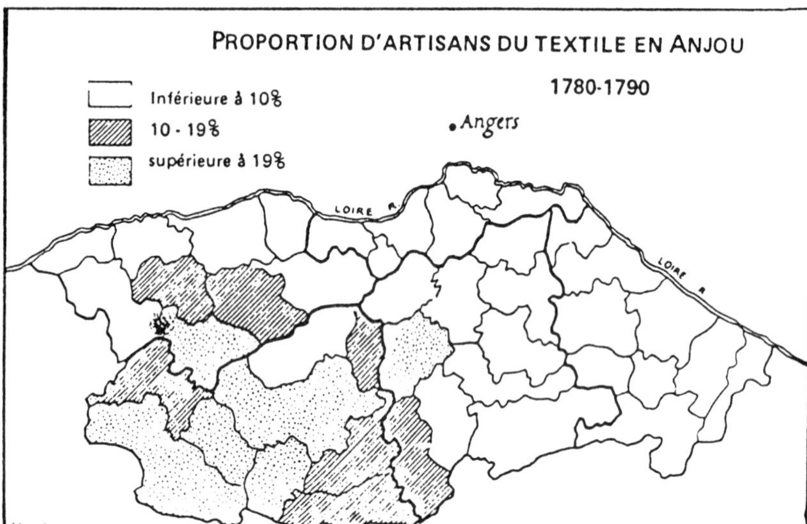

Repris de Charles TILLY, The Vendée, *Cambridge, Mass., Harvard University Press, 1964, pp. 117, 138.*

d'emploi et de production qui s'ajoutait à la culture des céréales[1]. Enfin, l'élevage et le commerce de beurre et de fromage étaient de même des sortes d'activités rurales dont les exigences rendaient la manufacture improbable.

1. Michael Palairet, « Merchant Enterprise and the Development of the Plum-based Trades in Serbia, 1847-1911 », *Economic History Review*, XXX (1977).

On voit ainsi s'esquisser la géographie économique des régions d'Europe avant la Révolution Industrielle. D'une part, toutes les régions semblaient aspirer à l'autarcie en céréales. La dépendance exceptionnelle de la Hollande vis-à-vis du blé de Dantzig était rendue possible par l'existence d'une flotte marchande et d'un réseau de canaux qui lui permit de s'engager la première dans la voie d'une spécialisation poussée. Les autres régions n'avaient recours au blé balte que dans les mauvaises années[1]. A côté des céréales pour leur propre consommation, les régions d'Europe produisaient aussi dans les campagnes des biens pour l'exportation. Ici, les lois de l'avantage comparatif entraient en jeu pour déterminer leur spécialisation. Les régions les mieux dotées en ressources les prédisposant à des cultures commerciales occupant la main-d'œuvre en toutes saisons n'eurent pas besoin d'insérer une grande industrie rurale dans leur économie. Celles qui au contraire étaient prédisposées à des cultures commerciales plus saisonnières furent plus accueillantes à la grande industrie rurale. C'est dans ces régions qu'on trouve la proto-industrialisation. Dans le premier type de région, même si la densité de la population pouvait atteindre un niveau élevé, son augmentation était limitée par la loi des rendements décroissants. Dans l'autre type, l'effet de l'industrie était, comme nous l'avons vu plus haut, déstabilisant et «involutif». La loi des rendements décroissants s'y trouvait inopérante, ou contrecarrée par les bénéfices externes de l'agencement que nous avons décrit. Si le pourtour de la Méditerranée resta en grande partie sous-développé et sous-industrialisé bien après l'industrialisation moderne des régions du nord-ouest européen, ce fut justement parce qu'il avait bénéficié d'un avantage comparatif dans des spécialisations, comme la viticulture commerciale, dont l'effet perturbateur pour l'équilibre éco-démographique demeura faible. Nous proposons donc d'aller chercher dans la distribution des avantages comparatifs des régions pour divers types d'agriculture, l'origine de la carte des industries en Europe vers 1780. Un siècle plus tard, la carte des industries était encore souvent la même, sauf évidemment là où une désindustrialisation s'effectua.

Il faut remarquer à ce propos qu'entre ces deux époques le chemin de fer avait dans certains cas introduit une nouvelle donnée, avait redistribué les avantages des régions pour telle ou telle spécialisation en les rapprochant des marchés dont elles étaient auparavant trop éloignées. Ainsi la viticulture en Languedoc et l'élevage en Basse-Normandie prirent le relais d'industries rurales qui périclitèrent. Gabriel Désert a bien montré les rapports entre le couchage en herbe, la désindustrialisation, le marché parisien, et le chemin de fer[2].

Nous avons dans cet essai mis en relief l'importance du calendrier de l'activité dans différents types de production qui dominaient l'économie européenne à l'époque de la proto-industrialisation. Les modes d'utilisation du temps et leurs transformations ont été à peu près ignorés des historiens économistes. Cela s'explique peut être par le fait qu'ils utilisent d'habitude les outils conceptuels de l'économie politique orthodoxe, soit statique, soit dynamique. Or l'économie statique ne reconnaît comme facteurs de production que la terre, le travail, et le capital, tandis que le temps qu'on utilise en dynamique est l'année de 12 mois dans laquelle on mesure la croissance et les fluctuations. Les économistes occidentaux, dans la mesure où ils se sont occupés des fluctuations saison-

1. Kristof Glamann, «European Trade 1500-1750», in Carlo M. Cipolla, ed., *The Fontana Economic History of Europe*, t. 2, Londres, Collins, 1974, pp. 465-66.
2. Gabriel Désert, *Une société rurale au XIXe siècle. Les paysans du Calvados 1815-1895*, New York, Arno Press, 1977.

nières, l'ont généralement fait pour leur appliquer des techniques statistiques destinées à les «éliminer»[1]. Il nous semble pourtant que cette question du calendrier des travaux et des jours est fondamentale et qu'elle aide à comprendre tout un ensemble de problèmes historiques pour ceux qui s'intéressent à la condition de la classe ouvrière, aux migrations, à l'histoire rurale, aux changements technologiques, aux mentalités, ou à l'industrialisation[2]. D'autre part, à une époque où une grande part des activités de production était localisée dans les campagnes, il convient d'attribuer sa juste place au fait que l'activité économique était utilisatrice d'espace, non seulement de distance, mais aussi d'étendue. D'où la nécessité de porter attention à l'organisation régionale de l'espace et à l'agencement interne des régions. A une époque où la mobilité des travailleurs comme celle des biens étaitent imparfaites, la réunion dans une région des éléments de la proto-industrialisation apportait à la fois un dérèglement et une croissance.

© Revue du Nord

La Naissance de la classe ouvrière
(1976)

Reprenant plusieurs des contributions présentées à la IVe Conférence du Groupe de travail international sur l'histoire sociale contemporaine (Paris, 28-29 novembre 1975), une livraison du Mouvement social *(n° 97, octobre-décembre 1976) a été entièrement consacrée à la « Naissance de la classe ouvrière ». Nous en avons conservé les articles de Denis Woronoff et de Yves Lequin qui y présentaient par avance des développements contenus dans leur thèse (respectivement* l'Industrie sidérurgique en France pendant la Révolution et l'Empire, *Paris, Éditions de l'École des hautes études en sciences sociales, 1984, les Ouvriers de la région lyonnaise, 1848-1914, 2 vol., Lyon, 1977), ainsi que les travaux de Serge Chassagne (en collaboration avec Alain Derwerpe et Yves Gaulupeau), et de Pierre Caspard. Denis Woronoff place au centre de son travail la distinction entre ouvriers « internes » et « externes » de la sidérurgie ancienne en France, ces derniers demeurant des travailleurs des champs. Yves Lequin insiste sur le « bourgeonnement à peu près général de la manufacture dispersée dans la région lyonnaise.*

Sources: *Denis Woronoff, « Le monde ouvrier de la sidérurgie ancienne: note sur l'exemple français », , p. 109-119;* Le Mouvement social, *n° 97, octobre-décembre 1976, p. 3-13; Yves Lequin, « La formation du prolétariat industriel dans la région lyonnaise au XIXe siècle: approches méthodologiques et premiers résultats »,* ibid., *p. 120-137; Serge Chassagne, Alain Dewerpe, Yves Gaulupeau, « Les ouvriers de la manufacture d'Oberkampf »,* ibid., *p. 69-88; Pierre Caspard, « La fabrique au village »,* ibid., *p. 20-39.*

---

1. Raymond Hutchings. *Seasonal Influences in Soviet Industry*. Londres. 1971. p. 14.
2. Des études où le calendrier est pris en considération existent: Sidney Pollard. «Factory Discipline in the Industrial Revolution». *Economic History Review*. XVI (1964). id.. *The Genesis of Modern Management*. Londres. Penguin. 1965. chap. 5. Keith Thomas. «Work and Leisure in Pre-industrial Societies». *Past & Present*. n° 29 (1964). E. P. Thompson. «Time. Work-Discipline. and Industrial Capitalism». *Past & Present*. n° 38 (1967). Ashton. *Economic Fluctuations in England 1700-1800*. Londres. 1959. pp. 1-14. Stedman Jones. *Outcast London*. Londres. 1971. chap. 2. Jacob Metzer. «Rational Management. Modern Business Practices and Economies of Scale in Ante-Bellum Southern Plantations». *Explorations in Economic History*. XII (1975). James A. Henretta. *Evolution of American Society 1700-1815*. Lexington. Heath. 1975. pp. 31-39. E. Collins. «Migrant Labour in British Agriculture in the Nineteenth Century». *Economic History Review*. XXIX (1976). Carville V. Earle. «A Staple Interpretation of Slavery Free Labor». *Geographical Review*. LXVIII (1978).

Le monde ouvrier de la sidérurgie ancienne : note sur l'exemple français

DENIS WORONOFF

La main-d'œuvre des hauts fourneaux et des forges, à l'époque préindustrielle, exerce une activité de clairière, à l'écart des fortes densités et des terres faciles ; ce monde isolé et composite est mal connu des contemporains. Même pendant la période privilégiée où les guerres de la Révolution et de l'Empire mettent en lumière la sidérurgie française en la sollicitant rudement, les autorités administratives ne cherchent guère à se renseigner sur cette nébuleuse ouvrière. Plusieurs enquêtes d'ensemble sur les forges (celles de janvier et d'octobre 1793, de juin 1796) ne prévoient pas de rubrique en ce sens. D'autres se contentent de demander « le prix de la main-d'œuvre » (entendons : de la fabrication) ou « le nombre d'ouvriers », questions imprécises qui provoquent des réponses confuses. Hormis deux coups de sonde, en 1794, visant l'un « l'intelligence » des ouvriers, l'autre leur ancienneté, seuls les tableaux remplis en l'an XI par les ingénieurs des mines traitent en profondeur des ouvriers de la sidérurgie ; ils présentent en effet le détail des catégories d'emplois et des coûts salariaux. Les maîtres de forges, de leur côté, attirent parfois l'attention du gouvernement sur la nécessité d'épargner aux ouvriers les plus qualifiés les contraintes de la guerre et de la faim. Mais ces interventions ponctuelles, limitées au court terme des années de crise, ne nous renseignent qu'indirectement sur les traits structurels de la main-d'œuvre des forges. Il est sûr que les archives des entreprises, des notaires et de l'état civil doivent compléter les informations que nous apporte ce débat public.

Lorsque les maîtres de forges sont interrogés sur le nombre de leurs ouvriers et sont par là amenés à s'expliquer sur les contours et la composition de leur main-d'œuvre, la définition qu'ils en retiennent, leur vocabulaire, présentent des variations significatives. La disparité des réponses ne porte pas principalement sur la coupure entre employés et travailleurs manuels ; là où la taille de l'établissement, son mode de gestion impliquent la présence d'un ou plusieurs commis (appelés aussi *préposés, facteurs*) ils sont, comme salariés, classés dans le personnel, mais distingués des ouvriers. Pourtant, même à ce niveau primaire, une certaine confusion subsiste : quelques réponses à l'enquête d'août 1811 en portent la marque. Les incertitudes commencent surtout après ce premier partage. Quelques entrepreneurs, en Gironde par exemple, souhaitent réserver l'appellation d'ouvriers aux travailleurs qualifiés, exerçant un métier, par opposition aux manouvriers sans spécialité et donc interchangeables. D'autres industriels nomment ouvriers ceux qui concourent directement à la production (l'expression ouvriers de fourneau revient souvent), à l'exclusion de la main-d'œuvre d'entretien (maçons, charpentiers...) et de confection des matières premières. Mais cette distinction valorisante peut aussi bien s'effacer au profit d'une autre hiérarchie dont la base est composée d'ouvriers (sans autre précision) et dont le sommet comprend à la fois les chefs d'atelier toujours définis par leur métier (fondeur, fendeur, etc.) et les artistes attachés ou non à l'usine, tels un *aciériste*, un souffletier, un maréchal. On saisit là la complexité d'un monde où coexistent vrais prolétaires et petits artisans. Le flottement du vocabulaire reflète l'enchevêtrement des statuts.

Au-delà de ces problèmes de définition, quelles catégories retenir pour classer en grands ensembles les travailleurs manuels employés par les forges ? Le clivage essentiel sépare les ouvriers internes (ou intérieurs) des ouvriers externes (ou extérieurs) ; c'est celui qu'adoptent unanimement maîtres de forges et administrateurs. Au vrai, il s'impose. D'un côté l'usine, espace clos de fabrication, sous le contrôle immédiat de l'industriel, de l'autre l'espace des champs (pour les minières), des forêts, des chemins (pour le transport des matières premières). A l'intérieur, les ouvriers logés sur place, individuellement connus du chef d'entreprise, au-dehors une main-d'œuvre moins saisissable, presque anonyme. Plus s'accroît la distance ou l'éparpillement, moins affirmée est la subordination réelle des travailleurs au commandement du maître de forges. C'est que la définition et la surveillance des tâches deviennent de plus en plus aléatoires. Même dans les établissements où le contrôle de ces travaux relève de commis spécialisés, l'intervention ne porte pas vraiment sur le processus de production (extraction et traitement de la mine, confection du charbon), mais sur les conditions préalables et sur les résultats. A la limite, il ne s'agit plus (ou pas encore) de salariat, mais d'un artisanat de la mine (Ariège, Savoie, entre autres) ou du roulage.

Cette dichotomie manifeste ne doit pas masquer l'autre ligne d'analyse possible qui conduit à opposer les ouvriers permanents aux ouvriers saisonniers. Les deux classements ne se superposent qu'en partie. En principe les ouvriers du feu sont tous permanents ; ils ne quittent pas l'usine pendant la durée d'une campagne, restant à la disposition du maître de forges, même si la fabrication doit s'interrompre, faute d'eau ou de matières premières. Il touchent alors une sorte d'indemnité pour chômage technique. Cela dans le cas le plus favorable, celui des forges qui « roulent », sur un site et dans un climat propices, la plus grande partie de l'année. Là où la production s'arrête un ou plusieurs mois, il est clair que la main-d'œuvre doit s'embaucher ailleurs ; ce chômage se déclarant généralement l'été, les ouvriers qui ne sont pas propriétaires se louent pour la moisson. Le contrat de travail, stipulé souvent pour plusieurs années, n'en est pas interrompu pour autant, au moins du fait du maître de forges. Le doute est possible, en revanche, dans le cas des ouvriers de hauts fourneaux au fonctionnement intermittent. Réglant leur temps de travail sur les approvisionnements certains ou sur les besoins régionaux, beaucoup ne travaillent que tous les deux ou trois ans. Une fraction de la main-d'œuvre la plus qualifiée doit tenter de s'employer dans d'autres hauts fourneaux de la région, puisque ces interruptions volontaires ne sont pas en phase, ou chercher des usines plus lointaines ; nous manquons à cet égard d'éléments de vérification. L'autre hypothèse, la plus probable pour les emplois subalternes de « valets » et de journaliers, est que ces ouvriers (re)prennent sur place un emploi agricole dans l'intervalle de deux campagnes. Notons enfin le cas des ouvriers itinérants (souffletiers, mécaniciens, et même maréchaux) que seuls les établissements importants s'attachent à plein temps. Ces spécialistes ne participent pas au travail coopératif du « noyau » ouvrier ; ils n'ont qu'un lien provisoire, presque accidentel avec le capital.

La durée d'emploi des ouvriers externes varie selon les conditions climatiques, les besoins des entreprises (c'est-à-dire le niveau des stocks et le volume des commandes) et surtout le rythme des travaux agricoles. Le fonctionnement des usines étant déterminé par le régime des eaux, leur offre de travail alterne assez bien avec celui des champs. Toutefois les charrois ne sont pas toujours praticables à la mauvaise saison ; l'été, la concurrence pour la voiture est vive. Les ouvriers externes sont rarement engagés pour une durée supérieure à un an (ou à une campagne). L'accord verbal ou sous seing privé l'emporte sur le contrat notarié. Cela induit une tendance à la fluidité intrarégionale, à l'oscillation de cette main-d'œuvre entre plusieurs usines dans les régions comme la Haute-Marne, la Nièvre, la Dordogne où existent de véritables constellations sidérurgiques. La mobilité et la surenchère ne l'emportent pas nécessairement. L'absence d'une offre de travail équivalente, en volume, en taux et en régularité, dans un rayon proche est évidemment dissuasive. Mieux, les maîtres de forges voisins choisissent souvent de se partager tacitement les ressources en hommes (comme les coupes de bois...) et dès lors l'empiétement est considéré comme une agression. La levée en masse puis la conscription introduiront des tensions nouvelles et encourageront le débauchage qui est une variété d'accaparement. Il est significatif de voir que les maîtres de forges lésés expliqueront aux pouvoirs publics que ces voituriers, ces mineurs et même ces bûcherons étaient traditionnellement «attachés» à leur usine.

Pour apprécier la part des femmes et des enfants dans le travail de la sidérurgie ancienne, nous ne disposons que de données éparses, d'indices plus que de renseignements sûrs. S'agissant des externes, le maître de forges ou son commis traite souvent avec un maître-ouvrier, chef d'équipe qui peut être aussi chef de famille et ne connaît pas l'identité (et pas toujours le nombre...) des valets, domestiques et autres aides dont ce dernier s'entoure. Des textes cependant nous assurent çà et là, que la mise au travail d'enfants pour le service des forges se pratiquait régulièrement. «Les enfants font de la voiture dès qu'ils peuvent marcher», dit-on en Dordogne. Lorsque la municipalité de Signy-le-Petit (Ardennes) envoie à l'Agence des Mines, en ventôse an III, la liste des mineurs de fer, elle précise: «Une partie des enfants mâles, lorsqu'ils peuvent manier la pioche et la pelle, ils secondent leur père dans les travaux pénibles». L'utilisation d'enfants de dix ans pour les travaux des bois et des mines est attestée dans le Jura. Le régisseur d'Imphy (Nièvre) évoque, sans préciser leur âge, la présence d'enfants dans l'effectif des bûcherons qui alimentent sa forge. On peut donc faire l'hypothèse d'un emploi marginal de jeunes enfants, en amont de l'activité sidérurgique. Quant aux femmes, nos sources n'en citent aucune, mais nous avons dit la fragilité, sur ce point, de notre information. Et les historiens de la classe ouvrière connaissent ce silence des sources sur le travail féminin. Reste la possibilité d'une participation du groupe familial à la tâche de son chef: ce pourrait être le cas du charbonnage.

La marge d'hésitation est très réduite, en revanche, si l'on examine la main-d'œuvre usinière. Aucun travailleur n'échappe au recensement de l'employeur; il y a autant d'ouvriers que de salaires versés. D'autre part, les tâches confiées aux ouvriers internes exigent une grande dépense musculaire, dans des conditions de travail éprouvantes. Même loin des foyers il n'y a pas beaucoup de place pour les très jeunes et pour les femmes; la sidérurgie primaire est une industrie de pondéreux. A partir de quatorze ans, des enfants secondent les maîtres-ouvriers du haut fourneau et de la forge comme *valets* ou *goujats*. Jusqu'à dix-huit ans environ ils apprennent le métier en même temps qu'ils s'aguerrissent. Cette catégorie d'emploi n'occupe en moyenne que deux personnes d'une équipe de huit forgerons et un ou deux des dix ouvriers d'un haut fourneau. Ajoutons que tous ces auxiliaires ne sont pas des jeunes. Malgré la raréfaction d'ouvriers adultes, cette structure d'âges et de sexes n'est pas modifiée par la crise révolutionnaire. On note simplement quelques cas de femmes embauchées au haut fourneau, signe, à n'en pas douter, d'une extrême disette.

Quels sont les effectifs ouvriers de la sidérurgie ancienne? Dans les hauts fourneaux et les forges il y avait probablement 10 000 ouvriers, de part et d'autre de la Révolution. Pour le groupe des ouvriers externes, toute évaluation est forcément hasardeuse. Leurs effectifs connaissent des variations de forte amplitude selon la période de référence ; il est donc délicat de raccorder des chiffres dispersés. Ces données mêmes sont fragiles puisqu'il est rare que nous puissions les pondérer. L'addition de mineurs employés pendant dix mois et de voituriers embauchés en période de pointe est vide de sens. On comprend l'ingénieur des mines Puvis, qui dans un rapport sur la sidérurgie luxembourgeoise (septembre 1812) renonça à proposer un chiffre d'effectif, estimant qu'une évaluation en journées de travail donnerait une idée plus nette du volume d'emploi offert. En confrontant les réponses les plus argumentées aux enquêtes administratives avec les renseignements fournis par des archives d'entreprises, il semble que le nombre d'ouvriers externes employés durablement (c'est-à-dire exception faite du renfort très conjoncturel de bûcherons ou de voituriers d'appoint) est de trois à cinq fois supérieur à celui des ouvriers internes d'une usine comprenant haut fourneau et forge. Il ne serait pas conforme aux réalités de la sidérurgie ancienne de vouloir dépasser cette approximation.

La répartition géographique des ouvriers internes présente de forts contrastes. La première disparité découle de l'implantation inégale de la sidérurgie de base. La densité d'établissements sidérurgiques dans le quart nord-est de la France crée une dissymétrie analogue dans la localisation de la main-d'œuvre. Mais d'autres variables corrigent et nuancent ce schéma simple, si on l'examine à des échelles différentes. Variable du système technique qui groupe huit à dix ouvriers dans chaque forge d'Ariège alors que le personnel d'une affinerie de Champagne ou de Franche-Comté est moitié moindre ; variable des produits qui fait passer les effectifs d'un haut fourneau de dix à cent selon qu'il coule des gueuses ou qu'il fait de la moulerie (par exemple des munitions de guerre) ; variable de la capacité productive et de l'avance technologique qui conduit Audincourt, Niederbronn ou Tronçais à occuper sous l'Empire plus de cinquante fondeurs et forgerons chacune. Quant aux usines du Creusot, elles emploient, à l'étiage de 1811, 230 ouvriers internes.

Le recrutement des ouvriers s'effectue pour le plus grand nombre d'entre eux dans l'environnement immédiat des forges. C'est vrai en premier lieu des ouvriers externes dont beaucoup restent avant tout des cultivateurs et dont l'activité n'implique pas une compétence telle qu'il soit nécessaire et raisonnable d'en faire venir de loin. Des bûcherons issus d'un autre canton sont déjà des étrangers. Cela reste la règle pour les ouvriers intérieurs, mais le rayon de recrutement peut s'élargir au département ou à l'ensemble d'une région sidérurgique. En 1808, le régisseur d'Imphy, ne parvenant pas à trouver des forgerons dans les villages proches, dut étendre son investigation à tout le Berry. Cependant trois pôles sidérurgiques, au moins, « exportent » des ouvriers spécialisés vers d'autres régions. La Franche-Comté en premier lieu, dont les forgerons sont réputés et recherchés parfois de fort loin. Ainsi le préfet du Cher explique en 1809 qu'ils font prime sur les forgerons du Centre, « [...] moins actifs, qui ne travaillent pas aussi bien et consomment plus de combustible ». Ils apportent surtout la technique dite comtoise qui réunit en un seul feu (remplaçant l'affinerie et la chaufferie) les opérations d'affinage. L'installation de forgerons comtois dans les forges pyrénéennes au début du XIXe siècle marquera de la même façon une avancée de ce système au détriment de la *méthode catalane*. L'Ariège constitue une autre aire de recrutement. De la région de Vicdessos et de Tarascon-sur-Ariège viennent les forgerons qui font marcher toutes les forges d'Ariège et bon nombre de l'Aude et des Pyrénées-Orientales. On en trouve également dans d'autres départements du Sud-Ouest, sous l'Empire. Certains enfin allaient s'embaucher, sous l'Ancien Régime, en Andorre et en Catalogne. Troisième réservoir de main-d'œuvre hautement spécialisée, la Normandie. Il s'agit moins de forgerons que de techniciens des opérations en aval, la moulerie de la fonte et la fonte du fer. Des maîtres de forges de l'Indre ou de la Haute-Marne ont volontiers recours à eux. Ces filières principales, auxquelles il conviendrait sans doute d'ajouter celle qui semble conduire de la Bourgogne à la Nièvre et à la Dordogne, confirment que le rayon de déplacement des ouvriers est fonction de leur qualification et de leur rareté.

L'appel à des ouvriers étrangers, pratiqué à la veille de la Révolution par des industriels soucieux de «naturaliser» les techniques anglaises et allemandes, est interrompu par la guerre. En 1794 et 1795, l'Agence des mines cherche parmi les prisonniers de guerre des spécialistes de l'acier et des faux. En vain, si l'on en croit nos sources. A défaut d'ouvriers qualifiés, les autorités révolutionnaires mettent des prisonniers à la disposition des maîtres de forges pour parer à la pénurie de main-d'œuvre externe. De nombreuses usines (en Haute-Normandie) les emploierons, entre 1794 et 1797, pour travailler dans les bois. Dès la fin du Directoire, une partie du courant d'immigration est rétablie. Des ouvriers allemands, du pays de Berg, autrichiens de Styrie, de Carinthie, sont attirés en France avec l'aide du gouvernement. A la Restauration, les Anglais, promoteurs de la sidérurgie nouvelle, forment l'essentiel de cet apport ; l'usine-pilote de Fourchambault en compte plusieurs dizaines, et, à l'apogée de ce recrutement, vers 1825, il y en a environ un millier en France.

Malgré ces flux interrégionaux et internationaux – fondamentaux pour définir l'espace de la sidérurgie ancienne, mais d'un volume restreint – le gros des ouvriers internes procède de l'auto-recrutement, par le biais de l'institution familiale. En règle générale, les emplois auxiliaires, propédeutique indispensable des emplois nobles de fondeurs et d'affineurs, sont occupés par les enfants des maîtres-ouvriers. Cette endotechnie, selon le mot de Jean Vial, est un passage obligé de la sidérurgie ancienne. Elle assure au maître de forges une reproduction économique, sans à-coups, du potentiel ouvrier. Mais elle fonctionne aussi comme un barrage aux initiatives des patrons.

«[...] quand même des étrangers seraient disposés à embrasser l'état de forgeron, *écrivent des maîtres de forges haut-marnais à l'Empereur*, les familles qui sont en position de le faire se refuseraient à faire des apprentis, elles tiennent d'abord à l'honneur de faire exclusivement ce que d'autres auraient peine à faire, et entendant que plus ils seront un petit nombre, plus ils domineront les maîtres et les contraindront à les payer chèrement, ils refusent d'instruire les étrangers qui auraient de la bonne volonté, sentant bien qu'ils sont indispensables à cet apprentissage.»

Cet exclusivisme persistait encore dans la sidérurgie ariégeoise à la veille de la révolution de 1848. Les «étrangers» étaient cantonnés dans l'emploi de *pique-mine*, et ceux qui s'obstinaient à apprendre le métier de forgeron devaient payer un an de salaire au principal ouvrier, sans en recevoir en retour le moindre conseil. Il n'est pas rare, dans ces conditions, que quelques familles monopolisent durablement l'emploi d'une forge.

L'enracinement dans le métier et dans l'usine ne se conçoit que par une double extension. Extension spatiale d'abord. Le «localisme» et la pérennité des situations ne sont pas assez forts pour empêcher une certaine dispersion d'une famille autour de l'usine-mère. Il faut d'autre part considérer les familles élargies, dans leur système d'alliances, pour voir se constituer entre usines proches un véritable réseau de placement. Un sondage dans la Nièvre, de 1777 à 1827, montre qu'à Raveau moins de dix familles constamment alliées entre elles fournissent la majeure partie des ouvriers dont les forges environnantes ont besoin. Exceptionnellement, cette endogamie professionnelle s'exerce à longue distance, quand la densité sidérurgique est trop faible. Quant à la mobilité proprement dite, en dehors de la circulation ainsi définie, elle paraît d'ampleur restreinte. En n'écoutant que les plaintes des maîtres de forges, on risque de surestimer la rotation de main-d'œuvre. Certes l'économie de guerre introduit des occasions de surenchère. Mais les rares indications portant sur l'ancienneté des ouvriers laissent deviner des carrières stables, au moins à partir du mariage.

La transmission par héritage du savoir et de l'emploi crée certainement une inertie supplémentaire du système technique. Toute innovation rencontre une résistance ; elle dérange « l'obstination routinière des ouvriers » que dénoncent patrons éclairés, savants et administrateurs. Les maîtres de forges parlent volontiers des « secrets » des fondeurs et affineurs, ensemble de recettes et de conduites imperméables au progrès, inacessibles aux non-initiés. Les industriels sont en effet largement extérieurs aux processus de production dont ils ne sont souvent que les coordinateurs formels. La construction du creuset, le dosage des matières (minerai, charbon, fondant), la durée du martelage, autant d'opérations, de décisions qui relèvent en définitive de la main-d'œuvre. Au reste, les maîtres de forges sont complices de leurs ouvriers. Un agent de la Commission des armes et poudres écrit à l'automne 1795 :

« [...] n'ayant jamais été que les banquiers de leurs ouvriers, il n'est pas surprenant que les maîtres de forges, attachés à des préjugés, puisqu'ils ignorent comment se convertit le bois en charbon, la mine en fonte et comment cette dernière est réduite en fer [...] abandonnent toute leur fortune à ces trois individus, sans se douter de tous les dangers qu'ils courent ».

Six ans plus tard, le préfet de la Côte-d'Or est aussi sévère :

« [...] jusqu'à présent les maîtres de forges ont été des négociants et rien de plus. Vendre et acheter a été toute leur science ».

Force leur est de reconnaître que « [...] l'emploi utile des matériaux est le fait du forgeron ». Dès lors ces fameux secrets seraient pour une part la vision idéologique des savoirs empiriques, sédimentés par l'expérience, auxquels les maîtres de forges n'auraient pas accès. Lorsque l'ingénieur des mines Baillet tente, en 1804-1805, de susciter la création d'un haut fourneau à la houille, près de Rodez, il est contraint de faire venir d'Ariège la main-d'œuvre de démarrage. Leur mauvais vouloir est, dit-il, à l'origine de son échec. « Ils ne souffraient pas, *se plaint-il au préfet*, que je vinsse leur ravir leur secret de fabrication du fer. » Ses essais ont été « arrachés aux ouvriers de l'Ariège » et leur chef de file a saboté ses expériences. Cette explication est cohérente, mais la résistance des ouvriers a aussi sa logique. Ils refusent d'être expropriés de ces moyens de production que sont leurs techniques. Qu'on l'appelle résistance ou routine, ce comportement protège l'emploi et empêche la déqualification.

La notion de salaire n'est pas toujours clairement dégagée. Quelques entrepreneurs la diluent dans l'ensemble des coûts, en la combinant par exemple avec l'achat des matières premières, leur transport, l'entretien des bâtiments, etc. Plus fréquemment, ils ne conçoivent comme salaire que la rémunération des ouvriers internes et ne cherchent pas à isoler le prix de la transformation du bois en charbon ou celui de l'extraction du minerai. Pourtant la hausse des coûts de main-d'œuvre, dans toutes les catégories, est sensible dans les dernières années de l'Ancien Régime, et s'aggrave, on le sait, par la suite. C'est une incitation à mieux ventiler les frais, dans la tenue des comptes, bien que la part du travail ne soit pas décisive dans le prix final des matières premières et en tout cas de la plus coûteuse : le bois. Quoi qu'il en soit, la main-d'œuvre externe est généralement payée à la tâche, toute autre solution impliquant une surveillance hors de portée.

Pour évaluer la dépense salariale réelle, il est nécessaire de faire intervenir deux types de pondération. D'abord, au détriment de l'employeur, l'ampleur des fraudes sur les poids et les qualités, au-delà de la marge réservée aux abus coutumiers. Etroitement liée à un rapport de forces, elle risque de s'être accrue pendant la Révolution, comme l'affirment les maîtres de forges. En revanche, ces derniers semblent avoir introduit un correctif qui leur est favorable. En veillant à ce que la corde de bois soit très strictement empilée, des chefs d'usine, en Côte-d'Or, réussissent à gagner vers 1810 une corde supplémentaire par rapport aux mesures de 1789. Ces indications contradictoires manifestent l'incertitude des affrontements. L'étude de la métrologie ancienne, dans la sidérurgie comme ailleurs, n'est pas séparable de l'histoire sociale.

Les formes de rémunération des ouvriers internes sont très diverses, non seulement d'une région à l'autre, mais entre usines d'une même région. Il est possible, cependant, de fixer quelques normes. Tous les manouvriers sont payés à la journée, tous les forgerons aux pièces, au mille de fer. Dans l'entre-deux, les fondeurs et les aides sont gagés au mois. Ces schéma, vraisemblable dans ses grandes lignes, est perturbé par de multiples aménagements et exceptions. Localement des forgerons sont à la fois gagés et rétribués aux pièces. Certains industriels sont favorables aux primes qui récompensent un travail de qualité ou une économie de combustible. D'extension plus considérable est la pratique des « droits ouvriers » qui persiste pendant la Révolution. Il s'agit du « vin d'engagement », des repas de fête, des étrennes qui représentaient en Lorraine, alentour de 1785, l'équivalent d'un mois de salaire. Le paiement à la pièce prive l'entrepreneur d'une partie de son initiative. A la limite, il n'a plus qu'un rôle d'incitation. Dans les forges du Périgord, par exemple, on avait coutume, jusqu'en 1815 au moins, de « donner la fonte en compte » aux ouvriers, en exigeant d'eux un rendement donné. Tout ce qu'ils pouvaient fabriquer en surplus leur était acheté, de même qu'ils devaient payer les moins-values. Ce système fruste, connu également dans la Nièvre, était combattu par les esprits éclairés parce qu'il sacrifiait la qualité à l'abondance des produits. A l'autre extrême, la « mensualisation » de toute la main-d'œuvre paraîtra à certains la seule manière d'introduire l'innovation technique, en détachant l'ouvrier de son produit. Cette solution, que l'histoire ultérieure de la sidérurgie allait démentir, ne fut pas retenue.

La rétribution du travail comporte pour les ouvriers internes le droit au logement (et au chauffage). C'est une nécessité technique, liée au travail continu, à l'isolement des usines, en même temps qu'économique, puisqu'il s'agit de fixer la main-d'œuvre le moins facilement remplaçable. L'avantage, pour l'ouvrier, n'est pas mince : un maître de forges du Jura l'estime, sous l'Empire, au quart du salaire mensuel. A chaque logement familial (constitué d'ordinaire d'une grande pièce et d'un grenier) est joint un potager. En outre, pendant la campagne du fourneau ou de la forge, chaque famille reçoit un porc, des volailles et beaucoup de vin. Dans les régions montagneuses – comme dans les moments de disette – le maître de forges est conduit à payer partie ou totalité du salaire en nature, en farine, lard, etc. Ainsi le procès de production, déjà passablement chaotique, n'est-il pas davantage interrompu par la recherche de la nourriture.

Ces ouvriers bénéficient en outre de divers secours lorsqu'ils doivent cesser de travailler à plein temps. En dehors de l'indemnité de chômage, courante en Haute-Marne, on relève des exemples de subsides pour maladie (Meuse) et des sortes de retraite ou de pensions pour invalidité. Enfin, dans les établissements importants, les soins (Moyeuvre), l'instruction et le culte (Audincourt, Port-Brillet) sont aussurés aux frais de l'employeur. Les indications en ce sens sont trop rares pour que nous puissions nous prononcer sur l'extension de ces droits et gratifications. Ils sont, semble-t-il, surtout répandus, avant la Révolution, dans les régions à forte densité sidérurgique, où la concurrence entre employeurs est intense. Tous ces avantages cumulés, la constitution d'une communauté avec ses rites (fêtes, mots de passe), ses valeurs, ne donnent-ils pas naissance à une sorte d'aristocratie ouvrière bien distincte de son environnement? L'image des forgerons dans la société préindustrielle est à la fois celle de petits notables «au métier pénible, mais lucratif» (selon l'expression du préfet des Pyrénées-Orientales en 1812), et d'étrangers au monde rural, solidaires de leurs maîtres et comme eux prédateurs et perturbateurs des équilibres agraires, ainsi que s'en plaignent quelques cahiers de doléances. La crise révolutionnaire portera certains antagonismes jusqu'au point de rupture. En pays chouan les forges, foyers depuis longtemps d'impiété et de non-conformisme, seront les hauts lieux d'esprit républicain.

L'industrialisation progressive de l'activité sidérurgique pendant la première moitié du XIXe siècle modifiera les structures anciennes de la main-d'œuvre. Les effectifs doublent de 1817 à 1847; le passage au coke élimine le peuple des bûcherons et des charbonniers; la profession semble s'entrouvrir, le recrutement familial ne pouvant plus suffire. Les plus grandes usines tendent à assurer elles-mêmes la formation de leurs ouvriers. Pourtant, les éléments de continuité ne sont pas négligeables. Pour fixer leur main-d'œuvre, les sidérurgistes développent une politique de logement en cités qui induit des formes multiples de paternalisme et renforce l'originalité durable du groupe socio-professionnel. Dans le travail, malgré la mécanisation, la force physique reste fondamentale; le travail féminin et enfantin ne représente toujours qu'un appoint. Le tour de main, l'habileté des principaux ouvriers gardent leur importance; une place reste faite à l'initiative ouvrière. Autour de 1850 les ouvriers du fer n'ont pas encore été «expropriés». Dans quelques secteurs il en sera de même jusqu'en 1914. Quand Maurice Verry décrit les lamineurs ardennais d'avant la Grande Guerre, véritables autocrates d'atelier, respectés pour leurs secrets de fabrication autant que pour leur musculature, dépositaires d'un savoir irremplaçable, situés au sommet d'une élite ouvrière dont ils contrôlent l'embauche, il dégage assurément des traits de longue durée. Au cours de la révolution industrielle, le poids des travailleurs qualifiés par rapport aux «ouvriers inhabiles», l'organisation particulière de la production et de la vie communautaire dans la sidérurgie donneront au prolétariat des forges conscience de sa spécificité, voire de sa supériorité.

© Le Mouvement social

La formation du prolétariat industriel dans la région lyonnaise au XIXe siècle : approches méthodologiques et premiers résultats

YVES LEQUIN

Des expressions en apparence aussi limpides que «prolétariat» et «première révolution industrielle» rendent mal compte de la réalité du monde ouvrier de la région lyonnaise et stéphanoise au XIXe siècle dans la mesure où elles évoquent la grande usine et le rassemblement brutal des masses ouvrières ; même si, à partir des années 1820, le bassin de Saint-Etienne et la vallée du Gier sont emportés par une expansion à l'anglaise fondée sur l'extraction charbonnière et une sidérurgie attentive à l'innovation qui en font, jusqu'à l'aube du Second Empire, le premier ensemble industriel français de type moderne.

Pourtant c'est là que surgit le plus précocement, et avec quelle force, sur la scène mondiale, une classe ouvrière, si celle-ci se définit d'abord par une conscience collective, c'est-à-dire par un projet d'avenir subversif qui sous-tend l'organisation et l'action. D'Émile de Girardin à Karl Marx, on ne s'y trompe point. C'est sur les pentes de la Croix-Rousse que naît la guerre civile des temps nouveaux, par cette double révolte des «Canuts», en 1831, dont Fernand Rude a depuis longtemps démonté le mécanisme[1], et en 1834 qu'on vient fort justement de décaper d'une explication politique trop courte[2]. Episodes éclatants, qu'on mettra quelques décennies à théoriser, trop éclatants peut-être puisqu'ils occultent ce qui se passe soit ailleurs, soit autour, et dans le demi-siècle qui suit. Très tôt, en effet, et aussi à Saint-Etienne, à Annonay, à Romans, à Vienne, on parvient, avant les autres, à cette seconde phase de la prise de conscience qu'Eric Hobsbawm qualifie de séparatiste et qu'il voit naître en Angleterre à partir des années 1840[3].

Nulle part ailleurs peut-être, en France en tout cas, ne s'épanouit si tôt l'idée d'une originalité de classe, porteuse de débats et d'organisation. Qu'on songe au bouillonnement des idéologies socialistes sous la Monarchie de Juillet[4], à la puissance des Mutuelles et des Coopératives pendant tout le Second Empire[5], aux succès de l'Association internationale des Travailleurs aux approches de la guerre franco-allemande[6] depuis longtemps repérée et décrite, en attendant d'être réinterprétée par une problématique plus contemporaine[7].

On connaît moins le lent mûrissement des grandes organisations corporatives, véritables syndicats bien avant la lettre, longtemps invisibles parce que moins liés aux soubresauts de la société politique globale, chez les «Canuts», chez les mineurs de la Loire, chez les mégissiers, chez les verriers de la vallée du Gier et même parmi les chapeliers des

1. F. Rude. *l'Insurrection lyonnaise de 1831. Le mouvement ouvrier à Lyon de 1827-1832*. Paris. 1944 ; 2e éd.. Paris. 1975.
2. R. J. Bezucha. *The Lyon Uprising of 1834. Social and Political Conflict in the Early July Monarchy*. Cambridge. Mass.. Harvard University Press. 1974.
3. E. J. Hobsbawm. «The formation of the industrial working classes: some problems». *IIIe Conférence internationale d'histoire économique. Munich, 1965*, Paris-La Haye. 1968.
4. M. L. Mac Dougall. *After the Insurrections : The Workers' Movement in Lyon, 1834-1852*. thèse dactylographiée. 1974.
5. S. Maritch. *Histoire du mouvement social à Lyon sous le Second Empire*. Paris. 1930.
6. M. Moissonnier. *la Première Internationale et la Commune à Lyon, 1865-1871 : spontanéisme, complots et luttes réelles*. Paris. 1972.
7. Cf. les travaux. en voie d'achèvement. de G. Sheridan. de Yale. sur les associations des années 1830-1880. Du même. «Idéologies et structures sociales : les associations ouvrières à Lyon de 1848 à 1877». *Bulletin du Centre d'histoire économique et sociale de la région lyonnaise*. 1976. n° 2.

campagnes et des petites villes de la mouvance lyonnaise qui parviendront à l'aurore de la Grande Dépression des années 1880 à des taux de syndicalisation tout à fait exceptionnels dans le contexte français, et à la constitution d'un véritable pouvoir ouvrier face au pouvoir patronal[1]; sans que jamais l'action professionnelle cesse de s'inscrire dans un projet politique, même si celui-ci n'est pas tout à fait ce que l'on pourrait croire[2].

A l'image de la « new urban History » américaine, soucieuse de démêler dans les villes ouvrières des années 1860-1880 les racines d'une précoce intégration, en tout cas les raisons d'une absence de la conscience de classe[3], il nous a paru important, en inversant le raisonnement, d'analyser le processus de formation d'une classe ouvrière régionale – certains de ses aspects du moins – à la lumière de l'originalité des formes d'action et d'organisation collectives, qu'il n'est pas question d'exposer ici. Sans que soit oublié le caractère de totalité du processus – et nous renvoyons encore une fois aux prudentes définitions méthodologiques d'E. Hobsbawm[4] – qui intègre des mutations économiques (le développement du salariat, les nouveaux types d'organisation du travail industriel, etc.), sociales (les origines, le recrutement, les liens avec le reste du tissu social), et idéologiques (les formes de la sensibilité collective, les comportements mentaux et politiques, etc.), on a choisi de limiter ici la recherche aux espaces géographiques et socio-professionnels dans lesquels se dessine peu à peu la naissance d'un prolétariat ouvrier.

En somme, il s'agit simplement de savoir d'où il vient. Avec le sentiment que le processus peut s'intégrer dans des évolutions de longue durée, et sans résoudre, évidemment, la question fondamentale de l'articulation entre une somme de conduites individuelles et un comportement collectif; en supposant, toutefois, un certain nombre de relations entre les deux plans, ce que confirment d'ailleurs les résultats, à condition de les lier logiquement; le champ de recherche reste ouvert. Pour l'heure, ils sont tels qu'on ne peut les lire s'ils ne s'éclairent pas de l'ensemble de l'évolution économique et démographique de la région, selon des modes qui vaudraient sans doute – que d'autres le précisent! – pour une bonne partie de l'espace français.

La perspective de recherche est ici radicalement différente de celle qui a été menée pour les mineurs de Carmaux[5] et les indienneurs de Cortaillod et de Corbeil-Essonnes[6] encore que plusieurs sociétés métallurgiques et minières de la région possèdent de magnifiques états du personnel, valables, il est vrai, surtout pour la fin du siècle, et que d'autres s'emploient à faire parler[7]. Ce qu'on désirait saisir, c'était le prolétariat d'industrie dans sa réalité sociologique et non le personnel d'une usine. Si la grande entreprise n'est pas rare dans la région lyonnaise, elle n'en demeure pas moins atypique.

Les usines métallurgiques de la vallée du Gier, si portées sur la nouveauté technologique, ne rassemblent que quelques dizaines d'ouvriers dans les années 1850, et une

1. Y. Lequin, *les Ouvriers de la région lyonnaise dans la seconde moitié du XIXe siècle, 1848-1914. D'un monde ouvrier à la classe ouvrière*, Presses Universitaires de Lyon.
2. S. H. Elwitt, « Politics and Social Classes in the Loire, the Triumph of Republican Order, 1869-1873 », *French Historical Studies*, vol. 6, 1969, n° 1, p. 93 et suiv.
3. Cf. par exemple C. Griffen, « Workers Divided... », in S. Thernstrom and R. Sennett, ed., *Nineteenth-Century Cities. Essays in New Urban History*, Newhaven and London, Yale University Press, 1969.
4. E. J. Hobsbawm, *art. cit.*, *IIIe Conférence...*, p. 175 et suiv.
5. R. Trempé, *les Mineurs de Carmaux, 1848-1914*, Paris, 1971, t. I, p. 107 et suiv.
6. Cf. ici-même les articles de P. Caspard et de S. Chassagne.
7. J. Lorcin, en particulier, pour sa thèse sur *Évolution sociale et attitudes collectives dans une région en crise: Saint-Étienne et ses environs, de 1880 à nos jours*, a retrouvé et utilisé les fiches du personnel d'un certain nombre de grandes entreprises métallurgiques.

dizaine de milliers un demi-siècle plus tard : bien peu de chose parmi la multitude des armuriers, des quincailliers et des passementiers. D'autre part, la grande entreprise, là où elle existe, pratique toujours une politique globale de la main-d'œuvre où le recrutement n'est pas le moindre des soucis : en allant chercher ses ouvriers là où elle le juge utile à ses intérêts – à la fin du siècle, par exemple, les Pavin de Lafarge feront toujours venir leurs carriers du Teil et de Viviers depuis les montagnes ardéchoises et les villages où les curés servent d'intermédiaires – elle peut gauchir les courants naturels (si l'on ose dire) de migrations. Enfin, se limiter à elle, c'est ignorer à peu près totalement les modes originaux d'une croissance régionale que tout atteste.

Partie de loin – M. Garden, par exemple, fait démarrer le long cycle ascendant de la Fabrique lyonnaise dans les années 1750[1] – fortifiée par le retour de la paix qui suit les années de la Révolution et de l'Empire, elle s'épanouit dans les années 1840-1880. Les courbes du produit physique des diverses industries aussi bien que le gonflement démographique des villes, et aussi des zones rurales où elles se développent, témoignent de la vigueur de l'expansion : Lyon de la Fabrique au cœur de sa nébuleuse soyeuse en expansion, Saint-Etienne du charbon et de l'acier, mais aussi plus que jamais peut-être des armes et des rubans, Vienne des draps Renaissance, Romans des chaussures, Grenoble des gants, Annonay des cuirs et du papier, Roanne et le Beaujolais du coton ; à cette énumération deux clés : d'abord l'extrême variété des activités dans une aire géographique tout de même limitée, et surtout la qualité des fabrications. Plus qu'ailleurs, l'expansion se fait à peu près pour toutes les branches par la conquête des marchés extérieurs et d'une clientèle étrangère exigeante et délaissée par une industrie britannique mécanisée et vouée désormais au tout-venant ; donc sur ce partage international des tâches où M. Lévy-Leboyer a vu le moteur de la croissance industrielle française pendant tout le premier XIXe siècle[2]. Elle ne se brisera qu'avec la marche diachronique de la Grande Dépression des années 1880, précoce ici (dès 1876 pour la Fabrique lyonnaise), tardive là (pas avant la décennie 1890-1900 dans la ganterie grenobloise et dans la passementerie stéphanoise), mais générale et également ravageuse, d'où sortira un autre monde industriel ou ouvrier.

Un long XIXe siècle, plongeant dans l'Ancien Régime politique – jusqu'où – qui se déroule bien au temps de la première révolution industrielle, mais se situe, si l'on ose dire, ailleurs. Car croissance n'est pas synonyme de bouleversements des modes de fabrication, encore bien moins de mutation technologique avec toutes les conséquences que cela signifie : c'est, majoritairement, une simple addition de moyens inchangés.

Car le développement industriel, donc la multiplication de la main-d'œuvre et l'essor du salariat, ne s'inscrit pas sur une crise, en tout cas pas sur un changement brutal de l'environnement écologique et démographique général. Sur le strict plan de la fabrication, il ménage ses effets. D'une part, il se fait par un bourgeonnement à peu près général de la manufacture dispersée, ce « domestic-system », ce « Verlagsystem » dont K. Marx a montré l'importance au livre II du *Capital* et qui, dans la région lyonnaise, est la règle. Faut-il souligner à nouveau qu'il ne s'agit en aucune manière d'un archaïsme, mais d'un instrument tout à fait remarquable pour dégager un profit maximum et le sauver des fluctuations chaotiques du marché des produits de luxe ? Inutile de revenir, semble-t-il, à

1. M. Garden, *Lyon et les Lyonnais au XVIIIe siècle*, Paris, 1970.
2. M. Lévy-Leboyer, *les Banques européennes et l'industrialisation internationale dans la première moitié du XIXe siècle*, Paris, 1964.

la description d'une organisation qui atteint son maximum d'efficacité dans la Fabrique lyonnaise, où il fonctionne parfaitement dès le XVIIIe siècle. Mais voilà qui contribue à brouiller singulièrement les cartes dans la question fondamentale de la dépossession des moyens de production, peut-être pas pour l'analyste du XXe siècle, mais sûrement pour le monde ouvrier des années 1850.

Par ailleurs, les industriels régionaux n'ignorent pas la machine et la grande usine quand elles se révèlent adaptées: dans la construction mécanique, dans la teinture et l'apprêt des quartiers périphériques de la Croix-Rousse, dans la filature et le moulinage de la soie, et dans la sidérurgie et les exploitations minières. Là, bien sûr on retrouve les tentatives de plier la main-d'œuvre aux exigences du travail réglé, avec leur cortège de règlements, d'essais de fixation géographique, de discipline collective, d'encadrement contraignant. Mais elles ne doivent pas faire illusion: très souvent, la grande entreprise enferme, derrière un visage extérieur de modernité, une organisation parfaitement traditionnelle du travail. Le «prix fait», avec marchandage et enchères entre des équipes, est de règle aux houillères où l'on prend l'adjudication au tonnage ou à la longueur de veine et même dans les usines sidérurgiques de Givors et de Saint-Chamond où l'on arrache celle de la coulée de haut fourneau ; dans les verreries, l'usine – plusieurs centaines d'ouvriers à Rive-de-Gier par exemple – n'est qu'une coque administrative, où le véritable cadre de production est la «place» devant le four: le «souffleur» qui en est titulaire paie lui-même ses aides, «grand garçon», «foa», mélangeurs qui à leur tour rémunèrent les manœuvres de la manutention, les enfants et les femmes qui emballent les bouteilles. On pourrait multiplier les exemples qui font de l'usine non pas l'organisme articulé du XXe siècle, mais un simple agrégat de métiers individuels où le travail quotidien peut conserver les apparences d'un artisanat.

Dans les grandes entreprises pas plus que dans les ateliers du «domestic-system» ce semblant de liberté n'adoucit la condition ouvrière – il en va même tout autrement dans une région où le paiement aux pièces ne souffre que très peu d'exceptions – mais il assortit de mille nuances le passage au salariat qui demeure l'un des traits fondamentaux de la formation du prolétariat industriel.

Il n'en va pas autrement dans l'espace géographique et notamment l'opposition villes-campagnes n'a pas de sens, puisque le système de la «fabrique», bien loin de concentrer la main-d'œuvre, relance sa dispersion autour des noyaux lyonnais, stéphanois, grenoblois ou roannais, dans le cadre inchangé de l'atelier familial ou de l'usine à peine plus grande du petit «façonnier». Le travail va à la main-d'œuvre rurale au moins autant – plus même, sans doute – qu'il ne l'attire. Il est vrai qu'il n'est nulle part une nouveauté, simplement une fabrication en remplace une autre, et le plat pays vit au XIXe siècle une série de cycles à la brésilienne: la carte des textiles, en Roannais, en Bugey, en Dauphiné, en Vivarais, telle qu'elle se dessine dans les années 1850-1860, décalque à peu près celle des toiles de l'Ancien Régime, et soie et coton inscrivent en Beaujolais un mouvement de va-et-vient au rythme des dynamismes inégaux des moteurs roannais et lyonnais. Faut-il ajouter qu'en même temps l'agriculture n'y a jamais été aussi prospère ? Le modèle de la France des grandes plaines septentrionales, dont la prospérité a été brisée par la crise des années 1845-1847[1], ne vaut guère dans une région peu céréalière, déjà vouée à a spéculation viticole et séricicole; il y a notamment tout un

1. E. Labrousse, éd., *Aspects de la crise et de la dépression de l'économie française au milieu du XIXe siècle*, La Roche-sur-Yon, 1954, p. III et suivantes.

monde d'extension de la soie où l'élevage du ver et l'industrie se soutiennent l'un et l'autre en deux croissances parallèles, à tel point que pour répondre à la demande lyonnaise on plante le mûrier jusqu'à 700-800 mètres d'altitude, dans le massif du Pilat et en Bugey, jusqu'aux années 1870 ! Il faut donc attendre 1880 pour que quelque chose se brise sous l'extraordinaire conjonction de l'effondrement général des prix agricoles, du phylloxéra, de la pébrine et de l'invasion des soies asiatiques ; en même temps donc que la crise des industries régionales, la fin d'un monde.

Enfin, ici et là, en Vivarais, dans les massifs alpins et dans le Jura du Sud, la tradition de la migration saisonnière achève d'assurer un équilibre économique et démographique des campagnes qui écarte toute libération massive de main-d'œuvre. Mieux, à travers les recensements de population du Second Empire et des débuts de la Troisième République, un observateur superficiel aurait pu conclure à la marginalisation de la main-d'œuvre industrielle tant l'appel des différentes activités agricoles semble fort [1].

Dès lors, la migration géographique et socio-professionnelle où naît le prolétariat industriel s'insère dans un système très complexe d'échanges entre agriculture et industrie, entre villes et campagnes, et peut-être de ville à ville, de secteurs à secteurs aussi, et qui fonctionne comme un va-et-vient. Dans le court terme : la variété même des activités économiques empêche la totale simultanéité des périodes de « presse » et de chômage. Les calendriers annuels très rigides des industries de luxe tracés par les commandes saisonnières des courtiers parisiens et étrangers ne coïncident guère et peuvent même s'insérer dans le cycle des travaux agricoles ; quand il faut faire en automne les étoffes de la collection d'hiver, à Lyon, il est parfois difficile de rameuter les « canuts » partis pour les vendanges en Beaujolais ; et en été la revendication se fait toujours plus dure chez les mineurs du bassin stéphanois qui peuvent aller à la moisson tardive des hauts plateaux vellaves. Les centaines de filatures et de moulinages du Rhône moyen ne constituent eux-mêmes, malgré l'ampleur de leurs effectifs qui peuvent dépasser, pour certaines usines, le demi-millier, que des rassemblements saisonniers, ou occasionnels, de filles de la campagne logées en internat et qui repartent chez elles, souvent fort loin, une fois la saison terminée ; le rassemblement de la main-d'œuvre ne saurait déboucher dans la formation d'un prolétariat. Et la conjoncture générale, qui touche grosse métallurgie et mines, peut n'avoir aucune prise sur les spécialités régionales – la Fabrique lyonnaise passe au travers de la guerre franco-allemande – voire exciter la demande au milieu du désastre ou du ralentissement général des affaires : l'armurerie stéphanoise bondit à chaque accident de la politique internationale qui, dans le même temps, vide les ateliers de passementerie. Contrairement à ce qu'on pourrait croire, la primauté du travail manuel qui fonde la croissance régionale n'entraîne pas de fatalité technique et s'accommode d'incessants changements d'occupations : une bonne part des ouvriers stéphanois tourne entre les trois pôles de l'activité locale, la passementerie, l'armurerie et les houillères. Enfin, le développement d'ensemble ne doit pas dissimuler des sinistres sectoriels qui libèrent, ici et là, des gens déjà habitués au travail industriel. Si bien que plus que sur le rassemblement, trop schématique, d'une main-d'œuvre fixe, il se fonde sur l'utilisation d'une main-d'œuvre circulante, bien adaptée à un système qui ne connaît pas le plein emploi et qui intègre le trop-plein habituel des campagnes et les travailleurs étrangers à la région, venus du reste de la France ou d'ailleurs, comme ces Italiens

1. Faut-il rappeler que c'est en 1921 que la population active agricole française atteindra son nombre absolu maximal ? Cf. J.-C. Toutain, « La population de la France de 1700 à 1959 », *Cahiers de l'I.S.E.A.*, AF 3, n° 133, janvier 1963, p. 161.

innombrables, «oiseaux de passage», disent les Savoyards qui les voient chaque printemps descendre la Tarentaise et la Maurienne vers Lyon et le bassin stéphanois, mais qu'on n'y trouve à peu près jamais dans les documents sériels du temps, car l'automne les voit passer les cols alpins en sens inverse.

Les types d'activités et les modes de la croissance industrielle régionale définissent donc largement l'originalité du processus de formation d'un prolétariat, cette «émergence» dont parlait P. Léon pour le XVIIIe siècle français [1]. Mais une émergence qui n'en finit pas, et que les lenteurs, l'ambiguïté des situations, le flou des limites finissent par dédramatiser, au sens étymologique du terme, bien sûr, puisque la condition ouvrière n'en est pas moins tragique et, dans le court terme, les explosions revendicatives pas moins violentes ni fréquentes. On peut alors se poser la question de la nature exacte de ce prolétariat, qui conserve bien des traits de ce que l'on convient d'appeler l'Ancien Régime économique et social [2], plus proche peut-être de son «prolétariat flottant» que de l'«armée de réserve» que décrit K. Marx à peu près dans le même temps. A moins bien sûr de confondre, en le lisant, l'analyse d'une loi tendancielle avec la description d'un état réel. N'est-il pas caractéristique que les observateurs lyonnais du temps, des médecins ou des hommes de loi philanthropes aux vues plus courtes, mais facilement effrayés par la nouveauté, n'aient pas su la reconnaître? Dès lors, l'analyse globale qu'on a tenté d'esquisser, bien trop brièvement [3], éclaire logiquement les résultats monographiques.

Ceux-ci ont été obtenus par l'utilisation sérielle des actes de mariage. Il n'y a pas de raison de s'attarder sur leur présentation, qui nous entraînerait trop loin. Sans doute, donnent-ils une image gauchie de la réalité, en excluant les célibataires, les plus nombreux, bien sûr, dans cette population gyrovague où l'on a cru reconnaître largement le prolétariat industriel. Mais on peut estimer que l'échantillon qu'ils cernent n'est pas trop différent de l'ensemble, pour le métier, comme pour l'origine géographique ou l'ascendance sociale et professionnelle. Et sur ces inquiétudes, les qualités l'emportent nettement : statut social et professionnel des conjoints comme des parents, précision du lieu de naissance bénéficient de la garantie offerte par un pacte juridique essentiel de l'existence, couvert et contrôlé par l'autorité judiciaire. En outre, la continuité de l'état civil laïcisé et des registres paroissiaux de l'Ancien Régime, la généralité d'une pratique étendue au moins à toute l'Europe occidentale permet des confrontations dans le temps et dans l'espace qu'aucune autre source n'autoriserait.

On a donc choisi de pratiquer une coupe annuelle ou pluri-annnuelle sur cinq ensembles urbains assez variés pour rendre compte de la multiplicité des activités régionales, au milieu du XIXe siècle : l'agglomération lyonnaise (1851), Saint-Etienne et ses communes suburbaines (1850-1851), Saint-Chamond, Givors et Vienne (1851-1860). Disons tout de suite que les résultats valent pour tout le premier XIXe siècle : ceux obtenus par un certain nombre de travaux d'étudiants faits au Centre d'histoire économique et sociale de Lyon II pour d'autres périodes (1820-1830 notamment) ou d'autres villes (Rive-de-Gier par exemple) ne s'en écartent pas. Il n'est pas question de présenter l'ensemble de l'analyse en quelques pages, mais de mettre l'accent sur quelques points essentiels que résument les cartes et les tableaux statistiques.

Pour chacun des cinq ensembles, le recrutement du prolétariat industriel s'opère à

1. P. Léon. «Points de vue sur le monde ouvrier en France au XVIIIe siècle». *IIIe Conférence...*, ouvr. cit., p. 181 et suiv.
2. F. Furet. «Pour une définition des classes inférieures à l'époque moderne». *Annales E.S.C.*, 1963. 2. p. 459 et suiv.
3. Cf. Y. Lequin. ouvr. cit.. livre II. dont le premier chapitre est tout entier consacré à ces questions.

partir d'un très vaste espace géographique, si on laisse de côté la souche locale, plus mince à Lyon (26,9 % pour les hommes, 28,9 % pour les femmes) qu'ailleurs (de 29,1 % Givors, à 39,2 % Saint-Etienne, et de 37,5 % Vienne, à 43,9 % Saint-Etienne). En effet, le nombre des départements de naissance n'atteint pas moins de :

	Lyon	Saint-Etienne	Saint-Chamond	Givors	Vienne
Hommes	68	48	34	46	58
Femmes	43	37	24	21	36

Les cartes départementales (cartes n° 1 à 4) n'ont pas seulement la belle ordonnance en cercles concentriques que l'on pourrait attendre. Toutes, à des échelles différentes, révèlent le croisement de deux cheminements au long cours : partout on repère la grande dorsale lotharingienne, depuis la plaine d'Alsace et les régions allemandes voisines, par la porte de Bourgogne et la vallée de la Saône, qui vient mourir aux abords de Lyon et du bassin stéphanois, particulièrement nette sur les cartes 3 et 4 ; et la route méridienne qui depuis les plateaux du Limousin longe le nord du Massif central et par la Combraille et le Bourbonnais se sépare en fourche aux abords des deux villes. La cartographie des origines cantonales des ouvriers lyonnais et stéphanois – malheureusement impossible à reproduire ici – serait encore bien plus surprenante. On descend vers Lyon, à l'ouest des monts du Beaujolais et du Lyonnais, à l'est du Jura du Sud et de l'avant-pays savoyard, en suivant le cours supérieur du Rhône ; de Nantua au Val-de-Saône, le croissant des origines lyonnaises, particulièrement bien dessiné pour les femmes, laisse de côté la Dombes et les rivages du Rhône moyen, cependant bien plus proches. A Saint-Etienne il ne vient pas grand nombre des cantons éloignés de plus de vingt-cinq kilomètres et à peu près personne des montagnes vivaroises ni des monts du Lyonnais ou de la plaine du Forez cependant à portée de fusil ; en fait, il est bien difficile d'inscrire dans l'espace les origines qui, pour l'essentiel, se situent dans le bassin industriel lui-même, de Saint-Bonnet-le-Château à Rive-de-Gier, tel que le tracent les cartons des origines communales. Les cartes de Vienne et des autres villes aboutiraient aux mêmes conclusions : vers les « boutiques » drapières, on vient des Terres Froides dauphinoises, sur la rive gauche du Rhône, mais à peu près pas de la rive droite, pourtant de l'autre côté immédiat du fleuve, comme si celui-ci demeurait un infranchissable obstacle ; Givors des verreries et de la métallurgie garde d'un passé marinier d'importants contingents rhodaniens, venus du Bas Vivarais et du Bas Dauphiné : de ceux d'où on ne remonte jamais jusqu'à Lyon. Quant à Saint-Chamond, il accentue le modèle stéphanois : ici, le bassin industriel joue un rôle quasi exclusif, et les montagnards du Velay oriental, encore fréquents à Saint-Etienne, butent sur le col de Terrenoire qui sépare les deux villes à quelque 400 mètres d'altitude !

L'espace industriel nourrit donc largement l'espace industriel ; et les cartes stéphanoises et saint-chamoniardes ne font qu'incarner dans l'espace le va-et-vient des hommes qu'on avait déjà cru repérer par d'autres moyens. De même, les Terres Froides d'où Vienne tire ses ouvriers sont déjà très largement pénétrées par le travail du textile. Et surtout, les croissants lyonnais sont l'exacte reproduction des aires d'essaimage de la Fabrique à l'est du sillon rhodanien avant 1850-1860, à l'ouest après, vers le Bas Dauphiné, le long de la route de Grenoble et du Haut Rhône jusqu'aux marches du Jura et de la Savoie. Rien de surprenant à cela : les hommes croisent les métiers, les uns allant aux autres, en sens inverse, puisqu'ici est le travail, là l'abondance des bras. Au total il y a relative homogénéité des zones de départs et de celles d'arrivées ; on sait ce que signifie à Lyon la place des monts du Lyonnais et du Beaujolais, du Bas Dauphiné, de l'avant-pays savoyard et des montagnes du Jura méridional ; à Saint-Etienne et à Saint-Chamond, celle des vallées du Gier et de l'Ondaine et des annexes industrielles du Pilat et du plateau de Saint-Bonnet-le-Château ; à Vienne celle du Bas Dauphiné ; à Givors celle de la vallée et même celle du bassin forézien.

En somme, deux images se superposent pour rendre compte de la formation de ces prolétariats urbains : les grands courants anciens de migrations lointaines conservent toute leur animation et charrient avec eux un certain nombre d'ouvriers d'industrie ; les autres viennent de régions lointaines et surtout immédiates déjà industrialisées ou en passe de l'être rejoindre un noyau indigène non négligeable puisqu'à Lyon comme ailleurs l'industrie n'est pas une découverte du XIXe siècle. La comparaison avec les cartes dressées pour le début du XXe siècle, quand tout aura changé, apporterait la confirmation a contrario en arrondissant les aires de recrutement, en réhabilitant la proximité et en ouvrant, enfin, les vannes du plat pays d'alentour. Tout concourt à l'idée d'un prolétariat naissant largement de lui-même, par reproduction, et intégrant un apport externe minoritaire. Et les origines sociales et professionnelles des ouvriers d'industrie renforcent logiquement le trait.

Le tableau n° 1 les résume pour les cinq ensembles urbains. Or, au total, parmi les jeunes mariés dont on connaît l'ascendance et qui se sont dits ouvriers, il n'est, en gros, qu'un fils de cultivateur sur trois et un sur quatre seulement à Saint-Etienne.
Sans doute leur relative rareté parmi les natifs des villes où ont lieu les épousailles rend-elle compte de la médiocrité d'ensemble : l'origine paysanne est négligeable parmi les Lyonnais et les Stéphanois de souche, un peu plus forte, mais encore bien mince, parmi les gens de Vienne, de Givors et de Saint-Chamond que le terroir pourtant cerne et pénètre. Mais voilà qui est autrement intéressant : parmi les immigrants, qu'ils soient venus d'eux-mêmes ou avec leurs parents, il n'en est jamais un sur deux à venir de la terre. Passons sur la troisième catégorie, celle des fils de boutiquiers essentiellement, un peu marginaux, légèrement et logiquement plus nombreux à Lyon, et dont le faible nombre atténue singulièrement toute idée de prolétarisation massive ; d'autant qu'il n'y a guère de différence sociologique entre un épicier ou un « porte-pot » de la Croix-Rousse, comme on dit, et un canut. Il reste donc, fait aveuglant, que l'hérédité sociale l'emporte très largement : plus d'un ouvrier sur deux (qui se marient) est né lui-même dans une famille ouvrière, et, pour les femmes, dont on n'a pas donné ici les origines, la proportion oscillerait autour des trois cinquièmes. Et l'on retrouve cette étonnante force de la souche ouvrière chez les immigrants : fils (et filles) des travailleurs de l'industrie et de l'artisanat représentent la moitié des jeunes mariés et les deux cinquièmes de épouses. Comme les indigènes sont, eux, presque tous, sauf à Lyon, mais plus que partout ailleurs à Saint-Etienne, dans le même cas, on comprend le niveau d'endogénie qui vient apporter une nouvelle dimension de la reproduction de la classe ouvrière par elle-même.

Or, du père, on hérite aussi souvent le savoir-faire, et il semble que, la plupart du temps, c'est auprès de lui que l'on a appris le métier déclaré entre vingt et trente ans à l'officier d'état civil. L'hérédité professionnelle se superpose à l'hérédité sociale dans la majeure partie des cas, ainsi que le résume le tableau n° 2, qui rassemble la totalité des jeunes mariés fils d'ouvriers, sans distinction de secteur ni de métier.

Tableau 1. *L'origine sociale des ouvriers mariés au milieu du XIXe siècle*

Statut socio-professionnel du père	Ouvriers nés dans la ville du mariage		Ouvriers nés ailleurs		Ensemble	
	Nombre	%	Nombre	%	Nombre	%
LYON 1851						
Ouvriers	179	63,5	262	34,2	441	42,1
Agriculteurs	15	5,3	367	48	382	36,5
Autres	88	31,2	136	17,8	224	21,4
	– –		– –		– – –	
Total	*282*		*765*		*1 047*	
SAINT-ÉTIENNE 1850-1851						
Ouvriers	228	86	154	44	382	62,1
Agriculteurs	6	2,3	157	44,8	163	26,5
Autres	31	11,7	39	11,2	70	11,4
	– –		– –		– – –	
Total	*265*		*350*		*615*	
SAINT-CHAMOND 1851-1860						
Ouvriers	89	74,8	86	41,1	175	53,3
Agriculteurs	14	11,8	101	48,3	115	35,1
Autres	16	13,4	22	10,5	38	11,6
	– –		– –		– – –	
Total	*119*		*209*		*328*	
GIVORS 1851-1860						
Ouvriers	82	70,1	111	52,6	193	58,8
Agriculteurs	22	18,8	81	38,4	103	31,4
Autres	13	11,1	19	9	32	9,8
	– –		– –		– – –	
Total	*117*		*211*		*328*	
VIENNE 1851-1860						
Ouvriers	187	79,6	152	43,1	339	57,7
Agriculteurs	30	12,8	174	49,3	204	34,7
Autres	18	7,6	27	7,6	45	7,6
	– –		– –		– – –	
Total	*235*		*353*		*588*	

Un fils sur deux au moins, trois sur cinq au plus (à Vienne, à Saint-Etienne) ont hérité aussi d'une pratique professionnelle, qu'ils soient nés dans la ville de leurs noces ou qu'ils y soient venus. La stabilité géographique favorise l'immobilisme professionnel ; cela ne saurait surprendre, et les différences de taux, d'une ville à l'autre, sont là pour l'attester. Mais ceux qui arrivent d'ailleurs n'ont rien de manœuvres prêts à n'importe quel emploi : ce sont dans leur majorité des gens déjà familiarisés avec le travail qui les attend, dotés d'une certaine qualification technique qu'ils apportent avec eux et qui, dans un très grand nombre de cas sans doute, rend compte plus que toute autre raison de leur déplacement. Les grandes lignes de l'espace social et professionnel où s'inscrit et se développe le prolétariat industriel et régional collent à celles de la mobilité géographique et confirment les tentatives d'explication.

Enfin, la ventilation par branche professionnelle accentue ou estompe le modèle d'ensemble et le nuance mais sans l'effacer. Elle permet au contraire de franchir un nouveau pas dans l'analyse. Le graphique n° 1 : voilà d'une part les passementiers, les drapiers, les armuriers, les verriers et les canuts, tous profondément enracinés dans le terreau urbain ; d'autre part, les charpentiers et les maçons, nomades un instant ou enfin fixés, les mineurs et les métallurgistes plus récemment apparus, et souvent étrangers à la ville puisque les hauts fourneaux et les puits y sont plus récents. De même, les verriers, les armuriers et les mariniers ont à peu près toujours hérité du métier paternel, ce qui ne les distingue guère – c'est une surprise – cette fois-ci, des mineurs et des métallurgistes. Désormais, ce sont les gens du textile, drapiers, rubanniers et « canuts » qui font bande à part en traînant un peu plus souvent que d'autres de la terre à leurs souliers, comme le montre le graphique n° 2. Les deux lectures ne font pas les mêmes regroupements, mais elles montrent les clivages, c'est-à-dire l'existence de groupes différents, fortement dessinés par le métier, et dont les espaces se juxtaposent sans vraiment se fondre.

Il faudrait aller plus loin, car la réalité se révèle complexe : la naissance lointaine elle-même signifie bien souvent continuité et non déracinement. Voici les verriers : huit fois sur dix, quand ils sont fils d'ouvriers, ils ont appris le métier auprès de leur père, et ils sont nés dans des villes de verrerie ; et la géographie des origines reproduit étroitement celle des grands centres français (Baccarat, Choisy-le-Roi, Le Creusot, Epinac, Carmaux, Malbouhans...) ou étrangers (Gijon, Murano...). De même, les armuriers stéphanois sont à peu près tous originaires de la mouvance métallurgique de la ville ; les autres arrivent de Liège, de Charleville, de Tulle, comme les charpentiers en bateaux et les mariniers de Givors ne semblent jamais avoir connu que les rives du fleuve. Et si la souche paysanne est plus forte dans le textile, il n'en reste pas moins qu'à l'intérieur de l'ascendance ouvrière, l'hérédité professionnelle est particulièrement élevée puisqu'elle atteint 57,4 % chez les rubanniers de Saint-Chamond et 64,4 % à Saint-Etienne, 64,1 % pour les « canuts » lyonnais et 71,9 % parmi les drapiers viennois ! C'est évidemment le recrutement de la Fabrique qui trace pour l'essentiel le croissant des origines lyonnaises, et l'on sait sa signification, tout comme la passementerie stéphanoise tire sa sève du pays rubannier d'alentour. Passons sur les métiers artisanaux, où l'affaire va de soi, sur les compagnons du bâtiment, charpentiers et menuisiers venus comme au siècle précédent des montagnes voisines, maçons surtout dont 8 sur 10 arrivent de la Corrèze, de la Creuse et des confins occidentaux du Puy-de-Dôme.

Enfin, les métallurgistes, dont on attendrait un autre visage. Pour mieux les cerner, on a pratiqué pour eux une coupe supplémentaire de dix ans (1851-1860) dans la banlieue méridionale de Lyon où vivent, à Oullins, à La Mulatière, les ouvriers des grands ateliers du P.L.M. Or, pour être inférieure à la moyenne d'ensemble, l'hérédité professionnelle n'en approche pas moins de 50 % pour les fils d'ouvriers et, là aussi, la carte des naissances lointaines est celle des usines métallurgiques françaises du temps, Givors, Imphy, Villefranche-de-Rouergue, Decazeville, Dieuze, Blandouet, tous largement éclipsés cependant par le seuil de Bourgogne et la région du Creusot qui ont envoyé de véritables colonies. Si bien qu'en somme, il n'est guère que les mineurs pour venir, dans

Tableau 2. *L'hérédité professionnelle des ouvriers au milieu du XIXe siècle*

Pères	Ouvriers nés dans la ville		Ouvriers venus d'ailleurs		Ensemble	
	Nombre	%	Nombre	%	Nombre	%
LYON 1851						
Ouvriers	179		262		441	
Même métier	119	64,5	121	46,2	240	54,4
SAINT-ÉTIENNE 1850-1851						
Ouvriers	228		154		382	
Même métier	155	68	78	50,6	233	61
SAINT-CHAMOND 1851-1860						
Ouvriers	89		86		175	
Même métier	52	58,4	45	52,3	97	55,4
GIVORS 1851-1860						
Ouvriers	82		111		193	
Même métier	45	59,9	64	57,7	109	56,5
VIENNE 1851-1860						
Ouvriers	187		152		389	
Même métier	130	69,5	92	60,5	222	65,5

leur majorité, de la campagne et de l'agriculture, encore que la vallée du Gier, en perte de vitesse, fournisse un apport non négligeable aux plus jeunes houillères stéphanoises. Conclure trop fermement serait hasardeux. Les lignes de forces de la mobilité géographique et socio-professionnelle n'en apportent pas moins un élément de réponse qui n'est pas négligeable : plus que d'une irruption, c'est d'une lente émergence qu'il faut parler. Le quatrième état ne naît pas d'une rupture : il se glisse dans une évolution partie de loin et qui entraîne, d'une façon relativement harmonieuse, l'ensemble des activités économiques de la région. Les ouvriers d'industrie ne sont pas des déracinés, pas plus que ne le sont, malgré les apparences, dans le même temps, ces manœuvres irlandais où la bourgeoisie londonienne croit reconnaître ses propres Barbares[1]. Les cadres sociaux d'une réflexion collective, donc d'une action et, pour tout dire, d'une culture, préexistent à la prolifération industrielle et celle-ci emprunte des chemins trop connus pour la désarçonner. Là est sans doute le secret de la précocité d'un mouvement ouvrier. La rupture est pour plus tard ; mais ce serait une autre histoire.

© Le Mouvement social

1. L.H. L--s. « Patterns of Lower-Class Life : Irish Slum Communities in Nineteenth-Century London », in S. Thernstrom and R. Sennett, *ouvr. cit.*, p. 357 et suivantes.

Origine des ouvriers migrants mariés a Lyon, par département, 1851

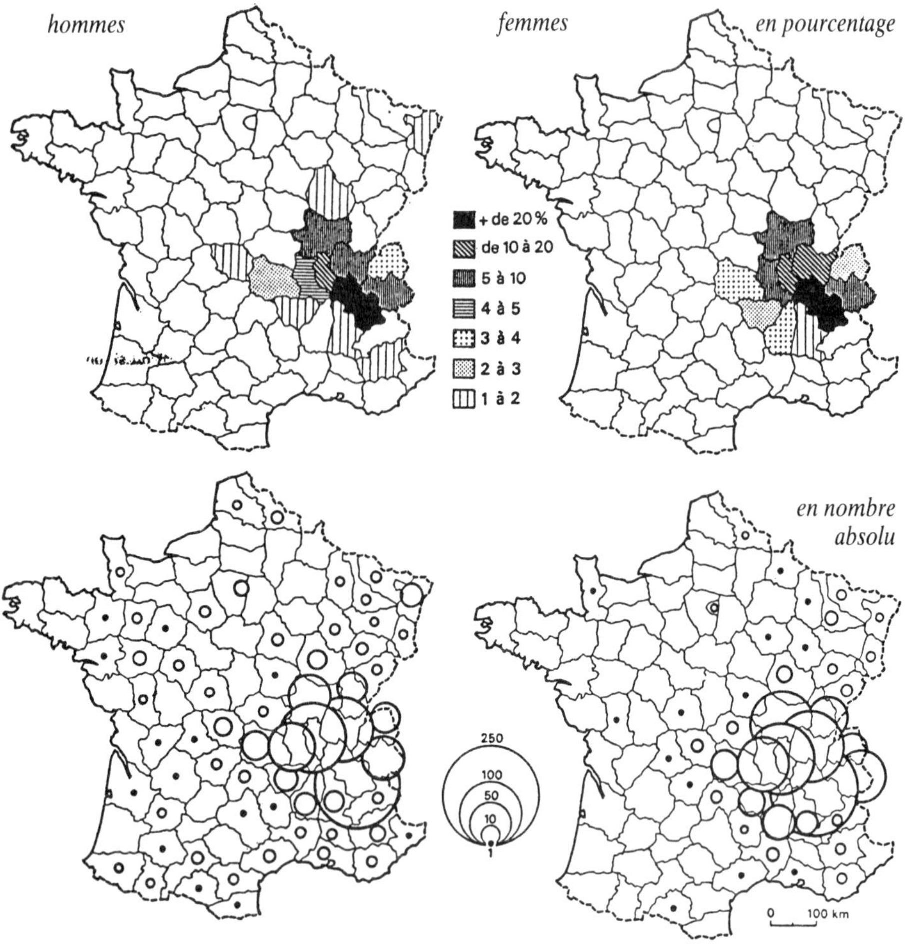

Les ouvriers de la manufacture d'Oberkampf
Les ouvriers au village

S. CHASSAGNE, A. DEWERPE, Y. GAULUPEAU

Niveaux de fortune et hiérarchie sociale

RETROUVE-T-ON dans les structures sociales josaciennes la hiérarchie imposée par la division du travail et la disparité des salaires ? Pour la vérifier, nous avons choisi d'opérer une coupe synchronique, sous l'Empire, en raison de plus grande densité des sources à cette période, et de la constitution définitive alors des caractères originaux de la société ouvrière locale. On appréhenda les niveaux de fortune des ouvriers à travers la répartition des deux principales formes de la propriété : foncière et immobilière d'un côté, mobilière de l'autre.

D'après le cadastre de 1812, la commune de Jouy, divisée en sept sections, dispose d'un terroir relativement étroit, 830 ha, mais diversifié[1]. La propriété « ouvrière », morcelée en 303 parcelles (20 % des parcelles totales), représente 27,3 ha, soit 3,2 % du sol, pour plus de la moitié de la population. La propriété « ouvrière » est donc d'emblée un fait marginal, et microfundiaire, avec 9 ares en moyenne par parcelle. Le nombre de propriétaires, 100, et de propriétés, 180, confirme cette impression d'émiettement foncier : 27 ares en moyenne par propriétaire et 15 par propriété. Or ces heureux propriétaires forment à peine le quart des habitants recensés comme ouvriers à la manufacture. L'ouvrier josacien n'est donc qu'exceptionnellement propriétaire foncier. La localisation intracommunale de cette propriété la caractérise mieux encore : 68 % des parcelles ouvrières sont situées dans les sections D et E, dont 36 % dans la seule section D, qui porte le village. Très ramassée spatialement, cette propriété à l'évidence n'a pas de vocation agricole. Ces ouvriers, d'ascendance paysanne encore proche, sont ainsi paradoxalement exclus du milieu agricole dont ils sortent. Certes, nombre d'entre eux sont issus de journaliers agricoles qui ne possédant rien ne leur ont rien transmis. Néanmoins, quand elle existe, la propriété foncière est une propriété résiduelle d'héritages familiaux non encore aliénés[2].

Il en va différemment de la propriété immobilière. Un tiers des parcelles en effet porte des maisons et encore trente pour cent des jardins : un petit habitat rural, voilà la forme essentielle de la propriété ouvrière à Jouy. Elle se renforcerait même sous l'Empire, puisque en frimaire an XII, on dénombre 76 maisons appartenant à des ouvriers résidents, et 99 en 1812. Il ne s'agit plus ici de propriété résiduelle, mais de propriété en progrès, pour une fraction cependant du groupe salarié.

Afin de mieux cerner la distribution sociale de cette propriété ouvrière, répartissons-la entre les trois grandes catégories d'ouvriers : les journaliers, les imprimeurs et les cadres et techniciens (résidents à Jouy en 1812).

Un journalier sur cinq résidant à Jouy est propriétaire en 1812 contre deux imprimeurs ou deux cadres sur cinq. Disproportion encore accrue par la taille de leurs propriétés respectives. Infimes, les lopins des journaliers sont situés en majorité hors du village aggloméré (section D), confirmation du caractère résiduel de cette propriété rurale. Les imprimeurs, en revanche, possèdent surtout dans le bourg des parcelles, qui représentent leurs maisons entourées d'un jardin. Mais leur propriété reste exiguë comparée à celle

1.

Répartition du sol de la commune en 1812			Propriété ouvrière		Parcelles
Bois	216.9 ha	26 %	18.2 ha	0.8 %	9
Terres labourables	209.5	25.2	6.99	3.3	28
Prés - pâtures	172.5	20.6	9.0	5.2	34
Vergers	49	6	2.25	6.2	30
Maisons, jardins	41.9	5	4.9	14	99 + 92
Chemins, rivières	27.1	3.5			
Etangs, pièces d'eau	8.3	1		0.8	4
Vignes	7.3	0.9	1.46	21.3	7
Domaine communal	97.5	11.7			
	----	----	----		-----
	830 ha	100 %	27.3 ha		303

2. Que les vignes viennent en tête de la répartition relative de la propriété ouvrière ne doit pas surprendre.

	Propriétaires		Parcelles	Surface	Superficie moyenne par individu	% dans section D
Cadres-techniciens	26	43%	102	15,34 ha	5 900 m²	25
Imprimeurs	33	43%	100	5,90	1 787	60,5
Journaliers	41	19%	101	6,07	1 480	28,4
	100		303	27,31 ha		

des cadres, à qui appartient plus de la moitié du sol «ouvrier». La répartition de la propriété foncière et immobilière coïncide bien avec la hiérarchie de l'emploi et des salaires[1]. Elle traduit de surcroît la «déruralisation» des travailleurs de la manufacture qui, malgré l'environnement rural dans lequel ils vivent et travaillent, ne sont plus guère des «ruraux».

Les inventaires après décès en apportent l'illustration. Sur 68 inventaires, 3 témoignent d'une activité agricole, en accord avec un genre de vie rural. Henri Semé, ouvrier à la manufacture, possède à la mort de sa femme 3 vaches, 1 jument, une réserve de foin et une baratte, le tout évalué à 363 l. (53% des biens de la communauté). En 1781, J.-L. Cavet, graveur, devenu également veuf, possède une vache, une génisse de deux ans, 50 bottes de regain, une demi-pièce de vin du pays, 8 boisseaux de pommes de terre, un de haricots, un demi de pois blancs, un rouet et un dévidoir[2], le tout pour 440 l. (31% des biens du ménage). Ne croyons pas tenir là un travailleur mixte, car Cavet, beau-père d'un exploitant agricole, vit chez sont gendre, ou plus exactement chez le père du gendre, auquel il paie un loyer, outre sa part de «charges communes». Seul le journalier J.-L. Fernique, qui demeure à Vauboyen, offrirait un cas de travailleur mixte, mais en l'an IV, en temps de ravitaillement difficile et de vie chère. Le notaire instrumentant après la mort de sa femme dénombre 2 vaches, 1 cheval hongre et son harnachement, 10 boisseaux d'orge, 2 de blé, un demi de pois, 15 livres de lin et 60 de chanvre, plus 39 l. «d'ustensiles de ferme», au total 167 l., 37% des biens de la communauté. Rien n'indique que Fernique travaille lui-même la terre, mais il possède un arpent de terre alors divisé en quatre soles. La présence ici et là de lapins, de petit salé, de bouteilles de vin témoigne au fond d'habitudes de consommation de ces anciens «ruraux», plus que du maintien d'activités agricoles, sinon de jardinage, attesté dans 16 cas sur 68. Par leur silence même, les inventaires après décès prouvent cette déruralisation perçue par l'analyse de la propriété. La manufacture a entraîné pour les ouvriers de Jouy une prolétarisation, *stricto sensu*, totale et précoce.

De la fortune mobilière, les contrats de mariage fournissent une première indication. Nous n'avons retenu ici que les apports masculins, plus significatifs de la situation socio-professionnelle du travailleur. Les apports féminins, presque toujours en avancement d'hoirie, reflètent en effet plutôt la situation des parents de l'épouse que l'incidence propre de son travail sur son avoir mobilier. On dispose de 132 apports masculins connus, dont la moyenne s'établit à 535 l., chiffre étonnamment fort si l'on compare avec l'apport

1. Les cadres et techniciens, plus aisés, sont moins enclins à aliéner les terres héritées.
2. On trouve la preuve du travail du chanvre dans 3 autres inventaires.

(global) des ouvriers soyeux de la Fabrique lyonnaise à la fin de l'Ancien Régime[1]. Il convient de nuancer cette moyenne abstraite, selon le statut professionnel.

	Journaliers	Imprimeurs	Graveurs	Commis
< 500 l.	78 %	80 %	65 %	22 %
> 500 l.	21,8	20	35	78
Nb. de cas	32	45	17	9
Apport modal	150-200 l.	150-200 l.	150 l.	1000-2000 l.

Le seuil de 500 l., proche de la moyenne générale des apports, trace un réel clivage entre les commis et les autres travailleurs, que souligne la valeur modale des apports par catégorie. On ne demandera pas aux inventaires après décès une autre image de la fortune mobilière, car ce type de documents retient surtout les éléments du niveau de vie, du décor quotidien, insuffisants à nous éclairer sur les différences existantes au sein de la société ouvrière josacienne. Les soldes des *comptes courants et d'intérêt*, inscrits dans les bilans d'inventaire annuels, permettent par contre d'approcher la richesse acquise par le travail à la manufacture (cf. tableau ci-dessous).

	Titulaires d'un compte courant		% par rapport au dénombrement	Valeur en %	Valeur moyenne par dépôt (F)
Commis	20	24,6 %	87	48,7	16189
Graveurs-dess.	14	17,2	35	9	5667
Imprimeurs	19	23,4	25	6	2097
Journaliers	11	13,5	5,2	3,6	2199
Divers	17	21		32,1	18114
	81	100		100	

Répartition des placements ouvriers en 1815
(le nombre de chaque catégorie est rapporté au dénombrement de 1812).

La répartition des déposants ouvriers de 1815 (12 % des sommes en comptes d'intérêt) confirme les clivages précédemment observés. Les journaliers sont exceptionnellement épargnants, les imprimeurs et graveurs le sont occasionnellement, mais les commis le sont presque tous. On ne s'en étonnera pas. Les travailleurs les mieux rétribués sont évidemment les plus enclins à épargner, et à placer de plus fortes sommes. Le pécule moyen de commis, en 1815, année noire, est trois fois celui des graveurs, et huit fois celui des imprimeurs.

S'il n'existe dans la France d'Ancien Régime «que peu de salariés purs», comme l'écrit P. Léon, les ouvriers de la manufacture de Jouy en font assurément partie. Coupés du monde agricole dans leur presque totalité, vivant uniquement du revenu de leur travail, ils participent tous de la condition ouvrière naissante. La micro-analyse des conditions professionnelles concrètes a néanmoins révélé des seuils délimités par la possession d'une maison ou d'un compte «d'épargne». Est-ce à dire que le travail manufacturier soit source d'enrichissement pour quelques-uns, et de paupérisation pour le plus grand nombre? [...]

1. M. Garden. *Lyon et les Lyonnais au XVIIIe siècle*. Paris, 1970, p. 216.

L'habitat ouvrier

D'après le cadastre de 1812, la surface bâtie représente à peine 1,2% de la superficie communale (9,88 ha), dont la majeure partie (5,72 ha) se trouve dans la section D. Les maisons s'étalent dans le bourg, de l'enclos de la manufacture vers le château, de part et d'autre de la Grand-Rue, et dans la direction des écarts des Metz ou des Bordeaux. Les ouvriers qui ne trouvent pas à se loger à Jouy, ou qui ne le veulent pas, habitent les communes limitrophes. Par son «urbanisation» et son type d'habitations, Jouy reste un bourg rural. Dans les minutes notariales, en dépit de l'extension vraisemblable du village, on repère seulement la preuve de la construction d'une quinzaine de maisons «ouvrières». Il n'y a donc pas d'habitat proprement ouvrier. La population ouvrière s'est répartie entre les deux types principaux de l'habitat traditionnel des bourgs ruraux de l'Ile-de-France: la petite maison basse, ou *bassié*, éparse, et la maison à étage du bourg. Le *bassié*, entouré d'un jardin clos, ne comporte généralement qu'une seule pièce à cheminée, avec four à cuire le pain, surmontée d'un grenier auquel on accède par un escalier de pierre extérieur. Elle est souvent flanquée d'une écurie, d'un toit à porcs et d'un appentis pour ranger le bois[1]. Couvert de chaume, de roseaux ou de tuiles, c'est l'habitat rural du *journalier* ou du *haricandier*, que l'occupant ouvrier conserve tel, sans pour autant y maintenir une activité agricole. Le *bassié* évolue vers un habitat de type urbain par adjonction d'une chambre, d'un cabinet, ou par la transformation du grenier en chambre, que l'on peut ainsi louer facilement. La maison du bourg, toujours couverte en tuiles, comprend un ou deux étages, «cour au derrière et jardin ensuite». La maison laissée à ses quatre enfants (dont un commis et un graveur) par le meunier Jean-Claude Josse en 1784 se compose de «plusieurs logements et autres aisances», de part et d'autre «de l'allée commune servant d'entrée», 16 pièces au total, d'environ 20 m^2 chacune (4 $\times$ 5) en moyenne, pour une maison de 20 m de façade sur 6 m de profondeur (10 toises sur 3).

Parfois l'ouvrier acquiert, en bail à rente foncière, un terrain avec obligation «d'y faire construire une maison habitable dans le courant de l'année prochaine, pour sûreté du loyer ci-après». Ainsi en mars 1779 Louis Champs[2] passe marché avec Florentin Chalumeau, maître maçon à Bièvres, pour la construction d'une maison sur un terrain que lui cède à rente foncière Chalumeau, en bordure du chemin de Vauboyen à Bièvres. Le maçon fournira «tous les matériaux nécessaires [...] à l'exception de la pierre et terre franche que le dit Champs s'oblige à fournir».

Suit le descriptif de la future maison: «couverte en tuiles et cheminée en brique [...] cinq à six solives par pièce, crépi de la façade du devant en plâtre, et les deux pignons et arrière en chaux et sable, entrevoies et crépi en dedans en plâtre, portes d'icelle maison en chêne pour les dehors, et du dedans en sapin emboîtées de chêne».

La date de remise des clefs est fixée au 1er juillet (de la même année). Selon le plan annexé, la maison aurait environ 10,4 m sur 6,5 m, comportant deux pièces au rez-de-chaussée (l'une de 30 m^2, l'autre de 19) et deux à l'étage, la hauteur sous plafond étant de 2,77 m (8 pieds 6 pouces). En bref, un prototype de pavillon ouvrier. Toutefois ce genre de maison individuelle neuve reste rare, la règle étant le *bassié* isolé, plus ou moins remanié, ou la maison mitoyenne du bourg. Sans lotissement ouvrier, et donc sans ségrégation sociale, le bourg josacien, serré autour de son église, facilite l'intégration des

1. Même chose à Carmaux à la fin du XIXe siècle. cf. R. Tempré, *op. cit.*, t. I, p. 273.
2. Il est alors marié depuis deux ans, et n'a qu'une fille. Huit autres enfants suivent de 1780 à 1793.

ouvriers au village. Sur 214 immeubles et maisons habités en 1804, 30 seulement (14 %) n'abritent aucun ouvrier de la manufacture.

Nbre d'occupants/maison	1 à 5	6 à 10	11 à 15	16 à 20	21 à 30	+ 31	Total
Nbre de maisons	98	60	28	15	5	4	210
Nbre d'habitants concernés	322	457	352	297	124	114	1666
	19,3 %	27 %	21,1 %	17,8 %	7,4 %	6,8 %	100 %

Répartition de la population josacienne par maison habitée en 1804

La répartition de la population à l'apogée de la manufacture laisse apparaître une occupation moyenne de 7,9 personnes par maison. Dans l'ignorance de la surface exacte disponible, il est impossible de calculer les densités d'occupation. Certaines maisons sont pleines à craquer. L'ancienne maison presbytérale, propriété du commis P.-F. Bouton, abrite 18 personnes en 13 pièces, répartie en *8 logements*, telle autre 17 personnes en *2 logements*. Si un cinquième de la population vit dans des maisons occupées par moins de 6 personnes, 53,2 % vivent dans des immeubles occupés par plus de 10 personnes. Mais les 75 maisons recensées comme ne comportant qu'un seul *logement* contiennent en moyenne 3,5 habitants par logement, contre 3,1 dans les maisons divisées en plusieurs logements. La densité serait par conséquent plus forte dans les *bassiés* que dans les maisons du chef-lieu. De toutes façons nous sommes ici très loin des caves de Lille ou de Manchester, et de leur densité morbide.

On peut imaginer le logement moyen ouvrier d'après les actes de succession. Sur 84 logements connus de 1760 à 1815, 15 (17,8 %) se composent d'une maison entière, 15 de deux pièces, et le reste (64 %) d'une seule pièce principale (avec ou sans cabinet). Les plus modestes ouvriers vivent chez « la logeuse » qui leur trempe aussi la soupe (96 personnes dans ce cas en frimaire an XIII). Chez Suzanne Aubé, créancière de 14 ouvriers « pour un mois de couche », le notaire inventorie 7 « couchettes grossièrement faites, garnies de chaume » : une pour deux ouvriers ? Mais même les cadres et techniciens logent à l'étroit. Si un Boussard, un Rordorff ou un Perrier l'aîné disposent d'une maison pour eux seuls, J.-B. Dumény, pourtant propriétaire, n'occupe en 1804 qu'une chambre de sa maison, et P.-Ch. Lemeunnié, graveur sur cuivre, loge en 1782 avec ses cinq enfants, âgés de dix-huit à quatre ans, dans une seule chambre, et deux cabinets annexes. Pour la majorité des ouvriers, quelle que soit leur qualification, le « logement » consiste donc dans une pièce principale sise dans une maison dont il doit respecter les servitudes (tenir fermée la porte d'entrée ; laisser les autres locataires accéder aux cabinets d'aisances ou au four commun, « toutes les fois qu'ils en auront besoin pour leur usage seulement »). Malgré ces impératifs de la vie collective, les querelles sont très rares [1].

Malgré la croissance démographique, la structure villageoise du bourg et des mœurs de ses habitants a bien résisté à l'industrialisation. On ne constate ni flambée des loyers, ni surpeuplement, ni dégradation de l'habitat ancien, ni développement de la délinquance

1. Les archives de la justice de paix de Versailles-sud semblent perdues pour la période postérieure à 1791. Dans les archives conservées du bailliage, deux affaires seulement de rixes ayant donné lieu à une procédure, dont une dispute après boire un dimanche soir de janvier 1782, entre les habitués de Friteau, « débitant en chambre le vin de sa récolte », au-dessus de chez Huet, qui en fait de même, et les habitués de ce dernier, mécontents du tapage fait par leurs collègues. Bilan : une arcade sourcilière fendue d'un coup de pinces à feu, et plusieurs contusions crâniennes de commis qui ont reçu des coups de bêche...

ou de l'agressivité, corollaire de la trop grande promiscuité. Ce n'est pas le moindre avantage de la manufacture au village.

Hors ou dans l'enclos de la manufacture, le monde ouvrier josacien apparaît par conséquent étonnamment un et divers. Un par la nature exclusivement salariale de son revenu, par la marginalité de son activité agricole, par sa forte endogénie et endogamie, par la frugalité de son existence du mariage à la mort. Divers pourtant par la disparité des rémunérations et des épargnes, par la différenciation qu'opèrent cumulativement l'origine sociale, l'alliance matrimoniale, la promotion professionnelle. Mais paradoxalement la cohésion sociale de l'ensemble des ouvriers, attestée par les comportements et les mœurs, ne se traduit pas en termes de conscience vécue de cette homogénéité fondamentale engendrée par l'existence des rapports sociaux capitalistes, réfractés à trois niveaux : celui de la dépendance économique, celui d'une autre conjoncture que celle des *bleds*, celui de la discipline qui l'introduit dans l'univers du temps sécable et fonctionnel de la production industrielle.

Dans la seule revendication écrite dont nous conservions la trace[1], transparaît la réponse à cette question. La hiérarchie technique de l'indiennage ordonne la hiérarchie sociale de l'entreprise. La revendication catégorielle l'emporte nécessairement sur l'unité de la cause ouvrière. Ecoutons les imprimeurs de la manufacture, dans leur pétition anonyme de brumaire an V.

« Citoyen Oberkampf, et Citoyen Vilmaire [Widmer], nous vous suplion davoir égard à notres reclamasion, le pris mediocre quil nous donne et que le dit pris nest pas proporsitionel à ceux de notres états, a beaucoup prais ; et ce qui devrée estres, que les inprimeurs desvres toujours gangnée plus que les rentreure [...] vüe que les imprimeurs ont des ouvrages tres deliquatte et difficille, avec le soin de tenire toujours les moulle tres prope et tant dautre precossion quil faux avoir, et que les rantreurs ne son aucunemant asujety de tout, tant lhomme de talant a toujours gangnée plus que celuye d'une classe inférieurs [...] Citoyen nous vous suplion denous donné deux mot de votre deliberations ci cest une efait de votres bonté et de votres complaisaince. Nous somme en attandant votres reponce avec toutte l'atachement posibles et profond respect vos tres afectionné obeisant serviteure, les imprimeurs de votres manufacture. »

Classe concentrée dans la manufacture, classe éclatée dans les consciences. La situation isolée de la manufacture, à quatre lieues du bouillant faubourg Saint-Marcel, l'organisation parcellisée du travail n'en sont pas les seules causes. L'une et l'autre dérivent du « génie » manufacturier de Christophe-Philippe Oberkampf, qui répond à ses imprimeurs.

« [...] Mon intentions a toujours été que mes ouvriers puisse vivre honnetement en faisant leurs devoirs en honnet geans et pour preuve ceux qui travaillier bien gagné leurs vie bien honnetement. Je prie ceux qui ne sont pas comptant de venir me trouver, je leurs donnerai un certificat de bon service. Il est juste et même pour l'intérêt de tous que je soit le maître chez moi et de mettre chacun à l'ouvrage qu'il me convien, car autrement que ferier vous de vos enfants, si vous vouler quils apprennes votre état, il faut que je conserve les moyens pour les faire apprendre et les occupé a ce qu'ils peuvent faire. »

Et Samuel Widmer ajoute de sa main :

1. Le 1er février 1822, les ouvriers imprimeurs de Jouy se coalisèrent pour « faire augmenter le prix de leurs travaux », mais les propriétaires, Oberkampf et Barbet, ne donnèrent pas suite à leurs demandes et firent poursuivre par la justice la douzaine d'ouvriers qui n'avait pas repris le travail, « leur conduite pouvant être d'un mauvais exemple » (AN, F1 9787).

« J'ai toujours écouté et j'écouterai les réclamations particulières lorsqu'elles seront justes, mais je ne veux pas écouter les réclamations collectives contre ce que je fais pour d'autres. »

L'art de diriger une entreprise ne s'improvise pas, et Oberkampf en possédait le secret qu'il avait su transmettre à son neveu. Mais celui-ci mourut trop tôt. Sous les Barbet, Jacques-Juste le père, puis Juste le fils, la manufacture de Jouy se survit à elle-même de 1823 à 1843[1].

© Le Mouvement social

La fabrique au village

P. CASPARD

L'origine de la main-d'œuvre : l'exemple neuchâtelois

En 1752, la principauté de Neuchâtel comptait 32 000 habitants. Parmi eux, 460 horlogers, dans la région des montagnes (Le Locle, La Chaux-de-Fonds), 2 700 dentellières dans les montagnes et le Val de Travers, et 400 indienneurs, principalement concentrés dans la zone du Vignoble, en bordure du lac.

Les premiers ateliers d'impression étaient apparus dans les années 1720. En 1752, Claude-Abram Dupasquier fonda la Fabrique-Neuve de Cortaillod, qui travailla à façon pour Pourtalès et Cie, puis, à partir de 1796, pour Vaucher, Dupasquier et Cie[2]. Pendant un demi-siècle, cette fabrique fut l'une des plus importantes d'Europe : elle imprimait 5 000 pièces en 1754, 34 000 en 1785, près de 50 000 en 1797. Cette année voyait l'apogée de l'indiennage dans la principauté, les six fabriques alors en activité, à Marin, Valangin, Colombier, Boudry (2), et Cortaillod, imprimant alors 160 000 pièces. Les années 1798-1854 virent la stagnation, puis la chute de son activité. Bien qu'ayant fait l'acquisition de la machine à imprimer au rouleau, en 1810, la Fabrique-Neuve ne produisit pas plus de 35 000 pièces par an au-delà de cette date. L'entreprise ferma ses portes en 1854, l'une des dernières du pays à avoir survécu[3].

A Neuchâtel, le cycle des indiennes dura donc près d'un siècle et demi. Il vit la formation et la concentration d'importantes masses ouvrières. De 400 en 1752, le nombre des ouvriers atteignit environ 3 000 dans la dernière décennie du siècle, les deux tiers d'entre eux travaillant ou résidant sur l'étroit territoire des quatre communes de Boudry, Bevaux, Colombier et Cortaillod.

La population du pays constituait un réservoir de main-d'œuvre, dans lequel il fut facile aux premières fabriques de puiser. De 1700 à 1750, le village de Cortaillod compte entre 500 et 600 habitants. Cette population avait tendance à stagner, voire à décliner : ce n'est donc pas la progression démographique en tant que telle qui a permis le création d'un potentiel de main-d'œuvre, mais les structures économiques et sociales existantes. En 1715, sur 153 propriétaires fonciers résidant à Cortaillod, 82 possédaient moins de un hectare de terre, 59 de un à trois hectares, 13 seulement plus de trois hectares. Un

1. Cet article reprend les principales conclusions d'un mémoire de maîtrise réalisé par A. Dewerpe et Y. Gaulupeau, sous la direction de P. Goubert, Paris I, 1975, 235 p.

2. A. Dreyer, *les Toiles peintes en pays neuchâtelois*, Neuchâtel-Paris, 1923. L. Bergeron, « Pourtalès et Cie, 1753-1801. Apogée et déclin d'un capitalisme », *Annales E.S.C.*, 1970, p. 498-517.

3. Sur l'histoire économique de cette entreprise : P. Caspard, *la Fabrique-Neuve de Cortaillod. Entreprise et profit au temps de la première révolution industrielle*, thèse de IIIe cycle, Paris I, 1976, 493 p. dactyl. Ainsi que « Fabrication et commerce dans l'indiennage neuchâtelois. L'exemple de Cortaillod », *in Textile History*.

dénombrement datant de la même époque qualifiait 10 chefs de famille du village de « fort aisés », 41 de « passablement » ou « assez aisés » et 41 de « pauvres », « très pauvres » ou « destitués des biens de ce monde »[1].

Les structures sociales étant très semblables dans les villages voisins de Cortaillod, le Vignoble offrait donc une main-d'œuvre paysanne fortement sous-employée, toute prête à constituer le prolétariat de fabrique. C'est d'ailleurs l'un des principaux arguments que firent valoir, auprès des autorités communales, les fondateurs de manufactures. Ainsi J.-J. Jéquier qui créa, en 1741, la première fabrique de Cortaillod, soulignait, à l'intention des communiers, que : « cette fabrique occupe utilement vos enfants dès leur jeune âge, elle les tire de la fainéantise où ils pourraient tomber, et leur apprend différents métiers qui, avec le temps, de l'application et de la conduite, peuvent non seulement leur faire gagner leur vie, mais même les rendre très commodes[2] ».

En 1754, la moitié des ouvriers de la Fabrique-Neuve étaient originaires – au sens helvétique du terme – des trois communes de Cortaillod, Boudry et Bevaix[3]. Près du tiers étaient originaires du reste de la principauté, dont les villages les plus éloignés de Cortaillod, tels Les Verrières ou La Chaux-de-Fonds, n'en étaient pas distants de plus de trente kilomètres.

Origine géographique des ouvriers de la Fabrique-Neuve de Cortaillod

Dessinateurs et graveurs	1754	–	–	100	0	0	0	0
	1793	7,2	43,9	51,1	31,7	12,2	2,4	2,4
	1819	17	39	56	26,8	9,7	2,4	4,8
Imprimeurs	1754	–	–	56,9	–	–	–	–
	1793	26,1	28,5	54,6	19	7,1	7,1	7,1
	1819	24,3	40,5	64,7	21,6	10,8	2,7	0
Pinceleuses Picoteuses Tondeuses	1754	–	–	80,3	–	–	–	–
	1793	29,7	42,5	72,2	12,7	2,1	6,3	6,3
	1819	35,3	20,2	55,5	27,8	7,6	1,2	7,6
Ensemble des ouvriers (non compris les tireurs)	1754	52,2	32,5	84,7	7	3,5	0	4,6
	1793	21,1	33,1	54,2	26,4	5,2	7,1	6,7
	1819	24,3	30,3	54,6	31	6,3	2,2	5,5

1. AC. PP.
2. AC. KK1.
3. D'après : a) une étude patronymique menée à l'aide du *Répertoire des noms de familles suisses*, Zurich, 2e édition, 1968-1971, et avec le concours de M. Alfred Schnegg, archiviste de l'État ; b) des listes nominales d'étrangers contenues dans les tabelles de dénombrement de Cortaillod, et le dossier Étrangers (AEN).

En 1793, le recrutement de la Fabrique-Neuve se trouvait, de beaucoup, élargi. La proportion des ouvriers originaires du Vignoble s'était abaissée à vingt pour cent, compte non tenu, il est vrai, des tireurs, qui, étant très jeunes, étaient tous recrutés sur place. Les cantons les plus proches de Neuchâtel, ceux de Vaud, Berne, Fribourg et Genève, fournissaient un quart de la main-d'œuvre, les autres cantons de la Suisse, la France et l'Allemagne, environ dix pour cent.

L'importance de l'immigration n'était pas la même pour toutes les catégories d'ouvriers, mais les différences sont d'une interprétation malaisée : d'une part, la mobilité des ouvriers était d'autant plus importante que leur qualification était plus élevée ; mais d'autre part, à qualification égale, le fabricant préférait embaucher des ouvriers du cru. C'était d'ailleurs une revendication des communautés villageoises qui étaient, en Suisse, trop influentes pour que même des fabricants aussi puissants que les Dupasquier pussent se permettre de n'en tenir aucun compte. Ainsi, en 1771, après avoir violemment protesté de ce que Claude-Abram Dupasquier « peuple notre village d'une infinité d'individus, la plupart indigents qui, à l'abri de notre indulgence, viennent chercher une ressource dans sa fabrique, et la plupart du temps au préjudice des citoyens de l'endroit », la communauté de Cortaillod lui demandait de « préférer toujours les gens du lieu aux étrangers pour travailler dans la fabrique, à égalité de travail », ce dont le fabricant dut convenir par écrit[1].

A Cortaillod, les manœuvres étaient donc proportionnellement plus nombreux à immigrer que les ouvriers qualifiés, dessinateurs, graveurs ou imprimeurs. L'immigration des uns et des autres ne se déroulait d'ailleurs pas de la même façon. Dans le premier cas, le fabricant se livrait à une prospection systématique dans les régions voisines de la principauté, envoyant dans les villages des recruteurs chargés de vanter l'embauche. Parmi les ouvriers non qualifiés, les pinceleuses représentaient un cas à part : la mobilité de ces ouvrières, souvent de très jeunes filles, étant réduite, Claude-Abram Dupasquier trouve avantageux d'installer, de 1777 à 1810, des établissements exclusivement consacrés au pinceautage, dans le pays de Vaud et de Fribourg. Le pinceautage était la seule opération qui pût, techniquement, être ainsi décentralisée.

Pour les ouvriers qualifiés, le recrutement se faisait au coup par coup : l'ouvrier lui-même écrivait de Genève, de Zurich ou de Mulhouse pour proposer au fabricant ses services et faire connaître ses prétentions, souvent fort précises. Voici, à titre d'exemple, la teneur d'une demande d'emploi que, le 6 juin 1776, un imprimeur adressait, de Genève, à Claude-Abram Dupasquier. On notera le secret qui entourait ce genre de tractations, les fabricants ne voyant pas sans déplaisir partir leurs bons ouvriers.

« Messieurs,

Mon établissement à Cortaillod me vient tout à fait nésésaire, ie souhaiterai par ce moyent travaillier de nouveaux chez vous et si l'était possible que ie fussent à mon particulier, quoy que ie prévoit selong vos à remgements et genre d'ouvrage peu posible devitter la société, mais comme les chosses change de fasce, il ce pourait que M. auray sertain ouvrage, ou il conviendrait un imprimeur pour son propre ou à gage [...] ie compte sur le secret de cet affaire et ie change mon adresse pour que rien ne viennent à

1. AC. FF2 : amodiations de la commune.

connaître à nos Messieurs; li à bien tot trois année que il suit engage chez MM Fazy, Macaire et compagnie ou jai 30 Louï d'or neuf et huit jours de tem perdu franc.

Daniel Mentha

Pour cause de sureté que ceci parviennent, ie nest pas affranchis mais iaurais soin de me souvenir de ce port, ou que mon cher Père le vous remette. Mon adresse ait chez M. Sateler, maître tonnelier à Chevelux, à Genève[1]. »

S'ils n'immigraient pas plus à Cortaillod que les autres, les ouvriers qualifiés étaient, en revanche, beaucoup plus nombreux à partir pour l'étranger. La présence de dessinateurs, de graveurs et d'imprimeurs neuchâtelois se laisse déceler dans beaucoup de fabriques françaises, telles celles de Mulhouse[2], Troyes[3], Jouy[4], ou Nantes[5]. Ce n'est pas que les salaires de ces fabriques eussent été de beaucoup supérieurs aux salaires neuchâtelois, contrairement à ce que laisseraient croire les fréquentes jérémiades des patrons français[6]. En fait, les ouvriers suisses étaient mieux rémunérés, parce que les entreprises françaises avaient besoin d'eux pour former leur propre main-d'œuvre, et les utilisaient à des fonctions d'encadrement. Ainsi, le fabricant nantais Langevin notait, en 1766, qu'« on ne tire qu'à grand-peine et avec beaucoup de frais des ouvriers de l'étranger. On ne saurait que très difficilement, sans leur secours, en former de nationaux». Il est vrai, reconnaissait-il par ailleurs, qu'avec un seul étranger «on peut employer jusqu'à cent ouvriers du pays»[7]. A Rouen, ce n'est qu'au début du XIXe siècle que les fabricants purent se féliciter de ce que les étrangers «d'abord indispensables, toujours utiles, soient devenus moins nécessaires», une fois formé un nombre suffisant d'ouvriers sédentaires[8].

Le plus souvent, les ouvriers émigraient à l'appel de compatriotes qui les avaient précédés dans cette voie. Mais, au besoin, les dirigeants des fabriques étrangères envoyaient à Cortaillod des émissaires chargés de négocier, dans le secret des arrière-salles de cabaret, les conditions du départ de certains des ouvriers. Lorsque ces dirigeants étaient eux-mêmes d'origine neuchâteloise, comme Petitpierre et Gorgerat à Nantes, ou Morelt à Troyes, leur tâche était d'autant facilitée, ce qui explique le grand nombre d'ouvriers neuchâtelois que l'on retrouve dans leurs fabriques. Parfois aussi, les ouvriers partaient à l'aventure, emportant avec eux, pour tout passeport, quelque dessin, gravure ou impression, prouvant leur savoir-faire.

Au total, la balance migratoire de Cortaillod fut très nettement positive. En 1750, le village comptait 33 étrangers sur 521 habitants, soit six pour cent. On en dénombrait 115 sur 640 en 1775 (dix-huit pour cent) et 292 sur 951 en 1785 (trente pour cent). A cette date, l'afflux migratoire était terminé. Sur 66 indienneurs non sujets de l'Etat recensés à Cortaillod en 1793, 24 seulement étaient arrivés postérieurement à 1780; 6 d'entre eux appartenaient déjà à la deuxième génération des immigrants, étant nés dans la principau-

1. AEN. AFC: pièces séparées, à classer.
2. AEN. AFC: correspondance; papiers divers.
3. L. Morin, *Recherches sur l'impression des toiles à Troyes 1766-1826*, Troyes, 1913.
4. A. Dewerpe, Y. Gaulupeau, *les Ouvriers de la manufacture de toiles peintes d'Oberkampf à Jouy-en-Josas (1760-1815)*, mémoire de maîtrise, Paris I, 1975.
5. B. Roy, *Une capitale de l'indiennage: Nantes*, Nantes, 1948.
6. Cf., par exemple, le mémoire des fabricants d'Alsace «en réponse aux deux mémoires qu'ont publiés contre eux les fabricants faisant le commerce de toiles imprimées à Jouy, Nantes, Rouen, Beauvais, Saint-Denis, Corbeil, Melun, Troyes, Orléans, Bordeaux, Lyon, Bolbec et Bourges», *in* Dollfus-Ausset.
7. B. Roy, *op. cit.*
8. Gervais et Arvers, *Recherches sur l'origine et le progrès de la fabrication des toiles imprimées à Rouen*, Rouen, 1816.

té même[1]. La population du village était donc à peu près stabilisée dans ses effectifs, son origine et sa composition sociale.

La condition prolétarienne en période de transition

Le maintien des structures traditionnelles: le village et la famille

La Fabrique-Neuve vint s'installer dans une région où, en raison de l'importance de la viticulture, la population était déjà nombreuse, et, parmi elle, la main-d'œuvre potentielle qui fournit les premiers ouvriers. La naissance du prolétariat fut donc le résultat d'un «glissement sans arrachement»[2], la modification de statut économique se produisant dans un cadre social inchangé.

Le village de Cortaillod ne fut que peu modifié par l'implantation de la fabrique. La douzaine de bâtiments dont se composait la manufacture fut érigée à plus d'un kilomètre du village, au-delà de la mer de vignes qui l'entourait, et qu'elle laissa intacte. L'augmentation de population elle-même ne modifia que peu l'aspect du village. Passant de 521 habitants en 1750 à 1 077 en 1815, il ne perdit pas pour autant son aspect primitif. Il y eut peu de constructions nouvelles: le village comptait 131 maisons en 1750, 156 en 1815. Une partie des ouvriers immigrés logeaient à la fabrique même, où avait été aménagé un dortoir abritant une vingtaine de lits. D'autres, peu nombreux, avaient pu acheter une maison, ou s'en faire construire une.

La majorité des ouvriers étaient locataires des habitants de Cortaillod, dont plusieurs avaient agrandi leur maison en construisant de nouveaux appartements, loués à prix fort aux ouvriers. Au total, il n'y eut, en aucune façon, de «quartier ouvrier» distinct. La population continuait à résider, ouvriers et paysans confondus, de part et d'autre des deux principales rues du village. Pour tous, la vie publique continua à tourner autour de l'église, de la maison de commune et des cabarets, qui devinrent simplement plus nombreux, passant de deux en 1750 à six ou huit un demi-siècle plus tard[3].

La configuration du village, dans sa permanence, n'est que l'indice et l'expression d'une cohésion sociale maintenue. Ouvriers et paysans, comme par le passé, continuèrent à gérer leur commune au travers d'institutions qui connaissaient, au XVIIIe siècle, leur apogée. Pour les «générales communautés», qui réunissaient une ou deux fois par mois l'ensemble des communiers, la moindre des tâches n'était pas de gérer un budget qui atteignait, à la fin du siècle, la somme considérable de 10 000 livres[4]. Par tête, il était bien supérieur au budget de toute la principauté, qui ne dépassait guère 150 000 livres pour 50 000 habitants[5]. L'ouvrier continuait donc à faire partie intégrante d'une communauté villageoise puissante et vivace, et à en retirer tous les avantages afférents: exemption de taxes, bois gratuit, charité et assistance en cas de maladie ou d'indigence.

Les ouvriers immigrés, en revanche, étaient exclus de la communauté villageoise. Mais la grande majorité d'entre eux étaient suisses: même résidant à Cortaillod, ils continuaient à être communiers des villages d'où ils étaient originaires, et auxquels ils étaient toujours en droit de demander des secours en cas de détresse. Pour le prolétariat suisse, le

1. AEN: tabelles de la juridiction de Cortaillod: dénombrement des étrangers en 1793.
2. A. Touraine, O. Ragazzi, *Ouvriers d'origine agricole*, Paris, 1961, p. 9.
3. AEN: tabelles de dénombrement de la juridiction de Cortaillod.
4. AC, EE3.
5. AEN: comptes de la trésorerie.

lien communal a donc puissamment contribué à atténuer les conséquences des ruptures socio-économiques et du déracinement géographique.

L'institution familiale se maintint, elle aussi, dans la population ouvrière. En 1811, un peu plus de la moitié des ouvriers de la Fabrique-Neuve étaient unis par des liens de parenté directe : mari/femme ou parents/enfants. L'identité du lieu de travail et la complémentarité des gains ont donc pu maintenir la cohésion familiale, une évolution se dessinant vers la famille nucléaire. L'âge du mariage s'abaisse, passant, pour les hommes, de 32 ans en 1720-1750 à 26 ans en 1770-1800, et pour les femmes de 29 à 24 ans et demi[1]. « On veut se marier dès que le cœur parle », observe un contemporain surpris de la nouveauté de la chose[2], tandis qu'un autre regrette qu'une fois marié, le fils ou la fille n'éprouve plus « ni agrément ni économie » à vivre avec ses parents, et préfère faire ménage à part[3]. Cette rupture avec le modèle de la famille élargie, conséquence directe de la prolétarisation, n'entraîne cependant aucune rupture avec l'institution familiale en tant que telle. En font foi certains indices empruntés à l'observation démographique : tandis que, dans la paroisse de Cortaillod, le taux de conceptions prénuptiales passe de dix pour cent en 1750 à cinquante pour cent en 1780, celui de l'illégitimité reste stable, à un niveau très bas, de l'ordre de un pour cent[4]. Par ailleurs, dans le Vignoble pas plus que dans le reste de la principauté, on ne constate de multiplication des divorces. De 1801 à 1807, ils ne représentent que 1,6 % des mariages célébrés pendant le même laps de temps[5]. Par-delà le bouleversement des conditions socio-économiques, la vie sexuelle et affective du prolétariat reste donc parfaitement structurée par la tradition.

On peut même soutenir que l'industrialisation, loin d'avoir fait éclater la famille traditionnelle, l'a consolidée : en offrant du travail, sur place, aux bras inemployés par l'agriculture, elle a évité ou réduit la dispersion des familles, dont certains membres devaient jadis aller chercher au loin un emploi de domestique ou de soldat. A ce sujet, un observateur, par ailleurs assez critique, de l'industrialisation du pays, affirmait, en 1798, que « l'avantage des arts qui a fait le plus d'heureux, c'est de fournir à tous les membres d'une famille nombreuse le moyen de rester ensemble et de s'entraider mutuellement. En effet, sans l'industrie, un père de famille qui aurait eu une dizaine d'enfants, et qui n'aurait eu de terres que pour occuper les bras de trois d'entre eux, aurait été obligé ou d'en laisser sept oisifs ou de leur faire prendre du service comme soldats ou comme domestiques. Dans le premier cas, il eût fait leur malheur, et dans le second, ne pouvant être surveillés, ils auraient peut-être donné dans des travers que la sollicitude et la présence d'un père aurait prévenus. Combien, dans ce pays, ne pourrait-on pas citer d'exemples qui prouveraient que l'industrie de quelques-uns des membres d'une famille, jointe à un plan sage et raisonné, a rendu cette famille heureuse ! »[6]

1. Ages calculés d'après les registres de la paroisse de Cortaillod (AEN).
2. Ch. D. Vaucher. *Description topographique et économique de la mairie de Lignières*. Neuchâtel. 1801, p. 20.
3. H.F. Henriod. *Mémoire sur les causes de la disette et du renchérissement du bois*. Neuchâtel. 1794.
4. P. Caspard. « Conceptions prénuptiales et développement du capitalisme dans la principauté de Neuchâtel (1678-1820) ». *Annales ESC*. 1974-4. p. 989-1008.
5. AEN : liste des sommaires de tous les enfants qui ont été baptisés, des mariages bénis et des personnes enterrées dans toutes les paroisses de la principauté de Neuchâtel et de Valangin. 1761-1815.
6. H. F. Henriod. *Mémoire sur cette question : jusqu'à quel point les arts et le commerce peuvent-ils être exercés utilement dans ce pays ?*. Neuchâtel. 1798.

Dans l'entreprise : organisation du travail et paternalisme

Au sein de la Fabrique-Neuve, la politique patronale tend à favoriser l'intégration ouvrière par l'occultation de la réalité des rapports sociaux de production.

Ces rapports s'expriment, plus ou moins crûment, dans les formes de salaires imposées aux différentes catégories d'ouvriers. Les plus qualifiées – dessinateurs, graveurs, sous-maîtres, coloristes – reçoivent un gage annuel, dont le montant fait l'objet d'une discussion au cours de laquelle l'ouvrier ne se présente pas complètement désarmé, mais fort, au contraire, de sa haute qualification. Les imprimeurs et les rentreuses reçoivent un salaire aux pièces, tandis que les ouvriers les moins qualifiés – manœuvres, pinceleuses, tireurs – sont payés à la journée. Ces différences dans les formes du salaire tiennent donc, en partie, à des impératifs techniques, mais aussi au rapport de forces plus ou moins favorable dont bénéficient les ouvriers, face à leur patron.

La pratique du paternalisme consiste, pour l'entrepreneur, à masquer ce rapport de forces « sous le voile d'une touchante sentimentalité ». Elle implique, d'abord, la présence physique du patron au milieu de ses ouvriers. « Voir souvent les graveurs, et s'absenter de la maison le moins souvent possible », note Claude-Abram Dupasquier dans un mémento[1]. La maison du maître est, en effet, construite au beau milieu des bâtiments de fabrique. Cette présence lui permet de connaître personnellement beaucoup d'ouvriers, au sujet desquels il échange impressions et commentaires avec les fabricants voisins, lors de l'embauche ou des demandes de congé. C'est également à lui que les ouvriers s'adressent, à l'occasion, pour demander du travail ou des secours. Parmi les dizaines de lettres d'ouvriers conservées, la plupart laissent apparaître, dans leur fond comme dans leur formulation, une réceptivité certaine à l'idéologie paternaliste. Telle la requête adressée aux dirigeants de la Fabrique-Neuve par le manœuvre Abram Banderet, en 1801, à la suite du décès accidentel de l'un de ses fils :

« A Monsieur Dupasquier
Et à Messieurs de la Companie du commersse de la Fabrique Neuve
Messieurs,
Le soussigné Abram Banderet, de Mutrux, prend la très umble liberté de venir en tout respect pour vous exposer et vous dire que depuis environ quarante années il a été ouvrier tant lui que sa feme dans la fabrique de Messieurs Dupasquier, et cela avec satisfaction tant de son côté que de celui de sa feme. Ors comme la situation du très umble supliant est beaucoup à plaindre dans ce moment, par les circonstances cy après dittes, vous nignonrés pas, Messieurs, que l'umble supliant a us neuf enfans, qui lui ont beaucoup couté pour les élever étant dans votre servisse ; et de plus ce qui met le comble à ses disgraces et à ses infortunes s'est que l'un de ses fils gumeaux qu'il avait mis pour apprendre la profection de graveur et ayant travaillé de la ditte profection pendant trois années et trois mois et pendant se tems il n'a pas pû gagner sa vie sans compter ses abillements et autres nécessaire ; et dans le tems que le très umble supliant esperait de retirer de son dit fils de quoi le dédomager de ses peines et entretient et qu'il serait son bâton de vieillesse, son dit fils a us le malheur de tomber dans l'Areuse et d'être perdu et noyé, chosse bien dure et bien mortifiante pour un pauvre père et une tendre mère de ce voir privé d'un fils chery en qui ils esperait d'avoir une resource ; mais dans tout état il faut

1. AEN, AFC : livre des notes.

se faire une raison et se soumettre au décret et à la volonté de la Divine Providence qui la permis ainsy ; et se qui console le très umble supliant de la perte qu'il a eprouvé s'est qu'y à longtemps que connaissans les bontés paternel et exemplaire de Messieurs du Commersse de la Fabrique neuve il ose esperer que prenant en consideration le triste état de la déplorable situation du très umble supliant ils voudrons bien de leur Beneficence et grande bonté lui départir et donner quelque chosses en charité pour le dédomager de la grande perte qu'il a faite.

Cette grace et faveur qu'il espere de vos bonté engage d'avance le très umble supliant à faire des vœux au ciel et a priere Dieu pour la precieuse conservation et constante prosperité des Messieurs du commersse de la fabrique neuve que Dieu vieulle benir à jamais tous vôs biens et fasse réussir toutes vos bonnes entreprise.

Abram Banderet[1] »

Les relations directes entre le patron et ses ouvriers sont, cependant, rares. Elles se font généralement par le canal du personnel d'encadrement. Les sous-maîtres constatent les retards et les absences, effectuent certains versements, vérifient la bonne facture du travail, sans cesser pour autant de participer eux-mêmes au travail productif. Devenir sous-maître est la consécration d'une excellence professionnelle ; mais c'est aussi la saction de vertus morales : l'ouvrier ne doit pas faire preuve seulement de compétence, mais aussi de bon esprit, afin de mériter la faveur de son maître. Voici en quels termes le patron vante un imprimeur qui promet :
« Il est fort rangé, assidu à la besogne et, au lieu de hanter les autres imprimeurs, il s'est toujours borné à la compagnie de nos jeunes gens du comptoir, par un point d'honneur qui me fait augurer qu'on en fera, avec le temps, un fort bon sujet[2]. »

Il n'existe aucune promotion d'une catégorie d'ouvriers à l'autre. Jamais un manœuvre ne devient imprimeur, dessinateur ou graveur. Jamais une pinceleuse ou une picoteuse ne devient rentreuse. En outre, la ségrégation sexuelle est rigoureuse. Aucune rentreuse ne peut devenir imprimeuse, quoique les tâches soient à peu près identiques. Aucun homme n'est jamais « pinceleur ». Cette distinction n'a d'autre fondement que le principe qui veut que les tâches les mieux rémunérées soient réservées aux hommes : malgré leurs trois ans d'apprentissage, les rentreuses n'arrivent qu'à égaler le salaire des manœuvres sans qualification.

Il existe cependant une promotion interne dans chaque catégorie ouvrière. En entretenant l'espoir et en stimulant les ardeurs, cette possibilité contribue à adapter l'ouvrier à son travail. En lui montrant la voie d'une promotion individuelle, elle l'empêche aussi de trop songer à la solution d'une promotion collective. En général, les genres les plus difficiles, donc les mieux payés, sont confiés aux ouvriers les plus experts et les plus assidus. Ainsi, les dix meilleures pinceleuses constituent la « première table ». En 1785, elles reçoivent quinze sous par jour, les mois d'été. Celles qui travaillent aux septième et huitième tables ne perçoivent, la même année, que dix sous par jour[3]. Le système adopté pour les imprimeurs est différent. Ils sont regroupés en « boutiques » réunissant des ouvriers de qualification diverse. Chacun des imprimeurs possède un indice de qualifi-

1. AEN. AFC : papiers divers.
2. *Idem* : correspondance. 17 février 1776.
3. AEN. AFC : ouvrage des pinceleuses.

cation qui est de cinquante, la première année, suivant l'apprentissage, et peut atteindre un maximum de cent, après une dizaine d'années[1]. La rémunération du travail de chaque boutique est répartie au prorata des indices de chaque ouvrier, dont le salaire peut ainsi varier du simple au double.

Le fabricant possède un autre moyen de masquer la réalité des rapports sociaux de production : le versement, en sus du salaire, d'avantages divers, qui peuvent passer pour le pur témoignage d'une affection paternelle envers les bons ouvriers. La liste de ces avantages est longue : étrennes et gratifications en cas de bonne conduite et d'assiduité, remboursement du béjaune ou du trinkgeld, vin, sabots, châles, mouchoirs offerts aux ouvriers et aux ouvrières dans diverses circonstances. En cas de disette (1771, 1795, 1817), le patron vend à ses ouvriers du blé, du pain et du riz, à prix coûtant. Il leur consent des avances sans intérêts, paye l'école aux enfants des plus pauvres. Il est, enfin, en relation avec le médecin et le pasteur. Sur son ordre, le premier soigne gratuitement les ouvriers malades et leur famille. Le second répartit ses dons entre tous les pauvres paroissiens, en ayant garde de ne pas oublier de secourir en priorité les ouvriers de la fabrique[2].

Le paternalisme se caractérise, enfin, par la volonté d'assurer au maximum la stabilité de l'emploi. De la part du patron, cette politique est le double résultat d'une nécessité et d'un choix. La haute qualification d'une partie des ouvriers rend précieuse leur force de travail, parce que rare. Leur mobilité géographique est telle qu'en cas de renvoi, même temporaire, ils peuvent être tentés d'aller chercher du travail hors du pays. D'où la nécessité, pour le patron, de leur assurer un minimum de travail, même dans le cas d'une conjoncture déprimée. Plutôt que de licencier du personnel, il préfère alors gonfler ses stocks, ou imprimer des genres riches, incorporant davantage de façon. Le résultat est que, selon les propres termes du fabricant :
« La fabrique est pour l'ouvrier une seconde patrie ; il y passe son enfance, sa jeunesse, son âge mûr, sa vieillesse. Il traverse tours degrés de la hiérarchie industrielle, il voit d'avance, s'il se conduit bien, son existence assurée, autant du moins qu'elle peut l'être humainement parlant ; il s'attache à son atelier, à ses camarades, à ses chefs. Ses enfants l'entourent et parcourent sous ses yeux le même cercle de travaux. [...] Aussi voit-on les ouvriers tenir en général à ces établissements plus qu'à leur propre domicile. Ils s'ennuient chez eux et travaillent jusqu'à leur dernier moment pour ainsi dire : la fabrique de Cortaillod en compte dans ce moment plus de vingt qui ont travaillé de cinquante à soixante ans et plus, sans aucune interruption[3]. »

De fait, la stabilité de la main-d'œuvre est considérable. De 1750 à 1820, les ouvriers restent, en moyenne, vingt-cinq ans dans l'entreprise, non compris les années éventuellement passées comme tireurs ou tireuses. La stabilité est d'ailleurs fonction de la qualification : dessinateurs, graveurs et imprimeurs restent en moyenne plus de trente ans, les manœuvres, rentreuses et pinceleuses une vingtaine d'années seulement. La plupart du temps, les ouvriers travaillent dans l'entreprise jusqu'à leur dernier souffle. Une statistique portant sur vingt-huit ouvriers ou anciens ouvriers de la Fabrique-Neuve, morts à Cortaillod entre 1801 et 1820, montre que la durée moyenne de leur présence dans l'entreprise est de 28,5 ans, l'âge de leur cessation d'activité, de 58,8 ans, et leur âge

1. *Idem* : ouvrages des imprimeurs et rentreuses.
2. *Idem* : livres pour les ouvriers ; papiers divers.
3. AEN : dossier toiles peintes : mémoire adressé au Conseil d'État par Vaucher, Dupasquier et Cie (1836).

moyen de décès de 60,6 ans. La durée moyenne de la retraite n'est donc que 1,8 an ; vingt ouvriers sur vingt-huit travaillaient encore à la fabrique l'année de leur mort.

Une rotation aussi lente du personnel s'explique d'abord par les caractéristiques du marché de l'emploi : les ouvriers qualifiés, aussi bien que les manœuvres, ne pouvaient guère espérer trouver dans la principauté de Neufchâtel un travail aussi bien rémunéré que celui qu'ils occupaient à la Fabrique-Neuve, à condition, toutefois, que celle-ci leur assurât le plein emploi. Or, tel était précisément l'un des objectifs constamment visés par le fabricant. Mais l'on doit se demander aussi si cette stabilité n'était pas l'indice que le paternalisme patronal avait atteint son but.

Inadaptation et résistance ouvrières ?

Face à la puissance intégratrice des institutions communale et familiale, face au paternalisme en vigueur dans l'entreprise, les réactions de rejet ou d'opposition à la condition prolétarienne sont difficiles à saisir. L'esquisse d'une appréhension peut être tentée à travers l'étude de deux phénomènes : l'absentéisme et la grève. [...]

© Le Mouvement social

V

CROISSANCE, INDUSTRIALISATION

La littérature sur la révolution industrielle a longtemps été polarisée par l'exemple anglais, à commencer par l'œuvre de Marx. L'ouvrage classique de Paul Mantoux (1905) reprend et illustre l'analyse de ce dernier sur le passage du domestic *au* factory *system en Angleterre.*

Pendant la première moitié du XX*e siècle, la révolution industrielle britannique a surtout été étudiée, à un tel point que certains de ses traits spécifiques ont pris pour plusieurs historiens une valeur générale (en particulier la diminution précoce de la population rurale ou l'émergence d'un groupe d'entrepreneurs). Cela a conduit, à propos de l'industrialisation de la France, à raisonner en termes de* retard. *David Landes a défendu, dans des travaux déjà anciens*[1] *ou plus récents*[2]*, la thèse d'une inaptitude de la part des entreprises françaises, dont la direction était souvent familiale, à envisager une croissance industrielle soutenue. Et depuis Marx jusqu'aux années 1950, aucun modèle théorique nouveau n'a été construit pour rendre compte de la révolution industrielle.*

Autant les premières manifestations d'attention portées aux fluctuations économiques et à l'histoire conjoncturelle apparaissent contemporaines de la dépression des années 1930, autant les premières des Trente Glorieuses vont conduire les historiens de l'économie à analyser la croissance elle-même, poussés en cela par des économistes. Parmi ces derniers, W. W. Rostow propose, en pleine période de guerre froide, de concurrence entre systèmes économiques rivaux et de prise de conscience des problèmes du sous-développement, un « manifeste non communiste » apportant un schéma explicatif et universel des cinq étapes de la croissance. Au centre du dispositif, la période du décollage, le fameux « take-off », qui différencie d'un côté toutes les « sociétés traditionnelles » dans le temps ou dans l'espace et de l'autre les sociétés industrielles, bénéficiant d'une « croissance continue » grâce à la « consommation de masse ». Ces thèses ont été largement débattues aux congrès internationaux des historiens économistes et des économistes, tenus successivement à Stockholm et à Constance en 1960. L'un des développements les plus argumentés sur le thème de l'historien face aux modèles des économistes, dont celui de Rostow, se trouve dans la contribution de Pierre Vilar à Stockholm. Il y présente les effets complexes de la tension nécessaire, inscrite dans la démarche de l'historien, contraint d'articuler études de cas et prise en compte des modèles comme hypothèses de travail. À cet égard, il réfute en historien l'assimilation, au nom du modèle rostowien, des anciennes sociétés européennes du XVIII*e*

1. Cf. *Journal of Economic History*, IX, n° 1, mai 1949.
2. *L'Europe technicienne*, trad. fr., Paris, Gallimard (1975).

siècle aux sociétés sous-développées du xxe siècle, toutes incluses dans la rubrique « sociétés traditionnelles ».

Parallèlement, les interrogations sur le (non-) développement incitent certains économistes à tenter d'appliquer de manière régressive les méthodes quantitatives, exhaustives et globalisantes de la comptabilité nationale. À la suite d'une enquête internationale lancée en 1950 par l'organisme de recherche animé par Simon Kuznets, plusieurs équipes nationales se mettent en place, dont celle de Jean Marczewski pour la France[1]. De 1961 à 1969, plusieurs volumes de l'« histoire quantitative de l'économie française » sont publiés. Celui de T. J. Markovitch tente de reconstituer les rythmes différenciés de la croissance industrielle depuis le xviiie siècle. Des critiques ont été formulées sur ces travaux par des historiens fort différents, à la fois sur la fragilité excessive des estimations chiffrées les plus anciennes et sur le découpage en tranches décennales, indifférentes à l'histoire conjoncturelle chère à l'école labroussienne. Particulièrement malheureuse à cet égard, la tranche 1925-1934, totalement composite, en amont et en aval du déclenchement de la crise des années trente[2].

Toutefois, les historiens ont pris le relais pour caractériser et mesurer la croissance. Déjà, Pierre Léon, dans sa thèse (1954), examine les conditions complexes de naissance de la grande industrie dans un ensemble régional, le Dauphiné. Et ses conclusions insistent sur l'interaction de facteurs multiples. Plusieurs thèses publiées récemment ont abordé l'essor de branches ou d'entreprises industrielles (cf. infra, *chapitre* ix). *François Crouzet, au terme d'une recherche collective, propose en 1970 une mesure beaucoup plus rigoureuse de la croissance industrielle, qui, pour le* xixe *siècle, paraît comparable à celle de l'Angleterre, ainsi qu'une approche de la dispersion sectorielle, soulignant la diversité voire le dualisme de l'industrie française. P. K. O'Brien et C. Keyder[3] parviennent même à des chiffres de croissance supérieure pour la France. Les statistiques permettent aux historiens d'élaborer des indices macro-économiques également pour la production agricole, les échanges ou encore l'investissement industriel, comme en témoigne la synthèse de François Caron (1976).*

À l'issue d'une quinzaine d'années de reconstitution de données macro-économiques, même parfois fragiles, (dont la dernière en date est celle de Maurice Lévy-Leboyer et François Bourguignon, L'Économie française au xixe siècle. Analyse macro-économique, *Paris, Economica, 1985), il apparaît que l'industrialisation française s'effectue de manière progressive, sans « take-off » (décollage) des années 1820 jusqu'aux années 1880, avec, certes, un certain retard sur l'Angleterre, mais, aussi, avec une croissance substantielle et surtout selon des formes spécifiques. Cette dernière perspective caractérise la démarche révisionniste[4] qui insiste sur ces spécificités plus que sur le retard. Elle est empruntée par des historiens divers, dont Jean Bouvier, qui s'en réclame dans la conclusion de l'imposante* Histoire économique et sociale de la France *(PUF, 1982), comme dans le volume de mélanges qui lui est consacré[5]. De même, François Caron conteste l'idée même de rupture, de révolution industrielle, et s'attache surtout à préciser l'impact de l'innovation, notamment à travers la notion complexe de « système technique ».*

1. Pour plus de précisions, cf. *infra*, chapitre ix.
2. Cf. *infra*. T. J. Markovitch, *L'industrie française de 1789 à 1964*
3. *Cf. Economic Growth in Britain and France 1780-1914*, Londres, Allen and Unwin, 1978. Plus accessible, des mêmes « Les voies de passage vers la société industrielle en Grande-Bretagne et en France (1780-1914) », *Annales ESC*, 1979, p. 1284-1303.
4. Cf. Rondo E. Cameron, Charles E. Freedman, « French economic growth. A radical revision, *Social Science History*, 1983.
5. *Le Capitalisme français..., op. cit.*

Les processus d'industrialisation se trouvent ainsi analysés de manière de plus en plus différenciée à la fois dans le temps et dans l'espace, la voie française apparaissant d'autant plus originale qu'elle ne peut s'identifier ni au modèle britannique ni au modèle continental tardif de type allemand ou russe, mis en évidence par l'historien A. Gerschenkron[1].

Les réflexions ont rebondi à propos de la forte croissance postérieure à 1945. Des statisticiens de l'INSEE, aux derniers feux des Trente Glorieuses, ont essayé de mesurer et d'expliquer la croissance exceptionnelle d'après la Seconde Guerre mondiale, au-delà du rattrapage des années noires de la crise des années 30 et de la guerre.

Jamais on n'a pu constater sur une durée aussi longue – vingt-cinq, sinon trentes, ans – une croissance aussi forte de la production et de la productivité. Faute d'archives et de recherches détaillées de la part des historiens, les explications reviennent aux économistes, dont les analyses théoriques mettent l'accent sur tel ou tel facteur. Les uns insistant plutôt sur les modifications de l'offre. Ainsi, Jean Fourastié, auteur de l'expression « Trente Glorieuses »[2]*, appuie plutôt sa démonstration en soulignant les améliorations continues de la productivité, parallèlement à la poursuite des progrès techniques. De même, Jean-Jacques Carré, Paul Dubois et Edmond Malinvaud, à travers une analyse statistique quantitative de divers paramètres, mettent en évidence l'impact des transformations de l'offre de travail et de capital pendant la période. D'autres économistes, tels ceux qui, autour du CEPREMAP, se réfèrent à la théorie de la régulation, soulignent plutôt les mutations de la demande, en particulier le parallélisme d'évolution entre productivité et salaire réel et l'essor du salaire indirect grâce à la couverture des risques sociaux.*

De telles explications ouvrent un champ de recherche encore largement inexploré par les historiens.

La Révolution industrielle au XVIIIe siècle

(1905)

PAUL MANTOUX

Ouvrage classique et utilisé bien au-delà de sa date de publication. On en a retenu l'introduction sur la définition du factory system *et sa filiation avec l'analyse de Marx, ainsi que le passage sur les liens entre révolution industrielle et capitalisme, et, en particulier, sur la constitution complexe d'une classe de capitalistes industriels. En s'attachant exclusivement au cas britannique, l'auteur ne prétend pas à la généralisation. Néanmoins, faute d'études précises pendant près de quatre décennies, ses réflexions ont été fréquemment appliquées au processus d'industrialisation dans son ensemble. Paul Mantoux a en particulier conforté la distinction établie par Marx entre l'âge de la manufacture, marqué par la séparation entre capital et travail ainsi que par la division du travail, et celui de la grande industrie et la chronologie du passage entre les deux âges, située dans le* Capital *autour de 1760.*

Source : *Paul Mantoux,* la Révolution industrielle au XVIIIe siècle, *Paris, Société nouvelle de librairie et d'édition, 1905, p. 1-19 ; p. 380-385 (réédition en 1966).*

1. A. Gerschenkron. *Economic Backwardness in Historical Perspective*. Cambridge, Mass., 1962.
2. *Les Trente Glorieuses*, ou *la Révolution invisible de 1946 à 1975*. Paris, Fayard, 1975, 2e éd. 1979.

Introduction

C'EST EN ANGLETERRE, dans le dernier tiers du XVIIIe siècle, qu'est née la grande industrie moderne. Dès le début, son essor fut si prompt et eut de telles conséquences qu'on a pu le comparer à une révolution [1] ; beaucoup de révolutions politiques ont été, à coup sûr, moins profondes. Aujourd'hui la grande industrie nous environne de toutes parts ; son nom semble pouvoir se passer de définition, tant il évoque d'images familières et saisissantes : ce sont les puissantes usines qui se dressent aux abords de nos villes, les hautes cheminées fumantes et leur flamboiement nocturne, la trépidation incessante des machines, et le fourmillement affairé des foules ouvrières. Mais, si rapide que semble avoir été la révolution industrielle, elle se rattachait à des causes lointaines, et devait entraîner des suites dont le développement reste incomplet après plus d'un siècle. Les caractères distinctifs de la grande industrie ne se sont pas révélés tout d'un coup. Pour les mieux retrouver dans l'obscurité des origines, commençons par les décrire, tels qu'ils s'offrent aujourd'hui à nos yeux.

I

La production des marchandises ou, en termes plus explicites, des objets nécessaires à la consommation qui ne sont pas fournis directement par la nature, est le but de toute industrie. Par grande industrie, il faut donc entendre avant tout une certaine organisation, un certain régime de la production. Mais ses effets s'étendent à l'ordre économique tout entier, et par suite à l'ordre social, que dominent les conditions d'accroissement et de répartition des richesses.

La grande industrie concentre et multiplie les moyens de production, de manière à en accélérer et à en augmenter le rendement. Elle emploie les machines, qui exécutent avec une précision infaillible et une prodigieuse rapidité les ouvrages les plus compliqués ou les plus rudes. Pour les mettre en mouvement, elle remplace la force musculaire, aux ressources bornées et inégales, par des forces motrices inanimées : forces naturelles comme celle du vent ou de l'eau courante, forces artificielles comme celle de la vapeur et de l'électricité ; les unes et les autres dociles comme la matière inerte, régulières, infatigables, pouvant s'accroître à volonté et sans limite. Pour diriger le fonctionnement des machines, elle rassemble en grand nombre des ouvriers, hommes, femmes et enfants, appliqués à des tâches spéciales, devenus des rouages parmi les rouages. L'outillage de plus en plus complexe, le personnel de plus en plus nombreux et organisé constituent les grandes entreprises, véritables États industriels ; et, comme le ressort de cette activité formidable, comme une cause et comme une fin, derrière le déploiement du labeur humain et des forces mécaniques se meut le capital, entraîné par sa loi propre qui est celle du profit, et qui le pousse à produire sans cesse pour s'accroître sans cesse.

Le monument caractéristique qui contient dans ses murs le matériel de la production moderne et qui en exprime en traits visibles le principe même, c'est la fabrique, la

1. Le mot a été attribué à Arnold Toynbee, dont l'œuvre, interrompue par une mort prématurée, fut publiée en 1884 sous le titre de *Lectures on the Industrial Revolution in England*. Mais M. William Rappart (*la Révolution industrielle et les origines de la protection légale du travail en Suisse*, p. 4) indique que Karl Marx, dans le premier volume de *Das Kapital* (1867), donne une description systématique de ce qu'il appelle : « die industrielle Revolution », expression déjà employée par Karl Marlo en 1850, par John Stuart Mill en 1848 (*Principles of Political Economy*, éd. orig., p. 581), et même en 1845 par Friedrich Engels (*Die Lage der arbeitenden Klasse in England*, p. 11 et 355).

fabrique avec ses vastes ateliers que traversent les courroies ou les fils de transmission, distributeurs de force, avec l'outillage mécanique puissant et délicat qui la remplit de son mouvement, avec le travail hâtif de la population disciplinée, que les machines semblent entraîner dans leur rythme haletant. Tout cela n'a d'autre objet que de produire des marchandises, de les produire le plus vite possible et en quantité illimitée. Ici ce sont les tissus que l'on voit se dérouler en nappes ininterrompues, et s'amonceler en piles énormes de ballots cylindriques ; là c'est l'acier qui bouillonne dans des cornues gigantesques, en lançant dans l'air des gerbes éblouissantes d'étincelles. La production sans arrêt devient la loi de toutes les entreprises, à moins qu'une entente formelle n'intervienne pour la limiter : laissée entièrement à elle-même, elle continue jusqu'à l'excès, jusqu'à la surproduction ruineuse, résultat paradoxal de la tendance instinctive du capital, qui en arrive à se détruire lui-même.

Ces quantités de marchandises fabriquées, il faut les vendre ; la vente, qui réalise le profit, est le but final de toute production industrielle. L'impulsion si forte donnée par la grande industrie à la production se communique aussitôt à la circulation des produits. La quantité des objets jetés sur le marché abaisse les prix, les prix abaissés accroissent la demande et multiplient les transactions. La concurrence s'exagère : les progrès de l'industrie des transports lui ouvrant une carrière de plus en plus vaste, elle s'étend des individus aux régions, aux nations, plus âpres que jamais à la poursuite de leurs intérêts matériels. Les conflits et les guerres économiques se déchaînent : le vainqueur est celui qui réussit malgré ses rivaux à élargir son terrain d'opérations, à trouver encore et toujours de nouveaux débouchés. L'ambition des producteurs les rend aventureux : les contrées les plus lointaines, les continents à peine explorés deviennent leur proie. Le monde entier n'est plus qu'un seul et immense marché que les grandes industries de tous les pays se disputent comme un champ de bataille.

À la production débordante, à la circulation élargie jusqu'aux confins de la terre habitée correspond un mode particulier de distribution des richesses. Si l'on considère le consommateur, il est évident qu'à son égard un grand progrès s'est accompli : la rareté et la cherté des marchandises ont diminué, beaucoup d'objets autrefois coûteux et recherchés pénètrent dans des localités et dans des milieux où ils étaient naguère inconnus. Mais l'optimisme qu'inspirait un tel spectacle à l'économie politique orthodoxe se modifie du tout au tout si l'on examine la condition des producteurs. À la base de tout le système de la grande industrie, nous trouvons, avec de l'énergie fournie par les machines, une immense accumulation de travail humain, tandis qu'au sommet s'élève, étroitement concentré, l'amas grandissant et formidable des capitaux. Et les producteurs se divisent en deux classes : l'une qui donne son travail et ne possède rien d'autre, qui vend la force de ses bras et le temps de sa vie pour un salaire : l'autre qui détient le capital, à qui appartiennent les usines, les matières premières, les machines, et à qui reviennent profits et bénéfices ; et à sa tête les grands chefs d'entreprises, les capitaines de l'industrie, comme les appelait Carlyle, organisateurs, dominateurs et conquérants.

De là est sorti le régime social propre à notre civilisation contemporaine et qui forme un tout aussi complet, aussi cohérent qu'à pu l'être au xe siècle le régime féodal. Mais, tandis que celui-ci était la conséquence des nécessités militaires et des dangers qui menaçaient la vie humaine dans l'Europe livrée à une anarchie barbare, celui-là dérive d'un ensemble de causes purement économiques, groupées autour du fait central de la grande industrie. C'est à la grande industrie qu'est dû le développement récent des villes manufacturières, où se pressent les entreprises, à la fois solidaires et rivales. C'est dans les régions qu'elle anime de sa vie puissante que se manifeste avec le plus d'intensité ce remarquable accroissement de la population, devenu normal chez la plupart des nations industrielles. Manchester, qui, en 1773, était une ville de trente mille âmes à peine [1], en compte, cent cinquante ans plus tard, près d'un million ; la population totale de la Grande-Bretagne et de l'Irlande qui, en 1801, était de quatorze millions et demi, atteint en 1928 quarante-huit millions. Ce développement, que les générations précédentes n'auraient pu prévoir, a eu des conséquences incalculables : l'émigration, pour n'en citer qu'une, l'afflux des capitaux et du travail vers les pays d'outre-mer, a favorisé la croissance rapide de sociétés semblables à la nôtre, où se retrouvent, plus marqués encore, tous les traits de notre régime économique.

Enfin, c'est la grande industrie qui a posé, sous la forme qu'il revêt de nos jours pour tous les peuples de civilisation européenne, le problème social. L'accroissement simultané du nombre et de la richesse, sans que cette richesse paraisse profiter au nombre à proportion de l'effort fourni pour la créer ; l'opposition de deux classes dont l'une augmente tandis que l'autre s'enrichit, dont la première n'est rémunérée d'un travail incessant que par une subsistance précaire, tandis que la seconde jouit de tous les bienfaits d'une civilisation raffinée, se manifestent partout à la fois et partout déterminent un même courant d'idées et de passions. Et c'est le spectacle même de l'activité industrielle, de la vaste collaboration organisée qui la soutient, de la puissance du capital qui en réunit et en dirige les forces collectives, qui a donné naissance au socialisme contemporain. L'attente universelle de changements profonds, espérés des uns, redoutés des autres, est un trait frappant de notre époque : ces changements, s'ils ont lieu en effet, pourront être regardés comme le terme du mouvement qui a commencé avec la grande industrie.

Cet ensemble de phénomènes, dont on aperçoit maintenant l'étendue, ne se laisse pas enfermer dans les bornes d'une définition étroite, où les conditions matérielles de la production entreraient seules en ligne de compte. Pour lui attribuer son importance réelle il faut le considérer dans son unité complexe et vivante. Il apparaît alors comme un de ces faits d'immense portée dont l'intelligence éclaire toute une époque. La grande industrie dans l'ordre économique, la science positive dans l'ordre intellectuel, la démocratie dans l'ordre politique, sont les forces maîtresses qui dirigent le mouvement des sociétés contemporaines. Et il en est des origines de la grande industrie comme de celles de la démocratie ou de la science. Il serait absurde de soutenir que la science a commencé avec Galilée et Descartes, ou qu'il n'y a pas eu de démocraties avant les révolutions d'Amérique et de France : c'est pourtant avec raison qu'on regarde les savants du XVIIe siècle, et les révolutionnaires du XVIIIe, comme les véritables fondateurs de la science et de la démocratie modernes. On peut de même, dans les formes de la production qui ont précédé immédiatement la grande industrie, distinguer déjà quelques-uns de ses traits ; mais c'est seulement au temps des grandes inventions techniques, au temps de Hargreaves, de Crompton et de Watt, que nous la voyons apparaître elle-même, et avec elle ce faisceau de conséquences qu'on ne saurait en séparer et qui fait de son progrès un des évenements capitaux de l'histoire.

1. *Census of Manchester and Salford* (1773). Chetham Library. Manchester.

II

Si nous avons tant insisté sur des notions presque banales, et qui devraient l'être encore davantage, c'est afin de ne laisser subsister aucune équivoque sur ce que nous entendons par ces mots de grande industrie. La précaution n'est pas inutile, car leur sens dans l'usage commun est assez confus et variable, et les efforts tentés pour le fixer en une formule définitive n'ont jusqu'ici abouti à rien de satisfaisant. On a proposé de distinguer entre la petite et la grande industrie d'après la dimension des marchés auxquels vont leurs produits; la petite industrie serait celle qui fournit à la consommation d'une localité ou d'une région peu étendue; la grande industrie, celle qui travaille pour un marché national ou international[1]. Cette définition n'est pas en elle-même inacceptable: elle a le mérite de mettre en évidence le rôle essentiel de l'élément commercial dans l'évolution économique. Mais elle s'écarte de l'acception courante qui, assez vague sans doute, ne se prête pas cependant à une interprétation arbitraire. Personne ne songerait à comprendre dans la grande industrie la fabrication des tapis, telle qu'elle a lieu de nos jours en Turquie ou en Perse: cependant les tapis d'Orient se vendent dans le monde entier. Dira-t-on que la grande industrie existait à Corinthe au temps où les poteries fabriquées dans l'isthme se répandaient dans tous les pays de la Méditerranée? C'est que le travail exécuté à la main dans de petits ateliers, par des artisans dont l'habilité individuelle remédie aux défauts d'un outillage primitif, est à nos yeux tout le contraire de la grande industrie. Son expansion extérieure n'est donc pas ce qui la caractérise essentiellement, mais plutôt son organisation intérieure et sa technique. Elle est avant tout, nous l'avons dit, un certain régime de la production.

Mais ici de nouvelles confusions nous attendent: car l'évolution industrielle a des phases nombreuses, qui d'ailleurs se suivent en une série continue, où l'abstraction seule peut marquer des limites précises: selon qu'on choisit comme point de départ l'une ou l'autre d'entre elles, l'avènement de la grande industrie se trouve avancé d'un ou plusieurs siècles. Nous l'avons placé en Angleterre, entre 1760 et 1800; mais s'il faut en croire quelques ouvrages récents, ou tout au moins leurs titres[2], la grande industrie aurait existé en France cent ans auparavant, dès le règne de Louis XIV. Est-ce une contradiction ou un malentendu? C'est ce que nous devons examiner.

La grande industrie qu'a étudiée M. Germain Martin n'est pas, nous en sommes avertis dès le début de son livre, le produit d'une évolution spontanée[3]. Elle est une création artificielle, ou peu s'en faut, elle n'a vécu que par l'initiative ou grâce au patronage de la royauté française. Colbert, qui peut être à bon droit regardé comme son fondateur, «pensait que la grande industrie ne pouvait exister que par l'intervention de l'État[4].» Il ne la concevait que comme une annexe de ces grands ateliers royaux, qui, à toutes les époques, et dans les civilisations les plus inégales, ont travaillé pour le service et sur l'ordre du souverain. Les documents que M. Germain Martin a réunis sur les manufactures du XVIIe siècle nous présentent un tableau qui, au premier abord, rappelle assez celui des fabriques modernes. L'importance des entreprises, le nombre des ouvriers

1. A. Milhaud. *De la vie industrielle en France depuis le XVIIe siècle*. Revue de synthèse historique. III. 335.
2. Germain Martin. *La Grande Industrie en France sous le règne de Louis XIV* (1898); A. des Cilleuls. *Histoire et régime de la grande industrie aux XVIIe et XVIIIe siècles* (1900).
3. «Le présent travail a pour objet d'exposer le rôle de la royauté dans la grande industrie en France, de 1660 à 1715. On y étudie les règlements relatifs à la fabrication, à l'inspection des manufactures, à la police des métiers et en général l'intervention de l'administration royale dans la grande industrie.» *La Grande Industrie en France sous le règne de Louis XIV*, préface, p. I.
4. *Ibid.*, p. 94.

employés, leur division en équipes spécialisées, la discipline étroite à laquelle ils étaient soumis[1], sont autant de caractères qui se retrouvent dans notre grande industrie. Mais cette analogie réelle paraît moins significative, lorsqu'on en découvre l'origine.

Les établissements industriels, dans les états de fabrication dressés par les inspecteurs des manufactures, sont divisés en trois classes[2]. Au premier rang se trouvent les manufactures de l'État, qui appartiennent au roi, dont les capitaux sortent des caisses du roi, dont les produits sont le plus souvent des objets de luxe, destinés au roi lui-même : le meilleur exemple qu'on en puisse donner est l'établissement des Gobelins, dont le titre officiel, à la date de sa création, fut celui de Manufacture royale des meubles de la couronne. Les légions d'artistes et d'artisans qui y furent employés, sous la direction de Lebrun, puis de Mignard, ne travaillaient qu'au bon plaisir de Louis XIV, pour orner ses palais et accroître la splendeur de sa cour. Leurs œuvres allèrent décorer Versailles, Saint-Germain et Marly: tapisseries de haute lice, boiseries, sculptures, bronzes, trophées, et ces merveilleuses argenteries ciselées qui furent fondues aux mauvais jours du règne. Tout ici a rapport à la personne royale ; tout en vient, tout y retourne. Une telle industrie reste en dehors des nécessités de la vie économique: elle n'attend pas de bénéfices et ignore la concurrence. Ce n'est pas à la grande industrie moderne qu'il faut la comparer, mais plutôt à l'industrie domestique de l'Antiquité, au travail des esclaves attachés à une maison, qui fabriquaient, dans cette maison même, les objets requis pour les besoins ou les plaisirs de leur maître.

La seconde classe est celle des *manufactures royales*. Celles-ci appartiennent à des particuliers et fabriquent pour la consommation publique. Mais le nom même qu'elles portent indique assez qu'ici encore se manifeste l'action toute-puissante de la royauté. La protection officielle ne suffit pas : c'est plus d'une fois sur l'invitation formelle du roi et de ses ministres, qui au besoin vont les chercher à l'étranger[3], que les manufacturiers s'établissent dans des régions désignées. Aucun appui ne leur est refusé: subventions directes du Trésor, prêts sans intérêts consentis par les villes ou par les États provinciaux ; exemption des impôts les plus lourds, des tailles, des gabelles, du logement des gens de guerre[4]. On va même jusqu'à les dispenser d'obéir aux règlements industriels, si étroits, si tyranniques, auxquels les petits fabricants demeurent assujettis. Ils sont placés comme en dehors des lois de l'État : c'est ainsi que les Van Robais, d'Abbeville, purent professer librement la religion protestante après la révocation de l'Édit de Nantes et pendant tout l'ancien régime[5].

Enfin, les *manufactures privilégiées* sont peut-être plus favorisées encore que les manufactures royales. Elles ont le droit exclusif de fabriquer et de vendre certains produits. Elles jouissent d'un monopole absolu, que la fraude seule peut limiter, et l'on sait avec quelle sévérité la législation de l'ancien régime punissait toute sorte de fraude. Il semble que Colbert ait voulu attribuer aux manufacturiers une partie de la prérogative royale, comme s'ils n'avaient été, à la tête de leurs établissements, que les délégués de la royauté[6].

1. *Ibid.*, p. 14.
2. *Ibid.*, p. 8.
3. Sur les mesures prises par Colbert pour attirer en France les ouvriers et les fabricants étrangers, v. chap. v, p. 60 et suiv. Il fait venir des drapiers de Hollande (p. 58-71), des ferblantiers d'Allemagne (p. 71-75), des ingénieurs des mines de Suède (p. 75), des verriers et des dentellières de Venise et de Milan (p. 76-79).
4. *La Grande Industrie en France sous le règne de Louis XIV*, p. 10-11.
5. *Ibid.*, p. 67-69.
6. M. G. Martin en donne un certain nombre d'exemples, entre autres celui des établissements de Clermont, de Sapte et de Conques, qui avaient le monopole des draps fins dans le Languedoc, p. 12.

Si la main qui a élevé et qui soutient l'édifice vient à se retirer, tout s'ébranle et menace ruine. Ces entreprises ne vivaient que de protection et de privilège : abandonnées à elles-mêmes, beaucoup n'auraient pas tardé à disparaître. Quand, sous le règne de Louis XV, le gouvernement cessa de s'occuper d'elles avec autant de sollicitude, elles commencèrent à péricliter. Les manufactures royales et privilégiées, qui avaient un moment produit près des deux tiers du drap fabriqué dans toute la France, n'en produisirent plus qu'un tiers environ. La petite industrie, qui a reculé si rapidement devant la grande industrie moderne, était encore très vivace. Elle résistait à la concurrence redoutable que lui avait suscitée Colbert, malgré les charges et les entraves qui pesaient sur elle. C'est qu'elle s'appuyait sur tout un ensemble de conditions économiques et sociales, que rien encore n'était venu altérer. Dans le Languedoc, par exemple, nous la voyons non seulement subister, mais prospérer et s'étendre, tout en conservant sa forme domestique et rurale : « Tout particulier un peu industrieux qui trouve entre deux montagnes, éloigné de toute société, un petit coin où il y a un peu d'eau, l'ajuste, la retient ou la laisse courir selon qu'elle est plus ou moins abondante. Il y forme une prairie naturelle qui n'a pas quelquefois deux toises de largeur sur un quart de lieue, une demi-lieue, de longueur, achète des moutons, qu'il y nourrit ; sa femme et ses enfants en filent la laine qu'il a tondue et cardée ; il la tisse et va vendre son étoffe au lieu le plus prochain. Son voisin, si on peut lui donner ce nom, puisqu'il est quelquefois éloigné d'un quart de lieue au moins, en fait de même, et insensiblement tout cela forme une communauté, dont on ne ferait peut-être pas le tour en un jour[1].

La création des manufactures royales du XVIIe siècle ne doit donc point être confondue avec la croissance spontanée de la grande industrie au siècle suivant. Elle est restée un fait de portée médiocre, important sans doute pour la prospérité de la France telle que la désirait Colbert, mais sans conséquences générales : aucune filiation directe ne paraît la rattacher au régime économique du temps présent[2]. On en pourrait dire autant des monopoles industriels de l'Angleterre du XVIIe siècle, qu'a étudiés Hermann Levy[3]. Dans les industries dont il décrit la croissance – mines, verreries, savonneries, salines, tréfileries, etc. –, la création de grandes organisations capitalistes ne fut possible que grâce au soutien actif et continu de l'État. « Privilèges royaux, suppression de la concurrence intérieure par des mesures législatives, politique protectionniste[4] », tels furent les moyens par lesquels on encourageait leur développement artificiel. L'appui même dont bénéficiaient ces organisations explique leur impopularité, ainsi que les campagnes menées contre leurs privilèges dès l'époque de Cromwell et leur ruine aussitôt que ces privilèges leur furent retirés. Serait-on fondé à soutenir que leur existence transitoire « contredit l'affirmation souvent répétée que le capitalisme industriel prit naissance en

1. Rapport de l'inspecteur général des manufactures en Languedoc (archives de l'Hérault, C. 2561). Cité par G. Martin, p. 17. Comparer la description de la vallée de Halifax, par De Foe, que nous citons plus loin.
2. Selon l'éminent historien belge Henri Pirenne, le progrès de l'évolution économique ne se fait pas par un mouvement continu, mais par une succession de bonds en avant : « Je pense qu'à chacune des périodes successives que l'on peut distinguer dans notre histoire économique correspond une classe nettement distincte de capitalistes. Autrement dit, le groupe de capitalistes existant à une époque donnée n'est pas issu du groupe de capitalistes de l'époque précédente. À chaque changement de l'organisation économique, nous trouvons une solution de continuité. » *The Stages in the Social History of Capitalism*, American Historical Review, XIX, 494 (1914). Cette opinion est confirmée par nos propres observations sur le passage de la manufacture à la grande industrie.
3. *Monopoly and Competition, a Study in English Industrial Organisation* (1911) ; *Die Grundlagen des ökonomischen Liberalismus in der Geschichte der englischen Volkswirtschaft* (1914).
4. H. Levy, *Monopoly and Competition*, p. 43.

Angleterre vers 1760[1] ?» Elles appartiennent évidemment à un ordre de faits qui diffère essentiellement de la grande industrie moderne et qui ne saurait en expliquer l'apparition ultérieure. Toutefois, les auteurs dont nous avons cité les ouvrages établissent clairement qu'avant l'ère de la grande industrie proprement dite il a pu s'organiser, à la faveur de circonstances avantageuses, des exploitations industrielles considérables, qui employaient de gros capitaux et un nombreux personnel. Les exemples à l'appui ne manquent pas, en Angleterre et en Italie aussi bien qu'en France, et à l'époque de la Renaissance ou à la fin du Moyen Âge aussi bien qu'au siècle de Louis XIV. Et la plupart d'entre eux, à défaut de l'action d'un Colbert, révèlent la présence de causes plus profondes[2].

III

Les travaux de W. J. Ashley[3] et de G. Unwin[4] sur l'histoire économique de l'Angleterre, de M. Doren sur celle de Florence[5], nous font connaître l'existence d'entreprises capitalistes, particulièrement dans l'industrie de la laine, au début du XVIe siècle, voire même au XVe et au XIVe. Pour nous en tenir à l'Angleterre, il est certain que, dès le règne de Henry VII, quelques riches drapiers ont joué, dans les comtés du Nord et de l'Ouest, un rôle semblable, toutes proportions gardées, à celui de nos grands manufacturiers. La tradition nous a conservé leurs noms: c'étaient Cuthbert de Kendal, Hodgkins de Halifax, Stump de Malmesbury, Bryan de Manchester, John Winchcombe de Newbury[6]. Au lieu d'être seulement des marchands, achetant le drap aux tisserands pour le revendre sur les marchés et dans les foires, ils avaient monté des ateliers qu'ils dirigeaient eux-mêmes. C'étaient des fabricants au sens moderne du mot. Leur richesse et leur puissance paraissent avoir fait grande impression sur les contemporains, et avec leur mémoire à demi légendaire est parvenue jusqu'à nous une image, embellie sans doute et amplifiée à l'excès, mais encore reconnaissable, de cette ébauche précoce du capitalisme industriel.

C'est autour de John Winchcombe, plus connu sous le surnom populaire de Jack de Newbury, que la légende et l'histoire ont groupé le plus de souvenirs. Plus de deux cents ans après sa mort, on racontait encore, dans sa ville natale, comment il avait fait bâtir à ses frais l'église de la paroisse, comment il avait reçu le roi Henry VIII et la reine Catherine d'Aragon, et comment, lors de la guerre contre les Écossais, en 1513, il avait équipé à ses frais cent hommes, qu'il avait conduits en personne sur le champ de bataille de Flodden-field[7]. Un jour, le roi, disait-on, rencontrant sur une route, près de Londres, une longue file de voitures chargées de pièces d'étoffes, et apprenant qu'elles appartenaient toutes à Winchcombe, s'était écrié: «Ce Jack de Newbury est plus riche que moi.»

1. *Id., ibid.*, p. 15.
2. Sur les débuts du capitalisme industriel, particulièrement en France, voir le remarquable article d'Henri Hauser, *les Origines du capitalisme industriel en France*, Revue d'économie politique (1902), p. 193 et suiv., 313 et suiv.
3. *An Introduction to English Economic History and Theory*, vol. II.
4. *Industrial Organization in the Sixteenth and Seventeenth Centuries.*
5. *Studien aus der florentiner Wirtschaftsgeschichte: die florentiner Wollentuchindustrie vom 14ten bis zum 16ten Jahrhundert.*
6. Newbury est une petite ville du Berkshire, à 17 miles à l'ouest de Reading.
7. Daniel De Foe, *A Tour through the Whole Island of Great Britain*, II, 59. Le seul de ces faits qu'on ait pu vérifier est celui de la donation pour la construction de l'église paroissiale : elle est inscrite dans le testament authentique de John Winchcombe, daté de 1519. Ashley, *Introduction to English Economic History and Theory*, trad. fr., II, 277.

Il devait sa fortune à l'activité de ses vastes ateliers, où un personnel nombreux cardait, filait et tissait la laine. Nous en possédons une description curieuse, sinon très digne de foi, dans un petit livre qui raconte, en vers médiocres, l'histoire du grand drapier[1]. Deux cents tisserands, réunis dans une salle longue et large, faisaient marcher deux cents métiers, et étaient aidés par autant d'apprentis. Cent femmes étaient employées à carder. Deux cents jeunes filles « en jupons d'étamine rouge, sur la tête des fichus blancs comme le lait », maniaient la quenouille et le rouet. Le triage des laines était fait par cent cinquante enfants, les « fils de pauvres sottes gens ». Le drap une fois tissé passait par les mains de cinquante tondeurs et de quatre-vingts apprêteurs. L'établissement comprenait aussi un moulin à foulon, qui occupait 20 hommes, et une teinturerie qui en occupait 40[2]. Il est probable que ces chiffres sont fort exagérés. Ce qui demeure certain c'est que l'entreprise de John Winchcombe s'écartait, tant par son mode d'organisation que par son importance relative, des formes accoutumées de l'industrie : c'est ce qui en explique la célébrité, dont la génération suivante nous a transmis l'écho renforcé par la distance.

La classe des fabricants, dont Jack de Newbury est le représentant, fit de rapides progrès pendant la première moitié du XVIe siècle. Et nous ne sommes pas, cette fois, en présence d'un mouvement artificiel. La tendance de l'industrie lainière à se concentrer ainsi dans les mains de quelques riches drapiers ne fut secondée par aucune influence extérieure. Loin de l'encourager, comme fit plus tard la royauté française, le gouvernement des Tudors s'en alarma. Il y vit une menace pour l'organisation traditionnelle des métiers, et surtout une concurrence écrasante pour la multitude des petits artisans. Des mesures furent prises pour protéger au moins les tisserands des campagnes[3] : « Les tisserands de ce royaume, aussi bien pendant la présente session du Parlement qu'en divers autres temps, se sont plaints que les riches drapiers les oppriment de mainte façon. Quelques-uns établissent et gardent dans leurs maisons plusieurs métiers à tisser, et les mettent aux mains d'ouvriers à la journée et de personnes sans apprentissage, au détriment d'un grand nombre de pauvres artisans, qui ont appris dès l'enfance l'art de tisser... ou bien ils louent ces métiers à des prix si déraisonnables que les pauvres artisans n'ont plus de quoi vivre, encore moins de quoi nourrir leurs femmes et leurs enfants. D'autres, en leur donnant pour la main-d'œuvre du tissage un salaire beaucoup moindre qu'ils ne donnaient autrefois, les forcent à renoncer à l'occupation pour laquelle ils ont été élevés. Pour remédier aux griefs ci-dessus, et pour éviter toutes les fâcheuses conséquences qui peuvent en advenir si elles ne sont prévenues à temps, il est ordonné et arrêté, par l'autorité de ce présent Parlement, qu'aucune personne exerçant la profession de drapier et demeurant hors d'une cité, bourg, ville de marché ou municipalité constituée n'aura dans sa maison ou en sa possession plus d'un métier à tisser la laine ; qu'aucune desdites personnes ne devra, de quelque manière que ce soit, directement ou indirectement, recevoir ou prélever aucune espèce de profit, de bénéfice ou de revenu

1. Thomas Deloney, *The Story of John Winchcombe, Commonly Called Jack of Newbury*. Londres, 1597. Ce livre eut de nombreuses rééditions, sous le titre un peu modifié de *The Pleasant History of John Winchcombe, in His Younger Years Called Jack of Newbury*. Il est à noter que sa publication eut lieu près de quatre-vingts ans après la mort de son héros.
2. Th. Deloney, *The Story of John Winchcombe*, p. 37.
3. C'est un des procédés habituels de l'ancienne législation économique, de limiter à certaines localités l'expansion de telle ou telle industrie. Voir 14-15 Henry VIII, c. 1 (interdiction aux habitants du Norfolk de teindre, tondre ou apprêter le drap en dehors de la ville de Norwich) ; 33-34 Henry VIII, c. 10 (interdiction de fabriquer des couvertures de laine peignée en dehors de la ville d'York).

pour la location d'un métier, ou d'une maison où fonctionne un métier... sous peine, pour chaque semaine de contravention, d'une amende de vingt shillings[1]. »

Il y a donc eu en Angleterre, dès l'époque des Tudors, un développement spontané du capitalisme industriel[2], assez puissant déjà pour qu'on pût craindre de voir la petite production absorbée ou détruite. Doit-on dire pour cela que la grande industrie date au moins du XVIe siècle ? Ne sommes-nous pas plutôt amenés à reconnaître qu'une longue suite de faits, dont les tentatives de Colbert ne sont qu'un épisode, ont de loin annoncé et préparé la révolution industrielle ?

IV

Un mot groupe et caractérise ces faits : celui de *manufacture*. Nous le devons à Karl Marx qui, à certaines pages de son grand ouvrage dogmatique, a fait œuvre d'historien.

C'est, selon Marx, au temps de la Renaissance et de la découverte du Nouveau Monde, quand l'expansion soudaine du commerce, l'accroissement du numéraire et de la richesse transformèrent la vie économique des peuples occidentaux, que l'évolution du capitalisme moderne a commencé[3]. Mais cette évolution se divise en deux périodes : jusqu'au milieu du XVIIIe siècle, la production est soumise au régime de la manufacture. Vers 1760 commence l'âge de la grande industrie[4]. Sur quoi repose cette distinction, et quel sens faut-il lui attribuer ?

La manufacture implique déjà la séparation entre le travail et le capital. On vient de voir, par le préambule de la loi de 1557, comment s'opère cette séparation : l'ouvrier travaillant d'abord librement, dans sa propre maison et avec ses propres outils, n'est plus bientôt qu'un locataire, payant une redevance pour l'usage d'un instrument de travail qui ne lui appartient plus. Puis le fabricant va plus loin, il garde chez lui l'outillage, organise des ateliers soumis à sa surveillance directe : l'ouvrier ne lui fournit plus que son travail, pour lequel il reçoit un salaire. C'est ce qui a lieu chez John Winchcombe, à Newbury, comme chez les Van Robais, à Abbeville.

Le principe et la raison d'être de la manufacture, c'est la division du travail[5]. Dans la petite échoppe de l'artisan, aidé de deux ou trois compagnons, ou dans la chaumière de l'ouvrier villageois, entouré de sa femme et de ses enfants, la division du travail demeure très rudimentaire. Il suffit qu'un minimum d'opérations indispensables s'accomplissent en même temps : qu'un homme par exemple fasse marcher le soufflet de la forge, pendant qu'un autre manie le marteau. À cela comparons la description fameuse qu'Adam Smith

1. 3-4 Philippe et Marie, c. 11. Il était interdit en même temps : aux tisserands, de posséder un moulin à fouler ; aux foulons, de posséder un métier à tisser ; d'avoir (sauf dans les villes) plus de deux apprentis, etc.

2. V. A. Held, *Zwei Bücher zur socialen Geschichte Englands*, p. 498. « Déjà sous les Tudors l'industrie des draps était sous beaucoup de rapports une industrie capitaliste, c'est-à-dire une industrie dont les débouchés relevaient du commerce mondial et étaient aux mains de grands commerçants ». M. Laurent Dechesne, dans l'*Évolution économique et sociale de l'industrie de la laine en Angleterre*, p. 35-37, montre assez bien en quoi ce mouvement était prématuré.

3. Il faudrait, en réalité, avancer beaucoup cette date. Selon Doren, *op. cit.*, p. 22 et suiv., l'élément capitaliste apparaît dans l'industrie florentine dès la fin du XIIIe siècle. V. aussi Lujo Brentano, *Die Anfänge des modernen Kapitalismus* (1916), p. 199.

4. *Das Kapital*, I, 335 (3e éd.).

5. « Le mode fondamental de la production capitaliste, c'est la coopération, dont la forme rudimentaire, tout en contenant le germe de formes plus complexes, ne reparaît pas seulement dans celles-ci comme un de leurs éléments mais se maintient aussi à côté d'elles comme mode particulier. » Cette espèce de coopération, qui a pour base la division du travail, revêt dans la manufacture sa forme classique et prédomine pendant la période manufacturière proprement dite, qui dure depuis le milieu du XVIe siècle environ jusqu'au dernier tiers du XVIIIe. » *Ibid.* Sombart définit la manufacture comme Marx. Mais il admet que, si elle est souvent un état de transition, quelquefois aussi elle est un aboutissement définitif ; il en donne pour exemples l'industrie céramique et la fabrication des meubles de luxe. V. *Der moderne Kapitalismus*, I, p. 38, 41, 42.

a donnée d'une manufacture d'épingles au XVIIIe siècle : « Un homme qui ne serait pas façonné à ce genre d'ouvrage, dont la division du travail a fait un métier particulier, ni accoutumé à se servir des instruments qui y sont en usage, dont l'intervention est probablement due encore à la division du travail, cet ouvrier, quelque adroit qu'il fût, pourrait peut-être à peine faire une épingle dans toute sa journée, et certainement il n'en ferait pas une vingtaine. Mais de la manière dont cette industrie est maintenant conduite, non seulement l'ouvrage entier forme un métier particulier, mais même cet ouvrage est divisé en un grand nombre de branches, dont la plupart constituent autant de métiers particuliers. Un ouvrier *tire le fil à la bobille*, un autre le *dresse*, un troisième coupe la *dressée*, un quatrième *empointe*, un cinquième est employé à *émoudre* le bout qui doit recevoir la tête. Cette tête est elle-même l'objet de deux ou trois opérations séparées : la *frapper* est une besogne particulière, *blanchir* les épingles en est une autre ; c'est même un métier distinct et séparé que de *piquer* les papiers et d'y *bouter* les épingles ; enfin l'important travail de faire une épingle est divisé en dix-huit opérations distinctes, ou environ, lesquelles, dans certaines fabriques, sont remplies par autant de mains différentes, quoique dans d'autres le même ouvrier en remplisse deux ou trois. J'ai vu une petite manufacture de ce genre qui n'employait que dix ouvriers, et où par conséquent quelques-uns d'entre eux étaient chargés de deux ou trois opérations. Mais quoique la fabrique fût fort pauvre, et pour cette raison, mal outillée, cependant, quand ils se mettaient en train, ils venaient à bout de faire entre eux environ douze livres d'épingles par jour : or, chaque livre contient au delà de quatre mille épingles de taille moyenne. Ainsi ces dix ouvriers pouvaient faire entre eux plus de quarante-huit milliers d'épingles dans la journée... [1] »

La division du travail a servi tant de fois de thème aux dissertations des économistes qu'il est presque inutile de rien ajouter. La précision et la rapidité graduellement acquises par les ouvriers spécialisés et leur effet sur la production avaient d'ailleurs été remarqués dès l'origine par les fondateurs des premières manufactures. Avant Adam Smith, avant l'auteur des *Considérations sur le commerce de l'Inde*, ils avaient observé qu'« en introduisant dans le travail plus d'ordre et de régularité, on parvient à le faire en moins de temps et avec moins de main-d'œuvre, et par suite à en abaisser le prix [2]. »

Comment distinguer la manufacture, qui correspond à un degré déjà si avancé de l'évolution économique, de la grande industrie moderne ? Pour Marx, comme pour la plupart de ceux qui ont examiné cette question, le caractère distinctif de la grande industrie, c'est l'usage des machines. Après son chapitre sur la *Division du travail et la manufacture*, il intitule le suivant : *Machinisme et grande industrie*. Il se livre à de longues

1. Ad. Smith. *Inquiry Into the Nature and Causes of the Wealth of Nations*, éd. Mac Culloch, p. 3. – Autre texte qui peut être comparé avec celui d'Adam Smih, et qui lui est antérieur de trois quarts de siècle : « Une montre est un objet d'une grande complexité, et il est possible pour un seul artisan d'en faire toutes les parties et ensuite de les assembler. Mais supposons que la demande devienne assez forte pour donner constamment du travail à autant de personnes qu'il y a de pièces dans une montre. À chacun serait assigné un travail spécial et toujours le même : l'un n'aurait rien à faire que des boîtiers, un autre des roues, un autre des aiguilles, un autre des vis, d'autres auraient encore leurs tâches particulières ; enfin ce serait l'occupation unique et constante d'un ouvrier d'assembler les différentes pièces : il serait forcément plus habile et plus expéditif à cette sorte d'ouvrage que s'il devait aussi travailler à fabriquer toutes ces pièces. De même celui qui ferait les aiguilles, ou les roues, ou les vis, ou toute autre partie de la montre, s'acquitterait forcément de sa tâche spéciale avec plus de perfection et de diligence... » *Considerations Upon the East India Trade* (1701), p. 70. C'est ce que Marx appelle la division du travail hétérogène, par opposition à la division organique, ou sérielle, dont la facture d'épingles d'Adam Smith est un exemple. Dans le premier cas, chaque ouvrier produit une pièce séparée, en vue d'un ajustage. Dans le second cas, un objet unique se transforme en passant par une série de manipulations successives. On trouvera dans Karl Bücher, *Entstehung der Volkswirtschaft* (2e éd., 1898) une étude complète de la division du travail, avec la classification systématique des faits qui s'y rapportaient alors.

2. *Considerations Upon the East India Trade*, p. 69.

considérations sur les machines et leur rôle économique. Il définit la fabrique comme « un atelier où l'on emploie des machines » : l'on y peut reconnaître encore la division du travail qui régnait dans la manufacture, mais poussée à l'extrême par ces auxiliaires automatiques, équivalant pour la force matérielle à un nombre immense d'ouvriers, et accomplissant leur tâche avec une précision infaillible. Selon Hobson[1], ce sont les machines qui, venant remplacer un outillage relativement simple, ont augmenté dans des proportions considérables le capital fixe des entreprises, qui, par l'accélération formidable donnée à la production, accroissent de plus en plus le capital circulant, et qui, par suite, ont rendu la direction des industries de plus en plus inaccessible à l'ouvrier sans capital et déterminé le régime social contemporain[2]. Un autre auteur nous montre qu'une organisation du travail analogue à celle de la manufacture a pu se produire et s'est produite en fait dans toute société, ancienne ou moderne, parvenue à un certain degré de civilisation et de prospérité matérielle[3]. Mais un élément nouveau apparaît à la fin du XVIIIe siècle, c'est le machinisme, et son apparition marque une époque dans l'histoire économique du monde.

Les mots mêmes semblent témoigner de cette identité fondamentale entre la grande industrie et le machinisme. L'expression qui traduit le mieux, en anglais, notre terme de grande industrie, est celle de *factory system*[4]. Le mot *factory* désigne une fabrique, une usine. Au milieu du XVIIIe siècle, il conservait encore le sens exclusif du mot français auquel il est apparenté : factorerie, c'est-à-dire magasin, comptoir, entrepôt[5]. Quand parurent les premières fabriques on ne les désigna pas d'abord sous ce nom, mais sous celui de *mills*, moulins : ce qui frappait les yeux, c'était la grande roue de la rivière, pareille à celle d'un moulin à farine. D'ailleurs ce mot de *mill*, prenant une acception de plus en plus large, finit par devenir presque synonyme de machine[6]. Ainsi l'usine, le moulin, la machine ne faisaient qu'un. Dans les dernières années du XVIIIe siècle, les deux mots *mill* et *factory* s'emploient presque indifféremment[7]. Ils se trouvent tous les deux dans le texte de la première loi pour la réglementation du travail dans les fabriques[8]. L'expression de *factory system* se rencontre, dès 1806, dans le rapport d'une commission parlementaire sur l'industrie de la laine[9], sans que l'idée de machine y semble nécessairement attachée. Mais vers 1830, quand elle est devenue d'un usage courant, Ure, dans sa *Philosophie de l'industrie*, la définit ainsi : « Le système de fabrique (*factory system*) désigne la coopération de diverses classes d'ouvriers, adultes et non adultes, secondant de leur travail assidu un ensemble de machines productrices, auquel un mouvement

1. J. A. Hobson, *Evolution of Modern Capitalism*, p. 40.
2. « Le principal facteur matériel de l'évolution capitaliste est le machinisme : la complexité et le nombre croissant des machines employées pour la fabrication et le transport des marchandises, ainsi que dans les industries extractives, est le grand fait qui caractérise le développement de l'industrie moderne ». *Ibid.*, p. 5-6.
3. R. W. Cooke Taylor, *Factory System and Factory Acts*, p. 29.
4. Littéralement : système de fabrique.
5. C'est le sens qu'il a encore dans le dictionnaire de Johnson. Il est possible que *factory* doive son sens actuel au mot *manufactory*, manufacture.
6. Ex. les expressions *paper mill, silk mill*, etc.
7. Dans l'ouvrage d'Aikin, par exemple, *A Description of the Country From Thirty to Forty Miles Round Manchester*, 1795, une filature de coton est presque toujours appelée *cotton mill*.. V. Eden, *State of the Poor* (1797), II, 129-130.
8. 42 Geo. III, c. 73 (1802). *An Act for the Preservation of the Health and Morals of Apprentices Employed in Cotton and Other Mills and in Cotton and Other Factories.*
9. *Report from the Select Committee Appointed to Consider the State of the Woollen Manufacture in England* (1806), p. 8 : « Dans le système de fabrique (*factory system*), le patron, qui parfois possède un très grand capital, emploie dans un ou plusieurs bâtiments ou fabriques, sous sa surveillance directe ou celle de contremaîtres, un nombre d'ouvriers plus ou moins considérable selon l'importance de ses affaires. »

régulier est imprimé par une force motrice centrale[1].» Enfin, en 1844, nous avons une définition officielle et légale, qui est ainsi conçue: «Une fabrique *(factory)* est un local où l'on travaille, au moyen de machines mues par la force de l'eau, de la vapeur ou de tout autre agent mécanique, à préparer, manufacturer, finir ou transformer en quelque façon le coton, la laine, le crin, la soie, le lin, le chanvre, le jute ou l'étoupe[2].»

Si l'usage des machines est essentiellement ce qui distingue la fabrique de la manufacture, ce qui caractérise la forme nouvelle de la production par rapport à toutes les précédentes, ne devrait-on pas employer, de préférence au terme de grande industrie, celui de machinisme? Il a l'avantage d'être court et significatif, propre à prévenir les confusions, dont l'origine si souvent est dans les mots plutôt que dans les choses. Mais peut-être introduirait-il dans la variété complexe et confuse des faits une simplicité trompeuse. Et d'abord, l'avènement des machines ne s'est pas fait d'un seul coup. Où commence la machine, où finit l'outil? Les forges et les fonderies, dès le XVIe siècle, employaient des marteaux-pilons et des soufflets mus par des roues à eau[3]; et si l'on parcourt les volumes de planches de l'Encyclopédie, parus quelques années avant la fondation, en Angleterre, des premières filatures de coton, on sera surpris d'y trouver les dessins d'une foule de mécanismes déjà fort ingénieux et parfois assez puissants[4]. Il n'est pas certain que le machinisme ait des commencements mieux déterminés que la grande industrie. N'est-il pas à craindre d'ailleurs que ce mot ne soit trop étroit pour tout ce qu'il doit exprimer? Dans l'industrie textile, le point de départ des progrès les plus décisifs est en effet l'invention des machines à filer. Mais dans l'industrie métallurgique, nous verrons que l'événement capital a été l'application de la houille à la fonte du minerai de fer: est-ce là un fait qu'on puisse exprimer par le mot de machinisme? Ailleurs, c'est par des modifications presque insensibles que la manufacture passe au rang de grande industrie: par exemple, dans le District des Poteries, au temps de Josiah Wedgwood. Il faudrait donc remplacer le mot machinisme par une expression beaucoup plus large qui désignerait le perfectionnement technique sous toutes ses formes. Le machinisme est un des éléments principaux, peut être l'élément fondamental, de la grande industrie moderne. Mais, s'il faut choisir entre les deux termes, n'est-il pas permis de préférer le plus général, celui qui n'indique pas seulement l'origine ou l'une des origines des phénomènes qu'il représente, mais qui embrasse ces phénomènes dans leur ensemble et les caractérise par leur liaison même[5]?

On peut fort bien soutenir qu'il n'y a pas entre la manufacture et la grande industrie de séparation tranchée, et insister sur les traits qui leur sont communs plutôt que sur ceux qui les distinguent: «Dans la manufacture, écrit Held, c'en est fait déjà de l'indépendance de l'ouvrier: déjà se développe, à l'intérieur de chaque établissement, une forte division du travail, qui a pour effet de faire perdre sans retour à l'ouvrier sa connaissance générale de la technique.» Mais irons-nous jusqu'à dire que «la différence entre la

1. A. Ure, *Philosophy of Manufactures*, p. 14.
2. 8 Victoria, c. 15 (*An Act to Amend the Laws Relating to Labour in Factories, June 6th 1844*). Noter que cette définition légale ne concernait que les industries textiles.
3. V. Ludwig Beck, *Geschichte des Eisens in technischer und kulturgeschichtlicher Beziehung*, II, 130-142.
4. Voir en particulier, tome IV, *Hydraulique*. Et aussi articles *Draperie, Forges, Laine, Mines, Poudres*, etc.
5. Sombart cherche une définition de la grande industrie qui tienne compte de ses caractéristiques techniques et économiques (*Betriebsform* et *Wirtschaftsform*). Du point de vue technique, le trait principal est la concentration dans un même établissement, pourvu d'une force motrice centrale, de toute la fabrication. Du point de vue économique, le facteur dominant est la puissance du capitaliste, qui possède à la fois l'usine, l'outillage et les matières premières, organise la production et trouve les débouchés. Sombart, *Der moderne Kapitalismus*, p. 46.

manufacture et la grande industrie n'est pas en somme d'une importance essentielle[1] » ? Nulle part la succession des phénomènes n'est plus continue, plus insensible, que dans l'ordre économique, ce domaine du besoin et de l'instinct : toute classification, toute distinction d'espèces et d'époques, y garde forcément un caractère plus ou moins artificiel. Rien n'est plus éloigné des catégories si claires, si élégantes, si arbitraires de la sociologie déductive. Mais il existe, et l'on peut aisément discerner, malgré la diffusion de leurs contours, certains groupes de faits qui font corps et qui, par la place relative qu'ils occupent, donnent leur physionomie aux grandes périodes de l'histoire économique : il suffit, pour définir chaque période, d'en reconnaître la tendance prédominante, *tonangebend*, selon l'expression de Held[2]. D'ailleurs, tandis que nous nous efforçons de distinguer et de caractériser ces phases successives, nous ne pouvons oublier qu'elles ne sont, après tout, que les moments d'une même évolution.

Le capitalisme industriel

C'EST PAR UNE SINGULIÈRE méconnaissance de l'histoire que l'on chercherait dans la révolution industrielle les origines du capitalisme. Celles-ci reculent à mesure qu'on les étudie davantage : elles sont peut-être aussi anciennes que le commerce et le numéraire, ou que la distinction entre riches et pauvres. Ce qui appartient en propre au régime de la grande industrie, c'est l'application du capital à la production des marchandises, et la formation même du capital au cours de cette production : c'est l'existence d'une classe capitaliste qui est, essentiellement, une classe industrielle.

I

Jusqu'alors, le capital était le produit soit de l'accumulation pure et simple, soit de l'échange à ses différents degrés. Il était capital foncier, capital financier, ou capital commercial. Si l'on demande en quelles mains se trouvait la richesse avant la fin du XVIIIe siècle, la réponse nous met en présence de trois groupes d'hommes bien distincts. D'abord les propriétaires de biens-fonds, de terres laïques ou ecclésiastiques : classe nombreuse, prépondérante dans le pays, et dont la puissance économique, fortifiée par des privilèges séculaires, était encore très grande. Après eux venait la petite troupe des manieurs d'argent, changeurs, banquiers, traitants : leur opulence, leur activité, leurs relations avec les gouvernements dont ils étaient les créanciers leur donnaient déjà dans la société une place considérable ; leur rôle, quoique très spécial encore et ne s'exerçant que dans un domaine limité, perdait de plus en plus ce caractère d'exception qu'il avait eu précédemment, au temps des grands banquiers de Florence ou d'Augsbourg. Enfin les marchands, qui, dans leurs entreprises proches ou lointaines, individuelles ou collecti-

1. A. Held, *Zwei Bücher zur socialen Geschichte Englands*, p. 544-545. Held va presque jusqu'à les confondre. Après l'*industrie de famille (Familienindustrie)*, qui produit directement pour l'usage, le *métier manuel (Handwerk)*, domaine du petit artisan libre, et l'*industrie à domicile (Hausindustrie)*, où l'ouvrier travaille chez lui, mais pour un patron, il réunit sous le nom d'*industrie des fabriques (Fabrikindustrie)* toutes les formes d'exploitation où les locaux, l'outillage et la direction sont aux mains du capitaliste (p. 541-543). Cette classification est d'ailleurs assez défectueuse : si l'on considère l'outillage et la production, le terme unique d'*industrie des fabriques* est insuffisant ; si l'on considère seulement les relations entre le capital et le travail, l'*industrie à domicile* ne doit pas être classée à part : c'est déjà une industrie capitaliste. – Ce que Held appelle *Hausindustrie* est souvent désigné par les mots de *fabrique collective*. G. Renard a proposé, pour remplacer ce terme équivoque, l'expression plus juste de *fabrique dispersée (Coup d'œil sur l'évolution du travail dans les quatre derniers siècles*, Revue politique et parlementaire, 10 déc. 1904, p. 522).
2. Held, *Zwei Bücher*, p. 414. Encore pourrait-on soutenir que la manufacture n'a jamais été *tonangebend*.

ves, employaient souvent et amassaient de grands capitaux. Les plus riches d'entre eux, dans les villes commerçantes, formaient une véritable aristocratie. Nous avons montré, dans un chapitre précédent, comment ils s'emparaient peu à peu de l'industrie. Lorsqu'ils s'établissaient ainsi en maîtres sur le domaine de la production, ils restaient avant tout occupés de l'échange, comme des marchands qu'ils étaient: leur fonction était non de fabriquer, mais d'acheter et de revendre. – Propriétaires, financiers, négociants: tous les exemples que l'on pourrait citer, à quelques exceptions près, rentreraient dans l'une ou l'autre de ces trois catégories.

Il faut admettre d'ailleurs qu'il y a eu des exceptions. Elles se rattachent à cette forme précoce de la grande industrie que nous avons appelée, d'après Marx, la manufacture. Les grands drapiers du XVIe siècle[1] ou les maîtres de forges du Sussex[2] étaient quelque chose de plus que des commerçants et des entrepreneurs. Maîtres de l'outillage et des locaux industriels, ils organisaient le travail et le surveillaient eux-mêmes, pliaient leur nombreux ouvriers à une discipline commune: bref, ils dirigeaient la production. Mais il s'agit là de cas isolés, qu'on a remarqués et retenus précisément parce qu'ils étaient rares. Qu'il y ait eu avant la grande industrie des hommes qui ont joué le rôle de manufacturiers, le fait est certain; mais une classe de manufacturiers, c'est différent. Il n'existait même pas dans la langue anglaise de terme pour la désigner. Le mot *manufacturer* signifiait indistinctement ouvrier et fabricant, et se rapprochait du premier sens plus souvent que du second[3]. Un «éminent manufacturier» de Manchester, vers 1720, descendait à l'atelier à six heures du matin, déjeunait avec ses apprentis d'une bouillie d'avoine, et se mettait à l'ouvrage à côté d'eux[4]. Entré dans les affaires sans capital, il gagnait sa vie au jour le jour; si après des années de travail il avait gagné un peu d'argent, il le mettait de côté, sans rien changer pour cela à ses habitudes[5]. Il ne sortait guère de son atelier ou de sa boutique et buvait du vin une fois l'an, à la Christmas. Sa distraction favorite consistait à se réunir avec quelques-uns de ses pareils, le soir, dans une taverne où la dépense convenue s'élevait à quatre pence d'ale et un demi-penny de tabac[6]. Dans le Yorkshire, où l'industrie était particulièrement morcelée, la distinction entre le patron et l'ouvrier s'effaçait presque[7]: les milliers de petits fabricants qui vivaient autour de Leeds, de Bradford, de Halifax étaient les deux à la fois, patrons par leur indépendance, ouvriers par leurs occupations et leur genre de vie. Ils étaient aussi, l'on s'en souvient, propriétaires et un peu cultivateurs; ils se rattachaient à la classe des fermiers comme les manufacturiers des villes à celle des marchands. Ainsi se trouvaient encore mêlés et à

1. Voir introduction.
2. Voir 2e partie, ch. III, Le *fer et la houille*, section I.
3. A. Toynbee, *Lectures on the Industrial Revolution in England*, p. 53: «The manufacturer was literally the man who worked with his own hands in his own cottage.» V. *ibid*, *Industry and Democracy*, p. 183.
4. *A Complete History of the Cotton Trade*, p. 170; J. Wheeler, *Manchester, its Political, Social and Commercial History*, p. 149.
5. J. Aikin, *Description of the Country*, p. 181: «L'histoire de l'industrie à Manchester peut se diviser en quatre périodes. La première est celle où les *manufacturiers* travaillaient dur pour gagner leur vie, sans avoir amassé encore aucun capital; la seconde est celle où, ayant commencé à s'enrichir, ils travaillaient aussi dur et vivaient aussi simplement que par le passé, et augmentaient leur petite fortune aussi bien par l'économie que par des bénéfices modérés; la troisième est celle où le luxe fit son apparition et où l'industrie fut stimulée à produire par l'envoi de commis-voyageurs en quête de commandes dans toutes les villes de marché du royaume; la quatrième est celle où des relations commerciales, étendues à travers toute l'Europe, donnèrent à ce luxe récent tout son empire.» Il est à noter que ce qui fit la distinction entre ces différentes périodes, ce sont les progrès successifs, non de la technique industrielle, mais du commerce avec l'Angleterre et l'étranger. Les *manufacturiers* dont parle Aikin étaient surtout des commerçants.
6. *Id.*, *ibid.*, p. 190. Un grand industriel, à la fin du siècle, se fait servir par un valet de pied, a une maison de ville et une maison de campagne, et se montre à Bath ou Brighton. V. Lecky, *Hist. of England in the XVIIIth century*, VI, 185.
7. Voir 1e partie, chap. I, section III.

demi confondus les éléments sociaux que la révolution industrielle allait séparer et opposer nettement l'un à l'autre.

À la fin du siècle, cette séparation est faite, non sans doute absolument, pas plus que les petits ateliers n'ont disparu tout d'un coup devant les fabriques. Mais les grands établissements industriels, mines, forges, filatures, tissages, sont déjà nombreux : chacun d'eux, avec son outillage coûteux, son personnel qui parfois s'élève à plusieurs centaines d'ouvriers, représente un gros capital. Entre l'homme qui possède et exploite ce capital et les salariés dont il achète à bas prix la main-d'œuvre, entre celui qui dirige de haut l'entreprise et ses humbles collaborateurs confinés dans des spécialités étroites, la distance est énorme, sinon infranchissable. Placé si fort au-dessus de ses ouvriers, le manufacturier se trouve de plain-pied avec les autres capitalistes, le financier et le marchand. Il a d'ailleurs besoin d'eux, du crédit que lui fournit l'un, de la clientèle que lui assure l'autre ; il apporte à celui-ci des marchandises, à celui-là des placements. Mais il ne se confond avec aucun des deux : il a sa fonction propre qui est d'organiser la production industrielle, ses intérêts propres au service desquels il saura mettre bientôt la puissance politique. Les créateurs du système de fabrique ont créé en même temps une classe, une espèce sociale nouvelle.

II

Comment cette classe s'est-elle formée ? Les éléments qui la composent sont à coup sûr d'origines très diverses. Comme vers une mine d'or récemment découverte, c'est de tous côtés que les hommes affluaient vers la grande industrie. Qu'on se représente l'état du comté de Lancastre pendant les années qui suivirent l'invention des machines à filer. Ce furent des années d'activité fébrile et d'ambitions illimitées. Le développement de l'industrie, d'une rapidité qui semblait alors prodigieuse, se faisait comme par bonds. Après un temps de prospérité, où l'on voyait les entreprises se fonder et grandir, les fortunes s'édifier en quelques années, survenait un désastre ; puis l'élan un instant arrêté reprenait de plus belle. Pendant les périodes favorables – une de ces périodes fut ouverte en 1785 par l'annulation du brevet d'Arkwright –, qui n'eût tenté la chance ? Tous ceux qui disposaient d'un capital, si modeste qu'il fût, boutiquiers, rouliers, aubergistes, se faisaient filateurs[1]. Quelques-uns réussissaient et devenaient riches ; beaucoup échouaient et retournaient à leur ancien métier, ou se joignaient à la foule grossissante du prolétariat de fabrique.

La plupart de ces industriels improvisés ignoraient tout de l'industrie à laquelle ils demandaient de les enrichir. Au cours d'une enquête sur l'industrie du coton, en 1803, la question suivante fut posée : « Les patrons sont-il en général assez au fait des questions techniques pour pouvoir trancher un différend relatif à la qualité des matières premières ? » Et voici la réponse : « Non, ils ne sont pas capables d'en juger, et cela pour la raison bien simple qu'ils n'ont jamais su quoi que ce soit de l'art de tisser. Le patron se contente de mettre là un homme qui connaît le métier ; il apporte son capital, et dès qu'il peut vendre au prix courant, il va de l'avant[2]. » Le rôle de l'industriel, ainsi conçu, ne diffère

1. Voir E. Butterworth, *Hist. of Oldham*, p. 178. – Exemples : le barbier Arkwright, l'aubergiste Yates, associé du second Peel. V. W. Cooke-Taylor, *Life and Times of Sir Robert Peel*, I, 6.
2. *Minutes of the evidence taken before the committee to whom the several petitions presented to the House in this session, relating to the act of the 39th and 40th year of His present Majesty, for settling disputes between masters and workmen engaged in the cotton manufacture, were referred* (1803), p. 26.

pas beaucoup de celui de l'entrepreneur ; il est surtout commercial, et pour le remplir avec succès, l'essentiel est de s'entendre aux affaires, talent que la compétence technique ne donne point.

Autre fait significatif : dans cette première génération des grands manufacturiers anglais, on s'attendrait à trouver au premier rang les hommes qui par leurs inventions ont créé la grande industrie. Il n'en est rien. Un nom vient cependant à l'esprit, celui d'Arkwright : mais nous savons à quoi nous en tenir sur ses mérites en tant qu'inventeur. Ni Hargreaves, ni Crompton, ni même Cartwright, malgré ses efforts obstinés[1], ne réussirent à fonder d'importants établissements industriels. Les Darby sont l'exemple d'une famille de manufacturiers dont la fortune a pour origine une grande invention. Mais cet exemple est à peu près unique en son temps : faut-il rappeler le succès tardif et médiocre de Huntsman, la faillite de Cort ? James Watt, il est vrai, dirigea l'usine de Soho et fut, en même temps qu'un inventeur de génie, l'un des premiers métallurgistes de l'Angleterre. Mais que ne doit-il pas sous ce rapport à la collaboration de son associé, Matthew Boulton ? Ceci tendrait à démontrer que la transformation des moyens de production due aux techniciens a profité surtout aux hommes d'affaires. Les industries du XIXe siècle seraient, purement et simplement, les successeurs des *marchands manufacturiers* du XVIIIe. Rien de plus logique d'ailleurs. En s'emparant des matières premières et d'une partie de l'outillage, en réduisant peu à peu les petits producteurs indépendants à la condition d'ouvriers salariés, les marchands manufacturiers ne s'étaient-ils pas avancés à mi-chemin du système de fabrique ? – La théorie, ainsi présentée, séduit par sa valeur explicative[2] ; mais il serait imprudent de l'accepter sans réserves.

Considérons l'industrie de la laine : les régions où se marquait de la matière la plus nette la suprématie du capital commercial étaient celles de l'Est et du Sud-Ouest, les comtés de Norfolk, de Devon, de Wilts, de Somerset. C'est là qu'auraient dû, semble-t-il, s'élever les premières filatures et les premiers tissages de laine. Dans le Nord, où la production restait répartie entre un grand nombre de petites entreprises, on concevrait que l'évolution eût été plus lente. Or, c'est précisément le contraire qui s'est produit : c'est dans le Yorkshire, à côté de l'industrie des cottages encore vivace, que la grande industrie a fait d'abord son apparition. – En dehors des causes générales qui ont amené le déplacement des centres industriels du Sud vers le Nord de l'Angleterre, il faut tenir compte des difficultés que rencontre le passage d'un régime économique à celui-là même qui en paraît être la suite naturelle. Entre leur filiation logique et leur succession réelle, il y a place pour toutes les résistances provoquées par l'intérêt et le préjugé. Les entrepreneurs, habitués aux méthodes que certains d'entre eux avaient pratiquées de père en fils, ne se résolvaient pas aisément à les modifier. Ils s'effrayaient de la dépense en bâtiments et en outillage qu'entraînait l'installation d'une fabrique[3]. À quoi bon s'imposer des charges si lourdes, lorsqu'on pouvait – ils le croyaient du moins – réaliser les mêmes bénéfices avec beaucoup moins de frais et de risques ? De la situation qu'ils occupaient à celle de chefs d'industrie, la distance n'était pas grande : mais cette distance, ils jugeaient inutile de la franchir. Ils subirent bientôt les conséquences de leur inertie.

Ce n'est donc pas parmi eux exclusivement que s'est recrutée la classe des manufactu-

1. Sur les entreprises de Cartwright, v. *Memoir of Edmund Cartwright*, p. 115, 119, 133, etc.
2. Voir à ce sujet les observations très judicieuses de Held, *Zwei Bücher zur socialen Geschichte Englands*, p. 566 : « Tout entrepreneur capitaliste, qu'il soit ou non au courant des questions techniques, est, en tout cas, un commerçant. C'est le commerce qui détermine l'objet, le lieu et le mode de la production. »
3. V. *Report from the select committee on the state of the woollen manufacture* (1806), p. 11.

riers, quoique apparentée de si près à la leur. Surtout dans les pays qui, comme le Lancashire et le Yorkshire, passèrent presque sans transition de la petite à la grande industrie, il faut lui chercher d'autres origines.

Pour obtenir la solution exacte du problème, la meilleure méthode consisterait à établir une à une des généalogies de tous les manufacturiers de cette époque. Nous pouvons le faire au moins pour quelques-uns. Aussitôt un fait d'ensemble apparaît : la plupart d'entre eux viennent des campagnes ; ils sortent de cette classe moitié agricole, moitié industrielle, qui avait formé jusqu'alors une partie notable, peut-être la majorité, de la population anglaise. Et si l'on essaie de remonter plus haut, on arrive presque toujours à une souche paysanne, à la vieille race, disparue mais non éteinte, des yeomen. [...]

Tous droits réservés

La Naissance de la grande industrie en Dauphiné
(1954)

PIERRE LÉON

Conclusion de la thèse de doctorat de Pierre Léon publiée en 1954, dans laquelle il mesure le poids respectif des divers facteurs – capital circulant, machinisme, ressources naturelles, hommes et groupes – favorisant l'éclosion de la grande industrie. L'auteur, après avoir enseigné à Lyon et à la Sorbonne (université de Paris-IV) jusqu'à sa disparition (en 1976), a dirigé l'ouvrage collectif intitulé Histoire économique et sociale du monde *(Paris, A. Colin, 1977 à 1983).*

Source : *Pierre Léon, « la Naissance de la grande industrie en Dauphiné (fin* XVIIIe *siècle - 1869 », dactyl., université de Paris, Faculté des Lettres, sd., T. III, p. 1135-1139. Thèse éditée aux Presses universitaires de France, 1954.*

Conclusion générale

Arrivés au terme de cette longue étude, il nous a paru bon de nous arrêter quelque temps, de jeter un coup d'œil en arrière, pour mesurer le chemin parcouru, de regarder aussi plus loin et plus haut, grâce à ce que nous connaissons de l'évolution ultérieure du Dauphiné industriel, afin de résumer nos impressions, et de nous livrer à une dernière prise de conscience du phénomène maintenant réalisé.

Incontestablement, ainsi que nous le remarquions en commençant ce livre, 1869 marque bien, pour le Dauphiné, un point d'arrivée, et aussi un point de départ. Après de longues périodes de tâtonnements, de tentatives audacieuses comme d'évolutions lentes et progressives, d'échecs retentissants comme aussi de réussites partielles, l'industrie dauphinoise en est venue, à la fin du Second Empire, à ce point de maturité, où le problème des « Naissances », des « Origines », ne se pose plus. Et, de ce fait, de la première réussite de Bergès aux grands travaux d'hydraulique, aux immenses conduites forcées, qui vont aller capturer les eaux sauvages jusque sur les sommets des montagnes escarpées de Belledonne, de l'Oisans ou du Briançonnais, pour les ramener en flots sans cesse plus puissants actionner les usines de la vallée, du plateau ou de la plaine, aux grands barrages qui vont transformer des thalwegs en lacs et modifier l'aspect, la vie humaine et économique de contrées entières, aux grandes usines d'électro-chimie et d'électro-métallurgie de la Romanche ou de la Durance, comme aux usines de soierie, de papeterie ou de draperie, que l'électricité viendra animer d'une force toute nouvelle, la route à parcourir reste encore immense, mais le trajet que les générations anciennes auraient mis des siècles à accomplir, sera effectué, comme par miracle, en quelques décades. Miracle d'ailleurs plus apparent que réel, achèvement grandiose, qui masque l'œuvre patiente et fructueuse antérieurement poursuivie. Miracle que seul avait rendu possible la réunion progressive d'éléments essentiels à sa manifestation. Quel que soit l'éclat de l'œuvre réalisée depuis quatre-vingts ans, il ne doit pas nous faire oublier que, dès la fin du Second Empire, l'industrie dauphinoise dispose d'un capital suffisamment puissant et suffisamment concentré, d'un circuit bancaire déjà capable d'assurer une large circulation de l'argent, ce lubrifiant indispensable de l'activité économique, cet agent de vie et de domination. Sans doute, quantitativement, de grands progrès devront être et seront réalisés. Mais qualitativement, l'instrument existe, et il est de valeur. La meilleure preuve n'en est-elle pas dans l'enthousiasme avec lequel le comptoir encore modeste de la Banque de France, et surtout les grands banquiers locaux, et avant tout les Gaillard et les Charpenay, vont soutenir la jeune industrie de l'électricité, accepter les plus grosses charges et les plus grands risques, pour la faire vivre et prospérer. Que le capitalisme soit bien antérieur, en Dauphiné, à la période du Second Empire, nous ne le contesterons pas ; et d'ailleurs, n'avons-nous pas montré que, dès la fin du XVIIe siècle, il poussait ses premières racines dans la Province, avec une vigueur toute particulière. Cependant, il était nécessaire qu'à ce capitalisme, en quelque sorte errant et sans point fixe, une organisation adéquate de la Banque et du Crédit vînt s'appliquer, pour le cristalliser et l'orienter dans les voies de la grande industrie moderne.

Mais, dira-t-on, sans le machinisme, qu'aurait pu faire ce capitalisme, même concentré et circulant ? N'avons-nous pas fait, après tout, la part trop belle à ce fameux capital liquide, et ne convient-il pas, en définitive, de revenir à la définition de Marx, que nous avions quelque peu éliminée dès l'origine ? N'est-ce pas l'utilisation intensive et de plus en plus exclusive de la machine qui, finalement, a joué ce rôle d'élément de cristallisation ? Querelle d'antériorité, et aussi querelle de priorité, à vrai dire un peu vaine. Sans doute, un réseau capitaliste, même bien organisé, mais sans machines, ne peut suffire à créer la grande industrie. Mais inversement, qu'est-ce qu'un machinisme sans capital, tel que nous l'avons défini ? Reconnaissons que, dans l'organisme industriel, tel qu'il est constitué en Dauphiné vers 1870, le capital joue le rôle de cause première, le machinisme anime la production par ses bras multipliés, et la circulation de l'argent assure la liaison entre l'un et l'autre de ces deux éléments, et coordonne leur action.

Bien plus, si, sans perdre de vue le groupe particulier que nous nous sommes attaché à étudier, il nous paraît indispensable, avant de clore notre enquête, d'obtenir des phénomènes et des hommes, que nous nous sommes appliqué à faire revivre, une vue plus haute, plus perspective, nous conviendrons sans peine que la formation et la vie d'un secteur d'activité industrielle dépendent de conditions infiniment diverses et surtout fluctuantes, d'un mouvement très lent, insensible parfois aux contemporains des époques anciennes, mais nettement perceptible à l'observateur actuel. À la base, les conditions physiques jouent un rôle incontestable, non en tant qu'éléments étroitement déterminants, s'imposant de façon despotique, mais en tant que « possibilités », en tant parfois aussi qu'obstacles, au moins originairement, car il n'y a pas d'obstacle, dont la volonté et la technique humaines ne finissent par triompher. En tout cas, dès l'origine, la nature dauphinoise, si particulière, si originale, posa à l'activité industrielle des problèmes à résoudre, elle lui présenta aussi des ressources variées. Mais ces ressources, immuables en elles-mêmes, n'ont pas le même intérêt et ne sont pas utilisées de la même façon, à mesure que le temps s'écoule. Les ressources forestières et minières, qui, au Moyen Âge et jusqu'à la fin du XVIIIe siècle, attiraient les hauts-fourneaux et les forges, et les amenaient dans les solitudes de Belledonne, de la Chartreuse ou du Vercors, ont fini par perdre tout leur intérêt, devant les avantages supérieurs du combustible minéral ou devant la richesse des gisements lorrains, et bien des cantons, qu'animait le jeu des soufflets et des marteaux, sont retournés au silence. Les petites fabriques paysannes et artisanales de draperie du secteur préalpin n'ont pas été seulement tuées par la concurrence victorieuse de la grande usine concentrée, mais aussi par l'arrivée massive des laines d'Argentine ou d'Australie, plus belles et proportionnellement moins coûteuses que les laines locales, dont elles vivaient. La position même du Dauphiné, au carrefour de la voie de l'Isère et de la grande route internationale du Rhône, dont nous avons pu apprécier l'importance capitale pour l'industrie de la Province, ne constitue pas un fait éternellement valable. Depuis la création de la route et de la ligne de chemin de fer du Cenis, le trafic avec la Savoie, le Piémont et l'Italie, qui avait fait la fortune de Romans, de Crest ou de Dieulefit, n'a cessé de décliner, sinon même de disparaître, il a replongé dans l'obscurité ou, du moins, dans la médiocrité, les centres qu'il avait largement contribué à tirer de l'ombre; de plus, les relations avec le monde méditerranéen, qui dirigeaient vers le Midi, vers le Levant, une grande partie de l'activité dauphinoise, n'ont pas résisté au déclin de Beaucaire et au détournement des grandes voies du commerce international vers les ports de l'Atlantique, au point que l'orientation des rapports du Dauphiné avec l'extérieur s'en est trouvé entièrement changée, et que la vallée du Rhône a perdu une partie de l'influence primordiale, presque exclusive, qu'elle avait autrefois. L'eau elle-même, cette eau motrice qui, des humbles battoirs, des «moulins» de l'époque médiévale, aux centrales électriques, avec leurs turbines et leurs transformateurs, apparaît dans l'histoire économique dauphinoise comme le facteur stable par excellence, localisant en permanence les entreprises sur le bord des torrents, en ces points privilégiés que constituent les ruptures de pente, nombreuses en montagne et guère moins fréquentes et efficaces dans les vallées de bordure, l'eau motrice qui a permis en définitive la réalisation, en terre dauphinoise, d'une grande industrie moderne, ne paraît pas constituer un élément de fixation absolue, rivant en quelque sorte les usines au sol; l'électricité est une denrée que l'on peut transporter facilement et loin, de sorte que certaines entreprises – et non des moindres –, notamment dans la métallurgie, finiront pas se demander s'il ne serait pas plus avantageux pour elles de se détacher d'une région qui les avait fait vivre pendant si longtemps, et de se rapprocher des grands centres d'exportation.

Concluerons-nous, en définitive, sur une note de pessimisme, sur une impression de progressive désagrégation. Sans doute, tout se transforme : πάντα ‘ρεῖ, disait la Sagesse antique[1], et la prédestination en histoire économique n'existe pas. Mais, dans cette succession d'états changeants, dans cette mouvance générale, l'Homme persiste en tant qu'espèce, et c'est en définitive sur un effort, sur son intelligence, sur son ingéniosité à

1. *Héraclite*, fr. 12, 49[a], 92. – H. Diels, *Fragmente der Vorsokratiker*, Band I (cf. Platon, Cratyle, n° 402[a]; Théétète, 182[c]). – L. Robin, *la Pensée grecque* (Paris, 1923, p. 89).

tirer parti des avantages qui lui sont offerts, à triompher des obstacles qui lui sont opposés, à s'adapter à des circonstances nouvelles, que repose la pérennité du groupe dauphinois. Triomphe de l'Homme individuel, du chef d'entreprise, qui, tel un Eugène Charrière, comprend l'évolution du monde ambiant et bouleverse en conséquence ses méthodes et ses fabrications. Triomphe de l'ouvrier, dont l'habileté manuelle, transmise de père en fils, fait la majeure partie de la valeur d'une industrie qui, dans ses productions essentielles, de la ganterie de Grenoble au vélin de Rives, en passant par ces admirables tissus, dits « de Lyon », et par ces objets de métallurgie différenciée, reste, comme par le passé, non une industrie de masse, mais une industrie de qualité. Triomphe aussi et surtout du groupe, des groupes, dans leur étroite interconnexion. Si le Dauphiné industriel a réussi à vivre et à prospérer, ne le doit-il pas, en grande partie, à la proximité de ce centre incomparable que constitue le groupe lyonnais, grand foyer de vente et aussi grand centre d'idées et de réalisations. Dès l'origine, Lyon a présidé, avec un soin parfois quelque peu jaloux et exclusif, à l'éveil de la grande industrie dauphinoise, et l'éclosion, puis l'essort de celle-ci, sont largement son œuvre. Enfin, cette grande industrie, par un choc en retour parfaitement logique, a provoqué le développement de foules ouvrières, dont la densité ne cessait de s'accroître. De la région viennoise au Voironnais et au seuil de Rives, de Bourgoin et des Terres Froides au Romanais et, plus sporadiquement, à Allevard, au plateau matheysin et à la vallée de la Durance, s'étaient constitués des groupes compacts qui, par leur présence même, exigeaient des chefs d'entreprises la recherche de solutions neuves et enracinaient plus fortement que ne pouvaient le faire les éléments naturels, l'activité industrielle sur le sol dauphinois.

Dès lors, au-dessus des conditions physiques, au-dessus des fluctuations de la conjoncture, au-dessus du capitalisme et de la technique, l'Homme travaillant, et surtout pensant, constituait à la fois la cause, l'élément moteur et la fin suprême de cette grande industrie dauphinoise, le seul facteur de permanence dans l'écoulement de toutes choses.

© Presses universitaires de France

Encore le problème de la Révolution industrielle en Angleterre

(1961)

DAVID LANDES

Article synthétique sur les origines de la révolution industrielle britannique, dans la lignée de l'ouvrage de Paul Mantoux. En analysant successivement les facteurs relatifs à la demande puis à l'offre de produits, l'auteur dépasse le raisonnement en termes de causes pour envisager un processus complexe où des interactions réciproques modifient l'ensemble d'un système socio-économique.

Source : *David Landes, « Encore le problème de la Révolution industrielle en Angleterre »,* Bulletin de la société d'Histoire moderne, *Douzième série, n° 18, 68e année, 1961, p. 5-7.*

Bibliographie : *David S. Landes,* Prometheus Unbound, *trad. fr.* l'Europe technicienne, *Paris, Gallimard, 1975.*

JE M'EXCUSE d'abord de m'aventurer sur un terrain qui, tout en étant anglais à l'origine, est devenu en bonne partie français. En effet, il y a plus de cinquante ans que Paul Mantoux a publié son ouvrage classique sur *la Révolution industrielle en Angleterre* – ouvrage qui reste toujours valable et que nous utilisons tous, aux États-Unis comme en Angleterre, dans nos cours d'histoire économique. Et pourtant, la révolution industrielle est un de ces grands thèmes historiques – comme la Révolution française ou la guerre civile américaine – qui sont toujours jeunes et qui se renouvellent pour chaque génération de chercheurs. Aussi continue-t-on à se pencher sur ses origines et sur son évolution : en 1959, un colloque d'historiens économiques s'est tenu à Londres, sous le patronage de la revue *Past and Present*, pour en discuter ; et en ce moment, il y a au moins une vingtaine de thèses en préparation en Grande-Bretagne sur ce même sujet. Par conséquent, nous avons affaire ce matin à un domaine complexe, qui s'enrichit constamment. Il m'est évidemment impossible de l'analyser de façon exhaustive en une heure. Mais il devait être possible de l'aborder partiellement et de dégager quelques impressions qui auront, je l'espère, une certaine valeur – ou du moins, une certaine utilité – du fait qu'elles ont comme point de départ une analyse comparative et une perspective américaine.

Commençons par une définition : qu'entendons-nous par « Révolution industrielle » ? Il s'agit au fond d'un complexe de changements techniques dans les moyens et le mode de la production. En ce qui concerne d'abord les moyens, c'est la substitution de machines à l'habileté de l'homme ; la substitution de l'énergie physique (chutes d'eau et surtout vapeur) à l'énergie animale ; l'introduction de nouvelles matières premières, surtout le remplacement du bois par le charbon dans la métallurgie, et la fabrication d'acides et de soudes à partir du charbon et du sel. Pour ce qui est du mode de production en second lieu, je pense à ce fameux *factory system*, qui consiste essentiellement dans la concentration et la surveillance du travail. Sa signification était double : il permettait d'assurer la qualité et l'allure de la fabrication ; et ce qui est tout aussi important, il créait un lien direct entre le travail et la direction de l'entreprise, ce qui permettait une adaptation technique, bien plus rapide qu'auparavant, aux besoins et possibilités du marché. Pour compléter cette définition, il faudrait y ajouter l'aspect dynamique, c'est-à-dire historique, de ces changements. Ils commencent dans un noyau d'industries, qui croissent en conséquence ; par le jeu de la demande dérivée, cette croissance entraîne le développement de branches associées. En même temps, l'avance des connaissances techniques et les occasions offertes par l'augmentation de la demande amènent une adaptation des nouvelles techniques à d'autres industries. La productivité accrue des branches touchées par la Révolution industrielle y attire des capitaux ; le secteur manufacturier, en général, augmente par rapport aux autres secteurs. L'économie s'industrialise. Il s'agit là évidemment d'un processus qui continue toujours et il reste à déterminer quelle est la partie de ce progrès technique persistant que nous pouvons désigner comme la Révolution industrielle proprement dite. Je suggère, au moins dans le cadre de cette discussion, la période de transformation des industries-clés : le textile d'abord, la métallurgie ensuite. Ce fut cette période qui vit le développement de ce que les physiciens appelleraient une « masse critique » de réaction – c'est-à-dire une accumulation de changements techniques qui étaient capables de se poursuivre, tout en entraînant le reste de l'économie. C'est à partir de ce point que le processus devient irréversible (comparez au *take-off* de W.W. Rostow). Pour la Grande-Bretagne, il s'agit de la période qui va de 1780 à 1820 ou 1830.

Je voudrais aujourd'hui me pencher surtout sur un aspect de cette Révolution : ses origines. Pourquoi s'est-elle déroulée d'abord en Angleterre ? Et pourquoi au XVIIIe siècle ? Il me semble que les réponses à ces deux questions peuvent se résumer en une seule formule : défi et réponse. Une occasion s'est offerte, et l'Angleterre s'en est saisie.

Considérons d'abord le défi, que nous pourrions voir sous l'angle de la *demande* de produits fabriqués, et, partant, la demande d'une révolution technique. Nous avons affaire effectivement à deux demandes – intérieure et extérieure. Toutes les deux étaient en voie d'expansion rapide. La demande intérieure était stimulée par l'augmentation de la population, qui se produisait à un rythme jusqu'alors inconnu (la population de l'Angleterre et du pays de Galles passe d'environ 5,5 millions en 1695 à 9 millions en 1800, soit une augmentation de 64 %, contre peut-être 35 % pour la France pendant la même période). D'ailleurs cette population possédait le niveau de vie le plus élevé d'Europe ; les « signes extérieurs » sont formels à cet égard : l'Anglais mange plus de pain blanc et de viande, porte plus souvent des chaussures de cuir au lieu de sabots de bois, et des vêtements de laine au lieu de lin, que son homologue du continent. De plus, la structure de la consommation était favorable à la production en usine : nous avons affaire à une société plus égalitaire et plus mobile que celles du continent, donc caractérisée par une répartition plus égale des revenus et une émulation dans la consommation de biens plus ou moins standardisés. Enfin, l'Angleterre était le pays le plus urbanisé de l'Europe (à l'exception de la Hollande, dont les villes étaient d'ailleurs en nette décadence), et urbanisation veut dire diminution continue du secteur autarcique. En plus, même les campagnes britanniques étaient en grande partie intégrées dans les circuits commerciaux. Quand on ajoute que les transports étaient *relativement* faciles et qu'il n'existait pas d'entraves politiques ou fiscales à la circulation des marchandises, on comprend que, malgré une population bien inférieure à celle de certains pays continentaux, la Grande-Bretagne fournissait à ses fabricants le plus grand marché homogène du monde. En revanche, le marché extérieur effectif de l'industrie britannique n'était pas aussi important que le marché national. Mais c'était un marché spécialisé, avec une préférence marquée pour les produits à bon marché, qui se prêtent le mieux à la fabrication en grande quantité. De plus, c'était un marché en croissance rapide : les exportations britanniques augmentèrent en valeur de trois ou quatre fois en un siècle, de 1660 à 1760. Finalement, la demande étrangère était peut-être plus élastique que la demande intérieure : ses possibilités étaient presque illimitées.

Cette demande, forte et croissante, fait pression sur le système de production. Il s'agit ici de la fameuse industrie domestique rurale, le *putting-out-system*, plus tôt et plus largement répandue dans les campagnes anglaises que dans tout autre pays. C'est un mode de production qui offre de sérieux avantages sur l'industrie artisanale : on utilise une main-d'œuvre pour laquelle l'utilité marginale du temps est infime et qui travaille donc à bon marché ; la liaison entre les marchés, même distants, et les producteurs est assurée en la personne du marchand-fabricant (*merchant-manufacturer*) ; enfin, l'entreprise se développe assez facilement, parce que le système exige relativement peu de capitaux fixes. Mais passé un certain point, la production domestique dispersée présente de sérieux inconvénients. D'abord, il n'y a pas de surveillance possible du travail, ce qui expose le fabricant à des pertes provenant de vols ou de mauvais ouvrage ; souvent les deux sont liés, le second couvrant les premiers. En plus, il n'y a pas moyen d'assurer un rythme donné de production ; plus la demande croît, plus il est difficile de faire suivre la fabrication. Jusqu'à un certain point, on peut augmenter le rayon de distribution des matières premières ; mais à une époque de transports médiocres, les coûts de distribution montent rapidement et dépassent bientôt les gains. Et si l'on se replie, en essayant de faire travailler plus longtemps ou plus rapidement à l'intérieur d'un rayon donné, on se trouve contrarié par une offre régressive de main-d'œuvre (*backward-bending supply curve*) : plus il est payé, moins l'ouvrier travaille. C'est qu'il a son mode de vie traditionnel, et dès qu'il a gagné assez pour assurer ce train de vie, il n'a plus besoin de travailler. Il faut une certaine éducation pour former des ouvriers qui répondent à l'appât d'un revenu accru. Face à ces obstacles, le *putting-out system* s'ingénie pour trouver des moyens d'augmenter de façon déguisée la tâche de l'ouvrier ou de le forcer à travailler plus rapidement au moyen de lois et de règlements. Tous ces efforts sont vains : plus on augmente la tâche, plus l'ouvrier vole, en dépit de mesures législatives et policières, dont la répétition et l'aggravation sont la meilleure preuve qu'elles sont impuissantes.

À la fin, c'est la machine qui fournit la solution en augmentant énormément la productivité de l'ouvrier et en rendant possible la concentration de la production dans des usines. À ce propos, il faut noter que les usines de la Révolution industrielle ne sont pas les premiers exemples de production concentrée et surveillée. Les inconvénients déjà mentionnés de la production domestique amenaient les fabricants, depuis longtemps, à réunir leurs ouvriers dans de grands ateliers, les *manufactures*. Mais ce mode d'organisation ne pouvait entrer en concurrence avec la fabrication rurale que pour quelques articles – quand le prix élevé des matières premières ou la complexité de la technique exigeaient une surveillance. Ce furent les machines et l'emploi d'une source centrale d'énergie pour les actionner qui donnèrent à l'usine une supériorité définitive sur l'ancien mode de production.

Voyons maintenant la réponse au défi : pourquoi et comment les Anglais ont-ils su saisir cette occasion de transformer le système de production et d'accomplir ce bond en avant ? Considérons à cet égard l'offre des facteurs. Il est bien connu, par exemple, que la nature avait richement doté la Grande-Bretagne pour l'industrie moderne. Non seulement le pays regorgeait de charbon et de fer, situés à proximité l'un de l'autre, mais la topographie et la forme de l'île facilitaient énormément le transport par eau des produits pondéreux. Cependant, il ne faut pas présumer de la nature : comme Nef l'a démontré, l'emploi du charbon implique déjà un choix et un certain effort technique. De plus, les Britanniques se sont montrés remarquablement fertiles en inventions. Celles-ci reflètent en partie les progrès scientifiques des XVIIe et XVIIIe siècles ; mais seulement pour une petite partie. En effet, les inventions de la Révolution industrielle sont, pour la plupart, l'œuvre des praticiens qui ont tiré leurs découvertes de leur ingéniosité et de leur expérience personnelles. Ici encore, la Grande-Bretagne semble en avance sur les autres pays de l'Europe : la meilleure preuve en est l'incapacité initiale du continent d'assimiler les nouvelles techniques sans l'assistance directe de techniciens anglais. Enfin, il y avait en Angleterre une offre relativement abondante d'esprit d'entreprise et de capitaux. Nous avons affaire à une société mobile et opportuniste. L'aristocratie s'intéresse à des affaires de toute sorte et ne se considère pas pour autant comme déclassée. La bourgeoisie est ambitieuse, et assidue au travail, elle a confiance dans sa place au sein de la société et dans sa propre valeur. On est surtout impressionné par la souplesse des hommes d'affaires, qui refusent de se cantonner dans les limites de leurs activités traditionnelles. Quant aux capitaux, il faut comprendre que les besoins immédiats étaient modestes. Les machines étaient encore rudimentaires ; la plupart économisaient le capital (en effet, le rapport capital-produit diminuait) en même temps que la main-d'œuvre. Quant aux bâtiments et aux machines à vapeur, on louait souvent atelier et énergie ; ou bien, l'on convertissait des *cottages* en usines par des moyens de fortune. En somme, le seuil de l'investissement était bien plus bas pour les Anglais que pour ceux qui les suivirent sur le chemin de l'industrialisation.

Il serait fastidieux de reprendre ici le détail – fort bien connu – des résultats matériels de cette augmentation spectaculaire de la productivité. Il suffit de noter un ou deux cas-témoins de croissance : la consommation de coton brut est montée de 2,5 millions de livres en 1760 à 366 millions en 1850, trois fois plus que celle de la France, de l'Allemagne, et de la Belgique réunies (en même temps le prix du fil et tombé à un vingtième de ce qu'il avait été auparavant) ; la production de fonte, qui était de 20 ou 25 000 tonnes en 1760 (moins que la France ou la Russie), atteignait 2 250 000 tonnes en 1850, soit plus que celle de tout le reste de l'Europe. En même temps, les nouvelles techniques faisaient tache d'huile dans d'autres branches de l'industrie et enfantaient des innovations dérivées, dont la puissance transformatrice n'était guère inférieure à celle des premières (cf. le chemin de fer). Quelques réserves qu'on puisse faire sur les avantages ultimes de ces changements, il faut reconnaître ici une réalisation grandiose et unique, car c'est la Grande-Bretagne seule qui a réussi par elle-même et spontanément cette transformation et qui l'a offerte ensuite en exemple aux autres pays. Depuis cette percée technique, le monde n'est plus le même. Aucun système social – car il s'agit bien d'un système social – n'a jamais montré la même force. Le monde a vu d'autres mouvements expansionnistes et révolutionnaires, depuis les grandes religions jusqu'aux nationalismes et aux autres « -ismes » du XXe siècle. Mais c'est l'industrialisation qui promet d'être le premier mouvement à devenir universel. [...]

© Bulletin de la société d'Histoire moderne

Angleterre et France au XVIIIe siècle : analyse comparée de deux croissances économiques

(1966)

FRANÇOIS CROUZET

François Crouzet, spécialiste de l'économie britannique au tournant du XIXe siècle, auteur notamment d'une thèse sur l'Économie britannique et le Blocus continental (1806-1813) *(Paris, 1958, 2 vol.), reprend la question de l'analyse comparée France-Angleterre au milieu des années soixante. Il en vient à relativiser l'écart entre les deux croissances, à atténuer certains « contrastes violents » et à mieux caractériser l'infériorité et la dépendance technologique françaises. Tout en estimant que dans les années 1780 la France connaît une stagnation dans de nombreux secteurs alors que l'Angleterre bénéficie d'une forte croissance, il révise certains jugements trop pessimistes, en particulier sur la question du mépris du travail et des affaires qui aurait été plus tenace en France.*

Article reproduit dans De la supériorité de l'Angleterre sur la France, *Paris, L.A. Perrin, 1985, où François Crouzet réexamine la question vingt années plus tard.*

Source : *François Crouzet, « Angleterre et France au XVIIIe siècle : analyse comparée* *de deux croissances économiques »,* Annales ESC, *XXI, n° 2, mars-avril 1966, p. 254-91.* De la superiorité de l'Angleterre sur la France, *1985, p. 22-49.*

POUR L'HISTORIEN ÉCONOMISTE qui s'intéresse au problème clef de la croissance, la méthode comparative devrait être particulièrement féconde. Dans la mesure où sa tâche consiste à analyser le jeu de diverses variables et à pondérer leurs influences respectives sur l'évolution économique, la comparaison entre les expériences de plusieurs pays doit élargir sensiblement son champ d'expérimentation et accroître ses possibilités de formuler – et de contrôler – des hypothèses. Cependant cette méthode n'a été utilisée que de façon discursive, à très peu d'exceptions près [1]. Tout en étant conscient de la témérité de l'entreprise, on voudrait, dans ces quelques pages, appliquer un point de vue comparatif au gros problème des origines de la Révolution industrielle. Chacun sait que l'Angleterre a été le premier pays à réaliser cette percée technique, et ceci par ses propres moyens, sans aide extérieure, spontanément. Mais les interprétations divergent, quand il s'agit d'expliquer l'avance économique, la supériorité technique des Britannique. En comparant systématiquement l'économie anglaise au XVIIIe siècle à celle d'un autre pays – et la France, alors la première puissance du Continent, est à cet égard le meilleur choix – on devrait discerner plus clairement les facteurs qui sont propres à l'Angleterre et qui pourraient donc avoir déterminé le phénomène unique qu'est la Révolution industrielle du XVIIIe siècle [2].

La première remarque qui s'impose est que l'avance de l'Angleterre, le retard de la France, si évidents quand on se place à la veille de la Révolution, n'étaient pas alors des faits d'apparition récente ou soudaine ; le décalage entre les deux pays avait déjà été très net au début du siècle, disons à la mort de Louis XIV. C'est d'ailleurs dans la longue durée (en remontant loin dans le Moyen Âge) [3].

De l'autre côté de la Manche, la conjoncture du XVIIe siècle fut sensiblement différente. Si les travaux récents sur l'économie française varient seulement dans leur pessimisme plus ou moins accentué, les historiens anglais sont au total optimistes dans leurs jugements sur l'évolution économique de leur pays.

Certes l'Angleterre n'a pas échappé à la conjoncture défavorable du XVIIe siècle ; elle a traversé plusieurs périodes de difficultés et de stagnation, par exemple pendant les années 1620, pendant la guerre civile, et à certains moments durant les guerres contre Louis XIV ; sa principale industrie, celle de la laine, a subi une série de crises, et sa croissance, pour l'ensemble du siècle, a été relativement modeste ; la misère et le sous-emploi ont posé de graves problèmes [4]. Mais on ne trouve pas en Angleterre

1. Par exemple le brillant essai d'H.J. Habakkuk, *American and British Techonology in the Nineteenth Century. The Search for Labour-Saving Inventions* (Cambridge, 1962) ; aussi C.P. Kindleberger, *Economic Growth in France and Britain, 1851-1950* (Cambridge, Mass., 1964).

2. En réfléchissant sur ce thème, on peut aussi poser la question inverse : pourquoi la révolution industrielle ne s'est-elle pas produite en France ? Mais c'est une mauvaise question ; voir *infra*, p. 223.

3. Voir D.C. Coleman, « Labour in the English Economy of the Seventeenth Century », *Economic History Review*, VIII, n° 3, avril 1956, pp. 280-295.

4. J. Meuvret, « la Géographie des prix des céréales et les anciennes économies européennes : prix méditerranéens, prix continentaux, prix atlantiques à la fin du XVIIe siècle » (article de 1951, *Études d'histoire économique. Recueil d'articles* [Paris, 1971], pp. 103-104, où se trouve aussi son article ultérieur [1969] : « les Oscillations des prix des céréales aux XVIIe et XVIIIe siècles en Angleterre et dans les pays du Bassin parisien », pp. 117-119, 123) ; P. Chaunu, « le Renversement de la tendance majeure des prix et des activités au XVIIe siècle. Problèmes de fait et de méthode », *Studi in onore di Amintore Fanfani*, IV, pp. 238-240, 251-252 ; Brenner, pp. 276, 281-282 ; G.N. Clark, *The Wealth of England from 1496 to 1760* (Londres, 1946), pp. 108-110 ; E.H. Phelps Brown et S.V. Hopkins, « Seven Centuries of Prices of Consumables, compared with Builders' Wage-rates »,

d'équivalent des crises fréquentes et violentes, ou de la dépression grave et prolongée, qui affectent la France après 1630. Le renversement du mouvement des prix et de la conjoncture, qui s'est propagé du sud vers le nord de l'Europe, a atteint l'Angleterre plus tard que la France, vers 1650, et la baisse des prix, qui l'a suivi, y a été moins accentuée; quant aux fluctuations à court terme des prix, elles apparaissent moins violentes, moins désordonnées, et par conséquent moins néfastes pour l'activité économique[1]. F.J. Fisher a pu conclure que la production globale de l'agriculture et de l'industrie a progressé lentement, mais sensiblement, au cours du XVIIe siècle, et que, malgré l'accroissement de la population, le revenu moyen par tête a très probablement augmenté[2].

Et il y a bien d'autres signes de progrès économique, surtout après 1660, dont on ne trouve pas l'équivalent en France. Par exemple l'élargissement du marché intérieur anglais, grâce notamment à la croissance de Londres, bien plus forte que celle de Paris; le développement rapide de la «frontière» des comtés du Nord et de l'Ouest, y compris l'essor de l'industrie du coton en Lancashire, bien antérieur à son apparition en France[3]; enfin le commerce extérieur anglais a connu au XVIIe siècle une croissance prolongée et rapide, en particulier grâce à une expansion coloniale précoce; dès les années 1660, l'Angleterre faisait un important trafic de réexportation de produits exotiques, dont l'essor se poursuivit ensuite et fut le principal facteur de croissance du commerce extérieur dans son ensemble; au même moment les colonies et le commerce colonial français restaient relativement négligeables[4].

Grâce à cette croissance lente, mais assez régulière, l'Angleterre s'était assuré dès le début du XVIIIe siècle une supériorité très nette sur la France dans plusieurs domaines importants (bien que sa «modernité» ne doive pas être surestimée)[5]. D'abord dans l'agriculture: diverses améliorations techniques s'étaient répandues sur une bonne partie du pays, la productivité était plus élevée et plus régulière qu'en France, ce qui, avec la vertu même de la situation géographique, contribue à expliquer le caractère moins néfaste des mauvaises récoltes. Ensuite dans la technique industrielle, où les innovations mentionnées plus haut, qui résultaient de l'usage du charbon comme combustible, furent complétées par le remarquable mouvement d'activité inventive qui se produisit au

---

Economica, N.S., XXIII, n° 92, novembre 1956, pp. 299-301, 305, 312-313. [Voir aussi A.B. Appelby, «Grain Prices and Subsistence Crises in England and France, 1590-1740», *Journal of Economic History*, XXXIX, n° 4, décembre 1979, pp. 865-887. J. Meuvret a montré que, de 1601 à 1640, les oscillations du prix du forment (sur les marchés comparables de Windsor et de Rozoy-en-Brie) sont du même ordre de grandeur en Angleterre et en France; de 1641 à 1660, elles sont très fortes dans les deux pays, mais plus accentuées en France; à partir de 1661, il y a un changement: les oscillations françaises dépassent toujours (et de beaucoup) celles ressenties en Angleterre. En plus, en France, le prix du seigle, nourriture des pauvres, monte plus en mauvaise année que celui du froment, ce qui n'est pas le cas outre-Manche. Appleby a complété cette analyse en observant qu'à partir de 1660 environ, les prix des grains deviennent «a-symétriques» en Angleterre, c'est-à-dire que les prix de l'orge et de l'avoine (céréales de printemps) ne montent pas forcément à la suite d'une mauvaise récolte de blé et de seigle (céréales d'hiver), tandis qu'en France la structure des prix reste «symétrique», tous les grains montant simultanément, et les pauvres n'ont pas d'*ersatz* quand blé et seigle manquent. Ce contraste tiendrait à un meilleur équilibre en Angleterre entre cultures d'hiver et de printemps; il expliquerait que les crises de subsistances graves aient disparu beaucoup plus tôt en Angleterre qu'en France (voir *infra*, p. 65). Meuvret et Appleby expliquent tous deux l'amélioration de la position anglaise par les progrès de l'agriculture.]

1. Fisher, *Essays*..., p. 3; *id.*, «The Sixteenth and Seventeenth Centuries. The Dark Ages in English Economic History?», *Economica*, N.S., XXIV, n° 93, février 1957, pp. 6-9, 12, 15, 16.
2. Fisher, in *Economica*, pp. 10-11.
3. R. Davis, «English Foreign Trade, 1660-1700», *Economic History Review*, VII, n° 2, décembre 1954, pp. 150-154, 159-163; *id.*, XV, n° 2, décembre 1962, Commercial Empire of the Atlantic, 1607-1783», *ibid.*, XV, n° 2, décembre 1962, p. 206. [Cette idée a été contestée par I. Wallerstein, *The Modern World System: II: Mercantilism and the Consolidation of the European World Economy, 1600-1750* (New York, 1980), p. 96, qui souligne les progrès du commerce français au XVIIe siècle; voir aussi *infra*, chap. 3, pp. 63 et 70.]
4. Fisher, in *Economica*, pp. 17-18.
5. E. Levasseur, *Histoire du commerce de la France. Première partie: avant 1789* (Paris, 1911), p. 405.

tournant du xviie et du xviiie siècle, avec notamment les inventions capitales de Savery, Newcomen et Darby. L'Angleterre était en tête aussi pour le commerce, avec un volume d'échanges extérieurs plus élevé, non seulement par tête d'habitant, mais en chiffres absolus[1], avec une flotte marchande beaucoup plus importante, et avec une accumulation plus rapide du capital commercial. Elle avait aussi gagné la première manche dans la lutte pour la maîtrise des mers et la suprématie en Amérique.

Enfin, la supériorité anglaise était très nette aussi dans le domaine financier, où la création de la dette nationale et de la Banque d'Angleterre étaient les signes d'une structure politique et économique fort en avance sur celle de la France, où les efforts de Louis XIV pour créer une banque nationale échouèrent devant la répugnance des financiers qui la jugeaient incompatible avec une «monarchie pure», et où quelques années plus tard la tentative de John Law pour transplanter artificiellement les institutions financières anglaises se termina en désastre[2].

En 1688, Gregory King affirmait que l'Angleterre avait atteint un niveau de richesse supérieur à celui de tout autre pays, à l'exception de la Hollande, et il estimait que le revenu moyen par tête des Français était inférieur de 20 p. 100 à celui des Anglais; une génération plus tard, au lendemain du traité d'Utrecht, Daniel Defoe écrivait que l'Angleterre était «le pays le plus florissant et le plus opulent dans le monde»[3]. Remarques parfaitement justifiées, vu la prospérité modeste mais croissante que l'Angleterre a connue au xviie siècle, alors que l'économie française stagnait ou même déclinait. Quelles que soient les causes de cette disparité – structures socio-économiques différentes (notamment dans les campagnes), circonstances politiques, telles que la Fronde (beaucoup plus dévastatrice que la guerre civile anglaise) ou que le poids plus lourd des guerres de Louis XIV pour la France (qui s'épuisa contre des coalitions) que pour l'Angleterre – il y a là un fait fondamental: quand le climat économique défavorable du xviie siècle et du début du xviiie se fut évanoui, et quand l'économie française commença à croître, elle ne se trouvait pas sur la même ligne de départ que l'économie anglaise, et souffrait par rapport à celle-ci d'un sérieux handicap et d'un net retard. La Révolution industrielle n'est que le couronnement d'un long processus de transformation et de croissance, et il est par conséquent important, pour comprendre le démarrage britannique qui s'est produit dans le dernier tiers du xviie siècle, que l'Angleterre ait eu alors derrière elle près de deux siècles d'une croissance, qui avait été bien entendu

1. H. Luthy, *la Banque protestante en France, de la révolution de l'édit de Nantes à la Révolutions* (Paris, 1959 et 1961, 2 vol.), t. I, pp. 94-97, 290-291, 414; R. Mousnier, *Les xvie et xviie siècles* (Paris, 1954), p. 299. [W.W. Rostow, *How It All Began. Origins of th Modern Economy* (New York, 1975), pp. 90 sqq., est frappé par les différences qui apparaissent, pendant les guerres de Louis XIV, entre les systèmes financiers de la France et de l'Angleterre, et par les faiblesses du premier; C.P. Kindleberger, «Financial Institutions and Economic Development: A Comparison of Great Britain and France in the Eighteenth and Nineteenth Centuries», *Explorations in Economic History*, 21, n° 2, avril 1984, pp. 117-119, insiste sur l'avance que sa «Révolution financière» commencée à la fin du xviie siècle assura à l'Angleterre dans ce domaine.]

2. Cités par P. Deane et W.A. Cole, *British Economic Growth, 1688-1959: Trends and Structure* (Cambridge, 1962), p. 38 et M. Ashley, *England in the Seventeenth Century (1603-1714)* (Londres, 1952), p. 230. [A. Maddison, *les Phases du développement capitaliste* (Paris, 1981), p. 6, tableau I-4, donne une différence de moins de 10 p. 100 entre les produits intérieurs bruts par tête de la France et de l'Angleterre vers 1700.]

3. Bien entendu, les statistiques du xviiie siècle ne peuvent donner que des ordres de grandeur ou des indices très approchés de l'évolution, et elles doivent être utilisées avec prudence. Cependant certaines de celles que nous citons, en particulier pour le commerce extérieur, ou pour la production d'industries déterminées, sont relativement sûres. Quant aux calculs d'agrégats – de la production industrielle ou agricole, du produit matériel, etc. – qui ont été établis pour l'Angleterre et la France, ils doivent être considérés d'un œil critique. [Rappelons à cet égard les réserves, pour ne pas dire plus, qui ont accueilli les travaux de J. Marczewski et de J. Toutain pour la France, de P. Deane et W.A. Cole pour la Grande-Bretagne (voir, *infra*, chap. 8, p. 208.] Cependant, du point de vue comparatif qui nous occupe ici, il est intéressant que des équipes différentes, utilisant des données peu sûres, avec des méthodes parfois discutables, aient atteint des conclusions qui ne sont pas très éloignées quant aux taux de croissance des économies française et anglaise au xviiie siècle.

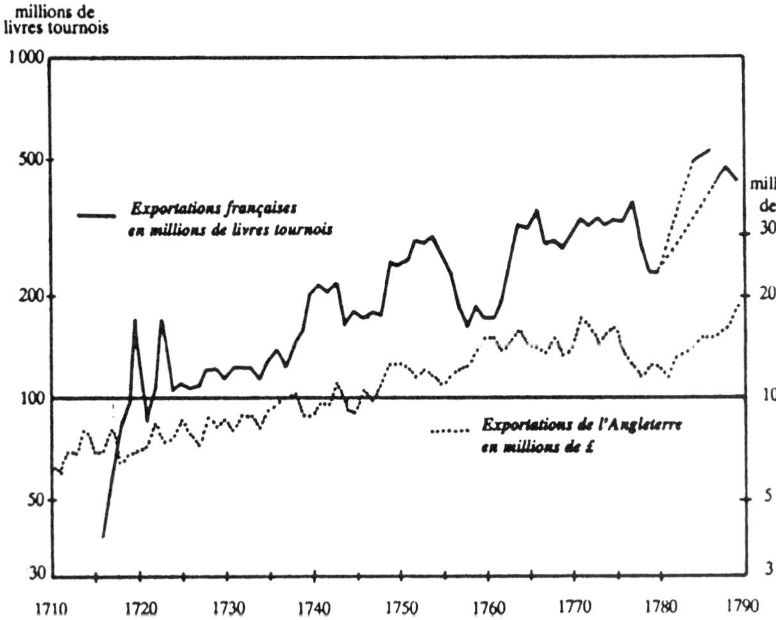

Exportations de la France et de l'Angleterre au XVIIIe siècle

A. Exportations de la France. Millions de livres tournois. D'après R. ROMANO, p. 1273[a].

B. Exportations de l'Angleterre et du pays de Galles. Valeur officielle, millions de livres sterling. D'après E. B. SCHUMPETER, p. 15, table I.

a. 1716-1780. On a porté aussi deux valeurs possibles des exportations françaises à la fin des années 1780, d'après E. LEVASSEUR, pp. 512-513 et R. ROMANO, p. 1268, note 2.

Échelle semi-logarithmique.

interrompue à plusieurs reprises, mais jamais pour très longtemps, alors qu'au même moment la croissance de l'économie française n'avait commencé que depuis moins d'un demi-siècle et avait succédé à une stagnation d'un siècle. En termes rostowiens, les « préconditions du *take-off* » ont eu beaucoup plus de temps en Angleterre qu'en France pour s'accumuler et mûrir. En tout cas, pendant son « tragique XVIIe siècle » d'après 1630, la France avait pris un net retard sur l'Angleterre ; malgré une croissance relativement rapide au XVIIIe siècle, elle ne fut jamais capable de le rattraper.

Si les destins économiques de la France et de l'Angleterre au XVIIe siècle présentent un net contraste, la situation est toute différente pour les trois quarts de siècle qui vont de la fin des guerres de Louis XIV à la Révolution française : dans les deux pays il s'agit d'une période de croissance, et les données statistiques dont nous disposons révèlent, de façon assez surprenante, que les rythmes de la croissance anglaise et de la croissance française sont remarquablement proches l'un de l'autre[1].

Partant du mieux connu, on considérera d'abord le commerce extérieur, où d'ailleurs la croissance française fut la plus rapide – plus rapide en fait que celle de la Grande-Bretagne.

La valeur officielle moyenne annuelle du commerce extérieur total de l'Angleterre et du pays de Galles (importations + exportations + réexportations) fut de 13 millions de livres sterling pendant les cinq années 1716-1720, et de 31 millions pour les années 1784-1788 ; elle fut donc multipliée par 2,4[2]. D'autre part, d'après les chiffres d'Arnould, la valeur moyenne du commerce extérieur de la France passa de 215 millions de livres tournois en 1716-1720 à 1 062 millions en 1784-1788, c'est-à-dire qu'elle aurait presque exactement quintuplé[3]. Il est vrai que les valeurs officielles anglaises étaient calculées d'après des barèmes de prix à peu près constants, si bien qu'elles donnent en fait un indice grossier du volume du commerce, alors que les chiffres d'Arnould sont des estimations à prix courants. Ceux-ci ayant monté d'environ 60 p. 100 entre les années 1730 et les années 1780 (au moins pour les produits agricoles), la comparaison n'est valable qu'en déflatant les chiffres d'Arnould pour 1784-1788, de façon à les réduire à des prix constants. Mais cela laisse subsister une progression du *volume* du commerce français qui est au minimum de l'ordre de 1 à 3, et reste supérieure à celle du commerce anglais. Bien plus, Ruggiero Romano a publié des statistiques détaillées qui donnent pour les années 1716-1720 des chiffres inférieurs à ceux d'Arnould (155 millions par an en moyenne)[4] ; si bien que,

1. E.B. Schumpeter. *English Overseas Trade Statistics. 1697-1808* (Oxford. 1960). pp. 15-16. tableaux I à IV. L'inclusion de l'Écosse et l'utilisation des importations nettes ne changeraient rien à cette proportion.

2. A.M. Arnould. *De la balance du commerce et des relations commerciales extérieures de la France dans toutes les parties du globe particulièrement à la fin du règne de Louis XIV et au moment de la Révolution* (Paris. 2e édit.. an III. 3 vol.). t. III. tableau 10 ; Levasseur. p. 512. note 2.

3. R. Romano. « Documenti e prime considerazioni interno alla "balance du commerce" della Francia dal 1716 al 1780 ». *Studi in onore di Armando Sapori* (Milan et Varèse. 1957). t. II. p. 1274. Il est vrai que ces valeurs sont sans doute exprimées en monnaie courante (d'où les pointes de 1720 et 1723). tandis que celles d'Arnould sont en monnaie constante.

4. Ces conclusions ont été acceptées par P. Léon. in *HESF*. II. pp. 499 sqq. Par ailleurs. Rostow. pp. 115-116. 118. conclut également que le commerce extérieur de la France a augmenté plus rapidement que celui de la Grande-Bretagne. en s'appuyant sur les chiffres du statisticien anglais M. Mulhall (1892). En revanche. on trouvera des critiques sévères dans D.S. Landes. « Statistics as a Source for the History of Economic Development in Western Europe : The Protostatistical Era ». in V.R. Lorwin et J.M. Price édit.. *The Dimensions of the Past. Materials, Problems and Opportunities for Quantitative Work in History* (New Haven et Londres. 1972). pp. 63-64. « Nous ne possédons pas une seule série digne de foi de chiffres du commerce français au XVIIIe siècle ». écrit Landes. qui souligne les fortes différences entre les chiffres d'Arnould et ceux de Bruyard (publiés par Romano) ; il ajoute : « Il faut donc du courage pour utiliser les chiffres du commerce français comme preuves du taux et du caractère du développement économique français. Le seul exemple qui me vient à l'esprit se trouve dans un article récent par François Crouzet. » En fait j'utilise ces chiffres pour étudier le commerce extérieur. qui est un aspect du « développement économique ». mais non pas comme indice global de ce dernier. Landes me reproche également d'utiliser les chiffres de Bruyard. qui sont nettement inférieurs pour la période 1716-1720 à ceux d'Arnould. ce qui implique une croissance plus rapide pour les soixante-dix ans qui suivent ; en fait. je cite ces deux sources et P. Léon. « Structure du commerce extérieur et évolution industrielle de la France à la fin du XVIIIe siècle ». in *Conjoncture économique, structures sociales. Hommage à Ernest Labrousse* (Paris-La Haye. 1974). p. 409. considère que les chiffres de Bruyard sont meilleurs que ceux d'Arnould. De plus. Landes indique qu'au début du règne de Louis XV. les méthodes d'établissement des statistiques douanières françaises étaient fort imparfaites ; elles ont été améliorées ensuite. et par conséquent la série a un biais qui surestime la croissance. Ce biais avait été signalé par P. Bairoch. *Révolution industrielle et sous-développement* (Paris. 1963). pp. 331-332. qui concluait en conséquence à une augmentation réelle (compte tenu de la hausse des prix) des *exportations* françaises de 60 à 80 p. 100 entre 1716-1720 et 1784-1788. P. Chaunu. *la Civilisation de l'Europe des Lumières* (Paris. 1971). p. 351. écrit que les séries statistiques disponibles « exagèrent une distorsion réelle mais légère ». et qu'il est « impossible toutefois d'écarter l'idée d'un rattrapage français ». Récemment J.-C. Asselain. *Histoire économique de la France du XVIIIe siècle à nos jours. 1. De l'Ancien Régime à la Première Guerre mondiale* (Paris. 1984). p. 55. a estimé qu'entre les deux quinquennats en question. compte tenu d'une certaine réduction du taux d'omission statistique. le *volume* du commerce français avait doublé. En tout cas. il est certain que le commerce de la France était inférieur en valeur à celui de l'Angleterre vers 1715 et qu'il l'avait rejoint à la veille de la Révolution. Et tout ce que l'on sait sur le trafic des grands ports montre qu'il augmenta fortement et. semble-t-il. plus vite que le

même après déflation à prix constants, la progression du commerce français serait en trois quarts de siècle de l'ordre de 1 à 5. Ainsi la valeur du commerce extérieur de la France, qui en 1716-1720 dépassait à peine la moitié de celle du commerce anglais, avait à la veille de la Révolution atteint un niveau très voisin (mais naturellement la valeur par tête d'habitant restait nettement inférieure)[1].

Il faut bien entendu tenir compte du niveau très bas auquel le commerce français était tombé à la fin des guerres de Louis XIV, mais il reste que jusqu'à la Révolution, il progressa plus vite que celui de l'Angleterre. D'ailleurs, dans plusieurs branches importantes du commerce international, les Français conquirent ou maintinrent au XVIIIe siècle une position dominante ; ils restaient les premiers fournisseurs d'articles manufacturés de l'Espagne, et par Cadix de son Empire d'Amérique, tandis que les Britanniques monopolisaient les marchés plus restreints du Portugal et du Brésil ; ils dominaient les marchés d'Italie et du Levant. Grâce aux progrès foudroyants de la culture de la canne à sucre et du café à Saint-Domingue, et aux bas prix des produits de cette île, qui étaient plus compétitifs que ceux des Antilles anglaises, où les sols s'épuisaient et où les coûts de production étaient plus élevés, ils arrachèrent aux exportateurs anglais l'essentiel du commerce d'entrepôt des denrées coloniales et développèrent rapidement un grand trafic de réexportation vers l'Europe du Nord. Dans l'ensemble d'ailleurs, les Britanniques eurent peu de succès sur les marchés européens où ils se heurtaient à la fois à des systèmes protecteurs et à la concurrence française ; leurs exportations vers l'Europe ne progressèrent que lentement en termes absolus : elles ne doublèrent pas entre le début du siècle et les années 1780 ; aussi la part de l'Europe dans les exportations totales de l'Angleterre diminua, tombant de près des quatre cinquièmes à moins de la moitié. L'expansion du commerce anglais résulta presque uniquement des progrès rapides du trafic colonial et surtout des échanges avec les possessions d'Amérique, où, jusqu'à l'indépendance des Treize Colonies, l'industrie anglaise jouissait d'une protection presque absolue[2]. Cette « américanisation » du commerce extérieur s'observe aussi, quoique de façon moins prononcée, pour la France, dont le trafic colonial, malgré les pertes dues à la guerre de Sept Ans, décupla entre 1716-1720 et 1784-1788, quand les échanges avec les pays hors d'Europe représentaient 38 p. 100 du total. Le commerce français est donc resté plus orienté vers l'Europe que celui de l'Angleterre, et ce trafic européen a augmenté à peine moins vite que le commerce total, et nettement plus vite que celui de l'Angleterre avec le Continent[3].

---

commerce total du pays ; cf. E. Levasseur, pp. 457, 459 ; P. Dardel, *Navires et marchandises dans les ports de Rouen et du Havre au XVIIIe siècle* (Paris, 1963), pp. 458-551 ; et les travaux de P. Butel (Bordeaux), C. Carrière (Marseille), J. Meyer (Nantes).]

1. Davis, « English Foreign Trade, 1700-1774 », pp. 294, 298 ; Farnie, p. 214 ; Deane et Cole, pp. 34, 86, 88 ; Schumpeter, pp. 10-11. Les exportations vers les possessions britanniques (Irlande et Treize Colonies inclues) sextuplèrent entre 1716-1720 et 1786-1790. [P.J. Cain et A.G. Hopkins, « The Political Economy of British Expansion Overseas, 1750-1914 », *Economic History Review*, XXXIII, n° 4, novembre 1980, pp. 467-471, pensent qu'avant 1780, l'industrie britannique n'était pas nettement plus compétitive que celles des pays européens rivaux ; d'où la recherche de marchés captifs de l'« américanisation ».]

2. Il est vrai qu'à l'intérieur du commerce français avec l'Europe, ce sont surtout les réexportations (de produits coloniaux) qui ont progressé – multipliées par 8, alors que les exportations de produits français ont à peine triplé. Cf. Levasseur, pp. 487, 512, note 2 ; Arnould, t. I, pp. 326-327, t. II, tableau 2, t. III, tableau 12 ; Romano, pp. 1277, 1291.

3. Davis, « English Foreign Trade, 1700-1774 », pp. 285-288, 294-295 ; Schumpeter, pp. 13-14 ; Deane et Cole, pp. 29-30, 42-49, 310-311 ; Levasseur, pp. 511, 521, 523 ; Dardel, pp. 49, 51-52, 101-102, 105, 247 ; E. Labrousse, *la Crise de l'économie française à la fin de l'Ancien Régime et au début de la Révolution* (Paris, 1943), pp. XXXVI-XXXIX. [Léon, « Structure du commerce... », pp. 419, 421-422, souligne que, dans les années 1780, les articles manufacturés français avaient « de la peine à s'imposer » à l'extérieur, face à la concurrence non seulement anglaise, mais allemande, autrichienne, hollandaise... Chaunu, *Europe des Lumières*, p. 339, voit la France en position de force en Méditerranée et aux colonies, en position de faiblesse dans le Nord,

Cependant ce tableau optimiste du commerce extérieur français doit être nuancé sur plusieurs points. En particulier sa position relative semble avoir été plus favorable pendant la première moitié de la période considérée – c'est-à-dire avant la guerre de Sept Ans (voir graphique). Jusqu'à la fin des années 1740, en effet, le commerce anglais ne connut qu'un «développement péniblement lent» (R. Davis), vu la stagnation des exportations de lainages et des réexportations ; ce fut seulement à partir de 1748 qu'il progressa rapidement – à un taux de croissance moyen annuel de 3,9 p. 100 entre 1745 et 1760. Quant au commerce français, malgré le coup de fouet du «Système», il augmenta d'abord à un rythme voisin de celui du commerce anglais, mais à partir de 1735 environ, il présenta une accélération plus précoce et plus rapide, qui fit doubler sa valeur en moins de vingt ans (entre 1736-1739 et 1749-1755), qui furent vraiment son âge d'or. Mais cet élan fut brutalement interrompu par la guerre de Sept Ans, pendant laquelle le commerce français fut chassé des mers par la *Royal Navy*, et baissa de 50 p. 100, tandis que le commerce anglais continuait à progresser. De 1763 à 1771, il y eut une vigoureuse reprise, mais surtout pour regagner le terrain perdu, et elle fut suivie par une stagnation très sensible dans les années 1770, et par un net recul pendant la guerre d'Amérique. Ce fut seulement à la veille même de la Révolution que le commerce français démarra à nouveau, pour atteindre un niveau record, avant de s'effondrer en 1793. Quant au commerce anglais, il prospéra pendant la guerre de Sept Ans, connut lui aussi un ralentissement dans les années 1770, et une crise pendant la guerre d'Amérique ; après la paix de 1783 il reprit très vigoureusement pour augmenter de façon rapide et soutenue jusqu'à la fin du siècle. Il y a d'ailleurs des signes qu'après 1770 la compétitivité des produits français s'était détériorée et qu'ils perdirent du terrain au Levant, en Espagne (la politique protectionniste de Charles III fut de plus très nuisible pour les exportations françaises) et en Amérique espagnole [1]. Ajoutons que le cours du commerce britannique fut beaucoup moins irrégulier que celui du commerce français, car il souffrit beaucoup moins des guerres [2].

Une autre faiblesse du commerce français était sa dépendance marquée envers Saint-Domingue, qui était responsable dans les années 1780 des trois quarts des échanges avec les colonies françaises, et fournissait aussi la plus grande partie des réexportations qui constituaient elles-mêmes près du tiers des exportations totales. La part des réexportations était presque la même, il est vrai, du côté anglais, mais l'Empire britannique étant plus vaste et plus varié, le commerce colonial anglais était plus diversifié et, jusqu'en 1776, l'un de ses éléments principaux était le trafic des Treize Colonies, avec leur population européenne rapidement croissante et au niveau de vie relativement élevé,

dominé par l'Angleterre, mais la base de cette affirmation me semble contestable. On a parlé aussi d'une «crise» du commerce colonial français à la fin de l'Ancien Régime ; voir F. Crouzet, in F.G. Pariset édit., *Bordeaux au XVIIIe siècle* (Bordeaux, 1968), pp. 316-323, où je conclus qu'il ne faut pas surestimer les difficultés, mais qu'il y avait des menaces (ainsi le séparatisme à Saint-Domingue) ; aussi Paul Butel, *les Négociants bordelais, l'Europe et les îles au XVIIIe siècle* (Paris, 1974), pp. 382, 385 ; mise au point récente de R. Stein, «The State of French Colonial Commerce on the Eve of the Revolution», *Journal of European Economic History*, 12, n° 1, printemps 1983, pp. 105-117 ; Stein juge cet état «plutôt ambigu» : d'un côté le volume et la valeur du trafic atteignent des niveaux records, les marges de profit des négociants restent élevées ; de l'autre, les planteurs s'endettent pour des achats massifs d'esclaves (ce qui, sans la révolte à Saint-Domingue, aurait assuré une prospérité exceptionnelle), ils ne paient leurs importations de France qu'avec retard, et les négociants sont gênés, parce que les difficultés de l'économie métropolitaine les empêchent d'obtenir des capitalistes parisiens le crédit dont ils ont besoin.]

1. Il y a cependant des parallélismes très nets dans l'évolution, avec alternance de phases de croissance rapide (entre les guerres de Succession d'Autriche et de Sept Ans, après 1783), et de croissance lente ou de stagnation (après 1713, dans les années 1770). Voir *infra*, chap. 7, p. 169-171.

2. E. Levasseur, *Histoire des classes ouvrières et de l'industrie en France avant 1789* (Paris, 2e ed., 1900, 2 vol.), t. II, pp. 556-557.

d'où une demande en expansion pour toutes sortes d'articles manufacturés. D'ailleurs la part des produits de l'industrie dans les exportations totales était plus élevée du côté anglais que du côté français – environ les deux tiers contre les deux cinquièmes dans les années 1780; dans les exportations de la France, le café, le sucre et les vins venaient en tête, suivis par les toiles et les soieries[1]. Aussi certains auteurs ont soutenu que l'expansion du commerce extérieur français au XVIIIe siècle avait été un phénomène purement superficiel, épidermique, de peu d'importance réelle pour l'économie nationale, puisqu'une grande partie en était seulement un trafic d'entrepôt[2]. C'est oublier que le commerce anglais était dans le même cas, et aussi que beaucoup d'industries importantes, en particulier autour des grands ports tels que Bordeaux, Nantes ou Rouen, étaient embrayées sur le commerce colonial, auquel elles fournissaient des textiles pour vêtir les esclaves, du matériel pour les moulins à sucre, des voiles, des cordages, des canons pour les navires long-courriers, et que la conjoncture internationale se répercutait jusqu'à la paysannerie, par l'intermédiaire de l'industrie rurale, qui lui fournissait une partie de son pouvoir d'achat. Il n'y a aucun doute qu'une partie notable de la production industrielle française était écoulée sur les marchés des Antilles et des colonies espagnoles[3], et que l'expansion commerciale fut un facteur de la croissance industrielle, qu'il faut maintenant étudier.

Tâche plus délicate, vu la pénurie de données quantitatives vraiment satisfaisantes, et vu le caractère hautement conjectural des constructions statistiques qui ont été édifiées sur ces bases incertaines. Pour l'Angleterre, l'indice de la production industrielle de W. Hoffmann triple juste entre 1700 et 1790; quant à l'indice plus récent, établi par Phyllis Deane et W.A. Cole, de la production réelle de l'industrie et du commerce, il passe de 100 en 1700 à 285 en 1790, soit un taux moyen de croissance de 1,17 p. 100 par an; un indice du même genre, mais seulement pour les industries d'exportation, monte plus

1. Levasseur. *Histoire du commerce*.... pp. 515. 518. 521. note. 2.
2. Par exemple. selon Luthy (t. II. pp. 12. 20-25. 595-597). il y avait en fait deux économies françaises. séparées et différentes; d'un côté la plus grande partie de l'agriculture et de l'artisanat. qui étaient quasi autarciques. très archaïques et stagnants; de l'autre le commerce extérieur. la «grande industrie». la fabrication de luxe et certaines régions de vignobles. qui formaient un secteur relativement «progressiste». mais plutôt artificiel. et de toute façon beaucoup moins important par sa masse que l'économie traditionnelle. Ces deux économies auraient été liées seulement par la classe supérieure des propriétaires féodaux. qui tiraient leurs rentes du premier. mais les dépensaient dans le second. Thèse séduisante. mais qui exagère le clivage au sein de l'économie française. sous-estime l'importance réelle de l'industrie et du commerce extérieur. et ignore leurs imbrications avec l'agriculture. [Landes. [...] écrit [...] que la signification des chiffres du commerce comme indice de la croissance économique «peut bien se trouver moins dans leurs totaux que dans leur composition»; ce qui compte donc. c'est que la part des articles manufacturés dans les exportations totales était plus élevée du côté anglais et qu'elle augmentait à la fin de la période. Et il ajoute: «Crouzet. bien entendu. est conscient de ces complications. mais il tend. finalement. à rejeter l'idée que le commerce français. si florissant qu'il ait été certaines années. était une espèce de vernis sur l'économie nationale et par conséquent n'avait aucun rapport essentiel avec le développement économique. Il est possible qu'il ait raison.» Mais Landes n'est visiblement pas convaincu... Voir aussi D.C. Coleman. *The Economy of England, 1450-1750* (Oxford. 1977). p. 200: l'expansion du commerce extérieur ne donna pas le même stimulant à l'économie de la France qu'à celle de l'Angleterre. Cependant. Léon. «Structure du commerce...». pp. 412. 414. montre que les exportations françaises d'articles manufacturés ont progressé au même rythme que le commerce total; leur part dans les exportations totales a un peu diminué. vu l'essor des réexportations. mais celle dans les exportations de marchandises françaises a augmenté; les textiles étaient très en tête. mais les exportations d'articles industriels divers ont énormément progressé. De même. Denis Richet. «Croissance et blocages en France du XVe au XVIIIe siècle». *Annales E.S.C.*, XXIII. n° 4. juillet-août 1968. pp. 780. 782. 786-787. souligne qu'au XVIIe et encore plus au XVIIIe siècle. le grand commerce fait sentir son stimulant très loin dans le «plat pays». par l'intermédiaire de l'industrie rurale. et accroît le revenu global. bien que la majorité de la population reste clouée à la terre.]
3. Lors des deux périodes d'apogée du commerce extérieur français. en 1751-1755 et 1787-1788. sa valeur aurait été égale à 25 p. 100 du produit matériel brut intérieur (contre 10 p. 100 en 1716-1720); d'après J. Marczewski. «Some Aspects of the Economic Growth of France. 1660-1958». *Economic Development and Cultural Change*. IX. n° 3. avril 1961 (pp. 369-386). tableau 2. [Sur le problème exportations et croissance du côté britannique. voir le chapitre 7.]

vigoureusement, de 100 à 383, pendant la même période[1]. Du côté français, l'équipe dirigée par Jean Marczewski, qui a travaillé sur l'*Histoire quantitative de l'Économie française*, n'a publié que des résultats provisoires, en ce qui concerne l'industrie au XVIIIe siècle, prise globalement ; d'après ceux-ci, le produit matériel brut à prix courants de l'industrie et de l'artisanat français serait passé d'une moyenne annuelle de 385 millions de livres pour la décennie 1701-1710 à 1 574 millions pour 1781-1790 ; et en volume, il aurait plus que quadruplé, avec un taux moyen de croissance de 1,91 p. 100 par an[2]. Mais il semble que des calculs plus précis et plus complets entraîneraient une révision de ces premières conclusions, et une réduction du taux de croissance à un peu plus de 1 p. 100 par an, ce qui serait très proche du chiffre obtenu par Deane et Cole pour la production industrielle anglaise[3]. Une telle estimation s'accorderait assez bien avec la progression des exportations françaises d'articles manufacturés, qui ont quadruplé entre 1716 et 1787[4]. L'idée que la production industrielle aurait progressé à des rythmes très voisins en France et en Angleterre entre le début du XVIIIe siècle et la Révolution française peut paraître surprenante, mais elle semble bien confirmée par la comparaison de l'évolution des principales industries dans les deux pays.

Pour l'industrie de la laine, Phyllis Deane estime qu'en Angleterre sa production a augmenté d'environ 150 p. 100 au cours du XVIIIe siècle dans son ensemble, soit à un taux moyen de 0,9 p. 100 par an[5]. En France, Pierre Léon évaluait l'accroissement de la production, entre le tournant des XVIIe et XVIIIe siècles et 1789, à 60 p. 100 seulement[6]. Mais ultérieurement, T.J. Markovitch a calculé que, de 1702-1704 à 1784-1786, la production de tissus de laine de la France (*en superficies*) avait augmenté de 144 p. 100, soit à un taux moyen annuel de 1,1 p. 100, et il a écrit : « La croissance de l'industrie lainière française au XVIIIe siècle semble avoir été l'égale de la croissance de l'industrie lainière anglaise. Dans ce secteur si important des textiles, aucun retard ne semble avoir

1. W.G. Hoffmann, *British Industry, 1700-1950* (Oxford, 1955), tableau 54 (h. t.), part A ; Deane et Cole, p. 78, tableau 19. L'indice de ces auteurs s'applique à des moyennes décennales centrées sur l'année citée. [De nouveaux taux de croissance de la production industrielle britannique ont été calculés par N.F.R. Crafts, « Bristish Economic Growth, 1700-1831 : A Review of the Evidence », *Economic History Review*, XXXVI, n° 2, mai 1983, pp. 182-184 ; et par C.K. Harley, « British Industrialization Before 1841 : Evidence of Slower Growth during the Industrial Revolution », *Journal of Economic History*, XLII, n° 2, juin 1982, pp. 267-289 ; voir notamment 272, 276, tableau 5, 284, tableau 8, 285. Selon Harley, le taux de croissance de la production industrielle fut de 0,8 p. 100 par an entre 1700 et 1770, puis de 1,5 ou 1,6 p. 100 entre 1770 et 1815. D'après Crafts, le taux médian de croissance pour la production réelle de 13 industries est de 0,67 p. 100 par an pour la période 1700-1760, puis il varie entre 1,32 p. 100 et 1,65 p. 100 pour les quatre décennies suivantes. Une moyenne pondérée, basée sur la structure de 1770 en valeurs ajoutées, donne 0,71 p. 100 pour 1700-1760, et des taux entre 1,23 p. 100 et 1,79 p. 100 pour les décennies qui suivent. Crafts confirme la conclusion de Harley que Deane et Cole avaient nettement surestimé la croissance de l'industrie à partir de 1780. Il donne les taux suivants pour la croissance de diverses industries entre 1700 et 1760 : coton, 1,37 p. 100 ; laine, 0,97 p. 100 ; toiles, 1,25 p. 100 ; soie, 0,67 p. 100 ; fer, 0,60 p. 100 ; cuivre, 2,62 p. 100. Sauf le dernier, ces taux sont modestes.]

2. Marczewski, tableaux 1 et 3. [Léon, in *HESF*, II, p. 521, avait conclu à un taux de croissance global de la production industrielle française entre 1,5 et 1,9 p. 100 par an, en « conjonction frappante », notait-il, avec le chiffre obtenu par Marczewski par des méthodes toutes différentes. C. Fohlen, *Qu'est-ce que la révolution industrielle ?* (Paris, 1971), p. 55, estime valables les taux de Marczewski et de Léon.]

3. Cette remarque résultait d'une conversation avec le Pr. Marczewski. En fait, l'industrie au XVIIIe siècle n'a pas été traitée dans les volumes de l'*Histoire quantitative* qui ont paru depuis 1964 ; seul T.J. Markovitch a publié d'importants travaux sur l'industrie de la laine.

4. Levasseur, *Histoire du commerce*..., pp. 517, 518, note.

5. Pour ce paragraphe, voir Deane et Cole, pp. 52-53, 61, 203, 207 ; P. Léon, « l'Industrialisation en France en tant que facteur de croissance économique du début du XVIIIe siècle à nos jours », *Première conférence internationale d'histoire économique, Stockholm, 1960 (Paris et La Haye, 1960), pp. 175-179.*

6. *Mais 1789 fut une très mauvaise année, et d'autre part la production anglaise augmenta très sensiblement pendant la dernière décennie du siècle.*

été pris par l'industrie française sur celle de l'Angleterre [1]. » L'industrie des toiles était en France extrêmement importante, l'emportant peut-être sur celle de la laine pour la main-d'œuvre employée et la valeur de la production ; d'après Pierre Léon, sa croissance au cours du xviiie siècle aurait été plus forte que celle de l'industrie lainière [2]. En Grande-Bretagne l'industrie des toiles était peu importante au début du xviiie siècle ; ensuite elle se développa rapidement en Écosse, notamment autour de 1750, mais elle resta une activité relativement mineure à l'échelle nationale, et sa progression, bien que vigoureuse, n'eut certainement pas une incidence très sensible sur la production industrielle dans son ensemble. Quant à l'industrie de la soie, les importations de soie grège en Angleterre ont un peu plus que doublé entre le début du siècle et les années 1780, mais l'industrie anglaise de la soie resta de petites dimensions par rapport à celle de la France ; et de toute façon, celle-ci progressa plus rapidement : d'après Pierre Léon, le nombre des métiers battants à Lyon augmenta de 185 p. 100 entre 1720 et 1788 – qui en plus fut une mauvaise année [3].

Pour ce qui est du coton, la situation est naturellement différente – mais pas autant qu'on le penserait. Il est inutile de souligner la croissance phénoménale de cette industrie en Grande-Bretagne, qui fit du coton le *leading sector* de la Révolution industrielle. Les importations nettes de coton brut montèrent d'un peu plus de 1 million de livres-poids, au début du xviiie siècle à plus de 15 millions en moyenne par an de 1780 à 1789 (et à 30 millions pour cette dernière année), et ces chiffres sous-estiment en fait la croissance de l'industrie (dont l'essentiel, il est vrai, fut réalisé dans le dernier tiers du siècle). Cependant, en France, la croissance de l'industrie cotonnière fut aussi très rapide bien qu'elle ait commencé plus tard et ait été freinée jusqu'en 1759 par les prohibitions contre la fabrication des indiennes. Mais déjà entre 1732 et 1749, la production de cotonnades avait plus que triplé dans la région de Rouen, qui en était le principal centre. Après 1759 des indiennages surgirent de tous côtés et la production augmenta très fortement, atteignant 800 000 pièces au moins à la veille de la Révolution ; et finalement les taux de croissance des deux industries – dont J. Marczewski a calculé celui pour la France à 3,8 p. 100 en moyenne par an entre la première et la neuvième décennie du xviiie siècle – furent probablement assez proches, mais le point de départ était plus bas en France, si bien qu'en 1786 les importations nettes de coton étaient de 18 millions de livres-poids du côté britannique et 11 millions du côté français. L'industrie anglaise avait donc une marge de supériorité qui était marquée, mais bien moins forte qu'elle ne le devint plus tard. Il faut d'ailleurs ajouter que, jusqu'aux toutes dernières années du siècle, sa contribution au revenu national britannique resta relativement faible [4].

---

1. T.J. Markovitch, *Histoire des industries françaises. Les industries lainières de Colbert à la Révolution* (Genève, 1976), notamment pp. 458, 460, 484-486 ; aussi ses articles : « L'évolution industrielle de la France au xviiie siècle. Une première analyse », *Revue d'histoire économique et sociale* ; LIII, 1975, n°s 2-3, pp. 275, 277-279 ; « La croissance industrielle sous l'Ancien Régime », *Annales E.S.C.*, XXXI, n° 3, mai-juin 1976, pp. 645, 648. Le travail de Markovitch, basé sur des sources d'archives, et très minitieux, apparaît fiable. Certes, le niveau de 1702-1704 est bas ; si l'on compare 1716-1718 à 1785-1787, le taux de croissance (toujours pour les superficies) n'est que de 0,8 p. 100. Dans les deux cas, les taux sont plus bas pour le nombre de pièces produites que pour les superficies, et plus élevés pour les valeurs (ce qui relève une amélioration de la qualité). Markovitch estime qu'avec les industries lainières, il couvre 15 à 20 p. 100 de la production industrielle de la France.]
2. Léon, in *HESF*, II, p. 519, donne un taux de croissance de 1,5 à 2 p. 100 pour la toilerie.]
3. *Ibid.* : le taux de croissance de la soierie serait nettement supérieur à 2 p. 100. E. Labrousse (p. 699) admet un doublement ou un triplement de la production de toiles et de soieries.]
4. Deane et Cole, pp. 50-52, 63 ; Léon, « l'Industrialisation... », p. 178 ; Levasseur, *Histoire des classes ouvrières*, t. II, pp. 524-526, 545, 690 ; Marckzewski, tableau 7 ; Bairoch, pp. 235-236, 305-307 ; Ch. Ballot, *l'Introduction du machinisme dans l'industrie française* (Paris, 1923), p. 120 ; Luthy, t. II, pp. 663-665 ; Dardel, pp. 203, 214, 561. [Léon, in *HESF*, II, p. 521, accepte les 3.8 p. 100 de Marczewski. S.D. Chapman et S. Chassagne, *European Textile Printers in the Eighteenth Century, A*

Pour les industries métallurgiques et minières, les données quantitatives sont très peu satisfaisantes. La production française de charbon était bien entendu très inférieure à celle de la Grande-Bretagne, mais au XVIIIe siècle, elle commença à croître et à croître très rapidement (taux moyen annuel de 3,8 p. 100 d'après J. Marczewski, ce qui est nettement supérieur au taux anglais), si bien qu'à la veille de la Révolution cette industrie avait atteint une certaine importance sur le plan national. Quant à la métallurgie du fer, l'évolution de la production anglaise pendant la première partie du siècle reste obscure et controversée, mais il est certain que sa croissance fut lente jusque vers 1760 et même jusqu'aux inventions de Henri Cort (ce fut seulement ensuite qu'elle fit un bond en avant, doublant en dix ans). Diverses données laissent croire que jusqu'aux années 1780, la production française augmentait plus vite. En tout cas, à la veille de la Révolution, la France produisait sans doute 130 000 à 140 000 tonnes de fonte, et 90 000 ou 100 000 tonnes de fer, tandis que la Grande-Bretagne ne produisait en 1788 que 63 000 tonnes de fonte[1].

Ces quelques remarques ne semblent donc pas contredire l'impression que laissaient les calculs de la production industrielle globale et, en ce qui concerne le *volume de la production*, les résultats obtenus par l'industrie française, jusqu'à la Révolution, se comparent favorablement à ceux de l'industrie anglaise. La France produisait moins de charbon, de métaux non ferreux, de navires et de cotonnades que l'Angleterre, mais plus de lainages, de toiles, de soieries, et aussi plus de fer. La valeur de sa production industrielle totale était sensiblement plus élevée que celle de l'Angleterre, mais sa production par tête restait inférieure, comme elle l'avait déjà été au XVIIe siècle.

Il est vrai que pour l'industrie, comme pour le commerce extérieur, les résultats obtenus par la France semblent avoir été relativement meilleurs dans la première moitié de la période considérée que dans la seconde. Après la dépression de la fin du règne de Louis XIV, il y eut une reprise de la production, dès avant 1720 dans certains secteurs (en Dauphiné, à Amiens), après cette date dans d'autres (Beauvais par exemple) ; elle fut souvent vigoureuse : la fabrication des tissus de laine semble avoir doublé à Amiens entre 1715 et 1750, triplé à Beauvais entre 1724 et 1755. En tout cas, après 1730 la croissance devint générale et assez rapide[2]. À la même époque l'industrie anglaise ne se développait qu'assez lentement ; l'indice de Deane et Cole pour la production réelle de l'industrie et du commerce ne progresse que de 31 p. 100 pendant les quarante premières années du XVIIIe siècle, et c'est seulement dans les années 1740 et 1750 que ces auteurs ont noté une accélération suivie d'ailleurs d'un ralentissement après 1760. Cette interprétation est discutable, mais ce qui est

---

Study of Peel and Oberkampf (Londres, 1981), p. 8, tableau I : en 1785 la France aurait eu plus de 115 entreprises d'indiennage, produisant 16 millions de mètres de tissus ; la Grande-Bretagne en avait 111 en 1784-1787, avec une production de 12,4 millions de mètres.]

1. Léon, « l'Industrialisation », pp. 177, 179 ; *id.*, « Techniques et civilisations du fer dans l'Europe du XVIIIe siècle », *le Fer à travers les âges. Hommes et Techniques* (Nancy, 1956), p. 233 ; B. Gille, « la Métallurgie française d'Ancien Régime », *Revue d'histoire de la sidérurgie*, V, n° 2, avril-juin 1964, p. 156 ; H. D'Hérouville, « Réflexions sur la croissance », *Études et conjoncture*, XIII, n° 11, novembre 1958, p. 997 ; E.F. Heckscher, « Un grand chapitre de l'histoire du fer : le monopole suédois », *Annales d'histoire économique et sociale*, IV, n° 14, mars 1932, p. 132 ; Levasseur, *Histoire des classes ouvrières*, t. II, p. 675 ; Marczewski, tableau 8 ; Bairoch, pp. 238, 247-248, 313-314 ; Deane et Cole, pp. 55, 221 ; T.S. Ashton, *An Economic History of England. The 18th Century* (Londres, 1955), p. 124 ; B.R. Mitchell, with the collaboration of P. Deane, *Abstract of British Historical Stalistics* (Cambridge, 1962), p. 221 ; M.W. Flinn, « The Growth of the English Iron Industry, 1660-1760 », *Economic History Review*, XI, n° 1, août 1958, pp. 151-152. [Confirmé par Léon, in *HESF*, II, pp. 521, 527 ; Asselain, p. 87 ; C.K. Hyde, « The Adoption of Coke-Smelting by the British Iron Industry, 1709-1790 », *Explorations in Economic History*, 10, n° 4, été 1973, p. 408 : de 1750 à 1780, la production britannique de fonte n'a pas tout à fait doublé.]

2. Goubert, pp. 586, 589 ; P. Deyon, « le Mouvement de la production textile à Amiens au XVIIIe siècle », *Revue du Nord*, XLIV, n° 174, avril-juin 1962, pp. 204, 207 ; P. Léon, *la Naissance de la grande industrie en Dauphiné (fin du XVIIe siècle-1869)* (Gap, 1954, 2 vol.), t. I, pp. 118 sqq.

incontestable, c'est l'accélération qui se manifesta dans les années 1780 pour toutes les séries de production, et qui marque l'entrée de l'Angleterre dans la phase décisive de la Révolution industrielle[1]. En France, selon Ernest Labrousse, après le milieu du siècle, la croissance de l'industrie se ralentit, et après 1770, il y eut une stagnation prolongée. Les vieilles industries textiles – celles de la laine et du lin – cessèrent de progresser et elles déclinèrent même dans certaines régions, comme Amiens, la Normandie, la Bretagne, le Languedoc. La dépression agricole autour de 1780, l'aggravation du sort des classes pauvres, rendirent plus aiguës les difficultés de l'industrie et préparèrent son effondrement en 1788-1789. Cependant, il ne faut pas surestimer ces difficultés, car la stagnation des vieilles industries (qui n'est pas sans équivalent en Angleterre, où la concurrence du coton nuisit à la laine et au lin) fut en partie compensée par l'essor rapide de nouvelles industries, surtout celle du coton, mais aussi celles du charbon, du fer, du verre, des produits chimiques. Et de son côté J. Marczewski a conclu que la croissance industrielle s'est accélérée après 1750... Quoi qu'il en soit, l'industrie française montra au XVIIIe siècle beaucoup de vitalité et d'élasticité[2].

Reste le problème épineux de l'agriculture ; il est impossible de lui faire justice (on y reviendra dans le chapitre qui suit), et l'on se bornera à rappeler pour mémoire que le travail de J. Toutain montre en France une augmentation de 60 p. 100 du produit agricole final déflaté entre 1701-1710 et 1781-1790, croissance qui serait sensiblement supérieure à celle de la population ; mais il est certain que ce chiffre est nettement trop élevé. D'autre part, Deane et Cole ont estimé à 35 p. 100 l'augmentation de la production réelle de l'agriculture britannique entre 1700 et 1790. Il n'est pas exclu qu'il y ait eu, comme dans les cas précédents, un parallélisme grossier dans la croissance. Bien entendu les techniques agricoles anglaises bénéficièrent au XVIIIe siècle d'importantes améliorations, qui n'ont pas d'équivalent dans l'agriculture française, mais celle-ci ne fut pas aussi immobile qu'on le croit souvent et la France du XVIIIe siècle ne subit plus les famines et les sur-mortalités massives qui avaient sévi pendant le « long XVIIe siècle »[3].

En ce qui concerne enfin la croissance des deux économies prises globalement, l'indice de Deane et Cole de la production réelle totale de l'Angleterre passe de 100 en 1700 à 190 en 1790 (et ces auteurs considèrent que la progression du revenu national fut du même ordre) ; en France, un indice du produit matériel brut à prix constants, tel que l'a calculé Marczewski, s'élève de 100 à 260 entre la première et la neuvième décennie du siècle ; le dernier chiffre est certainement trop élevé[4]. Mais entre 1700 et 1781, la population de la

1. Deane et Cole, p. 78, tableau 19 ; Ashton, *The 18th Century*, p. 125 ; A.H. John, « Aspects of English Economic Growth in the First Half of the Eighteenth Century », *Economica*, N.S. XXVIII, n° 110, mai 1961, pp. 176-190. [L'accélération des années 1780 a été minimisée récemment par Harley et Crafts.

2. C.E. Labrousse, *Esquisse du mouvement des prix et des revenus en France au XVIIIe siècle* (Paris, 1933, 2 vol.), pp. 506-508, 548, 555, 557 ; *id., La crise...*, pp. VIII, X, XXII-III, XXXII-VIII, 177 ; Deyon, « Le mouvement de la production... », pp. 207-208 ; Levasseur, *Histoire des classes ouvrières*, t. II, pp. 527, 682, notes 6 et 7 ; Luthy, t. II, p. 594 ; J. Marczewski, « Y a-t-il eu un *take-off* en France ? », *Cahiers de l'I.S.E.A.*, supplément n° 111, mars 1961, pp. 82, 85-86 ; Deane et Cole, p. 54 ; Léon, « l'Industrialisation... », p. 179. [Léon, « Structure du commerce... », pp. 415-421, maintient l'idée d'une « crise longue » des industries traditionnelles, qui produisent cher et mal et perdent des parts de marché ; mais il entend par là un ralentissement de leur croissance, une « langueur », dans la seconde moitié du siècle, mais non un recul absolu ; certes, il y a en même temps croissance rapide d'industries nouvelles, mais ce secteur « moderne », de relais, reste minoritaire ; et la structure des exportations de l'industrie ne change pas. En revanche, Markovitch, *Histoire des industries françaises...*, p. 486, admet un arrêt de la croissance des industries lainières pendant le troisième quart du XVIIIe siècle, mais voit un véritable bond en avant sous Louis XVI, jusqu'à un apogée en 1785.]

3. J.C. Toutain, *le Produit de l'agriculture française de 1700 à 1958* (Paris, 1961, 2 vol., *Histoire quantitative de l'économie française*, t. 1 et 2), t. 1, pp. 213, 215, t. 2, pp. 128 (tableau 110), 133, 136, 139, 204, 276 ; Deane et Cole, p. 78, tableau 19 ; E. Labrousse, *le Paysan français des Physiocrates à nos jours* (Paris, 1962), pp. 47-50, 94 ; [*infra*, chapitre 3, pp. 55-56].

4. Deane et Cole, pp. 78-79 ; Marczewski, « Some Aspects... », tableau 4. On a utilisé pour établir cet indice ceux des chiffres de Marczewski qui tiennent compte de la relation existant à l'époque entre prix agricoles et prix industriels – et qu'il estime d'ailleurs préférables. [Bien entendu, les chiffres de Marczewski sont viciés par les erreurs de Toutain en ce qui concerne le

France a sans doute augmenté de 28 p. 100 (de 21,5 à 26 millions), tandis que celle de l'Angleterre et du pays de Galles progressait de 29 p. 100 (de 5,1 à 7,0 millions) [1]. On peut donc penser que l'accroissement de la production et du revenu réels moyens par tête fut à peu près du même ordre dans les deux pays, et possiblement plus rapide en France [2].

Entre le début du XVIIIe siècle et la Révolution française, les croissances économiques de l'Angleterre et de la France présentent donc un parallélisme assez frappant [3], qui s'étend même aux variations dans leurs rythmes – à une exception près. Dans les deux pays, après une période de lente reprise, au lendemain des guerres de Louis XIV, qui en France prolonge la conjoncture défavorable du XVIIe siècle, mais qui est plus difficile à expliquer en Angleterre, survint une première phase de croissance, qui semble avoir démarré plus tôt et plus vigoureusement en France, et qui s'accélère vers le milieu du siècle ; dans les deux pays, on peut noter un ralentissement dans les années 1770 et pendant la guerre d'Amérique. Mais, durant les années 1780, le comportement des deux économies diverge nettement : en Angleterre une forte poussée de croissance, en France stagnation et crise dans de nombreux secteurs ; cependant, certains jugements sur ces événements ont été sans doute trop pessimistes, et une nouvelle expansion se préparait peut-être, qui fut interrompue par la Révolution.

Il faut cependant rappeler qu'au début du XVIIIe siècle la France avait été en retard sur l'Angleterre, notamment pour le niveau moyen par tête de la production industrielle, du commerce extérieur et du revenu ; les deux économies ayant progressé à peu près au même rythme pendant les trois quarts de siècle qui suivirent, la France ne put pas rattraper sa rivale (bien qu'elle ait sans doute gagné du terrain dans le second tiers du siècle), et les taux de croissance voisins, que l'on a soulignés à dessein (car le fait a été souvent méconnu), ne doivent pas dissimuler les différences entre les deux économies. Dans les années 1780, bien que la «puissance économique» de la France fût, comme au XVIIe siècle, nettement supérieure «en termes mercantilistes simples» [4], l'Angleterre

produit agricole. Bairoch, pp. 270-271, 346, tableau 63, présente des données selon lesquelles le produit total et le produit par tête auraient augmenté nettement plus vite en Angleterre qu'en France. D'après S. Kuznets, *Modern Economic Growth : Rate, Structure and Spread* (New Haven, 1966), p. 64, tableau 2.5, entre 1700 et 1780, le produit national total de l'Angleterre aurait augmenté de 50 p. 100 environ et le produit par tête de 20 p. 100. Les dernières estimations, par Crafts et Harley, de la croissance du produit national britannique sont citées *infra*, chapitre 3, pp. 55 et 474, note 27. Elles sont plutôt un peu plus basses que celles de Deane et Cole.]

1. Pour l'Angleterre et le pays de Galles, E.A. Wrigley et R.S. Schofield, *The Population History of England, 1541-1871. A Reconstruction* (Cambridge, 1981), pp. 528-529, tableau A3. 1, donnent 5,058 millions pour 1701 (moyenne de cinq ans centrée sur cette année) et 7,042 pour 1781, donc + 39 p. 100 ; le chiffre de 1791 est 7,740, soit + 53 p. 100. Pour la France, les choses sont compliquées, par les annexions du XVIII siècle (qui ont fait gagner 1 million d'habitants), par les fluctuations de la population au début du siècle et par les divergences entre les experts. On obtiendrait, bien entendu, une croissance supérieure en prenant comme point de départ le minimum de 19 ou 20 millions (voire 18 dans les limites de l'époque) des plus mauvaises années de la fin du règne de Louis XIV. D'autre part, un chiffre de 28,1 millions en 1790 semble acquis, et un consensus pour un accroissement de 6 à 7 millions entre 1700 et la Révolution, soit 31 p. 100. En tout cas, il n'y a aucun doute que la population augmente plus vite en Grande-Bretagne qu'en France. Voir notamment J. Dupâquier, *la Population française aux XVIIe et XVIIIe siècles* (Paris, 1979), pp. 34, 37, 81-82, 87 ; *id.*, «la Non-Révolution agricole du XVIII siècle», *Annales E.S.C.*, XXVII, n° 1, janvier-février 1972, p. 83 ; E. Le Roy Ladurie, in *Seventh International Economic History Congress. Edinburgh 1978. Four 'A' Themes* (Tonbridge, 1978), p. 122. Je remercie vivement Jean-Pierre Poussou pour ses conseils sur ce délicat problème.]

2. Il n'est pas possible d'avancer de chiffre pour la France, mais une progression du revenu par tête ne peut être mise en doute (Dupâquier, «la Non-Révolution agricole...», p. 84, parle pour 1789 d'une population plus nombreuse et mieux nourrie qu'au début du siècle). Pour l'Angleterre, Deane et Cole, p. 78, tableau 19, donnent une augmentation de la production réelle par tête de 30 p. 100 de 1700 à 1760 et une stagnation ensuite ; les chiffre de Crafts, cités p. 55, aboutissent à une augmentation de 20 p. 100 seulement de 1700 à 1760, suivie aussi d'une stagnation.]

3. Rostow, pp. 168-170, après avoir mis en tableau les «données de base» sur les deux pays, parvient à des conclusions voisines des nôtres, en observant que la sévère dépression dont souffrait la France au début du XVIIIe siècle rend plus crédible la croissance relativement forte qui suivit.]

4. Asselain, p. 91 ; Markovitch, *Histoire des industries françaises...*, p. 457 ; P. O'Brien et C. Keyder, *Economic Growth in Britain and France, 1780-1914. Two Paths to the Twentieth Century* (Londres, 1978), pp. 57, 60.]

restait un pays plus « développé », plus riche, avec un revenu moyen par tête certainement supérieur. Elle était plus urbanisée[1], plus industrialisée[2], plus commerçante ; l'industrie employait un pourcentage plus important de la population active et faisait une contribution supérieure au revenu national – en gros plus du quart, contre un cinquième en France[3]. De plus l'économie de subsistance avait pratiquement disparu d'Angleterre dès le XVIIe siècle[4], l'économie commerciale et monétaire y avait triomphé partout, alors qu'en France le secteur de subsistance quasi autarcique restait considérable et l'emportait dans de vastes régions, agissant comme un frein sur le progrès de l'économie dans son ensemble, contraste qui s'explique en grande partie par des facteurs géographiques très simples : l'Angleterre était avantagée à cet égard par sa position insulaire, sa configuration, ses petites dimensions, grâce auxquelles aucune région n'était éloignée de la mer. Ces conditions géographiques rendaient en plus l'amélioration des transports moins coûteuse et plus rentable[5].

Cependant, c'est dans le domaine technique que réside la différence fondamentale entre les deux économies. L'expansion, relativement rapide, mais extensive, de l'industrie française s'est déroulée au XVIIIe siècle dans un cadre qui, du point de vue de l'organisation et des méthodes, est resté très largement traditionnel. Malgré divers changements – tendance à la concentration et progrès du capitalisme commercial, migration de l'industrie des villes vers les campagnes, apparition de nouveaux produits ou même de nouvelles industries comme celle du coton, les structures traditionnelles ont tenu dans l'ensemble. À la veille de la Révolution, l'économie française n'était pas fondamentalement différente de ce qu'elle avait été sous Louis XIV : simplement elle produisait beaucoup plus. En revanche, en Angleterre, après une période de croissance, de type français pourrait-on dire, c'est-à-dire dans le cadre traditionnel, pendant la première moitié du siècle, des changements révolutionnaires sont apparus après 1760, et

1. Rostow, p. 170, observe que la Grande-Bretagne s'urbanisait plus rapidement, mais qu'en chiffres absolus la population urbaine de la France était plus du double de celle de la Grande-Bretagne.]

2. C'est là un point controversé. J. Marczewski et T.J. Markovitch ont soutenu qu'à la fin de l'Ancien Régime, la valeur du produit industriel et celle du produit agricole de la France étaient en gros égales ; cela est accepté par Asselain, p. 76 ; M. Garden, in L. Bergeron édit., *Inerties et Révolutions. 1730-1840* (Paris, 1978, tome 3 de l'*Histoire économique et sociale du monde* dirigée par P. Léon), pp. 16-17, se refuse à trancher, vu l'« incertitude des pesées globales ». O'Brien et Keyder, pp. 92-93, estiment qu'au début du XVIIIe siècle, la G.-B. était plus industrialisée, peut-être 30 à 34 p. 100 de son produit *physique* étant « sous forme industrielle », contre 26 p. 100 en France ; dans la décennie 1781-1790, on aurait des pourcentages équivalents pour les deux pays (le produit industriel faisant 41 p. 100 du produit physique en G.-B., 43 p. 100 en France) ; néanmoins, à cette date 43 p. 100 de la main-d'œuvre totale travaillait à produire des biens industriels en G.-B., contre 19 p. 100 en France. Quant à Crafts, « British Economic Growth... », p. 191, il estime que, vers 1780, l'agriculture assurait 32 p. 100 du revenu national britannique et l'industrie 25 p. 100. Ajoutons que P. Bairoch, « International Industrialization Levels from 1750 to 1980 », *Journal of European Economic History*, 11, n° 2, automne 1982, p. 281, tableau 4, a calculé des niveaux d'industrialisation par tête : le Royaume-Uni apparaît en avance sur la France, de peu en 1750 (10 contre 9), mais fortement en 1800 (16 contre 9 ; la base 100 est le niveau britannique en 1900). Il a calculé aussi (p. 292, tableau 8) le potentiel industriel total du monde vers 1750 ; 4,0 p. 100 pour la France, 1,9 p. 100 pour le Royaume-Uni, 5,0 p. 100 pour la Russie, et des pourcentages beaucoup plus élevés pour l'Inde et la Chine.]

3. Pourcentages probablement erronés, mais que l'on maintient, vu le caractère hautement conjecturel des calculs cités dans la note 58. De plus, le secteur tertiaire était certainement plus développé en G.-B., et celle-ci avait mis la main sur une part importante de la fourniture de services au plan international ; O'Brien et Keyder, pp. 62-64.]

4. Deane et Cole, pp. 3, 256.

5. Mon regretté maître Jean Meuvret attirait aussi l'attention sur un autre facteur géographique : la culture de la vigne, qui était le principal soutien des microfundia, lesquels gênaient le progrès agricole dans la plus grande partie de la France. Au contraire, la brasserie fut de bonne heure un terrain d'élection pour la grande entreprise outre-Manche – au moins à Londres. [G. Lemarchand, « Un cas de transition du féodalisme au capitalisme : l'Angleterre », *Revue d'histoire moderne et contemporaine*, XXV, avril-juin 1978, p. 286, attribue un rôle important aux « données géographiques » dans la constitution précoce de l'économie marchande en Angleterre. De son côté, Roger Price, *The Economic Modernisation of France, 1730-1880* (Londres, 1975), soutient qu'avant l'avènement des chemins de fer, les régions « continentales » de la France ne pouvaient que rester arriérées et sous-développées, en raison de l'insuffisance des transports. Le déterminisme géographique et très marqué dans les interprétations d'I. Wallerstein et F. Braudel (voir *infra*, chapitre 3 et 4, pp. 70, 92-94.]

les structures ont été modifiées en profondeur par une série d'innovations techniques, qui ont préparé une rénovation générale.

Nous touchons là le fond du problème: c'est en Grande-Bretagne que toutes les inventions de base qui ont créé l'industrie moderne – les machines à filer, la navette volante, le métier mécanique, l'impression au cylindre, la fonte au coke, le puddlage et la plus révolutionnaire d'entre elles: la machine à vapeur – ont été réalisées, perfectionnées et introduites dans l'industrie. En France les inventions ont été beaucoup moins nombreuses, limitées au perfectionnement de l'industrie de la soie (Vaucanson et plus tard Jacquard) et à l'industrie chimique (Berthollet et Leblanc). La France du XVIIIe siècle a eu d'excellents techniciens dans des domaines comme les constructions navales, l'artillerie (Gribeauval), les travaux publics – sans parler de merveilleux ouvriers d'art, mais leur habileté n'a pas été appliquée à l'amélioration des techniques industrielles. L'industrie française n'a évolué techniquement que par l'adoption de machines et de procédés étrangers, et bien plus elle n'a pu en général les assimiler que grâce à l'aide de techniciens étrangers, la plupart britanniques, certains suisses ou allemands[1].

L'Angleterre a connu une véritable explosion d'esprit inventif, une «vague de *gadgets*», comme l'a écrit T.S. Ashton[2], qui a presque complètement fait défaut en France, et cette supériorité décisive dans l'ingéniosité et la propension à innover est le fait fondamental qui a accentué le décalage entre les structures des deux économies durant la seconde partie du XVIIIe siècle, et que l'on voudrait maintenant essayer d'expliquer.

Tâche difficile, d'autant plus que l'analyse qui précède nous prive d'une explication commode: si la production britannique avait progressé beaucoup plus vite que celle de la France, comme on le croyait, l'invention pourrait être expliquée aisément comme une fonction, un sous-produit de la croissance, alors que la progression parallèle de la production dans les deux pays rend plus ardu de comprendre la supériorité anglaise, puisqu'une bonne partie au moins du développement économique anglais n'apparaît pas comme spécifique et unique[3]. D'ailleurs, dans la mesure où le génie individuel reste un fait mystérieux, on n'expliquera jamais complètement pourquoi l'Angleterre eut tant de grands inventeurs au XVIIIe siècle – de même qu'il y aura toujours quelque chose d'irréductible à l'analyse dans la richesse en peintres de l'Italie du Quattrocento, ou en romanciers des États-Unis dans l'entre-deux-guerres. L'historien peut espérer seulement comprendre l'environnement qui a favorisé la réalisation des inventions et qui a poussé les industriels à les adopter rapidement.

À cet égard, les premiers historiens économistes avaient accordé une grande importance au cadre institutionnel[4]. En Angleterre, dès le XVIIe siècle, l'État avait renoncé à contrôler et à réglementer l'industrie, et les lois à cet effet qui restaient théoriquement en vigueur ne furent plus appliquées; au même moment le système corporatif était tombé en décadence. L'Angleterre du XVIIIe siècle fut donc le pays du *laisser-faire*, où le champ était libre pour l'initiative individuelle. En France, au contraire, les métiers jurés subsistaient et leurs membres s'opposaient au développement des grandes entreprises et à l'introduction de techniques nouvelles; Pierre Deyon l'a montré pour l'industrie de la

1. Voir notamment P. Léon, «Tradition et machinisme dans la France du XVIIIe siècle», *Information historique*, XVII, n° 1, janvier-février 1955, pp. 5-14.
2. Ashton, *The 18th Century*, p. 104; *id.*, *The Industrial Revolution, 1760-1830* (Londres, 1948), p. 58; la traduction française contient une importante introduction de C. Fohlen, qui présente des points de vue différents des nôtres, mais qui méritent d'être médités.
3. Il est vrai que la croissance française est, pour une part, «récupération»; voir *infra*, chap. 3, p. 56.
4. Des «néo-institutionnalistes» récents ont repris ces points de vue; voir *infra*, pp. 68-69.

laine à Amiens, où une alliance démagogique de riches négociants, de petits maîtres-tisserands et de compagnons lutta avec acharnement contre les fabricants actifs et entreprenants qui cherchaient à réunir les métiers à tisser dans de grands ateliers[1]. Bien plus, la réglementation colbertiste, en fixant minutieusement les normes de fabrication, était défavorable aux innovations. D'ailleurs, en Angleterre les vestiges de réglementation corporatiste et de contrôle par l'État, qui survivaient dans une industrie comme celle de la laine, eurent certainement pour effet d'y promouvoir la routine (en retardant, par exemple, l'adoption du *gig-mill*, ou échardonneuse).

Cependant, des auteurs comme Levasseur sont allés trop loin, quand ils ont vu l'industrie française du XVIIIe siècle comme ligotée par le double corset des corporations et de la réglementation, qu'ils ont dénoncées comme un obstacle insurmontable au progrès, qui aurait été responsable pour le petit nombre des inventions françaises[2]. On a constaté depuis lors que le système corporatif n'a jamais été universel en France et, en fait, ne s'étendait pas à la plus grande partie de l'industrie; les activités de nombreuses villes, parmi lesquelles Lyon, les manufactures royales, les industries rurales, les industries nouvelles comme celle du coton[3], n'y ont jamais été soumises. De plus, le système a subi une décadence rapide pendant la seconde moitié du XVIIIe siècle, et les réglementations colbertistes connurent le même sort; elles avaient toujours été tournées de mille façons, et les efforts pour les faire respecter se relâchèrent après le milieu du siècle, quand le gouvernement et les bureaux se convertirent de plus en plus au laisser-faire. Le contraste entre le «dirigisme» français et le libéralisme anglais ne doit donc pas être surestimé, et l'incidence du cadre institutionnel apparaît réelle, mais limitée.

Récemment plusieurs historiens ont souligné l'importance des facteurs sociopsychologiques: un fort contraste entre les structures sociales et les «échelles de valeurs» de l'Angleterre et de la France expliquerait la supériorité britannique en matière d'inventivité et d'esprit d'entreprise[4]. Ces auteurs ont montré – avec raison – que la mobilité sociale verticale était plus forte en Angleterre qu'en France au XVIIIe siècle, mais, chose curieuse, ils ont mis l'accent sur un aspect du problème qui semble à la fois contestable et secondaire. Ils soulignent qu'en Angleterre la barrière sociale entre les grands proprié-

1. P. Deyon, «le Mouvement de la production...», pp. 209-210.
2. Levasseur, *Histoire des classes ouvrières...*, t. II, p. 305. De même du côté anglais, A. Toynbee et W. Cunningham surestimaient l'influence favorable du laisser-faire.
3. Les prohibitions contre les toiles de coton imprimées, maintenues jusqu'en 1759, ont certainement retardé l'essor de l'indiennage en France (voir *infra*, chapitre 3, p. 82). [Mais l'Angleterre avait aussi des prohibitions contre les cotonnades, et la dernière opinion – de Chapman et Chassagne, p. 190 – est que ces mesures étaient «largement tournées» en France, et «généralement ignorées» outre-Manche.]
4. Ashton, *The 18th Century*, pp. 20-21; D.S. Landes, «Encore le problème de la Révolution industrielle en Angleterre», *Bulletin de la société d'histoire moderne*, 12e série, n° 18, p. 7. [Landes a développé ce point de vue dans *l'Europe technicienne* (Paris, 1975, traduction française de *The Unbound Prometheus*, Cambridge, 1969), notamment pp. 97-103; la supériorité de l'Angleterre est étroitement liée à la «liberalité du milieu social», en particulier à la situation et au caractère particulier de l'aristocratie; la participation de la noblesse aux affaires, si faible fût-elle, faisait du commerce une activité respectable, de la rationalité pécuniaire un style de vie. L'accent est également mis sur la nature et la structure uniques de la société anglaise par H. Perkin, *The Origins of Modern English Society, 1780 1880* (Londres, 1969; voir les 3 premiers chapitres). Seule l'Angleterre avait «le genre de société propre à engendrer une révolution industrielle spontanée», notamment une «aristocratie ouverte basée sur la propriété et le patronage», avec une «hiérarchie sans classes» (pp. 16-17). Jugement plus nuancé de P. Mathias, *The First Industrial Nation. An Economic History of Britain 1700-1914. Second Edition* (Londres, 1983), p. 10: «Une économie déjà fort différenciée par le commerce était devenue associée avec une structure [sociale] fort différenciée» et flexible, ainsi qu'avec une structure politique qui donnait beaucoup d'influence aux intérêts commerciaux. De leur côté A. Milward et S.B. Saul, *The Economic Development of Continental Europe, 1780-1870* (Londres, 1973), pp. 34-35, considèrent comme «un mirage» la conception de la société anglaise comme libre, ouverte, mobile, dépourvue de préjugés et de restrictions; ils écrivent que les thèses sur les origines sociales de la Révolution industrielle laissent le champ libre aux préjugés personnels de leurs auteurs.]

taires terriens d'un côté, l'industrie et le commerce de l'autre, c'est-à-dire entre l'aristocratie et le monde des affaires, était relativement basse. C'est possible, bien qu'un esprit de caste n'ait été nullement absent dans *l'upper class*[1] et qu'on puisse se demander si ces cadets de «bonnes familles» qui entraient en apprentissage, dont on nous parle tant, étaient vraiment nombreux. Mais de toute façon ce phénomène n'a que peu d'intérêt pour le problème qui nous occupe, car la Révolution industrielle ne fut certainement pas l'œuvre de l'artistocratie, ni même de la *gentry* britanniques. Certes, l'Angleterre eut le duc de Bridgewater et son canal, certes quelques grands propriétaires s'intéressèrent aux affaires, mais dans l'ensemble la participation active et l'investissement dans l'industrie par la noblesse et le *gentry* semblent bien avoir décliné au XVIIIe siècle, notamment dans la métallurgie. L'Angleterre n'eut au fond qu'un inventeur noble – lord Dundonald –, mais la France peut lui opposer Jouffroy d'Abbans, et d'ailleurs tous les deux se ruinèrent ! Est-il besoin de rappeler d'autre part que, contrairement à ce qu'affirment les sociologues anglo-saxons, la noblesse française n'était pas une caste fermée et qu'elle était loin de se désintéresser entièrement des affaires ? Elle contrôlait une bonne partie de la métallurgie, des mines de charbon, de l'industrie du verre ; elle investissait dans des aventures commerciales lointaines et dans les plantations des Antilles et, à la veille de la Révolution, plusieurs grands seigneurs, tels le duc d'Orléans et le comte d'Artois, participèrent activement aux tentatives pour introduire en France la technologie anglaise[2].

On ne niera pas cependant que le prestige social des affaires ait été plus bas en France qu'en Angleterre, que l'idéal aristocratique de «vivre noblement» y ait été plus puissant, le mépris du travail plus répandu. Là aussi, cependant, il faut être prudent. Par exemple on a souvent souligné que les bourgeois français, qui s'étaient enrichis dans les affaires, s'en retiraient dès qu'ils le pouvaient pour acheter terres et offices. Et la vénalité des offices a été dénoncée avec raison comme un facteur puissant qui détournait des activités productrices les capitaux et les talents (la ferme des impôts et les tractations financières avec un État toujours embarrassé jouaient le même rôle). Cependant ce facteur fut beaucoup moins important au XVIIIe siècle qu'au XVIIe, l'État ayant cessé de recourir à des créations et à des ventes massives d'offices. Quant à la diversion des capitaux vers la terre, elle était aussi très prononcée en Angleterre, où le rêve de tout marchand enrichi était de devenir un *country gentleman*[3], et s'il conservait assez souvent un intérêt dans les affaires qui l'avaient enrichi, cet intérêt se maintenait très rarement à la génération suivante.

Plus importante sans doute du point de vue qui nous occupe que la mobilité verticale ou que les échelles de valeurs sociales, étaient les différences de mentalités entre les hommes d'affaires des deux pays. Il y avait dans la société anglaise un esprit plus

1. Clark, p. 160.
2. On peut douter d'ailleurs que l'existence d'une barrière entre bourgeoisie et noblesse ait été défavorable au progrès économique. Quand la Révolution eut ouvert la carrière aux talents, ceux-ci furent détournés vers l'armée et l'administration, au détriment des affaires ! [Le problème de la noblesse française a été renouvelé par les travaux de G. Chaussinand-Nogaret, notamment *la Noblesse au XVIIIe siècle : de la féodalité aux Lumières* (Paris, 1976), où elle apparaît comme dynamique et moderne. Cependant, C. Trebilcock, *The Industrialization of the Continental Powers, 1780-1914* (Londres, 1981), p. 115, parle de la «rigidité» de la société française et écrit que si des nobles, comme le comte d'Artois, se lançaient dans des aventures industrielles, c'était «simplement comme une fantaisie du privilège», et sans susciter d'imitateurs. Mais S. Chassagne, *Oberkampf : Un entrepreneur capitaliste au Siècle des Lumières* (Paris, 1980), p. 337, écrit : «Vu de Jouy, l'Ancien Régime ne semble guère une société bloquée.» Son application a été étudiée par F.-X. Caron, dans la thèse citée *infra*, chap. 3, p. 484, note 171.]
3. Tendance très sous-estimée par Lemarchand, p. 288.

«capitaliste», plus commercial, plus acquisitif; et d'après les témoignages contemporains (qui, toutes proportions gardées, dépeignent souvent l'Angleterre du XVIIIe siècle avec certains des traits qui frappaient aux États-Unis les voyageurs européens de la fin du XIXe siècle et du début du XXe), une âpreté, une brutalité, une concentration dans la poursuite du gain, qui manquaient dans l'atmosphère plus nonchalante de la France d'Ancien Régime[1]. Cependant, le milieu social et psychologique français n'était pas fondamentalement hostile à l'innovation, et beaucoup d'industriels étaient tout prêts à adopter les inventions étrangères (bien qu'ils aient eu souvent du mal à les faire fonctionner). De leur côté, les négociants français montrèrent beaucoup d'initiative et d'audace dans les aventures outre-mer. D'ailleurs ces remarques sont avant tout descriptives et assez superficielles, et ces différences de mentalités restent à expliquer[2].

Au fond ce problème est encore obscur, et de nouvelles recherches s'imposent sur les corrélations entre les structures sociales anglaise et française, d'une part, les mentalités et les comportements des entrepreneurs, d'autre part. Il faudrait surtout recourir à une analyse fine à l'échelle régionale et locale, car en continuant à parler globalement de la société anglaise ou de la société française, on ne parviendra qu'à des généralités contestables. Après tout, la Révolution industrielle s'est produite non pas en Angleterre, mais dans quelques petites régions de ce pays – le sud du Lancashire, certains secteurs des Midlands orientaux et du Yorkshire, Birmingham et la *Black Country*[3]. C'est dans la classe moyenne de ces régions industrielles, parmi les marchands-fabricants, les artisans habiles et aisés, que se sont recrutés inventeurs et innovateurs, et la richesse de

1. Pour Landes, *l'Europe technicienne*, p. 97, l'économie britannique se distinguait par «une exceptionnelle promptitude à réagir devant une occasion pécuniaire. Ce peuple était fasciné par la richesse et le commerce». En fait, Rostow observe fort justement (p. 184): «L'invention et l'innovation à toute époque sont des activités marginales de la société. Elles occupent de petits nombres d'êtres humains par rapport à la population totale.» Sage remarque également de D.C. Coleman, *The Economy of England*, p. 200: il est tentant de penser que la structure sociale et les *mores* étaient plus favorables en Angleterre au changement économique; mais il ne faut pas inférer d'après ce qui a suivi – les Révolutions industrielle et française: «c'est une tentation à laquelle il faut particulièrement résister».]

2. Ashton (*The 18th Century*, p. 19) rappelle que les contemporains étaient convaincus que le protestantisme était plus favorable au progrès économique que la religion catholique. Nous ne voulons pas reprendre ici les controverses sur ce sujet, mais nous serions disposés à admettre une certaine influence de ce facteur. [Pour Lemarchand, p. 295, avec la Réforme, «un frein idéologique à l'essor du capitalisme cède beaucoup plus tôt en Angleterre qu'en France.»] Signalons aussi la thèse de B. Hoselitz, d'un violent contraste entre les *entrepreneurial attitudes* des hommes d'affaires anglais, habitués à se «débrouiller» tout seuls, et celles des Français qu'une tutelle constante de l'État aurait rendus timorés, satisfaits de marchés étroits et de profits unitaires élevés, toujours à la recherche de l'abri du protectionnisme, des subventions du gouvernement et des monopoles. Cette conception surestime grossièrement le rôle joué par l'État dans la création et le financement de l'industrie française, dont l'essentiel, tout comme en Angleterre, fut l'œuvre de l'initiative privée. Cf. B.F. Hoselitz, «Entrepreneurship and Capital Formation in France and Britain since 1700», in National Bureau of Economic Research, *Capital Formation and Economic Growth* (Princeton, 1956), pp. 291-337.

3. L'idée de la Révolution industrielle comme «phénomène régional» a été développée par S. Pollard, *Peaceful Conquest: The Industrialization of Europe, 1760-1970* (Oxford, 1981), par exemple pp. 3, 14, 20, 40-41. Il estime que, vers 1750, il n'y avait pas de «différences fortes et évidentes» entre les parties les plus développées de la G.-B. et les régions les plus avancées du Continent; mais il ajoute plus loin que plusieurs régions britanniques avaient d'importants avantages sur toutes les régions favorisées du Continent, sauf une poignée – *a very small number*. Observant qu'en G.-B. même, il y avait au départ dix foyers régionaux d'innovation, mais que trois seulement survécurent, il estime que l'existence d'un certain nombre de ces «bases», avec des dotations différentes en ressources, était indispensable à la réalisation de la Révolution industrielle et que c'était précisément le cas en G.-B., dont les ressources étaient variées, ce qui permettait des déplacements des pôles de croissance. Mais il insiste qu'il ne faut pas voir les choses sur le plan national et il cite des passages de l'article d'E.A. Wrigley, «The Supply of Raw Materials in the Industrial Revolution» (1962; reproduit in R.M. Hartwell édit., *The Causes of the Industrial Revolution in England*, Londres, 1967, pp. 118-119): «L'histoire de l'adoption rapide des progrès industriels britanniques dans les vallées de la Meuse et de la Sambre n'est pas très différente de l'histoire de leur adoption, disons, dans les vallées du sud du pays de Galles»; cela prouve «d'abord que l'Europe occidentale était *une* communauté économique, au sein de laquelle les mêmes circonstances pouvaient produire des résultats similaires; et deuxièmement, que la croissance industrielle fut essentiellement une question locale plus que nationale. À cet égard, il est peut-être inutilement inexact de parler de l'Angleterre et du Continent plutôt que, disons, du Lancashire et de la vallée Sambre-Meuse.»

l'Angleterre en «cadres» qualifiés de ce genre a certainement été un facteur important[1]. Une comparaison détaillée entre ces berceaux anglais de la Révolution industrielle et certains centres manufacturiers français devrait être riche d'enseignements. Ajoutons que la plupart des découvertes anglaises ont été le fruit d'un effort collectif, comme le montre notamment le rôle de Black, de Watt, de Boulton, de Wilkinson dans la mise au point de la machine à vapeur[2]; il est possible qu'en France, pays plus vaste et plus rural, d'industrie plus diffuse, un certain isolement ait été défavorable à la coopération et à la stimulation mutuelle de ce genre[3].

Un autre problème délicat est celui de l'influence de «l'esprit du siècle». La corrélation entre la Révolution industrielle et le mouvement philosophique et scientifique en Angleterre à la fin du XVIIe et au XVIIIe siècle est bien connue, et les recherches récentes ont souligné l'influence de la conviction introduite par Newton qu'il était possible de faire progresser l'industrie par l'observation et l'expérimentation; elles ont montré qu'une réflexion systématique se cachait derrière la plupart des inventions (bien qu'elles aient été en grande partie l'œuvre de praticiens peu instruits), que les contacts entre savants et industriels anglais étaient souvent étroits, notamment dans des organismes comme la *Lunar Society* de Birmingham, et que les connaissances scientifiques avaient pénétré dans la société industrielle jusqu'à des couches très modestes[4]. Mais le mouvement philosophique et scientifique fut au moins aussi puissant en France qu'en Angleterre: la France eut abondance de savants, dont certains, comme Buffon et Réaumur, s'essayèrent à la recherche industrielle; les sociétés scientifiques et les académies pullulaient et comptaient de nombreux hommes d'affaires parmi leurs membres; la confiance dans le progrès, le désir d'améliorer la condition matérielle des hommes étaient au moins aussi répandus qu'en Angleterre et l'*Encyclopédie* est une preuve éclatante de l'intérêt que les milieux cultivés portaient à la technologie[5]. Cependant, à la différence de l'Angleterre, toute cette activité intellectuelle n'a eu que très peu de résultats pratiques; les discussions des sociétés savantes restèrent spéculatives, et leurs participants manquaient de sens du concret[6]. Il y a là à nouveau un problème qui mériterait d'être approfondi, en liaison avec

---

1. Voir les remarques excellentes d'A.H. John (pp. 188-189) sur l'augmentation du nombre de ces éléments grâce à la prospérité de la première moitié du XVIIIe siècle.
2. Ashton, *The Industrial Revolution*, pp. 14, 69; *The 18th Century*, p. 105.
3. Pollard, *Peaceful Conquest*, pp. 11-12, 19, insiste sur la concentration précoce de l'industrie anglaise dans des régions relativement petites et y voit une cause de la Révolution industrielle, en raison de la «juxtaposition de firmes concurrentes, de la stimulation mutuelle entre savants et inventeurs en contacts personnels étroits, de l'influence directe de marchés proches»; l'acceptation des innovations était basée sur l'existence de ces régions limitées, qui fournissaient «un système de murs à l'intérieur desquels les idées nouvelles pouvaient réverbérer et obtenir une force croissante».
4. Ashton, *The Industrial Revolution*, pp. 14, 16; A.E. Musson et E. Robinson, «Science and Industry in the Late Eighteenth Century», *Economic History Review*, XIII, n° 2, décembre 1960, pp. 222-244. [Voir de ces deux auteurs: *Science and Technology in the Industrial Revolution* (Manchester, 1969), qui met en valeur le rôle de la science; aussi le recueil édité par A.E. Musson, *Science, Technology and Economic Growth in the Eighteenth Century* (Londres, 1972); Rostow, pp. 132, 151 sqq.
5. L'œuvre des Français en matière de croissance scientifique et d'invention au XVIIIe siècle fut formidable», écrit P. Mathias (mais, ajoute-t-il, avec peu de conséquences économiques); voir «Who Unbound Prometheus? Science and Technical Change, 1600-1800», article de 1972, reproduit in *The Transformation of England* (Londres, 1979), pp. 54-55; aussi in *ibid.*, «Science and Technology During the Industrial Revolution: Some General Problems», pp. 72-87. Voir aussi Rostow, p. 174; C.G. Gillispie, «The Natural History of Industry», dans le recueil de Musson.
6. Idée suggérée par notre collègue et ami Louis Trenard. [Remarque du même genre de P. Jeannin, *l'Europe du Nord-Ouest et du Nord aux XVIIe et XVIIIe siècles* (Paris, 1969), pp. 242-243. D'après I. Inkster, «Technology as the Cause of the Industrial Revolution: Some Comments», *Journal of European Economic History*, 12, n° 3, hiver 1983, pp. 654-656, une culture à prédominance «scientifique» et un milieu «scientifique», favorables à la diffusion des meilleures techniques, sont apparus à Londres et dans diverses villes de province dans les années 1780, alors qu'en France il n'y avait pas de demande suffisante pour les innovations; peut-être, mais la Révolution industrielle était enclenchée avant 1780. Mathias, *The First Industrial Nation*, 2e éd., p. 126, signale que les Français étaient en tête pour la mécanique de haute précision, mais c'était un domaine d'articles

l'étude de l'enseignement. En Grande-Bretagne, les dissidents et les Écossais ont joué un rôle capital dans la Révolution industrielle, parce qu'ils constituaient la partie la mieux éduquée de la classe moyenne, grâce aux académies non-conformistes et au système d'enseignement de l'Écosse, qui était fort en avance[1]. En France, les hommes d'affaires avaient reçu un enseignement qui était soit très élémentaire, soit purement classique. Il est possible que cette différence ait eu certains effets.

Au total, on ne voudrait nullement minimiser les différences de structures sociales et de mentalités entre l'Angleterre et la France du XVIIIe siècle, ou les dispositions favorables à l'esprit d'entreprise dans la société anglaise, mais il ne semble pas que le contraste soit aussi violent qu'on l'affirme souvent. De plus, l'influence réelle des différences qui existaient concrètement reste obscure, et si elles peuvent expliquer à certains égards la supériorité technique des Britanniques, elles n'en sont qu'un facteur secondaire par rapport aux forces proprement économiques. Le progrès technique est après tout dans la dépendance étroite des phénomènes économiques et l'explication recherchée doit être avant tout économique[2]. On voudrait démontrer maintenant que les Français n'ont pas innové, parce qu'ils n'étaient pas soumis par des forces économiques à la pression énergique en faveur de l'innovation que subissaient les Britanniques.

Faut-il chercher cette pression du côté de la demande ? Plusieurs auteurs ont soutenu qu'un accroissement rapide de la demande d'articles manufacturés, venant du marché intérieur anglais et aussi des marchés d'exportation, avait lancé un défi à l'industrie britannique, qui se trouva forcée à une révolution technique pour pouvoir satisfaire cette demande croissante ; de plus, l'élargissement des marchés aurait agi fortement en faveur de la division du travail, facteur essentiel du progrès économique. Thèse séduisante, mais dont la prémisse majeure reste à prouver – à savoir qu'il y eut en Angleterre au XVIIIe siècle une croissance anormalement rapide de la demande ; en tout cas on ne voit aucune raison pour laquelle la demande effective globale aurait augmenté nettement plus vite en Angleterre qu'en France.

Dans les deux pays en effet, il y eut poussée démographique, bien qu'elle fût moins forte en France, puisque, on l'a vu, sa population aurait augmenté de 28 p. 100 entre 1700 et 1781, contre 39 p. 100 pour l'Angleterre et le pays de Galles. P. Deane et W. Cole ont souligné l'importance pour l'expression économique et le progrès technique de la poussée démographique qui se serait manifestée en Angleterre dans les années 1740[3], mais un élan semblable s'est produit non seulement en France mais dans toute l'Europe occidentale vers le milieu du XVIIIe siècle. On a beaucoup discuté des rapports entre les révolutions industrielle et démographique, mais il semble que la croissance démographi-

« miniature » et de luxe (par exemple les automates), très différent de celui des machines industrielles. Voir aussi J.R. Harris, *Industry and Technology in the Eighteenth Century: Britain and France. An Inaugural Lecture delivered in the University of Birmingham On 27th May 1971* (Birmingham, 1972), pp. 15-16, et « Skills, Coal and British Industry in the Eighteenth Century », *History*, 61, n° 202, juin 1976, pp. 167-169 ; il estime, sur le plan général, que la science ne fit qu'une faible contribution aux progrès de l'industrie avant l'application de découvertes chimiques au finissage des textiles, donc tout à la fin du XVIIIe siècle ; en France, on essaya systématiquement d'orienter la recherche vers les problèmes industriels, mais les solutions qui furent trouvées s'avérèrent mauvaises. Enfin, l'abondance en France de la littérature technique, du genre *Encyclopédie*, n'eut guère d'influence pratique (et montre même le retard sur l'Angleterre où il y eut peu d'ouvrages de ce type), car les techniques nouvelles très importantes que les Anglais avaient mises au point dans certains domaines (emploi de la houille, travail des métaux) étaient empiriques, s'apprenaient par la pratique et ne pouvaient être transmises par l'écrit et l'image.

1. Ashton, *The Industrial Revolution*, pp. 17, 19-20. [Le niveau d'alphabétisation était, dans l'ensemble, plus élevé en Grande-Bretagne qu'en France.]
2. J. Schmookler, « Economic Sources of Inventive Activity », *Journal of Economic History*, XXII, n° 1, mars 1962, pp. 1-2.
3. Deane et Cole, pp. 97, 135, 288.

que fut pour la Révolution industrielle une condition sans doute nécessaire, mais nullement suffisante, ou décisive, puisqu'elle fut générale en Europe de l'Ouest[1].

Quant aux revenus réels moyens par tête, ils ont certainement augmenté en Angleterre pendant la première moitié du XVIIIe siècle, la population étant presque stationnaire, les prix agricoles orientés à la baisse et les salaires nominaux à la hausse ; le marché intérieur s'est donc élargi, la consommation de nombreux articles a augmenté, la gamme même des produits consommés s'est étendue, leur qualité s'est améliorée ; A. H. John a signalé que le niveau d'expectatives de la plupart des classes a été affecté de façon permanente, et même qu'un « goût pour la consommation de masse » a été éveillé. Cependant, ce progrès n'a pas duré, car après le milieu du XVIIIe siècle, l'expansion de l'économie a été absorbée par la poussée démographique, et la production moyenne par tête n'a plus guère progressé[2]. D'autre part, il semble bien qu'en France une évolution grossièrement parallèle soit intervenue, avec une hausse des revenus moyens dans la première partie du siècle, et une certaine stagnation plus tard. Ernest Labrousse a montré en effet qu'à partir des années 1760, les prix agricoles et la rente foncière ont monté nettement plus vite que les salaires nominaux, d'où une baisse des salaires réels, qui a affecté non seulement les salariés urbains et le prolétariat rural, mais aussi beaucoup de paysans pauvres, dont les revenus étaient faits en partie de salaires ; d'où une paupérisation d'un secteur important de la population, dont la consommation moyenne d'articles manufacturés a dû diminuer. Il est vrai que l'augmentation des rentes féodales et des profits agricoles enrichissait au même moment une partie non négligeable de la population – non seulement les propriétaires féodaux, mais aussi les paysans aisés. D'où un stimulant pour le commerce (notamment des produits coloniaux), l'industrie, le développement des villes, et une augmentation des revenus non agricoles. Il n'y a donc pas de raison de penser que la demande effective moyenne d'articles manufacturés ait diminuté, sauf éventuellement durant le soi-disant intercycle des années 1770 et 1780, quand la baisse des prix agricoles aurait entraîné une stagnation générale[3]. Mais de toute façon ce ralentissement de la demande française ne serait intervenu qu'après la date des grandes innovations anglaises, réalisées pendant une période qui fut prospère des deux côtés de la Manche.

Quant à la demande des marchés extérieurs, elle était dans les deux pays plus élastique que la consommation interne et augmentait beaucoup plus vite (quoique absorbant une part bien plus faible de la production) ; mais l'étude du commerce extérieur qui précède a montré que les exportations d'articles manufacturés de l'Angleterre n'ont pas augmenté plus vite que celles de la France, avec une exception importante – celle des tissus de coton, pour lesquels il y eut effectivement, après le milieu du siècle, une expansion anormalement rapide, puisque leur valeur officielle passa de 20 000 livres sterling en 1750 à 167 000 livres en 1760 et 399 000 livres en 1763 (mais en 1784-1786, leur valeur

1. *Past and Present*, n° 17, avril 1960, pp. 72-75. [Ce problème mériterait d'être traité beaucoup plus longuement, à la lumière des travaux récents. On notera qu'en chiffres absolus, la France a gagné trois fois plus d'habitants que l'Angleterre.]

2. Ashton, *The 18th Century*, p. 232 ; John, pp. 180, 183, 190 ; Deane et Cole, pp. 18-19, 21, 41, 80-81. [Voir *supra* note 54 sur l'évolution du produit par tête, et *infra*, chap. 3, p. 79, et 8, p. 216, sur les controverses à propos de l'incidence des salaires réels en G.-B. dans la seconde moitié du XVIIIe siècle ; voir, par exemple, P.H. Lindert et J.G. Williamson, « English Workers' Living Standards During the Industrial Revolution : A New Look », *Economic History Review*, XXXVI, n° 1, février 1983, p. 13, tableau 5.]

3. Labrousse, *Esquisse*, t. II, pp. 379, 382-383, 444, 497, 598-599, 610-611, 617 ; *la Crise*..., pp. XXV-VIII, XXXI ; *le Paysan*..., pp. 4-5, 66, 78 sqq., 86, 91, 97.

restait inférieure à 1 million de livres par an)[1]. Ajoutons que, contrairement à une opinion courante, les pertes de territoires coloniaux subies par la France à la suite de la guerre de Sept Ans n'eurent guère d'importance du point de vue des exportations, car les marchés du Canada et de l'Inde n'absorbaient pas beaucoup de marchandises françaises ; leur valeur était surtout potentielle, et l'Angleterre ne retira pas de ses conquêtes d'avantages immédiats sensibles[2].

C'est en fait du côté de la structure plutôt que de l'évolution des marchés anglais et français pour les articles manufacturés qu'on doit observer d'importantes différences.

D'abord, la Grande-Bretagne possédait un véritable marché national, ce qui n'était pas le cas de la France. Unifiée économiquement, elle n'avait ni douanes intérieures ni péages. Certes, il ne faut pas exagérer l'importance de ce facteur, car après tout la principale des unités douanières françaises – les Cinq grosses fermes – réunissait une population de l'ordre de celle de la Grande-Bretagne. Cependant, K. Berrill a eu tout à fait raison de souligner qu'au XVIIIe siècle la Grande-Bretagne et ses colonies constituaient la plus vaste « zone de libre-échange » du monde. De plus, les faibles dimensions du pays, sa configuration, l'amélioration précoce des transports tendaient à faire de ce marché national une réalité vivante, et à rendre la circulation et les échanges intérieurs beaucoup plus actifs qu'en France[3].

D'autre part, sur ce marché la demande était plus intensive, grâce au revenu moyen par tête et au niveau de vie plus élevés dont les Britanniques jouissaient, comme on l'a signalé plus haut, dès le début du XVIIIe siècle. Il n'y a aucun doute que les classes populaires anglaises étaient mieux nourries, mieux habillées, mieux chaussées que leurs homologues françaises ; le pourcentage des miséreux par rapport à la population totale peut avoir été plus faible, et celui de la classe moyenne aisée plus fort. Par conséquent, si la demande moyenne d'articles manufacturés n'augmenta pas plus vite qu'en France, elle resta à un niveau plus élevé pendant toute la période considérée[4].

Enfin, la structure de la consommation était également différente – quoique un sérieux faux sens soit souvent commis à ce sujet. Des auteurs anglo-saxons soutiennent, en effet, que la France n'avait que des industries de luxe, comme la soierie, la cristallerie, la porcelaine, l'ébénisterie, qui étaient impropres à la production mécanisée, alors que l'Angleterre se serait spécialisée de bonne heure en fabriquant des articles peu coûteux pour un marché de masse, qui pouvaient être produits en série, par des machines, dans des usines[5]. Il est bien vrai que la France avait des industries de luxe ou de demi-luxe, travaillant pour les classes supérieures, qui étaient relativement plus importantes qu'en Angleterre[6], et qui ne pouvaient guère être mécanisées. Mais est-il besoin de rappeler

---

1. Schumpeter, p. 12 ; Deane et Cole, p. 59 ; voir aussi *Past and Present*, n° 17, avril 1960, p. 74 et K. Berrill, « International Trade and the Rate of Economic Growth », *Economic History Review*, XII, n° 3, avril 1960, p. 358, qui soulignent l'importance de la mainmise par l'Angleterre sur le marché en expansion pour cet article de consommation masse.
2. Deane et Cole, p. 85, note 2.
3. Berrill, p. 358 ; John, pp. 185-188. [L'équivalence cinq grosses fermes – G.-B. est reconnue par Wallerstein, pp. 81, 118, note 246.
4. Landes, « Encore le problème... », p. 6. [Rostow, pp. 171, 236, note 5. Il ne faut pas exagérer le haut niveau de vie des masses anglaises ; rappelons que Gregory King avait posé que plus de la moitié des familles ne pouvaient pas vivre de leurs revenus, qui devaient être complétés par l'assistance ou la charité. O'Brien et Keyder, pp. 163-164, écrivent qu'à ses débuts, la grande industrie britannique vendait, sur le marché intérieur, à des groupes sociaux modestes, dont le pouvoir d'achat en articles manufacturés tendait à diminuer, notamment par suite des guerres ; de plus, il fluctuait fortement, en raison inverse des prix alimentaires.]
5. *Past and Present*, n° 17, avril 1960, pp. 79-80 ; Clark, pp. 169-170.
6. Pour beaucoup d'économistes le terme d'industrie de luxe est d'ailleurs une sorte d'injure, dont la définition, fort élastique, varie selon les besoins de la démonstration.

qu'elle possédait aussi des industries considérables qui travaillaient pour la consommation populaire, produisant des toiles ou des lainages grossiers pour les paysans, les esclaves des Antilles, les habitants des colonies espagnoles ? Mais cette production pour les masses n'était pas une production de masse, en grande série, vu le morcellement du marché et la dispersion de la fabrication ; de plus elle était destinée à une clientèle peu exigeante et assurée par une main-d'œuvre rurale très bon marché, si bien qu'il n'existait pas de raison impérieuse d'en améliorer la technique. Il semble bien d'autre part que la supériorité anglaise résidait au XVIIIe siècle dans la fabrication d'articles de bonne qualité, appropriés à la consommation des classes moyennes ; et quand les Français se plaignaient (avant les années 1780 au moins) de la concurrence anglaise, ils insistaient sur la qualité supérieure, le fini, la présentation des marchandises d'outre-Manche. Ce contraste reflétait d'ailleurs en partie les différences dans la structure sociale des deux pays *et de leurs colonies*, la classe moyenne étant relativement plus nombreuse en Angleterre et la population rapidement croissante des Treize Colonies ayant un niveau de vie voisin de celui des classes moyennes européennes. L'industrie anglaise ne travaillait donc pas pour un véritable « marché de masse », qui n'apparaîtra qu'au XIXe siècle, mais seulement pour l'embryon d'un marché de ce genre – surtout pour les classes moyennes. Mais le résultat était que la production devait être à la fois relativement standardisée et de bonne qualité, et il y avait là sans aucun doute un stimulant qui agissait en faveur d'une division accrue du travail et d'améliorations techniques destinées à maintenir bas les prix, en faveur aussi de la concentration du travail dans des usines afin de maintenir la qualité, par une meilleure surveillance des ouvriers [1].

On peut aussi se demander si la demande d'articles manufacturés n'a pas progressé plus régulièrement en Angleterre qu'en France, où elle aurait été plus sérieusement interrompue par les crises cycliques et par les guerres. T.S. Ashton a souligné qu'en Angleterre le nombre des brevets augmentait pendant les périodes d'expansion et d'optimisme et diminuait pendant les dépressions et les guerres. Si donc les fluctuations économiques avaient été beaucoup plus violentes en France qu'en Angleterre, cela aurait pu avoir un effet décourageant pour l'innovation. Puisqu'il est généralement admis que la principale cause des fluctuations courtes de la production industrielle au XVIIIe siècle fut la variation dans le produit des récoltes, il est à coup sûr intéressant de comparer les mouvements cycliques des prix des grains – ces « baromètres des manufactures » – des deux côtés de la Manche.

À cet égard, Jean Meuvret a constaté qu'après 1741, il y eut diminution sensible de

1. La structure de la consommation anglaise était aussi sans doute plus « avancée », les textiles y étant moins prédominants, et les articles en métal, en céramique, etc., relativement plus importants. [On dit aussi souvent qu'en Angleterre, la répartition des revenus était relativement égalitaire, ce qui favorisait la consommation de masse. On se demande si les tenants de cette thèse ont jamais visité une grande *country house* ! Rostow, p. 172, affiche avec raison son scepticisme, « car il y avait un grand nombre de gens vraiment très riches dans la Grande-Bretagne du XVIIIe siècle ». Quant à Milward et Saul, pp. 97-100, ils signalent d'abord que la mode – avec le succès des « goûts bourgeois » – a favorisé les articles britanniques. Surtout, la lourdeur de la fiscalité française pour la bourgeoisie et les paysans aurait réduit la demande d'articles textiles (mais le poids de l'impôt était relativement plus lourd en Angleterre...) ; comme en plus les marchés extérieurs de l'Angleterre étaient plus vastes, la production totale, au moins pour les cotonnades, aurait été supérieure, ce qui aurait engendré les innovations. De fait Chapman et Chassagne (pp. 214-215) ont constaté que la productivité était plus élevée chez Peel que chez Oberkampf, parce que les séquences *(runs)* de production étaient plus longues (et de modèles plus simples), parce que destinées à une clientèle différente, plus modeste, en Angleterre et en Amérique du Nord. Ces deux auteurs ont mis à nouveau l'accent sur les vastes dimensions du marché (intérieur et colonial) de l'industrie britannique, et sur les possibilités en matière de commerce international, qui expliqueraient, plus que des facteurs endogènes, les différences entre les entreprises des Peel et d'Oberkampf. C'est aussi, selon eux, les conditions de marché qui ont joué le rôle « critique » dans la transition de la *proto-factory* à la véritable et complète usine (p. 199)

l'amplitude des oscillations du prix du blé dans les deux pays, mais elles restèrent plus violentes en France, la courbe des prix y était plus agitée – comme c'était le cas depuis le milieu du XVIIe siècle. Néanmoins, et malgré la sévérité de la crise de 1740-1741, la France n'a plus connu de famine générale *stricto sensu* après 1709-1710[1].

Quant aux fluctuations de la production, on connaît quelques cas en France où la production textile de tel ou tel centre industriel a baissé de près de 50 p. 100 au cours d'un cycle – mais les effondrements de cet ordre sont tout à fait exceptionnels. En Angleterre, deux séries assez sûres pour la production l'une de tissus imprimés, l'autre de draps de laine en West Riding montrent plusieurs cas où la fabrication a diminué de 20 ou même 25 p. 100 au cours d'un cycle donné[2]. On peut en conclure à titre d'hypothèse que les fluctuations étaient moins violentes qu'en France – sans doute parce qu'une proportion plus forte de la production était destinée à l'exportation, si bien que la demande étrangère, et surtout non européenne, avait plus de chances en année de mauvaise récolte de compenser la réduction de la demande intérieure[3]. De toute façon, l'influence de ce facteur ne doit pas être exagérée, car même en France les fluctuations cycliques vraiment violentes furent finalement peu nombreuses entre 1710 et 1788.

Quant à la question de l'incidence des guerres du XVIIIe siècle, elle a suscité d'intéressantes discussions entre les historiens anglais ; pour eux le problème est de savoir si les effets favorables des guerres – qui par exemple ont stimulé la production et l'innovation technique dans les industries métallurgiques – firent plus ou moins que balancer leurs effets déprimants sur d'autres branches de l'économie[4]. Pour la France la question ne se pose guère, car il n'est pas douteux que le bilan fut défavorable, par suite de l'interruption très grave que subit le commerce maritime pendant les hostilités. Certes, des trois guerres du XVIIIe siècle, seule celle de Sept Ans fut vraiment désastreuse[5], mais quelles qu'aient été la fortune des combats et les conditions de paix, la *Royal Navy* a constamment possédé en temps de guerre la maîtrise des mers (quoique celle-ci n'ait jamais été aussi absolue qu'elle devait l'être pendant les guerres de Napoléon), et malgré l'usage des navires neutres, les relations entre la France et les pays d'outre-mer, et surtout ses colonies, ont été en grande partie interrompues – tandis que les routes maritimes de l'Angleterre restaient ouvertes, et que son commerce, en dépit de la course française, jouissait d'une réelle sécurité. Ainsi, pendant chaque guerre, le commerce extérieur français baissa brutalement ; le pire effondrement se produisit, comme on l'a vu, pendant la guerre de Sept Ans, quand sa moyenne annuelle fut à peine la moitié de celle des années précédentes ; mais la situation ne fut guère meilleure pendant la guerre d'Amé-

1. Meuvret, « les Oscillations... », p. 119 ; Appleby, pp. 866, 870.
2. Labrousse, *Esquisse*, t. II, p. 549 ; *la Crise*..., p. XL ; Deyon, « le Mouvement de la production... », p. 211 ; Ashton, *The 18th Century*, pp. 248-249.
3. D'après Appleby, p. 882, les effets dérivés d'une mauvaise récolte de céréales d'hiver étaient atténués en Angleterre par l'a-symétrie des prix des divers grains (note 16) et l'emploi dans l'industrie était moins affecté qu'en France.
4. A.H. John, « Wars and the English Economy, 1700-1763 », *Economic History Review*, VII, n° 3, avril 1955, pp. 329-344 ; Ashton, *The Industrial Revolution*, pp. 90-91 ; *The 18th Century*, pp. 126-127 ; *Economic Fluctuations in England, 1700-1800* (Oxford, 1959), pp. 69-83. [Rostow, pp. 42-44, 235, note 4, se dit moins optimiste que John sur les effets bénéfiques des guerres pour la G.-B., mais observe que l'important est la position relative par rapport aux autres pays. L.D. Neal, « Interpreting Power and Profit in Economic History : A Case Study of the Seven Years War », *Journal of Economic History*, XXXVII, 1, mars 1977, pp. 20-35, soutient que la guerre de Sept Ans fut plus coûteuse pour l'économie anglaise qu'on ne l'a pensé, mais que l'afflux des capitaux hollandais évita une baisse du change, une hausse des taux d'intérêt pour le commerce et une crise commerciale. Cette aide extérieure (également en matelots) assura à la fois la « puissance » et « l'abondance ». L'article récent de J.G. Williamson, « Why was British Growth So Slow during the Industrial Revolution ? », *ibid.*, XLIV, n° 3, septembre 1984, pp. 687-712, souligne le freinage que la croissance de la G.-B. subit du fait des guerres pendant la période 1760-1815.]
5. Pendant cette guerre, 1 165 navires marchands français furent pris par les Britanniques ; Neal, p. 28.

rique, le trafic tombant de 725 millions en 1777 à 443 en 1779 (et les ports de la Manche, comme Rouen et le Havre, souffrirent beaucoup plus); seule la guerre de Succession d'Autriche eut des effets moins néfastes. La chute des exportations provoqua une baisse de l'activité industrielle ; l'indice d'E. Labrousse de la production lainière à Elbeuf tombe de 118 en 1757 à 75 en 1760 et son indice des industries de la soie et du lin dans la généralité de Rouen de 111 en 1755 à 76 en 1759. Ces chiffres montrent, il est vrai, un recul inférieur à celui du commerce extérieur, ce qui est normal, puisque la plus grande partie de la production industrielle était écoulée sur le marché intérieur. Il ne faut donc pas surestimer l'influence néfaste des guerres, et d'ailleurs H. Luthy et A. Rémond ont soutenu que dans l'ensemble la France avait été assez prospère pendant la guerre de Sept Ans[1]. D'autre part, si le commerce extérieur anglais progressa nettement pendant la guerre de Sept Ans (grâce notamment aux dépenses militaires en Amérique), il déclina pendant la guerre de Succession d'Autriche, et baissa gravement (quoique moins que celui de la France) pendant la guerre d'Amérique. On pourrait évidemment discerner une corrélation entre les innovations des années 1760 et l'optimisme, la confiance dans l'expansion, que les victoires écrasantes remportées par l'Angleterre avaient suscités; mais d'autre part, le rythme du progrès économique s'accéléra juste après le désastre de l'indépendance américaine. Au total, les victoires maritimes et coloniales des Britanniques ne semblent pas un facteur important de leur supériorité technique ; ce fut seulement pendant les guerres de la Révolution et de l'Empire que la maîtrise des mers permit à l'Angleterre de monopoliser les marchés d'outre-mer, ce qui stimula sa croissance[2].

On peut donc noter un certain nombre de divergences intéressantes entre la nature et l'évolution de la demande d'articles manufacturés en Angleterre et en France ; mais il nous semble qu'elles étaient moins importantes que celles qui s'observent du côté de l'offre, par l'analyse des facteurs de production[3].

La Révolution industrielle n'a pas été un acte gratuit, une conquête du progrès technique pour lui-même, mais un effort déterminé pour résoudre certains problèmes concrets qui se posaient à l'industrie anglaise, problèmes qui nous sont révélés par la nature des inventions les plus caractéristiques. Celles-ci avaient pour objet de rendre possible le remplacement de ressources qui étaient relativement rares et coûteuses, telles que le bois, l'énergie hydraulique, la main-d'œuvre, par d'autres ressources qui étaient relativement abondantes et bon marché, telles que la houille, l'énergie de la vapeur, et le capital – celui-ci sous la forme de machines et de procédés qui économisaient la main-d'œuvre[4]. Ce caractère fondamental correspond au fait que l'industrie anglaise du

1. Labrousse, *Esquisse*, t. II, p. 548 ; Levasseur, *Histoire des classes ouvrières...*, t. II, p. 551, note 2 ; Luthy, t. II, pp. 12, 42-44, 357-358 ; Dardel, pp. 49-50, 249-251, 257, 516 ; A. Rémond, « Trois bilans de l'économie française au temps des théories physiocratiques », *Revue d'histoire économique et sociale*, XXXV, n° 4, 1957, pp. 420-421.

2. Habakkuk, pp. 185-186. [Bien entendu, la position dominante que la G.-B. s'assura finalement dans le domaine du commerce et des services internationaux résultait en bonne partie « de deux siècles de mercantilisme couronné de succès » et d'une puissance navale supérieure (O'Brien et Keyder, pp. 75-76, 98-99, 197). Et de fait, à partir de l'Acte de Navigation, elle mena une politique de guerre économique, tantôt froide, tantôt chaude, contre les autres pays, en particulier la Hollande et la France. Mais les « dividendes » de cette politique ne vinrent que progressivement (Trebilcock, p. 115, va trop loin en écrivant que l'Ancien Régime a dépensé d'énormes sommes à perdre des guerres, en net contraste avec l'Angleterre. Quid de la guerre d'Amérique ?) ; la suprématie de l'Angleterre ne fut vraiment incontestée qu'après Waterloo ; sa politique agressive est une cause authentique, mais mineure, de la Révolution industrielle.]

3. Voir *infra*, chap. 8, pp. 216-217, sur les thèses néoclassiques qui nient le rôle de la demande dans la Révolution industrielle, et en sens inverse.

4. Ashton, *The 18th Century*, pp. 108-109 ; *The Industrial Revolution*, p. 91. [Rostow, p. 130, cite trois problèmes principaux qui étaient à résoudre : 1) produire de la fonte et du fer de bonne qualité et bon marché en utilisant la houille ; 2) réaliser une machine à vapeur « raisonnablement efficace » ; 3) filer le coton à la machine. Un peu auparavant, R. Davis, *The Rise of the Atlantic Economies* (Londres, 1973), p. 311, avait écrit que les innovations dans la métallurgie ont été importantes pour

XVIIIe siècle souffrait de pénuries relatives – surtout de combustible dans la métallurgie du fer, et de main-d'œuvre dans le textile – et que ces goulots d'étranglement gênaient l'expansion de la production. En d'autres termes les facteurs de production disponibles étaient inadéquats, sauf si une «percée technique» (*technological breakthrough*) était réalisée, pour satisfaire (sans hausse excessive des prix) une augmentation relativement rapide de la demande, comme celle qui se manifesta à partir du milieu du siècle, quand la poussée démographique commença à se faire sentir. Nous pensons que ces pénuries et ces goulots d'étranglement, qui exercèrent en Angleterre une forte pression en faveur de l'innovation, n'existaient pas en France[1].

Ce contraste est évident pour la métallurgie primaire. Certes, il ne faut pas exagérer la pénurie, «la famine» de bois, dont certains auteurs ont affirmé l'existence en Angleterre dès le début du XVIIe siècle : il n'y avait pas d'épuisement des ressources au plan national, au pire des pénuries locales. Michael Flinn a montré qu'entre 1550 et 1750 le prix du charbon de bois n'a guère monté plus fortement que le niveau général des prix, et que les maîtres de forges purent assurer leur ravitaillement en combustible (qui portait sur des quantités modestes au total), d'une part en «cultivant» systématiquement des taillis, d'autre part en déplaçant leurs usines vers des régions écartées et boisées. Il n'en reste pas moins que dans une région donnée d'industrie métallurgique, toute tentative pour augmenter la production entraînait une hausse rapide des coûts marginaux, que l'expansion de l'industrie se trouvait circonscrite dans des limites assez étroites, et que le coût du combustible était nettement plus élevé en Angleterre qu'en Suède. D'autre part, depuis le XVIe siècle, la houille était meilleur marché que le charbon de bois, en termes d'unités de chaleur produites. Les maîtres de forges connaissaient les avantages économiques du charbon, et ils savaient aussi que le sous-sol de l'Angleterre en recelait d'énormes réserves. Il y eut là un stimulant puissant à la recherche de procédés permettant de substituer la houille au charbon de bois dans les hauts fourneaux, recherche qui commença dès la fin du XVIe siècle. Quand elle eut abouti, au début du XVIIIe siècle, et surtout lorsque, à partir de 1750 environ, la fonte au coke fut devenue moins chère que la fonte au bois, les maîtres de forges, qui voulaient bénéficier de la demande croissante de fer, furent amenés les uns après les autres à remplacer le charbon de bois, coûteux et dont l'offre était inélastique, par le coke, meilleur marché et dont les fournitures étaient beaucoup plus élastiques ; finalement, dans le dernier quart du siècle, ils n'eurent plus le choix qu'entre adopter la fonte au coke ou fermer leurs usines. Le progrès technique fut donc le fruit de la pression d'une demande croissante sur des ressources insuffisantes en bois. Comme l'écrit H.J. Habakkuk, ainsi s'explique pourquoi la fonte au coke fut découverte et adoptée en Angleterre, plutôt que dans des pays où le ravitaillement en bois était meilleur marché et plus élastique[2]. En France, qui possédait de vastes régions

l'extension de la Révolution industrielle au XIXe siècle, mais n'ont joué aucun rôle dans son déclenchement. Ce qui a tout changé fut une innovation bien déterminée ; la transformation de la technologie de la filature du coton. N.F.R. Crafts a renchéri, en soulignant le rôle capital du coton et en affirmant que la question à résoudre était : pourquoi les innovations décisives de la *jenny* par Hargreaves et de la *water frame* par Arkwright ont-elles eu lieu en Angleterre ? ; «Industrial Revolution in England and France : Some Thoughts on the Question, «Why was England First ?», *Economic History Review*, XXX, n° 3, août 1977, p. 432.]

1. On fera le point au chapitre 3 sur la validité de cette interprétation.
2. M.W. Flinn, «Timber and the Advance of Technology : A Reconsideration», *Annals of Science*, XV, n° 12, juin 1959, pp. 109-120 ; Habakkuk, pp. 157-158. [Ce passage a été modifié, en tenant compte notamment de : G. Hammersley, «The Charcoal Iron Industry and its Fuel, 1540-1750», *Economic History Review*, XXXVI, n° 4, novembre 1973, pp. 593-613 (cet auteur minimise l'importance de la découverte d'A. Darby) ; C.K. Hyde, «The Adoption...» ([...] et *Technological Change and the British Iron Industry 1700-1870* (Princeton, 1977). Hyde a montré que, jusqu'au milieu du XVIIIe siècle, le nouveau procédé n'a

boisées, la situation se présentait en des termes très différents. Certes, une pression sur les ressources en bois apparut au cours du XVIIIe siècle, et les prix augmentèrent fortement[1], mais les pénuries qui purent se manifester restèrent locales, et les maîtres de forges français n'eurent jamais à faire face au dilemme disparition ou innovation ; de plus, en France, la houille était rare et coûteuse.

D'autre part, la demande croissante de charbon en Angleterre aux XVIIe et XVIIIe siècles, pour des usages tant industriels que domestiques, obligea à approfondir les mines, ce qui rendit nécessaires des systèmes de pompage plus efficaces ; il y eut là, on le sait, un puissant stimulant à la mise au point de la machine à vapeur, qui est en fait un sous-produit du développement de l'industrie du charbon. Ce stimulant faisait lui aussi défaut en France, par suite d'un équilibre différent entre les ressources de bois et de charbon.

Dans l'industrie textile, on peut observer aussi un contraste entre la France et l'Angleterre, mais cette fois en ce qui concerne l'offre de main-d'œuvre. Le système domestique allié au capitalisme commercial (*putting-out system*), qui y dominait, présentait toutes sortes d'avantages, mais il avait l'inconvénient que l'expansion de la production se heurtait à l'obstacle de coûts marginaux croissants. Une fois que le développement d'un centre industriel avait dépassé une certaine limite, les marchands-fabricants devaient, pour augmenter leur production, distribuer de l'ouvrage dans un rayon toujours plus large autour de leurs comptoirs, ce qui, à une époque de communications lentes, augmentait les coûts de distribution qui bientôt dépassaient les gains ; l'ouvrier passait beaucoup trop de temps en déplacements ; la surveillance du travail devenait impossible, les risques de détournement des matières premières et de malfaçon augmentaient. Le marchand-fabricant pouvait évidemment se replier sur une zone restreinte, en essayant de faire travailler ses ouvriers plus longtemps et plus vite, mais cet effort était contrarié par une offre régressive de main-d'œuvre, l'appât d'un gain accru n'étant pas suffisant pour décider l'ouvrier à travailler plus, à sacrifier son mode de vie traditionnel, ses loisirs et ses séances au cabaret (les textes du XVIIIe siècle abondent en jérémiades contre la paresse et l'ivrognerie des artisans du système domestique)[2].

Il y a de nombreux indices qu'une situation de ce genre est apparue pendant la première moitié du XVIIIe siècle dans plusieurs régions industrielles d'Angleterre, où le système domestique s'était développé de bonne heure et largement, si bien qu'il employait l'essentiel de la main-d'œuvre disponible dans un rayon raisonnable autour

guère été utilisé en dehors de Coalbroodkdale, tout simplement parce que la fonte au bois resta moins chère que celle au coke. La situation se renversa rapidement après 1750, par suite d'une forte hausse de prix du charbon de bois, d'une part, de gains de productivité et d'une réduction des coûts dans la production de la fonte au coke, d'autre part. L'invention par les frères Wood du procédé de *potting and stamping* pour la conversion de la fonte en fer date de 1762-1763, donc après la hausse du charbon de bois.]

1. D'après Labrousse, *Esquisse*, t. II, p. 346-347, le prix du bois à brûler augmenta de 91 p. 100 entre 1726-1741 et 1785-1789 ; mais l'essentiel de la hausse se produisit après 1770 ; il s'agissait de bois destiné à l'usage domestique, et enfin le prix du bois ne représentait qu'une petite partie du prix de revient du fer, dont les prix ne suivirent pas du tout la hausse du bois. [Voir : Andrée Corvol, *L'homme et l'arbre sous l'Ancien Régime* (Paris, 1984), pp. VI, 631 ; Institut d'histoire moderne et contemporaine, *Aspects de la recherche sur l'histoire des forêts françaises, Table-Ronde, Paris, 2 février 1980* (Paris, 1980) ; Groupe d'histoire des forêts françaises, *Histoire des forêts françaises, Guide de recherche* (Paris, 1982), pp. 60, 76, 95, 132 ; il ressort de ces travaux récents que la couverture forestière de la France diminua au XVIIIe siècle, qu'il y eut une « crise du bois », dont le prix augmenta, et que la métallurgie en souffrit dans certaines régions. Néanmoins, elle devait continuer à utiliser de grandes quantités de charbon de bois pendant une bonne partie du XIXe siècle].

2. Habakkuk, pp. 144-147 ; Landes, « Encore le problème... », p. 6 ; [aussi son *Europe technicienne*, pp. 84-89.

de chaque centre[1]. De plus, la mobilité de la main-d'œuvre était limitée, car, contrairement à ce qu'on a longtemps pensé, l'Angleterre ne connaissait alors ni sous-emploi généralisé dans les campagnes ni exode massif de ces dernières vers les centres industriels, car les innovations dans la technique agricole, loin de créer du chômage, suscitaient une demande accrue de main-d'œuvre. Rappelons aussi que la population anglaise n'a augmenté que très lentement jusqu'au milieu du siècle, et qu'avec une mortalité et une natalité élevées, un pourcentage considérable d'enfants, il y avait relativement peu d'individus dans les âges d'efficacité maximale, comme A.H. John l'a très bien noté. Quant à la poussée démographique qui commença au milieu du siècle, il fallut attendre quelques années, avant qu'elle eût amené un plus grand nombre de bras sur le marché du travail, et à ce moment la demande avait augmenté à nouveau. Les régions industrielles souffraient donc d'une pénurie relative de main-d'œuvre qui est prouvée par la hausse assez rapide des salaires nominaux qui s'y produisit (à la différence du sud de l'Angleterre) pendant la première moitié du XVIIIe siècle : en Lancashire les salaires des manœuvres montent de 8 pence à 12 pence par jour en une cinquantaine d'années[2].

Les industriels eurent donc à faire face à des coûts de main-d'œuvre élevés et en hausse, ce qui était particulièrement gênant dans une industrie jeune comme celle du coton, qui devait pratiquement recruter ses ouvriers aux dépens des activités plus anciennes. Ils eurent donc certainement de la peine à faire face à la demande rapidement croissante de cotonnades, notamment pour l'exportation vers les colonies, que l'on a déjà signalée dans les années 1750. Mais la hausse des prix de revient devint dangereuse quand l'accroissement de la demande extérieure se ralentit dans les années 1760 et 1770. Il devint impératif de réduire les coûts de main-d'œuvre et par conséquent de rechercher et d'adopter des machines qui permettraient de l'économiser ; la solution fut fournie par la *jenny*, la *water frame* (toutes deux inventées entre 1764 et 1768), la navette volante, qui augmentaient énormément la productivité par tête d'ouvrier ; et qui en plus permettaient de rassembler machines et ouvriers dans des usines ou des ateliers, où ceux-ci pourraient être astreints à une stricte discipline, à un travail plus long et plus rapide et la qualité de leur travail contrôlée. La pénurie relative de main-d'œuvre, dont souffrait l'industrie anglaise, et qui, d'après H.J. Habakkuk, a duré jusqu'au début du XIXe siècle, apparaît donc comme le plus puissant des stimulants à l'innovation, non seulement dans l'industrie du coton, mais dans plusieurs autres[3].

En France, la situation était à nouveau sensiblement différente. Les campagnes étaient relativement moins industrialisées, l'assouplissement de la réglementation (notamment par l'arrêt de 1762) y libérait de vastes réserves de main-d'œuvre, et il restait donc possible pour les marchands-fabricants d'élargir le cercle dans lequel ils distribuaient du travail autour des villes industrielles, sans faire monter trop leurs coûts de main-d'œuvre. D'autre part, l'augmentation de la population française ayant été due seulement à une baisse de la mortalité (tandis qu'en Angleterre il y eut aussi un relèvement de la natalité), le pourcentage d'individus en âge de travailler peut avoir augmenté plus vite qu'outre-

1. *Ibid.*, p. 84 : « Dans l'Angleterre du XVIIIe siècle, on avait totalement épuisé les possibilités d'expansion géographique ».
2. Ashton, *The Industrial Revolution*, pp. 109 sqq., 125 ; *The 18th Century*, p. 47 ; Deane et Cole, pp. 96-97 ; John, « Aspects... », p. 178.
3. Habakkuk, pp. 132-136, 161-163 ; John, p. 189 ; Schumpeter, p. 12 ; Deane et Cole, p. 59. [Noter que la consommation de coton brut continua à augmenter rapidement après 1763, malgré la décélération des exportations, qui furent relayées par la demande intérieure.]

Manche. Enfin et surtout, il y avait dans les campagnes françaises un large réservoir de prolétaires qui n'étaient qu'à demi employés et que les marchands-fabricants pouvaient utiliser sans faire pression sur les salaires. Ernest Labrousse a montré que ce prolétariat s'est accru rapidement en nombre au cours du XVIIIe siècle, plus rapidement que les possibilités d'emploi agricole, et a encombré le marché du travail; aussi la hausse des salaires nominaux est plus tardive et moins forte qu'en Angleterre – de 25 p. 100 environ entre 1726-1741 et 1785-1789, et l'essentiel de cette hausse est intervenu après 1763-1764[1].

Au total, pendant la première moitié du XVIIIe siècle, la croissance de l'industrie anglaise avait atteint des limites qui ne pouvaient pas être franchies sans une percée technique, que l'augmentation de la population et de la demande à partir des années 1740 rendit impérative. En France par contre, il n'y avait pas de pénurie de main-d'œuvre, et la production pouvait être augmentée et satisfaire la demande sans que l'on eût à rechercher des innovations draconiennes. C'est sans doute la plus importante des différences que l'on peut observer entre la France et l'Angleterre, mais on notera qu'elle était en partie la conséquence de l'industrialisation plus précoce et plus intensive que l'Angleterre avait connue, et donc de la conjoncture du XVIIe siècle[2].

Reste le problème des ressources en capital. Elles étaient relativement abondantes dans l'Angleterre du XVIIIe siècle, comme le montre la baisse de longue durée des taux d'intérêt; T.S. Ashton avait vu dans celle-ci le facteur décisif de la Révolution industrielle, mais il n'a pas été suivi par la plupart des historiens britanniques[3]. D'ailleurs, une baisse parallèle des taux d'intérêt s'est produite en France. Nous ne savons pas grand-chose sur le financement de l'industrie française du XVIIIe siècle, mais il n'y a aucune raison de penser que son développement fut retardé par une pénurie de capitaux[4] – surtout à une époque où le seuil de l'investissement dans l'industrie était très bas, et où les premières machines à filer par exemple ne coûtaient que quelques livres sterling. Bien entendu, le système bancaire anglais était beaucoup plus avancé que celui de la France, mais les banques n'ont joué qu'un rôle mineur et indirect dans le financement de la Révolution industrielle, dont l'essentiel a été assuré par le réinvestissement des profits des entreprises, par autofinancement[5]. Cependant H.J. Habakkuk a souligné qu'en Angleterre l'accumulation du capital s'est produite à un rythme plus rapide que la croissance des autres facteurs de production et notamment que celle des ressources en main-d'œuvre, ce qui fut un puissant stimulant pour l'innovation[6]. Il est fort possible que les choses se soient présentées différemment en France, mais seules des recherches sur ce problème, qui font défaut à l'heure actuelle, pourraient le prouver.

Cette analyse peut sembler indécise, car dans de nombreux cas elle a cherché à atténuer les «contrastes violents» entre les économies française et anglaise, que les manuels aiment à mettre en valeur, et dans lesquels on trouve trop facilement

1. Labrousse, *Esquisse*, t. II, pp. 491-492, 598-599; *la Crise...*, pp. XXIX-XXXI.[E. Le Roy Ladurie parle d'une France rurale devenue «majoritairement prolétaire en 1789; G. Duby et A. Wallon édit., *Histoire de la France rurale*, tome II, *l'âge classique des paysans, 1340-1789* (Paris, 1975), p. 440.]
2. Pour Landes, *l'Europe technicienne*, p. 194, la pression sur l'offre de main-d'œuvre était moins lourde sur le Continent qu'en Angleterre, son coût marginal ne s'élevait pas.
3. Ashton, *The Industrial Revolution* , pp. 11, 58, 94.
4. Opinion différente de Luthy, t. II, p. 41, et Fohlen, in Ashton, *la Révolution industrielle (1760-1830)* (Paris, 1955), pp. XVI-XVIII.
5. Voir *infra*, chap. 6, pp. 130-131, 144-145, 150-152, où cette opinion est nuancée.
6. Habakkuk, pp. 1-3, 132.

l'explication de l'inventivité supérieure et de l'avance économique des Britanniques. Mais il n'est pas question de nier les différences entre les deux pays, bien que souvent elles aient été moins prononcées qu'on ne le pense en général, et plutôt de degré que de nature. En tout cas, l'important, c'est que ces différences sont pratiquement toutes de même sens, car, dans les divers domaines qui ont été analysés, il apparaît qu'en Angleterre les conditions étaient plus favorables au progrès technique qu'en France [1]. L'accumulation de ces avantages relatifs, souvent de faible amplitude, mais bien marqués pour ce qui est de certains facteurs de production comme les ressources en combustible et en main-d'œuvre, semble avoir été suffisante pour déclencher en Angleterre un processus de progrès technique cumulatif et capable de s'entretenir lui-même, qui ne s'est pas mis en route en France, parce qu'il n'y était pas nécessaire. Dans une communication faite en 1961, David Landes utilisa une métaphore très suggestive, empruntée à la physique nucléaire, en parlant de la «masse critique», c'est-à-dire de l'accumulation de divers facteurs qui étaient favorables à la croissance de l'Angleterre, et qui déclenchèrent une réaction en chaîne – la Révolution industrielle [2]. En France, par contre, cette masse critique n'a pas été atteinte, et c'est pourquoi elle n'a pas fait spontanément sa Révolution industrielle [3]. Il fallut une excitation extérieure – l'inquiétante concurrence des marchandises anglaises moins chères, d'abord sur les marchés étrangers, puis après le traité de 1786 en France elle-même, pour susciter toute une série d'efforts, qui furent intensifiés dans les années 1780, et qui visaient à introduire les nouvelles techniques anglaises. À cette date, la supériorité de l'Angleterre était déjà très nette, mais son industrie entrait juste dans la phase de croissance rapide et de changements révolutionnaires généralisés ; le retard de la France n'était pas désastreux, et la Révolution industrielle allait peut-être y démarrer avec un décalage de quelques années seulement par rapport à l'Angleterre. Mais la «catastrophe nationale» que la Révolution et vingt années de guerre furent pour l'économie française [4] allait aggraver ce décalage et le rendre irrémédiable. En 1815, il devait être beaucoup plus sérieux qu'en 1789, car pendant ce quart de siècle, malgré un effet retardateur des guerres, l'économie britannique avait continué à croître et à se transformer rapidement [5].

© Perrin

1. Bien entendu beaucoup de ces différences avaient des racines historiques profondes, et par exemple le contraste entre les marchés des colonies françaises et anglaises a son origine dans l'installation des Anglais en Virginie et Massachusetts, et des Français au Canada et à Saint-Domingue.
2. Landes, «Encore le problème...», p. 6. [Mais, dans *l'Europe technicienne*, pp. 178-188, il a surestimé, à notre avis, l'infériorité des pays du Continent, dont la France, par rapport à l'Angleterre, dans tous les domaines. Crafts, «Industrial Revolution in England and France...», p. 439, considère la notion de masse critique comme tautologique. Il semble qu'elle ait été appliquée à la Révolution industrielle pour la première fois par P. Lebrun, dans un article publié en 1961 ; elle est développée dans P. Lebrun et *al.*, *Essai sur la Révolution industrielle en Belgique, 1770-1847* (Bruxelles, 2ᵉ éd., 1981), pp. 33-41 ; voir notamment p. 36, note 1.]
3. Milward et Saul, p. 114, écrivent que les développements remarquables de l'économie française au XVIIIᵉ siècle montrent combien il est difficile pour un pays de s'industrialiser, «combien il pouvait être peu utile à une économie de s'être développée avec autant de succès que la France».
4. La formule est de M. Lévy-Leboyer, *les Banques européennes et l'industrialisation internationale dans la première moitié du XIXᵉ siècle* (Paris, 1964), p. 29.
5. À ce sujet, voir F. Crouzet, *l'Économie britannique et le Blocus continental (1806-1813)* (Paris, 1958, 2 vol.), t. II, pp. 863-872 : «Bilan de l'économie britannique pendant les guerres de la Révolution et de l'Empire», *Revue historique*, n° 475, juillet-septembre 1965, pp. 71-110 ; et les chapitres 10 et 11 du présent ouvrage.

Les Étapes de la croissance économique

(1962)

W.W. ROSTOW

Ouvrage reprenant une série de conférences prononcées à l'université de Cambridge en 1958. Le premier chapitre reproduit ici énonce la thèse centrale, qui se trouve détaillée ensuite. Comme son titre l'indique, il s'agit d'un nouveau «manifeste» délibérément antimarxiste, à l'heure de la rivalité entre systèmes économiques capitaliste et soviétique, et de la prise de conscience du sous-développement des pays du tiers monde.
Le modèle énoncé ici des cinq étapes successives (la société traditionnelle, les conditions préalables au démarrage, le démarrage, les progrès vers la maturité et l'ère de la consommation de masse) empruntées par toutes les économies développées a permis de mettre au jour le concept de «take-off» (décollage) qui, au-delà des critiques sur l'ouvrage lui-même, est devenu un instrument d'analyse en histoire économique.

Source: *W.W. Rostow,* les Étapes de la croissance économique, *trad. fr. Paris, Seuil, 1962 (*The Stages of Economic Grouwth - A non-communist manifeste, *Cambridge, 1960), p. 7, p. 12-24.*

Les cinq étapes de la croissance

Exposé sommaire

A considérer le degré de développement de l'économie, on peut dire de toutes les sociétés qu'elles passent par l'une des cinq phases suivantes: la société traditionnelle, les conditions préalables du démarrage, le démarrage, le progrès vers la maturité, et l'ère de la consommation de masse.

Société traditionnelle

Examinons d'abord la société traditionnelle: c'est celle dont la structure est déterminée par des fonctions de production limitées, fondées sur la science et la technologie prénewtoniennes et sur des attitudes prénewtoniennes à l'égard du monde physique. Nous prenons ici Newton comme le symbole de cette ligne de faîte que l'histoire a atteinte au moment où les hommes ont été de plus en plus nombreux à croire que le monde extérieur était assujetti à quelques lois connaissables et pouvait être organisé systématiquement en vue de la production.

Toutefois, la conception de la société traditionnelle n'est nullement immuable; elle n'exclut pas non plus, a priori, la possibilité d'accroissement de la production. L'homme a toujours pu étendre les superficies cultivables; il a pu apporter au commerce, à l'industrie et à l'agriculture certaines innovations techniques spéciales, qui furent souvent hautement productives; la productivité a pu augmenter grâce, par exemple, aux progrès réalisés dans les ouvrages d'irrigation, ou à la découverte et à la diffusion de nouveaux produits agricoles. Mais la caractéristique profonde de la société traditionnelle était que le rendement potentiel par individu ne pouvait dépasser un niveau maximum, parce que la société traditionnelle ne disposait pas des vastes possibilités qu'offrent la science et la technologie modernes ou ne savait pas les exploiter régulièrement et systématiquement.

Aussi bien dans le passé qu'à la période contemporaine, l'histoire de la société traditionnelle n'a donc été qu'une suite incessante de transformations. L'extension géographique et le volume des échanges à l'intérieur de ces sociétés et entre elles a varié, par exemple, selon le degré d'agitation politique et sociale, l'efficacité du pouvoir central, l'état d'entretien du réseau routier. La population s'est accrue et a diminué et, dans certaines limites, le niveau de vie s'est relevé ou abaissé non seulement en fonction des récoltes, mais aussi selon la fréquence de la guerre ou des épidémies de peste. Les industries de transformation se sont développées à des degrés divers mais, de même que dans l'agriculture, la productivité n'a pu dépasser un niveau déterminé parce que la société ignorait la science moderne, ses applications et ses modes de pensée.

D'une façon générale, et étant donné les limites imposées à la productivité, ces sociétés ont dû consacrer une proportion très élevée de leurs ressources à l'agriculture, et leur civilisation agricole à son tour leur a imposé une structure sociale hiérarchisée, dans laquelle les individus pouvaient parfois – encore qu'assez difficilement – accéder aux échelons supérieurs. Les liens de famille et de clan jouaient un rôle important dans l'organisation sociale. En règle générale, l'échelle des valeurs de ces sociétés s'inspirait de ce que l'on pourrait appeler un fatalisme à long terme ; autrement dit, il était admis que la gamme des possibilités offertes aux petits enfants serait à peu près la même que celle qui s'était offerte aux grands-parents. Mais ce fatalisme à long terme n'empêchait nullement l'individu de croire qu'à court terme il pouvait lutter sa vie durant pour améliorer sa condition et était fondé à le faire. Dans les villages de Chine, par exemple, les paysans menaient un combat sans fin pour acquérir ou éviter de perdre des terres, de sorte que la terre restait rarement plus d'un siècle dans la même famille.

Bien qu'il existât dans les sociétés traditionnelles – sous une forme ou sous une autre – un pouvoir politique central qui imposait son autorité aux régions relativement autarciques, le centre de gravité du pouvoir politique se trouvait généralement dans les régions elles-mêmes, entre les mains de ceux qui possédaient la terre ou l'avaient soumise à leur autorité. Le propriétaire foncier exerçait une influence variable mais généralement profonde sur le pouvoir politique central qui existait et qui s'appuyait sur ses fonctionnaires et ses soldats, eux-mêmes étrangers à la région, aussi bien par leur comportement que par leur subordination à une hiérarchie extérieure.

Du point de vue historique, nous groupons donc sous le terme de société traditionnelle tout le monde prénewtonien : les dynasties chinoises, la civilisation du Moyen-Orient et du bassin méditerranéen, le monde de l'Europe médiévale. Et nous y ajoutons les sociétés postnewtoniennes qui, pendant un certain temps, demeurèrent étrangères ou indifférentes à la capacité nouvelle qu'avait l'homme d'utiliser systématiquement son milieu physique pour améliorer sa condition économique.

Classer toutes ces sociétés mouvantes et infiniment variées dans la même catégorie, pour la raison que la productivité de leurs techniques économiques ne pouvait dépasser un certain plafond, ce n'est guère. Mais, somme toute, nous ne faisons que déblayer le chemin pour arriver à l'objet du présent rapport : l'étude des sociétés ayant dépassé la phase traditionnelle dans laquelle chacune des caractéristiques principales de la société traditionnelle – son organisation politique, sa structure sociale et (jusqu'à un certain point) ses valeurs morales aussi bien que son économie – se modifie de façon à permettre une croissance régulière.

Les conditions préalables du démarrage

La seconde étape de la croissance est celle où se trouvent les sociétés en voie de transition, lorsqu'elles créent les conditions préalables au démarrage ; il faut du temps en effet pour que la société traditionnelle subisse la transformation qui lui permettra d'utiliser les ressources de la science moderne, d'empêcher une diminution des revenus, et ainsi de jouir des bienfaits et des options que lui offre l'accumulation des intérêts composés.

C'est en Europe occidentale, à la fin du XVIIe siècle et au début du XVIIIe que les conditions préalables au démarrage ont commencé à se créer de façon indiscutable, à mesure que les conquêtes de la science moderne donnaient naissance à de nouvelles fonctions de production tant dans l'agriculture que dans l'industrie, et pendant que l'expansion latérale des marchés mondiaux et la concurrence internationale dont ils étaient l'enjeu imprimaient un dynamisme nouveau à l'économie. Mais les éléments qui ont préparé la fin du moyen âge ont aussi concouru à créer les conditions préalables au démarrage en Europe occidentale. Parmi les États d'Europe occidentale, la Grande-Bretagne, favorisée par sa situation géographique, ses ressources naturelles, ses possibilités de négoce, sa structure sociale et politique, a été le premier pays à réunir toutes les conditions nécessaires au démarrage de l'économie.

Toutefois, dans l'histoire moderne, on constate que les conditions préalables au démarrage ne se sont pas trouvées réunies sous l'impulsion d'une cause interne, mais à la suite de la pression exercée de l'extérieur par des sociétés plus développées. Ces invasions – au sens propre ou figuré – ont ébranlé les sociétés traditionnelles et amorcé – ou accéléré – leur désintégration ; elles ont également fait naître des idées et des sentiments qui ont mis en branle le processus grâce auquel les sociétés traditionnelles ont pu céder la place à des sociétés modernes rattachées par des liens de filiation directe à l'ancienne civilisation.

On voit se répandre l'idée que le progrès économique est non seulement possible, mais aussi qu'il est l'une des conditions nécessaires à la réalisation d'autres objectifs que l'on juge favorables : dignité nationale, profits privés, intérêt général, meilleures conditions de vie pour les générations à venir. L'instruction, tout au moins pour ceux qui en bénéficient, étend son objet et s'adapte aux besoins de l'activité économique moderne. De nouveaux types d'hommes animés de l'esprit d'entreprise apparaissent – dans le secteur privé, dans les affaires publiques, ou dans les deux à la fois – décidés à mobiliser l'épargne et à prendre des risques pour obtenir des profits ou moderniser le pays. Des banques et d'autres institutions d'épargne se créent. Les investissements augmentent, notamment dans les transports, les communications et les matières premières qui peuvent présenter un intérêt économique pour d'autres nations. Le commerce intérieur et international élargit son contenu et son domaine et, çà et là, on voit apparaître de nouvelles industries de transformation qui utilisent les nouveaux procédés. Mais toute cette activité se développe à un rythme modéré, dans le cadre d'une économie et d'une société qui se caractérisent principalement par des méthodes traditionnelles à faible rendement, par une structure et des valeurs sociales périmées et par l'existence d'institutions politiques à base régionale qui leur sont contemporaines.

Dans bien des cas récents, par exemple, la société traditionnelle a survécu parallèlement aux activités économiques modernes, exploitées à des fins économiques limitées par une puissance coloniale ou quasi coloniale.

Bien que l'économie elle-même et l'équilibre des valeurs sociales se soient modifiés pendant la période de transition entre la société traditionnelle et l'étape du démarrage, le facteur décisif a souvent été d'ordre politique. Sur le plan politique, l'édification d'un État national centralisé et efficace – qui s'appuie sur des coalitions teintées d'un nationalisme nouveau en opposition avec les intérêts régionaux traditionnels, avec le pouvoir colonial, ou avec l'un et l'autre ensemble – a joué un rôle déterminant pendant la période préalable au démarrage ; et, presque partout, elle a été une condition nécessaire du démarrage.

Il y aurait beaucoup à dire au sujet de la période préalable au démarrage, mais nous y reviendrons au chapitre 3, où nous analysons la transition de la société traditionnelle à la société moderne.

Le démarrage

Nous atteignons maintenant la ligne de faîte, par-delà laquelle s'ouvre une ère nouvelle dans la vie des sociétés modernes : la troisième étape de l'évolution que nous étudions, celle du démarrage. Le démarrage est la période pendant laquelle la société finit par renverser les obstacles et les barrages qui s'opposaient à sa croissance régulière. Les facteurs de progrès économique, qui jusqu'ici n'ont agi que sporadiquement et avec une efficacité restreinte, élargissent leur action et en viennent à dominer la société. La croissance devient la fonction normale de l'économie. Les intérêts composés s'intègrent dans les coutumes et dans la structure même des institutions.

En Grande-Bretagne et dans les régions du monde bien dotées par la nature et peuplées surtout de Britanniques (les États-Unis, le Canada, etc.), la cause prochaine du démarrage a été essentiellement (mais non exclusivement) d'ordre technologique. Dans le cas le plus général, l'économie n'a démarré que lorsqu'un capital social s'est constitué et que le progrès technique s'est introduit dans l'industrie et l'agriculture. Encore fallait-il qu'arrive au pouvoir politique un groupe d'hommes disposés à considérer la modernisation de l'économie comme une affaire politique sérieuse de la plus haute importance.

Pendant la période de démarrage, le taux de l'investissement et de l'épargne réels peut passer de 5 % du revenu national à 10 % ou plus, par exemple ; bien qu'il ait fallu procéder à de très gros investissements sociaux pour créer les conditions techniques préalables au démarrage de l'économie, le taux d'investissement pendant la période préalable aurait pu être supérieur à 5 %, comme ce fut le cas, par exemple, au Canada avant 1890 et en Argentine avant 1914. En pareil cas, les capitaux importés ont généralement constitué une grande proportion des investissements totaux de la période préalable au démarrage, et parfois même de la période de démarrage elle-même, comme ce fut le cas en Russie et au Canada au moment du développement extraordinaire que connut le réseau ferroviaire avant 1914.

Pendant la phase de démarrage, les industries nouvelles se développent rapidement ; elles rapportent des bénéfices dont elles réinvestissent une proportion importante dans de nouvelles installations, parce qu'elles ont besoin d'une main-d'œuvre toujours plus nombreuse ; elles encouragent le développement des services qui leur sont nécessaires ;

elles accroissent la demande d'autres biens manufacturés et provoquent de ce fait une nouvelle expansion des zones urbaines et des autres industries modernes. Tout le processus d'expansion du secteur moderne provoque un accroissement des revenus détenus par ceux qui exercent leur activité dans des secteurs modernes de l'économie. La nouvelle classe d'entrepreneurs s'élargit, et elle dirige l'orientation des investissements toujours plus importants qui affluent dans le secteur privé. L'économie tire parti de ressources naturelles et de méthodes de production qu'elle négligeait jusque-là.

De nouvelles techniques se répandent dans l'agriculture aussi bien que dans l'industrie, à mesure que l'agriculture se commercialise et que les exploitants sont plus nombreux à accepter les nouvelles méthodes et les modifications profondes qu'elles apportent à leur mode de vie. Pour que le démarrage réussisse, il faut absolument que la productivité de l'agriculture se modifie de façon radicale, car la société qui se modernise devient de plus en plus tributaire de la production agricole. En l'espace d'une ou deux décennies, la structure fondamentale de l'économie et la structure sociale et politique de la société se transforment de telle façon que le taux de croissance de l'économie pourra par la suite rester constant.

Comme on le verra au chapitre 4, on peut situer approximativement le démarrage de l'économie britannique aux vingt dernières années du XVIIIe siècle ; celui de la France et des États-Unis, à la période de 1830 à 1860 ; celui de l'Allemagne, au troisième quart du XIXe siècle ; celui du Japon, aux vingt-cinq dernières années du XIXe siècle ; celui de la Russie et du Canada, à la période de 1890 à 1914 ; quant à l'Inde et à la Chine, c'est depuis 1950 qu'elles ont, par des méthodes tout à fait différentes, fait démarrer leur économie.

La marche vers la maturité

Le démarrage est suivi d'une longue période de progrès soutenu, sinon constant, à mesure que l'économie, qui désormais se développe à une cadence régulière, s'efforce d'appliquer la technologie moderne à chacun de ses secteurs. Le volume des investissements représente régulièrement de 10 à 20 % du revenu national, de telle sorte que la production peut conserver une avance constante sur l'accroissement de la population. La structure de l'économie ne cesse de se modifier à mesure que la technique progresse, les industries nouvelles accélèrent leur développement, les industries anciennes plafonnent. L'économie finit par trouver sa place dans l'économie internationale : le pays produit les biens qu'il importait autrefois ; de nouveaux besoins d'importation se manifestent, et de nouveaux produits apparaissent parmi les exportations pour équilibrer les échanges. La société s'adapte comme elle l'entend aux besoins de la production à haut rendement de l'époque contemporaine ; à cette fin, elle renonce aux valeurs et aux institutions anciennes en faveur de valeurs et d'institutions nouvelles, ou modifie les premières de telle façon qu'elles stimulent le processus de croissance au lieu de le brimer.

Une soixantaine d'années après le début du démarrage (soit une quarantaine d'années après qu'il s'est accompli), l'économie atteint généralement ce que l'on peut appeler sa maturité. L'économie qui, pendant le démarrage, s'organisait essentiellement autour d'un ensemble d'industries et de techniques relativement peu nombreuses, s'annexe des processus un peu plus complexes et souvent une technicité plus poussée. C'est ainsi que les charbonnages, la sidérurgie et les industries mécaniques lourdes, qui avaient joué un rôle prépondérant lors de la phase d'expansion du réseau ferroviaire, céderont peut-être la place aux machines, aux produits chimiques et à l'équipement électrique. Telles sont, par exemple, les étapes qu'ont suivies l'Allemagne, la Grande-Bretagne et les États-Unis vers la fin du XIXe siècle ou peu après. Mais la transition entre la phase de démarrage et la maturité s'est aussi accomplie selon des cheminements différents, mettant en jeu d'autres secteurs. Nous examinerons ce point au chapitre 5.

Du point de vue formel, on peut définir la maturité comme l'étape au cours de laquelle l'économie prouve qu'elle est en mesure d'aller au-delà des industries qui l'ont fait démarrer à l'origine et d'assimiler et d'appliquer efficacement à toute une gamme de ressources – sinon à la totalité d'entre elles – les découvertes qui étaient à la pointe de la technologie de l'époque. C'est la phase où l'économie montre qu'elle possède les ressources techniques et l'esprit d'initiative nécessaires pour produire, sinon tout ce dont l'industrie est capable, du moins tout ce qu'elle décide de produire. Elle manquera peut-être (comme la Suède et la Suisse contemporaines, par exemple) des matières ou d'autres fournitures qui lui sont nécessaires pour produire tel ou tel type de biens dans des conditions de rentabilité. Mais sa dépendance à cet égard sera affaire de choix économique ou de priorité parmi ses objectifs politiques, plutôt qu'une exigence née de la technique ou imposée par ses institutions.

Du point de vue historique, il semble qu'il ait fallu une soixantaine d'années à une société pour parcourir l'étape qui sépare le début au démarrage de la maturité. D'un point de vue analytique, on constatera peut-être que l'explication de ce décalage réside dans la puissante vertu arithmétique de l'intérêt composé, lorsqu'elle exerce ses effets sur l'ensemble des biens de capital ; à cela s'ajoutera une autre considération : lorsque trois générations se sont succédé dans une société où la croissance est un phénomène normal, il en résulte de vastes conséquences quant à la capacité d'absorption de la technologie moderne par cette société. Mais, de toute évidence, il faut se garder de tout dogmatisme en cherchant à évaluer la durée exacte de l'intervalle qui sépare le démarrage de la maturité.

L'ère de la consommation de masse

Nous en venons maintenant à l'ère de la consommation de masse, où la production de biens de consommation durables et les services deviennent progressivement les principaux secteurs de l'économie : c'est la période dont les États-Unis commencent à sortir, dont l'Europe occidentale et le Japon commencent à goûter les bienfaits incontestables, et à laquelle la société soviétique aspire, non sans remords.

Au moment où les sociétés atteignirent la maturité au cours du XXe siècle, deux phénomènes se sont produits : le revenu réel par habitant s'est élevé à un niveau tel que de nombreux individus ont pu régulièrement disposer de biens et de services dépassant les besoins alimentaires, de logement et de vêtements indispensables. Quant à la composition de la main-d'œuvre, elle s'est modifiée de façon telle que non seulement la porportion de la population urbaine dans la population totale s'est accrue, mais aussi la proportion de la population des employés de bureau et des ouvriers qualifiés – celle qui apprécie les biens de consommation que leur offre l'économie parvenue à la maturité, et qui est impatiente de les acquérir.

Abstraction faite de ces modifications économiques, la société a cessé de considérer le progrès constant de la technique moderne comme l'objectif primordial. C'est au cours de la période qui a suivi la maturité, par exemple, que les sociétés occidentales ont décidé, en utilisant des moyens politiques, d'affecter une plus grande part de leurs ressources à la prévoyance et à la Sécurité sociale. C'est dans une société qui franchit l'étape de la maturité technique qu'apparaît l'État-providence, mais c'est au cours de la même phase que l'économie manifeste une tendance toujours plus nette à consacrer ses ressources à la production de biens de consommation durables et à la diffusion massive de services, si la souveraineté du consommateur n'est pas contestée. L'utilisation de la machine à coudre, de la bicyclette et, plus tard, des divers appareils électriques ménagers, s'est répandue progressivement. Du point de vue historique, toutefois, l'élément décisif a été l'apparition de l'automobile populaire à bon marché, qui a exercé des effets absolument révolutionnaires – d'ordre social aussi bien qu'économique – sur la vie de la société et sur ses perspectives d'avenir.

C'est peut-être en 1913-1914 que les États-Unis ont pris le tournant, au moment où Henry Ford mettait au point sa chaîne de montage ; mais c'est après 1920, puis à nouveau au cours des dix années (1946-1956) qui ont suivi la guerre que cette étape de la croissance a atteint ce qui paraît être son terme attendu. Il semble que l'Europe occidentale et le Japon, eux, aient véritablement abordé cette étape après 1950, ce qui expliquerait, dans une large mesure, l'expansion extraordinaire de leur économie que rien ne permettait de prévoir pendant les quelques années d'après-guerre. Techniquement parlant, l'Union soviétique est prête à s'y engager et tout donne à penser que ses citoyens sont impatients d'en bénéficier ; mais pour leur donner satisfaction, leurs chefs devront affronter de difficiles problèmes politiques et sociaux d'adaptation.

Au-delà de la consommation

Il est impossible de prédire ce que sera la suite des événements, sinon pour faire remarquer que les États-Unis, tout au moins, se comportent depuis dix ans comme si l'utilité marginale relative des biens de consommation durables devait diminuer à partir d'un certain point. Marginalement, ils ont choisi d'avoir plus d'enfants – comportement qui suit le « modèle dynamique Buddenbrook[1] ». Les Américains se sont comportés comme si, étant nés dans une société qui leur assurait la sécurité économique et la consommation de masse, ils attachaient moins de prix aux accroissements de revenus réels sous les formes classiques, et plus aux avantages et aux valeurs que confère une famille plus nombreuse. Mais, même dans un effort de généralisation comme celui que nous faisons ici, il est encore trop tôt pour déduire de cette tendance – et sur la foi d'un seul exemple – l'existence d'une nouvelle étape de croissance qui se caractérisera par une plus forte natalité et qui suivra l'étape de la production des biens de consommation durables ; pour parler le langage des économistes, il se peut fort bien que l'élasticité de la demande d'enfants par rapport au revenu varie d'une société à l'autre. Mais il est vrai que l'économie américaine sera marquée au cours des dix prochaines années par les répercussions de la forte natalité et par le déficit d'équipements sociaux, qui ne lui est pas complètement étranger, bien plus que par la diffusion des biens de consommation durables.

Retraçons donc, selon une méthode impressionniste plutôt qu'analytique, les diverses étapes de la croissance que l'on peut distinguer à partir du moment où une société traditionnelle commence à se moderniser : la période transitoire, où la société crée les

1. Dans le roman de Thomas Mann, intitulé *les Buddenbrooks*, qui met en scène trois générations, la première recherche l'argent, la seconde, née riche, recherche le prestige social et civique, et la troisième, dotée dès la naissance du bien-être et du prestige attaché au nom, se tourne vers la musique. L'expression « modèle dynamique des Buddenbrooks » nous a paru commode pour montrer que les aspirations changent avec les générations, chacune de celles-ci attachant fort peu de prix à ce qu'elle tient pour acquis et recherchant des formes de satisfaction nouvelles.

conditions préalables au démarrage, le plus souvent sous la pression d'une puissance étrangère qui concourt avec certaines forces intérieures poussant à la modernisation ; le démarrage proprement dit ; la marche vers la maturité, qui se poursuit généralement pendant deux nouvelles générations, et enfin, si la hausse des revenus a compensé la diffusion de la virtuosité technologique (ce qu'elle ne fait pas toujours immédiatement, nous le verrons), la transformation de l'économie, qui est parvenue à sa pleine maturité et qui se met à produire des biens de consommation durables et des services (alors même qu'apparaît l'État-providence) pour une population qui ne cesse de se concentrer dans les villes, puis dans leurs banlieues. Il se pose ensuite la question de savoir s'il s'ensuivra une période de stagnation spirituelle de longue durée et, dans l'affirmative, comment on peut l'empêcher de s'installer : c'est la question qui sera examinée au chapitre 6. [...]

© Éditions du Seuil

Croissance économique et analyse historique
(1960)

PIERRE VILAR

Seule la première partie de la contribution a été retenue. Auteur d'une thèse importante sur la Catalogne dans l'Espagne moderne *(Paris, 1952, 3 vol.), Pierre Vilar, qui a succédé à Ernest Labrousse à la tête de l'Institut d'Histoire économique et sociale à la Sorbonne, aborde dans cet extrait l'attitude de l'historien face aux analyses des économistes sur la croissance. Parmi eux, une place importante est réservée à Marx, mais aussi à Rostow dont l'ouvrage majeur, paru auparavant (cf.* supra *texte précédent), est fermement contesté.*

Ce texte a été réédité in Pierre Vilar, Une histoire en construction. Approche marxiste et problématiques conjoncturelles, *Paris, Gallimard, Le Seuil, 1982, p. 14-31.*

Source : *Pierre Vilar, « Croissance économique et analyse historique » in* Première Conférence internationale d'Histoire économique – Stockholm – 1960, *Paris – La Haye, Mouton, 1962, p. 14-31.*

Bibliographie : *P. Vilar, « Développement historique et progrès social. Les étapes et les critères »,* la Pensée, *n° 98, juillet-août, 1961.*

I. Pensée économique et pensée historique devant les problèmes de la « croissance »

I. Rappel des principales positions des économistes

Ce rappel n'a d'autres propos que de montrer les liens *lointains*, autour de la notion de « croissance », entre pensée historique et pensée économique. Il voudrait dégager le sens d'une *rupture* encore sensible, mais relativement récente, entre ces modes de pensée. Il voudrait apprécier les tendances actuelles au rapprochement. Il pourra aussi, à cette occasion, suggérer quelques lectures, ou relectures, utiles. Et enfin préparer le travail ultérieur de systématisation.

A. Croissance et décroissance chez les «primitifs» de l'économie

a) *La pensée économique du Moyen Âge*, nullement négligeable, et en un sens plus «théoriquement» valable que la pensée mercantiliste[1], n'est pas orientée vers la notion de «croissance». C'est qu'elle est à la fois *universaliste* et *individualiste*, et qu'elle élimine l'idée d'échange onéreux, qu'il s'agisse de commerce ou de rémunération du travail[2]. L'équilibre est préféré à l'accumulation, et la statique à la dynamique.

On a souvent rapproché ce caractère de la pensée économique scolastique du caractère «stagnant» de l'économie médiévale[3]. Et pourtant, quel plus bel exemple de «croissance» que celui de l'Occident européen du milieu du XIe siècle au second tiers du XIVe[4] ?

Mais en fait les phénomènes d'accumulation et de création y sont marginaux. D'ailleurs, dès qu'ils apparaissent et là où ils apparaissent, la pensée scolastique à l'égard des phénomènes économiques se modifie[5].

Pour l'ensemble, la croissance semble reposer sur une *réoccupation* de terres en friche[6], sur un *investissement en travail* plus qu'en capital[7], et le prélèvement des classes possédantes sur la production y est juridique, non économique[8].

Ainsi la croissance médiévale est à étudier dans le cadre *démographie-défrichements-structure féodale-seigneuriale*; l'accumulation-reproduction y joue un rôle second. C'est la première suggestion d'un rapprochement entre un type de pensée économique et un type de croissance historique.

b) La *pensée mercantiliste* offre aussitôt la leçon complémentaire. Ni universaliste ni individualiste, contemporaine de la formation des premiers grands empires coloniaux et des grands États, elle se centre sur *le groupe politiquement organisé* (même s'il apparaît sous le symbole du «prince»[9]). On dit souvent qu'elle est une pratique, non une théorie[10]. Il est pourtant difficile de n'y pas découvrir des implications théoriques.

---

1. J.A. Schumpeter, *History of Economic Analysis*, Oxford 1954, 2e partie, chap. 2: «The Scholastic Doctors and the Philosophers of Natural Law», p. 73-143.
2. L'idée aristotélicienne et thomiste de «justice» exige l'*égalité* dans tout contrat, ce qui conduit à la notion d'échanges non onéreux et d'équilibre. À l'origine, cette condition est un «devoir être», non pas constatation de ce qui est. Mais, peu à peu, l'interprétation glisse vers la conception d'un équilibre mathématique de loi naturelle. Cf. *infra*, p. 253 pour les formules des théologiens espagnols du XVIe siècle: «L'inégale quantité rend égale l'estimation différente...», etc. Cf. aussi J. Baldwin, *The Medieval Theories of the Just Prices*, Transactions of the American Philosophical Society, Philadelphie, 1959, vol. 49, 4e partie.
3. Baldwin, *op. cit.*, p. 6-7. H. Pirenne, *Histoire économique de l'Occident médiéval*, Paris, 1951, p. 168.
4. G. Duby, *l'Économie rurale et la Vie des campagnes dans l'Occident européen*, 2 vol., Paris, 1963, t. I, livre II, et Bibliographie, p. 27-31.
5. S. Herzog, *Historia y antología del pensamiento económico. Antigüendad y Edad Media*, Fondo de Cultura económica, 3e éd., Mexico, 1953, p. 143-154 et 176-189. Sur les innovations de la pensée de saint Antonin de Florence, cf. Schumpeter, *op. cit.*, p. 99, et J. Le Golf, «Au Moyen Âge, temps de l'Église, temps du marchand», *Annales ESC*, XV, 1960, p. 417-433.
6. Cf. principalement: *The Cambridge Economic History of Europe*, vol. I, 1965, et Duby, *op. cit.*, t. I, p. 142-169. Pour un cas particulièrement étudié, la Catalogne, cf. R. d'Abadal i de Vinyals, *Catalunya carolíngia. Institut d'estudis catalans*, Memories de la Secció Hist.-Arqueolog., Barcelone, 1952, t. II, et, du même, *Els primers comtes catalans*, Barcelone, 1958.
7. Le fait que l'intérêt du seigneur repose sur les hommes plus que sur les biens a été signalé, comme caractéristique du féodalisme, par Marx, *le Capital*, livre I, sect. IV, chap. 2 et par A. Sauvy, *Théorie générale de la population*, Paris, 2 vol., t. I, p. 131-133.
8. M. Dobb, *Studies in the Development of Capitalism*, 5e éd., Londres, 1951, p. 33 *sq.*, et les autres essais de théorisation du système féodal (Kula, Porchnev, Guy Bois...) parus depuis 1960.
9. E.F. Heckscher, *Der Merkantilismus*, Iéna, 1932 (éd. suédoise, 1931; anglaise: *Mercantilismus*, 1935; espagnole; *La época mercantilista*, Mexico, 1943). Cf. la 2e partie: «Le mercantilisme comme système de pouvoir.»
10. R. Gonnard, *Histoire des doctrines économiques*, Paris, 1941, p. 48-49. Schumpeter, *op. cit.*, p. 155. Heckscher, *op. cit.*, p. 10-11 de l'édition espagnole.

Les notions d'échange onéreux et de croissance surtout *relative*[1] – par abaissement des voisins – permettent de penser que les mercantilistes doutaient spontanément des possibilités de croissance humaine *globale*. Et cela aussi a sa signification.

Mais, *pour le groupe*, les mots clefs étaient ceux d'«augmenter», d'«accroître», de «fomenter»[2].

Les hypothèses de croissance par guerre et pillage n'étaient pas exclues (bien au contraire). Mais, par l'intermédiaire de la notion de «puissance», le substrat démographique et économique de chaque groupe apparaissait comme jouant un rôle fondamental. Les mercantilistes sont les théoriciens primitifs des «économies dominantes». Les textes prouvent qu'ils ne séparent pas richesse et puissance du souverain du *nombre* et de l'*aisance* de ses sujets, qu'ils considèrent le métal précieux comme *signe* de l'accumulation, non comme richesse en soi, que le commerce enfin n'est source de profit que par l'activité de l'agriculture et de l'industrie, qu'on attire «la richesse de l'étranger par l'action de la richesse intérieure[3].»

Il est vrai que la notion de «croissance» est peut-être moins nette chez les mercantilistes que la crainte, ou la critique, des «décroissances». Des «arbitristes» espagnols à Cantillon, les efforts maladroits et les intuitions géniales se succèdent pour saisir le mécanisme explicatif de la décadence espagnole[4], de la montée anglaise[5], de la richesse hollandaise[6], de la puissance française[7]. Historiens et théoriciens de la croissance n'ont sûrement pas épuisé les leçons de ces vieux textes.

Et il suffit de nous reporter un peu en arrière (de trois quarts ou même d'un quart de siècle) pour apercevoir combien notre époque de développement inégal, et d'«effets de domination», a modifié pour l'historien les perspectives sur l'«arbitrisme» espagnol ou sur le monopole sévillan qui semblaient s'imposer aux hommes de 1870 ou 1930: Colmeiro ou Albert Girard[8].

1. Retenons, parmi de nombreuses autres, cette citation, par Heckscher (*op. cit.*, éd. espagnole, p. 468) du mecantiliste autrichien Hörnigk : «Car, qu'une nation soit aujourd'hui puissante et riche ne dépend pas de l'abondance ou de l'insignifiance de ses forces, mais principalement du fait que ses voisins possèdent plus ou moins de forces et de richesses qu'elle n'en possède elle-même.»

2. T. Mun, *England's Treasure and Foreign Trade*, Londres, 1664 (rédigé en 1620), distingue dans son introduction les moyens de conserver et les moyens d'agrandir la «république». Pour l'Espagne, cf. P. Vilar, «Les primitifs espagnols de la pensée économique. Quantitativisme et bullionisme», in *Hommage à Marcel Bataillon*, n° spécial du *Bulletin hispanique*, 1962, p. 261-284, et *infra*, p. 261, et 262, les citations d'Ortiz et de Cellorigo. Pour la France de Colbert, cf. C.W. Cole, *French Mercantilism*, Londres, 1943.

3. Martin González de Cellorigo, *Memorial de la política necesaria y útil resaturación de la Républica de Espana*, Valladolid, 1600, f° 29 r°. «Bienes que fructifican y atrahen as sí como más dignos las riquezas de afuera, sustentando las de adentro.»

4. Vilar, art. cit., et *infra*, p. 239-241. La préoccupation autour de la «décadence» espagnole se poursuit jusqu'au XVIIIe siècle, avec Campomanes et Sempere y Guarinos, qui rééditent les vieux mercantilistes, et, à l'étranger, avec Montesquieu, Forbonnais (*Considérations sur les finances de l'Espagne*, La Haye, 1753, cf. p. 2-7), enfin R. Cantillon, *Essai sur la nature du commerce en général*, Paris, 1952, p. 91-92.

5. Cf. la note bibliographique d'Heckscher, *op. cit.*, p. 492, n° 16.

6. *Ibid.*, p. 465. Cf. aussi la correspondance de Colbert, *Lettres*, Paris, 1861-1882, t. III, p. 167, t. VI, p. 3 et 264, ou encore l'admiration des Catalans de 1700 (Feliu de la Penya, Aparici...) pour la Hollande (P. Vilar, *la Catalogne dans l'Espagne moderne*, Paris, 1952, 3 vol., I, p. 654 *sq.*).

7. C'est le mercantilisme espagnol du XVIIIe siècle (Uztáriz, Ulloa) qui est surtout marqué par cette admiration pour la puissance française.

8. M. Colmeiro, *Historica de la economía española*, Madrid, 1863, 2 vol. A. Girard, *le Commerce français à Séville et Cadix au temps des Habsbourg*, Paris, 1932. Cf. le compte rendu de ce livre par Lucien Febvre, *Annales d'Histoire économique et sociale*, V, 1933, p. 275-281, judicieuse critique du libéralisme ingénu, reproduit in: *Pour une histoire à part entière*, Paris, 1962, cf. p. 217-244.

B. Croissance et décroissance chez Smith et Marx

W.W. Rostow voit dans l'ouvrage fondamental d'Adam Smith un «programme de réflexion» pour assurer la croissance économique d'un pays sous-développé [1]. Je crains, à vrai dire, qu'il n'y ait danger à des rapprochements de ce genre, les vieilles économies européennes du XVIIIe siècle n'étant nullement assimilables, pour bien des raisons, aux cas modernes de «sous-développement». Ici l'esprit de systématisation risque de nuire au simple «esprit historique».

Il reste cependant que le lien entre les problèmes économiques modernes les plus familiers et la naissance de la pensée classique se noue précisément autour de la notion de «croissance», et plus particulièrement de «démarrage» économique vers l'industrie dominante. Et il reste que Smith, dès les premières pages de son grand ouvrage [2], pose les lignes directrices de toute recherche dans ce domaine, en dégageant les notions de *travail annuel, produit annuel, rapport produit-consommation, rapport du nombre des hommes actifs à celui des inactifs, productivité du travail, distinction entre travail productif et travail improductif*, notions que tout historien des périodes de «démarrage» devra méditer sans cesse.

Ajoutons que Smith, de son côté, reste historien, et que, malgré sa déclaration de guerre aux mercantilistes, il pense encore en termes de *wealth of nations*; à la fois richesse et puissance de ce groupe qui va s'affirmer, au siècle suivant, comme le cadre historique par excellence: la «nation» moderne.

Marx (parce qu'il a lu Ricardo) est en un sens plus proche de la théorie abstraite moderne de la croissance que Smith et que les mercantilistes, parce qu'il ne considère plus la croissance «des nations», mais le processus d'accumulation et de reproduction élargie dans son aspect le plus général, applicable aussi bien à l'entreprise isolée qu'à l'économie globale [3]. Le commerce extérieur et la surpopulation relative n'entrent en effet que tardivement, et comme facteurs de différenciation secondaires, dans ses hypothèses [4]. En mettant l'accent sur le processus purement économique et «endogène» de la reproduction capitaliste, Marx se place, par là même, au premier rang des *théoriciens* de la croissance. Et on pourrait se divertir à extraire de toute son œuvre un condensé de cent quatre-vingts pages de théorie pure de la croissance, à peu près les dimensions du livre d'Harrod [5].

Mais ce serait mutiler Marx.

Celui-ci en effet ne confond jamais le procédé méthodique qu'est l'abstraction avec la fin réelle de la recherche, qui est l'*explication de la réalité historique*. Marx sait que le modèle d'accumulation-reproduction qu'il a dégagé de l'observation du capitalisme de concurrence ne représente qu'une interprétation de la phase classique où celui-ci se trouve engagé. Avant ce capitalisme, ce modèle ne serait plus applicable (d'où la nécessité d'étudier une «accumulation primitive») [6]. Il ne le serait pas davantage, d'une façon absolue, dans un capitalisme de monopole, et moins encore dans une structure où les «rapports sociaux de production» seraient radicalement changés.

L'analyse, par là, redevient «historique», puisque les modèles qu'elle propose ne sont

1. W.W. Rostow. *The Process of Economic Growth*. Oxford. 1953. p. *sq*.
2. *Wealth of Nations*. livre I: «Introduction et plan de l'ouvrage». Londres. 1776.
3. Marx. *le Capital*. livre II. sect. III. chap. 21: «L'accumulation et la reproduction élargie».
4. *Ibid.*. livre III. sect. III. chap. 15.
5. R. Harrod. *Toward a Dynamic Economics*. Londres. 1948.
6. *Le Capital*. livre I. sect. VII. chap. 24: «Die sogennante ursprüngliche Akkumulation».

ni éternels ni universels, et se modifient au sein d'une réalité plus large que l'économie « pure » : la *totalité* des rapports humains.

Cependant, par un nouvel effort d'abstraction, Marx cherche à déceler, dans cette réalité, les facteurs *spécifiques* de développement, ceux qui transcendent la simple biologie. Voici les propositions fondamentales :

1° L'originalité de l'homme étant dans la prise sur la nature par la technique[1], la « croissance » humaine par excellence, c'est l'obtention d'une production de biens croissant plus que proportionnellement à l'effort humain fourni.

2° Pour cela, pour que la « reproduction » des biens s'élargisse, il faut (dans tout système, et de façon dominante sinon continue) que la production des biens de production croisse plus vite que celle des biens de consommation[2].

3° Il existe une certaine correspondance entre niveau des « forces productives », type des « modes de production », et système des « rapports de production » entre classes de la société[3]. Si, le premier se modifiant, les autres tardent à s'adapter, il y a « crise générale », stagnation, voire décroissance. Un principe d'analyse (historique plus qu'économique) des stagnations s'ajoute ainsi aux principes d'analyse de la croissance.

Deux observations complémentaires sont ici utiles à l'historien :

1° Marx a nié toute « loi de population » universelle et éternelle, et toute « loi des rendements décroissants » dans la prise de possession de la nature par l'homme, l'originalité de celui-ci étant précisément de surmonter les lois biologiques par la technique et par l'organisation. L'évolution de la société industrielle a, là-dessus, donné raison à Marx contre Malthus[4].

Mais cela ne signifie pas que, pour les sociétés préindustrielles à évolution technique lente, les processus de croissance et de décroissance n'aient pas été plus proches du simple jeu entre expansion « naturelle » de la démographie, et plafond « naturel » des ressources. Inversement, depuis un siècle et demi, la prise de l'homme sur la nature se révèle aussi forte dans le domaine de la vie humaine que dans celui de la production[5].

À chaque époque, donc, sa « loi de population ». Et l'historien peut retenir à la fois que le facteur démographique n'est ni indépendant ni fondamental, mais n'est pas non plus neutre ou négligeable.

2° Depuis la mort de Marx, l'évolution interne du capitalisme et l'inégal développement des parties du monde ont démontré l'importance des combinaisons entre luttes de classes et luttes de groupes, et de l'expansion de certains groupes aux dépens des autres. Les thèmes du *monopole* et de l'*impérialisme* ont pris le dessus dans la théorie marxiste[6], et la pensée économique non marxiste en est venue à son tour aux notions de « pôles de développement », de « croissance inégale », d'échange onéreux, d'« effets de domination »[7].

1. *Ibid.*, livre I, sect. IV, chap. 13 (en particulier la note sur la nécessité de constituer une *histoire de la technique*).
2. *Ibid.*, livre II, sect. III, chap. 20 (paragraphe 3 surtout).
3. Marx, *Zur Kritik der politischen Ökonomie*, Berlin, 1859. Introduction. Texte le plus célèbre de Marx, mais que l'on se contente trop souvent de citer sans en chercher l'application dans tout le reste de l'œuvre.
4. Sur les relations entre les pensées de Marx et celles de Malthus, textes essentiels dans Ronald L. Meek, *Marx und Engels über Malthus*, Berlin, 1956. Et les deux livres d'Alfred Sauvy, *De Malthus à Mao Tse-Tung*, Paris, 1958 ; *Malthus et les deux Marx*, Paris, 1962. Mais ces deux dernières œuvres ne sont pas une analyse historique de la pensée démographique de Marx, étant orientées vers les applications à l'actualité démographique du XXe siècle.
5. Telle est la préoccupation fondamentale du second livre d'A. Sauvy cité à la note précédente.
6. Il suffit de rappeler les noms d'Hilferding, Rosa Luxemburg, Lénine. Mais surtout, depuis que le présent texte a été écrit, la critique, marxiste ou paramarxiste, de l'impérialisme et de la « dépendance » a pris une ampleur qui ne nous permet pas d'en esquisser ici une bibliographie.
7. Ce vocabulaire a surtout été vulgarisé au cours des années cinquante par François Perroux ; cf. *l'Économie du XXe siècle*, Paris, 1961.

On observe ainsi un retour de la pensée économique moderne dans son ensemble à de très vieilles solidarités entre analyse abstraite et observation historique. Mais, pendant longtemps, et souvent encore, il y avait eu (ou il y a) oubli de ces solidarités.

C. Les «modèles» de croissance

Il n'est pas essentiel – mais il n'est pas entièrement superflu – pour les historiens, de suivre les économistes édificateurs de «modèles» dans leur méthode de pensée. Leur façon de décomposer le temps économique en périodes, de fonder leurs hypothèses de travail sur les jugements et anticipations («ex post», «ex ante») du sujet économique, de passer de ces hypothèses «micro-économiques» à l'édification de valeurs globales (revenus, épargne, investissement), de tenir compte des effets de multiplication et d'accélération dans le jeu de ces valeurs: tout cela précise des concepts que l'historien ne peut ignorer, des relations et des rythmes qu'il doit observer. Si des historiens comme E. Labrousse et F. Braudel ont rénové la notion de temps historique [1], c'est la fréquentation des économistes qui le leur a permis.

Mais une fréquentation critique. Car on ne peut garder aucune illusion sur la valeur universelle des théories d'économie pure. Les appliquer à n'importe quel temps serait le plus grand danger.

Tout «modèle de croissance», en particulier (et il n'en est pas d'indiscuté), ne vaut que dans le cadre de ses hypothèses: qu'il s'agisse de démographie, de technique, de structure et de luttes sociales, ou bien le «modèle» les élimine (en les supposant stables) ou bien il leur attribue d'hypothétiques régularités dans le changement. L'influence en retour de la croissance économique sur les possibilités démographiques, sur les modes de production techniques, sur les mouvements politico-sociaux ne semble pas susceptible d'être introduite dans un «modèle» assez simple. Y parviendrait-on que le «modèle» *aiderait* à comprendre les cas particuliers, sans jamais en exprimer la complexité.

Les économistes le savent d'ailleurs fort bien: «Si, dit A. Marchal, l'analyse de courte période peut être "épurée", c'est-à-dire s'il est possible, au sein d'un environnement tenu pour approximativement constant, d'isoler des variables qui ne soient qu'économiques, [...] *une analyse de longue période purement économique n'a pas de sens* [2]».

À la fin de l'ouvrage d'économie pure le plus classique, Hicks, évoquant le danger d'une stagnation dans la cadence des innovations économiques, ajoute une note, qui clôt le livre [3].

«Les raisons qui ont amené de nombreuses personnes à supposer que ce danger pourrait devenir réel au cours du XXe siècle sont évidemment l'arrêt virtuel des découvertes géographiques d'une part, et le déclin démographique de l'autre. Ces raisons sont d'importance. Pourtant, la tendance des innovations dans l'avenir est si difficile à prévoir que nous ne pouvons déduire, de ces facteurs, un péril immédiat; néanmoins on ne peut s'empêcher de penser que la Révolution industrielle des deux siècles passés n'a peut-être été qu'une immense expansion séculaire provoquée en grande partie par l'accroissement sans parallèle

1. Cf. les exposés théoriques (Introductions et Conclusions) des deux grands ouvrages d'Ernest Labrousse, *Esquisse du mouvement des prix et des revenus en France au XVIIIe siècle*, Paris, 1933, 2 vol. et *la Crise de l'économie française à la fin de l'Ancien Régime et au début de la Révolution*, Paris, 1944. Pour Fernand Braudel, cf. surtout «Histoire et sciences sociales: la longue durée», *Annales ESC*, 4, 1958. Cf. *infra*, p. 409 *sq*.s.

2. In: «Economic progress», *Colloque de l'Association internationale des sciences économiques*, Louvain, 1955, p. 437.

3. John R. Hicks, *Value and Capital*, Oxford, 1938 (cf. édition française, 1956, p. 282).

de la population. Si tel est le cas, cela aiderait à expliquer pourquoi les sages tiennent pour si décevant cet épisode de l'histoire humaine.» Ce texte est de 1938.

Ainsi la réflexion économique des années 1929-1939 aboutissait (et pas seulement chez Hicks) à une ébauche de théorie de la stagnation, fondée sur un pessimisme, hésitant et vague, devant la démographie et l'innovation[1].

L'histoire a répondu par la guerre mondiale, le bond en avant de la production américaine, la découverte atomique, celle des antibiotiques, la double révolution démographique (de la natalité dans les pays évolués, de la mortalité dans les autres), enfin le triomphe de nouveaux rapports sociaux sur le tiers du globe, le démarrage de l'agriculture chinoise, l'électronique et l'automation, enfin l'entrée dans l'ère spatiale. La croissance humaine, ses bonds, ses hésitations, ses inégalités, ses conflits, relèvent donc, en réalité, de l'analyse historique globale, non d'une analyse très sûre d'elle quant aux mécanismes économiques «purs», mais terriblement hésitante quant aux impulsions biologiques et sociales qui les englobent et que peut-être ils engendrent.

Cette idée de l'unité fondamentale des phénomènes étudiés par les sciences humaines fait aujourd'hui des progrès. Ils sont encore incertains.

D. Le dernier quart de siècle: la tentation de l'histoire

Depuis vingt ou vingt-cinq ans, les problèmes de la croissance (et du long terme en général) sont redevenus un souci majeur. Soit par la concurrence entre socialisme et capitalisme, soit par l'urgence des questions que posent les pays «sous-développés», le caractère *structurel* et *historique* des conditions du développement économique s'est imposé à la réflexion avec évidence.

a) *L'exemple de J. Schumpeter.* L'évolution d'une pensée comme celle de J. Schumpeter, dont l'*Histoire de la théorie économique* devrait être un livre de chevet des historiens, est à cet égard caractéristique.

En 1912, «se mouvant dans l'abstrait avec aisance et comme avec joie»[2], Schumpeter élaborait sa «théorie du développement économique» en prenant, volontairement, ses distances envers l'histoire. Certes, il admettait comme postulat «que l'état économique particulier d'un peuple, quand on peut le discerner, ne résulte pas simplement de l'état économique antérieur, mais de l'état antérieur *total* où il se trouvait»[3]. Mais il faisait valoir aussitôt que l'enchaînement des faits historiques est trop compliqué pour que l'historien use avec fruit des conceptualisations de l'économiste. Et celui-ci, inversement, était appelé à éliminer de ses déductions tout élément non économique, *sauf toutefois les modifications de la technique et de l'organisation*. Cette réserve, il est vrai, est fondamentale. Schumpeter, d'un mot, la rapprochait de la position de Marx[4]. Rapprochement légitime, puisque, dans les deux cas, l'organisation et la technique – ces «forces de production» qui modifient la productivité du travail – sont admises comme premier moteur. Mais rapprochement limité, car là où Schumpeter voit le premier moteur de *l'économie*, Marx voit, «en dernière analyse», celui de *toute l'histoire*.

1. Cf. J. Devaux, *la Théorie de la maturité économique ou de la stagnation séculaire aux États-Unis*, Paris, 1985.
2. Prologue de François Perroux à l'édition française de l'ouvrage fondamental de Schumpeter, *Theorie der wirtschaftlichen Entwincklung*, Leipzig, 1912 (*Théorie de l'évolution économique*, Paris, 1935, cf. p. 2).
3. *Op. cit.*, p. 307.
4. *Ibid.*, p. 309, n. 1. Longue note: «Cette forme serait souvent parallèle à celle de Marx... mais ma construction ne coïncide que superficiellement avec elle.»

Or, en 1942, dans un ouvrage d'ailleurs fort désabusé, Schumpeter a repris le thème de ses rapports avec la pensée de Marx. Sans capituler devant celui-ci, dont il persiste à affirmer l'échec, il définit à son propos l'ensemble du problème pensée économique-pensée historique.

«Les économistes [1], dit-il, ont toujours ou bien fait œuvre d'historiens économiques ou bien mis à contribution les travaux historiques d'autrui, mais les données de l'histoire économique étaient classées dans un compartiment distinct. Elles ne prenaient (éventuellement) place dans la théorie qu'à titre d'illustration sinon de confirmation des conclusions élaborées dans l'abstrait. Elles n'y étaient donc mêlées que par un processus de brassage mécanique. Or le mélange de Marx est chimique: en d'autres termes, il a inséré les données historiques dans l'argumentation même dont il fait dériver ses conclusions. Il fut le premier économiste de grande classe à reconnaître et à enseigner systématiquement comment la théorie économique peut être convertie en analyse historique et comment l'exposé historique peut être converti en histoire raisonnée. Il n'a pas essayé de résoudre le problème analogue que pose la statistique; toutefois, dans un certain sens, le second est englobé dans le premier.» Marx aurait ainsi «atteint un objectif d'importance fondamentale du point de vue de la méthodologie économique», «fixé un but», «défini une méthode».

Du fait que la sociologie non marxiste a refusé cette méthode, et que les marxistes (ceux qui comptent) se sont souciés de faire l'histoire plus que de l'écrire, nous ne disposons guère encore d'une historiographie appuyée sur l'analyse économique, ni d'une économie intégrant l'histoire.

b) *L'économétrie rétrospective* de Colin Clark [2] – et de son émule français J. Fourastié [3] – est apparue, au cours de ces dernières années, comme une tentative importante pour appeler les économistes à l'école des longues séries statistiques, comme avaient fait, du côté sociologique et historique, Simiand, Labrousse, Hamilton. Au Congrès des sciences historiques de 1950, Colin Clark et J. Fourastié avaient été appelés à participer [4].

On s'est pourtant assez vite aperçu qu'une économétrie à long terme ne coïncidait pas nécessairement avec une économétrie *historique*. D'abord quant à la critique des sources: les habitudes de l'historien rendent sévère pour les modes d'établissement des chiffres de Colin Clark [5]. Ensuite, le souci de projeter vers l'avenir les courbes obtenues du passé n'est guère légitime pour qui a pris conscience des *discontinuités* de l'histoire (mieux armés statistiquement, les démographes l'ont éprouvé) [6]. Il semble enfin que l'auteur des *Conditions of Economic Progress* ait moins cherché *les* conditions de ce progrès que *la* condition commune et fondamentale, accompagnée de quelques concomitances, comme la modification des proportions respectives des trois «secteurs» de l'emploi dans une économie progressive, le «primaire» (agriculture-mines-carrières)

1. J.A. Schumpeter, *Capitalisme, Socialisme et Démocratie*, Paris, 1951 (traduction de *Capitalism, Socialism and Democracy*, Londres; 1942). Cf. p. 117-118 de l'édition française, fin du chap. «Marx, l'économiste».
2. C. Clark, *The Conditions of Economic Progress*, Londres-New York, 1940, 3e éd. mise à jour, 1957.
3. Essentiellement, Jean Fourastié, *le Grand Espoir du siècle*, Paris, 1949 et ses nombreuses rééditions. Éd. définitive, Paris, 1963.
4. *IXe Congrès international des sciences historiques. Rapports*, Paris, 1950, p. 242-259 et 215-224.
5. Cf. *ibid., Actes*, Paris, 1951, discussion des chiffres de Fourastié (p. 101-109) et de ceux de Colin Clark (p. 115-118, particulièrement p. 118, critique par E. Labrousse). Un exemple: la première édition de Colin Clark attribuait à l'Espagne de 1914 un revenu national par tête supérieur à celui de la Belgique; l'économiste espagnol A. Robert dut diminuer *de moitié* le chiffre proposé pour l'Espagne. Sur ces faibles exigences critiques de l'économie rétrospective, cf. *infra*, p. 311-313.
6. Cf. P. Vincent, «Comment déterminer les tendances de la fécondité», *Population*, 1947, p. 474, sur les incertitudes des projections démographiques.

diminuant au profit du «secondaire» (industrie), puis tous deux au profit du «tertiaire» (services).

Or des lois aussi générales intéressent moins l'historien que *les* conditions dans lesquelles, inégalement pour chaque cas observé, elles se dégagent et s'appliquent. Il est légitime pour l'économiste de dessiner d'avance l'image des progrès à venir: il n'est pas l'homme du passé. Mais s'il commence par éliminer, comme contingentes et secondaires, toutes variables historiques, il ne vient en aide ni à la reconstitution du passé ni à la compréhension du présent. Il reste seulement instructif de constater qu'une fois de plus, comme avait fait Schumpeter, les économistes sont revenus, avec Colin Clark, vers l'idée de *productivité du travail mesure de tout progrès*. C'est le retour aux classiques.

c) *Structure et analyse causale*. Johan Åkerman, après s'être consacré à la pure analyse économique, en a formulé la critique, à partir surtout de la notion de «structure» qu'il a remise en honneur dans la pensée économique contemporaine[1]. Certaines formules de ses exposés méthodologiques méritent d'être méditées, pour écarter le danger des méthodes unilatérales: – sur «induction» et «déduction»: «Une analyse causale purement déductive contient dans sa question même la réponse anticipée; une analyse causale purement inductive est dépourvue de question et donc de réponse»; – sur empirisme historique et refus de l'histoire: «Le cercle fermé de la déduction pure, détachée de toute induction, et qui ne fournit aucun argument utile à l'analyse causale, rejoint la chronique d'histoire économique qui, également dépourvue d'argument, néglige, elle aussi, de poser le problème, et d'exposer les fondements de la sélection qu'elle opère parmi les faits»; – sur l'analyse «micro-économique» et «macro-économique», cette remarque qui montre combien sont inséparables les deux considérations: «La hausse de conjoncture est un microphénomène, l'essor cumulatif un processus qui se propage dans la macrosphère en se généralisant; la baisse de conjoncture est un macrophénomène, le déclin cumulatif un processus qui se propage dans la microsphère en se spécialisant.»[2]

Ces convictions ont entraîné Åkerman à introduire dans l'«analyse causale», autant pour la connaissance du «cycle» que pour celle de la croissance à long terme, des notions comme celles de structure économico-politique, structure de production, structure monétaire, structure des revenus. Dans l'énumération des «forces motrices» économiques, trois termes seulement sont de nature économique stricte (développement du crédit, rapports industrie-agriculture, répartition des revenus), les cinq autres incluant une majorité d'éléments extra-économiques: progrès technique, accroissement démographique, changements politiques, transformation des mobiles psychologiques, croissance des groupes (cartels, syndicats, État...)[3].

Cela dit, il est à la fois satisfaisant pour l'esprit et décevant quant à la collaboration souhaitable des disciplines de constater qu'Åkerman découvre les oppositions entre cycle conjoncturel agraire précapitaliste et «cycle des affaires» du XIXe siècle sans se référer à l'œuvre de E. Labrousse[4], traite des réactions ouvrières devant le salaire sans se

1. J. Åkerman, *Ekonomisk Teori, Kaussanalys av del ekonomiska skeendet*, Lund, Leipzig, 1939-1944. Trad. française: *Structures et Cycles économiques*, Paris, 1955-1957, introd. par André Marchal. Cf. aussi d'Akerman, «Le principe du dualisme appliqué aux problèmes de la croissance et des cycles», *Économie appliquée*, VII, 1-2, 1954, p. 5-20.
2. *Op. cit.* (éd. française), t. I, p. 4 *sq.* et 38.
3. *Ibid*, chap. «Les forces motrices».
4. *Op. cit.*, p. 150-159. Également W.W. Rostow (*Première Conférence internationale d'histoire économique, Stockholm*, 1960, Paris-La Haye, 1960, p. 18, n. 1) se réfère au «cycle agricole» comme caractéristique de la «société traditionnelle», selon un article de Heckscher, sans connaître, semble-t-il, les travaux de Labrousse sur ce même point.

référer à celle de Simiand[1], mesure les «intensités» des guerres et révolutions d'après Sorokin, qui, «heureusement», dit-il, les a «calculées». On s'étonne qu'un spécialiste de la «structure» englobe sous un concept unique (le «groupe») le Dnieprostroi, les Hermann Goering Werke, la General Motors et la Compagnie des Indes. Ni l'*information*, ni surtout l'*esprit historique* ne répondent, dans la réalisation d'Åkerman, aux exigences de la synthèse cherchée. Il reste instructif que la nécessité en ait été proclamée, et beaucoup de procédés d'analyse partielle utilisés peuvent servir en histoire.

d) *«Propensions» et «démarrages».* Un essai également significatif est dû à W.W. Rostow. Si Schumpeter donnait Marx en exemple, et si Åkerman (paradoxalement) ne le citait pas, Rostow ne cache pas qu'il cherche à Marx une «alternative»[2] – c'est-à-dire un équivalent méthodologique doté d'autres conclusions. Mais offre-t-il une vraie synthèse, alors qu'il remet explicitement aux historiens-sociologues le soin d'étudier dans leurs origines les «propensions» que l'économiste distingue comme facteurs de croissance? Il s'agit des «propensions»: 1° à développer les sciences fondamentales, y compris les sciences sociales, 2° à appliquer la science fondamentale à l'économie, 3° à accepter les innovations, 4° à vouloir le progrès matériel, 5° à consommer, 6° à procréer.

L'historien accepterait bien cette énumération, mais *à rebours*, car son problème, c'est le passage, par étapes, d'une humanité biologique à une humanité scientifique. Rostow l'admet, en attribuant les décalages dans ces étapes aux conditions politiques, nationales, spirituelles particulières, mais sa propre analyse revient très vite au jeu familier de l'économiste: investissement, consommation, démographie.

Rostow insiste sur le phénomène de «démarrage» qui fait passer l'économie des formes «traditionnelles» aux formes «modernes» (à industrie dominante). Il s'intéresse surtout, en réalité, à ce qui suit ce *take-off* économique, peut-être parce qu'il croit y distinguer une régularité, voire une uniformité dans les formes et les rythmes de développement, quels que soient les régimes sociaux, les milieux spirituels et les événements politiques. C'est l'abandon du propos primitif, le retour au matérialisme mécaniste inconscient, sous-jacent à toute théorisation non pénétrée *réellement* d'esprit historique.

e) *Autres appels à l'histoire.* Bien que la théorie pure de la croissance demeure encore, malgré les tentatives signalées, l'idéal de l'économie non marxiste contemporaine, la critique dont elle est l'objet progresse continuellement. Lundberg l'a vivement formulée[3]. Kuznetz, dans une rapide vue d'ensemble, a donné autant d'importance à des facteurs comme le «potentiel scientifique transnational», les conditions particulières à chaque nation, les «valeurs nouvelles», la «politisation des flux économiques» (capables de devenir la guerre) qu'aux classiques variables économiques[4]. Sa nostalgie de lois sociologiques universelles s'exprime avec de singulières réserves: «Les lois de l'économie et de la sociologie, *compte tenu des divers types d'organisation sociale, et des techniques*, devraient être aussi valables pour toutes les sociétés, *quand le niveau adéquat de développement est atteint.*»

Enfin, François Perroux, entreprenant d'élaborer une «théorie générale du progrès économique»[5], part d'une «insatisfaction légitime», et prend des *exemples* historiques,

1. F. Simiand, *le Salaire, l'Évolution sociale et la Monnaie*, Paris, 1932, 3 vol.; cf. II, chap. 7.
2. W.W. Rostow, *The Stages of Economic Growth*, Cambridge, 1960, p. IX.
3. Par la formule «la malédiction des paramètres constants».
4. In: «Profit et croissance», *Économie appliquée*, X, 2-3, 1957, p. 211-259.
5. *Le Progrès économique. Introduction, Cahiers de l'ISEA*, série I, 1.

espérant trouver, dans la réalité historico-statistique, le principe de cette « histoire cumulative » signalée par le sociologue Claude Lévi-Strauss. Est-ce un pas vers la redécouverte des capacités créatrices de l'histoire, par changements *qualitatifs* à partir des accumulations quantitatives ? L'idée du *temps créateur*[1], fondement de la dialectique marxiste, n'effraie plus la science contemporaine. Il serait temps de s'en aviser.

II. Rappel des tentatives d'historiens et propos de systématisation

La tradition de l'histoire positiviste a limité les ambitions des historiens. Ils se trouvaient pourtant placés devant les mêmes problèmes scientifiques que les économistes.
a) *Histoire classique et « croissances »*. On est tenté de sourire devant les notions de « grandeur » et de « décadence » chère aux vieux philosophes de l'histoire, ou devant les naïves divisions de l'histoire moderne : « prépondérance espagnole », « prépondérance française », « prépondérance anglaise »[2]. Chacun sent bien pourtant que derrière ces termes se cachent des problèmes de croissance matérielle et de décalage dans les croissances, dont l'explication ne peut être exclusivement politique. La vigueur et la profondeur des analyses historiques ont malheureusement dépendu davantage, dans l'historiographie, du talent des auteurs que d'un effort de systématisation. Et l'organisation du travail historique – ses servitudes aussi – ont orienté la recherche vers des points de détail ou des aspects spécialisés, tandis qu'on réservait les grands sujets aux manuels de synthèse, où l'étude chiffrée ne convenait guère, et où les interprétations tournaient au schéma. Et pourtant, le cadre des grandes montées et des grands déclins – étendu, bien entendu, au monde entier – suggérait mieux une étude typique d'histoire « totale » que l'étude entreprise par « l'histoire économique » spécialisée.
b) *Histoire économique et croissance*. L'histoire économique n'a pas toujours été, cependant, cette « chronique » et cette collection de monographies dont les économistes jugeaient l'usage impossible.

Même dans sa période descriptive et faiblement statistique, elle s'est attaquée à « l'analyse causale » d'épisodes de « démarrage » et de « croissance » comme la révolution industrielle anglaise – terrain, il est vrai, déjà déblayé par Marx – avec un succès dont la jeunesse persistante et les rééditions du livre de Mantoux suffisent à témoigner[3].

Pourtant, l'histoire économique a franchi une autre étape depuis trente ans. Elle a démontré la possibilité d'une « histoire quantitative », d'une reconstitution statistique sûre sur période très longue. En est-il résulté une collaboration *réelle* entre pensée économique et pensée historique ? Sans doute les vieilles habitudes sont-elles encore mal dominées.

La « tentation de l'économie » a visité les historiens comme la « tentation de l'histoire » a visité les économistes. De jeunes chercheurs « quantitativistes », armés déjà de résultats imposants, déclarent vouloir les mettre « au service de la théorie »[4]. De la même façon, l'œuvre d'E. J. Hamilton, admirablement historique par la précision et l'ampleur de son information – cinq siècles de séries chiffrées continues éclairées par une moisson de faits

1. Je ne maintiendrais pas aujourd'hui, après les critiques de Louis Althusser, cette formule sur le temps historique ; *cf. infra*, p. 102.
2. C'est la division encore proposée par l'*Histoire générale* d'Halphen et Sagnac, *Peuples et Civilisations*, par l'intitulé des t. IX, X, XI de la collection.
3. P. Mantoux, *la Révolution industrielle anglaise au XVIIIe siècle*, Paris, 1906. Traduit pour la première fois en anglais en 1927, mais cette traduction anglaise, en 1960, en est à sa 11e édition.
4. Position plusieurs fois affirmée, avec quelques variantes dans la formulation, par Pierre Chaunu et Frédéric Mauro.

et de textes – semble avoir eu comme principale ambition de soutenir une thèse élémentaire sur la « croissance » : conclusion dont les économistes ont occasionnellement retenu l'écho, mais dont ils n'ont fait encore ni critique ni utilisation approfondies[1].

À l'opposé de cette histoire économique mise au service d'une théorie encore dédaigneuse envers elle, l'œuvre d'E. Labrousse[2] a mis systématiquement l'observation économique rétrospective au service de l'histoire au sens le plus large : la constatation positive étant le mouvement conjoncturel des prix, instrument d'analyse des revenus suivant les classes et les catégories sociales, l'étude « conjoncturelle » se transforme en analyse dynamique de la structure, éclairant la contradiction des intérêts, la naissance des pensées, la crise des institutions, et finalement, jusque dans leur chronologie événementielle, les révolutions. C'est le plus grand effort, depuis Marx, pour transformer, dans l'étude d'un passé relativement lointain, sinon la « théorie », du moins l'*observation* économique en analyse historique.

Cependant le cercle n'est pas fermé. L'observation de la conjoncture est une base de départ. L'interprétation en est réservée. Une éclatante démonstration est faite, très importante en face de bien des affirmations courantes : une expansion séculaire, très probablement accompagnée d'une croissance globale, ne résout pas – et souvent avive – les contradictions internes d'une société. Mais le pourquoi de la conjoncture d'expansion, comme celui de la « croissance » proprement dite, reste un problème.

Est-il possible – ou serait-ce un propos trop ambitieux ? – de concevoir une recherche mettant à la fois l'observation historique au service de la théorie économique, l'observation économique au service de l'analyse historique, la théorie (ou tout au moins le raisonnement) économique au service de cette observation, par la problématique qu'elle suggère ?

c) *Propos de systématisation.* L'observation et l'interprétation des « ondes » conjoncturelles de longue durée et d'ampleur internationale exigent et font souhaiter l'*élargissement* des enquêtes statistiques rétrospectives dans le domaine des prix, des courants commerciaux, des mouvements monétaires. L'espoir de cet élargissement est ouvert par de nombreux et brillants travaux[3].

La connaissance des phases et des tournants de la conjoncture longue bien au-delà des deux cents dernières années est nécessaire à l'analyse de leur nature. Elle évitera

---

1. Cf. *infra*, p. 126 *sq*.
2. Références essentielles, *supra*, n. 32.
3. Principaux travaux synthétisés dans G. Imbert, *Des mouvements de longue durée, Kondratieff*, Aix-en-Provence, 1959. Rappelons, parmi les grands travaux antérieurs : L. Dupriez, *Des mouvements économiques généraux*, Louvin, 1947, 2 voL. J. Grizziotti-Kreschmann, *Il problema del trend secolare nelle fluttuazioni dei prezzi*, Pavie, 1935. F. Simiand, *Recherches anciennes et nouvelles sur le mouvement général des prix du* XVIe *au* XIXe *siècle*, Paris, 1932. E. Wagemann, « Probleme der Wirtschaftsentwicklung : die langen Wellen der Konjunktur », *Vierteljahrschriften zur Konjunkturforschung* (Berlin), 3, 1928. W. Woytinski, « Das Rätzel der langen Wellen », *Schmollersjahrbuch*, 55, II, 1931. Parmi les œuvres de caractère historique, outre Simiand, Labrousse et Hamilton, ici largement cités, Sir W. Beveridge, *Prices and Wages in England from the Twelfth to the Nineteenth Century*, vol. I, Londres-New York, 1939 ; E.-J. Elsass, *Umrisse einer Geschichte der Preise und Löhne in Deutschland*, Leyde, 1936-1939, 3 vol. G. Parenti, *Prezzo e mercato del grano a Siena, 1546-1765*, Florence, 1942. N.W. Posthumus, *Inquiry into the History of Prices in Holland*, Amsterdam, 1946. Ouvrages dépassant la recherche sur les prix, pour s'étendre au mouvement conjoncturel global, soit pour une approche des changements mondiaux, soit pour une analyse régionale de longue durée : cf. H. et P. Chaunu, *Séville et l'Atlantique, 1504-1650* Paris, 1953-1957 (8 vol., partie Statistique, t. VIII, en 3 vol., 1959). F. Mauro, *Le Portugal et l'Atlantique au* XVIIe *siècle*, Paris, 1960. P. Goubert, *Beauvais et le Beauvaisis de 1600 à 1730*, Paris, 1960. R. Baehrel, *Une croissance : la basse Provence rurale (fin du* XVIe *siècle à 1789)*, Paris, 1961. H. Van der Wee, *The Growth of the Antwerp Market and the European Economy (*XIVth-XVIth *Centuries)*, La Haye, 1963, 3 vol. Parmi les articles importants pour l'interprétation des ondes longues : W. Abel, *Wüstungen und Preisfall im spätmitelalterlichen Europa (Jarbücher für Nationalökonomie und Statistik*, vol. 165, déc. 1953), et P. Jeannin, « Les comptes du Sund comme source pour la construction d'indices généraux de l'activité économique en Europe (XVe-XVIIIe siècle) », *Revue historique*, 1964.

désormais d'attribuer – ce qu'on faisait si souvent naguère – les élans et les crises de chaque pays aux seules circonstances et aux seules politiques nationales et régionales.

L'inverse est vrai. On ne peut ni ne doit conclure d'une «onde» d'expansion généralisée à la «croissance» interne de tous les groupes, encore moins au rythme égal de cette croissance. En fait, ce sont les décalages, les contrariétés entre mouvements qui font le jeu de l'histoire. Et rien ne dit a priori que la conjoncture elle-même, observable dans la sphère de la circulation, n'est pas l'effet de mouvements de fond moins aisément saisissables dans les domaines de la production, de la démographie, ou des rapports sociaux.

Il est donc nécessaire de combiner à l'*élargissement* de l'enquête *conjoncturelle* au plan *mondial*, l'*approfondissement* de l'enquête *structurelle* au plan *national, régional, local*.

La tâche de l'historien est de multiplier les analyses de «*cas*». Ces «cas» seront jugés, classés, par référence, au besoin, à des «*modèles*» économiques. Et seule la confrontation d'un nombre suffisant de «cas» historiques démontrera la validité, suggérera les variantes, situera dans le temps la caducité de ces «modèles» économiques eux-mêmes.

Reste à savoir comment choisir et délimiter les «cas», comment procéder à leur examen, comment définir, enfin, ce qu'on se propose de préciser: cette «croissance» qui n'est ni un phénomène abstrait d'économie pure ni le résultat d'une volonté humaine libre de tous choix et de tous moyens, mais qui est un processus sociologique dont l'historien n'a le droit de négliger aucune des composantes.

Le choix et la délimitation des «cas» demandent attention:

– *Dans l'espace*: on n'étudie pas la «croissance» d'un continent, ni celle d'un canton (celle d'une ville, oui, mais c'est un autre problème); un cadre moyen doué d'une personnalité géographique (nation, région) semble le meilleur.

– *Dans le temps*: la croissance, par définition, exclut le court terme, et une croissance mesurée depuis la préhistoire est une abstraction. Le cadre «séculaire» convient sans doute, entre deux «dates-coupures» significatives, mais compte tenu de la continuité historique, qui conseille d'inclure les conditions préalables et les suites proches dans l'examen.

– *Dans le cadre institutionnel*, la définition du groupe peut ne pas être étroitement politique, mais l'homogénéité des sources, pour la mesure de la croissance, fait désirer un cadre institutionnel et statistique solide. Le cadre «*national*» s'imposera souvent de lui-même à l'historien.

La méthode d'examen d'un «cas» ne peut être fixée a priori. Elle dépend des sources, et du stade de l'analyse. L'étude quantitative doit être poussée au maximum – hélas, très variable – des possibilités. Mais des facteurs certains de croissance (politiques, spirituels) ne sont pas chiffrables. Il n'est pas permis de penser que le «cas» se traduira en confrontation de courbes.

L'interaction continue d'éléments mesurables et non mesurables rend difficile l'expression scientifique d'une pareille analyse. Le mieux qu'on puisse faire est de passer «revue générale» du rôle réciproque de ces éléments. Au stade de l'observation, un mouvement partiel (population, production, monnaie) est envisagé comme simple *signe* (probable) du mouvement global. Au stade de l'interprétation, il est envisagé comme *résultat* d'autres mouvements, qu'il faut eux-mêmes reconstituer. Enfin il est envisagé comme *facteur*, direct ou indirect, de la croissance globale.

Dans ces analyses partielles, les « modèles » économiques peuvent servir à formuler les hypothèses de travail. L'ensemble ne sera jamais qu'une combinaison empirique de description, d'interprétation et de mesure. Ce pourra être, malgré tout, déjà, de l'histoire « raisonnée ».

[...]

© Éditions de l'EHESS

L'Industrie française de 1789 à 1964

(1966)

T.J. MARKOVITCH

Septième publication de l'entreprise d'histoire quantitative de l'économie française, dirigée par J. Marczewski. Nous avons retenu des conclusions le passage sur l'approche sectorielle de la croissance industrielle, qui différencie trois types d'industries (industries dynamiques; industries progressives; industrie déclinantes). On pourra constater les inconvénients des tranches décennales choisies, qui furent l'un des objets de critique des historiens parce qu'elles masquent les points tournants et semblent imposer d'emblée un découpage qu'il s'agissait d'obtenir comme conclusion.

Source : *T.J. Markovitch,* l'Industrie française de 1789 à 1964. Conclusions générales, *Cahier de l'ISEA, AF 7, n° 179, novembre 1966, p. 126-131.*

[...] A L'INTÉRIEUR des groupes eux-mêmes on peut discerner souvent des mouvements divergents. Tel est, par exemple, le cas des industries textiles, où nous rencontrons d'abord une industrie très dynamique, l'industrie cotonnière, dont la croissance a été forte, ensuite une industrie dont la croissance a été moins forte, mais malgré tout soutenue – l'industrie lainière –, enfin une vieille industrie, celle du lin et du chanvre, dont la croissance a été plutôt faible et a même fait place, au XXe siècle, à la décroissance. Le taux de croissance moyen de l'industrie textile prise en bloc est donc lui-même la résultante de mouvements assez disparates.

Aussi avons-nous procédé à un groupement des industries en trois grands secteurs, en partant d'une analyse approfondie de chaque industrie ou chaque produit particulier.

Nous avons ainsi distingué

a) les industries *dynamiques*,
b) les industries *progressives*,
c) les industries *déclinantes*.

a) Les industries *dynamiques* sont celles dont la progression a été rapide et soutenue : elles comprennent surtout des produits intermédiaires comme les *minerais métalliques*, la potasse, les ciments, la *fonte*, le *fer*, l'*acier*, les moulages en fonte et acier, le caoutchouc, les *produits chimiques* d'une manière générale ; elles englobent toutefois *d'importants produits finals, tels que : les vêtements en coton*, les produits de fibres artificielles et du jute, le chocolat, les pâtes alimentaires, la biscuiterie, la conserverie, les moyens de transport (automobiles et bicyclettes), les machines et outils, les diverses fabrications de métaux non-ferreux, les papiers et les cartons, la presse et l'édition ; ce groupe comprend, enfin, toutes les *productions qui se rapportent à l'énergie :* électricité, gaz, pétrole et carburants, *houille, anthracite et lignite*. Ce groupe, dont l'importance a énormément grandi au cours de la révolution industrielle, se compose donc d'industries nouvelles et modernes, mais également d'industries anciennes qui ont reçu des impulsions nouvelles.

Le gaz est une industrie nouvelle et l'électricité est une industrie moderne, de même que le raffinage et la distillation du pétrole et de la houille ; il en est de même des industries de l'automobile, de la motocyclette, de la bicyclette, de l'aéronautique ; l'industrie des ciments est également une industrie nouvelle, de même que la plupart des industries chimiques (à l'exception de la parfumerie, de certaines matières colorantes, de certains produits pharmaceutiques) ; l'industrie cotonnière et la confection de vêtements de coton ne peuvent pas être rangées dans la catégorie des industries nouvelles, car elles existent en France depuis le XVIIe siècle ; pourtant, elles ont subi des renouvellements qui leur ont donné des impulsions neuves et permis de repartir chaque fois avec une nouvelle force ; l'industrie du jute appartient aux industries nouvelles, tandis que les industries de fibres artificielles sont des industries modernes dans la pleine acception du mot. Toutes ces industries dynamiques se sont pour ainsi dire relayées, de façon à maintenir un taux de croissance moyen très élevé ; celui-ci a dépassé 7 % au cours de la période de la Restauration et est resté très fort (plus de 5 %) au cours de la Monarchie de Juillet. Ce groupe d'industries « dynamiques » a joué un rôle moteur dans l'accélération de la croissance, rôle moteur à un double point de vue : par le rythme d'augmentation fort et soutenu et par l'importance rapidement accrue qu'il a eue dans le cadre des activités industrielles. Si le rythme de croissance global de ces industries a été, dans l'ensemble, élevé pendant tout le siècle et demi envisagé, l'importance même de ce secteur dynamique a été très inégale suivant les époques : au début, cette importance était négligeable ; il suffit, pour s'en convaincre, de se rappeler le pourcentage de 8 % avec lequel ces industries participaient au produit industriel global au début du XIXe siècle ; au milieu du XIXe siècle, ce pourcentage était encore assez modeste ; 14 %. Ce n'est qu'à la fin du XIXe siècle qu'on peut parler d'une influence vraiment importante du secteur dynamique : sa part dans le produit industriel est proche du tiers. Au XXe siècle, cette influence est même décisive : la part des industries dynamiques est de près de 50 % à la veille de la Seconde Guerre mondiale. En conclusion, il est donc permis de dire que *les industries dynamiques n'ont pas exercé une influence déterminante sur le rythme de croissance des industries françaises au XIXe siècle ; cette influence n'apparaît qu'au* XXe siècle. Cela n'annihile pas, cependant, le rôle stimulateur qu'elles ont pu jouer en tant qu'industries « motrices » au sens qui leur est attribué par le professeur Perroux[1].

b) Par contre, le groupe des *industries* que nous avons appelées *progressives* a joué un rôle essentiel dans la détermination de ce rythme de la croissance, quoique ce rôle n'ait pas non plus été décisif, du moins à la fin du XVIIIe et au début du XIXe siècle. En effet, *la part de ces industries était légèrement inférieure à 60 % du produit industriel global* depuis la fin de l'ancien régime jusqu'à la fin du XIXe siècle. Ce groupe comprend les anciennes industries qui ont continué à progresser durant tout le XIXe et le XXe siècles, mais à un rythme plutôt modéré. Cela a été le cas de *l'industrie lainière* dans son ensemble (peignage, filature, tissage, confection), de l'industrie des *teintures et apprêts*, de la *bonneterie* de toute sorte, de la *chapellerie*, de l'ébénisterie, de la tonnellerie, de la quincaillerie, du tabac, du sel, du

1. Cf. l'étude du professeur F. Perroux : « La firme motrice dans une région et la région motrice », et la remarque du professeur J. Marczewski, in *Cahiers de l'Institut de Science Économique Appliquée*, série AD, N° 1, mars 1961.

sucre, de l'extraction et de la fabrication des divers matériaux de construction (argile, pierre à bâtir, ardoises, sables, graviers, chaux, briques, tuiles, poteries, etc.) – à l'exception des ciments –, des industries du verre et de la céramique, des corps gras (huilerie, savonnerie, stéarinerie), du bâtiment et des travaux publics. Le rythme moyen de croissance de ce groupe d'industries a été plutôt modéré, avec, au début du XIXe siècle, un taux de croissance moyen avoisinant 3 % et au cours de tout le XIXe siècle un taux oscillant autour de 2 %. Il est intéressant de noter que ces industries ont vu au début du XXe siècle leur rythme nettement se ralentir; c'est l'époque où les industries dynamiques acquièrent une suprématie rapide et nette, et transmettent d'une manière déterminante leur propre rythme au mouvement global de croissance. (Nous reviendrons sur le rôle des industries dynamiques et progressives dans le chapitre VI: «La croissance accélérée».)

c) Le troisième groupe, enfin, comprend des industries anciennes et traditionnelles, dont l'évolution a exercé une influence plutôt négative sur l'ensemble de la croissance industrielle. Nous avons appelé ce groupe «industries *déclinantes*» ou «décroissantes», car il comprend des productions qui sont, dans leur majorité, en déclin. Étant donnée leur importance dans le produit industriel total, surtout dans la première moitié du XIXe siècle, ces industries ont joué un grand rôle dans l'évolution des industries françaises. (Nous leur consacrons une attention particulière dans le chapitre VII: «La croissance retardée».)

Le professeur Perroux[1] distingue: a) les industries de croissance, b) les industries «modernes», c) les industries entièrement nouvelles.

a) Les industries de *croissance* ont un taux de croissance de leur produit et un taux de croissance de leur productivité supérieurs aux taux moyens respectifs de l'ensemble industriel; en outre, elles gagnent une participation croissante dans le produit industriel total.

Taux de croissance (t.m.a.g.)

	Industries dynamiques	*Industries progressives*	*Industries déclinantes*
1781-1790			
1803-1812	3,2	0,5	– 0,1
1815-1824	7,2	2,4	1,8
1825-1834	5,9	2,8	1,4
1835-1844	5,1	3,0	1,6
1845-1854	3,0	1,9	0,7
1855-1864	4,8	2,2	1,2
1865-1874	3,5	1,4	0,6
1875-1884	2,8	1,8	0,1
1885-1894	5,1	0,2	0,3
1895-1904	3,2	2,0	– 0,05
1905-1913	5,0	0,1	0,2
1920-1924	3,2	0,2	– 1,6
1925-1934	5,6	4,0	– 0,7
1935-1938	2,7	– 1,5	– 3,2

1. Cf. F. Perroux, «Les industries motrices et la croissance d'une économie nationale», dans *Économie appliquée*, tome XVI, n° 2, 1963, pp. 153-155.

Valeurs ajoutées constantes

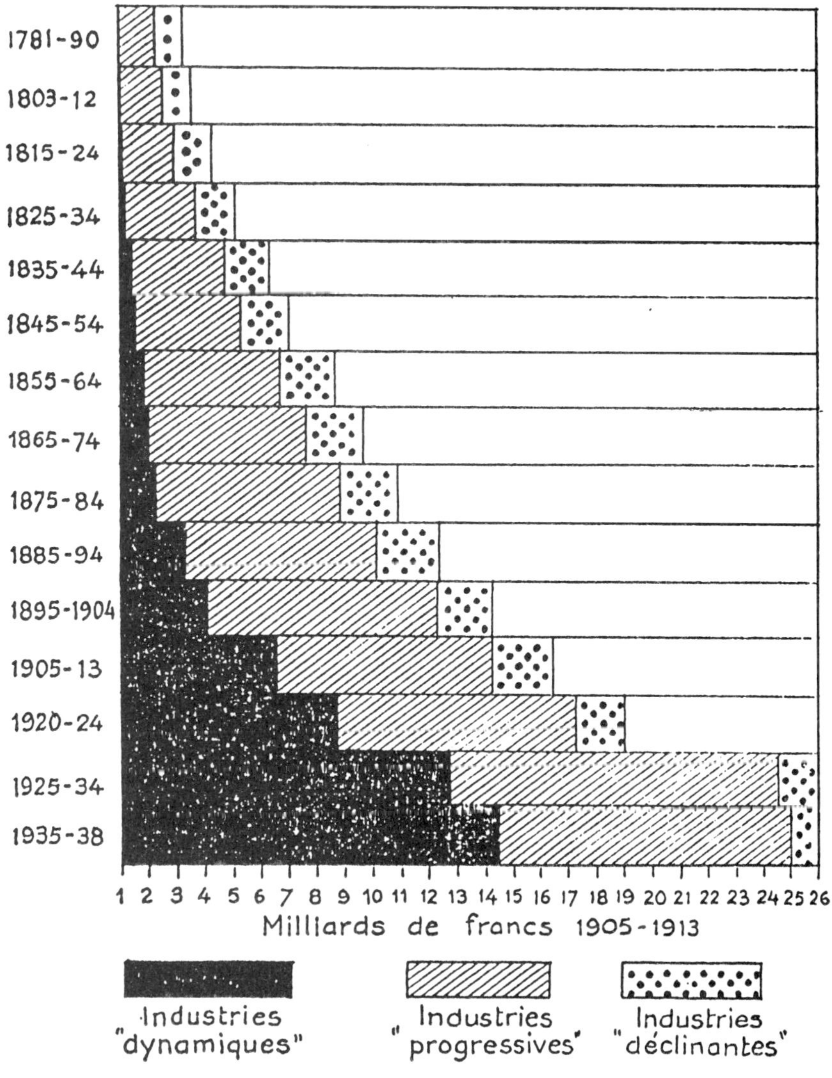

b) Les industries *modernes* sont définies «d'une façon purement opérationnelle et historique, comme celles qui se sont affirmées dans la décennie antérieure à la Première Guerre mondiale (électricité, chimie, automobile, pétrole, mécanique à base d'acier)».
c) Les industries *entièrement nouvelles* sont «celles qui, depuis quelque quinze ans ou vingt ans (quelquefois moins) donnent des ensembles de produits totalement inconnus jusqu'ici, où que ce soit dans le monde (industrie atomique, industrie électronique, industries plastiques, industrie spatiale)».

Ce dernier groupe d'industries permet d'autre part de distinguer[1] les industries productrices d'une énergie entièrement nouvelle (énergie atomique) des industries de produits entièrement nouveaux (électronique).

Toutes ces industries exercent des effets d'entraînement sur les parties et sur le produit industriel total.

En résumé, nous pouvons dire que le mouvement de croissance séculaire a été le résultat d'abord de deux grands courants traditionnels, celui des industries dites «progressives» et celui des industries dites «déclinantes» (première moitié du XIXe siècle), pour voir s'ajouter à eux un troisième courant (deuxième moitié du XIXe siècle), celui des industries dites «dynamiques», et aboutir, enfin, à une nouvelle résultante de deux seuls courants (première moitié du XXe siècle) comprenant, cette fois-ci, les anciennes industries traditionnelles progressives et les nouvelles industries dynamiques, le groupe des industries déclinantes tendant à s'effacer complètement. Ces grands glissements représentent l'une des caractéristiques essentielles de la croissance des industries françaises. Pour mieux illustrer ces tendances fondamentales, nous avons élaboré le graphique suivant, avec l'évolution des trois grands secteurs exprimée en valeurs ajoutées constantes (francs 1905-1913). Nous reproduisons, en outre, les taux de croissance des trois secteurs pris séparément.

© Cahier de l'ISEA

La stratégie des investissements en France au XIXe siècle

(1976)

FRANÇOIS CARON

Conclusions principales d'une synthèse sur la périodisation de la politique d'investissements des firmes. L'auteur reproduit et commente une série de l'investissement industriel de 1815 à 1913 qu'il a élaborée avec Maurice Lévy-Leboyer pour la Cambridge Economic History, et, pour le XXe siècle, les séries publiées antérieurement par les statisticiens de l'INSEE, Edmond Malinvaud et Jacques Mairesse.

Source : *François Caron, «la stratégie des investissements en France aux XIXe et XXe siècles»,* Revue d'histoire économique et sociale, *54e volume, n° 1, Marcel Rivière, Paris, 1976, p. 83, 93, 105.*

[...] 1) La mise en place des investissements de base et l'augmentation de la taille du marché d'abord, puis l'augmentation des niveaux de vie des différentes classes sociales ensuite ont progressivement *imposé* en France un schéma de consommation de plus en plus normalisé et un style de croissance fondé sur le développement du facteur «capital», non sans que ne subsistent jusqu'à une époque avancée des types de consommation plus individualisés liés à des types de production faiblement capitalistiques.

1. *id.*, p. 168.

2) Les deux périodes privilégiées de cette intensification capitalistique, en dehors des années 1830, furent les vingt années antérieures et les douze années postérieures à la Première Guerre mondiale d'une part et les vingt-cinq dernières années d'autre part. Les années 1930 et 1940 ne furent pas dans tous les secteurs des années d'investissement médiocre ou de «désinvestissement». On peut, au contraire, les interpréter comme une période de reconversion durant laquelle furent jetées les bases de la croissance du capital dans la période ultérieure. Le désinvestissement global correspond à un effort soutenu dans certains secteurs compensé par un niveau d'investissement inférieur au niveau nécessaire pour maintenir la valeur de l'investissement en place dans d'autres secteurs. Car, durant cette période, les «schémas» de consommation» normalisés ont continué de se répandre.
3) La quête de la sécurité s'est traduite, sur le plan collectif, par des tentatives d'entente, des orientations corporatistes et enfin une acceptation de la planification, qui *impose* des perspectives de croissance soutenues. Dans le cadre «individuel» des firmes, à l'effort de diversification du XIXe siècle a succédé un effort d'intégration verticale et de spécialisation horizontale, auquel succède, depuis une quinzaine d'années, dans le cadre d'abord des filiales communes puis dans celui des fusions, une tendance systématique à la diversification horizontale. La firme tend ainsi à reprendre en main son marché qu'elle cherche à créer au lieu de subir passivement les évolutions de la conjoncture. Cette stratégie volontaire de la firme individuelle se substitue à la stratégie collective du système corporatiste et de la planification. [...]
[...] 1) Dans l'histoire industrielle de la France, une mutation essentielle s'est produite durant le dernier tiers du XIXe siècle. D'une situation d'abondance, on est progressivement passé à une situation de pénurie relative de main-d'œuvre. La hausse décisive des salaires nominaux – et réels – s'amorce dans les années 1860. Les industriels français éprouvèrent une difficulté d'autant plus grande à s'adapter qu'au même moment le marché manquait de dynamisme et que toute leur stratégie antérieure (nature des produits, technologie, politique d'amortissement) était adaptée à une disponibilité abondante de main-d'œuvre. Analysant la situation de l'industrie française, dans la *Revue des Deux-Mondes* en 1931, Eugène Schneider lui-même écrivait: «La réduction du nombre des ouvriers, due aux pertes résultant de la guerre, la hausse des salaires obligèrent à développer et à perfectionner les outillages en les *substituant* à l'ancienne main-d'œuvre aussi bien pour la fabrication que pour la manutention.» On peut certes discuter cette «rareté». Mais le phénomène de la substitution est clairement affirmé et indiscutable.
2) La technologie industrielle française du XIXe siècle résulte d'une adaptation à des données particulières précises (structure du marché, relative abondance de main-d'œuvre, cherté du charbon). Elle s'oriente souvent vers la mise au point de produits sophistiqués s'adressant à une clientèle fortunée recherchant des produits variés. Elle évite les unités de fabrication géantes, associe l'économie de capital à l'économie de main-d'œuvre, recherche avec acharnement l'économie d'énergie. Elle est encore une technologie de procédés, non une technologie de science appliquée d'une manière systématique, parce que la stratégie de l'innovation reste une stratégie du coup par coup. Les choses se sont modifiées non pas comme on le dit parfois seulement dans les années 1950, mais bien dans les années 1900, 1910 et 1920. [...]

Conclusion de la troisième partie et conclusion générale

La structure de la firme française tend donc à se modifier. On peut opposer un «schéma ancien» à un «schéma nouveau», sans donner à ces mots un sens trop strict, les systèmes anciens pouvant survivre aujourd'hui et les systèmes nouveaux s'être

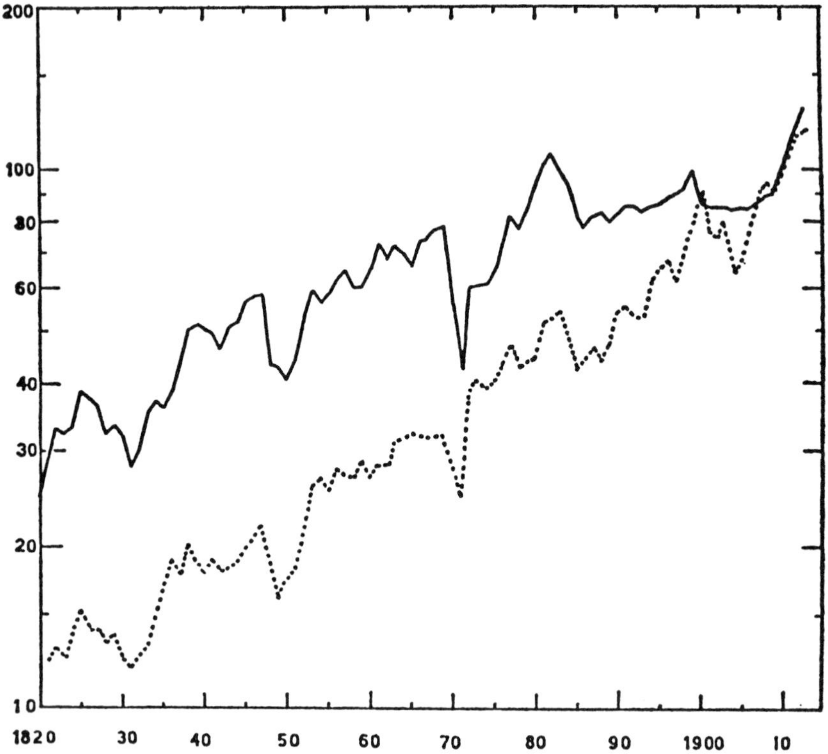

•••• Indice des investissements d'outillage industriel (base 100: moyenne des années 1908-1912).

_ Indice des investissements du bâtiment et des travaux publics.

L'observation de la courbe de l'outillage industriel suggère deux périodisations:

1) Croissance au rythme de 2,1 % par an de 1820-1824 à 1865-1869, au rythme de 2,8 % de 1865-1869 à 1910-1913. On aurait donc une accélération du rythme de l'investissement industriel à partir des années 1870.

2) Croissance de 2,3 % par an jusqu'en 1880-1884. Dépression des années 1880-1884 aux années 1890-1894. Reprise dans les dernières années au rythme de 2,6 % de 1890-1894 à 1910-1913.

Il me paraît utile de signaler que le nombre des chevaux vapeur dans l'industrie a augmenté en moyenne annuelle: 8 950 de 1843 à 1863. 73 350 de 1883 à 1903. 21 600 de 1863 à 1883. 141 800 de 1903 à 1913.

esquissés autrefois. Il s'agit seulement de saisir des tendances profondes. Le schéma ancien pourrait se définir par les traits suivants :
1) L'investissement est largement orienté vers le profit réalisé en raison de la priorité, de principe et de fait, donnée à l'auto-financement. Cette priorité est un phénomène sinon psychologique du moins profondément ancré dans la déontologie des affaires. L'entrepreneur qui utilise ses ressources propres de préférence aux ressources extérieures est considéré comme « prudent » et même en vérité tout simplement « honnête ». Il s'agit d'une règle faisant partie de ce qu'on pourrait appeler le « droit coutumier » des affaires. Elle n'est pas née du hasard, ni d'un goût immodéré pour le « bas de laine », se rattachant à un trait psychologique de la bourgeoisie française. Elle est née d'une conscience aiguë, et justifiée, du risque que constitue l'investissement massif sur un marché perpétuellement évanescent.
2) Dans le cadre de ce schéma ancien, la firme serait passée d'une situation de diversification très forte, mais limitée dans son domaine d'extension à des catégories de produits techniquement semblables, à une spécialisation plus stricte, au cours du premier XXe siècle, dans le cadre d'un marché protégé et d'un effort collectif, utilisant soit les groupes, soit les ententes, de « rationalisastion » et de « normalisation ». Dans l'un et l'autre cas, le pouvoir au sein de la firme appartient plutôt aux cadres techniques qu'aux cadres commerciaux et financiers et la structure d'organisation de la firme est dominée par des considérations de rationalité technique.

Le « schéma nouveau » se définit peu à peu sous la pression d'une concurrence internationale, d'ailleurs acceptée et dans une certaine mesure voulue, où la croissance industrielle est le but principal d'une politique économique, qui dispose des moyens nécessaires à sa réalisation.
1) La politique de financement de la firme s'oriente moins en fonction du profit passé que du profit prévu, dans la mesure précisément où celui-ci est mieux prévisible, mieux saisissable dans le cadre d'une stratégie consciente et à long terme. Le financement externe n'est plus aussi fortement redouté ; il est accepté et utilisé comme un mode de gestion normal.
2) La « nouvelle » firme peut diversifier ses activités, selon des modalités très différentes. Dans un premier temps, cette diversification peut se réaliser et s'est réalisée (durant les premières années 1950) par la création de filiales communes ou non. Cela se produit souvent dans le cadre d'une réorganisation générale des activités fondée sur l'établissement de structures décentralisées. Les limites sectorielles et techniques de la diversification disparaissent. Ces développements provoquent une redistribution du pouvoir à l'intérieur de la firme, l'ancienne prédominance des ingénieurs étant remplacée par celle de *managers* « commerciaux » ou financiers. Les considérations de rationalité et de cohérence techniques sont remplacées par la recherche d'une rentabilité maximale dans le cadre d'une structure décentralisée, mieux adaptée au contrôle de l'efficacité réelle de chaque unité eu égard au profit.

© Revue d'histoire économique et sociale

Annexe II

Évolution du volume des investissements dans l'industrie de 1896 à 1970.
Rétropolation approchée avant 1950 (évaluation aux prix et francs 1959)

Ce graphique est emprunté à l'étude de Jean Mairesse : « L'estimation du capital fixe productif. Méthode chronologique », parue dans *Économie et Statistique*, n° 25, juillet-août 1971. Nous remercions l'auteur de nous avoir autorisé à le reproduire.

Annexe III

Indice des investissements dans le chemin de fer et le bâtiment.
(Base 100 : moyenne des années 1908-1912.)

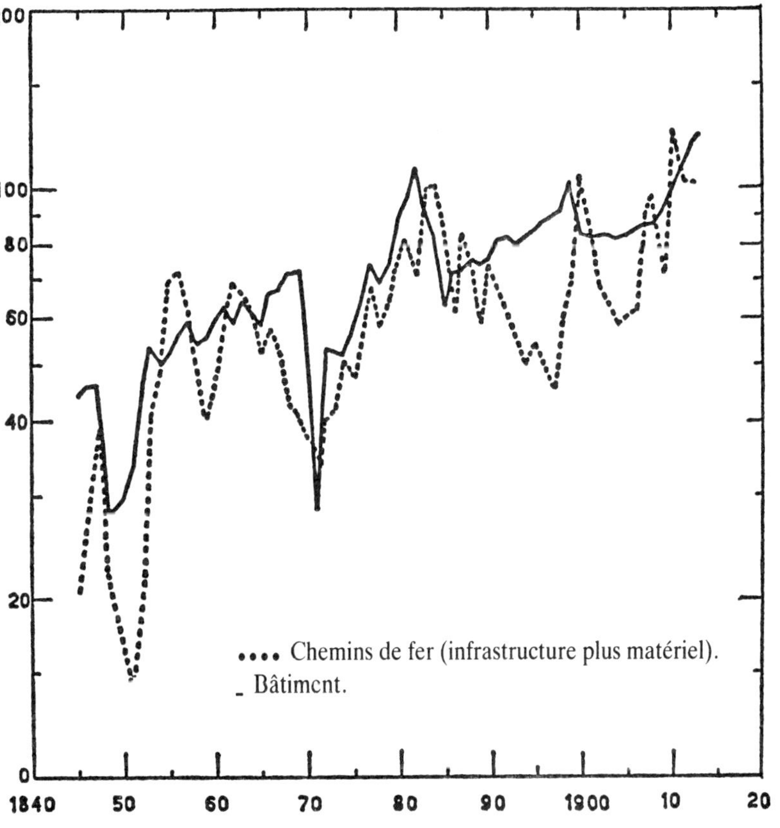

Le Résistible déclin des sociétés industrielles

(1985)

FRANÇOIS CARON

Dans cet ouvrage, publié dans la série « Histoire et décadence » dirigée par Pierre Chaunu, François Caron, alors professeur d'histoire économique à la Sorbonne (université de Paris-IV) se propose d'analyser le « miracle » européen industriel à travers l'émergence d'élites « dont le dessein principal était d'assurer le bonheur du peuple tout entier » en le faisant travailler et en le nourrissant tout à la fois. On a retenu le passage où l'auteur tente de définir la notion de « système technique » et le rôle de la pression de la demande dans le développement de l'innovation, facteur essentiel d'évolution des sociétés occidentales.

Source : *François Caron,* le Résistible déclin des sociétés industrielles, *Paris, Librairie académique Perrin, 1985, p. 150-160.*

[...]

Science et technologie

Un système de causalité descendante

Les plus grands savants du XIXe siècle n'avaient pas tort de considérer qu'ils travaillaient pour le bien de l'humanité, non seulement parce qu'ils faisaient progresser les connaissances mais aussi parce que ces connaissances pouvaient devenir « utiles » et fonder une civilisation nouvelle : les théories de Maxwell ont fondé l'industrie de la radion, celles de Staudinger l'industrie des plastiques, celles des Curie et de Einstein l'industrie atomique. D'ailleurs, le point de vue de savants tels que Le Chatelier est partagé par la majorité des économistes. C'est celui d'un J.B. Say ou d'un Michel Chevalier (1806-1879), qui affirme que les savants ont « la principale part dans l'invention » et justifie par là son hostilité au brevet. Il explique d'ailleurs ainsi la fréquente simultanéité des inventions par plusieurs inventeurs.

Mais ce fut Joseph Schumpeter (1883-1950) qui donna le plus d'éclat à cette thèse. Les inventions issues du monde de la science pure viennent s'incarner dans des réalisations d'ordre pratique, des machines, des usines, des chemins de fer, grâce à l'intervention d'entrepreneurs capables d'en saisir les potentialités et de les réaliser. Un flux, discontinu d'ailleurs, d'inventions issues du développement des découvertes scientifiques nées dans un monde étranger aux contingences économiques sont « cueillies » par certains entrepreneurs qualifiés d'« innovateurs », qui malgré les risques courus les transforment en innovations. Ces innovations bouleversent les conditions de la production et assurent dans un premier temps à leurs initiateurs des profits élevés, qui leur permettent d'envisager à long terme de nouveaux investissements. On a pu insister sur le caractère plus ou moins complexe de la séquence ainsi décrite, faire remarquer qu'au-delà du succès proprement technique il fallait tenir compte du succès commercial, il reste qu'elle témoigne d'un nombre assez considérable de faits tels que nous les avons décrits. Elle offre une lecture plausible de l'histoire de l'électricité et de celle de la chimie.

Un corpus impressionnant de recherches et de théories s'est constitué sur cette base, aussi bien dans le domaine de l'économie politique que dans celui de l'histoire économique ou technique. La plupart des économistes considèrent que la connaissance technique en un moment donné définit une zone de possibilités au sein desquelles l'entrepreneur choisit la ou les solutions qui s'adaptent le mieux aux contraintes économiques qu'il subit : taille et dynamisme des marchés, coût des facteurs. Mais la connaissance technique elle-même est traitée comme une manne tombée des cieux, c'est-à-dire de la zone mystérieuse où s'élaborent les vérités scientifiques.

La science crée des « opportunités technologiques », qu'il appartient aux ingénieurs, entrepreneurs et ouvriers de saisir et d'exploiter au mieux. Mais ce n'est là en somme que le résultat d'un heureux hasard. On en arrive ainsi à l'idée que l'avance technologique et par conséquent la croissance sont d'autant plus fortes que le progrès scientifique aura été plus rapide. On peut sur cette base construire un modèle simplifié mais convaincant de l'histoire économique des XIXe et XXe siècles. Il suffit d'observer tout d'abord que presque tous les inventeurs du XIXe siècle ont subi une formation scientifique, autodidacte ou universitaire, et ont vécu en liaison étroite avec les milieux scientifiques. J. Jewkes, D. Sawers et R. Stillerman ont décrit « ces cercles étroitement unis de savants et de techniciens... qui travaillaient ensemble et sans doute pas très différemment des équipes actuelles». En d'autres termes, la recherche appliquée était une réalité avant même que n'aient été créés les grands laboratoires de recherche industrielle. Il faut cependant convenir que les «équipes actuelles» disposent de moyens beaucoup plus importants que les inventeurs du XIXe siècle pour transférer les découvertes scientifiques dans le monde des réalités de la production.

En effet une explication de l'accélération du changement technique semble s'imposer: elle serait le résultat naturel de l'accélération du progrès scientifique, elle-même provoquée par l'essor du *big science*, en particulier dans le domaine de la recherche fondamentale. L'on ne peut qu'être frappé par le fait que la nation européenne qui dans les années 1870-1914 a atteint les rythmes de changement technique et de croissance les plus rapides, l'Allemagne, est celle qui a su, à la date la plus précoce, adapter ses institutions scientifiques et universitaires aux nécessités de la recherche industrielle de pointe en évitant l'écueil d'une recherche trop liée aux besoins immédiats de l'industrie et qui a développé une recherche fondamentale de haut niveau. Dans cette perspective, le succès allemand du dernier tiers du XIXe siècle peut apparaître comme un produit de la réforme des études scientifiques du premier tiers. Ce serait l'avance allemande dans le domaine de la science fondamentale, acquise après 1860, qui serait l'un des principaux facteurs explicatifs du *boom* de la fin du XIXe siècle. En tout cas, les succès remportés par les industries chimique et électrique allemandes peuvent s'expliquer de cette manière. L'industrie allemande a été très tôt et plus que toute autre une industrie scientifique en ce sens qu'elle apparaissait comme un pur produit des progrès de la connaissance dans le domaine de la science fondamentale. De même, au XXe siècle, c'est aux États-Unis, où l'idéologie de la prééminence et de la supériorité de la science pure est sauvegardée avec la plus grande fermeté, que les réalisations industrielles furent les plus spectaculaires.

Le modèle est généralisable: la croissance des dépenses de recherche, et d'abord des dépenses de recherche fondamentale, aurait tout naturellement multiplié le nombre des «opportunités technologiques» et leur aurait donné un caractère de plus en plus révolu tionnaire. Ainsi, l'histoire économique pourrait s'écrire en termes d'une relative simplicité: la grande nouveauté du XXe siècle serait l'apparition d'industries «à base scientifique» telles que la chimie et l'électricité, dont l'essor plus rapide que celui des autres secteurs trouverait ainsi son explication. Ces secteurs disposeraient, grâce aux opportunités technologiques offertes par la science, d'un potentiel de changement technique bien supérieur à celui de tous les autres, et seraient les moteurs de la croissance globale grâce à des effets d'entraînement assez faciles à décrire. Cette vision des choses est très répandue: elle a envahi nos manuels et nos programmes de recherche.

Les effets différentiels seraient d'ailleurs d'autant plus forts que l'accroissement du nombre des opportunités technologiques lié à l'essor de la recherche fondamentale s'est accompagné d'une augmentation des dépenses de recherche appliquée et des dépenses de développement. Ainsi se serait produit un raccourcissement du temps qui sépare la découverte scientifique de l'invention, l'invention de l'innovation, l'innovation de l'application commerciale. Un nombre considérable d'auteurs ont élaboré sur ce thème des séries de données plus ou moins discutables, dans la mesure où le sont toujours les datations précises des inventions et des innovations. Il nous suffira de citer l'étude de Frank Lynn, qui porte sur 20 innovations majeures entre 1885 et 1950. Cet auteur a qualifié de «période d'incubation» celle qui sépare la découverte technique de base et le démarrage de son exploitation commerciale et de «période de développement commercial» celle qui sépare celui-ci de l'introduction définitive du nouveau produit ou du nouveau procédé sur le marché. Sa principale conclusion est celle d'une accélération particulièrement sensible dans le premier cas. En effet, la période d'incubation fut de trente ans de 1885 à 1919, de seize ans de 1919 à 1944, de neuf ans de 1945 à 1964. La période de développement commercial est passée, entre ces trois époques, de sept à huit ans entre la première et la seconde, de huit à cinq ans entre la seconde et la troisième.

La thèse des opportunités technologiques est assez répandue dans les milieux de la recherche industrielle. C'est ainsi que L.W. Steele, qui fut longtemps directeur de la recherche chez General Electric, distingue entre deux types d'innovations l'une qui résulte de la «pression de l'offre», l'autre qui est «induite par la demande». Cette distinction correspond assez bien à celle admise par la plupart des auteurs qui opposent les innovations issues d'une *scientific push* aux innovations issues d'un *demand pull*. Or, selon L.W. Steel, alors que les innovations «induites par la demande» ont un caractère routinier et ne débouchent que sur des mises au point de nature marginale, les innovations qui résultent d'une «pression de l'offre» produisent des changements révolutionnaires ; ce sont des «innovations majeures». Il faut observer que L.W. Steele a le point de vue d'un gestionnaire de la recherche, non celui de la société globale.

Les sources de l'innovation

Pourtant, le système de causalité descendante cher à Le Chatelier échoue à rendre compte de l'évolution historique telle que nous l'avons décrite, et ceci pour deux raisons : l'activité inventive n'a pas dépendu pour l'essentiel, dans ses motivations ni dans son processus de création, des «opportunités technologiques» offertes par la science ; de plus, les découvertes scientifiques ont pu être directement suscitées par des interrogations nées au cœur du système technique. La première affirmation peut s'appuyer sur deux analyses complémentaires, l'une empruntée à l'histoire technique, l'autre à l'histoire économique, envisagée dans ses relations avec la première.

On peut opposer au modèle de Le Chatelier une vision beaucoup plus autonome de l'histoire technique. Elle met en jeu deux articulations complémentaires : l'une concerne le mode de développement de chaque technologie particulière, l'autre les liaisons qui s'instaurent entre elles pour former, selon l'expression de Bertrand Gille, un «système». L'histoire technique du XIXe siècle peut aussi bien être décrite comme une longue série d'échecs que comme une longue série de succès. Les accidents, les pannes, les embouteillages, les *bugs* en un mot dont parle Edison sont autant de signaux placés sur la route de l'ingénieur qui orientent sa réflexion et sa recherche. Toutes les grandes réalisations et entreprises de l'époque ont comporté une part d'imprévision dont l'ampleur nous étonne aujourd'hui. Les innovateurs s'aventuraient sur des terres inconnues avec une incroyable témérité. La technologie du XIXe siècle fut à tous moments une technologie tâtonnante, une sorte de long processus de développement fondé sur la méthode des essais et des erreurs. La création des laboratoires d'essai puis des laboratoires de recherche a eu pour but de le contrôler. Ils ont progressivement, selon l'expression de Maurice Daumas, «resserré les contraintes». Car la véritable issue était la fuite en avant : l'application des innovations était génératrice d'une chaîne continue d'innovations dérivées, qui prennent naissance, selon l'expression de T.P. Hughes, à partir de «besoins» apparus «à l'intérieur du système». Les multiples incidents que nous venons d'évoquer sont les premiers révélateurs de ces besoins «existants», selon le mot de W. Siemens.

Ces besoins ont le plus souvent une origine purement technique, au moins en apparence, puisqu'ils se manifestent sous la forme de *bugs*, c'est-à-dire de mauvais fonctionnements des objets techniques. Mais les réponses données à ces dysfonctionnements peuvent avoir des effets inattendus dont l'ampleur dépasse, et de loin, le champ particulier où la question avait été posée.

Toute pratique technique s'intègre dans un «système technique», selon l'expression de Bertrand Gille, ce qui signifie qu'en un moment donné de l'histoire les procédés techniques utilisés sont interdépendants les uns des autres. L'histoire du XIXe siècle aurait ainsi été marquée par la succession de trois «systèmes»: le système classique fondé sur l'énergie hydraulique et l'usage du bois, le système «moderne» fondé sur l'usage de l'énergie minérale de la machine à vapeur et sur le chemin de fer, le système «contemporain» associant le moteur à explosion, la chimie organique et l'électricité. Cette présentation a l'inconvénient d'établir entre les différents moments de l'histoire technique des contrastes trop marqués. S'il existe bien en un moment donné des solidarités essentielles entre les différentes pratiques techniques, il n'est pas exact pour ce qui concerne le XIXe siècle de décrire cet ensemble de solidarités comme formant un tout cohérent. Les systèmes techniques, s'ils existent, sont en état de perpétuel déséquilibre. Bien loin de former une série de scénarios contrastés, ils s'engendrent les uns les autres dans un processus perpétuel de changement mais de changement sans rupture. Ce sont les besoins nés du mauvais fonctionnement d'un système qui font émerger les techniques qui domineront son successeur.

Le système technique qualifié de «moderne» par B. Gille était en réalité inexploitable. L'exemple du chemin de fer est à ce propos démonstratif. Ni les matériaux utilisés pour fabriquer les rails ni les méthodes employées pour assurer la régulation du trafic n'étaient adaptés à la lourdeur, à la longueur et à la périodicité des convois que la puissance des locomotives rendait possibles et l'intensité du trafic nécessaires sur certaines lignes. Il fallut trouver de nouveaux matériaux, en particulier l'acier, et de nouveaux modes de régulation fondés sur l'usage de l'électricité. Dans le même temps la distorsion entre l'efficacité des transports à vapeur et la lenteur des transports hippomobiles créa un besoin de transport urbain plus efficient. Ainsi, la civilisation de l'automobile et de l'électricité est née des dysfonctionnements qui dès l'origine marquèrent le système technique «moderne». L'histoire technique n'est qu'une succession de pratiques éphémères et le rythme de ces successions est de plus en plus précipité.

On ne peut donc accepter la notion de système technique qu'à condition de prendre en compte leur instabilité essentielle. Il existe toujours en leur sein quelque zone de forte inadéquation entre les techniques utilisées et les besoins auxquels elles doivent répondre. Mais la nature de ces distorsions n'est pas strictement technique. Les rails en fer et la signalisation mécanique n'ont révélé leur inefficacité que sous la pression du trafic. Il en va de même pour les procédés de transmission de l'électricité sous forme de courant continu. Ainsi, la dynamique des systèmes techniques est-elle très largement conditionnée par la pression qu'exercent sur eux les systèmes économiques et sociaux au service desquels ils se trouvent. Une telle affirmation peut s'appuyer sur un nombre assez considérable d'études qui ont cherché à préciser les sources de l'innovation à partir de données statistiques. Nous en privilégierons deux: celle de J.M. Utterback, celle de J. Schmookler.

Dressant en 1974 un bilan de la littérature consacrée aux sources de l'invention durant la première partie du XXe siècle, J.M. Utterback a ainsi constitué une véritable banque de données portant sur plus de 2 000 cas pour chacun desquels il est possible de préciser s'il fut une réponse à des «opportunités techniques» ou à des «besoins du marché». Le premier concept correspond bien à la pression de l'offre dont parle W.L. Steele et le second aux «besoins existants» de W.Siemens, ceux-ci pouvant apparaître aussi bien sur le marché des produits de consommation finale que sur celui des biens de production. Le pourcentage des innovations de cette seconde catégorie varie suivant les études entre 60 et 80 %. Le pourcentage le plus habituel est de 75 %. De plus, contrairement au point de vue défendu par Steele, rien ne permet d'affirmer que ces innovations sont moins importantes que les autres. Quelques-uns de ces travaux méritent d'être cités. Carter et B. Williams ont analysé 204 innovations apparues dans 117 firmes britanniques au xxe siècle. 27 % seulement d'entre elles résultent des opportunités offertes par la recherche. Dans le cadre d'une étude de la National Science Foundation des États-Unis parue en 1969, Myers et Marquis ont recensé 439 innovations dont 204 dans le secteur des chemins de fer, 196 dans l'industrie du bâtiment, 177 dans l'industrie de l'informatique. 22 % d'entre elles seulement peuvent être considérées comme issues d'incitations venues des opportunités technologiques. J.M. Utterback lui-même a examiné 31 innovations apparues dans l'industrie des instruments scientifiques : 75 % d'entre elles sont nées d'un besoin exprimé par les clients de cette industrie. Enfin, dans l'ouvrage de J. Jewkes, D. Sawers et R. Stillerman, 61 innovations majeures du xxe siècle sont décrites comme l'aboutissement dans leur grande majorité d'une pression de la demande.

Encore convient-il de préciser la nature de cette pression. J.M. Utterback écrit à ce propos : «Il apparaît que l'innovation est stimulée par des marchés en expansion, par le coût croissant des facteurs, l'innovation ayant pour but de réduire l'usage des facteurs les plus coûteux. Les entreprises ont tendance à innover d'abord dans les domaines où il y a sûrement un profit à court terme. Beaucoup d'innovations qui ont une grande importance commerciale ont un coût relativement bas.» Ainsi se trouve posé le problème des relations entre l'activité économique et l'activité innovatrice. L'œuvre de J. Schmookler a beaucoup clarifié ce débat.

Schmookler a utilisé deux sources d'information privilégiées : une liste des «principales innovations» dans les secteurs du pétrole, du chemin de fer, de la papeterie, et la statistique des brevets. La première source lui a permis d'élaborer des séries chronologiques qu'il a confrontées aux séries de brevets dans ces trois secteurs et aux séries des dépenses d'investissement. Il aboutit aux deux conclusions suivantes : d'une part, les fluctuations à long terme des investissements et des inventions mesurées de l'une ou l'autre manière sont très semblables ; d'autre part, les points bas de la courbe des investissements précèdent les points bas de la courbe des brevets. Partant de ces constatations, il approfondit son analyse en cherchant la relation entre le nombre de brevets couronnés de succès en 1940-1942 et les investissements en 1939 dans les 21 secteurs industriels américains en classant les brevets par secteurs utilisateurs. Il fait le même calcul pour les brevets en 1948-1950 et les investissements en 1947. La relation trouvée est excellente. L'analyse de Schmookler est limitée aux biens d'équipement. Elle autorise à conclure que pour ce type de biens l'activité innovatrice est proportionnelle à l'effort d'investissement réalisé dans les années précédentes.

Or le volume de l'investissement dépend du dynamisme de la demande. Schmookler a montré qu'il existait pour les États-Unis une bonne corrélation entre la croissance de la valeur ajoutée de 1899 à 1947 et le nombre des brevets déposés de 1900 à 1950. Mais l'attribution des brevets aux secteurs utilisateurs a été contestée. Schmookler, pour tenir compte de ces critiques, a calculé la relation entre la taille des marchés en 1955 et l'activité intensive (brevets déposés) en 1959, en attribuant ces derniers aussi bien aux secteurs utilisateurs qu'aux secteurs fournisseurs. La relation est satisfaisante dans les deux cas mais elle l'est bien évidemment beaucoup plus dans le premier que dans le second. Ainsi, la croissance de la taille du marché accroît proportionnellement dans une industrie donnée la quantité de biens inventés pour le satisfaire, de la même manière que la hausse des investissements dans le secteur utilisateur de biens d'équipement provoque une augmentation des inventions dans le secteur fournisseur de ces biens. Le modèle de Schmookler est ainsi élargi vers le consommateur final, dont l'évolution des goûts et des besoins oriente le changement technique.

On peut résumer le point de vue de cet auteur de la manière suivante: un léger accroissement de la demande peut être satisfait par une augmentation de la production des installations en place, un accroissement un peu plus élevé provoque un développement des capacités sans modification des techniques utilisées. Si la demande est plus forte encore l'activité innovatrice est initiée à la fois par les firmes déjà productrices et par de nouvelles firmes. Le développement de l'investissement favorise ainsi naturellement l'essor des innovations et des brevets, aussi bien dans le cadre d'une recherche intégrée en quelque sorte à la production que dans celui d'une recherche institutionnalisée. Le modèle de Schmookler s'applique parfaitement à l'expérience du XIXe siècle telle que nous l'avons décrite. Il reste à préciser la nature des articulations entre l'investissement et la demande d'une part, les innovations d'autre part. Ce sera l'objet du prochain chapitre. Toutefois, il convient au préalable d'évoquer le second élargissement, vers l'amont cette fois, du modèle de Schmookler, qui suggère que l'évolution de la science pure dépend largement des impulsions issues du fonctionnement du système technique.

Des théories opératoires

La reconnaissance du rôle majeur joué par la «pression de la demande» dans le processus d'émergence des innovations permet en fait de clarifier la nature des relations entre la science et la technologie. Deux constats s'imposent. Les ingénieurs et techniciens ont en de très nombreuses circonstances dû développer des pratiques et/ou élaborer des théories pour leur propre usage, sans relation claire avec la science ou même parfois en opposition avec elle. Car la science pure n'était pas toujours à même de fournir les réponses aux questions qu'ils se posaient et aux difficultés d'exploitation qu'ils rencontraient. Les technologues ont ainsi été amenés à emprunter aux sciences expérimentales leurs méthodes d'approche et de recherche pour déterminer les lois auxquelles étaient soumis les phénomènes qu'ils cherchaient à maîtriser, sans pour autant adopter les concepts à la mode dans les milieux scientifiques. Ils ont cherché à construire des théories opératoires. Dès 1974, Oliver Evans (1755-1819) écrivait dans son *Guide pour le jeune constructeur de moulins* que la bonne méthode consistait à découvrir «les principes fondamentaux, à faire des déductions à partir de ces principes et à tester les résultats par des expériences». L'institution et le développement des laboratoires d'essai, dans les industries sidérurgiques, du gaz, dans les industries mécaniques, eurent pour but non seulement le contrôle de la qualité des matériaux et des appareils mais aussi leur amélioration. Ils furent un lieu d'élaboration d'un savoir technologique fondé sur la méthode expérimentale et déductive. Ce type d'approche permit d'élaborer une science de la locomotive ou une science de la résistance des matériaux, qui l'une et l'autre associent la multiplication des expériences et la formulation mathématique des phénomènes observés. L'évolution du génie chimique est assez démonstrative : jusqu'à la Première Guerre mondiale, les nouveaux procédés étaient développés dans les laboratoires de manière expérimentale, le passage à la pratique étant largement une affaire de chance. Dans l'entre-deux-guerres, un cadre d'analyse théorique permettant de décrire les phénomènes qui se produisent au cours des processus fut élaboré. Les différentes opérations furent classées, analysées selon la méthode scientifique, grâce à un ensemble de concepts spécifiques, différents de ceux utilisés par la science chimique fondamentale.

Ainsi, face aux limitations du savoir scientifique, face aussi parfois à ses orientations mal adaptées aux besoins particuliers des ingénieurs, ceux-ci eurent recours à une observation directe des phénomènes techniques, utilisant les méthodes de la recherche expérimentale et élaborant des théories et des formulations descriptives qui permettaient de rendre compte des réalités observées au cours de leurs opérations quotidiennes, et de leur apporter le cas échéant des améliorations. Ce fut la démarche de Hirn dans le domaine de la machine à vapeur, au moment du « divorce » entre le savoir technologique qui s'élaborait à partir de son fonctionnement réel et le savoir scientifique thermodynamique. D'une certaine manière, la différenciation institutionnelle que nous avons observée entre les universités et les écoles polytechniques, entre la communauté des savants et celle des techniciens correspond à une situation de divorce dans un nombre assez considérable de champs du savoir.

Mais une seconde constatation s'impose. Le savoir technologique finit toujours par s'intégrer au savoir scientifique. La technologie doit être considérée comme créatrice de faits nouveaux, d'expériences nouvelles, de caractère très souvent « polémique » à l'encontre de la science normale. Le fonctionnement du système technique est créateur au même titre que la nature de « faits polémiques » qui viennent détruire les beaux équilibres paradigmatiques que les savants ont pu construire. Dans le même ordre d'idées, les constructions théoriques des technologues finissent par s'intégrer à la connaissance scientifique en lui imposant le plus souvent des révisions déchirantes. Ainsi les divorces ne sont-ils pas durables. Nous avons cité plusieurs exemples de cette réintégration du savoir technologique dans le savoir scientifique, qu'il s'agisse de la machine à vapeur, de la technologie hydraulique ou de la résistance des matériaux. Dans le cas que nous venons d'évoquer du génie chimique, Peter Weingart constate qu'après la Seconde Guerre mondiale cette discipline a été « intégrée dans le réseau des théories physique et chimique ». « La caractéristique de cette étape est que les procédés réellement utilisés dans les réacteurs chimiques sont interprétés à l'aide des concepts théoriques empruntés aux théories thermodynamiques, hydrodynamiques, aérodynamiques, cinétiques et autres. Dès lors, travailler sur les problèmes de génie chimique devient pour les scientifiques une voie possible dans la poursuite d'une recherche physico-chimique. Ils développent des concepts spécifiques et des modèles mathématiques qui établissent des relations entre les procédés et les opérations techniques les plus complexes et les finalités idéales de la science fondamentale. » Ainsi, la contradiction entre les buts de la recherche fondamentale, qui seraient purement cognitifs, et ceux de la recherche appliquée qui seraient strictement opérationnels tend à disparaître : « Les régulations internes du développement de la science peuvent être remplacées par des régulations externes ou au moins sont compatibles avec elles. » La recherche technologique vient apporter à la recherche scientifique des occasions nouvelles de prospecter les applications possibles des principes scientifiques lorsque la théorie scientifique se trouve dans une phase extensive.

Un telle vision réconcilie dans une perspective dynamique la thèse des opportunités technologiques et celle de la pression de la demande. On peut en effet parler de remontées du savoir technologique vers la connaissance scientifique après des périodes des plus ou moins longues de «divorces», durant lesquelles s'accumulent des faits d'origine technique de caractère polémique par rapport à la science normale, et s'élaborent des conceptualisations descriptives des phénomènes observés. Ces situations furent nombreuses au XIXe siècle et ont débouché le siècle suivant sur la naissance de nouvelles disciplines et de nouveaux paradigmes. Mais ceux-ci ouvrent des perspectives de recherche infiniment variées et la sélection des programmes de recherche prend alors presque obligatoirement en compte les applications possibles.

La contradiction entre le savoir scientifique et le savoir technologique perd dès lors de sa gravité. Le savoir peut avoir un caractère optionnel sans pour autant être subordonné au savoir-faire, tant du point de vue de ses finalités que de celui de ses méthodes et de ses accomplissements théoriques. Les institutions scientifiques les plus engagées dans la recherche pure se sont trouvées de plus en plus impliquées dans des recherches de caractère technologique, tandis que les institutions de recherche technique ont débouché sur des apports théoriques considérables et parfois révolutionnaires. Ces considérations n'aboutissent cependant pas à une confusion des domaines. La dynamique de la connaissance scientifique ne se réduit pas à un jeu de réponses fournies à des problèmes posés par la pratique technique, et les théories opératoires élaborées par les technologues ne sont jamais entièrement assimilables à des théories scientifiques dans la mesure où elles peuvent se contenter d'un niveau d'approfondissement incomplet, de manière au moins provisoire. Elles peuvent accepter «en attendant» des vues simplifiées de la réalité. Elles constituent par cela même autant de défis que la science fondamentale se doit de relever. C'est par le biais de ces théories que s'opère la remontée du fait technique vers la science fondamentale.

Ainsi, les visions du XVIIIe siècle n'étaient pas utopiques: les savoir-faire techniques étaient riches de potentialités théoriques nécessaires au progrès des sciences, et la connaissance scientifique riche d'opportunités technologiques. Les cheminements furent mille fois plus complexes que la plupart de ces visionnaires ne l'avaient envisagé. Mais l'évolution des savoir-faire industriels fut bien la source d'une remise en cause perpétuelle des connaissances scientifiques et les modestes élaborations théoriques des ingénieurs du XIXe siècle créèrent les conditions d'un perpétuel éclatement des cadres de la science constituée. Sans mettre en cause la logique interne du développement de la connaissance scientifique, le savoir technicien n'a cessé de la défier.

© Perrin

La Croissance française

(1972)

JEAN-JACQUES CARRÉ, PAUL DUBOIS, EDMOND MALINVAUD

Mesure de la croissance, estimation du poids relatif des facteurs répertoriés et conclusion d'une somme désormais classique sur la croissance des Trente Glorieuses, par trois statisticiens de l'INSEE.

Du fait des difficultés cumulées de la crise des années 1930, de la Seconde Guerre mondiale et de l'Occupation, on peut constater que la vigoureuse reprise de la croissance de la production (cf. courbe ci-dessous) dans les années cinquante peut apparaître comme le simple rattrapage des difficultés des deux décennies précédentes. Ils récusent la thèse du seul rattrapage et essaient de définir la part de chacun des facteurs pour expliquer une

GRAPHIQUE I

Croissance de la production française depuis le début du siècle
(Indice base 100 en 1929)

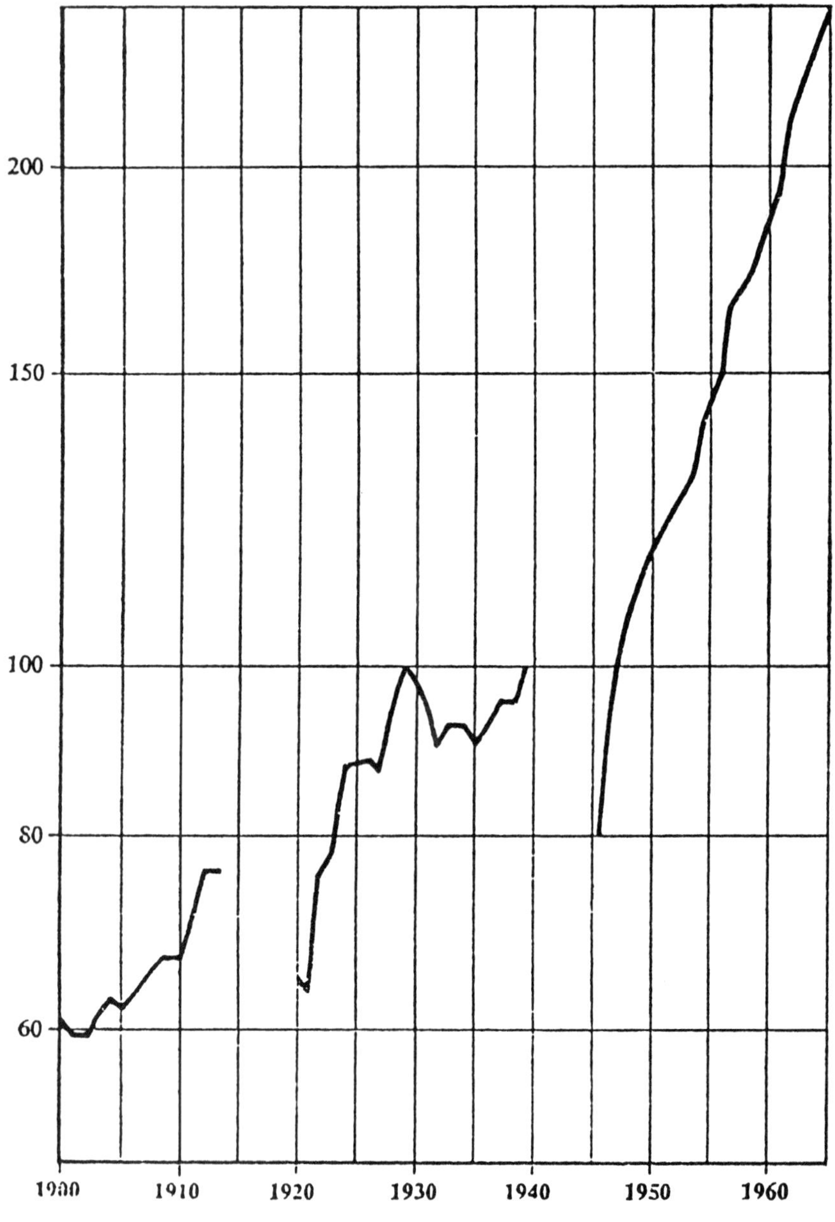

Tableau

Analyse du taux de croissance de la production française
(en % par an)

Composants dont l'effet est évalué	*Période de 1951 à 1969*	*Sous-périodes*			*Très longue période de 1913 à 1963*
		1951-1957	*1957-1963*	*1963-1969*	
Production intérieure brute	5,0	4,7	5,1	5,1	2,1
Emploi dans les branches (nombre d'hommes-année)	–	– 0,2	–	0,3	– 0,1
Durée du travail	– 0,1	–	–	– 0,3	– 0,3
Qualité du travail (âge, instruction et intensité du travail)	0,4	0,4	0,4	0,5	0,6
Migrations professionnelles	0,6	0,5	0,6	0,5	0,3
Volume du capital net	1,1	0,8	1,1	1,3	0,5
Rajeunissement du capital	0,4	0,3	0,4	0,4	–
Intensité de la demande	0,1	0,3	– 0,1	0,1	–
Résidu	2,5	2,6	2,7	2,3	1,1

croissance aussi soutenue. On notera le poids important du « résidu », assimilé au progrès technique, qui, à lui seul, rend compte de la moitié du taux de croissance de la période.

Source : *Jean-Jacques Carré, Paul Dubois, Edmond Malinvaud,* la Croissance française. Un essai d'analyse économique causale de l'après-guerre, *Paris, Éditions du Seuil, 2e édition, 1977, p. 36 ; p. 275 ; p. 611-616. Une version réduite, intitulée* Abrégé de la croissance française *(Seuil, 1973), a été rééditée (1984) avec une postface rédigée en 1983.*

IV. Résidu et progrès technique

1. Le résidu

Arrivés à ce stade, nous pouvons rassembler les résultats numériques auxquels nous sommes parvenus quant à l'effet de divers facteurs sur le rythme de croissance de la production. Le tableau 9 fait intervenir six composantes identifiées précédemment, une composante nouvelle dite « intensité de la demande » dont nous indiquerons le calcul dans le chapitre 8, et enfin un résidu obtenu par différence (la composante nouvelle prend en compte les variations du terme u_t figurant dans la fonction de production du paragraphe 1.4). Quatre des composantes concernent le travail, deux autres le capital. Le tableau présente, d'une part, les rythmes moyens réalisés entre 1951 et 1969, période la plus caractéristique de l'expansion française du dernier après-guerre, et, d'autre part, les taux de croissance moyens entre 1913 et 1963 lesquels fournissent la meilleure référence, semble-t-il, pour les tendances à très long terme. (Si l'on estime, non sans quelque vraisemblance, que le retard dû à la crise et à la guerre avait été comblé avant 1963, la comparaison entre 1951-1969 et 1913-1963 sous-estime quelque peu les différences entre l'après-guerre et les tendances longues. La période 1951-1969 est subdivisée en trois sous-périodes correspondant aux «cycles» de l'après-guerre (les calculs ont été poussés avec deux chiffres après la virgule puis arrondis).

Conclusions

Au terme de cette longue étude, nous sommes conscients de ses nombreuses lacunes. Mais le lecteur n'attend pas d'abord de nous que nous en établissions la liste. Il souhaite plutôt un résumé au cours duquel nous tenterions de dégager quelques conclusions quant aux facteurs ayant causé le dynamisme de notre économie. Faisant abstraction des traits divers, et souvent contrastés, des phénomènes analysés précédemment, nous devons donc en proposer une certaine synthèse.

Jamais la France n'avait connu une telle expansion sur une aussi longue période que celle des vingt-cinq dernières années. Si le taux de croissance de la production avait atteint 5 % l'an durant des périodes de boom ou pendant la décennie des années 1920, jamais, avant la dernière guerre, les taux moyens calculés sur plus de deux décennies n'avaient dépassé 2 % l'an. La même accélération de la tendance de longue période s'est manifestée sur la productivité moyenne du travail. Pour l'ensemble des branches, la production par homme-heure avait progressé au rythme annuel moyen de 2 % avant la Première Guerre mondiale et de 2,5 % entre 1913 et 1929; depuis 1949 le taux correspondant s'établit à plus de 5 %.

L'analyse des facteurs physiques montre que ce fait s'explique en partie par un effort élevé d'investissement, mais plus encore par une accélération de la tendance résiduelle, souvent appelée «progrès technique», et traduisant le rythme auquel s'améliore l'efficacité dans l'emploi des facteurs de production. Alors que l'accumulation du capital eût sans doute expliqué à elle seule une croissance moyenne peu supérieure à 0,5 % l'an entre 1913 et 1929, elle intervint pour plus de 1 % au cours des vingt dernières années. Le résidu, après prise en compte des modifications quantitatives et qualitatives des facteurs, progressait à un rythme annuel approximatif de 1 % dans la première partie du siècle. Il croît maintenant de 2,5 % l'an environ.

Une cause prédominante?

Les thèses ne manquent pas qui prétendent expliquer par une seule cause l'essentiel de la croissance énergique et durable de l'après-guerre.

Pour les uns il s'agirait d'un phénomène naturel et somme toute spontané de *rattrapage*: notre pays était en retard par rapport à d'autres nations industrielles; notre économie avait connu une dépression prolongée de 1929 à la fin de la guerre; le retour à des conditions plus normales et l'importance nouvelle des communications internationales devaient permettre que l'économie française comble d'abord l'écart par rapport à sa tendance passée puis l'écart par rapport à ses voisins.

D'autres attribuent la responsabilité première à certains changements de comportement. Ainsi le *renouveau de la natalité* aurait entraîné une transformation des attitudes à l'égard des exigences du progrès économique. Un malthusianisme craintif et paralysant aurait fait place à la volonté de préparer un meilleur avenir pour la jeunesse montante;

puis, avec la montée des générations nouvelles, le dynamisme qui caractérise la jeunesse se serait propagé à l'ensemble de la société. Les mutations qui conditionnent la croissance auraient ainsi été acceptées alors qu'elles étaient autrefois refusées.

Explication sociologique simple aussi celle qui met en avant *le choc provoqué par la défaite* de 1940, comme par l'Occupation et la Résistance qui suivirent pendant quatre ans. Durant cette période difficile, les équipes dirigeantes auraient été renouvelées ; les Français auraient remis en question les valeurs traditionnelles et pris conscience de la nécessité de transformations fondamentales. Comme les autres pays vaincus (Allemagne, Italie, Japon), la France se serait ainsi trouvée dans des conditions particulièrement favorables à un rapide progrès économique.

Pour d'autres enfin, des réformes institutionnelles seraient les premières responsables des succès obtenus. On cite parfois les *nationalisations* qui, opérées au lendemain de la guerre, auraient modifié radicalement la gestion des industries de base et fourni ainsi le fondement d'une expansion industrielle harmonieuse.

On invoque aussi le *financement public des investissements* qui aurait permis une épargne nationale particulièrement importante, aurait assuré une expansion du capital productif sans comparaison avec celle réalisée autrefois et aurait orienté la construction d'équipements nouveaux vers les secteurs les mieux susceptibles de servir de « pôles de croissance » selon l'expression de François Perroux.

On fait état du système français de *planification* qui assurerait un bon degré de cohérence entre les décisions intéressant l'avenir, qui réduirait les incertitudes du contexte dans lequel se situe l'activité de chaque entreprise et qui provoquerait une confiance dans les chances de l'expansion, confiance elle-même favorable à la croissance.

Ces thèses peuvent enfermer une part d'explication. Mais aucune d'elles ne semble acceptable comme explication principale et privilégiée du phénomène étudié ici. Un examen critique fait apparaître les faiblesses de chacune d'elles et révèle leur caractère partiel.

La *thèse du rattrapage* ne constitue pas une véritable explication. C'est là son principal défaut. N'analysant pas pourquoi notre pays avait pris autrefois un retard durable par rapport à l'étranger, ni pourquoi il semble le combler en partie actuellement, elle répond très peu aux questions que pose une recherche causale.

De plus elle apparaît comme s'appliquant mal au développement observé durant les années 1960. Sans doute, dans l'immédiat après-guerre, la simple remise en marche de l'appareil de production devait entraîner pour un temps des taux de croissance élevés. La chose a été trop souvent oubliée par ceux qui ont examiné la croissance française de l'après-guerre sans la situer par rapport au passé. Mais une fois rattrapé le retard par rapport aux tendances antérieures, la croissance aurait dû se ralentir, semble-t-il, puisque seul subsistait alors un retard par rapport à certains pays étrangers. Or, nous avons vu que l'évolution tendancielle des trente premières années du siècle a été dépassée pour la productivité du travail dès 1950 environ dans l'agriculture et vers 1965 dans l'industrie. Malgré cela aucun ralentissement n'est apparu.

Pour maintenir la thèse du rattrapage, il faut lui adjoindre l'idée d'un relèvement universel des rythmes de croissance de la productivité. Dans d'autres pays industriels, on semble en effet avoir observé aussi une accélération des tendances longues. Mais alors la thèse perd la simplicité qui constituait son principal attrait.

Quiconque voudrait apprécier la part à donner à *l'explication nataliste* devrait procéder à une examen minutieux des modifications qu'ont connues éventuellement certains comportements. Cette exploitation pourrait alors se révéler comme ayant une certaine importance. Mais elle n'est évidemment pas la clé principale du phénomène. Pour s'en convaincre il suffit de se rappeler les faits suivants.

C'est pendant les vingt années précédant la Première Guerre mondiale que les Français ont réduit le plus rapidement leur procréation [1], or ce fut une période de reprise de la croissance économique. Le pays industriel dont la croissance a été la plus rapide dans l'après-guerre, le Japon, est aussi celui qui a le plus restreint sa natalité. La reprise de la natalité a été quasi générale dans l'Europe occidentale; cependant le rythme de la croissance économique a varié notablement de l'un à l'autre. Une exception notable est toutefois l'Italie où les taux de natalité ont diminué par rapport à l'avant-guerre alors que l'expansion y a été très rapide.

La thèse qui met l'accent sur les *différences entre pays vainqueurs et pays vaincus* se prête moins aisément à une contestation globale[2]. Mais ceci tient en partie à ce que la production se trouvait très déprimée après-guerre dans les pays dits vaincus, alors qu'elle avait un niveau beaucoup plus normal dans les pays vainqueurs. Les taux de croissance réalisés depuis la fin de la guerre constituent alors des indices trompeurs systématiquement favorables aux pays détruits.

D'une manière plus générale, les deux thèses précédentes nous paraissent reposer sur une vision incorrecte des changements qu'a subis l'économie française entre la période des années 1920 et celle du dernier après-guerre. Elles supposent en effet que les structures se sont modifiées à un rythme beaucoup plus rapide dans le passé récent qu'autrefois. Or, nous n'avons pas constaté une telle accélération, du moins sur les caractéristiques structurelles que nous avons analysées. L'accélération des migrations agricoles mise à part, les transformations structurelles du système productif ne semblent pas s'être effectuées au moins jusqu'en 1966 plus rapidement qu'avant 1930. Si les pratiques restrictives ont sans doute perdu une partie de leur importance entre 1950 et 1970, rien ne permet de montrer qu'elles soient aujourd'hui moins importantes que pendant les années 1920. La comparaison avec la période allant de 1930 à 1939 conduit bien entendu à des conclusions différentes; mais elle ne présente guère d'intérêt pour une compréhension de la croissance actuelle.

Une étude comparative de l'efficacité dans la gestion des secteurs publics et privés serait très délicate. Nous n'y avons pas procédé. En tout état de cause, pour attribuer aux *nationalisations* la responsabilité principale dans la croissance de l'après-guerre, il ne suffit pas d'établir que les nouvelles entreprises d'État sont mieux gérées que les sociétés privées dont elles ont pris la place; il faut faire jouer au secteur public productif un rôle moteur. Dans la reconstruction de l'immédiat après-guerre, les nationalisations peuvent avoir favorisé le développement des secteurs de base auxquels une priorité importante était reconnue. La chose n'est même pas certaine puisque, dans le secteur privé, la sidérurgie, les cimenteries et les entreprises chimiques surent aussi se développer rapidement. Mais surtout, on ne peut pas tenir les nationalisations comme responsables de la croissance soutenue de la productivité durant les années 1960: les industries de transformation, dans lesquelles le secteur public est très réduit, furent alors le siège de progrès continus et rapides.

1. L'indice le plus caractéristique est sans doute le taux de fécondité pour 100 femmes âgées de 30 à 34 ans. Il diminua de 13,3 en 1895-1897 à 10,1 en 1910-1912, puis à 7,9 en 1935-1937. Il s'établissait à 11,0 en 1953-1955.

2. On peut faire observer cependant que la France a connu une forte expansion pendant les années 1920 alors que la production allemande croissait médiocrement.

L'existence d'un *financement public*, qui fut important sauf pendant la période allant de 1952 à 1957, facilita beaucoup l'effort d'équipement réalisé en France. Dans une situation où l'épargne fut continuellement rare, les contraintes financières auraient fait sentir leurs effets avec beaucoup d'énergie si l'État n'avait pas couvert une partie importante de la formation de capital: investissements publics directs, prêts à long terme, subventions d'équipements, etc. Mais le rôle de ce financement public ne peut pas dépasser celui reconnu à l'accumulation du capital. Or, l'examen minutieux auquel nous avons procédé dans le chapitre 7 nous a montré que la part à attribuer à cette accumulation était certes appréciable, mais non prépondérante.

Nous nous sommes expliqués longuement sur le rôle de la *planification*. Nous avons été conduits à lui reconnaître une certaine influence. Elle constitue la manifestation la plus visible d'une conception dynamique et assez originale quant au rôle de l'État dans la gestion de l'économie, conception qui inspire aussi la régulation conjoncturelle, la réglementation des prix ou des ententes, la gestion des grandes entreprises publiques, etc. Visant à dégager les obstacles à l'expansion économique et à diffuser largement une information pertinente à leur sujet, la planification facilita la croissance d'une manière diffuse mais certaine.

Elle fut toutefois beaucoup trop limitée dans ses moyens et dans son impact à l'intérieur du système productif pour avoir constitué le *deus ex machina* que certains ont cru y voir. Elle ne peut évidemment expliquer qu'une faible part de la croissance soutenue qu'a connue la productivité du travail dans les entreprises. Elle aurait constitué un cadre vide si elle ne s'était pas appliquée à une économie douée par ailleurs d'un sérieux dynamisme. Pas plus que les autres thèses examinées ici, nous ne pouvons accepter celle qui ferait de la planification l'explication centrale de notre croissance.

Quiconque met en avant les facteurs institutionnels, nationalisations, financement public, planification ou autres, devrait d'ailleurs répondre à l'objection selon laquelle la croissance a été vive aussi dans d'autres pays où le contexte institutionnel différait sensiblement du nôtre, en particulier dans l'Allemagne fédérale. Une recherche comparative minitieuse aurait grand intérêt pour situer l'influence vraisemblable de certains facteurs; mais elle n'est même pas nécessaire s'il s'agit de montrer qu'un d'entre eux à lui seul ne saurait fournir l'essentiel de l'explication cherchée.

Après les études auxquelles nous avons procédé, nous en sommes personnellement arrivés à la conclusion que la croissance française de l'après-guerre résultait de la conjonction de nombreux facteurs favorables qui ont cumulé leurs effets. Attribuer la responsabilité première à un seul facteur nous paraît relever d'un esprit de système que l'examen objectif des faits ne justifie pas. De même que la croissance biologique, la croissance économique ne peut-elle pas être conditionnée par un ensemble complexe de causes?

Parmi ces facteurs favorables, nous pouvons distinguer, d'une part, ceux qui, étrangers à notre pays ou à ses actions depuis 1945, font que, de toute manière, la croissance française de l'après-guerre devait être importante, sauf erreur de politique économique, et, d'autre part, ceux qui, résultant de nos efforts au cours des vingt dernières années, expliquent que l'expansion ait été aussi soutenue.

© Éditions du Seuil

VI

BANQUES, CAPITAUX, MONNAIE

La monnaie a peu été abordée par les historiens jusqu'à une période relativement récente, si l'on excepte les travaux de synthèse de Marc Bloch[1].

Ce sont surtout les spécialistes d'histoire moderne qui, à la suite des travaux d'Hamilton dans les années 1930, se sont intéressés aux arrivées de métaux précieux en Espagne aux XVI*e* -XVII*e siècles (Pierre Chaunu, Emmanuel Le Roy Ladurie, Michel Morineau...), aussi bien à la chronologie et à l'ampleur des flux qu'aux effets sur les économies et les sociétés européennes et qu'aux débats entre contemporains...*

Une seule synthèse sur l'histoire de la monnaie en longue durée a été rédigée par un historien, Pierre Vilar. Il l'a organisée selon la problématique exposée à la Conférence de Stockholm de 1960[2]*, à savoir la monnaie comme* signe, produit *et* facteur *de réalités historiques plus vastes, économiques, sociales, politiques, voire mentales. Il analyse l'évolution des* formes *et des* fonctions *de la monnaie autour des problèmes de longue durée, abordés dans une perspective d'histoire globale-totale, en réaction contre les conceptions étroitement monétaristes. Pour les périodes plus récentes, des synthèses d'histoire monétaire ont été davantage produites par des économistes. Les historiens se sont penchés sur l'inflation, comme en témoignent certains travaux de Jean Bouvier*[3]*, mais des domaines entiers restent à défricher, malgré des recherches en cours sur la politique monétaire.*

L'évolution du système de crédit est, lui aussi, très inégalement connu. Des travaux importants ont été élaborés sur les établissements d'Ancien Régime, telle la thèse, devenue classique, d'Hubert Luthy sur la banque protestante.

Pour la période contemporaine, les formes de financement des premières étapes de l'industrialisation se traduisent peu, on le sait, par la sollicitation des banques. Au XIX*e siècle, les entrepreneurs finançaient en général leur entreprise, naissante ou non, sur leurs profits, dans le cas de la France. Cependant, le degré de mécanisation, dans le textile par exemple, module l'appel plus ou moins lourd aux capitaux bancaires. Plusieurs travaux, dont la thèse de Maurice Lévy-Leboyer, le confirment.*

On connaît en outre l'hégémonie de la place de Londres et, à un niveau moindre, le rôle de Paris comme place bancaire au début du XIX*e siècle, malgré des limites. La thèse de Louis Bergeron confirme pour la France la conquête de la suprématie bancaire par la place*

1. Marc Bloch, *Esquisse d'une histoire monétaire de l'Europe*, Cahier des Annales, n° 9, Paris – A. Colin, 1954; Reprise d'un cours professé en 1941.
2. Cf. chapitres II et V.
3. Cf. « Les banques françaises, l'inflation et la crise économique, 1919-1939 », *The Journal of European Economic History*, Vol. 13, n° 2, Fall 1984, p. 29-90.

parisienne aux tournants des XVIII*e et* XIX*e siècles. Quant aux banquiers eux-mêmes, leurs activités ne se démarquent pas toujours clairement dans ce premier* XIX*e siècle de celles du négoce. D'où les difficultés à saisir les filiations et les novations du groupe. Les établissements bancaires du* XIX*e siècle – haute banque et nouveaux établissements de la seconde génération nés dans la seconde moitié du siècle – ont été inégalement étudiés. Les deux décennies originelles du Crédit Lyonnais, analysées dans la thèse principale de Jean Bouvier, apparaissent à la fois en rupture – surtout en matière de ressources – et en continuité avec la haute banque. Il replace cette dualité, familière aux historiens, dans une chronologie, qui conduit cependant à préciser que la banque de dépôts en vient dans la décennie 1880 à renoncer à financer les investissements. Les enquêtes ultérieures ont accentué toutefois l'idée du caractère atypique du Crédit Lyonnais par rapport aux autres établissements, davantage mixtes dans leurs emplois (pratiquant à la fois le crédit à court terme et le financement à long terme). La Banque de France est désormais bien connue pour les deux décennies qui suivent le milieu du* XIX*e siècle, grâce à la thèse d'Alain Plessis, qui détaille le mode de fonctionnement de l'émission monétaire et ses contraintes, et fournit une analyse comparative avec la Banque d'Angleterre. Par-delà des différences de statut et d'utilisation des postes de son bilan, la Banque de France partage une même propension à rappeler les « exigences de la sagesse ». Plus généralement, des travaux récents démentent l'idée d'un retard français en matière bancaire pour le* XIX*e siècle. La multiplication des banques semble avoir accompagné la croissance. Autre question qui fut naguère objet des débats : l'exportation massive de capitaux au tournant des* XIX*e et* XX*e siècles. Reflète-t-elle l'insuffisance des emplois possibles sur le territoire national ou pénalise-t-elle le développement intérieur ? Ce problème rejoint celui de la position internationale de la France et de l'impérialisme, abordé plus loin*[1].

Le XX*e siècle est beaucoup moins bien connu, malgré les travaux récents ou en cours. Des recherches, telles en particulier celles d'André Gueslin, nous éclairent sur le secteur mutualiste, en particulier agricole*[2]*. Il connaît une chronologie contrastée, en harmonie avec la conjoncture d'un premier* XX*e siècle assez atone et du dynamisme des Trente Glorieuses. Les modifications de structures, notamment avec les nationalisations des banques de dépôts de 1945, n'ont pas pour autant représenté une rupture dans les pratiques. Plus généralement, depuis la crise des années 1930 jusque fort avant dans les années 1950, les questions de financement, notamment industriel, ne peuvent être abordées sans l'examen du rôle de l'État banquier*[3].

La Banque protestante en France
(1961)

HUBERT LUTHY

Sur les mécanismes de crédit de l'Ancien Régime, la thèse, devenue classique, d'Hubert Luthy vient infirmer la corrélation, établie par Max Weber dans son essai l'Éthique protestante et l'esprit du capitalisme, *entre Réforme et esprit du capitalisme. On en a conservé l'une des conclusions sur les constantes de l'activité des banquiers protestants,*

1. Cf. chapitre XII.
2. Cf. chapitre XI.
3. Cf. chapitre X.

ainsi que les « remarques finales » sur l'inanité d'une spécificité de la « banque protestante » par rapport à celle qui ne l'est pas.

Source : *Hubert Luthy,* la Banque protestante en France, *Paris, Sevpen, 1961, p. 367-368; p. 749-758.*

Bibliographie : *Pour une approche générale,* cf. *Jean Bouvier, Henry Germain-Martin,* Finances et financiers de l'Ancien Régime, *Paris, P.U.F., Que sais-je ?, 1969.*

[...] MALGRÉ LA DIVERSITÉ des affaires et des origines, quelques traits généraux se trouvent confirmés par chaque cas particulier. D'abord, la prédominance absolue du commerce, surtout colonial, non seulement dans la circulation de lettres de change, ce qui est normal, mais dans les « spéculations » des banquiers qui s'exercent sur des valeurs réelles, vaisseaux, cafés, sucres, indigos, esclaves, piastres, susceptibles d'un rendement important mais limité, non sur des valeurs abstraites susceptibles de se gonfler et de se multiplier à l'infini. S'ils placent des fonds, pour leur compte ou celui de leurs clients, c'est à la grosse, en participation dans des expéditions de marchandises, souvent dans des armements de navires ; presque tous, même les plus petits, font de l'assurance maritime, « placement » qui, considéré comme un pari, est encore une variante du jeu à la grosse aventure ; on pourrait dire que tout le corps des négociants et marchands-banquiers forme une vaste mutuelle d'assurances. Les investissements industriels et, pour les plus audacieux, miniers, sont assez fréquents, mais gardent un caractère bien aventureux. Plus considérables, et d'un rendement plus immédiat, sont les placements en commandite dans des sociétés de commerce, à Nantes, à Cadix, « aux Iles », parfois à Paris. Tous font la perception de rentes, activité paperassière qui a laissé le plus de traces dans les archives notariales, sans permettre d'ailleurs une évaluation quantitative ; branche « solide », qui fait à chaque maison de banque une rente en commission sur laquelle, bon an, mal an, elle peut compter, mais qui, pour les banquiers étrangers en tout cas, ne peut former qu'un supplément aux affaires plus intéressantes. Très rares sont devenues les « affaires du roi », sur lesquelles la Finance traditionnelle et la « banque de la Cour » ont repris leur quasi-monopole, sauf – et encore exceptionnellement pour les affaires d'approvisionnement, au point de rencontre de l'administration financière et du commerce international, qui demandent l'intervention des banquiers. Tout à fait insignifiante, enfin, la spéculation sur des effets publics, réduite aux jeux de loterie et à quelques opérations sur les actions de la Compagnie des Indes ; les sociétés par actions – entendons : par actions en grand nombre, non par « sols » et « deniers » formant une « livre sociale » – sont rarissimes ; seule parmi toutes les fondations de sociétés, pour la plupart éphémères, des années 1750, la Chambre d'assurances et de grosse aventure de Paris semble avoir visé un public de souscripteurs plus large. Malgré la brève floraison de sociétés « capitalistes » de ces années, peut-être annonciatrice des fièvres futures, c'est l'absence presque complète de l'« agiotage » boursier qui distingue le plus radicalement cette période de la précédente comme de la suivante. [...]

Remarques finales

Contre un certain quiétisme du travail positif qui donne trop facilement bonne conscience à l'historien, il est bon d'écouter la vieille raillerie de Montaigne, dans son essai sur les sorcières : « Je vois ordinairement que les hommes, aux faits qu'on leur propose, s'amusent plus volontiers à en chercher la raison qu'à en chercher la vérité... Ils commencent ordinairement ainsi : comment est-ce que cela se fait ? – Mais se fait-il ? faudrait-il dire... Suivant cet usage, nous savons les fondements et les causes de mille choses qui ne furent onques, et s'escarmouche le monde en mille questions desquelles le pour et le contre est faux. »

En s'attaquant à un problème que la tradition historique lui a transmis ou qu'il s'est posé en interrogeant cette tradition, le chercheur aura rassemblé la documentation accessible et en aura tiré ce qu'il a pu ; et en apportant ainsi un certain nombre de faits divers et de documents inédits, sinon des vues très neuves ou très vastes ou des éclaircissements définitifs, n'aurait-il donc pas, de toute façon, ajouté à cette « connaissance par vestiges » qu'est la connaissance historique ? Encore faut-il que le problème posé en soit un, que le sujet choisi existe réellement ; car les documents, en nombre infini, peuvent s'interroger de travers et s'ordonner autour des recherches les plus saugrenues. En guise de conclusion, remettons franchement en question le titre, le sujet et la justification même de ce travail. Le problème de la « banque protestante en France » n'est-il pas le type même du faux problème ? Notre étude sur les banquiers protestants en France, de Louis XIV à la Révolution, n'est-ce pas simplement un fragment arbitrairement isolé de l'histoire de la banque et des affaires de banque sous l'Ancien Régime ? Que nombre de banquiers de cette époque aient été protestants – de souche et de statut, sinon de foi, car de celle-ci, pour la plupart, nous ne savons rien – et que quelques-uns d'entre eux aient joué un rôle de premier plan, ce fait suffit-il à établir une relation entre leur qualité de banquiers et leur qualité de protestants ? Puisque aussi bien l'existence des paysans cévenols et des armateurs huguenots est attestée et qu'il serait donc possible de réunir une documentation impressionnante sur ces groupes sociaux, à quand les ouvrages sur la culture de la châtaigne protestante, sur la viticulture protestante ou sur le cabotage protestant ? Et, recherches parallèles aussi prometteuses, sur le travail à domicile piétiste ou sur le commerce de soieries maçonnique ?

Objection justifiée, redoutable même : l'histoire, en s'efforçant d'ordonner, d'« organiser » le chaos brut des faits du passé en un récit intelligible qui éclaire le devenir du présent, est toujours au bord de la mythographie. En choisissant son sujet, l'historien postule déjà sa réalité significative ; en choisissant de faire telles recherches de préférence à telles autres, en triant les documents, fouillant tel fonds d'archives en négligeant tels autres, s'intéressant à tels personnages et à tels gestes dont le sujet donné lui suggère l'importance, il en arrive à se prouver à lui-même et à prouver à ses lecteurs la signification de ce sujet par la seule masse de détails qu'il groupe autour de lui. Pour l'histoire des événements, la vérité, en effet, est dans le détail ; pour l'histoire des économies, des sociétés et des civilisations, elle est dans les proportions, et les proportions ne se voient que si l'on voit l'ensemble. Pour apprécier le poids et la signification spécifiques d'un « fait » – un fait brut dans toute son insignifiance, pari, transaction, obligation, mise de fonds, bénéfice, faillite –, il faudrait pouvoir le mettre à sa place dans son contexte complet, l'ensemble des faits de même ordre de l'époque ; et nous avons vu à chaque pas, en côtoyant tant de domaines inexplorés ou mal explorés, combien nous sommes loin d'approcher d'une telle vue d'ensemble. Mais comment embrasser à la fois le fait divers et le tout ?

Il y a là une ambition toute récente de l'histoire, qui n'a jamais effleuré les maîtres de l'histoire classique : reconstituer, non l'épopée des grandes actions publiques ou collectives, des idées dominantes et des hauts lieux de la civilisation, mais tout le tissu de la vie, jusque dans son quotidien, où la moindre note de ménagère prend son sens et sa fonction dans le mouvement d'ensemble. Ainsi, l'histoire va cahotant de l'extrême dispersion aux plus audacieuses synthèses, de la monographie qui manque de grandes vues d'ensemble aux grandes vues d'ensemble qui manquent de connaissance précise et directe des matériaux employés de deuxième main, et le partage du travail est ingrat entre les ouvriers qui charrient le matériel brut, après un premier tri et une première mise en forme plus ou moins experts, et les maîtres d'œuvre qui le reçoivent sans avoir le loisir, en général, d'en contrôler la solidité. Le présent travail est et a voulu être un travail de charretier, soucieux de ne rien affirmer au-delà du fait constaté et de toujours en fournir la référence exacte. Mais, à moins de ramasser et de déverser par morceaux, dans sa confusion originelle, l'immense et hétéroclite dépotoir des débris du passé, c'est-à-dire de se borner à un travail de copiste au surplus inutile, l'ouvrier-historien est bien forcé de trier, d'étiqueter, de rapprocher, de combiner autour d'un thème, et donc de transformer sa matière brute[1]. Insidieusement, mais contamment, sa thèse ou son interrogation personnelles sont donc présentes sous son apparente et très sincère objectivité, d'autant plus dangereusement que sa recherche partielle le conduit à tout moment à apprécier l'importance, la spécificité ou la valeur symptomatique d'un fait, alors que ce caractère partiel même ne lui permet pas de le situer vraiment et en connaissance de cause dans l'ensemble du tissu économique et social de son époque.

La banque protestante était-elle vraiment un phénomène à part ? Nous avons constaté l'existence de banquiers qui étaient protestants, à côté de beaucoup d'autres qui ne l'étaient pas, et d'autres encore, Hollandais ou Anglais aux attaches jacobites, dont l'appartenance religieuse nous est restée incertaine ; mais qu'est-ce qui nous permet de parler, non de banquiers, mais de « Banque protestante » comme d'une entité particulière caractérisée par quelque esprit protestant, alors que nous avons trouvé ces banquiers opposés entre eux et répartis dans toutes les formations qui s'affrontaient dans le monde de la banque et de la finance et qui ne se groupaient nullement selon les confessions : Thellusson et les « Genevois » contre Law, Clavière et même Haller contre Necker, enfin Cambon abattant l'hydre des « têtes genevoises », sans parler de moindres remous ? Mieux encore : si nous n'avions pas pu constater, par des documents ou des renseignements extérieurs à leur activité professionnelle – état civil, nationalité, tradition familiale, notoriété –, l'appartenance confessionnelle de tels banquiers dont nous avons ensuite cherché à connaître les activités, si donc nous n'avions eu devant nous que des contrats et des papiers d'affaires d'hommes dont nous aurions ignoré l'origine et le milieu, ces actes nous auraient-ils trahi l'appartenance confessionnelle de leurs auteurs ? En dehors, peut-être – et encore ! –, d'une invocation de Dieu en tête du Grand Livre ? Au bout de

1. Jean Bouchary, dans ses « Manieurs d'argent », a été aussi près que possible de cette livraison en vrac de documents hétéroclites, classés simplement par raisons sociales ; si le lecteur en est déconcerté, l'historien qui y puise ses renseignements en est enchanté. Mais même cette précaution extrême ne lui a pas évité des hypothèses de travail erronées, comme cette supposition d'une société Girardot, Haller, Cottin et Jauge qui confond deux et même trois maisons distinctes. Les âges qui n'ont laissé que relativement peu de documents écrits sont privilégiés à cet égard : le Moyen Âge permet la publication intégrale de grands ensembles de sources, même notariales : un minutier du XVIIIe siècle ne permet même pas d'y penser…

toutes ces recherches, il faut bien dire : Non, franchement, positivement, catégoriquement, non. La « religion prétendue réformée » n'a pas été une religion de banquiers, et l'activité de ses banquiers n'a pas eu de couleur religieuse : ils ont fait le commerce des lettres de change, le prêt à la grosse, le crédit sur nantissement, la gestion des portefeuilles et, à la fin du XVIIIe siècle, l'escompte, ni autrement ni plus tôt que leurs confrères fidèles à l'Eglise catholique, apostolique et romaine. Alors que signifie cet accouplement d'un terme de métier et d'un terme de religion ?

Le sujet et le terme même de « banque protestante » restent donc choquants encore qu'ils ne soient pas de notre invention – l'existence du phénomène, au contraire, est « de notoriété publique », ce qui ne veut pas dire vraie, mais généralement reconnue et, semble-t-il, incontestée. Notre entreprise, précisément, a été de chercher la réalité que contient cette rumeur un peu vague. Sous cette entité presque mythologique, comme le sont toutes les entités de ce genre, nous avons essayé de connaître les individus et les groupes qu'elle désigne, de voir les hommes derrière les noms réputés représentatifs, et dans certains cas de réduire à ses justes proportions le rôle qui leur a été attribué. Nous n'avons pas trouvé trace de « parti protestant » ou de formation protestante marchant à la conquête de la France. On ne peut parler de la bourgeoisie protestante du XVIIIe siècle comme s'il s'agissait encore de la communauté combattante du XVIe . Il est bien rare dans l'histoire qu'une communauté d'esprit garde son unité et sa cohésion au-delà de deux ou trois générations, sauf si elle est maintenue dans son « ghetto » par une formidable pression extérieure. Dès la fin du règne de Louis XIV, les protestants français ne se sont plus trouvés en face d'une société homogène et hostile, et se sont engagés avec une liberté croissante, dans l'irrespect général d'une vétuste intolérance légale, dans le grand débat d'idées de la France des « lumières » dont la société cultivée avait résolument écarté ou mis au deuxième rang les questions confessionnelles, laissant place tout au plus à un christianisme sans doctrines et sans exclusives. Toutes les nuances et tous les heurts d'opinion de ce siècle de raisonneurs philosophiques se reflètent parmi ces hommes dont on ne peut même plus dire qu'ils se définissent par une foi commune, car dans trop de cas leur protestantisme n'était plus guère qu'une très confortable non-appartenance au catholicisme, un souvenir de traditions familiales, et peut-être, à travers toutes les transformations par l'esprit du siècle, certains traits de mentalité ancestrale transmis par le milieu d'origine. Or, ce sont là les critères les moins accessibles à une analyse serrée : le milieu qui a déjà cessé d'être homogène, la mentalité diffuse, susceptible de nuances infinies et d'interprétations contradictoires – il faudrait un courage robuste pour les enfermer dans des définitions tranchées et en déduire un comportement unique.

Une question mal posée ?

La vaste enquête « préliminaire à l'histoire » étendue par Max Weber aux civilisations de l'Antiquité et de l'Asie, mais dont son célèbre essai sur « l'Ethique protestante et l'Esprit du capitalisme » est resté la pièce de résistance, forme en quelque sorte la contre-épreuve de celle de Marx : après l'essai de détermination des idées et des croyances par l'économie sociale et ses antagonismes de classes, l'essai de détermination des comportements économiques et sociaux par la conscience religieuse. Démonstration inverse, contrepoids salutaire, ou plutôt recherche complémentaire ? Prenant pour point de départ une même corrélation d'apparence « évidente », celle par exemple entre l'« esprit bourgeois » et la Réforme, aucune des deux démonstrations n'est finalement concluante : le comportement des hommes et l'histoire humaine sont irréductibles à une causalité unique, matérielle ou spirituelle, dont découlerait tout le reste. Tout comportement pratique est équivoque par rapport à la foi et même, dans les sociétés sécularisées, à l'idéologie; tout concept absolu, religieux ou de substitution, est équivoque par rapport à la pratique; subjuguer l'un à l'autre, c'est le condamner au dépérissement. Reconnaître cette dualité irréductible et pourtant inséparable du spirituel et du temporel, voilà peut-être qui était l'originalité de l'Occident chrétien: la contradiction vécue à travers toutes ses phases et à tous les niveaux entre l'héritage judéo-chrétien et l'héritage gréco-romain transmis à ses sociétés barbares, entre l'Eglise et l'Etat, entre la communauté des croyants et la société civile, entre le droit divin et le droit humain, la foi et la raison, le dogme et la science, la charité et la rationalité, le millénarisme et la rédemption accomplie et l'histoire séculière pesamment continuée, série sans fin aux métamorphoses innombrables, c'est là sans doute ce qui a fait le dynamisme d'une civilisation en fermentation continuelle qui n'a cessé de s'interroger et de se transformer, face aux civilisations byzantine ou musulmane pourtant si proches, à celles de l'Inde et de la Chine, toutes parties de bien plus haut, mais immobilisées dans l'unité d'autorité ou dans leur sagesse conciliée avec elle-même, et que seule la provocation par l'Occident a remises en émoi.

Dans cette fermentation de l'Occident, la Réforme, sans doute, marque un épisode privilégié: l'affirmation de la conscience et de la responsabilité individuelles face à l'autorité spirituelle elle-même, et dans la logique de cette affirmation, sinon dans la réalisation immédiate, la «prêtrise laïque», la communauté sans dogme indiscutable et sans hiérarchie sacrée, d'aspiration égalitaire et démocratique. Mais la Réforme, contemporaine et solidaire de tous les bouleversements de la «fin du Moyen Âge», s'insère dans l'histoire occidentale sans en rompre le cours; elle a été l'une des réponses au défi de la double vérité, elle n'a été ni la seule ni la plus révolutionnaire de son époque ni la dernière et ne peut rendre compte à elle seule du tournant de l'histoire alors accompli. Sécularisation du savoir, avènement de l'esprit critique, substitution de la science exacte, expérimentale et mathématique, à la science spéculative; sécularisation du droit et du gouvernement des hommes, en cours depuis trois siècles et presque accomplie dans certains Etats qui, en partie pour cette raison précisément, ne sentiront pas le besoin de suivre la Réforme; révolution technique et scientifique déjà manifeste dans les engins de guerre et de navigation et qui bouleverse à la fois la structure politique de l'Europe et sa connaissance du monde et qui ébranle sourdement la vision de l'univers, inséparable de la vision de l'homme: qui oserait affirmer que tous ces éléments d'une époque d'histoire aussi fantastiquement accélérée, pareille en ceci à la nôtre, se résument dans le schisme religieux, ou qu'ils comptent moins que celui-ci dans l'avènement de l'esprit «capitaliste», «rationnel» et «bourgeois»?

La chronologie, d'ailleurs, confirme mal et de façon singulièrement imprécise ce rôle déterminant de la Réforme: si le contraste entre la décadence des Pays-Bas méridionaux restés espagnols et catholiques et l'essor des Pays-Bas septentrionaux émancipés et protestants apparaît éclatant, le phénomène religieux n'est pas seul en jeu dans les destins différents d'un pays subjugué et d'un pays libéré, et Amsterdam a triomphé d'Anvers non par sa plus grande vitalité seule, mais par l'assassinat méthodique de sa rivale. Et ailleurs, au cours des deux ou trois siècles où l'on peut percevoir les répercussions immédiates de la Réforme? Trajectoire météorique des pays ibériques, portés au sommet de la puissance et épuisés rapidement par la conquête du monde; essor de l'Angleterre, mais catastrophe de l'Allemagne, foyer de la Réforme; lent déclin de l'Italie, mais puissance de la France; et dans chaque cas il faut faire intervenir tant d'éléments étrangers à la Réforme et à la Contre-Réforme qu'on reste finalement libre d'y choisir à son gré celui qu'on veut considérer comme décisif. Il serait plus sage de dire que ce schisme à l'intérieur de la civilisation occidentale, malgré ses violences et ses ruines, n'a pas brisé l'unité fondamentale de cette civilisation, comme le schisme entre Rome et Byzance avait brisé celle de l'ancienne chrétienté; il a ajouté une condition de plus, un ferment nouveau à tant d'autres, dont aucun n'a agi de façon isolée; à aucun moment, même au plus fort des guerres de Religion, Europe catholique et Europe protestante ne se séparaient en deux mondes à part, suivant chacun sa propre loi intérieure en cessant d'être solidaire de l'autre. Il y eut combat violent, mais confus, où aucun des deux camps n'était homogène, où les lignes de partage se chevauchaient et se brouillaient, et où à aucun moment ne manquaient ni les intermédiaires, ni les «tiers partis», ni les alliances à rebours, ni les neutres entre deux conceptions toutes deux conformes au génie de l'Occident, à sa polarité fondamentale; il n'y eut pas rupture en deux morceaux de civilisation qui auraient cessé tout dialogue et dont chacun aurait alors trouvé son repos dans une affirmation unitaire. Et ne revenons pas sur le cas particulier de la France où, jusque dans la révocation de l'édit de Nantes, la passion d'unité nationale a pris le pas sur celle d'unité de la foi; tous les cas, dans ce combat confus, sont particuliers.

La question soulevée il y a un demi-siècle par Max Weber a eu le sort des questions profondes qui ne comportent pas de réponse simple et directe. Eliminons d'abord le malentendu le plus grave et le plus gratuit qui a pesé sur ce débat: il est évidemment impossible d'expliquer le caractère et les réalisations de l'Occident, même «moderne», dont le pluralisme est l'essence même, à partir d'un épisode unique de son passé récent, fût-il aussi lourd de conséquences que la Réforme, et par un seul de ses éléments, fût-il aussi virulent que le calvinisme. Est-il au moins possible d'isoler cet élément et de discerner son action lointaine, non dans le domaine des controverses théologiques où l'apparente rigidité des dogmes cache les ambiguïtés et les concordances fondamentales, mais dans celui de la vie laïque, matérielle et intellectuelle, où ni les hommes eux-mêmes, ni leurs actes quotidiens, ni même les œuvres de l'art et de l'esprit ne portent toujours d'étiquette confessionnelle? Qu'est-ce donc que cette mentalité protestante, ou plus précisément calviniste, dans laquelle Weber a vu le grand ferment du «capitalisme moderne»? Et d'abord, quel capitalisme?

Pour qui l'écoute bien, ce que Max Weber désigne comme le «capitalisme» ou l'«esprit capitaliste», c'est le principe créateur même de la civilisation occidentale dans sa singularité, telle qu'elle se présentait à la vue d'un sociologue de la civilisation au début de notre siècle, et dont Weber ne cessa d'approfondir les caractères distinctifs qui ne se retrouvent dans aucune autre forme de civilisation: principe de rationalité pénétrant tous les domaines de la vie, et jusque dans les créations de l'art; science positive sans tabous, fondée sur l'exactitude des mesures et la vérification expérimentale; technique scientifique appliquée au travail des hommes; économie intégrée fondée sur le calcul précis des frais et des rendements, toute valeur étant affectée d'une date exacte et d'un coefficient de croissance ou de décroissance figuré par le taux d'intérêt ou d'amortissement; science historique qui n'est pas chronique d'événements incohérents, mais effort de se comprendre et de se situer dans l'espace et la durée de l'humanité; science juridique qui ne conçoit comme base de l'économie, de la société et de l'Etat constitutionnel lui-même que le contrat libre et mutuellement respecté par des partenaires conscients de leur intérêt;

science de l'administration non en tant qu'instrument du pouvoir, mais en tant que service public, ayant dépouillé l'autorité temporelle de toute investiture sacrée et l'autorité spirituelle de tout moyen de contrainte temporelle; telle était, en puissance sinon toujours en réalité, cette tentative unique de création volontaire d'un monde raisonnable dans une discipline consentie, fondée sur l'union fragile de deux principes complémentaires: liberté et responsabilité individuelles d'une part, rationalité spontanément organisatrice d'autre part, réunis dans cet être de raison qu'est l'homme raisonnable, égoïste mais éclairé, dont la vulgarité des manuels a fait l'«homme économique».

Il faut faire attention à cette conception d'ensemble, où l'activité proprement «capitaliste», la poursuite du gain économique, n'est que le moteur matériellement indispensable. Car cette définition du capitalisme n'est pas l'acception la plus courante de ce terme forgé par Marx pour désigner la forme dernière de l'exploitation de l'homme par l'homme; et encore, l'admiration horrifiée de Marx pour ce démiurge d'un monde nouveau, qui prépare sans cesse sa propre catastrophe libératrice, est bien plus proche de la vision de Weber que toute description purement économique, vulgo-marxiste ou bourgeoisement orthodoxe, d'un système de production et de distribution des richesses. Ce malentendu aussi, rarement explicite, a brouillé le débat. Chez Sombart déjà, dont les recherches et les conclusions mêmes ont été sur bien des points parallèles, le «capitalisme» redevient l'esprit d'enrichissement matériel sans frein et sans terme, opposé au concept d'une économie domestique de simple satisfaction des besoins, un capitalisme de marchands, d'usuriers et d'accapareurs qui, au fond, est de tous les âges; ce qui a fait de Sombart l'inventeur infatigable de capitalismes successifs à travers toute l'histoire et à travers toutes les civilisations, *Frühkapitalismus, Hochkapitalismus, Spätkapitalismus*, commercial, financier, industriel, au point de vider ce terme de tout contenu autre que celui de désir effréné d'accumulation de richesses; et, la sociologie comparée nous ayant appris que cette avidité n'est nullement moindre chez les primitifs, plus féroce même dans la mesure où ils confondent signes de richesse et de puissance magique, rien n'empêcherait d'analyser un capitalisme de l'homme des cavernes. C'est le type d'une discussion stérile, parce que les mots identiques y cachent des concepts affectifs radicalement opposés. La corrélation entre éthique protestante et esprit capitaliste, posée par Weber en termes singulièrement élogieux, devient insensiblement une imputation injurieuse, triomphalement saisie par les uns, rejetée avec indignation par les autres; l'accord même sur les conclusions peut alors cacher un malentendu total sur le fond. Car l'avidité au gain explique trop bien, et trop globalement, tous les agissements de tous les rapaces de tous les âges – prêteurs sur gages, accapareurs de vivres, usuriers agricoles, intendants de domaines, publicains, *zamindars* et fermiers de Rome, de l'Inde, de Chine ou de France, pavillons noirs, chasseurs d'esclaves ou fournisseurs de guerre – pour rendre compte de la singularité de la «civilisation capitaliste». Cet effort volontairement tendu sans fin, il est évident que la seule recherche du profit ne l'explique pas, même si elle est le moteur apparent; car la poursuite du gain n'a de sens que si elle aboutit à la jouissance et s'y arrête, et c'est en rejetant la jouissance que cet effort se poursuit sans repos et sans fin, comme la recherche d'une impossible rédemption. C'est là que Weber introduit cette force motrice tirée des profondeurs de la conscience qu'il croit découvrir dans le puritanisme d'inspiration calviniste: l'ascèse du travail, l'horreur des jouissances, l'inquiétude inguérissable du croyant qui ne peut jamais s'assurer de son salut.

Le trait distinctif du calvinisme aurait donc été, en fin de compte, de rejeter les calmants, les consolations et les certitudes que l'Eglise offrait aux fidèles face à l'horreur métaphysique de l'infini et de la mort; et c'est cette horreur qui fouetterait l'« homme capitaliste » dans sa course effrénée. La grandeur de cette thèse et son noyau de vérité profonde justifient assez son long retentissement. Mais est-elle vraie dans les termes précis dans lesquels elle est posée?

Si le concept wébérien du « capitalisme » a pu prêter à confusion, sa définition du calvinisme n'a pas été moins contestée : s'agit-il du calvinisme de Calvin, ou de celui, déjà déchiré par les sectes foisonnantes, des synodes et des *consensus* du XVIIe siècle – où les théologiens, se forgeant en hâte une orthodoxie de combat, se sont volontairement durcis sur les positions les plus extrêmes et les plus terrifiantes du dogme pour rétablir une discipline de fer sur le troupeau en désarroi –, ou enfin de ce puritanisme « pratique » du XVIIIe siècle en Angleterre et en Nouvelle-Angleterre dont le robuste conformisme moral se passe de toute unité de doctrine? Deux textes particulièrement frappants ont servi de jalons dans la thèse de Max Weber: la Confession de Westminster, de 1647, instrument de terreur créé en pleine révolution puritaine, formulant avec une férocité effarante le dogme de la prédestination qui, de toute éternité et sans recours ni raison intelligible, a arrêté le salut de quelques-uns et la damnation des autres – ce dogme qui fit dire à Milton, chantre militant de cette révolution puritaine : « Que j'aille en enfer, mais un tel Dieu n'aura jamais mon respect » ; et, apparemment à l'opposé de ces frayeurs de l'âme, les petits traités de Benjamin Franklin qui ont longtemps figuré dans les manuels scolaires d'Outre-Atlantique, « Avis à un jeune négociant », « Conseils nécessaires à ceux qui voudraient être riches », codes parfaits du moralisme utilitaire et des vertus bourgeoises garantes du succès. Si c'est cela le calvinisme, Calvin n'était certainement pas calviniste, et Weber, avant Tawney, le savait bien; mais, dans sa démonstration, ces textes marquent les étapes d'un enchaînement dialectique qui conduit le calviniste tourmenté, se sachant élu ou damné de toute éternité sans qu'il puisse ni connaître ni infléchir ce jugement incompréhensible, à chercher dans l'activité et dans le succès ici-bas le signe extérieur de la bénédiction ; ou bien, plus simplement, plongé dans les ténèbres d'une épreuve absurde, il fera son métier en serrant les dents sans se poser de questions sur le sens de cette vie et du monde.

Cette transfiguration des terreurs de l'âme solitaire en discipline consentie dans la dure société capitaliste a été au centre de la thèse de Weber, et elle en constitue la partie la plus connue, la plus fascinante et la plus fragile. Non seulement la dialectique de ce processus mental reste artificielle, nullement contraignante, facile à retourner dans tous les sens, et valable seulement dans un contexte social et moral très particulier; le dogme de la prédestination, dans son affirmation tranchante, appartient au XVIIe siècle et y marque un moment de crise violente du calvinisme – et non de lui seul, car il est exactement contemporain du jansénisme – et il semble correspondre autant au profond désespoir métaphysique d'un siècle catastrophique qu'à une impitoyable volonté de rigueur scientifique dans l'exégèse religieuse. Il n'est pas possible, comme l'ont fait trop de commentateurs qui ne semblent avoir connu le calvinisme qu'à travers l'interprétation wébérienne, de faire de ce dogme la pierre angulaire de l'enseignement de Calvin, ni du mouvement religieux essentiellement mouvant, ouvert et pluraliste qui y prend sa source, ni à plus forte raison du protestantisme en général, toujours divisé sur l'insoluble mystère de la grâce. Dans l'œuvre théologique monumentale de Calvin, cette doctrine ne joue qu'un rôle tardif et secondaire; elle a été formulée avec précaution, presque incidemment, dans un contexte précis qui seul en illumine la signification. En plein combat missionnaire, parlant de ceux qui entendent l'Evangile et ne l'écoutent pas, Calvin dit que Dieu sans doute les a rendus aveugles et sourds selon sa volonté impénétrable à la raison humaine, qui a élu les uns et réprouvé les autres; réflexion douloureuse qui s'est toujours imposée aux apôtres devant les oreilles sourdes, qu'on retrouve presque textuellement dans les Evangiles, chez les Pères de l'Eglise et chez tant de théologiens catholiques, et qui rejoint le mystère dont dérivent toutes les hérésies manichéennes: Dieu ayant seul créé l'homme et l'univers, d'où donc vient le mal et la méchanceté? Christ n'est-il donc pas mort pour tous, et comment la perdition peut-elle continuer comme avant? Plus qu'un dogme, la prédestination calvinienne est un aveu d'ignorance et de perplexité effrayée: pourquoi Dieu, qui seul peut éclairer l'homme, ouvre-t-il le cœur des uns et ferme-t-il celui des autres? N'essayons pas d'en pénétrer les raisons: nous ne pouvons le comprendre. Mais, chez Calvin, il n'est pas vrai que l'homme réformé ignore s'il est élu ou damné, car il n'a qu'à éprouver sincèrement et sévèrement sa foi: le fait d'entendre et de croire la parole du Christ est le signe certain que la grâce l'a touché[1]. Si les théologiens calvinistes du siècle suivant, par une formulation plus terrifiante du dogme, se sont appliqués à rabattre cette certitude orgueilleuse des fidèles, trop certains de leur élection du seul fait de leur foi calviniste, rien ne prouve qu'ils y aient réussi: là où la foi calvinienne est restée vivante, elle est toujours restée le credo d'un peuple d'élus; là où elle s'est assoupie, le dogme de la prédestination a toujours été le premier oublié. Nul besoin, en tout cas, de chercher le signe de la grâce dans le succès professionnel, rien de plus contraire aussi à la doctrine calvinienne. Le mécanisme compensatoire mis en place par Max Weber est une subtile construction de l'esprit qui n'a pu fonctionner qu'exceptionnellement, car les frayeurs de la conscience incertaine de son salut et l'utilitarisme moralisateur de Franklin ne sont pas contemporains; et les formules de piété courante du puritanisme anglo-saxon souvent citées à l'appui – moins spécifiquement protestantes d'ailleurs qu'on ne l'a dit – où jusque dans les livres de comptes et les contrats de société le succès est demandé ou attribué à la bénédiction de Dieu, prouvent plutôt l'inquiétante bonne conscience du puritain que son inquiétude supposée.

Il en est allé ainsi de presque tous les éléments de la démonstration de Max Weber: aucun des rapprochements tentés sur des points de doctrine ou d'éthique entre l'enseignement calvinien et l'économie capitaliste n'a vraiment résisté à la critique. Sa thèse n'en est pas moins restée debout, ou même a grandi encore, comme monument d'inspiration et de méthode. Après l'avoir critiqué et souvent réfuté en détail, tous ses critiques, ou presque, lui ont finalement donné raison sur le fond, tout en avançant leurs propres interprétations et leurs propres nuances: les calvinistes, «juifs qui s'ignorent», de Sombart; l'élimination de l'Église, avec les fastes de son culte, de l'économie, donnant libre cours, d'après John U. Nef, à la «civilisation quantitative»; l'individualisme protestant, la démocratie calvinienne, le dépassement de la conception médiévale de la

1. «Vrai est que la parole de l'Evangile appelle tous en la participation de Christ, mais plusieurs, aveuglés et endurcis par incrédulité, méprisent cette grâce tant singulière... En une telle différence est à considérer nécessairement le grand secret du conseil de Dieu; car la semence de la parole de Dieu prend racine et fructifie en ceux-là seulement, lesquels le Seigneur, par son élection éternelle, a prédestinés pour ses enfants et héritiers du royaume céleste... Or, pourquoi le Seigneur use de miséricorde envers les uns et exerce la rigueur de son jugement envers les autres, il nous en faut laisser la raison être connue de lui seul, laquelle il nous a voulu à tous être celée... (Christ) est celui auquel le gage de notre élection nous est présenté, si nous le recevons et embrassons par foi. Si donc, en possédant Christ par foi, pareillement nous possédons en lui la vie, nous n'avons que faire de outre rien enquérir du conseil éternel de Dieu...» Calvin, *Catéchisme français* (1537), Genève 1878; nous empruntons ces citations à André Biéler, *la Pensée économique et sociale de Calvin*, Genève 1959, en renvoyant à l'ouvrage de doctrine de Pierre Maury, *la Prédestination*, Genève 1957.

société – on n'en finirait pas d'énumérer les déductions savantes ou subtiles proposées pour étayer la thèse webérienne, et aussi les logomachies et les concepts abstraits s'engendrant par parthénogénèse jusqu'à ce que, de la théocratie calvinienne, sorte la fourmilière capitaliste. N'étant d'accord ni sur le contenu du calvinisme ni sur la définition du capitalisme, tous ont fini par être d'accord sur l'affinité plus ou moins étroite entre l'un et l'autre, en vertu d'une sorte d'évidence globale impossible à préciser en détail ; les sociétés imprégnées d'esprit calviniste ont été les mieux préparées aux rigueurs de l'organisation capitaliste de l'économie.

Est-il vraiment impossible de serrer de plus près cette affinité ?

© Éditions de l'EHESS

Or et monnaie dans l'histoire 1450-1920

(1973)

PIERRE VILAR

Pierre Vilar, alors directeur de l'Institut d'histoire économique et sociale, dans un cours professé à la Sorbonne au milieu des années 60, a bâti une vaste synthèse sur l'or et la monnaie dans l'histoire (plus particulièrement du XVIe *au XIX*[e] *siècle), dont on a reproduit l'introduction méthodologique ainsi que la conclusion. L'histoire monétaire est ici prise comme* signe, produit *et* facteur *de réalités plus larges, selon une problématique chère à l'auteur.*

Source : *Pierre Vilar,* Histoire de l'or, *cours polycopié, Sorbonne, U.N.E.F., 1967. Texte reproduit sous le titre* Or et monnaie dans l'histoire 1450-1920 *(Paris, Flammarion, « Sciences », 1*[re] *éd. 1974; « Champs », 2*[e] *éd., 1978).*

L'or dans le monde du XVIe siècle à nos jours

I. – Fait monétaire, histoire économique, histoire générale

Le fait monétaire comme révélateur historique

« De tous les appareils enregistreurs capables de révéler à l'historien les mouvements profonds de l'économie, les phénomènes monétaires sont sans doute les plus sensibles. » (Marc Bloch).

Le débutant en histoire économique est en droit de se demander si l'histoire monétaire est une simple science auxiliaire érudite (la « numismatique ») ou si, comme certains le suggèrent, elle détient tout le secret de l'évolution des économies, peut-être des sociétés. Marc Bloch répond : le fait monétaire est d'abord un *signe*, un *informateur* sur des phénomènes plus complexes et plus cachés.

Par exemple, du XIe au XIIIe siècle, l'or cesse d'être frappé en Europe occidentale chrétienne, alors que le monde byzantin et le monde musulman font circuler partout, et même dans cet Occident, de fortes pièces d'or : besants, mangons. Cette carte monétaire correspond à de plus profonds contrastes, démographiques, sociaux, commerciaux. Mais tout d'abord elle les *signale*. L'information sur la monnaie ne peut pas être l'unique démarche. Elle est souvent la *première* démarche utile. C'est ce qui justifie le sujet de cet ouvrage.

Autre exemple : un contraste dans le temps. XIXe siècle : siècle de stabilité monétaire, de fidélité à l'étalon-or dans tous les pays d'économie avancée. XXe siècle : ces pays, se détachant successivement de l'or, ont des monnaies nationales soumises aux « inflations », « déflations », « stabilisations », « rechutes », etc. Le drame monétaire n'a pas créé la crise. Il la *signale*, la *situe*, la *date*. Il est un bon instrument pour l'étudier.

Cet instrument exige, pour les temps anciens, quelques connaissances numismatiques[1], pour les temps modernes, quelques notions sur les mécanismes monétaires actuels[2].

Il exige aussi un minimum de réflexion théorique. Mais ici, comme l'accord n'est pas fait, l'historien sera méfiant, prudent. La monnaie ne l'intéresse pas en soi. Elle l'intéresse comme élément de l'Histoire.

Le fait monétaire comme facteur historique

Si le fait monétaire enregistre certains mouvements de l'économie, c'est qu'il en résulte. Mais tout résultat devient cause. Marc Bloch compare le phénomène monétaire à « quelque chose comme un sismographe qui, non content de signaler les tremblements de terre, quelquefois les provoquerait... »

Cette réciprocité n'a pas toujours été admise. Les économistes du XIXe siècle (temps de monnaie stable) croyaient la monnaie « neutre ». Les drames monétaires de 1923, 1926, 1931 ont au contraire poussé à observer, mais aussi à expliquer, les mouvements de l'économie par les mouvements de la monnaie. Ce « monétarisme » marque (d'ailleurs de façon très différente) des œuvres comme celle du sociologue François Simiand et celle de l'économiste John Maynard Keynes (autour de 1930).

Marc Bloch ne tombe pas dans le « panmonétarisme ». Il dit seulement : « parfois » le sismographe crée la secousse. Il pense à l'Allemagne de 1923, au système de Law, aux assignats, types d'émissions monétaires folles.

Mais cela veut-il dire qu'un état global, de longue durée, sur un vaste espace, puisse être déterminé par une situation monétaire ? Certains auteurs l'ont admis, et même ont prétendu le justifier théoriquement. Citons par exemple : Carlo Maria Cipolla, *Encore Mahomet et Charlemagne : l'économie politique au secours de l'histoire.* (Annales-Economies, Sociétés, Civilisations, janvier-mars 1949, pp. 4 à 9).

Voici la phrase qui nous paraît imprudente :

« Pendant tout le haut Moyen Age, écrit Cipolla, l'économie européenne fut soumise à une formidable déflation monétaire... Comme dit Keynes, ce n'est pas pur hasard si l'on constate cette exceptionnelle déflation monétaire pour une époque qui connaît aussi une exceptionnelle dépression de la consommation et des investissements : les deux phénomènes sont étroitement liés, l'un étant la cause de l'autre. »

Si cela veut dire : la rareté monétaire (déflation) et le ralentissement de l'activité économique (dépression) se commandent réciproquement, d'accord. Mais Cipolla et

1. Le *Manuel de numismatique française* classique est celui de Blanchet et Dieudonné ; l'histoire monétaire la plus précise : Luschin Von Ebengreuth : *Allgemeine Münzkunde und Geldgeschichte*, Munich-Berlin 1925.
2. Par exemple : Jean Marchal : *Monnaie et crédit*, Paris, 1964, éditions Cujas.

Keynes suggèrent une causalité *unilatérale* partant du fait monétaire. Le haut Moyen Âge aurait peu produit, peu échangé, parce qu'il aurait manqué de monnaie. Comme preuve, on avance l'équation dite d'Irving Fisher, sous sa forme la plus simplifiée: $P = MV/Q$, ou $PQ = MV$, P étant le niveau des prix, Q la quantité de biens échangés, M la masse de monnaie existante, V la vitesse de circulation.

Mais toute équation est en même temps une évidence et une réciprocité.

Une évidence: la quantité de biens échangée (Q), multipliée par leur prix (P) égale la masse de monnaie mise en mouvement (M) multipliée par le nombre de fois où cette monnaie a changé de main (V).

Une réciprocité: si le mouvement monétaire (masse et vitesse) varie, le prix global des biens échangés varie dans le même sens. Inversement, si la valeur des échanges augmente, la circulation monétaire doit augmenter. En aucun cas cela ne permet d'écrire: le facteur monétaire a une *antériorité*. On ne pourrait le prouver que par l'histoire.

L'équation reste utile, si l'on connaît trois termes, pour calculer le quatrième. Si l'on n'en connaît aucun (c'est le cas pour l'Europe carolingienne), elle ne peut en rien venir «au secours» de l'histoire.

C'est au contraire l'histoire qui doit observer et dater les deux séries de phénomènes à relier.

Pour le haut Moyen Âge, elle observe, pendant des siècles (mais on discute de la date initiale), un monde sans division du travail, où l'outillage, élémentaire, est plus souvent détruit que renouvelé, où les communications sont difficiles, où le travail n'est pas rémunéré en monnaie (il s'effectue par corvées). Ce monde dérive-t-il de l'absence de la circulation monétaire ? ou plus simplement, *n'a-t-il pas besoin* de cette circulation ? Sans doute les deux phénomènes se conditionnent. Un monde peu actif n'attire pas la monnaie. La pénurie monétaire décourage l'échange. Les deux faits se renforcent, jusqu'au jour où des réanimations locales, ou marginales, arrivent, par ondes successives, à se propager.

Ainsi, l'historien ne doit pas privilégier le fait monétaire, mais le suivre de près: c'est le travail de recherche. Les essais de Marc Bloch, l'essai que nous proposons ici, ne peuvent renouveler la recherche, mais ils prennent acte des faits qu'elle a déjà établis. Des réflexions théoriques comme celle de Cipolla peuvent aider à poser les problèmes. Elles ne doivent pas, à l'avance, imposer des résultats.

II. – Problèmes de l'or et problèmes de la monnaie

Notre sujet est l'or. Or et monnaie ne se confondent pas.

L'or est une matière, un minéral. Il y a une technologie, une géographie, une économie de l'or non monétaire (usages artistiques, industriels). Sur tout cela, il existe, même en français, une riche bibliographie[1].

Elle nous épargne de commencer par l'examen de ce qu'est l'or en pépites, l'or en filons, l'or natif, l'or minerai, le raffinage, etc. Car nous faisons de l'histoire, et l'homme, à chaque étape technique, se trouve devant des problèmes neufs. Mieux vaudra les

1 H. Hauser: *l'Or*, Paris, 1901 – L. de Launay: *l'Or dans le monde*, Paris, 1941 – V. Forbin: *l'Or dans le monde*, Paris, 1941 – J. Lepidi: *l'Or*, Paris, 1958. Le dernier (collection «Que sais-je ? », n° 776) est commode pour la technique, la géographie, léger quant aux aspects économiques et historiques.

évoquer successivement. Mais il reste utile de se donner, pour comparaison, un minimum de culture sur ces problèmes techniques.

Indiquons, pour mesurer les distances, que si le statisticien De Foville s'étonnait, en 1905, que tout l'or arraché à la terre jusqu'à cette date eût pu tenir dans un bloc cubique de 10 mètres de côté, un pareil bloc, fait avec tout l'or disponible dans l'Europe de 1500, date initiale de notre programme, n'eût pas mesuré deux mètres de côté (8 m^3). Cela veut dire que de très faibles trouvailles, de très faibles déplacements, au début de l'histoire que nous retracerons, ont pu bouleverser le marché de l'or. Cela veut dire aussi que le problème de l'or ne se confond jamais avec le problème de la monnaie. L'or n'a jamais pu couvrir la circulation totale.

La monnaie, en effet, n'est pas telle ou telle matière. C'est quelque chose de plus complexe et de plus abstrait. Longtemps les économistes l'ont définie non par ce qu'elle est, mais par ce à quoi elle sert :

1) d'intermédiaire dans les échanges, donc de *moyen de paiement* ;
2) de terme de comparaison entre les termes échangés, donc de *mesure de valeur* ;
3) éventuellement, quand on la conserve, de *réserve de valeur.*

Puis cette définition a été contestée. Une monnaie pouvant fonctionner comme moyen de paiement sans assurer universellement les deux autres rôles, un économiste comme Robertson a proposé d'appeler monnaie tout ce qui est largement accepté comme *moyen de paiement.* La monnaie, inversement, a d'autres rôles : Keynes a insisté sur sa fonction de « liquidité » (avoir de l'argent liquide est une commodité qui se paie).

Enfin, Jean Marchal, dans un livre récent, n'hésite pas à définir la monnaie comme un *pouvoir d'achat conféré aux agents économiques* et comme un *instrument de politique gouvernementale.*

Les économistes orthodoxes du XIXe siècle auraient frémi de cette définition. Mais l'historien retrouve dans le passé tous ces rôles de la monnaie, y compris, tout particulièrement, celui d'instrument aux mains du pouvoir.

Mais, pour le comprendre, il faut s'aviser qu'on a appelé « monnaie » trois choses assez différentes :

a) *La monnaie-objet-marchandise :* objet qui, par sa matière, son poids, possède sur toute place du monde une valeur marchande réalisable. Longtemps, on a admis que là est la seule vraie monnaie, le rôle d'étalon de valeur et de réserve de valeur exigeant cette possibilité de comparaison marchande universelle.

Aujourd'hui, l'idée de monnaie-marchandise semble volontiers périmée. Historiquement, pour en saisir le sens, évoquons les portraits célèbres des changeurs italiens ou flamands, pesant leurs ducats. La balance du changeur était bien, pour la monnaie, la balance du jugement suprême. Toute denrée précieuse, conservable sans altération, divisible en parties équivalentes (« fongible ») peut jouer ce rôle de monnaie-marchandise. Le poivre l'a fait. Mais l'or a été, dans ce domaine, la monnaie par excellence.

b) *La monnaie-signe,* ou monnaie « fiduciaire ». C'est un signe que l'on reçoit pour une certaine valeur, tout en sachant qu'il ne serait pas vendable à cette valeur n'importe où. Ainsi, bien entendu, notre « papier-monnaie » qui, sans « valeur intrinsèque » propre, est accepté selon son inscription.

Mais il n'y a pas que le papier-monnaie. Nos jetons et, même avant 1914, les monnaies divisionnaires, « passent » pour des valeurs supérieures à leur valeur comme objet-marchandise. Toutes ces monnaies sont « fiduciaires », en ce sens qu'elles doivent leur capacité de paiement à la décision d'un pouvoir, et qu'elles la conservent dans la mesure où le public fait confiance soit à la capacité de remboursement de l'autorité émettrice (cas d'une monnaie «convertible» en or), soit à une suffisante stabilité du pouvoir d'achat qu'elle représente (si elle n'est pas convertible en or). Si le pouvoir d'achat baisse, et qu'on ne puisse refuser cette monnaie légalement, on tâchera d'en obtenir davantage contre toute marchandise ; les prix monteront ; c'est le cercle vicieux de l'inflation.

Or ces remarques, qui valent pour nos monnaies quotidiennes, on peut les appliquer à la plupart de ce qu'on appelait autrefois les «monnaies courantes», dont on ne vérifiait pas la teneur-métal tant que le jeu économique n'établissait pas une trop grande différence entre leur pouvoir d'achat et celui de la monnaie «forte», ou monnaie-marchandise internationalement valable. La multiplicité des pièces en circulation (parfois 80 dans la France du XVIIIe siècle) et l'ignorance des usagers faisaient que la «monnaie courante» n'avait pas plus de «valeur intrinsèque» que nos jetons, sinon que nos billets actuels.

Cet aspect fiduciaire de l'ancienne circulation (que beaucoup de manuels s'obstinent à définir comme «métallique», ce qui peut faire croire à une monnaie-marchandise bien définie) explique comment notre XIVe ou notre XVIIe siècle ont pu connaître des «inflations» semblables à celles de notre papier-monnaie. Le moulinet à frapper le billon a été parfois aussi prodigue et imprudent que la moderne «planche à billets».

c) *La monnaie-nom* (monnaie nominale, monnaie de compte) est une *expression de valeur* qui ne correspond à aucune pièce effective. Elle n'a qu'un seul des trois rôles classiques, celui de «mesure de valeur».

Le système dérive des habitudes gardées quand un système de monnaie disparaît (comme nous continuons souvent à compter en anciens francs). A l'origine, une *«livre»* était une livre-poids d'argent. Cette unité, devenue trop forte, a été abandonnée ; mais on a continué de donner le nom de *«livre»* à une unité de prix. Cela a abouti au paradoxe qu'une once d'argent a pu valoir plusieurs *«livres»,* alors que la livre-poids est un multiple de l'once. C'est le symbole du détachement entre *monnaie-mesure* et *monnaie-objet.*

Pendant des siècles, en France (et ailleurs) toute marchandise a été évaluée en livres alors qu'aucune pièce effective (sauf en de rares moments) n'avait cette valeur. Cela suppose qu'à chaque règlement on évaluait en *livres* et divisions de *livres* (sous, deniers) aussi bien la marchandise échangée que les pièces circulantes qui servaient à effectuer le règlement (pièces très variées).

Grâce à cela, plus commodément encore qu'aujourd'hui, les gouvernements «manipulaient» la monnaie. Il leur suffisait de changer du jour au lendemain, par décision du pouvoir, l'équivalence légale entre la monnaie-nom qui mesurait tous les prix, et les pièces réelles en circulation.

Ainsi, autrefois comme aujourd'hui, les problèmes monétaires résultent du jeu entre trois sortes de monnaies : *monnaie-nom* (= monnaie-mesure), *monnaie-signe* (= moyen de paiement «courant»), *monnaie-marchandise* (= objet internationalement échangeable).

On voit ainsi que le problème monétaire est distinct du problème de l'or. Ils ne se sont guère confondus qu'au XIXe siècle (1815-1914), et non sans exceptions (inflation célèbre de la guerre de Sécession, dévalorisation de la peseta espagnole en 1898...). Encore faut-il ajouter que la référence universelle à l'or n'excluait pas les systèmes «bimétallistes» (référence officielle à l'argent), qui ne disparurent qu'avec l'effondrement de la valeur relative de l'argent à la fin du XIXe siècle.

Malgré cela, problème monétaire et problème de l'or ont toujours été liés. Car l'or a toujours été la monnaie-marchandise la plus maniable sous un volume restreint, et par là même, l'outil le plus habituel des règlements internationaux, soldant finalement le déficit d'un pays dans ses échanges avec un autre pays. D'où la valeur indicative des mouvements de l'or quant aux conditions économiques de chaque pays et de chaque époque.

En est-il encore ainsi ? On en discute. Mais éclairer l'actualité par une très longue histoire, c'est le rôle même de l'esprit historique, c'est la tâche de l'historien. [...]

Conclusion à la recherche d'une explication globale et non unilatérale

[...]

La production des métaux précieux est-elle un phénomène autonome ?

Les monétaristes métallistes « purs », qui cherchent la cause des mouvements économiques dans le seul problème du métal monétaire, ont tendance à répondre : tout dépend de la production de l'or, et celle-ci du hasard des découvertes ; nous avons vu les épisodes qui semblent leur donner raison : du trésor d'Atahualpa à la découverte fortuite du filon de Johannesbourg.

Les antimonétaristes « purs », s'appuyant sur l'observation économique des périodes récentes, affirment au contraire que la production de l'or, comme toute production, obéit aux lois du profit, donc s'accélère quand elle est rentable, se ralentit quand elle l'est moins, cesserait si elle ne l'était plus. Ils font de la production de l'or une conséquence des autres conditions économiques, en particulier du mouvement des prix des autres marchandises, qui dépendrait seulement de leurs conditions de production, de leur offre, de leur demande.

Entre ces deux positions extrêmes se placent ceux qui disent : aujourd'hui, la production d'or étant devenue une activité économique comme une autre, cette interdépendance entre profits des mines et production peut en effet jouer ; mais au XIXe siècle encore, comme l'indiquent les exemples de la Californie et du Klondyke, ou à plus forte raison dans les siècles antérieurs, les découvertes, les déthésaurisations violentes, n'ont dépendu que du hasard.

Nous avons vu qu'il n'en était nullement ainsi. Certes, la recherche et la découverte de l'or, dans le Pérou du XVIe siècle ou le Brésil du XVIIe, ne reposaient pas sur des calculs économiques précis, de rentabilité comparée, mais il n'empêche qu'on a recherché les métaux précieux avec d'autant plus de passion que leur prix était plus élevé par rapport à l'ensemble des autres marchandises. *Les découvertes se placent toujours en période de très bas prix généraux,* c'est-à-dire de très hauts prix relatifs des métaux précieux ; Christophe Colomb n'est pas un hasard.

Il n'empêche que la date des découvertes fondamentales relève du hasard, à quelques années près, ce qui fait que la périodicité précise des mouvements, dans une histoire un peu ancienne, paraît douteuse.

Il est vrai aussi que la découverte et la brusque exploitation de richesses inconnues, parfois presque gratuite à ses débuts, déterminent le changement brusque dans le prix relatif du métal et des marchandises, d'abord sur place (au Pérou en 1534, en Californie en 1849), puis, à plus long terme, dans les pays les plus étroitement reliés aux pays de l'or.

Ce qu'il faut donc retenir, ce n'est pas une causalité unilatérale, une rationalité absolue ou un hasard absolu, mais un type de causalité réciproque et de causalité historique (combinaison de mécanismes nécessaires et de hasard).

Ces remarques sont confirmées par une comparaison de la courbe de production des métaux précieux et de la courbe des prix mondiaux. La production du métal commence à s'accroître alors que les prix baissent encore, parce que cette baisse des prix généraux signifie cherté du métal, donc rentabilité possible de sa production ou de sa recherche. Après les découvertes importantes, la production de métal s'accroît en même temps que les prix généraux se mettent à monter (tant que la rentabilité des mines nouvelles reste assez forte) ; mais les prix continuent à monter alors qu'on voit déjà les mines produire moins (leur rentabilité diminue). La baisse des prix surviendra alors et redonnera, au bout d'un certain temps, une rentabilité à la recherche et à l'exploitation de mines nouvelles (ou des anciennes), etc.

Il s'agit là de réalités grossières pour les périodes anciennes de l'économie mondiale, de réalités plus finement analysables par la recherche économique dans les périodes de cohésion du marché mondial et de concurrence normale (1873-1914 par exemple).

Mais toutes les périodes ont en commun le caractère *réciproque* de la causalité et l'*interaction* entre économie et histoire (car la guerre de 1914, qui change considérablement les conditions monétaires, vient à son tour interrompre le jeu du modèle économique pur).

Mouvement des prix et valeur des métaux précieux : long terme et court terme ; prix nationaux et prix mondiaux

Il est évident que le prix d'une denrée, sur un marché donné, et à un moment donné, dépend de l'offre et de la demande de cette denrée et aussi des conditions monétaires locales (appréciation du pouvoir d'achat, présent et prochain, de la « monnaie courante » en circulation).

Donc, les mouvements de prix à court terme et dans un pays donné dépendront des conditions économiques particulières de ce pays, et de sa situation monétaire – en particulier des rapports entre sa « monnaie courante » et les monnaies acceptées internationalement.

En revanche, les « prix généraux » (c'est-à-dire le mouvement qui entraîne à la fois tous les prix), les « prix mondiaux » (c'est-à-dire les prix pratiqués sur le marché mondial supposé suffisamment unifié), et leur mouvement à long terme ne peuvent être mesurés que dans une monnaie acceptée mondialement, monnaie qui a été, jusqu'à une période très récente, une marchandise appelée à comparer les autres entre elles. Longtemps, l'argent et l'or. Puis l'or seulement. A long terme, l'élément fondamental qui peut faire varier le rapport réciproque entre l'or et l'ensemble des marchandises ne peut être que la comparaison entre le coût de production de l'or et le coût de production des marchandises en général.

Nous avons vu de nombreuses vérifications de cette notion de coût de production du métal précieux comme facteur du mouvement des prix à long terme. Pour l'or et l'argent au XVIe siècle, pour le coût comparé de l'argent mexicain et de l'argent européen d'après Humboldt. Au XIXe siècle, les sautes brusques dans les conditions de production de l'or sont encore prépondérantes : les prospecteurs avides des débuts déclenchent un brusque mouvement de hausse locale des prix qui se répercute lentement ensuite ; mais les découvertes du « Rand » sud-africain à la fin du siècle inaugurent une période nouvelle, où « l'extraction de l'or dépend de moins en moins des caprices de la nature et se trouve de plus en plus sous le contrôle de l'homme » (Dupriez).

Enfin, notons comment l'argent, à travers des épisodes historiques divers (que malheureusement nous n'avons pas étudiés ici), a cessé d'être métal monétaire. C'est que l'argent, à partir du milieu du XIXe siècle, a été extrait moins de façon autonome que comme sous-produit d'autres industries minières : plomb, cuivre, zinc, antimoine. Dès lors, les prix de marché de l'argent ont cessé de dépendre des conditions de sa propre production, et les quantités offertes ne répondaient plus à aucun mécanisme régulateur. On finit (malgré les protestations des pays producteurs et des intérêts lésés) par renoncer à l'argent comme métal monétaire.

Donc, le mouvement des prix exprimés en métal dépend des mouvements dans la valeur du métal (c'est-à-dire des variations dans la productivité des mines), à condition de penser à long terme, et au niveau mondial. Vérité de La Palice, que malheureusement beaucoup de théoriciens oublient.

Métal et monnaie : les phénomènes actuels

Le dernier grand problème est celui qui concerne les deux notions : or d'une part, monnaie d'autre part.

Ici encore, il arrive que l'on caricature la réalité historique en disant : l'or, c'est la monnaie d'autrefois ; aujourd'hui, la monnaie n'a plus rien de commun avec l'or.

Rien n'est plus faux historiquement, en ce sens que les phénomènes monétaires anciens prouvent à quel point le métal – or ou argent – n'était pas toute la « monnaie ». S'il y a eu dans l'histoire tant de mutations, de dévaluations, de tentatives de déflation monétaire, c'est que le rapport entre monnaies « courantes » et monnaies métalliques internationalement acceptées (avec vérification de poids) par le grand commerce était sans cesse variable. Ces monnaies « courantes » étaient pratiquement « fiduciaires » (c'est-à-dire que leur stabilité par rapport à l'or et aux marchandises en général dépendait de la confiance que leur accordait le public). Dès lors, on ne pouvait confondre cette monnaie, dépendant de conditions internes au pays où elle circulait, avec la monnaie métallique internationale. Et il se posait à ce propos tous les problèmes qui ont surgi récemment aux temps d'« inflation ».

De même, quand on parle de « crédit » et de « monnaie scripturale », il ne faut pas imaginer que ce sont là des phénomènes récents. Les « compensations » sur livres de foire réglaient des affaires plus nombreuses que l'or et l'argent dès le XVIe siècle ; c'étaient les soldes qui se réglaient en métal.

Opposer, donc, un temps de la « monnaie métallique », qui comprendrait toute l'histoire, et un temps de la monnaie moderne, naissant entre 1920 et 1930, serait une erreur. Ce qui est neuf, au cours des trente ou quarante dernières années, c'est :

1) la généralisation des paiements par compensation – de la « monnaie scripturale » – au niveau le plus quotidien, le plus populaire ;

2) les « politiques monétaires » systématiques, l'action des États sur leur circulation, et sur le crédit ;

3) depuis la fin de la Seconde Guerre mondiale, l'acceptation de certaines monnaies

nationales, du dollar surtout, comme base des règlements internationaux, et la stabilité imposée du rapport entre cette monnaie et l'or, quelles que soient les variations dans les conditions de production de celui-ci ; mais cela n'exprime que le poids énorme de l'économie américaine sur l'économie mondiale, du moins sur une partie de cette économie. Malgré tout, la circulation d'or ne s'arrêtant pas, et cette monnaie-marchandise continuant à solder les opérations commerciales entre systèmes mondiaux de nature différente, l'or n'a pas disparu comme facteur économique mondial. Il ne cesserait d'en être un que dans une économie mondiale unifiée et planifiée, qui ne semble pas être pour demain. Qu'en revanche il ne faille pas confondre le problème de l'or – moyen de paiement international – avec le problème quotidien de la monnaie et avec le facteur monétaire au sein de chaque économie nationale, c'est encore une évidence. Mais n'en était-il pas déjà ainsi au XIVe siècle, ou au XVIIe ? Cela, qui laisse les économistes assez indifférents, intéresse au contraire au plus haut point les historiens. Dans le passé comme dans le présent, ils s'attachent en effet à découvrir le sens social, politique parfois, du problème monétaire. Il leur arrive peut-être ainsi, à la fois en concrétisant davantage à travers l'espace et en généralisant davantage à travers le temps, de mieux découvrir les secrets – même économiques – des phénomènes monétaires, et du rôle réel de l'or.

© Flammarion

Naissance d'une banque : le Crédit Lyonnais
(1961)

JEAN BOUVIER

Conclusion de la thèse principale de Jean Bouvier sur les innovations, relatives aux ressources beaucoup plus qu'aux emplois de la célèbre banque de dépôts originaire de Lyon. La principale nouveauté provient de la volonté de gagner les couches nouvelles de la société issues des franges moyennes et inférieures de la bourgeoisie. On y a joint les courbes témoignant sur la moyenne durée des continuités et ruptures des principaux postes de l'actif et du passif.

Source : *Jean Bouvier,* le Crédit Lyonnais de 1863 à 1882, *Paris, SEVPEN, 1961. Thèse rééditée sous le titre :* Naissance d'une banque : le Crédit Lyonnais *chez Flammarion, Paris, 1968.*

L'ÉTUDE de la formation du Crédit Lyonnais ne permet pas seulement d'élucider quelques points de l'histoire *d'une* entreprise. Une telle histoire est, en elle-même, exemplaire et typique : par rapport au système bancaire français, et à l'économie de type capitaliste dans son ensemble.

Sans doute existe-t-il dans le cas du Crédit Lyonnais des traits singuliers et irréductibles : la base provinciale, puis la conquête d'un certain universalisme – le Crédit Lyonnais s'est imposé ; le caractère bicéphale de l'entreprise et son excentricité par rapport à Paris, puis l'effective direction parisienne – la province s'est inclinée.

Au cours des décennies 1863-1882 la banque locale s'est transformée en un établissement de crédit aux dimensions mondiales : évidente et considérable mutation.

Peut-on la porter au compte des fondateurs et des dirigeants de l'entreprise ? Certes oui. L'histoire prend une couleur unique quand elle s'attache aux hommes et les suit, et la banque lyonnaise apparaît, sans conteste, dirigée et dominée par son président, praticien peu ordinaire qui codifiera ses propres pratiques en « lois » du mécanisme des banques de dépôts.

Mais rien n'eût été possible si les conditions générales du développement capitaliste n'avaient pas donné à l'esprit d'entreprise de l'équipe fondatrice l'occasion de s'appliquer à des tâches particulières, dictées par les besoins de l'évolution économique. La banque de dépôts, avant de jouer sa partie dans les mécanismes améliorés du crédit, nous est apparue comme le produit d'un certain milieu. Le Crédit Lyonnais sort, tout armé, des exigences du « centre » lyonnais. Tout au long de ses années de formation, que fait-il, d'autre part, sinon suivre le mouvement, glaner ce qui se présente en affaires profitables, adapter ses procédés de drainage ou de placement aux conditions du temps, du marché, des affaires ?

La banque nouvelle de dépôts a somme toute le même âge que le grand capitalisme. Son histoire est inséparable de l'édification d'un nouveau système de relations économiques où les grandes unités vont de plus en plus l'emporter.

Elle est aussi inséparable des rythmes du développement général. Si la courbe des progrès de l'entreprise est brisée, sa ligne est ascendante. On est bien à la « belle époque » des structures du capitalisme : les crises ne sont que des arrêts passagers et non des reculs profonds ; la monnaie reste stable ; la structure sociale ne demeure pas fondamentalement menacée.

Telles sont les raisons principales de la réussite du Crédit Lyonnais.

L'histoire de la banque a sans doute les apparences d'une chronique. Comme telle, elle est le fait d'individus. Mais, dans leurs gestes que le passé a figés, les voici devenus des témoins. C'est au point de rencontre des destinées d'un groupe d'hommes d'affaires et des conjonctures économique et financière que l'on doit se placer pour comprendre l'œuvre. Les fondateurs n'ont pu construire que par rapport à des conditions déterminées ; mais leur mérite d'entrepreneurs est d'y avoir répondu.

La volonté de puissance animant un Henri Germain n'est point vulgaire. La grandeur se reconnaît, où qu'elle soit. Avec les gens du « Lyonnais » on est à quelques degrés au-dessus de l'affairisme ordinaire et de la spéculation d'aventures. C'est précisément en quoi ces protagonistes de la grande histoire bancaire sont intéressants. On pense souvent l'histoire des affaires en termes de scandales. Rien de tel dans notre cas.

Les administrateurs mènent l'affaire conformément aux statuts de la firme, à la loi, et à l'honnêteté tout court. Nous n'avons pas placé nos analyses sur le plan du dénigrement – ni du culte. A quoi bon ? Les faits fournissent à l'historien tout ce dont il a besoin.

C'est le plus régulièrement du monde que la bourgeoisie d'affaires concentre l'argent des tiers, accumule ses propres gains, et assoit sa puissance : « L'âme du capitalisme, écrit G. Pirou, doit être recherchée dans la production pour le profit, dans le souci de la rentabilité des entreprises »[1]. Les mécanismes utilisés par les banquiers pour gagner de l'argent ne sont que les règles nécessaires de leurs activités. Et comme nous l'a dit un praticien des grandes affaires : « Les banquiers n'ont pas été les seuls à gagner de l'argent ! » N'était-ce pas l'« inévitable loi » (Mazerat) de tout le système ?

Les procédés pour réaliser du profit, loi du système capitaliste, ont été pour nous un

1. G. Pirou, *la Crise du capitalisme*, Paris, 2e édit. 1936, p. 19.

objet d'investigation, et non de déclamation. On n'en sera que plus apte à les comprendre, et mieux fondé à juger de leurs suites.

Les structures internes de la banque de dépôts, considérée en tant que modèle de la société anonyme, présentent comme un raccourci assez saisissant de celles du corps social lui-même, à l'époque considérée. Dans les deux cas sont juxtaposées, derrière une façade qui se présente comme démocratique – «démocratisation du crédit» – une hiérarchie réelle, et une idéologie justificatrice.

Des cercles restreints d'administrateurs régentent l'appareil sans être contrôlés par leurs mandants. Selon l'expression d'Eugène d'Eichthal, les banques nouvelles sont des «puissances financières collectives par leur base, personnelles par leur direction»[1]. C'est pitié de lire Paul Leroy-Beaulieu, moralisant en 1878 sur «les mœurs financières et la législation»[2]: il s'étonne alors que «quelques initiés seulement soient mis au courant – et tous les administrateurs ne sont pas des initiés», et réclame que l'on ait recours «à des comptables de profession qui feraient des rapports détaillés aux actionnaires». Un comble: le professeur d'économie politique présente, comme remèdes possibles, des propositions destructrices d'une des bases de la libre entreprise: le secret des affaires.

Le praticien a beau jeu de répondre que le Crédit Lyonnais n'a subi aucun dommage grave; qu'il a «réussi»; que ses actionnaires ont touché l'intérêt de leur capital; que ses déposants et ses clients ont été honnêtement servis; que les formes satutaires ont été respectées – et que le volume des réserves garantit l'avenir.

Le banquier idéalisera même ses propres pratiques en présentant la collectivité bancaire comme une sorte de coopérative – le Crédit Lyonnais, dit Henri Germain aux actionnaires en août 1882, est la «propriété collective des actionnaires» –, où les administrateurs mesurent le niveau du dividende en fonction du seul bien commun, et dont les activités, placées au rang de «services», marient harmonieusement intérêts individuels et besoins de l'organisme économique. La banque nouvelle n'a-t-elle pas été créée précisément pour y répondre?

La banque de dépôts, proclamée coopérative, devient plus: une entreprise *au service* de la société. Aucun cynisme ici. Il faut croire les grands bourgeois sur paroles. Ils sont, avec sincérité, attachés à leur propre idéologie parce qu'elle est justification de leur pratique. Ils peuvent même devenir victimes des mots. Nous avons entendu certains descendants actuels d'illustres saint-simoniens, aujourd'hui hommes d'affaires importants, répéter avec feu que le seul idéal du «véritable socialisme» animait les ingénieurs du grand capitalisme.

Pourquoi pas? C'est une pensée familière pour nous qu'il aurait fallu aux dirigeants de l'économie «libérale» une certaine dose de lucidité pour saisir les contradictions de leur œuvre, et faire eux-mêmes la critique de leurs conceptions.

Que l'on imagine bien encore une fois ce mécanisme, où, dans l'intérêt même du déposant, les petits apports entassés font finalement la puissance et la richesse de l'organisme de crédit. Les diverses catégories de la bourgeoisie apportent leur confiance à qui vient leur tenir un langage de propriétaire soucieux de la productivité de son argent et des facilités offertes aux affaires.

Que la banque utilise comme elle l'entend l'argent ainsi concentré; qu'elle le distribue en fonction de ce qu'elle juge ses intérêts; qu'elle ne mène pas une véritable politique

1. Eugène d'Eichthal. *Notice sur la vie et les travaux d'Henri Germain* (1905). Académie des Sciences morales et politiques.
2. Article de *l'Economiste français*. 16 novembre 1878.

économique, mais réalise d'abord une ponction de l'argent disponible: tous les déposants sont sans doute loin d'y réfléchir. Une seule chose compte à leurs yeux: l'intérêt qu'ils reçoivent, et les services immédiats que leur rend la banque. Tel est le mécanisme financier – et psychologique – d'un système qui aboutit à concentrer entre les mains de quelques-uns une richesse qui, strictement, n'est pas leur propriété, mais simplement leur possession.

Les quelques dizaines de milliers de rentiers, «capitalistes», négociants, fonctionnaires, industriels, paysans aisés, artisans besogneux, etc., qui ont déposé leur argent à la banque – 382 millions de francs-or au bout de la dix-huitième année – ont-ils cessé d'être propriétaires de leurs dépôts? Evidemment non. Mais la banque, en recevant cet argent, lui fait en quelque sorte abandonner son identité; elle prend possession de cette richesse, la rend anonyme, l'utilise au seul gré de ses quelques administrateurs véritables. Le déposant, quant à lui, n'est pas éloigné de croire que «son argent» est demeuré dans le coffre du caissier auquel il a versé ses fonds; c'est là le miracle de la «confiance», un miracle qui devient réalité quand les déposants font queue devant le siège social en 1870, ou à la fin d'octobre 1881 à Marseille et que «leur argent» se trouve aisément restitué. De tels accidents fondent la réputation d'une maison.

La libre disposition, non par leurs propriétaires véritables, mais par leurs possesseurs, dans le cadre de l'agencement des échéances, de sommes énormes d'argent accumulé est le résultat final du système. Cette libre disposition donne toute sa valeur à la liberté du banquier car elle est un des fondements de sa puissance.

On comprend mieux alors l'emploi du mot «capitaliste» appliqué si largement à l'époque à toutes sortes de catégories sociales. Le terme a une extension singulièrement plus large que de nos jours. Tout le monde est «capitaliste» qui participe en effet à un tel système: tous ceux qui font de l'argent avec de l'argent. Chacun ne diffère de son voisin que par la quantité de capitaux qu'il possède. Il importe de souligner par la similitude du mot la parenté des conditions: la demoiselle de compagnie mâconnaise qui place son argent en bons à échéance en 1874 et Henri Germain sont également «capitalistes». Mais s'il y a quelques centaines de milliers de «capitalistes», beaucoup plus nombreux cependant, dans le corps social, sont ceux qui ne sauraient participer à un mécanisme qui fabrique des profits avec de la «confiance».

Le Crédit Lyonnais témoigne ainsi pour certains mécanismes du capitalisme contemporain. Mais aussi pour le secteur restreint des banques de dépôts.

Banques *nouvelles*, avons-nous dit dès le début. Oui et non: on le voit mieux désormais.

Oui, sans nul doute, parce que la volonté des promoteurs est de gagner de nouvelles couches au négoce des valeurs mobilières, de mobiliser et de drainer les gouttelettes du capital en formation, de se constituer une masse de manœuvre, et une clientèle innombrable. Oui, parce que la banque nouvelle va naturellement secréter le réseau bancaire. Oui, enfin, parce qu'elle est publique, ouverte, accueillante – voire tapageuse.

Mais, d'un autre côté, non. Longtemps la «banque nouvelle» reste fort traditionnelle. Et l'on en voit les raisons: elle n'innove que dans les procédés du collectage des *ressources*. Elle ne bouleverse rien dans la tactique des *emplois*.

Ce qui demeure fort traditionnel dans les procédés du Crédit Lyonnais à son premier âge c'est la recherche du gros placement, la tentation de la grande affaire: la pratique des opérations financières, somme toute, l'emporte encore sur celles de crédit. On passera de l'«entreprise» aux «affaires» (Leroy-Beaulieu) mais on restera toujours dans une certaine mesure davantage financier que banquier.

Sait-on, par exemple, qu'il a fallu attendre les années cinquante du xxe siècle pour que la Foncière lyonnaise se débarrasse de certaines spéculations sur terrains entreprises en 1879-1881 sous l'inspiration directe d'H. Germain?

Le banquier du milieu du xxe siècle – celui des banques de dépôts, s'entend – évoque avec quelque étonnement cet âge héroïque des imprudences financières.

La banque de dépôts s'est longtemps conduite en banque d'affaires. Mais elle n'a fait que suivre des modèles. Au fond, le Crédit Lyonnais des années de formation est une sorte de Crédit mobilier réajusté, moins ambitieux, de moins grande allure, plus prudent – plus solide. Les personnes s'opposent là, symboliquement. Les Péreire ont des idées, une théorie, et les proclament. Tout s'est passé comme si H. Germain n'en avait pas. Les fils directs du saint-simonisme ont quelque souffle qui peut les ennoblir. Comparé à eux, le grand capitaliste lyonnais paraît être un tâcheron. Les uns voient au-delà, semble-t-il, de leurs opérations ou, du moins, cherchent à les rattacher à l'idéal de leur jeunesse. H. Germain fait seulement figure d'un virtuose de l'autofinancement bancaire, très au fait des mécanismes de l'argent, et qui a eu la capacité, assez rare, de rectifier sa politique au contact des faits.

Autre époque? Autre génération? Autre comportement individuel? Peut-être. La haute bourgeoisie semble n'avoir plus d'idées à proclamer, au nom même des intérêts du plus grand nombre, dès lors qu'elle est triomphante et assise. Les Péreire datent de l'ère des pionniers du grand capitalisme. H. Germain et son équipe, sont, eux, des gens arrivés. Leur démocratie reste celle des propriétaires consacrés. Et leurs conceptions politiques, que l'on ne peut isoler de leur pratique professionnelle ni de leur situation sociale, semblent en entier contenues dans ces lignes d'H. Germain à ses électeurs de l'Ain:

«Je ne serai pas démenti par vous quand je dirai que vous défendriez, avec un soin également jaloux, votre propriété et votre légitime pouvoir dans la commune; votre propriété et votre influence ont du reste la même origine; vous devez l'une et l'autre à la justice de nos institutions actuelles, à vos labeurs et à vos lumières.»[1]

Le Crédit Lyonnais s'est d'ailleurs conduit comme ses pairs.

L'entreprise bancaire nouvelle subit les structures d'une économie qui, au demeurant, s'est édifiée avant elle. L'organisme de crédit va simplement – ce qui ne signifie pas que son rôle est mineur – *confirmer* cette structure, rendre ses traits plus accusés, par l'aide qu'il apportera aux puissances affirmées et déjà en place.

La banque subit aussi la conjoncture, ses emballements ou ses retournements. Et quant à ses emplois, elle ne peut choisir que ce qui se présente à elle. Ne retrouve-t-on pas dans leur évolution celle des affaires elles-mêmes? Les imprudences de la gestion, les tâtonnements et les échecs sont-ils autre chose que des essais d'adaptation à des nécessités économiques objectives dont les fondateurs de la banque de type nouveau n'étaient pas maîtres?

L'homme d'affaires peut ressentir le sentiment de sa puissance. Dans une économie de «libre entreprise» il ne construit cependant qu'à échelle réduite et comme à l'aveuglette.

D'où les démarches parallèles – malgré des distorsions chronologiques – et les procé-

1. Cité par E. d'Eichthal.

dés comparables des divers établissements de crédit. La Société générale réunit un important éventail de grandes affaires : minerais de fer algérien et russe, bons du Trésor égyptien, dette ottomane, imbroglio péruvien. Le Comptoir d'escompte de Paris fait la conversion égyptienne, s'immisce dans les chemins de fer suisses, devient caissier du gouvernement portugais... Le Crédit foncier nourrit ses emplois de la dette flottante khédiviale. Seuls le Crédit industriel et commercial et la Société des dépôts et comptes courants paraissent moins engagés dans les grandes affaires et se rapprocher davantage du « modèle » des banques de dépôts anglaises. Encore faudrait-il pouvoir y regarder de plus près... Tous, en tout cas, se retrouvent, à la fois solidaires et concurrents, dans les grosses opérations du syndicat des établissements de crédit.

C'est un trait *général* des banques de dépôts à leur période de formation que leur caractère prononcé d'organismes d'affaires. D'où leurs liens avec les banques d'affaires, leurs liaisons avec les grands banquiers privés. Le monde de la finance évolue sans doute, a tendance à se diversifier et à se spécialiser, mais ses divisions tiennent moins aux différences entre types de banque qu'aux rivalités entre « groupes ». Les lignes de partage ne sont pas horizontales, étagées, séparant banques de dépôts, banques d'affaires, haute banque. Elles tendent à devenir en quelque sorte verticales et l'on retrouve dans chacune des coalitions financières, « groupes » ou « syndicats » les différents types d'organismes.

Rien d'étonnant. Le secteur bancaire a grandi empiriquement. Les relations personnelles sont aussi pour beaucoup dans certaines solidarités – ou dans certaines rivalités. Les hommes changent d'ailleurs avec les circonstances. Tels sont concurrents ici, collaborent ailleurs – sont ennemis un jour, unis quelques mois après.

Tout cela dans l'apparent désordre du grand capitalisme à l'époque de la « libre-concurrence ».

Les financiers entrepreneurs d'affaires agglomèrent le capital de prêt pour leur propre compte. Ce qui n'apparaît être à chacun d'eux qu'exigence de sa position devient alors un trait *général* du système de crédit. Rassemblement et centralisation des épargnes et fonds de caisse entre les mains de quelques puissants utilisateurs posent très vite le problème des marchés. « Le monde n'est plus qu'un marché, écrit à propos du Crédit Lyonnais un journal financier de 1882, où les premières places sont aux plus méritants. »

C'est peut-être de ce point de vue que le développement du Crédit Lyonnais apparaît plus caractéristique : l'*exportation* du capital, au sens large et courant du terme, son « internationalisation »[1], c'est-à-dire son utilisation hors du marché national, sont devenues l'une des conditions d'existence et de progrès de la banque de dépôts, et l'une de ses fonctions permanentes.

On ne peut contester le schéma : drainage des dépôts ; emplois conçus comme risqués, insatisfaisants, ou étriqués sur le marché intérieur ; déviation au-dehors des capitaux en surpression, selon la pente du plus grand profit entrevu.

Que l'on ne dise pas que la grande banque « obéit », là, au public. C'est renverser dans une grande mesure l'ordre des faits. Fondamentalement le consommateur ne fait pas les prix ; encore moins crée-t-il les marchandises : ainsi l'épargnant moyen ne « consomme » que ce qu'on lui présente, et le goût des placements étrangers qu'on lui prête à certaines époques n'est que le produit, sans doute de la conjoncture, mais aussi des savantes réclames et des tactiques éprouvées des organismes de banque. Ce n'est pas en vain que

1. Voir la thèse d'E. Becqué, *l'Internationalisation du capital* (1912).

le Crédit Lyonnais a utilisé ses célèbres «démarcheurs». D'ailleurs, lorsqu'il s'agit d'avances en «dette flottante» – et l'on sait leur rôle dans les emplois du Crédit Lyonnais –, la banque n'a nul besoin des sollicitations de son public.

Dans quelle mesure l'emploi au-dehors de l'épargne interne – emploi aux formes multiples – a-t-il pesé sur les destinées ultérieures de l'économie nationale ? On doit ici poser la question. Mais une enquête limitée à une seule entreprise de banque n'autorise pas à avancer une réponse valable. Il faut aussi prendre garde qu'à notre période le mouvement n'en est qu'à sa première étape ; les suites n'en seront peut-être visibles que bien plus tard. Il faudra, au XXe siècle, les chocs répétés de la «grande crise» et de la Seconde Guerre mondiale pour que soient mesurés dans toute leur ampleur le déclin et le retard relatifs de notre appareil de production – encore qu'ils n'aient pas eu pour unique source l'exportation du capital...

Tout au plus peut-on considérer comme prouvé que le Crédit Lyonnais, payant d'exemple, a été la première banque de dépôts à «décrocher» vigoureusement de l'engagement industriel, et à organiser avec un certain esprit de système la prospection des débouchés sur les marchés extérieurs où l'argent se payait cher.

A l'échelle de l'entreprise on croit percevoir sans doute les zones d'échecs : la banque n'a su, ou pu, porter longtemps en avant l'industrie chimique lyonnaise des colorants ; elle n'a pu empêcher, par ses seuls mécanismes, la crise d'adaptation de la métallurgie de la Loire ; ni la liquidation des réseaux ferroviaires régionaux indépendants ; elle n'a pas apporté de modification fondamentale dans la structure du secteur des soies et soieries.

Mais comment parler de responsabilités, qui seraient entendues unilatéralement ? Tout ne se limite pas aux horizons du crédit.

On ne peut tenir pour démontré que ceci : il a été impossible à la banque nouvelle de dépôts – à la lueur de ses propres expériences et compte tenu de la structure de ses ressources – de soutenir continûment certains secteurs industriels. Elle a renoncé à financer les investissements.

Il serait alors nécessaire de voir les choses du côté des industriels, et d'élargir l'enquête à d'autres secteurs pour parler sainement de ce grand thème : le malthusianisme – notion à remettre en cause d'ailleurs – d'un capitalisme français mûri, dont la politique bancaire – celle en tous les cas suivie par les banques de dépôts – n'a été qu'un élément, entre autres, d'évolution.

Un fait demeure : une fois écarté l'*investissement* industriel, la banque de dépôts a soutenu de ses capitaux frais les *fonds de roulement* de la *grande* industrie. Elle lui a loué son outillage de placement pour les emprunts que celle-ci a – quelquefois – demandés au marché et pour ses augmentations de capital. C'est là que joue au maximum son efficacité économique.

Aussi la seconde moitié du XIXe siècle est-elle sans doute assez différente de la première, du point de vue du financement des entreprises – des grandes entreprises de production, de transport, de négoce. Si l'équipement moderne du capitalisme français commence à s'édifier avant les années 1850 sur des bases financières étroites et fragiles, ses assises sont incontestablement plus solides après les années – fort brèves, en fait – qui ont vu grandir banques d'affaires et organismes de crédit.

A l'ampleur des tâches d'équipement et à l'effort de production – le tout centré, pour l'essentiel, sur la construction ferroviaire – devaient correspondre les dimensions et capacités nouvelles des unités de financement. La masse des actions et des obligations ferroviaires et industrielles, puis le flot des rentes, nationales et étrangères, devaient aussi trouver des caisses de tout repos, des percepteurs de coupons, et des introducteurs au trafic boursier.

La spécialisation entre organismes de banque interviendra peu à peu. Certaines firmes bancaires pourront poursuivre l'investissement, la participation, le long crédit. D'autres s'appliqueront à concentrer les épargnes et à assurer leur liquidité en se maintenant sur le terrain des « opérations courantes » et des « services », et en se contentant de gagner sur les émissions de titres. C'est, dit-on généralement, ce qui est arrivé aux banques de dépôts à la fin du siècle. Mais, compte tenu de ce que les documents bancaires nous ont révélé pour la période 1860-1880, on ne peut que demeurer fort réservé sur la politique *réelle* des organismes de crédit à la fin du XIXe siècle et au début du XXe siècle : la question de leurs « grandes affaires » à cette époque reste assez obscure, et l'on ne saurait se fier aux seuls documents *publiés* émanant des entreprises. L'enquête historique est loin d'être close.

L'efficacité relative du drainage des capitaux appliqué – en partie – à la trésorerie des grandes affaires d'industrie confirme l'adage : on ne peut prêter qu'aux riches. Fondamentalement la banque de dépôts a favorisé les entreprises établies, et participé ainsi aux incessants processus de concentration.

Quant aux crédits « courants », avec quelle force Henri Germain tranche-t-il dans leur masse, à la moindre menace de crise ! La longue plainte de la petite et moyenne entreprise, perceptible au travers des réactions à certains directeurs d'agences, semble d'autre part indiquer que services et crédits sont, à l'époque considérée, et même en temps normal, non seulement limités – politique sélective des crédits – mais surtout fragiles : ni les taux des avances ni leur renouvellement ne sont assurés. La logique de la gestion de l'entreprise exige précisément que la banque resserre ses opérations aux moments où l'organisme économique la sollicite davantage.

Toujours inquiet des appréciations portées sur ses pratiques, le banquier rétorque habituellement qu'il n'en peut mais : la structure même de la petite et moyenne entreprise interdit une aide bancaire efficace et généralisée. La fragilité de la petite affaire de commerce ou d'industrie tient à ce que, sauf exception, la disparition de l'entrepreneur entraîne celle de l'entreprise. Le fondateur n'a ni seconds ni répondants. Sa comptabilité est d'ailleurs trop fréquemment malsaine.

Évidemment. L'analyse historique le confirme : c'est bien en obéissant aux nécessités de sa gestion que la banque nouvelle se trouve dans l'incapacité d'étendre ses services à tous ceux qui en auraient réellement besoin : d'autant plus qu'une méfiance de principe est nourrie, du côté du client, envers tout prêteur – puisque celui-ci doit être aussi un contrôleur.

Ce n'est donc pas mettre en accusation la banque, mais constater un fait, que de souligner qu'en dernière analyse l'organisme de crédit, tel qu'il fonctionnait, ne pouvait pas appliquer ses ressources à une politique continue, élargie et systématique, de soutien au « small business ».

C'est en ce sens, redisons-le sans ambiguïté, que la banque de dépôts a contribué à l'accélération du mouvement de concentration des unités économiques : « Il faut élaguer les branches trop petites, écrivait Letourneur en avril 1870, pour soigner les grosses branches. » C'est en ce sens aussi que la banque de dépôts est de l'âge du grand capitalisme.

Mais qu'advenait-il des capitaux devenus « excédentaires » sur le marché national ?

Dépôts à vue et à échéances
A : Total – B : Dépôts à vue – C : Dépôts à échéances

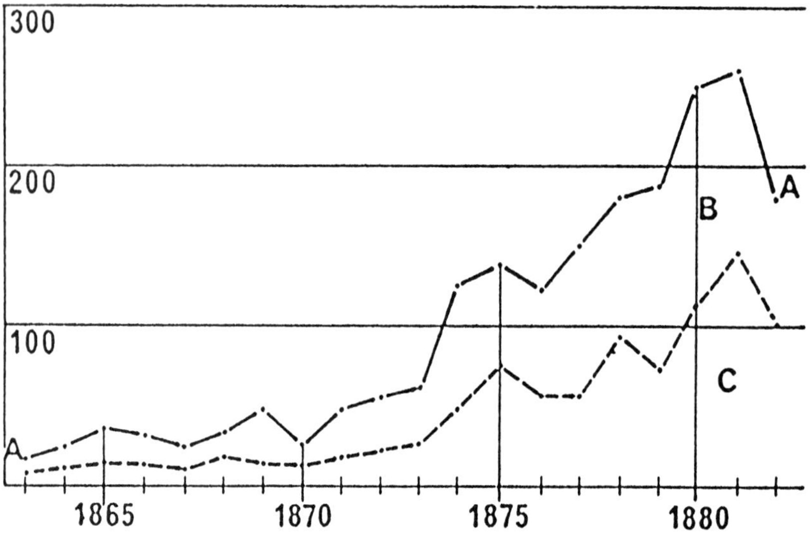

Courbe n° 1

Structure des emplois ordinaires (actif)
A : Total des opérations ordinaires – B : Encaisse
C : Comptes courants débiteurs – D : Portefeuille commercial

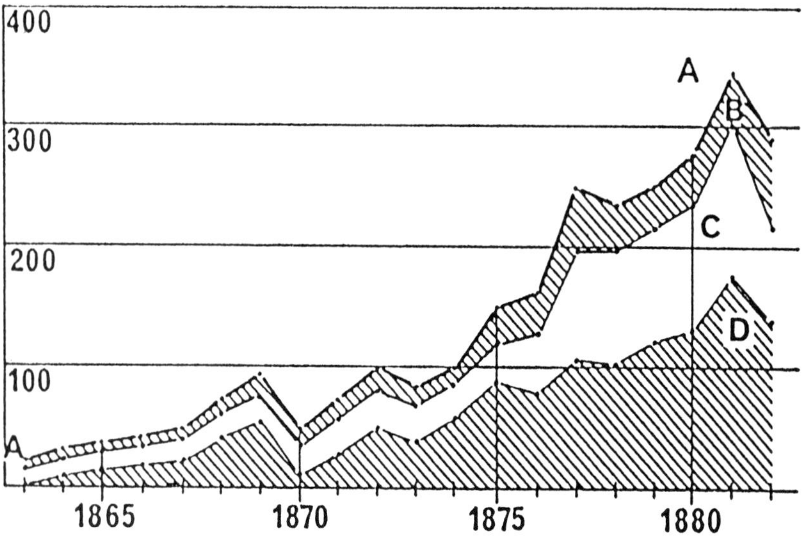

Courbe n° 2

La part des « grosses affaires »
dans les emplois du crédit lyonnais

A : Total de l'actif – B : Grosses affaires (avances, crédits, reports, portefeuilles-titres)
C : Opérations ordinaires (caisse, portefeuille, comptes courants débiteurs)

millions de francs

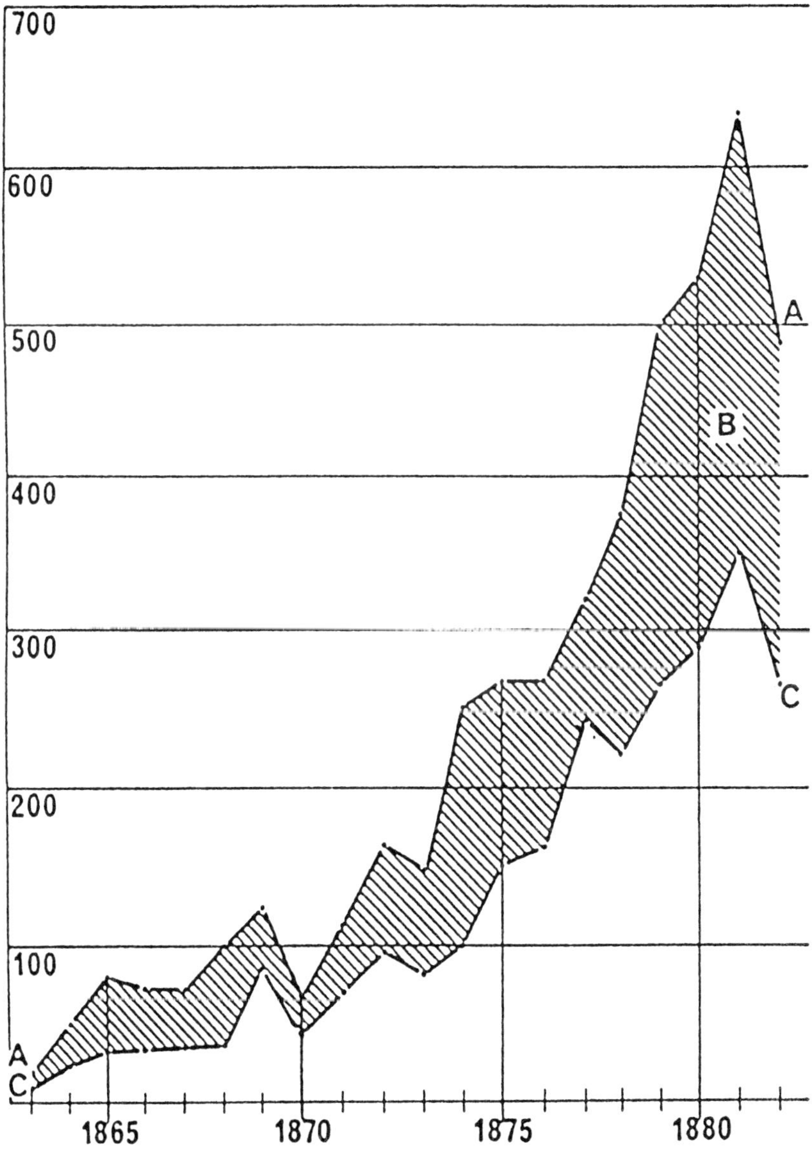

Courbe n° 3

L'impératif de la sécurité, on le sait, cantonne le Crédit Lyonnais, au-dehors, dans les affaires d'avances, de dettes flottantes, ou d'emprunts. Les gouvernements obérés deviennent les gardiens tutélaires de ses profits exceptionnels; rien ne vaut hors de la garantie étatique. Le secteur industriel, plus encore que sur le marché national, est considéré comme suspect.

Mais, sans que ses protagonistes l'aient calculé, le mouvement d'exportation du capital prépare de singuliers changements dans les formes des rapports internationaux. C'est dans les années 1860-1880, nous semble-t-il, que s'établissent les conditions d'une sorte de nouvelle diplomatie. Notre ambassadeur à Constantinople l'avait pressenti à la fin du second Empire: la diplomatie des intérêts vient confluer dans celle, ancienne, des influences. Diplomates et gens d'affaires du grand capitalisme se rencontrent, dans les pays méditerranéens, sur un terrain commun. Les positions et les influences à défendre, les «intérêts nationaux» à sauvegarder prennent de plus en plus visiblement la forme des intérêts financiers et économiques. Par les contrôles budgétaires, fiscaux ou financiers instaurés – à des degrés divers – au Portugal, en Italie, en Espagne, en Égypte, en Turquie, les banques préparent le terrain aux investissements: il faut aux implantations ferroviaires, minières, portuaires, et à l'installation de services publics, auxquels songent les intérêts privés et dont ils jettent alors les bases, des budgets contrôlés et des marchés financiers assainis. Que l'action diplomatique – cas égyptien – recouvre exactement la défense des intérêts privés; ou que, bon gré mal gré – cas ottoman –, elle sanctionne finalement les mesures prises par les banquiers pour leur sauvegarde, une coïncidence de fait s'établit entre diplomatie et stratégie des grands intérêts: surimposé à la présence diplomatique, le réseau des intérêts et des investissements capitalistes tend à la doubler et à se confondre avec elle. Une sorte de rapprochement et de fusion est en voie de se faire entre deux personnels – ceux de la «Carrière» et des grandes «affaires» –, c'est-à-dire, somme toute, entre deux modes d'action au-dehors: bien des ambassadeurs et hommes politiques finiront leur carrière dans quelque important conseil d'administration; on pourrait citer comme exemples ceux de la Banque impériale ottomane, ou de Suez. Signe sans doute extérieur, mais chargé de sens, des transformations en cours.

A l'époque où les «intérêts matériels» établissent autour de la Méditerranée, et jusque dans la Russie, le réseau de leurs agences, de leurs entreprises et de leurs ports, il

Le portefeuille-titres

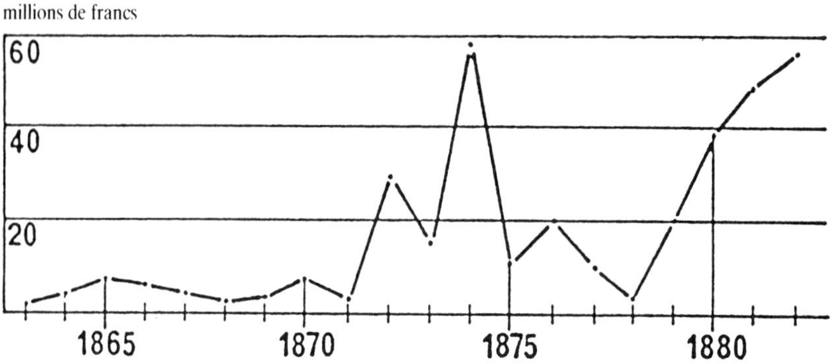

Courbe n° 4

Ressources propres et empruntées

A : Total des ressources (passif) – B : Ressources propres (capital, réserves, bénéfices) – C : Ressources empruntées (dépôts, comptes courants, acceptations, comptes d'ordre).

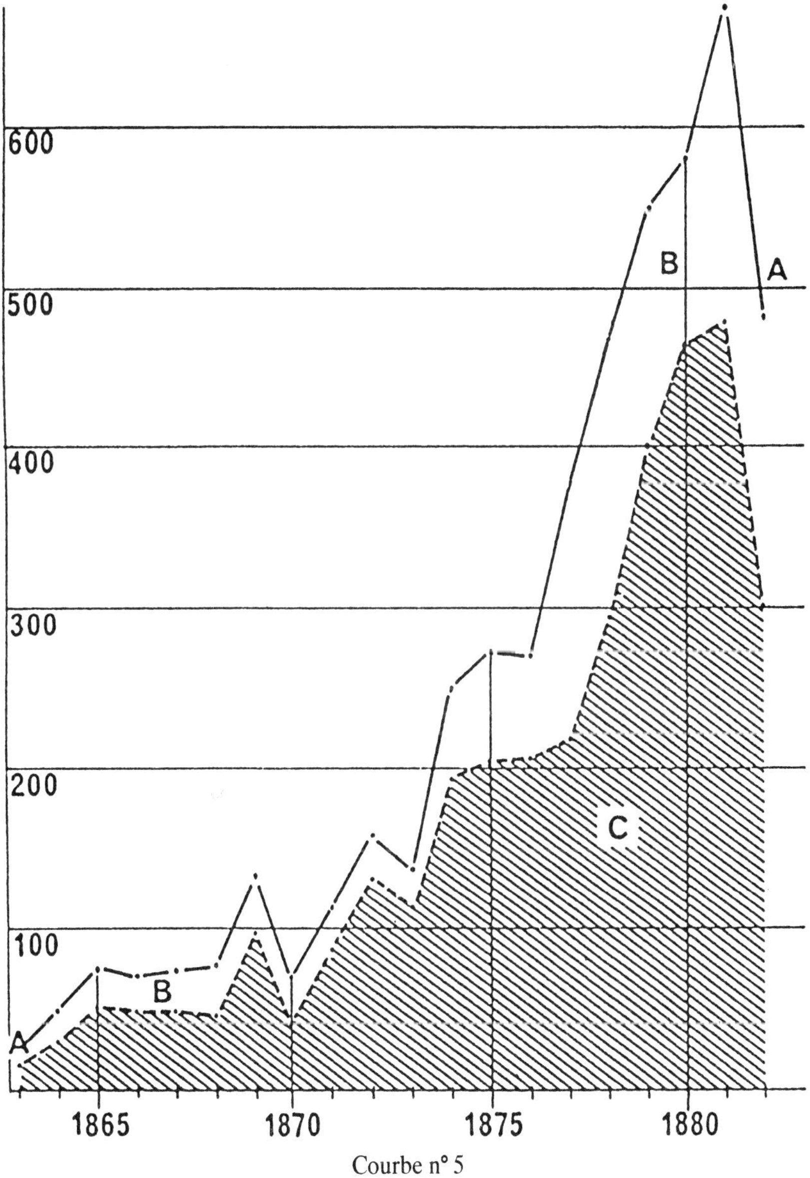

Courbe n° 5

ne peut plus exister de diplomatie ignorante des nouvelles réalités. Plus tard, les gens d'affaires, dans telle circonstance, pourront même le dire avec une particulière netteté : en juillet 1919 le *Groupement des intérêts français dans l'Empire ottoman* magnifiera «l'union étroite de notre action politique et financière en Turquie», comme «presque partout» dans le monde, et insistera sur le «parallélisme frappant» des progrès des intérêts matériels et du rayonnement politique français – selon le mode impérialiste, bien entendu.

Nous ne discutons pas ici de la question d'antériorité ou de prééminence : qui *l'emporte*, de la «diplomatie» ou des intérêts matériels en cause? Quels sont les éléments dirigeants des relations internationales contemporaines ? Ceci est un débat qui déborde largement le cadre de ces conclusions. Nous disons seulement que le poids des intérêts devient de plus en plus pesant dans la réalité historique et de plus en plus sensible à l'observateur. Et surtout qu'on ne saurait établir une contradiction, une différence de fond, entre les deux ordres de faits.

Dans les deux cas, sous des formes différentes, les relations internationales de notre époque – époque de l'exportation du capital – nous paraissent refléter un état social, une dynamique économique et politique déterminés, auxquels les hommes politiques et les économistes – puis les historiens, à leur suite – appliqueront justement, dès la fin du siècle, le vocable d'«impérialisme».

L'histoire d'un établissement de crédit de type nouveau dans la seconde moitié du XIXe siècle se trouve de toute manière être typique. Elle ne témoigne pas seulement des transformations progressives de l'ensemble de notre système de crédit. Le capitalisme actuel, dans certains de ses aspects techniques, économiques, sociaux et politiques, s'y discerne d'une manière plus précise, parce que plus concrète.

A : Ressources à longue échéance (capital, réserves, bénéfices, dépôts à échéances) – B : Emplois relativement immobilisés (avances et crédits, portefeuille-titres, immeubles).

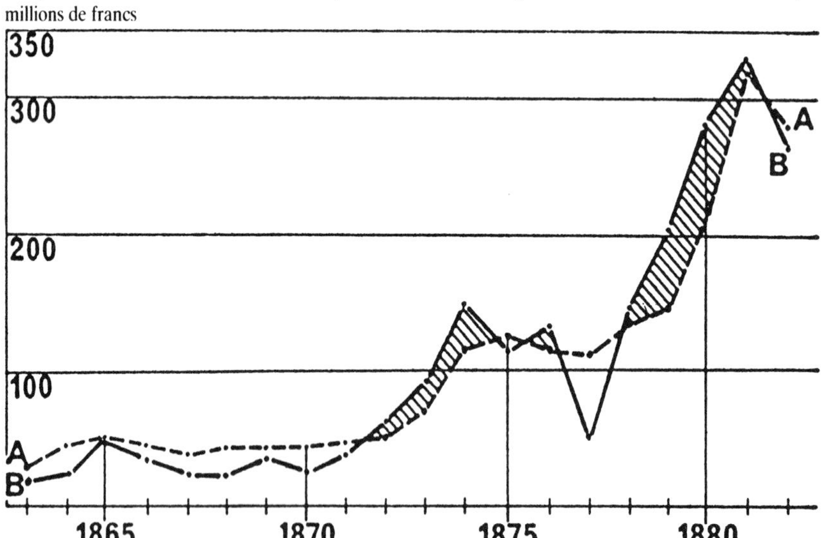

Courbe n° 6

Qu'il nous ait été donné de prendre contact avec les documents qui ont permis de tels sondages est sans doute une chance. C'en serait une plus grande si notre travail incitait de nouveaux chercheurs à des études parallèles ou comparables, et si la valeur générale d'analyses particulières et limitées en était, par là même, mieux démontrée.

© Flammarion

Les Banques européennes et l'industrialisation internationale dans la première moitié du XIXe siècle

(1964)

MAURICE LÉVY-LEBOYER

*On a retenu le passage de la thèse consacrée au rôle commercial de la place de Paris et à la faiblesse du financement industriel par les banques. L'auteur a été professeur d'histoire économique à l'université de Paris-X-Nanterre dans les années 1970-1980 et a participé à l'ouvrage collectif, dirigé par Fernand Braudel et Ernest Labrousse (*Histoire économique et sociale de la France, *P.U.F., 7 volumes). Il a dirigé ensuite des travaux collectifs sur le patronat (cf. chapitre* VII*) et a élaboré une synthèse sur l'économie française au* XIXe *siècle.*

Source : *Maurice Lévy-Leboyer,* les Banques européennes et l'industrialisation internationale dans la première moitié du XIXe siècle, *Paris, P.U.F., 1964, p. 434-444.*

L'épargne et le crédit

[...] Autrefois les colonies étrangères se formaient pour acheter et pour vendre des marchandises. Pendant longtemps les vins et les denrées antillaises avaient attiré les Hollandais et les Allemands à Bordeaux, les Suisses avaient essaimé dans les ports, surtout après 1783, afin de se pourvoir en calicots et en produits exotiques ; la réouverture d'Anvers, en 1794, provoqua un afflux de marchands, d'origine rhénane, qui devaient se spécialiser dans le commerce du tabac et du sucre. De même, c'est le blocus qui a fait converger à Paris les marchands de coton et de denrées coloniales. Mais sur toutes ces places les techniques commerciales ont changé. Soit du fait des guerres, qui contribuaient à rendre les payements aléatoires et imprimaient des violentes fluctuations aux prix, soit du fait de la révolution industrielle, qui contraignait à manipuler des quantités toujours plus considérables de matières premières avec des capitaux souvent modestes, les négociants ont cherché à réduire leurs responsabilités, ceci en adoptant la méthode des consignations que les Hollandais pratiquaient depuis un demi-siècle. Son avantage est double. L'expéditeur – le consignateur – n'a plus besoin d'attendre que ses marchandises aient été réceptionnées et vendues pour recevoir son dû sous forme de remises ; dès l'instant où il expédie ses articles, il est autorisé à tirer des lettres de change d'un montant égal à celui de l'avance qui lui est consentie et qu'il peut immédiatement céder à un collègue ou faire escompter par une banque; il fait donc tourner plus rapidement son capital et peut accroître ainsi le chiffre de ses affaires. Le correspondant – l'ancien marchand-importateur devenu consignataire – augmente de même le volume de ses ventes: il n'accorde que des avances partielles – un tiers ou la moitié, parfois plus, selon les cas – et il ne court pas de risques, ayant toujours la possibilité de vendre les marchandises consignées pour honorer ses acceptations, quitte à laisser protester les effets en cas de couverture insuffisante. En d'autres termes, il est devenu banquier, puisqu'il ouvre des crédits d'acceptation, et il reste négociant, car, son capital demeurant inemployé, il a toute liberté pour acheter et pour vendre à son compte, à ceci près qu'un commissionnaire doit s'abstenir de spéculer et de concurrencer ses correspondants s'il veut conserver son crédit et sa clientèle.

A Paris, ces méthodes étaient en usage dès la fin du XVIIIe siècle, ce qui a dû faciliter l'abandon du commerce en marchandises. Au surplus, les négociants se trouvaient entraînés dans cette voie, pendant les guerres par les risques politiques et les crises qui leur faisaient un devoir d'éviter toute immobilisation, après la paix par la réouverture de l'Atlantique et la paralysie croissante du Continent, qui avaient pour effet d'isoler la capitale des circuits commerciaux. De fait, les Suisses qui avaient ouvert des comptoirs à Trieste, Livourne et Gênes liquident leurs filiales italiennes pour s'établir sur le littoral, plus à l'ouest: dès 1807, le groupe Rivier ferme sa maison de Gênes et la remplace par des succursales à Rouen et Anvers; d'autres, les plus nombreux, iront s'installer au Havre. Et leur cas n'est pas isolé: dans la seule année 1814, deux maisons de banque et de commission ont été simultanément ouvertes à Paris et dans ce port – ce sont Oppermann, Mandrot & Cie, fondée le 27 juin avec une commandit de 2 millions, et Isaac Thuret & Cie créée en décembre avec plus de 3 millions de capitaux propres. Les marchands-banquiers parisiens procèdent, eux aussi, à un dédoublement des locaux et des tâches: entre 1817 et 1821, au moins cinq firmes, C.-G. Barillon, R. Vassal, J. Lefebvre, O. Worms de Romilly et Guérin de Foncin s'installent au Havre ou bien y renforcent leurs filiales; de 1824 à 1826, les négociants en coton, Gabriel Odier, Davillier, Hottinguer, Linneville & Lelièvre, commanditent à leur tour des comptoirs qui interviendront sur les marchés et prendront seuls les risques commerciaux.

Cette division du travail imposait aux maisons parisiennes de se tourner délibérément vers des affaires de banque. Dans ce domaine, leur réussite semble réelle: presque tout le commerce national se règle sur la place. L'approvisionnement des usines, en Alsace comme en Normandie, est financé au moyen de crédits ouverts à Paris et mobilisés sous forme de traites; il en va pratiquement de même des autres régions industrielles – «la lettre de change sur Rothschild», pour ne prendre qu'un exemple, «est la seule monnaie du Nord». Au Havre, les arrivages de coton et de produits exotiques sont presque toujours accompagnés d'effets émis sur la capitale. A Lyon, les banquiers remboursent leurs correspondants italiens qui leur ont confié des marchandises à vendre en remettant des lettres de change sur Delessert, Hottinguer, Baguenault, Welles ou Dassier, de préférence à des effets sur les places continentales ou sur Londres. A l'étranger, en Suisse notamment, les négociants qui procèdent à des achats, que ce soit à Naples, au Caire, à Liverpool ou à La Nouvelle-Orléans, logent volontiers un crédit chez un banquier parisien, parce qu'ils sont assurés que les traites ainsi créées feront prime et entreront plus facilement dans la circulation. Paris est donc un centre de règlements nationaux et internationaux, mais sans que les éléments examinés jusqu'ici permettent de justifier cette prééminence. Les nouvelles règles adoptées par la haute banque, et notamment l'abandon de la spéculation en marchandises, la puissance financière de ses membres expliquent sans doute la confiance que la province et l'étranger accordent aux signatures parisiennes, mais non la généralité de leur emploi : il ne suffit pas qu'un moyen de payement soit commode pour qu'il devienne indispensable.

Logiquement, une monnaie internationale devrait s'appuyer sur un large commerce d'exportation. Si la livre sterling est partout recherchée, c'est que les ventes de textiles et d'articles manufacturés ont fait des Anglais les créanciers du monde. Vers 1835-1840, Brême et Hambourg enregistrent un déficit de 5 millions avec la zone sterling ; à Rotterdam et Amsterdam, l'excédent des importations atteint 7 millions. De toute évidence, ces places doivent se ménager des ressources supplémentaires, soit en réexportant une partie des articles qui leur ont été adressés et en arbitrant le produit de leurs ventes contre des livres, soit en rassemblant et en expédiant sur Hull des produits-clefs – entre autres les laines allemandes qui s'inscrivent pour £ 1 600 000 dans les ventes de Hambourg – soit même en finançant les exportations de blé, de bois et de produits baltes qui procurent aux seuls ports de Danzig, Königsberg et Memel un surplus annuel de £ 800 à 900 000. A Saint-Pétersbourg, de même, les échanges laissent un déficit de 3 millions et les négociants s'efforcent de le combler en achetant des lettres de change encore disponibles à Riga, Arkhangelsk et Odessa, ou bien en ouvrant des crédits d'exportation libellés en roubles, et remboursés au moyen de traites émises sur les consignataires britanniques. Dans tous les cas, en Russie comme en mer du Nord, c'est la pression des ventes anglaises qui fait une obligation aux importateurs, et, par voie de conséquence, aux banquiers européens, de se procurer des remises sur Londres. Mais il serait bien étonnant qu'ils adoptent la même attitude vis-à-vis de la zone franc, car les pays du Nord et ceux du Midi adressent à la France plus de marchandises qu'ils n'en reçoivent : les échanges français, tant sur le Rhin que sur la frontière du Nord, sont déséquilibrés par les importations de charbon, de métaux et de produits agricoles. Lyon achète des soies en Italie mais dirige sur d'autres régions le produit de ses fabriques, et Marseille est en déficit avec tout le bassin méditerranéen. Bref, plutôt que d'acheter des traites sur Paris, ce sont les places européennes qui semblent en droit d'en attendre des remises.

A dire vrai, une telle conclusion ne serait valable qu'en l'absence de règlements multilatéraux : même si un pays A possède une balance positive avec un pays B, il peut souhaiter obtenir des lettres de change payables en B, à la condition qu'elles soient utilisables dans un pays C, où A se trouve contraint d'acheter sans avoir la possibilité de vendre. Dans les années 1830, par exemple, quoique les mouvements de marchandises et de capitaux soient à l'avantage des Américains, ceux-ci laissent à Londres le solde de leurs échanges avec l'Occident ; ils disposent ainsi d'une réserve utilisable dans tous les ports où ils se trouvent en déficit, et notamment à Canton où des effets libellés en dollars n'auraient aucune valeur ; c'est donc surtout grâce à leur position privilégiée en Asie – du fait du *Country-trade* – que les Britanniques ont réussi à maintenir les Etats-Unis dans la zone sterling. De même, c'est le contrôle qu'ils exercent maintenant sur l'Amérique latine qui leur permet d'imposer leurs services et la livre aux pays du Nord, la plupart des produits d'origine tropicale arrivant en Baltique avec une domiciliation de payement anglaise. En bref, les Américains et les Baltes ont des balances positives dans leurs échanges directs avec la Grande-

Bretagne, mais au lieu d'en rapatrier le solde, ils le délèguent aux banquiers de la Cité – des compatriotes bien souvent – afin de financer à l'intérieur même de la zone sterling les achats qu'ils sont amenés à faire tant à La Havane qu'à Rio, Valparaíso ou Canton. Si cette explication est valable, alors, en dépit de son commerce relativement modeste, la France peut jouer un rôle monétaire important, car elle est le seul pays du Continent qui présente des échanges équilibrés avec l'Amérique latine et une balance positive avec les pays anglo-saxons. Par là s'expliquerait la consolidation dans Paris de ces colonies de banquiers étrangers venus des divers points du Continent et chargés de financer le déficit des pays voisins – la Belgique et, à un moindre degré, les villes de Rhénanie et de Baltique – avec la zone sterling, ou encore le déficit que les Suisses enregistrent en Italie et dans le bassin méditerranéen. Le franc est une monnaie internationale parce que les Anglais et les Américains cherchent à se procurer des lettres de change sur Paris afin de régler une partie de leurs achats et parce que les négociants du continent sont tout aussi disposés à s'en remettre aux banques parisiennes du soin de liquider leurs dettes avec les pays anglo-saxons.

La capitale se trouve donc placée devant une situation nouvelle qui lui vaut des servitudes, mais aussi des avantages concrets et la possiblité de créer un marché financier très actif. Paris, en effet, attire une fraction importante des capitaux disponibles en province et à l'étranger. Les dépôts, qui s'inscrivent dans certains bilans bancaires pour 80 à 85 % du passif, comprennent, outre les revenus encaissés par les membres de l'aristocratie et de la bourgeoisie qui y résident et qui y règlent leurs dépenses, la trésorerie de nombreux industriels et négociants français et le produit des ventes réalisées dans la zone franc par des marchands étrangers. Ceux-ci souhaitent y laisser leurs fonds, soit qu'ils cherchent un emploi temporaire toujours plus facile à trouver dans un centre important, soit qu'ils aient l'habitude d'y assigner leurs payements, soit qu'ils veuillent obtenir de nouveaux crédits qu'une banque accordera plus volontiers à un client dont elle connaît les opérations et qui lui confie ses disponibilités entre deux affaires. Ces capitaux, évidemment, ne s'attardent pas dans la place, mais, en se renouvelant avec régularité, ils constituent une masse de manœuvre que les banquiers peuvent utiliser afin de prendre des initiatives nouvelles. Ils financent plus volontiers maintenant les exportations textiles destinées à l'Amérique, opération jugée toujours dangereuse, mais que Hottinguer et Samuel Welles ont su acclimater, surtout à partir de 1826, date de la faillite de Samuel Williams, qui contrôlait depuis Londres ce genre de crédit. Ils commencent également à placer des emprunts pour le compte du gouvernement, de concert avec des firmes anglo-hollandaises immédiatement après la paix, et de manière autonome après 1819. Enfin, ils assurent une part croissante des émissions internationales, encore timidement peut-être entre 1821 et 1823 – année marquée par la formation d'un premier comptoir de rentes napolitaines et par l'inscription à la cote de l'emprunt espagnol, dit emprunt Guebhard – certainement avec plus de fermeté dans les années 1831-1833, qui ont vu une baisse de rendement de la dette française de 6 à 4,75 % et l'introduction sur le marché de titres romains, belges, espagnols et grecs, qui rapportaient de 5,3 à 12,5 %. Ces diverses entreprises marquent le début de l'exportation des capitaux français, mais elles ne doivent pas faire oublier la formation récente de la place et la faiblesse de l'épargne nationale. Le marché parisien n'est pas encore assez vigoureux pour se passer de concours extérieurs. Les crédits d'exportation qu'il accorde aux marchands de Lyon, Mulhouse et Paris ne sont ouverts bien souvent que sur la demande et sous la garantie de banquiers londoniens ; les adjudications d'emprunt ne sont faites qu'après entente, car les banques doivent se partager à prix coûtant le montant des émissions, et en exporter de très fortes parties : les étrangers détiennent vers 1823 encore quelque 30 % de la dette française, et tout donne à penser qu'ils ont continué de s'intéresser à la bourse parisienne, les Anglais parce que leur économie a dépassé le stade de l'industrialisation active, les Suisses et les Rhénans parce que les courants commerciaux se déplacent à leur détriment et qu'ils cherchent à remédier au chômage de l'argent.

En résumé, quoique la haute banque soit devenue française par naturalisation de ses membres et par accumulation de capitaux gagnés sur place, elle continue de se fournir en crédits et en capitaux à l'étranger. De ce point de vue, ce qui a changé sur le marché parisien, ce n'est pas tant l'origine des fonds employés que leur destination : le financement des exportations d'articles manufacturés et de certificats de vente est venu compléter et, en partie, remplacer le concours que la banque apportait aux importateurs de matières premières. Cette réorientation a-t-elle été volontaire, les firmes cherchant à diviser les risques et à gagner des commissions au lieu de spéculer sur des marges bénéficiaires ? Ou bien cette nouvelle procédure leur a-t-elle été imposée parce que les entreprises industrielles sont devenues capables de se financer de manière autonome ? Seules des études précises sur le profit industriel et sur le crédit local permettraient d'y répondre. A défaut, on peut être tenté de procéder par sondages et d'esquisser une interprétation générale.

L'autofinancement industriel en Alsace

L'emprise des banques sur les divers secteurs du textile varie selon le degré de leur mécanisation. Avant que les techniques n'aient transformé l'équipement industriel, « la fabrication des tissus était divisée comme la propriété du sol : pour fabriquer, il n'était pas besoin de grands capitaux, mais seulement d'un ordre pour avoir un crédit chez le vendeur de matières premières et les mêmes facilités dans toutes les opérations subséquentes » ; passé 1830 encore, les fabricants lyonnais vivent d'emprunts : ils s'endettent pour s'installer et travaillent grâce aux crédits que leur consentent des banquiers-marchands – la soie s'achète au comptant sous escompte de 13 % ou bien avec un abattement de 11 % et une traite à quatre-vingt-dix jours. Après la concentration du travail en usine les rapports ont évidemment changé, tout industriel capable d'investir en machines devant pouvoir exploiter son établissement avec le minimum de concours extérieurs : « Vu la grande extension des manufactures et l'importance des capitaux qui y sont engagés », se désole un banquier en 1819, « il ne se trouve plus de ces négociants qui autrefois faisaient travailler les fabricants, qui à leur tour se servaient de banquiers pour payer comptant leurs achats et donner de longs crédits au détaillants ; dans toute l'étendue de la France, fabricants et marchands opèrent sans le secours d'aucune banque. » Ce jugement est trop général pour être accepté tel que, et, pourtant, il se vérifie au moins dans un cas : les crédits d'approvisionnement ont été écourtés – autrefois les Alsaciens faisaient leurs achats de coton à douze mois ; en 1809, le délai se trouve ramené à huit ou neuf mois ; vers 1833, on traite à quatre mois avec un escompte de 3 %. Il est probable que dans un premier temps l'installation d'une usine absorbe des capitaux, mais qu'à bref délai la mécanisation accélère leur rotation et contribue à leur accroissement. [...]

© Presses universitaires de France

Banquiers, négociants et manufacturiers parisiens du Directoire à l'Empire
(1978)

LOUIS BERGERON

Bilan d'une thèse de doctorat consacré à un groupe social complexe : les gens d'affaire, où se mêlent commerçants, banquiers et industriels, aux premières années du XIXe siècle, période où s'est effectuée une stabilisation sur des bases nouvelles. On en a retenu la conclusion, dans laquelle est soulignée la concentration parisienne à la fois des capitaux, de la main-d'œuvre et des marchés ; on trouve là l'une des origines principales de la « suprématie bancaire » de Paris et de l'« apparent paradoxe » du renouvellement du milieu des affaires dans une période de troubles.

Source : *Louis Bergeron* Banquiers, négociants et manufacturiers parisiens du Directoire à l'Empire, *Paris, École des hautes études en sciences sociales, 1978, p. 317-319.*
Bibliographie : *Une synthèse plus générale du même auteur* les Capitalistes en France 1789-1914, *Pairs, Gallimard, coll. « Archives », 1974.*

Bilan

1. PRÉFÉRER UN « BILAN » A UNE « CONCLUSION », c'est à la fois choisir la prudence et indiquer la nécessité de prolonger et d'étendre la recherche. Ce qu'on appelle l'histoire de Paris est en fin de compte une histoire fort peu localisée. Elle pose des questions qui s'apparentent étroitement à toute une problématique nationale et internationale, et auxquelles on ne peut répondre du seul observatoire parisien, ni dans les limites de la seule période napoléonienne.

L'étude des affaires et des gens d'affaires à Paris aux premières années du XIXe siècle appelle à développer l'inventaire et l'analyse structurelle des entreprises et de leurs chefs, en France et en Europe, au delà de 1815 comme en deçà de 1795. Les systèmes de relations humaines et financières restent relativement moins bien connus que la circulation des biens et des techniques ou même que le mouvement des productions. Ces sources rares ou d'exploitation patiente que sont les archives économiques privées, les fonds des greffes des tribunaux de commerce, les minutes notariales, doivent être reprises pour compléter la collecte. Seules leurs informations peuvent donner son épaisseur, son intelligibilité entière à la nouvelle géographie marchande, industrielle, bancaire de la France dont les lignes commencent à s'esquisser avant même la révolution des transports.

2. Sur la ville elle-même, sur ses masses de travailleurs et de consommateurs, sommes-nous mieux informés, au terme de notre enquête ? Non, sans doute. Ce piétinement s'explique de deux façons : d'abord parce que les éléments de nouveauté ne doivent pas être surestimés ; ensuite en raison de la discordance entre les niveaux d'analyse.

Les éléments de nouveauté sont d'ordre industriel, essentiellement. La création d'une industrie cotonnière, pour relativement spectaculaire qu'elle ait été, n'a pas eu pour résultat l'implantation durable et massive qu'on aurait pu imaginer d'après ses débuts, et ne doit pas être regardée comme l'amorce d'une modification profonde de la structure de l'économie urbaine. Cette remarque s'applique également aux industries chimiques et mécaniques : bien que leur implantation soit cette fois définitive (en raison de l'aptitude particulière du milieu parisien à se les incorporer) elles restent très minoritaires dans l'emploi. Phénomène banal, lieu commun – mais c'est ici et à cette date l'occasion d'y revenir avec quelque insistance. L'un des aspects fondamentaux de l'histoire de Paris, c'est la centralité au sens le plus large du terme – nous y reviendrons. L'autre, c'est la massivité de la concentration humaine, déjà ancienne et de plus en plus sensible dès l'époque impériale avec la reprise de l'immigration et la vive poussée démographique : c'est là ce qui impose à la structure de l'économie parisienne, jusque dans un XIXe siècle assez tardif, ses caractères dominants, dans ses activités sectorielles comme dans son organisation sociale, avec toutes les répercussions que l'on connaît dans l'ordre politique et idéologique. Les sources napoléoniennes de l'histoire de Paris insistent fortement sur cette originalité, qu'il s'agisse de l'enquête du préfet Dubois sur la population ouvrière de la capitale en 1807 ou des enquêtes et mémoires de la Chambre de commerce de Paris datant de la même année. Elle tient tout particulièrement à l'importance des industries de luxe, dont toutes les branches réunies auraient occupé « environ 40 000 ouvriers et un nombre au moins égal de femmes et d'enfants » : horlogerie, orfèvrerie, bijouterie, broderie, passementerie, gainerie, mise en œuvre, gravure sur verre et sur métaux, tabletterie, porcelaine, etc. « Une très grande, et peut-être la majeure partie de la main-d'œuvre, à Paris, s'exerce sur des objets de luxe dont les circonstances ralentissent ou favorisent le débit, dont la mode fait naître et tomber l'usage. » Main-d'œuvre à qui sa souplesse d'adaptation technique permet de se soustraire aux crises qui affectent telle ou telle branche : « L'habitude d'un métier rend propre à cinq ou six autres qui ont avec le sien une analogie rapprochée... Le faiseur de portefeuilles travaille à la buffleterie, le sellier fait des bottes, le peintre d'éventails ou de tabatières s'essaie sur la porcelaine, le fabricant d'acier devient armurier, fourbisseur, ainsi du reste. » Ainsi se créent « les ressources qui ont fait vivre une population dont les besoins sont incalculables ».

3. Aussi bien notre enquête n'a-t-elle pas porté essentiellement sur la masse artisanale et ouvrière de Paris – bien que telles catégories de gros marchands ou de manufacturiers aient contrôlé de notables secteurs de la production urbaine – mais plutôt sur ces « puissances » économiques et sociales qui désormais nous paraissent jouer un rôle essentiel dans la structuration de l'espace économique français et dans sa « dérégionalisation ». L'aspect qui se trouve au total le mieux éclairé est celui de la montée irrésistible du rôle de direction économique de Paris.

Montée indiscutablement acquise dès le XVIIIe siècle. Bien sûr – et ces vues prennent d'autant plus de relief que Paris n'a pas fait pour ce siècle l'objet d'une étude analogue à celles dont bénéficient désormais les grands ports français – la fin de l'Ancien Régime se caractérisait par la puissance des rayonnements portuaires, faite à la fois de leur contrôle immédiat des aires extérieures du commerce du royaume et de leur capacité d'organisation hiérarchique des arrières-pays français. Toutefois il est certain, bien que cela ne soit pas suffisamment connu, que les capitaux parisiens, les maisons de commerce et de banque parisiennes participaient non seulement aux échanges mais aux armements et aux assurances maritimes. Il est non moins certain que Paris n'a cessé d'étendre dans le même temps son contrôle sur les échanges intérieurs français, réduisant de ce fait le rôle de Lyon ou d'Orléans dans la redistribution régionale. Cette évolution vers une certaine centralisation commerciale, aussi bien que l'audace croissante des investissements, nous paraissent avant tout le reflet d'une puissance bancaire triomphante, puissance sur le plan de laquelle l'élimination de Lyon a été beaucoup plus complète.

Il ne fait pas de doute que la Révolution et l'Empire ont accentué l'avantage parisien au sein de l'espace économique français. Paris prend le dessus sur les places maritimes à la faveur de leur paralysie intermittente, puis permanente; ce sont des capitaux des ports qui viennent travailler à Paris, ce sont des maisons de Paris qui contrôlent par leurs filiales une partie de l'activité portuaire subsistante; la capitale arbitre le marché national des matières premières comme des produits de consommation et des articles manufacturés, prend définitivement rang de premier commissionnaire de l'économie française. Premier, mais non pas unique: Lyon, les autres grandes places régionales, les ports eux-mêmes gardent leur rôle dans un partage du travail commandé par Paris, qu'il s'agisse de commerce intérieur ou d'exportation.

Ces opportunités nouvelles renforcent à leur tour la suprématie bancaire - le mot, dans ce domaine, n'est pas trop fort - de Paris. Elle y attirent les capitaux, et les nouvelles souches de banquiers. Ainsi s'explique l'apparent paradoxe d'un actif renouvellement du milieu des affaires en une conjoncture troublée dont il reste difficile de dire quels facteurs elle laisse l'emporter, positifs ou négatifs, dans le secteur commercial tout au moins.

Car, dans le secteur industriel, la réponse ne nous paraît pas faire de doute. L'époque napoléonienne est bien celle où la volonté de changer l'équilibre des forces économiques sur le continent, au détriment de l'Angleterre, a permis à un processus de modernisation de s'engager de façon irréversible. Et, dans cette industrialisation naissante - de multiples exemples l'ont montré -, Paris a joué un rôle directeur unique en France. Parce que c'était la capitale politique, sans doute, donc le lieu où la volonté du gouvernement concentrait les instruments d'information technologique. Mais, plus encore, parce que sa puissance bancaire lui permettait de prendre le contrôle de la plupart des grandes affaires de l'industrie moderne. A cet égard, le cas d'Anzin reste sans doute le plus probant: Désandrouin a payé la survie de la Compagnie, en 1795, du rachat de la part que détenait le gouvernement par un consortium bancaire parisien, ce qui enlevait la majorité des parts aux grands capitalistes du Nord qui l'avaient exclusivement détenue jusqu'alors. S'il a fallu plus de vingt ans encore pour que l'affaire devienne la chose personnelle des Perier, dès le départ le contrôle financier et même technique a bien appartenu à la banque parisienne et à ses agents.

Ainsi, de toute évidence, le remodelage de l'espace économique français au XIXe siècle s'est-il trouvé commandé, avant toute autre considération, par la concentration parisienne des capitaux et des entrepreneurs.

© Editions de l'EHESS

La Banque de France et ses 200 actionnaires sous le second Empire

(1982)

ALAIN PLESSIS

Passages d'une thèse soutenue en 1980 sur le fonctionnement de la Banque de France, ainsi que sur ses spécificités par rapport à la Banque d'Angleterre. Par-delà des similitudes, la seconde se distingue notamment de la première par le fait qu'elle dispose de ressources propres plus abondantes, qu'elle demeure une compagnie totalement privée, indépendante du gouvernement, sans monopole d'émission, tout en coopérant plus étroitement avec le Trésor. L'auteur, enseignant à l'Université de Paris VIII (à Vincennes puis à Saint-Denis) de 1969 à 1987, est depuis lors professeur d'histoire économique à l'Université de Paris X-Nanterre.

Source: *Alain Plessis,* la Banque de France et ses 200 actionnaires sous le second Empire, *Genève, Droz, 1982, p. 27-32; p. 51-63.*

Bibliographie: *Un second volume issu de la thèse a été publié sous le titre* la Politique de la Banque de France de 1851 à 1870, *Genève, Droz, 1985.*

Le bon fonctionnement de la banque d'émission

Les principaux éléments qui composent le bilan de la Banque sont continuellement liés entre eux au cours de son fonctionnement. La Banque de France émet ses billets en contrepartie des valeurs (effets de commerce, bons du Trésor, titres, etc.) qui entrent dans son actif par l'escompte ou par les avances. En effet, comme l'indique M. Du Camp, «la Banque ne paie jamais qu'en billets, excepté bien entendu les appoints au-dessus de 50 F», et au-dessous de 100 F avant que la coupure de 50 F ait été créée[1]. Autrement dit, ses opérations productives sont en même temps génératrices de l'émission.

la Banque a ainsi le privilège d'acheter des valeurs diverses avec son propre papier, qui est un véritable moyen de paiement dont la transmission s'effectue ensuite par simple tradition, de main en main[2]. Mais ce moyen de paiement présente deux particularités, qui font son infériorité par rapport aux pièces françaises d'or ou d'argent. Tout d'abord les billets n'ont pas «cours légal», mais seulement cours libre: ils ne circulent que de gré à gré; ni les particuliers, ni les caisses publiques, «personne ne peut être contraint de recevoir en paiement des billets de banque au lieu de numéraire».[3]

1. *Ibid*, p. 431. Le mot «jamais» est quelque peu excessif, car il peut arriver que la Banque paie en partie en numéraire dans certains cas exceptionnels: encombrement des caves, crainte de faux billets...
2. C'est ce qui distingue le billet de banque du billet à ordre avec endossement en blanc et du chèque dont la création a été autorisée par la loi du 14 juin 1865. Cf. Bousquet, *op. cit.*, p. 111.
3. *Note sur la Banque de France*, de Thoyer. Cf. l'arrêt de la Cour de cassation du 7 avril 1856 (Cuillé contre Cazal): «Les billets de la Banque de France n'étant que de pure confiance, le porteur d'une lettre de change a toujours le droit d'exiger son payement en numéraire.» Le cours légal des billets de banque sera institué par l'article 1er de la loi du 12 août 1870 qui ne sera pas abrogé lorsque la convertibilité sera rétablie à la fin de 1877.

De plus ces billets sont convertibles, ce sont des bons pour des pièces d'or ou d'argent, remboursables au porteur et à vue[1]. Les mentions qui figurent d'un côté, sur toute leur longueur, sont d'ailleurs sans équivoque. On y lit :

«Banque de France»
«Paris» (ou «succursale de...»)
«Le...» (date de création du billet)
«Il sera payé en espèces, à vue, au porteur»

Puis est indiquée la somme, suivie de trois signatures, portant très lisiblement les noms de trois fonctionnaires de la Banque, le Caissier principal, le Secrétaire général et le Contrôleur général[2]. Indiscutablement, il s'agit là de l'engagement pris par les responsables d'une société commerciale, la Banque, de livrer à présentation l'équivalent du billet en métal précieux. Telle est à cette époque, par opposition avec le papier-monnaie (inconvertible), la caractéristique de la monnaie de papier ou «monnaie fiduciaire» : «il faut qu'elle soit en toute circonstance l'équivalent de l'or et de l'argent», dit le régent De Waru en 1865[3].

Mais pour continuer à circuler, encore faut-il que les billets inspirent constamment confiance au public. Or cette confiance apparaît fragile : deux dangers la menacent, et risquent par la suite de tarir la ressource essentielle de la Banque de France, qui s'efforce d'y parer. D'abord l'émission de faux billets, que la Banque n'est pas tenue de rembourser aux porteurs de bonne foi, encore qu'elle s'y résigne quand, la falsification étant très habilement faite, un refus de payer serait de nature à effrayer le public. La Banque multiplie les précautions les plus minutieuses, tant «morales» que «matérielles»[4], pour dérouter les faussaires et découvrir les fraudes, elle entreprend de perfectionner sans cesse ses billets. Ce qui n'empêche pas un faussaire de génie, l'ancien graveur Giraud, de multiplier les fausses coupures de 100 F en 1856-1857, avant d'être découvert en 1861. Vers la même époque, «le procédé daguerrien» suscite un péril plus général, puisque la photographie rend possible des contrefaçons très fidèles de billets jusque-là imprimés en noir. Les recherches menées en laboratoire à la demande de la Banque, sous la direction de l'académicien des sciences

1. Le caractère immédiat du payement en espèces différencie le billet de banque des billets à ordre à x jours de vue, émis par exemple par la société L'Unité en 1850. Cf. arrêt de la Cour de cassation, 18 décembre 1850 (L'Unité contre Gié), et Bousquet, *op. cit.*, pp. 114-115.
Le billet de banque étant remboursable à vue, au présentateur, la Banque n'est pas tenue de rembourser le propriétaire de billets ayant disparu pour cause de force majeure, en l'occurrence un naufrage. Cf. arrêt de la Cour de cassation du 8 juin 1867, relaté par Bousquet, *op. cit.*, p. 134.
Plus délicat est le problème du remboursement des billets déchiquetés, dépareillés, altérés, adirés, brûlés, etc. Le Conseil général juge en fonction des signes recognitifs qui peuvent subsister.
2. L'ouvrage de Guitard, *Vos Billets de banque*, Paris, 1963, donne plusieurs reproductions de ces billets. Les signatures des trois fonctionnaires de la Banque ont été longtemps apposées à la main par des employés affectés spécialement à cette tâche. Quand le développement de la circulation a rendu trop lourd ce procédé des signatures manuscrites, ce n'est pas sans appréhension que le Conseil général s'est résigné progressivement à faire autographier les signatures en question. Il craignait de diminuer ainsi la confiance inspirée par l'engagement de la Banque et aussi de faciliter les contrefaçons. Voir *PVCG* des 27 février et 19 mars 1857.
3. *Dépositions de MM. des Délégués et régents de BF, op. cit.*, p. 70.
4. Cf. M. Du Camp, *op. cit.*, pp. 383-404. Ces «précautions morales» consistent dans la lettre et les chiffres inscrits sur chaque billet, indiquant l'alphabet et la série dont il fait partie, et son numéro dans la série. Ils constituent l'«état civil» du billet, son «passeport muni d'un signalement». Les «précautions matérielles» résident dans le choix du papier, l'adoption de filigranes et de vignettes aussi difficiles à imiter que possible. Loin d'abandonner ces questions à des spécialistes, les dirigeants de la Banque se sont continuellement intéressés aux perfectionnements techniques à apporter aux billets. Les PVCG relatent des copieuses et fréquentes discussions entre régents à ce propos.

Pouillet[1], conduisent les régents à retenir, pour les nouveaux billets émis à partir de 1863, une vignette imprimée à l'aide d'une encre bleue vitrifiée à base d'aluminate de cobalt, qui n'impressionne pas la lumière. La Banque a ainsi triomphé du péril photographique.

Mais les billets de confiance émis par la Banque de France sont exposés à une cause plus grave de discrédit : le public peut avoir des doutes sur la capacité de la Banque à tenir ses engagements. En effet, l'expérience a montré depuis longtemps qu'en général les porteurs de billets convertibles ne se précipitent pas tous ensemble pour se les faire rembourser, et qu'un certain nombre de billets se maintient toujours en circulation ; ce qui permet aux instituts d'émission, et Adam Smith s'était déjà félicité de cette constatation, de procéder à une émission très supérieure à leur encaisse métallique, sans quoi leur privilège n'eut guère présenté d'intérêt. Aussi « le mécanisme de la Banque de France repose sur cette fiction qu'elle est toujours en état de rembourser ses billets en numéraire »[2] : en réalité, la réserve métallique de la Banque est le plus souvent très inférieure au montant de ses billets en circulation, il n'existe même aucune proportion obligée entre ces deux postes du bilan, encore que les spécialistes de ces questions estiment volontiers que le rapport de l'encaisse à l'émission, ou taux de couverture, doive être d'au moins un tiers[3]. Pourtant, pour être toujours à même de faire honneur à ses engagements, qui forment le « passif exigible », et immédiatement exigible (billets + comptes courants), la Banque doit avoir pour un montant équivalent un actif qui soit sinon liquide (comme l'est la presque totalité de l'encaisse), au moins rapidement « disponible ». C'est ce qu'exprime avec quelque maladresse le gouverneur Rouland : « en face de ce passif qui toujours revient » se faire rembourser, « nous avons besoin d'avoir (un) actif qui s'en va toujours », que la Banque puisse rapidement réaliser[4]. Aussi, précise Schneider, les opérations de la Banque « doivent reposer sur un gage certain et réalisable à courte échéance »[5].

Or, l'emploi productif le plus rapidement disponible ou réalisable, c'est le portefeuille commercial, bien plus que les avances, qui peuvent toujours donner lieu à renouvellement, de l'aveu même de Rouland[6]. Le portefeuille au contraire apporte des rentrées rapides, quotidiennes, par l'encaissement des effets qui le composent. Voilà pourquoi, au dire des économistes et des dirigeants de la Banque eux-mêmes, l'institut d'émission a une vocation particulière pour les opérations d'escompte. Le régent De Waru affirme devant la commission d'Enquête : « Une banque de circulation accomplit sa mission en donnant en échange des effets de commerce qui lui sont présentés à l'escompte ses propres billets, payables à vue, au porteur et en espèces »[7]. L'opinion de Cl. Juglar n'est pas différente : « L'escompte du papier de commerce, c'est-à-dire la transformation d'une promesse de payer à terme en une promesse de

1. Pouillet fut un professeur célèbre des Écoles normale et polytechnique. Député sous la monarchie de Juillet, il avait démissionné avec éclat de ses fonctions universitaires après le coup d'Etat du 2 décembre.
2. *La Banque de France et les crises monétaires*, p. 4.
3. Il n'existe pas non plus de maximum fixé pour l'émission, sauf en période de cours forcé : la loi du 12 août 1870 plafonne l'émission à 1 200 millions.
4. *Dépositions de MM. les Délégués et régents*, p. 24.
5. *PVCG*, 17 avril 1857.
6. *Dépositions de MM. les Délégués et régents*, p. 24.
7. *Dépositions de MM. les Délégués...*, p. 70. En poursuivant ce raisonnement, Proudhon « définit la banque de circulation une institution ayant pour but de donner cours authentique aux effets de commerce souscrits par les particuliers » (citation dans Bousquet, *op. cit.* p. 20).

payer à vue et au porteur, tel est le but de l'institution des banques et de l'émission des billets »[1].

Une banque obéissant à ces règles de bonne conduite des institutions d'émission fonctionne comme une pompe aspirant et refoulant simultanément des billets, du numéraire et des effets de commerce. Quand sa situation est stable, chaque flux est équilibré à peu près par un flux inverse. Les émissions de billets réalisées lors des opérations de crédit, principalement d'escompte, se trouvent compensées par les rentrées de billets donnés aux garçons de recette lors du remboursement des effets de commerce échus par leurs souscripteurs ou échangés contre des pièces métalliques à la caisse des échanges[2]; le numéraire donné en échange de billets ou en appoint rentre aussi par les encaissements, et les effets qui sortent du portefeuille pour être encaissés y sont remplacés par d'autres effets pris à l'escompte. Tout mouvement important du portefeuille se transmet au coupe Emission/Encaisse et modifie ainsi la situation de la Banque : un accroissement des escomptes par exemple se traduit dans un premier temps par une augmentation des billets en circulation et bientôt par une sortie de numéraire accrue, puisque une partie de ces billets supplémentaires est échangée contre des espèces. Mais si la Banque se trouve exposée à un accroissement des demandes de conversion de ses billets en numéraire, elle peut y faire face en ralentissant ou en arrêtant ses escomptes : elle freine ainsi ses sorties de billets et diminue sa circulation, cependant que l'encaisse bénéficie toujours des rentrées de numéraire opérées lors de l'encaissement successif des effets en portefeuille. Voilà pourquoi, tout autant que l'encaisse métallique, le portefeuille commercial peut être considéré comme la garantie de la circulation.

Encore faut-il que ce portefeuille constitue une bonne garantie. Aussi les opérations d'escompte sont-elles assujetties à des règles strictes devant assurer à la Banque l'acquittement régulier des effets escomptés. L'article 5 de la loi du 24 germinal an XI exclut l'entrée dans le portefeuille de la Banque des « effets dits de circulation, créés collusoirement entre les signataires sans cause ni valeur réelle ». Pour être admis, les effets de commerce doivent être à ordre, être timbrés et payables dans une place bancable. Il faut enfin qu'ils répondent à deux conditions essentielles :

1) Etre revêtus d'au moins trois signatures de commerçants notoirement solvables, parmi lesquelles celle du principal obligé (ou de l'accepteur), qui devra en régler le montant à l'échéance, celle d'un endosseur au moins, et celle du présentateur, qui a remis l'effet à l'escompte. L'exigence d'une troisième signature est considérée par les dirigeants de la Banque comme apportant une assurance supplémentaire de la validité des deux autres signatures et de la réalité de l'opération commerciale, cause de la traite ; au surplus, en cas de non paiement de l'effet par le souscripteur au jour de l'échéance, les autres signataires sont tenus de régler la Banque à sa place. Cette troisième signature qui est « une des conditions essentielles de la force de la Banque », disait Thiers en 1840, peut toutefois être remplacée par une autre garantie jugée très solide, consistant en actions de la Banque elle-même, en rentes, en certains warrants.

2) Être à une échéance déterminée n'excédant pas trois mois : la Banque n'accepte

1. *Des crises commerciales et de leur retour périodique*, p. 199.

2. La Banque de France se sert à nouveau des billets qu'on lui rapporte tant qu'ils sont en bon état, ce qui n'est pas le cas de la Banque d'Angleterre.

ainsi que du papier relativement court, pour ne pas laisser trop de temps entre la sortie des billets due à l'escompte et la rentrée de la somme portée sur l'effet. Ainsi que l'expliquait pesamment Thiers dans son discours en 1840: «A trois mois, tout le portefeuille est divisé sur les trois mois, c'est-à-dire par quatre-vingt-dix jours. Les effets doivent échoir tous les jours, et le portefeuille se trouve divisé en 90es. La Banque touche tous les jours un 90e de son portefeuille.»

Selon ses dirigeants, ce sont là moins des conditions posées par la Banque pour échapper autant que possible à tout risque de perte que des principes tutélaires, assurant son fonctionnement et son existence même. Des «avaries» du portefeuille, ou même le non-remboursement d'effets échus, atteignent l'actif disponible et risquent de provoquer le grippage de tous les mécanismes de l'institut d'émission. La «sécurité des porteurs» de billets (De Waru), «la solidité du billet de banque» (Forcade) dépendent en définitive de la qualité des effets pris à l'escompte. [...]

Comparaison avec la Banque d'Angleterre

Dès l'époque du Second Empire, des économistes et des journalistes financiers ont tenté, pour mieux faire ressortir l'originalité de la Banque de France, de la rapprocher des instituts d'émission étrangers. Le questionnaire proposé aux déposants appelés à témoigner lors de l'*Enquête sur la circulation monétaire et fiduciaire* enregistre d'ailleurs cette curiosité très répandue alors, notamment dans sa question n° 25 ainsi formulée: «Quels avantages ou quelle infériorité présente l'organisation de la Banque de France relativement à l'organisation et au régime des banques, soit d'émission, soit de dépôt, des autres pays, notamment des Banques d'Angleterre, des États-Unis, de Hambourg et de Hollande?»[1]. Les comparaisons établies avec des établissements trop fondamentalement différents du cas français, comme la Banque d'Amsterdam, dont la circulation fiduciaire est très médiocre[2], ou à plus forte raison la Banque de Hambourg, qui n'est qu'une banque de virement, retiennent assez peu l'attention...

Par contre, on a souvent mis en parallèle à cette époque la Banque de France et la Banque d'Angleterre. N'est-il pas tout naturel de comparer d'abord la Banque de France avec sa grande aînée, avec «l'établissement de ce genre le plus colossal et le plus puissant qui ait jamais existé?», disait en 1839 le sous-gouverneur Gautier[3], avec cette voisine à laquelle la lie, au dire de tous, une solidarité de plus en plus étroite? Dans les publications écrites comme dans les dépositions faites à l'*Enquête*, la comparaison débouche rapidement sur l'éloge systématique de la supériorité de la

1. *Enquête sur... la circulation monétaire et fiduciaire*, t. I, p. 11. Les questions 26, 27, 28 et 29 invitaient les déposants à poursuivre la comparaison sur des points particuliers: la séparation de l'institut d'émission en deux départements, comme en Angleterre, le cours légal, le nombre de signatures à exiger sur les effets escomptables, et enfin la limitation de la circulation fiduciaire.
2. Les comparaisons faites dans le cadre de l'*Enquête* précitée entre la BF et la Banque d'Amsterdam sont recensées dans la table des matières, t. V, pp. 602-603. On y trouvera aussi quelques parallèles avec la Banque de Belgique, très proche de la BF à bien des égards. La Reichsbank, qui n'a été créée qu'en 1875, sera plus tard comparée à la BF par Snyckers, *La Reichsbank et la BF*, Paris, 1908.
3. Article «Banque» de l'*Encyclopédie*... de Sebire et Carteret, *op. cit.*

Banque de France, au moins de son organisation[1]. Allant plus loin, quelques études insistent sur les différences qui séparent la Banque de Londres de celle de Paris, sur plusieurs plans, avant tout la législation concernant l'émission, et aussi parfois l'organisation de l'institution, ses rapports avec l'Etat, enfin ses opérations[2].

I. Les différences entre les deux banques

Les billets émis par la Banque d'Angleterre sont convertibles en or seulement, puisque depuis 1816 ce pays a pratiquement abandonné le bimétallisme. De plus, depuis un acte du 29 août 1833, ces billets ont cours légal (legal tender) ; ils doivent donc être acceptés en paiement dans toutes les transactions tant que la Banque d'Angleterre les rembourse en espèces à la volonté des porteurs[3]. Mais le système de l'émission en Angleterre diffère surtout de celui en vigueur en France depuis l'« act de Peel », autrement dit le bill du 19 juillet 1844 portant renouvellement du privilège de la Banque d'Angleterre et lui imposant une nouvelle charte[4].

L'act de Peel est l'aboutissement d'une longue controverse monétaire opposant depuis le début du XIXe siècle les partisans du Banking principle, comme Tooke, aux tenants du Currency principle, dont le plus connu est Ricardo[5]. Selon les premiers, il convient de laisser les banques régler librement leur émission de monnaie fiduciaire, à leurs risques et périls ; toute émission excessive par rapport aux besoins des transactions entraînera automatiquement un reflux de billets dont les porteurs demanderont le remboursement en espèces : la circulation fiduciaire se limitera donc d'elle-même[6]. Selon les partisans du Currency principle au contraire, il faut poser une limite rigoureuse à l'émission, fixer d'avance un rapport entre la monnaie de papier et l'encaisse-or. Tandis qu'en France le Banking principle a prévalu, si bien que la Banque procède à ses émissions sans être soumise à aucun plafond ou à aucun lien rigide, en Angleterre l'act de Rober Peel est venu donner satisfaction aux partisans de l'autre école : la Banque d'Angleterre ne peut émettre de billets non gagés par leur équivalent or qu'à concurrence de 14 millions de livres sterling, soit 350 millions de

1. Les dépositions ayant établi une comparaison entre la BF et la Banque d'Angleterre sont recensées dans la table des matières de l'*Enquête sur... la circulation monétaire...* , t. V, pp. 604-606. Les « avantages » présentés par la BF comparativement à sa voisine sont soulignés par des déposants aussi différents que Pinard, le directeur du Comptoir d'escompte de Paris (t. III, p. 435), I. Pereire (t. III, pp. 267-270), ou Thiers (t. III, p. 435). La plupart des Chambres de commerce développant dans leurs dépositions écrites ce même thème de la « supériorité » de la BF.

2. Les comparaisons les plus poussées entre les deux instituts d'émission sont dues à : Cl. Juglar, qui s'intéresse surtout à l'évolution cyclique de leurs situations ; I. Pereire, *Principes de la constitution des banques et de l'organisation du crédit* (chapitre VIII : « De la Banque d'Angleterre ; des raisons qui ont amené sa constitution actuelle, et des raisons qui la distinguent de la BF »), et « *La Banque de France et l'organisation du crédit en France* » (chapitre VI) ; Wolowski, *la Question des banques*, et *la Banque d'Angleterre et les banques d'Ecosse*; V. Bonnet, « La BF et la Banque d'Angleterre. Solidarité des deux établissements », *Revue des deux mondes*, octobre 1866. Pour des études ultérieures sur la Banque d'Angleterre, voir principalement les ouvrages d'Andreades, *Histoire de la Banque d'Angleterre*, Paris, 1904, de Clapham, *The Bank of England*, Oxford, 1944, et de Sayers, *Banking in Western Europe*, Oxford, 1962.

3. En France au contraire le cours légal est institué aux époques de non-convertibilité des billets. Cf. Bousquet, *op. cit.*, p. 126.

4. Le texte de l'act de R. Peel figure dans plusieurs ouvrages français datant du Second Empire (p. ex. I. Pereire, *Principes de la constitutions des banques...*, pp. 307-324), et aussi dans l'*Enquête sur... la circulation monétaire...*, t. I, pp. 56 et sq. Une récente étude de cet act a été faite par Kenneth Sidney Toft, « A Midnineteenth Century Attempt at Banking Control », *Revue internationale d'histoire de la banque*, 1970, n° 3.

5. P. Vilar, *Or et monnaie dans l'histoire*, Paris, 1974, ch. XXXIII.

6. Théorie dite aussi celle des « inflationnistes », selon Bousquet, *op. cit.*, p. 27.

francs[1] ; tout billet émis au-delà de ce chiffre doit avoir son exacte contrepartie dans l'encaisse métallique de la Banque, son émission fiduciaire se trouve ainsi quasiment bloquée ; la Banque peut se trouver à un moment donné incapable d'émettre un billet supplémentaire. C'est là une différence radicale avec le régime d'émission totalement libéral dont jouit la Banque de France, et les dirigeants de cette dernière en ont pleine conscience[2].

Pour sanctionner ces dispositions capitales de l'act de 1844, la Banque d'Angleterre est dès lors strictement séparée en deux départements, ce qui contraste avec la fluidité de l'organisation de la Banque de France[3]. Ces départements, qui établissent chacun leur propre bilan, sont :

- d'une part le département de l'émission (issue department), qui a pour actif l'encaisse métallique et les 14 millions de livres sterling de bons sur l'Etat, et émet en contrepartie des billets, pour la même valeur totale ; le public peut ici acheter des billets avec de l'or, à un taux de change fixe ;
- d'autre part, le département des opérations de banque (banking department), qui a pour ressources le capital et les réserves ainsi que les dépôts ; il les utilise pour se procurer des billets en échange d'or et pour « procéder à l'escompte et aux autres opérations commerciales et de trésorerie ».

Il existe une autre différence de situation et d'organisation entre la Banque de Paris et celle de Londres. Tandis que la première jouit en fait d'un privilège exclusif d'émission sur le territoire français, ce qui l'entraîne, bon gré, mal gré, à accroître le nombre de ses succursales (30 en 1851, et 61 à la fin du Second Empire), la Banque d'Angleterre n'exerce pas de monopole puisque d'autres banques sont autorisées à poursuivre leurs émissions à côté d'elle, et elle n'a ouvert que 11 succursales[4].

Les rapports qui unissent chacune des deux Banques aux pouvoirs publics sont également très différents de nature. Les économistes et les hommes d'affaires anglais s'étonnent des liens institutionnels qui existent entre la Banque de France et l'Etat

1. Ces 14 millions de livres sterling correspondent au montant de la dette publique anglaise détenue par la Banque (11 millions l. st.) et aux autres titres d'Etat qu'elle possède (3 millions l. st.). On sait qu'il a fallu suspendre cette clause, qui ne permettait aucune élasticité de l'émission en cas de crise grave, en 1866. De là, un désaccord entre les économistes français sur les mérites de l'act de 1844 : tandis que pour Wolowski, la Banque d'Angleterre a ainsi puisé dans la ridigité de ses émissions le crédit nécessaire pour tenir tête à l'orage, Courcelle-Seneuil et M. Chevalier y ont vu la preuve qu'« un système contractile et extensible possède en lui-même un principe de compensation... » Cf. Bousquet, *op. cit.*, p. 44.

2. Vernes constate ainsi dans le Conseil du 25 juin 1857 : « La Banque d'Angleterre est tenue par le bill de Peel de conserver entre son encaisse et son passif une proportion dont le maintien la rend très susceptible et la porte ainsi à s'effrayer de la moindre exportation d'espèces. Cet établissement a sa marche et devons avoir la nôtre. »

De même Durand (*PVCG* du 15 novembre 1860) : « Ses statuts ne lui laissent pas la même liberté qu'à la BF pour le rapport à maintenir entre son encaisse et sa circulation de billets » ; Mallet (*PVCG*, Ier octobre 1866) : « La Banque d'Angleterre est régie par des statuts beaucoup plus stricts que ceux de la BF », etc... Cf. aussi De Waru, *Dépositions de MM. les Délégués et régents*, pp. 207-209.

Dans l'*Enquête sur... la circulation monétaire*, plusieurs déposants soulignent la supériorité du système libéral français sur le système rigide anglais : ainsi le régent Denière (t. I, p. 401 : « Il faut laisser à BF toute latitude pour l'émission »), Ch. Picard, le président de la Chambre de commerce de Saint-Quentin (t. II, p. 86), ou l'ancien ministre des Finances Garnier-Pagès (t. II, p. 68)...

3. W. Newmarch, membre de la Société royale et vice-président de la Société de statistique de Londres, insiste particulièrement sur cette différence entre les deux Banques lors de l'*Enquête*, t. V, pp. 547 et 550.

Des bilans de la Banque d'Angleterre commentés figurent dans : Pereire, *op. cit.* (pour le 7 avril 1864), Bousquet, *op. cit.*, p. 45 (jour le 29 décembre 1881).

4. Cf. L. de Lavergne, in à l'*Enquête sur... la circulation monétaire...*, t. II, p. 871 : « Il y a dans la seule Angleterre la Banque d'Angleterre, ses 11 succursales, et 200 banques particulières ayant le droit d'émission, avec 650 comptoirs », ceci sans compter les banques irlandaises et les banques (très nombreuses) d'Ecosse.

La Banque d'Angleterre, qui a depuis 1825 un privilège d'émission restreint à une zone de 65 miles autour de Londres, tient pourtant une place de plus en plus dominante, puisque l'act de 1844 a interdit la création de nouvelles banques et que plusieurs des anciennes banques résignent peu à peu leurs propres privilèges sous la pression de la Banque d'Angleterre !

français. Certains s'inquiètent, comme Newmarch, qu'en France « le bureau d'administration (soit) présidé par un gouverneur nommé par l'État ; de plusieurs manières l'État intervient plus dans les actes de la Banque que cela n'a lieu en Angleterre... La Banque de France a plus le caractère d'une institution gouvernementale, et moins celui d'un établissement de concurrence commerciale que la Banque d'Angleterre... La Banque de France subit trop l'influence du gouvernement[1]. L'économiste Bagehot par contre se félicite que « l'État français ne confie pas le soin de veiller sur cette réserve (de la circulation monétaire) à un conseil de marchands administrateurs choisis par les actionnaires. La nation elle-même, représentée par le pouvoir exécutif, choisit le gouverneur et le sous-gouverneur (sic) de la Banque de France. Ces officiers ont auprès d'eux, il est vrai, un conseil de régents ou administrateurs choisis par les actionnaires. Mais le gouverneur ne suit les avis de ce conseil qu'autant que cela lui plaît ; chargé de veiller à l'intérêt national, il peut, s'il le veut, dédaigner les murmures des régents. La conservation de l'unique réserve de banque constituant une fonction nationale, on peut soutenir qu'il est au moins plausible que le gouvernement choisisse les fonctionnaires chargés de ce soin »[2].

Par contre, la Banque d'Angleterre « ne subit pas l'influence du gouvernement », et peut fort bien résister à ses pressions : elle est un établissement indépendant, une compagnie totalement privée. En effet, tous ses dirigeants sont élus par les actionnaires. Il s'agit d'un conseil de 24 directeurs, formé surtout de « négociants expérimentés » régulièrement réélus, d'un gouverneur et d'un sous-gouverneur. Ces deux derniers, qui ont à certains égards plus d'autonomie d'action que leurs homologues français[3], constituent un pouvoir exécutif non permanent, puisque tous les deux ans le gouverneur redevient simple administrateur et est également remplacé par le sous-gouverneur qui cède lui-même son poste à l'administrateur (ou directeur) le plus âgé[4].

Cette indépendance complète de la Banque d'Angleterre apparaît souvent comme une anomalie surprenante, puisqu'au niveau des opérations elle entretient avec le Trésor une coopération beaucoup plus étroite que ne le fait la Banque de France. « Il est de principe en France que le crédit public et le crédit commercial demeurent dans une indépendance complète l'un vis-à-vis de l'autre... En dehors des circonstances exceptionnelles où l'Etat et la Banque ont à se prêter un mutuel appui, le Trésor n'a d'autres rapports habituels avec celle-ci que ceux qui résultent du compte courant qu'elle lui a ouvert », et ce compte est régi par les mêmes principes que ceux des simples particuliers »[5]. Les avances demandées par le ministre des Finances doivent être réglées par une convention négociée de gré à gré, comme pour une opération

1. *Enquête sur... la circulation monétaire*, t. V, pp. 547-550. Newmarch poursuit : « La nomination par l'Etat d'un gouverneur permanent à la BF donne au fonctionnement de cet établissement de la consistance et de l'esprit de suite, mais elle en fait trop aussi un établissement gouvernemental, et pas assez un établissement de concurrence. »

Même réticence de la part du vice-président de la Banque de Bâle, Burkhardt-Bischoff, *ibid*, t. V, p. 754 : « L'utilité de cette attache gouvernementale pourrait être contestée... En France, il faut un décret pour créer une succursale, ou même pour en nommer le directeur. »

2. Bagehot, *Lombard Street, ou le marché financier en Angleterre*, trad. française 1874, p. 68. Cet auteur reprend (*ibid*, p. 217) : « La BF garde dans ses coffres de l'argent appartenant à l'Etat, aussi l'Etat nomme-t-il le gouverneur... » Sur Bagehot, qui fut directeur de *The Economist* de 1859 à 1877, voir : H. Calvet, « Un économiste victorien, Walter Bagehot », *RHMC*, 1956.

3. C'est ce que constate le régent Mallet, quand il va négocier à la fin de 1860, pour le compte de la BF, avec les dirigeants de la Banque d'Angleterre : là-bas les gouverneurs peuvent procéder de leur propre initiative à « la vente et à l'achat de fonds publics et numéraire » (*PVCG*, 21 novembre 1860).

4. Pour l'administration supérieure de la Banque d'Angleterre, voir Bagehot *op. cit.*, *passim*.

5. Thoyer, *Notice sur la Banque de France*.

ordinaire. En Angleterre au contraire, le crédit de la Banque et celui de l'Etat sont intimement liés : non seulement le capital de la Banque d'Angleterre tout entier est « aliéné à l'État »[1] – la Banque de France n'est pas à ce point de vue dans une situation très différente –, mais l'État est son premier client : la Banque d'Angleterre effectue pour son compte l'encaissement des revenus publics, en particulier le recouvrement de l'impôt, et elle se charge du paiement des dépenses du Trésor britannique, elle assure notamment le service de la dette publique[2]. Elle alimente aussi les finances de l'Etat en vendant aux particuliers des bons de l'Echiquier (dette flottante) ou en émettant ses emprunts.

Dans ses transactions avec le public, la Banque d'Angleterre n'est pas enfermée dans des principes aussi rigides et aussi formels que la Banque de France. Elle n'exige pas la présence de trois signatures sur les effets de commerce, mais elle agit à cet égard « comme elle l'entend. La méthode anglaise ne tient compte d'aucune règle fixe dans l'appréciation de la valeur du papier présenté et s'en rapporte à la prudence pour juger chaque cas particulier. »[3] Tandis que la Banque de France applique uniformément le même taux de l'escompte, la Banque d'Angleterre gradue le sien avec beaucoup de souplesse suivant la qualité du papier : son taux officiel n'est qu'un minimum, au-dessus duquel elle peut librement monter[4]. Si elle ne fait pas d'avances sur titres de chemins de fer[5], la Banque d'Angleterre « achète toujours les lingots d'or à prix fixe » et elle fait ainsi « le commerce des métaux précieux sur une grande échelle », ce qui n'est pas le cas de la Banque de France[6]. Et surtout, la Banque anglaise est beaucoup mieux armée que son homologue française pour intervenir activement sur le marché de l'argent. Elle a d'abord déjà une bonne expérience du maniement du taux de l'escompte, dont elle a érigé la mobilité en principe, tandis que la Banque de France va en faire l'apprentissage sous le Second Empire seulement. De plus, alors qu'en France fonctionne un marché « hors banque », hors de toute action de la Banque de France, la Banque d'Angleterre élargit son intervention à l'ensemble du marché monétaire, achetant ou vendant tour à tour des effets de commerce ou des effets publics : elle emploie ainsi des mesures d'open market qui s'acclimateront en France beaucoup plus tardivement[7].

1. Selon l'observatoire du régent Legentil, *PCVG* du 3 mars 1852.
2. Comme l'avait fait la BF de 1817 à 1827. Sur la solidarité de la Banque d'Angleterre et du Trésor britannique : Bousquet, *op. cit.* Et Bizaguet (« Les origines des institutions bancaires », *Revue internationale d'histoire de la Banque*, 1974) : « L'indépendance du Trésor à l'égard de la banque d'émission (est) une originalité française, à l'opposé de ce qui se passe en Angleterre... Le Trésor français possède son propre circuit. »
3. Newmarch, *Enquête sur... la circulation monétaire*, t. V, p. 550.
4. Observation de Pinard, *ibid.*, t. I, p. 189. Même constatation dans *PVCG* du 9 janvier 1868.
5. *PCVG* du 3 mars 1853.
6. L'« infériorité de la BF à ce point de vue a été à plusieurs reprises regrettée, notamment par Rothschild (*PVCG* du 31 mai 1866), Pinard (*Enquête sur... la circulation monétaire*..., t. I, p. 184) et Cohen, « économiste à Paris » (*ibid.*, t. II, p. 328).
7. La politique d'open market de la Banque d'Angleterre paraît pourtant bien connue du Conseil de régence dès le Second Empire. Le gouverneur de Germiny évoque ainsi ses « opérations habituelles de vente et d'achat de fonds publics » (*PVCG* du 1er octobre 1861) : « Il est vrai, ajoute-t-il, qu'elle y est forcée lorsque ses encaisses ou sa circulation ne sont plus dans les proprotions légales. » Plus tard, de 1877 à 1879, le régent Pillet-Will invitera plusieurs fois ses collègues à faire acheter par la Banque de France sur place de bonnes valeurs. Mais sa proposition est renvoyée à un conseil juridique (Dufaure), et finalement enterrée. Et c'est seulement un décret-loi du 17 juin 1938 qui autorisera la Banque à acheter et vendre sur le marché libre des effets à court terme !

Structure comparée du passif des Banques de France et d'Angleterre (en %)

	Au 2/3 mai 1857		*Au 11/12 juin 1868*		*Au 11/12 février 1863*	
	Banque de France	Banque d'Angleterre	Banque de France	Banque d'Angleterre	Banque de France	Banque d'Angleterre
(Total du bilan en millions de francs)	(952)	(1 330)	(1 277)	(1 495)	(1 931)	(1 739)
Circulation :						
Billets	61		64	33	61,5	35
Mandats - Récépissés	1		1	1	1,5	0,5
TOTAL	= 62	= 39	= 64,5	= 34	= 63	= 35,5
Dépôts :						
Comptes courants des particuliers	15,5	18,5	12,5	23,5	24	30
Compte courant du Trésor	8,5	11	5	12	0,5	9,5
TOTAL	= 24	= 30	= 17,5	= 35,5	= 24,5	= 39,5
Capital - Réserves - Profits	13,5	30	17	30	12	25

Structure comparée de l'actif des Banques de France et d'Angleterre (en %)

	Au 2/3 mai 1857		*Au 11/12 février 1863*		*Au 11/12 juin 1868*	
	Banque de France	Banque d'Angleterre	Banque de France	Banque d'Angleterre	Banque de France	Banque d'Angleterre
(Total du bilan en millions de francs)	(952)	(1 330)	(1 277)	(1 495)	(1 931)	(1 739)
Numéraire	24,5	18	23	23	62,5	31,5
Portefeuille et avances sur lingots	5	55,5	46,5	56	25	27,5
Avances ou effets divers	56,5		13,5		3,5	19
Avances à l'État, rentes et immeubles	14	26,5	17	20	9	22

Enfin, une rapide comparaison des principaux postes du bilan de ces deux banques confirme certaines dissonances dans leurs façons de « travailler »[1]. Les chiffres totaux des bilans de ces deux banques apparaissent être, très grossièrement, du même ordre de grandeur, encore que la Banque d'Angleterre ait conservé l'avantage à ce point de vue durant les années 1850, avant que le rapport ne s'inverse. Par contre, les tableaux joints montrent que les structures de l'actif et du passif de ces deux établissements divergent sensiblement. Tandis que la monnaie fiduciaire représente, nous l'avons vu, la majeure part des ressources de la Banque de France, l'act de Peel interdit à la Banque d'Angleterre de compter au même degré sur ses billets, qui ne constituent guère plus d'un tiers de son passif. Par contre, cette dernière peut disposer de ressources propres très supérieures, même après le doublement du capital de la Banque de France, et aussi sur des dépôts nettement plus importants[2], dont le montant équivaut à peu près à la circulation ; ils proviennent tant du Trésor britanni-

1. *La Semaine financière* publie assez régulièrement depuis 1857 côte à côte les situations sommaires des deux grandes banques d'émission. Les chiffres publiés dans ce périodique ont permis d'établir les tableaux qui précèdent. Le bilan de la Banque d'Angleterre résulte de la confusion des bilans particuliers des deux départements distincts qui la constituent.

2. Cette disparité devait aller en s'accentuant, puisque durant la dernière décennie du siècle « le montant des dépôts à la Banque d'Angleterre s'élève presque toujours au double du chiffre qu'ils atteignent à la BF » (P. Loubet, *La BF et l'escompte*, Paris, 1900, p. 56).

que que des «particuliers»: les grandes entreprises britanniques, en particulier les entreprises bancaires, font un plus large usage de la faculté que leur ouvre la Banque d'Angleterre d'ouvrir chez elle un compte courant et de régler leurs paiements par les mandats qu'elle met à leur disposition...

Quoique moins faciles à discerner d'après les chiffres des bilans publiés, les différences de composition de l'actif des deux banques ne sont pas moindres. Le numéraire constitue un emploi (au demeurant improductif) plus restreint pour la Banque d'Angleterre ; celle-ci consacre une plus grosse part de ses fonds aux concours divers apportés à l'Etat. Enfin, tandis que la Banque de France concentre ses opérations productives surtout sur l'escompte de papier commercial, la Banque d'Angleterre disperse davantage ses emplois : elle remplit ses portefeuilles de papiers à court terme divers, qu'elle se procure tant par l'escompte que par ses achats sur le marché monétaire...

II. La «sagesse» des Banques d'Angleterre et de France

Quoique les deux banques aient été séparées par de multiples dissemblances, auxquelles les contemporains ont été particulièrement attentifs, quoiqu'elles aient fonctionné dans un environnement économique et bancaire nettement dissemblable, au moins au début de notre période, elles ont eu et elles ont conservé longtemps un trait essentiel en commun, le même principe de conduite pourrait-on dire : elles se cantonnent volontiers dans une attitude réservée, voire crispée, face à toute éventualité d'extension des crédits ou à tout projet d'augmentation de la circulation fiduciaire. Ces craintes permanentes peuvent s'expliquer par des raisons en quelque sorte techniques : les dirigeants de ces instituts d'émission, par la nature de leurs fonctions, s'estiment toujours chargés de la défense de la monnaie ; et gardiens de la pureté monétaire, ils se sentent investis d'une véritable mission, qui les condamne à rappeler sans relâche aux pouvoirs publics et à la nation les exigences de la sagesse, à demander le respect de principes rigoureux, à mettre en garde contre tout entraînement dangereux. Ils ont pleinement conscience de leur devoir de sauvegarder la monnaie fiduciaire de tout ce qui peut la menacer.

Cette attitude, qui s'est largement maintenue jusqu'à l'époque présente[1], s'explique encore mieux durant le XIXe siècle, de la part d'instituts émettant des billets convertibles à vue, dont le public commençait seulement à admettre l'usage : leurs dirigeants doivent entourer de précautions un instrument de circulation encore fragile (d'où les recherches entreprises pour lutter contre la contrefaçon), ils doivent aussi et surtout veiller à être toujours capables d'assurer rapidement le remboursement de ces billets, dont il leur faut donc limiter le volume.

D'autres raisons ont pu jouer dans le même sens, comme l'âge relativement avancé des responsables de ces deux banques, qui ne les disposait pas aux aventures monétaires, et aussi, pour la Banque de Londres, les prescriptions draconiennes de l'act de Peel qui bloquaient le développement de sa circulation fiduciaire.

En France, il faut tenir compte des expériences malencontreuses antérieures de

1. On lit ainsi dans *le Monde* du 14 juin 1974, à propos du départ d'O. Wormser, gouverneur de la Banque de France : «La Banque centrale, gardienne de la monnaie, a le devoir de rappeler les nécessités d'une politique de fermeté, mission souvent ingrate...»

papier-monnaie. L'écroulement de la banque de Law et l'effondrement des assignats ont imprimé dans la conscience collective des classes éclairées une empreinte indélébile et ont laissé dans certains milieux un souvenir presque obsessionnel. On en retrouve fréquemment l'évocation dans la littérature du temps, dans les œuvres historiques de Thiers, comme dans *le Bossu* de Paul Féval (1867), dont l'intrigue se déroule en pleine fièvre mississippienne. Et tout dictionnaire d'économie politique (ceux de Sebire et Carteret ou de M. Block...), toute étude sur la Banque de France (celle de Courtois par exemple), commence par un rappel détaillé de ces deux épisodes monétaires. Comme s'il fallait toujuors garder présents à l'esprit les mauvais exemples du passé pour éviter de répéter les mêmes erreurs[1].

Le système de Law et l'émission des assignats sont présentés comme de terribles calamités: «C'est pour avoir voulu trop généraliser ses opérations que Law a jeté la France dans une banqueroute formidable», écrit M. Du Camp, tandis que pour Gautier le système a été une «grave catastrophe», lourde de «formidables conséquences»; puis vinrent les assignats: ainsi, «en France, des désastres effrayants ont été, à deux reprises pendant le cours du siècle précédent, le fruit de l'abus du crédit... Le souvenir de ces désastres est un obstacle qui est loin d'être encore écarté» au développement des banques.

Le rappel de ces cataclysmes financiers s'accompagne toujours d'une sévère condamnation des fautes commises, et des excès engendrés par la spéculation: M. Du Camp stigmatise ainsi l'agiotage de la rue Quincampoix, qui répand dans la ville et jusque dans la Cour la folie, la débauche et le crime. Mais, par delà ce jugement moral, ces deux aventures monétaires ont bien d'autres raisons, plus ou moins confusément ressenties, de susciter l'horreur. Dans les deux cas, il y a eu intervention néfaste de l'Etat, ce qui conduit M. Du Camp à parler, à propos des assignats, de «rêverie socialiste» et à dénoncer l'«ingérence du gouvernement qui tue l'initiative individuelle»[2]. De plus, la spéculation déchaînée et l'effondrement final ont, sous la Régence comme durant la Révolution, contribué au renversement de positions sociales anciennement établies et ébranlé ainsi l'ordre de la société. La fièvre mississippienne apparaît comme scandaleuse parce qu'elle a permis à un laquais soudain enrichi de racheter le carrosse de son ancien maître, un gentilhomme totalement ruiné... Quant aux assignats, ils ont été un puissant moyen de révolution sociale, puisqu'ils ont, selon le jugement de Ramel devant le Conseil des Cinq-Cents «amené la destruction des ordres et des privilèges: ils ont fait la Révolution»[3]. De la même façon, dans son compte rendu aux actionnaires du 25 janvier 1849, le gouverneur d'Argout associe étroitement, à propos des journées qui ont suivi la Révolution de février, l'idée d'une résurrection des assignats avec les atteintes portées au droit de propriété et «la menace d'une révolution sociale... Les prédications dangereuses attaquent la propriété, sous diverses formes la résurrection des assignats est demandées; la frayeur s'empare des esprits».

Au surplus, «la surabondance de la masse de la monnaie en circulation» qui

1. Cf. les ouvrages de Levasseur, *Recherches historiques sur le système de Law*, et de J. E. Horn, *J. Law, essai d'histoire financière*, dont le *Journal des économistes* rend compte en juillet 1857 et en janvier 1859. Et A. Courtois, *Histoire de la BF et des principales institutions françaises de crédit depuis 1717*, Paris, 1876.
2. Gautier, article cité de l'*Encyclopédie du droit*, p. 39. Et M. Du Camp, *op. cit.*, pp. 381 et 446.
3. Phrase citée et commentée par Bousquet, *op. cit.*, p. 86.

« exerce sur tous les intérêts de la société une influence directe et décisive »[1] va de pair avec le crédit facile, bon marché. Or, l'argent bon marché risque lui aussi de modifier l'échelle des positions sociales, ainsi que l'expliquait Thiers – qui était pourtant lui-même un parvenu de fraîche date ! –, dans son discours de 1840 : « En faisant baisser l'intérêt, vous rendez possibles des entreprises à tous les gens incapables d'en faire, à des hommes qui n'ont ni habileté, ni argent. Ils filent du coton, ils tissent de la toile aveuglément, sans mesure ; ils chargent les marchés d'une masse de produits, et viennent faire concurrence à de vieux commerçants ; et ces hommes de quelques jours ruinent des hommes établis depuis quarante ou cinquante ans... Permettre à des individus, non seulement de se ruiner, mais de ruiner leurs voisins, c'est une chose qui n'est pas admissible »[2]. Et de même pour Lafond, intervenant dans la séance du Conseil général du 9 décembre 1852, la Banque ne doit pas encourager la « spéculation » due à ce que « personne ne veut plus rester dans sa sphère. Chacun veut tenter la fortune et la faire en un jour ».

Autant de bonnes raisons pour la Banque de France de « résister aux pressions de l'école moderne » et de répudier toute « vie d'aventure » (M. Du Camp), bref, de rester fidèle à sa devise, inscrite sur la première médaille frappée pour son compte : « La sagesse fixe la fortune ». Au surplus, « les institutions de crédit », si elles évitent « les affaires trop étendues ou trop hasardeuses... peuvent devenir un précieux instrument d'ordre et de conservation » en temps de crise[3]. Ainsi, la Banque de France est conçue, non seulement comme le bastion de la stabilité monétaire, mais aussi comme un appui solide de « la fortune publique »[4], le défenseur des épargnants[5] et une garantie de l'ordre.

Mais dans quelle mesure ces conceptions largement répandues sont-elles partagées par les dirigeants de la Banque de France précisément sous le second Empire, et inspirent-elles vraiment sa politique en cette période de renaissance de « l'agiotage » ?

© Droz

1. Gautier, article cité, p. 34.
2. Discours prononcé le 19 mai 1840, figurant dans les *Discours parlementaires de M. Thiers*, t. V, pp. 26-27.
3. Gautier, *op. cit.*, p. 68.
4. *Notice sur la Banque de France*, de Thoyer (1854) : « La fortune publique est intéressée à ce que les banques apportent la plus grande prudence possible dans leurs opérations d'escompte. »
5. F. Perroux, « Les Banques d'émission et l'Etat », *Revue d'économie politique*, novembre 1944 ; à propos de « la banque passive », qui correspond à l'institut d'émission tel qu'il s'est développé au XIXe siècle, il écrit (p. 492) : « L'Institut central détenteur d'or sera le gardien de l'épargne nationale, parce qu'il est le gardien de l'instrument spécifique de cette épargne. »

VII

ENTREPRISES, ENTREPRENEURS, PATRONATS

Le caractère relativement tardif de l'histoire des entreprises et des entrepreneurs constitue une spécificité de l'historiographie française. Dès 1925, est fondée aux États-Unis la Business Historical Society et Norman Gras enseigne l'histoire des entreprises à Harvard à partir de 1927. La « business history » se développe, outre aux États-Unis, en Angleterre et surtout en Allemagne. En réponse à des préoccupations inspirées de Joseph Schumpeter, les travaux portent notamment sur la direction et la gestion des entrepreneurs, la Führerschaft, en rapport avec l'histoire conjoncturelle des innovations, s'approchant en cela d'une anthropologie des élites économiques. On en trouve trace dans la Business History Review *ou dans* Tradition.

Le retard français, bien réel dans ce domaine, résulte d'une part d'une double méfiance réciproque. Le développement de l'histoire économique, on l'a vu, dans les années 1930 et 1940 profite surtout, sous l'impulsion d'Ernest Labrousse, aux travaux d'histoire conjoncturelle, quantitative et sérielle. Imbriquée à l'histoire sociale, elle privilégie l'approche macro-économique ou macro-sociale. L'influence dans les années 1950 des concepts macro-économiques de comptabilité nationale d'inspiration keynésienne confortent la tendance à rejeter le cadre micro-économique.

Ainsi, les études monographiques d'entreprises – ou a fortiori biographiques de chefs d'entreprises – se trouvent largement dépréciées par les historiens. S'y ajoute chez ces derniers une certaine méfiance à l'égard du patronat, une inertie idéologique, bien au-delà des clivages explicites, conduisant à privilégier les masses, surtout ouvrières, plutôt que les individus. Et même dans le domaine de l'histoire sociale, ce sont surtout les luttes des salariés ou les différentes fractions du mouvement ouvrier, insérées dans les débats socio-politiques plus généraux, qui font l'objet d'études, plutôt que la condition ouvrière dans les limites de l'entreprise.

En retour, les chefs d'entreprises sont peu demandeurs d'histoire. Lorsqu'ils disposent ou héritent d'archives privées, ils ne se montrent guère prompts à les ouvrir à des historiens de métier ou même à les confier à des dépôts d'archives publiques. Le climat idéologique de tensions, accru par la vivacité des conflits depuis 1936, contribue à entretenir la méfiance et tout particulièrement la hantise, le plus souvent mythique, que la plongée dans les archives répond au projet, de la part de l'historien, de découvrir des secrets compromettants pour l'entreprise.

Dans ces conditions, le terrain de l'histoire des entrepreneurs et des entreprises a longtemps été laissé à des polygraphes ou à d'anciens praticiens ignorant la plupart du temps les règles élémentaires du travail de l'historien. Chroniques sans relief ou purement anecdotiques, discours hagiographiques tressant des couronnes à tel patron ou telle dynastie, ouvrages de commandes destinés à assurer la promotion de l'entreprise, publications commémoratives superficielles et sans épaisseur, tels furent les travers principaux de cette production infra-historique.

C'est seulement à la fin des années cinquante que s'amorce la rencontre entre l'entreprise et la science historique. Pierre Léon (la Naissance de la grande industrie en Dauphiné, PUF, Paris, 1954) et Guy Thuillier dans son travail sur Georges Dufaud abordent la question du patronat industriel, sans parler des travaux sur les milieux financiers (cf. supra, chapitre VI).

De même, Claude Fohlen, à travers sa thèse consacrée à l'Industrie textile au temps du Second Empire (publiée en 1956), analyse certains traits des entrepreneurs du textile. Il précise encore l'analyse dans sa thèse complémentaire, qui porte sur une seule entreprise cotonnière de l'Est (Une Affaire de famille au XIXe siècle : Méquillet-Noblot). Dans le même temps, Bertrand Gille, quelque peu isolé il est vrai, engage un travail pionnier pour nourrir un fonds d'archives privées aux Archives Nationales, lance en 1958 une revue Histoire des entreprises (qui ne connaît que 12 numéros et dont l'exemple n'est repris... qu'en 1992 !) et publie divers travaux dont ses Recherches sur la formation de la grande entreprise capitaliste (1815-1848) Paris, SEVPEN, 1959, qui fournissent un guide précieux sur les sources disponibles. Enfin, Guy Palmade tente une première synthèse, Capitalisme et capitalistes français au XIXe siècle (Paris, Armand Colin, 1961).

Même si l'entreprise ne se trouve pas au cœur des recherches des disciplines d'Ernest Labrousse, certains parmi ces derniers se préoccupent de l'histoire conjoncturelle du profit, de l'investissement et du capital, dont l'entreprise peut être le cadre. Ainsi, la thèse de Jean Bouvier, le Crédit Lyonnais ; les années de formation d'une banque de dépôts : 1863/1882, soutenue en 1959 et publiée en 1961, rencontre une stratégie bancaire dans sa quête de la conjoncture. Et peu après, Pierre Vilar, successeur d'Ernest Labrousse à la tête de l'Institut d'Histoire économique et sociale à la Sorbonne, lance une enquête sur « entreprise et profit », jalonnée par des travaux d'étudiants à l'aube des années 1970.

À partir de la fin des années 1960, d'amples thèses de doctorat d'État sont consacrées à des histoires de branches ou d'entreprises, par des historiens qui ont suivi l'enseignement d'Ernest Labrousse, tels Marcel Gillet ou François Caron. Des travaux, tels que ceux de Patrick Fridenson sur les usines Renault (1972) ont relayé cet élan. Depuis la fin des années soixante-dix, plusieurs entreprises ont ouvert leurs archives à des historiens, dont l'une des plus célèbres est Saint-Gobain-Pont-à-Mousson (ce qui a permis la réalisation des thèses de Claude Pris, Alain Baudant, Jean-Pierre Daviet).

Depuis lors, les approches pour aborder entreprises et patronats se sont démultipliées, à la mesure de l'essor même des recherches historiques mais aussi des influences diverses exercées par les économistes. L'impact de Joseph Schumpeter apparaît très limité sur les historiens jusqu'à une date récente. Cependant, les travaux cités ne tiennent pas compte généralement de l'idée, propagée surtout par des historiens anglo-saxons, d'un faible dynamisme de l'industrie française, du fait du manque d'esprit d'entreprise de leurs responsables.

L'ouvrage célèbre d'Alfred Chandler (publié en 1977), la Main visible des managers, tardivement traduit en français (trad. fr. Paris, Economica, 1989), a exercé seulement de manière récente ses effets sur les historiens français dans leur manière d'approcher l'entreprise, surtout industrielle, en particulier en les conduisant à s'interroger sur l'organisation interne des services et du personnel, sur la fonction des cadres ou des salariés intermédiaires. Cependant, la distinction entre patronat familial et entrepreneurial, pertinente pour les États-Unis, n'apparaît pas toujours adéquate au cas de la France.

Les liens se renforcent quelque peu entre histoire et entreprise et, sans atteindre les dimensions de la public history *américaine, un groupe français d'historiens fonctionne depuis quelques années comme un cabinet d'experts-conseils (cf. Maurice Hamon, Félix Torres,* Mémoires d'avenir – l'Histoire de l'entreprise, *Economica, Paris, 1987). Les exemples d'entreprises ainsi visitées par des historiens demeurent encore peu courants.*

Autre manière d'aborder le monde patronal, s'interroger sur sa reproduction plus ou moins endogène au fil des générations. Des travaux coordonnés par Maurice Lévy-Leboyer jalonnent cette quête[1]*, marquée par une grande diversité des résultats.*

Enfin, plusieurs ouvrages récents abordent plus nettement la question de la politique sociale dans l'entreprise et permettent de revoir les interprétations relatives au paternalisme. Ainsi, un historien américain, Michael B. Miller, dans une recherche consacrée au Bon Marché, a analysé les rites observés par l'ensemble du personnel, ainsi que la politique paternaliste des Boucicaut. Les travaux se sont développés sur ces aspects dans les années 1980. Un ouvrage récent en réunit quelques-uns et présente en introduction la rétrospective de ces approches successives de l'histoire de l'entreprise en France, jusqu'aux derniers travaux consacrés au concept flou de « culture d'entreprise »[2].

Comme pour d'autres objets d'histoire, l'histoire des entreprises connaît donc une diversification des angles d'approche. Les travaux les plus récents soulignent ainsi davantage l'importance des composantes socio-culturelles, frayant la voie à l'anthropologie sociale.

La Naissance de la grande industrie en Dauphiné
(1954)

PIERRE LÉON

Portion de la thèse déjà citée sur les formes de renouvellement du patronat dauphinois. L'apparition de générations nouvelles de chefs d'entreprises après le premier Empire, se distinguant de manière nette des précédentes, s'appuie beaucoup plus sur la promotion d'anciens artisans ou employés que sur la diversification d'activités de grands négociants.

Source : *Pierre Léon,* « la Naissance de la grande industrie en Dauphiné », op. cit., *p. 702-704, publié sous le même titre (Paris, PUF, 1954).*

Le nouveau capitalisme

La mécanisation croissante de l'activité industrielle et la multiplication des communications routières et ferroviaires facilitaient grandement l'apparition de la grande industrie ; elles ne suffisaient pourtant pas, à elles seules, à la faire triompher. Pour cela, il était nécessaire qu'apparût un élément, dont l'influence devait être décisive, et qui commandait tous les autres : le grand capitalisme mobilier. Et pourtant, au premier

1. « Le patronat de la seconde industrialisation ». *Cahiers du Mouvement social*. Paris. 1979 ; « Dynasties patronales françaises ». *le Mouvement social, n° 132, juillet-septembre 1985.*
2. *Yves Lequin, Sylvie Vandecasteele (ed.)* l'Usine et le Bureau. *Centre Pierre Léon, Presses universitaires de Lyon, 1990.*

abord, il ne s'agissait de rien de bien nouveau ; dès la fin du XVIIe siècle, et au cours du XVIIIe siècle, les manieurs d'argent lyonnais et dauphinois étaient largement intervenus dans le financement d'assez nombreuses entreprises. Pourtant, ainsi que nous l'avons vu, ce capitalisme, encore primitif, manquait d'ampleur, d'organisation, de mobilité et de souplesse. Il acquerra ces qualités progressivement, entre 1820 et 1870, grâce à l'action de nouvelles générations, capables de comprendre le rôle que l'argent liquide pouvait jouer entre des mains exercées.

1. – Les animateurs

La relève de l'ancien patronat s'achève rapidement. Des générations nouvelles de chefs d'entreprises apparaissent, mieux armées pour assurer le développement de l'industrie dauphinoise, et animées d'une mentalité fort différente de celle de leurs devanciers.

a) Les nouvelles générations patronales dauphinoises

Jusqu'à la fin du Premier Empire, en effet, les industriels s'étaient toujours sentis soutenus par le gouvernement, auquel ils recouraient en période de détresse. A partir de 1820, le libéralisme économique règne en maître, au moins dans le domaine de l'activité intérieure, et l'Administration ne s'intéresse plus que de très loin à la vie économique. Sans doute, des enquêtes seront faites, les préfets et les conseils généraux se réjouissent de voir progresser l'activité de la province, s'efforçant de répandre l'usage des machines et, à l'occasion, distribuant des subventions. Mais, en fait, l'autorité ne suit plus que de très loin les entreprises et s'interdit même d'intervenir en quoi que ce soit dans leur gestion. D'ailleurs, les préfets ne restent plus bien longtemps en place, à quelques rares exceptions près ; la présence d'un Pelleno pendant 15 ans, de 1832 à 1847, à la tête de l'Isère, est un phénomène exceptionnel, et non moins exceptionnel est l'intérêt réel qu'il témoigne à l'activité industrielle. Dès lors, c'est exclusivement sur eux-mêmes que les chefs d'entreprises doivent compter, et ces conditions nouvelles éliminent les médiocres, mettent en valeur les hommes de courage, d'initiative et d'intelligence, et surtout les obligent à rechercher de nouvelles méthodes de financement, capables de leur assurer des disponibilités suffisantes et suffisamment mobiles.

Ces nouvelles couches patronales sont, par leur origine – et par conséquent par leurs aspirations – totalement différentes des générations anciennes. Certes, un certain nombre de dynasties antérieurement constituées arrivent à subsister, en s'adaptant aux situations nouvelles. C'est ainsi que certains marchands en gros se transforment définitivement en industriels, achevant une évolution ébauchée sous l'Empire ; tel est le cas des Morin de Dieulefit, qui renoncent définitivement à l'entrepôt et au négoce, et qui, dès 1825, disposent de métiers à tisser, de mécaniques à filer, de machines de préparation, et occupent 800 ouvriers ; tel est aussi le cas des Latune de Crest, qui, sortant du commerce en gros des draps et des laines, appliquent leurs capitaux à la papeterie, et, aidés par un homme de l'art, Jean Filliat, fabricant de papiers à Saint-Momans, conseillés par leurs parents et amis Montgolfier, Johannot et Canson d'Annonay, produisant leurs premières feuilles dès 1818. Pourtant, pendant quelques années, et jusqu'à la mort de Filliat, survenue le 16 février 1827, les Frères Barthelemy et Paul-René Latune continueront de s'occuper activement de leur commerce de soies et de ratines, tout en se mettant au courant de la papeterie. Ce ne sera qu'en 1827 qu'ils comprendront qu'il leur fallait renoncer aux occupations du passé, et qu'assistés de leurs fils respectifs, Auguste et Charles, ils deviendront exclusivement des industriels.

Dans le même groupe, bien que déjà à un point de vue quelque peu différent, on peut placer des familles, dont l'ascension avait commencé seulement sous le Premier Empire. Tel est le cas des Frèrejean, qui, sans perdre le contact avec Lyon, se naturalisent de plus en plus dauphinois, en développant, tant à Vienne qu'à Pont-Evêque, des usines d'une très grande importance. Tel est aussi le cas des Giroud, fondateurs de l'exploitation minière de La Motte d'Aveillans, et qui, sous la direction du grand industriel que fut Henri Giroud, consolident leur position.

Mais la majeure partie des industriels, qui développent de grandes entreprises, ne sort pas du grand commerce: ce sont de petits artisans, de petits fabricants, parfois des employés, qui constituent un type nouveau d'hommes d'affaires, celui du patron possédant à fond son métier, attentif à toutes les innovations. Ce type d'hommes avait-il existé au XVIIIe siècle? Il est certain que beaucoup, parmi les chefs d'entreprises modestes, étaient en même temps ouvriers, mais ils travaillaient selon les méthodes traditionnelles et n'avaient en général qu'un assez médiocre désir d'innover; d'autre part, les patrons d'un ordre plus élevé, bourgeois capitalistes, nobles et ecclésiastiques, avaient pu s'intéresser à la technique, mais sans vraiment la connaître. Au contraire, ces patrons-techniciens du XIXe siècle, à la fois ingénieurs et chefs d'entreprises, capables de diriger les usines et rompus à la pratique, représentent un élément novateur, extrêmement précieux, et qui sera largement responsable de l'extension de la grande industrie en Dauphiné.

De ces hommes, certains seront de véritables self-made men, s'étant formés techniquement et commercialement par eux-mêmes. Tel semble être, à Allevard, un Eugène Charrière, qui, issu, le 11 mai 1805, d'une très modeste famille de négociants en grains de Valence, débutera comme employé dans une maison de commerce lyonnaise, en attendant d'installer, en 1829, à Grenoble, un cabinet d'affaires bien achalandé. Mis à la tête de l'usine d'Allevard, en 1833, par le banquier Giroud, son ancien client, sans posséder aucune connaissance particulière, il se fait lui-même, étudie avec précision les graves problèmes techniques qui se posent à l'usine. Administrateur général de l'entreprise après 1848, il continuera jusqu'en 1870, et encore bien après, à suivre le progrès industriel, tout en ayant de l'administration de l'usine et des problèmes commerciaux une connaissance parfaite; il sera, en particulier, le grand responsable de l'adoption de toutes les fabrications spéciales, qui feront la fortune d'Allevard.

© Presses universitaires de France

L'Industrie textile au temps du second Empire
(1956)

CLAUDE FOHLEN

Claude Fohlen a consacré sa thèse de doctorat à l'étude d'une branche industrielle dans le troisième quart du XIXe siècle. Il rencontre le patronat textile et s'interroge sur sa « mentalité », en particulier à l'égard du régime douanier. On a retenu les passages dans lesquels l'auteur tente de définir le « comportement économique » et les « conceptions en matière d'affaires » des industriels, ainsi que les formes de renouvellement des structures à la fin du second Empire. Après une thèse secondaire relative à une entreprise cotonnière de l'Est, l'auteur s'est surtout intéressé à l'histoire des États-Unis, dont il a assuré l'enseignement en qualité de professeur à la Sorbonne (université de Paris-I) de la fin des années 1960 au début des années 1980.

Source : *Claude Fohlen,* l'Industrie textile au temps du second Empire, *Paris, Plon, 1956, p. 90-95, p. 441-442 ; p. 466-467.*

Bibliographie : *Claude Fohlen,* Qu'est-ce que la révolution industrielle ?, *Paris, Robert Laffont, 1971, où l'auteur tente une généralisation, et récemment la thèse de doctorat de Serge Chassagne, dont la version publiée est intitulée* le Coton et ses patrons, 1780-1860, *Paris, 1991, Ed. de l'EHESS.*

Le patronat textile

Le comportement économique

Ce qui importe avant tout dans cette étude du patronat, c'est le comportement économique et ses conceptions en matière d'affaires, car ces attitudes vont être primordiales pendant la famine du coton et vont orienter les réactions en présence de la crise. Deux problèmes économiques intéressent le patronat : le volume des bénéfices, le régime douanier.

On est frappé, à la lecture des enquêtes, du peu de place que tient la notion de production dans les déclarations patronales. Jamais ils ne fournissent le moindre renseignement concernant la production de leurs usines, non par oubli ou discrétion, mais parce que la prospérité des affaires se mesure à l'argent gagné et non pas aux quantités produites. On a vu, plus haut, l'attitude de Pouyer-Quertier, proclamant ouvertement ses bénéfices. Jean Dollfus, à l'enquête de 1860, déposait en ces termes : « Ma Maison (Dollfus-Mieg), placée en première ligne (pour l'impression), n'a pas gagné en moyenne 6 % en sus de l'intérêt des capitaux considérables qu'elle emploie [1]. » Le seul élément qui compte dans l'esprit d'un chef d'entreprise d'alors est le résultat du bilan annuel, ou bisannuel, qui est la pièce comptable essentielle d'après laquelle il voit s'il a gagné ou perdu de l'argent, mais la production n'y entre pas en ligne de compte [2]. Le prix de revient n'a qu'un intérêt accessoire pour lui : il pense comme M. Achille, dans *Bernard Quesnay*, qui fixe ses prix de revient d'après ceux de son voisin et concurrent. En fait, il n'y a pas de calcul de prix de revient : ce dernier est « psychologique », c'est-à-dire qu'il est fixé d'après la capacité maxima de paiement, vraie ou supposée, des acheteurs. Les exemples ne manquent pas de cette conception des prix. Une des principales raisons qu'invoquent les industriels pour expliquer la cherté des tissus de coton français par rapport aux tissus anglais identiques, c'est le coût élevé des machines et de l'installation des ateliers, dont l'amortissement devrait entrer en ligne dans la fixation des prix de revient. Or, d'après des investigations faites dans des archives privées, il ressort que cette affirmation est erronée : une *self-acting*, rendue à Héricourt, revenait à 17 fr. 20, livrée de Manchester, et à 15 francs à Mulhouse [3]. Il faut noter qu'Héricourt était plus éloigné de la mer que

1. *Enquête de 1860*, t. IV, p. 153.
2. Fait confirmé par nos recherches dans les archives privées où nous n'avons trouvé aucune statistique de production. Cf. Fohlen (C.), *ouvr. cité*, introduction.
3. Fohlen (C.) *ouvr. cité*, p. 127.

Rouen ou Lille. Le caractère spéculatif de la gestion industrielle a été relevé dès ce moment soit par des fonctionnaires, soit par certains chefs d'entreprises. Un procureur général signalait dans un rapport: «J'ai étudié pendant trois ans le caractère de la fabrication normande. A chaque rapport, je constatais que les industriels de la Seine-Inférieure, uniquement préoccupés de maintenir ou d'accumuler d'incroyables bénéfices, maintenaient ou haussaient le prix des filés et des fabriqués, alors qu'ils obtenaient pour presque rien la matière première... Tel ou tel fabricant gagnait par an deux millions de francs sans que le peuple payât un centime moins cher le vêtement qui le couvrait[1]. Ce qui est vrai pour la Normandie l'est aussi, plus ou moins, pour les autres régions. Ce témoignage est confirmé par Jean Dollfus, à l'enquête de 1855, lorsqu'il déclare que certains filateurs gagnent «par moments 25 à 40 %, donc plus que les filatures étrangères.» La mentalité industrielle est en grande partie spéculative, le prix de revient réel n'étant qu'accessoire.

Dans ces conditions, le maintien ou l'augmentation des bénéfices est la préoccupation dominante des industriels, et c'est pourquoi la majorité des industriels est si fermement attachée à la doctrine de la protection douanière. Depuis qu'en 1834 la première brèche avait été ouverte dans le système des prohibitions par l'introduction en France des cotons les plus fins pour le tulle et la dentelle, les cotonniers, mis en alerte, n'avaient cessé de se passionner pour la question douanière et de réclamer une protection très élevée, qu'ils estimaient indispensable à la survie de leur industrie. Témoin ces quelques réponses à l'enquête de Duchâtel, en 1834. Joly, filateur à Saint-Quentin: «Toute notre existence manufacturière repose sur la prohibition.[2]» Et Isaac Kœchlin: «Ouvrir aujourd'hui nos marchés à l'étranger serait consentir, au profit de nos voisins, sans aucune compensation, la cession d'une partie de notre travail[3].» Cette attitude est reprise dans toutes les enquêtes du Second Empire, avec la même assurance. Attitude étrange que celle de ces manufacturiers qui invoquent toujours le laissez-faire, mais un laissez-faire qui commence par une «muraille de Chine» entourant la France. Ce qui frappe dans les déclarations des cotonniers, c'est le caractère abstrait et théorique que prend cette notion de protection douanière: c'est un dogme, qui ne repose pas sur une analyse des conditions de la production. La protection au fond, c'est le moyen de maintenir des bénéfices élevés, et c'est bien ainsi que le comprenait le coryphée des protectionnistes, Pouyer-Quertier: la protection est une obligation que l'État se doit d'assumer à l'égard des manufacturiers. Et, de fait, la protection devient la panacée universelle, à laquelle sont attribués les progrès de l'industrie, lorsqu'elle est pratiquée, et qui, une fois supprimée ou atténuée, cause tous les désastres. Henri Loyer justifiait par la protection les progrès de l'industrie du Nord avant 1860: «Pendant les dix années qui ont précédé le traité de commerce... la filature de coton du Nord, protégée d'une manière efficace, a accru ses moyens de production dans des proportions relativement plus considérables que ne l'a fait l'Angleterre[4].» Et au moment de la menace de 1860, les filateurs de Falaise envoyaient à Napoléon III la pétition suivante: «Que vont devenir toutes ces fabriques devant l'invasion inévitable des marchandises anglaises que n'arrêteront pas des droits vainement appelés protecteurs? Les fabriques vont être ruinées, les filatures qui les alimentent vont également être ruinées, toute l'industrie de la Basse-Normandie va être anéantie et

1. A.N., BB 30 376, Colmar, 20 janvier 1863.
2. Cité par Levasseur, *Histoire des classes ouvrières*, t. I, p. 75.
3. Id. *ibid.*, p. 78.
4. *Enquête de 1860. Déposition Henri Loyer*, t. IV, p. 197.

les ouvriers qu'elle occupe privés de leurs salaires[1].» Et en vertu de ces prédictions, quelques industriels ne tentent même pas de lutter, au moment de la promulgation du traité de commerce avec l'Angleterre, ferment leurs ateliers et réalisent leurs stocks: pour eux, la protection est un dogme, sans lequel aucune industrie française n'est concevable.

Quelques chefs d'entreprises, plus larges d'idées et plus courageux, ne suivaient pas la masse et se montraient favorables à un régime douanier libéral. On les rencontre surtout dans les milieux alsaciens. Dès 1855, Jean Dollfus demandait une libéralisation des tarifs douaniers: «C'est le meilleur moment pour lever la prohibition. Si vous la levez aujourd'hui, comme il se construit beaucoup de nouvelles filatures, il n'entrera pas de filés étrangers avant longtemps; vous serez assez bas, en France, quant au prix, pour l'empêcher... Vous donnerez confiance à toutes les industries qui s'alimentent de filés, qui n'ont pu étendre leurs débouchés au-dehors, qui en ont même perdu[2].» A l'enquête de 1860, il revenait à la charge: «On a eu tort de protéger la filature pendant si longtemps; on a nui à la vente, soit à l'intérieur, soit à l'extérieur... Je crois que nos filateurs gagneraient non pas autant d'argent qu'ils en ont gagné jusqu'à présent, mais qu'ils feront encore de très beaux bénéfices avec le système nouveau[3].» L'attitude très ferme de Jean Dollfus et de ses partisans, comme son gendre Engel-Dollfus, appelle deux remarques. La première, c'est qu'elle est le fait d'industries déjà solidement établies (Jean Dollfus est le porte-parole de Dollfus-Mieg) qui ne redoutent donc pas la concurrence étrangère. Seule l'aristocratie textile peut tenir un tel langage. La deuxième, c'est que cette attitude est surtout le fait des imprimeurs, avant tout exportateurs et qui ont intérêt à voir s'ouvrir des marchés étrangers. Les filateurs et tisseurs, eux, se contentent du marché national. La divergence entre ces intérêts apparaît nettement après le décret du 13 février 1861, autorisant l'admission temporaire en France des tissus de coton écrus destinés à la teinture et à l'impression, à charge d'être réexportés dans un délai de six mois[4]. Filateurs et tisseurs n'eurent de cesse que ce décret fût abrogé, ce qu'ils obtinrent en 1869.

Ainsi le front des cotonniers est loin d'être uni sur le problème libre-échange/protection. Deux fractions rivales s'opposent, à la fois par leur spécialité et leur répartition géographique. Il ne fait pas de doute que la masse des protectionnistes l'emportait largement, par crainte de la concurrence anglaise en Normandie, belge dans le Nord, suisse en Alsace. Dans l'ensemble la mentalité des industriels du coton est ultra-protectionniste.

Il reste à savoir comment ces industriels entendaient défendre leur point de vue et quels étaient les moyens dont ils disposaient pour faire pression sur le gouvernement. Les associations professionnelles ont constitué ce moyen. En dépit des interdictions de la législation de la Révolution, des associations apparaissent dès la Restauration, pour se développer plus largement à partir de 1848 et sous l'Empire, qui voit une espèce de premier épanouissement de la conscience de classe patronale. Certaines de ces associations n'ont été qu'éphémères, créées pour défendre un point de vue précis, et ont disparu la question une fois réglée.

1. A.N., BB 18 1559, 23 janvier 1860.
2. *Enquête de 1855*, p. 139.
3. *Enquête de 1860*, t. V, p. 123.
4. Amé, *Étude sur les droits de douane*, t. II, p. 214 et suiv.

La plus ancienne est le «Comité des Filateurs de Lille[1]». Appelé d'abord Comité électif ou Chambre syndicale, il fut créé en 1824, avec mission de défendre les intérêts de la filature, alors naissante, dans le secteur de Lille. De 1824 à 1848, les présidents successifs furent Mimerel, Delesalle-Desmedt et Bonami-Defrenne, tous trois gros filateurs. Ce Comité eut un moment difficile lors de la révolution lilloise de 1848, en raison de l'hostilité de la population contre ses pratiques: son président avait été «l'objet de manifestations hostiles de la part d'un certain nombre d'ouvriers». Le Comité tomba en sommeil, puis se reconstitua sous la présidence de Degrimonpont et reprit son activité sur l'initiative de son secrétaire, Henri Loyer, qui en demeura le principal animateur jusqu'en 1877. Tous les grands noms de la filature lilloise se retrouvent dans les réunions régulières de ce Comité: Achille Wallaert, G. Delesalle, Mallet, Edmond Cox, Desmedt-Wallaert[2]. Nous sommes assez mal renseignés sur le fonctionnement de ce Comité, mais nous savons pourtant qu'il fonctionnait à la façon d'un cartel, qui fixait les prix des filés et les imposait aux petits filateurs, dont la voix ne pouvait se faire entendre[3]. Il intervenait aussi par des démarches publiques: en 1853, il informe le Conseil supérieur du commerce des difficultés rencontrées par la filature de coton dans le Nord (crise de mévente, due à la cherté des produits alimentaires) et lui demanda d'intervenir en faveur des filateurs. Son activité grandit au moment des grandes discussions économiques de 1855 à 1860, où son attitude fut résolument protectionniste.

Dans l'Est, la formation d'associations professionnelles est plus tardive, contemporaine des projets de changement de régime douanier, en 1834. L'année suivante, fut fondé un «Comité des Industriels de l'Est», de tendance protectionniste, dont le secrétaire fut J.-A. Schlumberger[4]. Il rallia autour de lui les industries textiles situées outre-Vosges. Nous ne savons rien sur son activité, sauf qu'il se fondit en 1846 dans l'Association pour la défense du Travail national, fortement protectionniste, dont Schlumberger devint vice-président. Cette Association, qui établit des comités dans un grand nombre de villes manufacturières, fut très active en 1848, puis s'endormit[5].

L'organisation de l'industrie du lin date du lendemain de la dépression de 1848. Le «Comité linier» se constitua à Paris en 1850 pour s'occuper de toutes les questions intéressant cette branche d'industrie et prit une part active aux traités de commerce, préparation de tarifs douaniers, règlements ouvriers. Il se transporta à Lille en 1862 et y imprima un vigoureux développement à l'industrie du lin[6]. Son histoire n'est pas très

1. Loyer (Henri). *Sept ans avant*....
2. A.N.. F 12 6876. Lille. 9 déc. 1853.
3. Cf. ce passage extrait de l'*Enquête de 1855*. p. 160-161: «C'est au Comité que MM. les Filateurs se réunissent. arrêtent les cours entre eux... Cela est si vrai que nous savons d'avance. par de sourdes rumeurs. des bruits précurseurs. qu'il y aura hausse ou baisse: l'une et l'autre partent du Comité. Tout ceci constitue bien une condition véritable. comme celle de l'Association pour la défense du Travail national.
«Les cinq ou six bons filateurs de Lille en coton retors pour tulles ont des cours identiques qu'ils tiennent avec une fidèle et invariable fermeté. Puis. autour d'eux. viennent se grouper. s'abriter les prix des filés inférieurs. Si ce n'est pas là une coalition. on avouera qu'on arrive ainsi aux mêmes résultats.
«Il y a des années que les choses se passent ainsi entre les vingt à vingt-cinq filateurs de Lille spécialisés dans les cotons retors pour tulles.»
4. B.S.I.M.. 1892. pp. 581-587. et arch. Méquillet-Noblot.
5. Le président de l'Association pour la défense du Travail national était Mimerel. créateur d'une des plus importantes filatures de coton de France à Roubaix. Élu conseiller général en 1837 dans le Nord. il fut député du Nord à la Législative. puis sénateur de 1852 à 1870. Bien qu'ultra-protectionniste. il soutint constamment la politique de Napoléon. ce qui lui valut. aux dires de ses ennemis. le titre de comte. (Voir Masure (G.). *les Titres de Monsieur Mimerel*. Lille. 1869). À ses côtés siégeaient. à l'Association pour la défense.... Seillière. filateur et tisseur de coton à Senones (Vosges) et Talabot. maître de forges. La majorité appartenait. dans le Comité. au textile.
6. Delesalle. *l'Industrie linière à l'enquête de 1860*. p. 25.

claire : en décembre 1850 se constitue dans le Nord un organisme concurrent, le « Comité de Tissage des Lins [1] » présidé par le maire d'Armentières, Dansette-Leblon, et comprenant des chefs d'entreprises d'Halluin, Comines, Roncq. Les buts de ce Comité sont vagues : « améliorer les conditions actuelles de tissage des lins... sauvegarder efficacement ses intérêts dans nos rapports présents et dans nos traités à venir avec la Belgique ». Il semble que filateurs et tisseurs n'aient pu se mettre d'accord et que chaque branche finit par former son comité. Ce dernier a été éphémère, tandis que le Comité linier demeura influent tout au long de l'Empire.

Ces associations patronales ne se créaient parfois qu'en vue d'assurer certaines opérations commerciales, dans des conditions difficiles, et n'étaient que des cartels temporaires. Ainsi dans le Haut-Rhin fut projetée en juin 1857 une société des filateurs d'Alsace et des Vosges, véritable cartel destiné à pallier la crise en exportant, même à perte, des cotons filés servant ordinairement au tissage des calicots [2]. On espérait, en débarrassant la marchandise, relever les cours et permettre un nouveau départ de la filature. Les pertes qui seraient résultées de ces ventes auraient été supportées par chaque signataire, à proportion du nombre de broches de chaque établissement. Ce cartel échoua, par l'abstention des grandes firmes et de celles spécialisées dans les numéros élevés : on comptait sur 1 200 000 broches, mais 250 000 participèrent seulement à l'opération, qui, de ce fait, ne put se réaliser. La tentative demeure intéressante, d'abord parce qu'elle montre quelle conception du laissez-faire était celle des filateurs, ensuite parce qu'elle confirme la politique très personnelle des grandes entreprises, peu intéressées par de telles expériences, et dont l'abstention suffit à les faire échouer.

L'existence de ces associations est instructive. On peut, en somme, en distinguer deux types différents : les comités destinés à défendre les droits de la profession, et les associations pour la fixation des prix et l'écoulement des stocks en cas de trop-plein, le Comité des Filateurs de Lille faisant la synthèse entre ces deux formes. Leur fonctionnement éclaire d'un jour nouveau la mentalité patronale : le laissez-faire signifie une protection poussée aux frontières, et des coalitions d'intérêts à l'intérieur du pays.

Ainsi se trouve définie, dans ses grandes lignes, la mentalité du patronat textile au milieu du XIXe siècle. Ces industriels diffèrent fortement selon leurs origines, leur formation, leur activité et leur appartenance géographique. Mais par-delà ces diversités, il y a vraiment une mentalité commune, on pourrait presque dire une conscience de classe, en dépit des discordances. Une communauté d'intérêts s'impose à tous les manufacturiers, et ils sont prêts à les défendre en se servant de toutes les occasions propices. Ce qui domine, en fin de compte, c'est l'unité du patronat textile, comme si l'industrie avait laminé les différences qui les opposaient. Une vie simple et frugale, une grande application au travail, un sens très aigu de leurs intérêts, un horizon limité à leurs fabriques, tels apparaissent ces patrons. La seule différence qui subsiste – mais elle est d'importance – c'est l'inégal développement de l'esprit d'entreprise. C'est ce dernier caractère essentiellement humain et impondérable, qui différencie le capitalisme et la géographie textiles.

1. A.M. d'Armentières. SS'5. 10 décembre 1850.
2. A.D. Haut-Rhin. M 1241. 10 juin 1857.

Structures nouvelles

Quel est le bilan des crises successives qui affectèrent l'industrie textile sous le Second Empire ? Il faut, avant tout, éviter de se laisser influencer par les opinions des contemporains, qui voyaient partout ruines et désastres. L'un deux – Du Mesnil-Marigny – n'allait-il pas jusqu'à donner pour titre à un opuscule – de propagande, il est vrai – *le Râle de l'industrie française?* Sans doute, en 1869-1870, la conjoncture textile n'est guère brillante, mais n'est-ce pas le propre des lendemains de crise ? Trop d'intérêts ont été heurtés ou lésés, on ne peut demander aux vaincus une objectivité rigoureuse dans leurs jugements.

En fait, sous les réclamations et les plaintes des contemporains, ce sont des structures nouvelles qui apparaissent.

D'abord, une concentration des moyens financiers au profit soit des riches industriels venant à l'aide de confrères moins bien placés, soit de négociants enrichis par d'habiles spéculations, soit de banquiers appelés au secours de telle ou telle usine défaillante ; bref, la « capitalisation » d'une industrie restée jusque-là essentiellement familiale et artisanale. Les crises ont pratiquement ruiné le tissage rural à bras au profit du tissage mécanique concentré dans les villes et, à l'intérieur de celles-ci, dans les usines[1]. Sans doute, il subsiste encore de nombreux métiers à bras en 1870, mais partout ils sont menacés par les progrès de la mécanique et condamnés à disparaître[2]. En ce sens, on peut parler d'une révolution industrielle, car les progrès du tissage mécanique ont été très rapides de 1860 à 1870. En troisième lieu, on constate une spécialisation régionale plus grande : l'indienne tend à disparaître de Normandie au profit de l'Alsace. Depuis la diffusion des machines à imprimer, l'impression demande des capitaux que ne peuvent fournir les artisans. L'industrie s'implante là où elle trouve ces capitaux. Spécialisation dans le Nord aussi : Roubaix tend à délaisser les tissus mélangés de laine et coton, ou laine et lin, au profit des tissus pure laine. Enfin, partout, le matériel s'est modernisé, et ce mouvement est sensible, surtout dans la filature, particulièrement au pays classique de l'artisanat, la Normandie. Ainsi, c'est une industrie rajeunie, renouvelée aussi bien dans ses fondements financiers que dans son matériel technique, que la France possède en 1870. [...]

La prospérité et l'extension de l'indiennage alsacien contrastent avec l'apathie et la décadence de la Normandie. Non qu'il y ait eu de nouvelles créations le nombre de firmes ne varie guère (21 en 1851, 18 en 1861, 18 en 1870). Mais à l'intérieur des firmes existantes, la concentration technique a fait des progrès : 95 machines à imprimer en 1856, 124 en 1870, soit une augmentation de 28 % de la capacité de production. Depuis 1861, l'impression traverse une période d'expansion, qui peut se mesurer à l'augmentation du métrage imprimé : 51 000 000 de mètres en 1860, 82 000 000 en 1869, soit un accroissement de 62 %[3]. A quoi est dû cet accroissement rapide ? En très

1. P.-J. Hutter signale la même évolution en Westphalie et cite ce passage de la Chambre de Commerce de Munster en 1863 : « Notre tissage à la main, naguère si florissant, a presque complètement disparu. Tout au plus a-t-il été possible, ça et là, à un fabricant de faire traverser ces temps d'épreuve à une partie de ses fidèles vieux tisserands, tandis que la grande majorité se tournait vers un autre métier. » (Hutter (P.-J.), *la Famine du coton en Wesphalie*, dans R.H.E.S., 1932).

2. Dans une enquête parlementaire anglaise, parue en 1878, on relève que le tissage de la laine se faisait encore principalement à la main, en France, bien que la mécanisation fût en rapide progrès (B.P.P., 1878, t. LXXVI, p. 74). La mécanisation variait d'un secteur textile à l'autre, plus avancée pour le coton que la laine, pour la laine que le lin.

3. Lantz (Lazare), *ouvr. cité*, tableau n° 1 ; *Bicentenaire de l'impression sur étoffe en Alsace*, dans B.S.I.M., 1946, n° 3 et 4, pp. 28 et 30.

grande partie au régime des admissions temporaires, qui, comme l'avait démontré avec acharnement Jean Dollfus, était indispensable à cette branche de l'industrie. Les chiffres suivants donnent une idée de l'évolution des exportations pour les principales maisons :

	1860	*1867*
	–	–
Dollfus-Mieg et Cie	4 700 000 francs	12 700 000 francs
Fritz Kœchlin	1 700 000 –	4 200 000 –
Hofer-Grosjean	22 000 pièces	43 400 pièces
Gros-Roman	35 000 –	70 000 – [1]

Les exportations des principales maisons de Mulhouse ont plus que doublé entre 1860 et 1867, témoignant de l'extraordinaire vitalité de cette industrie.

Ainsi, sous le Second Empire, la spécialisation des régions textiles s'est accentuée : c'est la dernière forme de concentration liée à la géographie. Si la structure industrielle du XIXe siècle découle des créations du Premier Empire, une cristallisation s'est produite après 1850, qui a fixé la répartition actuelle du textile : migration du lin de l'Ouest vers la Flandre et la Picardie, qui détiennent le monopole de toutes les fibres dures (chanvre, jute) ; spécialisation de Roubaix-Tourcoing dans la laine aux dépens des anciennes « fabriques » ; prépondérance écrasante de l'indiennage autour de Mulhouse. Cette répartition n'a guère changé depuis le milieu du XIXe siècle.

Ce qu'il faut retenir de ces multiples transformations, c'est un changement dans l'équilibre social. Dans la plupart des régions qui pratiquaient le travail à domicile, le tissage était le complément indispensable de la culture, soit que le pays fût pauvre (Ouest en Bretagne), soit qu'il fût surpeuplé (Flandre). La décadence, puis la disparition du tissage à domicile, survenant après l'extinction de la filature, provoquent un exode rural lent et continu dans la deuxième moitié du XIXe siècle. Cette constatation s'applique, en particulier, à la Champagne, à la Picardie, à certains districts de l'Ouest aussi bien que du Sud-Ouest. Ce ne sont ni la pauvreté du sol ni la surpopulation qui chassent les paysans vers les villes, mais bien la disparition des ressources complémentaires fournies par l'industrie. L'émigration devient une nécessité, contre laquelle les protestations des défenseurs de l'ordre traditionnel ne peuvent rien. En France, ce mouvement a été plus tardif qu'en Angleterre ou en Allemagne : il est devenu irrésistible autour des années 1870 et a été hâté par les crises textiles du Second Empire.

© Plon

1. *Note de Jean Dollfus sur l'accroissement des exportations de l'Alsace depuis 1861*, dans *Enquête de 1868*, p. 177.

Naissance d'une banque : le Crèdit Lyonnais
(1961)

JEAN BOUVIER

Passages célèbres de sa thèse de doctorat (soutenue en 1959), où Jean Bouvier brosse le portrait d'Henri Germain. Bien qu'on sache peu de détails sur son origine, Henri Germain est le fils et le gendre d'un fabricant de soieries. A trente-cinq ans, il apparaît comme «propriétaire-rentier» et est mêlé à diverses affaires industrielles, sans que l'historien puisse reconstituer une filiation complète de son apprentissage des affaires. Jean Bouvier analyse également les strates successives de la présentation du bilan selon les personnages auxquels il est destiné. L'auteur voit dans les simplifications successives de la présentation du bilan auprès des actionnaires, une « machine à diminuer les profits distribuables ». Il a généralisé la démarche de reconstitution d'un profit originel pour les firmes bancaires françaises de la seconde partie du XIXe *siècle dans l'ouvrage collectif* le Mouvement du profit au XIXe siècle *(Paris, Mouton, 1965) (cf. chapitre II).*

Source : *Jean Bouvier,* le Crédit Lyonnais ; les années de formation d'une banque de dépôts : 1863/1882, *Sevpen, Paris, 1961. Une version allégée a été publiée sous le titre* Naissance d'une banque : le Crédit Lyonnais, *Paris, Flammarion, 1968.*

Bibliographie : *Jean Bouvier a présenté de manière pédagogique la comptabilité des firmes dans* Initiation au vocabulaire et aux mécanismes économiques contemporains, *Paris, SEDES/CDU, cinquième édition, 1985, p. 217 et suiv.*

Portrait d'Henri Germain

En fait, on ne peut mesurer avec précision le rôle d'Henri Germain dans la formation de la banque. On l'imagine en quelque sorte fondé de pouvoirs d'un Arlès vieilli, recueillant de lui l'idée de la création de l'entreprise, puis la faisant entièrement sienne, s'imposant lors des démarches préliminaires de 1862-1863 par son ardeur et la force de sa personnalité, et mettant dans l'entreprise une part notable de sa fortune.

A travers les archives du Crédit Lyonnais et par quelques rares témoignages extérieurs, on peut se faire cependant une idée de sa personnalité. Des notes brèves, incisives, dominatrices, à l'écriture difficile, écrites en marge de documents divers nous dévoilent un tempérament ; le ton de quelques lettres, conservées dans certains dossiers, laissent une impression identique. Henri Germain est économe de ses mots, commande et tranche de haut, supporte mal les longues contestations, décide rapidement, justifie ses décisions avec le minimum de circonlocutions : langage d'homme d'affaires pressé.

Henri Germain est sans conteste d'une activité et d'une vitalité sans mesure. Letourneur lui reconnaît « une nature extrême et impressionnable » (octobre 1875). Il voit mal les limites des possibilités de ses collaborateurs et employés ; son arrivée dans un siège est toujours attendue avec appréhension.

D'ailleurs, que l'on regarde le portrait de lui qui nous reste, multiplié par la photographie dans tous les sièges de sa banque ; ou encore, son profil, que restitue la face de la médaille offerte aux employés du Crédit Lyonnais, après trente années de service. Il n'y a pas à s'y tromper : le menton fort, que souligne encore la barbe courte ; les lèvres minces, que la moustache légèrement tombante rend encore plus sévères ; les pommettes hautes ; la ligne droite, et comme froncée en permanence des sourcils ; et surtout ce regard direct, appuyé, que le peintre a figé, froid et dur : tous ces traits, jusqu'au port de la tête, traduisent la force de caractère, l'entêtement, la volonté de commandement, en même temps peut-être qu'une certaine dureté, une certaine sécheresse. « Il y a, dans chaque grand bourgeois, de l'entêtement et de la férocité. »[1] C'est à cette formule d'André Germain, son fils, que l'on pense, en contemplant le banquier de la fin du XIXe siècle, de noir vêtu, qui a composé son maintien devant l'artiste, mais qui se montre à l'observateur tel qu'il fut : une grande volonté de puissance.

Les origines sociales d'Henri Germain, l'influence de longues années d'apprentissage, le milieu grand-bourgeois d'où il n'a cessé d'évoluer permettent de le mieux replacer dans son époque et de se représenter plus exactement sa formation.

Né le 19 février 1824 à Lyon, mort à Paris à 81 ans au début de 1905, Antoine-Marie-Henri Germain a mené deux existences successives. C'est à 39 ans seulement qu'il se fixe.

On ne sait de sa première existence que ce que son fils en écrit ; il paraît d'ailleurs la faire revivre avec une certaine fidélité. Le seul document inédit qu'il ait été possible de retrouver est le contrat de son premier mariage à Lyon, en 1850.

Son père Jean-Marie-Henri Germain, fabricant de soieries, et sa mère née Claudine-Aimée Herpin, sont lyonnais, mais leurs ascendants sont originaires de la Savoie.

Du bourgeois lyonnais, Jean-Marie-Henri Germain a les signes extérieurs de richesse : maison en ville, à quatre étages ; domaine dans l'Ain, à Saint-André-de-Corcy.

C'est dans une atmosphère cossue et étroite à la fois que grandit Henri Germain, aisé avant d'avoir travaillé, lyonnais à la mauvaise saison, bressan l'été. De ses années de collège, il ne gardera plus tard que mauvais souvenir et mépris, accusant le caractère suranné d'un enseignement qui, disait-il, « demeure celui des Jésuites au temps de Louis XIV ».

A plus de vingt ans il vient faire son droit à Paris ; il y gagnera le titre d'avocat, sans que l'on puisse voir une cause qu'il ait jamais plaidée. Ses parents ont quitté Lyon avec lui. Le « stérile esprit conservateur » des études juridiques d'alors le rebute à l'égal de la métaphysique religieuse.

« Déçu par les études théoriques, il se retourna avec violence vers les faits ; mais, parmi eux, il mit d'assez longues années à se débrouiller ». Il quitte Paris probablement peu de temps avant la révolution de Février et, jeune avocat de retour à Lyon, il se plonge avec passion dans la vie politique ; il se fait suffisamment remarquer pour que son nom soit inscrit sur les listes du 2 décembre ; mais, au dernier moment, le préfet Bret, qui fait confiance à « ce bon jeune homme », le raye.

Il s'est marié le 30 mai 1850 avec une jeune fille de famille cossue, Laure-Clothilde Dumoy. Le contrat unissait sous le régime de la communauté réduite aux acquêts deux solides fortunes. Laure Dumoy était orpheline et mineure ; son père, Pierre Dumoy, était un gros fabricant de soieries. L'épousée apportait en dot 765 985 francs, non compté divers immeubles et valeurs mobilières. Le jeune avocat disposait de 100 000 francs en argent et de 16 160 francs de revenus annuels, d'origine foncière et immobilière.

1. André Germain, *la Bourgeoisie qui brûle. Propos d'un témoin* (1890-1940). – Paris, 1951, p. 29.

Henri Germain et sa femme vécurent dix-sept années à Lyon ou à Paris; ils avaient acquis un domaine situé à une dizaine de kilomètres au nord-est de Lyon[1], sur la côtière de la Dombes surplombant le Rhône, le château de la Pape (commune de Rillieux). Clotilde mourut, au château même, le 24 juin 1867, sans laisser d'enfant; par testament du 3 février 1853, elle avait institué son mari légataire universel.

Une grande obscurité subsiste quant à l'apprentissage d'affaires d'Henri Germain. A-t-il effectivement travaillé chez Arlès? On ne le sait. Il est certain qu'il est un de ses amis et qu'il lui est arrivé de se réclamer du saint-simonisme. On le trouve administrateur des Houillères de Montrambert et de la Béraudière en 1855 et actionnaire-fondateur du Magasin général des soies en 1859, sous l'étiquette de «propriétaire-rentier»; certains indices font penser qu'il est mêlé, autour de 1860, à toutes les entreprises industrielles. Aux côtés d'Hugues Darcy, il est administrateur, depuis 1862, du «trust» marseillais abandonné par Mirès.

Il apparaît que cette dernière liaison – l'amitié entre Germain et Darcy – a joué un rôle important dans la vie d'Henri Germain. Hugues Darcy a été préfet à Lyon quelques mois en 1849 avant de passer au sous-secrétariat du ministère de l'Intérieur. Les deux hommes se lient d'amitié et le jeune couple Germain, à partir de 1851, est véritablement patronné par Darcy dans le milieu parisien; les deux hommes ont des intérêts communs dans une importante firme métallurgique du Centre, formée en 1845 en nom collectif et en commandite, sous la raison sociale Bouguéret et Cie, et qui réunissait diverses forges du Châtillonnais et du Bourbonnais. Henri Germain et Darcy font partie de son conseil de surveillance et deviennent administrateurs de la firme lorsqu'en 1862 elle se transforme en société anonyme pour devenir la Compagnie des forges de Châtillon et Commentry.

Le Germain de 1863 paraît avoir de la sorte tous les traits de l'homme d'affaires du Second Empire, mêlant genres d'activités et occasions de gains. Il a en tout cas l'expérience concrète de la Bourse, du négoce, des houillères, des affaires de gaz et de métallurgie. Cette volonté de puissance qui s'est jusque-là dispersée semble trouver dans le Crédit Lyonnais en formation une occasion nouvelle. A lui aussi, la banque nouvelle apparaît un instrument nécessaire. [...]

Les techniques nouvelles de l'appel à la clientèle et les mécanismes bancaires

Particularité de l'investigation bancaire

Dès les premiers contacts avec la documentation bancaire, on prend conscience de sa relativité. Encore est-on favorisé dans notre cas: Letourneur a laissé derrière lui des archives en ordre et l'existence d'une succursale à Paris sera, dès 1865, l'occasion d'une correspondance fréquence entre les directeurs des deux sièges principaux.

Quant aux chiffres – bilans mensuels publiés dans la presse, bilans annuels présentés aux actionnaires et vérifiés par les commissaires – ils restent décevants parce que globaux.

1. Le château de la Pape a été vendu trois fois après la mort d'Henri Germain. Actuellement, le propriétaire en est l'Etat, qui y a installé, depuis 1945, un centre d'apprentissage.

Le 12 mars 1864, Letourneur envoie à l'administrateur Sautter pour les soumettre à Henri Germain les pièces de l'inventaire pour l'exercice 1863 et voici les intéressantes distinctions que le directeur est amené à faire :

Première pièce : compte de profits et pertes à l'usage des enfants d'Israël, des purs élus. Ce compte divisé par colonnes vous donne le débit et le crédit de chacun des comptes qui constituent l'inventaire. *Deuxième pièce :* même compte où les dépenses et les recettes sont réunies par groupes (à l'usage des Gentils de la Porte). Nous confectionnerons ensemble une *troisième pièce* pour les Philistins, c'est-à-dire les actionnaires, quand les deux premières auront été passées au crible.

Cette application, très protestante, du vocabulaire biblique aux affaires de banque, révèle l'existence de trois groupes hiérarchisés : en tête de l'établissement, le noyau dirigeant « les purs élus » ; de juillet 1863 à septembre 1965, Henri Germain, César Michel et Charles Sautter forment, officiellement, le « Comité de direction ». A ces « enfants d'Israël », on peut ajouter les membres du « bureau du conseil » : le vice-président Bellon, le secrétaire Vautier et les « adjoints » Pignatel et Brölemann. Comité de direction et bureau du conseil ne sont d'ailleurs pas également rémunérés.

Au-dessous viennent les « Gentils de la Porte » c'est-à-dire les autres administrateurs, et les commissaires. Enfin, le troisième groupe : les actionnaires.

L'inventaire et le bilan descendent ces divers degrés en devenant de plus en plus simplifiés. Il s'agit d'une politique systématique qui se rattache, si l'on veut, au traditionnel « secret des affaires ». Ces écrans successifs interposés entre la direction et les actionnaires ne sont que la traduction sur le plan de la comptabilité de la hiérarchie interne de l'entreprise.

Du point de vue de l'actionnaire, la simplification des chiffres signifie obscurité de la gestion : c'est la base des oppositions qui se lèveront au sein de certaines assemblées générales. Doit-on parler d'inexactitude des chiffres fournis au public ? Sans doute non : en tant que résultats *globaux*, ils correspondent aux pièces d'inventaires que les archives ont conservées. Mais leur caractère de généralité permet toutes sortes de procédés.

L'obscurité et le vague des bilans publiés – et c'est leur finalité essentielle – permettent surtout à Henri Germain de faire apparaître le chiffre de bénéfices nets – à distribuer – qu'il ne veut point dépasser. En dernière analyse, la tactique de simplification par étages du bilan est une machine à diminuer les profits distribuables, et à augmenter les profits non distribués, c'est-à-dire les réserves.

Dans ces conditions il est impossible de tenir pour suffisante la méthode qui consisterait à étudier la banque dans l'optique de l'actionnaire. Il faut bien pénétrer dans les coulisses, tout en s'apercevant, immédiatement, qu'elles ne peuvent nous livrer tous leurs secrets.

Après quelques mois de gestion, ne voit-on pas, par exemple, trois administrateurs lyonnais donner leur démission ? Le banquier Schlenker, le soyeux Testenoire et Arlès-Dufour lui-même à sept jours de l'assemblée du 27 avril 1864. Mais rien ne subsiste sur ces démissions dans les documents conservés.

La Banque de France, elle, commente ainsi l'événement : « La démission de trois des administrateurs primitifs indique que tout le monde n'est pas disposé à suivre la voie que le Crédit Lyonnais a adoptée. » Il est possible qu'Arlès, Testenoire et Schlenker aient été effrayés des opérations multiples de la banque et, en particulier, des investissements dans la Fuchsine. Mais ce n'est là qu'une hypothèse.

Le nombre des actionnaires avait augmenté dans de notables proportions ; la banque l'évalue approximativement à 884 au 1er avril 1865.

Conjoncture et politique bancaire

Le Crédit Lyonnais est la seule S.A.R.L. constituée à Lyon en 1863 ; mais on en compte sept autres à la fin de 1865. En 1864-1865, le groupe bancaire parisien du Crédit industriel et commercial et de la Société des dépôts et comptes courants réussit à prendre sa revanche sur le groupe d'Henri Germain en édifiant la Société lyonnaise de dépôts, de comptes courants et de crédit industriel, sous forme de société anonyme avec sanction gouvernementale, au capital de 20 millions : y voisinent Parisiens et Lyonnais. La « Lyonnaise » se pose en rivale du « Lyonnais », continuatrice des « traditions des plus anciennes et des plus importantes maisons de banque de la ville » [1]. Moins à l'aise dans des statuts plus restrictifs, elle se présente volontiers comme plus sage et plus prudente que son concurrent.

De fait, les premières démarches du Crédit Lyonnais donnent aux observateurs l'impression d'une grande soif d'affaires. Certains – par jalousie aussi – crient : « Casse-cou » ; en tête, les gens de la Banque de France. Ils voient d'un mauvais œil l'extension des services de la banque nouvelle.

Le démarrage du Crédit Lyonnais, tout spectaculaire qu'il soit, est encore plus intéressant à observer si l'on considère qu'il coïncide avec un net fléchissement de l'activité de production et des difficultés certaines dans les transactions commerciales. Arlès signale le déplacement de la crise vers la France et l'arrivée de la « panique » au début de novembre 1863. On ne parle à Lyon, de l'automne de 1863 au printemps de 1864, que de « langueur, calme, stagnation » [2].

Aucune correspondance ne nous renseigne sur les réactions des dirigeants bancaires devant la tension monétaire et les difficultés des affaires. On ne peut enregistrer que leur activité et que la diversité des premières opérations importantes du Crédit Lyonnais. Toutes montrent au service de quels intérêts la banque nouvelle met l'essentiel de ses disponibilités : « La clientèle de la grande industrie, note Eugène Forcade dans la *Semaine financière* en novembre 1863, est déjà acquise à la nouvelle banque ». [...]

© Flammarion

Le Bassin houiller du Nord et du Pas-de-Calais de 1815 à 1914

(1972)

MARCEL GILLET

Nous avons conservé de la thèse de doctorat de Marcel Gillet les réflexions de conclusion sur le rôle des administrateurs et du patronat minier, ainsi que sur leur mentalité aussi bien à l'égard des composantes de la conjoncture (prix, bénéfices, production) qu'envers l'organisation patronale placée entre l'Etat et le syndicalisme ouvrier. En particulier, ce patronat

1. Rapport à l'assemblée des actionnaires. 23 décembre 1878 (Arch. de la Société lyonnaise).
2. Chambre de commerce au préfet du Rhône. 25 février 1864 (Arch. dép., M. dossier : *Statistiques diverses*.

tient à conserver et à conforter son pouvoir économique et social en le préservant de l'intervention directe de l'Etat. Ils tiennent notamment à conserver la haute main sur la politique des prix et à se différencier des dirigeants des compagnies de chemins de fer.

Source : *Marcel Gillet,* le Bassin houiller du Nord et du Pas-de-Calais de 1815 à 1914, étude économique et sociale, *université de Lille-III, 1972, p. 544-554.*

[...] Notre étude des structures a montré combien il serait vain de penser que l'évolution s'est faite avec une automaticité mécanique, sans qu'intervînt l'action souvent essentielle des dirigeants des charbonnages. Par là même, nous avons été amenés à dégager certains traits du patronat des mines de la région du Nord. A la différence de ce qui s'est passé dans les bassins de la Loire ou en Belgique, l'industrie houillère du Nord de la France s'est affirmée d'emblée comme une grande industrie : ceci est vrai pour la Compagnie d'Anzin dès le XVIIIe siècle et l'est plus encore pour les sociétés houillères du Pas-de-Calais constituées au milieu du XIXe siècle. C'est là un trait qui distingue nettement les charbonnages des entreprises textiles de la région, entreprises familiales qui grandissent par additions successives. Cependant, l'opposition n'est pas absolue : les sociétés par actions que sont les charbonnages préfèrent longtemps la forme juridique de la société civile à celle de la société anonyme et le recrutement des administrateurs se fait par cooptation directe, les assemblées générales d'actionnaires n'étant guère que des chambres d'enregistrement. À partir du début du XIXe siècle, la Compagnie d'Anzin devient puis demeure un fief de la famille Perier et de ses alliés ; chaque société groupe de même dans son conseil d'administration d'abord les principaux pionniers du décollage, qui ont fourni les premiers capitaux, puis leurs enfants et alliés. On tend donc un peu à gérer le charbonnage comme une entreprise familiale mais alors que, dans le textile, les administrateurs des firmes réinvestissent très largement les bénéfices, les administrateurs de charbonnages, eux, s'ils pratiquent certes un important autofinancement, distribuent de larges dividendes que recueillent naturellement pour une large part les administrateurs et leurs familles, détenteurs d'une fraction importante du capital social.

Ce n'est qu'au début du XXe siècle que, grâce à notre spectrogramme des conseils d'administration, nous avons décelé des changements notables, lorsque les liens se font nombreux entre les conseils. C'est le moment où accèdent à ces conseils des directeurs de charbonnages obtenant là leur bâton de maréchal à l'issue de leur carrière. Serait-ce le signe que le pouvoir à la tête des entreprises tend à s'incarner différemment ? Il est bien certain que, pendant la majeure partie du XIXe siècle, ce sont les conseils d'administration des sociétés houillères qui prennent toutes les décisions essentielles, les directeurs des Compagnies n'étant guère que des agents d'exécution. Ce n'est qu'à la fin du XIXe siècle, lorsque la production atteint des niveaux considérables et rend la gestion plus complexe, que l'on voit s'affirmer le rôle décisif de personnalités dont on sent bien qu'elles orientent en fait l'essentiel des décisions des conseils. On pourrait ainsi incarner l'évolution dans l'action successive d'hommes comme Joseph Perier, d'Anzin, pour la première moitié du XIXe siècle, Firmin Rainbeaux, de Marles, pour la seconde moitié du siècle, et, pour le début du XXe siècle, de ces directeurs que sont Louis Mercier (Compagnie de Béthune) et Elie Reumaux (Société de Lens). En même temps, les Compagnies du Pas-de-Calais, et en particulier la Société des mines de Lens, voient grossir considérablement le nombre de leurs actionnaires, sans cependant que le recrutement des administrateurs des charbonnages en soit affecté, les petits porteurs n'intervenant pas en fait dans la tenue des assemblées générales et, bien entendu, à un degré quelconque, dans le choix des administrateurs. Le fait fondamental dans la composition des conseils d'administrateurs au début du XXe siècle est donc le développement croissant, quoique encore limité, des liens entre les conseils d'administration, ce qui ne doit pas masquer l'importance maintenue des liens de parenté entre les membres des conseils, bref des liens dynastiques.

Ces administrateurs du XIXe siècle, gérant les sociétés un peu comme des sociétés familiales surtout sources en quelque sorte de rentes importantes, ont été plus sensibles à la préoccupation du mouvement des prix et des bénéfices qu'à celle de la production. On ne saurait les caractériser par le culte du taux de croissance. Ici encore c'est à la fin du XIXe et au début du XXe siècle que des signes d'évolution se manifestent dans la mentalité patronale, lorsqu'à Lens en particulier, on en vient à accorder une importance primordiale à la hausse de l'extraction et plus encore à une diversification des débouchés, grâce au développement de l'industrie chimique et à des liens croissants avec l'industrie métallurgique.

Le «syndicalisme» patronal, auquel nous avons consacré de longues études, fournit évidemment un bon critère pour appréhender les mentalités des adhérents. On a pu mesurer combien il avait connu une démarche tourmentée. Dès les années 1840 naît une première organisation nationale, animée par la Compagnie d'Anzin, mais qui s'étiole vite dès que s'estompe la menace d'une union douanière franco-belge. Dans le Comité réformé sous le Second Empire, les charbonnages du Nord et du Pas-de-Calais jouent un rôle moindre que leurs homologues du Massif central et il en est de même lorsqu'en 1883, après une nouvelle éclipse, s'ébauche un nouveau groupe national de pression ; il faudra une bonne décennie avant que le Comité central des Houillères de France soit bien accepté. Le trait caractéristique de la grande majorité des charbonnages de la région du Nord paraît bien l'extrême méfiance envers une organisation nationale et la préférence pour une organisation régionale, comme le montre la rapide naissance sous le Second Empire d'un Comité des Houillères du Pas-de-Calais, élargi assez vite en Comité des Houillères du Nord et du Pas-de-Calais. Le patronat minier de la région du Nord apparaît volontiers particulariste fort peu discipliné, surtout préoccupé de ses propres intérêts immédiats. Mais ici encore le début du XXe siècle voit un changement important et si tous les remous ne disparaissent pas (notamment en 1901), les directives du Comité central des Houillères de France paraissent plus volontiers acceptées que durant la décennie précédente.

Longtemps rétifs envers un organisme national, les dirigeants des Compagnies houillères du Nord et du Pas-de-Calais ont surtout cherché, par leur Comité puis leur Chambre des houillères, à atteindre cet objectif d'inspiration protectionniste, la construction d'un canal du Nord qui diminuerait le coût de leurs transports par eau vers la région parisienne et améliorerait ainsi leurs positions commerciales vis-à-vis de leurs concurrents belges et anglais. Plusieurs décennies d'efforts ont été indispensables, et encore au prix d'une large participation financière des compagnies pour que démarrât la construction d'un canal.

Quant aux ententes sur les prix, elles ne deviennent un phénomène essentiel qu'au début du XXe siècle, lorsque presque tous les charbonnages du Nord et du Pas-de-Calais acceptent de respecter des prix par zones ; bien des réticences subsistent encore, mais enfin l'Entente des Houillères voit le poids de son appareil s'accroître et un mouvement irréversible est nettement enclenché, animé par Elie Reumaux, le directeur de Lens, qui réussit même à obtenir la formation d'un véritable comptoir de ventes pour les cokes. Mais l'inspiration paraît plus défensive qu'offensive, et l'on entend surtout tirer le meilleur parti des ventes dans les zones où jouent à plein la conjonction du droit protecteur et de la distance.

On ne saurait donc concevoir le patronat minier de la région Nord comme manœuvrant à la manière d'une armée disciplinée et efficace[1]. Chaque compagnie est fort jalouse de son indépendance, ne consent qu'après bien des réticences à des empiètements limités sur sa souveraineté et remet facilement ceux-ci en cause. A son corps défendant, elle est cependant finalement entraînée dans un processus de concentration et d'entente, mais qui ne paraît implacable qu'à la veille de la guerre de 1914-1918. Les responsables des grandes affaires ont « une certaine puissance, mais non la toute puissance, les capitalistes « font » le capitalisme, en même temps que le capitalisme s'impose à eux[2] ».

Si l'on songe aux sociétés métallurgiques françaises, le décalage en tout cas paraît certain entre le Comité des Forges et le Comité central des Houillères de France, présentés parfois comme deux compères, à peu près semblables, et dont l'étroite association est extrêmement efficace. Plus précoce, le Comité des Forges paraît avoir eu une autorité plus grande sur ses membres et à la fin du XIXe et au début du XXe siècle, il joue un grand rôle dans la fixation des prix et la répartition des ventes alors que le Comité central des Houillères de France, lui, est cantonné dans un rôle de groupe de pression chargé de peser sur les décisions des gouvernants et des parlementaires.

Les importants charbonnages du Nord et du Pas-de-Calais, à la fois par le biais du Comité central ou surtout par celui de leurs propres organismes corporatifs, n'apparaissent guère en mesure d'infléchir de façon essentielle les décisions gouvernementales. Leur poids politique, à l'échelle nationale, ne semble pas être très considérable. Est-ce à dire « que le Nord travaille et que le Midi gouverne » ? Il faut plutôt tenir compte du fait que l'État dispose de moyens certains de pression sur les Compagnies houillères : périodiquement est agitée la question d'une révision de la loi de 1810 sur la propriété minière, ce qui ne peut manquer d'inquiéter des sociétés concessionnaires ; les sociétés sont soumises, à la fois pour des raisons de sécurité et de fiscalité, au contrôle des Ingénieurs du corps des Mines et enfin lors des nombreux conflits sociaux du XIXe siècle et du début du XXe siècle, elles ont parfois à faire appel à l'aide de la troupe, que les préfets peuvent menacer de refuser ou de retirer. Cependant, il est bien évident que les sociétés minières ont su préserver une forte indépendance de leur gestion, en particulier en matière de fixation des prix, par comparaison à la tutelle croissante de l'Etat sur les compagnies ferroviaires.

A l'occasion de notre analyse des structures, nous avons déjà pu entrevoir certains aspects du comportement patronal vis-à-vis des organisations et des revendications ouvrières. De toutes les activités économiques du XIXe siècle, l'industrie houillère est sans doute celle qui dispose du plus grand pouvoir social sur la vie quotidienne de son personnel auquel elle fournit, de façon croissante, maisons, rues, églises, écoles et gendarmeries. Certes une partie de la main-d'œuvre continue à vivre dans le cadre de

1. Les rivalités étaient parfois fort vives entre Compagnies voisines. Le 24 avril 1897 le directeur de Vicoigne-Noeux, S. Agniel donnait à son conseil d'administration son avis sur le directeur de la Cie de Béthune, Louis Mercier. « M. Mercier est un fou furieux absolument dominé par l'idée des grandes productions. C'est un illuminé. Voilà mon opinion et j'espère que dans cinq ou six ans mes prévisions seront réalisées. Je consigne mon opinion sur cette note afin de pouvoir s'y reporter au besoin » (Arch. Cie de Vic. Noeux, dr du C.A. du 29/04/97).

2. Jean Bouvier, « Rapports entre systèmes bancaires et entreprises industrielles dans la croissance européenne au XIXe siècle », *Studi Storici*, t. XI, n° 4, oct. – déc. 1970 (pp. 623-660), p. 660.

maisons rurales, quelque peu à l'abri donc ; mais l'ingénieur des compagnies joue dans la plupart des communes du bassin le rôle ailleurs dévolu à l'instituteur, au prêtre ou aux notables locaux. La tentation est alors grande d'affirmer le pouvoir social des Compagnies en s'attachant à maintenir la réalité et les rites de l'autorité et de la hiérarchie, jusque dans les plus menus détails[1]. En fait, le pouvoir des Compagnies s'affirmait bien davantage sur tout ce tissu de traits quotidiens qui échappe à l'intervention directe de l'Etat et suppose non seulement des moyens de pression, mais aussi un certain consensus populaire. Le développement du syndicalisme ouvrier à partir des années 1880 et la conquête de sièges de députés, de municipalités par des syndicalistes d'obédience plus ou moins socialiste, à partir des années 1890 n'ont pu que faire reculer quelque peu, sans l'entamer vraiment, cette emprise patronale demeurée décisive jusqu'à la guerre de 1914-1918, et bien au-delà.

Le pouvoir économique et le pouvoir social que les charbonnages du Nord et du Pas-de-Calais n'ont cessé, pour l'essentiel, de détenir durant tout le XIXe siècle constituent certains aspects des résultats obtenus grâce à une forte croissance, à la fois quantitative et qualitative, atteinte à la fois par la multiplication des quantités et la modification, l'adaptation, incessante des structures. Mais pour reprendre la problématique que nous avons posée, dès notre introduction, en nous inspirant d'un programme de recherche de M. Pierre Léon, cette croissance vigoureuse s'est-elle accompagnée d'un développement suffisant ? C'est là le problème que nous nous efforcerons d'éclairer dans le bief d'aval de nos travaux.

Lors du Colloque « Charbon et Sciences humaines », réuni à Lille en 1963, François Crouzet notait dans la conclusion de sa communication : « Ce fut longtemps une idée reçue que le facteur décisif, qui expliquerait les lacunes et les lenteurs de la croissance économique de la France au XIXe siècle, serait l'insuffisance de ses ressources en charbon, ou plus exactement le coût élevé de l'extraction et la rareté de certaines variétés de houille d'une part, la position incommode de nos mines et la cherté des transports de l'autre. Cette explication est tombée en défaveur depuis quelques années, sous l'influence des historiens américains, qui ont mis en valeur avec raison l'incidence des facteurs socio-psychologiques sur ce qu'on appelle, non sans exagération, la stagnation de l'économie française au XIXe siècle. Mais le facteur charbonnier a sans doute été méconnu et il convient de lui rendre son importance dans l'histoire économique de la France[2]. » Nous savons que plusieurs bilans de l'Histoire quantitative française ou de la *New Economic History* n'ont pas été précisément depuis dans le sens d'une réhabilitation du rôle du charbon mais nous voudrions espérer que nos travaux contribueront au moins à un réajustement de quelque portée.

Il nous paraît vain, pour notre part, de nier que l'énergie a été une des clefs du développement économique des XIXe et XXe siècles et à l'échelle nationale, la France, pays déficitaire en énergie et donc pays importateur, n'a pas eu une position privilégiée au XIXe siècle, durant « cet âge de charbon, qui assura à l'Angleterre la position écono

1. Siméon Agniel, (1832-1901), le directeur de la Compagnie de Vicoigne-Noeux, recevait chaque dimanche après la messe dans un bureau de la fosse n° 1 les mineurs qui avaient besoin de secours ; on allait aussi lui « demander son dimanche » et il donnait deux francs (interview du mineur Louis Lesert). En novembre 1898, Agniel refusait la nomination à Noeux de l'abbé Verheylewegen, qui entendait continuer à vivre avec sa mère : « Nous ne sommes pas une paroisse ordinaire, nous sommes une paroisse organisée, hiérarchisée, où chacun a sa place, son rang, et il faut que le clergé délégué auprès de nous adopte la même organisation » (Arch. Cie Vic.-Noeux, lettre du 26 11 1898 à l'abbé Liénard, Vicaire général du diocèse d'Arras).
2. *Charbon et Sciences humaines*, pp. 203-205.

mique dominante, mais qui fut, pour la France, un âge relativement ingrat»[1]. Du moins l'essor soutenu des charbonnages du Nord et du Pas-de-Calais, qui contraste avec l'essoufflement assez rapide des autres sociétés houillères françaises, contribua-t-il à atténuer le handicap. [...]

Tous droits réservés

La Compagnie des chemin de fer du Nord (1846-1937)

(1969)

FRANÇOIS CARON

Dans sa thèse de doctorat, soutenue à Nanterre en 1969, François Caron s'interroge sur le pouvoir dans l'entreprise, ainsi que sur les méthodes d'exploitation, combinant approche quantitative et qualitative de l'investissement, pour lequel il construit une chronologie pertinente. On a retenu les extraits où se trouvent analysés les différents éléments de répartition des pouvoirs ainsi que les composantes du «système d'exploitation intensive», avec ses retombées sur le personnel. L'auteur a succédé en 1976 à Pierre Léon à la tête de la chaire d'Histoire économique à la Sorbonne (université de Paris-IV), où il anime un centre de recherche en Histoire de l'innovation.

Source: *François Caron,* Histoire de l'exploitation d'un grand réseau. La Compagnie du chemin de fer du Nord des origines à la nationalisation (1846-1937), *université de Paris-X, Nanterre, 1969. Publié sous le titre* la Compagnie des chemins de fer du Nord, 1846-1937 *(Mouton, Paris-La-Haye, 1973); p. 276-281; 327-329; 362-365.*

Le pouvoir à l'intérieur de l'entreprise: le conseil d'administration et les ingénieurs

À L'INTÉRIEUR de l'entreprise la répartition des pouvoirs ne se modifia plus sensiblement: il résultait d'un équilibre entre l'influence du Comité de direction et celle des chefs de service. L'arbitre suprême était le Comité, auquel toutes les semaines les ingénieurs en chef venaient rendre compte et qui conservait la haute main sur toutes les questions concernant le personnel; alors qu'en matière de commandes il s'en remettait de plus en plus à la commission des commandes, et en matière financière à la commission de comptabilité, où les banquiers du Conseil partageaient les postes avec les fonctionnaires administratifs. Le Comité fut toujours un organisme restreint. Les futurs dirigeants y faisaient leur apprentissage comme secrétaires. Léon Say remplaça Saint-Didier à la vice-présidence en 1887. Mais aucun nouveau membre ne fut nommé. En 1896 Gaston Griolet succéda à Léon Say et Edouard de Rothschild, qui en avait été secrétaire y entra. Il devait succéder à Alphonse comme président de la Compagnie en 1906. Le nouveau secrétaire du Comité était le fils de Gaston Griolet, M.C. Griolet, qui entra alors au Comité. Ces hommes étaient plutôt des fonctionnaires de la Compagnie que des administrateurs indépendants. Un fait est à ce propos caractéristique: à la mort de J. Hottinguer en 1911, il fut remplacé au Conseil par son fils, mais au Comité par René

1. F. Crouzet, *ibid*. p. 205.

Lisle, qui n'était au Conseil que depuis deux ans, mais était un ancien inspecteur des finances et un ancien chef de cabinet du ministre des Finances.

Le Conseil d'administration devint un organisme de plus en plus protocolaire. Pourtant il reflétait toujours les grandes influences qui s'exerçaient sur l'administration du réseau. Il réalisait ainsi une sorte de représentation régionale des intérêts, tout en conservant les deux autres sources de son recrutement: la haute administration et la haute banque. Lorsqu'un membre du Conseil disparaissait, son successeur, le plus souvent représentait le même groupe d'intérêts. La plupart des sièges furent affectés à une famille, en dehors même de ceux des Rothschild : en 1887 Hippolyte Adam succéda à son oncle Alexandre, comme représentant la même maison de banque, à Hippolyte succéda Félix en 1902. En 1887 Henri Fould, président des Chargeurs réunis, succédait à son père Henri, il était lui-même remplacé en 1896 par Desmaret, sous-gouverneur de la Banque de France. En 1897 Alfred Seydoux succédait à Charles Seydoux, en 1899 Albert Dehaynin à Charles Dehaynin. En 1904 Mariolle-Pinguet fut remplacé par Henri Mariolle, directeur de la même usine de construction mécanique que son père à Saint-Quentin. En 1907 Félix Vernes succéda à Ad. Vernes. Les intérêts industriels locaux eurent tendance à étendre leur influence. Les quelques glissements de sièges qui se produisirent se firent à leur profit: ce fut en 1895 Julien Lagache, président de la Chambre de commerce de Roubaix, remplacé en 1902 par G. Motte, président de celle de Lille, lui-même remplacé en 1905 par François Roussel, président de celle de Roubaix ; ce fut en 1897 Alfred Petyt, ancien président de la Chambre de commerce de Dunkerque, remplacé en 1900 par Trystram qui remplissait la même fonction ; la même année Frédéric Poiret « l'un des industriels les plus importants des départements de l'Oise et de la Somme » entra au Conseil. Ce fut en 1909 F. Rainbaux, un des grands noms des charbonnages du Pas-de-Calais et de Belgique, qui remplaça le duc de Mouchy, entré en 1870. Les représentants du Tribunal de commerce de la Seine (Michau en 1889, Richemond en 1892), de la Chambre de commerce de la Seine (Derode succède à Baudelot en 1910) se succèdent les uns aux autres. L'organisme est donc devenu une sorte de comité représentatif. Il s'est un peu figé.

Les ingénieurs, chargés de plus lourdes responsabilités, exécutants réels de la mission dont la Compagnie était chargée, risquaient moins de se figer ! Ici aussi le recrutement de père en fils s'insinua, même dans les plus hauts grades. Nous avons cité le cas d'Edouard Delebecque qui mourut tragiquement en 1888[1]. Il y a aussi celui de Félix Sartiaux, fils d'Albert, lui-même gendre de Félix Mathias. Mais plutôt que les traditions de famille ce sont les traditions d'école qui forment le ciment entre les ingénieurs. Trois recrutements se complètent : l'École des Ponts et Chaussées, l'École Centrale et l'École des Sciences politiques, qui fournit les « administratifs » du service central. L'Écoledes Ponts et Chaussées domine totalement la Troisième division : tout l'état-major à tout moment en sortit. Quatre ingénieurs en chef se succédèrent, après avoir fait leurs armes comme adjoints: Boucher (jusqu'en 1891), Vainet (1891-1904), Le Febvre (1904-1910), Aumont. Petiet, centralien lui-même, avait introduit des anciens dans cette école dans de nombreux postes, à la Première et à la Deuxième divisions. Les frères Mathias (Félix qui succéda à Petiet à l'Exploitation de 1869 à 1889 et Ferdinand, qui dirigea la Deuxième division après la mort d'Ed. Delebecque en 1888 jusqu'en 1890) en sortaient. Mais Félix fut remplacé à la Première par son gendre, Albert Sartiaux, qui sortait de l'Ecole des

1. Il fut écrasé par une locomotive à La Chapelle en traversant en pleine voie pour se rendre à son bureau.

Ponts et Chaussées. Dès lors, bien que Centrale dominât dans l'équipe dirigeante, ses anciens furent coiffés par des hommes sortant des Ponts et Chaussées : Sartiaux eut pour chef des services actifs Pieron et comme adjoint Javary. A la Deuxième division, au contraire, l'influence des centraliens se maintint, avec du Bousquet, successeur de Ferdinand Mathias, ses principaux adjoints et son successeur Asselin en 1910.

Dans l'article nécrologique qu'il lui consacra [1], Javary écrit à juste titre de Sartiaux qu'il avait le droit de dire : « Le Nord c'est moi. » « Certes, ajoute-t-il, A. Sartiaux n'avait pas tout fait dans cette œuvre..., qui, à la veille de la guerre, était à l'état d'une machine, fonctionnant d'une manière à peu près parfaite..., mais il avait tout inspiré, beaucoup directement, par sa manière large de poser les problèmes, par la définition claire des buts à atteindre, et le reste indirectement, par l'orientation qu'il donnait à ses collaborateurs, et qu'on ne saurait comparer mieux qu'à celle d'une collection d'aiguilles aimantées tournées toutes vers le Pôle. » Il fut « un grand artiste en exploitation de chemin de fer ». Il inspira en effet toutes les mesures qui se rattachent au « système d'exploitation intensive » qu'il a défini et qui domine toute la vie du réseau. Son but était d'abord d'assurer un trafic particulièrement intensif et particulièrement irrégulier, tout en diminuant les dépenses d'exploitation afin de poursuivre la politique de réduction tarifaire. Car « la tarification entière passait au crible de sa révision en moyenne tous les dix ans » [2]. Les plus-values dues au progrès technique rendaient possibles ces réductions tout en maintenant assez haut le produit net, dont la stabilité était recherchée plutôt que l'accroissement. Plus qu'un instrument de profits, ce qu'il était toujours, le réseau du Nord s'était donné pour mission principale de fournir aux industriels de la région, de plus en plus largement représentés au Conseil, des transports à très bon marché. Sartiaux n'était pas seulement un homme de chemin de fer. Il joua un rôle de premier plan dans l'histoire de l'électricité. Il était, dès avant 1885, administrateur-délégué de la Société d'Eclairage et de Force par l'électricité et de la Société pour le travail électrique des métaux. Il participa activement aux pourparlers qui aboutirent à la formation en 1907 de la Compagnie parisienne de distribution d'électricité. On comprend dès lors pourquoi le réseau du Nord fut l'un des plus innovateurs dans le domaine de l'utilisation de l'électricité. Mais il était avant tout un organisateur. Le « système d'exploitation intensive » se ramène, nous le verrons, avant tout à une série de mesures d'ordre.

« La tradition« de prééminence du Service de l'exploitation sur les deux autres fut « religieusement suivie » [3]. Il avait autorité directe sur les services électriques, le chauffage et l'éclairage, le contrôle des recettes, le freinage des trains. Tous les projets de travaux, toutes les commandes de matériel étaient faits à sa demande et exécutés sous son contrôle. « Les trois Divisions sont indépendantes, mais la Traction et les Travaux reçoivent l'impulsion du Service de l'exploitation, tout en conservant absolument leur liberté pour arriver au but indiqué par celle-ci... Les Services se contrôlent mutuellement » [4].

Les ingénieurs du réseau combattirent avec acharnement l'invasion de la paperasserie et de la bureaucratie. Les services centraux veillèrent à ne pas multiplier les ordres de

1. *RGCF*, mars 1922, p. 232. Sartiaux prit la direction de l'Exploitation à 44 ans, en 1889, et la garda jusqu'en 1917. Son principal disciple, qui lui succéda, fut précisément Javary.
2. *Ibid.*
3. Rapport de G. Philippe (directeur du Nord belge) comparant les résultats du réseau du Nord français à ceux du réseau d'État belge.
4. *Ibid.*

service, à ne pas modifier constamment la réglementation. Les ingénieurs s'obligèrent et obligèrent leurs subordonnés à tous les échelons à maintenir le contact avec la vie quotidienne du réseau. D'une façon générale l'exploitation sur le réseau du Nord était plus souple, moins paperassière que sur le réseau de l'État belge. Là, toute la procédure était écrite, les services se contrariaient, l'avancement était régi d'après des règles beaucoup plus rigides. «L'esprit Nord» s'il en exista un, tient tout entier dans ce souci d'efficacité, de contact avec la réalité mais aussi de recherche d'un effort maximum de l'homme. Il se traduit aussi bien par les relations étroites que les services commerciaux entretenaient avec les clients, que par les contrôles inopinés que les supérieurs exerçaient à chaque instant sur leurs subordonnés.

Au total l'efficacité du système est liée à l'autoritarisme bureaucratique. Les ingénieurs ont fréquemment insisté sur ce point. Ils ne cessent de comparer les nécessités de l'exploitation ferroviaire à celles de l'organisation militaire. La discipline est la base d'une bonne exploitation comme elle fait la force des armées. Les liaisons verticales et horizontales n'étaient assurées que par des ordres de service, définissant un cadre d'action étroit. Ils se multiplièrent, devenant de plus en plus précis, de plus en plus astreignants, la réalité parvenant toujours par quelque biais inattendu à échapper aux cadres prévus. Leur application ne pouvait être correctement assurée que grâce à un système de punitions: «Le service actif des chemins de fer a des exigences rigoureuses, écrivait le directeur du contrôle en réponse à une proposition de loi de 1882 tendant à limiter le pouvoir des Compagnies sur leurs employés et s'il est utile d'intéresser les agents à sa bonne marche, de stimuler leur zèle par des primes et des gratifications, il n'en est pas moins nécessaire d'avoir directement action sur eux par l'application de peines disciplinaires proportionnées aux fautes que les uns ou les autres peuvent commettre.» Cette action, cette faculté de punir paraissent indispensables[1]. Albert Sartiaux affirma à plusieurs reprises que si son pouvoir disciplinaire était limité, sa responsabilité personnelle devait être réduite d'autant. Ces punitions étaient utilisées en fait avec modération, car les peines prévues par les règlements ne pouvaient être appliquées dans toute leur rigueur sans provoquer de graves perturbations et surtout les chefs de service cherchaient à minimiser la gravité des fautes de leurs subordonnés, dans la mesure précisément où ils étaient considérés comme responsables. Le contrôle se plaignait fréquemment de la non-application des punitions. Ces faits sont particulièrement nets à la Deuxième division. Cet autoritarisme, destiné à compenser les défauts d'organisation du système, se trouva pourtant durement atteint à cette époque.

Le développement des pouvoirs extérieurs à l'entreprise

L'institution vit de moins en moins refermée sur elle-même. Au pouvoir de l'ingénieur en chef de l'Exploitation, à celui du Comité vinrent s'opposer peu à peu trois pouvoirs extérieurs: celui des organismes communs aux grandes compagnies françaises, celui de l'administration, celui, non officiel encore mais réel, des syndicats. Le Comité de Ceinture où siégeaient les représentants (le président et le directeur général, qui pour le Nord était Sartiaux) de toutes les compagnies préfigure la future Conférence des

1. Rapport du contrôleur Meissonnier sur une demande d'avis relative à la proposition de loi tendant à régler les rapports entre les Compagnies de chemins de fer et leurs agents commissionnés. Il s'agit de la proposition n° 390 devant la Chambre des députés de la session de 1882 (annexe au procès-verbal de la séance du 7 février 1882). AGN et 48 AQ 3382.

directeurs. Sartiaux en fut vice-président à partir de 1907, président à partir de 1910. Au Comité de Ceinture se rattachaient, pour l'étude des questions particulières, des commissions formées des chefs de services des différentes divisions des réseaux. Ces organismes jouèrent un rôle d'unification en matière de gestion commerciale (tarifs en particulier) et surtout contentieuse. Mais ils ne purent unifier réellement les méthodes d'exploitation. Ils réglèrent surtout les problèmes posés par les échanges de matériel. Leur mission principale fut de définir une politique commune à l'égard du partenaire commun, l'Etat. Le sénateur Lhopiteau n'exagère pas beaucoup lorsqu'en 1918 il affirme que le Syndicat des Ceintures s'est montré incapable d'organiser l'exploitation commune des réseaux et qu'il a surtout servi à «résister aux suggestions et même aux injonctions du ministre des Travaux publics», concernant les réponses à faire à toutes les circulaires ministérielles [1].

Le contrôle de l'état s'est étendu. Du point de vue financier cependant les compagnies sont parvenues, patiemment, à éviter, malgré la législation [2], tout droit de regard direct sur les comptes et par conséquent toute possibilité de contrôle intempestif. Un décret de 1868 prévoyait pour la seule Compagnie du Nord que l'inspecteur général des chemins de fer chargé du contrôle financier avait un tel droit. Il pouvait même convoquer le Conseil d'administration. Ces inspecteurs généraux des chemins de fer furent supprimés en 1879 et remplacés par des inspecteurs généraux des Ponts et Chaussées ou des Mines placés à la tête du contrôle technique et commercial. Mais en juin 1884 furent institués des commissaires généraux chargés de surveiller la gestion financière des compagnies, qui étendaient à tous les réseaux le système de contrôle préventif instauré en 1868 sur le réseau Nord. En fait ce contrôle ne donna pas le résultat escompté, malgré les pouvoirs d'intervention très étendus, dont disposaient les commissaires. L'institution disparut en 1890.

En contrepartie, le contrôle *a posteriori* exercé par les commissions de vérification des comptes créées en 1863 devint, surtout après 1883, même sur le réseau du Nord, de plus en plus sévère. Le 28 mars 1883 les différentes commissions furent fusionnées en une seule [3]. Jusque-là «les budgets présentés par les compagnies au ministre ne consistaient qu'en quelques chiffres récapitulatifs sans nul détail ni justification d'une part des recettes brutes, de l'autre des charges et dépenses présumées de leur exploitation» [4]. Mais à partir de 1888 le ministère imposa à chaque réseau des formules de présentation de leurs budgets beaucoup plus détaillées [5]. Munis de tels renseignements les commissaires pouvaient dès lors appliquer leur perspicacité à examiner les plus infimes détails des comptes et à demander des redressements portant sur des sommes parfois minuscules. Par cette voie les compagnies en vinrent à se conformer le plus étroitement possible à la politique comptable définie par l'Etat. Ces principes comptables étaient issus des règles de la comptabilité administrative plutôt que des règles de la comptabilité commerciale. L'exemple de l'amortissement du matériel examiné plus haut [6] est à ce propos caractéristique: l'État empêcha les compagnies qui le désiraient de pratiquer une politique cohérente d'amortissement industriel. La politique en matière d'investissement était de

1. *Le parlement et l'opinion*, n° 5, mai 1918, p. 429.
2. Décrets de 1863 pour toutes les compagnies, de 1868 pour le Nord.
3. Décret du 28 mars 1883.
4. *JO* du 1er mars 1888.
5. Chaque compagnie ne devait pas remplir moins de seize formulaires différents.
6. *Cf. supra*, p. 351. *Cf.* E.M. Fallet, *l'Amortissement industriel dans les compagnies de chemin de fer*. Neuville 1933, 233 p.

la même manière définie en dernier ressort par l'Etat : le Conseil général des Ponts et Chaussées examinait les autorisations d'imputation au compte de l'établissement.

Les contrôles techniques et commerciaux furent plus astreignants encore. L'administration de chaque réseau était doublée par une administration de contrôleurs techniques et commerciaux.

Les facteurs internes

Définition du « système d'exploitation intensive »

L'exploitation du réseau du Nord, dominée par la personnalité de Sartiaux, était désignée sous le nom de « système d'exploitation intensive ». Il réalisait l'idéal, défini par Colson, de gestion économique. Le directeur du Contrôle commercial résuma fort bien le but de cette méthode « obtenir le maximum de rendement avec le maximum d'efforts et le minimum de moyens matériels »[1]. Il s'agit donc à la fois de réduire les dépenses de matériel et d'installations fixes, et de réduire les dépenses de personnel. « Il faut, écrit Sartiaux en 1908, dépenser des sommes considérables en matériel roulant et en installations fixes pour faire face au trafic nouveau[2]. » Dès la fin des années 1880 il s'était préoccupé de calculer quelle dépense de capital entraînait une recette supplémentaire de un million, et quelle charge annuelle un tel capital supplémentaire déterminait. On voit que Sartiaux orientait ses choix en fonction du rapport Capital supplémentaire/Produit supplémentaire, c'est-à-dire en fonction du coefficient marginal du capital et que tout son effort tendait à réduire ce coefficient. En 1908 il concluait que « le bénéfice final déjà fort peu considérable disparaissait complètement avec l'augmentation des frais d'exploitation, de main-d'œuvre, de combustible ». Il montrait qu'en vingt ans, depuis 1888, les dépenses pour un million de recettes supplémentaires étaient passées de sept à cinq millions de francs. Or malgré cette amélioration le coefficient de capital est encore trop élevé : si la Compagnie du Nord voulait sauver son produit il lui fallait cesser de commander un matériel et d'exécuter des travaux en proportion du trafic. Exposant en 1905 les grandes lignes de son système, Sartiaux concluait : « Nous avons ainsi évité des dépenses énormes d'agrandissement devenues de plus en plus difficiles par suite de l'absence de terrains disponibles et du temps relativement court dont nous disposons maintenant pour l'amortissement des emprunts. »[3].

Cette conception est d'ailleurs inséparable de celle qui consiste à « assurer la régularité des transports » malgré l'irrégularité saisonnière et conjoncturelle du trafic non en proportionnant le matériel aux pointes de trafic mais « à l'aide d'une intensité d'exploitation particulière ». En 1899 le réseau de l'Etat avait 4 wagons 1/10e pour 1 000 tonnes de trafic et celui du Nord 2 wagons 1/10e parce que le Nord « utilisait mieux son matériel que le réseau d'État[4], qui avait un trafic extrêmement variable qui procédait par à-coups »[5], à

1. Annexe au procès-verbal de la séance du Sénat du 16 mai 1911. Sénat n° 148, année 1911, p. 8.
2. A. Sartiaux, « Note sur les mesures prises par la Compagnie du chemin de fer du Nord pendant les périodes de trafic intensif », *RGCF*, mai 1908.
3. AGN, « Note sur le trafic intensif de 1905 ».
4. Le chargement moyen des wagons était de 2.8 tonnes contre 4 sur le Nord. Les parcours étaient respectivement de 10 000 et de 14 000 km par an.
5. AGN, « Note du 23 janvier 1899 en réponse au rapporteur du budget Sibille ». Le chargement des betteraves passait de 3 200 en temps normal à 8 300 pendant une période de 15 à 20 jours.

tel point que «pendant la plus grande partie de l'année le matériel est si surabondant qu'on est forcé de le garer».

L'intensification de l'emploi des agents et du capital pouvait être obtenue de deux manières: par la mise en marche de trains plus lourds et plus rapides, ou par «l'accélération de la rotation du matériel», «seul moyen en tout cas, déclarait Sartiaux en 1901 devant le Comité consultatif des chemins de fer, par lequel les chemins de fer réalisent l'élasticité dans leur capacité de transport, qui constitue leur supériorité»[1]. La première voie est celle du progrès technologique, qui suppose en fait de larges investissements supplémentaires. La seconde est celle du progrès dans le domaine de l'organisation qui suppose, au moins en principe, des investissements supplémentaires plus faibles. La première politique fut poursuivie, mais on lui préféra la seconde. Les progrès techniques en matière de transport furent remarquables: on peut considérer que, comme sous le second Empire, la Deuxième division (Traction et Matériel) réalisa une percée technologique que les deux autres divisions n'ont pas suivie. Les autres biens capitaux s'adaptèrent mal à l'accroissement du poids et de la vitesse des convois: l'augmentation de la charge des trains était gênée par l'état technique du réseau. Mais, même en tenant compte de ce facteur, il est certain que les réalisations restèrent en deçà des possibilités technologiques. Ce dernier dessein fut sacrifié au second, qui, dans sa réalisation, finit par exiger des moyens incompatibles avec les fins, qu'il s'était assignées. Il s'agissait de réduire les investissements, tant de matériel que d'installations fixes (d'équipement que de structure), grâce à des mesures d'ordre qui tendaient à accroître la rotation du matériel, fût-ce en sacrifiant le chargement des wagons. Dès lors l'effort d'augmentation de la puissance et de la capacité des trains devenait sans objet et il y avait un certain gaspillage de capital. La volonté de réduire les investissements fut poussée trop loin. La rotation des wagons ne pouvait être accélérée que grâce à la transformation du réseau. Théoriquement justifié puisqu'il tendait à accroître la productivité du capital en donnant au réseau une plus grande souplesse d'exploitation, grâce à des mesures d'organisation, le système d'exploitation intensive cessa de l'être à partir du moment, vers 1906, où il fut utilisé pour faire face à des accroissements normaux de trafic, qui en fait exigeaient une refonte complète de sa «structure», dont le système d'exploitation intensive se proposait précisément de limiter l'extension. Il devint dès lors intolérable.

Nous examinerons tout d'abord l'effort technologique proprement dit, en partant de ceux accomplis dans la Deuxième division, sous la pression de l'accroissement du trafic, car il fallut transformer les installations fixes pour qu'elles supportent ces convois plus lourds, plus nombreux, plus rapides. Cette transformation prit plutôt la forme d'un accroissement de la capacité de ces installations (d'une «intensification»), que la forme d'une extension de ces installations.

Puis nous tenterons d'analyser l'accroissement des dépenses de capital et de mesurer quelle charge supplémentaire ils entraînent en tenant compte à la fois des charges de capital (intérêts et remboursement) et de l'entretien de ce capital. Il faut le faire non seulement en chiffres absolus, mais aussi en comparant cet accroissement à la recette supplémentaire, selon la méthode de Sartiaux. Nous pourrons alors apprécier les résultats de la méthode d'exploitation intensive à l'aide non seulement de ces résultats, mais aussi de l'ensemble des autres facteurs de production. [...]

1. Commission des frais accessoires, séance du 17 décembre 1901.

L'analyse quantitative de l'investissement nous a donc amené à définir les procédés d'exploitation d'A. Sartiaux et de son équipe. Elle suggère que les voies qu'un entrepreneur utilise pour atteindre une plus grande production ne sont pas toujours les mêmes. Le progrès technique n'est pas une valeur neutre. Son analyse quantitative est purement descriptive. Elle doit se compléter d'une analyse qualitative, puisqu'il n'y a pas de relation constante entre l'accroissement du produit et l'augmentation de l'investissement. Trois voies nous semblent donc pouvoir être dégagées: l'investissement pur, c'est-à-dire l'augmentation du capital tangible en quantité (construction d'une ligne nouvelle, extension d'une gare, achat de matériel), l'investissement qui améliore la qualité du capital (*block system*, gares de triage, signalisation), enfin les mesures d'ordre ou d'organisation, qui sans exiger aucun investissement nouveau entraînent la même amélioration. Dès lors nous pourrions périodiser de la manière suivante l'histoire de l'investissement, étant admis qu'au cours de chaque période chacune des trois voies a pu être empruntée, mais que l'une d'entre elles l'a emporté sur les autres en importance : de 1889 à 1898 le développement de la seconde voie a permis de réduire les investissements par rapport à l'accroissement des produits ; de 1899 à 1903 l'accroissement du trafic fut si brutal qu'il dépassa les possibilités offertes par cet « effet de capacité » ; de 1904 à 1908 ce fut la troisième voie, qui permit de réduire le volume de l'investissement ; dans la dernière période les progrès techniques et les mesures d'ordre atteignirent une limite d'efficacité, ce qui obligea à emprunter presque exclusivement la première voie. La limite rencontrée était avant tout humaine. Tout se passe comme si les innovations décrites plus haut avaient vu s'épuiser peu à peu leur « effet de capacité ». Il fallait accroître le « capital tangible » pour assurer les augmentations de trafic.

Car dans tous les domaines une limite semble avoir été atteinte dans les années qui précédèrent la guerre : les gares étaient exiguës à un tel point que malgré l'effort accompli pour adapter le matériel au trafic il ne pouvait être pleinement utilisé ; des considérations financières, en partie liées à l'approche de l'extinction de la garantie et à celle de la fin de la concession bloquaient des travaux d'adaptation indispensables à l'utilisation des trains lourds mis au point par la Deuxième divison. Un haut fonctionnaire de la Compagnie allait jusqu'à en déduire que la meilleure façon de bien utiliser le matériel était d'en manquer. « Tout cet ensemble d'organisation, écrivait le directeur du Contrôle en 1911, constituait une sorte de mécanique de précision... Le rouage moteur était, comme dans un chronomètre, un ressort d'acier fin. Depuis quelques années, on avait demandé à ce ressort des efforts supplémentaires. Un moment est venu où la limite d'élasticité a été dépassée. L'équilibre s'est rompu et la mécanique de précision s'est désorganisée »[1] et ce fut le drame de 1910. La grève fut suivie d'une longue période de travail volontairement ralenti, qui porta le réseau jusqu'à un degré de désorganisation indescriptible. Les choses s'améliorèrent en 1912 mais au prix de quels investissements ! Il avait fallu non seulement décider les extraordinaires commandes de matériel que nous avons dites, mais aussi entamer enfin un vaste plan de développement des gares, au nombre desquelles figure la gare de triage d'Aulnoye.

En effet, « le rouage moteur d'une exploitation de chemin de fer c'est le personnel »[2]. Or, même si l'on excepte l'augmentation de la puissance des locomotives[3], et quelques

1. Sénat, 1911, n° 148, p. 9.
2. *Ibid.*
3. Encore ce point de vue est-il discutable.

autres innovations concernant la signalisation ou l'éclairage, toutes les mesures qui définissent le « système d'exploitation intensive » reposent sur un développement du rôle des hommes, ou une intensification de leur travail. Dès lors il rencontrait trois limites humaines dont la dernière est la plus importante. La première est la bureaucratie, la multiplication des rouages. L'exemple du chargement, de la rotation des wagons est à ce propos démonstratif : la lecture des ordres de service et des circulaires donne un sentiment d'impuissance. L'administration centrale ne parvient pas à saisir une réalité qui lui échappe. Cette impuissance est due à l'ignorance de ce qui se passe réellement dans les gares, de cette réalité insaisissable, mais aussi à la complexité des problèmes à résoudre. Or, cette complexité était aggravée par les buts contradictoires que cette administration s'assignait. Pour agir, elle multipliait les contrôles, c'est-à-dire la paperasse, les rouages, c'est-à-dire les hommes.

Cette organisation complexe du service devait être comprise par le personnel : « Nous tâcherons de familiariser avec cette méthode, écrivait Sartiaux en 1905 à propos de la nouvelle organisation des trains PV, notre nombreux personnel très docile, très actif, plein de bonne volonté, mais nécessairement peu entraîné à l'abstraction et n'en comprenant pas immédiatement tout l'intérêt[1]. »

Cependant, plus encore que cette difficulté à saisir les « abstractions » des ingénieurs[2], l'impossibilité de dépasser un certain niveau d'effort physique ou de fatigue intellectuelle (chez les chefs de gare en particulier), avait créé dans le personnel un état d'esprit, dont la grève de 1910 ne fut qu'un aspect, le plus spectaculaire certes. Le directeur du service commercial, qui pourtant considère que l'une des causes de la crise était la montée du syndicalisme qui avait « substitué une force nouvelle à l'ancienne », écrit : « Le surcroît de travail auquel il fallait faire face dans les grandes gares détermina au bout de quelque temps un état de nervosité qui fut exploité par les militants syndicalistes[3]. » Un autre écrivait : « Le personnel est surmené et murmure. » Il y avait bien des agents dévoués « mais fatigués ». Or, tout le système reposait sur cet effort intensif particulièrement celui des agents de gare. « Sans l'activité du personnel inférieur et subalterne, qui s'est fait un véritable point d'honneur de triompher des difficultés de toutes sortes que les circonstances accumulaient », Sartiaux reconnaissait en 1905 que le système aurait été irréalisable. Pour Javary, la leçon porta : il fut après guerre l'acharné partisan de larges investissements.

« Nos installations d'avant guerre, déclarait-il en 1921 devant les industriels du Nord, ne suffisaient à leur tâche que par une utilisation poussée au dernier degré de la perfection en matière d'exploitation de chemin de fer »[4], et tout en se défendant de vouloir imiter l'œuvre des Allemands après 1871 il affirmait la nécessité de concevoir, à la place de ces installations étriquées, un réseau s'inspirant de leur exemple. Car ils avaient alors « conçu des chemins de fer puissants, composés d'organismes que nous avons longtemps considérés comme excessifs, mais qui ont été l'un des moyens de leur prodigieux essor économique »[5].

Ainsi, comme dans les houillères, l'accroissement du rendement du personnel était dû non seulement à la mécanisation et au progrès technique, mais aussi à l'intensification de

1. « Note sur le trafic intensif de l'année 1905 ».
2. Voir à ce propos P. Hamp, *op. cit.*.
3. Sénat, 1911, p. 205, n° 148.
4. P.E. Javary, *l'Effort du réseau du Nord pendant et après la guerre*, Lille, imprimerie Danel, 1921, 124 p., p. 116.
5. *Ibid.*, p. 123.

l'effort humain. Le système de l'exploitation intensive se ramenait à cela pour l'essentiel. Il faut tenir compte de ce fait pour analyser l'évolution du rendement et comprendre la gravité de la grève de 1910, sur le réseau du Nord. Pour établir cette courbe de rendement, nous avons tenu compte de la durée du travail. L'application de la loi sur le repos hebdomadaire n'a pas été, comme semble l'avoir admis M. Dessirier, brutale : elle s'est étalée de 1907 à 1910. Il a donc fallu établir pour ces années un chiffre de durée de travail intermédiaire.

De 1885 à 1913, le rendement du personnel s'accrut de 2,6 % par an. Trois périodes se distinguent nettement dans cette évolution : de 1884 à 1887, le rendement s'accroît sensiblement malgré la baisse brutale du trafic. Cette particularité s'explique facilement par le fait que les progrès techniques ont permis d'adapter le nombre des agents au trafic. Beaucoup de ces progrès, tels que les rails d'acier, eurent un effet sur le personnel d'entretien. De plus la réorganisation administrative liée à la fusion des réseaux a permis de dégager un grand nombre de cadres. Une politique d'austérité systématique fut menée.

De 1887 à 1903, la croissance du rendement fut modérée comme celle du trafic : 1,95 % par an. A court terme, l'accroissement du rendement fut rapide de 1887 à 1890 ; il y eut stagnation de 1890 à 1893. Dans le premier temps, le réseau en situation de sous-emploi absorbe avec facilité les suppléments de trafic, sans augmentation exagérée des effectifs. Dans un second temps, au contraire, il faut mobiliser des moyens exceptionnels pour assurer un trafic croissant. Le rendement stagne. Cette stagnation se prolongea au-delà de 1891 en raison cette fois de la stagnation du trafic. Ce schéma est applicable aux fluctuations ultérieures : au début de la reprise du trafic le rendement s'accroît rapidement (1893-1894, 1904-1906), puis lorsque le trafic atteint sa plus forte intensité le rendement diminue (1895-1899) (1906-1908). Ces faibles rendements se prolongent durant la période de ralentissement ou du recul du trafic (1901-1903). Ce schéma souffre des exceptions car il n'explique pas tout. De 1903 à 1913 la croissance du rendement s'est accélérée, comme celle du trafic, mais de façon beaucoup plus nette encore : 3,3 % au lieu de 1,95 %. Au total l'accroissement annuel moyen des effectifs a été de 1887 à 1913 de 1,95 %, alors que celui du trafic a été durant cette période de 3,70 %.

Mais cette politique de restrictions des effectifs était particulièrement difficile à maintenir dans les gares. En 1913 Javary écrivait à tous les inspecteurs principaux que les accroissements d'effectifs qu'ils prévoyaient aboutiraient « à une véritable faillite, technique, parce que nous ne pourrons pas trouver de tels effectifs supplémentaires et financiers, parce que si nous les trouvions, ils représenteraient une charge qui rendrait encore plus désastreuse une campagne qui s'annonce déjà comme devant être d'un produit insuffisant ». Dès lors les années qui précédèrent la guerre ont bien le même caractère que les années 1867-1872. Du point de vue des coûts, nous avons vu que la hausse du trafic entraîne le coût moyen vers le haut au lieu de l'entraîner vers le bas. Une crise de rendement du personnel commence à se dessiner à la Première division et la baisse du zèle exprime la faillite d'un système qui a trop voulu demander à l'homme. La dégradation des coûts a seulement été aggravée par la hausse des salaires, qui n'en est pas la cause principale. De même l'accroissement final des dépenses de capital a seulement été accentuée par la hausse des prix.

© Édition de l'EHESS

Dynasties patronales françaises
(1985)

Cette enquête collective, portant sur 2 103 chefs d'entreprises répertoriées sur un siècle, a pour but de mesurer la mobilité inter-générationelle. On en a retenu la conclusion générale ainsi que deux cas régionaux, qui permettent de relativiser le titre de l'article initial.

Source : *Maurice Levy-Leboyer, « le Patronat français a-t-il échappé à la loi des trois générations ? »,* le Mouvement social, *n° 132, juillet-septembre 1985, Éditions ouvrières, Paris, p. 3-7 ; Michel Hau, « la Longévité des dynasties industrielles alsaciennes »,* Ibid., *p. 9-25 ; Jean-Pierre Hirsch, « la Région lilloise : foyer industriel ou place de négoce ? »,* Ibid., *p. 27-41 (cf.* infra, *chapitre VIII).*

Bibliographie : *Ces trois derniers auteurs ont publié des thèses sur des sujets d'étude qui englobent les aspects traités dans ces articles, mais en débordent les limites :*

Jean-Pierre Chaline, les Bourgeois de Rouen, une élite urbaine au XIXe siècle, *Paris, Presses de la Fondation nationale des sciences politiques, 1982 ; Michel Hau,* l'Industrialisation de l'Alsace – 1830-1939, *Association des publications près de l'université de Strasbourg, 1987 ; Jean-Pierre Hirsch,* les Deux Rêves du commerce, *Entreprise et institution dans la région lilloise, 1780-1860, Paris, Éditions de l'École des Hautes Études en sciences sociales, 1991.*

Le patronat français a-t-il échappé à la loi des trois générations ?

MAURICE LÉVY-LEBOYER[1]

Il est à peine besoin de rappeler que les entreprises industrielles sont rarement demeurées sous le contrôle des familles qui les ont fondées. Ceci était de règle au XIXe siècle, parce que le fait d'être engagées dans des filières relativement spécialisées, et sur des marchés qu'elles ne contrôlaient pas, soumettait les fabriques aux effets des crises et à la concurrence de firmes souvent mieux situées. Mais on retrouve au XXe siècle les mêmes traits d'évolution, car la concentration des unités de production et la professionnalisation des carrières ont eu notamment pour résultat d'élargir la gamme des qualifications que l'on attend du personnel dirigeant et d'en hâter le renouvellement. L'usure des familles patronales a d'ailleurs été l'objet du même constat dans tous les pays où l'on a tenté d'en mesurer l'incidence : ou bien elles sont rapidement rentrées dans le rang – « des sabots aux sabots, en trois générations », selon un dicton commun aux pays occidentaux ; ou bien certaines d'entre elles ont franchi le seuil de la troisième génération, mais pour des périodes de temps limitées, et seulement dans les secteurs à forte intensité de capital, où les économies d'échelle tendent à protéger les firmes une fois qu'elles ont atteint un volume critique d'opérations qui les met à l'abri de la concurrence.

La mobilité inter-générations, au niveau patronal, peut donc être considérée comme un fait d'observation générale, et l'on n'aurait pas été tenté d'en vérifier la réalité si des

1. M. Lévy-Leboyer est professeur d'histoire contemporaine à l'université de Paris-X-Nanterre.

travaux récents n'avaient pas cru pouvoir affirmer qu'en France le mythe ne coïncide pas avec la réalité, et que certaines dynasties patronales conservent une influence déterminante sur la conduite de groupes industriels importants. Une enquête a donc été entreprise, dans une dizaine de centres, en Normandie et dans les régions de l'Est et du Nord, en vue d'apporter des réponses à deux questions:
1) Était-il courant, au siècle passé, de voir des affaires de famille contredire la règle des trois générations, dans des secteurs aussi différents que le textile, la métallurgie et les constructions mécaniques, où la propriété du capital, et par conséquent l'influence des familles fondatrices ne pouvaient avoir le même poids?
Et 2), puisque certaines d'entre elles ont conservé fort longtemps un rôle de direction dans leurs entreprises, comment expliquer cette pérennité, alors que l'attrait d'une vie moins contraignante que celle de l'usine aurait dû réduire chez leurs descendants le goût et la volonté d'entreprendre?

L'échantillon qui a été réuni, grâce à la collaboration active de nombreux collègues, comprend un total de 2 103 chefs d'entreprises, répertoriés sur un siècle [1]. Il est donc trop étroit pour qu'on puisse le considérer comme représentatif du patronat pris dans son ensemble. Mais la base géographique en est suffisamment étendue pour qu'on souhaite résumer brièvement ici les résultats, afin de faire mieux saisir la diversité des attitudes et des comportements patronaux. C'est du reste dans le même but que *le Mouvement social* publie les points de vue de trois des participants qui soulignent chacun, de manière originale, l'importance des contraintes régionales sur la formation et les ambitions professionnelles des milieux patronaux qu'ils présentent.

La réponse à la première question posée est des plus nettes: à toutes les époques, les entrepreneurs ayant atteint ou dépassé la troisième génération ont été des plus rares, puisque sur l'ensemble des années 1780-1935, ils n'ont compté que pour 17 % du total de l'échantillon. Ceci, en partie, parce que subsistaient, en bas de l'échelle des firmes, des entreprises de petite taille, travaillant à la limite du service et de la sous-traitance, donc sans autonomie financière, et qui ont été particulièrement vulnérables, en cas de rechute de l'activité: 94 % des fabricants qui distribuaient du travail à domicile, en 1855-1885, dans les districts ruraux proches de Rouen, et 92 % des ateliers métallurgiques du Nord dont le chiffre d'affaires en 1913-1935 était inférieur à dix millions de francs, appartenaient à cette catégorie. Mais il faut remarquer que l'élimination des 410 entreprises appartenant à ces deux groupes ne modifie en aucune façon les résultats du sondage (cf. tableau 1): jusque dans les années 1880, les entrepreneurs ayant appartenu aux premières et aux secondes générations ont fourni les quatre cinquièmes de l'échantillon; et cela était encore le cas pour 76 % d'entre eux en 1935. Le patronat a donc formé un milieu beaucoup plus ouvert qu'on ne serait tenté de le croire au premier abord.

Plusieurs facteurs expliquent cette situation: le grand nombre des enfants dans les familles patronales, et la tentation, générale au début du siècle, de diviser les productions en unités indépendantes pour les protéger contre les aléas de la conjoncture; la relative simplicité des techniques, et le faible coût d'entrée de l'industrie pour les nouveaux entrepreneurs venant de l'extérieur, à la fois parce que les capitaux fixes sont demeurés

1. Ont contribué à cette enquête Pierre Barral, Pierre Cayez, Emmanuel Chadeau, Jean-Pierre Chaline, Serge Chassagne, Yves Cohen, Odette Hardy-Hémery, Michel Hau, Jean-Pierre Hirsch, Sylvie Rithmuller, Denis Woronoff.

TABLEAU 1
Classement des chefs d'entreprises selon la génération à laquelle ils appartenaient, 1780-1935 (pourcentage)

Générations	Échantillons nationaux			Échantillons régionaux				Total
	1780	1810	1840	1855	1885	1913	1935	
Première	73,4	58,8	43,6	58,5	44,3	52,6	55,2	53,4
Deuxième	19,3	35,9	34,6	24,5	25,9	18,7	21,1	26,9
Troisième	3,7	2,1	17,5	15,0	12,9	7,8	9,6	10,1
Quatrième	1,8	1,6	2,7	1,3	13,7	9,3	6,3	5,3
Cinquième, etc.	1,8	1,6	1,6	0,7	3,2	11,6	7,8	4,3
Total	100,0	100,0	100,0	100,0	100,0	100,0	100,0	100,0
Effectif	109	192	188	306	255	268	270	1 653

longtemps un élément secondaire des bilans d'entreprise, et parce que les crédits ouverts par les marchands suffisaient pour financer les stocks et l'outillage.

Il n'y a guère que les indienneurs et les fabricants de montres et de machines qui ont formé un groupe stable dans l'échantillon, probablement en raison des capitaux importants qu'ils avaient accumulés au début de la Révolution industrielle et qui leur ont permis de mieux traverser les crises. Dès 1840-1845, à Mulhouse et Rouen, et en 1855, à Montbéliard, les deux cinquièmes d'entre eux avaient dépassé le seuil de la quatrième génération; et ils étaient à plus de 50 %, en 1913, à se placer entre la quatrième et la sixième génération.

Doit-on dans ce cas attribuer la longévité des dynasties patronales, qui représentent près du dixième de l'échantillon (amputé de ses petites entreprises), à leur puissance financière ? Ceci ne paraît pas aussi simple.

D'abord parce que l'accumulation de fonds peut entraîner des retraites anticipées dans les phases dépressives, et non l'inverse. Si l'on reclasse l'échantillon en deux groupes régionaux, on voit que le renouvellement a été quasi continu à l'Ouest, de sorte que les anciennes familles y représentent le vingtième du nombre global des entrepreneurs, contre le tiers dans le Nord-Est. Et il est de fait que les réactions dans les phases de ralentissement de la croissance ont été toutes différentes. Au début du siècle, les pionniers de l'industrie se sont établis partout en utilisant les mêmes procédés techniques. Mais dans la dépression post-napoléonienne, les marchands et les propriétaires fonciers, qui avaient monté des fabriques en Normandie, pour valoriser parfois des biens nationaux achetés pour se protéger de l'inflation, se sont désinvestis, en fermant leurs établissements ou en les donnant à bail. A nouveau dans les années 1840-1860, la seconde vague de progrès technique – industriel et bancaire – , et l'élargissement des marchés ont aidé une nouvelle génération à créer des usines; en 1855, plus de 58 % des maîtres de forges en Lorraine et 75 % des filateurs de Normandie étaient des premières générations. Mais dans la période de reflux, les réactions ont été les mêmes : l'importance que les industriels, à l'Est, attachaient à leur entreprise, pour des raisons qui tenaient au système éducatif et aux valeurs collectives, a fait que la proportion des entrants a fléchi à 7-25 % en Alsace, en Lorraine et en Franche-Comté, le nombre des anciens demeurant pratiquement stable. Alors qu'à l'Ouest, des sociétés sont entrées sur le marché, ayant conservé bien souvent le nom des familles fondatrices, mais avec des équipes, des capitaux et parfois des produits entièrement nouveaux (cf. tableau 2). De sorte que dans les années 1890, lorsque la production de masse a été introduite à titre expérimental, les anciennes et les nouvelles familles étaient en proportion inverse, à 63 % et 61 % dans les deux régions.

TABLEAU 2
Classement régional des industriels, 1855-1935 (pourcentage)

Générations	Normandie et Nord				Alsace, Franche-Comté et Lorraine			
Première	1855	1885	1913	1935	1845	1885	1913	1935
Deuxième	69,5	60,3	62,8	59,2	35,2	12,6	18,2	30,6
Troisième	25,8	25,4	21,8	23,5	24,8	21,8	12,7	15,3
Quatrième	4,4	8,7	8,5	10,9	32,1	26,9	8,2	7,1
Cinquième	0,3	5,1	3,2	4,9	3,9	26,9	29,1	15,3
Sixième	–	0,6	3,7	1,5	3,9	11,7	31,8	31,7
Total	100,0	100,0	100,0	100,0	100,0	100,0	100,0	100,0
Effectif	369	246	191	204	88	76	69	49

Seuls ont été compris dans l'échantillon les représentants de l'industrie cotonnière pour la Normandie, et ceux de la métallurgie et des constructions mécaniques dans le Nord.

Ceci rejoint les remarques qu'il est coutumier de faire à propos du patronat de l'Est : l'identification qui s'est développée parmi ses membres entre leur famille et leur entreprise, l'éthique protestante, le souci dont ils ont toujours témoigné de protéger l'emploi et de développer les œuvres sociales pour créer une communauté de travail et attacher leur personnel à leurs fabriques, etc. Mais il faut rappeler également l'importance qu'ils ont accordée de manière constante aux études et à la formation pratique, ce qui explique en partie leur avance technique fréquente sur les industriels des autres régions : ceci est attesté par le grand nombre des ingénieurs, notamment des centraliens, parmi les dirigeants des industries textiles en Alsace, et la forte concentration des polytechniciens à hauteur des cinquième et sixième générations chez les de Wendel, donc celles qui ont modernisé les forges familiales et introduit l'acier Thomas sur le continent dans les années 1850-1880. C'est dire que les motivations qui animaient les familles ayant dépassé le seuil de la troisième génération n'étaient pas simplement pécuniaires. En 1919, Paul Schlumberger, quatrième gérant (familial) des usines de Guebwiller, le rappelait à ses deux fils, lorsqu'ils allaient entamer leurs recherches sur de nouvelles techniques de prospection du sous-sol :
« Je m'engage à verser à mes fils Conrad et Marcel les fonds nécessaires à l'étude des recherches en vue de déterminer la nature du sous-sol par les courants électriques. En contrepartie, mes fils s'engageront à ne pas disperser leurs efforts, à s'abstenir de recherches ou d'inventions dans d'autres domaines. Le champ est assez vaste pour suffire à leur génie inventif et pour l'explorer, il faut qu'ils s'y consacrent entièrement.
L'intérêt scientifique dans la recherche à faire doit primer l'intérêt financier. Je serai tenu au courant et pourrai faire valoir mon opinion pour les directions importantes... Les

sommes versées par moi sont une contribution de ma part à une œuvre scientifique et accessoirement pratique, que je considère comme de toute première valeur et à laquelle je m'intéresse [1]. »

© Le Mouvement social

La longévité des dynasties industrielles alsaciennes

MICHEL HAU [2]

L'HISTOIRE INDUSTRIELLE offre probablement peu d'exemples d'une stabilité des dynasties patronales aussi grande qu'en Alsace.

Pendant tout le XIXᵉ siècle, ce sont les mêmes familles qui fournissent à l'industrie alsacienne la très grande majorité de ses dirigeants. Même les restructurations du dernier tiers du XIXᵉ siècle ne remettent pas en cause la prééminence des familles industrielles traditionnelles : elles se traduisent le plus souvent par une redistribution entre elles des pouvoirs et des capitaux. C'est pourquoi, en 1885, plus des quatre cinquièmes des grandes entreprises alsaciennes ont à leur tête des dirigeants de la troisième, de la quatrième, voire de la cinquième génération (cf. tableau 1). A la veille de la Première Guerre mondiale, le pourcentage de chefs d'entreprise de la première génération remonte, mais près de 60 % des dirigeants sont alors de la quatrième ou de la cinquième génération.

Il faut attendre l'entre-deux-guerres pour rencontrer à nouveau autant de chefs d'entreprise de la première génération qu'au début du XIXᵉ siècle : l'accroissement de la taille et du prix des installations commence à dépasser celui des capacités financières des familles fondatrices et rend nécessaire l'intervention de nouveaux actionnaires ou de banques d'affaires, tandis que de vieilles entreprises familiales sont emportées par la crise des années 1930, comme André Kiener et Cie, ou Hartmann et Fils. Malgré cela, les familles industrielles traditionnelles continuent à jouer les premiers rôles dans l'industrie régionale. Leurs membres sont toujours à la tête des plus grandes entreprises alsaciennes : Ernest Thierry-Mieg [3], puis Emile Dollfus [4] dirigent DMC entre les deux guerres. Un autre grand groupe, comparable en importance au premier, rassemble Schlumberger Fils et Cie, la Filature alsacienne de laine peignée et les Textiles artificiels d'Alsace sous la direction de Paul Schlumberger [5]. Daniel Mieg [6] cumule la direction de l'entreprise de filature et de tissage Charles Mieg et Cie avec la présidence d'Energie du Rhin, de Pechelbronn et des Forces motrices du Haut-Rhin. Les deux cousins Robert et Jacques Schlumberger [7] contrôlent l'un la Manufacture de Buhl et la Compagnie française de bas et sous-vêtements, et l'autre l'Union textile, Nicolas Schlumberger et Cie et la Filature de

1. *Schlumberger. Les premières années*. Clamart. Schlumberger et Cie. 1977. p. 4.
2. M. Hau est maître de conférences d'histoire contemporaine à l'université de Strasbourg-II.
3. Fils d'Émile Thierry-Mieg. lui-même petit-fils de l'indienneur Jean Ulric Thierry et d'Anne-Catherine Mieg. fille de Mathieu Mieg. fabricant de draps.
4. Fils d'Auguste Dollfus. chef de Dollfus-Mantz et lui-même arrière-petit-fils de l'indienneur Jean III Dollfus.
5. Fils de Théodore Schlumberger. l'un des dirigeants de Schlumberger Fils et Cie. et lui-même arrière-petit-fils de l'indienneur Pierre Schlumberger. dit « du Löwenfelds ».
6. Daniel Mieg est le petit-fils de Charles Mieg. le fondateur de l'entreprise de filature et de tissage de coton qui porte son nom. et l'arrière-petit-fils de Mathieu Mieg.
7. Robert et Jacques Schlumberger sont deux petits-fils de Nicolas Schlumberger. le fondateur de l'entreprise qui porte son nom.

TABLEAU 1

Les principaux entrepreneurs alsaciens, 1810-1935

Rang de la génération	Pourcentage de chaque génération chez les dirigeants des vingt à trente plus grandes entreprises industrielles alsaciennes[1]				
	1810	1845	1885	1913	1935
1er	43,5	29,0	7,1	23,1	47,8
2e	43,5	32,3	14,3	11,5	8,7
3e	13,0	32,3	39,3	7,7	4,4
4e	–	–	25,0	42,3	21,7
5e	–	6,4	14,3	15,4	17,3

Sources: 1810: État des manufacturiers ou fabricants les plus distingués (Archives départementales du Bas-Rhin XIII M 5; Archives départementales du Haut-Rhin 9 M 15).

1845: Enquête industrielle de 1839-1845, statistique par établissements industriels (*Statistique de la France*, 1re série, vol. VII, p. 130-147).

1885: Handelskammer zu Mülhausen, *Sitzungsprotokolle* 1879-1888; *Histoire documentaire de l'industrie de Mulhouse*, Mulhouse, 1902.

1913: W. Rieger, *Verzeichnis der im deutschen Reiche auf Baumwolle laufenden Spindeln und Webstühle*, Stuttgart, 1909.

1935: Société générale alsacienne, *Annuaire des sociétés par actions du Bas-Rhin, du Haut-Rhin, de la Moselle, du Luxembourg et du Territoire de la Sarre*, Strasbourg, 1935.

laine peignée d'Erstein. En outre, les héritiers des familles industrielles traditionnelles prennent pied dans des branches nouvelles, mettant en jeu les techniques de pointe de l'époque. Conrad et Marcel Schlumberger[2] réalisent les premières expériences de prospection électrique à Pechelbronn et fondent la société qui deviendra bientôt la multinationale Schlumberger Ltd. René Koechlin[3], descendant de Samuel Koechlin à la cinquième génération, conçoit le projet de barrage de Kembs et fonde, pour le réaliser, les sociétés Forces motrices du Haut-Rhin, Energie électrique du Rhin et Chaux et Ciments du Haut-Rhin. Paul Schlumberger crée la Compagnie française de matières plastiques. Un de ses lointains cousins, Godefroy Schlumberger[4], se lance dans la fabrication de récepteurs radio (Constructions radio-électriques du Haut-Rhin) et de véhicules électriques (Société alsacienne et lorraine de véhicules électriques).

Si nous portons nos investigations jusqu'aux années postérieures à la Seconde Guerre mondiale, nous pouvons constater que plusieurs lignées d'industriels se sont poursuivies au-delà de la cinquième génération: celle du teinturier Jean-Georges Dollfus compte au moins un descendant dans ce cas[5], celle de Jean III Dollfus, deux[6], celle de Samuel

1. L'échantillon retenu comprend l'industrie textile et les industries qui gravitent autour d'elle (construction mécanique et industrie chimique). Voir détails en annexe, tableaux 5 à 9.
2. Conrad et Marcel Schlumberger sont deux petits-fils de Jean de Schlumberger, lui-même fils de Nicolas Schlumberger, le fondateur de l'entreprise qui porte son nom.
3. René Koechlin est le fils de Jean-Frédéric Koechlin, patron de la filature de laine peignée et de la draperie de Buhl, et lui-même arrière-petit-fils de Samuel Koechlin.
4. Godefroy Schlumberger est le fils de Camille Schlumberger (maire de Colmar), le petit-fils de Pierre Schlumberger (chef de l'entreprise Schlumberger et Hofer à Ribeauvillé) et l'arrière-petit-fils du fabricant de draps mulhousien Pierre Schlumberger.
5. Jean-Jacques Dollfus (fabrique de feutres industriels Dollfus et Noack à Sausheim).
6. Pierre Dollfus (Dollfus et Cie, à Belfort, et Tissages Bourcart, à Guebwiller) et Jean Dollfus (Société alsacienne de constructions mécaniques de Mulhouse).

TABLEAU 2

Nombre d'entreprises dirigées et contrôlées financièrement par les héritiers[1] des anciennes familles industrielles mulhousiennes

Rang de la génération			Familles		
1re	Jean-Henri Dollfus	Jean III Dollfus	Jean-Georges Dollfus	Samuel Koechlin	Mathieu Mieg
2e	5	1	1	2	4
3e	3	1	2	16	3
4e	1	2	3	18	3
5e	–	4	3	17	4
6e	–	2	1	4	1
7e	–	–	–	1	–
1re	Pierre Schlumberger	Georges-Jacques Schlumberger	Pierre Schlumberger dit «du Löwenfelds»	Jean Zuber	Jean-Henri Hofer
2e	3	2	2	1	1
3e	3	2	2	2	3
4e	2	2	8	5	1
5e	2	–	12	1	1
6e	1	–	5	1	–
7e	1	–	9	1	–

Sources: E. Schwartz et G. Koechlin, *Tableaux généalogiques de la famille Koechlin*, Mulhouse, E. Meininger, 1909; Ph. Mieg, *Histoire généalogique de la famille Mieg*, Mulhouse, J. Brinkmann, 1934; Ed. Sitzmann, *Dictionnaire de biographie des hommes célèbres de l'Alsace*, Rixheim, F. Mutter, 1910; C. Schlumberger, *Portraits mulhousiens*, Mulhouse, 1906; Ch. Schlumberger, *Supplément au cartulaire de la famille Schlumberger*, 2 vol., Mulhouse, Brinkmann, 1953 et Impr. Braun, 1956; G. Laederich, *Généalogie Favre*; J.G. Dardel, *Histoire et généalogie de la famille Hofer*; X. Mossmann, *les Grands Industriels de Mulhouse*, Paris, P. Ducrocq, 1879.

Koechlin, six[2], celle de Mathieu Mieg, un[3] et celle de Pierre Schlumberger (dit «du Löwenfels»), neuf[4]. Le nombre d'entreprises dirigées et contrôlées financièrement par des héritiers de ces familles est presque aussi élevé (cf. tableau 2).

Des circonstances historiques expliquent partiellement cette longévité exceptionnelle: les patrimoines accumulés par les familles fondatrices au cours de la période qui a précédé l'industrialisation sont considérables et permettent d'édifier, dès l'origine, des

1. Nous faisons figurer à la fois les descendants directs et les héritiers par alliance, mais nous ne retenons que ceux qui dirigent et contrôlent financièrement des affaires créées par la famille concernée. Par exemple, en dépit de l'existence de plusieurs mariages entre des Koechlin et des Peugeot ou des Japy, les entreprises Peugeot et Japy sont exclues de ce tableau. Voir détails en annexe, tableaux 5 à 11.

2. Nicolas-André Koechlin, industriel à Paris, André Koechlin (Koechlin, Buchy et Frey), Paul Koechlin (Japy Frères), Charles-Emmanuel Koechlin (Geigy, à Bâle), Samuel Koechlin (CIBA-Geigy, à Bâle) et Maurice Koechlin (DMC).

3. Bernard Thierry-Mieg (Etablissements Schaeffer).

4. Jean Menu de Ménil et Henri Doll, gendres de Conrad Schlumberger (Schlumberger Overseas Corporation et Société de prospection électrique); René Seydoux Fornier de Clausonne, gendre de Marcel Schlumberger (le frère de Conrad) (Société de Prospection Electrique); Pierre Schlumberger, fils de Marcel Schlumberger (Schlumberger Well Surveying Corporation); Robert de Bary, petit-fils d'Emile de Bary (lui-même gendre d'Henry Schlumberger); Gérard de Turckheim, fils d'Edouard-Albert de Turckheim (lui-même gendre de Léon Schlumberger) (N. Schlumberger et Cie et Filatures du Florival). Nicolas Seydoux (Gaumont, Erato, Ramsay) et Jérôme Seydoux (Compagnie des Compteurs puis Pricel et Chargeurs réunis), tous deux fils de René Seydoux, et Jean-Frédéric Hérubel (N. Schlumberger et Cie et Localsace).

installations industrielles de grande taille ; la précocité du démarrage industriel alsacien fait que, durant les deux ou trois premières générations, les équipements restent relativement peu coûteux et peuvent être financés par un nombre restreint d'associés ; par le jeu des alliances matrimoniales, il est possible, pour les héritiers, de créer presque un établissement industriel chacun : ainsi, les onze fils de Jean Koechlin et Climène Dollfus se partagent sept entreprises sous la Monarchie de Juillet. Enfin, jusque sous le second Empire, la main-d'œuvre régionale est à la fois bon marché et qualifiée. Mais, en regard de ces éléments positifs pour la prospérité des affaires industrielles et la stabilité dynastique de leurs dirigeants, beaucoup d'autres circonstances historiques ont joué dans un sens défavorable ; l'éloignement des marchés, l'absence de charbon dans le sous-sol, le carcan d un régime douanier longtemps trop restrictif, le choc de l'annexion de 1870 et la faiblesse des infrastructures bancaires locales. L'explication essentielle paraît devoir être plutôt recherchée dans le milieu patronal alsacien lui-même.

Le milieu patronal

Le milieu des industriels alsaciens est très homogène, tant par sa mentalité, façonnée par le protestantisme, que par ses origines essentiellement mulhousiennes. A l'égard de la richesse et du travail, les industriels alsaciens ont un comportement qui ressemble de façon frappante à celui qu'a observé Max Weber chez les puritains anglo-saxons : la consommation ne doit jamais aller jusqu'au superflu, et la richesse acquise ne dispense pas de continuer à travailler. Jusqu'en 1830, les patrons mulhousiens vivent dans le vieux centre de Mulhouse. Après cette date, ils se font construire, dans le « Nouveau Mulhouse », des villas qui restent de proportions modestes. Ils ont une domesticité peu nombreuse et prennent leurs repas en famille. Les profits sont largement réinvestis, ce qui leur permet de maintenir leurs entreprises à la pointe du progrès technique en Europe continentale jusqu'à la fin du second Empire tout en conservant le contrôle financier de celles-ci.

Le travail est honoré pour lui-même : non seulement comme source de richesses mais comme ascèse. Les industriels mulhousiens passent leur journée dans leur manufacture et ne s'en libèrent que pour animer des associations locales nombreuses et actives ou pour exercer des mandats électifs. Par ailleurs, si l'on étudie la répartition socio-professionnelle des membres d'une famille comme les Koechlin (cf. tableau 3), on constate la quasi-inexistence du groupe des rentiers (1 % du total) et l'importance, à côté du groupe formé par des industriels et ceux qui gravitent autour d'eux, des professions possédant un certain prestige intellectuel ou moral (savants, hauts fonctionnaires, pasteurs, médecins et officiers de carrière après 1870). A la fin du XIXe siècle, lorsque la concentration des entreprises réduit le nombre d'industriels dans la famille, le recul de ces derniers est compensé par une forte poussée de ces professions, alors que la part des rentiers ne s'accroît pas de façon significative (cf. tableau 3). Dans ce climat, la considération portée au chef d'entreprise industrielle tient moins à sa richesse qu'aux qualités dont il est censé faire preuve dans l'exercice de sa fonction.

Il existe dans les familles de la bourgeoisie alsacienne une nette orientation vers les études scientifiques. Le lien avec les exigences de la grande industrie est évident, mais il reste à savoir dans quel sens joue la relation. A partir du début du XIXe siècle, la possession de connaissances de chimie, de thermodynamique ou de mathématiques s'avère indispensable pour mettre en œuvre des techniques radicalement nouvelles,

TABLEAU 3
Professions exercées par les descendants et alliés de la famille Koechlin entre 1770 et 1910

Mariés entre 1770 et 1866 (%)		*Mariés entre 1866 et 1910 (%)*	
1. Industriel	44,1	1. Industriel	22,3
2. Ingénieur	14,4	2. Ingénieur	16,9
3. Banquier, négociant	12,2	3. Banquier, négociant	16,7
4. Médecin	6,1	4. Officier de carrière dans l'armée française	9,0
5. Officier de carrière dans l'armée française[1]	4,5	5. Médecin	7,1
6. Haut fonctionnaire, homme politique	4,3	6. Propriétaire d'un domaine agricole	5,3
7. Commerçant, artisan	3,2	7. Savant, écrivain, universitaire	4,6
8. Pasteur	2,9	8. Avocat, notaire	3,7
9. Fonctionnaire, employé	2,1	9. Fonctionnaire, employé	3,5
10. Artiste peintre	1,9	10. Haut fonctionnaire, . homme politique	3,2
11. Avocat, notaire	1,6	11. Commerçant, artisan	2,8
12. Propriétaire d'un domaine agricole		12. Pasteur	2,1
13. Savant, écrivain, universitaire	0,8	13. Artiste peintre	1,4
14. Rentier	0,8	14. Rentier	1,3

Source : E. Schwartz et G. Koechlin, *Tableaux généalogiques..., op. cit.* Nous commençons notre recensement à Jean Koechlin (tableau n° 47 dans le livre Koechlin). Le total des individus recensés est de 1 353.

étrangères aux tours de main traditionnellement enseignés par l'apprentissage sur le tas. Les méthodes de production de l'âge industriel nécessitent la possession d'un savoir abstrait qui, quelques décennies auparavant, apparaissait sans utilité et réservé aux « beaux esprits ». Dès le premier tiers du XIXe siècle, les industriels envoient certains de leurs fils suivre les cours de chimie des savants les plus réputés : Daniel Koechlin est l'élève de Vauquelin, Daniel Dollfus-Ausset celui de Chevreul. La génération suivante (la quatrième, qui naît durant la première moitié du XIXe siècle) est envoyée dans les écoles d'ingénieurs (Centrale, Ecole de chimie de Mulhouse, Polytechnicum de Zurich). Il en va de même pour la cinquième génération (cf. tableau 4). On sait aussi combien la bourgeoisie mulhousienne est réticente à donner à l'enseignement secondaire de sa ville l'orientation plus littéraire que réclament les autorités académiques[2]. Faut-il faire reposer cet appétit de culture scientifique uniquement sur un souci d'efficacité industrielle ? Ou bien est-ce, au contraire, le goût pour l'étude et pour les sciences cultivé traditionnellement dans ces familles bourgeoises de Mulhouse, de Colmar ou de Bâle qui explique leur aptitude à triompher plus vite de toutes les difficultés de mise en œuvre des techniques nouvelles ? Divers éléments peuvent donner quelque crédit à cette seconde hypothèse : le grand nombre de médecins que comptent ces familles (et au contraire le

1. Il n'y a pas d'officier de carrière de la famille Koechlin dans l'armée allemande.
2. Cf. R. Oberlé, *l'Enseignement à Mulhouse de 1798 à 1870*, Strasbourg, Publications de la Faculté des Lettres de l'université de Strasbourg, 1961, p. 175.

TABLEAU 4

Études supérieures des entrepreneurs alsaciens des troisième, quatrième et cinquième générations

	Parts de l'effectif total (en pourcentage)		
	3e génération	4e génération	5e génération
Aucune étude supérieure mentionnée (a)	78,6	72,9	67,7
Ecole supérieure de chimie de Mulhouse	–	4,2	3,2
Arts et Métiers	2,4	2,1	–
Centrale	9,5	4,2	16,1
Polytechnicum de Zurich	–	2,1	9,7
Polytechnique	–	–	3,2
Université (Sciences)	7,1	2,1 (b)	–
Université (Droit)	–	4,2	–
Autres écoles d'ingénieurs	2,4	8,2	–
Total	100,0	100,0	100,0
Effectif total en chiffres absolus (c)	42	48	31

Sources: Mêmes sources que pour le tableau 2 et les articles nécrologiques figurant dans les numéros suivants du *Bulletin de la Société industrielle de Mulhouse*: XXX, p. 37; XLI, p. 52; LXII, p. 581.

a) Les études effectuées au Conservatoire national des Arts et Métiers ou à l'Ecole supérieure de chimie de Mulhouse ne sont pas mentionnées dans les généalogies imprimées qui constituent la source essentielle de ce tableau.

b) Camille et Gustave Koechlin ont étudié eux aussi la chimie à l'université de Paris, après avoir été élèves de l'Ecole supérieure de chimie de Mulhouse. C'est dans cette dernière rubrique que nous les faisons figurer. Leur prise en compte dans la rubrique « Université (Sciences) » porterait la part de celle-ci à 6,3 % de l'effectif total.

c) L'échantillon étudié comprend les fils des entrepreneurs des familles Dollfus, Koechlin, Mieg, Schlumberger et Thierry-Mieg ayant exercé eux-mêmes la fonction d'entrepreneur.

faible nombre d'hommes de loi) (cf. tableau 3) ; l'intérêt que leurs membres manifestent pour des sciences totalement étrangères à l'industrie comme la glaciologie, la botanique ou l'astronomie (auxquelles le *Bulletin de la Société industrielle de Mulhouse* consacre de nombreux articles). L'Alsace porte la marque de son appartenance à l'Europe rhénane, où le goût pour l'étude s'est précocement développé, et de son rattachement tardif à la France, qui a écarté sa bourgeoisie des carrières administratives.

Les héritiers

L'étude des généalogies et des biographies des entrepreneurs alsaciens révèle une autre caractéristique de leurs comportements: un souci particulièrement vif de leur descendance, marqué par le nombre élevé des enfants au XIXe siècle et le caractère directif, voire autoritaire, de leur éducation jusqu'à un âge avancé. Parmi les industriels figurant dans la généalogie Koechlin, on trouve une moyenne de 6,4 enfants par foyer à la troisième génération (celle qui se marie vers 1800), 5,2 à la quatrième et 4,1 à la cinquième (celle

TABLEAU 5

Entrepreneurs héritiers de Samuel Koechlin

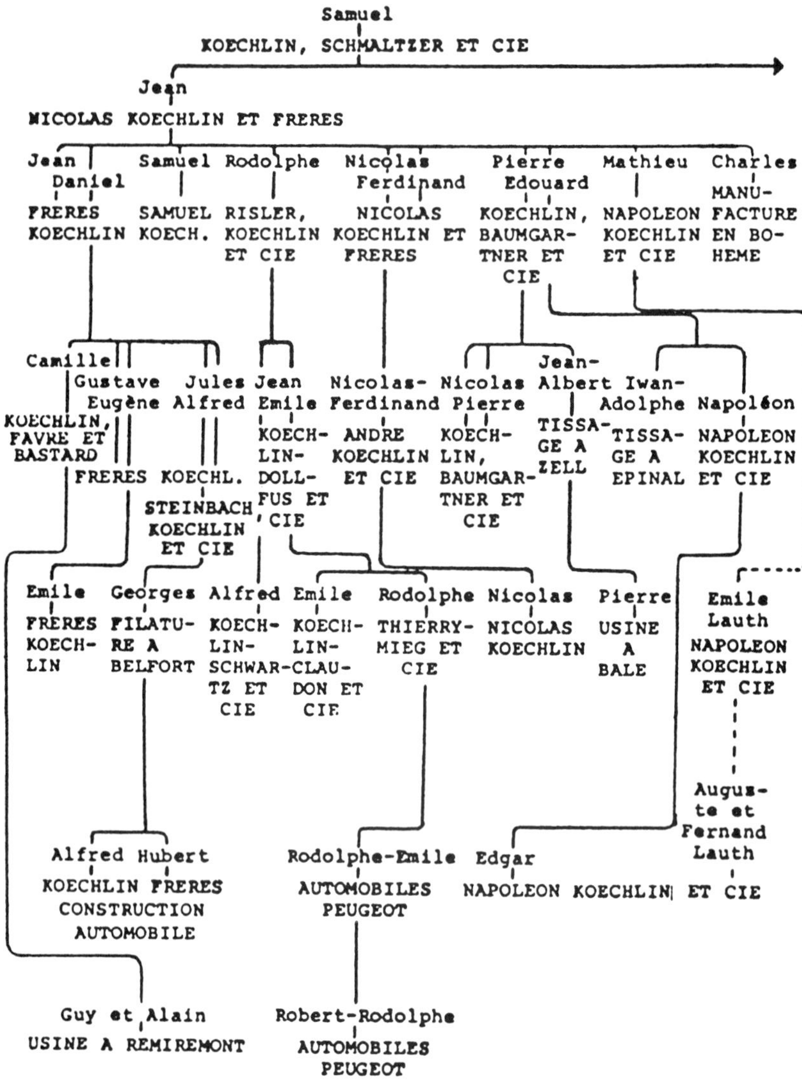

qui se marie autour de 1870)[1]. Au même moment, dans le reste de la France (sauf le

1. Pour la première génération Koechlin (celle de Samuel), on rencontre 17 enfants ; pour la seconde génération (à laquelle appartiennent Jean et Hartmann), on en trouve encore 14 en moyenne : 20 pour Jean et 8 pour Hartmann ; la troisième génération d'industriels Koechlin compte dix-neuf chefs de famille (ayant engendré un total de 122 enfants) ; la quatrième vingt chefs de famille (104 enfants) et la cinquième dix-sept chefs de famille (69 enfants).

TABLEAU 5 (suite)
Entrepreneurs héritiers de Samuel Koechlin (suite)

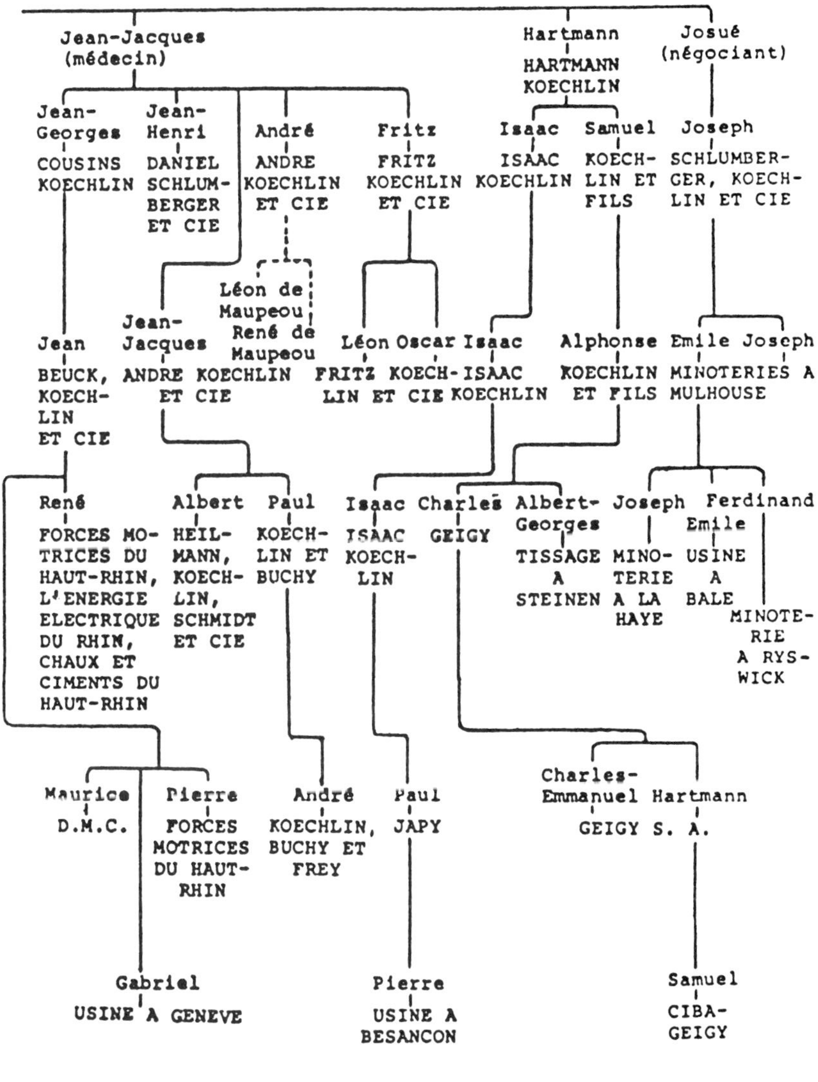

Nord), la limitation des naissances apparaît à la bourgeoisie comme la condition *sine qua non* de la conservation de la fortune accumulée.

Or il semble que le relativement grand nombre d'héritiers de chaque génération ait favorisé plutôt que gêné la pérennité du contrôle des familles alsaciennes sur leurs affaires et de leur capacité à en créer de nouvelles. D'abord, jusqu'à la cinquième

TABLEAU 6

Entrepreneurs héritiers de Pierre Schlumberger du Löwenfels

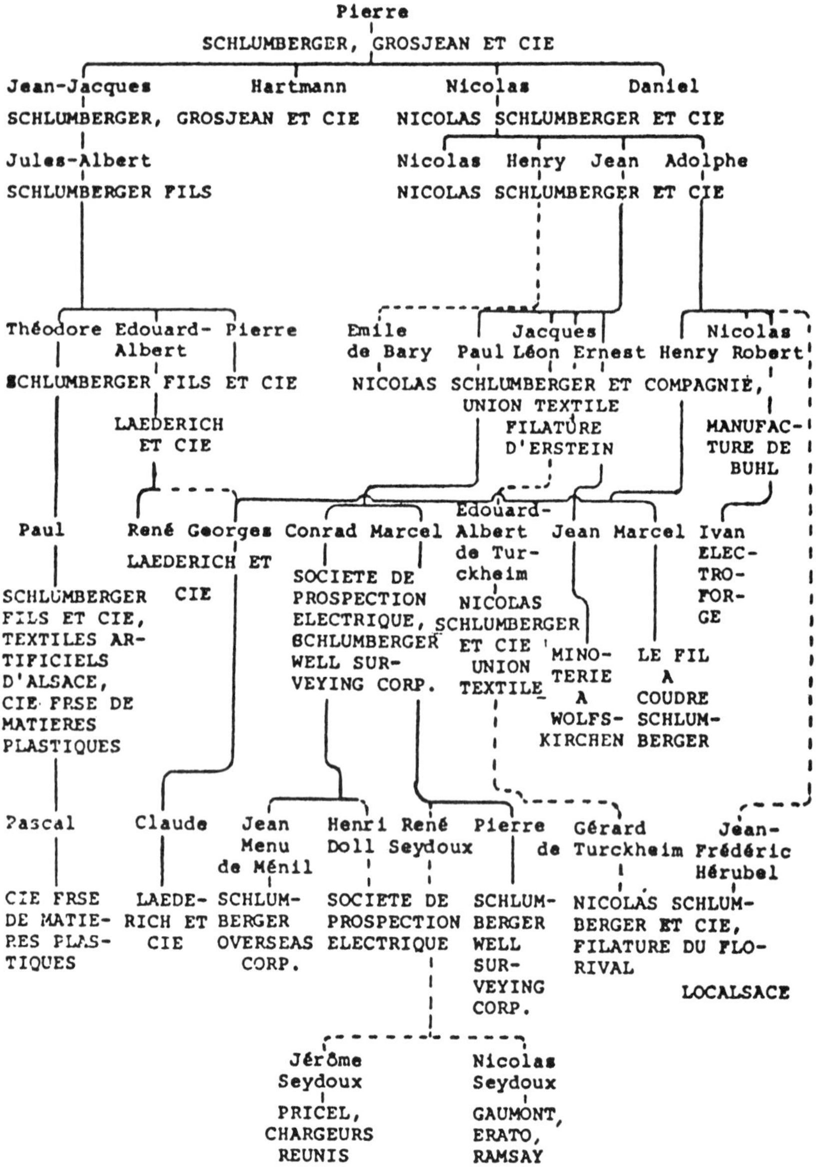

TABLEAU 7
Les principaux entrepreneurs alsaciens en 1810

Dirigeants	Rang de la génération
Antoine-Philippe Roman	1
et Bernard Gros	1
Laurent Weber	1
André Hartmann	1
Daniel Dollfus-Mieg	2
Jean Hofer	2
Jean et Jean-Michel Haussmann	2
Jean-Georges Dietsch	1
Paul Blech	1
Jean Koechlin	2
et ses fils	3
Paul Lischy	2
et Nicolas Dollfus	3
Jean-Ulric Thierry	2
Daniel Schlumberger	1
Jean Zuber	1
Daniel Huguenin	2
Hartmann Koechlin	2
Mathieu Mieg l'Aîné	1
Jean-Henri Dollfus	2
Frédéric Reber	2
Jean-Jacques Zurcher	1
Philippe-Jacques Schoubart	1
Jean-George Schlumberger	3

Sources: Etat des manufacturiers ou fabricants les plus distingués (établi en 1810) (ADBR XIII M 5; ADHR 9 M 15).

génération, une endogamie rigoureuse à l'intérieur de la bourgeoisie industrielle mulhousienne divise par deux les effets du morcellement successoral sur les patrimoines des manufacturiers. Ensuite, la taille relativement grande des familles permet, pendant toute la période où les entreprises fonctionnent avec un encadrement réduit – c'est-à-dire, pour les plus grandes, jusqu'à la fin du XIXe siècle – , de placer aux postes de responsabilité les plus élevés des collaborateurs sûrs, motivés et modestement rétribués qui sont les fils, les gendres ou les neveux des dirigeants. Dans beaucoup d'entreprises dirigées par des collaborateurs extérieurs à la famille de l'industriel a été, quoique dans des proportions impossibles à préciser, moins bonne, pour des rémunérations plus élevées. Enfin, le relativement grand nombre d'enfants de chaque génération permet aux familles des entrepreneurs d'offrir en permanence une réserve de dirigeants prêts à assumer une succession. Encore faut-il que les enfants disposent des qualités nécessaires et aient vocation à remplir ce rôle. A cette fin, les entrepreneurs ne ménagent pas leurs moyens et veillent avec un soin jaloux à l'organisation des études et des carrières de leur progéniture même au-delà de la majorité. Garçons et filles commencent par être envoyés dans des pensionnats en Suisse chez les pédagogues les plus réputés de l'époque (Pestalozzi, Fellenberg). Puis les garçons partent pour poursuivre leurs études ou effectuer des stages, avec un programme très chargé de matières à apprendre ou de tâches professionnelles à accomplir (parfois les deux ensemble, comme Daniel Koechlin). Sur place, un ami ou un parent veillent à l'exécution de ce programme. La mère entretient avec l'enfant éloigné une correspondance suivie, où directives et conseils ne manquent pas[1].

La compétence et les capacités passent donc, aux yeux du manufacturier soucieux d'assurer la pérennité de l'entreprise familiale, avant l'accumulation du capital. Il préfère diviser la fortune acquise entre de nombreux héritiers plutôt que de courir le risque de n'avoir aucun successeur capable de continuer son œuvre. Compte tenu de la forte mortalité infantile, de l'exclusion des femmes des fonctions dirigeantes dans les entreprises et de l'inégalité des aptitudes entre ses enfants, il cherche habituellement à engendrer plusieurs fils. Ce comportement repose sur le pari, plusieurs fois gagné effectivement,

TABLEAU 8

Les principaux entrepreneurs alsaciens en 1845

Dirigeants	Rang de la génération
Jean Dollfus	3
Dixon et les frères	1
Mathieu et Jérémie Risler	2
Joseph Koechlin	3
André-Frédéric, Jacques	2
et Henry Hartmann	2
Edouard-Bernard Gros	2
Nicolas Schlumberger	2
Comte César de Waldner de Freudenstein	3
Isaac Koechlin	3
Antoine Herzog	1
Georges Steinbach	1
Henri-Thierry Koechlin	4
Jean Zuber associé à ses	1
fils Jean et Frédéric	2
Christian et Balthazar Haussmann	2
Edouard Jordan	2
Jean-Henri Hofer	3
Charles Kester associé à son	1
fils Charles Kestner	2
Weisgerber	1
et ses fils	2
Jules-Albert Schlumberger	3
Ferdinand et Théodore Frey	1
Jean Schlumberger (fils de Pierre Schlumberger)	3
Jean Schlumberger (fils de Daniel Schlumberger)	2
Daniel Linck	1
Mathias Paraf	1
Gast et Spetz	1
Jean et Daniel Koechlin	3
Jean-Jacques Zurcher	1
Edouard et Charles Hofer associés à	3
leur beau-frère Emile Grosjean	3
Mathieu, Charles-Jonas et Edouard Thierry-Mieg	3
Jean et Emile Koechlin	4

Sources: Enquête industrielle de 1839-1845, statistique par établissements industriels, *Statistique de la France*, 1re série, vol. VII, p.130 à 147.

1. Cf. A. Brandt, «Une famille de fabricants mulhousiens au début du XIXe siècle: Jean Koechlin et ses fils», *Annales ESC*, 1951, p. 319-330. Daniel Koechlin agira vingt ans après exactement de même avec ses fils Camille et Gustave. Cf. correspondance de Daniel Koechlin citée dans le bulletin familial *les Koechlin vous parlent*, n° 5, décembre 1980.

TABLEAU 9

Les principaux entrepreneurs alsaciens en 1885

Dirigeants	Rang de la génération
Gustave Dollfus	4
Nicolas, Jean et Adolphe Schlumberger	3
Auguste Dollfus	4
Eugène Koechlin	4
Jules-Albert Schlumberger	3
Emile Lauth	5
Jean et Edouard Mieg	3
Paul Heilmann	3
Albert Hartmann	4
Ivan Zuber	3
Ernest Zuber	3
Lazare Lantz	2
Charles Thierry-Mieg	4
Charles Bourcart	3
Auguste Dollfus	4
Aimé-Philippe Gros	2
Isaac Koechlin	5
Mathieu-Charles Mieg	4
Ernest Frey	2
Paul Koechlin	5
Henry Dreyfus	1
Raphaël Dreyfus	1
Eugène-Edouard Hofer	5
Jules-Alphonse Schlumberger	3
Eugène Vaucher	2

Sources: Handelskammer zu Mülhausen, *Sitzungsprotokolle 1879-1888; Histoire documentaire de l'industrie de Mulhouse, 1902.*

surtout durant la première moitié du XIXe siècle, que le perfectionnement des techniques de production et des méthodes de gestion est une source de richesses comprenant largement les amputations du patrimoine par le morcellement successoral.

Il se peut aussi qu'aucun calcul de ce type n'intervienne chez le chef d'entreprise. Mais, même dans cette hypothèse, la taille de sa famille joue encore un rôle sur le plan économique: le souci de donner plus tard des situations à tous ses enfants incite l'industriel à faire grandir l'affaire, à donner la préférence à l'investissement sur la consommation des profits de l'entreprise, à créer de nouveaux départements pour diversifier la production ou faire produire des fournitures achetées jusque-là à l'extérieur[1], à tracer des plans de développement à long terme et à pousser ses fils au travail.

La longévité des dynasties industrielles alsaciennes paraît donc reposer sur trois éléments: un fort taux d'épargne, des études poussées chez les héritiers, notamment dans les matières scientifiques, et un nombre de naissances en moyenne relativement élevé jusqu'à la fin du XIXe siècle[2]. Tout cela suppose l'acceptation, par de nombreuses générations successives, d'un genre de vie dont leurs héritages auraient pu souvent les

1. Les deux plus importantes affaires textiles d'Alsace sous la Restauration, Dollfus-Mieg et Cie et Nicolas Koechlin et Frères, intègrent de nombreux établissements ou départements différents: filatures, tissages, indienneries, laboratoires de chimie, ateliers de mécanique, dépôts de vente en France et à l'étranger; à leur tête, sont souvent placés les fils et les gendres de Jean Dollfus (père de dix enfants) ou de Jean Koechlin (père de vingt enfants).

2. Cf. M. Hau, *l'Industrialisation de l'Alsace (1803-1939)*, thèse de doctorat d'Etat, université Paris-X-Nanterre, 1985.

TABLEAU 10

Les principaux entrepreneurs alsaciens en 1913

Dirigeants	Rang de la génération
Ernest Thierry-Mieg	5
Pierre Gros	4
Léon, Jacques et Nicolas Schlumberger	4
Godefroy et Elsässer	1
Daniel Mieg	4
Eugène Jaquet	1
André Hartmann	4
André Kiener	3
Paul Kullmann	3
Edouard-Albert Schlumberger	4
Mathieu Dreyfus	1
Emile Muller	1
L. Blum et Armand Alexandre	1
Jean Zuber	4
Albert et Jules Scheurer	2
Georges et Pierre Dollfus	5
Henry Bourcart	4
Auguste et Fernand Lauth	5
Eugène-Edouard Hofer	5

Sources: W. Rieger, *Verzeichnis der im deutschen Reiche auf Baumwolle laufenden Spindeln und Webstühle*, Stutgart, 1939.

TABLEAU 11

Les principaux entrepreneurs alsaciens en 1935

Dirigeants	Rang de la génération
Paul Schlumberger	5
Emile Dollfus	5
Charles Simon	1
Maurice Burrus	1
Eugène Jaquet	1
Henry Laufenburger	1
Robert Schlumberger	4
Jacques Schlumberger	4
André Hartmann	4
Edouard Dreyfus	1
Emile Muller	1
Raymond Bloch	2
Jules Dreyfus-Brodsky	1
René Blech	3
Gustave Prévot	1
Pierre Gros	5
Adrien Molard	1
Alfred Wallach	1
Charles Baudry	1
Armand Alexandre	1
Gabriel Schlumberger	4
Ernest et Henri Zuber	4

Sources: Société générale alsacienne, *Annuaire des sociétés par actions du Bas-Rhin, du Haut-Rhin, de la Moselle, du Luxembourg et du Territoire de la Sarre*, Strasbourg 1935.

dispenser. Le souci aristocratique de la continuité dynastique ou la volonté de puissance sont-ils les motivations fondamentales de ces comportements? Si c'était le cas, ils n'auraient pas manqué d'être remis en question par une proportion importante d'héritiers au nom d'une conception épicurienne de l'existence ou bien d'un christianisme évangélique. Pour qu'ils se soient perpétués si longtemps, il faut qu'ils se soient appuyés sur un système de valeurs de portée universelle dont on devine les contours chez ces protestants appartenant souvent aux loges maçonniques : une morale exaltant le travail et l'étude, sur laquelle a dû se greffer, au XIXe siècle, une idéologie scientiste assimilant le développement industriel au progrès.

® Le Mouvement social

Au Bon Marché 1869-1920
(1987)

MICHAEL MILLER

Plus qu'une monographie sur le Bon Marché, il s'agit d'une étude par un historien américain de la politique de la famille Boucicaut à l'égard de son personnel et en direction de sa clientèle. On a conservé l'extrait consacré aux fondements et modalités du paternalisme des Boucicaut. Cette politique passe par les formes de rémunération mais, plus généralement, par les modes d'intégration de la main-d'œuvre qui n'exclut pas les ingérences dans la vie privée des employés.

Source : *Michael B. Miller,* Au Bon Marché 1869-1920. Le consommateur apprivoisé, *Armand Colin, Paris, 1987, p. 82-95 (trad. fr. de* The Bon Marché, Bourgeois Culture and the Department Store, 1869-1920, *Princeton University Press, 1981).*

[...] MAIS LES INGÉRENCES dans les habitudes personnelles des employés allaient bien plus loin ; on attendait d'eux qu'ils suivent, dans leur vie privée, le principe fondamental de la société bourgeoise à laquelle ils appartenaient désormais – la respectabilité. Il ne fait aucun doute que les propres convictions morales des Boucicaut, tous les deux catholiques pratiquants, jouèrent là un rôle déterminant. Les témoignages de Zola et d'un caissier du magasin ont confirmé qu'un climat moralisateur régnait au Bon Marché [1]. Mais ce souci d'honorabilité, bien compréhensible étant donné la clientèle du magasin, le quartier dans lequel il était situé et les attaques sur l'« immoralité » que les grands magasins subissaient, s'étendait également à des sujets d'une autre importance. [...] Les Boucicaut n'hésitaient donc pas à associer vie privée et conduite publique (ainsi qu'image publique) comme le prouvent certaines remarques consignées sur le registre des employés : « Bon employé. Marié, séparé d'avec sa femme et vit maritalement avec une autre femme (cette position ne nous permet pas de le garder) » ; « Parti volontairement. Vivait avec une femme de mauvaise vie. A eu à choisir entre la femme et la maison. Bon employé » ; et concernant une vendeuse : « Bonne employée, intelligente. Renvoyée parce que nous avons appris qu'elle vivait maritalement et non avec ses parents. » En

1. Zola. *Au Bonheur des dames*. p. 163 ; Pétition Le Gouriéric au ministère de l'Agriculture. du Commerce et des Travaux publics. 18 juin 1868. Archives nationales. F12 5095.

outre, tout comme la sévérité s'appliquait pour le moindre manquement au règlement, toute forme d'inconduite était considérée comme une menace au bon fonctionnement du magasin. Il est certain que l'employé qui fut licencié «pour avoir pissé au sous-sol» avait dépassé les limites tolérables. Mais on trouve aussi des employés congédiés pour des motifs plus futiles, comme celui qui avait «caché le parapluie d'un de ses camarades» ou cet autre qui avait cassé une carafe en jouant avec les couverts, pendant le déjeuner.

Malgré sa rigueur et son omniprésence, la politique de licenciement était régie par plusieurs considérations. Sans aucun doute, certains des motifs invoqués, parmi les moins graves, étaient moins l'application d'une règle fermement établie que des prétextes destinés à débarrasser le magasin d'individus jugés gênants ou inutiles. Et, en dépit de l'importance accordée à la qualification, le magasin ne conservait pas à son service que des employés modèles, car nombreux étaient ceux qui démissionnaient de leur propre initiative tout en ayant été qualifiés d'«employés ordinaires». De même il arrivait que des personnes licenciées soient réembauchées presque aussitôt ou bien une ou deux années après. En fait ces départs provisoires n'étaient pas rares. Mais le fait qu'un employé sache qu'après son renvoi éventuel les portes du magasin ne lui étaient pas définitivement fermées n'empêchait pas nécessairement un bon contrôle du personnel, car souvent les réembauchages étaient accompagnés d'un salaire inférieur et l'employé y perdait peut-être les droits aux bénéfices qu'il avait acquis précédemment. Enfin, en règle générale, les Boucicaut ne renvoyaient pas des personnes employées de longue date sauf en cas d'insubordination caractérisée. Après cinq ans de présence, et surtout une fois franchi le cap des dix ans, les employés qui quittaient l'entreprise le faisaient le plus souvent de leur propre gré. L'âge devait jouer un rôle ; au-delà de trente ans les employés se tenaient certainement sur leurs gardes, car ils n'auraient pu retrouver du travail que dans le petit commerce. En revanche, la rareté des renvois parmi le personnel âgé est à rapprocher, probablement, de l'atmosphère paternaliste qui régnait au Bon Marché ; les relations entre le patron et le personnel impliquaient des responsabilités réciproques. La conduite des employés était sans doute influencée par ce climat ; ils témoignaient par là de leur intégration et de leur acceptation du système, de ses exigences, de ses règles et de sa structure d'autorité.

Le paternalisme du Bon Marché présentait des caractéristiques complexes. Il concernait tout d'abord les Boucicaut eux-mêmes ; il constituait une des formes de leur propre adaptation à l'entreprise d'un type nouveau qu'ils cherchaient à bâtir. Il visait, ensuite, le public bourgeois en l'amenant à accepter les changements que ce type de commerce impliquait. Chacun de ces aspects sera traité ultérieurement. Enfin il trouvait ses origines dans un réel désir de bienveillance des Boucicaut, dans un sentiment authentique de leur responsabilité vis-à-vis du bien-être social et moral des personnes dont il avaient la charge. Les mesures qu'ils prirent leur valurent des médailles et des prix dans les exploitations universelles et à l'Académie des sciences morales et politiques. Les disciples de Le Play écrivirent que le magasin «offrait» probablement l'exemple le plus achevé de ce que peut produire un régime paternel lorsqu'il est appliqué avec libéralité [1].

1. Cité par Giffard, *Grand Bazars*, p. 225. La philanthropie des Boucicaut est mentionnée dans presque tous les écrits concernant eux-mêmes ou le Bon Marché. On en trouvera une présentation sommaire dans les articles sur les Boucicaut parus dans le *Grand Dictionnaire universel du* XIX*e siècle*, Deuxième Supplément, p. 626 et dans D'Yderwalle, *Au Bon Marché*. Le Bon Marché obtint des prix dans presque toutes les grandes expositions internationales, notamment un *Diplôme d'Honneur* en 1878 et une *Médaille d'or* en 1889. En 1900 la maison fut *Hors concours-Membre du Jury*. En 1888 l'Académie des sciences morales et politiques décerna au magasin le prix Audéoud.

Même les dirigeants de la Chambre syndicale des employés furent contraints d'admettre que le personnel du Bon Marché était le plus favorisé de leur profession et la Ligue des petits commerçants qui attaquait avec virulence les grands magasins se montra toujours plus circonspecte lorsqu'il s'agissait de la personne des Boucicaut[1].

Mais le paternalisme en France allait aussi faire recette auprès des employeurs désireux de disposer d'un personnel d'un genre nouveau. Dans les années 1840 et 1850, les usines textiles d'Alsace et de Franche-Comté avaient lancé les premières expériences de logements ouvriers, de fonds de prévoyance (en cas de maladie ou d'autres accidents personnels) et de régimes de retraite, et ceci afin de recruter, fixer et discipliner une main-d'œuvre industrielle tout en préservant la solidarité entre les hommes et leur patron. Poursuivant les mêmes objectifs, les chemins de fer, pionniers dans tant d'autres domaines, se tournèrent assez rapidement vers le paternalisme, sous forme de la création de caisses de retraite; une mesure destinée à fixer et à discipliner la main-d'œuvre, problèmes face auxquels se trouvaient confrontées ces compagnies d'une telle importance et présentant une telle dispersion géographique. Certaines sociétés se dotèrent de moyens techniques pour former les travailleurs qualifiés, dont leurs unités de production avaient besoin. Au Creusot, où des mesures très étendues avaient été prises dans le domaine social, près d'un quart de ce budget était consacré à la formation[2].

Au Bon Marché, le paternalisme allait emprunter une voie semblable et constituer une réponse à des situations très proches de celles que les industriels connurent dans les premiers temps de l'industrialisation et à des problèmes plus complexes imposés par un contexte bureaucratique nouveau. Le paternalisme, par exemple, permit, au Bon Marché, de compléter le recrutement et le conditionnement de la main-d'œuvre. Cette orientation était déjà clairement définie lors de la pose de la première pierre de l'immeuble du Bon Marché ; en déclarant à cette occasion qu'il voulait « donner à cette construction, toute spéciale, une organisation philanthropique », Boucicaut indiquait bien que ses intentions paternalistes allaient de pair avec ce projet grandiose[3].

Le paternalisme, au Bon Marché, constituait également un moyen de parfaire la structure disciplinaire du magasin. C'est de 1869 que date le projet, car cette année-là deux grèves des employés de commerce touchèrent la capitale, la déclaration de Boucicaut mentionnée plus haut ayant été prononcée une semaine seulement avant un débrayage quasi total. Les événements commencèrent, en 1868, avec la création de la Chambre syndicale des employés. L'année suivante, revendiquant plus de cinq mille adhérents, le mouvement menaça de lancer un ordre de grève, en mai, si les nouveaux magasins n'acceptaient pas de fermer le dimanche. Les employés obtinrent satisfaction : de nombreux magasins ayant cédé devant leurs exigences, les autres se voyèrent contraints de fermer par manque de personnel[4]. Encouragée par ces succès, la Chambre syndicale s'engagea ensuite dans une longue et dure bataille qui tourna au désastre. En octobre elle exigea que la journée de travail soit limitée strictement à

1. Préfecture de Police, Ba 153, rapport du 30 juillet 1886 ; pour l'opinion des petits boutiquiers, voir « À Monsieur le vicomte d'Avenel », *la Revendication*, 15 mars, 15 juin 1895.

2. Henri Hatzfeld, *Du Paupérisme à la Sécurité sociale, 1850-1940* (Paris, Armand Colin, 1971), pp. 109-131 ; Fohlen, *l'Industrie textile*, pp. 86-88 ; Caron, *Histoire*, pp. 322-323 ; Lévy-Leboyer, « Innovation and Business, pp. 94-95 ; Charles Gide, *Cours d'économie politique* (Paris, Librairie de la Société du Recueil J.-B. Sirey, 1909), pp. 671-672.

3. Dans les années 1860 le paternalisme existait déjà au Bon Marché, mais sous une forme moins structurée. Selon la pétition de Le Gouriéric, les employés percevaient un traitement pendant leurs maladies de longue durée et les veuves recevaient une retraite si aucun poste n'était disponible pour elles au magasin.

4. Le Bon Marché fermait apparemment le dimanche depuis plusieurs années et ne semble pas avoir été touché par cette phase de grèves.

douze heures. Cette fois-ci le patronat rejeta la demande, remit en question la fermeture dominicale, et deux tiers des 12 000 ouvriers se mirent en grève. Les grévistes tinrent bon, mais les magasins contre-attaquèrent en engageant massivement, et pour la première fois, des femmes; le Louvre accueillit un contingent de cent jeunes filles avec les compliments de l'Assistance publique. Les projets de coopérative ébauchés par les employés ne se concrétisèrent jamais et la durée de la grève finit par saper le moral des troupes. En décembre les employés reprirent le travail sans qu'aucune de leurs principales revendications ne fût satisfaite[1]. En dépit de cet échec, c'est donc avec la grève comme toile de fond que fut lancée la construction du nouveau bâtiment. La leçon ne fut pas perdue pour les propriétaires du Bon Marché. En mettant sur pied leur «organisation philanthropique» les Boucicaut s'assurèrent bien que de nombreuses dispositions leur laissaient la possibilité d'exercer des pressions sur leur personnel[2].

Mais le paternalisme constituait surtout une stratégie destinée à désamorcer les conflits et atténuer les difficultés qu'engendraient les conditions de travail. La question de la politique du personnel menée par les Boucicaut, et ses implications pour l'employé du Bon Marché, méritent d'être approfondies.

On peut se faire une juste idée de la tension nerveuse que le nouveau système engendrait, en examinant les chiffres des départs volontaires au moment même où le Bon Marché atteignait la taille d'un véritable grand magasin. Par exemple, 43 % des employés entrés en 1873 – l'année où la première partie du bâtiment fut ouverte – démissionnèrent avant d'avoir atteint cinq ans d'ancienneté, et parmi ceux-ci une proportion importante partit la première année. Il convient de dire que les raisons de ces départs pouvaient être très diverses et que beaucoup étaient réembauchés par la suite. Les femmes partaient souvent pour se marier et de nombreux appelés du contingent ne revenaient pas, bien que quelques-uns réintégraient le magasin car leurs places restaient toujours disponibles. Certains employés, envoyés là par leurs parents pour s'initier aux nouvelles pratiques commerciales, retournaient ensuite en province pour y prendre la direction du magasin familial. D'autres estimaient tout bonnement qu'ils en avaient assez appris pour monter leur propre entreprise et partaient s'établir à leur compte. La grande majorité des départs étaient signalés par cette simple mention: «Parti volontairement» et traduisaient, tout comme les nombreux licenciements pour insubordination ou non-respect du règlement, un sentiment d'insatisfaction né du travail lui-même.

Les tensions provoquées par le travail dans un grand magasin sont illustrées par le mode de rémunération des vendeurs. Nombreux étaient ceux qui entraient au Bon Marché attirés par les salaires globaux beaucoup plus élevés que ce qu'ils auraient pu espérer dans les magasins de moindre importance ou dans les petites boutiques. Et les tentations du standing d'une carrière dans la classe moyenne n'imposaient pas forcément des sacrifices financiers. C'est là un phénomène qui ne touchera les salariés du secteur tertiaire qu'au siècle suivant. Comparés aux autres travailleurs, dont la plupart se satisfaisaient de gagner cinq ou six francs par jour, les vendeurs des grands magasins apparaissaient mieux lotis. Un revenu de 3 500 à 4 000 F par an, dans la France du

1. Les fermetures dominicales paraissent également avoir été victimes de la grève. Au moins la revendication resurgit de manière passionnée vers la fin du siècle, mais il fallut attendre 1906 pour que le conflit trouvât un dénouement.
2. On trouvera des comptes rendus sur les grèves dans Office du Travail, *les Associations professionnelles ouvrières*, vol. 4 (Paris, 1904), pp. 614-620; Artaud, *la Question*, pp. 124-127, 253-257: «La grève des commis», *l'Illustration*, 30 octobre 1869.

XIXe siècle, permettait de mener une modeste existence bourgeoise, notamment si l'on était nourri[1]. Un salaire annuel présentait également plus d'attrait qu'une paie journalière. Mais les rémunérations du Bon Marché, malgré toutes les espérances et la sécurité qu'elles laissaient entrevoir, faisaient planer bien des doutes et occasionnaient bien des moments de tension chez le vendeur.

Le principal problème était celui de la guelte. Celui-ci, il est vrai, ne concernait pas les employés de bureau qui percevaient un salaire net. Débutant souvent à plusieurs centaines de francs par an, ils recevaient des augmentations annuelles assez substantielles et pouvaient ainsi gagner plus de 2 000 francs après cinq ans ; s'ils restaient assez longtemps leur revenu annuel se situait en fin de carrière aux environs de 3 000 à 4 000 francs. Mais le salaire fixe des vendeurs était souvent très bas. Certains, parfois dès leur entrée en fonction, atteignaient le niveau relativement élevé de 2 000 à 3 000 francs par an, mais ils constituaient des exceptions et il se peut même qu'ils n'aient pas été rémunérés à la commission. La plupart commençaient avec un salaire allant de 300 à 800 francs, d'autres étant embauchés au pair sans rien recevoir pendant plusieurs mois. Les augmentations annuelles étaient une pratique habituelle, mais la norme ne semble pas avoir dépassé 1 200 à 1 500 francs[2]. Les vendeurs dépendaient donc totalement de leur guelte pour échapper au niveau de vie de la classe ouvrière et cela signifiait donc qu'ils étaient à la merci des caprices de la clientèle. Sort peu enviable... Combien d'histoires cauchemardesques ont dû circuler quotidiennement dans les salles du grand magasin où l'on relatait les caprices de ces clientes qui demandaient à essayer chaque robe, chaque chaussure, chaque gant de la maison pour finalement n'acheter au mieux qu'une bricole, ou rien du tout, celles encore qui emportaient pour plusieurs milliers de francs de marchandises et retournaient le tout le lendemain matin ? Combien de clientes ont-elles été ainsi étranglées, guillotinées, pendues haut et court... dans l'esprit des vendeurs frustrés ? L'imagination des nouveaux venus qui occupaient le dernier rang dans la « ligne » (un système de rotation pour s'occuper des clients) devait donner libre cours à des fantasmes particulièrement horribles.

Pour les vendeurs les gueltes constituaient aussi une source de conflits. Conflits entre eux, entre rayons concurrents ou bien avec des employés de bureau qui recevaient des primes lorsqu'ils repéraient des erreurs dans le calcul des commissions. Conflits intérieurs également, entre le désir de vendre en aussi grosses quantités et aussi souvent que possible et la nécessité de conserver à tout moment une attitude honnête.

Même si des salaires rémunérateurs compensaient l'insécurité, les tensions et les cadences forcées imposées par le système de la guelte, les employés, dont le revenu annuel moyen tournait autour de 3 600 francs, ne parvenaient pas tous à s'élever au-dessus du seuil de précarité. Beaucoup menaient une vie instable. Les célibataires logeaient souvent ensemble dans des hôtels réservés aux employés. D'autres, qui avaient un appartement séparé, changeaient très fréquemment d'adresse (sans doute pour éviter de payer leur loyer)[3]. Les avances demandées de temps à autre étaient signes que les

1. Ministère du Commerce. *Annuaire statistique de la France* (Paris. 1882). pp. 332-333 ; *ibid.*. 1890. pp. 258-259 ; Theodore Zeldin. *Histoire des Passions françaises, 1848-1945* (Paris. le Seuil. 1980-1981). Marguerite Perrot. *le Mode de vie des familles bourgeoises 1873-1953* (Paris. Armand Colin. 1961). pp. 167-175. Marguerite Perrot signale que le coût de la nourriture pour les familles bourgeoises à faible revenu était élevé et pouvait atteindre 40 % de leur budget. Sur le système de restauration du Bon Marché. voir plus bas. p. 95.
2. B.M. Dossiers des employés ; B.M. Registre des employés.
3. Zola. NAF 10278. p. 205 : B.M.. Dossiers des employés.

salaires laissaient peu de marge de sécurité pour faire face aux dépenses imprévues[1]. A certains égards cette situation résultait du style de vie adopté par les employés. Souvent habitués notoires des cafés-concerts et des cabarets, ils dépensaient annuellement en vêtements et en blanchisserie une somme pouvant atteindre au total 400 à 500 francs[2]. Et comme on attendait d'eux qu'ils soient correctement habillés pour leur travail et que tous tenaient à être considérés comme des membres de la bourgeoisie, le plus simple des employés était contraint de consacrer une part importante de son salaire à se vêtir.

Les employés, qui travaillaient jusqu'à quinze à seize heures par jour dans les petits commerces, entraient aussi au Bon Marché pour ses journées plus courtes. Les heures n'en restaient pas moins longues. En été, le travail commençait à sept heures et demie du matin pour se terminer parfois à neuf heures du soir et, en hiver, de huit heures du matin à huit heures du soir (en 1889, c'est cet horaire qui fut maintenu tout le long de l'année). Et lorsque la journée était plus courte, la cadence était plus soutenue. Pendant les saisons de pleine activité, les employés et les garçons connaissaient peu de moments de répit et les jours de grande vente le rythme devenait véritablement endiablé. A aucun moment, les vendeurs n'avaient le droit de s'asseoir. Les heures supplémentaires – sans compensation aucune – étaient chose courante. Les fermetures dominicales n'impliquaient pas forcément que le dimanche soit chômé. Pendant les premières années au moins, une partie, voire la totalité du personnel était requise pour préparer de nouveaux étalages ou pour d'autres tâches similaires. En 1882, il semble que cette pratique ait changé, car Zola fait référence à des sorties dominicales. Cependant certains services, comme les livraisons, continuaient à travailler le dimanche et il est probable que le dimanche précédent les grandes expositions, ou pendant les inventaires, la plupart des employés, sinon tous, étaient tenus de travailler au magasin[3].

L'environnement sanitaire était un autre sujet de préoccupation. On reprochait aux grands magasins, dans leur ensemble, de mauvaises conditions d'hygiène, notamment une aération des locaux insuffisante et la poussière qui s'accumulait en grande quantité dans les arrière-salles et dans les bureaux. Les employés de commerce avaient la réputation d'avoir un des taux de tuberculose les plus élevés de la capitale[4]. Cette situation pouvait certes s'accorder avec l'image romantique que certains employés des grands magasins voulaient donner d'eux-mêmes, mais les conséquences n'en demeuraient pas moins funestes. Les dossiers du Bon Marché sur le personnel entré avant 1907 montrent que près d'un cinquième peut-être des employés quittèrent le magasin pour raisons de fatigue ou de santé, pouvant aller jusqu'à la mort[5]. Que le Bon Marché et d'autres magasins aient été amenés peu à peu à n'embaucher que des personnes de moins de trente ans et que Mme Boucicaut, lorsqu'elle fonda un régime de pension vieillesse, plaçât l'âge de la retraite à cinquante ans n'est donc pas surprenant. Beaucoup d'employés étaient déjà « usés » avant d'avoir franchi ce cap.

Les tensions qui accompagnaient l'exercice du travail, au Bon Marché, pouvaient

1. B.M., *Conseils généraux* ; B.M. Dossiers des employés.
2. Chambre syndicale des employés de commerce, d'industrie et d'administration. *Améliorations professionnelles/n° 1 Nouveautés* (Paris, 1880), p. 16, in Préfecture de Police, BA 152.
3. *La Réforme*, 8 octobre 1869 ; Zola, NAF 10278, pp. 190, 342-345.
4. Lainé, *les Demoiselles*, pp. 51-52.
5. Ces chiffres sont fondés sur un échantillon de 224 dossiers couvrant cette période. Comme ces dossiers comprennent un nombre disproportionné d'employés totalisant plusieurs années d'ancienneté au magasin, au moins pour 68 dossiers d'entrée antérieurs à 1877, il conviendrait de réviser en baisse le chiffre de un cinquième. Cette rectification s'imposerait d'autant plus que certaines personnes comptées parmi les malades étaient des retraités.

également naître des pièges et des déceptions du système mis en place par les Boucicaut. Sans aucun doute, la plupart des employés choisissaient le Bon Marché dans l'espoir d'accéder un jour aux leviers de commande de la structure. Mais rares étaient ceux qui pouvaient espérer atteindre le niveau d'administrateur et plus tard de gérant, l'ensemble des postes de direction n'ayant jamais peut-être dépassé dix à douze pour cent du personnel. Profitant de l'expansion que connut le magasin, de nombreux employés entrés dans les années 1860 purent s'élever dans la hiérarchie. Mais ceux qui arrivèrent après 1869 trouvèrent les possibilités de promotion considérablement réduites. Au moment où Zola visita le Bon Marché, le magasin employait 2 500 personnes dont quelque 200 seulement appartenaient à la catégorie des cadres.

Mais sans doute la plus grande difficulté que les employés rencontraient au Bon Marché résidait dans l'excessive discipline de la maison et le caractère impersonnel de son organisation bureaucratique. La plupart des employés ne voyaient leur identité reconnue qu'à travers les règles de fonctionnement qu'ils devaient suivre, scrupuleusement, dans l'accomplissement de leur tâche spécialisée. Il était donc impossible pour un simple employé d'entretenir avec la maison ce type de relations personnelles qu'il connaissait dans les entreprises de moindre importance ou, a fortiori, dans les petits commerces traditionnels. Quand l'employé échappait à cette spécialisation rigide, c'était généralement pour être déplacé ici ou là comme un pion en fonction des besoins du moment, par exemple à l'occasion des grandes ventes où la demande en main-d'œuvre croissait soudainement et où les administrateurs procédaient à une redistribution globale du personnel. En même temps, l'employé présentait une extrême vulnérabilité face aux mécanismes de l'organisation dans son ensemble et au rendement de personnes qu'il ne connaissait pas et qui travaillaient dans des secteurs du magasin où il n'entrerait sans doute jamais. C'était tout particulièrement le cas des vendeurs, dont le revenu tenait au bon fonctionnement du dépôt et des livraisons, ainsi que du bureau qui calculait leur guelte. Mais tous les employés étaient d'une manière ou d'une autre contraints par l'interdépendance du système ; qu'un changement d'horaire dans un service quelconque, ou même un retard fortuit un jour donné intervienne, et ils subissaient des modifications d'horaire et se voyaient obligés de faire des heures supplémentaires.

L'autorité pouvait également s'exercer de manière impersonnelle. Contrairement aux petits commerces, où elle n'était pas moins pesante mais émanait directement du patron, le Bon Marché donnait rarement l'occasion à l'employé d'entrer en contact avec Boucicaut lui-même. Les ordres se transmettaient à travers une série d'échelons hiérarchiques qui, tous, exigeaient une obéissance absolue. C'était aussi, comme nous l'avons vu, un système d'autorité dans lequel l'employé était considéré comme un simple instrument, utilisé comme tel, et renvoyé lorsqu'il devenait inefficace ou insuffisamment docile. La procédure manquait quelque peu d'élégance. La plupart des employés étaient remerciés par un bref: « Passez à la caisse, monsieur. » Dans sa forme la plus extrême, le caractère impersonnel de l'autorité au Bon Marché se manifestait par la confiance que l'on accordait à ces règles de fonctionnement qui pesaient sur l'employé du matin, où il devait signaler sa présence et répondre à l'appel, jusqu'au soir, où, après la sonnerie, il partait en empruntant une porte bien déterminée. Il restait donc peu de place pour l'initiative individuelle. Une unité de police interne, les inspecteurs, était chargée de faire respecter cette discipline. Ces hommes, à coup sûr les personnes les plus détestées de tout le magasin, surveillaient en permanence le personnel ; ils avaient pour mission de préserver l'ordre à tout prix ; ils étaient investis d'une autorité absolue qu'ils avaient la réputation d'exercer sans aucune pitié [1].

La dépersonnalisation touchait particulièrement ce sous-groupe d'employés que formaient les garçons. Ces hommes à qui incombait le plus gros du travail physique et qui étaient payés moins que les autres – ils débutaient généralement à 600 francs et recevaient des augmentations annuelles de 100 francs ; ils pouvaient espérer obtenir plus tard un salaire de 2 000 francs, voire plus dans quelques cas exceptionnels – se voyaient obligés d'abdiquer toute forme d'individualisme. Affublés déjà d'une appellation dépréciative, ils devaient porter un uniforme pour plaire à la clientèle. On leur attribuait un numéro qui figurait sur leur uniforme et qui permettait de les identifier. En effet, cette organisation revêtait un caractère quasi militaire, à un point tel que les contremaîtres choisis parmi eux portaient le titre de caporaux. Certains étaient logés au magasin, dormant sur les comptoirs ou étendant leur lit pliant là où ils trouvaient de la place. Il est vrai que ce type d'hébergement n'était probablement pas pire que les misérables taudis ou les fermes qui avaient dû leur servir de domicile auparavant. Mais ces garçons, après tout, étaient montés à Paris dans l'espoir d'une vie meilleure et il semble difficile de considérer que dormir dans un grand magasin soit le signe d'une réelle ascension sociale. De nombreux garçons – ainsi que de nombreux cochers, catégorie qui connaissait des conditions d'existence équivalentes – étaient renvoyés pour alcoolisme.

Les Boucicaut créaient donc, pour leurs employés, un univers au caractère ambivalent. Il est vrai qu'ils leur offraient la perspective de s'élever à des hauteurs vertigineuses au sein de la hiérarchie et des conditions de travail surpassant certainement celles de tout autre magasin à Paris [2]. Zola a noté que tous les employés de commerce ambitionnaient d'être acceptés soit au Bon Marché soit au Louvre et que le retour dans un magasin de moindre importance était ressenti comme une « déchéance » [3]. Mais, au Bon Marché, ce sont les tensions qui alourdissaient le climat de travail. Certes les commissions, les promotions, les règles de fonctionnement et les renvois pouvaient jouer un rôle important pour l'adaptation des employés à cet univers du grand magasin où régnaient bureaucratie et esprit de compétition. Cette politique ne permettait pas néanmoins, à elle seule, de fabriquer des hommes d'appareil liés de façon personnelle à la maison et au patron qui la représentaient à leurs yeux.

Ce type d'intégration fut bien, pourtant, le problème essentiel que les Boucicaut durent résoudre dans leurs relations avec leur personnel. C'était là une question primordiale, car le respect absolu de l'autorité rigoureuse des ordres reçus, l'accueil courtois et efficace des clients et la fluidité de la circulation des marchandises et des documents administratifs reposaient, en fin de compte, sur un sentiment d'identité entre la vie des employés et les buts de l'organisme employeur. On touchait là à un domaine beaucoup plus complexe que les besoins propres du Bon Marché, bien que la prospérité du magasin en dépendît également.

Les grands magasins ne créaient pas seulement une main-d'œuvre d'un nouveau genre, mais aussi un nouveau type de classe moyenne. La classe moyenne a toujours rêvé d'être ouverte à tous ceux que la naissance, le travail ou l'éducation autorisaient à en faire

1. Zola donne une bonne illustration de la crainte et de la haine qu'inspiraient les inspecteurs dans *Au bonheur des dames*.
2. Les employés du Bon Marché n'étaient pas non plus soumis à ces amendes détestées qui, ailleurs, les frappaient à la moindre erreur.
3. Zola, NAF 10278, p. 213.

partie. Mais dans le passé cette vision d'une bourgeoisie plus accessible avait aussi supposé un développement correspondant du travail indépendant. De nombreux membres de la bourgeoisie issus des échelons inférieurs de cette catégorie ou qui, par leur travail, étaient parvenus à s'extraire du niveau supérieur de la classe laborieuse, avaient pu faire leur entrée dans la classe moyenne en occupant des postes salariés. Cependant, aux yeux de tous, à l'exception de ceux qui devenaient fonctionnaires, la situation d'employé était presque toujours considérée comme un tremplin vers l'accession à la propriété indépendante. L'apparition des grands magasins, des grosses banques et d'autres entreprises importantes, comme les chemins de fer, bouleversa cet itinéraire. Certes les carrières de la classe moyenne continuaient à se développer, mais de plus en plus elles revêtaient la forme de postes salariés permanents, au sein d'entreprises organisées, et dans un environnement impersonnel et hiérarchisé. Les hommes qui y entraient s'identifiaient toujours à la culture bourgeoise dont ils perpétuaient les conventions. Mais ni la respectabilité ni le statut ne pouvaient occulter la réalité d'un milieu de travail très proche de celui des classes laborieuses (Zola avait l'habitude d'appeler les grands magasins «la grande machine», «la machine à vapeur»)[1]. Indubitablement, l'apparition d'un secteur tertiaire employant un personnel en grand nombre, dans un environnement bureaucratisé, a marqué un changement qualitatif dans la vie des membres de la classe moyenne. Pour beaucoup d'entre eux cette mutation s'opéra dans la douleur. Si les travailleurs du secteur tertiaire devaient, en effet, constituer un tel élément d'instabilité dans la société européenne au tournant du siècle, c'était en grande partie à cause des frustrations nées du monde professionnel. L'intégration de la main-d'œuvre constituait donc le problème essentiel du Bon Marché non seulement parce que le succès de l'établissement passait, au bout du compte, par l'adaptation de l'employé à son nouveau milieu, mais aussi parce qu'on touchait là à une question fondamentale, celle de la réconciliation effective entre les employés du secteur tertiaire et le monde de la classe moyenne dans lequel il leur fallait vivre. Le sort final de l'entreprise en dépendait, car tant que les étais de la nouvelle civilisation bourgeoise n'étaient pas solidement fixés, ses représentations institutionnelles ne pouvaient pas être assurées de leur pérennité.

Mettre en place ces appuis, créer des relations intégrées entre les employés et leur travail, telle était donc la raison d'être essentielle du paternalisme des Boucicaut dans leurs efforts pour disposer d'hommes d'appareil. Comme nombre de chefs d'entreprise de leur temps, les Boucicaut prirent conscience qu'un paternalisme nouveau, institutionnalisé, reproduisant à sa manière les relations du petit commerce familial traditionnel, pouvait s'adapter à des entreprises beaucoup plus importantes et très différentes, et insuffler un état d'esprit communautaire au sein d'un environnement impersonnel et rationalisé. Si l'idée de départ était simple, la pratique était plus complexe. Car, pour les Boucicaut, il ne s'agissait pas seulement de recouvrir la structure bureaucratique d'un vernis paternaliste. Il fallait au contraire s'efforcer de mêler les deux, en restructurant et en réorientant les vieilles valeurs domestiques de manière à ce qu'elles correspondent au style et aux buts recherchés par leur système de travail. Fondamentalement attachés à la tradition familiale française, les Boucicaut allaient devoir affronter les changements de leur culture, non pas en abandonnant ses pratiques et ses principes, mais en les redéfinissant pour les adapter à de nouveaux besoins et à de nouvelles fins.

La façon dont ces divers aspects – la bienveillance, la formation, la maîtrise et

1. *Ibid.*, pp. 82-87.

l'intégration – s'associaient pour définir le paternalisme des Boucicaut est illustrée par la création de deux caisses destinées au personnel ; ni l'une ni l'autre ne faisaient appel à des contributions salariales (montrant, par là, la générosité des Boucicaut, car les mesures similaires prises ailleurs s'accompagnaient presque toujours d'une participation financière des employés). La première, une caisse de prévoyance, fut fondée en 1876 et alimentée chaque année par une certaine somme, dont les Boucicaut déterminaient le montant, prélevée sur les bénéfices nets de l'année. Tous les employés d'un grade inférieur à celui de chef de comptoir ou d'inspecteur et qui pouvaient justifier de cinq ans, au moins, d'ancienneté dans la maison y avaient droit. Un compte était ouvert au nom de l'employé et chaque année une part de l'allocation globale y était versée. La caisse ayant été créée pour permettre à l'employé de disposer d'un pécule au moment de sa retraite, il ne pouvait y retirer de l'argent avant d'avoir atteint l'âge de soixante ans (cinquante ans dans le cas des femmes) ou d'avoir totalisé vingt ans de service ininterrompu au Bon Marché. En 1866, les conditions d'âge furent réduites à cinquante-cinq ans pour les hommes, quarante-cinq ans pour les femmes. L'argent restait bloqué, mais il s'y ajoutait un intérêt annuel de 4 %. Si l'employé démissionnait ou était renvoyé, sa part était reversée au fonds commun à moins que les Boucicaut ne choisissent de lui verser une partie de la somme[1]. Cependant, les femmes qui quittaient le magasin pour se marier recevaient la totalité de leur compte le jour de leur mariage. (Les Boucicaut, en bons bourgeois qu'ils étaient, n'auraient pas osé favoriser la carrière de femmes célibataires.) Un employé qui perdait la capacité de travailler pouvait également retirer l'argent de son compte avec la permission des Boucicaut. Enfin, en cas de décès, le contenu du compte de l'employé revenait à sa veuve et à ses enfants, les Boucicaut se réservant le droit de décider de la façon dont la somme pourrait être utilisée, clause qui s'appliquait à tous les employés remplissant les conditions d'attribution, mais qui fut rarement utilisée.

La création d'une caisse de prévoyance fut suivie, dix ans plus tard, par la fondation d'une caisse de retraite. Lancée avec une donation de Mme Boucicaut de 5 millions de francs, elle ouvrait droit à une pension, après vingt ans de service dans la maison. Les hommes, cependant, ne pouvaient y prétendre qu'après l'âge de cinquante ans et les femmes quarante-cinq ans. Mais, comme la caisse de prévoyance, des clauses prévoyaient des aides financières temporaires, le paiement total des retraites aux employés dans l'incapacité de travailler ou à leur veuve et orphelins.

Ces caisses formaient la clé de voûte du projet d'inspiration paternaliste des Boucicaut et, parmi les mesures sociales qu'ils prirent, ce sont celles qui leur valurent le plus de louanges. Les avantages n'en étaient pas minces. L'employé, qui totalisait vingt ans de maison ou plus, était assuré de recevoir au moment de son départ un pécule d'au moins plusieurs milliers de francs sur son compte à la caisse de prévoyance et sur une retraite allant de 600 à 1 500 francs par an. Par ce biais, des mécanismes s'instituaient, destinés à former, discipliner et intégrer le personnel au sein de l'établissement.

Les deux projets étaient de toute évidence conçus pour éviter la mobilité du personnel. En offrant la sécurité en échange d'un engagement à long terme, les retraites et les fonds de prévoyance constituaient un moyen d'attirer des employés qualifiés et de les conserver à titre permanent. Considérés sous un autre angle, ces avantages permettaient également de s'assurer que la majeure partie de la main-d'œuvre était composée d'individus

1. En 1877 cette disposition fut amendée de la façon suivante : les employés qui quittaient après dix ans de service ininterrompu la maison recevaient automatiquement un tiers de leur compte et, après quinze ans, deux tiers.

parfaitement dignes de confiance, possédant à fond leur métier et familiarisés avec les règles de fonctionnement complexes du magasin. On peut juger de la réussite de ces mesures par la progression régulière du nombre d'adhérents à la caisse de prévoyance. En 1876, lorsque celle-ci fut instituée, seules 128 personnes, soit 8 % des 1 575 employés du Bon Marché pouvaient justifier d'au moins cinq ans d'ancienneté. Cinq ans plus tard, leur nombre s'élevait à 515 (soit 22 %) et à la mort de Mme Boucicaut, en 1887, 39 % des 3 173 employés, hommes et femmes, entraient dans la catégorie des ayants droit. En 1905, lorsque le nombre des employés à plein temps devait avoisiner 4 500, on comptait 3 181 adhérents[1]. En outre, parmi les 4 417 personnes qui franchirent le seuil des cinq ans avant 1900, environ 50 % restèrent dans l'établissement pendant vingt ans ou plus[2].

Retraites et comptes de prévoyance signifiaient aussi contrôle. Une fois que l'employé avait accepté la perspective d'avoir à mener toute sa carrière au sein de la maison en échange d'une future retraite, il était conduit tout naturellement à adhérer aux règles de travail et d'autorité du Bon Marché. Le statut de ces caisses renfermait du reste des clauses permettant de renforcer la soumission de l'employé tout le temps de son appartenance au personnel de la maison. La caisse de prévoyance, par exemple, lui offrait plusieurs occasions de retirer de l'argent de son compte avant le terme définitif, mais dans tous les cas, sauf pour le mariage, ces retraits étaient préalablement soumis à l'accord du personnel des Boucicaut. Quant à la caisse de retraite, elle laissait, entre le minimum et le maximum possibles, une marge considérable de manœuvre dont les Boucicaut restaient seuls juges; les employés âgés, peu susceptibles d'être renvoyés, étaient invités de la sorte à ne pas relâcher leur cadence de travail ni leur obéissance à leurs supérieurs. [...]

© Armand Colin

1. B.M., Rapports de la *Caisse de prévoyance*, 1876-1914. Si l'on recule ces chiffres de cinq ans de manière à établir, sur l'ensemble des employés hommes et femmes de l'établissement, les pourcentages de ceux qui, cinq ans plus tard, atteindront le seuil d'ancienneté requis, on constate la progression suivante : 1871, 19 % ; 1876, 32 % ; 1882, 50 %.

2. Avant 1900, le nombre d'adhérents à cette caisse s'élevait à 4 417. Il représentait tous les hommes et toutes les femmes ayant cinq ans ou plus d'ancienneté qui auraient pu rester dans la maison vingt ans ou plus, pendant la période d'avant 1914. Le chiffre de 50 % a été obtenu en additionnant 1) le nombre de pensionnés en vie en 1914 (933), 2) le nombre de personnes ayant vingt ans de service à cette date sans avoir été pensionnées (1 013) et 3) 29 % du premier nombre pour tenir compte des décès de retraités (271) ; les chiffres des retraites de 1921 montrent que, sur les 1 787 retraites accordées, il n'y avait que 1 275 retraités vivants. Voir B.M. *Règlement général des employés* (1921) ; B.M., Rapport de la *Caisse de retraite* dans AGO, 4 septembre 1914 ; B.M., Rapports de la *Caisse de prévoyance*.

VIII

COMMERCE, ÉCHANGES, MARCHÉS

L'attention des historiens de l'économie s'est longtemps portée davantage sur les productions et sur l'offre que sur les marchés, les formes de consommation ou de distribution.

Le marché international a été plus précocement et plus intensivement exploré que le marché intérieur. Les écarts de perspectives entre économistes et historiens apparaissent nettement sur le contenu et la chronologie de l'« économie de marché ». Ces derniers, dans la lignée des réflexions de Fernand Braudel, ont tendance à faire remonter bien avant le XIXe *siècle le rôle du marché – en particulier pour les échanges à longue distance.*

Parmi les types de commerce, le négoce international est le mieux connu, notamment au XVIIIe *siècle. Il se dessine, notamment pour la France, une géographie maritime spécifique, définie par des aires extérieures – la mer du Nord et la Baltique ; les Antilles ; le Levant – articulées à des courants d'échanges intérieurs. Les activités du négoce international français représentent un des éléments essentiels de la croissance économique, dont on sait que son rythme jusqu'aux années 1780 se compare aux performances anglaises. Les bouleversements de la Révolution et de l'Empire ont pesé lourdement dans les ruptures constatées au tournant des* XVIIIe *et* XIXe *siècles, même si les historiens divergent quant à l'ampleur relative de la chute. Or, au* XVIIIe *siècle, l'essor du marché extérieur a joué un rôle d'autant plus grand pour certains produits, et surtout pour les textiles, que le marché intérieur apparaissait étroit. Après la cassure de la Révolution et de l'Empire, le commerce extérieur français est à reconstruire, particulièrement, à cause de la perte de l'essentiel du domaine colonial. Les études sur le* XIXe *siècle et, a fortiori, sur le* XXe *siècle s'avèrent être moins abondantes, alors que la France demeure une grande puissance commerciale, même si elle est relativement déclinante depuis les années 1860. Et la part du commerce extérieur dans la richesse nationale atteint des niveaux élevés bien avant le dernier tiers de notre siècle, malgré certaines idées reçues sur l'ouverture prétendument récente de l'économie française aux courants d'échanges internationaux.*

La connaissance des marchés intérieurs, tout particulièrement pour les produits de consommation, semble également encore fort incomplète. Les facteurs pesant sur les formes de la demande – revenus, modes de vie et de consommation, mentalités, réseaux d'échanges et de distribution – ont été encore peu étudiés, en partie parce que les historiens doivent combiner les différentes approches de l'histoire économique, sociale et culturelle.

On a eu parfois tendance à ne concevoir la constitution des marchés qu'à travers l'expansion des chemins de fer, alors que ceux-ci ne sauraient tout expliquer. Les histo-

riens, non sans quelque emprunt aux géographes, s'interrogent plutôt sur le rôle d'imbrication entre réseaux complexes.

Des recherches récentes ont apporté des éléments neufs en précisant de diverses manières l'articulation entre production et échanges.

De multiples travaux, principalement anglo-saxons, accordent une place importante à l'essor de la demande et des marchés de consommation dans le processus d'industrialisation des XVIIIe *et* XIXe *siècles en Angleterre*[1].

Pour la France, plusieurs monographies régionales analysent l'évolution des groupes de négociants à travers les fluctuations de la conjoncture et établissent la nature des liens tissés entre les activités commerciales et celles qui sont tournées vers la banque ou l'industrie. Dans plusieurs cas, tel celui de Lille, les positions acquises dans les réseaux qui constituent le marché du négoce apparaissent comme autant d'atouts pour l'émergence d'activités industrielles au XIXe *siècle.*

De même, quelques recherches récentes ont tenté d'étudier les innovations introduites au XIXe *siècle dans la distribution, en particulier à travers l'apparition des Grands Magasins. Certains situent dans ces années 1860-1880 la « naissance de la société de consommation » (Michael B. Miller). L'accent a été mis sur la stratégie des dirigeants, en particulier en ce qui concerne les voies et moyens empruntés pour s'adresser de manière appropriée à une demande à la fois socialement, géographiquement et culturellement délimitée, en renvoyant à la clientèle l'image même que celle-ci souhaite voir conforter. Mais les réseaux de distribution demeurent encore mal connus, surtout pour le* XXe *siècle, malgré quelques tentatives pour éclairer la révolution commerciale des années 1960.*

De manière ambitieuse, plusieurs historiens spécialistes du XVIIIe *siècle ont eu le souci d'inverser la hiérarchie dans l'intérêt accordé jusque-là à la production et à la consommation. Ils ont souhaité remonter de la consommation à la production à propos d'un produit majeur, tel le vêtement dans le cas des travaux conduits par Daniel Roche. Des démarches voisines existent pour l'histoire de l'alimentation. Cela témoigne chez ces chercheurs, souvent nourris des principes de l'histoire labroussienne, de l'attention portée à une histoire sociale et culturelle pouvant déboucher sur l'étude d'un produit à la fois matériel et culturel, histoire qui n'est pas « régie par l'impérialisme technico-économique » (Daniel Roche). Cet intérêt particulier aux formes et aux modèles de consommation, à leurs processus de diffusion à travers la société s'accompagne d'une interrogation sur les phénomènes complexes du goût et de la mode. Les résultats de ces travaux en plein développement conduisent à réviser à l'amont la chronologie des transformations de la consommation et de la distribution, qu'on a eu coutume de placer tard dans le* XIXe *siècle.*

En revanche, sur le marché des biens d'équipement et de production, on dispose de connaissances plus étendues, du fait du caractère assez limité de cette demande, largement occupée, pour le XIXe *siècle du moins, par les compagnies de chemins de fer et de bâtiment/travaux publics.*

1. Cf. *supra*, chapitre v.

Civilisation matérielle, économie et capitalisme

(1979)

FERNAND BRAUDEL

A été reproduite la conclusion partielle de la somme de Fernand Braudel sur l'histoire du capitalisme, qui est consacrée à l'approche du marché en longue durée. L'auteur tente d'abord de lever les ambiguïtés qui entourent la signification du mot « marché ». On y trouve aussi une analyse critique du discours théorique des économistes et, en particulier, de celui, « redécouvert » récemment par plusieurs historiens, de Karl Polanyi sur « la grande transformation ». Pour Fernand Braudel, l'économie de marché apparaît bien avant le XIX*e siècle et s'insère dans les fluctuations de phénomènes de longue durée, qui débordent la seule période contemporaine.*

Source : *Fernand Braudel,* Civilisation matérielle et capitalisme, *Paris, A. Colin, réd. 1979, t. II, p. 192-197.*

Situer le marché

En guise de conclusion aux deux chapitres qui précèdent, peut-on essayer de « situer » le *marché* à sa vraie place ? Ce n'est pas aussi simple qu'il y paraît parce que le mot, en soi, est très équivoque. D'une part, on l'applique, dans son sens très élargi, à toutes les formes de l'échange pour peu qu'elles dépassent l'autosuffisance, à tous les rouages élémentaires et supérieurs que nous venons de décrire, à toutes les catégories qui concernent les surfaces marchandes (marché urbain, marché national), ou à tel ou tel produit (marchés du sucre, des métaux précieux, des épices). Le mot est alors l'équivalent d'échange, de circulation, de distribution. D'autre part, le mot marché désigne souvent une forme assez large de l'échange, dite aussi *économie de marché*, c'est-à-dire un système.

La difficulté, c'est :
- que le complexe du marché ne se comprend que replacé dans l'ensemble d'une vie économique et non moins d'une vie sociale qui changent avec les années ;
- que ce complexe ne cesse d'évoluer lui-même et de se transformer, donc de ne pas avoir, d'un instant à l'autre, la même signification ou la même portée.

Pour le définir dans sa réalité concrète, nous l'aborderons par trois voies : les théories simplifiantes des économistes ; le témoignage de l'histoire *lato sensu*, donc prise dans sa plus longue durée ; les leçons embrouillées mais peut-être utiles du monde actuel.

Le marché autorégulateur

Les économistes ont privilégié le rôle du marché. Pour Adam Smith, le marché est le régulateur de la division du travail. Son volume commande le niveau qu'atteindra la division, ce processus, cet accélérateur de la production. Plus encore le marché est le lieu de « la main invisible », l'offre et la demande s'y rencontrent et s'y équilibrent automatiquement par le biais des prix. La formule d'Oskar Lange est plus belle encore : le marché a été le premier ordinateur mis au service des hommes, une machine autorégulatrice assurant d'elle-même l'équilibre des activités économiques. D'Avenel[1] disait, dans le langage de son époque, celui du libéralisme à bonne conscience : « Lors même que rien ne serait libre en un Etat, le prix des choses le demeurerait néanmoins, et ne se laisserait asservir par quiconque. Le prix de l'argent, de la terre, du travail, celui de toutes les denrées et marchandises n'ont jamais cessé d'être libres : aucune contrainte légale, aucune entente privée ne sont parvenues à les asservir. »

Ces jugements admettent implicitement que le marché, qui n'est dirigé par personne, est le mécanisme moteur de l'économie entière. La croissance de l'Europe, et même du monde, serait celle d'une économie de marché qui n'a cessé de d'agrandir son domaine, saisissant dans son ordre rationnel de plus en plus d'hommes, de plus en plus de trafics proches et lointains qui tendent à créer, à eux tous, une unité du monde. Dix fois pour une, l'échange a suscité à la fois l'offre et la demande, orientant la production, entraînant la spécialisation de vastes régions économiques, dès lors solidaires, pour leur vie propre, de l'échange devenu nécessaire. Est-il besoin de donner des exemples ? La viticulture en Aquitaine, le thé en Chine, les céréales en Pologne ou en Sicile ou en Ukraine, les adaptations économiques successives du Brésil colonial (bois de teinture, sucre, or, café)... En somme l'échange coud les économies entre elles. L'échange est anneau, il est charnière. Entre acheteurs et vendeurs, le prix est le chef d'orchestre. A la Bourse de Londres, s'il monte ou s'il baisse, il transformera les *bears* en *bulls* et vice versa – les bears étant dans l'argot boursier ceux qui jouent à la baisse, les bulls à la hausse.

Sans doute, à la marge et même au cœur des économies actives, des zones plus ou moins larges sont à peine touchées par le mouvement du marché. Seuls quelques traits, la monnaie, l'arrivée de rares produits étrangers, montrent que ces petits univers ne sont pas entièrement clos. De pareilles inerties ou immobilités se retrouvent encore dans l'Angleterre des George ou dans la France suractivée de Louis XVI. Mais, précisément, la croissance économique serait la réduction de ces zones isolées, appelées progressivement à participer à la production et à la consommation générales – la Révolution industrielle généralisant finalement le mécanisme du marché.

Un marché autorégulateur, conquérant, rationalisant toute l'économie – telle serait essentiellement l'histoire de la croissance. Carl Brinkmann[2] a pu dire, hier, que l'histoire économique était l'étude des origines, du développement et de la décomposition éventuelle de l'économie de marché. Cette vue simplifiante est d'accord avec l'enseignement de générations d'économistes. Or ce ne peut être celle des historiens pour qui le marché n'est pas un phénomène simplement endogène. Il n'est pas davantage l'ensemble des activités économiques, ni même un stade précis de leur évolution.

A travers le temps multiséculaire

Puisque l'échange est aussi vieux que l'histoire des hommes, une étude *historique* du marché doit s'étendre à la totalité des temps vécus et repérables et accepter, chemin faisant, l'aide des autres sciences de l'homme, de leurs explications possibles, sans quoi elle ne saurait saisir les évolutions, les structures de long souffle, les conjonctures créatrices de vie nouvelle. Mais, si nous acceptons un tel élargissement, nous sommes précipités dans une enquête immense, au vrai sans commencement ni fin. Tous les

1. G. d'Avenel, *Découvertes d'histoire sociale*, 1920, p. 13.
2. In : *Finanzarchiv*, I, 1933, p. 46.

marchés témoignent : en première instance, ces lieux d'échanges rétrogrades, ces formes visibles encore, ici ou là, de réalités anciennes, pareilles à des espèces toujours vivantes d'un monde antédiluvien. J'avoue m'être passionné pour les marchés actuels de Kabylie, surgis régulièrement, au milieu de l'espace vide, en contrebas des villages perchés tout autour[1] : ou pour les marchés actuels du Dahomey, hauts en couleur, hors des villages eux aussi[2] ; ou pour ces marchés rudimentaires du delta du fleuve Rouge, observés hier avec minutie par Pierre Gourou[3]. Et tant d'autres, ne serait-ce, hier encore, que ceux de l'arrière-pays de Bahia, au contact des bergers et des troupeaux à demi sauvages de l'intérieur[4]. Ou plus archaïques les échanges cérémoniels dans l'archipel des Trobiand, au sud-est de la Nouvelle Guinée anglaise, vus par Malinowski[5]. Ici, se rejoignent l'actuel et le très ancien, l'histoire, la préhistoire, l'anthropologie sur le terrain, une sociologie rétrospective, une économie archaïsante.

Karl Polanyi[6], ses élèves et ses partisans fidèles ont fait face au défi que constitue cette masse de témoignages. Ils l'ont traversée tant bien que mal pour avancer une explication, presque une théorie : l'économie, qui n'est qu'un « sous-ensemble » de la vie sociale et que celle-ci englobe dans ses réseaux et ses contraintes, ne s'est dégagée (et encore !) que tardivement de ces liens multiples. Si l'on en croyait Polanyi, il faudrait même attendre la pleine explosion du capitalisme, au XIXe siècle, pour que se produise « la grande transformation », que le marché « autorégulateur » prenne ses vraies dimensions et subjugue le social jusque-là dominant. Avant cette mutation, n'existeraient pour ainsi dire que des marchés tenus en laisse, de faux marchés, ou des non-marchés.

Comme exemples de l'échange qui ne relèverait pas du comportement dit « économique », Polanyi invoque les échanges cérémoniels sous le signe de la *réciprocité* ou la *redistribution* des biens par l'Etat primitif qui confisque la production ; ou encore les *ports of trade*, ces lieux d'échange neutre où le marchand ne fait pas la loi et dont le meilleur exemple serait les hâvres de la colonisation phénienne où, en un lieu donné, dans une enceinte délimitée, le commerce muet se pratique au long des côtes méditerranéennes. Bref, il faudrait distinguer entre le *trade* (le commerce, l'échange) et le *market* (le marché autorégulateur des prix) dont l'apparition fut, au siècle dernier, un bouleversement social de première grandeur.

Le malheur est que la théorie porte tout entière sur cette distinction fondée (et encore) sur quelques sondages hétérogènes. Introduire dans une discussion sur « la grande transformation » du XIXe siècle, le *potlatch* ou le *kula* (plutôt que l'organisation marchande très diversifiée des XVIIe et XVIIIe siècles), rien certes ne l'interdit. Mais autant recourir, à propos des règles du mariage en Angleterre, au temps de la reine Victoria, aux explications de Lévi-Strauss sur les liens de parenté. Aucun effort n'est tenté, en fait, pour aborder la réalité concrète et *diverse* de l'histoire, et partir ensuite de là. Pas une seule référence à Ernest Labrousse, ou à Wilhelm Abel, ou aux travaux classiques si nombreux sur l'histoire des prix. Vingt lignes et la question du marché à l'époque dite « mercantiliste » est réglée[7]. Sociologues et économistes hier, anthropologues

1. A. Hanoteau et A. Letourneux, *la Kabylie et les coutumes kabyles*, 1893 ; plus l'admirable livre de Pedro Chalmetta, *op. cit.*, pp. 75 sq.
2. Roger Bastide et Pierre Verger, art. cit.
3. Pierre Gourou, *les Paysans du delta tonkinois*, 2e éd. 1965, pp. 540 sq.
4. Voyages personnels en 1935.
5. Bronislaw Malinowski, *les Argonautes du Pacifique occidental*, 1963, p. 117.
6. Karl Polanyi, toute son œuvre et spécialement, K. Polanyi et C. Arensberg, *les Systèmes économiques*, 1975.
7. Walter C. Neale, *in* : K. Polanyi et C. Arensberg, *op. cit.*, p. 342.

aujourd'hui nous ont malheureusement habitués à leur méconnaissance presque parfaite de l'histoire. Leur tâche en est d'autant facilitée.

En outre, la notion de « marché autorégulateur » qui nous est proposée[1] – il est ceci, il est cela, il n'est pas telle chose, il n'admet pas telle ou telle traverse – relève d'un goût théologique de la définition. Ce marché dans lequel « seuls interviennent la demande, le coût de l'offre et les prix, lesquels résultent d'un accord réciproque »[2], en l'absence de tout « élément extérieur », est une création de l'esprit. Il est trop facile de baptiser économique telle forme d'échange et sociale, telle autre forme. En fait toutes les formes sont économiques, toutes sont sociales. Il y a eu, des siècles durant, des échanges socio-économiques fort divers et qui ont coexisté, malgré ou *en raison* de leur diversité. Réciprocité, redistribution sont aussi des formes économiques (D.C. North[3] a tout à fait raison sur ce point) et le marché à titre onéreux, très tôt en place, est lui aussi à la fois une réalité sociale et une réalité économique. L'échange est toujours un dialogue et, à un moment ou à un autre, le prix est un aléa. Il subit certaines pressions (celle du prince, ou de la ville, ou du capitaliste, etc.), mais il obéit aussi forcément aux impératifs de l'offre, rare ou abondante, et non moins de la demande. Le contrôle des prix, argument essentiel pour nier l'apparition avant le XIXe siècle du « véritable » marché autorégulateur, a existé de tout temps et aujourd'hui encore. Mais, en ce qui concerne le monde préindustriel, ce serait une erreur de penser que les mercuriales des marchés suppriment le rôle de l'offre et de la demande. En principe, le contrôle sévère du marché est fait pour protéger le consommateur, c'est-à-dire la *concurrence*. A la limite, ce serait plutôt le marché « libre », par exemple le *private market* anglais, qui tendrait à supprimer à la fois contrôle et concurrence.

Historiquement, il faut parler, à mon sens, d'économie de marché dès qu'il y a fluctuation et unisson des prix entre les marchés d'une zone donnée, phénomène d'autant plus caractéristique qu'il se produit à travers des juridictions et souverainetés différentes. En ce sens, il y a économie de marché bien avant les XIXe et XXe siècles, les seuls, tout au long de l'histoire, qui, selon W.C. Neale[4], auraient connu le marché autorégulateur. Dès l'Antiquité, les prix fluctuent ; au XIIIe siècle, ils fluctuent déjà d'ensemble à travers l'Europe. Même les bourgs minuscules du Faucigny, dans la Savoie du XVIIIe siècle, en un pays de haute montagne peu propice aux liaisons, voient leurs prix osciller en mesure, d'une semaine à l'autre, sur tous les marchés de la région, selon les récoltes et les besoins, selon l'offre et la demande.

Cela dit, je ne prétends pas, au contraire, que cette économie de marché, proche de la concurrence, recouvre toute l'économie. Elle n'y parvient pas plus aujourd'hui qu'hier bien que dans des proportions et pour des raisons tout à fait différentes. Le caractère partiel de l'économie de marché peut tenir, en effet, soit à l'importance du secteur d'autosuffisance, soit à l'autorité de l'État qui soustrait une partie de la production à la circulation marchande, soit tout autant, ou plus encore, au simple poids de l'argent qui peut, de mille façons, intervenir artificiellement dans la formation des prix. L'économie de marché peut donc être sapée par le bas ou par le haut, dans des économies attardées ou très avancées.

1. *Ibid.*, p. 336 sq.
2. *Ibid.*, p. 341.
3. « Markets and Other Allocation Systems in History : the Challenge of K. Polanyi », *in : The Journal of European Economic History*, 6, hiver 1977.
4. W.C. Neale, *op. cit.*, p. 343.

Ce qui est certain, c'est qu'à côté des non-marchés chers à Polanyi, il y a eu aussi, depuis toujours, des échanges à titre purement onéreux, si modestes soient-ils. Même médiocres, des marchés ont existé très anciennement dans le cadre d'un village, ou de plusieurs villages, le marché pouvant se présenter alors comme un village itinérant – à l'image de la foire, sorte de ville factice et ambulante. Mais le pas essentiel de cette interminable histoire, c'est l'annexion, un jour, par la *ville*, de marchés jusque-là médiocres. Elle les avale, elle les grossit à sa propre dimension si à son tour elle subit elle-même leur loi. Le fait majeur, c'est sûrement la mise en circuit économique de la ville, *unité lourde*. Le marché urbain aurait été inventé par les Phéniciens[1], c'est bien possible. En tout cas, les cités grecques à peu près contemporaines ont toutes installé un marché sur l'*agora*, leur place centrale[2] ; elles ont aussi inventé, pour le moins propagé, la monnaie, multiplicateur évident, si elle n'est certes pas la condition *sine qua non* du marché.

La cité grecque a même connu le grand marché urbain, celui qui se ravitaille au loin. Pouvait-elle faire autrement? Ville, la voilà incapable, dès qu'elle atteint un certain poids, de vivre de sa campagne proche, pierreuse, sèche, infertile souvent. Le recours à autrui s'impose, comme plus tard aux villes-Etats de l'Italie dès le XIIe siècle et même plus tôt. Qui nourrira Venise puisque, depuis toujours, elle ne possède, au plus, que de pauvres jardins gagnés sur le sable? Plus tard, pour maîtriser les circuits longs du commerce au loin, les villes marchandes d'Italie dépasseront le stade des gros marchés, mettront en place l'arme efficace et comme quotidienne des réunions de riches marchands. Athènes et Rome n'avaient-elles pas créé déjà les paliers supérieurs de la banque et des réunions que l'on pourrait qualifier de «boursières»?

Au total, l'économie de marché se sera formée pas à pas. Comme disait Marcel Mauss, «ce sont nos sociétés d'Occident qui ont très récemment fait de l'homme un animal économique»[3]. Encore faut-il s'entendre sur le sens de «très récemment».

Le temps actuel peut-il témoigner?

L'évolution ne s'est pas arrêtée hier, aux beaux jours du marché autorégulateur. Sur d'énormes espaces de la planète, pour d'énormes masses d'hommes, les systèmes socialistes, avec le contrôle autoritaire des prix, ont mis fin à l'économie de marché. Ces expériences, en tout cas, mettent un terme, non le seul, à la courbe que dessinait à l'avance Carl Brinkmann. Non le seul, puisque, aux yeux de certains économistes d'aujourd'hui, le monde «libre» connaît une singulière transformation. La puissance accrue de la production, le fait que les hommes dans de vastes nations – non toutes bien entendu – aient dépassé le stade des raretés et des pénuries et se trouvent sans souci grave quant à leur vie de chaque jour, l'étoffement prodigieux des grosses entreprises, souvent multinationales – toutes ces transformations ont renversé l'ancien ordre du marché roi, du client roi, de l'économie de marché décisive. Les lois du marché n'existent plus pour les grandes entreprises, capables de peser sur la demande par leur publicité hautement efficace, capables de fixer arbitrairement les prix. J.K. Galbraith vient de décrire, dans un livre fort clair, ce qu'il appelle le *système industriel*[4]. Les économistes de langue

1. Maxime Rodinson, *in*: Pedro Chalmetta, *op. cit.*, p. LIII sq.
2. *Ibid.*, pp. LV sq.
3. *In: Annales E.S.C.*, 1974, pp. 1311-1312.
4. Tr. française, 1974.

française parlent plus volontiers d'*organisation*. Dans un récent article du *Monde* (29 mars 1975), François Perroux va jusqu'à dire: «l'organisation, ce modèle bien plus important que le marché...» Mais le marché subsiste: je puis aller dans une boutique, sur un marché ordinaire, y «tester» ma royauté bien modeste de client et de consommateur. De même, pour le petit fabricant – prenons l'exemple classique de la confection – pris impérativement dans le jeu d'une multiple concurrence, la loi du marché existe toujours à plein. J.K. Galbraith ne se propose-t-il pas, dans son dernier livre, d'étudier «de très près la juxtaposition des petites entreprises – ce que j'appelle [dit-il] le système du marché – et du système industriel» [1], abri des grandes entreprises? Mais Lénine disait à peu près la même chose à propos de la coexistence de ce qu'il appelait l'«impérialisme» (ou capitalisme de monopole nouvellement né, au début du XXe siècle) et le simple capitalisme, utile celui-là, à base de concurrence, croyait-il [2].

Je suis pleinement d'accord avec Galbraith et avec Lénine, à cette différence près cependant que la distinction sectorielle entre ce que j'appelle, moi, «économie» (ou économie de marché) et «capitalisme» ne me paraît pas un trait nouveau, mais une constante de l'Europe, dès le Moyen Âge. A cette autre différence près aussi qu'il faut ajouter au modèle préindustriel un troisième secteur – le rez-de-chaussée de la non-économie, sorte de terreau où le marché pousse ses racines, mais sans le saisir dans sa masse. Ce rez-de-chaussée reste énorme. Au-dessus de lui, la zone par excellence de l'économie de marché multiplie les liaisons à l'horizontale entre les divers marchés; un certain automatisme y lie d'ordinaire offre, demande et prix. Enfin, à côté ou mieux au-dessus de cette nappe, la zone du contre-marché est le règne de la débrouille et du droit du plus fort. C'est là que se situe par excellence le domaine du capitalisme hier comme aujourd'hui, avant comme après la Révolution industrielle.

© Armand Colin

Aires et structures du commerce français au XVIIIe siècle

(1975)

PIERRE LÉON

Rapport de synthèse sur l'un des thème du colloque de l'association française des historiens économistes tenu à Paris le 4-6 octobre 1973 et consacré au commerce extérieur français au XVIIIe siècle.

Après avoir détaillé les diverses sources offertes au travail de l'historien ainsi que les problèmes de traitement qu'elles lui posent, Pierre Léon, alors professeur d'histoire économique à la Sorbonne (université de Paris-IV) présente les principaux résultats issus des travaux exposés. Il analyse en particulier la question des limites des aires commerciales, et surtout des trois grands espaces maritimes d'alors: le Nord, les «Iles» et le Levant. De même, il évoque la double articulation entre l'avant-pays et l'hinterland des grands ports et, entre l'espace national en gestation et les espaces internationaux du grand commerce. Puis il s'interroge sur les spécificités de la conjoncture maritime.

1. *Ibid.*, p. 22.
2. *Œuvres*, t. XXII, 1960, pp. 237, 286 sq., 322, sq.

Source : *Pierre Léon, « Rapport général » in* Aires et Structures du commerce français au XVIIIe siècle, *Lyon, C.N.R.S. – Centre d'histoire économique et sociale de la région lyonnaise, 1975, extraits des pages XII-XXII.*

Les résultats

En dépit de ses faiblesses, de ses lacunes, inévitables les unes et les autres, un tel effort se révèle finalement fort rentable, et, de toutes ces patientes recherches sortent un certain nombre de résultats positifs.

1. La définition d'Aire commerciale

a) Dans ses liaisons.

Tout d'abord, l'ensemble des rapports et tout particulièrement ceux de Madame Cocula, de Messieurs Carrière et Courdurié nous permettent une approche plus réelle de la notion d'Aire commerciale. Dans ses liaisons, sans doute, avec les structures du trafic, avec la composition des échanges ; mais aussi avec le mouvement de la croissance et l'adaptation, à ses cadences, des techniques commerciales. A ce point de vue, la formule inscrite par Charles Carrière, en tête de sa très riche communication, est vraiment lapidaire : « La dilatation spatiale n'est qu'un aspect d'un essor multiple... Espace, croissance, structures, ce ne sont que les trois dimensions d'une même réalité. »

Ainsi, s'individualisent des espaces « dynamiques », dont les limites varient dans le temps, bénéficiant, selon les circonstances, de larges expansions, se rétrécissent lorsque vient la tempête conjoncturelle ou que s'annoncent des concurrences victorieuses. Chacune des aires commerciales, qui ont été individualisées, se trouve donc largement commandée à la fois par le jeu des éléments internes propres à chaque pôle de diffusion, et par l'action de pressions externes – « nationales » ou internationales – plus ou moins fortes. Dans ces conditions, les interférences sont constantes et le maintien, par les divers centres, de leur individualité, dépend avant tout de leur aptitude à adapter leurs structures intimes à des besoins changeants, à des possibilités inaperçues.

b) Dans sa mesure.

Il est évident que de tels « Espaces » se révèlent à la fois concrets – puisqu'ils se déterminent par toute une série de liaisons, plus ou moins régulières et par de multiples points d'ancrage – et abstraits, par suite même de leur fluctuance et, finalement, de leur fragilité. De fait, leur mesure se trouve fortement influencée par leur extrême mobilité. Elle se relie à un ensemble d'itinéraires, qui s'inscrivent, sur les cartes, par des traits d'épaisseur fort inégales, par des comptoirs ou des « échelles », et par des mouvements de navires, mais aussi d'hommes et de capitaux, voire, comme le souligne avec pertinence Yves Le Moigne, par des déplacements de frontières, qui affaiblissent certains courants, en renforcent d'autres et provoquent la naissance d'Espaces inégalement « neufs ». Du calcul sériel des mouvements commerciaux, et des mouvements bancaires – qui manifestent, à leur égard, une indépendance plus ou moins accusée –, se dégage tout un faisceau de liens, diversement serrés, objets de computs minutieux et de pondérations indispensables, d'autant plus délicats à effectuer que les combinaisons entre espaces « extérieurs » et « internes » mettent à rude épreuve, par leur enchevêtrement, la patience et la sagacité du chercheur, et, le plus souvent, ne lui permettent que des approximations.

c) Dans ses évolutions et dans son contenu.

Mais, une fois résolus ces problèmes préjudiciels, s'ouvre la possibilité de discerner des phases, de grandes articulations qui, soit à court terme, soit dans la longue durée, rythment les évolutions majeures, porteuses d'expansions et de rétractions, de crises aussi. Ainsi se pose la question des orientations dominantes et des changements d'axes, dont les causes doivent être découvertes. Ces modifications sont dues, parfois, à des «substitutions» de produits. Charles Carrière et Marcel Courdurié nous montrent, avec pertinence, comment la «dialectique» des cotons et des soies permet, non sans heurts, l'adaptation de l'espace marseillais à une situation nouvelle, tandis que Philippe Moureaux insiste sur le «jeu» des toiles et des vins. Mais, bien d'autres éléments sont susceptibles d'intervenir dans les «réorientations» et les «renaissances». Dès lors, se précisent des systèmes originaux, résultant de combinaisons variables, donnant à chaque «pôle» sa propre spécificité. Par ailleurs, le «contenu» même de l'activité commerciale, à l'intérieur de chaque centre et de chaque Espace est nettement différent suivant le «niveau» auquel se place l'observation. Ainsi, à propos du cas lyonnais, Maurice Garden définit plusieurs aires commerciales, progressivement élargies, selon que l'on considère l'activité des simples «marchands», des marchands-fabricants, et des «négociants», dont le rayon d'action est sans commune mesure avec ceux que dominent leurs confrères moins favorisés.

Dans ces conditions, le «poids spécifique» de ces Aires commerciales, telles qu'elles ressortent des études qui suivent, n'obéit pas à des relations simples, et la mesure risque d'être fort approximative. D'autant plus qu'il s'agit d'évaluer quantitativement les différents Espaces ainsi dégagés, non seulement en eux-mêmes, mais aussi dans leurs rapports avec les autres et en fonction des dimensions du marché intérieur. Il s'agit d'un domaine où la recherche est la plus «individualiste», la moins coordonnée et la moins avancée, laissant un champ d'observation immense et fécond aux pionniers de l'avenir.

Finalement, à la lumière des travaux qui sont venus, fort heureusement, à leur terme, ce sont les Espaces les plus larges que nous considérerons tout d'abord, et ils sont, essentiellement, orientés vers la mer.

2. Les Grands Espaces «maritimes»

De toutes les communications que nous avons le plaisir de présenter, trois grands Espaces maritimes se découpent avec netteté. Celui du Nord, vu de Bordeaux, s'oriente vers les contrées de la mer du Nord et de la Baltique. Celui des «Iles» s'individualise aussi à partir du grand port de la France du Sud-Ouest. Celui du Levant, enfin, qui n'a pas perdu de sa vitalité, reste encadré par Marseille. Tels quels, leur contexture ne va pas sans poser deux questions majeures.

a) Le problème des contrastes structurels.

D'entrée de jeu, les contrastes structurels se révèlent très frappants. D'une part, au cours du XVIIIe siècle, la fixité des aires, de leurs mécanismes fondamentaux est certaine. Ainsi, le «schéma» établi, pour Bordeaux, par Paul Butel se maintient, à longueur de décennies, sans grand changement. Deux «axes» principaux le sous-tendent, qui unissent le grand port aux Antilles, pour les importations, au secteur «nordique» – dans toute l'extension du terme – pour les exportations, tandis que la majeure partie de la production de l'arrière-pays aquitain, avec ses céréales et ses riches vignobles, ses bois, vient compléter les cargaisons destinées à l'Amérique. Ainsi, Bordeaux peut-il «jouer» habilement de ses grands crûs et des ses «minots», au même titre que des produits coloniaux, qui affluent sur ses quais. Il n'en va pas autrement pour Marseille, qui fonde son Espace commercial sur l'exportation des lainages de plus en plus diversifiés d'un «Languedoc», étendu des montagnes du Vivarais à la région de Montauban, et sur les importations en provenance du Levant et de la «Barbarie».

Mais, au sein de ces «permanences», la sensibilité est extrême, plus dans la longue durée que dans le court terme. Ainsi s'opèrent, à l'échelle séculaire, de lentes mais frappantes mutations. Les unes sont dues aux interférences des aires, à l'envahissement d'Espaces apparemment stables, par d'autres Espaces, plus conquérants, qui les contraignent à modifier tout ou partie de leurs orientations. A la fin du XVIIIe siècle, l'Espace marseillais tend à couvrir les Antilles et la Baltique, au détriment de l'Aire bordelaise. Parfois, le changement doit être recherché dans l'ouverture de marchés nouveaux. Tel est encore le cas pour Marseille, qui, à la fin de l'Ancien Régime, découvre des possibilités d'expansion nouvelles vers l'Amérique du Nord. Il en résulte un afflux des cotons, des sucres, des cafés de l'hémisphère occidental dans le grand port méditerranéen, au détriment des draperies locales et des soies du Moyen-Orient. Enfin, il est incontestable que la préférence accordée, par tel «pôle de diffusion» à tel port de la «zone de diffusion», au préjudice d'un centre «ancien», transformera la contexture d'un Espace commercial, qui restera immuable dans ses contours, mais qui, dans la répartition des rapports et des lignes de force qui s'inscrivent à sa surface, traduira d'importantes modifications structurelles et, par conséquent, quantitatives. A l'intérieur de l'Aire bordelaise, la préférence croissante accordée à Hambourg, au détriment d'Amsterdam, consacrant la prééminence du grand centre hanséatique et l'irrémédiable déclin de l'«intermédiaire» hollandais, se place dans les mêmes perspectives.

b) Le problème de l'«hinterland».

Non moins fondamental est le rôle joué par l'arrière-pays, qui sous-tend, avec plus ou moins de force, l'Espace commercial tel qu'il se constitue. Ainsi se brise l'opposition aussi artificielle que traditionnelle entre marché intérieur et marché extérieur, l'un et l'autre unis par un «lieu commun», qui resserre les nœuds et assure la jonction. L'hinterland apparaît, dans cette optique, en tant que réservoir de denrées exportables, mais aussi en tant que zone de distribution des produits importés.

Grâce à l'étude approfondie menée par Madame Cocula, à travers le Bassin aquitain, s'individualise, entre l'Atlantique et la Méditerranée, un secteur fermement défini, vivant par et pour Bordeaux, à la fois par les céréales et les vins qu'il lui envoie et par le raffinage des sucres américains qu'il reçoit par son intermédiaire. Mais, contrairement à ce que l'on pourrait croire, ce vaste hinterland ne constitue pas un ensemble solidement cimenté par la «maîtrise» bordelaise ; il se morcelle en «domaines» distincts, imperméables les uns aux autres. Les «rassemblements» sont assurés par l'utilisation de grandes voies fluviales et par les «étapes» qui s'égrènent sur leurs bords : à ce point de vue, le rôle d'Agen est essentiel. Ils sont aussi rendus possibles, sur un plan différent, par les relations d'affaires nouées unilatéralement par les négociants du grand port avec de nombreux marchands locaux, éparpillés à travers tout l'Espace aquitain, mais tenus en mains par des correspondants, dont la «surface» est plus grande, et qui jouent constamment un rôle indispensable d'intermédiaire.

3. Espaces maritimes et espaces « nationaux »

De telles considérations nous amènent, tout naturellement, à la lumière des éclaircissements qui nous sont donnés en abondance, à évoquer le problème fondamental des relations entre ces grands Espaces maritimes et les principaux Espaces « nationaux », qui se partagent le royaume. Problème sans doute insuffisamment résolu, mais bien posé par nos collègues, vu à la fois sous l'angle des liaisons qu'il implique et des réactions d'indépendance qu'il entraîne.

Les liaisons sont évidentes. De grandes places comme Lyon ou comme Paris étendent largement leurs prises commerciales bien au-delà des frontières du pays, jusqu'aux limites de l'Europe entière, voir du monde. Les relations sont directes, intimes avec les grands ports de l'Atlantique et de la Méditerranée, relais nécessaires. Mais, en même temps, on peut se demander s'ils ne sont que des médiateurs « obligés », et si le rapport des forces ne joue pas souvent en faveur des négociants des métropoles « continentales ». Les données qui nous sont offertes ne nous permettent pas encore de trancher ; mais bien des indices plaident, à mesure que le XVIIIe siècle s'avance, en faveur d'une croissante « domination » des pôles « nationaux » sur une partie de ceux qui créent les grands complexes portuaires. La question est d'importance, et elle mérite une série d'analyses approfondies.

Par ailleurs, dans ce cadre général, tendent à se détacher, avec vigueur, des Espaces purement « internes », qui préfigurent, au sein d'un processus encore lent, l'Espace national multipolaire, tel qu'il se constituera au fil du XIXe siècle. Ainsi, Louis Bergeron, au cours d'une démonstration rigoureuse, nous montre comment le pôle parisien, dans les dernières décennies de l'Ancien Régime, se présente à la fois comme un centre de rassemblement de produits très variés, issus de la majeure partie des régions françaises, et comme le maître d'un vaste réseau de distribution, épandu à travers les provinces. Il en va à peu près de même, bien que plus modestement, pour Lyon, dont la sphère d'influence, axée sur l'ensemble de la France du Sud-Est, orientée aussi vers Paris, par des rapports de plus en plus évidents de subordination, élabore des relations beaucoup plus lointaines et plus diversifiées.

L'Espace national, en voie de gestation, sous-tend les Espaces internationaux dessinés par les pôles du grand commerce, et, en même temps, il se particularise. Paris expédie ses articles de luxe vers l'extérieur, mais il ne distribue les fers et les objets de quincaillerie qu'il concentre qu'à travers une zone beaucoup plus « interne ». Ainsi, se forment de grandes « orbes », de vastes « fédérations » unissant, dans le cadre du Royaume, les centres essentiels. Ce qui ressort, avec netteté, pour Paris et pour Lyon pourrait s'appliquer, incontestablement, à d'autres villes marchandes de moindre envergure.

Or, à mesure que s'avance l'Ancien Régime, la pression de ce vaste ensemble en voie de constitution, paraît bien s'affirmer, avec une force croissante, sur les Aires commerciales « externes ». Le cas des « provinces étrangères » de la France du Nord-Est, minutieusement analysé par Yves Le Moigne, est, à ce point de vue, symptomatique. Longtemps favorisées par leurs antiques privilèges douaniers, par leur position au contact de la France, de l'Allemagne occidentale, de la Suisse, elles bénéficiaient d'une situation « mixte ». Mais, elles se trouvent progressivement ramenées dans le « rang », sous l'effet de la concurrence étrangère, sans doute, par suite de leur faiblesse industrielle aussi : la future « France riche » du XIXe siècle est encore la « France pauvre » du siècle précédent. Au-dessus de ces contingences, qui sont loin d'être négligeables, la poussée d'un marché français en expansion et l'action dela Ferme générale ont peut-être été plus déterminantes.

Finalement, au cours du XVIIIe siècle, s'établirait une corrélation très «générale» entre la formation progressive d'un Espace national et la diffusion des Aires commerciales à travers les océans et les immenses zones extérieures; ce qui pose le problème des cadences et des rythmes.

4. Les rythmes

Ceux-ci restent mal déterminés, et leur coordination demeure faiblement établie. Mais il est quand même possible de tirer, de la masse de la documentation réunie, quelques conclusions provisoires.

a) En période courte.

Tout d'abord, en période courte, les «crises» se dégagent avec régularité; les considérations, sur ce point, de Paul Butel, la courbe des constructions navales, dressée par Robert Richard pour le Havre, lèvent bien des doutes. De même, Madame Cocula insiste, non seulement sur la perpétuelle «remise en cause» d'un Espace fluctuant, mais surtout sur la fréquente dissociation de cet Espace, de par la largeur de ses horizons, avec la classique conjoncture agricole. Ainsi, au-delà du schéma établi naguère par C.E. Labrousse et qui affecte la France «terrienne», «repliée», numériquement majoritaire, apparaissent des conjonctures différentes, obéissant à des mouvements propres, vibrant à l'unisson des vicissitudes du Grand Commerce, et ces conjonctures affecteraient de vastes secteurs du territoire national. A la problématique des caprices météorologiques s'en opposerait une autre, où le jeu de la paix et de la guerre – celle-ci ayant été moins «funeste» qu'on a bien voulu le dire –, celui des profits nés des différences de prix entre la métropole et les colonies, entre le Royaume et les aires externes, revêtirait une importance toute particulière, et nous amènerait à réviser un certain nombre d'idées reçues. L'apport de Charles Carrière, de Paul Butel et de Michel Morineau se révèle d'une haute portée; leurs grandes «thèses» ne font que renforcer notre conviction, par l'abondance des faits qu'elles nous apportent et par la fermeté des conclusions qui explicitent.

b) Dans la longue durée.

A long terme, les distorsions sont variables, mais elles ne peuvent pas davantage être niées, aboutissant à de véritables «contrariétés tendancielles». Dans cette perspective, Charles Carrière nous prouve que, pour un centre de l'importance de Marseille, la «baisse» de la fin du XVIIe siècle n'existe pas. Au contraire, alors que, dans une bonne part du Royaume, la «dépression» longue du XVIIe siècle est durement ressentie, et que les séquelles de l'«Ere Louisquatorzienne» ne s'effacent que lentement, dans une période de vicissitudes accusées, le port méditerranéen connaît un «grand départ» dans les années 1700, peut-être même plutôt, et la croissance commerciale se poursuivra, en dépit de modalités et de pulsations diverses selon les zones géographiques, durant tout le XVIIIe siècle, et même au-delà de la «crise de l'Ancien Régime».

Ainsi, s'individualiserait une conjoncture «maritime», proprement «commerciale», qui se démarquerait nettement de celle de la France rurale. Avons-nous affaire à deux domaines strictement séparés? Ou ne sommes-nous en présence que de simples infléchissements? La première hypothèse apparaît bien comme la plus valable. Pour le XVIIIe siècle, si «terrien», la conjoncture maritime ne constituerait peut-être qu'une

« superstructure » – d'importance, il est vrai –, que le phénomène d'industrialisation transformera en « dominante », au cours du XIXe siècle.

Il est certain que l'enquête que nous avons menée reste géographiquement incomplète et qu'elle laisse bien des questions en suspens, notamment dans le domaine de l'articulation des structures et des aires commerciales, dans celui des quantités globales et des rapports entre elles. Cependant, de la réflexion sur ces rapports solidement fondés ressort la nette impression d'une lente éclosion, sous des apparences immuables, d'aires plus vastes, mieux construites, plus unifiées, de liaisons plus fortes entre un Espace « national » plus tangible et des Aires extérieures en voie d'expansion et de diversification. La France commerciale du XVIIIe siècle – et surtout du « second XVIIIe siècle » – tient largement d'un passé pluri-séculaire ; elle semble annoncer aussi, peu à peu, celle des progressives réalisations de l'avenir, au sein d'un mouvement d'optimisme, de croissance et de féconde prospérité.

Tous droits réservés

Négociants marseillais au XVIIIe siècle

(1973)

CHARLES CARRIÈRE

On a retenu de cette thèse, consacrée à l'étude monographique du commerce marseillais au XVIIIe siècle, le chapitre consacré à la conjonction maritime, qui détaille les modalités de la croissance du négoce. Dans la lignée des interrogations d'Ernest Labrousse, l'auteur s'interroge sur les aspects sociaux de la conjoncture, en particulier sur la manière dont les négociants ont tiré parti de ces fluctuations à la hausse et, plus généralement, comment ils ont ressenti cette croissance.

Source : *Charles Carrière,* Négociants marseillais au XVIIIe siècle, *Institut historique de Provence, 1973, t. 1, p. 375-388 et p. 462-464.*

Croissance et commerce

Si nous avons été très hésitant pour évaluer l'influence exacte de l'encombrant appareil législatif et réglementaire, nous sommes beaucoup plus à l'aise lorsqu'il faut faire leur place aux conditions économiques. Il est normal de se tourner vers elles pour comprendre une activité commerciale, essayer d'atteindre des explications moins artificielles que celles retenues souvent. En somme, aller à l'essentiel : replacer les négociants sous l'influence des véritables entraînements ou des freins qui les incitent, les rendent prudents ; pour eux, les diverses fluctuations du concret économique – longue durée comme pulsations courtes, changements de rythme et crises violentes – sont facteurs primordiaux. Nous devons être attentif à tout ce qui affecte l'offre et la demande, infléchit lentement les cours ou les fait osciller brusquement, gêne ou accélère la marche de l'entreprise, et, finalement, altère ou consolide la confiance : signes des temps que le négociant observe, surveille, redoute ou appelle de ses vœux. Heureux celui qui sait les lire, les interpréter, courber le dos le moment venu, laisser au contraire le vent de la prospérité lancer ses affaires comme ses navires! Nous dirons, donc, croissance et commerce.

Notre étude n'est plus, toutefois, de mesurer celle-là: nous l'avons fait. Ce qui nous retient, présentement, c'est son analyse interne. L'expansion n'est pas une: elle a ses temps forts ou faibles, ses ruptures. Il s'agit de les ausculter soigneusement, du quotidien au séculaire. Pas simplement pour les mieux connaître – ce qui, en soi, est loin de manquer d'intérêt et que, d'ailleurs, nous serons conduit à faire – mais pour en mesurer l'impact sur le travail des praticiens du négoce. La croissance, non plus comme facteur de périodisation – préoccupation qui fut nôtre précédemment – mais comme moyen d'intelligibilité, et, profondément, de sympathie à l'égard du labeur des hommes.

Il y a, certes, quelque arbitraire dans notre effort pour dissocier ce que la vie ne sépare pas. Nous entendons bien, en effet, que la croissance est à la fois expression et cause, moteur et conséquence, et que cette dialectique défie l'analyse. C'est en fonction de ses avertissements – tendance durable comme variations rapides – que le négociant décide et oriente ses spéculations. Ce gonflement d'un trafic prépondérant résulte, pour une part, d'une vague puissante d'expansion qui soulève l'économie, suscite les audaces. Mais, tout autant, le labeur, l'initiative face à une situation difficile, ou parce que le commerçant saisit avec bonheur une opportunité inattendue, peuvent être l'élément moteur qui, réamorçant la pompe, remet tout en mouvement. Telle crise, aux dimensions internationales, étend de place en place, à travers l'Europe des affaires, ses répercussions parfois dramatiques; et le Marseillais le plus prudent risque d'être emporté par les remous d'un ébranlement dont l'épicentre est à Londres ou Venise. Mais les contemporains – ils n'ont, ce faisant, que partiellement tort – mettent l'accent sur la témérité, la démesure qui mènent directement à la catastrophe. Les négociants de la place n'étaient-ils pas les propres artisans du krach de 1774 que, de l'extérieur, on leur reprochait avec justesse? Si la croissance porte l'entrepreneur et soutient son dynamisme, de la même manière, l'innovation qui l'explique à son tour ne peut se comprendre sans l'intervention du praticien; celui-ci devient alors facteur premier: «Les sujets réels de la vie économique: les ménages, les entreprises et les administrations, subissent... les effets globaux des variations économiques et réagissent... à ces effets[1].» Parallèlement, «l'entrepreneur dynamique assure l'émergence, puis l'implantation de l'innovation technique[2]».

Inévitablement, notre analyse est dissection qui implique suppression de vie; toutefois, la dissection n'est-elle pas, fondamentalement, effort pour comprendre la vie qu'elle détruit? Il fallait opter. Nous gardons la croissance comme condition de travail du commerçant. L'étude aura pour but cette seule recherche et nullement la mise au premier plan des causes et des explications. Ce qui nous entraîne à d'autres prises de position.

Croissance ou conjoncture. – Depuis que nous réfléchissons à ces problèmes, nous sommes frappé – non de l'ambiguïté, ce serait trop dire – mais de l'imprécision du vocabulaire comme des notions. On a écrit avant nous, à propos de la conjoncture: «Le mot n'est pas neuf, ni son emploi rare. Mais il s'en faut de beaucoup que le concept soit précis. Sous beaucoup de plumes *conjoncture* devient un mot savant pour *mouvement* et les *fluctuations de la conjoncture* un vulgaire pléonasme[3].» Le moins que l'on puisse nous

1. J. Marczewski. «Introduction générale à la série de cahiers sur la conjoncture économique (*in la Conjoncture économique des Etats-Unis*. p. 2)».
2. La formule est de Schumpeter. Elle est citée. avec réserve toutefois. par P. Vilar. *Croissance économique*. p. 59.
3. J. Prudhomme. *Un apport de J. Marczewski*. p. 337.

demander est que, dans les divers emplois ou acceptions des deux termes – et par conséquent des deux concepts – nous fassions un choix avec discernement et clarté. Nous n'ignorons pas que, vraisemblablement, on observera à notre sujet qu'une fois de plus l'historien est en retard d'une théorie. Pourquoi s'en étonner ou en être gêné ? C'est assez normal. La théorie donne des modèles, fournit les questions et la manière de les poser : « Que l'historien, dans sa façon d'interroger le concret, n'oublie pas l'aide que lui apportera le jeu des catégories fondamentales[1]. » Muni de ce bagage, celui-ci se met au travail ; mais, pendant qu'il est occupé à sa laborieuse élaboration, l'économiste va de l'avant. Et quand l'historien arrive au terme, l'appareil de soutien est périmé, vermoulu... et on le lui dit ! Réciproquement, lorsque l'économiste s'appuie sur l'histoire, il le fait à un moment donné. Seulement, malgré sa proverbiale lenteur, l'histoire – en tant qu'œuvre de l'historien[2] – progresse. Un décalage inévitable s'observe. D'où la déception mutuelle de l'économiste et de l'historien quand ils examinent leurs travaux respectifs. Cependant leur rencontre ne fut jamais vaine, au moins pour l'historien[3] !

Devant préciser notre choix, nous parlerons de croissance. Nous prenons celle-ci comme une totalité concrète qui est en somme celle de la vie. Nous pensons que la croissance enferme la conjoncture, ou, à tout le moins, s'identifie à elle. On a pourtant distingué « la conjoncture, de l'étude des fluctuations cycliques, de celle de la croissance économique ». Cette dernière n'est alors considérée que comme « une simplification partielle de la réalité ». La conjoncture serait, en revanche, « le phénomène brut des variations économiques totales, tel qu'il se présente dans la réalité économique quotidienne ». Et les « sujets réels de la vie économique » n'établissent « aucune distinction savante entre le cycle, le *trend* et les autres genres de variations[4] ». Il nous semble que c'est donner de la croissance un sens restreint : celle-ci ne serait plus que le long terme de la conjoncture. Nous en convenons, dans sa dimension la plus étendue, elle est cela : de l'enfant à l'homme. Mais les accidents, ralentissements ou brefs accès de fièvre, sont également des aspects de la croissance. Il y a une tendance longue dont on peut mesurer la pente et les résultats, mais on doit observer aussi – cycles ou non, crises – les moments qui brisent ce rythme. Comprise ainsi, la croissance paraît très voisine de la conjoncture telle qu'elle est définie plus haut : elle enferme toutes les variations de l'économie comme l'existence, quelles qu'en soient la nature et l'ampleur. Et pourquoi écarterions-nous – ce qui serait abstractions[5] – les variations saisonnières ? Les oscillations rapides des prix ne sont-elles pas moteur du marché quotidien et des spéculations mercantiles ? Tout est facteur d'un mouvement dans lequel il nous semble difficile de choisir. Il s'agit bien du « dessin global des courbes superposées ou, si l'on veut encore, de la somme algébrique des flux croissants combinés avec des flux de régression[6] » dont parlait P. Chaunu. Pour lui, c'était conjoncture ; pour le commerce du XVIIIe siècle, nous disons plutôt croissance.

Pourquoi ne pas ajouter, enfin, que celle-ci n'est pas simplement mesure de la taille – saisie dans le long terme ou repérée aux tournants de l'existence ? Ce ne serait qu'appréciation quantitative. Nous avons déjà dit qu'elle était aussi mutation qualitative. L'hom-

1. P. Vilar, *Catalogue*, t. I, p. 27.
2. Sur cette distinction, *cf.* les réflexions de H.-I. Marrou, *De la connaissance historique*, p. 28 sq.
3. Faut-il rappeler les échanges récents où se croisent les noms de Chaunu, Lhomme, Marczewski, Vilar ? On relira avec profit, P. Vilar, *Croissance économique*.
4. J. Marczewski, *op. cit.*, p. 2.
5. C'est ce que fait le même auteur, *ibid*, p. 3.
6. P. Chaunu, *Amérique latine et Amérique*, p. 118.

me ne grandit pas seulement au regard de la toise : il s'accomplit. Que l'on n'objecte pas la vieillesse, la mort ; on en viendrait à l'individu. Nous parlons de l'humanité, comme aussi du négoce dont la croissance est faite de la succession ininterrompue des entreprises qui sont, de même, les «individus» d'une collectivité. C'est bien une totalité qui n'est qu'expression de vie. Au bout du compte, conjoncture, uniquement mesure, ne serait qu'une traduction partielle de la croissance.

Guerre et croissance. – Et pourtant, ayant essayé, pour notre usage, de serrer nos définitions, de cerner et de fonder nos options, nous n'avons pas encore examiné ce qui paraîtra le plus risqué et le plus discutable. Cette analyse de la croissance – pour en dégager les conséquences – nous conduit à mettre à part, au moins dans le court et le moyen terme, un facteur essentiel : nous désignons la guerre. Précisons toutefois : mettre à part, non pour l'éliminer, mais au contraire pour lui donner une place de choix par suite de l'importance que nous lui attribuons. C'est dire que nos options sont fondamentalement opposées à celle que présente le paragraphe suivant, par exemple : «Poursuivant l'étude de la croissance de longue durée, nous avons éliminé les années de guerre et remplacé la décennie 1915-1924 par une demi-décennie 1920-1924 et la décennie 1935-1944 par les quatre années 1935-1938[1].» Néanmoins, même si le poids écrasant, qu'à certains points de vue nous accordons aux conflits, est évident, notre décision n'est-elle pas un préalable abusif ? Comment n'en pas convenir ? Comment mettre la guerre entre parenthèses – même si c'est pour la retrouver – alors que les à-coups les plus violents et les plus graves sont apportés par elle, du moins dans les trafics ? Elle est la perturbation par excellence, la coupure majeure.

Paradoxalement, c'est la prise de conscience de son caractère dominateur qui impose notre volonté de discrimination. La conserver, ce serait nécessairement troubler l'analyse, se condamner à ne pas voir assez lucidement ; non que tous les accidents disparaissent derrière elle, mais leur importance, leur signification relatives risquent d'être faussées par cette lourde domination. La mettre provisoirement à part, c'est rendre l'examen général plus facile. En outre, avantage non négligeable, nous aurons le moyen de la mieux étudier elle-même. La mieux étudier : cette nécessité résulte de son influence même. La guerre n'est pas un accident que l'on néglige, un simple accessoire. Il faut la retenir spécialement et longuement. Nous croyons qu'au terme de l'analyse le choix n'apparaîtra ni abusif ni trompeur. Dira-t-on alors politique et économie ? Arbitraire simplification : ce n'est qu'une commodité d'étude.

Analyse et croissance. – Il est difficile d'ignorer l'objection. Après avoir parlé d'un donné concret et global, nous allons vers une analyse qui sera simplification, abstraction discutable. Voire. Il faut savoir distinguer pour bien comprendre : pour le «sujet économique» – en l'occurrence le négociant – les divers moments de la croissance n'ont pas la même signification, la même résonance ; ils n'affectent pas de manière identique l'activité quotidienne : les oscillations les plus brèves peuvent être les plus graves et – ce qui est essentiel – celles qui orientent de manière impérative les spéculations. N'est-ce pas, par là même, fonder cette volonté d'analyse ?

Il est évident que le mouvement général de l'expansion, sa pente d'ensemble, son ampleur comme sa vitesse représentent un des cadres dans lesquels la vie commerciale s'organise. Les mesures du trafic portuaire seront ici nos guides. La longue durée est une croissance : le travail des commerçants ne peut pas ne pas en être affecté. Mais sur cette

1. J.-C. Toutain, *le Produit de l'agriculture française*, t. I, p. 11.

tendance longue viennent jouer les accélérations et les freinages plus brefs, qui se répartissent en grandes phases alternées : domaine du moyen terme. Nous nous rapprochons du rythme quotidien, sans l'atteindre toutefois. Il n'en reste pas moins que le négociant modèle aussi son comportement sur ces balancements de la moyenne durée. Cependant la meilleure manière d'appréhender les problèmes des particuliers au travail, et de les bien comprendre, est encore de mettre la recherche « en prise directe sur la vie », de la relier aux oscillations les plus rapides. Le négociant travaille dans le temps court. Parlerons-nous de cycles et des crises qui les accompagnent ? Il nous semble difficile, dans une courbe de croissance – du moins dans celles que nous avons obtenues – de retrouver les oscillations bien connues révélées par l'histoire des prix. Nous accordons volontiers que l'on puisse poser la question. Mais comment ne pas remarquer avec quelle prudence, s'agissant de Bordeaux, F. Crouzet se prononçait : « Même en temps de paix, le commerce de Bordeaux fluctuait fortement. Il est arrivé exceptionnellement que sa valeur double ou diminue de moitié d'une année à l'autre... Ces fluctuations semblent présenter une allure cyclique, mais le déroulement a été troublé par les guerres, à l'exception de celui – très marqué – qui va de 1768 à 1775, avec *peak* en 1771 [1]. » Un seul cycle observable dans le siècle ! Mais alors, vouloir enfermer l'étude des fluctuations du commerce dans cette problématique, n'est-ce pas tentative risquée, finalement peu significative et discutable ?

Et cela même pose la question des crises, situées ordinairement au point de rupture entre expansion et dépression ; crises d'Ancien Régime liées aux mouvements des prix, lesquels n'en sont, il est vrai, que le symptôme ; prix agricoles avant tout, dans une société dominée massivement par le secteur rural. Qu'en sera-t-il pour une place de commerce où le rythme des trafics ainsi que le mouvement des faillites, signe majeur, ne semblent avoir aucun rapport direct avec les impulsions venues de la terre ? La typologie des crises commerciales ne serait-elle qu'une traduction – même libre – d'un enseignement fondamental, celui d'une agriculture prépondérante ? Les problèmes ne manquent pas.

Le long terme

La croissance dans la longue durée, nous l'avons mesurée, analysée, du moins quantitativement par le mouvement des trafics et qualitativement pour l'ensemble de l'activité commerciale. Sans doute ne méconnaissons-nous pas les limites de l'enquête, l'étroitesse de la base utilisée. Disposer d'une seule courbe de navires, est-ce suffisant pour fonder des conclusions assurées et significatives ? Nous ne le penserions pas si, du trafic portuaire, nous entendions passer à l'étude d'une croissance globale tant industrielle qu'agricole, en un mot, si nous dépassions notre objet propre : le commerce marseillais. Comment ignorer ce qu'aurait d'aventureux une pareille tentative et que l'assimilation des trafics au rythme de la production présente des risques réels ? « Il y a certainement quelque danger à considérer la mesure d'un courant d'échanges comme un substitut suffisant d'une mesure des activités productrices dans une zone donnée, surtout si le caractère marginal de ces échanges est accentué par le fait qu'ils portent principalement sur des marchandises dont le marché est socialement très limité – denrées de consommation somptuaire – ou dont la production ne mobilise qu'une partie de la main-d'œuvre dans le pays exportateur. Le passage ne va pas de soi entre le volume des échanges et la

1. F. Crouzet. *Bordeaux au XVIIIe siècle*. p. 302.

notion, moins claire, de *volume des économies*[1]. » Nous étions également averti de ces problèmes et de leur complexité par E. Labrousse : « L'histoire des fluctuations économiques ne peut se faire seulement avec les prix. Il y faut aussi les quantités. A cet égard, pour le froment, pour les produits agricoles… les péages ne suffisent pas. Qu'est-ce qu'ils indiquent ? Le froment commercialisé. Le problème n'est pas de savoir ce qui passe, mais ce qui a été produit. La commercialisation est largement une conséquence de l'urbanisation. Sa croissance peut être plus importante que celle de la production[2]. » Ces difficultés, qui grandissent au demeurant lorsqu'il s'agit d'économies avant tout maritimes, ne nous échappent pas. En réalité, ce ne sont pas exactement celles que nous rencontrons. Si nous savons rester dans nos limites, tout prend sa place. Il est tout à fait normal que nous passions directement du mouvement des trafics et de l'expansion qu'ils traduisent aux problèmes des négociants eux-mêmes, à leur travail, à leur destin. Les discordances que nous signalons, en un certain sens, elles sont des catégories d'historiens et d'économistes. Dans le cas retenu, aucun écran ne s'interpose qui amènerait à craindre des confusions entre séries hétérogènes. Pour les hommes d'affaires, dans le long terme, il est normal que nous écoutions l'enseignement des trafics.

Rappelons-le rapidement. Les courbes établissent une constance, non régulière mais réelle, de la croissance. Du début du siècle à 1793, en dépit de tous les coups d'arrêt, elle ne cessa pas : chaque recul momentané n'est que le prélude à un bon en avant. Ne faut-il pas dire que le commerce local est entré dans la phase de développement économique continu ? Celui-ci n'est pas explosif : Marseille n'est pas Bordeaux ; il est néanmoins difficile de le refuser, au moins dans les secteurs les plus progressifs. Au reste, les chiffres de la croissance industrielle, au XIXe siècle, sont-ils tellement différents [3] ? Et notre proposition est d'autant plus fondée qu'au gonflement séculaire des échanges s'ajoutent l'élargissement géographique, la diversification des marchés et, profondément, des mutations de structures ; par là, les chances offertes aux négociants s'additionnent. Il est donc parfaitement légitime de se poser le problème des incidences de ces évolutions sur la vie commerciale concrète ; cette action – variable mais certaine – comment se manifeste-t-elle ?

On pourrait d'abord, comme première approche, et pour rester sur le plan d'une étude objective, se poser le problème des caractéristiques internes de la croissance : nous voulons dire l'examen des tests de régularité et d'homogénéité, tel qu'on le conduit habituellement[4]. En l'occurrence, cette recherche risque, dans notre cas, de paraître peu fondée : notre indice global n'est pas la somme des indices spécifiques d'une classification quantitative (grands groupes de produits industriels par exemple), mais celle des différents secteurs géographiques. On peut tout de même la tenter, en considérant chacun de ces secteurs, au même titre qu'un groupe de produits. Avec J.-C. Toutain nous donnerons d'abord, au moins pour l'homogénéité – pour la régularité, nous sommes déjà fixé –, les définitions suivantes.

1. Elle est exprimée par le rapport entre les taux moyen pondéré de croissance et la moyenne des taux de croissance des divers secteurs.

1. P. Jeannin, *les Comptes du Sund*, p. 56.
2. E. Labrousse, *Bull. Soc. Hist. mod.*, 1965, n° 4, p. 7.
3. F. Crouzet, *Un indice de la production industrielle française* ; voir en particulier les indications données p. 85.
4. J.-C. Toutain, *le Produit de l'agriculture française*, t. II, p. 140 *sq.* et 160 *sq.*

MOUVEMENT DES ENTRÉES DE NAVIRES DANS LE PORT DE MARSEILLE
(navires chargés de blé exclus) [1710-1792]
En tireté : droite de longue durée
d'après le procédé de l'ajustement exponentiel

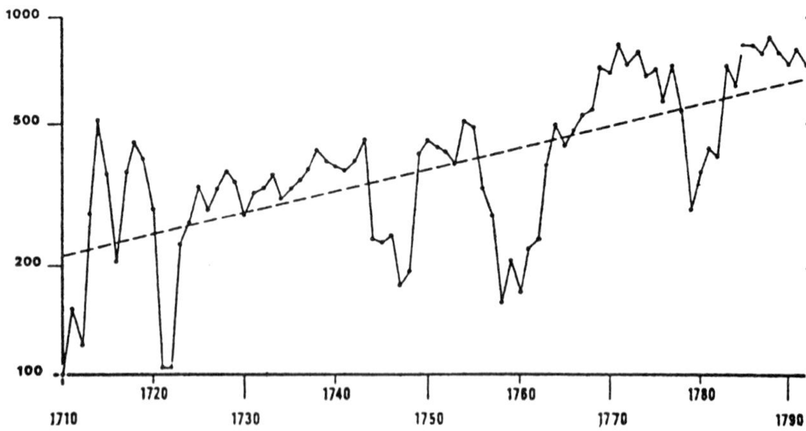

MOUVEMENT GLOBAL

2. L'homogénéité absolue est obtenue quand le rapport est égal à un ; quand il est supérieur, c'est que les secteurs de poids relatif moins important, dans l'ensemble du négoce, ont une croissance plus rapide que les trafics dominants : « On ne sait pas à partir de quel écart à un la croissance peut être considérée comme homogène[1]. »

Appliquant à ces définitions les divers taux de croissance déjà calculés (sectoriels et global), on obtient un rapport légèrement supérieur à deux. C'est le signe d'un manque d'homogénéité qui résulte tout simplement de l'effet de masse du secteur lent par excellence que représente le Levant. Vu sous l'angle des trafics, le commerce très progressif des Antilles pèse relativement peu dans l'ensemble. Mais cela est-il tellement surprenant ? Qu'il n'y ait ni homogénéité entre les grandes zones de l'espace économique marseillais ni régularité par suite des à-coups dus avant tout aux guerres, le simple examen des courbes le disait. Quoi qu'il en soit, ni homogène ni régulière, elle est tout de même croissance. Et il n'est pas de difficultés, sinon d'arrêts dans les trafics, qui, grâce à l'habileté ou au discernement des praticiens, ne puissent être surmontées. Au surplus, le profit – vrai moteur et seul but du travail – n'est pas nécessairement ni uniquement dépendant d'un rythme quantitatif. Un commerce stable en volume peut ne pas entraîner une accumulation grandissante de profit global, mais rien n'autorise à penser que celui des entreprises est frappé de la même immobilité. Ce serait vrai si ces entreprises restaient aussi nombreuses et se répartissaient équitablement les marges bénéficiaires, mais un freinage d'ensemble fait parfois disparaître des affaires marginales et permet aux plus forts de monter plus haut. Entre volume des transactions et profit net, la corrélation, pour exister, n'est ni étroite ni automatiquement positive. Reconnaissons qu'en dehors de ces généralités peu significatives, toute étude de pourcentages des profits est extrê-

1. *Cf.* notre premier chapitre. Nous additionnons, en effet, avec pondération, des croissances de secteurs géographiques distincts et non des indices tels que ceux de diverses productions.

mement délicate, sinon impossible à conduire dans les limites pratiques de l'information. La base statistique est trop étroite.

Pourtant, il est difficile d'écarter le mouvement global, l'élargissement des marchés, le gonflement des trafics ; n'auront-ils vraiment rien à nous dire ? Cet élan qui soulève le commerce peut-il être sans conséquence sur la vie et le destin des entreprises ? En un sens, *mutatis mutandis*, nous retrouvons l'enseignement d'E. Labrousse et son tableau d'un XVIIIe siècle porté par la vague de la prospérité : « Toutes les variétés de hausse longue sont des temps d'expansion : prix, production, revenus montent de conserve... Un prix progressif secrète le profit, excite l'entrepreneur à produire davantage... Ce que le vendeur gagne par l'avance des prix, il ne le reperd pas, au-delà, par le recul des quantités négociées. Le chiffre d'affaires et le profit croissent sous l'action de ces deux facteurs[1]. » Notre problème est quand même un peu différent car nous ne gardons que la relation entre volume accru des échanges et des gains répartis, au moment des règlements. Que, dans ces limites, le profit global suive le développement des affaires, que la corrélation soit en général positive, cette probabilité se vérifie souvent : en ce sens, la croissance commerciale retrouve toute sa dynamique. Elle est une impulsion majeure dans le destin du négoce. C'est à ce titre que nous devons l'examiner.

Comme elle a retenu l'attention des historiens, malgré la difficulté de l'analyse ! P. Vilar, passant de la Catalogne à une vision plus étendue, aperçoit surtout, comme effet de la croissance, une mutation dans la nature des gains. Celle-ci tend vers un amenuisement de leur pourcentage par la disparition des grands bénéfices spéculatifs, caractéristiques des économies anciennes. « Au fur et à mesure que le volume des échanges s'accroît, que le monopole colonial est attaqué efficacement par les concurrences licites ou illicites, que les risques de mer diminuent... que, pour les relations non coloniales, une circulation maritime crée un marché mondial où vont s'affronter les prix régionaux, les gros lots de cette loterie que fut longtemps l'échange lointain tendent à diminuer... Dès qu'une série dépasse le court terme, un tassement des taux à partir de très violentes irrégularités a toujours lieu... Que la moyenne des chiffres d'une boutique se fixe, au début du siècle, entre 10 et 11 %, et seulement entre 9 et 10, après 1750, que les taux de rémunération du fret maritime suivent un mouvement analogue, qu'une grande compagnie d'assurances maritimes n'assure pas plus de 6 % à la fin du siècle, ... cela ne suffit certes pas à confirmer l'hypothèse – théoriquement solide – d'un taux de profit diminuant à long terme, du fait même qu'au cours du siècle la circulation des marchandises, sur terre et sur mer, se régularise, court moins de risques techniques. Il est clair, toutefois, que, contrairement aux apparences, la seconde moitié du siècle est moins favorable que la première aux profits commerciaux[2]. »

Nous avouons être quelque peu hésitant ; non sur le problème de la seconde moitié du siècle qui est parfaitement posé et que nous retrouverons, mais sur l'hypothèse d'ensemble. Expliquons-nous : elle est théoriquement solide ; mieux, l'enquête, trop étroite à notre gré, que nous avons conduite sur les transports terrestres et maritimes la confirme. Et pourtant, nous devons présenter un certain nombre de nuances. Il est certain que le taux des frets et le prix du roulage, en restant nominalement au même niveau, sont réellement en baisse[3] : ils sont perçus au poids pour une marchandise dont la valeur s'est élevée ; ils prélèvent donc un

1. E. Labrousse, *Crise*, p. XVI.
2. P. Vilar, *Catalogne*, t. III, p. 12, 561.
3. Cf. *infra*, ce que nous avons écrit sur ces problèmes, p. 616 *sq.* et 687 *sq.*

pourcentage relativement plus faible du prix d'achat : le transporteur, dans les deux cas, est atteint. Seulement Marseille n'est pas Barcelone : le négociant de la place n'assume pas le roulage dans l'intérieur du royaume ; il est donc le bénéficiaire de cette évolution. Quant aux transports maritimes, dans de nombreux cas aussi – et pas simplement le négoce passif – le commerçant n'est pas armateur. Même dans le trafic du Levant, ils sont nombreux ceux qui multiplient les transactions sans avoir de navires. Il est acquis aussi que le taux des assurances a baissé avec les années. Il n'y avait pas d'actuaires au XVIIIe siècle, mais le rapport s'établissait assez bien entre le mouvement des risques et le taux des primes. Pour les échelles du Levant, l'assurance d'un voyage simple passe en gros de 2 à 1 % ; pour les Iles – à partir du moment où les voyages deviennent très courants – c'est-à-dire dans les années 30 – elle tombe de 4 à 1,5 % [1]. En tenant compte que, pour ces derniers voyages, la durée moyenne, ou plutôt le mode, se situe autour de deux mois, il est raisonnable de considérer que, risques exclus, le profit théorique devait dépasser 6 %. Nous verrons, en étudiant les assurances, qu'il était souvent plus bas. Or, il s'agit de négociants ou de bourgeois assureurs qui ont peu de frais généraux. Il est donc normal d'estimer qu'on ne puisse servir un intérêt supérieur à 6% ; il devait être même sensiblement inférieur. Sur ce point donc, l'hypothèse présentée est recevable, même dans le concret. En revanche, qu'une compagnie privilégiée fasse de mauvaises affaires, l'exemple a moins de valeur : ce n'est ni nouveau ni très significatif ; on trouve des vérifications en d'autres temps [2] !

Ce qui nous retiendra davantage, néanmoins, ce sont les profits propres du négociant, c'est-à-dire ceux des spéculations sur les marchandises. Accordons que la seconde moitié du siècle voit un amenuisement de ces bénéfices. Encore faut-il souligner quelques points. On peut gagner moins sur une affaire et rattraper bien au-delà sur leur multiplication. L'étude concrète reste à faire. Ce fléchissement tardif, qui n'est pas discutable, n'est-il pas possible d'en chercher l'explication hors du processus – peut-être un peu trop théorique – de l'élargissement progressif du marché mondial ? Des facteurs exogènes ont joué certainement. Nous hésitons à nous prononcer sur les profits du commerce impérial espagnol – dont une grande partie, hormis celle de l'armement, échappait du reste à l'économie ibérique elle-même ; pour Marseille, nous aurons l'occasion d'analyser de plus près ce que fut la dégradation du marché du Levant, et avec un certain retard, de celui des Antilles. Enfin et surtout, se présente le problème du commerce en commission. Nous croyons que toute analyse du mouvement des profits commerciaux doit commencer par un examen aussi rigoureux que possible de la part que prennent, dans l'accumulation du capital, les gains de commission : une des grandes sources (parfois la ; mais comment déterminer la proportion ?) est bien ce prélèvement, immuablement fixé, d'un bout à l'autre du siècle, à 2 %. Nous savons, de plus, que ce profit caractérise aussi bien Amsterdam que Marseille ou Livourne, au XVIIe et au XVIIIe siècle, que plus une maison est importante, plus la part des gains de commission s'étend, à proportion de confiance qu'elle inspire et de l'extension de son rayonnement, du réseau international de ses correspondants, que c'est aussi le profit du banquier et, particulièrement, de ce personnage caractéristique du XVIIIe siècle : le négociant-banquier. Alors ? Pour les XVIIe et XVIIIe siècles, périodisation qui évite un survol trop large devant lequel l'historien, par nature, hésite, l'hypothèse peut-elle être maintenue ? Nous écrivions ailleurs : « La répartition des profits entre compte propre et commission est

1. Ces données sont extraites, principalement, des registres de notaires d'assurances (A.D. B. du R.). La question sera reprise ultérieurement.
2. En s'attachant simplement à la France, c'est en somme l'histoire de toutes les « compagnies » du pouvoir, en particulier celles de Colbert.

souvent très difficile à faire. Le problème restera longtemps ouvert. Et pourtant, comment parler du capitalisme au XVIIIe siècle sans l'avoir résolu[1]?» Sans pousser plus loin ces réflexions, on doit bien convenir que le lien entre croissance et destin des entreprises est difficile à saisir. Tout au plus dispose-t-on de quelques échantillons. Comment passer au général? Pour notre part, nous hésitons à le faire.

Serait-il possible – mais comment obtenir les vérifications? – de faire nôtre l'observation récente portant, il est vrai, sur le XIXe siècle et le secteur industriel, à savoir qu'on remarque une répartition de plus en plus inégale des profits, qui s'exprime dans la concentration des associations? «Ne peut-on avancer l'hypothèse que ce volume triomphant des bénéfices a été partagé... par un nombre de firmes qui serait allé en diminuant... Une masse croissante de bénéfices partagée entre parties prenantes de moins en moins nombreuses, ou, du moins, parmi lesquelles la part des profits des plus grands allait croissant plus que proportionnellement[2]?» *A priori* cette hypothèse est difficilement recevable pour le XVIIIe siècle commercial – et marseillais, plus spécialement – supporté d'une manière quasi totale par un capitalisme qui n'est pas anonyme, où la multiplication des affaires isolées, des entreprises familiales, d'étroites sociétés de personnes donne une souplesse et une mobilité extrêmes à l'ensemble; aucune tendance à la concentration n'est vraiment sensible en dépit de quelques sociétés en commandite par actions. Cette indication est confirmée localement par le fait que le taux de croissance du nombre des entreprises est le même que celui du mouvement global des trafics: dans les deux cas, il est d'environ 1,6 %. Sans aucun doute, cette constatation sans nuance demanderait une analyse plus fine: l'étude ultérieure du capitalisme marseillais permettra d'y revenir.

Mais, par ces remarques, nous entrons de plain-pied dans le problème – plus directement le nôtre – des rapports, dans le long terme, entre croissance et négociants: nous placer, en quelque sorte, délibérément au niveau des hommes. Comment ces derniers ont-ils ressenti l'expansion? Quels ont été ses effets sur leur activité, leur conception des affaires, leur psychologie, leurs initiatives?

Objectera-t-on préalablement – ce qui n'est pas sans fondement – que le long terme est aussi une «catégorie» des historiens? «Psychologiquement, cette recherche patiente ou passionnée [du profit] n'a pas pu s'inspirer de la leçon du long terme. Celle-ci, par définition, n'est tirée qu'*a posteriori*[3].» Cela va de soi, la dernière partie de la droite demande, pour être tracée, que le mouvement soit achevé. D'autre part, il est raisonnable d'affirmer que l'homme d'affaires – le négociant tout particulièrement – n'est vraiment sensible qu'au moyen et, surtout, au très court terme. Mais quand la tendance est à la hausse longue, l'apercevoir même fractionnellement n'est-ce pas, en quelque sorte, réagir à la longue durée? Il nous semble que cet enseignement n'échappe pas tout à fait au contemporain qui le vit. *A posteriori* évidemment, mais point nécessairement au terme absolu. Cet enseignement est toujours une leçon du passé; mais deux ou trois générations successives peuvent très bien se la transmettre et être portées par elle. Elles perçoivent ainsi à un moment donné du siècle une pente continue, qui est déjà, malgré les accidents de parcours, une portion du long terme. Comment le négociant ne sentirait-il pas l'appel des océans, celui de l'élargissement progressif de l'espace économique, la croissance quantitative des échanges? Il nous semble que cette perception du long terme

1. E. Labrousse. *Histoire économique et sociale*. t. II. p. 214.
2. J. Bouvier. F. Furet. M. Gillet. *le Mouvement du profit*. p. 271.
3. P. Vilar. *Catalogue*. t. III. p. 561.

ne lui échappe pas complètement – sans rationalité aucune, certes. En témoigne le jugement suivant, en 1778 : « Autrefois, le commerce, quoique moins étendu, donnait cependant de plus grands profits aux négociants. Cinq ou six expéditions par année suffisaient à leur ambition parce qu'ils retiraient de chacune le 15 ou le 20 % de leurs fonds. Aujourd'hui que les vues et les spéculations ont été multipliées... la concurrence, en diminuant leurs profits, les a forcés de se récupérer, par le nombre des affaires, de ce qu'ils ne gagnaient plus sur chacune d'elles[1]. »

On pourrait remarquer que l'observateur, dans ce dernier cas, saisit davantage la leçon du moyen terme en opposant les deux moitiés du siècle. C'est juste en ce qui concerne le taux des gains et la confirmation d'un resserrement dans les dernières décennies. Mais la tendance longue n'est pas exclue. « Le commerce moins étendu... les vues et les spéculations ont été multipliées... ». Ces rapports entre croissance et activité des négociants ne laissent pas d'être délicats à préciser. Nous croyons toutefois qu'une expansion continue, régulière a, elle aussi – comme l'influence stimulante des prix, sans que nous établissions ici des corrélations et des antécédences nécessaires –, un effet psychologique certain. Elle ne crée pas obligatoirement un sentiment de confiance continue, mais elle ne peut pas ne pas affecter les mentalités. Assurément, les pulsations des mouvements qualitatif et quantitatif sont de nature diverse. De plus, le court et le moyen terme viennent souvent contredire les effets de lente portée. Au niveau de la décision, il est sans doute très difficile de discriminer la part de chaque facteur, mais dans les options de l'entrepreneur il n'est pas possible que la voix séculaire ne se fasse entendre à côté des appels de l'immédiat ; sinon comment comprendre le gonflement et l'élargissement des trafics, la baisse lente des taux de l'intérêt et de l'escompte en dépit d'inévitables ruptures, des taux de fret ou d'assurance dont profite à 100 % le négociant qui fait travailler des rouliers ou emploie des navires qui ne lui appartiennent pas ? Tout prouve qu'en dépit des oscillations brèves, des secousses plus étendues et très brutales des guerres, une évolution lente, mais irrésistible s'accomplit. A proportion de l'accumulation des capitaux le crédit devient meilleur marché, plus large, plus facile ; d'où propension à l'investissement, aux initiatives. Pourquoi, au fond, se poser la question, hésiter sur la vraisemblance de l'hypothèse, lorsque les chiffres de la croissance elle-même donnent une réponse claire. Ne sont-ils pas démonstration ?

Ainsi dilatation d'ensemble : la place devient plus puissante ; les négociants se pressent toujours plus nombreux à la loge, les armements développés témoignent de l'élargissement de leurs ambitions. Mais qu'en est-il au niveau des entreprises ? « L'élan économique multiplie les activités, la crise les sélectionne[2]. » Se contente-t-il de les multiplier ? Des discriminations se produisent-elles, comme dans le secteur industriel au XIXe siècle, les grands devenant plus grands ? C'est le problème. En ce qui concerne la puissance financière des firmes, les fortes compagnies de la fin du siècle le sont-elles davantage que celles du début, ce qui serait, sinon numériquement, du moins dans leurs facultés, une forme de concentration ? Puisque nous avons constaté que leur multiplication était avérée, y a-t-il, en revanche, un tassement de la hiérarchie, un nivellement par le bas, ou, au contraire, une accentuation des distances entre les humbles et les grands ? On aperçoit simultanément l'intérêt de la question et la difficulté de l'étude. Il y faudrait une

1. A.N. Paris. H 1342. Mémoire sur l'administration de la ville de Marseille. f° 40.
2. P. Vilar. *op. cit.*. p. 561.

connaissance exhaustive de la structure financière de chaque société : nous n'avons que quelques cas trop insuffisants. [...]

Ainsi, c'est bien la conjonction des deux facteurs signalés, guerre et malaise grandissant de l'économie mercantile, qui explique les effondrements de 1783. Les marchés traditionnels, sources garanties de profits, deviennent occasion de déficit. Il y a un frein qui joue, le commerce est malade. Le temps de la croissance sans problème est clos : sur le plan de l'économie du XVIIIe siècle on entre, en quelque sorte, dans l'ère du monde fini ; on cherche d'autres fontaines de jouvence. Dirons-nous que l'exponentielle devient peu à peu logistique ? Mais comment refuser à la secousse de 1783, bien qu'elle soit très différente des précédentes, le caractère de crise commerciale, dans ses sources comme dans ses effets ?

Nous n'avons pas retenu toutes les oscillations courtes, ces ruptures inégalement brutales du destin marseillais. Ce choix et ses limites, nous les acceptons : ce sont encore des « bornes de sagesse » à toute recherche. Dans un travail où, malgré les études antérieures, nous frayons bien des routes nouvelles, nous ne pouvions pas tout dire. Cette présentation, malgré sa dimension et sa lourdeur, n'est qu'une ébauche ; qu'elle devienne un point de départ. De plus, nous nous étions posé une question très limitée ; pour y répondre avec autant de clarté et de précision que possible, il fallait éviter de se perdre dans l'accessoire, aller à l'essentiel ; se tenir sur la ligne de crête d'où l'on embrasse l'horizon le plus large : celui dans lequel se fondent les accidents.

Quatre crises, quatre cas. Diversité ? Plus encore unité. Par nature même ; il n'y a qu'une façon de faire faillite : on doit plus que l'on a ; on ne peut faire face à ses engagements. Ce n'est pas toujours déficit réel, le passif l'emportant sur l'actif ; il se produit parfois un simple manque de liquidités temporaire. Dans les bilans étudiés, ces cas son rares. Gardons simplement l'état de cessation des paiements en écartant les banqueroutes frauduleuses. Elles aussi paraissent l'exception ; mais comment ignorer ce texte marseillais, opportunément signé « Philopatrie » ? « Parmi les bons règlements que l'on peut faire, ne devons-nous pas désirer que les banqueroutes de nos négociants soient mieux épluchées qu'elles ne le sont ? Ce moyen de s'assurer une fortune solide pour le restant de ses jours est devenu aujourd'hui une branche d'industrie à Marseille. On viole ouvertement toutes les ordonnances rendues à cet égard et rien n'est devenu plus courant que les friponneries de ce genre... Ce sont pourtant les gens de cette classe qui voudraient aller de pair avec la noblesse[1]. » On aperçoit, dans ces affirmations, un moment de la longue rivalité entre noblesse et négoce, et l'on doit rester réservé sur cette interprétation. Le négociant C. Coustan n'a pas survécu au déshonneur d'une faillite[2]. »

Unité dans la situation de faillite ; et cependant les voies sont diverses qui y conduisent. Tel assume des risques trop grands, se laisse entraîner dans des entreprises dont il mesure mal les exigences ou les dangers ; tel autre est accablé par des coups, dont sans doute il n'a pas su se garder, mais devant lesquels il était souvent mal protégé. Les bilans parlent, de préférence, des « malheurs des temps » ; ceux qui jugent retiennent plutôt les imprudences, la démesure, l'incapacité. Que l'on garde l'une ou l'autre de ces explications – et souvent faut-il les deux –,

1. A.N. Paris. B^a 50. liasse 9. 12 av. 1789 (Documents relatifs à la convocation des Etats généraux).

2. C. Coustan. C.S.R., associé à Esprit Piquet, fit faillite le 30 mars 1731. Sur cette faillite. A.C.C.M., L. IX 507. Paris. Tourton Baur et Cie. 10 av. 1731. Surtout L. IX 318. Barthe et F. Mouisse. Limoux. 18 av. 1731 : « [M. Coustan] que nous croyons véritablement être mort de douleur ». Aussi. L. IX 343. Lyon. Laurent Mayeuvre. 6 avril 1731 : [M. Coustan] qui a succombé sous le poids d'un malheur qu'il ne devait pas éprouver... Dieu veuille le dédommager de celle [sa vie] qu'il a sacrifiée pour son honneur. » Nous croyons que J. Billioud commet une double erreur (date de sa mort, en septembre ; date de sa faillite, en 1722). ce qui permet de comprendre qu'il refuse cette interprétation (« La Floride du Président du Vair ». *Marseille*. 3e série. n° 27. p. 5-10).

par l'examen de ces sources des faillites on ne quitte pas le plan commercial; le politique, en 1783 par exemple, ne peut être accepté que par le relais des fluctuations des cours. Ce n'est qu'un adjuvant dans une situation de déséquilibre. Pour toutes les autres crises, les plus graves et les plus violentes, nous ne quittons pas le plan du négoce, qu'on le saisisse sous l'angle économique ou financier. Les faillites ne sont pas alors en liaison directe avec une crise profonde de la vie économique; elles résultent davantage, dans une période d'expansion, du fameux porte-à-faux du crédit: «La catastrophe au sein de l'essor[1].»

Il en ressort aussi une certaine unité dans les manifestations. D'abord leur soudaineté; non que des signes ne les annoncent, mais la prévision est d'ordinaire à trop court terme. Sans doute s'informe-t-on, de ville en ville, des dangers d'une circulation inconsidérée de papier douteux. On resserre ses engagements; est-ce toujours possible? La roue du commerce ne peut s'arrêter. Peut-être aussi espère-t-on le retour de fortune qui rétablira la situation, éloignera le danger. Ainsi s'explique la violence de ces crises: inégale certes, mais maintes fois c'est une vraie décimation. De même, leur ampleur: sans doute toutes n'accèdent pas au plan des grands ébranlements internationaux, mais quand elles restent limitées, centrées sur la place, il est rare qu'elles n'aient pas quelques prolongements parfois lointains. C'est l'envers du miracle du crédit. Par ces remarques se comprennent alors, d'une part, leur brièveté: les textes parlent d'ouragan; quelques mois, quelques semaines suffisent aux paroxysmes; d'autre part, leurs faibles conséquences sur la vie commerciale dont le mouvement d'ensemble n'est pas brisé. Des entreprises marginales et peu sûres disparaissent: *vae victis*. Le négoce reprend. Ce sont souvent, davantage dans la première moitié du siècle, des poussées de croissance.

C'est pourquoi nous estimons que, pour l'activité et la mentalité des négociants, les conséquences des guerres, multiples et diverses, sont finalement plus importantes. Aussi est-il opportun de passer de l'étude de ces symptômes, inégaux et parfois seconds, que sont les crises, à celle de facteurs qui infléchissent souvent impérativement le destin du commerce: si le court terme pèse sur lui, les guerres en multiplient les effets[2].

© Institut historique de Provence

Au Bon Marché 1867-1920. Le consommateur apprivoisé

(1987)

MICHAEL B. MILLER

Dans l'ouvrage rédigé par l'historien américain de l'université de Syracuse, Michael B. Miller sur un demi-siècle d'histoire du Bon Marché, on a retenu un extrait de la troisième partie intitulée «les relations avec l'extérieur». On y trouve analysée la stratégie commerciale en fonction des valeurs et des habitudes de la clientèle visée. Au-delà de la politique de

1. E. Labrousse. *Histoire économique et sociale*. t. II. p. 521.
2. Nous convenons que notre étude des crises commerciales est insuffisamment pénétrante: elle décrit surtout. Cette description était le nécessaire premier temps. Du travail est encore exigé; d'ailleurs, depuis cette mise au point, notre réflexion a progressé et des travaux sont en cours. Dison, néanmoins, l'intérêt que nous avons pris, après notre étude «sur le tas», 2e éd. Et risquons l'hypothèse suivante: les crises commerciales du XVII siècle ne nous paraissent pas avoir de points communs avec les crises classiques d'Ancien régime. Dans des limites et avec des conditions différentes, elles préfigurent plutôt celles de type contemporain; mais leur diffusion est moins étendue. Elles affectent surtout les métropoles du négoce: la solidarité économique joue au niveau des marchés du grand commerce. Lorsque, au XIX siècle, l'intégration des principaux secteurs de l'économie sera plus complète, les crises contemporaines prendront le relais, mais il n'y aura pas entre elles de différences de nature.

distribution au sens strict, l'auteur analyse les voies et moyens employés par les Boucicaut pour donner une certaine image du Grand Magasin, correspondant aux attentes du consommateur ainsi «apprivoisé». Le Bon Marché constitue ainsi un terrain d'étude privilégié pour mesurer le rôle de la demande – réelle, supposée et suscitée – dans les activités de distribution.

Source : *Michael B. Miller,* Au Bon Marché 1867-1920. Le consommateur apprivoise, *trad. fr., Paris, A. Colin, 1987, p. 156-169. (édition originale:* The Bon Marché, Bourgeois Culture and the Department Store, 1869-1920, *Princeton University Press, 1981).*

[...]

Une huitième merveille du monde

En un certain sens, stimuler la consommation découlait naturellement des nouvelles techniques commerciales qui différenciaient les grands magasins des petites boutiques traditionnelles. La concentration des services, l'intégration des opérations et surtout la nécessité de la rotation rapide des stocks élargissaient la clientèle grâce à l'abaissement des prix [1]. Les livraisons, la possibilité des retours et l'accueil rendaient agréable la démarche de l'acheteur. Les prix fixes mettaient le consommateur en confiance et hâtaient les décisions d'achat.

Cependant, tous ces éléments ne constituaient que des conditions préalables à l'instauration d'une véritable société de consommation. La commercialisation de masse nécessitait plus que des incitations par les prix et par le service ; elle exigeait un certain génie pour éveiller des appétits cachés, pour provoquer des envies irrésistibles, pour façonner de nouveaux modes de pensée. Inciter à la consommation était une question de séduction et de sens de la mise en scène, et Boucicaut excellait dans ces domaines, sachant créer dans son magasin une atmosphère de fascination dans laquelle l'acte d'achat devenait une sorte de célébration irrésistible. Lieu sensuel brillant de mille feux, le Bon Marché devint une fête permanente, une institution, un monde fantastique, un extraordinaire grand spectacle où l'on se rendait pour participer à un événement, à une aventure. On y venait moins pour acheter un article bien précis que pour simplement visiter, et si l'on y achetait par la même occasion, c'était pour le plaisir, pour participer à une expérience qui ajoutait une autre

1. Les avis sont partagés sur l'importance du rabais dont bénéficiaient les clients en achetant dans les grands magasins. Les petites commerçants prétendaient que seuls les articles d'appel étaient venus à des prix avantageux. Ce que semblait approuver Zola quand il signalait que ce type d'articles était offert à la vente à des tarifs inférieurs de 20 % à ceux des petites boutiques, alors que les autres marchandises étaient proposées à un prix similaire. Cependant, dans une autre note, Zola se contredit et déclare qu'« il y a 18 % d'écart au moins entre les prix du petit commerce et ceux des grands magasins ». D'autres analystes ont présenté des comparaisons entre les marges bénéficiaires des grands magasins et celles du commerce traditionnel s'établissant respectivement à 14 et 41 % dans un cas, 12 et 36 % dans un autre. Au total, tous les contemporains, hormis les adversaires farouches des grands magasins, s'accordaient à penser que la nouvelle distribution offrait des prix plus bas qu'ils l'avaient jamais été auparavant et, si l'on prend en compte l'organisation de ces magasins et leur philosophie commerciale, il est difficile de croire qu'il en allait autrement. Zola, NAF 10278, pp. 75, 201 ; A. de Foville, « Les causes générales des variations de prix au XIX siècle », *l'Economiste Français* (1er juin (1878), pp. 684-685 ; G. Michel, « Le commerce en grands magasins », *Revue des Deux Mondes* (1er janvier 1892).

dimension à la vie. Cette ambiance générale, jointe à la forte tentation créée par les vastes étalages mis à la portée de tous[1] constituait le principal attrait du Bon Marché.

Le nouvel immeuble lui-même fut conçu dans cette perspective. Doté d'une façade impressionnante et surmonté de coupoles, l'immeuble vu de l'extérieur ne laissait rien paraître de la machine commerciale qui s'abritait entre ces murs. C'était particulièrement vrai de l'entrée principale de la rue de Sèvres. De dimensions importantes et de style ornemental, elle s'élevait sur toute la hauteur du bâtiment et supportait une coupole. Couronnée d'un fronton, conçue comme une arche pour les deux premiers étages, elle était décorée de caryatides et de statues de dieux couchés. On entrait dans un théâtre, voire dans un temple.

A l'intérieur les effets monumentaux et théâtraux ne s'estompaient pas. Les colonnes métalliques et les surfaces de verre donnaient une impression d'espace, d'ouverture et de lumière. Les galeries se succédaient, toujours immenses, et du haut des balcons qui couraient le long des étages supérieurs on pouvait contempler, comme au spectacle, la foule qui s'activait en contrebas. Trois grands escaliers, élégants et majestueux, conduisaient le public vers les étages comme s'ils accédaient aux loges de l'Opéra; au premier étage on trouvait une salle de lecture où les journaux et les revues du moment pouvaient être consultés et un grand hall où étaient exposés gratuitement des tableaux d'artistes contemporains (de second ordre, nous dit Zola). Plus tard les deux pièces furent réunies en un seul salon de vingt mètres de long et huit mètres de haut, aménagé dans le style grandiose d'une galerie du musée du Louvre. A côté, un buffet, décoré de beaux meubles, de rideaux et de palmes rappelait un salon de théâtre[2].

Inspirée de l'opéra, du théâtre ou du musée, la fantaisie éclectique de Boucicaut ne décevait pas les curieux qui venaient au Bon Marché comme à un spectacle. Les marchandises empilées valaient à elles seules la visite. De part et d'autre des entrées, les comptoirs proposaient des affaires qui provoquaient l'affluence devant les portes et attiraient encore plus le monde en créant l'impression qu'un événement s'y déroulait. Une nouvelle concentration à l'endroit le plus visible de tout le magasin, par un faux désordre, forçait les chalands à traverser la maison de long en large[3]. L'agitation, souvent frénétique, des milliers d'employés, le vacarme des appels aux caissiers et les allées et venues des garçons en livrée chatoyante accompagnaient le tumulte général.

Partout les marchandises formaient un motif décoratif qui donnait aux articles eux-mêmes une exceptionnelle qualité. Les tissus de soie tombaient en cascade des murs de la galerie des soieries, des rubans étaient tendus au-dessus du rayon spécialisé et les parapluies grands ouverts dans un défilé de dessins de toutes les couleurs. Des tapis d'Orient, aux riches textures, tombaient des balcons offerts à la vue des spectateurs des étages inférieurs[4]. C'était surtout les jours de grande vente, lorsque la foule et les passions atteignaient leur paroxysme que marchandises et décor s'entremêlaient pour éblouir les sens et transformer le magasin en une grande fête, en un pays de rêve, empli de

1. Il ne faut pas minimiser le rôle joué par les étalages. Zola écrivait: «La femme est donc éblouie par l'accumulation des marchandises. C'est ce qui a fait le succès des grands magasins.» Plus tard d'Avenel remarqua: «Il semble que la vente engendre la vente et que les objets les plus dissemblables, juxtaposés, se prêtent un mutuel appui.» Zola, NAF 10278, p. 201; D'Avenel, «Le mécanisme», p. 3256.
2. Au buffet les garçons servaient du bordeaux et du madère aux adultes et des sirops aux enfants.
3. Boucicaut aimait, par exemple, placer les robes de femmes dans une partie du magasin, les manteaux et le prêt-à-porter dans une autre. Zola, NAF 10278, pp. 59-61.
4. Zola note dans *Au bonheur des dames* que Mouret s'intéressait avant tout à l'aspect décoratif et exotique des tapis et les vendait pratiquement à prix coûtant. C'est sans doute là une observation tirée de ses visites au Bon Marché.

couleurs et de sensations. Les ventes de blanc étaient particulièrement réputées. Ces jours-là le magasin était uniformément décoré de blanc: des draps blancs, des serviettes blanches, des rideaux blancs, des fleurs blanches à profusion, tout formait un seul motif blanc qui couvrait même les escaliers et les balcons[1]. Plus tard, les étalages de Noël devinrent également spectaculaires. En 1893, une vitrine de jouets présenta une scène de patinage sur glace au bois de Boulogne. En 1909, les décorations de Noël comprenaient un paysage du pôle Nord, rue du Bac, un épisode de la vie de Jeanne d'Arc, rue de Babylone, et un aéroplane «avec hélice tournante et jouets lumineux» au-dessus de l'escalier de la rue de Sèvres[2].

Le magasin, monumental, théâtral et fantastique, devint en lui-même un spectacle qui voyait converger vers lui le public venu admirer les étalages et faire de sa visite une expérience extraordinaire. Dès 1872 Boucicaut considérait que le Bon Marché constituait «l'une des curiosités de Paris». Peu après il proposa des visites quotidiennes de la maison. Chaque jour à trois heures de l'après-midi, les clients, ou de simples visiteurs, étaient invités à se rassembler dans le salon de lecture. De là un guide les emmenait dans tout le bâtiment; ensemble, ils traversaient les grandes galeries, les étalages de marchandise et les coulisses du magasin.

Lors de l'inauguration des concerts, Boucicaut se comporta en véritable impresario. Ces manifestations artistiques sont intéressantes à plus d'un titre. La programmation régulière des concerts publics était un phénomène récent qui ne se développa rapidement que durant le second quart du XIXe siècle. Mais leur multiplication, sous l'impulsion de commanditaires issus de la bourgeoisie, illustre à quel point certains de ses membres, parmi les plus entreprenants, instruits des besoins grandissants des gens de leur milieu, étaient amenés à transformer en articles de commerce les loisirs et les arts de la nation comme les produits industriels. Certes le phénomène restait limité, mais la tendance était indéniable: la culture de la classe moyenne, même dans sa définition la plus étroite, c'est-à-dire n'englobant que les aspects artistiques, s'ouvrait ainsi au monde de la consommation. Il n'en demeure pas moins qu'entre la simple organisation de spectacles divertissants conçus comme des produits de consommation en soi et leur exploitation à des fins commerciales plus larges, il y avait une évolution considérable. En ce sens les initiatives de Boucicaut étaient fondamentales, car elles préfiguraient les techniques modernes de marketing[3].

La portée de ces concerts fut étonnante. La musique et les spectacles ont toujours, au cours de l'histoire, agi comme des appâts, mais jamais encore leur influence n'avait été aussi profonde. Désormais, tout ce qui se rapportait à l'identité de la classe moyenne, à ses goûts ou simplement aux engouements passagers du public, pouvait servir une fin totalement imprévue et indépendante: la promotion d'une société de consommation. La musique pouvait être vendue aux classes moyennes parce qu'on trouvait là une clientèle mue par des motivations artistiques ou bien guidée par des considérations d'ordre social. La musique était en effet perçue comme un signe de raffinement; c'était un des moyens par lesquels la haute bourgeoisie cherchait à se distinguer des classes inférieures, donnant ainsi le ton à la petite bourgeoisie qui s'efforçait avec autant de détermination d'affirmer sa propre spécificité et donc son droit au statut de classe moyenne. Mais la musique pouvait également inciter

1. Cf. la réaction de Karcher au chapitre 3.
2. B.M., *Conseils généraux*, 18 octobre 1909.
3. Sur l'évolution des concerts, leur financement et leur public dans la première moitié du XIXe siècle, voir William Weber, *Music and the Middle Class* (New York, Holmes and Meier, 1975).

ces mêmes catégories sociales à l'achat. Si les chorales organisées étaient devenues au cours des quarante dernières années un phénomène très répandu surtout parmi les artisans et les employés du secteur tertiaire, et encouragé par le public de la classe moyenne qui se précipitait à ces spectacles où tous reconnaissaient leur propre image (un aspect qui n'avait pas échappé aux Boucicaut), ces associations pouvaient aussi, pour le compte du commerce de masse, contribuer à faire vendre autre chose que de bons applaudissements et de la mauvaise musique [1].

C'est dans cet esprit que Boucicaut inaugura son programme de concerts. La première séance à l'intérieur du magasin eut lieu en 1873 et, jusqu'à la mort de Mme Boucicaut, il y en eut généralement une ou deux par an, le plus souvent en novembre et en janvier. Les concerts d'été du samedi soir, dans le square en face du Bon Marché, commencèrent la même année. Jusqu'à la Première Guerre mondiale ils se déroulèrent au rythme d'un par semaine, de juin à septembre, sauf lorsque les sociétés musicales de la maison partaient jouer à l'extérieur de Paris, pendant les inventaires ou à l'Assomption.

Ces événements étaient toujours prévus de longue date et célébrés avec faste. Pour les concerts d'été, ouverts au grand public, la maison imprimait quelque 1 600 programmes, distribués, par les caissiers, aux entrées ou dans le salon de lecture. Les concerts d'hiver – beaucoup plus luxueux dans leur conception, auxquels on ne pouvait assister que sur invitation et qui constituaient, semble-t-il, des événements mondains [2] – rassemblaient un public pouvant atteindre 7 000 personnes (dont plusieurs milliers d'employés). Les musiciens quittaient leur travail plus tôt afin de participer plusieurs jours par semaine aux répétitions. Plus tard, dans les années 1880, des chanteurs réputés, dont plusieurs de l'Opéra, vinrent enrichir le programme. Le soir des concerts, de nombreux comptoirs étaient démontés, des sièges et des décorations mis en place. Les dépenses s'élevaient à plusieurs milliers de francs.

Les concerts du Bon Marché étaient donc destinés à promouvoir une certaine image du magasin. A ce titre ils remplissaient une double fonction. D'une part ils présentaient au public un employé d'un genre nouveau, discipliné, cultivé, aux manières raffinées. Ce rôle était loin d'être négligeable, car les commis dans le passé avaient acquis une fâcheuse réputation. Qualifiés du terme péjoratif de «calicots», qui leur venait du portrait peu flatteur dressé par Scribe dans une de ses pièces, ils étaient connus pour leurs mœurs dissolues, leur comportement retors et leur prétention à un statut qui n'était pas le leur [3]. Une telle image restait acceptable dans une petite boutique où ni le service, ni l'atmosphère, ni même nécessairement la confiance n'avaient d'influence réelle sur la vente. Mais dans un univers où l'achat était présenté comme un plaisir, ce portrait devenait nuisible. Les concerts devaient modifier cette image, en servant d'outil promotionnel. Pour une fois, ils ne proposaient pas des articles à vendre, mais les vendeurs eux-mêmes [4].

1. Sur les chorales, voir *ibid.*, pp. 100-108; Zeldin, *Histoire des passions françaises*.
2. Les listes d'invitations montrent qu'un grand nombre de destinataires appartenaient aux quartiers chics de Paris. Des députés, des officiers et même quelques membres de la noblesse recevaient des cartons. Mais, par ailleurs, le Bon Marché ne manquait pas d'inviter les chefs de gare et les hauts fonctionnaires des postes, responsables de services publics indispensables au bon acheminement des articles vendus par correspondance. Des cartons étaient également régulièrement expédiés à la presse. B.M., Documents sur les concerts.
3. Dans «Le Combat des montagnes ou la Folie-Beaujon». M. Calicot (qui tire son nom d'une toile de coton) est un employé se faisant passer pour un ancien combattant de la Grande Armée. La pièce fut créée en 1817. Voir Avenel, *les Calicots*, pp. 15-16; J. Valmy Baisse, *les Grands Magasins* (Paris, Gallimard, 1927), p. 145. Selon Zola, on disait que «le calicot est bon à tout et propre à rien», NAF 10278, p. 213. Voir aussi «Le Calicot», *Gil Blas*, 26 novembre 1881.
4. La presse n'a pas manqué de signaler cet aspect des concerts. Voir par exemple *l'Orphéon*, 5 décembre 1887.

La fonction majeure de ces manifestations fut d'offrir une nouvelle fois la possibilité de faire du magasin quelque chose qu'il n'était pas. Voici ce qu'un critique écrivit:

«Quand on sort d'un concert donné par le Bon Marché, il est vraiment peu facile de réunir toutes ses idées, le programme étant chargé au possible et même à l'impossible.

«Les lumières, les fleurs, les splendeurs entassées sous les yeux des invités, les artistes éminents qu'on a applaudis, tout enfin miroite, bruit et se brouille dans la mémoire de la personne la moins distraite et l'on reste ébloui, étourdi pendant quelque temps, tout en cherchant à retrouver la stabilité nécessaire à l'esprit pour développer un jugement quelconque.

«Parlons d'abord de la salle: en moins d'une heure, les magasins encombrés de marchandises, abandonnés à un monde de gnomes ou de génies sont rapidement transformés, comme dans une féerie, en un palais ravissant, aveuglant de lumières, rempli de fleurs et d'arbustes exotiques d'un effet splendide. Partout les tapis et les riches tentures de l'Orient sont jetés ou accrochés avec profusion, formant des salons, des couloirs, des réduits charmants enjolivés par le bon goût des tapissiers. Les immenses rayons, naguère emplis de clients, vont servir tout à l'heure d'autel au culte de la musique [...]»[1]

C'est donc au cours des soirées de concert que l'image et la réalité se confondaient. Les étalages laissaient la place à une scène, les vendeurs se transformaient en musiciens, et les galeries en somptueuse salle de concert. Déjà enclin à présenter son magasin comme un théâtre, un opéra ou un pays de rêve, Boucicaut avait trouvé l'effet suprême. Le spectacle et le divertissement d'une part, le monde de la consommation de l'autre devenaient alors réellement indifférenciables.

Le Bon Marché cherchait de bien d'autres manières à attirer l'attention sur lui-même et à créer une atmosphère particulière. Pour se faire reconnaître comme institution au sein de la ville et dans le pays, tout en exposant simultanément ses meilleures marchandises à la foule des consommateurs, la maison participa à toutes les plus importantes expositions internationales, y compris celles de Chicago et de Saint-Louis du Missouri. A l'Exposition universelle de Paris en 1900, elle possédait son propre pavillon. Le magasin aimait également publier des descriptions de lui-même et de ses merveilles. En premier lieu, l'entreprise s'appuyait sur la presse nationale qui n'a jamais été réputée pour être particulièrement à cheval sur les principes. Des articles sur le Bon Marché, rédigés, selon toute vraisemblance, dans les bureaux de la rue de Sèvres, parurent dans *l'Illustration* et dans *le Monde illustré* tout au long des années 1870 et au début de la décennie 1880[2]. Plus tard dans les années 1890, la maison se mit à publier ses propres opuscules, en langues étrangères aussi bien qu'en français, généralement sous le titre de *Notice historique sur les magasins du Bon Marché* ou *Une visite au Bon Marché*.

Imprimées à plusieurs milliers d'exemplaires et distribuées aux visiteurs, notamment à ceux qui suivaient les visites guidées, ces brochures, tout comme les articles, étaient conçues pour fasciner le lecteur. Le Bon Marché y était présenté comme un «établissement sans

1. *L'Orphéon*, 5 janvier 1886.
2. Voir les articles suivants: «Les nouveaux magasins du Bon Marché», *le Monde illustré*, 23 mars 1872; *l'Illustration*, 23 mars 1872; «Les nouveaux magasins du Bon Marché», *le Monde illustré*, 30 mars 1872; *l'Illustration*, 30 mars 1872; *l'Illustration*, 10 octobre 1874: «Magasins du Bon Marché», *l'Illustration*, 6 mars 1875: «Le Bon Marché», *le Monde illustré*, 13 mars 1875: «Les agrandissements du Bon Marché», *L'Illustration*, 2 octobre 1880; «Les agrandissements du Bon Marché», *le Monde illustré*, 2 octobre 1880; «Les agrandissements du Bon Marché», *le Monde illustré*, 9 octobre 1880; «Les agrandissements du Bon Marché», *l'Illustration*, 9 octobre 1880. Les soupçons sur l'origine de ces articles proviennent de plusieurs faits: 1) les articles dans les deux revues sont souvent les mêmes; 2) les textes des articles ont fréquemment un contenu publicitaire flagrant; 3) on trouve des exemplaires manuscrits de ces articles dans les archives du Bon Marché. La collusion entre le magasin et la presse est un sujet qui sera étudié avec plus de détails au chapitre 6.

pareil», l'ouverture d'un rayon de parfumerie «le *great attraction* de la saison». Dans un article rapportant une vente de porcelaine et de tapis d'Orient on lisait: «Tout le Paris artistique et amateur s'était donné rendez-vous au Bon Marché ce jour-là et les magasins offraient l'aspect d'un vaste musée asiatique [...] l'ensemble harmonieux transportait l'imagination dans les pays ensoleillés des Mille et une Nuits.»

Tout ce qui concernait le magasin était «immense», «vaste», «gigantesque». Les articles et les livrets se plaisaient notamment à dépeindre les opérations qui se déroulaient en dehors de la vue du public, à souligner leur taille et leur importance et à donner l'image d'une incroyable machine commerciale susceptible d'impressionner les imaginations. Les sous-sols étaient un «véritable labyrinthe». Les générateurs géants qui produisaient l'électricité, alimentant des milliers de lampes, étaient décrits dans tous leurs détails. Les textes regorgeaient de statistiques sur les centaines d'employés des divers services ou sur les milliers de lettres que le magasin recevait quotidiennement. Et l'on retrouvait toujours les descriptions des cuisines, de leur énorme matériel capable de griller 800 biftecks en une seule fois et de préparer 5 000 repas par jour. «Il faut, si l'on veut une comparaison, se reporter aux descriptions d'Homère qui, dans *l'Iliade*, a conté comment les guerriers rôtissaient des bœufs entiers», peut-on lire dans un opuscule du Bon Marché qui ne reculait devant aucune analogie.

C'est sans doute sur l'imagerie et son immédiateté que le Bon Marché a le plus axé sa campagne promotionnelle. Brochures, agendas, catalogues, cartes illustrées gratuites furent distribuées aux enfants par centaines de milliers [1], sous forme de séries (ces cartes devinrent des objets de collection et rendaient obligatoires de fréquentes visites au magasin) ou simplement sous forme de jeux d'enfants; ces éléments iconographiques étaient destinés à renforcer l'aspect monumental et spectaculaire du Bon Marché. Des chromos des entrées et du salon de lecture en accentuaient le luxe. D'autres révélaient les coulisses du magasin, les vastes cuisines et les toboggans dans lesquels les paquets descendaient en spirales. Des cartes représentaient schématiquement la topographie de la région parisienne avec les bâtiments du Bon Marché au centre de la capitale. Au milieu des agendas on trouvait des dépliants intitulés «Monuments de la région parisienne» ou «Paris pittoresque et monumental», le premier étant une carte en couleurs des églises, ponts et châteaux des environs de Paris, où la capitale était représentée uniquement par le Bon Marché, le second une série de cartes postales montrant l'Opéra, l'Hôtel de Ville, Notre-Dame et le Bon Marché. Un jeu d'enfants, publié dès le tournant du siècle, consistait en un labyrinthe sillonnant la ville, du Bon Marché à l'arc de Triomphe.

Les cartes illustrées présentent un grand intérêt. Dès le XVIe siècle déjà, des colporteurs passaient de village en village pour vendre des images représentant des personnages royaux, des bandits célèbres, des scènes coutumières, des costumes et une multitude d'autres sujets. Ils vendaient en particulier des images de scènes religieuses, des portraits de saints à suspendre aux murs ou à porter sur soi [2]. C'étaient là les distractions d'un autre temps, le moyen d'échapper à la vie quotidienne, la clé pour accéder au monde magique de l'enfance. Au milieu du XIXe siècle cette production connut une expansion considérable [3] et, de

1. Ces données datent des années 1895 environ et suivantes. On ne connaît pas les chiffres de diffusion concernant les cartes illustrées antérieures à cette époque.
2. John Grand-Carteret, *Vieux papiers, vieilles images* (Paris, A. Storck, 1902), p. 42. Eugen Weber, *Peasants into Frenchmen* (Stanford, Stanford University Press, 1976), pp. 455-459, publié en français sous le titre : *la Fin des terroirs ; la modernisation de la France rurale, 1870-1914* (Paris, Fayard, 1983).
3. Deux maisons d'Epinal ont dû à elles seules produire quelque 17 millions de cartes pendant le Second Empire. Cf. Weber, *la Fin des terroirs*.

nouveau, comme pour les concerts, l'idée révélait des intérêts commerciaux sous-jacents[1]. Mais il y avait plus. L'édition de ces chromos qui comportaient au dos des représentations de l'immeuble du Bon Marché ou qui étaient incluses dans une série consacrée aux principaux monuments parisiens comprenant le grand magasin de la rive gauche, ou simplement l'apparition sur ces cartes de scènes de la vie bourgeoise dans lesquelles le Bon Marché pouvait tenir une place de choix (nous aurons bientôt l'occasion de revenir sur ce thème) allait, par association, créer un nouvel univers d'enchantement. L'enfant élevé dans une famille bourgeoise française de la fin du XIXe siècle trouvait la magie, l'exotisme et la fantaisie dans les personnages légendaires, les contes de fée et les héros de l'histoire de France ; venait maintenant s'y ajouter le monde des grands magasins[2].

Le fantastique et le Bon Marché pouvaient à l'occasion se mêler intimement. Une série de cartes décrivait un transport de jouets du Bon Marché par une caravane de chameaux traversant le désert au Maroc ; une autre exploitait le thème du retour de la comète de Halley survolant les diverses merveilles modernes créées depuis son précédent passage, soixante-seize ans plus tôt[3]. Présentée sous les traits d'une reine des fées, sur des chromos aux tons soutenus dans les pourpres, les bleus et les rouges, la comète allait de la tour Eiffel à l'Opéra pour atteindre finalement, à bord d'un aéroplane, le magasin du Bon Marché resplendissant de tous ses feux. C'est un thème similaire qui fut utilisé sur un catalogue de Noël où l'on voyait un Pierrot suspendu dans les airs au-dessus du Bon Marché magique. Les sommets de la mièvrerie (ce qui, selon les lois de la nature humaine, à dû rendre l'initiative d'autant plus efficace) furent atteints par un conte intitulé *la Merveille*, auquel correspondait une série d'images. C'est l'histoire d'un sultan des Indes dont les trois fils sont amoureux d'une même cousine. D'une grande sagesse, le souverain décide d'attribuer la main de la jeune fille à celui qui pourra lui montrer « la merveille la plus récente et la plus utile du monde ». Le premier frère apporte un tapis volant, le deuxième une pomme magique qui guérit toutes les maladies et grâce à laquelle il parvient à sauver la vie de sa bien-aimée. Mais le troisième présente un télescope dans lequel elle peut découvrir le Bon Marché et ses trésors. Éblouie par ce spectacle, l'héroïne s'écrie : « Oui... Voilà bien la merveille ! » C'est ainsi que le troisième frère, après avoir conquis le cœur de sa belle, part avec elle à dos d'éléphant pour profiter de la grande vente de blanc qui est annoncée.

C'est surtout grâce à l'image, omniprésente, de l'immeuble du Bon Marché qu'était transmise l'idée d'une merveille moderne. Elle apparaissait partout – au dos des cartes et des catalogues, sur le frontispice des agendas, sur le papier à en-tête du magasin, les bons de commande, les factures. Le plus colossal et le plus fabuleux des palais s'élevait du sol, ses ailes s'étendaient presque jusqu'à l'horizon, la foule se pressait autour de ses vitrines, les voitures, les omnibus et les véhicules de livraison entretenaient une activité constante dans les rues à l'entour. La vue panoramique permettait d'apprécier les vastes dimensions de l'ensemble et faisait apparaître le Bon Marché comme un gigantesque hall d'exposition engloutissant des milliers de personnes et dominant la ville comme une cathédrale l'eût fait en d'autres temps. C'était bien l'image séduisante d'une cathédrale que donnait le Bon Marché quand il s'adressait à ce public sur lequel il exerçait son pouvoir d'attraction.

1. Les grands magasins ne furent pas les seuls à s'emparer de cette idée. Pratiquement toutes les sociétés qui voulaient faire de la publicité se mirent à distribuer ce type de cartes.
2. Le Bon Marché continua à diffuser des cartes représentant les thèmes traditionnels, mais les Boucicaut, qui n'étaient pas politiquement naïfs, en écartèrent les sujets religieux. Ce simple détail montre qu'un transfert s'était établi et que les valeurs magiques avaient cédé la place aux intérêts matériels ou, plus précisément, commerciaux.
3. Cette série parut en 1910, année de la réapparition de la comète.

En effet le magasin devint une nouvelle Église. Dubuisson, auteur d'un ouvrage sur la kleptomanie, écrivit : « Le grand magasin finit même par exercer sur certaines natures un attrait tout à fait comparable à celui qu'exerce l'Église sur d'autres. » [1] Zola remarqua : « Le grand magasin de nouveautés tend à remplacer l'Eglise. Cela tourne à la religion du corps, de la beauté, de la coquetterie et de la mode. [Les femmes] vont là passer des heures, comme elles allaient à l'église : une occupation, un endroit où elles se passionnent, où elles entrent en lutte avec leur passion de la toilette et l'économie de leur mari, enfin tout le drame de l'existence, avec l'au-delà de la beauté [2]. Pour un nombre sans cesse plus important de femmes c'était un nouvel et irrésistible culte de la consommation qui s'esquissait.

Un art de vivre

Le Bon Marché ouvrait ses portes à tous, mais les bourgeois étaient les plus nombreux à les franchir. Il existait bien une clientèle ouvrière, mais la politique de la vente au comptant en limitait l'importance. Si bien qu'à côté du Bon Marché, du Louvre et d'autres maisons parmi les plus grandes de la capitale, se développèrent des grands magasins de second ordre qui se spécialisèrent dans la vente à crédit à destination des couches laborieuses de la population [3]. Il flottait autour du Bon Marché une atmosphère de respectabilité qui en tenait éloignés ceux qui n'avaient aucune prétention à accéder à la bourgeoisie et encore moins les moyens. Le magasin avait adopté le style du quartier où il était implanté, quartier connu pour son affluence, ses communautés religieuses et ses manières bien-pensantes. Le Bon Marché s'était spécialisé dans la clientèle ecclésiastique [4], ce qui correspondait bien à la caractéristique générale du magasin, « bon chic, bon genre », la maison attirant à elle la clientèle des provinciaux de passage plus que les milieux à la mode de la capitale qui fréquentaient d'autres lieux [5]. Mais c'est moins l'expression de goûts communs qui unissait cette clientèle que l'affirmation d'une identité. Le Bon Marché vendait ses marchandises à tous ceux qui partageaient, ou voulaient partager, la manière de vivre de la classe moyenne. Chassant sur les terres de la haute et de la petite bourgeoisie, le Bon Marché rabattait vers ses portails non seulement ceux qu'attiraient irrésistiblement les prix pratiqués ou un événement particulier, mais aussi ceux qui voyaient dans le magasin le lieu de passage obligé vers un style de vie auquel ils adhéraient ou auquel ils rêvaient. C'est là un phénomène qui devait jouer un rôle important dans la promotion de la consommation [6].

1. Paul Dubuisson, *les Voleuses de grands magasins* (Paris, A. Storck, 1902), p. 42.
2. Zola, NAF 10278, pp. 88-89. Dans son roman Zola décrit ainsi son magasin imaginaire : « C'était la cathédrale du commerce moderne solide et légère, faite pour un peuple de clientes. » Zola, *Au bonheur*, p. 260.
3. Le plus important de ces établissements était les Magasins Dufayel situés dans le 18e arrondissement, à la périphérie de Paris ; ils annonçaient un chiffre d'affaires de quelque 70 millions de francs à la fin du siècle. On trouvera des précisions dans *Administration et Grands Magasins Dufayel*, 1898, Archives du Département de la Seine, D 17z ; Saint-Martin, *Les Grands magasins* (Paris, 1900), pp. 36-37, 90-95, 123-124 ; Georges d'Avenel, *le Mécanisme de la vie moderne* (Paris, A. Colin, 1900-1905), vol. 4, pp. 376-383.
4. Le Bon Marché a toujours vendu des articles religieux et, plus tard, des vêtements pour les ecclésiastiques. Catholiques pratiquants, les Boucicaut, durant les premières années du magasin, furent appel aux religieuses du quartier pour les seconder dans leurs œuvres paternalistes (voir Pétition Le Gouriéric). L'assimilation entre le Bon Marché et cette clientèle était telle que les mauvaises langues avaient répandu le bruit d'une association entre la maison et l'Eglise. La fausse information abusa même la police si l'on en croit le rapport rédigé au moment des obsèques de Boucicaut : « On n'a pas remarqué d'ecclésiastique à l'enterrement bien que plusieurs personnes aient dit que la Compagnie de Jésus avait confié au défunt de forts capitaux. » Préfecture de Police, Ba 967, rapport du 58 décembre 1877.
5. Zola, NAF 10278, p. 209.
6. Outre le fait que le Bon Marché n'effectuait ses ventes qu'au comptant, le caractère bourgeois (y compris petit-bourgeois) de sa clientèle apparaît également dans la liste de clients potentiels que dresse Zola pour *Au bonheur des dames* où on ne retrouve

En feuilletant les catalogues, les agendas et les cartes illustrées du Bon Marché, l'univers de la bourgeoisie française nous apparaît d'une manière beaucoup plus vivante que par toute autre source [1]. Certes ces listes et ces illustrations ne nous offrent pas un tableau complet. Il n'y est fait aucune allusion aux difficultés des mariages bourgeois, aucune mention des pressions ou des anxiétés qui pesaient sur la vie de ces hommes et de ces femmes. C'est une vue idéalisée que l'on obtient, mais, pour cette raison même, elle nous communique une sorte d'autoportrait de cette société. Les pages et les images du Bon Marché nous montrent avec précision la façon dont les bourgeois concevaient leur existence, ce qu'ils en attendaient, le bagage minimum qu'ils croyaient nécessaire de posséder pour accomplir le long voyage de la vie. Nous ne sommes pas là en présence d'un phénomène superficiel. Les images et les accoutrements apportent le témoignage d'une réalité spécifique. C'est à travers eux que nous commençons à percevoir ce que recouvrent les termes de respectabilité, de solidité ou de certitude de la vie bourgeoise d'avant-guerre. C'est à travers eux que nous comprenons une partie des mœurs de cette classe sociale.

Dans ce monde si riche de sensations et d'impressions, certaines images, en particulier, semblent là pour rendre compte de la civilisation qu'elles avaient pour mission de représenter. Il y a les couvertures des catalogues de blanc qui détaillaient les objets nécessaires à toute maison bourgeoise et où nous apparaissait la richesse des collections de mode et de dentelles, la robustesse des coffres de rangement, le caractère indispensable de la lingerie. Ces scènes rappelaient aux femmes de la bourgeoisie les choses qu'elles ne pouvaient se dispenser de posséder. Il leur fallait des draps en surnombre, des rideaux aux fenêtres, une nappe sur la table où se prenaient les repas familiaux (la salle à manger elle même était devenue une exigence de la vie bourgeoise)[2]. La table et son couvert – une scène illustrant fréquemment la couverture des catalogues – faisaient également partie du décor de l'intérieur bourgeois. La maîtresse de maison devait se doter de tout un matériel pour recevoir convenablement. Et il lui fallait des domestiques, un ou deux au minimum.

La bourgeoisie s'était fixé des règles de savoir-vivre très précises. Les femmes ne portaient pas simplement un manteau, mais un pour les visites, d'autres encore pour les voyages, le bal ou le théâtre. Quand elles sortaient, une robe de ville, et, le soir, une robe de soirée étaient nécessaires. Un deuil imposait le port de vêtements spécifiques[3], de même que les hommes avaient des chemises de jour et des chemises pour leur habit de

pratiquement que des personnes issues de la bourgeoisie (il faut se rappeler que les notes de l'écrivain étaient fondées en majeure partie sur ses visites au Bon Marché et au Louvre). Dans une autre note, il fait référence à l'attirance que les nouveaux magasins exerçaient sur la petite bourgeoisie. Zola. NAF 10278, pp. 164-172, 202. On trouvera une affirmation plus nette encore de la prédominance de la clientèle bourgeoise dans les principaux grands magasins dans Giffard. *Grands Bazars*, p. 269. Dans des procès-verbaux, de réunions d'assemblée du début des années 1920, on trouve cette remarque de Colledebœuf, un homme qui travaillait au Bon Marché depuis très longtemps: « La clientèle du Bon Marché est principalement bourgeoise. » B.M., *Assemblées générales*, sans dates, années 1920. Lorsqu'en 1924 le Bon Marché absorba les Magasins Dufayel, les actionnaires émirent des plaintes, craignant que l'opération n'entachât la réputation du Bon Marché, car les deux établissements différaient complètement, en particulier dans leur clientèle. (Les dirigeants du Bon Marché répondirent en promettant que la liaison entre les deux magasins ne serait que d'ordre financier.) *le Petit Economiste*, 12 décembre 1924: *la Vie financière*, 24 décembre 1924. Enfin les images des catalogues et des agendas ne laissent subsister aucun doute sur le fait que le magasin s'adressait essentiellement à une clientèle bourgeoise. Par exemple, il fallut attendre la fin de la période d'avant-guerre pour que les vêtements de travail apparaissent dans les catalogues du Bon Marché, encore ne s'agissait-il alors que des habits de fonction des palefreniers, chauffeurs, valets de chambre et autres chasseurs, c'est-à-dire de vêtements achetés très vraisemblablement par les employeurs.

1. Le Bon Marché publiait des catalogues saisonniers tel le *Catalogue général d'été*, mais il en expédiait également d'autres tout le long de l'année. Nombre d'entre eux étaient produits par rayons et la plupart imprimés pour annoncer une vente. Certains présentaient des articles nouveaux ou traditionnels, d'autres étaient entièrement consacrés à une spécialité.
2. Les nappes semblent avoir constitué le motif le plus fréquemment utilisé sur les couvertures de ces catalogues.
3. Les vêtements de deuil étaient à leur manière des articles de mode. Les catalogues leur consacraient souvent plusieurs pages.

soirée, une tenue de sport et une tenue pour le voyage. Il s'agissait là d'une société aux structures soigneusement agencées, où l'apparence, toujours fonction du moment, permettait de montrer que l'on acceptait les convenances du groupe et que l'on s'y conformait scrupuleusement.

Les agendas et les illustrations des catalogues nous renvoient aussi l'image d'une société grégaire aux manières courtoises, mesurées ; on se rendait des visites et on avait ses jours de réception ; on y mangeait bien et on recevait de nombreux invités à table ; on fréquentait assidûment les théâtres, lieux mondains par excellence. On voyageait et on jouait beaucoup. Il semble qu'on passait tous les étés aux bains de mer ou à la campagne. On pratiquait le badminton et le tennis, on partait se promener à bicyclette ou bien on participait à des parties de chasse. C'était une société très active. Au tournant du siècle, le Bon Marché vendait de l'équipement de gymnastique pour toute la famille. Mais c'était aussi une société qui accordait beaucoup de temps aux loisirs. Dans un catalogue de vêtements d'été de 1880 on peut voir les scènes suivantes : des femmes assises sur un banc, dans un jardin, ou déambulant dans un parc, des femmes tenant un parasol ou un éventail, ou bien faisant de la peinture, des jeunes filles chassant les papillons ou regardant des poules dans une ferme. Pour les enfants c'était une société de jeux et d'insouciance. Ceux des cartes illustrées et des catalogues sont en pleine santé et bien habillés (les garçons portaient presque invariablement un costume marin). A Paris ils visitaient les zoos, jouaient dans les jardins des Tuileries ou allaient au cirque. En hiver, ils avaient leurs bals costumés et, en été, ils suivaient leurs parents sur les plages de l'océan ou en province. Des séries complètes de cartes étaient consacrées aux vacances au bord de la mer ou aux aventures dans la campagne. La vie, nous disent ces chromos, était chaleureuse et tranquille et rien ne semblait pouvoir gâcher les plaisirs qu'elle procurait.

C'était une civilisation où les enfants, bien propres et bien tenus, pouvaient être vus de tous. Au début du siècle, le Bon Marché, employait quatre-vingts personnes au rayon des layettes, cinquante-cinq dans celui des articles tricotés pour enfants. Dans les scènes du Bon Marché, les enfants jouent entre eux, mais ils sont souvent accompagnés de leurs parents, surtout de leur mère qui veillait à leur éducation. Les enfants, tout en possédant donc leur propre univers, faisaient également partie du monde de leurs parents. Les événements familiaux marquaient le rythme de la vie bourgeoise avec ses moments ordinaires comme les repas (mais les catalogues de blanc nous montrent dans ce domaine une certaine ritualisation) et ses moments exceptionnels comme le mariage des enfants désireux de fonder leur propre foyer. En 1907 on comptait plus de cent employés dans le rayon des trousseaux du Bon Marché [1].

Enfin, la vie de famille était également présentée sous ses aspects éducatifs. On attendait des enfants qu'ils fussent bien élevés, un concept qui allait de la position du corps à l'apprentissage des bonnes manières. Dans les catalogues du Bon Marché on propose des « bretelles de maintien » pour tenir le dos droit – « article déposé recommandé pour maintenir les personnes ayant une tendance à se pencher » – et des « cols de maintien pour empêcher les enfants de baisser la tête ». Les scènes des catalogues nous montrent que les hommes se serraient toujours la main, et les cartes illustrées que les enfants apprenaient à danser et qu'ils étaient habillés avec le même soin que leurs parents. La bonne éducation consistait surtout, comme les articles et les vêtements pour

1. Les chiffres concernant les employés sont tirés du *Livre d'or*. Ces données englobent très probablement des personnes travaillant dans les ateliers ou dans les réserves situées au sous-sol.

l'école, l'université et plus tard le barreau le démontrent, à se préparer à tenir sa place dans la société. C'était là, avec la propriété privée, le *sine qua non* de la vie bourgeoise.

Les catalogues, les agendas et les chromos du Bon Marché nous offrent plus qu'un simple autoportrait d'une classe sociale, car, non content d'être un miroir de la civilisation bourgeoise, le Bon Marché donnait forme et définition à cet art de vivre bourgeois.

L'image des convenances bourgeoises dans le domaine de la maison, du vêtement, du savoir-vivre fut, à un certain degré, l'œuvre du Bon Marché. Ces modes de vie furent adoptées par les couches moyennes de la population parce que des institutions comme le grand magasin leur indiquaient le chemin à suivre. Ces organismes rendaient la vie bourgeoise palpable et fournissaient un modèle à copier. Le Bon Marché était donc en symbiose avec la culture bourgeoise et cette relation avait des implications multiples et profondes.

En un sens le Bon Marché en vint à remplir le même rôle que le système scolaire républicain, du moins pour ceux qui appartenaient à la classe moyenne ou qui y aspiraient. Il devint un instrument bourgeois d'homogénéisation sociale, de diffusion des valeurs et du style de vie de la haute bourgeoisie parisienne au sein de l'ensemble de la classe moyenne française. Il y parvint en abaissant les prix, ce qui transforma les biens jadis réservés aux nantis en articles de consommation de masse. Mais il y parvint également en devenant une sorte de manuel culturel de base. Le Bon Marché indiqua aux gens comment ils devaient s'habiller, se meubler et occuper leurs loisirs. Il fixa à la société française un idéal et des buts. Il montra comment vivaient ceux qui avaient réussi, qui voulaient ou étaient en voie de réussir. Tout ceci venait se fondre dans le moule de la haute bourgeoisie. Par ses images et ses étalages, le Bon Marché contribua à l'apparition d'une véritable culture bourgeoise nationale.

Ainsi, par l'action du Bon Marché, Paris et la province se rapprochèrent de plus en plus. Les millions de catalogues expédiés du centre vers le reste de la France allaient porter le message d'un art de vivre aux conventions bien arrêtées, tout comme les manuels du ministère de l'Instruction publique propageaient une vision bien précise de la société. Les catalogues du Bon Marché introduisaient directement dans les foyers des classes moyennes de Limoges, de Nîmes ou des bourgs de Touraine la mode de Paris, avec les valeurs et les espoirs qui la sous-tendaient. Les provinciaux qui achetaient par correspondance ou qui venaient à Paris pour acheter directement au magasin (ils devaient se compter par dizaines de milliers ou plus chaque année) partageaient la même culture, quel que fût leur lieu d'habitation, grosse ville normande ou petit village d'Auvergne. Ce n'était pas là un phénomène nouveau, créé de toute pièce par les grands magasins. Mais ces derniers, dans leur volonté d'acquérir une audience nationale, le renforcèrent et l'accentuèrent.

Ce qui est peut-être plus important, c'est que le Bon Marché a diffusé la culture bourgeoise parmi les travailleurs du secteur tertiaire, en les guidant vers les rives de la classe moyenne. Il a offert à ces gens, dont l'énorme progression vers la fin du siècle fut pour une large part une des conséquences de l'action des grands magasins, un art de vivre à imiter ainsi que les facilités et les possibilités d'identification qui leur permettaient d'y parvenir. La dernière de ces propositions revêt une portée particulière. Car ceux qui aspiraient à la classe moyenne pouvaient trouver dans le grand magasin une réponse à leur attente, les images et les articles matériels constituant peu à peu, en eux-mêmes, un style de vie. [...]

© Armand Colin

La région lilloise : foyer industriel ou place de négoce

(1985)

JEAN-PIERRE HIRSCH

Article de la revue le Mouvement Social *inséré dans un ensemble consacré aux « dynasties patronales » (cf.* supra, *chapitre* VII*), à propos des filiations entre le commerce et l'activité manufacturière. L'auteur, enseignant à l'université de Lille-III, insiste sur la ténacité d'une « tradition négociante » dans une région industrielle et montre comment le patronat, grâce aux positions acquises sur le marché, peut glisser des tâches commerciales aux entreprises de transformation, essentiellement de textiles. Il souligne les réussites et les limites des adaptations nécessaires à la reproduction de ce pouvoir négociant. Plus largement, sa thèse (1991) analyse les multiples facettes, aussi bien dans les structures sociales, économiques, mentales ou politiques, de ce négoce lillois au cours du première siècle de l'industrialisation.*

Source : *Jean-Pierre Hirsch, « La région lilloise : foyer industriel ou place de négoce ? »,* le Mouvement social, *n° 132, juillet-septembre 1985, p. 27-41.*

Bibliographie : *Depuis lors, l'auteur a publié sa thèse de doctorat, qui approfondit l'analyse. Cf.* les Deux Rêves du commerce, entreprise et institution dans la région lilloise 1780-1860, *Paris, Éditions de l'École des hautes études en sciences sociales, 1991.*

TOUTES LES RÉGIONS INDUSTRIELLES sont-elles mortelles ? Les réflexions imposées par l'actualité nous ont habitués à distinguer leur devenir de celui de telle ou telle de leurs activités, fût-elle dominante. Dans le cas de la région lilloise dont l'industrialisation et la désindustrialisation commencent à être mieux connues [1], il peut être encore utile de rappeler que la fortune ou la crise du textile n'expliquent pas tout, d'autant moins que, contrairement à une image toujours répandue, il s'agit d'une région très anciennement marquée par les entreprises de grand négoce ; et qu'en se repliant, à une époque plus récente, sur les hypermarchés ou la vente par correspondance, certains entrepreneurs de Lille-Roubaix-Tourcoing ne font que retrouver une aptitude ici séculaire à combiner et alterner les activités les plus diverses. Ont-ils d'ailleurs jamais rompu avec la pratique négociante et quand ? Certainement pas au XIXe siècle, aux temps où la conurbation lilloise s'est élevée au rang des tous premiers foyers industriels du pays. Car jusqu'au début du XXe siècle au moins, on n'a pas « fait » de la filature ou du peignage ici comme du café dans l'arrière-pays de São Paulo ni même comme du charbon dans le Pas-de-Calais ;

1. Le classique J. Lambert-Dansette, *Quelques familles du patronat textile de Lille-Armentières (1789-1914)*, Lille, Raoust, 1954, 811 p., renouvelé récemment dans plusieurs directions notamment par : P. Pouchain, *l'Industrialisation de la région lilloise de 1800 à 1860 ; contribution à l'étude des mécanismes de la croissance*, thèse de 3e cycle, université de Lille-III, 1980, 3 tomes 969 p. ; synthèse de L. Bergeron dans Y. Lequin (dir.), *Histoire des Français XIXe et XXe siècles*, Paris, A. Colin, 1983, vol. II, *la Société*, p. 160-178. Contribution de P. Deyon à l'*Histoire de Roubaix*, Dunkerque, éditions des Beffrois, 1984. Je fais aussi référence à mon travail en voie d'achèvement : *les Deux Rêves du commerce : un siècle d'entreprise lilloise (1760-1860)*. Sur la désindustrialisation, travaux des géographes : M. Battiau, *les Industries textiles de la région Nord-Pas-de-Calais ; étude d'une concentration géographique d'entreprises et de sa remise en cause*, thèse d'État, Lille, Atelier des thèses 1976, 2 t., 863 p., et P.J. Thumerelle, *la Population de la région Nord-Pas-de-Calais ; études géographique*, thèse, université de Haute Bretagne, 1979, 1.923 p., tables et planches. Cf. aussi les travaux du centre lillois d'études et de recherches sociologiques et économiques de l'université Lille-I.

mais pas non plus, semble-t-il, comme des filés ou des indiennes en Alsace [1] : je mettrai en effet l'accent sur la subordination, ici évidente, des tâches productives et des curiosités techniques à une perspective négociante ; mais aussi sur tout ce qui permet de caractériser le foyer lillois comme un centre du négoce, et non comme un simple terrain de spéculation. Ce que nous envisagerons sous deux aspects complémentaires :

– l'organisation interne de ce milieu de vieille fabrique et d'ancienne urbanisation (ou même une ville-champignon du XIXe siècle comme Roubaix, siège aussi d'une ancienne activité de tissage dominée par des marchands-fabricants, ne doit pas être imaginée sous les couleurs d'une sorte de *Far North*) ;

– d'autre part les relations extérieures d'une place dont l'autonomie relative paraît beaucoup plus nette en sa haute époque industrielle, au XIXe siècle, qu'aux temps présents de la régionalisation.

Je n'ai d'autre ambition, par ces remarques, que d'éliminer certaines explications réductrices de la réussite de cette place comme de ses malheurs présents.

Prolongements d'une tradition négociante

L'image qui s'est fixée de ce « monde que nous avons perdu » doit sans doute beaucoup à la présence naguère obsédante des industries textiles : mais l'ambiance monoindustrielle (les rythmes, les bruits, les odeurs liés à une activité qui, de toute façon, n'a jamais éliminé complètement d'autres secteurs de poids) s'est imposée à une époque relativement tardive. Et surtout on ne peut admettre pour type représentatif du patronat local des entrepreneurs rivés à leurs jennies, leurs moulins à retordre, leurs bacs à teindre comme ils l'auraient été juste avant à la terre, proliférant sur place sans trop regarder au-delà d'un horizon brumeux : au centre de ce développement industriel, Lille n'avait pas tourné le dos à son passé de foyer négociant ; car le travail textile, si prospère déjà dans la Flandre du XIIIe siècle, était réorganisé au moins depuis le XVe siècle sous l'autorité de marchands qui contrôlaient la fabrique des villes comme celle des campagnes. Et au XVIIIe siècle, en ce lieu d'un « immense commerce d'entrepôt » [2], en relations suivies avec Naples, Cadix et le grand commerce atlantique, quelques dizaines de familles joignaient au débit des tissus ou des huiles de fabrique locale les spéculations multiples, caractéristiques du véritable négoce, des intérêts dans les armements, les assurances maritimes et la plantation antillaise. Les murs de la ville abritaient tout un monde d'aristocrates, de militaires, d'officiers, de religieux, et cette Marchandise puissante, d'ailleurs marquée par un brassage et un renouvellement importants, participait assez largement à une vie culturelle dont témoignent l'importance relative du théâtre, de la musique, de la peinture ou la place des imprimeurs-libraires. Disons-le tout de suite, ce rappel nous paraît plus explicatif du développement ultérieur de toute la région lilloise que cette sorte de lyrisme du dénuement où quelques Roubaisiens ont particulièrement excellé (« La nature à Roubaix n'a aucune grâce, pas de collines verdoyantes, pas de vallons d'églogue [...], rien qui tente [...], c'est la ville du travail fécond et absorbant. [3] »)

L'industrialisation « moderne », inaugurée avec l'introduction des premières mule-jennies dans les filatures de coton de Seclin et de Lille autour de 1800, devait en effet se développer tout au long du XIXe siècle sans remettre en cause la domination des négo-

1. Cf. M. Hau, « La longévité des dynasties industrielles alsaciennes », dans le présent numéro.
2. Ch. Dieudonné, *Statistique du département du Nord*, Douai, Marlier, 1804 et rééd. Brionne, Le Portulan, 1972, 3 vol., 476 p. + XCIX.
3. « Discours d'Eugène Motte, 4 septembre 1927 », in *Letters d'Alfred Motte-Grimonprez*, s.l.n.d., 3 vol., 813 p/ + XLVIII.

ciants; ceux-ci ne passent pas la main, ne se voient pas peu à peu supplantés par un nouveau patronat d'industriels; il ne serait pas même exact de dire qu'ils «conservent» au long du siècle un pouvoir qui leur est, en réalité, périodiquement renouvelé. Pour en prendre la mesure, il ne faut pas s'arrêter à une pesée d'ensemble des activités industriel-

TABLEAU 1
Répartition par activités
(en % du total de chaque place, Paris, Lille, Lyon)

	1846					
	Paris		Lille		Lyon	
Commerce de détail	18,4	35,6	19,1	44,6	19,3	39,8
Négoce gros	17,2		25,5		20,5	
Industrie, fabrique, artisanat	40,0		51,0		45,4	
Services	24,3		4,2		14,7	
	1866					
	Paris		**Lille**		**Lyon**	
Commerce de détail	25,9	39,7	9,0	31,7	17,7	35,8
Négoce gros	13,8		22,7		18,1	
Industrie, fabrique, artisanat	41,1		58,6		50,0	
Services	19,1		6,6		7,6	
Coopératives et sociétés de consommation					6,6	

Sources: Actes de sociétés; données receuillies par l'équipe «démographie des entreprises» (F. Caron, P. Cayez, P. Deyon, J.-P. Hirsch, Ph. Jobert).

TABLEAU 2
Lille: part de l'industrie, part de l'industrie textile

	1833-1834-1835	1843-1844-1845	1853-1854-1855	1860 et 1862	1880 à 1886 (a)
Constitution de sociétés d'industrie, artisanat et fabrique en % du total des sociétés constituées	50,8	67,9	70,3	53,1	51
Constitution de sociétés d'industrie textile en % du total des sociétés industrielles	54	73	66	66	37

a) Le ressort du tribunal de commerce de Lille est amputé de Roubaix-Tourcoing entre 1862 et 1880.
Sources: P. Deyon et J.-P. Hirsch, «Entreprise et association dans l'arrondissement de Lille 1830-1862», Revue du Nord, juillet-septembre 1980.
B. Diawara et H. Ruffin, Entreprises et entrepreneurs lillois dans les années 1880, mémoire de maîtrise, Université Lille-III, 1983.

les ni à la part des industries textiles en leur sein[1]; même si quelques éléments de comparaison indiquent par exemple qu'en 1846, comme en 1886, les Lillois constituent davantage de sociétés industrielles que les Parisiens ou les Lyonnais, en proportion du total des créations de sociétés (Tableau 1). Mais on observera sur une série encore incomplète (Tableau 2) que cette poussée de l'activité industrielle ou du textile n'est ni régulière ni irréversible. Et surtout: que signifie le nombre d'établissements ou de sociétés industrielles si l'on ne tient pas compte de l'identité des initiateurs et des investisseurs, ou des relations fonctionnelles établies entre les entreprises?

Sources très riches pour qui partage ces curiosités: les actes de sociétés et les dossiers de faillites, en ce qu'ils nous informent par exemple sur les professions des associés, la définition et la répartition des objets assignés aux nouvelles sociétés, ou l'identité des principaux créanciers. N'en retenons ici que quelques données: les indications, encore grossières, du Tableau 3 permettent néanmoins d'observer:

TABLEAU 3

Constitutions de sociétés (ressorts du tribunal de commerce de Lille)
Répartition des associés connus par catégories professionnelles (en %)

	1846 Lille	1846 (Lyon)	1866 Lille	1866 (Lyon)	1880-1886 Lille
Propriétaires, rentiers, sans profession	26,9	(10,1)	11,1	(5,6)	18,8 (b)
Négociants et marchands	35	(40)	32,9	(47)	27,9
Commis, employés voyageurs	10,4	(12,5)	17,9	(10,4)	12,6
Banquiers, agents de change	0 (a)	(0,9)	1,7	(2,8)	1,8
Artisans, contremaîtres, ouvriers	9,2	(22,9)	10,2	(25,9)	7,9
Ingénieurs Autres diplômés	0	(0)	0,9	(1,3)	3,8
Industriels, fabricants, manufacturiers, entrepreneurs	18,4	(13,6)	24,4	(7,8)	23,3

Sources: Actes de sociétés: travaux de l'équipe citée tableau 1; année 1880: mémoire de maîtrise cité tableau 2.
a) L'identité des commanditaires et alors rarement indiquée dans les actes.
b) Dont 2,8% d'«agriculteurs» ou «cultivateurs».

– le nombre relativement modeste à Lille des entrepreneurs qui se définissent comme tels, et par des tâches productives ou des compétences techniques de divers niveaux; la stabilité de la catégorie proprement «industrielle» qui ne dépasse pas le quart de l'effectif des sociétaires; la rareté caractéristique des artisans et autres «travailleurs manuels»;
– si les éléments comparatifs concernant Lyon montrent que le négoce et la marchandise peuvent tenir là-bas une place encore plus grande, les négociants lillois, surtout assortis

1. D'après la *Statistique générale de la France*, les établissements d'industrie textile auraient représenté 56,5 % de l'ensemble des établissements industriels de l'arrondissement à la veille de 1848; et 44 % lors de l'enquête de 1861-1865.

du milieu très proche des commis-négociants[1] et employés, ont toujours plus de poids dans les sociétés que la catégorie industrielle ;
- et, beaucoup plus qu'à Lyon par exemple, les actes de sociétés lillois permettent de repérer la présence d'une troisième composante dont la définition comme «capital dormant» n'est peut-être pas la plus satisfaisante : l'emprise (encore ?) très sensible dans les années 1880 de ces propriétaires, rentiers, sans profession sur le monde de la technique s'ajoute à celle des négociants[2].

Les énoncés – beaucoup plus riches et plus complexes que les définitions professionnelles des associés – concernant l'activité projetée pour les nouvelles sociétés permettent d'approcher la division des tâches à l'intérieur du milieu des affaires régional. Or on ne retrouve plus sans doute dans les années 1860 ou 1880 la répartition, caractéristique de la fin de l'Ancien Régime ou des débuts du XIXe siècle, entre les grands négociants installés solidement à Lille et les fabricants, roubaisiens par exemple, contraints pour la plupart comme les tisserands de se soumettre aux exigences du négoce, intermédiaire inévitable avec les marchés. Mais un grand nombre de sociétés, d'ampleur généralement moyenne ou modeste, s'organisent en constellations dont quelques grands entrepreneurs, officiellement ou effectivement négociants, assurent la réunion, jouant pour ce faire de parentés assumées et parfois électives ; ils animent, au centre du dispositif, des sociétés de pur négoce : achat et vente de matières premières ou des semis-finis, à forfait ou à la commission. Activité de commission qu'on retrouve aussi fréquemment dans la commercialisation des produits finis, où interviennent d'autres sociétés de négoce-fabrique, unissant en règle générale une production en usine, le commerce, et une fabrique dispersée, voire «à la main». Quant aux sociétés spécifiquement industrielles, leur dépendance se marque parfois – pas toujours – par le niveau modeste de leur capital ; elle ressort en tout cas de la combinaison socio-professionnelle qui les constitue et des servitudes exprimées dans l'énoncé de l'objet social comme l'interdiction des opérations à forfait et l'assignation à des opérations accessoires, intermédiaires, ou de finition, toutes exécutées à façon.

Il suffit d'entrer un peu dans la familiarité du milieu des grands entrepreneurs de Lille, Roubaix, Tourcoing pour percevoir la subordination des techniciens qui est ici la règle ; y compris chez les rares fondateurs d'ensembles industriels puissants, chez un homme qui, comme le teinturier-lainier Alfred Motte, a multiplié les cheminées et marqué pour l'innovation technique une curiosité constamment renouvelée ; ainsi expliquait-il à son ami lyonnais Joseph Gillet en 1869 comment, voulant donner une brasserie à son neveu, il lui avait adjoint un spécialiste : «Pour mon neveu comme pour moi, je n'ai voulu entreprendre une profession sans adjoindre l'artiste professionnel au capitaliste. L'artiste professionnel aura une très belle gérance et 20 % dans les bénéfices [...]. Vous le savez, c'est toujours le même système : compléter l'artiste par le négociant capitaliste et celui-ci par l'artiste.[3]» Il résumait ici mieux que personne une politique d'association et d'embauche des cadres que son fils Eugène devait exalter et expliciter davantage encore lorsqu'en 1927 il célébrait le centenaire de sa naissance : «Des maigres, toujours des maigres ayant des muscles, du jarret, de l'étincelle, des besoins et toujours du phosphore,

1. Il s'agit souvent des fils de négociants «en formation».
2. Ce que permettent de préciser l'analyse et la représentation graphique des combinaisons professionnelles, lorsque par exemple elles mettent en évidence cette fonction de commandement des propriétaires et sans profession, comme des négociants, à l'intérieur d'associations hétérogènes où ils se trouvent «croisés» avec les diverses autres catégories.
3. *Lettres d'Alfred Motte-Grimonprez, op. cit.*, t. II, p. 288.

qui ne pensent qu'aux affaires, ne boudent pas à la besogne et férus d'amour-propre bien placé.[1] »

Il faudrait compléter cette approche par une analyse qui montrerait dans le détail de la chronologie les voies et les raisons de reproduction de ce pouvoir négociant, permettant de comprendre aussi pourquoi les Alfred Motte ne se sont pas investis eux-mêmes plus complètement dans les tâches industrielles. On y verrait l'aile du négoce s'étendre sur l'industrie en deux cas facilement repérables :

– *Les grandes innovations* : Sans le négoce, qu'aurait été la filature de coton développée à Lille sous le premier Empire ? Et l'introduction du peignage mécanique dans les années 1850-1860 s'opère d'abord dans des sociétés généralement modestes et confinées dans le travail à façon, avec interdiction formelle de jouer le jeu commercial, laissé à ceux qui, discrètement parfois[2], ont choisi de risquer là une part variable mais toujours limitée de leurs ressources.

– *Les temps de crises* : Ainsi dans les années 1880, le négoce offre-t-il à la fois une alternative pour une part de l'activité et de l'investissement, mais surtout un recours : la puissance tutélaire qui permet de repartir à nouveaux frais dans d'autres directions ; ce que révèle déjà (tableau 2) la chute profonde du nombre des nouvelles sociétés d'industrie textile. Quant à ceux qui sombrent dans ces années difficiles, l'analyse de leurs créances est tout à fait explicite : si les négociants faillis ont beaucoup de créanciers hors de Lille et parfois très éloignés, ceux des industriels sont sur place, prêts à les soutenir et plus souvent à les combattre : parents, fournisseurs mais, pour le gros du passif, négociants et banquiers de la place[3].

Temps d'innovation, temps de crises, le XIXe siècle est alors vite traversé sans qu'aient cessé de jouer les mécanismes qui replacent sans cesse le négoce au poste de commande. Il est temps d'en peser la double conséquence.

On aura compris que les négociants ont été, ici au moins, responsables d'une tâche essentielle de régulation qui explique sans doute largement le succès de l'industrialisation ; d'un processus de croissance soutenue qui suppose notamment l'amortissement des risques liés à l'innovation. Michel Hau montre bien, sur des exemples alsaciens, que les premières années de mise en œuvre d'une technique voient les plus grands profits ; elles comportaient aussi les plus gros risques. Ils furent ici assumés par un milieu habitué de longue date à mêler le débouché des fabriques de camelots et de toiles au négoce des tabacs et des produits coloniaux. Telles grandes familles de filtiers, de filateurs et de peigneurs, qui avaient fait fortune dans la salinerie ou dans les huiles, dans les épices ou dans la savonnerie (activité pour laquelle Lille jouissait d'une situation de quasi-monopole dans toute la partie Nord de la France), surent aussi assez longtemps pousser des ramifications vers la betterave ou le chocolat. N'ayant pas lié leur sort à une technique, ni même à une phase du processus de production, pas même au travail d'une seule fibre textile[4], ces entrepreneurs au plein sens du mot surent magnifiquement saisir un certain nombre d'occasions.

1. *Ibid.*, t. I, p. XLII.
2. Cl. Fohlen a repéré aux débuts de la société Amédée Prouvost (1851) l'aide discrète de la Caisse commerciale du Nord, communauté de négociants, entraînés par le négociant-banquier Jules Decroix. *L'Industrie textile aux temps du second Empire*, Paris, Plon, 1956, p. 115.
3. B. Diawara et H. Ruffin, *Entreprises et entrepreneurs lillois dans les années 1880*, mémoire de maîtrise, université de Lille-III, 1983.
4. On cite souvent l'exemple des reconversions opérées par les Roubaisiens de la laine au coton, puis retour à la laine et aux tissus mêlés dits « articles de Roubaix ».

Mais cette fidélité à une tradition négociante se manifeste aussi par des traits qui, à plus ou moins long terme, ont pu cesser de jouer à l'avantage de l'industrialisation lilloise : si les poussées spéculatives, sensibles par exemple dans les choix d'investissement « pointus » de l'année 1886 (tableau 4), ont été ultérieurement corrigées, les formes dominantes de l'initiative n'ont favorisé ni l'implantation d'industries d'équipement ni les intégrations industrielles, ici très tardives. Quant à la diversification du tissu industriel, qui ne fut jamais négligeable, le fait qu'elle soit restée très en deçà du niveau atteint à Paris ou à Lyon doit sans doute beaucoup au rapport particulier que les entrepreneurs de Lille, Roubaix, Tourcoing établirent avec le monde des sciences et des techniques : s'ils surent choisir et faire venir les « artistes » dont parle A. Motte, la région se montra-t-elle féconde en inventeurs ?, sut-elle du moins les retenir ?

TABLEAU 4
Sociétés industrielles à Lille : les choix « pointus » de l'année 1866

	Enquête 1861-1865 Statistique générale de la France % par rapport au stock des sociétés industrielles	1866 Constitutions en % par rapport au total des constitutions dans l'industrie
Industrie textile	44,0 %	70,0 %
Mécanique, métallurgie	5,8 %	8,5 %
Chimie	2,6 %	7,4 %
Alimentaires	30,3 %	7,4 %
Bâtiment	8,0 %	2,1 %

Un examen encore partiel des brevets d'invention jusque vers le milieu du XIXe siècle est à la fois accablant et riche d'enseignements. Entre 1791, date d'instauration de la nouvelle législation des brevets, en 1825, 2 743 brevets d'invention d'importation et de perfectionnement ont été déposés en France[1] ; les habitants du département du Nord ne semblent pas en avoir présenté plus d'une douzaine, l'arrondissement de Lille plus de 8. Et il est certain que, dans les années 1828-1842, le Nord, un peu moins absent, n'en dépose pas 100 sur un total national d'environ 5 000. Bien plus, si le Nord, grand territoire d'agriculteurs et d'industries alimentaires, participe très honorablement aux innovations en ce qui concerne les semoirs, les moulins à huile, les fourneaux à sirop, s'il figure au palmarès des inventeurs dans des domaines aussi divers que la lutherie, les pavages en bois, la gravure..., il ne présente que 3 des 52 brevets déposés en France en fait de filature, 3 sur 130 améliorations des machines à vapeur ; et, grands enjeux du début des années 1840, le tissage mécanique et la mise au point de nouveaux tissus (notamment de fibres mêlées) donnent matière à 130 brevets dans la France de 1830-1842 : Lyon en dépose 22, la Seine-Inférieure 21, les deux départements alsaciens 11, Paris au moins 25 ; le Nord, lui, en présente 5.

Encore 3 sont-ils des brevets d'importation, comme l'étaient d'ailleurs 5 des 8 brevets déposés par des habitants de l'arrondissement de Lille entre 1791 et 1825. Tel notaire de Roubaix, tel agent d'affaires lillois sont d'actifs intermédiaires qui permettent à des inventeurs étrangers d'élire chez eux domicile ou s'occupent des formalités d'importa-

1. *Catalogue des spécifications de tous les principes moyens et procédés pour lesquels il a été pris des brevets d'invention, de perfectionnement et d'importation, depuis le 1er juillet 1825*. Paris, 1826.

tion des brevets[1]. L'on touche ici d'ailleurs à une spécificité de la région lilloise qui déborde largement la question des brevets : sa capacité à attirer non seulement des talents mais l'ensemble des forces productives ; et à les assimiler. Ce qui explique, pour une bonne part, avec quelle relative liberté d'initiative cette région a pu réaliser son essor du XIXe siècle.

Autonomie relative du milieu d'affaires de Lille-Roubaix-Tourcoing

Déjà au début des années 1760, la technique de l'indiennerie, introduite à Lille par le Praguois Teply, avait été rapidement appropriée par le négociant indigène Durot qui évinçait en peu d'années le technicien étrangr de la manufacture où ils étaient associés. L'assimilation des apports extérieurs, qui put aussi s'exercer sans rejet des importateurs, a continué en tout cas à s'opérer constamment au profit de solidarités familiales et locales très puissantes. Si donc nous pouvions dresser un bilan suffisamment complet de ce que la région secrète, accueille, attire, subit, devrions-nous conclure à sa dépendance ? Il est vrai que, si nous envisagions un ensemble plus vaste (Nord, ou limites présentes de la région Nord), nous observerions, avec des éléments d'organisation régionale très visibles à haute époque[2], l'attirance vers Paris de sous-ensembles éclatés : on sait que la place lilloise ne contrôle ni le charbon ni la sidérurgie valenciennoise. Mais l'arrondissement de Lille n'en constitua pas moins de son côté un véritable centre de décision, beaucoup plus autonome au XIXe qu'au XXe siècle. Nous en évoquerons quatre éléments.

Ne citons d'abord que pour mémoire cet aspect pourtant primordial mais relativement bien connu : la réussite du patronat local dans le rassemblement et l'encadrement de grandes masses de travailleurs, hommes, femmes et enfants. On sait l'importance de l'immigration ouvrière, surtout en provenance de la très proche Belgique, qui fit de Roubaix une ville pour moitié étrangère dans les années 1860-1890. Cet élargissement progressif du bassin de main-d'œuvre ne doit pas faire oublier la présence initiale sur place, aux temps où s'enclenche la grande industrialisation, d'une population exceptionnellement dense associant très anciennement culture et travail industriel. Comme dans bon nombre de comtés d'Angleterre, une fraction importante de la main-d'œuvre avait déjà acquis une qualification ou en tout cas une formation au travail industriel dans les métiers urbains ou la fabrique rurale. Mais les entrepreneurs purent en disposer à des coûts qui, de leur aveu même, n'avaient rien à voir avec ceux que leurs confrères anglais étaient obligés de payer. L'industrie s'enracina profondément dans cette population à bas salaires, et soigneusement encadrée par toutes les ressources de l'autorité et de la philanthropie catholique. L'intégration de masses de nouveaux venus, pratiquée non sans heurts mais sans déplacement du centre de gravité, prolongea cette situation favorable aux entrepreneurs jusqu'aux temps, postérieurs à 1860, où s'affirment une élévation et surtout, semble-t-il, une ouverture de l'éventail des salaires[3].

Deuxième élément d'autonomie : Lille-Roubaix-Tourcoing fournissent au XIXe siècle l'essentiel du crédit nécessaire à leur activité. A la fin du XVIIIe et au début du XIXe siècle,

1. *Catalogue des brevets d'invention, d'importation et de perfectionnement délivrés du 1-I-1828 au 31-XII-1842, dressé par ordre de M. Cunin-Gridaine, ministre de l'Agriculture et du Commerce*. Paris, 1843.
2. Liés à l'importance du négoce, de la banque, de la bourse et des diverses catégories d'agents d'affaires groupées sur la place de Lille.
3. Cf. A. Lasserre, *la Situation des ouvriers de l'industrie textile dans la région lilloise sous la monarchie de Juillet*, Lausanne, NBDJ, 1952, 270 p., et P. Pierrard, *la Vie ouvrière à Lille sous le second Empire*, Paris, Bloud et Gau, 1965, 532 p.

la place compte sur des banquiers parisiens pour la remise de ses traites, mais seule l'importance du papier sur Paris les distingue des autres correspondants du négoce lillois ; dans certaine conjonctures, celui-ci attend aussi de Paris une fourniture complémentaire d'espèces ; et les dirigeants de la première expérience – très éphémère – d'un comptoir de la Banque de France à Lille (1811-1814) échouèrent sans doute principalement pour n'avoir pas compris que c'était du numéraire qu'on leur demandait pour assurer les règlements courants ; que, pour obtenir du papier à l'escompte, le réseau ordinaire du négoce local était encore préférable[1]. Car le crédit est secrété ici par une sorte de puissante mutualité négociante qui constitue aussi, en elle-même, un réseau bancaire. Et pas seulement pour dégager les moyens de paiements ordinaires : les investissements se trouvent sur place, disponibles pour franchir des seuils qui ne furent pas toujours imperceptibles quoi qu'on ait dit du peu d'exigence de l'industrie textile, se contentant d'une croissance lente, continue et mesurée de ses ressources. Des premières machines à feu à la « filature monstre » ou aux grandes unités de peignage mécanique, on trouve trace directe ou indirecte des interventions multiformes du grand négoce local. Un rôle éminent revient à quelques familles, souvent déjà notables dans le grand négoce ou parmi les marchands-grossiers, épiciers, salineurs de la Lille d'Ancien Régime ; et dont les moyens, cristallisés par l'initiative de quelques-uns, donnèrent naissance aux banques créées avec plus ou moins de succès à partir de la fin des années 1830 : Banque de Lille, Banque Scalbert, Caisse commerciale du Nord... jusqu'au Crédit du Nord fondé en 1866-1871[2]. Mais la physionomie de ces banques ne fait que renforcer les caractéristiques du système de crédit lillois ; la notion d'« autofinancement » ne convenant pour la désigner que si l'on en dessine correctement le cadre : non une entreprise, une société donnée, mais ces constellations d'entreprises gravitant autour de la mutualité locale du négoce. Le domicile des nouveaux associés (tableau 5) est aussi, en dépit des réserves nécessaires[3], un clair indicateur de la lente et faible ouverture du milieu d'affaires lillois à l'investissement extérieur. Et les faillis des années 1880 semblent n'avoir encore à l'égard des banques parisiennes que des dettes insignifiantes, ceci vingt ans après l'installation à Lille (1865) d'une agence de la Société générale, première antenne de la nouvelle banque parisienne[4].

1. L. Bergereon. *Banquiers, négociants et manufacturiers parisiens du Directoire à l'Empire*. Paris. EHESS et Mouton. 1978. p. 143-145 ; J.-P. Hirsch. « Un fil rompu ? A propos du crédit à Lille sous la Révolution et l'Empire ». *Revue du Nord*. janvier »-mars 1979.
2. Cl. Fohlen. « Industrie et crédit dans la région lilloise (1815-1870) ». et B. Gille. « La banque de Lille et les grandes banques du Nord ». in *Mélanges Louis Jacob. Revue du Nord*. 1954. Cf. aussi P. Pouchain. *Ebauche d'une histoire du Crédit du Nord de la fondation à 1939*. mémoire de maîtrise. Université de Lille. 1969.
3. Deux réserves au moins : 1) le dépôt des actes. concernant les filiales de sociétés dont le siège est situé hors du ressort du tribunal. est facultatif ; 2) le capital réuni dans l'association est loin de représenter la totalité de l'investissement.
4. B. Diawara et H. Ruffin. *Entreprises et entrepreneurs lillois...*, *op. cit.*

TABLEAU 5
Constitution de sociétés :
Évolution en pourcentage du domicile des associés (1830-1886)
(mêmes sources que le tableau 2)

	1833-1835	1843-1845	1853-1855	1860-1862	1880-1886 (b)
Lille et grand Lille (a)	64,4	57,3	53,6	51,2	60,31
Armentières	1,4	2,3	3,1	3,6	4,5
Reste arrondissement	28,5	33,7	35,7	41,5	19,13
Total arrondissement Lille	94,3	93,3	92,4	96,3	83,94
Autres arrondissements du Nord	1,8	1,1	2,6		4,56
Paris		2,8	1,2	1,5	4,14
Autres départements	2,8	1,1	1,4	1,8	3,99
Belgique et étranger	0,9	1,4	2,6	0,2	3,37
	100 %	100 %	100 %	100 %	100 %

a) Lille et communes annexées en 1858.
b) En 1880-1886, le ressort du tribunal de commerce de Lille est amputé de Roubaix-Tourcoing.

La place – troisième trait de son autonomie – maîtrise très largement ses fournitures et ses débouchés : la politique d'achat direct des laines, très rapidement développée entre l'envoi du premier acheteur tourquennois à Buenos Aires (1866) et la création à Roubaix en 1888 du marché à terme des laines est une de ces réaffirmations majeures qui jalonnent l'histoire du négoce régional[1]. Elle renouvelle, avec davantage de succès, une pratique d'approvisionnement qui n'a cessé de viser la plus grande indépendance possible : en ce qui concernait les laines, les voyages périodiques à Londres avaient jusqu'alors suffi à compléter les fournitures nationales. Le lin abondant sur place ne posait pas même ces problèmes. Quant aux filateurs de coton de Lille-Roubaix-Tourcoing, s'ils ne réussirent pas à obtenir chez eux l'entrepôt qui les aurait émancipés du marché havrais[2], leur abri sous l'aile de leur propre négoce semble les avoir dispensés de s'appuyer pour leurs achats sur d'autres intermédiaires.

L'analyse des débouchés aboutirait à des conclusions de même type : même lorsque les fabricants de Roubaix-Tourcoing surent se débarrasser de l'intermédiaire du vieux négoce lillois, ce fut pour pratiquer leur propre négoce, et non pour se soumettre à d'autres négociants, fussent-ils Parisiens. Le Sentier ne trouva pas là ses façonniers. A examiner, dans telle succession d'un fabricant roubaisien, en 1844, la part de nombreux débiteurs parisiens dans un actif de l'ordre du million de francs, on pressent que la relation directe ne fut pas en règle générale créatrice de dépendances[3].

Dernier élément de l'autonomie de la place et qui fonde, à vrai dire, les trois précédents : une réussite exceptionnelle dans l'organisation d'un milieu patronat solidaire autant qu'il peut l'être, et puissamment assimilateur qui, peu à peu, mit au point les moyens de surmonter deux contradictions principales :

1) Le milieu d'affaires de Lille-Roubaix-Tourcoing a su tirer le meilleur parti des « forces productives cachées » dans le temps et l'espace des familles par un ensemble de pratiques

1. M. Mussault, *Histoire du marché à terme sur laines peignées de Roubaix-Tourcoing*, Paris, A. Rousseau, 1909.
2. Cl. Fohlen, *l'Industrie textile…, op. cit.*, p. 131.
3. Cité par P. Deyon, contribution à l'*Histoire de Roubaix, op. cit.*

inégalement recensées assurant la longévité de l'entreprise familiale en évitant autant l'éclatement que la clôture : à l'endogamie – remède séduisant et impossible au mal de mariage qui ronge les familles – on sut ici combiner dans un dosage subtil le recours à des mariages « ouverts » ; on sut jouer périodiquement du redoublement du lien familial par des liens associatifs[1]. Car les entrepreneurs de la région ne se contentèrent pas de traverser, imperturbables, deux siècles de diffusion des pratiques « malthusiennes » mais mirent au point, pour cimenter leurs impressionnantes familles, un bon usage de l'acte de société, de la grande tablée dominicale ou de la pratique religieuse. A partir de la fin du XIXe siècle, ils jouèrent l'ouverture avec mesure jusqu'à se risquer dans des sociétés anonymes où les familles ne perdaient pas leur rôle dirigeant : si en 1891 Amédée Prouvost fut pratiquement le premier dans le textile régional à adopter ce statut, les 120 actionnaires de la fin des années 1960 étaient toujours des descendants des deux familles fondatrices, les Prouvost et les Lefebvre[2]. Cohésion qui avait été d'abord établie au XIXe siècle par un exclusivisme farouche : « Nous sommes des fabricants sérieux », exposait Scrive-Labbe en réponse à l'enquête de 1838 sur les fils et toiles de lin, « nous ne vivons pas sur des actions au porteur, nous ne voulons pas jeter aux chiens un nom qui compte déjà honorablement parmi les industriels. »[3]. Et pourtant on sut longtemps accueillir quelques grands talents extérieurs, mais dans un climat où il n'y avait pas d'autre alternative qu'entre le rejet et l'absorption. Il est très significatif que la diaspora des protestants d'Alsace ne se soit pas développée ici en un milieu parallèle ou marginal : Kuhlmann, Kiener, confondateurs du Crédit du Nord, furent de ce mince contingent que les grandes familles lilloises réussirent à assimiler. Et Mgr Baunard a raconté comment Kolb-Bernard, industriel et grand homme d'œuvres, sut obtenir de son père *in extremis* le geste indispensable : sur son lit de mort, la conversion de l'immigré[4].

2) Les entrepreneurs lillois mirent plus longtemps peut-être à maîtriser une autre contradiction, finalement gérée d'ailleurs plutôt que résolue : entre leur volonté très affirmée de ménage interne, dans une mutualité autosuffisante, et leur besoin d'institution, de réglementation, de protection par tous les moyens du pouvoir. Ne citons que pour mémoire les hésitations du milieu dans le bon usage du crédit public jusqu'à l'instauration à la Bourse de Lille en 1861 d'un Parquet où se négocièrent enfin les titres d'Etat. On sait aussi que Lille-Roubaix fut le foyer principal de l'« Association pour la défense du travail national », grand lobby protectionniste, jusqu'au ralliement tardif de Mimerel, son premier inspirateur, aux nécessités du libre échange. Le milieu local sut au total tenir les deux bouts de la chaîne et la diversité des styles, des discours s'installa jusqu'au cœur des grandes familles où, dans les situations les plus délicates, des frères ou des cousins se trouvèrent parfois tenir les positions antagonistes : du débat douanier des années 1870-1880 jusqu'à ceux de la Deuxième Guerre mondiale.

Ces brèves remarques, fondées surtout, on l'aura noté, sur des données qui remontent au premier XIXe siècle ou au-delà, ne peuvent évidemment apporter qu'un éclairage très

1. P. Deyon et J.-P. Hirsch, « Entreprise et association dans l'arrondissement de Lille 1830-1862«, *Revue du Nord*, juillet-septembre 1980 : cf. l'exemple des Barrois.
2. J. Toulemonde, *Naissance d'une métropole. Roubaix et Tourcoing au XIXe siècle*, Tourcoing, éd. G. Frère, 1966, 248 p. Voir aussi le contre-exemple étudié par Paul Delsalle : l'échec de la « Grande Fabrique » de Marcq-en-Barœul, essai d'entreprise en société anonyme, intégrée et mécanisée ; cette greffe de capitalistes parisiens, tentée à partir de 1826, ne prit pas. Cf. sa thèse de 3e cylce, *Tisserands et fabricants devant les prud'hommes. Essai sur les relations professionnelles et les conflits du travail dans la région de Roubaix-Tourcoing, 1810-1848*, université de Lille-III, 1984, 609 p.
3. AN, F 12 2535 ; cité par P. Pouchain, *l'Industrialisation…, op. cit.*, t. III, p. 890.
4. Mgr. L. Baunard, *Kolb-Bernard, sénateur du Nord*, Paris, C. Poussielgue, 1899, 150 p.

partiel sur la réussite d'une industrialisation. Elles rappellent que les entrepreneurs de la région lilloise ne se sont pas contentés d'exploiter jusqu'au fond une ou deux occasions particulières de prospérité industrielle : sans doute ont-ils profité d'une extraordinaire réserve de main-d'œuvre relativement qualifiée et à bon marché, sans doute ont-ils pu réunir, dans les conditions ci-dessus évoquées, des patrimoines indispensables au lancement d'entreprises d'industrie ; mais leur histoire fut celle de constants réaménagements. Et leur succès est celui d'un véritable centre d'initiatives, longtemps capable d'assumer les tâches indispensables d'une création continuée ; ce qui est un des aspects d'une structure que, faute de mieux, j'ai qualifiée ici d'organisation négociante. Car, pour le reste, la région se trouva normalement pourvue en individualités brillantes, en vrais bourgeois conquérants comme en entrepreneurs plus routiniers et moins ambitieux. Et s'il est vrai que le travail acharné fut recommandé et honoré en ces lieux, est-il nécessaire de préciser qu'il s'y rencontre en plein âge industriel, comme ailleurs et en d'autres temps, des personnages plus musards ou plus nonchalants ? A commencer par Motte-Brédart, partageant sa vie avant quarante ans, bien avant que ses fils, les deux grands Motte, aient bâti leurs empires, entre son jardin et sa fonction d'adjoint aux mariages.

Aussi le fait que, vers 1900, le petit-fils Mimerel ait préféré le Jockey-Club à la poursuite des affaires de filature en fibres mêlées me semble-t-il avoir peu de valeur explicative ; pour un phénomène qui pourtant se marque dès le tournant des deux siècles : une inaptitude à saisir les occasions offertes par la deuxième Révolution industrielle, celle de l'électricité ou de l'automobile, attitude dont les effets à vrai dire ne se feront sentir cruellement que beaucoup plus tard ; car l'engagement dans le textile était alors loin de l'essoufflement. Nous pouvons seulement suggérer pour conclure qu'il vint peut-être un temps où les particularités analysées ci-dessus cessèrent de favoriser le développement de la région lilloise, un temps où la pratique négociante, loin d'y entretenir autonomie et créativité, devint facteur d'appauvrissement et de dépendance croissante. Car aucun bouleversement météorologique n'explique que les « artistes » ou « les plus fines lames », comme disait Alfred Motte, aient cessé de venir travailler à Lille-Roubaix-Tourcoing. Mais il fut d'abord dans la logique de ce grand négoce industriel lui-même de diriger ses énergies vers l'extérieur, de conquérir la Normandie, d'installer des peignages aux Etats-Unis et de participer en Pologne, en Russie, au Brésil, en Colombie, dans l'Empire colonial, à l'aventure impérialiste. Les familles de la région lilloise y lancèrent une part de leurs propres fils ; et dans le textile même se produisit sans doute plus précocement ici ce qu'on prit d'abord pour un simple essaimage et qu'on reconnut bientôt pour un déplacement de l'activité.

Ceci n'explique pas suffisamment pourquoi la ruche se mit à dépérir, cessa de montrer l'aptitude à la conversion qui la caractérisait depuis si longtemps. Je rappellerai seulement que ce n'est pas là un sujet d'histoire des entreprises et des entrepreneurs, mais que la recherche à mener sur ce point doit embrasser l'ensemble du milieu régional et ses interrelations dans une perspective d'histoire comparée. Il est vraisemblable que le sort fait ici aux compétences techniques et au génie inventif joua, dans le déclin de la place, un rôle important : en dépit de créations comme la Lainière (1911), l'intégration resta limitée et surtout ne « remonta » pas jusqu'à une appréciable industrie de biens de production. Qui pouvait la soutenir ? Pourquoi aussi Lille ou Roubaix n'eurent-ils pas leur Marius Berliet (venu de l'artisanat à l'automobile en passant par un stage d'apprenticanut) ? C'est que, en dépit d'une animation scientifique de bon niveau (dans une ville où s'était transportée l'université de Douai et qui, après Kuhlmann, accueillit Pasteur et

Calmette), le patronat local semble avoir préféré en général pour ses fils l'entrée rapide dans l'entreprise après un stage, en Angleterre notamment, plutôt qu'une formation scientifique supérieure. Et pour cadres n'aima-t-il pas, entre tous, les bons jeunes gens, éventuellement formés sur le tas? Ceci dans une société durement polarisée[1], dans une ambiance spécifique où se mêlent ou alternent respect et durs affrontements de classe. Une société qui semble laisser peu de place à cette catégorie féconde de l'artisanat et des gens de métiers, restée beaucoup plus vivante à Lyon par exemple (tableau 3). Peut-être certaines entreprises de la région lilloise auraient-elles eu pourtant besoin de créativité plus que d'assimilation et de soumission.

© Le Mouvement social

La Culture des apparences: consommations et morales

(1988)

DANIEL ROCHE

A été conservée la première partie de la conclusion d'un ouvrage récent soucieux de mesurer, à partir de l'histoire du vêtement, le poids de la demande de cette « consommation culturelle » sur l'évolution de la production. L'auteur, professeur d'histoire moderne à la Sorbonne (université de Paris-I), présente ainsi de manière pionnière une articulation féconde entre histoire économique et histoire culturelle (au double sens de la culture intellectuelle et matérielle), à travers une interrogation sur la demande. Il en vient à plaider pour une chronologie haute, considérant que, dès le XVIII*e siècle, « les processus qui triomphent définitivement au* XIX*e siècle sont en place », la « révolution vestimentaire » entraînant celle de la distribution, bien avant l'éclosion des Grands Magasins des années 1860-1890.*

Source : *Daniel Roche,* la Culture des apparences, *Paris, Fayard, 1988, p. 477-488 (ouvrage réédité aux éditions du Seuil, coll. « Points-Histoire » en 1991).*

> *Il est peu utile de philosopher de sociologie générale quand on a d'abord tant à connaître et à savoir et qu'on a ensuite tant à faire pour comprendre.*
>
> Marcel Mauss, *Œuvres*, t. III, p. 354.

JE SUIS PARTI des problèmes et des faits. Les problèmes étaient ceux que posaient aux historiens de ma génération les possibilités et l'extension de l'histoire culturelle, les interrogations d'une histoire sociale soucieuse, de comprendre l'interdépendence des faits sociaux, les questionnements d'une histoire de la culture matérielle qui ne soit pas régie par l'impérialisme technico-économique. L'histoire du vêtement dans la société

1. F.P. Codaccioni. *De l'inégalité sociale dans une grande ville industrielle. Le drame de Lille de 1850 à 1914*. Lille, PUL, 1976, 446 p.

traditionnelle française, du XVIIe siècle à l'aube du XIXe siècle, se prêtait à l'opération à la fois par une situation quelque peu désertique de la réflexion, dans un domaine commandé continuellement, depuis les origines, par l'histoire des formes et des modes, mais aussi par le caractère de fait social global des habitudes vestimentaires. Il ne s'agissait plus de regarder, non sans plaisir, l'évolution des manières du vêtir de la haute société, mais de comprendre comment ces habitudes s'enchaînaient dans un ensemble – disons par commodité – culturel, avec les pratiques du plus grand nombre.

L'histoire du vêtement : l'histoire d'une consommation culturelle

Ce changement de perspective, cette hypothèse de la possibilité d'une autre histoire des costumes et des coutumes impliquaient l'idée qu'on pouvrait retrouver le lien ténu mais décisif qui mobilise ensemble les consommations de tous et celles des individus replacés dans le cadre habituel de leur vie familiale. Dans cet espace où les travaux des historiens et des économistes aboutissent à l'évaluation essentielle des productions, la consommation et ses mécanismes sociaux apparaissaient quelque peu négligés. L'indifférence des historiens pour le monde réel des objets en dehors de ceux qui témoignent d'une haute qualité esthétique, l'idée aussi que la consommation est un phénomène tardif, contemporain des grandes transformations économiques et sociales du XIXe siècle d'abord, du XXe siècle ensuite et qui débute en tout cas à peine à la fin du XVIIIe siècle, peuvent faire comprendre ce manque d'intérêt et la priorité de la production dans les études. L'évolution commencée dans l'historiographie européenne et américaine n'a pas eu, avouons-le, un écho important dans la recherche française soit qu'elle interroge autrement des objets et des espaces analogues – en témoignent *l'Histoire de la vie privée* ou *la Naissance de l'intime* –, soit qu'elle n'ait pas encore franchi la distance qui sépare le monde des producteurs et des fabrications et celui du marché et de la demande en dépit de l'invite faite par certains. Or les études de micro-économie qui analysent les relations entre fabricants-vendeurs et consommateurs, les travaux de macro-économie qui regardent l'extension et le caractère spécifique du marché dans la société ancienne sont capables de mieux en saisir les caractères originaux, voire même de bouleverser notre conception du fonctionnement de l'économie et de la société pré-industrielle.

L'histoire du vêtement permet ce déplacement d'abord parce qu'elle interroge l'inventaire des consommations et des choses. L'acquisition et la propriété des biens renvoient aux fonctionnements des mécanismes sociaux mettant en valeur des changements essentiels dans les comportements économiques, mais elles questionnent aussi l'ensemble des normes de la société, tant religieuses et morales que politiques. La totalité des conventions qui régissent l'acquisition et la propriété des vêtements, leur usage, leur force démonstrative, offre l'avantage de faire sentir l'imbrication de la culture matérielle et des impératifs moraux ou philosophiques, voire encore leur traduction juridique, comme le prouvent l'histoire des contraintes vestimentaires et l'aventure des lois somptuaires. Le problème du luxe, celui de la consommation ostentatoire, la représentation sociale des hiérarchies de fortune et de statut dans l'ordre des apparences, la part de l'émulation distinctive dans la redistribution des signes d'appartenance réapparaissent alors substantiellement dans les équilibres culturels, les partages différentiels et les significations morales changeantes qui coïncident avec le déplacement dans le temps de ces catégories. L'histoire de vêtement contribue à la remise en cause des modes de classification que l'on utilise habituellement : le populaire et le savant, le dominé et le dominant, le pauvre et le riche, la ville et la campagne, la création et la consommation, le réel et l'imaginaire. Ce faisant, elle propose au chercheur les problèmes majeurs de toute analyse culturelle, « la culture étant à la fois système et procès, institutions et actes individuels, réserve expressive et ordre signifiant ».

Parce que le vêtement est un fait culturel produit par l'histoire et qui résiste à l'histoire, s'y intéresser autrement que par la vulgarisation anecdotique et répétitive permet de voir le jeu social des contraintes de nature et de fonction, internes ou externes au système dont il est en même temps l'objet et le sujet. Agir ainsi met en valeur la possibilité d'une anthropologie historique des choses. Le vêtement est un fait social global au sens que Mauss donnait à ce terme et l'on peut penser que l'analyse des faits sociaux globaux résout pour une part les oppositions soulevées dans les discussions qui opposent adversaires ou partisans des études sérielles et macroscopiques à ceux qui défendent la *microstoria*.

Révolution vestimentaire, conquête du linge

La consommation est l'unique terme de toute production, rappelait déjà Adam Smith. Pour l'habillement, elle se mesure autant que faire se peut dans l'inventaire des biens et dans les budgets d'usage. Deux pôles d'habitudes que ne séparent pas des oppositions tranchées organisent l'espace social : la campagne et la ville.

Dans les cités un tournant majeur est pris au XVIIIe siècle, la hiérarchie des vêtements parisiens révèle une dépense accrue pour tous alors que la distance entre les mal vêtus et les luxueux s'accroît également. Dès la fin du XVIIe siècle, le peuple a franchi la frontière de la nécessité, en deçà de laquelle vivent encore les haillonneux de la mendicité, les vagabonds et les pauvres non intégrés : l'hôpital est aussi pour eux un refuge où l'on peut encore les vêtir. Pour les malheureux le besoin règne et avec lui les valeurs de la protection. Pour un plus grand nombre, la mise en scène des apparences est possible ; tous les intermédiaires, marchands, artisans, officiers et talents, y sont engagés. Leur culture vestimentaire est celle des civilités à leur apogée – le paraître doit révéler le statut de l'être –, mais en même temps elle témoigne d'une variabilité propice à l'extension des habitudes venues de la société de Cour. Enfin, quelques individus et des petits groupes sont engagés dans les luttes imitatives ; la richesse leur permet l'accumulation déjà considérable d'un capital vestimentaire ostentatoire. L'important est que ces sensibilités ne coïncident jamais totalement ni avec la fortune ni avec le statut. A l'aube du XVIIIe siècle, une première diffusion des comportements collectifs est amorcée. Les femmes en sont les artisans dans tous les milieux, mais le dimorphisme sexuel de la parure n'est pas encore un trait fondamental. Les logiques des statuts, des chances, des besoins s'entrelacent aux différents niveaux de la société urbaine alors qu'elles sont plus autonomisées à la campagne.

A la veille de la Révolution les choses se sont accélérées. L'unification des comportements est notoire en ville ; elle gagne dans les villages par le circuit des foires et des marchés, par le réseau des colporteurs, maîtres de coquetterie et vendeurs d'illusions, diffuseurs de la lecture à bon marché et créateurs, à crédit, des besoins nouveaux. Ce sont ceux des innombrables intermédiaires urbains : leur dépense vestimentaire a été multipliée de telle sorte qu'on peut parler de révolution vestimentaire. Dans toutes les catégories sociales les femmes font circuler les nouveaux objets et les nouvelles valeurs de la commercialisation des modes et des consommations superflues. Institutrices de sensibilité, elles sont déjà les vitrines de l'homme, sauf peut-être dans la noblesse. La consommation développée correspond à un changement des pratiques. A la société hiérarchisée et engoncée dans ses habits de drap lourds et durables, dans ses tissus de soie coûteux qui revêtaient les élégances de Cour et leurs imitations de ville, a succédé un monde plus ouvert, plus léger, plus frivole. Les coloris comme les étoffes se sont allégés, la perception de la mise en scène sociale a profondément changé. La mode effleure tout le monde de son aile : voyez le succès des indiennes.

Le mouvement de transformation atteint les villes de province. Si son ampleur, sa chronologie, sa diversité restent à étudier, on peut admettre qu'il a partout contribué à changer les habitudes de consommation et à modifier les comportements. Un texte superbe illustre pour Montpellier le triomphe du luxe et de la parure ; il n'est pas isolé et montre clairement les jeux sociaux de l'apparence : « La parure est généralement d'usage en cette ville. Les femmes et filles du premier et second état le portent sur un pied excessif. Les plus belles étoffes de soye, fabriquées dans le meilleur goût, sont employées à leur habillement. La mode ou le goût veulent qu'elles en ayent plusieurs pour les saisons de l'hiver, du printemps et de l'été, afin de faire une gradation de chaqu'une de ces saisons. Il faut de plus des déshabillés galants, des mantilles de toute espèce et de toute couleur. Ceci est assorti par du beau linge, des dentelles. L'usage général pour la chaussure est en souliers de damas blanc. Les coëffures sont présentement petites, depuis qu'elles se font friser les cheveux qu'elles retroussent par derrière jusques sur le sommet de la tête, cette manière de se coëffer est fort avantageuse : elle donne surtout un air de jeunesse qui ajoute à la beauté et à la douceur du visage. Il faut ajouter à ceci les aigrettes, pendants d'oreilles, colliers, brasselets, bagues, boucles à brillant, la montre d'or pendue à un crochet chargé de cent breloques, la tabatière d'or, le flacon, l'étui aussi d'or, le manchon et l'éventail ; c'est ce qui paraît extérieurement et qui est commun aux femmes dont les maris sont aisés. [...] Les hommes n'aiment pas moins la parure. Les habits de velours pendant l'hiver, et de soye pendant l'été, les vestes de drap d'or et d'argent sont très communs, au point qu'on fait maintenant des espèces de surtouts larges ou redingotes de velours que l'on met sur des habits de drap. Les perruques à bourses sont des plus générales. Les manchettes à dentelles, le beau linge sont d'un usage qui devient général : on en change tous les jours, ce qui oblige d'en avoir une grande quantité. Il s'en va sans dire que les hommes ont aussi la montre, la tabatière d'or et les bagues. Les cannes à pommes d'or sont fort communes. »

Chacun peut désormais avoir deux comportements : celui qu'imposent les rapports traditionnels ou celui qui est le choix personnel, c'est-à-dire celui du public où le paraître est censé révéler l'état et l'être moral, ou bien celui du privé, où les valeurs de l'intime peuvent correspondre à la personne. Mais les usages et les pratiques montrent que les deux perceptions tendent à s'unifier. Les codes vestimentaires se brouillent : les femmes de la Cour rêvent de s'habiller à la ville comme dans leur famille – ainsi Mme de Schomberg –, les domestiques les imitent. Partout les nuances sociales se perdent.

Le paraître ne révèle plus l'être et moins encore l'état, ce qui déplace à nouveau la frontière des distinctions. Que la Révolution arrive et que le luxe tombe, et l'on pourra proclamer l'avènement de l'uniformité sans se donner les moyens d'y parvenir : au sommet, les luttes d'élégance s'accommodent de la simplicité devenue objet des surenchères de la mode ; à la base, les gens de peu expriment leur éloignement des manifestations les plus symboliques pour proclamer, un bref instant, une sensibilité spécifique et les contre-valeurs de la « vie fragile ». C'est un autre langage que dénonceront les grammairiens politiques de tous bords car il est en rupture, totale ou partielle, avec les valeurs morales de la grande conquête des Lumières : celle du linge. Celui-ci proclame autrement à la fois l'uniformisation nécessaire à toute socialisation et la différence propice aux mouvements de distinction et d'imitation. La civilisation des mœurs l'emporte pour la majorité des populations où les apparences doivent distinguer, mais la conquête du linge accroît encore le brouillage des signes, même si désormais la misère doit s'afficher propre. Les usages nouveaux de l'entretien y contribueront.

La pauvreté et la parcimonie règnent sans doute toujours dans une grande partie de la population citadine et dans les couches paysannes, mais la culture des apparences de tous n'y est pas forcément celle d'un sous-développement. Avec des matériaux frustes et des moyens limités, des accessoires et des détails possiblement réduits, la compétition sociale et individuelle est ouverte. Dans sa diversité l'habillement instaure une communauté de langage du haut au bas de la société. Objet de désir, objet de nécessité, c'est un agent du changement social car il porte en lui une incitation à la modification. Les signes vestimentaires ne se déchiffrent pas simplement hier comme aujourd'hui.

Production et commercialisation des apparences

L'étude du système de production met en évidence quels ont été les moyens et les créateurs de ces transformations, leurs circuits de diffusion. La culture textile s'organise dans le cadre proto-industriel d'une part pour une production massive et rapide, d'autre part pour des fabrications de haute qualité, d'un côté par et pour la manufacture, de l'autre par et pour les jurandes. Entre ces deux pôles il n'y a pas de solution totale de continuité ; le débit accru des étoffes mobilise fabricants d'habits et marchands de linge.

Au village, le textile est partout, même si déjà des spécialistes assurent les fabrications de base, et si l'échange a conquis en marge l'économie autarcique familiale. La question reste à étudier dans le détail pour voir comment se nuancent les rôles domestiques et surtout comment se diffusent les habitudes nouvelles. Le costume régional, dans ces premières manifestations, a sans doute été emblématique de l'étape transitoire évoquée ici. Il n'est certainement pas uniforme et s'accommode d'une intense variabilité, traduisant les rivalités locales et individuelles, avant de caractériser des ensembles plus vastes par un processus de folklorisation triomphant au XIXe siècle. Au tailleur de village, aux travaux des femmes correspond la permanence d'une conception vestimentaire dominée par la fonction protectrice – en témoignent les proverbes –, la socialisation rituelle – le vêtement joue sa partie dans toutes les aventures sociales de la naissance à la jeunesse, du mariage à la mort –, les contraintes de civilité et de bienséance. Le vêtement rural ancien modèle le corps, et l'opposition des habits de tous les jours et des habits de fête joue à plein : d'un côté souplesse et fonctionnalité, de l'autre ritualisation et statut, modestie quotidienne et parure festive. La révolution des apparences joue au village de tous ces contrastes. L'usage du linge conquis pleinement unifie à son tour le système de consommation, les manières de produire, les façons d'entretenir, mais on les saisit sans doute à leur apogée seulement au XIXe siècle. Avant, il faut encore des études pour savoir ce qu'il en est au-delà des hypothèses ici formulées.

En ville, les producteurs de tous ordres ont accompagné les transformations de la consommation. Les corps parisiens, organisés pour subvenir à tous les besoins de la ville et pour une activité lucrative d'exportation, donnent l'exemple de la commercialisation des savoir-faire et des savoir-vivre. La Révolution met en évidence leur importance sectorielle, la part des difficultés conjoncturelles, le rôle permanent des femmes et des filles : c'est là un trait spécifique dans la production, déjà noté dans la consommation. Les femmes ont bien souvent mené le jeu avec talent et succès. On les retrouve dans l'organisation corporative, avec leur dynamisme, chez les couturières, les lingères et les marchands de modes.

Si la spécialisation sexuelle des métiers tend à se maintenir, des effets de concurrence corporative contribuent à unifier les échanges et à assurer le triomphe de la mode de Paris. C'est le spectacle même de l'élégance qui influe sans doute sur la qualité des transformations et diffuse ensemble modèles vestimentaires et modèles de comportements. Là se joue la théâtralisation du paraître, liée au succès du costume à la française glorifié par Garsault ; là se montre la capacité d'adaptation des créateurs aux besoins sociaux. En même temps l'élégance répond et entretient la dynamique du changement et ainsi la perturbation des signes.

Le vol et la revente constituent l'autre face du système parisien ; ils réunissent, dans une identique réprobation aux yeux de la bonne société, la création des illusions et l'efficacité de la diffusion marginale des pratiques. L'économie de la délinquance vestimentaire et lingère illustre à loisir les fluctuations de l'opinion quant au crime et, finalement, l'importance symbolique d'un moyen d'échange, qui permet en même temps de s'approprier les apparences d'autrui. Les gestes de la criminalité sont totalement enracinés dans les nouvelles habitudes de consommation ; ils en soulignent les césures sociales et accélèrent la confrontation des mœurs.

Friperie et revente jouent dans le même sens bien qu'elles ne soient pas identifiables à des pratiques uniquement marginales. Elles révèlent comment le jeu des clientèles différentes structure l'économie vestimentaire, mettant en évidence les frontières essentielles du neuf et de l'usagé, du sur-mesure et de la confection ; de la fabrication et de la réparation. La suspicion séculaire dont les littérateurs entourent la friperie identifiée au vol, au recel, au traficotage, à la tromperie, en tout cas à l'art du boniment, mérite d'être comparée à une réalité où les pratiques sont différentes ; la discussion dans la relation marchande, le rabattage publicitaire de la clientèle, la confection préalable qui change le rapport aux vêtements en rompant avec l'habitude d'un travail totalement individualisé n'empêchent pas l'achalandage honnête et visent surtout une cible nouvelle de la consommation : le plus grand nombre.

Les processus qui triompheront définitivement au XIXe siècle sont en place dès le XVIIIe siècle, bien avant la transformation définitive introduite par les grands magasins. La révolution vestimentaire ne se conçoit pas sans amorcer l'empire de la distribution. Celui-ci est en synchronie avec les pratiques d'entretien et de nettoyage : elles sont domestiques en campagne et fortement intégrées à la conception traditionnelle du corps et aux processus sociaux d'uniformisation des relations villageoises ; en ville, en revanche, les façons de propreté sont déjà fortement commercialisées. Le blanchissage est à la fin du XVIIIe siècle partie intégrante de la production des apparences urbaines, la conscience collective mettant en valeur l'union des convenances et de la propreté, le contraste entre les exigences de l'hygiène et les possibilités réelles. Cette opposition montre à la fois l'impossibilité de se contenter d'une lecture limitée aux textes et, comment les normes qui informent les discours sont constitutives d'une réalité.

Conscience collective, masque et vérité des apparences

L'analyse du discours romanesque, les figures utopiques, le témoignage d'une vie romancée comme celle de Giacomo Casanova, *les Contemporaines* de Restif, l'*Encyclopédie* de Diderot et les logiques médicales, inscrites dans les écrits variés d'un milieu préoccupé à la fois de stabilité et de réformes, témoignent dans le même sens. Tous ces documents reflètent fidèlement les indices matériels de la culture nouvelle, traduisant les accélérations et les réticences.

Le vêtement romanesque ou utopique, l'habillement raisonnable des philosophes, le costume hygiénique du praticien de la médecine aériste dépassent la stricte actualité du témoignage social pour mettre en évidence les décalages culturels que produisent les nouvelles consommations. Ils fondent une mythique dont la solidité unificatrice repose sur la communication permanente des auteurs et du public, unis par les références essentielles aux débats du temps : la fable du luxe et de la rareté, le contraste de la lisibilité et de la transparence sociale, l'aspiration à traduire dans le paraître l'être ; en bref, les jeux de la vérité et du masque en sont les principaux thèmes. Ils expriment sans aucun doute les aspirations, les interrogations d'une société déchirée entre les valeurs de l'échange ritualisé et des convenances et celles de l'identité individuelle comme entre les privilèges et les vertus égalitaires. Je suis moins sûr que Philippe Perrot qu'il soit nécessaire et possible de qualifier cette grande césure sociale de « drame du corps bourgeois » : elle est d'abord la déchirure lisible dans l'urbanité des mœurs, elle est ensuite jouée par tous les groupes sociaux. La pièce se compliquera après et elle peut, au XIXe siècle, s'interpréter comme une farce ou comme une tragédie. C'est tout le problème, pour les historiens, des mentalités et de la culture, de la représentation.

La presse féminine l'illustre également. Elle met en scène une expérience de pédagogie sociale associant les intérêts intellectualisés et la culture matérielle. Elle dit les Lumières au féminin et retrouve ainsi tous les débats entrevus par ailleurs. Mais elle propose aussi un aménagement du temps et de l'espace, une vision du corps caché et de la sexualité portée par le vêtement qui contribue à bouleverser – en surface sans doute, en profondeur, il est peut-être plus difficile de le mesurer – les équilibres traditionnels des rôles sociaux et sexuels. Le paraître peut déterminer l'être sans dommage ; il libère autant qu'il opprime.

Culture matérielle et culture intellectuelle

L'histoire des besoins ne peut sans aucun doute s'écrire qu'en système : à partir des regrets sur sa vieille robe de chambre Denis Diderot montre comment un élément permet de penser un ensemble : « Tout est désaccordé. Plus d'ensemble, plus d'unité, plus de beauté ! » Avec cette incursion dans le destin fragile de la culture vestimentaire j'ai voulu illustrer ce propos. Aujourd'hui comme hier le vêtement renvoie à notre conception profonde du sacré, du social, de l'individu. Il m'a permis de cartographier le changement des frontières qui modifient le territoire.

Chacun sait que la carte ne se confond pas avec le territoire. L'historien propose son parcours que balisent les indices fragmentés de la documentation d'archives, les images fabuleuses de la lecture littéraire, les propos raisonnés des philosophes. Au XVIIIe siècle, il peut identifier le passage entre deux mondes, celui où l'être social doit s'identifier avec la représentation qui en est donnée par lui-même et par les autres, et celui où la configuration sociale changeante permet une moindre confusion de l'être et du paraître. On voit ici combien la limite entre la réalité et l'imaginaire est poreuse, car ce qui est visible, c'est l'usure de la fonction discriminante des signes. L'accumulation vestimentaire a pour effet d'amenuiser la mesure des différences vers le haut de la société où un transfert radical de la fonction des apparences sur le corps féminin traduira une autre manière de marquer les distances sociales, vers le bas les vertus distinctives se maintiendront longtemps. L'ordre et le rang se lisent encore par d'infinies nuances, la confusion peut régner, mais trompe-t-elle vraiment ? Cela dépend de l'attention sociale de chacun et donc d'une position héritée, acquise, ou voulue dans un champ de relations interdépendantes et jamais totalement claires : celui de notre vie à tous.

L'importance de l'époque des Lumières en ce domaine est de montrer comment les signes d'appartenance s'acquièrent sensiblement aux mêmes rythmes et selon des processus somme toute comparables, dans le domaine de la culture intellectuelle et matérielle. La production des attitudes sociales passe par des phases identiques d'apprentissage et de diffusion, mais où les rôles sexuels sont inversés : dans le domaine du lire les hommes triomphent avec les femmes ; dans celui du vêtir elles sont premières gagnantes en ce qui concerne les vrais acquis, ceux du sensible et de la futilité efficace. En même temps, la force des groupes intermédiaires, le rôle actif de micro-milieux porteurs où les transformations matérielles et culturelles marchent d'un même pas doivent être réhabilités. L'étude de l'uniforme justifie ce propos.

Ordre des apparences, politique du langage

La culture des apparences est d'abord un ordre. Pour y parvenir il faut apprendre le langage qui autorise la communication dans un domaine étrange, et par cela même mobilisateur de l'imaginaire, où le spirituel et le matériel se mêlent avec particulièrement de force. Là, le mental se fait corps, là le corps individualisé expose les transcriptions fugaces de la personne, là le vêtement met en valeur les correspondances souterraines de la matière et de l'esprit. L'unité de la culture qui s'instaure dans la rupture du classicisme, la contestation de la société de Cour, la critique du monde de l'inégalité peut se déchiffrer dans le système vestimentaire. Les vêtements, comme les livres, appellent une maîtrise de l'information dont le volume et la complexité s'accroissent simultanément.

Le vêtement me paraît être une manière de penser le sensible. Il est justifié d'appliquer à son analyse les modèles dont on se sert pour comprendre les échanges sociaux. Son économie met en valeur une organisation des stratégies sociales de l'échange conforme au pouvoir des signes. Le XVIIIe siècle a placé au premier rang de ses préoccupations la réflexion sur les langages. Le président de Brosses, Rousseau, Condillac, Diderot et tant d'autres y ont cherché une commune explication de l'articulation des mots et des choses, un art pour comprendre les effets des calculs régissant les rapports entre les hommes, bref une gestion de l'information qui pose la question de l'interprétation des faits sociaux comme un langage.

La fonction sociale et culturelle du vêtement ne peut se comprendre qu'en termes de communicabilité. Il importe donc d'analyser les effets produits par celui qui est vu sur celui qui voit comme pour tout ordre de discours où qui est premier n'est pas le sujet qui profère la parole mais celui qui l'écoute. C'est ce que fait Diderot, découvrant en cela l'ordre même de la société où chaque morale est un code, une manière de parler, une façon de se présenter, et parce que chacun de ces codes ne serait que la transcription des lois civiles. La question du pouvoir des signes conduit au politique ; leur maîtrise est l'enjeu de toute la réflexion sur les transformations vestimentaires. Rousseau identifie totalement les deux registres principaux du débat – l'être ne conquiert son identité que par le pouvoir des apparences, le style politique a son équivalent dans le domaine de l'habillement – car ils répondent l'un et l'autre à l'organisation de la langue. Le retour à un « costume naturel », où « le signe dit tout avant qu'on ne parle », où le destinataire du message trouve par lui-même le code, est le vœu de tous les dénonciateurs des masques : il permet une société sans représentation, il réconcilie l'individu et le social, les apparences et la politique. La Révolution en son temps vivra ce rêve de l'uniforme des libertés où s'unissent transparence et différence.

Le siècle vit également sous l'influence de l'affranchissement de l'empire des besoins. C'est alors que s'introduisent les métaphores, et les dépenses en superflu excèdent de beaucoup le nécessaire, « l'échange a lieu pour les mots comme pour les autres denrées, l'effet de l'importation mutuelle gagne de proche en proche, s'étend du particulier à la nation et même à la longue de peuple à peuple ». Toutes choses égales, l'analyse du président de Brosses s'applique au système vestimentaire. Le luxe et la mode y déploient leur puissance, leur langage s'affole, contribuant au brouillage des codes, à l'usure des significations, à la fuite en avant distinctive. Que leurs effets aient été longuement débattus montre bien qu'ils sont au cœur du débat dans sa dimension économique comme dans sa profondeur morale.

Deux logiques y sont à l'œuvre au départ : celle de l'économie chrétienne et des apparences conformes au statut ; celle de l'économie nouvelle qui fait coïncider le développement économique et la hiérarchie politique de l'armature urbaine où les apparences sont régies par les lois de la consommation et du brouillage. Cantillon et Boisguilbert, chacun à sa manière, ont fondé cette liaison où l'économie et le social marchent par la stimulation de la demande. La transformation vestimentaire, la commercialisation des modes, la révolution lingère contribuent à ranger les sensibilités collectives loin des horizons de l'ascèse chrétienne, du côté des références à un bonheur terrestre. [...]

© Fayard

IX

CHIFFRES, STATISTIQUES, HISTOIRE QUANTITATIVE

La rencontre des historiens avec le chiffre ne peut se comprendre sans examiner l'apport de François Simiand, à un double titre. Soucieux de confronter l'histoire et la démarche sociologique à partir de l'établissement de données chiffrées, il a ébauché les premiers matériaux d'une approche quantitative et conjoncturelle de l'économie et de la société françaises. Après ses premiers travaux sur l'évolution des salaires (1907), puis sur les prix du charbon (1913), il publie en 1932 son ouvrage majeur, le Salaire, l'évolution sociale et la monnaie. *Aux mêmes dates, en outre, il participe aux efforts pour rénover les services de recueil et de traitement statistique en France, et rédige un important rapport pour le Conseil national économique.*

Les historiens ont pu formuler des avis divers, voire divergents, sur l'héritage de François Simiand, comme en témoigne la controverse, au début des années 1970, entre Maurice Lévy-Leboyer et Jean Bouvier[1]*. Cependant, tous ont été tributaires de la manière avec laquelle Simiand a appréhendé les statistiques sur un parcours où il a rencontré économistes et historiens.*

Plus généralement, les historiens de l'économie ne peuvent pas ne pas être dépendants de l'histoire officielle de la statistique en France, dont les origines intellectuelles, administratives et politiques pour la période allant de l'Ancien Régime à l'Empire ont été analysées avec force par Jean-Claude Perrot (1983). Les historiens ont pu largement puiser dans les grandes enquêtes économiques du XIXe siècle, avec leurs apports, mais aussi leurs limites. Pour le XXe siècle, l'évolution, non sans régression, apparaît fort discontinue depuis les efforts de la vénérable Statistique générale de la France *et les tentatives de rénovation, en particulier à l'initiative d'Alfred Sauvy avant la guerre jusqu'à l'envol de l'INSEE après 1946, à l'heure de la comptabilité nationale, sous la férule de Claude Gruson.*

Historiens, mais aussi économistes ou statisticiens curieux d'histoire ont mis également en évidence les conditions de production de statistiques, même récentes. Certains parmi ces derniers, non sans recul critique à l'égard de leur pratique, rappellent combien la prétention à la scientificité ou la formalisation mathématique « masquent bien souvent un manque de sérieux » (Michel Volle). Les opérations de mesure, on le sait, reposent sur des représentations économiques, elles-mêmes tributaires d'une histoire à la fois institutionnelle, idéologique et socio-politique, qui induisent une vision nécessairement orientée de la réalité.

Certains auteurs en viennent même à une sorte de renversement méthodologique.

1. Cf. chapitres I et II.

De sources destinées à fournir des informations, les statistiques et les catégories dont elles relèvent deviennent elles-mêmes objets d'histoire et, à ce titre, nous renseignent davantage sur la manière dont les contemporains percevaient les réalités à mesurer que sur ces réalités mêmes. Il en est ainsi par exemple à propos des statistiques du chômage des années 1890 et 1930. Ces dernières ne sont pas tant utilisées pour elles-mêmes que comme le signe de la manière dont se construit la notion même de chômage dans les organismes de recueil des données.

Au-delà du rapport aux statistiques, les relations de l'historien avec le chiffre s'interprètent plus généralement à travers l'intrusion du quantitatif dans son travail quotidien.

Dans les années soixante, à la suite de Simon Kuznets, des historiens américains raisonnent en termes de comptabilité nationale et tentent d'appliquer à l'histoire les concepts de la macro-économie. En France, à l'initiative de François Perroux, l'Institut de science économique appliquée (ISEA) accueille un groupe de recherche, dirigé par Jean Marczewski, qui produit une série de publications sur l'« histoire quantitative de l'économie française », tentative de construction d'une comptabilité nationale rétrospective. Autant que sur la démarche elle-même, les critiques ont porté sur la fragilité, voire l'insuffisance des archives utilisées, qui rendent discutables les chiffres ainsi maniés, tout particulièrement pour avant 1850. Emmanuel Le Roy Ladurie a pu parler de « comptes fantastiques » à propos des volumes de J.C. Toutain ou de T. Markovitch[1], et Pierre Chaunu de recours à la « folle du logis ».

L'histoire sérielle ne se réduit pas d'ailleurs à la seule histoire économique, mais résulte d'une démarche propre à l'historien, qui déplace à la fois ses sources et ses hypothèses, aussi bien pour l'étude de la démographie que pour celle des mentalités. Ainsi, on ne peut nier l'importance des continuités et héritages depuis Simiand, tout en s'interrogeant sur les limites atteintes, comme le fait Emmanuel Le Roy Ladurie dans le « bilan d'une génération » d'historiens face à la « révolution quantitative » (1969).

Beaucoup plus contestée encore, et largement boudée par une large fraction de la communauté historienne, la « cliométrie », ou New Economic History (Nouvelle histoire économique), n'a guère eu d'effets en France.

Apparue à la fin des années cinquante aux États-Unis, la démarche consiste, à partir du cadre théorique néoclassique, à exprimer une question en termes de variables insérées dans un modèle explicite testé par des calculs statistiques, le plus souvent des régressions. Cela conduit à formuler des hypothèses contrefactuelles (ou irréelles) – qu'en aurait-il été de la croissance américaine au XIXe siècle sans les chemins de fer? – mal acceptées par de nombreux historiens. Jean Heffer a tenté de présenter l'état de la question dans la préface de la traduction d'un ouvrage collectif[2] sans recueillir un grand écho. Un usage récent des modèles a été fait par Maurice Lévy-Leboyer[3].

Ainsi, à la différence de l'histoire sociale ou démographique (certes, de la période moderne plus que contemporaine), en histoire économique, ce ne sont pas les historiens qui, dans les années 1960-1970, se sont trouvés à l'origine des méthodes quantitatives.

---

1. « Les comptes fantastiques de Gregory King ». *Annales Économies Sociétés Civilisations*, 5, septembre-octobre 1968. *La Nouvelle Histoire économique*. Paris, Gallimard, « Bibliothèque des Histoires », 1977.
2. *L'Économie française au XIXe siècle – Analyse macroéconomique* (Paris, Economica, 1985).
3. Il n'existe pas d'ouvrage satisfaisant sur ce sujet. On consultera *Statistique générale de la France, Historique et travaux de la fin du XVIIIe siècle au début du XXe siècles avec 103 tableaux graphiques relatifs aux travaux les plus récents*, Paris, 1913, 164 p. ; P. Marietti, *La statistique générale en France*, Paris, 1949, 249 p. ; B. Gille, *Les sources statistiques de l'histoire de France des enquêtes du XVIIe siècle à 1870*, Genève, 1964, 288 p. donne une base indispensable aux recherches d'archives, mais reste muet sur l'histoire de la discipline.

Plusieurs historiens cependant ont su tirer parti des instruments offerts par les économistes et multiplier les approches, et combiner celles de type économétrique avec d'autres, plus impressionnistes. Dans sa thèse, Jean Heffer offre un exemple de ces combinaisons, afin de parvenir à interpréter avec rigueur les séries relatives au trafic de New York à la fin du XIXe *siècle, montrant ainsi les exigences spécifiques au métier d'historien.*

Malgré ces exemples récents, si l'histoire quantitative a connu des engouements dans les années 1960[1]*, une réaction antiquantitativiste semble marquer la deuxième moitié des années 1970, et au-delà, menée souvent d'ailleurs par ceux qui ont plaidé pour le quantitatif.*

Le déséquilibre parfois excessif entre l'importance des forces matérielles (à l'heure de l'informatique), intellectuelles et financières ainsi déployées et la minceur de certains résultats rend compte pour partie de ce retournement, plus largement dû à la faveur d'autres tentations, telles l'anthropologie historique, l'histoire intellectuelle et celle des mentalités.

L'âge d'or de la statistique régionale

(1983)

JEAN-CLAUDE PERROT

Première partie d'un article pionnier qui, au-delà même de l'histoire de la statistique, analyse les mécanismes de communication du savoir. Jean-Claude Perrot, auteur d'une thèse intitulée Genèse d'une ville moderne, Caen au XVIIIe siècle, *et professeur d'histoire moderne à la Sorbonne (Paris I) de 1977 à 1992, articule ainsi histoire économique, histoire des institutions et histoire intellectuelle.*

Source : *Jean-Claude Perrot, « L'âge d'or de la statistique régionale (an IV-1804) »,* Annales d'Histoire de la Révolution française, *1983, p. 215-231.*

LES GOUVERNEMENTS impérieux secrètent souvent l'innovation statistique. Du dénombrement romain aux capitulaires de Charlemagne, des mémoires des intendants aux enquêtes préfectorales de Napoléon, s'exprime le même besoin de placer les activités de la population sous le regard du prince. Cette quête de la transparence économique, sociale ou culturelle mériterait une analyse à plusieurs niveaux. On en dira juste assez pour apercevoir la genèse des mémoires statistiques rédigés à l'aube du XIXe siècle.

Sous la monarchie française, la collecte des documents numériques se partage en deux branches[1]. L'une d'entre elles réunit, depuis le début du XVIIIe siècle, les données sur un seul sujet : le prix, la population, les manufactures ; la périodicité en est régulière (le mois, le semestre, l'année) ou bien encore comporte des intervalles variables : on connaît des enquêtes dispersées sur les mines, la sidérurgie, le papier, les tanneries. Toutes attribuent implicitement au temps, à l'évolution, une place explicative privilégiée. Aujourd'hui se comprend à partir d'hier.

1. Cf. chapitre II.

Plus ancienne, la tradition des enquêtes globales ramassées dans les limites d'un ressort administratif – très souvent la généralité – date au moins de façon certaine de la circulaire de 1664 ; elle se perfectionne comme on peut l'observer dans beaucoup de provinces en 1697, 1730, 1745, 1764 et jusqu'à la fin de l'Ancien Régime. La philosophie de ces descriptions est tout autre. Nécessairement plus littéraires, elles veulent rapprocher de façon synchronique, en un tableau aux interdépendances implicites ou soulignées, les connaissances naturelles tirées du climat, des sols, de l'hydrographie, avec le volume, les activités et les facultés des peuples. La corrélation économique entre ressources, population et richesse, l'explication horizontale apparaissent comme un thème naissant, notamment dans les meilleurs mémoires des intendants pour l'instruction du duc de Bourgogne.

Les topographies statistiques rédigées depuis le Directoire appartiennent ouvertement à cet embranchement, bien que l'idée de dresser un bilan économique de la Révolution les oriente aussi vers la durée. J. Peuchet, membre du Conseil du commerce, célèbre pour un ouvrage de méthode recommandé du gouvernement et pour sa collaboration à la *Statistique générale et particulière de la France* (1803), puis à la *Description topographique*... de 1810-1811, déplorait les travaux qui ne considèrent « ce grand état que sous un seul point de vue » et son étude des devanciers le conduisait aux mémoires pour le duc de Bourgogne comme à une œuvre princeps. Ses contemporains partageaient les mêmes vues : en 1811, P. Laboulinière écrivit une *Idée d'un tableau ou État général de la France sous le règne de Napoléon le Grand pour servir à l'éducation de Sa Majesté le Roi de Rome*, dont l'inspiration est évidente. Au demeurant, les directions d'enquête observées plus haut ne sont pas seulement française. L'Angleterre et l'Allemagne les reproduisent, présentant toutefois chacune des variétés plus pures des deux types.

L'Angleterre est le milieu nourricier des arithméticiens politiques. Ils observent une ou plusieurs sources statistiques à travers le temps. Depuis Graunt et W. Petty, la démographie anglaise par exemple s'est donné, par sa spécialisation, une problématique avancée ; mais les autres rameaux de la statistique outre-Manche, doivent à la même impulsion de n'avoir jamais parlé de tout à la fois et progressé plus vite. La fin du XVIIIe siècle apporte une démonstration éclatante de cette maîtrise avec les travaux de W. Playfair qui acclimatent en statistique l'usage des graphiques et des diagrammes coloriés où les forces des États figurent sur des cercles proportionnels.

Les universités allemandes abritent l'autre tendance. Sans exclusive certes, Süssmilch à ce compte serait assez « anglais ». Cependant Conring au XVIIe siècle, Achenwall plus tard (1719-1772) ont établi une tradition de la description qualitative minutieuse des États. Les difficultés majeures ne tiennent plus ici à la puissance du raisonnement hypothético-déductif en quête de corrélations, mais à la finesse, la perspicacité des remarques, à l'intuition des forces productives et morales, à la fraîcheur de la documentation ; on conçoit que les Allemands se soient heurtés au problème des typologies sociales, à la vérification des données, à la validité de l'induction classificatrice. Le statisticien de type anglais était une sorte de physicien, outre-Rhin son émule s'approcherait davantage du naturaliste ; la réussite du genre émane justement à notre époque, du plus grand d'entre eux, Humboldt, qui fut de surcroît philosophe et voyageur éminent dans un siècle où les maîtres abondent sur ces deux voies de la connaissance. D'ailleurs la chevauchée napoléonienne n'a-t-elle pas ressoudé cette école statistique continentale franco-allemande, le temps d'un bref assoupissement de l'anglophilie parisienne ? On pourrait le soutenir. C'est en 1805 que les *Archives statistiques* de Ferrière présentent pour la première fois de ce côté du Rhin, de vastes passages de Süssmilch.

Très tôt les enquêtes descriptives imposent en tout cas les lois de leur genre, appellent certains collaborateurs, privilégient plusieurs thèmes d'exposition. Observons là-dessus le double héritage français de l'Ancien Régime et de la Révolution.

I. Les origines de la statistique régionale

Les points de départ en 1664 et 1697 restent d'une importance considérable. Une recherche plus approfondie montrerait la distance qui sépare les « miroirs du monde » au XVIe siècle, genre littéraire auquel appartient encore en 1581 le *Secret des finances de France descouvert et départi en trois livres* de Nicolas Froumenteau, et les intentions de l'enquête statistique du XVIe siècle, qui préconise une géographie et une démographie provinciales, l'examen des ressorts administratifs, des forces productives, de la circulation monétaire et des impôts locaux. Mais plusieurs autres traits durables de la statistique se dessinent encore à la même époque.

D'abord, l'impulsion publique dans la collecte et l'élaboration de documents qui demeurent finalement propriétaire de l'État, seul juge de leur divulgation. Ainsi les mémoires des intendants ont été publiés bien tard – et défigurés en même temps – par Boulainvilliers ; seul le travail de Basville sur le Languedoc parut isolément. Des difficultés analogues allaient attendre la statistique des préfets. Au reste la circulation discrète des documents par les voies de l'amitié ou des relations professionnelles suit un chemin voisin de Vauban à Messance et Expilly, de Chaptal à Sismondi. Les mémoires descriptifs présentent toujours un départ ou bien une arrivée officielle ; en Allemagne de même, la statistique camérale des petits États.

D'autre part, les représentants régionaux du pouvoir, les intendants en l'espèce, sont dépourvus sous l'Ancien Régime d'un personnel d'enquête spécialisé. Au-delà de leurs subdélégués, ils s'en remettent aux curés de paroisse, aux échevins et gouverneurs de place ; parallèlement, ils interrogent les inspecteurs des manufactures et des foires, les agents du fisc (receveurs de tailles, directeurs du dixième dès qu'il est créé), les ingénieurs des Ponts-et-Chaussées. Les attributions du Contrôle général à Versailles, celles des intendants en province dessinent de la sorte l'agrégat des questions posées à la statistique descriptive. Son contenu n'obéit pas seulement à la logique du savoir, mais tient encore à l'issue d'une compétition qui met aux prises les divers départements ministériels. Aisni, auprès d'une voie d'accès militaire à la démographie (Vauban, des Pommelles) qui passe par le dénombrement, le compte des miliciens, la « peuplade » des terres vides, n'existe-t-il pas une voie civile, puisque les intendants viennent aux problèmes de population vers 1750 par l'hygiène (la prévention des épidémies), les mœurs (l'abandon des enfants) et les subsistances (les crises de mortalité) ?

De toute manière, la liste des gens du roi reste bien courte dans les provinces ; dès le début du XVIIIe siècle, le pouvoir se tourne vers les milieux privés. Il obtient les lumières de négociants par le canal des juridictions consulaires ; les grands propriétaires fonciers sont écoutés dans les académies, plus tard dans les sociétés d'agriculture venues de l'initiative royale dont les comptes rendus, où les bilans d'exploitation alternent avec l'agronomie, ont valeur de sources micro-économiques. Après 1750 enfin, grandit la place des médecins. Tout concourt à en faire de merveilleux observateurs de la société : l'ouverture sur des milieux sociaux éloignés, le regard « clinique » qui aiguise la perspicacité, le triomphe d'Hippocrate avant celui du vitalisme puisque l'enveloppe écologique (les airs et la météorologie, le régime des eaux, la nature des sols, l'exposition des maisons, les habitudes alimentaires et professionnelles) appelle des réponses thérapeutiques. De Quesnay à Villermé et Bertillon, les professions médicales ont laissé de grands noms dans l'économie politique, l'observation sociologique, la démographie et la statistique.

Comment hésiter enfin sur la nature du «mixte» social qui développe au XVIIIe siècle, avec un biais culturel nouveau, les intuitions statistiques de Colbert ? Il s'agit évidemment de la société des Lumières qui fédèrent les loges maçonniques et les salons philosophiques. De *l'Encyclopédie*, ces élites professionnelles tirent d'abord un vocabulaire commun, en suite un classement des connaissances : celui du *Discours préliminaire* de d'Alembert, l'inventeur des «sciences de l'homme», enfin l'idée que le pouvoir politique peut entendre la raison et veut s'informer.

Le XVIIIe siècle a produit là-dessus plusieurs discours de la méthode dont l'empirisme se corrige promptement. Le père Lelong attribue à de Kermadec l'un des premiers textes, parmi les plus explicites ; c'est le *Projet d'une description géographique, économique et historique....* À côté de fortes lacunes (la population dont Vauban avait depuis longtemps enseigné le recensement), apparaissent des chapitres tout juste entrevus sous Louis XIV : l'auteur recommande l'examen physique des sols et des eaux, la prospection minière, l'étude de la température, l'établissement d'une carte précise ; il prévoit le concours du botaniste, du chimiste, du manufacturier et des géomètres.

Le projet de Kermadec a-t-il inspiré Quesnay dans ses *Questions intéressantes sur la population, l'agriculture et le commerce proposées aux Académies et autres sociétés savantes des Provinces* (Quatrième partie de l'*Ami des Hommes*, 1758, 80 pages in −4°) ? L'analogie des premières séries de questions le suggèrent. L'enquête commence également ici par le climat (15 questions) et la géographie territoriale (17 questions). Le chapitre agricole (17 rubriques) renvoie explicitement aux articles «ferme», «fermiers», «grains» de l'*Encyclopédie*, et se réfère à Puttullo, Herbert, de Dangeul. Il est suivi de l'enquête de population, plus proche de la physique sociale du XIXe siècle que de la démographie de Moheau (16 points). Ensuite vient la production : grains, 12 rubriques ; bestiaux, 28 ; lins-chanvres-huiles, 11 ; vignes, 17 ; arbres, 17. Enfin la commercialisation : rivières et canaux, 10 questions ; usages et coutumes du commerce, 10 ; villes comme centres de consommation, 20 questions. Les sept derniers articles ouvrent une enquête d'opinion sur l'économie : existe-t-il un écart entre valeur vénale et usuelle ? Les hauts prix sont-ils facteurs de prospérité ? L'optimum de puissance tient-il à la richesse, à la population ? Le luxe est-il nuisible ? Faut-il multiplier les colonies ? L'État porte-t-il la responsabilité d'un déclin économique ?

La forte cohésion du questionnaire de Quesnay tient à la pensée physiocratique. La combinaison des réponses permettrait en effet d'établir le *Tableau économique* réel du royaume dont l'auteur publie d'autre part le modèle la même année. Ce projet d'enquête en a enfanté d'autres.

Payant d'exemple, un inspecteur des Ponts et Chaussées, Munier, compose à son tour vers 1770 un *Essais d'une méthode générale propre à étendre les connaissances des voyageurs ou Recueil d'observations...* qu'il applique à l'Angoumois et il le publie en 1779. Après la géographie historique et les grands traits de la vie économique, l'auteur conseille de placer l'agriculture au centre de toute description analogue, puis ses prolongements industriels (les matières premières) et commerciaux ; la dernière partie de la description concernera les aspects locaux et micro-économiques, dans le cas présent, l'étude d'une papeterie, l'examen des forges de Ruelle, etc.

D'ailleurs les économistes sont bientôt rejoints par les médecins; vers les mêmes années paraissent en Normandie les premières topographies médicales importantes du royaume; méditées depuis 1765, elles sont l'œuvre d'un médecin rouennais, Lépecq de La Clôture, et de nombreuses suggestions du *Journal de médecine, de chirurgie et de pharmacie* depuis 1758 n'y sont pas étrangères sans doute. Pour établir ses données, l'auteur avait organisé un réseau de correspondants dans l'Ouest du royaume; il le transmet à Vicq d'Azir, son compatriote normand, lorsque ce dernier fonde la Société royale de médecine en 1776. Et dans une séance publique restée célèbre, la société royale étend à son tour, deux ans plus tard, le projet d'une description physico-médicale à l'ensemble du pays. Une passionnante philosophie traverse ce manifeste de huit pages en l'honneur des statistiques régionales. On voit l'étiologie humaine et animale s'y placer en aval d'une chaîne de descriptions physiques, économiques et sociales; le préambule précise: «La société a senti combien il serait important d'avoir un plan topographique et médical de la France dans lequel le tempérament, la constitution et les maladies des habitants de chaque province ou canton seraient considérés relativement à la nature et à l'exploitation du sol...» Les médecins étudieront ce substratum physique (sables, pierres, humidité et jusqu'aux mines), les coordonnées géographiques, l'altitude, les vents, l'hydrologie, le climat, les cultures, l'alimentation, les types de maisons, de vêtements, la situation des manufactures, les instruments, les gestes des ouvriers et les maladies professionnelles.

En ce printemps des sciences humaines qui précède l'explosion et la diaspora des disciplines, l'hygiéniste-géographe-ethnologue rencontre l'administrateur, l'urbaniste, l'économiste. Le raisonnement analogique fonde ce paradis épistémologique: gouverner (et guérir) les êtres ou les sociétés exige une même patience attentive devant les hasards biographiques ou historiques; leur somme ne fait-elle pas la «Nature»? La part de Monstesquieu dans la naissance de cet «esprit des lois» biologiques ou sociales est évidente. Une telle filiation a sa richesse, mais elle coupe aussi la route à d'autres progrès. Le concept de loi par exemple ne peut pas créer l'illusion; la statistique descriptive s'éloigne de la science, puisque son domaine n'est plus, comme chez les arithméticiens celui de l'universel, de l'homogène, de l'abstrait, de l'antécédent constant; le mémoire régional s'approche davantage de l'histoire ou de la géographie qu'il renouvelle entièrement par son attention aux formes matérielles de la vie sociale, aux différences, aux combinaisons imprévues des données. Bref, cette statistique se satisfait d'être une somme de connaissance, l'idée naïve que «les faits parlent d'eux-mêmes» l'habite et la met en danger de refléter seulement la rhétorique et les idées reçues de son temps; elle n'est pas encore soustraite à la partie de l'honnête homme par les barbelés du spécialiste: bien des ouvrages de ce genre, à l'ombre de l'*Encyclopédie*, proclament leur lignage: une société de gens de lettres lui emprunte sa forme: le dictionnaire. Enfin lorsque l'enquête veut bien perdre à l'inverse sa fonction prédicative, son propos séduit, devient témoignage; la finesse, la fertilité du coup d'œil en font le prix. Miroir le long du chemin, le mémoire statistique se mue en Voyages. Depuis Jars les randonnées métallurgiques ou minéralogiques s'étaient multipliées, Arthur Young a signé un modèle de topographie agronomique; le *Voyage pittoresque de la France* rédigé par de La Borde, Béguillet, Guettard, fastueusement soutenu par les fermiers généraux depuis 1781, reste une des sources de la *Description topographique et statistique* de Peuchet et Chantaire

(1810) ; H.B. de Saussure nourrit entre 1779 et 1796 un projet voisin pour les Alpes et dans le même sens commence en 1792 la parution des cent deux cahiers du *Voyage dans les départements de la France*. Les mémoires descriptifs préparent ainsi la sensibilité collective à s'enthousiasmer pour les *Journaux* de l'ère romantique qui ne mènent pas tous vers l'Orient, amassent parfois des trésors de savoir sur les provinces françaises et, même chez Stendhal l'égotiste, cherchent toujours le tableau de mœurs et la dissection sociale.

À la veille de 1789, la topographie statistique s'avère ainsi l'un des genres les plus brillants de la littérature économique. Hors de la théorie pure où depuis la décennie 1770 les Anglais ont détrôné les physiocrates, à côté de « l'arithmétique politique » et de son avant-garde démographique illustrée par les premières tables de mortalité, l'enquête régionale bénéficie de l'intérêt officiel et suscite le dévouement des notables éclairés. En 1803, Peuchet louera Necker d'avoir établi « un bureau de renseignements dans son ministère : l'on y faisait l'extrait des mémoires et de la correspondance, l'on y classait les faits, les observations propres à guider l'administration et à perfectionner l'Économie politique ».

En dépit d'objectifs différentes, les gouvernements de la France révolutionnaire professent à l'égard de la statistique les opinions de l'Europe des Lumières ; mieux : ils les radicalisent. En effet, l'événement contraint les moins dirigistes d'entre eux, comme les Constituants ou plus tard les Thermidoriens, à dénombrer la population et les soldats, à réquisitionner, à répartir et compter en tout sens. Ce n'est pas le lieu d'évoquer la collecte des statistiques sérielles ou spécialisées ; plusieurs études de sources ont fait le point. Mais suivons le sort des topographies régionales.

On devrait relire d'abord sous l'angle économique les dossiers du Comité de division dela Constituante (*Archives nationales*, série D IV bis). Rappelons qu'il fut chargé de fixer les frontières administratives de la nouvelle France ; il étayait les limites des départements et des disctricts sur des documents officiels (tracé des provinces, dénombrements, etc.), que venaient contredire une foule de requêtes issues des négociants, des notables, des paysans, des communautés d'habitants. Le Comité avait réuni les matériaux d'une photographie des régions vers 1790 qui ne fut jamais commentée ; mais grâce à lui, une fructueuse tradition d'Ancien Régime s'était maintenue et la double origine administrative et privée de la collecte statistique ne se tarit pas. De même, on conserve quelques bribes de l'enquête de novembre 1791 sur l'agriculture, l'industrie, le commerce. Le ministre Delessart avait remplacé en octobre le Bureau de la balance du commerce – héritier de l'organisme de renseignements fondé par Necker – par un Comité central de l'administration du commerce et de l'agriculture ; des bureaux de correspondance départementaux l'alimentent en mémoires où le parti normatif double fréquemment la description, à la demande des autorités : « Vous remarquerez ce qui convient à votre localité, au climat, aux habitudes constantes des habitants... Quels encouragements il faudrait leur donner. » Quelquefois, comme à Nantes, les agriculteurs et les commerçants assistent les membres des directoires de département dans leurs réponses. En juin 1792, le nouveau ministre Roland répète l'enquête avec des intentions voisines ; il obtient des réponses où perce bien le double penchant des notables provinciaux pour la physiocratie qui fonde l'excellence des rentiers – la secte, en déroute à Paris, achève alors la conquête des campagnes – et pour l'optimisme philosophique : nul doute, l'instruction publique judicieusement conçue va changer les mentalités économiques et provoquer les progrès productifs. Le Comité central du commerce et de l'agriculture attendait mieux que cette rhétorique.

Aussi quelques mois après, l'autorité s'adresse en octobre 1792 aux services des Ponts et Chaussées pour obtenir un tableau des départements. Ce corps d'ingénieurs, qui a montré une réelle efficacité dès l'Ancien Régime, relève à ce moment là de la quatrième division du ministère de l'Intérieur; à sa tête, G.E. Le Camus, l'un des fondateurs de l'École polytechnique, administre les travaux publics, les défrichements, les plantations, les mines, forges et usines, la navigation, les ponts. Mais «tout est lié dans une bonne organisation sociale, rien n'est isolé pour le citoyen», commente lui-même le ministre en annonçant aux ingénieurs son vaste programme d'enquête et d'aménagement des départements. Ceux-ci sont particulièrement conviés à recenser les terres propres aux prairies, les étangs à dessécher, les industries déficientes au sein d'un mémoire en quatre parties: agriculture, manufactures, chaussées, mines et carrières. Les esprits les plus curieux constituent à cette occasion des dossiers qu'ils publieront plus tard comme Jolivet dans le département de la Marne, ou qu'ils transformeront après la tempête politique en *Description abrégée* sur la demande de François de Neufchâteau, ainsi Marcadier dans l'Ariège ou Planier dans la Creuse. Faut-il déduire de ces longs délais que la Convention ordonne le silence statistique pour se consacrer à la pulsion révolutionnaire? Ce serait très contraire à l'esprit jacobin.

Ainsi, très probablement, les *Questions sur lesquelles les communes de la République sont priées de fournir des solutions au ministre de l'Intérieur*, conservées en épave à la Bibliothèque nationale datent des premiers mois de la nouvelle assemblée. Plus de deux cents rubriques suggèrent une revue des forces collectives rangées selon un ordre causal élémentaire: le produit agricole, l'état démographique et médical des populations, l'activité des fabriques et du commerce, l'esprit public et les classes mobilisables. Mais l'ampleur du travail a découragé les municipalités fraîchement élues et l'enquête s'est perdue dans l'immense trappe législative de la Révolution, dont l'inventaire ferait un livre utopique passionnant puisqu'il dessine la France imaginaire de l'an II. Devant cette carence, le ministre de l'Intérieur Paré s'en remet une deuxième fois aux ingénieurs des Ponts et Chaussées en frimaire an II (fin décembre 1793); il leur demande un état des routes, rivières et canaux, des indications générales sur les charrois et le commerce des régions traversées. Trente départements au moins transmettent des résultats à Paris.

Après le 12 germinal an II (1er avril 1794), douze grandes commissions exécutives viennent remplacer les ministères traditionnels jusqu'au 10 vendémiaire an IV. La gestion de l'économie intéresse sur quelques points précis la Commission d'instruction publique (les brevets de découverte), celle du commerce et des approvisionnements, celle des armes et poudres (dans son département: les mines), mais l'outil essentiel est la Commission d'agriculture, arts et manufactures; des divisions spécialisées y traitent les problèmes agricoles, industriels: voici l'ébauche des ministères de l'Industrie et du Commerce; cependant l'histoire administrative n'est pas linéaire et par la suite ces matières seront encore longtemps rattachées au ministère de l'Intérieur. Au reste, fidèle à la tradition jaillie de la Constituante, la Convention inscrit en tête de la Commission les grands noms de la science chimique, de l'agronomie et de la gestion économiques; Bertholet, Rougier-Labergerie, Vilmorin, Parmentier, Costaz, Huzard le célèbre éditeur d'ouvrages scientifiques.

La quatrième division (arts mécaniques, usines, filatures) engage rapidement ses premières enquêtes générales. Ainsi la circulaire du 14 messidor an II (2 juillet 1794) s'adresse à tous les districts pour obtenir une statistique sommaire de l'équipement industriel par produit et par lieu. Le *Journal des arts et manufactures* animé par la commission, a publié les résultats par district en 1795-1796 sous le titre de *Géographie industrielle*, et par industrie en 1797. En marge des statistiques générales, la Commission lance encore dans l'été 1794 des enquêtes particulières sur les toiles à voile, les mines; elle suggère au Comité de salut public le tableau de l'industrie métallurgique, la statistique des lainages, des papeteries; elle se préoccupe enfin des établissements aux techniques avancées: l'horlogerie à Besançon, les Gobelins, Aubusson, la fonte, la mouture économique, le traitement de la tourbe, du vieux papier, etc.

Ce jacobinisme industriel, autarcique et véhément, touché par Thermidor et la chute de Robespierre, ne passe guère l'été. Une rupture s'annonce vers septembre 1794. Voici l'automne et la vieille nation paysanne que les Conventionnels ne mènent plus au canon retrouve ses labours désertés par les levées d'hommes, la réquisition des chevaux, la pénurie des semences. La Commission d'agriculture et des arts présente alors en vendémiaire an III (octobre 1794) au Comité de l'assemblée un important rapport de Berthollet que nourrissent les réclamations de toutes les campagnes. L'imminence d'une crise économique générale venue des subsistances inquiète tous les esprits. Pour y faire face, la Commission (rappelons qu'il s'agit d'un organe exécutif) élabore avec le Comité correspondant de l'assemblée un questionnaire d'enquête; celle-ci constituerait la base d'une documentation homogène qu'un embryon de bureau statistique tiendrait ensuite à jour, mais plusieurs mois de tâtonnement s'écoulent avant la publication de la circulaire du Comité de salut public, le 15 fructidor an III.

Dans l'intervalle, le Comité de salut public et la Commission d'agriculture et des arts encouragent des monographies partielles à titre d'essai. De la sorte, la Commission est liée par l'intermédiaire de J.-B. Rougier-Labergerie aux enquêtes poursuivies dans la Creuse; elle accueille le travail de Luchapt sur « L'état de l'agriculture dans le canton de Chambon, district d'Évaux », elle en publie un résumé dans son organe la *Feuille du Cultivateur*, le 22 vendémiaire an IV, pour inspirer les réponses à la circulaire de fructidor. Même opération avec « L'état de l'agriculture dans le canton de Thiviers, département de la Dordogne » de Charles Foullière. Les essais de « minéralogie économique » départementale publiés depuis l'hiver an III par le *Journal des Mines* s'apparentent sans doute aux mêmes travaux préparatoires, comme le rapport demandé par le Comité de salut public à Vandermonde sur les fabriques et le commerce de Lyon. Enfin l'administration porte un grand intérêt aux enquêtes locales privées poursuivies en dehors d'elle comme l'*Essai sur le département de la Seine-Inférieure*... de S.B.J. Noël de La Morinière, le *Coup d'œil historique, topographique et médical sur la ville de Niort* du Dr J.L.M. Guillemeau dont elle fait reproduire des extraits, ou bien encore les *Questions de statistique à l'usage des voyageurs* (1795) de Volney, largement inspirées de Quesnay.

Le formulaire qui accompagne l'enquête nationale de fructidor an III comprend 123 rubriques dont 67 sur l'agriculture (1re section), les autres divisions concernent 2) les richesses minérales et la pêche, 3) les sciences, arts fabriques et manufactures, 4) le commerce, 5) les finances et domaines nationaux, 6) la population. Comme dans les travaux ultérieurs, la base de la collecte est cette fois-ci départementale, ainsi les grands chapitres de la statistique consulaire et impériale sont en place. Le rapprochement de l'agriculture, de l'industrie, de la population suggère une interdépendance couramment ressentie. L'administration ne fait que traduire là-dessus le sentiment écologique des élites, des médecins notamment. Voici par exemple l'un des plus obscurs praticiens de province, un certain Souquet, qui publie en 1794-1795 un *Essai sur l'histoire topographique-physico-médicinale du district de Boulogne-sur-Mer, département du Pas-de-Calais*. Mais au même moment, au sein des notoriétés, le Dr Antoine Diannyère, membre associé de l'Institut, collaborateur de la *Décade philosophique* et du *Journal d'économie politique*, ami de Roederer qui publie ses «Preuves arithmétiques de la nécessité d'encourager l'agriculture» avec la deuxième édition de la *Richesse territoriale* de Lavoisier, fait écho à son temps et lance un manifeste en faveur de la «régionalisation» de la démographie. Son «Essai sur la nécessité et les moyens de construire, pour chaque département, des tables de mortalité et de probabilité de la vie précédées de Topographies médicales et rurales», inséré dans le *Journal des arts et manufactures*, montre le progrès réalisé depuis les estimations et les errements de G. Daignant. La Commission d'agriculture et des arts assure d'ailleurs elle-même la diffusion de toutes ces recherches puisqu'elle adresse le *Journal des arts* et la *Feuille du cultivateur* aux départements, districts et sociétés populaires. Lorsqu'elle tient sa dernière séance à la fin de l'an III, l'impulsion est donnée et les réponses commencent à s'accumuler.

Du reste, le rétablissement des ministères décidé par la loi du 10 vendémiaire an IV et le renvoi des affaires économiques dans le département de l'Intérieur n'introduisent pas de rupture : la 3e division (Cadet Chambine, puis Le Camus) connaît des mines, forges, aciéries ; la 4e division, sous la direction de Dubois, traite de l'agriculture, des inventions, des industries nationales. Or un bureau de l'agriculture, chargé d'études, accueille les membres de l'ancienne commission : Huzard, Parmentier, Vilmorin... Il en ira de même en l'an IX, à la création du Conseil général d'agriculture, arts et commerce. Ici, comme en tant de domaines, la Convention pathétique et harcelée avait rassemblé les idées, les hommes, et trouvé le projet. [...]

© Annales d'histoire de la Révolution française

François Simiand, la statistique et les sciences humaines
(1977)

JEAN BOUVIER

Contribution aux journées d'étude sur l'histoire de la statistique organisée les 23-25 juin 1976 par l'Unité de recherche de l'INSEE. Nous n'en avons conservé que les deux premières parties sur la place de François Simiand par rapport aux services de statistiques publiques de l'avant-guerre et sur son travail pour la maîtrise du chiffre. Le reste de cette analyse de Jean Bouvier porte plus généralement sur la démarche de François Simiand à l'égard de la science historique[1].

Jean Bouvier retient surtout les propositions de François Simiand «qui font partie de notre actuel bagage», en particulier le fait de «faire avec une balance fausse des pesées justes».

Source : *Jean Bouvier, «François Simiand, la statistique et les sciences humaines», in* Pour une histoire de la statistique, Paris, INSEE, t. 1, p. 431-434.

1. *Supra*, chapitre II.

On rencontrera toujours François Simiand (mort en 1935) si l'on s'interroge, comme c'est notre cas, sur l'histoire, les méthodes et les finalités de la science statistique et sur les rapports entre sciences humaines, rapports dans lesquels la statistique est partie prenante. Je dis tout de suite l'essentiel, pour éviter toute confusion : il ne s'agit pas de plaider pour un « retour à... ». Quand on relit d'anciens auteurs, deux sortes de questions doivent traverser la lecture. Ne reste-t-il *rien*, aujourd'hui, de leurs problématiques ? Même si nous jugeons que tel ou tel est « dépassé », que sa méthodologie nous apparaît (aujourd'hui) primitive, qu'il a lui-même (à nos yeux) médiocrement répondu à ses propres interrogations – et l'on sait bien que telle est la situation de Simiand dans « l'opinion » –, ces interrogations elles-mêmes ont-elles perdu tout intérêt, tout sens, toute utilité pour nous, aujourd'hui ? Nous avions, par exemple, dans les dernières décennies, oublié les « mouvements Kondratieff » ou les « phases interdécennales » de Simiand. Seul ou presque, le grand économiste de Louvain – je veux dire Dupriez – s'en souciait encore dans les années 1960. Aujourd'hui, sous la contrainte de la conjoncture, on rouvre de vieux dossiers et l'on se demande si (et dans quelles conditions) l'économie capitaliste, après une succession de soi-disant « miracles » dans le quart du siècle s'ouvrant en 1945, n'aborde pas un nouveau quart plus chaotique. Du coup, l'étude de la croissance, celle des cycles courts, celle des « mouvements longs », se trouvent brusquement réévaluées dans leurs relations que nous avions négligées.

Mais ce n'est pas cette sorte de question qui me retiendra dans cette communication. Car il en est une autre, accompagnant toute relecture : c'est la place de l'auteur en son temps, et dans la chaîne du temps ; c'est donc sa participation à l'avancement des méthodes et des problématiques ; c'est le travail qu'il a fait avant nous, et pour nous. Peut-être sommes-nous des héritiers, non pas ingrats, mais inconscients. Si nous pouvons nous opposer à Simiand, c'est que lui-même nous en a donné les moyens. Il a combattu pour des objectifs que nous considérons comme acquis (donc « dépassés »), sans nous souvenir assez qu'il a joué un rôle non négligeable dans l'acquisition elle-même.

Mais quel rôle ? Au fond Simiand a sans cesse confronté la connaissance économique, la démarche historique, l'approche sociologique. Il n'a cessé d'interroger ces trois sciences humaines dans leurs objectifs et leurs règles, que ce soit avant 1914, dans son célèbre article – célèbre par les remous qu'il entraîna dans la « tribu des historiens » – « Méthode historique et science sociale »[1], où dans sa série d'études publiées en 1912 sous le titre : « La méthode positive en science économique »[2] ; ou que ce soit, peu avant la fin prématurée de sa vie, dans les dernières pages du tome 2 (« Postface ») de sa grande œuvre sur *le Salaire, l'évolution sociale et la monnaie* (1932). Hélas, Simiand a peu fait pour aider son lecteur – un lecteur de plus en plus pressé de lire vite – en ce sens qu'il ne lui a rien épargné des détours de sa démarche – lente, progressive, à petits pas comptés – ni des particularités d'une écriture étonnamment calquée dans ses périodes, ses tournures de style, ses précautions d'exposition, sur le démarche elle-même.

I. Un économiste dans la cité

Si cette communication était une étude approfondie – et elle ne le sera pas, car il y a là matière à une recherche sur l'histoire des sciences humaines en France, qui certainement

1. *Revue de synthèse historique*, 1903. Réédité dans *Annales ESC*, janvier-mars 1960, p. 83-119. Article paru d'abord dans *l'Année sociologique*, tome XI, 1910.
2. J.O., 13 avril 1932, p. 4000-4001.

devrait être conduite pour elle-même – elle toucherait à trois thèmes. Celui, d'abord, du rôle de Simiand dans la cité, en tant que mettant ses capacités au service du « bien public » (j'emploie le mot par pure commodité). Cela nous conduirait à étudier l'activité de F. Simiand pendant la première guerre au cours de laquelle il fit partie de l'équipe d'Albert Thomas ; ou (ainsi que je l'ai appris fort récemment grâce à l'obligeance de M. Jacques Mairesse) à relever son rôle dans les tentatives (avortées) d'élargissement et d'approndissement de la stratégie publique dans les années 1930. Selon un rapport au Conseil National Économique [1] portant sur « l'organisation de la documentation économique et statistique » F. Simiand et Blondel [2] proposaient d'étoffer considérablement les moyens de liaisons de la « Direction de la Statistique Générale », dont Alfred Sauvy a rappelé qu'elle était avant-guerre un « établissement artisanal... curieux mélange d'archaïsme et de haute productivité » [3]. On peut voir dans un tel rapport l'amorce de ce que sera plus tard l'INSEE. Il y était affirmé que « la production et la distribution » avaient de plus en plus besoin d'une « information rapide et certaine dont l'évolution des économies modernes a mis à jour la croissante nécessité » ; et les auteurs comptaient sur « la bonne volonté et l'intérêt bien compris » pour obtenir des milieux privés (firmes, consortiums, syndicats, organismes privés de documentation) le maximum de données. Soucis d'un autre âge, ou problèmes toujours posés ? En tous les cas, lente démarche vers la « planification indicative ». À la même date d'ailleurs, mais dans un ouvrage [4], l'auteur du rapport au Conseil Économique, en traitant des « publications officielles » de statistique économique, écrivait d'humeur tranquille : « Il peut se rencontrer – et nous devons bien en comprendre les raisons – certaines limitations, une certaine réserve, soit dans la recherche, soit dans la présentation. Le cas est assez fréquent et ne va pas sans diverses conséquences ». D'où, parfois, la conscience malheureuse des statisticiens « officiels »...

II. La bataille de Simiand pour la maîtrise du chiffre

Le second thème aurait trait à Simiand statisticien, ou plus exactement, introducteur du chiffre et des méthodes statistiques dans les sciences humaines. Aujourd'hui la statistique y a droit de cité. Il a fallu singulièrement et longtemps batailler pour l'y faire admettre. S'en souvient-on ? Et là, le rôle de Simiand ne fut pas mince. Non qu'il fût seul : à la fin du XIXe et au début du XXe siècle une sorte de poussée de l'étude statistique se manifeste autour de la petite équipe de la Statistique générale de la France, de quelques économistes attirés par les études concrètes, et des sociologues de *l'Année sociologique*. Simiand lui-même s'y livre dans ses premiers grands travaux – en particulier son ouvrage de 1907 sur *le Salaire des ouvriers des mines de charbon*. On y pourra lire une longue note en page 497, consacrée à des « propositions méthodologiques », où se trouve rappelée la célèbre « présomption de l'erreur équivalente, la légitimité de son emploi, et ses limites ». Il avait eu déjà en 1903, nous le verrons, à considérer comme insuffisants les développements consacrés par Charles Seignobos, grand patron des historiens universitaires, à l'application de la statistique aux « sciences sociales ». Mais c'est dans sa conférence à la Société de

1. Auditeur au Conseil d'État.
2. *Histoire économique de la France entre les deux guerres*. Tome 3, chapitre XIII (« L'observation des faits économiques »), p. 349.
3. *Le Salaire, l'évolution sociale et la monnaie*. Postface tome 2, p. 568 (Paris 1932).
4. Chez M. Rivière.

statistique de Paris en 1921, éditée en 1922 sous le titre *Statistique et expérience*[1], qu'il avait comparé les conditions de l'expérimentation scientifique et de l'expérimentation statistique, sans se cacher, à cette date, que, «en matière économique», «l'instrument» de cette dernière ne pouvait pas être dit tout à fait «au point»[2]. «Il y a expérience, disait-il, partout où et seulement là où il y a disposition des faits, telle que l'esprit de l'homme puisse tirer une relation entre ces faits.» Si la statistique est la «science des moyennes», que fait-elle sinon réduire «un ensemble complexe de données» et «établir une relation entre cet ensemble ainsi simplifié et tel ou tel autre facteur»?[3] Ainsi le «mouvement général des prix», dégagé de données multiples, n'existe matériellement réalisé d'aucune manière, n'est directement observable comme tel d'aucun point de vue, et cependant est bien une réalité». Serait-ce chimère que ce «mouvement général»? Mais alors, pourquoi économistes et statisticiens actuels, confrontés à l'inflation globale, useraient-ils tant d'efforts à raffiner les calculs de ses taux? Quant aux conditions devant présider à l'expérimentation statistique, Simiand avance des propositions qui font partie de notre actuel bagage, encore que certains points soulevés par lui puissent toujours être déclarés plus ou moins chauds. Partant du fait que souvent «il est plus significatif d'étudier non pas les états absolus de l'objet étudié, mais la relation, la variation entre ces états[3] il avance la formule apparemment blasphématoire: «Faire avec une balance fausse des pesées justes» en invoquant «le bénéfice de la présomption de l'erreur constante, erreur qui, du point de vue relatif, s'élimine»[4]. Il est à craindre que la statistique en soit toujours là, de quelque manière. La condamnation qu'il porte par ailleurs des moyennes quinquennales et décennales comme non adéquates à «des éléments dont les variations caractéristiques se présentent en cycles ou plus courts ou plus longs que le lustre ou le décennat[5] n'a pas empêché des économétriciens d'en user dans une grande enquête récente sur l'histoire quantitative de la France aux XIXe et XXe siècles. François Simiand avait surtout bien vu que la «technique statistique» devait présenter «une convenance plus ou moins exacte, plus ou moins heureuse, par rapport au caractère du phénomène et à la nature du problème»[6]; ce qu'il disait encore d'autre manière – afin «de ne pas nous tromper nous-mêmes» – quand il soulignait que «nos moyennes, nos indices, nos coefficients»[7] devaient «se modeler sur la complexité concrète, respecter les articulations du réel, exprimer quelque chose à la fois de distinct et de vrai rapport à la multiplicité des cas individuels à laquelle elles correspondent»[8]. Et il formulait ainsi l'ambiguïté de nature de l'expérimentation statisique – puisque «les chiffres comme tels ne refusent jamais d'être combinés avec d'autres chiffres»: «Souvent l'expression statistique est nécessaire pour dégager, et on peut dire même, pour constituer le fait statistique; et pourtant il faudrait savoir déjà d'avance quel est, comment se comporte au juste ce fait statistique pour choisir avec pleine convenance la base et la nature d'expression statistique à employer»[9]. On comprend mieux alors certains de ses refus ou de ses hésitations dans l'utilisation de moyens sophistiqués visant à la recherche des relations

1. Ibid. p. 61.
2. Ibid. p. 26.
3. Ibid. p. 27.
4. Ibid. p. 32.
5. Ibid. p. 60.
6. Ibid. p. 30.
7. Ibid. p. 33.
8. Ibid. p. 34.
9. *Le Salaire*.... ouvrage cité.

entre données économiques et données autres de la vie sociale. Il s'en est surtout expliqué dans la Postface du tome II de son œuvre de 1932[1], à propos des « indices de corrélation », ou de « covariation » : leur degré élevé « ne suffit pas à prouver une dépendance »[2], en tous cas n'indique pas par lui-même « le sens » de la dépendance. Quelle que soit « la supériorité de l'expression mathématique » en tels cas, il faut toujours aller à « l'interprétation de la liaison » et faire « une recherche systématique de toutes les liaisons à soupçonner et une revue sélective les étudiant toutes tour à tour »[3]. Voici donnée la raison de ses pesantes démarches au cours dudit ouvrage, irritantes pour le lecteur, sans aucun doute. Mais la statistique ne peut « se borner à reconnaître des co-variations, des interdépendances »[4], puisqu'« un rapprochement entre deux ordres de faits en coexistence, si étroit et si bien étalbi qu'il puisse être, est en réalité (sauf impossibilité établie par ailleurs d'une dépendance en l'un des sens) bien incapable de fonder par lui-même et en fait la reconnaissance d'une influence du premier sur le second, plutôt que du second sur le premier » : cela à propos des rapports entre niveau des salaires et taille des établissements industriels. On ne peut nier que la question soulevée demeure réelle. Il peut arriver que le prestige et la force intrinsèque des calculs fasse oublier la multiplicité des « facteurs », des influences, et des interrelations. Mieux vaut le dire. [...]

© INSEE

Les temps forts de la statistique française depuis un siècle

(1977)

ALAIN DESROSIÈRES, JACQUES MAIRESSE ET MICHEL VOLLE

Dans la même publication, trois statisticiens de l'INSEE retracent l'évolution institutionnelle des structures de recueil, de publication et d'analyse de statistiques publiques.

Cette préhistoire de l'INSEE épouse une chronologie heurtée, en partie soumise aux besoins de la puissance publique selon la conjoncture.

Source : *Alain Desrosières, Jacques Mairesse, Michel Volle, « Les temps forts de la statistique française depuis un siècle »,* Ibid. *p. 509-517.*

Les statisticiens ont été assez souvent capables d'imaginer, parfois longtemps à l'avance, les besoins en information de l'État et de la société française. Mais il leur manquait presque toujours le poids administratif et politique pour faire aboutir leurs idées. L'imagination et la persuasion ne suffisaient pas pour que le système statistique se développât effectivement. Des conditions économiques et sociales étaient nécessaires, et aussi des circonstances politiques et parfois la conjoncture imprévue d'événements faisant apparaître clairement les lacunes de l'information.

Certaines périodes ont connu ainsi des progrès décisifs de l'appareil statistique. Ces

1. Ibid. p. 570-571.
2. Ibid. p. 560.
3. Ibid. p. 571.
4. Ibid. p. 570.

progrès ont été rendus possibles par les innovations techniques en matière de mécanographie puis d'informatique, ainsi que par l'avancement des méthodes statistiques théoriques et appliquées. C'est aux moments où les conditions économiques, sociales et politiques favorables étaient réunies que le système a progressé, en intégrant les possibilités techniques et les connaissances scientifiques de l'époque. Nous allons en voir trois exemples, qui correspondent aux trois étapes sans doute les plus importantes du développement du système statistique français depuis un siècle [1], [2]. Nous pouvons les marquer du nom des trois directeurs de l'institution statistique principale qui se sont trouvés alors en poste : Lucien March, directeur de la Statistique générale de la France (SGF) de 1896 à 1920 ; René Carmille, directeur du Service national des statistiques (SNS) de 1941 à 1945 ; Claude Gruson, directeur général de l'Institut national de la statistique et des études économiques (INSEE) de 1961 à 1966[3].

Lucien March, René Carmille et Claude Gruson, tous trois polytechniciens mais au départ sans formation particulière aux statistiques, tous trois très remarquables notamment par une alliance de réalisme et d'utopie, ont eu un rôle considérable.

Ils ont su profiter de conditions et de circonstances favorables pour affirmer les missions de l'institution statistique et faire accroître ses moyens : de l'ordre d'une dizaine ou d'une vingtaine de personnes à plus d'une centaine pour Lucien March ; de 150 personnes environ à 7 000 à la fin de la guerre pour René Carmille ; de 2 700 à 3 500 pour Claude Gruson, qui a engagé une nouvelle croissance des effectifs après la réduction des années d'après-guerre.

Ils ont été capables de lancer des opérations dont les effets se sont fait sentir durablement : traitement centralisé et complet des recensements de la population pour Lucien March, conception de systèmes de fichiers soigneusement contrôlés et tenus à jour pour René Carmille, élaboration de la comptabilité nationale pour Claude Gruson.

Ils ont favorisé l'utilisation des moyens modernes de traitement de l'information : Lucien March fut l'inventeur du « classi-compteur-imprimeur » ; René Carmille a été l'ardent propagateur de la mécanographie ; Claude Gruson était directeur quand l'informatique a commencé son essor à l'INSEE.

Ils se sont également préoccupés du recrutement, de la formation et de la carrière des statisticiens : Lucien March a voulu un corps de techniciens spécialistes et a instauré un concours de niveau élevé, il a participé aussi à la création en 1922 de l'Institut de statistique de l'université de Paris (ISUP) ; René Carmille est à l'origine de la création des corps des administrateurs et des attachés de l'INSEE et de l'École nationale de la statistique et de l'administration économique (ENSAE) ; Claude Gruson a augmenté le

1. La présente étude a été préparée pour les Journées d'étude comme une introduction aux « Matériaux » (qui paraîtront dans le Tome II) ; mais elle est plus à sa place ici.

2. Pour l'histoire de la statistique avant 1870, on peut consulter : Bertrand Gille : *les Sources statistiques de l'histoire de France : des enquêtes du XVIIe siècle à 1870*. Librairie Minard, Paris, 1964. René Le Mée : *la Statistique générale de la France de 1833 à 1870*. Service international de microfilms, Paris, 1975. Depuis 1861, le *Journal de la Société de statistique de Paris* constitue une référence très riche. Nombre d'indications sont reprises dans P. Marietti : *la Statistique générale en France*. Rufisque, Dakar, 1947.

3. Lucien March n'est en fait devenu directeur en titre de la SGF qu'en 1910 ; mais il dirigeait le service chargé du dépouillement central du recensement dès 1896, et son influence a commencé à être décisive dès cette époque. Le service de la démographie créé à la fin de 1940 sous l'impulsion de René Carmille a absorbé la SGF en 1941, pour donner le SNS. Ce dernier est devenu l'INSEE en 1946. Le service des Études économiques du ministère des Finances (SEEF) créé en 1950 et confié alors à Claude Gruson a été intégré en partie à l'INSEE au moment où celui-ci a pris la direction de l'Institut en 1961 ; l'autre partie du SEEF est devenue depuis la direction de la Prévision.

recrutement et s'est efforcé avec succès d'arrêter le mouvement de départ rapide des statisticiens vers l'extérieur de l'administration.

Enfin, et ce n'est pas là le trait le moins marquant, ces trois hommes ont contribué à former trois grands «styles» dont les différents caractères se retrouvent, parfois en s'opposant, dans la personnalité et les idées des statisticiens d'aujourd'hui.

Dire que trois directeurs ont joué un grand rôle ou que trois périodes ont été particulièrement décisives ne signifie pas que les autres directeurs n'aient pas eu une action et une influence importante, ou que les autres périodes n'aient rien apporté.

Michel Huber, qui a succédé à Lucien March à la tête de la SGF de 1920 à 1936, de même que Toussaint Loua et Victor Turquan qui ont été ses prédécesseurs entre 1871 et 1896, ont réalisé des travaux de grande valeur, et se sont efforcés de maintenir et de renforcer l'appareil statistique dans des conjonctures indifférentes ou adverses. Francis Closon, premier directeur d' l'INSEE de 1946 à 1961, a eu pour tâche de résoudre les contradictions du nouvel institut et de lui faire traverser une période difficile, tout en ouvrant la voie à de nombreux développements. Jean Ripert, directeur de 1966 à 1974, a prolongé par des réalisations l'effort commencé avec Claude Gruson, et poursuivi le développement de l'Institut dans les direction nouvelles répondant aux problèmes actuels.

Époques de ralentissement, d'arrêt ou même de recul du développement d'ensemble du système statistique, la fin du XIXe siècle, les années 1920-1940 et 1945-1960 ont connu des réalisations importantes dans leurs plusieurs domaines, et surtout elles ont été riches en réflexions et en projets nombreux qui préparaient l'avenir.

D'ailleurs, mettre l'accent sur le rôle des seuls directeurs est évidemment beaucoup simplifier. Ce sont en fait les initiatives, la compétence, le caractère souvent, d'hommes de plus en plus nombreux qui ont permis la réalisation des grands desseins et fait vivre les institutions. On nous permettra ainsi de citer les noms d'Alain Darbel et Jacques Dumontier, disparus brutalement voici une année à peine, et dont les carrières bien que différentes ont été à beaucoup d'égards l'une et l'autre exemplaires[1].

I. Lucien March : gestion de la main-d'œuvre et machines statistiques

À la fin du XIXe siècle, l'industrialisation de la France, commencée depuis plus d'un demi-siècle, a profondément transformé la structure du pays : bien qu'il fût plus lent qu'en Grande-Bretagne, en Allemagne ou aux États-Unis, l'exode rural a fourni la main-d'œuvre d'un grand nombre d'entreprises industrielles et commerciales, en général petites et moyennes. Il n'était pas alors question pour l'État de jouer un rôle de concertation ou de coordination de la «croissance» (le mot n'existait pas). Il y avait cependant un domaine où les problèmes étaient tels (et tellement nouveaux) qu'ils nécessitaient une intervention de l'État : la gestion de la main-d'œuvre. Déjà, au cours du XIXe siècle, la suppression du travail des enfants et la diminution de la durée du travail avaient fait l'objet de lois dont l'application avait entraîné la création de l'Inspection du travail.

Un «Office du Travail» est institué par la loi du 20 juillet 1891 : il est chargé de

1. Jacques Dumontier (1914-1975). *Économie et statistique*. avril 1975 ; *International Statistical Review*. décembre 1975 (par Edmond Malinvaud) ; *Encyclopedia Universalis*. décembre 1975 (par Alfred Sauvy). Alain Darbel (1932-1975). *Économie et statistique*. octobre 1975 ; *Revue française de sociologie*. 4e trimestre 1975 (par Jacques Lautmann) ; *Information sur les sciences sociales*. n° 15. 1976 (par Pierre Bourdieu).

« rassembler, coordonner et vulgariser tous les renseignements concernant la statistique du travail». Le bureau de statistique, qui avait été créé par Thiers en 1833 et qui s'appelait Statistique générale de la France depuis 1840, cessa alors de dépendre directement du ministre du Commerce et de l'Industrie et fut placé sous l'autorité du directeur de l'Office du Travail.

«Les travaux de l'Office exigeraient une connaissance exacte et détaillée non seulement des professions exercées par les habitants, mais encore de la structure économique du pays: nombre, nature et importance des établissements industriels, commerciaux, agricoles, etc., leur personnel, leur équipement, etc. Une vaste enquête était indispensable... »[1]. Les expériences menées dans le passé (1841 et 1861) pour chercher une telle information auprès des entreprises elles-mêmes n'avaient pas été assez concluantes pour qu'on voulût les rééditer. On s'orienta donc vers un « recensement professionnel spécial » des individus ; puis « prévoyant la double objection de la dépense et de la gêne causée aux habitants par deux opérations séparées », on décida d'annexer ce rencensement professionnel au dénombrement quinquennal effectué depuis le début du siècle.

Alors que le dépouillement des recensements avait jusqu'alors toujours été fait par les communes, la partie professionnelle du recensement de 1896 fut exploitée centralement à Paris[2]. Cela représentait un travail considérable qui fut réalisé sous la responsabilité d'un ingénieur de l'Office du Travail, Lucien March. Celui-ci, suivant l'exemple du Census américain de 1891, fit exécuter cette exploitation par l'entreprise Hollerith (ancêtre d'IBM) sur des machines électriques à cartons perforés. L'utilisation de ces machines était alors une innovation remarquable. Mais Lucien March conçut et mit au point un appareil fondé sur un principe différent, qui permettait de produire directement les tableaux statistiques[3]. C'est à l'aide de ce nouveau matériel que le recensement de 1901 fut totalement exploité à Paris, tant pour sa partie professionnelle que pour sa partie démographique.

Lucien March avait recruté et instruit la centaine de personnes qui de 1896 à 1900 fut occupée au dépouillement du recensement de 1896. Ce même personnel, devenu entraîné aux travaux statistiques, effectua encore le recensement de 1901 ; il fut administrativement intégré à la SGF quatre ans plus tard, ce qui permettait de conserver durablement le bénéfice de son expérience pour l'exploitation des recensements, à commencer par celui de 1906, et pour les autres travaux statistiques. Lucien March fit de ce nouveau service le noyau de la SGF. Nommé officiellement chef de la SGF en 1907, le titre de directeur lui était attribué en 1910, tandis que la SGF redevenait autonome et était placée sous l'autorité directe du ministre du Travail[4].

Sous l'impulsion de Lucien March, puis sous sa direction, la SGF, tout en poursuivant l'exploitation des recensements, s'engagea dans des directions nouvelles, toutes liées à la gestion et à la rémunération de la main-d'œuvre. En 1907 eut lieu la première enquête de consommation auprès de 800 familles ouvrières de Paris. En 1908 fut créée une « Commission d'étude des mesures propres à atténuer les chômages industriels», qui recommanda le calcul et l'étude d'indices conjoncturels. Dès 1911, c'est-à-dire avant le début

1. Michel Huber : « Quarante années de la Statistique générale de la France : 1896-1936 ». *Journal de la Société de statistique de Paris*, 1937.
2. La partie démographique traditionnelle fut encore dépouillée par les communes en 1896.
3. Le classi-compteur-imprimeur était encore en usage à la SGF en 1940, quand René Carmille introduisit la mécanographie. Il fut utilisé également dans plusieurs offices statistiques étrangers.
4. Michel Huber : « Nécrologie de Lucien March 1859-1933 ». *Journal de la Société de statistique de Paris*, 1933.

de l'inflation due à la guerre mondiale, fut l'ancée une enquête périodique sur les prix de détail des denrées de première nécessité.

Pendant la guerre de 1914-1918, les nécessités de l'organisation économique de l'effort militaire multiplièrent les besoins en information statistique d'un gouvernement auquel collaboraient d'ailleurs des hommes de sciences : Paul Painlevé, Émile Borel. Ce dernier proposa en 1920 de rattacher directement à la présidence du Conseil une Statistique générale de la France renforcée dans ses moyens, ce qui eut lieu quelques années plus tard[1].

Lucien March quitta la direction de la SGF en 1920. En vingt-cinq ans, il avait introduit une technique complètement nouvelle, fait augmenter les effectifs des services statistiques, lancé de nouvelles enquêtes, en s'appuyant sur les besoins et problèmes perçus par les dirigeants de son époque : on retrouvera ces traits chez certains de ses successeurs.

II. René Carmille : économie dirigée et gros fichiers

Comme celle de 1871 à 1896, la période 1920-1940 fut marquée par un grand nombre de projets statistiques, de systèmes coordonnés ambitieux, de programmes d'enquêtes futuristes, mais par aucune réalisation très importante. Ce sont des périodes pendant lesquelles les statisticiens proposent, mais ne trouvent pas le courant économique et politique pour les soutenir. Ainsi, entre 1871 et 1896, Toussaint Loua et Victor Turquan (directeurs successifs de la SGF) et l'historien Émile Levasseur avaient présenté devant le Conseil supérieur de la Statistique, créé en 1885, des projets que Lucien March accomplit en partie après 1900.

De même, de 1920 à 1940, Michel Huber, successeur de March, le mathématicien Émile Borel, l'économiste François Simiand proposèrent en vain une organisation et un développement de la statistique qui ne furent réalisés que beaucoup plus tard[2]. Mais cette période des années trente, si troublées à tous égards, vit en même temps le début d'une réflexion dans les domaines économique, social, politique, dont les effets se retrouvèrent d'ailleurs aussi bien pendant l'Occupation, du côté de Vichy et de la Résistance, qu'après la Libération. Un des thèmes était justement la nécessité d'un système d'information économique permettant le pilotage d'une économie dont on sentait bien, autant à droite qu'à gauche, qu'elle ne pourrait plus jamais revenir au « libéralisme » d'avant 1914 : l'idée d'« économie dirigée » se répandit alors largement. Dans ces courants de réflexion, on trouve en particulier le groupe « X-Crise », avec des hommes comme Alfred Sauvy qui travaillait à la SGF depuis 1922 et qui lança en 1938 un système de statistique industrielle obligatoire. Formé de techniciens, ce groupe chercha quelles solutions techniques pouvaient être apportées aux énormes problèmes du moment. C'est bien ce souci qu'on retrouve chez René Carmille, contrôleur général de l'armée, qui à la même époque donnait des conférences d'économie à l'École des sciences politiques, participait à la Commission de statistique industrielle, et se faisait l'apôtre de la mécanographie dans la gestion des entreprises et de l'État.

Dans le domaine statistique, la période 1940-1945 introduisit des bouleversements décisifs qui étaient le produit des circonstances : occupation de la France, économie

1. Émile Borel : « La statistique et l'organisation de la présidence du Conseil des ministres », *Journal de la Société de statistique de Paris*, 1920.
2. Michel Huber : « Quarante années de la Statistique générale de la France », *Journal de la Société de statistique de Paris*, 1937 et « Principales lacunes et insuffisances des statistiques françaises », *Journal de la Société de statistique de Paris*, 1944.

dirigée, réquisitions, rationnement. Cette situation exceptionnelle fut saisie par René Carmille. Passionné par les possibilités des machines mécanographiques, il avait publié en 1936 un livre où il décrivait comment un « État moderne » pourrait utiliser ce puissant moyen de traitement de l'information statistique, démographique et économique[1]. Les méthodes qu'il préconisa reposent sur quelques principes simples: tenue à jour de dossiers individuels des unités statistiques comportant des documents de base soigneusement vérifiés localement, identification sans ambiguïté de chaque unité statistique, emploi de codes très généraux et rendus obligatoires. Les événements lui donnèrent l'occasion d'appliquer ces idées.

En 1940, l'armée fut démantelée par l'armistice. René Carmille proposa au gouvernement de Vichy de créer, sous couvert d'un service de démographie, un service camouflé de recrutement. Un fichier de population géré mécanographiquement devait fournir le moyen de mobiliser une armée de plusieurs centaines de milliers d'hommes. « Le service à créer », écrivait René Carmille, le 16 août 1940, au ministre de la Guerre « est un service général qui doit fournir des synthèses d'ordre national et impérial nécessaires au Gouvernement. Mais les éléments de ces synthèses doivent être recueillis et contrôlés localement. De là, la nécessité bien explicite d'avoir, d'une part, une forte administration centrale et, d'autre part, des organes régionaux assez près de la matière à traiter pour exercer une vérification efficace et portant sur un territoire assez vaste pour que leur importance leur permette d'organiser scientifiquement leur travail en tirant plein rendement des moyens modernes »[2]. Le 15 décembre 1940 fut créé le Service de la démographie, où furent affectés de nombreux officiers réduits au chômage. Ce nouveau service intégra SGF quelques mois plus tard et devint le Service national des statistiques, ce qui n'alla pas sans quelques conflits. « Un beau jour », raconte avec humour Alfred Sauvy, « nous apprenons à la SGF par le Journal Officiel la création du « Service de la démographie » pourvu de grands moyens et nous entamons une querelle avec René Carmille qui entend nous absorber. C'est l'établissement artisanal que l'usine veut supprimer... Finalement, la paix se fit entre nous et le petit établissement artisanal fut absorbé par la grande usine ».

Sans perdre de vue ses objectifs, René Carmille entreprit de mettre sur pied une vingtaine de directions régionales, qu'il réussit à équiper progressivement des machines mécanographiques les plus modernes de l'époque[3]. En juillet 1941, il fit effectuer un recensement des activités professionnelles en zone sud, et à cette occasion il introduisit le numéro d'identification à 13 chiffres (connu maintenant sous le nom de numéro de la Sécurité sociale). L'exploitation de ce recensement partiel fut menée en un temps record; en février 1942, les fichiers nécessaires étaient en principe prêts pour une éventuelle mobilisation. Mais, en novembre 1942, la zone sud est à son tour occupée ; il n'est plus question de mobilisation. René Carmille s'attache à consolider sa vaste entreprise. Il crée ainsi en 1943 un service des sondages, et surtout l'école d'application du SNS (devenue plus tard École nationale de la statistique et de l'administration économique, ENSAE) où une formation scientifique de haut niveau doit être donnée

1. René Carmille : « La mécanographie dans les administrations », 2e édition, *Recueil Sirey*, 1942.
2. Cité dans G. Marie : « Nécrologie René Carmille », *Journal de la Société de statistique de Paris*, 1945, où on trouve des indications sur les idées de René Carmille et son action pendant cette période. M. Robert Carmille, fils de René Carmille, nous a apporté également des précisions, ce dont nous le remercions.
3. Alfred Sauvy : « Statistique générale et Service national des statistiques de 1919 à 1944 », *Journal de la Société de statistique de Paris*, 1975. Cette histoire, et bien d'autres sur la statistique, est également racontée par Alfred Sauvy dans *De Paul Reynaud à Charles de Gaulle : un économiste face aux hommes politiques 1934-1967*, Castermann, 1972.

aux administrateurs et attachés[1]. Parallèlement, René Carmille poursuit ses activités de résistance : patriote convaincu, membre du réseau Marco Polo, il est arrêté à Lyon en février 1944 et transféré à Dachau en juillet 1944 ; il devait y mourir le 25 janvier 1945.

En moins de cinq ans, du fait des conditions économiques et aussi militaires, René Carmille a fait accomplir à l'institution statistique un bond considérable. Les effectifs sont passés de moins de 200 personnes à 7 000, répartis dans une vingtaine de directions régionales et disposant d'un matériel moderne. Les instruments statistiques essentiels que sont devenus plus tard les répertoires et les fichiers ont été créés. Si René Carmille n'a fait qu'entrevoir les problèmes de l'insertion de l'information statistique dans la vie sociale, il a compris les possibilités techniques de l'outil mécanographique avec une intuition étonnamment précise et complète, qui lui a permis d'imaginer des possibilités que l'informatique offrirait plus tard. Il a ainsi puissamment contribué à créer le système statistique moderne.

III. Claude Gruson : planification et comptabilité nationale

Le SNS est l'ancêtre immédiat de l'INSEE, créé par la loi du 27 avril 1946 et organisé par le décret du 14 juin de la même année. Après la guerre coexistent donc dans le nouvel institut quelques anciens (peu nombreux) de la SGF, les militaires recrutés par René Carmille, et les jeunes statisticiens formés par la nouvelle école d'application du SNS. Ces derniers reprochent au système hérité du SNS sa lourdeur, son caractère administratif et paperassier. Alors que les gros fichiers absorbent un personnel énorme et que leurs productions ne sont pas immédiates, ils rêvent d'enquêtes par sondage menées sur des échantillons bien choisis. Ils se méfient aussi d'une trop grande proximité du pouvoir politique. Francis Closon, directeur de l'INSEE de 1946 à 1961, décrit ainsi les positions :

« Pour les uns, la statistique, magistrature du chiffre, n'avait rien à gagner à une compromission avec l'étude économique et la conjoncture, où l'appréciation personnelle pouvait prendre une place jugée dangereuse.

Pour d'autres, l'important équipement mécanographique, l'existence de fortes directions régionales ouvraient naturellement la voie à un établissement administratif gestionnaire de fichiers susceptibles de rendre des services qui, à leur tour, assoieraient le nouvel institut contesté dans son existence même »[2].

La période 1945-1960 présente des analogies avec les périodes 1871-1896 et 1920-1940 : décantation, réflexion, projets, initiatives expérimentales, mais peu de réalisations lourdes. Les effectifs pléthoriques de la Libération décroissent (7 000 personnes en 1945, 3 000 en 1950, 2 700 en 1960). Certains services statistiques extérieurs relativement importants entre 1940 et 1945 sont considérablement diminués : agriculture et industrie par exemple. Dans l'immédiat après-guerre, la statistique apparaît trop liée à la lourde gestion bureaucratique du temps de Vichy, et elle manque du coup de s'effondrer. Ainsi la statistique industrielle est sauvée par la loi de 1951, mais elle ne se développera vraiment que quinze ans plus tard.

Malgré les crédits et des moyens très limités plusieurs instruments nouveaux impor-

1. Ce matériel n'était pas compatible avec celui utilisé en Allemagne, ce qui évita sa réquisition.
2. L'ENSAE s'est appelée successivement École d'application du SNS puis l'INSEE, avant de recevoir sa dénomination actuelle en 1960, à partir du moment où les effectifs d'étudiants non fonctionnaires de l'INSEE se sont fortement développés.

tants voient cependant le jour. L'enquête « emploi », en 1950, utilise pour la première fois les techniques de sondage. Les premières exploitations des déclarations de salaires par les employeurs sont faites en 1947 et 1950. Des enquêtes générales sur les dépenses des ménages sont réalisées dès 1946 et 1948 par l'INSEE et l'Institut national d'études démographiques[1]. Elles sont rapidement suivies à l'INSEE d'enquêtes spécialisées de consommation et d'enquêtes plus générales sur les conditions de vie des divers milieux sociaux. Le code des catégories socioprofessionnelles paraît en 1951 ; il est utilisé pour le dépouillement du recensement de 1954 et des enquêtes. Les indices des prix de détail et de la production industrielle sont perfectionnés. Les enquêtes de conjoncture auprès des chefs d'entreprise deviennent régulières dès 1951 et se développent. L'évolution économique est en effet très mouvementée : ce sont les indicateurs conjoncturels qui suscitent le plus d'intérêt et obtiennent quelques moyens.

C'est à juste titre que Francis Closon pourra écrire plusieurs années plus tard : « La tâche n'était pas terminée en 1961, mais cependant suffisamment engagée pour que la voie fût non seulement indiquée, mais ouverte. La période du risque vital était franchie[2].

De même que Lucien March a intégré l'entreprise Hollerith et ses mécanographes à la SGF en 1905, de même que René Carmille intègre son service de démographie et ses militaires à la même SGF en 1941, Claude Gruson intègre son Service des études économiques et financières (SEEF) et ses comptables nationaux à l'INSEE en 1961[3]. Claude Gruson (avec Jacques Dumontier, René Froment, Alfred Sauvy, André Vincent et bien d'autres) est un des pères de la comptabilité nationale française qui s'était développée en dehors de l'INSEE.

Au moment où Claude Gruson arrive à l'INSEE, la vogue du Plan français est à son zénith. Le IVe Plan, préparé vers 1960, a pour la première fois utilisé massivement les cadres de la comptabilité nationale pour asseoir ses projections. Les problèmes de la croissance équilibrée sont partout posés, et l'information chiffrée nécessaire pour remplir les tableaux des comptables nationaux paraît désormais très importante.

Sous l'impulsion de Claude Gruson, les projets des années 50 vont pouvoir se réaliser, avec toutefois un certain infléchissement dans les buts. Alors que les statisticiens avaient plutôt en tête l'étude des comportements des ménages ou des groupes sociaux dans des analyses de type économétrique ou comparatif, l'accent est mis également sur la mesure des grands agrégats, de la consommation par postes de dépense, etc. Parallèlement, un programme d'enquêtes prioritaires est mis au point à l'occasion de la préparation du Ve Plan en 1963-1964 ; il bénéficie des crédits nécessaires : c'est ce programme qui est réalisé depuis une dizaine d'années. Au même moment est lancé, pour la première fois depuis 1861, un ambitieux recensement général de l'industrie portant sur l'année 1962. Les difficultés rencontrées lors de sa réalisation conduiront à la mise en place d'un système plus diversifié d'enquêtes annuelles d'entreprise vers 1970. Enfin cette période voit les débuts de l'utilisation des ordinateurs à l'INSEE ; cette utilisation sera d'abord

1. Francis Closon : « Les difficultés d'un commencement ». *Économie et statistiques*, n° 24, juin 1971, numéro spécial du 25e anniversaire de l'INSEE. Ce numéro contient plusieurs autres documents historiques intéressants.
2. L'Institut national des études démographiques (INED) a été créé, comme l'INSEE, en 1946, et a été confié à Alfred Sauvy.
3. Précisément, la SEEF est intégré à l'INSEE pour la partie qui réalise les comptes des ménages et des entreprises et la synthèse des comptes. L'INSEE collabore avec le Commissariat général du Plan pour les projections à moyen terme, et avec l'autre partie du SEEF, devenue l'actuelle direction de la Prévision, pour les projections à court terme (budgets économiques).

limitée au recensement de population et au recensement industriel de 1962, mais elle transformera profondément par la suite les structures de l'Institut.

À partir de 1962, sous la direction de Claude Gruson puis de Jean Ripert qui lui succède en 1966, les effectifs de l'INSEE recommencent à croître, passant de 2 700 en 1960 à 4 000 en 1970 et environ 7 000 en 1976; les moyens informatiques augmentent considérablement. Cette croissance rapide entraîne pour l'Institut un certain nombre de problèmes auxquels, vers la fin des années 60, la réforme de ses publications et celle de son organisation interne visent à apporter des solutions. Mais surtout elle permet la réalisation progressive d'un véritable système de statistiques d'entreprise, les progrès et l'extension à de nouveaux domaines des statistiques sociales et régionales, le développement des activités de coordination et de diffusion statistique.

Les quinze dernières années ont donc bien vu, comme les deux périodes précédentes déjà décrites, la conjonction d'un contexte économique et politique particulièrement favorable à l'information chiffrée et de deux directions suffisamment proches des préoccupations contemporaines pour pouvoir obtenir les moyens nécessaires à la réalisation des projets des statisticiens.

Lucien March, René Carmille et Claude Gruson n'ont pas été seulement porteurs des préoccupations d'une époque qu'ils ont su traduire en actions à la faveur des conjonctures; ils ont aussi infléchi durablement le style et le contenu des activités statistiques. Ils peuvent personnifier ainsi trois grands styles et conception de la statistique et du travail statistique qui coexistent encore à l'INSEE. L'alliance de ces trois styles compose ce qu'on peut appeler le style «INSEE».

Le style «March» ou «SGF» associe statistique ou études économiques et sociales. Il se caractérise par ses préoccupations intellectuelles et scientifiques et par sa rigueur dans l'usage des techniques statistiques, par le souci de l'objectivité et de la neutralité, par l'apolitisme aussi. Comme l'écrivait René Carmille des statisticiens de la SGF, qu'il entendait absorber dans le SNS: «ce sont des savants». Il ajoutait d'ailleurs: «qui ne disposent d'aucun matériel moderne sérieux». Actuellement encore les «statisticiens purs» du style SGF montrent une certaine défiance envers les grands systèmes qui demandent des moyens importants, et ils ont une prédilection pour les méthodes souvent moins coûteuses des enquêtes et des sondages.

Le style «Carmille» ou «SNS» allie statistique et gestion administrative, en s'appuyant sur l'usage des moyens modernes de traitement de l'information. Il s'agit de développer la production des statistiques comme produits liés aux activités administratives qui donnent lieu à la gestion de gros fichiers de personnes, d'entreprises, d'établissements publics, d'équipements collectifs, etc. Les statisticiens tenants de ce style sont moins des savants spécialisés dans certains domaines d'études que des «ingénieurs», experts en informatique et en organisation.

Le style «Gruson» ou «SEEF», ou encore «Comptabilité nationale», rapproche statistique et utilisation des statistiques, pour les besoins notamment de la régulation économique et de la planification. La statistique n'est pas une fin en soi; elle a pour but essentiel d'aider aux prévisions et aux décisions de la politique économique. Les «comptables nationaux» font souvent fi de la prudence des «statisticiens purs», il leur faut savoir, compte tenu de l'information existante à un moment donné, faire flèche de tout bois pour parvenir aux estimations dont ont besoin les responsables économiques.

Ces trois styles s'opposent ainsi à de nombreux égards tant scientifiques et techniques que politiques; ils sont plutôt associés que véritablement unis à l'intérieur du style

« INSEE ». Ils colorent plus ou moins les conceptions et les jugements des statisticiens ; ils peuvent indiquer des attitudes politiques contraires et dénoter des sensibilités et des tempéraments différents. Il est clair cependant que la description de ces styles ne doit pas être schématique et que celle esquissée ici mériterait à coup sûr d'être nuancée. Chacun des trois styles a ses traditions et sa valeur ; bien souvent d'ailleurs, ils s'affrontent dans chaque statisticien pris individuellement. Cette diversité est certainement une grande richesse pour l'institution statistique.

© INSEE

Statistique fétichisée et statistique réelle

(1978)

MICHEL VOLLE

Article à la fois militant et d'analyse critique d'un statisticien professionnel soucieux de dépouiller la statistique des « oripeaux fallacieux de la scientificité ». L'auteur essaie en particulier de préciser « le conditionnement social de l'information statistique » et prend différents exemples issus de différents types de statistiques.

Source : *Michel Volle, « Statistique fétichisée et statistique réelle »,* le Mouvement social, *juillet-septembre 1978, p. 43-61.*
Bibliographie : *du même auteur,* le Métier de statisticien, *Paris, Hachette, 1982.*

L'INFORMATION STATISTIQUE est pour certains un « fétiche », un objet sacré devant lequel l'esprit critique s'arrête. D'autres, qui se croient mieux avertis, ont, vis-à-vis de la statistique, une attitude nihiliste de refus systématique. Il est vrai que l'usage raisonné de l'information est difficile ; car il suppose, outre la connaissance des résultats, celle des *conditions pratiques de leur production*, qui est rarement communiquée au public.

Prendre le « chiffre » pour ce qu'il est et l'utiliser en conséquence, c'est ce que nous appelons la « statistique réelle ». Elle nécessite une approche critique des instruments, dont nous indiquons ici les voies.

Selon une certaine tradition de la culture française, le statisticien est un personnage ridicule, un maniaque du quantitatif incapable de goûter les exquises nuances du qualitatif.

Durant les dernières décennies, on a vu apparaître un autre jugement : dans un système où le pouvoir se donne une allure technique, le statisticien devient « l'expert » dont les travaux « officiels » font « foi ». La citation des nombres est devenue un rite du débat politique, car elle permet de « faire sérieux ». Maladroite et rouée à la fois, elle n'apporte, il faut le dire, ni rigueur, ni clarté.

Plus récemment, il est devenu à la mode de ressentir les émois généreux mais imprécis de l'humanitarisme à propos de l'informatique ; on éprouve une grande peur, très littéraire, devant l'ordinateur « inhumain » et ceux qui le servent.

Dérision, révérence, ennui ou peur : voilà l'image de la statistique dans le public.

Le statisticien, pour sa part, ne comprend le plus souvent pas bien la dimension de l'aventure dans laquelle il est embarqué. Il s'explique chaque problème particulier avec un cynisme de vieux routier qui en a vu et en verra d'autres ; mais son analyse d'ensemble reste stéréotypée : « service public, objectivité, neutralité ». Un idéalisme foncier le pousse à situer la réalité de son travail dans ces idéaux, même s'il admet qu'il est possible seulement de les viser, et non de les atteindre [1].

Si on commet l'erreur de faire abstraction des conditions historiques et sociales de sa production, la statistique semble être la reproduction même de la réalité ; elle paraît dotée d'une autonomie, d'une indépendance, d'une autorité que rien ne justifie pourtant aux yeux de celui qui l'observe dans le processus concret de sa production. À peine sortie des mains du producteur, elle devient l'objet d'un véritable fétichisme. La « scientificité », l'« objectivité », la « neutralité » que l'on invoque si complaisamment ; l'image de quelque dérouleur de bande ou pupitre d'ordinateur ; d'impressionnantes batteries d'équations : voilà les mots clés et les objets sacrés du culte du fétiche. L'esprit critique recule, impressionné, devant cette débauche de technique.

Certes, il serait tentant de briser l'idole purement et simplement. C'est la réaction de ceux que nous appellerons « les idéalistes déçus ». L'idéaliste déçu dénonce avec vigueur le mensonge de l'objectivité, de la neutralité, etc. Et, comme il ne voit dans la statistique rien d'autre que ce mensonge, il en conclut qu'elle est intrinsèquement perverse et qu'il faut la détruire. Ce point de vue nihiliste n'est pas le nôtre. Nous pensons que disserter sur l'idéal de l'objectivité ou sur la perversité du nombre, c'est perdre son temps. La construction de la connaissance économique et sociale ne doit pas être étudiée en usant du cadre logique et de l'échelle des valeurs morales qui conviennent aux questions métaphysiques ou théologiques. Activité à la fois symbolique dans son rôle et très instrumentale et concrète dans sa mise en œuvre, la production d'information statistique joue un rôle dans l'évolution historique de l'économie et de la société ; elle est inséparable de cette évolution. C'est par rapport à cette évolution qu'elle doit être non pas jugée – il ne s'agit pas, en effet, de savoir si elle est « bonne » ou « mauvaise » – mais *située et utilisée*.

Une telle démarche oblige à coller étroitement à l'expérience. On pourra lui reprocher une certaine lourdeur. On pourra trouver que c'est dépenser bien de l'énergie pour enfoncer des portes ouvertes. Seulement, dans les faits, les portes ne sont pas ouvertes mais fermées ; l'analyse générale et aisée, qui règle en un tournemain, à l'aide de quelques principes simples, les comptes de la technocratie, de la bureaucratie, du capitalisme, etc., traverse les obstacles sans les déranger. Pour avoir une chance quelconque de peser sur les événements, d'ouvrir réellement des portes qui ne sont ouvertes qu'en théorie, il est nécessaire de chercher les articulations du pouvoir, d'identifier ses lieux d'accumulation, ses réseaux d'information et d'action.

Ce n'est qu'après s'être engagé assez avant dans l'approche historique et y avoir posé des jalons que l'on pourra revenir sur des notions générales, comme celles de service public et d'objectivité, en les considérant non comme des positions philosophiques vraies ou fausses en soi, mais comme des produits historiques jouant un rôle dans l'évolution des rapports économiques et sociaux.

La construction des objets économiques

Le journaliste économique et son lecteur, le professeur d'économie et son étudiant, l'historien de l'économie, manipulent des objets dont le caractère construit leur échappe

1. Cf. E. Malinvaud, « La statistique, miroir de l'histoire », *Pour une histoire de la statistique*, Paris, INSEE, 1977.

souvent : il ne s'agit pourtant pas d'objets naturels, qui se présenteraient spontanément aux yeux de l'observateur, mais d'objets choisis et construits en vue d'usages précis ; et cette construction a toujours un sens, même si elle est parfois apparemment absurde. S'enquérir de ce sens afin d'utiliser ces objets sans dépasser les limites de leur validité, c'est une exigence élémentaire du sérieux intellectuel. Elle est rarement respectée ; on admet presque toujours implicitement que les objets qui servent à construire les représentations de l'économie sont de « bons objets », bien fabriqués, bien représentatifs, voir des objets « naturels » sur lesquels toute interrogation serait superflue.

Prenons un exemple. Quoi de plus simple que la production de charbon, mesurée en tonnes ? Du charbon, c'est intuitivement concret, ça pèse lourd, ça salit les mains ; quand on regarde une courbe de production, on a l'impression rassurante de savoir de quoi il s'agit. Et pourtant, pour construire cette mesure, il faut accumuler des conventions : d'abord, définir ce que l'on appelle « charbon » et tracer la frontière avec d'autres types de combustibles minéraux ; puis définir la production : tout ce qui est extrait du sol et remonté à la surface ? ou bien faut-il déduire les déchets ? Faut-il aussi déduire le charbon utilisé pour produire l'énergie dont la mine a besoin ? Surtout faut-il additionner des tonnages de charbon de qualité très différentes ? ou bien faut-il s'efforcer de situer chaque qualité par rapport à une qualité de référence ? Alors, on n'additionnera plus vraiment des tonnages, mais des tonnages multipliés par des coefficients d'équivalence. Comment choisir ces coefficients ? En vertu de quels critères ?

Dans la pratique, le suivi de la production de charbon exige l'usage d'indicateurs différents, selon le type de décisions à prendre. La définition retenue par l'ingénieur de fosse (« tout ce qui est extrait ») n'est pas la même que celle du directeur de l'unité de production (« tout ce qui est vendable »), et elles seront toutes deux différentes des définitions nécessaires pour les travaux de planification (« la quantité d'énergie produit »). À chacun des niveaux de gestion correspond une définition particulière de cet objet apparemment si simple : la production de charbon[1].

Toute mesure est fondée sur des conventions. Parmi ces conventions, il en est, c'est vrai, qui sont sans grande conséquence pratique. Celles-là sont choisies un peu au hasard ; mais d'autres, par contre, ont une importance politique décisive. Alors elles ne sont pas choisies au hasard, ni bien souvent non plus en fonction des seules exigences de la connaissance économique « pure » !

Voici des points qui, à des degrés divers, sont stratégiques, et sur lesquels les décisions ont donné lieu à des débats parfois très durs :

Définition des industries : la nomenclature des activités industrielles est un des instruments de la construction des objets de la connaissance économique[2]. Prenons le cas de l'industrie textile. Comprend-elle ou ne comprend-elle pas la production de textiles artificiels et synthétiques (qui pourraient être classés également à la chimie) ? Comprend-elle ou ne comprend-elle pas la bonneterie (qui pourrait être classée également à la confection) ? Selon que l'on répond par la positive ou la négative à ces deux questions, l'évolution de cette industrie apparaîtra sous un aspect tout différent : les textiles artificiels et la bonneterie connaissaient, jusqu'à ces derniers temps du moins, une vive croissance alors que les autres branches d'activité (laine, coton, soie, etc.) étaient en déconfiture. Derrière cette question de définition, d'aspect purement formel, se cachent

1. Nous utilisons ici des indications qui nous ont été communiquées par M. Desrousseaux.
2. Nomenclatures des activités économiques de 1959 (NAE) ; nomenclatures des activités et des produits de 1973 (NAP).

non seulement des problèmes de connaissance économique, mais aussi des questions de convention collective, de contrôle des prix, de tarification douanière, bref de politique industrielle et sociale. Pour le patronat, comme d'ailleurs pour l'administration, la définition du domaine d'application de cette politique est un enjeu.

Construction des indices de prix à la production: chaque industrie a intérêt à sembler «sage» au plan des prix; comment seront choisis les produits «représentatifs»? Quelles pondérations utiliser? Comment aussi repérer les mécanismes de formation des prix? Comment seront traités les produits nouveaux, alors que les «innovations» ne sont bien souvent que des modifications d'intérêt réduit destinés à justifier un «effet qualité» pour contourner le contrôle des prix?

Construction des indices de prix de détail: ce problème méritant à lui seul un long développement, nous ne rappellerons que les points stratégiques: «effet qualité»; dépenses non prises en compte (actuellement: achats de logements, coût du crédit, cotisations sociales, etc.); et surtout, scandale de l'utilisation de l'indice des prix pour les négociations salariales, alors qu'il ne mesure pas, c'est notoire, l'évolution du coût de la vie et que bien d'autres indicateurs devraient être utilisés pour éclairer ces négociations (notamment ceux qui concernent la productivité)[1].

Commerce extérieur: chaque industrie a intérêt à apparaître comme bénéficiaire du point de vue de la balance commerciale. Comment sera définie la nomenclature douanière?

Le poids des conventions est lourd dès la définition des outils de base de la connaissance économique: nomenclatures, rubriques comptables, etc. Il s'accroît encore lorsqu'on s'éloigne de l'information élémentaire pour construire des informations synthétiques. Plus on s'élève dans l'agrégation de l'information – les indices sont plus agrégés que les séries élémentaires dont ils donnent une synthèse, les comptes nationaux sont plus agrégés que les indices de prix ou de production –, plus l'importance des opérations conventionnelles s'accroît au détriment de la mesure directe, et en plus on est obligé de compléter les lacunes de la mesure directe par des estimations elles-mêmes conventionnelles. Or, bon nombre de ces conventions sont la traduction, dans la production d'information, d'un rapport de forces entre industries, entre administrations, entre entreprises. Par exemple, la Direction du Budget a un poids considérable dans la définition des conventions utilisées lors des travaux de prévision.

Reste, dira-t-on, que tout ne se ramène pas à cela, et que le statisticien lui-même, «technicien neutre au service de la connaissance intemporelle et désincarnée», a son mot à dire et le dit. Peut-être; mais les représentations économiques qui guident ses travaux, même si elles évoluent selon des lois plus lentes que celles des rapports de force directs et quotidiens, «collent» en longue période à l'histoire de ces rapports: de sorte qu'au moment même où il se croit indépendant, et tranche en toute «neutralité» selon le «naturel» et le «bon sens», le statisticien exprime un choix historique particulier, dont les raisons le dépassent, mais auquel il adhère.

C'est ainsi qu'à la fin du XVIIIe siècle la statistique subdivisait l'industrie en trois grandes branches selon l'origine des produits: animale, minérale, végétale (entre autres conséquences, le concept d'industrie textile ne pouvait pas exister, puisque la laine et la soie sont d'origine animale tandis que le coton et le lin sont d'origine végétale). On se

1. Pour plus de détails sur cette affaire, J.-P. Courtheoux, «Technique de l'INSEE et points de vue syndicaux sur la mesure des prix», *Revue économique*, septembre 1975.

conformait ainsi à la représentation «évidente» du moment, qui attachait plus d'importance à la fécondité de la «nature» qu'au travail humain.

Au moment du conflit entre les libre-échangistes et les protectionnistes (au milieu du XIXe siècle), on a défini les industries selon la ressemblance et l'usage de leurs produits, classification commode pour l'application des tarifs douaniers; au moment où l'investissement industriel se fait de plus en plus lourd (vers la fin du XIXe siècle), on définit les industries par référence aux techniques qu'elles mettent en œuvre; pendant l'Occupation, on définit certaines branches par référence à la matière première utilisée, à cause des problèmes d'approvisionnement; les définitions actuelles tendent à faciliter l'expression des centres de pouvoir en limitant, autant que possible, le découpage des entreprises[1].

En ce qui concerne la statistique agricole, le passage d'une politique de développement de la production (avant 1940) à une politique de recherche des débouchés (surtout liée à la création du Marché commun) a entraîné la mise en place d'instruments complètement nouveaux[2].

Ainsi, chaque époque a utilisé des classifications, des définitions de l'objet de l'analyse économique, une définition du domaine statistique, qui correspondaient aux besoins du moment; et pourtant, à chaque époque, le statisticien qui construisait ses instruments le faisait au nom du «naturel», et jugeait de haut les travaux de ses prédécesseurs.

Les représentations économiques les plus élémentaires, celles qui servent de fondement aux opérations de mesure, sont construites; cette construction, loin d'obéir aux lois d'une *œconomia perennis* qui transcenderait les circonstances historiques, est imbriquée dans l'histoire dont elle est une partie. Elle exprime à la fois les rapports de force et leurs reflets idéologiques. Voilà ce que le statisticien apprend, jour après jour, en faisant son métier.

Cette «leçon de choses» est, au fond, assez banale. Il est aisé de concevoir que, dans la complexité de la «chose» économique, sociale, historique, etc., chaque groupe social se construise sa «réalité» – et donc que la «réalité» sur laquelle travaille le statisticien résulte formellement d'un choix parmi d'autres choix possibles; il est plus facile encore d'admettre que, même choisie, cette réalité dépasse les possibilités pratiques d'observation: la masse d'informations potentielle est infinie, ne serait-ce que parce que le temps est continu et qu'une période même limitée peut être divisée en un nombre infini d'époques. Le statisticien devra donc disposer son instrument de mesure de façon à «piéger» la réalité pour lui faire dire relativement peu de choses, mais bien choisies. Il devra choisir ce qu'il observe, choisir la méthode d'observation, choisir aussi la forme de présentation des résultats. Après tous ces choix, l'«objectivité» ne conserve plus qu'une place modeste: il s'agit de respecter les conventions, en s'interdisant de les modifier lorsqu'on trouve un résultat déplaisant. C'est là une exigence élémentaire de l'honnêteté intellectuelle, à laquelle on ne peut que souscrire. Mais il ne faut pas non plus que la référence à l'objectivité masque que *l'essentiel est dans les conventions*, et que leur choix n'est pas indifférent. Elles doivent permettre d'obtenir des résultats qui aient un *sens* pour ceux à qui on les communiquera – c'est-à-dire des résultats qui aient un rapport avec

1. Pour tout ce développement sur les nomenclatures industrielles, voir «Essai sur les nomenclatures industrielles», de B. Guibert, J. Laganier et M. Volle (*Économie et Statistique*, n° 20). Un travail analogue a été réalisé par A. Desrosières sur les classifications sociales: *Éléments pour l'histoire des nomenclatures socio-professionnelles* (INSEE, 1976).
2. Cf. G. Théodore et M. Volle, «La statistique agricole», *Matériaux pour une histoire du système statistique*, INSEE, 1976.

leur action, rapport soit direct et à court terme, soit éloigné et très général, mais *rapport à l'action* tout de même.

Relier le sens de l'information aux besoins de l'action permet de comprendre bien des choses. D'abord, qu'une information répond à des besoins précis, à un objectif déterminé, et ne peut donc être utilisée sans précautions à des fins autres que celle pour laquelle elle est conçue. Ensuite, que ceci ouvre la possibilité de manœuvres d'intoxication (on fait passer une information pour ce qu'elle n'est pas), destinées à provoquer les erreurs d'un adversaire : ces intoxications seront d'autant plus aidées à opérer que l'on aura mieux fait admettre la « scientificité » et l'« objectivité » de l'information...

Poussons un peu plus loin encore. Toute connaissance n'est pas forcément liée à l'action. Si, en se rattachant à la tradition baconienne, on qualifie de « scientifique » l'effort organisé de réflexion et de structuration des connaissances adapté à l'action (*vera scientia est operativa*), on doit reconnaître aussi le rôle d'une connaissance non scientifique, que nous appellerons ici connaissance « symbolique », qui vise à combler l'écart entre le domaine restreint de notre expérience organisée et la richesse de la réalité vécue et sentie, à apprivoiser le monde pour que nous puissions y vivre affectivement : c'est le domaine de l'art, de la religion, des sentiments. Le mépris des scientistes envers la connaissance symbolique va de pair avec une ignorance délibérée des réalités humaines, souvent associée à cette « mauvaise foi » dont parle Sartre ; mais, même si l'on n'éprouve pas ce mépris, il faut être attentif aux risques qui sont pris lorsque l'on construit une action sur des symboles. Or les mythes dont s'entoure l'information statistique, son culte fétichiste, ses prolongements imaginaires, lui confèrent un rôle symbolique important.

Tout cela reste banal, dira-t-on. Mais ce qui n'est pas banal, ce qui demande vraiment à être élucidé, c'est pourquoi de telles banalités sont tellement ignorées dans la pratique ; pourquoi les responsables des entreprises, de l'administration, du pouvoir politique, ignorent en pratique de telles évidences et semblent même avoir des convictions contraires.

C'est parce qu'ils utilisent principalement l'informatique statistique comme un *outil symbolique*, dont on attend essentiellement des effets imaginaires et affectifs : propagande, tranquillisant, euphorisant, etc. Nous posons comme hypothèse qu'il ne peut guère en être autrement dans la période de crise aiguë et d'incertitude dans laquelle se trouve le capitalisme ; et que celui-ci, bien loin de pousser comme il prétend à la création d'instruments d'information solides et correctement adaptés aux besoins de la gestion économique, cherche au contraire à mettre en place les outils symboliques qui lui permettent de perpétuer, renforcer et vulgariser son délire.

Le conditionnement social de l'information statistique

Il n'existe pas d'indice précurseur des révolutions, ni d'indicateur du niveau de la lutte des classes. La statistique économique et sociale ne fournit pas ces informations. Elle ne donne que des éléments pour l'appréciation de la situation d'une société, des « indices » au sens où l'on parle d'indices dans le travail d'un détective : matériaux indispensables qui fourniront les éléments d'une démonstration, mais qui ne sauraient à eux seuls remplacer ni les hypothèses ni la déduction. La statistique ne peut être utile pour l'action que si elle est mise à sa place exacte : celle d'un instrument d'observation dont l'usage suppose un cadre théorique. Il est donc indispensable que son utilisation s'accompagne d'une analyse des rapports de force et de leur évolution, de l'identification des protagonistes principaux, de la spécification de leurs contradictions : bref, d'une analyse historique.

Un exemple simple nous permettra de préciser le sens de cette affirmation. Quelqu'un qui reçoit la mission de réorganiser une entreprise utilisera d'abord les informations statistiques contenues dans la comptabilité (générale et analytique) afin de se procurer une toute première approche du problème, un « cadrage » très général. Mais on sait que la comptabilité – à l'égard de laquelle il faut toujours être méfiant –, même si elle conserve sous une forme conventionnelle une trace des événements passés, n'en contient nullement l'explication. Pour trouver cette explication, il faudra identifier les parties dont les relations sont l'objet même de la vie de l'entreprise ; rechercher comment se détermine sa stratégie, et qui sont les protagonistes qui contribuent à la définir : direction, personnel, syndicats, banquiers, actionnaires, donneurs d'ordres, clients, fournisseurs, sous-traitants, etc. ; quels sont les intérêts en jeu ; comment se réalise dans les faits le dépassement des intérêts contradictoires ; quelle est l'histoire des protagonistes, de leurs intérêts, de leurs relations. Tout au long de cette analyse, le recours à la comptabilité – dont chemin faisant on découvre les erreurs, lacunes et truquages – permet de préciser des ordres de grandeur, d'apprécier la proportion des rapports de force, de déterminer plus sûrement la hiérarchie des problèmes : un client qui achète 30 % de la production est jugé d'abord plus important qu'un autre qui n'en achète que 10 % ; mais il se peut qu'une information supplémentaire conduise à considérer les choses autrement, par exemple si le gros client est un client « captif », ou si le petit client achète un produit à forte valeur ajoutée[1]. Les défauts de la comptabilité enfin seront eux-mêmes révélateurs : les lacunes trahissent ce que la direction de l'entreprise n'a pas voulu savoir ; les truquages montrent ce qu'elle a voulu déformer, soit pour tromper d'autres protagonistes, soit (ce qui serait plus grave) pour se tromper elle-même. Les erreurs sont rarement dues au hasard, et, même si elles s'expliquent par la simple négligence, cette négligence est elle-même significative.

Cette démarche associe un raisonnement politique et historique – sur des protagonistes, des rapports de force, des contradictions – et une information statistique à la fois située et critiquée. Personne, je pense, ne soutiendra que l'on doive, lorsqu'il s'agit de gérer, organiser ou diriger une entreprise, procéder différemment. Une approche purement qualitative identifierait rapports et enjeux mais risquerait de mal les hiérarchiser ; une approche purement quantitative, qui prétendrait poser un diagnostic sur l'entreprise et préconiser une organisation au vu des seules informations comptables, passerait à côté des données politiques essentielles[2].

La direction d'une entreprise est une activité synthétique – du moins tant qu'il ne s'agit pas des monstres monopolistes, plus lourds et cloisonnés que bien des administrations – car elle englobe, dans une même démarche, les approches statistique et politique. Les travaux économiques officiels ont, par contre, comme nous allons le voir, un style bien différent en raison de la division des tâches qui prévaut dans l'administration et d'une cécité politique voulue ou imposée. Précisons cependant, afin d'éviter les malentendus, que le style de travail qui est décrit ici est celui de l'administration, du Plan, des Missions régionales, de la comptabilité nationale, des budgets économiques, des modèles de

1. Qui est donc plus « rentable » en principe pour l'entreprise.
2. Cette dernière approche est trop souvent celle des banquiers, lorsqu'ils jugent une entreprise en partant de « ratios » comptables. Les limites de cette méthode sont bien connues.

prévisions, etc., et non celui de l'Université. Il existe, c'est vrai, quelques travaux universitaires qui ne mériteraient pas les critiques que nous allons porter. Mais, si on les compare aux travaux officiels, ils ont peu de portée opératoire. Tout se passe comme si l'Université était un asile, d'ailleurs contrôlé, où l'on laisserait à l'intelligence quelques possibilités de s'exprimer; l'intelligence critique n'a pas cours en dehors de ce lieu privilégié et clos, où ce qui se passe est sans conséquences immédiates pour la gestion. Une sélection courtoise, mais implacable, enterre dans le silence les rares travaux réalisés au sein de l'administration et qui secoueraient les habitudes du style officiel[1]. Les décisions économiques sont prises, la gestion est conduite, selon des raisonnements et des procédures dans lequels s'exprime le vrai pouvoir, qui n'est certes pas celui des universitaires ni moins encore celui de l'intelligence.

Que trouve-t-on dans les travaux officiels? Au lieu d'une analyse économique fondée sur l'étude de l'évolution des rapports de force et sur une information statistique solide et critiquée, nous trouvons des nombres, encore des nombres: nombres fragiles, estimations hasardeuses, sur lesquelles on construit des synthèses, puis des projections dans le futur; au plan technique, ces amoncellements de nombres sont de véritables châteaux de cartes, dans lesquels chaque étage est construit sans que l'on se soucie de la solidité des étages inférieurs, et qui tiennent debout grâce à une sorte d'illusion d'optique[2]. Les choix politiques qui sous-tendent les calculs ne sont nullement explicités – ce qui permet de les faire passer pour des nécessités «naturelles» et inévitables de la technique.

En mettant les nombres en avant, on soustrait les rapports de force à la discussion, à la réflexion et finalement à l'action; on évite de savoir qui organise la production et comment, et pourquoi; qui domine et qui est dominé; qui est puissant et qui est faible; qui se gave et qui serre sa ceinture. Quand on le lui fait observer, le technicien pur proteste: «Je ne fais ni de la politique ni de la philosophie, je sers la science (ou: je suis un technicien!)!»

Mais qu'il le veuille ou non, le nombre joue un rôle politique, ne serait-ce que du fait qu'il existe et qu'il est seul à exister; il révèle ce qu'il mesure, et du même coup cache ce qu'il ne mesure pas; ce qui n'est pas mesurable, ou n'est pas mesuré, est alors relégué dans le domaine des choses irréelles.

L'énumération de ce qui serait mesurable mais n'est pas mesuré – et se trouve donc «gommé» de la connaissance consciente de notre société – est révélatrice: les revenus; les patrimoines; l'activité des groupes de sociétés (particulièrement, des sociétés multinationales); le coût de la vie; la formation des prix à la production; etc. On reconnaîtra sans peine que cette courte liste rassemble quelques-uns des points les plus sensibles dans notre société: la «pudeur» statistique les cache, remarquablement, comme des parties honteuses.

Prenons le cas des revenus. On connaît, avec un certain détail, les salaires. Certes, ils ne contiennent pas uniquement la contrepartie de l'usure de la force de travail: on ne saurait qualifier ainsi les rémunérations des PDG salariés, des parentèles parasitaires des

1. Par exemple, la *Fresque historique du système productif* (INSEE, coll. E 27) a été étudiée bien davantage dans les services d'études économiques des partis de l'opposition que dans les services officiels (Plan, etc.).

2. L'effondrement d'un immeuble est une catastrophe spectaculaire qui permet à chacun de voir que l'architecte a mal travaillé. En matière d'études économiques ou de prévision, les «catastrophes» sont beaucoup moins visibles et ne sont perçues que dans un cercle réduit d'experts, qui sont soucieux de ménager leurs confrères et donc discrets. Il est possible en ces domaines, moyennant un effort de sophistication et d'ésotérisme, d'aller loin dans le bluff. Telle étude économique, truffée d'erreurs économiques et même d'erreurs de calcul, sera hautement louée par des «officiels» (qui ne l'auront pas vraiment lue, car tout cela est bien ennuyeux), les experts se contentant de sourire entre eux d'un air entendu.

patrons de PME[1] ni celles de quelques cadres supérieurs qui sont plutôt achetés que payés par le capital (que penser de ces «salaires» de 50 000, 100 000 F par mois?); il y aurait donc un tri à faire dans les statistiques de salaires pour isoler ce qui est salaire au sens strict. Mais le plus grave est ailleurs: en ce qui concerne les revenus non salariaux, on ignore tout. Les comptables nationaux sont obligés, pour les estimer, de partir d'appréciations fragiles des bénéfices d'exploitations qu'ils complètent par des informations douteuses extraites des déclarations fiscales[2]. Pourtant, la mesure directe des revenus non salariaux serait possible. Une expérience a été réalisée avec succès sur l'hôtellerie par le CERC[3], en 1969. Mais elle a révélé une telle fraude, provoqué une telle colère dans cette profession, que l'on n'ose plus recommencer ce genre de travail. La possibilité technique d'une mesure des revenus existe (même si l'opération est difficile), mais non la possibilité politique[4].

Certes, connaître la répartition des revenus ne permettrait pas de comprendre comment elle s'est instaurée, ni comment elle se perpétue et évolue. Néanmoins, une connaissance statistique critique – c'est-à-dire attentive à l'origine des informations et aux particularités qui découlent de cette origine – permettrait de se mettre «sur la piste» et de rechercher ces explications. L'absence totale d'informations rend une telle recherche plus difficile, plus hasardeuse, rend aussi ses résultats plus difficiles à communiquer. On comprend pourquoi le pouvoir économique et politique s'applique – par des moyens que nous verrons plus loin – à interdire certains sujets, à en faire des «tabous» pour l'investigation statistique. La conquête de l'information sur ces sujets suppose le développement de la conscience politique des statisticiens, conscience fondée sur leur liaison avec les autres travailleurs.

Si l'on passe maintenant de ce qui est *caché* à ce qui est «montré et si l'on examine de près les travaux statistiques et leurs prolongements, on fait des découvertes surprenantes. La prétention à la scientificité, à la rigueur, l'austérité des publications, le formalisme intimidant des mathématiques masquent bien souvent un manque de sérieux. Les résultats publiés ne sont généralement pas accompagnés – comme ils devraient l'être pour permettre un usage critique – de l'explication des objectifs en vue desquels les mesures ont été réalisées, des conventions qui fondent les instruments, des utilisations pour lesquelles les résultats sont valides; on se contente au mieux de quelques réserves méthodologiques tellement vagues et générales qu'elles ne peuvent être d'aucune utilité pratique[5].

1. Dans certaines petites et moyennes entreprises, il arrive que la femme, le gendre, le neveux, etc., du patron soient salariés – et grassement rémunérés – alors qu'il ne remplissent aucune fonction utile pour la marche de l'entreprise.
2. Pour une description détaillée de la méthode, voir H. Roze, J.-C. Pierre et M. E. Martin, *Les Ressources des ménages par CSP en 1970* (coll. INSEE M 46).
3. Centre d'études des revenus et des coûts (organisme dépendant du Commissariat du Plan). *Hôtellerie française*, n°s 7 (1970) et 15-16 (1972) des *Documents du CERC*.
4. Il est intéressant de lire le rapport du groupe de travail «Hauts et bas revenus» qui a fonctionné en 1975 sous la présidence de M. Raymond Barre. Il était clair, au départ, que la question la plus importante (et aussi la plus difficile) était la connaissance des *hauts revenus*. Le rapport procède, en deux temps, à un véritable escamotage du problème. D'abord, il établit une égalité d'importance rigoureuse entre la connaissance des hauts revenus et celle des bas revenus. Puis, tirant argument des difficultés, il préconise des travaux dirigés, pour l'essentiel, vers la connaissance des *bas revenus (Rapport annuel au Conseil national de la statistique*, juin 1976).
5. Dans une brochure récent (*Pour comprendre l'indice des prix*, 1977), l'INSEE donne une description claire des conventions qui règlent le calcul de l'indice. Mais l'objectif visé par l'indice n'est pas explicité. On comprend, à la lecture des conventions (et à la condition d'être bien au courant de l'organisation statistique) que l'indice sert, dans le cadre de la comptabilité nationale, à mesurer l'évolutionen volume de la consommation des ménages (on part de données «en valeur» et on obtient des données «en volume» en divisant par un indice de prix) et à apprécier les variations des prix relatifs des divers produits. C'est de ces objectifs

Il serait injuste d'en faire porter la responsabilité au statisticien lui-même et à lui seul. En publiant « du chiffre » sans commentaires, sans mise en garde, sans explications, il fait exactement ce qu'on lui demande le plus souvent ; et on ne lui demande pas une information conforme aux canons de la qualité et du sérieux statistiques, mais une information « officielle », qui ait l'apparence du sérieux et dans laquelle la procédure des décisions administratives et planificatrices puisse trouver un aliment sans que l'on ait à se soucier de la qualité des données ni des précautions à prendre.

Travaillant en province, j'en ai fait l'expérience lorsque la Mission régionale me demanda de confectionner des projections de population par canton sur une durée de vingt ans. Cette demande était évidemment absurde : dans un canton, un phénomène imprévisible quelques mois à l'avance comme la fermeture ou la création d'une entreprise peut entraîner des migrations importantes, et déterminer à lui seul l'évolution de la population. Les projections risquent donc d'être, dans une large mesure, la prolongation dans le futur d'aléas passés. Je refuserai donc, en expliquant pourquoi ; mais la Mission m'enjoignit de passer outre à mes « scrupules de technicien ». La petite brochure ronéotypée des projections fut un véritable succès d'édition. J'assistait peu après à une réunion de la Commission administrative ; je vis, avec stupeur, que mes projections étaient utilisées par les préfets, le recteur, comme si elles étaient des indications certaines ; elles servaient à déterminer des implantations de CES, d'hôpitaux, de routes, etc. Ces chiffres qui ne valaient rien (mais qui venaient de l'INSEE) jouaient leur rôle « officiel ». Un arbitrage « technique », « objectif » et mécanique permettait à ces responsables de l'administration tout à la fois de se partager une enveloppe de crédits avec un minimum de discussions et de « barouds d'honneur », et de justifier auprès de leurs administrés la modicité éventuelle de la part qu'ils auraient obtenue.

Mais prenons d'autres exemples :

1) La production industrielle est suivie depuis l'Occupation, en France, à l'aide des « enquêtes de branche » réalisées par les organisations patronales[1]. Il est notoire que certaines de ces enquêtes sont de mauvaise qualité, pour des raisons diverses. Dans la mécanique, par exemple, on pense qu'elles sous-estiment la production de 30 à 50 %. À cause des difficultés politiques, les statisticiens n'ont pu jusqu'ici obtenir la part des organisations patronales que des améliorations de détail. Une réorganisation de ces enquêtes s'amorce ; elle se fait (lentement) grâce, finalement, à l'accord des services d'études économiques des grandes entreprises, devenues de véritables administrations qui réclament de bonnes statistiques pour pouvoir planifier leur action.

2) L'indice du coût de la construction, que le public utilise largement (en particulier pour indexer les loyers), est calculé de telle sorte que sa signification est tout à fait incertaine ; il en est de même de l'indice des prix de gros. Il est particulièrement frappant de voir que l'observation des prix à la production et de leur formation reste indigente, alors même que la lutte contre l'inflation est un objectif prioritaire du gouvernement. Ceci contraste avec le grand soin apporté à l'observation des prix à la consommation : il est vrai que la thèse officielle fait des commerçants les principaux responsables de l'inflation. On ne

que découlent les conventions, et aussi les limites de l'instrument, car la consommation des ménages au sens de la comptabilité nationale est étroitement délimitée. Au lieu de dire cela bien clairement au début de sa brochure, l'INSEE parle d'« un effort sérieux en vue de la connaissance objective de la réalité », ce qui ne veut rien dire.

1. J.-L. Marié et M. Volle, « Les enquêtes de branche dans l'industrie », matériaux pour une histoire du système statistique, INSEE, 1975.

cherche pas à se doter rapidement des instruments qui pourraient apporter à cette analyse économique quelques démentis[1].

3) Les analyses de conjoncture reposent sur des instruments fragiles, qui donnent des indications ambiguës : indices de production (calculés à partir des enquêtes de branche), indices de prix, enquêtes d'opinion[2]. Les lacunes des instruments sont comblées tant bien que mal par le flair des techniciens. Les commentaires sont donc un complément indispensable des données chiffrés : or ils sont censurés par le cabinet du ministre des Finances ; ceci ouvre des possibilités d'intoxication qui sont, en effet, parfois utilisées. On voit ici qu'un instrument peut, politiquement, se révéler d'autant plus commode qu'il est moins précis[3].

4) La comptabilité nationale présente une synthèse de l'information recueillie sur l'économie, qu'elle place dans un cadre complet et cohérent. Dans les textes apologétiques, on insiste beaucoup sur les avantages de cette cohérence : elle permet, dit-on, d'utiliser des égalités comptables pour vérifier les données. Mais il faudrait mentionner aussi ses inconvénients. Que vaut une estimation obtenue « par solde », en utilisant une de ces équations comptables, de sorte que toutes les erreurs de mesure qui entachent les autres données se répercutent sur le résultat ? Par ailleurs, la présentation de l'information dans un cadre au formalisme aussi impeccable encourage le fétichisme de la statistique. Qui oserait croire que ces chiffres officiels, présentés dans un cadre typographique si beau, soient parfois si grafiles ? Rares sont ceux qui peuvent deviner la cuisine dont ils sont l'aboutissement ; et personne n'a vraiment les moyens de les critiquer.

Et pourtant, même si l'on s'abstient de toute critique des concepts et définitions utilisés par la comptabilité nationale – ce qui est une concession de taille –, on peut constater bien des choses étonnantes au plan purement statistique :

Les comptes des ménages sont calculés, pour l'essentiel, à partir des sources relatives aux autres « agents » – c'est-à-dire par solde.

La moitié des informations utilisées pour l'établissement des comptes de branche résultent d'estimations ou de calculs fondés sur des « clés » de répartition, et non sur des observations directes.

Les trois quarts des informations contenues dans le tableau des consommations intermédiaires ne reposent directement sur aucune base statistique. Les calculs réalisés pour les estimer relèvent d'une gymnastique mathématique vraiment désespérée.

On mesure chaque année la valeur des investissements de deux façons différentes. L'écart entre ces deux mesures est souvent de 2 à 3 % (par exemple : indices 110 et 114). Cet écart est souvent résorbé de façon arbitraire.

Le taux de croissance du PIB[4] est estimé, au mieux, à 1 % près dans le compte définitif ; l'incertitude est plus grande encore dans le compte provisoire, qui est politiquement et « journalistiquement » le plus important, puisqu'il est publié au début de l'année qui suit l'année étudiée. Un taux de croissance de 6 % dans les comptes définitifs doit donc être considéré comme une « fourchette » de 5 à 7 %. Les discussions parfois

1. Cf. M. Seytres, « Prix : quels instruments de contrôle ? », *Économie et Politique*, n° 268, nov. 1976.
2. C. Malhomme, « L'enquête mensuelle de conjoncture auprès des industriels », *Économie et Statistique*, n° 7, 1969.
3. Dans le jargon des techniciens, on dit que l'indice de la production industrielle d'un mois donné est « bon » lorsqu'il est en augmentation par rapport au mois précédent, et « mauvais » quand il baisse. Cela encourage certains glissements de sens : les commentaires suggèrent parfois que l'indice est de mauvaise qualité (statistique) quand il baisse – et ne disent rien sur la qualité quand il monte (cf. *Tendance de la conjoncture*, n^{os} de 1974).
4. Produit intérieur brut.

vives portant sur un dixième ou quelques dixième de point de croissance sont dérisoires.

Le passage d'une «base» de la comptabilité nationale à une autre «base», qui intervient périodiquement, conduit à reviser les estimations antérieures et permet donc de constater leur fragilité ; par exemple, le passage de la «base 1959» à la «base 1962» a provoqué les révisions suivantes[1] :

	1962	*1963*	*1964*	*1965*	*1966*	*1967*
Taux de croissance annuel de la PIB						
base 1962		6,3	7,0	4,8	5,9	4,6
base 1959		5,6	6,2	4,1	5,0	4,4
Taux de croissance annuel de l'investissement (FBCF) des entreprises						
base 1962		7,5	9,1	4,4	9,2	6,1
base 1959		7,4	7,4	2,4	6,7	7,3
Taux d'autofinancement des entreprises						
base 1962	66	66	68	74	73	71
base 1959	66	62	62	71	65	64

Ce tableau est rébarbatif, comme tout tableau de nombres; nous encourageons cependant le lecteur à le regarder avec attention, car il donne à voir – mieux que tout commentaire – l'incertitude qui entache la mesure des postes essentiels des comptes nationaux. À l'époque de la révision, l'écart sur les taux d'autofinancement fit sensation. En effet, on avait considéré lors de la préparation du Ve Plan, sur la foi des comptes nationaux, que le taux d'autofinancement des entreprises était trop bas, et de surcroît, qu'il baissait; on avait alors pris des mesures pour le faire remonter au-dessus du seuil jugé souhaitable de 70 %. Une de ces mesures était la compression des salaires, et les travailleurs eurent à en souffrir. Or, on constatait, après le changement de base, que le taux était beaucoup plus élevé qu'on ne le pensait et qu'il était plutôt en hausse tendancielle. À vrai dire, on n'était pas sûr que les nouvelles mesures fussent plus précises que les anciennes; en tout cas, les décisions prises avaient été sans doute injustifiées, et, en particulier, la compression des salaires perdait toute raison[2].

5) Les budgets économiques sont confectionnés chaque année pour présenter au Parlement les perspectives économiques de l'année suivante. Il ne s'agit donc plus de mesurer

1. *Études et Conjoncture*, supplément II A, 1968.

2. La lecture des *Comptes de la nation* publiés chaque année par l'INSEE – est qui contiennent les comptes provisoires de l'année précédente, et les comptes plus ou moins rectifiés des années antérieures – est instructive. On peut, en les enchaînant bout à bout, comparer les évaluations des comptes provisoires à celles des comptes définitifs et obtenir ainsi une estimation – par défaut – de la précision des comptes provisoires. On verra aussi que le rapport sur les comptes de l'année 1975 (INSEE coll. C 49) donne une place véritablement démesurée au léger rattrapage conjoncturel du dernier trimestre 1975 : il s'agissait de croire (ou de faire croire) à la «reprise».

des phénomènes passés, mais de prévoir des phénomènes futurs. Cette opération renforce encore le fétichisme de la statistique: faut-il, en effet, que les experts soient capables et les ordinateurs puissants, pour que l'on puisse prévoir avec tant d'assurance! En fait, la pratique est moins glorieuse. Comment asseoir une connaissance quelque peu solide du futur, alors que les données relatives au passé et au présent sont si mal connues? Que peuvent donner les «projections» dans le futur de tendances aussi incertaines? Certes, les techniciens des projections sont avertis des défauts de l'information de base et ils prennent des précautions pour limiter les dégâts. Mais ils rencontrent un autre écueil, bien plus grave: le «volontarisme» du pouvoir politique. Celui-ci se fait fort d'obtenir, par une action «volontaire», que tel ou tel paramètre économique important – la hausse des prix, la balance commerciale, le niveau du chômage – s'établisse à un niveau déterminé. Ce niveau devient alors, dans les calculs des techniciens de fixer à un niveau déterminé des paramètres sur lesquels il a la volonté réelle et les moyens d'agir; mais, confondant technique et action psychologique, il tend à fixer de façon volontaire la plupart des paramètres politiquement importants, même ceux qui sont en pratique hors de sa portée, et en lui situant, de surcroît, à des niveaux grossièrement invraisemblables. Les techniciens, parfaitement conscients, font morosement tourner leurs équations. Ils savent que, lorsque le pouvoir aura été dementi par les faits – ce qui ne peut manquer d'arriver –, il les accusera d'incompétence; ils savent que les techniciens des autres services d'études économiques se plaignent du manque de vraisemblance des budgets économiques; ils savent que l'on prétend que Giscard a baptisé leur service «Direction de la Prévision» par pure dérision.

L'estimation du taux de croissance de la PIB pour l'année 1975 a donné occasion à des discussions caractéristiques. Il avait été évalué à + 2,2 % au début de 1975. Le temps passant, et la crise s'accentuant, l'évaluation baisse: d'abord + 1,7 %, puis + 1,4 %. Ce dernier taux fut présenté vers le milieu de l'année au Directeur de cabinet du ministère des Finances; la conviction intime des techniciens était en fait que le taux finalement réalisé serait négatif: mais ils avaient reçu la consigne de «tirer» leur estimation le plus possible vers le haut. Le Directeur de cabinet eut une phrase digne de M. Prudhomme: «Je refuse ce taux de croissance qui est une atteinte au moral de la Nation!» Il obligea les techniciens à refaire leurs calculs de façon à atteindre un taux de + 2,1 %, ce qu'ils firent, la mort dans l'âme. La publication du taux provoqua dans la presse des commentaires ironiques et excédés. Lorsque, au début de 1976, on parla pour 1975 d'un taux de − 2,5 à − 3,5 %, l'attention du public fut attirée, et avec quelle insistance, sur une «reprise» que l'on présentait comme durable et certaine – et qui ne dura guère.

6) Les projections à moyen terme sont sans doute, de tous les travaux statistiques, celui qui provoque le plus de fétichisme. Il s'agit non plus de «prévoir» l'année prochaine, mais de faire un saut de cinq ans dans le futur. Les projections sont faites en partant des résultats des comptes nationaux complétés par des estimations douteuses; ainsi les travaux statistiques s'enchaînent les uns aux autres, comme ces échelles ficelées bout à bout dont parle une légende tchèque, à l'aide desquelles un curé naïf voulait emmener ses paroissiens dans la lune: son échafaudage s'effondra lorsqu'il fut sur la troisième échelle; l'enchaînement des calculs, par contre, peut se poursuivre indéfiniment et perdre toute signification sans que cela entraîne de catastrophe visible.

Le raisonnement utilisé pour justifier cet exercice est le suivant: en identifiant les structures permanentes de l'économie, on peut, par prolongation des tendances passées et moyennant des hypothèses sur les mécanismes économiques essentiels, obtenir une image approchée du futur à cinq ans de distance. Cette image est grossière, mais elle fournit quand même des indications utiles, surtout si l'on se sert du modèle «en variante», c'est-à-dire pour étudier les variations introduites dans les résultats par divers choix de politique économique [1].

Il serait inutilement cruel de comparer le «compte central» de l'année 1975 projeté par FIFI [2] pour le VIe Plan, ainsi que les diverses variantes, avec ce qui s'est réellement passé. FIFI n'a bien sûr «prévu» ni les renchérissement du pétrole, ni même la crise économique. Une telle critique serait trop facile. Les auteurs de FIFI ne se faisaient pas d'illusions sur la portée de leur instrument, et ils le concevaient surtout comme une aide, un point d'appui documentaire pour les commissions du Plan.

Mais, même si l'on accepte ce point de vue presque pédagogique, on peut se demander ce qu'a apporté FIFI. Il a accrédité dans le public – fût-il averti – l'idée que la «science économique» pouvait vraiment tout faire et tout prévoir [3]; malgré la grande simplicité pour ne pas dire l'indigence des hypothèses économiques, les contraintes du formalisme retenu ont conduit à faire du modèle un véritable buisson d'équations, dont le fouillis ahurissant décourageait l'esprit critique [4]; les données nécessaires pour «étalonner» le modèle furent souvent chiffrées sans aucune base statistique, ou sur des bases incertaines, ce qui permit ensuite d'accepter des «coups de pouce» destinés à rendre le compte central acceptable pour le pouvoir, en particulier pour la Direction du Budget; enfin et surtout l'existence même du modèle, qui «occupait le terrain» de la prévision avec tout le prestige du charabia mathématique, l'illusion de précision qu'il procurait, empêchaient que pût être seulement conçue une démarche plus modeste, qui eût tenu meilleur compte de la fragilité de l'information et des incertitudes du futur. Plus profondément encore, ce modèle fondé sur le prolongement – forcément conservateur – de tendances passées et sur des relations très générales excluait toute réflexion économique en terme de rapports de forces ou de conflits concernant l'orientation de l'appareil productif.

Le modèle DMS [5] (en cours de mise au point) risque d'avoir des défauts analogues, peut-être même accentués. Fondé sur l'utilisation systématique de l'économétrie, il souffrira des effets conservateurs de la prolongation des tendances passées (d'ailleurs bien douteuse en période de crise). Fournissant des comptes pour chaque année (et non seulement pour l'année finale), il renforcera l'illusion de précision et risque donc d'être, plus encore que FIFI, l'instrument du culte du fétiche.

Essai d'explication : quelques hypothèses

Pourquoi tous ces faux-semblants ? Pourquoi dépasse-t-on si largement les possibilités de l'instrument ? C'est, apparemment, une absurdité. On aurait tort d'en rester à cette apparence. On aurait tort aussi de l'expliquer uniquement par le manque de bon sens des statisticiens. Il s'agit véritablement d'un phénomène social, qui se répercute au niveau des techniciens par un mécanisme très efficace : des crédits sont accordés pour réaliser certains projets, et non pour d'autres. Une partie seulement des projets va dans le sens

1. Cf. L. Nizard. *Changement social et appareil d'État*. 1974.
2. Modèle physico-financier.
3. Rapport du professeur Milhaud au Conseil économique et social. 1970.
4. M. Aglietta. L. Courbis et C. Seibel. *Le Modèle FIFI* (INSEE. coll. C-22) et *Rapport technique sur les projections associées au Ve Plan* (INSEE. coll. C 24-25).
5. Développement multi-sectoriel.

des pouvoirs : c'est cette partie qui est sélectionnée. Par exemple, « on » estime qu'il y a de l'argent à dépenser pour les modèles mathématiques de protection à moyen terme, mais « on » n'en trouve pas pour observer les revenus. Une fois qu'il a des crédits, le fonctionnaire fonctionne, même s'il pense confusément qu'on aurait dû faire autre chose que le travail qui lui est confié. Au bout d'un certain temps, s'il est un peu naïf – et cela arrive – il s'identifie à sa tâche, et le tour est joué.

On peut avancer plusieurs explications, d'inégale portée.

L'explication de la plus superficielle se fonde sur l'inculture – d'ailleurs réelle – de responsables économiques et politiques en matière de statistique. Ils ignorent le domaine du possible, mais parviennent souvent à faire prévaloir leurs exigences par voie d'autorité, à l'aide d'une de ces phrases qui commence par « y a qu'à » ou « faut qu'on ». Encore faut-il trouver les raisons de cette inculture chez des hommes qui, dans d'autres domaines, savent se montrer avisés.

On peut avancer un peu en considérant la situation des hommes qui sont au pouvoir depuis quelques années. Dépassés par des phénomènes économiques qui sortent de tous les schémas appris, incapables de critiquer une organisation sociale qu'ils incarnent, ils en viennent à considérer l'action psychologique comme le seul recours ; ils répandent l'illusion et s'illusionnent eux-mêmes. L'essentiel est de conserver les apparences de la compétence et de la sérénité. L'information est alors non pas un guide pour l'action, mais une pharmacopée dans laquelle on choisit des drogues pour se rassurer soi-même et pour intoxiquer l'adversaire. Les études économiques ne sont pas faites pour chercher des solutions, mais pour étayer par des dossiers intimidants des décisions déjà prises. Nombreux sont les cabinets ministériels, les directions de grandes entreprises, qui cultivent ainsi l'éloignement douillet ou hargneux de la réalité, et mènent avec plus ou moins d'énergie et de subtilité une politique de fantasmes[1].

Allons plus loin encore. Ne pourrait-on pas trouver l'origine du fétichisme de l'information dans la structure même de notre société ? On ne peut avancer là que des hypothèses, qui paraîtront toutefois assez vraisemblables à ceux qui ont eu l'occasion d'approcher des reponsables – publics ou privés – de la direction de notre économie. Ajoutons que ces hypothèses, qui nous paraissent éclairantes en ce qui concerne la société françaie, ne sont peut-être pas pertinentes pour les autres sociétés capitalistes.

Au stade actuel de la concentration économique, l'implantation et l'équipement des unités de production, la formation des personnels, sont des opérations de longue haleine qui réclament des investissements importants, des marchés assurés, etc. Il est donc nécessaire de les planifier sur dix, quinze, vingt ans. Cette planification demande que l'on fasse des choix stratégiques, car après s'être engagé dans une voie il est très difficile d'en sortir. Elle nécessite aussi une concentration croissante du pouvoir de décision.

Confrontés à cette exigence, les grands patrons de l'économie utilisent les conseils d'économistes d'excellente qualité, qui savent critiquer les chiffres, extraire du magma statistique l'information utile : par ailleurs, ces grands patrons s'entendent fort bien à raisonner en termes de rapports de force et de conflits. Cependant, le mouvement même du capitalisme veut que, malgré leur talent et leur intelligence éventuels, la politique qu'ils mettent en œuvre soit de plus en plus délirante. L'ampleur des décisions à prendre,

1. Nous avons recueilli sur ce point des informations nombreuses et concordantes, en particulier auprès de conseillers de gestion ayant travaillé pour de très grandes entreprises. Mais on peut trouver une trace de ce fait dans des documents publiés : les rapports aux conseils d'administration.

la longueur des périodes à envisager excèdent en effet la portée du raisonnement économique possible[1]. *La situation du grand patron est celle d'un joueur contraint pour poursuivre la partie à jouer de plus en plus gros dans des situations de plus en plus incertaines*. Certes, le jeu comporte des émotions qui peuvent n'être pas désagréables pour le joueur lorsqu'il a la sensation de défier et de forcer le destin. Mais il lui est difficile de garder les pieds sur terre. Dans le meilleur des cas, il essaiera de se prémunir contre les incertitudes du futur en réclamant des prévisions, des ordres de grandeur, dont il saura bien qu'ils sont douteux mais sur lesquels il sera contraint de tabler, finalement, comme s'ils étaient rigoureux : et toutes ses prudences n'empêcheront pas les surprises. Dans le pire des cas, il s'abandonnera à une vision tout à fait fantastique des choses, et n'acceptera que les informations conformes à cette vision.

Par une sorte d'entraînement, la méthode de travail du capitalisme détermine celle de l'administration ; les connaissances nécessaires pour la planification d'État – qui n'a jamais été, depuis la Libération, que l'expression de la partie la plus « moderne » des milieux patronaux – sont rassemblées sur le même mode délirant. L'affolement de l'investissement, qui provoque le gaspillage d'énormes ressources (les « mises » jetées et perdues sur le tapis vert), entraîne conjointement l'inflation monétaire et l'inflation de l'information, à la fois pléthorique et avariée.

Impliquée dans les rapports sociaux, la production statistique est, comme eux, ambiguë. Certes, elle obéit aux besoins des pouvoirs qui dominent notre société, et d'ailleurs elle ne pourrait pas exister si elle ne leur obéissait pas. Mais, en même temps, elle met en œuvre une logique qui contredit cette obéissance et représente, au sein même de la situation actuelle, le germe de la statistique future.

Dans son organisation pratique, la statistique est, comme les autres activités de production, marquée par une division du travail, une centralisation des décisions, une banalisation des tâches d'exécution (collecte, codification, vérification, saisie, exploitation) croissantes ; mais cette division du travail entre en contradiction de plus en plus accentuée avec les exigences proprement techniques. La séparation entre la conception et l'exécution des enquêtes empêche que l'expérience très riche rassemblée lors de la collecte (sur la pertinence des concepts et des nomenclatures) soit utilisée ; la hiérarchie, de plus en plus coupée (à cause du renouvellement des méthodes) des questions techniques sur lesquelles elle doit cependant décider, est incapable de définir une politique des travaux et d'opérer les choix nécessaires. Par facilité intellectuelle, la préférence est accordée à des opérations énormes, employant des centaines de personnes dans une routine standardisée[2] ; mais la qualité des résultats obtenus est médiocre, et les difficultés administratives s'accumulent.

D'un autre côté, le fétichisme de l'information entre en conflit avec le *sérieux technique*. Les statisticiens sont de plus en plus mécontents de l'usage qui est fait de leurs travaux ; ils se refusent à admettre que le chiffre sorti de leurs mains soit ensuite trié et utilisé par les pouvoirs pour de basses opérations d'intoxication. Leur réaction est certes souvent superficielle, et se limite à un sentiment d'absurdité. Mais ce sentiment ouvre la voie à une prise de conscience politique. Dans la statistique comme ailleurs, la logique du

1. Cf. les déclarations de Jacques Ferry, *in* : A. Harris, A. de Sedouy, *les Patrons*, Paris, Seuil, 1977.
2. C'est le cas, en particulier, de l'opération SIRÈNE (fichier d'identification des entreprises et des établissements), de la gestion des enquêtes annuelles d'entreprises, de l'opération COLIBRI (codification du recensement de la population), etc. Il est remarquable que chacune de ces opérations, lancée avec les meilleures intentions, entraîne de sérieuses difficultés avec le personnel d'exécution.

développement du capital l'entraîne à exprimer les exigences de la rigueur scientifique et de l'efficacité ; mais ces exigences, une fois vivantes, se heurtent à des bornes étroites, qui apparaissent aux yeux des techniciens sous la forme de rapports de domination hypocrites dont la « technocratie » est un des aspects.

À la statistique fétichisée s'oppose donc, dès maintenant, la *statistique réelle* que veut un nombre croissant de statisticiens. Dépouillée des oripeaux fallacieux de la scientificité, modeste et critique, soucieuse de respecter et de faire respecter son champ de validité, soucieuse aussi de démocratiser son accès et son usage, de tourner le dos à une division du travail absurde, la statistique réelle se fraie son chemin dans l'institution, non d'ailleurs sans hésitations, retours en arrière, contresens, malentendus et maladresses.

© Le Mouvement Social

L'Invention du chômage

(1986)

Robert Salais, Nicolas Baverez, Bénédicte Reynaud

Passage de l'ouvrage, où à propos des statistiques du chômage des années 1930, s'effectue un retour sur les conditions de leur élaboration. Par un renversement méthodologique, les auteurs ne prennent pas les données statistiques sur le chômage dans les années 1930 comme autant d'indicateurs utilisables sans précaution. Mais elles témoignent bien davantage de la manière dont on pouvait se représenter le chômage à l'époque. Ainsi, dans les départements industriels, le chômage secouru et le chômage recensé se recoupent presque, alors que, dans les départements ruraux, l'écart est beaucoup plus sensible, de nombreux chômeurs ne faisant pas appel aux fonds de secours.

Source : *Robert Salais, Nicolas Baverez, Bénédicte Reynaud,* l'Invention du chômage, *PUF, Paris, 1986, p. 116-121.*

Mesure statistique et enregistrement social

Il est possible maintenant d'aborder une question posée au début de l'analyse des données : comment s'est faite la production sociale des déclarations individuelles aux recensements de la population, qui a conduit aux statistiques analysées ?

La production sociale des déclarations

La statistique est profondément marquée par ce mode de constitution de la catégorie.

C'est évident pour la statistique des chômeurs secourus. Nationalement, elle est obtenue par addition de statistiques locales, propres à chaque fonds de chômage. Il y a

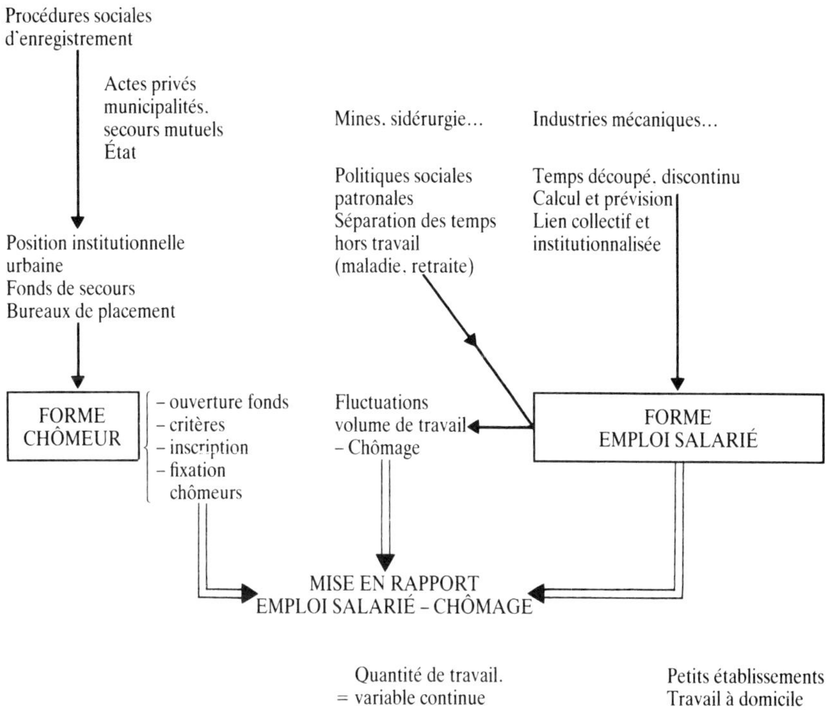

GRAPHIQUE – *Le développement des deux formes « emploi salarié » et « chômeur » ; leur mise en rapport*

certes une règle théorique d'ouverture des fonds fixée par l'État, mais la pratique véritable d'ouverture et de fonctionnement des fonds, d'ampleur et de durée des inscriptions, le sens que prendra le nombre de chômeurs secourus dépendent de l'ampleur du « travail social » qui s'effectue localement autour de la position de chômeur. Ce travail social est, nous l'avons montré, en relation avec les types de rapports sociaux établis selon les lieux et les branches et avec leur évolution dans la crise. Certains modes de régulation de l'emploi et de ses fluctuations s'effectuent sans chômage ; ailleurs, spécialement dans la grande industrie urbaine, là où la position d'« emploi salarié » est fermement établie, le non-travail tend à être conçu comme « involontaire » et comme chômage. Dans les départements du Sud, il est possible qu'une tradition d'assistance municipale ait tendance à gonfler le nombre des individus à secourir.

Mais cela est vrai sous une autre forme pour la statistique des chômeurs recensés. Les déclarations conduisant au classement de chômeur dans le recensement sont relativement plus fréquentes là où les positions institutionnelles de chômeur sont bien définies et ont une forte et ancienne implantation.

De fait, dans le plan de l'analyse factorielle le point « chômage recensé » se trouve à proximité des deux points « chômage secouru », « demande d'emploi ». Ceci s'observe en 1936 comme en 1931. La distance entre chômage secouru et chômage recensé diminue à mesure qu'on passe des départements ruraux aux départements industriels, puis urbains. Le coefficient de corrélation simple linéaire du taux de chômage recensé avec le taux de chômage secouru est de 0,877 pour les hommes.

Les villes de plus de 10 000 habitants ne regroupent que 39 % de la population en 1936. Ce résultat souligne la liaison entre la déclaration conduisant au classement statistique de chômeur dans le recensement et l'existence d'institutions de mise en forme de la position de « chômeur ».

La relation est moins bonne pour les femmes. Le coefficient de corrélation linéaire simple est de 0,66. La position de « chômeuse » est moins assurée que celle de « chômeur ».

Les secours sont délivrés pour la famille et non pour l'individu. C'est le chef de famille qui reçoit les secours, éventuellement majorés pour tenir compte des autres personnes du ménage considérées comme à charge.

Il faut être « chômeur involontaire, par manque de travail et sans emploi ». Pour être acceptée par les fonds, l'entrée dans cette catégorie doit être authentifiée par un certificat de l'employeur.

Femmes mariées et jeunes vivant dans leur famille sont, dans cette conception du secours aux chômeurs, placés en position subordonnée par rapport au chef de famille. Dans une circulaire du 25 août 1933, le ministère du Travail précise que « si le chef de ménage ne chôme pas et ne touche pas, par suite, l'allocation principale, il ne peut toucher davantage les allocations supplémentaires. Il n'a pas droit, notamment, à l'allocation pour son conjoint, chômeur ou non, ni pour les personnes de moins de 16 ans et ascendants, ne travaillant pas et à charge, ni même pour les enfants, pupilles, petits-enfants, neveux et nièces de plus de 16 ans vivant dans le ménage et se trouvant en chômage ».

La seule exception à cette règle est le cas où le chef de ménage dispose de ressources insuffisantes, mais cette exception doit rester peu fréquente :

« En particulier, lorsque le chef de ménage n'a pas d'enfants ou d'ascendants à sa charge, on n'aperçoit pas de raison pour qu'il touche l'allocation pour son conjoint chômeur. Le mari est en effet tenu en principe, en vertu de l'article 214 du Code civil, de fournir à sa femme tout ce qui est nécessaire pour les besoins de la vie, selon ses facultés et son état. »

Fait frappant, le point « chômage recensé dans l'agriculture » se projette également à proximité des autres points « chômage ». Les déclarations conduisant au classement de chômeur sont, pour les ouvriers agricoles, proportionnellement plus importantes dans les départements urbains, notamment dans le Sud, c'est-à-dire là où ces ouvriers agricoles sont mis en contact avec les représentations urbaines. Pour l'essentiel, cependant les ouvriers agricoles sont exclus du bénéfice des secours de chômage[1].

Les déclarations au recensement de la population sont donc, elles aussi, soumises au travail social évoqué précédemment, autour de la gestion des secours aux chômeurs et en relation avec la diversité des rapports sociaux concrets. Dans certains lieux, se construisent de ce fait des représentations individuelles et collectives qui permettent de penser

1. Ainsi que le rappellent dramatiquement les interventions aux Congrès syndicaux, des responsables de fédération qui tentent d'effectuer un travail de représentation des ouvriers agricoles et d'homogénéisation de leurs revendications, homologue à celui réalisé dans l'industrie. On peut penser que leur effort contribue à la formation de ces déclarations dans le monde agricole. Les grèves agricoles de 1936 plus tardives sont influencées par l'exemple des villes, notamment en Île-de-France. Des projets mûrissent, tendant à réglementer la journée de travail dans l'agriculture, en fonction de la période de l'année.

son état selon un modèle proche du modèle institutionnel, celui de la perte involontaire d'un emploi et de la déclarer. Cette construction est inégalement avancée[1].

Les catégories du statisticien sont des catégories standard « nationales ». Elles rencontrent lors de l'administration du questionnaire, les catégories locales de perception et d'autoclassement des individus qui répondent, catégories formées par leur insertion dans un certain lieu et milieu de vie et de travail.

On ne s'étonnera donc pas que là où l'emploi et le chômage font l'objet de processus sociaux de découpage et de dénombrement, le statisticien fait un « bon » dénombrement. Par exemple, le nombre de chômeurs qu'il trouvera sera proche du nombre de chômeurs institutionnels. La vision est « claire » parce que la force du travail social de mise en forme a conduit à mieux homogénéiser les catégories de perception des individus. C'est le cas du croisement de la ville et de la grande industrie.

Ailleurs, les formes individuelles que veut dénombrer le statisticien sont insuffisamment instituées[2].

Corrélation sociale et corrélation statistique

Par là même, on comprend pourquoi une corrélation statistique entre deux variables – comme les variations de l'« emploi salarié » et du « chômage » – ne peut apparaître que là où ont eu lieu des opérations sociales de constitution et de mise en rapport des formes correspondantes.

Ainsi s'explique *in fine* la déconnexion, d'un département à l'autre, entre le taux de chômage et son évolution dans la crise d'une part et l'évolution de l'emploi de l'autre. Ce que l'on peut savoir des mouvements migratoires interdépartementaux ou du reflux des travailleurs étrangers hors des frontières entre 1931 et 1936 n'infirme pas ce diagnostic.

De fait, la corrélation statistique entre l'accroissement du taux de chômage et le taux de réduction de l'emploi ouvrier et employé n'est significative entre 1931 et 1936 qu'à l'intérieur des groupes 4 et 5 de notre typologie, c'est-à-dire dans les départements de grande industrie. Calculé sur ces départements, le coefficient de corrélation linéaire simple s'élève à 0,641 pour les hommes contre 0,213 seulement pour l'ensemble des départements ; il s'élève à 0,473 pour les femmes. Le rapport qui sera établi après guerre entre le nombre total de chômeurs et le développement de politiques économiques orientées vers le plein emploi n'est, dans les années 1930, que localement établi. L'addition statistique conduit à la production d'un nombre global de chômeurs. Mais à partir de quel moment cette addition devient-elle une agrégation ? Pour cela, il faut que soit créé un espace social, au sein duquel ce nombre global prendrait sens. L'objectiva-

1. L'absence d'agents diffuseurs nationaux contribue à ce que ces représentations ne peuvent s'imposer sur l'ensemble du territoire. Les témoignages recueillis au cours du Colloque Léon-Blum insistent sur la France cloisonnée, tronçonnée, sans mobilité, ni communication. Le développement des formes d'État modifiera progressivement la situation après guerre.

2. Une réponse est ainsi apportée aux interrogations des contemporains qui, peu nombreux, avaient la responsabilité de produire et de commenter nationalement les chiffres de chômeurs. Ceux-ci, statisticiens ou responsables du ministère du Travail, habitués à une rigueur du dénombrement, qu'elle soit d'origine scientifique ou administrative, attendaient qu'à une question sur le nombre une seule réponse soit produite. Devant les « divergences », leurs réponses ont également divergé. Ainsi G. Letellier (1938) prend les résultats du recensement comme étalon du chômage « réel » et s'en sert pour estimer un coefficient de redressement des autres séries. Cela revient à penser que la catégorie des chômeurs existe de façon intrinsèque, extérieure aux processus sociaux qui la construisent. On voit, par toute l'analyse antérieure, qu'on ne peut faire l'économie du détour de reconstruction de la réalité.

tion institutionnelle et politique nécessaire fait encore défaut. Elle sera progressivement construite, grossièrement parlant, entre 1936 et 1950.

Le modèle prend corps. Mais il sera «projeté» dans l'espace social, à partir de la cristallisation qui s'opère, grâce à la victoire du Front populaire, autour de ces modèles pour une large part élaborés par le patronat et les responsables syndicaux de la construction mécanique et métallurgique de la Seine. [...]

© Presses universitaires de France

Histoire quantitative. Buts et méthodes

(1961)

JEAN MARCZEWSKI

Définition liminaire de la démarche par le directeur de l'« Histoire quantitative de l'économie française », publiée entre 1961 et 1969 dans différents cahiers de l'ISEA (volumes rédigés par J. Marczewski, J.-C. Toutain et T.J. Markovitch). Il s'agit de bâtir, à partir du modèle des comptes nationaux, une histoire économique à prétention exhaustive. Ces prétentions méthodologiques ont été, à leur époque, fortement critiquées par de multiples historiens[1].

Source: *Jean Marczewski, « Histoire quantitative. Buts et méthodes », Cahier de l'ISEA (AF, 1) juillet 1961, n° 115, p. V-X.*

Les statistiques utilisées par les historiens économiques servent essentiellement à caractériser une structure à un moment donné, à illustrer une évolution pendant une période, où à exprimer une dépendance entre deux ou plusieurs séries de faits. Or, pour importantes qu'elles soient, ces applications de la statistique ne constituent pas une modification fondamentale des méthodes traditionnelles de l'histoire économique. Elle améliorent, certes, la connaissance des relations particulières et par cela même augmentent le pouvoir d'analyse de l'histoire économique. Mais elles ne sont pas capables de suppléer aux lacunes de l'information brute, elles n'éliminent que très partiellement le caractère subjectif du choix des données retenues, et n'élargissent guère les capacités de synthèse des historiens qui s'en servent. Une histoire économique qui utilise la statistique et les statistiques n'est pas «quantitative» tant que sa démarche de base, c'est-à-dire le choix des faits à retenir, ne se fait pas par des méthodes quantitatives, et tant que les conclusions auxquelles elle conduit ne se prêtent pas à une expression quantitative intégrale.

On peut considérer, en effet, que tout récit historique porte sur un univers d'événements définis dans le temps et dans l'espace par un certain nombre de caractéristiques qui les distinguent de tous les autres événements. Ainsi l'histoire économique de la France au XIXe siècle porte sur l'univers des événements qui ont pour caractéristique commune:

1. Cf. Emmanuel Leroy-Ladurie, la révolution quantitative et les historiens français: bilan d'une génération (1932-1968). Art. cit.

1° d'être économiques ;
2° d'intéresser directement ou indirectement la nation française ;
3° d'avoir eu lieu au XIXe siècle.

Un historien « classique », écrivant l'histoire économique de la France au XIXe siècle, choisira parmi les événements connus à l'univers ainsi défini ceux qu'il considérera, à tort ou à raison, comme dignes de son intérêt. Il insistera davantage sur tel ou tel aspect de l'univers étudié, quitte à en omettre d'autres moins apparents, mais dont l'influence réelle sur l'évolution peut être finalement plus importante. Il conclura son récit par une synthèse fondée sur des analyses nécessairement incomplètes et donnera par conséquent de l'univers étudié une vue plus ou moins déformée.

En écrivant ces lignes, nous n'entendons pas déprécier l'œuvre des historiens économiques classiques. Nous sommes, au contraire, tout prêt à reconnaître que certains d'entre eux suppléent à l'insuffisance des instruments dont ils se servent par un génie personnel qui leur permet d'atteindre un degré inégalable de fidélité historique. Nous ne prétendons pas, non plus, que l'emploi de méthodes quantitatives puisse conduire à une représentation parfaite de la réalité historique. L'homme est incapable de décrire d'une façon absolument exhaustive et fidèle même les plus simples des objets qui l'entourent. L'avantage des méthodes quantitatives se réduit en somme au fait qu'elles déplacent le moment où joue le choix de l'observateur : au lieu d'intervenir *pendant* l'observation de la réalité à décrire, il se manifeste essentiellement lors de la construction du système de références qui servira à dénombrer les faits rendus ainsi conceptuellement homogènes. Or, la construction d'un système de références peut se faire indépendamment de toute préoccupation concernant un récit historique donné. Elle peut même être faite sous forme d'un schéma général, applicable à toutes les réalités d'un certain type. Les descriptions quantitatives qui en résulteront seront – sous réserve des erreurs d'information et de classement inéliminables – entièrement objectives et comparables entre elles, dans *l'optique du système de référence adopté.*

Le système de références requis n'est autre chose qu'un classement des faits qui font habituellement partie des réalités du type donné. C'est donc un ensemble de définitions, un langage spécialisé. Mais pour remplir son rôle de façon satisfaisante, c'est-à-dire pour rendre possible l'obtention d'images réduites, mais fidèles, de la réalité, ce langage spécialisé doit être :
1° *exhaustif*, c'est-à-dire s'appliquer à tous les objets du type donné ;
2° *cohérent*, c'est-à-dire répartir les objets sur lesquels il porte en groupes parfaitement délimités et dont les relations, des uns aux autres, ne se contredisent point ;
3° *fonctionnel*, c'est-à-dire susceptible de retracer les variations qui interviennent dans l'agencement réciproque des différents objets formant la réalité du type donné ;
4° *réductible*, c'est-à-dire permettant de remplacer deux ou plusieurs classes de définitions par une seule s'appliquant à tous les objets appartenant aux classes ainsi réunies.

Un système de références qui répond à ces conditions forme un *modèle*.

Il est évident que la description de chaque type de réalité exige un modèle approprié. Celui qui convient à la description des faits économiques survenus dans le cadre d'une nation a fait l'objet d'un effort d'élaboration qui dure depuis bientôt trois cents ans. C'est le modèle de comptabilité nationale [1]. Il permet de décrire avec la précision voulue tous

1. Sur l'origine, la notion et le rôle de la comptabilité nationale, cf. J. Marczewski, *Comptabilité nationale*, Dalloz, Paris, 1960.

les stades de l'activité économique, depuis l'extraction des matières premières jusqu'à la consommation finale, en passant par la fabrication des produits, la distribution des revenus, la dépense, l'épargne et l'investissement. Ce modèle met à profit la caractéristique spécifique des événements économiques : le fait qu'ils sont exprimables en termes d'unités de valeur et que, par conséquent, ils sont, *en principe*, commensurables et additifs. On peut les comparer les uns aux autres, les réunir en agrégats représentatifs des différentes fonctions économiques, les soustraire les uns des autres, afin d'en dégager le résultat final. Pour appliquer ce modèle à un univers historique concret, il suffit de répartir tous les événements de cet univers en catégories correspondant aux différents comptes de la nation. On dégage ainsi un certain nombre d'espaces historiques divisionnaires[1], composés de grandeurs additives et reliés les uns aux autres par un système d'égalités comptables.

Comme le modèle des comptes nationaux couvre, en principe de façon exhaustive, les aspects extérieurs de l'activité économique, tous les événements connus de l'univers considéré ont la même chance d'être retenus. Bien plus, un certain nombre d'événements inconnus peuvent être estimés grâce aux relations d'interdépendance existant entre les différentes composantes du modèle. Le jugement subjectif de l'historien, qui, dans la méthode traditionnelle, joue un rôle essentiel lors du choix des événements à retenir, ne saurait intervenir ici que sur le choix du degré de précision. Plus le nombre d'espaces divisionnaires introduits dans l'univers historique est élevé, plus riche et plus précise est l'image descriptive produite par le modèle. En faisant varier le degré de précision du modèle, l'historien quantitatif peut donc faire ressortir, ou au contraire estomper, certaines nuances. Il ne fausse pas pour autant le contour général de l'image, comme cela arrive nécessairement lorsque le choix des événements à retenir est arbitraire.

Les conclusions auxquelles conduit l'application de la comptabilité nationale à l'histoire économique sont elles-mêmes quantitatives. Elles s'expriment par des agrégats de valeurs, tels que le produit national, le revenu disponible total et le revenu disponible par habitant, la consommation, l'investissement, etc., ou encore par les structures des agrégats, telles que la répartition de la production par branches, la répartition du revenu par catégories socio-professionnelles, la répartition de la consommation par produits, etc. Le fait que ces conclusions sont représentées par des nombres ne constitue cependant pas la différence essentielle qui les sépare des conclusions de l'histoire économique traditionnelle. Celle-ci peut également se servir de statistiques et formuler les résultats obtenus en termes quantitatifs. Le trait distinctif fondamental de l'histoire quantitative et que les conclusions auxquelles elle aboutit sont reliées de façon continue à *l'ensemble* des événements économiques retenus dans le modèle descriptif. Un événement économique, si minime soit-il, exerce, à la seule condition de figurer dans un compte, une influence sur tous les agrégats dont il fait partie. Les conclusions d'une histoire quantitative ne sont pas quantitatives par leur forme seule ; elles le sont aussi parce qu'elles expriment l'intégralité des liens et des faits quantitatifs relevés dans l'univers historique observé.

L'histoire quantitative peut donc être définie comme *une méthode d'histoire économique qui intègre tous les faits étudiés dans un système de comptes interdépendants et qui en*

1. Nous donnons le nom d'espace historique à toute fraction d'un univers d'événements historiques, définie en ajoutant aux caractéristiques de l'univers dont elle fait partie une ou plusieurs caractéristiques supplémentaires.

tire des conclusions sous forme d'agrégats quantitatifs déterminés, entièrement et uniquement par les données du système.

Les avantages que l'on a le droit d'attendre de l'histoire quantitative par rapport aux formes classiques de l'histoire économique devraient être : une plus grande objectivité et une plus grande sensibilité aux événements non-spectaculaires. Mais pour que cet espoir ne soit pas déçu, des conditions rigoureuses de méthode doivent être observées. Et, même lorsque ces conditions sont entièrement remplies, l'histoire quantitative ne saurait remplacer complètement les autres formes du récit historique. La rigueur de sa méthode appauvrit ses moyens d'expression.

Méthodes et instruments

Les comptes d'une histoire quantitative peuvent être plus ou moins détaillés, mais pour que la méthode donne tous ses avantages, il faut qu'ils soient exhaustifs, c'est-à-dire qu'ils portent sur la totalité de l'univers historique étudié.

Pour couvrir entièrement un univers économique, les comptes suivants sont nécessaires :

- un compte de production, qui décrit l'acquisition de matières premières et leur transformation en produits ;
- un compte de revenu produit, qui montre la distribution primaire du revenu engendré par la production entre les différents fournisseurs de facteurs productifs nationaux et étrangers ;
- un compte du revenu disponible, qui suit la redistribution secondaire du revenu produit, la formation du revenu disponible et son affectation à la consommation et à l'épargne ;
- un compte des opérations financières, qui représente la redistribution de l'épargne et son investissement en capitaux fixes, stocks et créances étrangères ;
- un compte des opérations extérieures, qui regroupe toutes les opérations des comptes précédents, dans la mesure où elles concernent les relations entre agents nationaux et le Reste du Monde.

La répartition de l'information historique brute entre ces divers comptes permet d'exercer un premier contrôle d'exactitude des matériaux utilisés et de leur expression quantitative. Par exemple :

- La production (moins les pertes éventuelles) *plus* les importations doit être nécessairement égale à la consommation *plus* la formation du capital *plus* les exportations. Dans la mesure donc où ces diverses grandeurs sont obtenues à partir de sources d'informations différentes, il est possible de procéder, soit globalement, soit par produits, à des recoupements utiles ;
- La somme des revenus produits bruts doit être égale à la valeur de la production ajoutée *moins* les impôts indirects *plus* les subventions. Ce recoupement est particulièrement précieux, parce qu'il permet de comparer les renseignements sur les salaires et autres revenus, qui proviennent généralement de sources fiscales ou d'enquêtes spéciales, avec les informations concernant la production ;
- La somme des revenus disponibles doit être égale à la consommation *plus* l'épargne, laquelle à son tour doit être égale à l'investissement intérieur et extérieur ;
- Plus généralement, la somme des débits de chaque compte doit être égale à la somme de ses crédits. Cette vérification n'est évidemment valable que dans la mesure où les

débits et les crédits font l'objet d'évaluations indépendantes, et à condition qu'aucun de leurs postes n'ait été évalué par différence... [...]

© Cahier de l'ISEA

L'histoire quantitative et la construction du fait historique

(1971)

FRANÇOIS FURET

Bilan, à partir d'exemples puisés surtout dans les thèses d'histoire moderne des années soixante, destiné à analyser les enjeux et les retombées de la maîtrise du quantitatif par rapport à l'histoire événementielle. L'auteur, directeur de recherche à l'École des hautes études en sciences sociales, a commencé, dans la lignée d'Ernest Labrousse, par travailler pour des recherches d'histoire quantitative[1]*, avant de s'occuper de l'histoire et de l'historiographie de la Révolution française.*

Source : *François Furet, « L'histoire quantitative et la construction du fait historique »,* Annales, Économies Sociétés Civilisations, *n° 1, janvier-mars 1971, p. 63-75. Réédité in* Faire de l'histoire, *Paris, Gallimard, 1974.*

[...]

L'historien et ses «faits»

En travaillant systématiquement sur des séries chronologiques de données homogènes, l'historien transforme en effet l'objet spécifique de son savoir : le temps, ou plutôt la conception qu'il s'en fait et la représentation qu'il en donne.

1. L'histoire «événementielle» n'est pas définie par la prépondérance donnée aux faits d'ordre politique ; elle n'est pas constituée non plus par le simple récit de certains «événements» sélectionnés sur l'axe du temps ; elle est avant tout fondée sur l'idée que ces événements sont uniques et impossibles à intégrer dans une distribution statistique, et que cet événement unique est le matériau par excellence de l'histoire. C'est pourquoi ce type d'histoire est scandé à la fois, et contradictoirement, par le court terme et par une idéologie finaliste ; comme l'événement, irruption soudaine de l'unique et du nouveau dans la chaîne du temps, ne peut être comparé avec aucun antécédent, le seul moyen de l'intégrer à l'histoire est de lui donner un sens téléologique : s'il n'a pas de passé, il aura un avenir. Et comme l'histoire s'est développée, depuis le XIXe siècle, comme un mode d'intériorisation et de conceptualisation du sentiment du progrès, l'«événement» indique le plus souvent l'étape d'un avènement politique ou philosophique : République, liberté, démocratie, raison. Cette conscience idéologique de l'historien peut prendre des formes plus raffinées : elle peut regrouper sans le savoir acquis sur telle période autour de schémas unificateurs moins directement liés à des choix politiques ou à des valeurs (comme l'«esprit» d'une époque, sa «vision du monde») ; mais elle traduit au fond le même mécanisme compensateur : pour être intelligible, l'événement a besoin d'une

1. Cf. *supra*, chapitre II, l'extrait du *Mouvement du profit au XIXe siècle*, réalisé en collaboration avec Jean Bouvier et Marcel Gillet.

histoire globale définie en dehors et indépendamment de lui. D'où cette conception classique du temps historique comme une série de discontinuités décrites sur le mode du continu, qui se trouve être tout naturellement le récit.

L'histoire sérielle décrit au contraire des continuités sur le mode du discontinu : c'est une histoire-problème(s), au lieu d'être une histoire-récit. En distinguant par nécessité les niveaux de la réalité historique, elle décompose par définition toute conception préalable d'une histoire « globale » en mettant précisément en question le postulat d'une évolution supposée homogène et identique de tous les éléments d'une société. L'analyse des séries n'a de sens que si elle est conduite dans le long terme, afin de pouvoir distinguer les variations courtes ou cycliques des trends ; la série découvre un temps qui n'est plus la poussée périodique et mystérieuse de l'événement, mais un rythme d'évolution désormais mesurable, comparable, et doublement différentiel, selon qu'on examine à l'intérieur d'une même série ou qu'on compare telle série à telle autre.

Ainsi, l'histoire sérielle a disloqué le vieil empire soigneusement clos de l'historiographie classique par deux opérations distinctes et liées. Par la décomposition analytique de la réalité en niveaux de description, elle s'est ouverte à l'importation des concepts et des méthodes des sciences sociales plus spécifiquement constituées comme l'économie politique, qui a sans doute été l'élément moteur de son renouvellement. Par l'analyse quantitative des différents rythmes d'évolution de ces niveaux, elle a, enfin, constitué en objet scientifiquement mesurable la dimension de l'activité humaine qui est sa raison d'être, le temps.

2. Si l'hypothèse de l'historien s'est dès lors déplacée du niveau de la philosophie de l'histoire à celui d'une série de données à la fois particulières et homogènes, elle y gagne le plus souvent de devenir explicite et formulable ; mais elle atomise la réalité historique en fragments si distincts qu'elle compromet en même temps la prétention classique de l'histoire à la saisie du global. Faut-il abandonner cette prétention ?

Je prétendrai que probablement il faut la conserver comme l'horizon de l'histoire, mais qu'il faut, pour avancer, renoncer à la prendre comme point de départ de la recherche, sauf à retomber dans l'illusion téléologique décrite ci-dessus. L'historiographie contemporaine ne progresse que dans la mesure où elle délimite son objet, définit ses hypothèses, constitue et décrit ses sources aussi soigneusement qu'il est possible. Ce n'est pas à dire qu'elle doive se borner à l'analyse microscopique d'une seule série chronologique ; elle peut regrouper plusieurs de ces séries et proposer dès lors l'interprétation d'un système, ou d'un sous-système. Mais l'analyse globale du « système des systèmes » est probablement aujourd'hui hors de ses moyens.

Je prendrai l'exemple de l'histoire démographique et de l'histoire économique, qui sont les secteurs les plus avancés de l'historiographie française (et sans doute internationale) contemporaine. Il se trouve que, depuis une vingtaine d'années, la période « moderne » a été, en France, l'objet du plus grand nombre d'enquêtes d'histoire sérielle (démographique et économique), et qu'elle est ainsi de ce point de vue la moins mal connue. Partie des mercuriales et de la reconstitution des prix, l'historiographie française[1] leur a ensuite comparé l'évolution du nombre des hommes, d'après les séries démographiques. C'est ainsi qu'a été progressivement constitué le concept d'« ancien régime économique », fondé sur la prépondérance d'une production céréalière vulnérable aux caprices météorologiques et sur la « purgation » périodique du système par la crise

1. La dimension de la bibliographie décourage toute tentative, même sommaire.

cyclique, que signalent à la fois l'envolée soudaine de la courbe des prix et l'écroulement de celle du nombre des hommes.

Mais les séries de prix, aux significations ambiguës et très diverses, ont été complétées par des indicateurs plus pertinents en ce qui concerne le volume de la production, et par l'utilisation de séries qui touchent à l'évolution de l'offre et de la demande, elle-même constitutive de l'évolution des prix. Du côté de la production, les sources décimales qui, affectant chaque année le même pourcentage de la récolte, ne nous apprennent rien sur la valeur absolue de la production, mais tirent leur valeur de leur comparabilité relative ; ou bien, au niveau macro-économique, les sources protostatistiques recueillies par l'administration de l'Ancien Régime et réorganisées en termes de comptabilité nationale. Du côté de la demande, en dehors des mouvements démographiques globaux, il y a la reconstitution des grandes masses monétaires disponibles : trésoreries communales, seigneuriales, décimales, rente foncière, profit d'entreprises, salaires.

C'est cette combinaison de séries démographiques et économiques multiples qui a permis à Le Roy Ladurie de reprendre l'analyse de l'ancienne économie agraire sur une base plus large [1]. Il s'agit, en effet, d'un échantillonnage de données couvrant l'ensemble du Languedoc, d'une chronologie de longue durée (xve-xviiie siècle) et d'une documentation quantitative diverse et riche, qui permet, notamment grâce au cadastre, l'étude de la propriété rurale. xve-xviiie siècles : c'est l'histoire d'un très long cycle agraire, caractérisé à la fois par un équilibre général et des déséquilibres successifs. L'équilibre général est grossièrement conforme au modèle malthusien, ce modèle que Malthus découvre et éternise quand précisément il cesse d'être vrai, au moment du *take-off* anglais : l'économie de l'ancien Languedoc rural est dominée dans le long terme par rapport à la production agricole et du nombre des hommes ; l'incapacité de la société à élever la productivité agraire, l'impasse foncière, c'est-à-dire l'absence d'une réserve indéfinie de bonnes terres, constituent au même titre que la fameuse « famine monétaire « chère aux historiens des prix, autant de blocages structurels à une croissance décisive. Tout en perdant son rôle central, l'explication monétaire est ainsi intégrée à un système multiple et unifié d'interprétation.

Cette structure de l'économie ancienne agit dans le long terme comme une règle de fonctionnement interne. Mais elle n'empêche pas qu'à l'intérieur du système les différentes variantes décrites – nombre des hommes, évolution de la propriété, répartition de la rente foncière, mouvement de la productivité et des prix, etc. – permettent de repérer des périodes, selon les rythmes annuels et les cycles que traduit chaque courbe particulière. Ainsi, la structure inclut chronologiquement plusieurs types de combinaisons de séries, c'est-à-dire plusieurs conjonctures. Et c'est même à partir de l'examen attentif de ces conjonctures successives et de leurs traits différents et communs qu'est mise à jour cette structure. Cela, soit dit en passant, permet peut-être d'éclairer le débat entre synchronie et diachronie qui sépare souvent anthropologues et historiens, et qui est en ce moment au cœur de l'évolution des sciences sociales. Le mouvement périodique, à court et à moyen terme, qui constitue l'« événement » dans l'ordre économique, n'est pas nécessairement contradictoire avec une théorie de l'équilibre général. Sa description empirique peut permettre au contraire de préciser les conditions théoriques de

1. E. Le Roy Ladurie, *Les Paysans du Languedoc*, S.E.V.P.E.N., 1966. Je reprends ici, en l'abrégeant, une analyse que j'ai faite dans un article de *Social Science Information* en 1968 : « Sur quelques problèmes posés par le développement de l'histoire quantitative. »

cet équilibre : l'élasticité qu'il manifeste indique les limites dans lesquelles il s'inscrit. 3. Mais l'exemple qui précède – le *Languedoc* de Le Roy Ladurie – est un exemple privilégié dans la mesure où la corrélation entre les différentes séries démographiques et économiques est faite à l'intérieur d'un espace régional relativement homogène et d'un secteur délimité de l'activité humaine, qui est l'économie agraire. En réalité, l'histoire sérielle « sectorielle », mais étendue à des espaces différents, aboutit à l'analyse des déséquilibres régionaux ou nationaux. Et l'histoire sérielle « globale » (ou à vocation globale), même restreinte à une zone géographique limitée, risque de conduire à l'analyse des déséquilibres temporels entre les différents rythmes d'évolution des niveaux d'activité humaine.

Le premier point est maintenant bien connu, grâce à la multiplication des travaux d'histoire économique régionale. Le spécialiste d'histoire économique est habitué par excellence à l'idée des écarts mesurables entre nations, et entre zones inégalement sensibles à une même conjoncture, ou répondant diversement à des conjonctures décalées dans le temps. Les exemples sont innombrables, et certains soulèvent des problèmes désormais classiques de l'histoire européenne : la question, récemment reprise[1], des croissances comparées de la France et de l'Angleterre au XVIIIe siècle ; l'opposition entre le démarrage agricole catalan au XVIIIe siècle et la décadence castillane, mise en valeur par P. Vilar[2] ; ou le contraste, dans la France du XVIIe siècle, entre le *Beauvaisis* de P. Goubert[3], misérable, profondément atteint dès le milieu du siècle par la régression économique et démographique, et la *Provence* de Baehrel[4], relativement plus heureuse, ou au moins touchée sensiblement plus tard par le retournement de la conjoncture d'expansion. D'une manière plus générale, la date de ce retournement, de cette plongée dans le « tragique » XVIIe siècle, est très diverse selon les régions et les pays, mais aussi selon la nature des économies. Il est aussi de moins en moins probable qu'il n'y ait qu'une seule et même conjoncture[5] pour l'économie urbaine et pour l'économie rurale.

L'histoire économique sérielle débouche ainsi sur l'analyse de conjonctures différentielles ou simplement décalées dans l'espace ; on pourrait dire : sur une géographie de sa chronologie, et sur l'examen des différences structurelles que peuvent signaler des contradictions chronologiques. En effet, des cycles décalés dans le temps d'une région ou d'un pays à l'autre, mais fondamentalement comparables dans leurs articulations internes, ne traduisent que les variantes géographiques d'une même histoire ; tandis que des évolutions contradictoires, soit à l'intérieur d'une même zone géographique (par exemple, entre ville et campagne), soit entre deux régions, risquent de mettre l'historien en présence de structures économiques différentes.

Mais l'histoire ne saurait être réduite à la seule description et interprétation de l'activité économique. Si elle a une spécificité par rapport aux autres sciences sociales, c'est précisément de n'en pas avoir, et de prétendre explorer le temps dans toutes ses dimensions. On comprend, bien sûr, pourquoi l'économie a constitué le domaine prioritaire de l'enquête historique quantitative, par le caractère nécessairement mesurable des indicateurs, par la précision des concepts dont elle a permis l'élaboration, par la

1. F. Crouzet, art. cité.
2. P. Vilar, *la Catalogne dans l'Espagne moderne*, S.E.V.P.E.N., 1962. Cf. notamment le tome II.
3. P. Goubert, *Beauvais et le Beauvaisis de 1600 à 1730*, S.E.V.P.E.N., 1960.
4. R. Baehrel, *Une croissance : la basse Provence rurale, fin du XVIe siècle-1789*, Paris, 1961.
5. D. Richet, « Croissances et blocages en France du XVe au XVIIIe siècle », *Annales E.S.C.*, 1968, n° 4.

problématique de la croissance, cette image privilégiée du changement historique dans la pensée occidentale d'aujourd'hui. Mais l'homme n'est pas seulement un agent économique. Le monde d'aujourd'hui offre trop d'exemples de résistances culturelles à la généralisation du modèle occidental de croissance économique pour que l'historien ne mette pas en question la problématique manchesterienne du progrès (ou son inversion marxiste), et ne tourne par sa curiosité vers l'analyse politico-idéologique des sociétés du passé.

Mais, ce faisant, il ne revient pas, il ne peut pas revenir à la vieille histoire téléologique du «progrès», qui extrapole à la vie culturelle les rythmes de développement de vie économique, que ce soit par une sorte d'adaptation pacifique «naturelle», ou par la médiation nécessaire de la révolution. Ces postulats idéologiques du XIXe siècle sont aujourd'hui d'une utilité nulle. Ce n'est pas en s'y accrochant que l'historien peut rester fidèle au caractère «global» de la discipline. C'est, au contraire, en acceptant d'inventorier et de décrire les niveaux de l'activité humaine autres que les processus objectifs de l'économie, à partir des mêmes procédures de l'histoire sérielle. C'est en partant de l'hypothèse que, selon les niveaux de réalité, ou les systèmes partiels analysés, les modes d'appropriation du temps, les rythmes chronologiques peuvent être différents.

Sur le plan pratique, presque tout est à faire. L'historien doit examiner quels peuvent être les indicateurs (quantifiables ou non) de ce que j'appelle la société «politico-idéologique», constituer sa documentation, en établir le caractère représentatif et la valeur comparable d'une époque à l'autre. Les sources sont là, aussi nombreuses, et bien des séries, aussi homogènes que dans le secteur économique ou démographique – qu'il s'agisse de l'alphabétisation des masses populaires[1], de la sociologie de l'éducation ou du sentiment religieux[2], de la consommation des idées par les élites, du contenu manifeste ou latent des idéologies politiques, etc. Sur le plan théorique, l'intérêt est bien sûr de constituer progressivement les éléments d'une histoire globale, mais surtout, et même d'abord, d'analyser les rythmes différentiels d'évolution des divers niveaux d'un ensemble historique. Car c'est à cette condition que pourront être atteints deux des buts prioritaires de l'historiographie d'aujourd'hui:

1. Réviser les périodisations globales traditionnelles, qui sont pour l'essentiel un héritage idéologique du XIXe siècle, et qui présupposent ce qui reste précisément à démontrer: l'évolution grossièrement concomitante des éléments les plus divers d'un ensemble, à l'intérieur de la période considérée. Au lieu de partir d'une périodisation donnée, il est probablement plus fécond de poser d'abord les questions par rapport aux éléments décrits. Le concept de «Renaissance», par exemple, est sans doute pertinent par rapport à bien des indicateurs d'histoire culturelle, mais dénué de sens par rapport aux données de la productivité agraire.
2. Le problème est dès lors de cerner, à l'intérieur d'un ensemble de données de nature différente quels sont les niveaux en évolution rapide, ou en transformation décisive, et quels sont les secteurs à forte inertie, dans le moyen ou le long terme. Il n'est pas évident, par exemple, que le dynamisme de l'histoire de France – disons depuis la grande «croissance» des XIe-XIIe siècles – soit de nature économique: l'investissement scolaire,

1. Cf. notamment: M. Fleury, «Les progrès de l'instruction élémentaire de Louis XIV à Napoléon III», in *Population*, 1957; L. Stone, «Literacy and education in England 1640-1900», *Past and Present*, février 1968; C. Cipolla, *Literacy and development in the West*, Penguin Books, 1969.
2. G. et M. Vovelle viennent de montrer brillamment comment utiliser des séries iconographiques pour l'étude du sentiment religieux. Cf. leur *Vision de la mort et de l'au-delà en Provence*, Cahier des Annales, 1970.

culturel au sens large, et étatique (par l'intermédiaire des offices) peut y avoir joué un rôle plus fondamental que l'augmentation du produit national. On me permettra peut-être de terminer ce papier sur une hypothèse aussi ambitieuse, si j'ajoute qu'elle est invérifiable tant que l'histoire tout court ne s'est pas mise à l'école des procédures de l'histoire sérielle.

© Gallimard

La révolution quantitative et les historiens français : bilan d'une génération (1932-1968)

(1969)

EMMANUEL LE ROY LADURIE

Emmanuel Le Roy Ladurie, auteur d'une thèse sur les Paysans du Languedoc xvie-xviiie siècles *et alors professeur d'histoire moderne à l'université de Paris VII, procède à l'analyse et au bilan de l'intrusion du quantitatif en histoire économique et sociale (davantage « moderne » d'ailleurs que « contemporaine »), à l'heure des derniers feux et des débuts du reflux de l'histoire quantitative. Il souligne en particulier que l'un des grands mérites de François Simiand a été de proposer une problématique – la « méditation sur la conjoncture » – qui a unifié les perspectives de travaux aussi divers que ceux de Braudel, Meuvret, Labrousse ou Goubert.*

Source : *Emmanuel Leroy Ladurie, « La révolution quantitative et les historiens français : bilan d'une génération (1932-1968) »* Le Monde, *25 janvier 1969 ; réédité in* le Territoire de l'historien, Paris, Gallimard, Bibliothèque des histoires, 1973.

Les spécialistes d'histoire économique, depuis Levasseur, Hauser et Mantoux, ont toujours utilisé les chiffres : la chose allait de soi. Mais c'est vers 1932, avec les grands livres de Simiand et de Labrousse que l'usage systématique de la quantité a pris force de loi chez les historiens. Bien entendu cet usage est resté simple, fruste même, au regard des exigences sophistiquées que formulent les économètres et « cliométristes » des U.S.A. Telle quelle cependant, la révolution quantitative a totalement transformé, dans notre pays, le métier d'historien.

Rétrospectivement, il apparaît qu'elle s'est organisée autour de quelques concepts. Née à l'origine à partir d'une réflexion sur les prix, elle a débouché, voici maintenant dix années, sur une étude de la croissance à travers les facteurs de l'offre et de la demande : population, production, revenus.

Le patriarche des prix, dans les années 1930, c'est François Simiand, maître à penser, directement ou par intermédiaires, d'une génération d'historiens. Tout est centré chez lui sur une vue à grande échelle des fluctuations de prix, conçus comme indicateurs essentiels : si, dans le long terme (un tiers de siècle ou davantage), les prix montent sous l'influence, en général, d'arrivages d'or ou d'argent, ils emportent nécessairement avec eux, dit Simiand, dans une prospérité triomphante, le profit et, en fin de compte, la production : c'est la phase « A ». Mais si, à l'opposé, par suite de quelque « famine monétaire », ils baissent au cours d'une chute de plusieurs décennies (phase « B »), ils installent du même coup la dépression, la faillite et le chômage, et le recul final du produit brut. Les phases A (hausse des prix et bonne conjoncture) alternent au fil des siècles avec les phases B (baisse des prix, donc récession, et succession d'années tristes et creuses). L'ensemble des phases A et B forme la trame même de l'histoire économique, et quelquefois de l'histoire tout court : la *conjoncture*.

Les conceptions de Simiand que j'ai simplifiées à l'excès, en les abrégeant, étaient souvent schématiques, et parfois unilatérales. Telles quelles, elles étaient néanmoins illuminantes. Elles stimulèrent les chercheurs, qu'avaient impressionnés à juste titre l'écroulement des prix, et la dépression américaine et mondiale des années 30. Quelques grands livres ou articles ressuscitèrent, par pans entiers de conjoncture reconstruite, les siècles d'or et les siècles noirs. Postan et Abel, dont l'influence directe ou indirecte sur les médiévistes français fut immense, opposèrent aux triomphes de l'âge gothique et du XIIIe siècle, les longs marasmes qui s'appesantissent sur les campagnes d'Occident, asphyxiées par la baisse des prix, entre les crises de 1310-1320 et les commencements de la Renaissance. La guerre de Cent Ans, les désastres du Roi fou, les égorgements des Armagnacs et le bûcher de la Pucelle cessèrent d'être considérés, par la nouvelle vague des médiévistes, comme les symptômes uniques des malheurs français, pendant les années terribles du XVe siècle. Par-delà ces péripéties, la France crucifiée de Charles VII n'apparut plus désormais, sous le regard froid des historiens quantitatifs, que comme une partie spécialement éprouvée de l'Europe souffrante, de cette Europe tout entière déprimée par la crise rurale, aux *Trecento* et *Quattrocento*.

Et puis surgissent, dans la foulée de ces malheurs, les admirables revanches du siècle d'Or : Hamilton en 1936, Braudel en 1949 matérialisent la Renaissance par le jaillissement des prix, et par les gonflements plus que proportionnels des rentes et des plus-values, réalisées sur le dos des salariés, entre 1500 et 1600. Cette « révolution des prix », selon les deux auteurs, est le fruit d'une hausse des demandes, elle-même provoquée par la montée du peuplement, et par l'afflux des métaux précieux, arrachés au Mexique et au Potosi.

Arrive le XVIIe siècle, et de nouveau, comme le découvrent les jeunes ou moins jeunes chercheurs des années 1940 et 1950, c'est la phase B : les prix se tassent après 1630 et 1660 ; le soi-disant Grand Siècle n'est que l'ornière interminable d'une dépression. Du coup, Colbert, sous l'éclairage peu flatteur des courbes de prix déprimées, cesse d'être le personnage d'Épinal que dépeignaient les manuels scolaires. Il n'est plus le grand commis, des mains duquel sortaient toutes armées les manufactures du royaume. Il apparaît plutôt comme le gérant féroce de la déflation. Lui mort, les choses se gâtent encore plus. L'inflation revient certes, après 1690, mais sous forme de hausses si violentes, qu'elles mettent le pain hors de portée de la bourse des pauvres, et qu'elles couchent dans la tombe une partie d'entre eux.

Ce XVIIe siècle souffreteux, décrit sans ménagements par Meuvret et par Goubert, ne s'efface tout à fait qu'après 1730. Au-delà de cette date, et toujours dans l'optique durable de Simiand, le paysage s'éclaircit de nouveau, dans les splendeurs d'une phase A dont bien des livres, après ceux d'Ernest Labrousse, ont scruté les moindres détails. L'argent du Mexique, l'or du Brésil abondamment extraits au temps des Lumières, contribuent à faire repartir la lourde machine : tandis que la monnaie reste stable, et le demeurera – de 1726 à 1914, prix, profits, rentes et production s'élancent à nouveau. Une prospérité sans précédent submerge la bourgeoisie, les façades atlantiques du royaume, le commerce colonial. Tout cela ne prend fin, momentanément, que vers 1780, quand s'écroulent les prix du vin et du blé, quand se répandent la crise, la surproduction, la mévente et l'appauvrissement, bouillon de culture pour les fureurs populaires, qui exploseront en 89 et au-delà.

Résumer, comme je viens de le faire, c'est, de toute évidence, trahir. La pensée d'hommes comme Labrousse, Braudel, Meuvret et Goubert déborde largement le cadre étriqué d'une réflexion sur le mouvement des prix. Elle les transcende, selon les cas, vers l'histoire sociale, et vers le marxisme, vers la géographie ou l'étude des civilisations, vers la démographie, etc. Est-il exagéré de dire, pourtant, si l'on met à part une volonté générale d'aller au-delà de l'événementiel, que le dénominateur commun, quant à l'œuvre de ces quatre hommes, est une méditation sur la conjoncture, dans laquelle la chronologie des prix offrait, à l'époque, les repères les plus solides. La problématique proposée par Simiand voici plus de trente-six années, a eu, en tout cas, l'incontestable mérite d'unifier, provisoirement, la périodisation de plus de cinq siècles d'histoire. Belle performance. Cette problématique pourtant fut peu condamnée à sortir d'elle-même : il lui fallait, en effet, recourir à des indicateurs plus complexes que les prix, si elle ne voulait pas dépérir, sous la pression des données nouvelles, découvertes chaque jour ; sous l'accumulation des faits têtus, qui peu à peu la faisaient craquer de toutes parts. Déjà le XIXe siècle infligeait aux idées de Simiand un démenti assez fracassant. La période 1820-1850, phase B s'il en fut jamais, est caractérisée par une assez longue stagnation des prix. Or cette léthargie des cours, bien loin d'avoir paralysé l'économie, s'est au contraire accompagnée d'une augmentation superbe du produit brut. La phase B de dépression des prix, dans ce cas particulier de la France louis-philipparde, n'était pas mère de dépression, mais au contraire fille de prospérité. Cette phase B découlait d'une offre toujours croissante des biens produits, qui pesait sur les cours, et qui les empêchait de monter. Le modèle proposé par Simiand, dans ce cas précis, était pris en flagrant délit d'inversion du réel. Il fallait trouver autre chose.

Cet « autre chose », pourtant, n'est pas la simple conséquence de réfutations théoriques, comme celle qui vient d'être évoquée. En fait, depuis dix ans, l'histoire économique et quantitative connaît une seconde jeunesse. Elle doit ce rajeunissement aux nouvelles théories sur la croissance, importées d'assez fraîche date en notre pays. L'ensemble de ces théories a été popularisé grâce au concept pédagogique, mais simplificateur, de « décollage », ou *take-off*. Historiens économistes et économistes historiens distinguent couramment, aujourd'hui, la société stable, traditionnelle, d'avant le *take-off* (par exemple l'Europe rurale du XVIIe siècle) ; et d'autre part les sociétés de croissance, postérieures au *take-off*, dans lesquelles le produit brut, disponible par tête d'habitant, s'accroît lentement, continûment et sûrement. Dès 1960-1965, Baehrel, Chaunu, Delumeau, Vilar, Marczewski surtout, mettent ces nouvelles données au centre de leurs travaux : à l'indicateur-prix, ils juxtaposent, systématiquement, les indices d'échanges et de protection, sous forme de revenu global, ou individuel.

Aujourd'hui, le concept de croissance (ou bien, pour les sociétés plus anciennes, celui de non-croissance) a partie gagnée, dans l'historiographie. Son application modifie, dans une grande mesure, l'idée qu'on se faisait jadis de la modernisation française au XIXe siècle [1]. Les notions de « révolution industrielle » et de « bouleversement technologique », qui furent longtemps si populaires, passent à l'arrière-plan. L'expansion économique, très marquée dans notre pays pendant les deux premiers tiers du XIXe siècle, est en

1. Cf. à ce propos les articles de F. Crouzet, D. Richet et M. Lévy-Leboyer dans les *Annales* de 1966 et 1968.

effet, pour une grande part, fournie par les secteurs traditionnels (agriculture, bâtiment, commerce international des produits agricoles), que n'ont modifié pendant bien longtemps aucune innovation technologique d'importance. Les historiens français, dans leurs analyses, rejoignent sur ce point (mais non sans quelques précautions), leurs collègues, les « cliométristes » des États-Unis dont Fogel est l'un des chefs de file : Fogel a voulu, par exemple, faire justice de la fameuse légende des chemins de fer, qui encombre encore, pour la plus grande joie des amateurs de Western, l'imagerie populaire. Il a voulu prouver, grâce à ses chiffres et par des hypothèses de remplacement (*counterfactual hypothesis*), que sans les chemins de fer, l'essor prestigieux de l'économie des U.S.A., pendant les quatre-vingts premières années du xxe siècle, n'aurait guère été différent de ce qu'il fut. Ce n'est pas la machine à vapeur ou la locomotive, dit-il, c'est l'effort du fermier, et c'est l'institution antique de l'esclavage, celle-ci parfaitement rentable jusqu'à son dernier souffle, qui ont porté en avant la richesse américaine, au siècle dernier. Si l'on en croit les conceptions et les équations de Fogel, peut-être trop ingénieuses pour être tout à fait convaincantes, l'épopée de la frontière ne fut en rien une bataille du rail : elle fut une expansion de type ancien, pas si différente, par certains aspects, de celle de l'Occident rural au XIe siècle... Quoi qu'il en soit, les études nouvelles et quantitatives sur la croissance majorent la part des éléments traditionnels, dans l'essor, apparemment révolutionnaire, de l'économie du XIXe siècle. En même temps, et par contraste, elles délimitent les traits des sociétés sans croissance, telles que celles-ci fonctionnaient autrefois en Occident.

Société sans croissance, celle qui sévit dans les campagnes françaises, de 1330 à 1730, dates rondes. D'innombrables livres, de Marc Bloch à Poitrineau nous la font connaître. Elle mérite, sous certains aspects, le nom de société stable. Stabilité toute relative bien sûr : la vieille société rurale est parcourue, de façon constante, par d'immenses et lentes fluctuations ; et elle est sujette, de temps à autre, à des convulsions atroces. Mais ce qui la distingue néanmoins, c'est son inaptitude au changement, ou bien si l'on préfère, c'est sa prodigieuse faculté de récupération. Même perturbée, même profondément blessée, cette société tend invinciblement à se rebâtir et à se cicatriser selon les lignes originelles de son archétype. Fourquin et Tulippe l'ont bien montré, à propos de la guerre de Cent Ans : à peine le dernier soudard, le dernier Anglais eurent-ils disparu, que les paysans d'Île-de-France commencèrent à reconstruire leurs paroisses, leurs paysages et leur démographie exactement selon les schémas canoniques qui fleurissaient un siècle et demi plus tôt. Sous Louis XII et François Ier, ces rustres refirent, sans vergogne, « du Philippe le Bel »...

Ce qu'ont mis récemment en valeur les études chiffrées, c'est en somme l'existence, dans ces sociétés d'ancien type, de blocages et de crispations irrémissibles. Les blocages les plus évidents (matérialisés par les famines) affectent la production des subsistances, et plus précisément, la productivité de l'agriculture, résolument incapable de s'accroître. Un récent débat d'historiens, entre Slicher van Bath et Morineau, apporte sur ce point beaucoup de lumière : documents et comptes en main, Morineau et quelques autres démontrent que le rendement du blé à l'hectare, même dans les sols français les plus riches, n'a pas augmenté d'un quintal entre Saint Louis et Louis XV, voire jusqu'à Louis-Philippe... L'étude des dîmes, ces bonnes vieilles jauges si contestées, des productions globales, telle que l'ont menée ces temps-ci Goy et d'autres historiens, aboutit à des conclusions analogues : pendant de longs intervalles, du XVe au premier XVIIIe siècle, la production des grains, pressentie grâce aux dîmes, a plafonné ; elle a imposé, de ce fait, des limites infranchissables à l'expansion de la société tout entière. Cela n'exclut pas, bien entendu, qu'il existe à l'intérieur de cette société des îlots dynamiques de croissance ; mais de tels îlots, dans ces conditions, étaient condamnés à demeurer longtemps minoritaires ou même minuscules.

Ces blocages se retrouvent à divers niveaux, et ils ossifient tout le corps social. Le blocage des salaires par exemple, même à Paris, ville en plein essor, est d'une rigidité saisissante, entre le xve et le xviiie siècle. Micheline Baulant vient de le chiffrer : de 1470 à 1750, il y a, dans Paris, appauvrissement salarial ; puis survient « au plancher » une longue période de stagnation des gages, qui traverse désespérément toute l'époque classique. Marx voyait, dans la paupérisation des ouvriers, l'acte de baptême du capitalisme ; en fait, celle-ci semble être surtout la marque distinctive d'une société bloquée, incapable d'élever la productivité, et donc le niveau de vie des classes inférieures.

Autres blocages traditionnels : ceux qui découlent des prélèvements autoritaires ou parasitaires qu'exigent les rentiers du sol, de la dîme, du fisc. Chaque fois que l'administration monarchique, par exemple, essaie d'augmenter sous forme d'impôts accrus sa part du gâteau national, tandis que le gâteau en question demeure égal à lui-même ou faiblement croissant, elle déclenche comme par réflexe, de violents chocs en retour ; Richelieu en fait l'expérience : il donne, sans prévenir, à partir de 1625-1630, un tour de vis fiscal assez rude ; il obtient automatiquement, par contrecoup, ces révoltes populaires en chaîne, dont Porchnev et Mousnier ont mis l'étude à la mode. Et finalement, au temps du second cardinal, c'est la Fronde.

Dans ce contexte, la notion de fluctuation prend un sens assez différent de celui qui lui était attribué par Simiand. Les mouvements de prix notamment, sans être négligeables, perdent leur prépondérance exclusive : l'histoire constate de plus en plus que ceux-ci interviennent (avant 1700) au sein d'une économie fruste où d'innombrables produits sont troqués, autoconsommés, bref ne passent pas par la médiation du marché, ni des prix. Les mouvements des cours, en phases A ou B, n'ont donc pas vocation pour tout éclairer. En outre, dans la mesure où ils sont néanmoins doués d'importance, ils renvoient nécessairement à autre chose qu'eux-mêmes puisqu'ils se situent à l'intersection d'une offre et d'une demande. Demande élastique : celle que formule, tant bien que mal, une population fluctuante. Offre rigide : celle des subsistances.

C'est cette contradiction fondamentale, demande-offre, population-subsistances, peuplement-produit brut, qui donne, provisoirement, à l'histoire économique des campagnes sa périodisation, telle que la jalonnent d'une manière approximative les indicateurs quantifiés. En gros (si je me fie à ma propre expérience, certes très partielle et régionale), je vois se dessiner deux grands cycles multiséculaires, séparés l'un de l'autre par le coup de hache de la peste noire. D'abord le cycle médiéval, avec ses contradictions topiques d'un côté, montée de la demande, solvable ou non, et du nombre des hommes, depuis le xie siècle jusqu'au début du xive siècle ; et, face à cette hausse, d'autre part, l'inadéquation croissante des subsistances, qui culmine en disettes vers 1310-1340 ; le tout sanctionné, finalement, par la vague des épidémies et des malheurs, qui décongestionne tragiquement la démographie, entre 1348 et 1450. Et puis passé ce temps ultime des grosses pestes et des grands malheurs, débute au terme du xve siècle la seconde fluctuation géante. Elle va par diverses phases de Louis XII à Louis XIV. Elle implique une récupération démographique, une nouvelle ascension du peuplement ; et derechef une saturation malthusienne des terres, des subsistances et des emplois, par la surcharge en êtres humains ; on ne sortira de ce dilemne, et des dures dépressions qu'il entraîne avec lui, que par la croissance, enfin déclenchée, peu à peu, au temps des Lumières. De cette croissance, semble être responsable, initialement, le secteur non agricole.

Je me suis cantonné, dans cet exposé, au domaine de l'histoire économique où le quantitatif est à la fois une obligation et un fait acquis. L'histoire «nombrée» ou «sérielle» comme on l'appelle aussi de temps à autre, a pourtant contaminé bien d'autres régions du savoir : la pratique religieuse de jadis, les mentalités anciennes ont fait l'objet d'études statistiques (voir les travaux de P. Pérouas ; et ceux de François Furet et de ses collaborateurs sur *Livre et société au XVIIIe siècle*). Cependant, les disciplines pionnières et prometteuses (celles qui concernent, par exemple, la psychologie historique) demeurent résolument qualitatives ; et elles refusent, avec raison, de se laisser «quantifier». Car elles en sont encore à conceptualiser leur démarche, à bâtir des modèles intelligibles et opératoires, bref à se donner les *qualifications*, qui sont, en quelque domaine que ce soit, le préalable nécessaire à toute analyse statistique. Sans un tel préalable, toute approche numérique risquerait, en effet, de sombrer dans la platitude, ou dans le ridicule. À long terme cependant, et même quand il s'agit des branches les plus ésotériques de l'histoire, on peut se demander s'il ne vient pas toujours un moment où l'historien, une fois ses bases conceptuelles solidement vérifiées, doit se mettre à compter ; à dénombrer des fréquences, des répétitions significatives, des pourcentages de cas ; seuls, en effet, des comptages de ce genre, même fastidieux, même élémentaires, peuvent finalement valider des données recueillies ; et montrer qu'elles sont, par-delà l'anecdote, typiques et représentatives. À la limite (mais c'est une limite très lointaine, et qui dans certains cas est tellement hors de portée des recherches actuelles qu'elle n'est peut-être qu'imaginaire), il n'est d'histoire scientifique que du quantifiable.

© Gallimard

Le Port de New York et le commerce extérieur américain

(1986)

JEAN HEFFER

Conclusion d'une thèse qui souligne la nécessité pour l'historien de croiser traitements statistiques et approches qualitatives. Jean Heffer, enseignant à la Sorbonne (Paris I), puis directeur de recherche à l'École des hautes études en sciences sociales, est l'un de ceux qui a tenté d'introduire la New Economic History en France.

Source : *Jean Heffer,* le Port de New York et le commerce extérieur américain, *Publications de la Sorbonne, Paris, 1986, p. 475-490.*

Résumé et conclusions

DEPUIS LE DÉBUT du XIXe siècle, le port de New York domine le commerce extérieur américain. Il occupe en permanence la première place dans les échanges internationaux des États-Unis. Avant la guerre de Sécession, on ne saurait toutefois parler de son hégémonie, car le pays exporte principalement du coton et cette matière premièe part directement des ports du Sud pour l'Europe. Le conflit civil coïncide avec l'établissement d'une suprématie new-yorkaise aussi bien aux entrées qu'aux sorties. Non seulement à cause du blocus imposé aux ports de la Confédération, car le triomphe n'aurait été qu'éphémère et on serait revenu au statu quo, peu de temps après la fin des hostilités, mais parce que la période de la guerre marque aussi un profond changement dans la structure des échanges extérieurs – un changement durable qui façonne une nouvelle géographie portuaire. Le coton n'est plus le seul roi ; il doit partager sa couronne avec les céréales et les produits d'origine animale qui en dérivent, ainsi qu'avec le pétrole. L'excellente récolte de blé de 1860 et la forte demande qui vient simultanément du Royaume-Uni et de France ne sont pas de simples accidents aléatoires liés aux caprices de la météorologie ; elles annoncent une mutation capitale du trafic sur l'Atlantique-Nord. Les Britanniques ont désormais besoin presque en permanence des grains et des viandes américains, tout comme les Français lors des années de mauvaises récoltes ou éventuellement les autres peuples de l'Europe du Nord-Ouest. On entre dans l'ère des céréales. Une ère qui dure quatre décennies et s'achève au tournant du siècle, aux environs de 1900, quand les États-Unis se retirent partiellement du marché international des grains et prennent place parmi les grands exportateurs d'articles manufacturés. Certes, dans le dernier tiers du XIXe siècle, l'histoire du port de New York ne se résume pas uniquement au commerce du blé et du maïs et aux difficultés qui en résultent, mais, par l'importance des quantités et des valeurs en jeu, c'est dans ce secteur que se concentrent les principaux intérêts et que semble se jouer le destin des ports américains.

Si, à New York, l'ère du coton a trouvé son historien émérite en la personne de Robert G. Albion, il est étonnant que l'hégémonie des céréales n'ait pas tenté fortement les chercheurs. À l'exception de brefs survols, le champ est resté presque vierge. Et pourtant la période correspond à l'apogée du port dans le commerce extérieur américain. Un vaste sujet qui ne peut se réduire, vu la taille et la place de l'organisme portuaire, à une simple histoire locale. Constamment les forces qui émanent de l'économie nationale et internationale viennent faire sentir le poids de leur influence sur les quais de l'Hudson, de l'East River et de Brooklyn. Pour New York, il s'agit de défendre ses positions face à des rivaux bien décidés à contester sa suprématie : des adversaires proches, tels que les ports du Nord-Est (Boston, Philadelphie, Baltimore, Newport News), ou lointains et moins dangereux, tels que La Nouvelle-Orléans et Galveston. Pouvait-il, à l'ère des céréales, conserver ses parts de marché ? ou devait-il s'attendre à connaître le déclin, comme l'annonçaient certains prophètes, une déchéance dont l'histoire laissait maints témoignages, de Tyr à Amsterdam ?

1. Les données et les faits

Pour analyser ces questions, il faut disposer de bonnes données afin de construire les faits qu'il s'agit d'interpréter.

a) Les données

L'information statistique dont on dispose est à la fois bonne et incomplète. Bonne dans la mesure où on peut établir des séries annuelles de la valeur et du volume du commerce, ainsi que du tonnage des navires, après avoir opéré quelques corrections portant sur le montant des exportations en 1860/1, des importations en provenance du Brésil en 1890/2, ou sur le changement de la législation en 1882 en matière de jauge. Incomplète dans la mesure où les sources sont muettes sur les arrière-pays des ports. Seul l'avant-pays peut être décrit avec précision. Il y a là un handicap sérieux par rapport aux analyses des géographes et des spécialistes actuels de l'activité portuaire. Néanmoins, on peut étudier le trafic par produits et par région de l'avant-pays.

L'étude doit comporter deux niveaux : celui des grandeurs absolues et celui des parts relatives du marché. Dans la mesure où l'on s'intéresse principalement à la position de New York dans le commerce extérieur américain, le dernier est le plus important, mais il est inséparable en fait du premier. En effet, s'il peut toujours paraître inquiétant d'abandonner des parts de marché à des concurrents, les conséquences en semblent moins graves en phase de croissance qu'en période de stagnation ou de dépression. Il est normal que les négociants et les associations commerciales de New York évoquent le spectre du déclin chaque fois que leur port recule de quelques points de pourcentage aux importations ou aux exportations de tel ou tel produit, mais avant de les suivre dans leurs raisonnements, il importe de mesurer le montant absolu du trafic afin de déterminer le climat économique dans lequel se déroule l'évolution. D'autre part, les positions elles-mêmes sont relatives à certains ensembles géographiques. Il est intéressant de suivre le mouvement des parts dans certains secteurs, comme les exportations de grains, cela ne correspond pas à une réalité économique, car la côte pacifique constitue une zone isolée. L'analyse se réduit à l'étude des positions parmi les grands ports du Nord-est ou parmi ceux de l'Atlantique et du Golfe du Mexique.

b) Les faits

Les données brutes ne contiennent en elles-mêmes aucune question. Elles forment une poussière de détails sur lesquels il est tentant de se pencher, mais où l'historien a vite fait de perdre tout fil conducteur. Il est donc nécessaire de construire les faits. C'est là qu'intervient le rôle irremplaçable du traitement statistique. Il permet de décrire d'une manière volontairement schématique l'état statique et l'évolution dynamique. Dans le premier cas, par exemple, des moyennes précisent les hiérarchies sur l'ensemble de la période ; dans le second, le calcul des trends détermine les changements qui interviennent dans la dimension temporelle : le taux de croissance ou de décroissance à long terme qui s'apparentent aux successions d'accélération et de ralentissement. Bref, la structure et la conjoncture. Encore faut-il être attentif au degré de signification des résultats statistiques. Une tendance apparemment forte peut n'être pas significativement différente de zéro et inversement une tendance faible peut l'être beaucoup. Ainsi de l'analyse des séries chronologiques se dégagent les faits.

c) Les grandeurs absolues

Si l'on s'attache à l'évolution des grandeurs absolues, le fait dominant, pour le port de New York, entre 1860 et 1900, est la croissance. En valeur, exprimée en dollars-or, les échanges totaux augmentent de 3 % par an, l'expansion étant nettement plus rapide aux exportations (3,7 %) qu'aux importations (2,6 %). Comme, entre temps, les prix baissent en moyenne de 1,1 % par an, les tendances en dollars constants doivent être majorées de ce montant. On obtient ainsi approximativement les résultats donnés par une estimation indépendante des volumes physiques, à savoir 4,1 % par an pour l'ensemble du trafic, 5 % aux exportations et 3,3 % aux importations. Plus soutenue encore est la progression du tonnage net enregistré aux entrées et aux sorties : 4,6 % par an. Ces chiffres prennent tout leur sens par rapport à la croissance américaine de la même époque : 2,2 % pour la population, 4,9 % pour la production industrielle. Croissance donc, mais dépourvue de caractère exceptionnel, si on élimine l'effet de la poussée démographique, qui résulte elle-même du croît naturel et de l'immigration. Aux exportations, la tendance est nettement croissante pour les principaux produits : les céréales, les viandes, le pétrole, le coton et les articles manufacturés, ces derniers jouant un rôle majeur surtout à partir de 1895. Aux importations, le tableau est plus nuancé : progrès sensibles pour les marchandises tropicales que les États-Unis ne produisent pas sur leur territoire, tels que le café et le sucre, stagnation, voire déclin des achats d'articles textiles et sidérurgiques.

Un autre fait dominant est la prépondérance de l'Europe occidentale dans les échanges new-yorkais, prépondérance plus forte aux exportations qu'aux importations. En moyenne, entre 1868/9 et 1899/1900, les ports qui desservent le cœur industriel du monde, du golfe de Gascogne à la Baltique, reçoivent 74 % des marchandises (en valeur) expédiées de New York et y envoient 56 % de celles qui sont débarquées sur les quais. Dans l'ensemble des autres ports américains, au contraire, la part de l'Europe occidentale est plus faible qu'à New York aux importations (43 %), mais plus élevée aux exportations (85 %). Vu la tendance des États-Unis à accumuler dans cette période des surplus commerciaux et à présenter des taux de couverture favorables, New York apparaît comme un port moins spécialisé que ses rivaux, bénéficiant d'un avant-pays plus vaste qui s'étend à toutes les mers du globe, aux Caraïbes, au continent sud-américain, à la Méditerranée et au Pacifique. Néanmoins il reste que les trois principales puissances industrielles européennes, le Royaume-Uni, l'Allemagne et la France, possèdent un poids tel dans les échanges extérieurs des États-Unis que le destin new-yorkais est étroitement lié aux parts de marché qu'il détient dans les relations avec elles.

Enfin, un troisième fait s'impose à la lecture des courbes : la croissance n'est pas linéaire. Elle subit des fluctuations. Deux accidents majeurs indentent le mouvement des volumes : la guerre de Sécession, marquée par une forte poussée des exportations jusqu'en 1864, et les années qui se situent autour de 1880, sommet cyclique de la période. Dans les deux dernières décennies du siècle, l'élan est brisé, la croissance se poursuit à un rythme nettement ralenti, aussi bien aux achats qu'aux ventes. Du point de vue des valeurs en dollars-or, seuls les pics de 1880 aux exportations et de 1873 aux importations se détachent nettement sur la courbe des écarts relatifs par rapport au trend. Toutefois il ne faut pas perdre de vue que, par leur volume, les exportations l'emportent considérablement, compensées, il est vrai, aux entrées, par les immigrants qui occupent une grande partie de l'espace des cales.

d) L'évolution des parts de marché

Cette trame chronologique à long et à court terme doit être confrontée avec l'évolution des parts de marché détenues par New York dans les échanges extérieurs des États-Unis. La période de guerre de Sécession représente une coupure majeure avec les décennies antérieures. New York accroît encore son hégémonie aux importations, allant jusqu'à accaparer 72 % des entrées dans le pays, alors qu'il n'atteignait que 65 % immédiatement avant les hostilités. Ce n'est rien à côté du saut énorme aux exportations ; de 20 à 30 % avant-guerre, les positions s'élèvent brutalement à 70 % pendant le conflit civil, à la suite de l'arrêt des ventes de coton et du blocus des ports du Sud. New York est bien un des grands profiteurs de la guerre, qui lui assure une position qu'il n'avait jamais détenue auparavant. On aurait pu croire qu'il s'agissait d'un détournement temporaire de trafic, mais ce n'est pas le cas. Les parts de marché ne pouvaient certes pas être maintenues au même niveau, une fois réouverts les ports du Sud, mais il est significatif que, jusqu'en 1895, New York exporte entre 40 et 50 % du montant vendu à l'étranger et qu'à l'extrême fin du siècle, il conserve environ 37 % de ce courant d'échanges. Il y a bien un effritement sensible des positions new-yorkaises, mais à un niveau très supérieur à celui de l'avant-guerre. Quant aux parts détenues aux importations, on n'y trouve aucune tendance significative. Là où le bât blesse, c'est quand on calcule les positions non pas par rapport à l'ensemble des États-Unis, mais par rapport au trafic qui passe par les quatre grands ports du Nord-Est (New York, Boston, Philadelphie et Baltimore) – et cela uniquement aux exportations. New York ne peut conserver ses acquis. Dès 1875, il est ramené à ses positions d'avant-guerre et, par la suite, il continue à reculer, principalement au profit de Boston et de Baltimore.

Une analyse plus fine montre que ces tendances globales cachent des évolutions divergentes selon les produits. Ainsi observe-t-on une amélioration des positions new-yorkaises dans le trafic du tabac, du coton ou du pétrole, tandis qu'on constate une dégradation dans le secteur des exportations de céréales, de produits d'origine animale ou d'articles résineux. De même, aux importations, le contraste est vif entre la branche du café où New York ne cesse de renforcer sa domination, tandis que le déclin est prononcé pour le thé, la soie ou la laine. C'est pourquoi une étude spécifique à chacun des principaux articles est nécessaire. Ce souci de désagrégation doit s'étendre à l'avant-pays. Dans le dernier tiers du XIXe siècle, New York recule aux exportations en Europe occidentale, en Méditerranée et au Canada ; partout ailleurs, il progresse, sauf dans les Caraïbes où on ne note aucune tendance significative. Aux importations, le repli n'est significatif qu'en Asie-Océanie et en Europe occidentale. C'est donc principalement du côté du bastion industriel du Vieux Monde qu'il cède du terrain, alors qu'ailleurs le bilan est positif ou mitigé. Bref, le point faible se situe aux exportations de grains à destination de l'Europe occidentale, l'élément le plus important des cargaisons sur l'Atlantique-Nord, tant en volume qu'en valeur, pour les ports du Nord-Est. C'est de là que naissent les crises qui donnent à deux reprises, en 1874-1882, puis à partir de 1895, l'impression que la suprématie new-yorkaise est menacée. Sur ce point, il y a concordance entre l'analyse statistique et les plaintes qui émanent des associations commerciales ou de la presse.

2. L'interprétation des faits

Les faits établis, reste à les interpréter, à les expliquer. On chercherait en vain un modèle unique susceptible de rendre compte de la diversité du réel observé, d'une part parce que les données sont trop souvent insuffisantes, de l'autre, parce que, comme le dit Hamlet,

> *« Il y a plus de choses sur la terre et dans le ciel, Horatio,*

Que n'en rêve votre philosophie».

(*Hamlet*, 1,5, v.166-167)

Aussi faut-il recourir à la fois aux schémas explicatifs et à des méthodes plus impressionnistes.

a) Des schémas explicatifs

L'idéal aurait été de pouvoir soumettre tous les secteurs à des tests économétriques, afin de vérifier la validité des conclusions avancées. Pour cela, il faut avoir un modèle et des données. Cependant il n'a pas été possible de formuler, pour toutes les branches du commerce, un modèle rendant compte de l'évolution des parts de marché détenues par New York. Ainsi, aux importations, on ne dispose que de prix FAB dans les ports de départ. Ce n'est d'aucune utilité pour analyser la concurrence entre les ports américains du Nord-Est. Les différences de prix unitaires enregistrées par la douane reflètent simplement des différences de qualité ou d'intensité de la fraude. Aussi, pour le café, le thé et le sucre, me suis-je contenté de tester une fonction de demande, afin de déterminer quelles sont les forces qui s'exercent sur la croissance des importations aux États-Unis et par conséquent à New York. En dehors de la poussée démographique qui, par elle-même, toutes choses étant également par ailleurs, devrait expliquer une augmentation de la consommation globale de 2,2 % par an, les estimations fournissent des résultats généralement conformes à ce qu'on en attend : une élasticité-prix négative et faible, une élasticité-revenu positive relativement plus élevée, sauf pour le thé. Situation caractéristique d'un pays dont la population bénéficie d'une amélioration sensible de son revenu réel qui lui permet de transformer des articles de luxe en produits de première nécessité.

Aux exportations, au contraire, du fait que les prix déclarés à la douane sont des prix FAB, on peut penser qu'ils représentent les conditions de concurrence entre les ports. En conséquence, le modèle suivant paraît s'imposer : *la variation de la part de New York dans les exportations d'un produit donné est fonction de la variation du prix relatif de ce produit dans un port quelconque par rapport à New York.* La fonction est croissante. En effet, quand le prix relatif croît, donc quand New York devient un port relativement moins cher que le concurrent en question, on peut s'attendre à ce que sa position s'améliore, toutes choses étant égales par ailleurs. Les estimations économétriques ne permettent pas de rejeter complètement cette hypothèse, mais son pouvoir explicatif varie sensiblement d'une équation à l'autre. Pour les exportations de blé, de farine, de maïs, de coton, de tabac, de saindoux, elle rend compte de 20 à 40 % de la variation des positions new-yorkaises. Les résultats sont encore meilleurs pour le bœuf en conserve et le bétail sur pied, mais ils sont aussi franchement mauvais pour le suif, le bacon et les jambons, le porc salé, le beurre, le fromage et le pétrole raffiné. Il semble bien qu'il y ait une relation entre le fonctionnement efficace du modèle et la structure du marché. Quand le marché se rapproche du type de la concurrence parfaite, les différences de prix sont un élément important dans le détermination de la voie par laquelle s'écoule le trafic. Quand, on contraire, le marché présente une structure monopolistique, comme dans le cas du pétrole, où il est dominé, dès la fin des années 1870, par la Standard Oil C°, ou oligopolistique, comme dans le cas des conserves de viande que se partagent quelques grands entrepreneurs de Chicago, les différences de prix déclarés à la douane ne jouent guère de rôle. Quoi qu'il en soit, le modèle laisse un important résidu inexpliqué qui tient soit à l'absence de variables exogènes dotées d'un même caractère de généralité, soit à la médiocre qualité des statistiques de prix à l'exportation, le gouvernement fédéral n'accordant pas une place de choix à la collecte de ces données qui ne fournissent aucune rentrée fiscale.

À défaut d'un modèle général, on peut élaborer des schémas d'explication propres à chaque marché. Par exemple, pour les exportations de céréales, on fait intervenir l'état des récoltes, la part de New York diminuant quand les moissons sont abondantes, ou le rôle du canal Erié dans les approvisionnements en grains, la part de New York devant diminuer quand celle de la voie d'eau décline. Or les tests, s'ils confirment la première hypothèse, rejettent la seconde. De toute façon, il ne faut pas accorder trop d'importance à des arguments *ad hoc* taillés sur mesure ; on en vérifie, dans ce cas, que des liaisons statistiques et non des hypothèses fondées sur une théorie cohérente. C'est ainsi qu'on établit une relation positive entre l'immigration aux États-Unis et la production industrielle de ce pays, ou bien qu'on repère une liaison plus forte entre le vote en faveur des canaux et la localisation des comtés qu'entre le même vote et les choix partisans. Vu l'insuffisance des données, il aurait été vain de se lancer dans des expériences conditionnelles irréelles du type : s'il n'y avait pas eu de différentiels ferroviaires, donc si le prix à l'exportation avait été le même à New York qu'à Boston, à Philadelphie ou à Baltimore, quelle aurait été la part de New York dans les exportations de grains ? Cela aurait été vain parce qu'on ne sait pas quelle portion de la différence de prix FAB correspond au différentiel. En conséquence, on ne peut pas établir une hiérarchie scientifiquement fondée des causes du déclin de New York aux exportations de blé, de maïs ou de farine. Force est de se contenter de conclusions plus précaires.

À défaut de fournir un schéma explicatif aussi structuré, l'analyse des corrélations permet de déceler les liaisons statistiques entre les variables. Pour rendre compte des importations et de l'immigration à New York, les matrices de corrélation des résidus mettent en valeur les phénomènes de simultanéité – ce qui n'implique en soi aucune relation de cause à effet. Il apparaît cependant que le facteur prédominant qui préside aux fluctuations cycliques et aléatoires est la conjoncture économique intérieure. Les importations de marchandises sont étroitement liées aux variations de l'activité industrielle aux États-Unis : elles progressent en phase d'expansion, elles souffrent en période de dépression. De même, l'immigration, quelle que soit la nationalilté des nouveaux arrivants (à de rares exceptions près), est beaucoup plus sensible à l'effet d'attraction des États-Unis qu'à la force de répulsion émanant des pays d'origine. Aux importations, la politique protectionniste établie à la faveur de la guerre de Sécession et amendée par la suite seulement dans les détails, joue un rôle moindre que la conjoncture. Certes, elle a réduit les quantités d'articles imposés achetées à l'étranger, en favorisant une stratégie de substitution, elle-même couronnée de succès grâce à l'avance technique des Américains dans de nombreux secteurs, mais elle détermine rarement les fluctuations. Aux entrées, à New York, ce sont donc les facteurs endogènes qui priment. Aux exportations, au contraire, on ne trouve pas la même cohérence, ne serait-ce que parce que les principales puissances industrielles de l'Europe occidentale ont chacune une activité autonome qui n'obéit pas aux mêmes rythmes conjoncturels.

Afin de déceler les points forts et faibles de New York par rapport à ses concurrents dans l'espace géographique de l'avant-pays, le schéma explicatif suivant est proposé : *New York améliore sa position globale quand le taux de croissance de ses échanges avec une région donnée est supérieur au taux de croissance des échanges de cette région avec l'ensemble des États-Unis, si ce taux est lui-même supérieur au taux moyen national, ou lui est inférieur, si ce taux est lui-même inférieur au taux moyen national.* Il suffit d'inverser les termes pour obtenir les conditions dans lesquelles la position se détériore. En conséquence, la force de New York résulte de ses positions solides dans les zones géographiques dynamiques et de ses faibles parts de marché dans les régions léthargiques. Inversement, sa faiblesse résulte de ses fortes positions dans les zones dynamiques et de ses fortes parts de marché dans les régions léthargiques. Dynamisme et léthargie sont définis à partir des différences des taux de croissance des exportations et des importations par rapport au taux moyen national. Les résultats indiquent qu'on ne saurait parler de crise générale à New York. Points forts et faibles s'équilibrent, les premiers plus nombreux aux importations. D'un côté, New York confisque à son profit presque tout le trafic entre les États-Unis et le Brésil. Inversement il s'affaiblit dans les relations avec l'Allemagne, le partenaire le plus dynamique du monde industriel européen. Le Royaume-Uni reste toujours au premier rang, quoique son poids décroisse, du fait du développement de pôle concurrents, de la réduction de sa fonction d'entrepôt et de la mondialisation de l'économie. En relâchant relativement ses relations avec ce partenaire moins dynamique, à l'inverse de Boston, New York conserve ses chances d'expansion à l'avenir, une fois passée l'ère des céréales.

2. À la recherche des responsabilités

Ni le traitement économétrique, ni l'étude des corrélations, ni le schéma précédent n'épuisent l'interprétation des faits. Il convient d'accorder une place aux arguments impressionnistes employés par les contemporains. À maintes reprises, les associations commerciales, les professionnels de l'activité portuaire, la presse, les administrations politiques et judiciaires du gouvernement fédéral, de l'État et des municipalités concernées sont amenés à se pencher sur les forces et les faiblesses du port de New York face à la concurrence de ses voisins immédiats du Nord-Est ou de ses rivaux du golfe du Mexique, voire de la côte pacifique. Articles, enquêtes, mémorandums cherchent à diagnostiquer le mal quand la situation paraît critique, et à proposer des remèdes plus ou moins bien adaptés. Malheureusement, il est difficile de tester ces arguments, faute de données adéquates et, quand on en trouve, aucune conclusion ne s'impose avec la force d'une vérité irrésistible, c'est-à-dire avec un degré de généralité suffisant pour être considéré comme solidement étayé et résistant au doute.

Personne ne conteste qu'un des éléments décisifs de la suprématie new-yorkaise réside dans ses nombreuses lignes de navigation à vapeur. Ni à Boston, ni à Philadelphie, ni à Baltimore, ni a fortiori à La Nouvelle-Orléans, on ne compte autant de départs réguliers hebdomadaires ou mensuels pour un aussi grand nombre de ports européens, latino-américains ou asiatiques. Pour embarquer des grains, les tramps à vapeur ou les voiliers se rendent volontiers à Baltimore ou à Philadelphie, pour le coton, ils fréquentent les ports du Sud, mais ces relations irrégulières ne conviennent pas pour fonder le rayonnement d'un organisme portuaire à une époque où, grâce à la révolution technique de la vapeur et du télégraphe, les négociants accordent de plus en plus d'importance à la rapidité et à la sécurité des livraisons. Seuls les navires de ligne satisfont ces exigences du commerce. Jusqu'à la fin du XIXe siècle, New York est seul en mesure de répondre pleinement, sous ce rapport, aux besoins des marchands américains et d'outre-mer. Boston, par exemple, ne lui fait de concurrence que pour les liaisons régulières avec

Liverpool et Londres. C'est pourquoi, aux importations, rien ne change – ou si peu. Pour les articles manufacturés européens, la vitesse prime sur les faibles différences de fret maritime. Aux exportations, au contraire, les cargaisons de marchandises en vrac et pondéreuses sont beaucoup plus sensibles à de minimes différences de coûts. Ceux-ci déterminent la voie par laquelle transitent les produits à destination de l'étranger. Aussi les difficultés new-yorkaises résident-elles principalement dans cette branche, à savoir les exportations de céréales à destination de l'Europe occidentale et méditerranéenne. Et pour une raison simple : New York est un port cher.

Les raisons de cette cherté relative sont-elles endogènes ou exogènes ? Telle est la substance des débats de l'époque. Le port de New York doit-il imputer ses déboires à ses propres insuffisances ou à l'action perverse de forces extérieures, à moins que les deux ne conjuguent leurs effets ? Telles sont les propositions qui s'affrontent dans les polémiques du temps. Trois éléments figurent au banc des accusés : les chemins de fer, le canal Érié, les installations portuaires. Le premier échappe en grande partie à l'action directe de New York, tandis que les deux autres relèvent de son autorité. L'ennui, c'est que, pour maîtriser la situation, il faudrait dominer les trois instruments à la fois.

c) Les tarifs ferroviaires différentiels

Les compagnies ferroviaires, qui appartiennent toutes à des entreprises privées, et surtout les lignes-troncs sur lesquelles passe l'essentiel des échange entre l'Ouest et l'Est (le New York Central, l'Erie, le Pennsylvania, le BXO, et accessoirement le Grand Trunk) renoncent progressivement à défendre des intérêts purement locaux. Après le début des années 1880, le New York Central tient compte tout autant de ses intérêts bostoniens que new-yorkais ; le Pennsylvania cesse d'être le paladin de la cause de Philadelphie pour se soucier de ses positions à New York et à Baltimore. Dans cette dernière ville, le BXO abandonne la promotion agressive du commerce de sa ville d'origine. Au fur et à mesure que se développe ce processus de multilocalisation, les compagnies ferroviaires deviennent en partie indifférentes au destin des ports auxquels elles étaient initialement intimement liées. C'est pourquoi New York ne peut pas compter sur l'aide permanente du New York Central dans sa lutte contre les ports rivaux. La famille Vanderbilt qui en détient les leviers de commande conduit sa stratégie en fonction de ses intérêts propres. Quand ceux-ci lui suggèrent de se faire le défenseur du port, elle n'hésite pas à déclencher une longue guerre de tarifs contre ses adversaires, en 1876 et en 1881. Dès que l'entente lui paraît préférable à la confrontation, les arguments qui justifiaient hier la lutte ouverte perdent toute valeur et les positions contraires prennent soudain plus de poids. Question d'opportunité et non de logique. En outre, même si le New York Central avait choisi de lier en permanence ses intérêts à ceux du port de New York, il n'est pas certain que celui-ci aurait pu maintenir sa suprématie aux exportations de céréales, car les New-Yorkais ont une tendance à surestimer la puissance relative de la famille Vanderbilt. En fait, le climat de concurrence dans lequel baigne le monde ferroviaire et qui empêche les pools de survivre longtemps interdit toute hégémonie prolongée. Des profits excessifs assurent de nouvelles entrées dans la branche, ruinant les intérêts acquis et les rentes de situation. Déjà avant 1880, New York ne peut pas compter sur l'aide bienveillante de ses chemins de fer. Dans les deux dernières décennies du siècle, il est exclu que le salut puisse venir de là.

Les New-Yorkais n'avaient pas besoin d'un appui actif des compagnies ferroviaires.

Ce qu'ils demandaient c'est qu'elles ne leur imposassent pas des handicaps difficiles à surmonter qui annuleraient les avantages naturels du port. Ces handicaps, ce sont les tarifs différentiels : toute marchandise passant par Philadelphie et Baltimore paye pour le transport un montant moindre que lorsqu'elle transite par New York. Par Boston, elle acquitte une somme égale ou supérieure. Établies dès avant la guerre de Sécession, ces discriminations ne font réellement sentir leurs effets qu'à partir de 1869 et ne cessent dès lors de figurer au premier rang des responsables des malheurs du port. Initialement élevées, elles sont réduites par des accords, jusqu'à ce que celui du 5 avril 1877 fixe définitivement la structure : pour les articles pondéreux, 3 cents pour 100 livres via Baltimore, 2 cents de moins via Philadelphie, ces chiffres étant réduits de moitié pour les seuls grains à l'exportation en février 1899.

Les différentiels forment donc un carcan permanent qui s'impose au trafic du port. Les antagonistes cherchent à les justifier par des arguments contradictoires rarement bien étayés : la distance, le coût, la concurrence. En fait, ils ont été établis à l'origine pour compenser les immenses avantages de New York en matière de fret maritime. Puis, une fois que les différents ports et les compagnies ferroviaires qui les desservent se sont assurés une certaine proportion du trafic, ils visent à consolider les acquis dans un climat qui ne soit pas marqué par la guerre permanente. Du fait de leur stabilité théorique entre 1877 et 1899, leur poids relatif s'alourdit au fur et à mesure que les prix baissent, aussi bien ceux des marchandises que ceux du fret ferroviaire et maritime. À la fin du siècle, leur charge, si elle avait été appliquée, aurait pu contribuer à détourner le trafic des exportations de céréales, en particulier des cargaisons complètes, vers les baies Delaware et Chesapeake au détriment de l'estuaire de l'Hudson. Il est donc tentant d'expliquer le déclin de New York dans cette branche par la politique discriminatoire des chemins de fer coalisés contre ses intérêts. L'ennui, c'est qu'une telle proposition ne peut être vérifiée empiriquement avec un degré suffisant de généralité, car on ne sait pas dans quelle mesure les différentiels ont été réellement appliqués ; le non-respect des tarifs officiellement affichés est trop connu pour qu'on n'ait pas de doutes sérieux en ce qui concerne ces différentiels. Il est certain que, lorsque la discrimination est rigoureusement mise en œuvre, comme en 1896, lors de la fondation de la Joint Traffic Association, les exportations de grains new-yorkaises reculent fortement par rapport aux concurrents, mais il est vrai aussi que la chute se poursuit quand l'entente ferroviaire perd le contrôle de la situation et que, d'autre part, Boston, grevé des mêmes différentiels que New York, résiste très bien. Les déboires de New York ne sauraient être imputés à un responsable extérieur unique.

d) Le canal Érié

Les New-Yorkais auraient pu compter sur leurs propres forces. Or, dans la mise en œuvre des moyens dont ils disposent directement, on relève beaucoup de négligence et d'incurie. L'État de New York était propriétaire du canal Érié ; il aurait pu moderniser cet instrument qui avait assuré sa suprématie dans la première moitié du XIXe siècle, en le portant à un gabarit qui aurait suffisamment abaissé les coûts de la batellerie pour résister victorieusement aux progrès techniques des chemins de fer, comme cela s'est fait sur les Grands Lacs dans les deux dernières décennies du siècle. L'État avait les moyens de cette politique, au moins à partir de 1880, quand la dette publique est presque éteinte. Or il refuse d'engager des travaux importants pour élargir et approfondir le canal, qui reste dans le même état, à peu de choses près, en 1900 qu'en 1862. Les crédits votés en 1895 ne suffisent pas à mener à bien le programme de modernisation. Les New-Yorkais ont donc laissé dépérir un atout majeur. Ils ne manquent pas de bonnes raisons pour justifier leur attitude. La gestion politique des canaux profite à des cliques de politiciens corrompus et d'entrepreneurs malhonnêtes. Investir dans les canaux revient à alimenter les prévaricateurs et à gaspiller les deniers publics. D'autre part, la voie d'eau, bloquée pendant cinq moins d'hiver, ne répond pas aux besoins de vitesse et de régularité du nouvel âge commercial. Le peuple de New York est trop divisé pour mener une politique unanime en faveur de ses canaux ; l'esprit de clocher – le localisme – préside aux choix plus que les intérêts généraux de l'ensemble de la communauté. Est-ce à dire qu'avec un canal Érié plus profond, New York aurait conservé ses positions aux exportations de grains ? Les tests économétriques ne confirment pas une telle hypothèse, dans la mesure où les positions new-yorkaises ne semblent guère dépendre de la proportion des céréales apportée par voie d'eau. Peut-être les New-Yorkais ont-ils bien fait de ne pas gaspiller d'investissements dans un projet qui en appelait à l'imagination, mais qui ne répondait pas aux critères d'une saine gestion économique et d'une allocation de ressources rares !

e) Les installations portuaires

Pour certains observateurs, la véritable bataille aurait dû se livrer sur les quais du port. Du fait des contraintes physiques imposées par le site, la coordination de la « triple alliance » du navire, du wagon et de l'entrepôt, si décisive pour minimiser les coûts portuaires, est plus difficile à New York qu'à Boston, à Philadelphie ou à Baltimore. En 1900, la barrière de l'Hudson n'est toujours pas franchie par les chemins de fer. À l'exception du New York Central, toutes les lignes-troncs ont leur terminus dans le New Jersey, de l'autre côté du fleuve. Si Manhattan est relié au continent par le réseau de Vanderbilt, Brooklyn, où s'aligne le plus grand ensemble d'entrepôts du port, reste isolé dans son île. La manutention des marchandises implique donc de multiples transferts qui grèvent les coûts. En fait, le handicap joue surtout pour les produits pondéreux qui transitent rapidement des wagons ou des péniches aux cales des navires, telles les céréales. À cause des frais inévitables de transport par allèges ou des dépenses imposées par les compagnies ferroviaires, comme le *cent arbitraire*, New York est un port cher. Les tramps ne le fréquentent pas volontiers. Les navires de ligne, au contraire, y sont attirés, en dépit des loyers onéreux que perçoit la municipalité à Manhattan. La lenteur de la modernisation des quais, conformément au programme adopté en 1870-71 ne décourage pas les armateurs de se presser le long de l'Hudson. Il n'est donc pas certain que l'endettement énorme légué à New York City par les malhonnêtetés de la bande à Tweed ait constitué un handicap sérieux dans la croissance du port. Dans l'ensemble du site, des solutions auraient pu être aisément trouvées, mais il faut tenir compte du poids de l'inertie et de la relative immobilité du capital, une fois qu'il est incorporé dans des équipements matériels. Dans le périmètre où se concentraient les activités portuaires dans le dernier tiers du XIXe siècle, le port de New York ne pouvait espérer maintenir sa suprématie sur des rivaux où les chemins de fer arrivaient directement sur les quais et au pied des élévateurs. Inversement, le recours aux allèges lui assurait une souplesse qui explique le maintien, voire le renforcement des positions dans certaines branches du négoce.

f) Port actif ou passif?

Ni les différentiels ferroviaires, ni les insuffisances du canal Érié, ni les lenteurs de l'aménagement portuaire n'expliquent, pris isolément, une bonne partie des reculs new-yorkais. Il se peut que leur effet cumulé soit amplifié, mais on ne voit pas comment vérifier cette assertion. Il convient, en outre, de nuancer la notion de position statistique, car elle ne dit rien sur la fonction active ou passive du port. Un trafic important peut passer sur les quais, mais en ne faisant que transiter un court instant, il laisse dans la ville une faible valeur ajoutée, correspondant aux salaires des travailleurs de la manutention et aux revenus des intermédiaires concernés. Dans ce cas, le port est un organe passif. Si, au contraire, les entrepreneurs locaux dirigent eux-mêmes le mouvement des marchandises, il en résulte un effet multiplicateur qui contribue à l'enrichissement de la région urbaine. En créant des Bourses où s'achètent et se vendent les produits les plus divers, ils font du port une force active qui attire à elle les approvisionnements: les entrepôts conservent des stocks en permanence. Le trafic s'organise en flux réguliers au lieu d'obéir aux spasmes de la demande. Il en va de même quand le port joue une fonction industrielle, important les matières premières qui alimentent les manufactures de la région. Ce rôle actif est d'autant mieux assuré que les compagnies de navigation sont contrôlées par des armateurs locaux, prêts à faire coïncider leurs intérêts avec ceux de la cité. Une telle symbiose est une garantie pour l'avenir.

De ce point de vue, le bilan new-yorkais est mitigé. Dans certaines branches, le port devient de plus en plus passif. Les importateurs qui en constituaient l'aristocratie naturelle à l'époque des princes-marchands, avant la guerre, perdent presque tout leur lustre à la suite de la révolution des communications par vapeur et par télégraphe. Ils sont plus ou moins court-circuités par les grossistes de l'intérieur qui passent directement leurs commandes à l'étranger. S'ils ne parviennent pas à reprendre le contrôle du marché en instituant une Bourse où doivent s'effectuer obligatoirement la plupart des transactions, dès qu'on veut se couvrir contre les risques de fluctuations des cours, New York se transforme en simple lieu de passage, comme on le constate dans le commerce des peaux. Pour le café, au contraire, l'institution d'une Bourse en 1882 renforce l'emprise des négociants new-yorkais. Par d'autres procédés, le port conserve son monopole des importations de soieries.

La structure industrielle new-yorkaise répond davantage aux besoins de l'agglomération qu'aux impulsions émanant du port. À l'actif de ce dernier, il faut mettre deux branches comme le raffinage du sucre et du pétrole. Quant au déclin de l'armement local, ce n'est pas une caractéristique spécifique de New York. La marine américaine, la seconde du monde en 1860, ne cesse de perdre du terrain sur toutes les mers du globe à partir de la guerre de Sécession. Ce sont les armateurs étrangers qui dominent l'activité des ports des États-Unis, tout particulièrement les Britanniques et les Allemands. Dans sa lutte contre ses rivaux, New York ne peut donc pas se reposer sur la fidélité et l'esprit civique de ses armateurs. Il doit songer à les garder ou à les attirer uniquement avec ses avantages naturels et les facilités qu'il leur offre. Dans les polémiques du temps, les branches où le port joue un rôle passif ne suscitent pas de longues controverses, sauf au moment où s'effectue le passage d'une fonction à l'autre. Dans le cas des céréales, au contraire, les ports de la côte Est gardent la main mise sur le mouvement des produits, les expéditions par connaissement direct n'ayant pas réussi à devenir la forme prépondérante. La Bourse des denrées de New York reste un centre actif des échanges dans le commerce mondial du blé et du maïs. Les armateurs européens, de leur côté, n'ont aucune raison de préférer la Ville-Empire, si leurs profits y sont moindres que dans les ports rivaux. C'est pourquoi les débats se cristallisent sur ce secteur. Les négociants new-yorkais participent d'ailleurs eux-mêmes au déclin de leur port en choisissant les voies les moins chères. Les plaintes ne sont pas dépourvues d'une certaine part d'hypocrisie.

Au moment de la guerre de Sécession, New York a acquis une suprématie sur le commerce extérieur américain, comme il n'en avait jamais diposé auparavant. L'histoire du dernier tiers du XIXe siècle est celle d'un maintien des positions aux importations et d'un déclin des exportations, principalement dans le trafic des céréales. Le spectre de la chute qui hantait certains milieux économiques new-yorkais autour de 1900 ne devait jamais prendre corps, pour la simple raison que les grains cessent brusquement, au début du XXe siècle, de figurer au premier rang des ventes américaines. Le passage d'une situation d'exportateur de matières premières et de denrées alimentaires à une position marquée par l'importance des expéditions d'articles manufacturés change complètement les données du problème et relève d'une autre période qui s'annonce à partir de 1895. L'ère des céréales achevée, New York retrouvait une partie de ses atouts et pouvait maintenir, voire consolider, ses parts de marché.

© Publications de la Sorbonne

X

ÉTAT, FINANCES PUBLIQUES, POLITIQUE ÉCONOMIQUE

L'histoire économique ne peut, même pour les siècles antérieurs au nôtre, ignorer l'État.

L'État a, de manière récurrente, suscité des discours et proclamations idéologiques antagonistes, qui n'ont pas été sans peser sur les orientations des travaux scientifiques. Le plus souvent présenté, en particulier pour la France, comme l'obstacle majeur de la croissance, en raison de ses prélèvements ou de ses dépenses, de ses décisions législatives ou de ses interventions sur le marché financier, l'État a pu a contrario *apparaître, notamment dans les années d'euphorie des décennies 1950-1960, comme l'organisateur de la prospérité. Au-delà de ces proclamations, les études rigoureuses semblent très inégalement avancées.*

L'État, c'est en particulier une vaste machinerie financière. L'histoire des finances publiques pour la période contemporaine n'a pas connu un fort engouement parmi les historiens, à la rare exception de Robert Schnerb, auteur d'une thèse principale sur les Contributions directes à l'époque de la Révolution dans le département du Puy-de-Dôme, *publiée en 1933, et, plus récemment, de Michel Bruguière*[1]*. Rattaché au groupe des* Annales, *Robert Schnerb intègre l'histoire financière dans une histoire sociale, voire globale. La fiscalité contemporaine française est marquée par des traits de longue durée, en particulier le poids des taxes indirectes, mais aussi par des ruptures au XXe siècle, signalées par les débats, souvent fort vifs, qui ont accompagné la création d'impôts nouveaux (en particulier l'impôt sur le revenu). Histoire encore largement en chantier.*

Dans les années 1970, toutefois, des économistes se sont attachés à mesurer l'évolution en longue durée des dépenses publiques dans leur diversité. Lors du IIIe Congrès de l'Association française des historiens économistes en 1977, il leur a été largement fait place. L'un des phénomènes importants de la période contemporaine se manifeste, aux XIXe et XXe siècles, par la montée (en valeur et en volume) des dépenses publiques – que ce soit celles de l'État ou des collectivités locales –, signe de l'accroissement du rôle de la puissance publique dans le développement économique et social. Si les constats convergent sur la croissance des finances publiques, les interprétations apparaissent multiples.

L'une des analyses principales souligne le fait majeur des XIXe XXe siècles : la montée en volume des dépenses et les mutations dans leur contenu, les périodes correspondant aux années de guerres mondiales coïncidant avec des moments de rupture. Un travail important de statistique rétrospective effectué par deux économistes fournit des résultats allant dans ce

1. Cf. le recueil posthume, *Pour une renaissance de l'histoire financière*, Paris, Imprimerie nationale, 1992.

sens[1]. *Un autre type d'interprétation se réfère explicitement à une problématique de type marxiste. Les fluctuations en moyenne durée des dépenses publiques, présentées comme se développant en sens inverse des mouvements de type Kondratieff (cf.* supra, *chapitre* II*) s'expliqueraient par la tendance à la « suraccumulation du capital », l'État jouant un rôle contra-cyclique en acceptant une rémunération des capitaux publics inférieure à la moyenne et participerait ainsi à une revalorisation des capitaux de l'économie privée*[2].

Mais au-delà de ces approches globales, l'étude de l'impact précis de telle dépense est peu avancée, si ce n'est celles relatives à l'armement (François Crouzet pour le XIX*e siècle; Robert Frank pour la période 1935-1939).*

De même, les travaux sur les rouages de la machine financière de l'État ont peu été développés, qu'il s'agisse des services directs (budget, trésor...) ou des organismes bancaires indirects, si l'on excepte la thèse d'Alain Plessis sur la Banque de France (cf. supra, *chapitre* VI*). La monnaie, à la fois élément de la politique de l'État et instrument de la vie économique nationale et internationale, n'a pas fait l'objet, malgré quelques avancées récentes, de travaux historiques systématiques*[3].

Autre volet des finances publiques, le rôle des politiques économiques. Imbriquées entre une idéologie libérale constante, des pratiques interventionnistes anciennes à l'égard d'activités majeures (mines, chemins de fer, transports urbains...), des projets volontaristes récurrents (second Empire, guerres mondiales, crise des années trente ou Reconstruction de 1944-1950, période gaullienne...) et relativisées par une ouverture internationale plus ou moins contraignante, les politiques économiques ont été peu étudiées. Pour le XIX*e siècle, si l'on excepte la thèse de Louis Girard sur la politique des travaux publics sous le second Empire et les travaux en cours de Francis Démier, peu a été produit au-delà de l'analyse minutieuse des effets du plan Freycinet sur la conjoncture courte de 1879-1882.*

Jean Bouvier a suscité nombre de travaux sur la politique économique française au XX*e siècle, dont on trouve des traces dans le volume de mélanges qui lui a été consacré en 1987. L'un des intérêts parmi d'autres de cette histoire pour le temps présent réside dans les ressources de l'histoire orale. Plusieurs hauts fonctionnaires ou hommes politiques ont également tenté de faire œuvre d'historien. Nombre d'entre eux fournissent ainsi un matériau complétaire de ceux des archives. Certains tendent parfois à surestimer le poids des décideurs dans l'évolution économique ou à insister outrancièrement sur une seule série de facteurs explicatifs. Ainsi, Alfred Sauvy, malgré l'intérêt de ses travaux*[4]*, a sans doute accordé une place exagérée au malthusianisme démographique du premier* XX*e siècle. Quoi qu'il en soit, dans la plupart des pays industrialisés, l'État étend considérablement le domaine de ses interventions économiques directes et indirectes après 1914, sous la poussée de contraintes et d'évolutions multiples. Parmi les plus importantes, citons les deux guerres mondiales, la crise des années trente, la montée des besoins nouveaux en matière d'État-Providence, l'influence des travaux de l'économiste britannique Keynes et la mise au point d'instruments plus rigoureux en matière de comptabilité nationale et de politique conjoncturelle. Plusieurs ouvrages récents ont ainsi mis en scène les hauts fonctionnaires et économistes qui ont créé et fait fonctionner en France le*

1. Christine André, Robert Delorme, *l'État et l'économie. Un essai d'explication de l'évolution des dépenses publiques en France, 1870-1980*, Paris, Seuil, 1983.
2. Louis Fontvieille, *Évolution et croissance de l'État français de 1815 à 1969; Cahier de l'ISMEA*, AF, n° 13, Tome X, nos 9-10-11-12, 1977.
3. Cf. le colloque sur « Le franc de 1921 à nos jours », organisé en décembre 1991 par le Comité d'Histoire économique et financière.
4. *Histoire économique de la France entre les deux guerres*, Paris, Fayard, 4 volumes, réédité en 3 volumes (Economica, 1984).

Plan et la comptabilité nationale. Des travaux récents, en cours ou achevés, devraient permettre pour la France de mieux cerner certaines politiques sectorielles de l'État au XXe siècle, son rôle d'entrepreneur à travers les firmes nationalisées, sa fonction planificatrice, ou encore certains aspects de la politique conjoncturelle. L'une des difficultés à résoudre pour l'historien de la politique économique, soucieux de mesurer précisément ce qui relève de l'État, consiste à articuler les approches macro-, micro- et méso-économiques et à bien différencier les données structurelles qui s'imposent à tout décideur des décisions d'intervention conjoncturelle, elles-mêmes interprétables à la lumière des tensions et conflits sociopolitiques du moment.

Le Système fiscal français du XIXe siècle

(1973)

JEAN BOUVIER

Dans un recueil d'articles réunis et publiés en hommage à Robert Schnerb par Jacques Wolff et Jean Bouvier, ce dernier s'interroge sur les permanences du système fiscal français contemporain et tente d'en dessiner le «portrait-robot» au XIXe siècle, dont les traits durables, marqués notamment par le poids des taxes indirectes assises sur la consommation, s'interprètent à la lumière de l'évolution des structures sociales et mentales d'alors.

Source : *Jean Bouvier, «le Système fiscal français du XIXe siècle : étude critique d'un immobilisme»,* in *Robert Schnerb,* Deux siècles de fiscalité française, XIXe -XXe siècle – histoire, économie, politique, *sous la direction de Jean Bouvier et de Jacques Wolff, Paris-La Haye, Mouton, 1973, pp. 228-241.*

1. Un portrait-robot figé

Il a été dessiné en traits de plus en plus fermes, et de plus en plus creusés, par de successives générations de juristes depuis la fin du XIXe siècle. Laissons là toute référence bibliographique. Le portrait, finalement, semble aller droit à l'essentiel.

Les traits fondamentaux du système fiscal français – et du système des finances publiques dans leur ensemble – se déduisent naturellement des principes mêmes de l'organisation économique, sociale et politique, telle qu'elle a été établie sous la Révolution et l'Empire – des principes, et des structures alors mises en place, les uns et les autres se donnant un mutuel appui. Finances «bourgeoises», fiscalité «bourgeoise», par conséquent. Et voici, tout à la fois, les principes et les traits du modèle.

Le *Dictionnaire des Finances* notait en 1894 : «Les économistes, convaincus que l'industrie privée est dans beaucoup de cas plus apte que l'État à rendre aux citoyens les services qu'ils réclament, *limitent à un petit nombre les fonctions de la collectivité et réduisent l'impôt au minimum*». À État léger, budget modique. L'État doit n'assurer que les services indispensables : administration, justice, police, défense nationale, et un minimum d'instruction et d'action sanitaire. Selon J.-B. Say, il y a «spoliation» par l'impôt «toutes les fois que la contribution publique excède la somme indispensable à la *conservation de la société*». René Stourm, dans sa préface (1905) à la deuxième édition de ses *Systèmes généraux d'impôts*, écrit : «Les budgets ne doivent renfermer que les dépenses d'utilité générale, sans empiéter sur le domaine réservé à l'initiative individuelle.» Les dépenses n'augmentent alors que pour des raisons «physiques», avec la croissance des besoins collectifs qu'entraîne nécessairement l'augmentation de la population, et l'augmentation du revenu national permet celle des dépenses. Le rapport des dépenses publiques au revenu national change peu. Les relations entre budget et économie présentent deux caractères: l'État est en deça du seuil d'action économique, en raison de la modicité du budget; et les aléas de l'économie (cycles) influencent d'autant moins les recettes que l'État s'efforce de choisir «des matières imposables à haut degré de stabilité». Parmi les techniques fiscales d'ailleurs, «on retient celles qui transmettent le moins les variations de la matière imposable et stabilisent le plus les rendements». L'idéal est en effet la stabilité des rendements fiscaux, puisqu'il s'agit de couvrir des besoins d'ordre essentiellement politique, peu affectés par les soubresauts de l'économie. Paul Leroy-Beaulieu écrivait en 1912 dans son *Traité de la science des finances* que «l'État a besoin de ressources absolument régulières et fixes, avec une certaine tendance continue à la plus-value».

Ainsi doit être protégé l'individu, et garantis ses droits imprescriptibles. Les dépenses publiques doivent être limitées le plus qu'il est possible: car elles sont conçues comme une consommation, donc une destruction de richesses; de là, le mythe du fonctionnaire-parasite. La «charge» fiscale sera mince; elle ne peut être conçue, dans un tel système, que comme fardeau pesant sur l'individu. Le principe de l'impôt est qu'il doit être neutre, c'est-à-dire sans action sur les structures économiques, ni sur la répartition des richesses et des revenus. En même temps, il doit demeurer *extérieur* à l'individu. La célèbre *Instruction générale* de 1790 sur la contribution foncière disait: «C'est la propriété qui seule est chargée de la contribution foncière; le propriétaire n'est qu'un agent qui l'acquitte pour elle.»

On optera «non pour la justice, mais pour la commodité»: la fiscalité ne sera pas inquisitrice. *Directe*, elle sera assise sur des masses imposables faciles à déterminer (terres, immeubles, loyers); fort limitée, et basée sur les célèbres «signes *extérieurs* de richesse», elle se refusera à la «déclaration» de revenu par le contribuable lui-même – qui serait atteinte à sa liberté. Elle ignorera la progressivité des taux et demeurera simplement proportionnelle. *Indirecte*, elle pourra être massive, puisque invisible, cachée dans les prix des objets de consommation (taxes) et aura ainsi par «anesthésie fiscale» les préférences de tous les bons esprits. Montesquieu, déjà dans *l'Esprit des lois*, avait écrit que les impôts indirects «sont les plus naturels à la liberté parce qu'ils se rapportent d'une manière moins directe à la personne», et que le «tribut naturel au gouvernement modéré est l'impôt sur les marchandises». Les louanges de l'impôt indirect, au XIXe siècle, seront innombrables, la plus remarquable étant probablement celle écrite par Gaudin dans ses *Mémoires*.

L'État, du coup, conduira son budget comme un bourgeois prudent. Il n'empruntera que pour couvrir d'exceptionnelles dépenses; pour rembourser ses dettes, il évitera l'inflation fiduciaire et se contentera d'augmenter les impôts. L'inflation qui ruinerait la monnaie en induisant les prix en tentation de hausse artificielle emporterait toute confiance; elle est le péril suprêmement redouté; on ne se souvient pas de Law – trop lointain – mais des assignats, fort proches. Le garde-fou général, c'est l'équilibre budgétaire annuel, qui devient une «mystique», sans qu'on s'explique la rigidité de son cadre *annuel*, simplement commode pour fixer des détails aux rentrées fiscales et un calendrier aux procédures parlementaires. Lorsque les économistes étudient le budget –

tel Gaston Jèze encore en 1910 –, ils en envisagent les aspects « financier », « historique », « juridique », « politique ». Ils ne disent rien de son aspect économique.

Un bon ministre des Finances est alors un « comptable exact, minutieux, sans imagination ».

Finalement, « l'essence des finances est l'ordre ; plus les peuples ont de faiblesse pour les innovations dans la politique, plus leur est utile la stabilité insensiblement perfectible de leur système de finances ».

Sans doute faut-il, dès l'abord, corriger un peu le portrait. Il faut rappeler que, si les finances classiques veulent être neutres par rapport à l'économie et ne pas demeurer sous la dépendance de la conjoncture économique, elles n'en sont pas moins liées à l'économie : toute recette publique vient du produit national, et, d'une manière ou d'une autre, y retourne. Cela est vrai sous Charles X comme sous Waldeck-Rousseau. Dans les faits et par nature, la relation économie-finances demeure. Elle est seulement le plus possible atténuée par la technique financière. C'est au niveau de la théorie des finances qu'elle est alors ignorée ou minimisée. « On peut se demander au fond, écrit M. Duverger, si les finances publiques... n'exercent pas toujours une certaine action économique ou sociale, à l'insu même de ceux qui en décident. » Tel a bien été le cas au XIXe siècle. D'autre part, le non-interventionnisme de l'État dans les affaires économiques est alors loin d'être absolu. L'État et les autres collectivités publiques ont beaucoup dépensé pour les *canaux* sous la Restauration, pour les *chemins vicinaux* et les *routes* sous la monarchie de Juillet, pour *les chemins de fer* à partir des années 1830, pour les *écoles* sous la IIIe République. En temps de crise économique, il est arrivé (rarement) à l'État de distribuer des aides aux entreprises – ainsi en 1847 – et le gouvernement de Napoléon III a ouvert des crédits aux firmes au lendemain du traité franco-anglais de 1860 pour les aider à moderniser leur outillage. Fréquemment, à partir de 1859, certaines des six compagnies ferroviaires auront recours aux mécanismes de la « garantie du minimum d'intérêt » – l'État garantissant l'intérêt des obligations ferroviaires en cas de déficit. En 1907, le gouvernement sera même contraint de nationaliser le réseau de la Compagnie de l'Ouest. Il est vrai qu'à cette date l'ère des finances interventionnistes était déjà ouverte. En tous les cas, au cœur du XIXe siècle, en pleine époque libérale, « par la nature même des choses, l'abstention absolue était interdite à l'État ».

Mais les traits du portrait-robot n'en étaient pas pour autant brouillés. Les juristes ont d'ailleurs mis un soin particulier à mettre en relief les aspects fondamentaux du système fiscal lui-même. Dans son esprit et ses formes, le système fiscal « direct », pour ne retenir que lui en tant que reflétant d'une manière plus visible que la fiscalité « indirecte » les caractères dominants de l'organisation des impôts, paraît fort peu modifié dans les années 1900 par rapport aux années 1800. Sa pièce essentielle, les « quatre vieilles » contributions, est toujours debout.

Le Code civil et les « quatre vieilles » ont été, au cours du XIXe siècle, « le meilleur soutien de l'essor de la bourgeoisie », parce que ces deux institutions reconnaissaient également que « la propriété conférait des droits intangibles ». Le système fiscal direct était « *conforme à un ordre social voulu, et compatible avec une économie à base agricole* ».

Les impôts directs étaient, d'abord, des impôts *réels* et non *personnels* ; ils ne tenaient pas compte de la situation personnelle – de la situation de famille en particulier – du contribuable : abattements à la base ou prise en compte des charges de famille – sauf exception – étaient inconnus.

En deuxième lieu, les impôts directs étaient *autant que possible forfaitaires ;* le revenu imposable n'était pas le revenu exact par année, mais un revenu *moyen*, que la terre, ou l'entreprise, doit donner sur une assez longue période. Ce qui rendait légers les contacts entre le fisc et les contribuables. Il n'y avait pas de mises au point annuelles rigoureuses, tatillonnes, des revenus. La matière imposable était approximativement déterminée. Les produits des « directs » épousaient donc mal les fluctuations de la matière imposable ; ils étaient *réguliers*, mais *relativement rigides*, peu sensibles en général à la conjoncture économique – ou, du moins, ne la ressentant qu'amortie.

Le caractère forfaitaire était accentué par le fait que les impôts directs étaient, pour trois d'entre eux (impôt foncier, personnelle-mobilière, et des portes et fenêtres), des impôts de *répartition*, et non de *quotité* (patente). Ils n'étaient pas établis en fonction de taux appliqués aux revenus imposables ; mais en fonction de « *contingents* » prédéterminés, c'est-à-dire de masses globales : contingent *national*, divisé en contingents *départementaux*, eux-mêmes subdivisés en contingents d'*arrondissements*, puis *communaux, fixés une fois pour toutes* et subissant peu de modifications, sinon fort rarement (en hausse ou en baisse), par décision du ministère des Finances avec l'accord des Chambres, pour tenir compte, essentiellement, des constructions (et des démolitions) d'immeubles. Par exemple, l'impôt sur la terre de 1891 à 1913 a produit chaque année constamment 103 millions. La relative *fixité* des produits de la fiscalité était considérée comme une des lois fondamentales du système : son mobile, comme l'indiqua avec force Léon Say dans sa préface au *Dictionnaire des Finances* (1894), était de laisser entre les mains du propriétaire, du producteur, du vendeur, la plus large marge possible de profit, dont la croissance ne devait pas être absorbée par l'État, mais bénéficier à l'économie privée.

En quatrième lieu, les impôts directs, quand ils étaient de quotité, n'étaient pas *progressifs*, mais *proportionnels ;* leur taux était fixe, quel que soit le volume de la masse imposable, ce qui n'était qu'une apparence d'égalité ; le taux de 3 % de l'impôt sur les valeurs mobilières, ajouté en 1872 aux « quatre vieilles », était prélevé sur le petit comme sur le riche rentier, sur le propriétaire d'un titre de rente comme sur le propriétaire de mille titres. Il n'y avait pas de taux distincts, progressant selon des tranches de revenus.

En cinquième lieu, la constatation des revenus se faisait *du dehors*, selon les procédés dits des « *signes extérieurs* » de revenu et de fortune. Le revenu était non pas constaté, ni enregistré, mais *présumé*, évalué d'une manière approchée. L'empreinte individualiste se retrouvait ici fort nette ; le célèbre impôt des « portes et fenêtres », l'une des « quatre vieilles », fonction du nombre et de l'ampleur des ouvertures des maisons, et qui n'eut pas de minces conséquences sur leurs dispositions et leur allure, et surtout dans les campagnes, en est comme la caricature.

Un tel système d'impôts directs « était fait pour un peuple de petits propriétaires, de petits et moyens industriels et commerçants, chacun vigoureusement retranché dans sa terre ou dans sa boutique, très jaloux de ses droits, et tenant l'État pour un ennemi ».

Mais il était aussi fort bien ajusté à une économie basée sur le profit (donc l'accumulation) et à l'attente des groupes les plus influents dans les activités économiques : « Le système fiscal français du XIXe siècle, écrit Gabriel Ardant, était l'expression presque parfaite des intérêts d'une classe... L'ensemble de ce système favorisait de façon évidente la fortune acquise, ou en voie de formation, et les revenus élevés... S'il reflétait la prépondérance de la bourgeoisie, il contribuait aussi à l'accentuation d'un de ses caractères essentiels, le désir de mettre en réserve, chaque année, une fraction de revenu... Combiné avec le régime économique, le système fiscal a constitué un puissant moteur d'accumulation. »

L'essentiel est effectivement dit. Il faut ajouter cependant que, jusqu'en 1848 du moins (adoption du suffrage universel), le système des « quatre vieilles », dans sa rigidité relative, coïncide avec le mode censitaire des élections : il est adapté à une clientèle sociale et électorale précise : celle des « propriétaires ». La séparation réalisée du système fiscal et du système électoral, en 1848, donnera plus de jeu aux « vieux » impôts et leur permettra de connaître certaines transformations.

Mais aux analyses des juristes ou politistes les plus éminents, depuis trois générations, il manque, selon le jugement de l'historien, deux éléments : d'une part, la quête statistique concernant la fiscalité – les chiffres traduisent-ils ou infirment-ils ce que le portrait-robot laisse apparaître ? –, d'autre part, une vue dynamique des choses, le problème de la permanence et des changements en matière de fiscalité. Toute structure bouge, en longue durée, mais dans quel sens, et pourquoi ? La fixité du portrait-robot ne saurait coïncider avec une immobilité parfaite du système fiscal. C'est le problème de cet « immobilisme » qu'il faut s'efforcer de cerner.

2. Premiers éléments d'une mesure opérationnelle de la fiscalité française du XIXe siècle

La question est d'abord de mesure. Et celle-ci demeure entièrement à faire. Personne ne s'est jamais soucié de traiter le matériel statistique considérable de la fiscalité (d'État et locale) dans une optique financière. Ni les juristes, ni les économistes, ni les historiens. Ces derniers, sous l'impulsion d'Ernest Labrousse, ont, certes, utilisé les données fiscales (à l'échelle locale, ou départementale), mais dans d'autres vues qu'une analyse fiscale, pour y retrouver des éléments susceptibles d'éclairer soit la conjoncture, soit les rapports entre les classes.

C'est dire que les éléments qui suivent ne représentent qu'une première approche, extrêmement grossière, de la mesure fiscale.

D'emblée se pose un problème de méthode qui, sur le terrain des principes, avait été abordé bien avant 1914 par les juristes, ou les responsables publics des affaires de finances. Selon quelle modalité classer les impôts, quel principe de division suivre ? On peut à l'infini disserter. Mais l'historien n'a qu'un souci : que le classement utilisé soit, *pour lui, opérationnel*, c'est-à-dire :

1. que la documentation existante permette l'application effective à la matière statistique de la « grille » choisie par lui,
2. que la problématique de la grille elle-même réponde à des interrogations proprement historiques.

Sur le premier point, certes, la perfection ne sera jamais atteinte. Les documents fiscaux suivent un principe de division tel que le classement lui-même doit être violenté et recomposé par l'historien. Et, dans le travail de recomposition des données officielles, l'ajustement est parfois impossible entre données anciennes et classement nouveau. Des choix artificiels et fragiles par nécessité sont alors inévitables. Mais la seconde condition préalable à la quête statistique dépasse la première en importance et en difficulté : quelle « grille » choisir, et pourquoi ? Par pente naturelle, ou par hypothèse scientifique, l'historien cherche à répondre à la question : qui paie l'impôt ? C'est-à-dire quelles classes sociales ? La répartition sociale du prélèvement fiscal est son principe. Mais inutile de préciser qu'alors, c'est la théorie même de la division sociale, du classement des classes, si l'on peut dire, donc de leur définition-délimitation qui se trouve en cause. Il est vrai que, depuis une vingtaine d'années, les historiens français se sont tout particulièrement penchés sur l'étude des combinaisons entre le professionnel et le social, au niveau de l'analyse de la société française. Il serait osé de dire qu'ils se trouvent unanimes dans leurs conceptions de la grille-modèle d'analyse sociale. Il n'est cependant pas douteux que les historiens qui, un jour, s'attaqueront de front au problème des rapports entre degrés de fiscalité et hiérarchie sociale seront condamnés à des analyses les plus fines possible – et à des choix.

En attendant, que faire ? Écarter résolument, pour l'étude des structures de la fiscalité française, les classements officiels. Et les remplacer *provisoirement* – sans se faire aucune illusion sur la solidité du système – par une grille qui, très grossièrement, *commence* la prise en compte du social dans l'analyse fiscale. Grille qui est d'autant plus provisoire qu'elle est adaptée à une strate élémentaire de la documentation, une strate macro-fiscale en quelque sorte, telle qu'elle est livrée par les publications statistiques centrales : voilà bien les servitudes du souci « opérationnel ».

Selon les publications officielles, les ressources budgétaires (État) sont divisées en trois catégories essentielles : domaine, monopoles, impôts. Les impôts eux-mêmes représentent la grande masse du total des ressources centrales : par exemple, 1,592 milliard sur 2,477 en 1872 et 3,395 milliards sur 4,685 en 1911. Les documents distinguent, à l'intérieur de la rubrique impôts, comme l'on s'en doute, impôts « directs » et « impôts et revenus indirects ». Mais ces divisions laissent le lecteur sceptique, car leur principe est juridico-formel. Dans les « produits des monopoles » sont comptabilisés : allumettes, tabacs, poudres, qui sont, au demeurant, des prélèvements sur des consommations. En sens inverse, les documents inscrivent dans les impôts indirects deux impôts qui ne méritent ce traitement qu'en raison de leur mode de recouvrement – ils ne sont pas perçus par rôles nominatifs (ce qui distingue officiellement l'impôt direct), mais par prélèvement anonyme à la source : il s'agit de l'impôt sur le revenu des valeurs mobilières (1872) et de l'impôt sur les opérations de Bourse (1892). L'historien les fera glisser dans des catégories qui les rapprocheront des impôts directs. D'autres exemples, et nombreux, pourraient être cités d'ambiguïté de classement.

Ainsi, les impôts directs sont divisés entre les « contributions directes » (il s'agit des « quatre vieilles ») et les quatorze « taxes assimilées » : la liste de ces dernières présente une parfaite hétérogénéité ; certaines taxes se rapprochent des taxes à la consommation ou sur les transactions, tel le « droit d'inspection des fabriques et dépôts d'eau minérale », que le contribuable, industriel ou négociant, transférera dans son prix de revient. D'autres sont des prélèvements sur les revenus (la célèbre « redevance des mines », 1810, payée par les compagnies houillères) ; ou sur la fortune et le niveau de vie : la « contribution sur les voitures, chevaux, mules et mulets » ou la « taxe sur les gardes-chasses ».

Dans ces conditions, la grille utilisée dans les calculs qui vont suivre s'inspire de la première tentative officielle (décembre 1924), celle du ministre des Finances Clémentel (« Cartel des gauches »), d'une présentation nouvelle des structures de la fiscalité. Elle s'en inspire seulement. Clémentel, sur l'exemple des années 1913 et 1923, distinguait dans les produits fiscaux cinq catégories : les « taxes directes sur les revenus » (« quatre vieilles », et taxe sur le revenu des valeurs mobilières) ; les « taxes sur la fortune et droits de timbres » : enregistrement (surtout alimenté par l'impôt sur les successions) ; timbre ; et impôt sur les opérations de Bourse ; les « taxes somptuaires » – réduites en 1913 à la « garantie des matières d'or et d'argent» ; les «impôts sur divers produits non indispensables à l'existence» (alcool, tabacs, poudres) ; enfin les «taxes de consommation proprement dites», regroupées en onze rubriques dont les douanes... et les allumettes.

Il ne s'agit pas ici de critiquer le principe de la division de Clémentel, mais de reprendre l'intention sociale qu'elle recèle et de la reprendre, répétons-le, très grossièrement. Quelques fonctionnaires des Finances, économistes ou juristes actuels l'ont tenté, en France, qui ont distingué *impôts sur les revenus, impôts sur les fortunes, impôts sur les consommations et transactions*. Là aussi, on voit combien la distance demeure longue sur le chemin de l'analyse sociale du prélèvement fiscal. Mais peu importe – provisoirement, encore une fois.

Les *impôts sur consommations et transactions* pèsent leur maximum de poids sur les classes populaires, et leur poids relatif s'alourdit à mesure que l'on descend l'échelle des revenus; ils se répercutent en chaîne sur les prix de revient (donc, de vente) ; et des prix identiques se trouvent socialement inégalitaires lorsqu'ils pèsent sur des besoins. À besoins égaux, le prix du tabac est plus cher pour le «pauvre» que pour le «riche», pour parler le langage du XIXe siècle. Les *impôts sur la fortune* sont, eux, à tendances égalitaires; visant la fortune dite «acquise» et ses apparences, ils ont certains rapports (très imparfaits) avec la répartition des placements; et l'on sait de reste combien cette répartition était marquée du sceau de l'inégalité.

Quant aux *impôts sur les revenus*, ils sont socialement plus ambigus que les deux catégories précédentes, puisqu'ils atteignent (théoriquement) divers types de revenus. On devine que c'est surtout à leur propos qu'il faudra – dans d'ultérieures recherches auxquelles il faut convier les jeunes historiens en mal de thèmes de travail – exercer les discriminations les plus nécessaires, et les plus délicates. Les uns pèsent sur des groupes sociaux déterminés: la patente sur l'industriel, le commerçant, les professions libérales; l'impôt *foncier* sur les propriétaires de terres et d'immeubles. Mais, déjà, que de patentés économiquement et socialement distincts ! Et encore davantage peut-être, que de propriétaires fonciers aux situations opposées... Même ambiguïté pour l'impôt sur les *valeurs mobilières*: entre le micro-rentier et tel industriel possesseur, dans les années 1900, de millions de francs-or en titres, la distance est, certes, mesurable, mais considérable. Plus grande encore est la difficulté de classer socialement la *personnelle-mobilière* (et les *portes et fenêtres*) qui pèse, à la ville et à la campagne, sur tous les occupants de locaux d'habitation. Globalement comptabilisés, les impôts sur les revenus ont donc une dimension sociale fort incertaine.

Ils ne sont cependant pas, de ce point de vue, dépourvus de toute signification. Dans la France d'avant 1914 en effet – celle d'avant la grande réforme de cette catégorie d'impôts, effectuée en 1914 et en 1917 – tous les revenus n'étaient pas, en tant que tels, atteints directement par l'impôt dit «direct»: ni les salaires, ni les traitements, ni les profits (agricoles, commerciaux, bancaires, industriels) n'étaient fiscalement radiographiés ni traités. En un siècle de victoire finale du profit sur tous les autres revenus – victoire dans le mouvement, dans la croissance du profit, et d'abord, bien sûr, du profit industriel et bancaire – les impôts sur les revenus, tels qu'ils existaient en France, épargnaient plus largement – et relativement bien sûr – les milieux d'affaires que les classes moyennes ou les couches populaires. Fait significatif: si les actionnaires des firmes payaient sur leurs dividendes, depuis 1872 seulement, l'impôt sur les valeurs mobilières, les administrateurs, eux, ne sont fiscalement atteints au titre de leurs *tantièmes* qu'en 1911. C'est bien d'ailleurs pourquoi la bataille fut longue et rude pour ce que l'on appelait au XIXe siècle la «réforme démocratique» du système fiscal et pour l'introduction en France du système des cédules, assorti d'un impôt sur le revenu global. Les mouvements des impôts sur le revenu seront donc à considérer comme *globalement* significatifs d'une certaine évolution sociale de la fiscalité.

Opérationnellement, j'ai considéré comme *impôts sur les revenus* les «quatre vieilles», les «taxes assimilées», et l'impôt sur le revenu des valeurs mobilières. Comme *impôts sur la fortune*: les droits d'enregistrement, le timbre, et l'impôt sur les opérations de Bourse. Comme *impôts sur les consommations*: le tabac, les allumettes, les douanes et les «contributions indirectes» proprement dites, qui comprenaient au début du XXe siècle 27 rubriques: 7 pour les «boissons» et 20 taxes dont les plus lourdes portaient sur des produits alimentaires de grande consommation (sel, sucre, huiles animale et végétale, vinaigre). Grille fort grossière, très certainement, à affiner ultérieurement, mais dont les indications ne sauront être négligées.

Toujours quant à la méthode, il fallait d'autre part distinguer finances centrales d'État, et finances locales (départementales et communales). Sur le premier plan, la structure de la fiscalité concerne les seules ressources de l'État. Sur le second, elle permet d'atteindre la totalité des prélèvement. Il est évident que le second point de vue est le plus important pour le propos de l'historien. Le contribuable français payait impôts d'État et impôts locaux. Ces derniers consistaient, d'une part, en impôts de consommation, les octrois urbains, prélevés dans quelque 1 500 villes au début du XXe siècle, et, d'autre part, en impôts directs sous forme de «centimes» calculés sur le principal des «quatre vieilles». Il faut donc distinguer deux types de structures fiscales: celle des recettes fiscales du budget de l'État et celle des prélèvements fiscaux globaux, qui considérera la somme des impôts centraux et locaux.

Les calculs, limités à quelques sondages, donnent les résultats suivants pour 1830-1913:

Structure des recettes fiscales du budget de l'État, 1830-1913 (en %)

Impôts	*1830*	*1840*	*1850*	*1871*	*1881*	*1891*	*1901*	*1911*	*1913*
Sur les revenus	33,5	32,0	30,9	21,3	17,3	18,8	20,9	18,1	18,8
Sur la fortune	20,1	22,7	22,1	26,7	28,2	24,6	24,9	26,5	26,2
Sur les consommations	46,4	45,3	47,0	52,0	54,5	56,6	54,2	55,4	55,0

Structure des prélèvements fiscaux globaux, 1830-1913 (en %)*

Impôts	*1830*	*1840*	*1850*	*1871*	*1881*	*1891*	*1901*	*1911*	*1913*
Sur les revenus	37,5	36,5	36,6	29,4	24,1	25,3	28,6	27,1	27,4
Sur la fortune	17,0	17,5	17,4	21,3	22,8	20,0	20,0	21,1	21,3
Sur les consommations	45,5	46,0	46,0	49,3	53,1	54,7	51,4	51,8	51,3

* C'est-à-dire *centimes* (communaux et départementaux) et *octrois* compris.

Il y aurait quelque artifice à utiliser avec excès les pourcentages ci-dessus puisqu'il ne s'agit que de sondages, et puisque notre grille demeure «socialement» très grossière.

Mais, pour les deux structures, des tendances essentielles se dégagent, identiques: d'abord la *prédominance des impôts sur les consommations*, prédominance qui est nettement plus affirmée au début du XXe siècle que dans la première moitié du XIXe. À partir des débuts du troisième tiers de ce siècle, ces impôts fournissent un peu plus de la moitié des recettes fiscales centrales, et assurent la même proportion des prélèvements fiscaux globaux. Ce mouvement séculaire autorisait un économiste à écrire en 1894: « L'impôt indirect est l'impôt de l'avenir. » Il avait déjà été l'impôt du passé. Il y a là une remarquable permanence *interséculaire*, de l'Ancien Régime à l'époque contemporaine et aux temps présents (la période 1789-1803 n'apparaissant qu'à titre de brève exception) – permanence qui est un trait fort affirmé du système fiscal français, sa tendance de plus longue durée.

En second lieu, et au second rang, les *impôts sur les revenus* représentent une *fraction décroissante des produits fiscaux*. Décroissance très sensible au niveau des ressources de l'État, en raison de la part grandissante des centimes départementaux et communaux. Décroissance moins forte dans les prélèvements fiscaux globaux, mais très évidente cependant: nettement supérieure au tiers de ces prélèvements dans la première moitié du siècle, la part des impôts sur les revenus est devenue nettement inférieure au début du XXe siècle.

Quant aux *impôts sur la fortune*, ils sont caractérisés par un très faible accroissement de leur proportion au-delà des années 1870. Celle-ci tourne autour du quart des recettes fiscales de l'État et du cinquième des prélèvements fiscaux globaux. L'augmentation au début du XXe siècle par rapport à la première moitié du siècle précédent est très limitée dans les deux cas.

Ainsi, quasi-stabilité de la proportion des impôts sur la fortune à partir du début du troisième tiers du siècle; prédominance de plus en plus nette des charges fiscales pesant sur les consommations; et recul de la part des impôts sur les revenus. Il apparaît que l'évolution des deux structures fiscales est globalement favorable aux couches aisées, et globalement défavorable aux éléments modestes. Évolution séculaire antidémocratique, qui, entre autres raisons, permet de mieux comprendre la force du courant pour la réforme des impôts au début du XXe siècle.

Le tout, naturellement, devant se concevoir au sein d'un mouvement de croissance des divers niveaux de la fiscalité: à la veille de 1914, les prélèvements fiscaux sont cinq fois plus élevés qu'ils n'étaient un siècle auparavant, proportion à mettre en regard d'une tendance globale des prix qui, des années 1820 à 1913, n'ont baissé que d'environ 20 %. Mais ce sont, précisément, les mouvements de croissance inégalitaires des trois grandes catégories d'impôts qui expliquent les lents, mais évidents changements de leur structure d'ensemble.

On peut enfin considérer, dans ce premier essai de mesure de l'ancienne fiscalité, quelques chiffres concernant les seules « quatre vieilles ». Leur place dans les « recettes ordinaires de l'État » décroît au cours du siècle d'une manière très rapide: 26,4 % en 1838 et 10,6 % en 1913. Et cependant, au niveau des écrits sur la fiscalité, au niveau des « idéologies » fiscales, la majorité de la classe politique, et des juristes, et la quasi-unanimité des couches dirigeantes les proclament intouchables. Bel exemple de contradiction apparente: c'est que le maintien des « quatre vieilles » touche aux principes et aux intérêts fondamentaux de la bourgeoisie.

Mais considérons l'évolution de la structure du produit *total* des « quatre vieilles », c'est-à-dire en tenant compte des « centimes » locaux, de 1838 à 1913.

Structure du produit total des «quatre vieilles», 1838-1913 (en %)*

	1838	*1848*	*1858*	*1868*	*1878*	*1888*	*1898*	*1908*	*1913*
Contribution foncière	68,3	66,1	60,3	55,6	48,6	49,0	45,9	44,3	42,5
Contribution personnelle-mobilière	14,5	14,1	14,8	15,6	15,6	18,1	19,8	19,9	19,8
Portes et fenêtres	7,7	8,4	9,2	9,8	9,4	10,4	11,2	11,5	11,4
Patente	9,6	11,3	15,6	19,0	26,3	22,4	23,2	24,3	26,2

* Centimes départementaux et communaux compris.

De 1838 à 1913, le produit des «quatre vieilles» passe de 386 à 1 154 millions; mais le tableau de structure rend sensibles les marches différentielles des quatre contributions: *l'impôt foncier* (sur les terres et les immeubles) perd sa prédominance absolue à partir des années 1870; sa place dans la structure s'effondre de 68,3 % (1838) à 42,5 % (1913). *La patente* – le seul impôt sur les activités commerciales et industrielles – connaît la croissance la plus forte (avec une poussée très vive dans les années 1870 en raison des mesures fiscales d'après-guerre) et passe de 9,6 % (1838) à 26,2 % (1913) du produit des quatre impôts. *La personnelle-mobilière* et *les portes et fenêtres* élargissent aussi leur place, mais dans des proportions beaucoup plus faibles. Ainsi, malgré leurs rigidités propres et leurs caractères «réels», les «quatre vieilles», à leur manière, ont enregistré certaines des modifications de fond des activités économiques et des habitudes sociales: la terre et la pierre (surtout la terre, en vérité) sont, avec le temps, fiscalement moins productives; le magasin, l'atelier et l'usine, beaucoup plus. Mais en 1913 encore, le passé pèse d'un poids considérable: 42,5 % du produit des quatre contributions sont assurés par le vieil impôt foncier, et le plus vieux de tous. On comprend alors la constance des efforts entrepris au XIXe siècle, et au début du XXe pour «dégrever» la terre.

On voit que ces essais de mesure – qui devraient être poursuivis par de longues recherches dans le sens d'une appréhension sociale de l'impôt – tout en révélant (ou en confirmant) certains traits du système français, nous confrontent de plus en plus avec le problème de «l'immobilisme» de ce système. Avec ces premiers chiffres, le portrait-robot commence à vivre et, en quelque sorte, à s'exprimer. Éloigné le plus qu'il était possible de sa base économique, le système fiscal français du XIXe siècle en reflétait cependant, d'une manière certes amortie, les changements d'équilibre. L'affirmation du poids des impôts sur les consommations reflétait sans doute une volonté délibérée (et souvent exprimée) du législateur, c'est-à-dire des groupes politiquement dominants. «Le système qui demandait beaucoup à la taxation d'un certain nombre de produits de large consommation, écrit Gabriel Ardant, est une des expressions les plus directes d'un certain type de société.» Mais cette longue victoire des «indirects» n'était *possible* qu'en raison de la croissance économique, c'est-à-dire du développement des consommations – et des consommations populaires d'abord, les plus massives. Un mouvement de fond, quantitatif, soulève les rendements fiscaux. La croissance économique en est, avec l'augmentation du nombre des hommes, la grande responsable. Mais elle tend à modifier la structure du système fiscal mis en place entre 1790 et 1816.

Nous en sommes là de nos observations: le système fiscal ancien traverse tout le siècle sans subir des modifications *fondamentales*: continuité. Mais il subit des tensions internes: changements. Sous l'impulsion des glissements de structure du produit national, sans doute. Mais aussi du fait du jeu des éléments sociaux et politiques, dont les forces dirigeantes pèsent efficacement dans le sens d'une évolution non démocratique de la fiscalité. Il faut alors observer de plus près cette sorte de dialectique entre éléments de permanence et mécanismes de changement. Nous y verrons apparaître, à contre-courant de la tendance principale, de multiples signes avant-coureurs de ces modifications, apparemment profondes, qui viendront enfin à maturité quelques années avant 1914, avec la mise en route de la «réforme démocratique» de l'impôt.

© Éditions de l'EHESS

Histoire financière et problèmes d'analyse des dépenses publiques
(1978)

JEAN BOUVIER

Rapport inaugural rédigé à l'occasion du 3e Congrès de l'Association française des historiens économistes (Paris, janvier 1977), dans lequel Jean Bouvier, alors professeur d'histoire économique à la Sorbonne (Université de Paris I), situe les enjeux méthodologiques et historiographiques de l'étude du «fait financier». Il souligne en particulier pour les XIXe et XXe siècles le parallélisme dans la croissance entre l'économie, les finances publiques et les services administratifs et la diversité des interprétations de ce triple phénomène.

Source: *Jean Bouvier, «Histoire financière et problèmes d'analyse des dépenses publiques»,* Annales ESC, *33e année, n° 2, mars-avril 1978, pp. 207-215.*

Il n'est jamais trop tard pour prendre publiquement conscience que, parmi les lacunes de l'historiographie française des XIXe et XXe siècles, les plus évidentes concernent la place de l'État dans le développement économique et, plus généralement, l'histoire même de l'État en tant qu'appareil et machine. Parmi bien des raisons, relevant de l'histoire de l'Histoire, c'est peut-être la domination (consciente ou non) de la vue libérale du développement du capitalisme, vue *a posteriori* et forgée pour les besoins de la vieille cause, qui a joué ici le rôle le plus essentiel. Comme il est difficile, en idéologie libérale, d'expliquer la croissance de l'interventionnisme étatique en longue durée, ou bien on enferme l'étude de la «croissance» dans les seules problématiques de l'«entrepreneur» et des entreprises, ou bien, lorsque la force des faits contraint à montrer un État actif dans la «croissance», on le présente comme incapable *par nature* d'agir avec bonheur et efficacité, et on l'accuse de venir finalement troubler le cours naturel des choses, lequel trouverait en lui-même ses propres mécanismes de régulation. L'idéologie libérale a toujours peu ou prou enseigné, parfois la résignation, et souvent la patience.

Raison de plus pour renverser l'ordre non naturel du cours de l'historiographie, et pour renouer avec la tentative qu'avaient très largement inaugurée les travaux de Robert Schnerb[1], qu'un Lucien Febvre avait vivement soutenu au début des années trente.

Mais cet historien, qui accumula des études pénétrantes sur l'histoire de la fiscalité française depuis l'époque de la «grande Révolution» jusqu'à la fin du XIXe siècle, n'eut malheureusement pas de successeurs. Notre tâche n'est pas de répéter Robert Schnerb, mais de le prolonger, d'élargir les voies qu'il avait abordées en pionnier ; de se poser, somme toute, la question de l'anatomie et de la physiologie de l'État, et d'inciter à une quête, nécessairement longue et diverse dans ses voies et moyens, du rôle de l'État dans l'histoire «contemporaine» du devenir économique et social.

Mais s'il n'est jamais trop tard pour les prises de conscience, il est encore bien trop tôt pour risquer une synthèse même provisoire. Il fallait donc, en cette troisième journée du colloque, proposer un éventail de problématiques ; considérer celles-ci comme témoignant de nouvelles approches ; n'en rejeter aucune ; et leur souhaiter longue vie. D'où l'éventail des rapports eux-mêmes. Cela suppose une certaine disposition d'esprit, qui n'est pas tellement commune chez les historiens, c'est-à-dire une certaine ouverture, et la volonté de pousser les recherches selon des voies diverses, voire divergentes. Et cela suppose aussi la présence côte à côte d'économistes et d'historiens de l'économie, dont les étonnements réciproques, face à leurs respectives démarches, peuvent être déclarés réciproquement féconds.

Selon Keynes, «l'élargissement des fonctions de l'État est le seul moyen d'éviter une complète destruction des institutions économiques actuelles, et la condition d'un fructueux exercice de l'initiative individuelle». Cette formule n'a son plein sens, bien sûr, que dans son propre court terme, c'est-à-dire pour les années 1930. Mais on peut aussi se demander si elle n'a pas un sens en longue durée. En bref, l'État, à travers diverses phases et vicissitudes, du XVIIIe siècle à nos jours, apparaît comme un «élément régulateur» de la croissance économique. J'emprunte la notion de régulation de l'économie par l'État à la fois à Maurice Lévy-Leboyer dans son rapport au colloque sur l'«Histoire de l'administration française depuis 1800» et à Louis Fontvieille dans sa thèse récente (Université de Paris-I, directeur : M. Jean Marczewski) sur «Évolution et croissance de l'État français de 1815 à 1970». Naturellement, que peut-on entendre par «régulation» ?... Voilà le problème que nous retrouverons.

Dans un aussi vaste thème, celui des rapports entre État et économie, j'ai proposé que l'on choisisse comme terrain d'approche celui des dépenses publiques. Il y a à cela plusieurs justifications. Et d'abord, une justification pratique : dans les travaux terminés ou en cours, sur l'histoire financière française des XVIIIe, XIXe et XXe siècles, travaux d'économistes, travaux d'historiens, c'est le thème «dépenses publiques» qui se trouve privilégié. Et ce thème comprend sa lourde charge de problèmes. Ce sont ces problèmes que je voudrais essayer de cerner dans cet exposé préliminaire. Mais avant d'en tenter la formulation, je présenterai quelques observations préalables.

I. Quelques réflexions sur le fait financier

a. La première réflexion est banale : c'est le rappel de la complexité du fait financier. Celui-ci relève à la fois, à quelque période que ce soit, de la *cour* et de la *ville*, c'est-à-dire

1. Les articles «fiscaux» de Robert Schnerb, accompagnés d'autres études d'historiens et d'économistes sur ce thème, ont été republiés par Mouton sous le titre : *la Fiscalité française aux XIXe et XXe siècles*, 1973 ; présentation de Jean Bouvier et de Jacques Wolff.

de l'*État* et de la *société*. Si l'on voulait radiographier les éléments *constitutifs* et *explicatifs* du fait financier dans son développement historique, il faudrait considérer les finances publiques comme relevant de l'histoire politique et institutionnelle (oh, combien!); comme dépendantes du (et agissantes sur le) degré de développement économique; comme incompréhensibles à lire, à étudier, sans la prise en charge de la place des phénomènes et questions monétaires dans les questions financières; comme traduisant un certain état des rapports de forces sociaux et des valeurs sociales dominantes; enfin, comme lieu, aussi bien sous Necker, Poincaré ou Pinay, de ces actions et réactions de «méfiance» ou de «confiance» de la part de ce que l'on appelle par commodité *l'opinion publique*; ces réactions relèveraient, dit-on, de la «psychologie» des milieux dont les comportements peuvent influencer la tenue des finances, en particulier lorsque l'État emprunteur s'adresse au marché. En bref, il y a bien des manières d'approcher les finances publiques, parce que celles-ci sont à la fois (pour reprendre des termes utilisés par Pierre Vilar) *signe*, *produit*, *facteur* d'un ensemble (lié) de phénomènes globaux; économiques, sociaux, idéologiques, politiques.

b. Deuxième proposition: qu'est-ce que l'État, au XIXe ou au XXe siècle, sinon (entre autres choses certes) la plus grosse et la plus importante des entreprises? Par la masse de son personnel, par l'énormité de son chiffre d'affaires et du mouvement des fonds dont il est le réceptacle et le véhicule, par la diversité des fonctions assumées et des services fournis, l'État est toujours le plus influent des agents économiques. D'ailleurs, en longue durée, il a enrichi la palette de ses interventions (indirectes ou directes) et, de fournisseur de services surtout, il est devenu de plus en plus producteur de biens. Je dirais volontiers: «L'État n'est jamais léger, même au temps où (soi-disant) il n'était que "gendarme".»

c. D'où une troisième observation: en dernière analyse, toutes les ressources de l'État (fiscales et autres) proviennent du revenu national, toutes ses dépenses vont au produit national. On peut se demander s'il existe des dépenses absolument improductives, car les plus improductives de toutes (celles qui n'aboutissent pas à la création de services ou de marchandises offerts sur le marché, telles les dépenses militaires) ne s'en muent pas moins en commandes, en travail, en investissements, en profits, et en salaires.

d. Quatrième réflexion: nous constatons aux XIXe et XXe siècles, en longue durée, *trois croissances concomitantes*: celle de *l'économie*; celle du *fait financier* (progrès absolus et relatifs des recettes et des dépenses de l'État); celle de l'État en tant qu'institution, en tant qu'appareil et machine, celle de l'*administration*. Nous devinons bien que les trois croissances sont interdépendantes. Mais cette interdépendance est discutée. Récemment, au colloque sur l'«Histoire de l'administration depuis 1800», Michel Bruguière a souligné cette évidente contradiction: en plein XIXe siècle bourgeois et libéral, au cœur des discours les plus répétitifs sur la nécessité de maintenir les finances et l'État les plus légers possibles, l'inexorable croissance financière et administrative n'a rencontré aucun barrage.

Conclusion de l'auteur du rapport sur «Histoire financière et histoire administrative»: autonomie de l'administration, qui aurait grandi selon sa propre «essence» (M.B.), à l'encontre même des opinions de la bourgeoisie dirigeante. Cette autonomie est certaine (en tous temps). Mais elle n'est ni indépendante, ni liberté absolue pour l'administration de croître *sui generis*. Sur la croissance administrative financière se sont exercées des contraintes d'origine économique (investissements et interventions pour «grands travaux ») ; d'origine politique (dépenses de guerre et d'expéditions coloniales) ; et d'origine sociale (réponse forcée à des besoins de plus en plus perçus). La contradiction évidente entre ces contraintes et les discours anti-État n'est pas bouleversante pour l'historien, car les discours anti-État ont aussi une fonction idéologique. Par ailleurs, la force du discours contraire (interventionniste) a grandi, et bien avant 1914.

Mais il faut mesurer la croissance de l'économie et celle des finances publiques. S'il y a croissance en durée séculaire de l'économie et du fait financier, il n'y a pas constamment parallélisme. Les deux croissances connaissent des périodisations intermédiaires ; leurs phases sont-elles *de même longueur ?* Leurs phases sont-elles *de même sens ?* C'est là le vestibule – et l'issue – des problèmes de mesure des dépenses publiques que nous allons retrouver dans les rapports suivants.

e. La cinquième réflexion est une interrogation : la croissance financière est une croissance pour qui ? Une réponse spontanée et naïve consisterait à dire que c'est une croissance mise au service de « l'intérêt général ». Mais si l'on s'en rapporte à l'un des plus récents manuels d'*Économie financière* (Brochier, Llau et Michalet, Thémis, 1975), on ne peut étudier le fait financier en dehors de ses « relations au système global de financement de l'activité sociale » (conclusion, p. 597). Dans un tel cadre les auteurs observent deux finalités ou deux objectifs du système actuel du financement public – et il est évident que leur vocabulaire est influencé par une approche marxisante, sinon marxiste :

1. Le financement public est un instrument de l'accumulation du capital, au triple niveau des administrations, des entreprises publiques, des entreprises privées, et à travers toute une série de mesures directes, d'incitations multiformes et de développement des infrastructures collectives.
2. Le financement public est un élément nécessaire de la « reproduction de la force de travail », c'est-à-dire qu'il joue un large rôle (mais non un rôle exclusif) en ce domaine : par ses dépenses de santé, de logement social, d'éducation.

Dans ces conditions, pour les auteurs : « La fonction de l'État est d'assurer la survie de la société » (p. 606). C'est un peu ce que disait Keynes dans les années 1930. C'est probablement la forme et la fin suprêmes de la régulation. L'État aurait pour fonction d'empêcher la « destruction de la société » capitaliste. Évidemment. Mais, selon les auteurs de l'ouvrage cité, cette destruction serait dans la logique de ce type de société, si celle-ci était livrée à ses seules forces, à sa seule logique. Une double logique : à la « compétition des capitaux » et aux « classes en lutte ». Alain Cotta, pour sa part, a pu écrire que de « nombreux types d'intervention de l'État » s'expliquent « par les particularités du système capitaliste, par le souci ou la nécessité de limiter les conséquences défavorables, désintégrantes, de son fonctionnement[1] ». Si l'on part de ce type d'observations pour en faire une hypothèse de travail à l'usage de l'enquête historique, nous nous trouvons en plein cœur de notre thème : l'étude des dépenses publiques en longue durée révèle-t-elle des phénomènes de régulation de l'économie ? Et quels phénomènes ? Confirme-t-elle que l'État aurait conforté (au XIXe siècle comme aujourd'hui) l'accumulation du capital et la reproduction de la force de travail ? Mais selon quelles phases, quelles étapes ?

Malheureusement, poser ce type de questions, c'est déjà prendre un certain parti quant aux objectifs de l'enquête statistique...

1. A. Cotta, *le Capitalisme*, Paris, PUF, « Que sais-je ? », 1977, 128 p.

II. Deux voies d'approche des finances publiques

Il existera toujours deux moyens d'approche de la connaissance du rôle de l'État. Soit la voie que l'on peut qualifier de «froide», et dont les rapports suivants portent témoignage : celle de la comptabilité publique traitée comme un objet et comme un résultat. Elle aboutit, sur la base du chiffre manié dans la plus longue durée possible, à révéler des problèmes grâce au repérage des évolutions et des corrélations financières. Ici, pas d'appareil d'État visible, pas d'hommes, pas de combat, pas de politique, mais des flux, des masses en mouvements non synchromes, et des taux. Soit la voie que l'on peut qualifier de «chaude», celle qui dans le moyen et le court terme s'intéresse d'une part aux discours sur les finances (puisque le changement des mots traduit, toujours avec quelque retard, celui des choses) : et d'autre part à l'action financière, aux débats, aux choix de politique financière, *hic et nunc*, dans des contextes historiques déterminés et originaux. Bien sûr, nous ne croyons aucun document sur parole. Le traitement des chiffres est toujours périlleux. Quant aux discours sur la finance publique (le discours officiel, institutionnel, et les discours politiques antagonistes), ils sont toujours plus ou moins des masques. Mais c'est la confrontation de la voie froide et de la voie chaude en approche financière qui nous permettrait probablement, et ultérieurement, de lever les masques, et d'éclairer, par mouvements d'aller et retour d'une voie à l'autre, les éléments moteurs, les démarches, les moments de ces grands «trends» multiséculaires, à séquences tant moyennes que courtes que dessine la triple croissance économique, financière, administrative.

Nous nous trouvons ici devant un type de problématique plus aisé à formuler qu'à appliquer. À savoir que selon la durée, selon l'extension dans le temps du champ étudié, les variables explicatives du fait financier ne sont pas ajustées de la même manière, et ne laissent apparaître ni les mêmes mécanismes, ni les mêmes forces d'impulsion. Dans la plus longue durée séculaire paraît s'imposer une sorte de nécessité : le poids relatif de l'État s'alourdit dans la comptabilité nationale comme par inertie progressivement acquise. Cette nécessité serait-elle enfantée par des lois ? Mais lesquelles ? Car, dans les temps plus brefs, cette nécessité ouvre fort obscurément son chemin à travers des sauts et des ressauts, des contraintes et des conflits de court terme, et l'on voit mieux alors que ce sont des hommes, c'est-à-dire des forces sociales, qui font l'histoire financière. La font-ils (la font-elles) en aveugles ? Sont-ils (sont-elles) les instruments d'une immanente logique ? En bref, notre difficulté est bien de savoir dans quelle mesure il y a autonomie, et dans quelle mesure dépendance, entre les différents rythmes des temps de l'histoire, entre les différents mécanismes pouvant expliquer les types de rythmes : que ce soit à propos des prix, des productions, ou des dépenses publiques.

Plus on allonge la période d'observation plus on va, dans la quête explicative, vers l'abstraction et la généralisation, plus on semble s'éloigner, à la recherche de lois, des désordres et débats du court terme, et plus on semble ignorer l'histoire de ces choix effectifs qui ont, par étapes, réalisé effectivement, pas à pas, l'enflure de cet État qui nous gouverne. Serait-ce là l'opposition entre approche économique et approche historique du fait financier ? Ce n'est pas sûr. On peut se sentir écartelé entre les deux voies et rechercher dans la plus réelle des insatisfactions (insatisfaction intellectuelle, insatisfaction idéologique) non pas une voie moyenne, laquelle aurait peu de sens, mais un principe de rapprochement, c'est-à-dire de cohérence entre des démarches aussi différentes qu'également nécessaires. «Mouvement d'aller et retour ?» Mais nous n'en sommes les uns et les autres qu'au stade des juxtapositions, l'ensemble de cette journée le démontre.

Finalement on peut se risquer à dire, en reprenant un mot que les économistes d'aujourd'hui affectionnent et dont les historiens peuvent apprendre le maniement, que la clef de la confrontation des deux voies d'approche, en matière d'histoire des finances publiques, se trouverait au niveau du concept de « régulation ». Régulation, par l'État, de l'économie, donc des rapports sociaux et des confrontations sociales. Car l'État n'est pas seulement plus ou moins industrialiste et « saint-simonien ». Il est aussi plus ou moins « gendarme ». Et plus ou moins « Welfare State » : de tout temps, et selon les temps.

Mais il y a, parmi nous, diverses sensibilités dans l'approche de l'étude des « régulations ». Pour les uns, les régulations sont des arbitrages entre les mains de l'arbitre central, l'État, exogène au système d'ensemble. Pour les autres, la régulation étatique n'est que soumission à une logique consubstantielle au système social. L'État est au cœur de ce système comme force centrale et immanente de ses adaptations et de sa survie. C'est-à-dire que ses décisions financières et leur économétrie révéleraient, en longue et courte durée, les rapports fondamentaux des forces du système social lui-même.

Il reste à s'initier aux questions méthodologiques que posent les sources mêmes de l'histoire financière. Ces questions, bien sûr, dépassent rapidement des frontières strictement techniques.

III. Problèmes posés par l'étude des dépenses publiques

a. Les comptes publics sont la source de l'enquête statistique : les diverses publications (annuelles) concernant les comptes « définitifs », et non les prévisions budgétaires. Il ne s'agit pas ici de décrire des documents dont l'approche n'est pas simple, pour deux raisons principales :

1. Il y a eu au cours des temps évolution des procédures administratives, déplacements de frontières entre comptes et services, et bourgeonnement des services publics. Il faut donc avoir une connaissance de l'histoire administrative des comptes dont l'analyse sérielle est pleine d'embûches, soit grossières, soit subtiles. C'est en particulier la comptabilité des « comptes spéciaux » (dont la place va grandir au XXe siècle) qui prête à des risques de double enregistrement des dépenses.

2. Les comptes publics ont été établis *pour le législateur*, non pour l'économiste, ou l'historien. Ils sont sous-tendus dans leur présentation par une logique administrative. Ils ont un langage implicite qui demande à être décrypté, si l'on veut passer aux dépenses par fonction et si l'on veut faire une (ou des) lecture(s) économique(s) du fait financier.

b. C'est ici qu'apparaissent les difficultés majeures de toute étude des dépenses publiques (en longue ou en courte durée). C'est d'ailleurs l'essence même du métier d'historien. Nous ne pouvons trouver quelque chose si nous ne savons pas ce que nous cherchons. Et c'est en fonction de ce « quoi chercher » que nous déterminons le « comment », les moyens et méthodes d'approche. Mais la détermination de l'objet même de la recherche est (inconsciemment ou non) dominée par des critères de choix auxquels on peut donner les noms divers de « présupposés idéologiques », ou « hypothèses de travail », ou « conclusions prédéterminées ». Toute recherche est nécessairement contaminée à des degrés variables (consciemment ou non) par cette trilogie. Les raffinements de l'économétrie ne suffisent pas à lever les hypothèques, puisqu'ils ne sont eux-mêmes que des instruments maniés en vue de fins qui peuvent être diverses. Autant en avoir conscience : nous ne sommes jamais tout à fait innocents.

Les difficultés propres au traitement des chiffres des dépenses publiques sont les suivantes :

1. Il y a d'abord des problèmes de définition, donc de frontières. Pas de débat sur la distinction entre dépenses centrales (étatiques) et dépenses des collectivités locales. Non plus que sur l'insertion, dans les dépenses publiques, de celles relevant de la Sécurité sociale, et dont la proportion a naturellement grandi de manière considérable à partir des années 1930. Mais des questions se posent telles que : doit-on compter, au titre des dépenses de la dette publique, l'intérêt *et l'amortissement?* Il existe en effet des raisons d'exclure le second. Par ailleurs, à propos des organismes commerciaux de l'État (chemins de fer, tabacs et allumettes, PTT, Imprimerie nationale, Radiodiffusion...) pourquoi, dans tel cas (les chemins de fer), ne relever en fait de dépenses étatiques que les subventions et aides de l'État, et pourquoi dans tel autre (la Radiodiffusion) retenir la totalité des dépenses du service ?

2. Deuxième série de problèmes dont je ne cite que l'étiquette, mais qui sont les plus délicats au niveau élémentaire du ramassage des données, ceux des *doubles emplois* entre les différents comptes : une même dépense de l'État peut être comptabilisée en plusieurs points ; à la fois dans le budget général et tel ou tel budget annexe ; à la fois dans le budget de l'État et les budgets locaux ; dans le budget de l'État et celui de la Sécurité sociale... L'enquête du CEPREMAP a porté une particulière attention sur ce point.

Ces deux séries de problèmes peuvent être qualifiées de techniques et de matérielles. Mais...

3. Restent les problèmes les plus délicats : ils concernent le mode de classement des dépenses publiques, la distinction des divers types de dépenses. Il existe deux voies principales de classement :

- le classement des dépenses publiques par fonction, selon les grands objectifs que poursuit l'État : par exemple dépenses de défense, dépenses d'administration et de sécurité intérieure, dépenses d'action sociale, dépenses d'éducation... ;
- le classement des dépenses publiques par catégories économiques, c'est-à-dire selon leur nature économique. On parlera par exemple de « dépenses courantes », opposées à « dépenses en capital » (investissements publics) ; de « dépenses effectives » (par achats de biens et services par l'État), opposées aux « dépenses de transfert » (ex. : dépenses sociales, subventions économiques, et prêts aux activités privées). Or dans les deux voies de classement (fonctionnel, économique) le regroupement des rubriques peut varier.

Si je prends le cas de l'enquête CEPREMAP, la ventilation économique des dépenses proposées présente cinq catégories : dépenses en personnel ; en matériel ; en FBCF (« formation brute de capital fixe ») ; dépenses de transfert ; dépenses non ventilées (ex. : intérêts de la dette).

M. Fontvieille classe économiquement les dépenses selon un regroupement des rubriques un peu différent :

1. Les opérations sur biens et services comprenant deux éléments : consommation de l'État (achats de biens non durables, et achats à destination militaire) ; et dépenses allant à la FBCF.

2. La charge salariale : salaires et prestations sociales (tant militaires que civiles ; pensions).
3. Les transferts, comprenant : intérêts (qui se trouvent donc classés autrement que dans l'enquête CEPREMAP), subventions, assistance.

Il va de soi que je ne tire de ces différences de classement aucun jugement de valeur.

Des différences apparaissent aussi dans le classement fonctionnel des dépenses selon le CEPREMAP ou selon M. Fontvieille. En particulier sur un point important. Dans le cas CEPREMAP sont distinguées 10 rubriques fonctionnelles, dans le second cas 13 rubriques. Mais ce n'est pas le nombre qui importe, ni même le contenu plus ou moins identique ou proche de chaque rubrique. Ce qui importe, c'est que la classification CEPREMAP est linéaire : les rubriques, si elles n'ont évidemment pas le même poids, sont situées les unes à côté des autres, sans distinction de nature entre tels ou tels groupes de fonctions. Alors que M. Fontvieille regroupe ses 13 rubriques sous deux types de fonctions : les unes sont dites « liées à la régulation du système économique » (7 fonctions, dont : Éducation, Action économique, Action sociale) ; les autres sont dites « non liées à la régulation du système économique » (6 fonctions dont : Défense nationale, Administration générale, Justice). Cette distinction repose, on le verra, sur une hypothèse théorique, celle du jeu de la célèbre « baisse tendancielle du taux de profit », à laquelle l'État – entre autres forces – viendrait donner réponse, lui aussi.

Étant donné l'existence de deux types de classement des dépenses de l'État (fonctionnel, économique) et étant donné les diversités de regroupement possibles à l'intérieur des deux types, je crois que l'on peut poser deux ordres de questions :

1. Y aurait-il des raisons de préférer, de choisir l'un des deux types par rapport à l'autre ? Autrement dit, quels rapports entretiennent les deux types de classement, économique et fonctionnel ? Le classement économique, on le devine, est en rapport étroit avec la comptabilité nationale ; il vise à faire entrer les comptes publics dans la comptabilité de l'ensemble des activités économiques. Le classement fonctionnel se réfère plus immédiatement, plus directement, semble-t-il, aux aspects volontaristes des dépenses publiques ; aux objectifs directement visibles qu'elles se proposent ; aux secteurs et milieux économico-sociaux dans lesquels l'État est élément actif.

Peut-on dire que le classement économique des dépenses concernerait surtout les formes financières des dépenses, et que le classement fonctionnel concernerait surtout le contenu politique (au sens large de ce terme) des dépenses ? Le classement économique serait-il celui des économistes ? Le classement fonctionnel celui des historiens ?

Mais ces classements distincts sont interdépendants et l'on peut les croiser : distinguer par fonctions la ventilation économique des dépenses. Il demeure que classer en séries annuelles les dépenses économiquement entendues ramène à la comptabilité nationale rétrospective, et pas au-delà. Les classer en séries selon les fonctions renvoie au rapport historique entre l'État et l'ensemble de son environnement.

2. Deuxième question : qu'est-ce qui justifie, à l'intérieur de chacun des deux types de classement, la ventilation et le regroupement des rubriques ? Je crois que le classement des rubriques dépend de ce qu'on veut trouver. Nous voilà à nouveau devant la vraie question, que je pose naïvement : « Qu'est-ce qui fait courir le statisticien-ès-dépenses

publiques ? Que cherche-t-il ? Quel est son objectif ? Pourquoi a-t-il choisi tel objectif, donc telles voies pour l'atteindre ? »

C'est exactement en ce point que j'abandonne la partie. Car je ne vois qu'un procédé correct. C'est de donner la parole à ceux qui ont effectivement passé leurs veilles à l'analyse des dépenses publiques. Il va de soi que nous allons nous donner la liberté de les interroger. En bref, nous leur demandons : « Qu'avez-vous cherché ? Et sous quelles hypothèses ? »

© Annales ESC

Évolution et croissance de l'État français de 1815 à 1969

(1977)

LOUIS FONTVIEILLE

Ce volume de la série sur l'« Histoire quantitative de l'économie française », qui ne reprend pas la grille d'interprétation des autres auteurs, qui se réfèrent à une problématique explicitement marxiste. L'auteur, économiste, y propose une périodisation et une grille d'interprétation de l'évolution des dépenses de l'État. Il met en évidence des fluctuations de moyenne durée des dépenses, contrariant les mouvements longs de type Kondratieff. L'État jouerait ainsi un rôle contra cyclique, analysé comme une réponse à la « suraccumulation du capital ».

Source : Louis Fontvieille, *« Évolution et croissance de l'État français de 1815 à 1969 », Cahier de l'ISMEA,* AF, n° 13, Tome X, n°s 9-10-11-12, 1977, pp. 1702-1712, p. 1743.

[...] DANS TOUTE SOCIÉTÉ où domine le mode de production capitaliste, se développent ou subsistent des formes d'organisation qui lui sont étrangères, en ce sens que leur raison d'être n'est pas le profit. Parmi celles-ci, la, plus importante est certainement l'État, tant par la puissance économique qu'il représente que par le pouvoir, qui lui est propre, de régir les rapports sociaux.

Ce pouvoir, spécifique de l'État et en apparence placé au-dessus de tous les pouvoirs, exprime en fait le pouvoir de la classe économiquement dominante. La conséquence – et la preuve – en est l'intervention de l'État dans le processus de dévalorisation du capital suraccumulé. Cette intervention est d'autant plus nécessaire à la survie du système capitaliste et à son dynamisme, que les dévalorisations internes au système se heurtent aux limites que nous avons montrées. La dévalorisation par l'intermédiaire de l'État ignore ces limites. Elle n'a d'autres bornes que la dévalorisation totale du capital, c'est-à-dire la fin du système capitaliste, la fin de la régulation économique par le profit.

Les formes concrètes de la dévalorisation par l'État sont extrêmement diversifiées. En pratique, chacun des aspects de la politique budgétaire, fiscale ou économique peut, par-delà les objectifs qui lui sont propres, jouer son rôle dans ce processus. De ce point de vue, toute classification des interventions de l'État qui s'appuierait sur les opérations qu'il effectue ou les fonctions qu'il assume, telles qu'elles sont couramment définies chez les économistes (en comptabilité nationale par exemple), ne donne qu'une vue assez

Évolution du rapport dépenses de l'État/Produit physique.

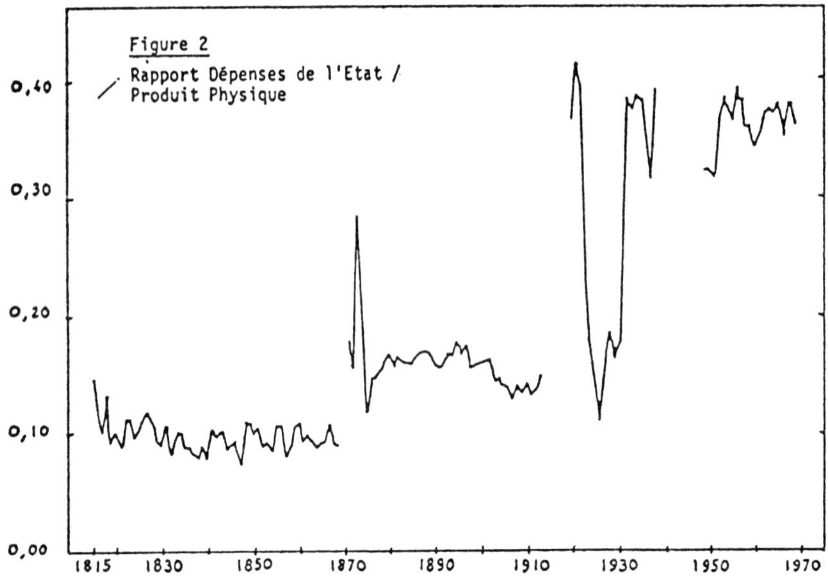

approximative du phénomène que nous entendons décrire. En effet, la dévalorisation n'est pas leur raison d'être, elle est seulement véhiculée de façon plus ou moins importante par ces opérations et fonctions. Les comptes de l'État tels que nous les avons établis ne permettent donc pas de chiffrer le montant du capital dévalorisé. Tout au plus certains regroupements peuvent être considérés comme des indicateurs du phénomène. C'est dans cette optique que nous avons établi le tableau ci-après qui montre l'évolution du rapport des dépenses de l'État jouant un rôle important dans le processus de dévalorisation au produit physique de la nation.

Le propre de l'État est d'échapper à l'impératif du profit qui s'impose au contraire au capital privé. Cette particularité est à la base du développement d'un capital public dévalorisé, c'est-à-dire qui ne réclame pas la part qui devrait lui revenir dans le partage de la plus-value, augmentant d'autant la part des autres fractions du capital.

Un tel capital, directement mis en œuvre par l'État, apparaît d'abord dans des domaines qui, bien que nécessaires au développement économique, ne seraient pas de nature, dans les conditions sociales du moment, à procurer un rendement suffisant à des capitaux privés.

Dans son *Essai sur les origines du capital public de fonds sociaux*[1], Patrice Grevet montre que dans la société capitaliste, le salariat tend à opérer une disjonction entre les besoins immédiatement nécessaires à l'exploitation de la force de travail et ceux dont la satisfaction n'est pas directement liée à la participation à la production.

La satisfaction des besoins tels que l'entretien des personnes âgées, l'éducation des futurs producteurs, la maternité, les soins, le logement, tend à être exclue de la prise en

1. P. Grevet, thèse pour le doctorat, soutenue en 1974 à l'Université de Paris-I.

compte des besoins dans le salaire. Il s'ensuit que la production des services correspondants ne peut assurer de rentabilité aux capitaux qui y seraient investis. Dans le processus de développement des forces productives, la non-satisfaction de tout ou partie de ces besoins, de moyen d'accroître les profits devient un frein à leur développement. Cette contradiction joue un rôle important dans l'alternance des phases de croissance économique accélérée et de croissance ralentie. La mise en œuvre des services correspondants par les pouvoirs publics est la condition du rétablissement de l'équilibre des structures économiques. Mais du point de vue qui nous intéresse ici, le capital nécessaire à leur production n'exige aucun profit et fonctionne comme capital dévalorisé. L'accroissement du capital total nécessaire au développement de la production n'entraîne pas de baisse du taux de profit futur.

L'évolution des dépenses d'action sociale et d'éducation donne un aperçu de la croissance très rapide de cette fraction du capital dévalorisé. Par rapport au produit physique les dépenses de l'État pour l'éducation passent de 0,04 % en 1815-1820 à 2,11 % en 1935-1938. Celles de l'action sociale passent de 0,07 à 1,80 %.

Pour préciser notre analyse, une ventilation fonctionnelle des dépenses beaucoup plus détaillée aurait été nécessaire, isolant notamment les dépenses de santé, les dépenses pour le logement, etc. De plus, il aurait fallu prendre également en compte, non seulement les dépenses des collectivités locales, mais également celles des administrations privées, des organisations mutualistes de protection sociale, des assurances sociales et de la Sécurité sociale à partir de 1945. Il est certain que la progression des dépenses d'action sociale notamment aurait été beaucoup plus élevée encore.

Le capital public dévalorisé n'est pas resté enfermé dans les sphères délaissées par le capital privé. Dès l'origine, le nouvel État issu de la Révolution a hérité de l'Ancien Régime diverses entreprises publiques et surtout le monopole des tabacs et celui des postes.

Certes, ces monopoles étaient avant tout des instruments de prélèvement fiscal. Mais si le premier a conservé sa vocation, il n'en est pas de même du second qui a vu son produit net d'exploitation diminuer régulièrement. En 1873 le monopole des allumettes est venu s'ajouter à celui des tabacs. Un premier réseau de chemins de fer de l'État a été créé en 1878, celui de l'Ouest a été nationalisé en 1910. Enfin, l'ensemble du réseau a été placé sous l'autorité de l'État en 1936.

Les nationalisations réalisées après la Deuxième Guerre mondiale ont considérablement accru l'importance du secteur public notamment dans la sphère productrice de plus-value. Or, ce qui caractérise les entreprises publiques est qu'elles ne sont pas soumises à un impératif de rendement par rapport au capital investi. Dans le meilleur des cas elles se bornent à autofinancer leur propre développement. Le plus souvent elles ne font qu'équilibrer leur compte d'exploitation. Certaines doivent même recourir aux subventions sur le budget de l'État. Par le jeu des prix, la plus-value qu'elles produisent, et à la limite tout ou partie des subventions qu'elles reçoivent de l'État sont transférées vers leurs fournisseurs ou vers ceux qui utilisent leurs productions. Elles contribuent ainsi à relever le taux moyen de profit du secteur privé.

À côté des entreprises publiques on trouve également diverses formes d'association entre le capital public dévalorisé et le capital privé. La forme la plus ancienne, également héritée de l'Ancien Régime, est constituée par la réalisation aux frais de l'État et des collectivités locales de l'essentiel de l'infrastructure économique : voies de communication, routes, canaux, rivières aménagées, ports et aussi urbanisation, aménagement de

Évolution du rapport : Dépenses de l'État liées au processus de dévalorisation/Produit physique (1)

	Éducation	Action sociale	Travaux publics	Action économique	Dette (Intérêts payés)	Action locale	Colonies	Total dépenses liées	Total dépenses non liées
1815-19	0,04	0,07	0,46	0,04	1,75	—	0,07	2,43	9,49
1820-24	0,04	0,05	0,50	0,10	2,56	0,02	0,10	3,37	7,00
1825-29	0,05	0,06	0,45	0,16	2,10	0,02	0,14	2,98	7,83
1830-34	0,06	0,09	0,53	0,22	2,08	0,04	0,12	3,14	6,42
1835-39	0,09	0,09	0,58	0,17	1,95	0,01	0,35	3,24	5,34
1840-44	0,10	0,08	0,86	0,35	1,66	0,02	0,72	3,79	5,40
1845-49	0,11	0,09	0,78	0,74	1,81	0,02	0,81	4,36	5,08
1850-54	0,13	0,08	0,61	0,42	2,02	0,02	0,65	3,93	5,53
1855-59	0,10	0,06	0,49	0,56	1,96	0,07	0,52	3,76	6,06
1860-64	0,10	0,05	0,65	0,55	2,05	0,10	0,67	4,17	5,77
1865-69	0,13	0,05	0,65	0,42	2,09	0,12	0,64	4,10	5,64
1870-74	0,18	0,11	0,55	0,38	3,53	0,22	0,42	5,39	13,25
1875-79	0,25	0,06	0,66	0,77	4,78	0,23	0,43	7,18	7,40
1880-84	0,54	0,06	0,92	1,64	4,78	0,42	0,45	8,81	7,51
1885-89	0,73	0,06	0,71	0,98	5,40	0,30	0,58	8,76	7,99
1890-94	0,95	0,11	0,52	1,02	5,18	0,17	0,93	8,88	7,48
1895-99	1,11	0,12	0,51	1,15	4,85	0,16	1,04	8,94	7,83
1900-04	1,06	0,10	0,54	1,01	4,19	0,13	0,98	8,01	7,63
1905-09	1,09	0,21	0,39	0,90	3,46	0,16	0,81	7,02	6,77
1910-13	1,03	0,43	0,48	1,22	2,92	0,22	0,75	7,05	7,10
1920-24	1,06	0,71	0,80	1,05	8,93	0,13	1,21	13,89	15,29
1925-29	0,92	0,36	0,41	0,51	5,70	0,08	0,86	8,84	6,27
1930-34	2,28	1,43	1,45	1,85	6,78	0,36	1,73	15,88	14,89
1935-38	2,07	1,70	1,93	4,04	6,30	0,38	1,41	17,83	18,05
1950-54								20,43	15,14
1955-59								22,43	14,55
1960-64								22,13	13,80
1965-69								24,25	12,53

(1) Série J.-C. Toutain.

Évolution des dépenses de l'État comparées au produit physique national

	Produit physique en valeur (2)	*Total Emplois de l'État*	*Rapport 2/1*	*Dépenses liées*	*Rapport 4/1*	*Dépenses non liées*	*Rapport 6/1*
(1) 1815/19	8,071	0,962	11,92	0,196	2,43	0,766	9,49
1820/24	7,646	0,793	10,37	0,258	3,37	0,535	7,00
1825/29	8,840	0,956	10,81	0,263	2,98	0,693	7,83
1830/34	9,653	0,923	9,56	0,303	3,14	0,620	6,42
1835/39	10,012	0,859	8,58	0,324	3,24	0,535	5,34
1840/44	12,033	1,106	9,19	0,456	3,79	0,650	5,40
1845/49	13,039	1,231	9,44	0,569	4,36	0,662	5,08
1850/54	12,799	1,211	9,46	0,503	3,93	0,708	5,53
1855/59	16,690	1,640	9,82	0,628	3,76	1,012	6,06
1860/64	17,339	1,723	9,94	0,724	4,17	0,999	5,77
1865/69	17,757	1,729	9,74	0,728	4,10	1,001	5,64
1870/74	19,288	3,595	18,64	1,041	5,39	2,554	13,25
1875/79	18,367	2,679	14,58	1,319	7,18	1,360	7,40
1880/84	19,068	3,113	16,32	1,681	8,81	1,432	7,51
1885/89	17,824	2,985	16,75	1,562	8,76	1,423	7,99
1890/94	18,677	3,056	16,36	1,658	8,88	1,398	7,48
1895/99	18,439	3,092	16,77	1,650	8,94	1,442	7,83
1900/04	20,783	3,251	15,64	1,665	8,01	1,586	7,63
1905/09	24,377	3,362	13,79	1,712	7,02	1,650	6,77
1910/13	28,453	4,027	14,15	2,008	7,05	2,019	7,10
1920/24	123,000	35,891	29,18	17,089	13,89	18,802	15,29
1925/29	252,4	38,126	15,11	22,308	8,84	15,818	6,27
1930/34	161,4	49,656	30,77	25,632	15,88	24,024	14,89
1935/38	190,7	68,431	35,88	34,001	17,83	34,430	18,05
1950/54	8 080,2	2 874,2	35,57	1 650,8	20,43	1 223,4	15,14
1955/59	12 400,2	4 584,8	36,97	2 781,6	22,43	1 803,2	14,54
1960/64	20 471,6	7 355,6	35,93	4 530,5	22,13	2 825,1	13,80
1965/69	31 635,0	11 635,6	36,78	7 671,7	24,25	3 963,9	12,53

(1) ??? (2) ???.

l'espace rural, etc. Les capitaux employés à la réalisation de ces équipements ne demandent aucune rémunération et donc n'effectuent aucun prélèvement sur la masse de la plus-value. De plus, les équipements ainsi réalisés sont, dans la plupart des cas, mis gratuitement à la disposition des utilisateurs. Les dépenses de travaux publics donnent une image du développement de cette fraction du capital public. Par rapport au produit physique national, cette catégorie de dépenses passe de 0,46 % en 1815-1819 à 1,84 % en 1935-1938. Mais il n'est pas tenu compte ici des dépenses de même nature effectuées par les collectivités locales, bien plus importantes encore.

Le développement des chemins de fer jusqu'à leur nationalisation illustre une autre forme d'association caractéristique. Ici l'État apporte une fraction plus ou moins importante du capital, soit en réalisant les infrastructures (loi du 11 juin 1842), soit en subventionnant la construction des voies. Le capital ainsi avancé par l'État ne demande aucune rémunération. Pour la période 1840-1883, *le Dictionnaire des finances* évalue à 11 480 millions le total des dépenses d'établissement dont 2 617 millions supportés par l'État. Il est clair que, toutes choses égales par ailleurs, la participation de l'État revenait à majorer le taux de profit du capital privé de près de 30 % par rapport à ce qu'il aurait dû être si l'État s'était abstenu de tout financement.

Après la Deuxième Guerre mondiale, l'association entre capital public et capital privé a connu de nouveaux développements, notamment sous la forme des sociétés d'économie mixte et des filiales d'entreprises nationalisées. Une étude approfondie de ces nouvelles formes serait nécessaire pour mettre en évidence comment elles aboutissent à faire fonctionner le capital public comme capital dévalorisé.

Mais l'État ne se borne pas à faire fonctionner son propre capital comme capital entièrement ou partiellement dévalorisé. Les divers instruments de sa politique financière, fiscale et économique lui permettent de faire fonctionner ainsi une partie du capital privé.

C'est ainsi que l'emprunt public, amortissable ou non, équivaut à une dévalorisation partielle. Le capital ainsi immobilisé ne reçoit plus que le taux d'intérêt, c'est-à-dire une partie seulement de la plus-value qui devrait normalement lui revenir. De ce point de vue le mécanisme d'action de l'emprunt est double : d'une part, en épongeant une part de la masse des capitaux à la recherche d'une mise en valeur, il tend à relâcher la pression à la baisse qui s'exerce sur le taux de profit, d'autre part, l'utilisation par l'État des capitaux ainsi collectés aboutit à un accroissement du volume des capitaux fonctionnant comme capital dévalorisé, permettant ainsi de relever le taux de profit du capital mis en valeur. Le développement de la dette publique et de la charge en intérêt qui lui correspond illustre bien encore une fois la tendance du capital dévalorisé à croître plus vite que le capital mis en valeur.

Cependant la dévalorisation partielle finit par atteindre des limites. En effet, cette mise en valeur partielle d'un capital « passif » tend à s'opposer à la mise en valeur du capital « dynamique », à mesure que s'accroît le volume du prélèvement qu'il effectue sur la plus-value. Cette opposition est mise en évidence par la charge que représente la dette accumulée sous la forme perpétuelle ou à très long terme.

En 1926, par exemple, les intérêts payés par l'État atteignent presque 48 % du total des dépenses de l'État. On comprend qu'une telle dépense, en absorbant une part trop importante de la plus-value, entre en contradiction avec le développement du profit du capital dynamique. À défaut d'une banqueroute de l'État, l'inflation va permettre d'éliminer progressivement cette fraction du capital dont la charge devient insupportable. En effet, la hausse des prix compensant, et souvent au-delà, les taux d'intérêt, cette fraction du capital est mise en valeur à un taux nul ou même négatif. Derrière la façade demeurée intacte de la forme juridique, la réalité économique s'évapore progressivement. Dans les années 1960 le coût de la dette qui a continué à croître nominalement ne représente plus que 5 % environ du total des emplois de l'État. Comparés au produit physique, les intérêts payés par l'État passent de 1,75 % en 1815-1819 à 10,08 % en 1920-1924 et retombent à 1,62 % en 1960-1964. La diminution de l'importance relative des intérêts payés par l'État ne signifie donc pas un recul du processus de dévalorisation mais au contraire son renforcement par le passage d'une dévalorisation relative à une mise en valeur négative.

La dette publique permet de sauvegarder – jusqu'à un certain point – l'existence du capital passif, d'où la relativité de son efficacité économique. Au contraire le système des subventions joue en faveur de la fraction dynamique du capital. En effet, en lui permettant d'échapper, au moins en partie, à l'impératif de mise en valeur, c'est-à-dire en le faisant fonctionner comme capital partiellement dévalorisé, le mécanisme des subventions accroît son efficacité. L'intérêt de cette procédure est encore accru par son haut pouvoir sélectif. Naturellement, toutes les formes d'aide de l'État relèvent de ce mécanisme de dévalorisation du capital privé en fonction. La subvention directe en est la forme la plus visible mais des marchés publics avantageux, la vente des biens et services des entreprises publiques à des prix inférieurs à leur valeur réelle, une fiscalité sélective, peuvent produire des résultats équivalents. Les subventions aux entreprises, regroupées dans le poste « Action économique » de notre ventilation fonctionnelle, passent de 0,04 % du produit physique en 1815-1819 à 4,51 % en 1935-1938.

Ainsi, l'État est amené à jouer un rôle croissant dans le processus de dévalorisation du capital, et c'est justement ce rôle qui détermine sa croissance nécessairement plus élevée que celle de l'économie nationale. En effet, la dévalorisation par l'État devient progressivement l'issue principale, en raison même des limites propres aux procédures de dévalorisation internes au capital privé. Le développement du capital-action et plus généralement du capital financier offre une issue à l'excès de capital qui se manifeste entre 1820 et 1850. Mais à côté de cette forme dominante, l'intervention publique commence à se manifester par la croissance des dépenses d'éducation, des travaux publics, des subventions aux entreprises, etc. La monopolisation et surtout en France l'exportation des capitaux, et, en même temps un nouvel accroissement des dépenses publiques permettront de sortir des difficultés économiques des années 1870-1895. Mais à partir de la Première Guerre mondiale, les formes internes de la dévalorisation ne parviennent plus à résorber l'excédent de capitaux. Seule une intervention massive de l'État s'appuyant sur un nouveau partage du capital par la nationalisation permettra de restaurer le taux de profit de la fraction dynamique du capital privé, créant ainsi les conditions du développement des années 1950-1970.

La croissance de l'intervention publique et son lien avec le processus de dévalorisation apparaît clairement à la lecture des deux courbes ci-après. Sur la première, nous avons regroupé les dépenses ayant un effet de dévalorisation dominant, c'est-à-dire la charge de la dette, les dépenses d'action sociale, d'éducation et des colonies, les travaux publics, l'action locale et enfin l'action économique. La seconde regroupe les dépenses pour lesquelles l'effet de dévalorisation est accessoire et en particulier les dépenses d'administration générale, la justice, la police, les prisons, les cultes, la défense nationale, les affaires étrangères et les dépenses exceptionnelles.

Évolution des dépenses liées au processus de dévalorisation
(pondération par les prix de gros)
(milliards de francs 1930-1939)

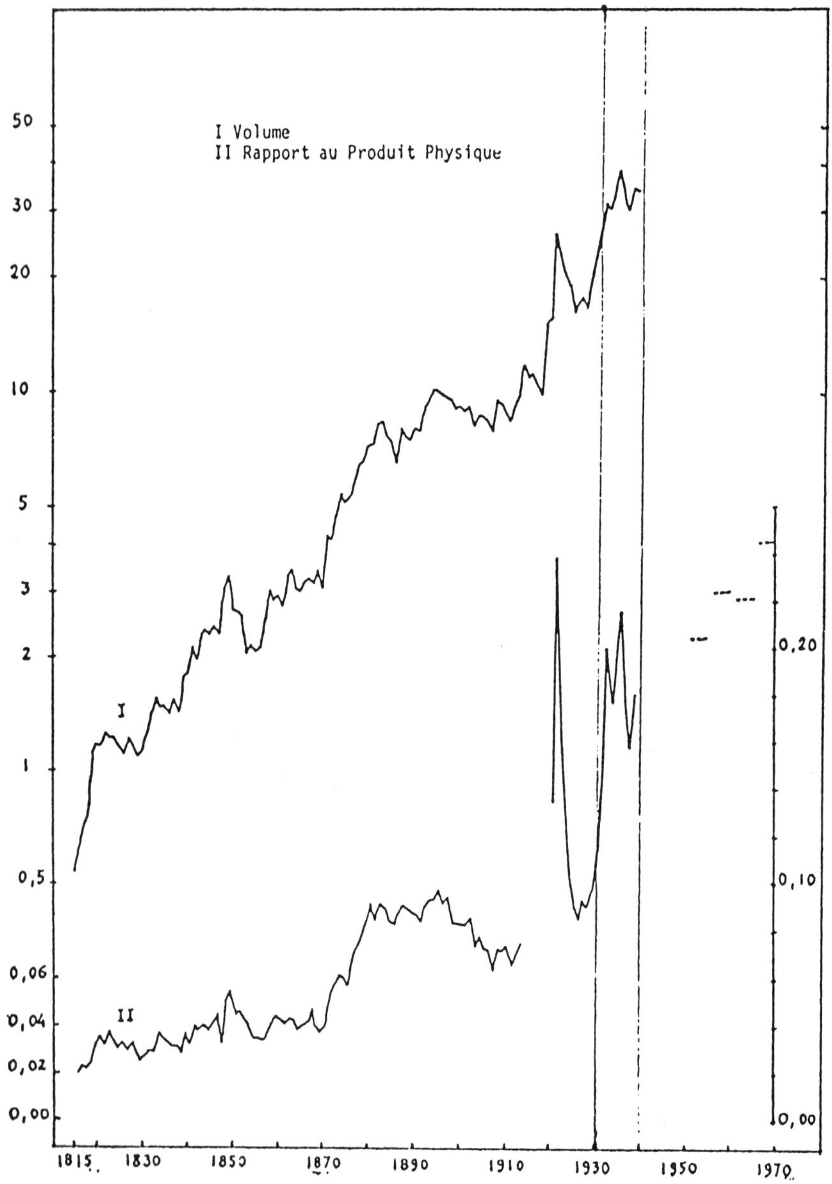

Évolution des dépenses non liées au processus de dévalorisation
(pondération par les prix de gros)
(milliards de francs 1930-1939)

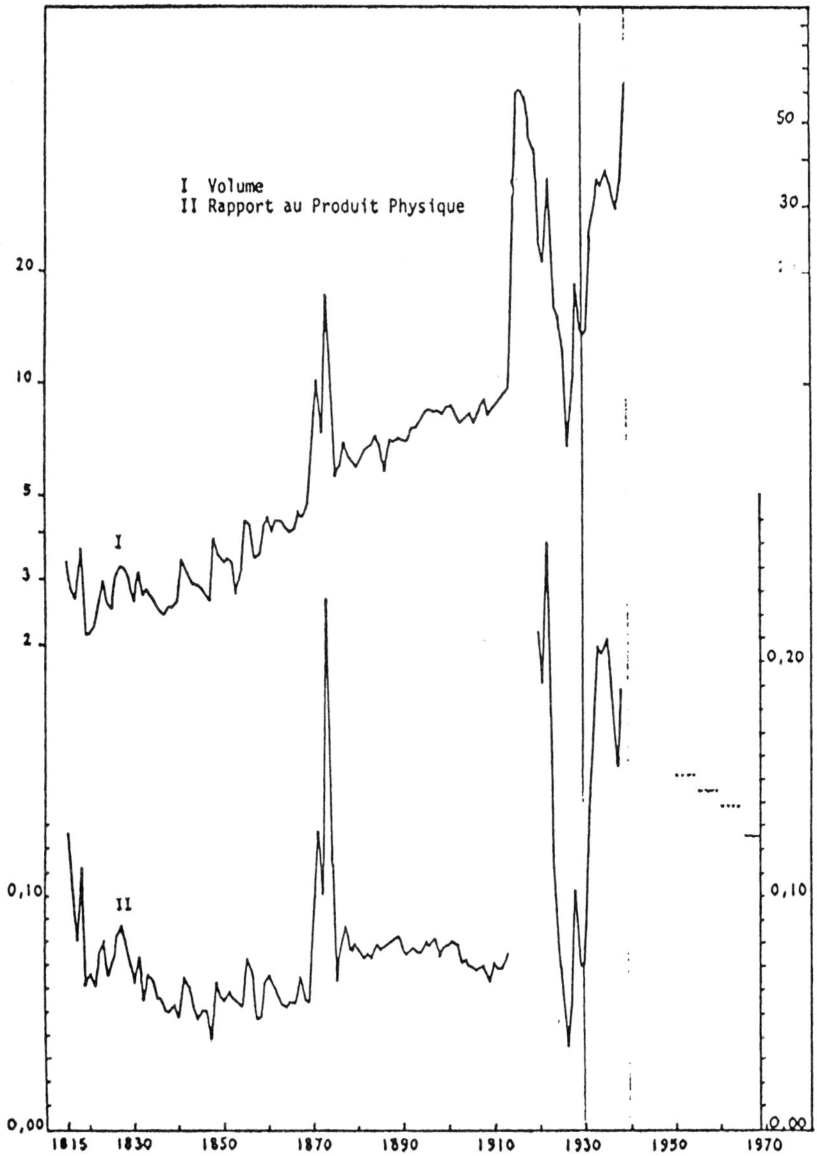

*Taux de croissance longue période du produit physique
et des dépenses de l'État
Taux de croissance moyens (Tmag)*

	1815-19 – 1909-13	*1815-19 – 1965-69*
Dépenses à effet de dévalorisation dominant	2,68 %	3,53 %
Produit physique	1,53	1,93
Dépenses à effet de dévalorisation secondaire	1,19	2,15

Les premières ont une croissance moyenne beaucoup plus rapide que le produit physique alors que les secondes ont une croissance nettement plus lente si l'on considère la période 1815-1913 et à peine plus rapide que celle du produit physique sur la période 1815-1969.

© Cahiers de l'ISMEA

La France restaurée, 1944-1954

(1986)

FRANÇOIS BLOCH-LAINÉ, JEAN BOUVIER

Jean Bouvier a inauguré en 1981 – à l'occasion du Colloque organisé par la Fondation nationale des sciences politiques sur la « modernisation de la France de 1944 à 1952 » – un dialogue avec François Bloch-Lainé, qu'il a poursuivi dans leur commun ouvrage, la France restaurée, 1944-1954 – Dialogue autour d'une modernisation. *Le thème de la « restauration », qui traverse ce volume comme un fil rouge, apparaît riche d'une ambivalence économique socio-politique, qui recouvre en partie une ambiguïté entre les contraintes pesant sur les décideurs publics et les mobiles auxquels ils croient répondre. François Bloch-Lainé confesse ailleurs avoir été troublé par l'interrogation de son interlocuteur historien : « Les hommes savent-ils toujours clairement l'histoire qu'ils sont en train de faire ? ». Au-delà de l'interprétation de la marge de manœuvre des responsables de l'État à la Libération et dans les années suivantes, le texte retenu vaut pour son caractère méthodologique. Il constitue la conclusion du dialogue entre l'historien et le témoin-acteur de la politique financière et économique de l'État à l'heure de la Reconstruction et des premières des Trente Glorieuses.*

Source : *François Bloch-Lainé, Jean Bouvier,* la France restaurée, 1944-1954 – Dialogue autour d'une modernisation, *Paris, Fayard, 1986, pp. 265-274.*

Points d'orgue, Jean Bouvier

Frontières de la réforme

La comparaison et la confrontation de la décennie 1980 et des dix années d'après-guerre confirmeraient, au-delà de toutes différences, deux traits récurrents de notre histoire nationale. D'une part le nécessaire retour des phases de modernisation économique, du fait même des obsolescences de toutes sortes affectant tout ensemble social, phases qui sont les moteurs de la croissance en longue durée. Le capitalisme français des deux derniers siècles n'a jamais été figé. Il a progressé à travers des périodes de mutations, et nous sommes en passe d'entrer dans l'une de celles-ci, après celle inaugurée dans la décennie 1944-1954. Mais d'autre part, toute politique de réformes incitée par l'État aux temps de ces changements nécessaires trouve chez nous, au moment même où elle se réalise, des frontières et des bornes. Elle doit être imposée à une société conflictuelle, qui résiste aux mises en cause et qui doit en quelque sorte digérer les changements. Dans un pays, le nôtre, où la société n'a jamais été tout à fait bloquée, mais où les consensus ont toujours été menacés, les «guerres franco-françaises», «guerres» politiques, idéologiques, sociales, héritées d'une longue histoire sont toujours prêtes à être réactivées. En 1986 comme en 1944. Les crises majeures apparaissent alors souvent comme les moments inévitables, accoucheurs des modernisations et réformes, en particulier en fait de développement économique et de relations sociales: «Toutes les réformes et contre-réformes, a écrit Henry Ehrmann en 1959, sont en France le prix d'une lutte sans trève.» Après la Libération les réformes modernisatrices ont été forgées à chaud. Elles ont fait progresser l'économie et la nation, tout en subissant à leur aval, dans une société qui ne voulait pas être révolutionnée mais revivre et mieux vivre, des processus d'adaptation, d'intégration, de «récupération» et de «restauration». Ainsi s'est alors confirmée une continuité de très longue durée: celle des rapports de force sociaux et de leur hiérarchie héritée, dans une économie mixte qui a progressé depuis la Première Guerre mondiale, et qui, on peut le prédire, poursuivra selon sa trajectoire au-delà de notre présent. L'État n'a jamais été absent de l'horizon du développement et ne le sera jamais, pour le pire et pour le meilleur, selon les vues et les passions des uns ou des autres.[1]

Retournons alors à nos mots clefs initiaux (modernisation; restauration-récupération), afin de répondre à nos propres questions explicitement posées au cours du dialogue, et visant les enjeux de 1944-1954.

De la modernisation

On pourrait appliquer aux années d'après 1944 cette formule de Stanley Hoffmann visant plus particulièrement les années 1952-1954: «Pourtant ce pays à la surface désespérante entretenait toutes sortes de ferments rénovateurs.» Encore fallait-il qu'un groupe de modernisateurs (hauts fonctionnaires et ministres; quelques grands patrons; des éléments du syndicalisme ouvrier, réunis en une sorte de grande alliance) mît effectivement en mouvement les processus (publics et privés) d'une nouvelle croissance. C'est ici que

1. Voir les réflexions de Jean Saint-Geours sur «les interventions du Pouvoir dans l'économie» (*Pouvoir et Finance*, pp. 143-151).

les décideurs donnèrent leur pleine mesure. Sans eux, et d'abord dans l'État et la haute administration, rien n'eût pu commencer : singulier mérite.

Au cours de notre présent dialogue le mouvement vers les nouveaux équipements d'une croissance désirée a été saisi prioritairement au centre, c'est-à-dire dans l'État, et selon un cadre macro-financier, à l'amont des réalisations sur le terrain. C'est que, redisons-le à satiété, sources et documents accessibles concernent surtout l'État et l'administration. Or la modernisation n'est pas simplement une mutation massive décidée et permise d'en haut. Elle ne triomphe que si les entrepreneurs et patrons de toutes tailles en saisissent les opportunités : celles que leur propose l'État ; celles que leur suggère le marché. La modernisation, processus concret et quotidien, ne progresse, au stade ultime, que par en bas. Aux décideurs de l'en haut sont venus se joindre ceux de l'en bas : les acteurs privés du développement ont suivi l'initial dynamisme public. « Suivi ? » Oui, mais attention à cet ordre de faits (connu des historiens) : l'intervention volontariste du financement public s'est mariée dans le cas de grandes entreprises avec des projets antérieurs mûris dans les milieux privés : charbonnages du Nord-Pas-de-Calais, qui appliquent pendant le premier Plan des programmes datant de 1941-1942 ; milieux sidérurgistes du Nord décidant la création d'Usinor avant le plan ; E.D.F., héritière des dynamismes « mixtes » du grand programme de 1938... L'intervention publique a servi de support à la grande relance de l'investissement. Elle ne l'a pas, à elle seule, créée *ex nihilo*. Observation non manichéenne qui n'enlève rien aux insignes vertus du volontarisme d'État. Après la Libération a pu se produire la convergence entre les besoins de croissance des firmes et les projets anti-malthusiens des responsables des décisions publiques.

L'historien doit ainsi éviter de tomber dans le piège de nos « guerres de religion », guerres d'avant-hier, d'hier, et d'aujourd'hui, concernant l'État... et certains d'entre nous y tombent. Les passions politiques, dans ce cas aussi, sont mauvaises conseillères. L'intervention de l'État n'est pas, à jamais, le mal, ou le bien. Le marché et l'entreprise privée, pas toujours le bien ou le mal. Tout est affaire de circonstances, de conjoncture globale, de contraintes... et de qualité des dirigeants publics et privés. Le fait est que la mixité s'est de plus en plus imposée et étendue, par nécessité et au coup par coup, selon des phases de poussée, tout au long du xxe siècle. Dans une telle direction la recherche historique ne voit pas encore de manière assez concrète ni assez fine les cheminements des évolutions des patronats et des firmes au-delà de 1945 vers la nouvelle croissance. Nos vues micro-économiques sont en retard. Mais ici, répétons-le encore, l'accessibilité aux sources privées est un problème. Tout semble s'être passé comme s'il y avait eu de 1944 à 1954 une diffusion progressive dans les patronats des attitudes dynamiques et des attitudes de confiance : non seulement envers l'avenir du marché (affaiblissement des craintes de surproduction et de surinvestissement) ; mais aussi envers le climat et les rapports de forces sociopolitiques, qui influent sur le moral des investisseurs potentiels, c'est-à-dire sur leurs perspectives de profits.

L'extension de l'économie mixte après la guerre manifeste une certaine cohérence du groupe des modernisateurs publics et privés. Au-delà de leurs différences de statut, de position, de carrière et de rattachement politique ou idéologique, les modernisateurs sont à la fois des *réformateurs* voulant corriger les retards français ; des *réformistes* utilisant la réforme comme substitut d'une révolution impossible et non désirée ; et des *néo-libéraux* recherchant empiriquement (et comment auraient-ils pu autrement procéder ?) un partage des fonctions et des tâches entre le « faire », le « faire-faire » et le «laisser-faire». C'est pourquoi ils se méfient des théories globales, des discours imprécateurs et des envolées lyriques. En cela les voici «technocrates» (sans connotation péjorative), c'est-à-dire à la poursuite d'une «direction compétente, ou de l'utilisation optimale des ressources par des agents économiques privés ou publics[1]». (R.F. Kuisel).

De la restauration-récupération

Ces observations vont peut-être permettre de réévaluer et de relativiser, du côté de l'historien du moins, la problématique de la restauration-récupération. La «restauration» est un phénomène global relevant du sociopolitique et dont il est difficile de désigner des responsables dignes d'être transformés en boucs émissaires, puisque les chefs suivent le plus souvent leurs troupes. La restauration apparaît finalement comme le produit des inerties et des longues continuités politiques et sociales. Après 1945 l'encadrement en partis politiques demeure ; la société ne change pas de «base» ; le patronat a l'arme au pied. Il n'y a pas retour en arrière, mais poursuite d'un mouvement qui court sur son erre. La restauration se manifeste comme continuité. Elle a été à l'époque négativement ressentie, selon des intensités variables avec les personnes, par bien d'anciens Résistants. Ce sentiment était à la mesure de leur poids relatif faible dans le pays, de leurs illusions sans réalisme, et de la surestimation des capacités de leur volontarisme. Cruellement peut-être, de Gaulle disait au jeune et impatient Philippe Viannay, en 1944 : «Souvenez-vous, la France n'est pas un pays qui commence, c'est un pays qui continue.» (*Libération,* 15 juillet 1985). Ainsi «ceux qui mettaient dans la Résistance plus qu'elle ne pouvait contenir peuvent seuls crier : au voleur !» (J.P. Rioux). Les lendemains chantent plus librement dans les écrits que dans les faits. Cela ne rabaisse ni le sacrifice des Résistants ni l'œuvre des modernisateurs, car ils n'en pouvaient mais. Ils ont bien finalement œuvré les uns et les autres à de nécessaires, durables et positives réformes. Cet héritage demeure et fait la grandeur de la période d'après-guerre. Nous vivons toujours sur les acquis de ce temps-là.

La «récupération», elle, est entée sur les continuités de l'économie et de la société. Elle est dans la logique et dans le voulu des vues néo-libérales. Puisqu'il faut réactiver à moyen terme les mécanismes dits «naturels» de l'entreprise et du marché, alors, place aux entrepreneurs et aux patronats, avec les ambiguïtés et risques que cela peut comporter. Et avec, du côté de maints décideurs et acteurs publics, des regrets, des déceptions, sinon des remords. L'État consolide le capitalisme. Il ne peut et ne veut rien faire d'autre. Où était la solution alternative à l'économie mixte ? Le fait est que le discours communiste ne fut pas suivi, et que les actions vives du Parti tournèrent court dans les automnes 1947 et 1948 : évidente sanction du rapport des forces ; et voie barrée, dont on ne sait toujours pas où elle aurait pu conduire. Quant à une politique économique spécifiquement socialiste, si tant est qu'elle fut alors délibérée et mûrie (ce qui, François Bloch-Lainé l'a montré ici même, était loin d'être le cas), elle était entravée par les liens de la stratégie de la troisième force.

Dans ces conditions, la «récupération» par les patronats, les entreprises et le marché, des réformes néo-libérales s'est produite progressivement et sûrement. Directement,

1. Table ronde de l'I.H.T.P., *le Capitalisme et l'État, Bulletin* n° 18, 1984.

grâce aux opportunités offertes par les financements publics, l'élargissement sectoriel de la planification, et les commandes des industries nationalisées. Indirectement par l'extension des équipements collectifs, et par toute une série de mesures fiscales et d'incitations publiques visant à dynamiser l'investissement privé. La « récupération » a été prévue et voulue par les responsables publics eux-mêmes : on le voit en pleine lumière à la fin de 1947 et au début de 1948 avec le plan René Mayer. Et la politique Faure-Mendès en 1953-1955, qui est une série d'offres aux entreprises, confirme le mouvement. La marche au « faire-faire » rend la « récupération » possible, puisqu'elle est souhaitée du côté de l'État. La dynamique et les logiques des entreprises ont fait le reste. Dans cette perspective, la restauration des mécanismes financiers classiques (placement de titres privés et publics (firmes nationalisées) sur le marché financier, dont il ne faut pas surestimer l'importance quantitative alors : et progrès, à partir de 1948, des crédits bancaires aux entreprises), restauration destinée à alléger les interventions du Trésor, n'est pas à considérer à part ni à isoler de la tendance générale. Si explicable, si fondée et rationnelle qu'elle apparût du côté des financiers d'État, comme François Bloch-Lainé l'a bien expliqué précédemment, la restauration, certes relative et lente, des circuits financiers traditionnels que permet la débudgétisation partielle des investissements, est une pièce logiquement placée dans les mécanismes d'ensemble de l'économie mixte, dont les équilibres se modifient dans le sens d'une prise de relais (partielle) par les mécanismes de style privé.

Mais il est possible que, à ce point de notre dialogue, le témoin, qui fut acteur, conteste une telle reconstruction par le clerc.

Des choix des décideurs publics

Le lecteur aura pu observer chemin faisant des convergences spontanées de vocabulaire entre les deux protagonistes de l'échange. Les mots : « contraintes », « logiques », « nécessité », « possibles », « marges de manœuvre », « nature » ou « force des choses », mouvement « naturel » suivent, sous les deux plumes, la même pente. Et tant pis pour nous si Bertolt Brecht a écrit : « Ne dites jamais *C'est naturel*, afin que rien ne passe pour immuable »... La pente est celle de la prise de conscience de l'étroitesse des marges de manœuvre des décideurs publics. L'historien, quant à lui, s'en est aperçu de plus en plus dans le cours même de sa participation au dialogue. Aussi est-il loin, fort loin, d'intenter un procès. Il s'est efforcé de restituer la parole à toutes les parties.

Effectivement, il n'y avait pas d'autre stratégie possible, applicable, crédible que celle qui fut conduite. On peut faire des hypothèses après coup, et rêver de ce qui aurait pu être, ou pire, dû être. On serait alors dans le « contrefactuel », comme disent les économistes de la *New economic history*, mais cette voie conduit à des impasses. Il n'y a pas de « Si... » en Histoire. On ne reconstruit pas celle-ci. Le nez de Cléopâtre n'avait qu'une forme. « Si en 1944 le parti socialiste eût été autre »... « Si Maurice Thorez »... Il y a derrière ces « si », dont on pourrait allonger la liste, plus de facilités de plume que d'analyse réaliste.

L'historien recherche (non sans artifice, dira le témoin) des rationalités, des logiques pour comprendre et décrire l'amont et l'aval des décisions publiques (et privées). C'est-à-dire, je le répète, qu'il n'instruit, ou ne veut instruire, aucun procès envers quiconque. Le témoin-acteur, lui, n'a pas vécu, au jour le jour, le rationnel, le transparent, le linéaire, mais le plus souvent la hâte, l'incertain, l'imprévu, l'à-peu-près. Mais «les hommes» savent-ils toujours clairement l'histoire qu'ils sont en train de faire?

Pour rendre compte de l'étroitesse des possibles aux lendemains de 1944, donc de l'inéluctabilité des choix majeurs, l'historien se réfère non seulement aux contraintes (physiques, économiques, techniques, financières) et au contexte national et international, mais à la notion de «rapports de forces». Celles-là et ceux-ci s'imposent aux décideurs, parfois à leur insu, sans pour autant leur enlever le sentiment intime de leurs responsabilités, c'est-à-dire d'une certaine liberté personnelle au cœur de leurs choix. Lorsque l'on est face à des contraintes et à des complexes de forces en tension, dont le poids pèse chaque jour, on doit tenter d'y répondre, c'est-à-dire de les alléger, de les tourner, ou de s'en accommoder.

Certes les mots «rapports de forces» sont flous. Ils veulent malaisément traduire des réalités qui ne sont pas toujours mesurables. Ils relèvent d'une approche globale des évolutions historiques, où toutes les dimensions s'essayent à être présentes, au moment de la reconstruction du passé après laquelle court l'historien. La notion de «forces» pourrait aussi prendre François Perroux comme parrain. Elle veut laisser entendre que si l'on néglige les faits de hiérarchies, influences, dominations, inégalités, faits liés à la défense et promotion d'intérêts, et faits propres à des États et des nations, à des entreprises, aussi bien qu'à des milieux socio-professionnels et, vaille que vaille, à des «classes», qui ne sont que des agrégats de milieux, on ne peut rendre sensible la multiplicité des influences conditionnant, encadrant et orientant les décisions publiques. En dernière analyse, le politique lui-même, c'est-à-dire sa traduction électorale, est une sorte de mesure de l'état des rapports de forces: nationales et extérieures (pesant sur la nation), économiques et sociales, idéologiques et politiques. Au fond, le présent dialogue a voulu aller aussi loin qu'il était possible aux auteurs dans le débroussaillage, c'est-à-dire l'introduction à une analyse de tels rapports.

L'historien fait siennes, finalement, ces lignes du sociologue François Fourquet[1]: «Ce sont des appareils de pouvoir réel qui agissent... Il n'y a pas d'autre causalité que celle des rapports de forces: une force en domine une autre, voilà la source réelle de toute causalité possible.»

François Bloch-Lainé

Je suis tenté de me taire après ces points d'orgue de l'historien, qui reprennent, avec l'amplification de l'usage musical, les notes majeures du duo. Ce final me convient parfaitement. En outre, j'ai le sentiment de n'avoir pas cessé d'épiloguer tout au long de mes propres couplets. J'estime, enfin, que la conclusion, s'il en faut une, appartient à la discipline historique.

Que répéter néanmoins, par acquit de conscience, au risque d'exagérer?

– Que nous aurions pu (et dû?) éviter certaines résurrections, mais que nous n'avons gagné que grâce à une mobilisation générale, qui ne s'accommodait pas d'un excès de discrimination. Et que le nombre des indésirables restaurés a résulté moins de la complaisance des restaurateurs vis-à-vis des revenants que de la pénurie de nouveaux venus.

1. *Les Comptes de la puissance*, p. 344.

– Que nous aurions dû (et pu ?) « diriger » plus ou mieux quand il le fallait, avant qu'on ne dirigeât trop ou mal quand il ne le fallait plus autant ou mêmement.
– Que la pensée n'a jamais été suffisamment mûrie avant l'action, pour la guider dans le champ de ce qui doit être volontaire et pour l'éclairer dans celui des mécanismes spontanés.
– Que les bons objectifs pouvaient être plus sûrement atteints par de meilleurs moyens, dans le domaine des finances et de la monnaie, mais qu'il était préférable d'avancer en titubant un peu que de s'effondrer sur place sans faux mouvements.

En guise d'excuses, j'imputerai encore notre fragilité et notre maladresse – assez lâchement et lourdement, dira-t-on – à la carence des appareils politiques et singulièrement à celle de la S.F.I.O. La social-démocratie française a manqué la plupart des rendez-vous où l'espéraient beaucoup d'entre nous.

Personnellement, je n'ai jamais adhéré à un parti, ayant de la fonction publique une conception éthique qui excluait une appartenance et, plus encore un affichage de cette sorte (sans en faire, tant s'en faut, une règle absolue pour mes semblables). Mais j'attendais du vieux bastion socialiste, plus que du mirage M.R.P., des leçons à tirer en 1946, en 1956, etc., des déconvenues de 1926 et 1936. (Suite impressionnante des « années en six ».) J'en attendais quelques orientations réfléchies et fermes que pussent suivre les techniciens, mariant le cœur et la raison. Je regardais de ce côté par l'effet d'un ineffaçable dégoût de la droite traditionnelle, éprouvé sous l'Occupation par ceux de mon âge ; et du refus d'un certain libéralisme (il y en a d'autres, meilleurs), que résume bien, à mon avis, cet aphorisme du Pickwick de Dickens : « Je n'ai fait qu'aider la nature, comme disait le docteur à la mère du petit enfant mort. » Or rien de vraiment net, sage et robuste n'est jamais sorti de la cité Malesherbes, non plus qu'ensuite de la place du Palais-Bourbon et de la rue de Solférino. Tel est, selon moi, jusqu'à l'actuelle tristesse, le malheur permanent de la gauche humaniste française. Dans les années soixante, les « clubs » ont un peu remédié – pas assez – à cette débilité des états-majors politiques. Auprès de ceux-ci, s'additionnent, sans doute, les travers des zélateurs qui s'intéressent plus aux places qu'aux idées et de ceux qui s'intéressent plus aux idées qu'aux faits. Mais, de la fin des années quarante à la fin des années cinquante, si je me souviens bien, il n'existait rien de semblable aux clubs « Jean Moulin » et autres.

J'ai donc connu une époque qui (« en revanche » ?) fut exceptionnellement favorable aux initiatives des non-politiques, postés à de bons endroits pour agir, sans grande préparation ni grands soutiens, à la faveur d'une grande crise. C'est une chance que nous avons exploitée de façon assurément imparfaite, mais que peuvent nous envier des successeurs auxquels nous souhaitons, dans le nouveau grand tournant où nous sommes, des opportunités, sinon semblables, du moins équivalentes. La recette de notre bonheur relatif n'est hélas ! pas transmissible.

Trouvera-t-on, cependant, des bribes de leçons dans le chassé-croisé de nos explications, à l'historien et à moi ? Il me semble que, tantôt lui, tantôt moi, sans préjugé ni prédétermination, nous avons, chacun à son tour, forcé le trait aux fins d'enseignement. Nous avons ainsi démenti le préjugé ou présupposé dont nous faisions état dans notre avant-propos, suivant lequel le partage des méthodes serait constant entre les commentateurs et les praticiens, les seconds voulant toujours estomper ce que les premiers s'acharneraient à dessiner en noir et blanc. Peut-être n'ai-je, pour ma part, brouillé ces pistes que pour mon propre avantage. J'ai prôné la grisaille là où j'étais, avec mes congénères, l'objet d'un procès de tendance et je me suis, au contraire, montré catégorique sur le sujet de nos mérites, soulignés par les résultats. Mais j'espère avoir plutôt recommandé la pratique alternée du systématisme et de l'empirisme, suivant les circonstances, les enjeux et les obstacles. Comme l'historien, de son côté, a mêlé les certitudes et les hésitations, avant de formuler aucune morale.

Il me semble que je retrouve à la fin de notre dialogue mon idée de départ. C'est en 1976 qu'en publiant d'autres souvenirs (*Profession : fonctionnaire*, p. 124) j'ai annoncé un second livre (si je réussissais à l'écrire, comme on m'y invitait, avec un associé que je n'avais pas encore) dont le sujet serait le tournant français des années quarante et cinquante, « ce passage du malthusianisme à l'expansion qui a renouvelé le bail des responsables de nos entreprises, alors qu'il semblait devoir le dénoncer, parce qu'il les a décidés à temps au changement nécessaire ». Je me reconnaissais, dès alors, non sans hardiesse, comme « étant un des principaux témoins ou acteurs de cette *récupération* ». Il me semble que la thèse indiquée par cette annnonce est également celle de la présente livraison.

Cependant, afin de ne pas compromettre davantage l'historien qui m'a fait confiance, je préfère laisser au lecteur le soin de mettre lui-même l'accent sur tel ou tel des termes que j'employais il y a dix ans, et de me juger à l'épreuve.

Ainsi qu'on l'a vu, pour choisir la couleur, trois mots en R sont disponibles (parmi d'autres encore, comme « relever », « rétablir »...) :

– *Restaurer :* l'adjectif tiré du participe passé de ce verbe sert au titre de notre ouvrage, avec la commodité de son ambivalence.

– *Récupérer :* l'historien me prête, en raison de la citation ci-dessus, la paternité de cet autre infinitif, qui n'est pas tout à fait synomyne du premier ; d'après le dictionnaire, *recuperare* a été traduit du latin en français par « *se* récupérer » jusqu'à la fin du XVIIIe siècle, signifiant donc « reprendre ce qu'on avait égaré ».

– *Renaître :* cette troisième formulation, qui m'a tenté, serait la plus noble, la plus gracieuse ; la plus insignifiante aussi, à moins de pouvoir identifier, beaucoup mieux que je ne l'ai fait, les Phénix en question.

Me pardonnera-t-on – en commençant par l'historien – de transformer ainsi des points d'orgue en points de suspension ?

© Fayard

Les Comptes de la puissance
(1980)

FRANÇOIS FOURQUET

A partir d'un travail antérieur sur la psychiatrie de secteur, l'auteur, sociologue, a découvert « la supériorité extraordinaire d'une histoire contemporaine racontée par ses acteurs eux-mêmes ». On a retenu l'un des passages de cette juxtaposition de témoignages où, selon l'auteur, transparaît l'ambivalence de la mystique de la comptabilité nationale.

Tout en démêlant les réseaux imbriqués des experts et hauts fonctionnaires acteurs de la planification et de la comptabilité nationale à l'heure des Trente Glorieuses, cet ouvrage a contribué à valoriser leur rôle dans le maintien d'une croissance exceptionnelle au cours des années 1950-1960.

Tous droits réservés

Source : *François Fourquet,* les Comptes de la puissance. Histoire de la comptabilité nationale et du Plan, *Paris, Encres, Recherches, 1980, pp. 128-136.*

Aimer, militer, croire

NORA : Il y avait toutes les nuances de la gauche dans l'équipe du SEEF : depuis les communistes jusqu'à des gens comme moi... Nous avons subi très fortement les tensions de la guerre froide. Mais Gruson a servi d'amortisseur, de tampon. Gruson, c'était le père : plein de libéralisme et de gentillesse profonde. Et puis, par exemple, Alphandéry se battait dans le maquis du Diois quand moi j'étais dans le Vercors : ça crée des amitiés que rien ne brise.

BLANC : Ç'a été une grande aventure, toute cette période du SEEF. Il y avait des communistes dans l'équipe, avec les problèmes du communisme avant la mort de Staline. Il y avait des tensions, des discussions, mais ce qui est remarquable, c'est qu'il y avait un rideau bien tiré entre l'activité politique et l'activité professionnelle ; on n'aurait pas passé une note confidentielle à l'organisation politique pour laquelle on travaillait ; on avait une certaine conception, peut-être dépassée aujourd'hui, du loyalisme.

Dans les années précédentes, j'avais été très attiré par le marxisme, mais je n'avais jamais franchi le pas. D'abord sur le plan théorique, de graves lacunes m'apparaissaient dans Marx, dans Lénine et plus encore dans Staline ; et sur le plan pratique, je n'étais pas d'accord avec certaines méthodes. Mais j'étais suffisamment nourri de tous les bons auteurs marxistes pour pouvoir discuter avec mes camarades communistes ; je connaissais le langage et j'adhérais à pas mal de concepts, par exemple l'importance des rapports de forces sociaux, alors que Gruson avait une vision beaucoup plus abstraite et idéaliste de la société. Donc, je n'étais pas trop mal placé pour jouer l'intermédiaire.

Il y a eu des tensions dans l'équipe. Des tensions d'origine technique, sur la part qu'il fallait faire à l'investissement par rapport aux débouchés pratiques ; des tensions politiques. Il y avait des origines sociales et des comportements différents : à un bout Nora, qui avait une vie plus mondaine, à l'autre des gens qui avaient des attaches plus populaires. Il y avait ceux qui se réfugiaient dans une position de techniciens, et ceux qui avaient les mains sales et avaient des relations avec le cabinet du ministre, les politiques. C'est le grand mérite de Gruson d'avoir été capable de fédérer une équipe avec des tendances aussi diverses et d'avoir eu la valeur humaine pour faire vivre ces gens ensemble.

Il y avait la tendance chrétienne-sociale, que Prou incarne assez bien, et qui rejoignait le protestantisme de Gruson. Il y aurait un sociogramme intéressant à faire, je le vois par rapport à mes propres liens : j'avais un lien avec les marxistes d'un côté, mais j'avais d'un autre côté avec Charles Prou un lien de camaraderie qui s'est affirmé notamment en montagne. On a fait des courses ensemble ; il faut vraiment avoir une amitié à toute épreuve pour faire une cordée, car c'est une occasion de se détester et de se voir sous le pire des jours, au moment où on est épuisé, où on a peur et où on révèle le tréfonds de sa personnalité. Alors que je suis devenu depuis longtemps indifférent au phénomène religieux, j'avais et j'ai toujours gardé ce lien personnel avec Prou qui était, lui, chrétien, non seulement en idée mais dans sa pratique quotidienne.

DENIZET : Le SEEF, au point de vue politique, m'a toujours fasciné. Les différences politiques, extrêmement marquées, ont été complètement abolies par le service d'une technique commune. Certes, nous étions séparés par une grande division (pacifique) entre un groupe de chrétiens : Gruson, Prou et plusieurs autres... moi-même, et un groupe de communistes, qui s'entendaient parfaitement. Les chrétiens étaient à ce moment-là fervents de Teilhard de Chardin qui était à son maximum d'audience, et les communistes... croyaient à un communisme idéal. Mais il y avait une tolérance dans ce service: c'était peut-être la magie de l'irénisme grusonien. Les rapports entre les chrétiens du SEEF et Teilhard de Chardin sont exactement les mêmes que ceux entre les physiocrates et Malebranche, un philosophe chrétien. En relisant l'histoire du XVIIIe siècle, j'ai vraiment retrouvé le climat de ces années extraordinaires. Aucun de nous ne retrouvera jamais dans sa vie une aventure intellectuelle comme celle-là. Pour moi, le SEEF reste d'abord, peut-être parce qu'on était jeune, un endroit chaleureux où tout se passait bien, où on avait des idées, où la découverte était constante. Un lieu d'amitié, aussi.

ALPHANDÉRY : Je n'ai pas tellement le souvenir des discussions avec le courant chrétien en tant que tel. Froment était un chrétien modéré et pas très engagé politiquement ; Prou était engagé politiquement, sa femme aussi, à la CGT ou au Mouvement de la paix – comme Blanc d'ailleurs, mais Blanc n'était pas chrétien, alors que Prou était très, très profondément chrétien; je me rappelle qu'il allait à la petite église des chrétiens de gauche à Saint-Julien-le-Pauvre. Ça ne posait pas de problèmes, et dans les discussions on se retrouvait tout à fait du même bord. Les chrétiens étaient en général très engagés à gauche.

L'homme le plus à droite, chez nous, c'était Mercier; je vois encore le sourire de Gruson quand il disait: «Eh bien, Mercier, il faut bien que l'homme de droite dise quelque chose!» Nos opinions politiques ne nous empêchaient pas d'en rire entre nous.

MERCIER : Gruson avait le talent d'apaiser les conflits et de faire travailler ensemble des gens d'origine intellectuelle et de tendances politiques très différentes. C'est d'ailleurs ce qui a fait la force de cette équipe : on réussissait à travailler ensemble dans une entente assez extraordinaire. Ç'a été pour moi une période très passionnante et très formatrice.

FROMENT : La personnalité de Gruson, sa gentillesse, sa façon d'avoir des relations très sympathiques, tout ça a joué pour créer la cohésion dans une équipe provenant de morceaux assez disparates; il y a eu une symbiose entre les gens du BSEF, de la commission de contrôle des banques et des gens venus de l'extérieur : soit l'ENA comme Alphandéry, Nora ou d'autres qui avaient des tendances de gauche ; soit par exemple de Normale Sup, comme Mercier, qui était plutôt un homme de droite. Mais les positions politiques n'ont jamais créé de malaise ; on en plaisantait même à l'occasion. Vraiment, j'ai conservé un bon souvenir de cette époque, et de nombreuses amitiés.

GRUSON : On peut dire en effet que c'était une équipe amicale. Ça, il n'y a pas de doute. Les gens qui sont passés au SEEF vers ces années 50 se rappellent toujours l'heure du thé que la secrétaire de Sérisé notamment avait pour mission de préparer sur une cheminée du ministère des Finances ; tout le monde venait prendre sa tasse de thé et parlait un peu. On s'engueulait quelquefois, bien sûr, parce qu'il n'y avait pas que des gens du même bord. Entre Bénard et Maillet, il y a eu quelques engueulades majeures. Alors, les choses n'étaient pas tout à fait faciles, mais l'atmosphère générale était quand même celle d'une équipe soudée.

Si j'ai joué un rôle positif dans cette affaire, ce rôle a été essentiellement d'être un... d'avoir vraiment pour ces garçons ou filles des sentiments de grande amitié. Prou est resté un de mes amis les plus proches ; Sérisé et moi n'avons pas suivi la même voie politique, mais je l'aime bien. L'atmosphère hiérarchique des administrations n'est pas du tout propice à la création. Il n'y a création qu'à partir du moment où il y a un certain... enfin, un certain romantisme, avec tous les côtés affectifs que ça comporte; et ç'a été un élément très important dans ce travail.

Une mystique ambiguë

Programmer l'espérance?...

GRUSON : Ma réflexion évangélique a toujours été liée à ma réflexion économique. Je vais essayer d'expliquer pourquoi. Ma lecture personnelle de la Bible et ma réflexion ont été complètement modifiées par la découverte, que j'ai faite progressivement, du génocide juif. Un homme élevé dans les traditions réformées vit dans le sentiment d'une Providence très proche. Je crois à la Providence. Mais l'idée d'un Dieu qui dirige l'histoire des hommes jusque dans le détail quotidien est devenue pour moi totalement incompatible avec Auschwitz ou Treblinka. Dans le Deutéronome, il y a des phrases qui paraissent annoncer Treblinka. Elle ne font que souligner l'unicité absolue de l'espérance d'Israël et du monde; en dehors de cette espérance, il n'y a que mort. Mais l'interprétation antisémite a été traditionnelle dans l'Église. Il y avait de plus, dans la piété chrétienne, un antisémitisme qui portait à l'incompréhension, voire au mépris des formes de la piété juive. Aujourd'hui, je ne puis plus penser cela; par les livres d'Élie Wiesel, de Gershom Sholem ou d'Emmanuel Levias, j'ai vu que cette pensée juive était à bien des égards extraordinairement belle et convaincante. Quand j'ai lu le *Treblinka* de Steiner, ce livre d'horreurs qui est en même temps une épopée belle comme le Livre des Juges, j'ai reçu un choc après lequel il m'était impossible de penser que Dieu, maître de l'histoire, agit dans cette histoire à tout instant. J'ai été conduit à une tout autre conception de la seigneurie de Dieu, dans laquelle l'homme est vraiment libre: Dieu accepte la liberté de l'homme, même à Treblinka. Quand j'ai compris cela, j'ai senti une grande révolution dans ma théologie pratique. Je ne peux plus avoir les mêmes conceptions éthiques du protestantisme traditionnel; je ne peux plus admettre que ma responsabilité s'arrête à une éthique personnelle. Parmi les hommes qui ont introduit dans la civilisation allemande les germes de violence épanouis dans l'hitlérisme et finalement à Treblinka, beaucoup avaient entendu l'enseignement d'éthique personnelle de Luther. La nécessité d'une éthique politique est donc devenue pour moi impérieuse; et impérieuse la nécessité de scruter les libertés que nous pouvons saisir dans le monde actuel, pour y exprimer ce qui constitue le centre de la foi: ce monde n'est pas entraîné par les déterminations de violence et de désespoir; il est au contraire promis à un avenir de fraternité, de justice, d'amour. C'est ainsi que j'ai vu le lien qui unit mes réflexions théologiques à ma réflexion d'économiste. Celle-ci me montre en effet que nous pouvons saisir les libertés qui sont vraiment nouvelles dans l'histoire de l'humanité, qui n'existaient pas au XIXe siècle.

... La compréhension profonde des mécanismes de l'évolution, dont on s'approche maintenant sans l'avoir acquise, pourquoi n'existait-elle pas avant guerre? Cette naissance tardive d'une véritable science économique tient au fait que pour obtenir des schémas de représentation de la réalité qui ne soient pas grossièrement imaginaires, il faut un travail très lourd d'observation systématique qui ne peut être artisanal. Cette observation lourde, on a eu progressivement l'idée de s'y engager depuis 30, 40 ans.

... Nous n'avons guère le choix: il est absolument nécessaire de rendre plus clair ce monde inintelligible. Dans ce dessein, vu l'importance des décisions qui sont à prendre et qui intéressent les structures les plus lourdes, la seule méthode envisageable consiste à placer la planification au centre de la politique économique; à fonder le plan sur des informations et des analyses plus rigoureuses; à lui donner autorité sur les décisions dont l'incohérence avec le dessein global serait intolérable; à l'éclairer enfin par un débat effectif, auquel toutes les forces politiques seraient invitées à prendre part.

Mais l'effort de clarification, de visée rationnelle, va-t-il être étouffé par des forces sociales profondes dont on n'extirpera jamais les volontés de puissance, les violences irrépressibles? Cette question se place au centre de l'aventure humaine. Elle ne comporte pas de réponse; mais elle nous place devant la nécessité d'un pari. Pour ma part, je m'engage sur un pari positif; et je crois que tout lecteur d'Évangile ne peut s'engager que sur un pari positif. La possibilité apparaissant aujourd'hui de construire un système politique qui soit capable de programmer l'espérance d'un monde renouvelé, nous devons saisir cette possibilité de toutes nos forces, si graves que soient les risques d'échec[1].

PROU: On n'aurait eu de chance de déboucher sur une planification sérieuse que s'il y avait eu un gouvernement de gauche en France.

BÉNARD: Pour moi, les travaux que nous faisions au SEEF étaient une base indispensable à une planification utile et efficace de l'économie française si jamais nous arrivions à lui donner une orientation, sinon socialiste, du moins de gauche. Il y avait cet espoir-là. J'étais encore jeune, j'avais des illusions!

DENIZET: Nous étions convaincus d'avoir trouvé avec la comptabilité nationale le moyen de transformer le monde, ou du moins l'économie française, dans le sens de nos préférences idéologiques.

BLANC: Il y avait cette foi commune qui faisait qu'on travaillait ensemble... Dans le rassemblement de tout ce réseau de personnalités, il n'y avait donc pas que le mérite de Gruson, il y avait aussi le fait qu'on sentait dans ces techniques quelque chose de porteur d'avenir; ce qui fait qu'on attirait des gens d'origines diverses avec des bagages variés et des personnalités assez riches. On était soutenu par un esprit d'équipe, et même une certaine mystique. Les finalités n'étaient peut-être pas les mêmes chez tous; chez Gruson et Nora, elles étaient peut-être beaucoup plus immédiates par rapport au pouvoir en place et à l'évolution des choses, alors que chez d'autres, notamment les camarades communistes, ou moi-même, les visées étaient plus lointaines: on construisait un instrument pour le jour où on ferait, pour parler vite, une planification véritable dans une France de gauche. Dans l'immédiat, cet instrument servait à clarifier les choix. La vérité étant progressiste, pensions-nous, ça allait de toutes façons dans le bon sens.

... ou compter la puissance?

SAINT-GEOURS: Notre génération a été marquée par une série de catastrophes: la crise, la stagnation, la guerre, et le pays en était sorti complètement ruiné. Au début des années 50, le problème essentiel en France était non seulement la reconstruction, mais une action tendant à en faire un pays *dynamique* sur le plan économique. Oh! Il ne s'agissait pas de se sentir investi d'une mission, mais simplement, notre boulot était de faire de ce pays un pays véritablement développé. Nous avions une *mystique de l'investissement* et

1. *Programmer l'espérance*. Paris. Stock. 1976. p. 48. pp. 145-149. pp. 284-285.

de la construction d'une économie harmonieuse et de haut niveau. Nous étions extrêmement sévères à l'égard de nos devanciers qui avaient, nous semblait-il, été complètement nuls en matière de politique économique.

FROMENT : Il y a eu chez tous ces gens l'idée que les progrès de l'information statistique permettaient d'améliorer l'intervention politique ; et tout le monde, qu'on soit à gauche ou moins à gauche, était convaincu que le rôle de l'État n'était pas de rester neutre économiquement, mais d'intervenir. Ceci a été un des éléments importants qui a permis une certaine cohésion de cette équipe pour créer un instrument d'information. Pour son utilisation, les choses ne sont pas tout à fait aussi claires, on le voit bien dans le contexte actuel ; mais tant qu'il s'agissait de créer l'instrument, il n'y avait pas de problème...

MERCIER : Nous étions jeunes, enthousiastes ; nous avions l'impression de la découverte, de faire quelque chose de neuf. Si cette entreprise a eu du succès, c'est qu'elle donnait un cadre de pensée ; on peut discuter les chiffres ou le modèle lui-même, il n'en reste pas moins que c'est un outil très solide pour mieux connaître le fonctionnement de l'économie.

BÉNARD : Évidemment nous n'avions pas toujours les mêmes idées ; mais on avait le sentiment qu'il fallait de plus en plus de données quantitatives pour s'informer, prévoir, planifier et programmer ; que ces données, il fallait les rassembler dans un cadre cohérent, la comptabilité nationale.

FROMENT : ...d'autre part, les problèmes de cette époque étaient tellement évidents qu'il n'y a pas eu trop de difficultés sur l'interprétation de ce qu'on avait pu rassembler. On voit bien maintenant, lorsqu'il s'agit de faire le prochain plan, les gens se grattent la tête en se demandant : « qu'est-ce qu'on va bien pouvoir faire ? » On ne sait plus si c'est un plan indicatif, une « ardente obligation » ou bien un vague truc qui sera là parce qu'il faut bien continuer la tradition. Alors que pour les premiers plans, la situation était telle qu'il y avait un consensus général pour s'orienter vers les actions prioritaires de base. Les choix étaient simples.

PROU : Dans le climat de la guerre froide, la ligne à suivre était assez nette ; même sans instruction, les fonctionnaires voyaient assez bien où on allait. Les choix politiques n'étaient pas très fins : il fallait foncer pour reconstruire la France rapidement. Gruson avait eu avant nous une première expérience politique au cabinet de Paul Reynaud au début de la guerre. D'après Gruson, Paul Reynaud était très conscient des faiblesses de l'économie française et savait que la France n'était pas capable d'affronter la puissance industrielle de l'Allemagne ; car la France de 1939, c'était encore la France de 1914, une France à dominante agricole. Gruson avait une sensibilité politique... disons de centre gauche. Il avait conscience du retard à rattraper ; le pays devait être conçu sur des bases modernes, et ceci impliquait l'usage d'un instrument de coordination économique assez puissant du style plan, emprunté aux Russes, mais allégé de son appareil bureaucratique et complété par un instrument comme la direction du Trésor.

GRUSON : Les instruments de politique économique mis en place à cette époque résultaient d'une conception essentiellement technocratique. Le problème central était de concevoir et d'appliquer la politique financière d'un pays en développement. On ne se posait pas encore la question de savoir à quoi pouvait servir ce développement. Il était évident que, quels que soient les objectifs politiques que pouvait s'assigner la France, la nécessité première était de constituer une puissance industrielle. C'était toujours le plan Monnet. De ce fait, l'idée de croissance économique apparaissait à l'époque comme une idée neutre sur le plan politique.

Nous avions tous plus ou moins une sensibilité de gauche, car il fallait une orientation marxiste pour accorder aux techniques d'analyse et de gestion économique le poids décisif que nous leur accordions... Mais notre analyse était principalement technique. Seul Simon Nora, qui est une tête politique, avait dès cette époque une réflexion qui dépassait l'économique. Il cherchait la signification politique de cette image de la croissance que nous cherchions à tracer et à prévoir[1].

VANOLI : La mystique des fondateurs du SEEF, je l'ai bien connue moi-même, ne portait pas sur la technique en elle-même, mais sur la préparation de la politique économique ; ce n'était pas pour faire de beaux instruments comptables que les gens se sont passionnés, c'était pour préparer les décisions d'une manière plus rationnelle ; et le mot *rationnelle* est en l'espèce très important. La comptabilité nationale était fortement associée à Mendès-France et à l'idée d'une politique économique plus active et interventionniste. Les articles de Nora dans *Le Monde* étaient axés sur le thème : « Contre le malthusianisme économique », car les attitudes économiques héritées de l'avant-guerre, en particulier chez les chefs d'entreprises assez peu dynamiques dans l'ensemble, étaient encore très fortes. La comptabilité nationale a joué un rôle dans le combat entre les courants modernistes et traditionnalistes, qui correspondaient alors à des courants de gauche et de droite, mais pas exactement : le courant interventionniste était de gauche au sens de Mendès France, mais pas au sens du Parti communiste, qui avait une attitude de critique systématique.

Tous droits réservés

1. *Programmer l'espérance*. Paris. Stock. 1976. pp. 74-75.

XI

AGRICULTURE, PAYSANNERIE

Le maintien jusqu'à une époque tardive du XXe siècle d'une paysannerie encore abondante en France a pu conduire à interpréter ce déphasage avec d'autres pays industrialisés comme un signe du retard français. Mais les évolutions des XIXe – XXe siècles, telles qu'on les perçoit à travers le progrès de connaissances appuyées sur de solides études régionales, soulignent d'abord l'extraordinaire diversité de l'agriculture française, au fur et à mesure de son intégration très différenciée dans l'économie capitaliste. Multiplicité des formes d'appropriation, d'exploitation, de relations avec les marchés, qui se reflète pour partie dans la multiplicité des paysages agraires, même si celle-ci a été réduite à une dualité recouvrant à la fois une opposition dans la géographie – entre le Nord des campagnes et les bocages méridionaux et occidentaux – et dans l'organisation des sociétés rurales.

La spécificité de l'évolution de l'agriculture française par rapport à celle de certains de ses voisins apparaît lors des différentes phases de transformations s'opérant de 1750 au second XXe.

La question de l'impact de l'agriculture sur la révolution industrielle a suscité de nombreux travaux lors des années 60, en particulier sous l'impulsion des thèses de W.W. Rostow[1]*, selon lesquelles la révolution agricole apparaît comme une condition préalable de la révolution industrielle. Thèses paradoxalement en convergence avec les réflexions de Karl Marx sur le rôle des enclosures en Angleterre, qui auraient, dans le second XVIIIe siècle, libéré de la main-d'œuvre agricole, devenue disponible pour la grande industrie naissante. Certains historiens dans divers travaux*[2]*, ont soutenu également l'antériorité des transformations agricoles sur le développement de l'industrie, particulièrement à travers une demande accrue de produits en fer. D'autres, en revanche, tel François Crouzet, viennent fortement nuancer ce schéma aussi bien pour la France que pour d'autres pays européens.*

En remontant dans le temps, des auteurs tel Michel Morineau (1970) contestent même, plus généralement, l'idée d'une quelconque révolution agricole en France au XVIIIe siècle, notamment par l'examen de l'évolution des rendements, dont ils ne constatent guère l'amélioration avant les années 1830-1840. D'autres historiens, plus proches des réalités démographiques, ont cru bon de retoucher cette approche.

La persistance d'une population agricole encore majoritaire et sans régression absolue au cours d'une large partie du XIXe siècle contraste avec l'évolution britannique.

1. Cf. chapitre v.
2. Cf. notamment Paul Bairoch. *Révolution industrielle et sous-développement*. Paris. Mouton. 1963 ; « Niveaux de développement économique de 1810 à 1910 ». *Annales E.S.C.*. XX. n° 6. nov.-déc. 1965 ; et surtout « Le rôle de l'agriculture dans la création de la sidérurgie moderne ». *Revue d'histoire économique et sociale*. 1965. p. 5-15.

La supériorité numérique n'empêche pas, comme l'analysent certains comme Pierre Barral (1968), une domination urbaine, à la fois réelle et perçue. Le maintien de nombreuses petites exploitations, accrues par les effets conjugués de la vente de biens nationaux et des règles du régime des successions, apparaît comme une tendance structurelle, qui traverse et déborde le XIX*e* *siècle. Peut-on l'identifier à un facteur d'archaïsme? Les différenciations, là encore, se précisent à la mesure des résultats des travaux récents.*

Dans certains cas, comme le Limousin (étudié par Alain Corbin, 1975), c'est plutôt le retard des infrastructures économiques et surtout ferroviaires qui pèse sur le développement agricole. Dans d'autres régions, à l'exemple du Pas-de-Calais, la modernisation de l'agriculture et son intégration dans l'économie capitaliste s'opèrent par étapes dans le dernier tiers du XIX*e* *siècle. On voit se constituer un modèle de développement spécifique d'une agriculture en avance sur la plupart des régions françaises, sans pour autant qu'ait été sacrifiée la petite exploitation, même pour des cultures non spécialisées autres que la vigne ou les productions maraîchères. Ronald Hubscher a généralisé la démonstration, au-delà de l'exemple régional*[1]*, d'un dynamisme propre à la petite exploitation. Enfin, pour certains exploitants, tels les viticulteurs du Roussillon, la « survie héroïque » de leurs petites propriétés malgré les difficultés conjoncturelles ne résulte pas d'une évolution naturelle ou du maintien d'équilibres anciens, mais de la « combinaison d'intérêts socio-politiques », associant structures familiales, coopératives, État et agrariens.*

Il est un domaine où carences et récriminations consécutives sont attestées au XIX*e**, et même dans le premier* XX*e* *siècle: le crédit. On constate, à travers l'histoire des crédits agricoles, la spécificité d'une voie française, à mi-chemin entre la solution étatique et la forme mutualiste pure. L'insertion de la politique de crédit dans la modernisation et l'intégration économique de l'agriculture apparaît tardive, dans le second* XX*e* *siècle, parallèlement à un exode rural et agricole massif.*

Comme dans d'autres domaines, le second XX*e* *siècle demeure encore mal connu pour l'agriculture, dont l'évolution manifeste plusieurs tendances paradoxales. Parmi celles-ci, on peut retenir la combinaison entre une véritable « révolution agricole » assurant une croissance forte de la productivité et un recul relatif dans le produit national comme dans le total des actifs.*

Le Paysage rural
(1934)

ROGER DION

Ouvrage pionnier, devenu classique, sur les grandes différenciations entre deux types (méridional et septentrional) de paysage rural.

On a reproduit l'énoncé initial de la thèse centrale. L'auteur souligne que la différenciation entre « pays découverts » : grandes étendues « sans clôtures » et « pays bocagers » : « beaucoup de clôtures... des rangées de têtards sur les haies... l'aspect général d'une contrée boisée », remonte à un passé lointain, dont témoigne notamment Arthur Young dans ses Voyages en France, *issus de ses observations sur les campagnes à la veille de la Révolution. Au-delà des différences physiques et topographiques, Roger Dion voit dans cette dualité de paysages, la*

1. Ronald Hubscher, « La petite exploitation en France. XIXe-XXe siècles », *Annales E.S.C.*, n° 1, janvier-février 1985.

marque de deux organisations sociales distinctes, voire de deux « civilisations agricoles », fondées l'une sur le travail collectif, l'autre sur l'initiative individuelle.

On a également conservé la conclusion, qui insère cette dualité dans la longue durée, celle de l'histoire de l'occupation du sol.

Source : *Roger Dion,* Essai sur la formation du paysage rural français, *Tours, Arault et Cie, 1934, p. 7-11 ; p. 30-33 ; p. 149-154.*

Étude d'un cas particulier : le paysage rural du bassin parisien au XVIIIe siècle

Le témoignage d'Arthur Young

Arthur Young nous donne, sur le paysage rural du Bassin parisien, une vue d'ensemble d'une remarquable ampleur, et d'autant plus digne d'attention qu'elle est sans rapport avec nos divisions régionales fondées sur la géologie.

Les plateaux agricoles du Bassin parisien septentrional et central, depuis l'Artois jusqu'à la Beauce, lui semblent se confondre en une « vaste et fertile plaine qui, presque sans interruption, s'étend de la Flandre jusque près d'Orléans ». Il définit la Picardie, l'Artois, l'Ile-de-France, la Brie et la Beauce comme des régions de « champs arables et sans clôtures ». Ailleurs, il note qu'entre Valenciennes et Orléans l'openfield l'a « plus ou moins accompagné dans tout le trajet[1] ».

Mais, au sud d'Orléans, le paysage lui apparaît obscurci sur des grandes étendues par une infinité de haies qui enferment les pièces de terre. « Au sud de la Loire, écrit-il, une immense étendue de pays est en clôtures : le bas Poitou, la Touraine, la Sologne, le Berry, le Limousin, le Bourbonnais, une grande partie du Nivernais ; de Montcenis en Bourgogne, jusqu'à Saint Pourçain en Auvergne, tout est en clôtures[2]. »

Telle qu'on peut l'entrevoir à travers les notes d'Arthur Young, la frontière ou, plus exactement, la zone frontière séparant les pays de champs ouverts des pays d'enclos traversait alors le Bassin parisien suivant une direction générale N.-O, S.-E (fig. 1). Partant de l'estuaire de la Seine, elle contournait la Beauce par l'Ouest et le Sud pour gagner la Loire orléanaise. Puis, continuant vers le S.-E., elle coupait le Nivernais, dont une partie se trouvait ainsi comprise dans le domaine des champs ouverts et une autre dans celui des enclos, pour atteindre finalement la Saône au nord du Mâconnais, en laissant dans le pays des champs ouverts la plaine qui s'étend au pied de la côte de Beaune[3].

On a constaté l'exactitude des vues générales d'Arthur Young sur la répartition des pays découverts et des pays bocagers. On lui a reproché, en particulier, d'avoir abusivement étendu à la France centrale et méridionale un type de paysage propre aux régions herbagères de l'Ouest. Pourtant, la lecture de son livre montre qu'il ne s'est point laissé aller ici à des généralisations hâtives. Cette division du Bassin parisien en deux zones, la zone septentrionale, caractérisée par des paysages découverts, la zone méridionale,

1. *Voyages en France en 1787, 1788 et 1789*. Traduction H. Sée, 1931, t. II, pp. 549, 550, 727.
2. *Ibid.*, t. II, pp. 722-723.
3. *Ibid.*, t. I, p. 370.

bocagère, Arthur Young l'appuie sur une somme de constatations locales précises, analogue à celle qu'il note en ces termes quand il aborde la Sologne: «Beaucoup de clôtures, des rangées de têtards sur les haies... l'aspect général d'une contrée boisée[1]».

Peut-on dire, d'ailleurs, que ce grand contraste ait cessé d'être apparent dans la France actuelle? – que la Champagne berrichonne, par exemple, ou la Champeigne tourangelle, soient devenues de véritables prolongements de la grande «plaine» septentrionale dont la monotonie a si vivement frappé Arthur Young?

S'il en était ainsi, nous ne surprendrions pas si souvent, dans les trains qui roulent d'Orléans à Paris, l'expression spontanée de l'étonnement qu'éprouvent les Berrichons et les Tourangeaux d'aujourd'hui lorsqu'ils découvrent pour la première fois la nudité de la Beauce, cette merveille que Rabelais attribuait à l'une des interventions prodigieuses de la jument de Gargantua[2].

Sans doute la Champagne berrichone peut passer, au milieu des pays qui l'encadrent, pour une région découverte. Mais la fuite du regard vers l'horizon s'y heurte à de multiples petits obstacles, un boqueteau, un fragment de haie, des noyers plantés dans les champs, une file d'arbres têtards le long d'un chemin. La répétition indéfinie de ces détails, dont aucun ne s'impose à l'attention, fait régner dans les lointains une confusion sans variété, une tristesse sans grandeur, qui préparent le passant à mieux goûter, une fois la forêt d'Orléans dépassée, la profondeur claire des perspectives beauceronnes.

De même, le Nivernais, situé sur les confins des deux grandes régions pittoresques entrevues par Arthur Young, offre encore à nos yeux, dans l'intervalle des massifs forestiers qui s'étendent sur le pays de Clamecy, des campagnes généralement découvertes, tandis qu'il se revêt d'une infinité de haies, vers l'Ouest et vers le Sud, en Puisaye et dans la région de Nevers.

Les indications que nous détachions tout à l'heure du texte des *Voyages en France* n'ont donc point tout à fait cessé d'être corroborées par les aspects actuels de notre paysage rural.

Mais nous ne saisirons vraiment la valeur et l'intérêt des notes d'Arthur Young qu'après les avoir confrontées avec les documents que nous possédons sur l'état de l'agriculture en France à l'époque où il écrivait.

On sait, depuis les études de MM. H. Sée et Marc Bloch[3], comment, dans la deuxième moitié du XVIIIe siècle, le gouvernement royal fut amené à se préoccuper des conditions dans lesquelles s'exerçait, en France, l'usage de la vaine pâture. Au cours de trois enquêtes successives, entreprises en 1766, 1768 et 1787, les intendants de la plupart des Généralités, les procureurs généraux ou premiers présidents de plusieurs Parlements et aussi quelques sociétés d'agriculture lui fournirent, sur cette question, qui est inséparable de celle de la clôture des terres, un ensemble d'observations à travers lesquelles nous reconnaissons le grand contraste signalé par Arthur Young entre les plateaux septentrionaux et les plateaux méridionaux du Bassin parisien.

Les faits condamnent toute tentative de rattacher, par un lien de causalité directe, à la géographie physique locale les types d'économie rurale qui, au XVIIIe siècle, régnaient

1. *Ibid.*, t. I. p. 92.
2. *Gargantua*, XVI.
3. H. Sée, *Une enquête sur la vaine pâture et le droit de parcours à la fin du XVIIIe siècle*; dans: *Revue du dix-huitième siècle*, 1913, pp. 265-278. – Marc Bloch, *la Lutte pour l'individualisme agraire dans la France du XVIIIe siècle*; dans *Annales d'histoire économique et sociale*, 2e année, 1930, pp. 329-381 et 511-556.

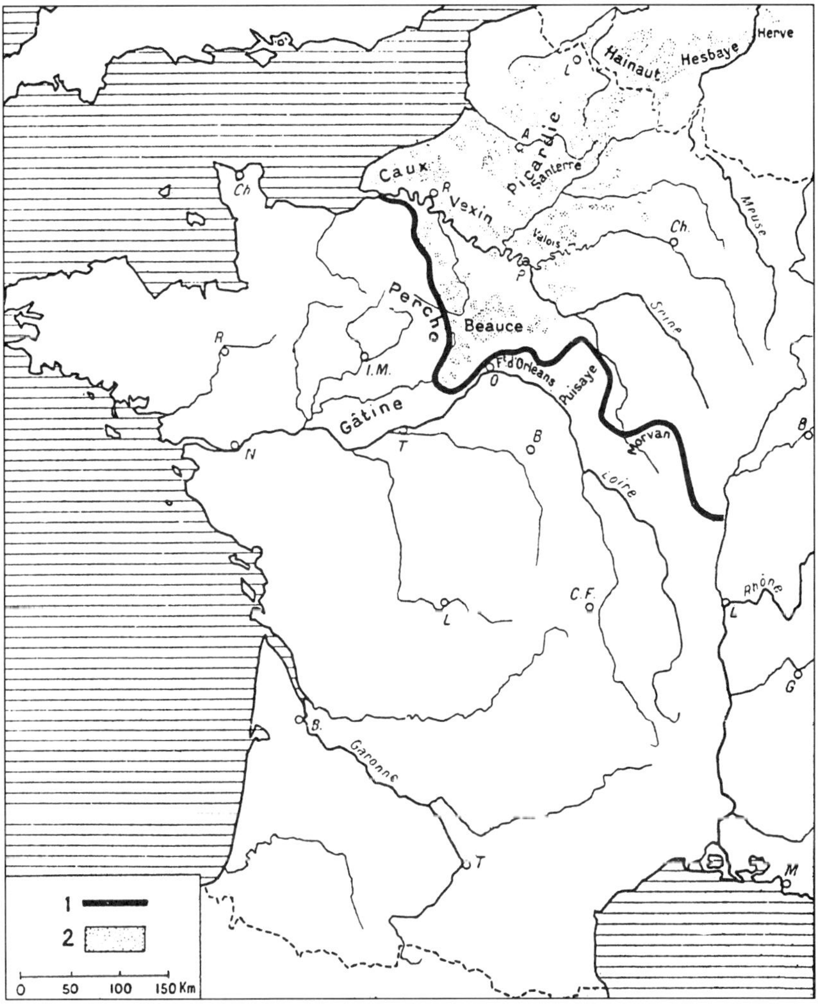

FIG 1. – *Confins des pays d'openfield et des pays d'enclos à l'époque d'Arthur Young.*

1. Frontière méridionale approximative de l'openfield français dans la seconde moitié du XVIIIe siècle ; – 2. Dépôts de limon des plateaux, d'après VIDAL DE LA BLACHE (*Tableau de la géographie de la France*, hors-texte, p. 54, carte pour servir à l'histoire de l'occupation du sol).

l'un sur la partie nord et l'autre sur la partie sud du Bassin parisien. Tout au plus peut-on remarquer que, sur les confins de ces deux grandes provinces agricoles, les landes et les enclos ont tendance à se localiser sur les terres pauvres (sols siliceux ou sables maigres du Perche, de la Gâtine tourangelle, de la Sologne et de la Puisaye) tandis que les plateaux calcaires à couverture limoneuse restent conquis à l'openfield. Tout le long de la zone de

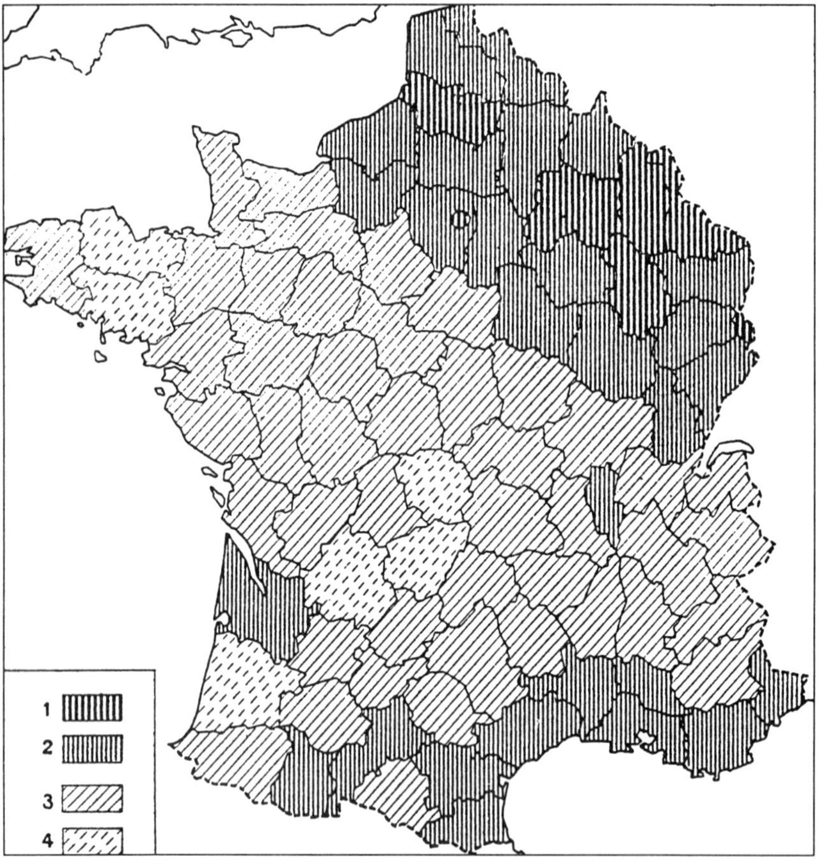

FIG 2. – *Population éparse et population agglomérée, d'après les résultats statistiques du dénombrement de 1891.*

Départements où la proportion de la population éparse est : 1. inférieure à 10 p. 100 ; – 2. comprise entre 10 et 40 p. 100 ; – 3. comprise entre 40 et 65 p. 100 ; – 4. supérieure à 65 p. 100

Lorsque fut élaborée cette statistique, la population agglomérée était définie par les instructions ministérielles comme *« celle qui se groupe immédiatement autour du clocher »*. C'est là un critérium insuffisant : la population qui ne se groupe pas autour du clocher n'est pas nécessairement disséminée. Elle peut former, en un ou plusieurs points du même territoire communal, des hameaux importants qui sont de vrais villages agglomérés.

En attendant l'achèvement de la nouvelle carte de l'habitat, qui s'élabore sous la direction de M. A. Demangeon (*Annales de géographie*, XLII, 1933, pp. 225-232), cette figure imparfaite peut être utilisée pour la perception des phénomènes de masse. Elle fait apparaître, dans le Nord et le Nord-Est de la France, un bloc de population agglomérée dont les contours méridionaux sont peu différents de ceux des pays d'openfield (fig. 1).

contact qui, de l'estuaire de la Seine à la plaine de Bresse, séparait, au temps d'Arthur Young, les campagnes découvertes des pays d'enclos, il s'est produit, entre les deux civilisations agricoles répondant à ces deux types de paysage, une sorte de concurrence qui a imposé à l'une et à l'autre de véritables épreuves de sélection. Chacune d'elles n'a pu résister aux empiètements de sa rivale qu'en se cantonnant sur les sols qu'elle était le plus propre à mettre en valeur. Aussi ne relèvent-elles l'une et l'autre de la géographie physique, ou plus précisément de la géographie des sols, que par le tracé de la frontière qui sépare leurs domaines respectifs. Partout ailleurs, toutes deux manifestent, à l'égard des conditions naturelles, une indifférence à peu près complète : le régime de l'openfield s'est imposé aux régions les plus humides du plateau lorrain comme aux sols gréseux et arides de la périphérie des Vosges ou aux alluvions de la plaine d'Alsace. De même, les larges chemins bordés de haies, éléments caractéristiques de l'autre système, croisent en tous sens les arènes granitiques du Limousin et de la Sologne, aussi bien que les fertiles limons fluviatiles du Val de Loire berrichon ou de la Vallée d'Anjou.

Ce ne sont donc point des phénomènes naturels, mais des traditions, c'est-à-dire des faits sociaux, qui ont imposé au Bassin parisien les traits fondamentaux de son paysage rural. La géographie agricole de cette partie de la France, et de notre pays tout entier, ne deviendra intelligible que lorsqu'on aura mis en lumière les caractères propres et délimité l'empire des traditions dont il s'agit.

L'aspect social du problème

Ainsi transportée sur le terrain social, la question peut être posée sous cette forme : Tout se passe comme si les campagnes du Nord avaient été aménagées par des hommes qui concevaient l'exploitation agricole comme un travail collectif; celles du Sud, par des hommes attachés à sauvegarder l'indépendance et la liberté d'initiative de chaque cultivateur sur sa terre.

Ces conceptions primitives, dont les origines se perdent dans une antiquité sans date, régnaient encore souverainement, au XVIIIe siècle, sur la vie rurale française. Elles s'affirmaient dans des traditions, dans des usages inscrits ou non au livre des coutumes rurales, et, d'une manière plus efficace encore, dans la structure même des terroirs. Les paysans qui cultivent côte à côte ces petites parcelles allongées qu'il est impossible d'isoler par une clôture des parcelles voisines ne sauraient avoir le même genre de vie ni les mêmes mœurs que ceux qui travaillent à l'abri des regards du voisin, sous le couvert des haies.

La notion de culture collective est familière aux habitants des pays d'openfield. On la rencontre en certains passages d'une ordonnance allemande du 24 mars 1762, par laquelle l'Electeur de Bavière prescrit, après avoir consulté ses sujets, un ensemble de mesures destinées à améliorer l'agriculture dans ses États. Le prince reconnaît que, théoriquement, la meilleure manière de mettre en valeur les terres incultes appartenant aux communautés villageoises serait de les partager en propriétés individuelles, mais que l'état social des campagnes, au moment où il écrit, se prête plus aisément à l'exploitation collective de ces mêmes terres :

Quant aux terrains qui appartiennent en propre à des communautés en corps, mais qui sont en friche et destinés principalement à servir de pâturages publics, le peu d'utilité dont de pareils terrains incultes, et que les bestiaux broutent pendant toute l'année presque sans interruption, sont auxdites communautés, malgré leur étendue, saute de lui-même aux yeux de chacun. Il serait donc fort à souhaiter qu'à l'exemple d'autres pays on pût dès à présent les distribuer entre tous les membres de chaque communauté pour que chacun puisse cultiver et exploiter séparément la portion qui lui aurait été répartie. Mais comme cette distribution paraît impraticable ou sujette aux plus grandes difficultés, dans ce pays et en ce moment-ci, au moins les communautés seront-elles tenues pour le présent de défricher chacune annuellement par ses habitants *conjointement* une certaine partie de leurs communes... *et d'en jouir en commun* jusqu'à ce que le temps permette de faire plus facilement et avec moins d'inconvénient la distribution en question entre tous les membres de la communauté, d'une manière convenable et proportionnée [1].

Or, à pareille époque, un tel projet n'eût peut-être pas été concevable au sud de la Beauce. « On n'imagine pas qu'un terrain puisse être labouré en commun », déclarait, en 1767, la Société d'agriculture de la Généralité de La Rochelle, dans un mémoire sur le défrichement des communaux [2]. Et lorsque les habitants de la paroisse de Vion, sur les confins du Maine et de l'Anjou, s'avisent, en 1774, de partager leur lande commune, c'est, comme on l'a vu, avec l'intention de la diviser en lots susceptibles d'être enclos, car « pour pouvoir en tirer parti, écrivent-ils à Necker en 1780, il faut que chacun, indépendamment des frais de défrichement, se fasse encore clore par des fossés et des hayes ». S'ils désirent ce partage, c'est à la condition « que chacun habitant se renfermera dans la portion qui lui aura été donnée sans pouvoir sous tel prétexte que ce soit aller y envoyer pacager ses bestiaux sur les autres portions ». Nous sommes, disent-ils ailleurs, dans « un pays de clôture où chacun est maître chez soi » et auquel on ne saurait « adapter » les dispositions arrêtées pour le partage des communaux dans certaines paroisses lorraines. Ils expliquent que, sous le rapport des mœurs et des lois rurales, l'Anjou a plus d'affinités avec le Béarn ou la Généralité d'Auch qu'avec la Lorraine et les Trois Evêchés [3].

Ce n'est point la seule occasion qui nous soit donnée de percevoir à quel point les pays de la Loire et les régions plus méridionales étaient alors hostiles à toute intrusion des usages communautaires du Nord. Il est dit, dans quelques-unes des réponses qui, de cette partie de la France, parviennent au Contrôleur général, sur la question de la vaine pâture, qu'une déclaration royale permettant la clôture des terres serait non seulement inutile, mais nuisible, parce qu'elle semblerait subordonner à une autorisation ce qui n'était que l'exercice d'un droit naturel.

Conclusion

Après l'examen des cas particuliers qui semblaient incompatibles avec les indications générales données dans nos premiers chapitres, nous nous retrouvons en face de cette évidence : deux civilisations agricoles, l'une septentrionale, l'autre méridionale, ont imprimé au paysage rural de la France des caractères fondamentaux que l'agriculture scientifique moderne n'a pas encore réussi à effacer.

La civilisation septentrionale fut apportée sur notre sol par des peuples pour qui l'acte essentiel de toute colonisation était l'aménagement d'un espace destiné au parcours des troupeaux. Quoique envahi depuis lors par les cultures, cet espace, qu'on appelle en Lorraine le *ban*, est resté soumis, presque jusqu'à nos jours, à un régime juridique

1. Arch. nat., H 1495, n° 46, art. IX (traduction exécutée par les soins de Choiseul).
2. Arch. nat., H 1495, n° 155, p. 7.
3. Arch. nat., H 1492.

spécial, justifié par sa fonction primitive. On le rencontre indifféremment sur les sols que préfère l'agriculture et sur ceux qu'elle évite, sur les hauts plateaux de l'Ardenne comme sur les terres riches de la plaine d'Alsace. Seuls ont fait obstacle à son établissement les bas-fonds très humides, ou les montagnes profondément disséquées comme les Vosges ou la Forêt-Noire. Il paraît avoir été créé par des pasteurs de plaine, pour qui l'étude attentive du terrain, la recherche du détail topographique utile, ne prenaient toute leur valeur que lorsqu'il s'agissait de choisir la place du campement ou du groupe d'habitation.

Ce sont, au contraire, des préoccupations d'agriculteurs qui s'affirment dans la façon même dont les fondateurs de nos terroirs méridionaux prennent possession du sol. Ils distinguent et séparent, dans chaque localité, les sols favorables aux labours de ceux qui sont aptes à porter des prairies, et leur préférence pour les terres arables les plus légères les amènent à former des établissements plus nombreux dans telle région que dans telle autre. Au Sud de la Loire, certains plateaux calcaires, certaines terrasses fluviatiles étaient peuplés et cultivés depuis longtemps, alors que des solitudes sauvages régnaient encore sur les terres argileuses et lourdes. La civilisation agricole méridionale tend à créer des alternances de campagnes vivantes et de déserts forestiers qui rappellent l'opposition des *agri* et des *saltus* romains. Elle aménage les sites qui la retiennent suivant une formule d'où procèdent des paysages plus animés et moins parfaitement découverts que ceux des campagnes septentrionales.

On regrettera sans doute que cette étude ait laissé à peu près intact le problème de la délimitation des territoires qui portent, inscrite dans leur paysage rural, la marque de l'une ou de l'autre forme d'économie rurale. Quelle est donc la signification de la frontière, d'ailleurs approximative, que représente notre premier croquis? Courant à travers plaines et plateaux, sans prendre appui sur les accidents majeurs de la topographie, cette ligne ne présente que par endroits le caractère d'une limite préparée par la nature. Elle paraît plutôt répondre à l'équilibre de deux forces humaines adverses. On dirait un front de guerre, limitant vers le Sud et l'Ouest quelque puissante invasion allemande.

Il se peut qu'il y ait, dans cette simple impression, quelque indice de vérité. L'économie rurale du Nord, on l'a vu, s'altère rapidement sous l'influence du climat doux et humide de nos régions maritimes. Elle paraît s'être élaborée sous un ciel plus rigoureux que celui des plaines ou plateaux de la France septentrionale. Certains faits laissent supposer, d'autre part, qu'une partie du territoire où elle s'est établie avait été primitivement aménagée selon les formules propres à l'économie rurale du Sud. La Beauce, quoique soumise aux contraintes collectives qui caractérisent le milieu agricole septentrional, contient, au moins dans sa partie sud, plus de hameaux que de gros villages ; et c'est précisément dans une commune de cette région, Villexanton (Loir-et-Cher), qu'un archéologue, à qui nous devons déjà l'explication des « rideaux » de la Picardie, a tout récemment reconnu, sous un réseau de minces parcelles agencées suivant l'usage du Nord, les vestiges d'une primitive division en champs plus vastes et surtout moins étroits. Rien ne s'oppose à ce que cette superposition soit interprétée comme le signe matériel d'une conquête, liée elle-même à des migrations de peuples, violentes ou pacifiques. Il y a, du Beauceron au Solognot, des différences de stature et de teint qui s'imposent, aujourd'hui encore, à l'attention du peuple rural lui-même, et qui mériteraient de retenir celle des ethnographes.

Quoi qu'il en soit, l'implantation de l'économie rurale du Nord sur notre territoire fut certainement plus précoce et plus complète au nord qu'au sud de la Seine. A l'époque carolingienne règnent depuis longtemps déjà, sur la Picardie, les horizons dénudés, *aridos belgicae latitudinis campos*, que dépeint l'abbé de Saint-Martin de Tours, Alcuin, au cours du voyage qu'il fit en 799 à l'abbaye de Wicus[1]. Mais les chansons de geste situent entre Loire et Seine le pays de Hérupe[2], dont le nom même exprime, comme le mot gâtine ou le mot bocage, un type de paysage propre à l'économie rurale du Sud. Et bien plus loin encore dans le passé, les premières lignes des *Commentaires* (I, 3) nous apprennent que César n'étend pas au sud de la Seine et de la Marne la partie de la Gaule où prévalent les mœurs des peuples septentrionaux que les influences romaines n'ont point pénétrés. Il est possible que, de son temps, l'économie rurale du Sud[3] ait eu, vers le Nord et le Nord-Est, une plus grande extension qu'au Moyen Âge. Entre la Brie[4] au sol lourd et l'argileuse forêt d'Othe[5], qui, aux époques mérovingienne et carolingienne, portaient encore l'une et l'autre la dénomination de *saltus*, la grande Champagne, celle de Châlons et de Troyes, fut peut-être, avant de subir l'emprise de la civilisation agricole du Nord, la plus septentrionale des *campaniae* du monde romain.

Tout ce que nous pouvons percevoir de l'antagonisme des deux civilisations se réduit à des rivalités de techniques, à des pénétrations d'influences agricoles qui, en général, n'agissent qu'indirectement sur la structure des terroirs. La culture de la vigne, propagée vers le Nord par les voies fluviales, a créé de longue date de petits îlots de liberté agraire sur les terres incultes comprises dans les bans des communautés lorraines ou rhénanes. Dans un passé moins éloigné, le pays de Caux, apprenant à connaître les bienfaits de l'automne, a emprunté l'usage du cidre à la basse Normandie[6].

Mais, dans cet ordre d'idées, ce sont les influences septentrionales qui eurent, dans la France moderne, les effets les plus considérables. C'est ce que Tacite ne prévoyait certes point quand, avec une pitié où l'on sent percer le dédain de l'agriculteur à l'égard du pâtre, il décrivait les rudimentaires pratiques de l'économie germanique. Un complet renversement est opéré depuis lors : le domaine rural romain, transplanté sous un climat qui le privait de ses principales cultures arborescentes, est devenu la pauvre métairie des plateaux poitevins et berrichons, cependant que, sur les bans des communautés septentrionales, s'élaborait peu à peu, à la faveur d'une rigoureuse discipline collective, un modèle d'agriculture rationnelle. Au XVIIIe siècle, ce sont les fermiers des provinces du Nord qui représentent la « grande culture », la civilisation agricole supérieure, et c'est à leur tour de considérer avec dédain les métayers « pasteurs » qui dispersent leur bétail dans les vastes branches attachées aux domaines de « petite culture ». Un prestige infiniment supérieur à celui du vignoble ou des cultures fruitières s'attache alors à tous les signes distinctifs de l'agriculture du Nord, à l'assolement triennal, à l'emploi des chevaux pour le labour, au plan même adopté, en Beauce et en Picardie, pour les bâtiments des fermes. Tous ces usages, depuis le XVIe siècle au moins, pénètrent progressivement dans les propriétés grandes et moyennes du Bassin parisien méridional. La supériorité agricole du Nord est portée à son comble, à partir de 1830, par l'établissement de la

1. *Monumenta Germaniae historica. Epistolae karolini aevi*. t. II. p. 279. Wieus est aujourd'hui Wiequinghem (Pas-de-Calais).
2. J. Gallois. *Régions naturelles et noms de pays*. 1908. p. 96.
3. J'ai présenté quelques observations à ce sujet dans mon ouvrage intitulé : *le Val de Loire*. pp. 507-509.
4. *Briegensis saltus* (VIIe siècle). Voir L. Gallois. ouvr. cité. p. 130.
5. *Utta saltus* (IXe siècle). Voir Adrien Valois. *Notitia Galliarum*. 1675. mot *Utta saltus* ; et *Dictionnaire topographique du département de l'Aube*. par Boutiot et Socard. mot *Othe*.
6. J. Sion. *les Paysans de la Normandie orientale*. pp. 154-156.

culture des betteraves à sucre sur l'ancienne terre de jachère. La France entière, vers le milieu du XIXe siècle, s'efforce d'imiter le procédé qui a, en peu d'années, quadruplé la richesse de l'Artois et de la Picardie. Mais, sur les plateaux tout au moins, la sécheresse de l'été en interdit l'extension au sud d'une certaine limite[1].

Transportée sous le ciel de Provence, la riche ferme betteravière du Nord dégénérait, comme le domaine de Caton sur les plateaux limousins. La grande culture française de la betterave à sucre s'enferme, encore aujourd'hui, dans les limites de la vieille économie rurale du Nord.

Les transformations qui, depuis un siècle, ont effacé, dans la plus grande partie du Bassin parisien méridional, les tristes paysages de landes que les Physiocrates avaient sous les yeux, doivent être attribuées moins à la pénétration des influences septentrionales qu'à l'apparition d'un nouvel outillage agricole. Jusqu'alors, l'économie rurale du Sud réagissait avec une extrême sensibilité à la consistance des sols. Elle s'écartait de ceux qui résistent à la pénétration de l'outil ; ou, si elle les occupait, c'était pour les laisser presque improductifs, faute de labours assez profonds. Ses insuffisances ne disparurent que lorsqu'elle fut pourvue d'instruments aratoires susceptibles de labourer convenablement des terres lourdes sans le secours d'une force motrice très supérieure à celle qu'exigeait le vieil araire. Bien plus encore que les engrais chimiques, l'araire de Dombasle à versoir métallique et les charrues légères qui en sont dérivées ont contribué au défrichement des brandes. Par l'allègement qu'ils apportèrent à l'effort du laboureur et de son attelage, ces outils modernes permirent au petit cultivateur d'attaquer des sols moins faciles que ceux des champagnes primitives. Avant ce grand progrès technique, auquel les comices agricoles du temps de Louis-Philippe ont puissamment contribué, la tendance des petites exploitations à progresser aux dépens des domaines enclos n'avait pu se manifester que sur des sols exceptionnellement légers, comme ceux de la plaine alluviale de la Loire. Elle devint générale, sur les plateaux eux-mêmes, à partir de 1830. En Touraine, en Berry, en Poitou, un grand nombre de propriétés bourgeoises ou aristocratiques ont été, depuis un siècle, dépecées par les petits cultivateurs. Le bocage ne résiste à l'offensive des champagnes que dans les régions où la fécondité naturelle des pâturages accroît le nombre et la cohésion de ses cellules. Cette fois encore, c'est par l'intermédiaire de l'herbe que les phénomènes physiques agissent le plus fortement sur le paysage agricole.

A aucun moment nous n'avons accepté la pensée qu'on pût, sans avoir recours à la géographie physique, expliquer le paysage rural de la France. Notre intention fut seulement de dénoncer les risques d'erreur auxquels on s'expose en substituant à la géographie proprement dite une géologie superficielle susceptible, sans doute, de rendre compte de certaines particularités locales, mais impropre à faire discerner les ensembles. L'examen des roches qui affleurent à la surface du sol n'intervient utilement, dans les études d'économie rurale, qu'au moment de passer à l'interprétation du détail. A l'heure actuelle même, malgré les progrès de ce que nous appelons la spécialisation régionale, les formes d'agriculture pratiquée en France intéressent des régions plus largement étendues que les compartiments figurés sur nos cartes géologiques les plus sommaires.

L'étude du climat et l'observation des caractères généraux du relief aident bien mieux à comprendre les caractères originaux d'un type d'économie rurale. On s'instruira davantage, dans l'ordre de recherches qui nous préoccupe, à méditer cette réflexion du

1. Seule une large pratique de l'irrigation a permis l'installation de cette culture dans les bassins intérieurs de la péninsule ibérique.

Lorrain: «Le difficile est de nourrir les bêtes pendant l'hiver», et cette autre, du Provençal: «Le difficile est de les nourrir pendant l'été», qu'à comparer les roches dont se composent les sols des deux pays. Sous ses formes les plus simples et les plus larges, la géographie physique peut nous donner la perception directe des milieux naturels dans lesquels s'élaborent les civilisations, et nous mettre d'emblée en face des vrais problèmes de l'histoire rurale: voici, devant nous, sur la carte physique de l'Europe, la bande uniforme qui représente les grandes plaines septentrionales, et, d'autre part, les figures plus mouvementées qui répondent aux régions méditerranéennes. Cette large opposition naturelle nous conduit plus sûrement que toute analyse géologique locale à l'intelligence des caractères fondamentaux du paysage rural français. Elle nous révèle le rare privilège qu'eut notre pays d'être le terrain de rencontre de deux antiques civilisations agraires dont l'extension était à la mesure des grandes masses territoriales que nous avons sous les yeux. Elle nous fait prendre conscience enfin de l'avantage singulier qu'eut Paris de grandir sur les lieux mêmes où s'opérait cette rencontre.

© Tous droits réservés

Agriculture et révolution industrielle
(1967)

FRANÇOIS CROUZET

Le texte reprend l'intégralité de l'intervention prononcée par François Crouzet lors des rencontres franco-suisses d'histoire économique et sociale tenues à Lyon en décembre 1965. Il contient une analyse importante sur l'articulation entre la révolution agricole et la révolution industrielle, à partir d'un tour d'horizon des différents pays européens.

L'auteur en vient à contester ou à nuancer les thèses de Marx, de Rostow ou de Bairoch sur le préalable de la révolution agricole dans le déclenchement de la révolution industrielle. Sa démonstration porte non pas tant sur l'Angleterre – pour laquelle il tempère cependant fortement l'analyse de Marx sur le rôle des enclosures dans la mobilisation de la main-d'œuvre industrielle – que sur les pays du continent européen, où la révolution industrielle ne présuppose pas partout et toujours une révolution agricole.

Source: *François Crouzet, «Agriculture et révolution industrielle. Quelques réflexion»,* Cahiers d'histoire, *tome XII, 1-2, 1967, Lyon, p. 67-85.*

Dans son célèbre essai sur les *Étapes de la croissance économique*, W. W. Rostow a posé que «des changements révolutionnaires dans la productivité agricole sont une condition essentielle pour la réussite du *take-off*», c'est-à-dire du démarrage d'une croissance économique rapide et soutenue; il a donc classé cette amélioration de la productivité de l'agriculture parmi les *pré-conditions* indispensables du démarrage[1]. C'est sur le problème ainsi posé des relations entre transformations agricoles et Révolution industrielle que je voudrais présenter quelques réflexions: en effet, aux XVIIIe et XIXe siècles, le démarrage rostovien s'identifie avec la Révolution industrielle, au déclenchement et aux débuts de laquelle je limiterai mon propos, sans examiner les interactions

1. W.W. Rostow. *The Stages of Economic Growth*. Cambridge. Mass.. 1961. 4° éditions. p. 8.

des deux secteurs une fois que l'industrialisation eut été lancée. L'Angleterre aura la part du lion, parce qu'elle est le pays où ces questions ont été le mieux étudiées, mais on essaiera de voir si l'expérience des autres pays européens a été conforme au modèle anglais.

La thèse de Rostow, que l'on retrouve chez beaucoup d'économistes, semble confirmée immédiatement par le fait que dans presque tous les pays la Révolution agricole – ou au moins des progrès sensibles de l'agriculture – a précédé la Révolution industrielle[1].

Cette antériorité est particulièrement nette dans les cas de l'Angleterre, d'autant plus que les recherches récentes ont tendu à repousser plus loin dans le passé les débuts de la Révolution agricole anglaise, qui sont bien antérieurs à l'intervention d'hommes dont on en faisait traditionnellement les promoteurs, tels que Turnip Townshend et Coke of Norfolk. Les grandes innovations techniques, sauf en matière de sélection du bétail, sont antérieures à 1750, et dès le XVIIe siècle des progrès importants, tels que l'introduction de nouvelles cultures fourragères et légumineuses et d'assolements qui les incorporaient, avaient été réalisés dans plusieurs régions, non seulement sur les terres encloses, mais même sur l'*openfield*, et ils se sont répandus plus tôt et plus vite qu'on l'a longtemps cru ; les rendements en blé avaient augmenté dès la seconde moitié du XVIIe siècle, et l'on a estimé récemment que la productivité par tête avait progressé de 25 % entre 1700 et 1750. Or c'est après le milieu du XVIIIe siècle, et plutôt même dans les années 1780, qu'il faut placer le déclenchement de la Révolution industrielle, qui a donc été précédée par un siècle de progrès technique accéléré dans l'agriculture, de croissance de la productivité, de la production et des investissements dans ce secteur[2].

Sur le Continent le décalage entre les deux révolutions est moins accentué, en partie parce que les transformations industrielles n'ont pas été spontanées comme en Angleterre, mais déclenchées par la volonté d'imiter celle-ci et de résister à sa concurrence. Malgré tout, en Allemagne le démarrage industriel se place après la création du *Zollverein*, vers 1840 au plus tôt et peut-être même après 1850 seulement. Or la première moitié du XIXe siècle a vu une véritable Révolution agricole, marquée par la diffusion de nouvelles cultures et de nouveaux assolements, et par une forte augmentation de la productivité de la main-d'œuvre, qu'une étude récente estime à 78 % entre 1816 et 1861[3].

En France, les transformations tant industrielles qu'agricoles ont eu un caractère très progressif, et il est délicat de fixer des points tournants. Il est difficile cependant de parler de Révolution industrielle avant la monarchie de Juillet. Or Ernest Labrousse place sous la Restauration les débuts de la « révolution culturale » et une amélioration spectaculaire des rendements. Mais, dans quelques régions plus avancées au moins, une amélioration

1. P. Bairoch. *Révolution industrielle et sous-développement*. Paris. 1963. p. 30. 74. *sqq.* ; M. Boserup. « Agrarian Structure and Take-off ». in W.W. Rostow. Edit. *The Economics of Take-off into Sustained Growth*. Londres. 1963. p. 202. 207.

2. Voir notamment. G.E. Mingay. « The Agricultural Revolution in English History : A Reconsideration ». *Agricultural History*. t. 37. n° 3. p. 122-133 ; M.M. Postan. « Agricultural Problems of Underdeveloped Countries in the Light of European Agrarian History ». in *Deuxième Conférence internationale d'histoire économique. Aix-en-Provence, 1962*. Paris et La Haye. 1965. p. 12-13 ; P. Bairoch. *op. cit.*. p. 74 ; P. Daene et W.A. Cole. *British Economic Growth 1688-1959, Trends and Structure*. Cambridge. 1962. p. 75 ; H.J. Habakkuk. « La Disparition du paysan anglais ». *Annales E.S.C.*. XX. n° 4. juill.-août 1965. p. 659-663. Cependant P. Deane (*The First Industrial Revolution*. Cambridge. 1965. p. 50) affirme que la révolution agricole n'a pas précédé la révolution industrielle. que les deux phénomènes furent contemporains. et qu'ils doivent être considérés comme faisant partie du même processus.

3. W.G. Hoffmann. « The Take-off in Germany ». in *The Economics of Take-off...*, *op. cit.*. p. 101-104.

de la productivité avait sans aucun doute été acquise dès le XVIIIe siècle, grâce au maïs, aux prairies artificielles, aux cultures dérobées[1].

Ajoutons que dans les pays scandinaves l'essor industriel se place à la fin du XIXe siècle, après 1870 ou même 1880, alors que l'agriculture avait réalisé des progrès considérables pendant le demi-siècle précédent[2].

Il est vrai que la Russie présente un cas différent. Le démarrage, d'ailleurs très rapide, de la grande industrie s'y est produit dans les années 1890, à un moment où l'agriculture était en crise grave et où la productivité agricole était plutôt en baisse, puisque la production de céréales par tête était inférieure à ce qu'elle avait été trente ans plus tôt. La Révolution agricole n'y a vraiment commencé qu'à la veille de la Première Guerre mondiale, après les réformes de Stolypine, coïncidant d'ailleurs avec une seconde poussée d'industrialisation. Mais l'exception russe n'infirme pas la règle, car l'industrialisation des années 1890 était forcée, artificielle, elle était le fruit de la volonté de l'État. Bien plus, la politique de Vychnegradski et de Witte a été de financer l'industrialisation par la confiscation fiscale des revenus paysans, en réduisant la consommation des ruraux pour augmenter la part de la production nationale disponible pour l'investissement ferroviaire et industriel, pour l'exportation et pour le ravitaillement des villes. Politique qui a été une des causes de la crise agricole et a préparé d'ailleurs l'explosion de 1905. A. Gerschenkron en a déduit qu'il existait un type de développement industriel forcé, propre aux pays les plus arriérés, dans lequel l'agriculture joue le rôle passif d'un objet exploité; en effet, l'action du gouvernement, en imposant une baisse des revenus paysans, peut être un substitut pour l'augmentation des disponibilités alimentaires, qui dans les pays plus avancés a été une condition nécessaire de l'industrialisation[3].

Dans les économies anciennes en effet, la basse productivité de l'agriculture constituait un obstacle presque infranchissable qui bloquait tout processus de croissance économique rapide et soutenue. La production de subsistances ayant peine à suivre l'augmentation de la population, famines et crises démographiques venaient périodiquement casser l'élan des poussées de croissance dans les autres secteurs. Il y avait là un cercle vicieux que seule une augmentation de la productivité agricole pouvait briser. En éliminant les famines, elle rendit possible l'expansion démographique qui commence au milieu du XVIIIe siècle et qui, par l'effet d'une demande croissante, contribua fortement à soutenir la Révolution industrielle[4].

1. E. Labrousse, *Aspects de l'évolution économique et sociale de la France et du Royaume-Unis de 1815 à 1880*, Paris, Cours de Sorbonne, 1945-55, fasc. 2, p. 34-37; D. Faucher, «la Révolution agricole des XVIIIe et XIXe siècles», *Bulletin de la Société d'histoire moderne*, 11e série, n° 20, nov.-déc. 1956, p. 6-9.

2. Voir par exemple L. Jörberg, *Growth and Fluctuations of Swedish Industry 1869-1912. Studies in the Process of Industrialisation*, Stockholm, 1961, p. 9-11.

3. A. Gerschenkron, *Economic Backwardness in Historical Perspective. A Book of Essays*, Cambridge, Mass., 1962, p. 49, 125, 132, 137; *id.*, «Typology of Industrial Development as a Tool of Analysis», in *Deuxième Conférence internationale..., op. cit.*, p. 496; H.J. Habakkuk et M.M. Postan, Edit., *The Industrial Revolutions and After, The Cambridge Economic History of Europe*, vol. VI, 1, Cambridge, 1965, p. 22-23. Voir aussi P. Bairoch, «Niveaux de développement économique de 1810 à 1910», *Annales E.S.C.*, XX, n° 6, nov.-déc. 1965, p. 1115, qui souligne la corrélation étroite entre les niveaux de développement agricole et industriel. En tout cas, l'exemple de la Russie montre que les pays dont l'agriculture était particulièrement arriérés et peu productive – ceux d'Europe orientale, des Balkans, de la Méditerranée – ont été aussi les plus lents à s'industrialiser et souvent n'y sont parvenus que de façon incomplète. Alors que l'Angleterre, qui avait au XVIIIe siècle l'agriculture la plus avancée, a été aussi le pionnier de la Révolution industrielle. Bien entendu cette règle n'est valable qu'à l'échelle globale, c'est-à-dire nationale, et sur le plan régional, il n'y a pas coïncidence nette entre régions de progrès agricole et régions d'industrialisation, car d'autres facteurs tels que les ressources en énergie et en matières premières interviennent bien entendu dans la localisation de l'industrie.

4. On peut donc soutenir qu'étant la plus nécessaire la Révolution agricole s'est produite la première, tandis que dans l'industrie il a été possible pendant un certain temps d'accroître la production sans modifier les méthodes traditionnelles, et c'est seulement quand cette croissance eut fait apparaître certains goulots d'étranglement que des innovations techniques radicales

D'autre part, le développement de l'industrie entraîne nécessairement l'augmentation du pourcentage de la population active qui y est employé, et par conséquent une diminution équivalente de la part de l'agriculture. Si la productivité de la main-d'œuvre agricole n'augmente pas, les disponibilités alimentaires risquent de baisser; il y aura danger de sous-alimentation, donc de chute de la productivité dans tous les secteurs, et finalement de famine, sans parler de la fermeture des débouchés pour l'industrie. Certes on peut envisager théoriquement que le déficit agricole soit comblé par l'importation. Mais Paul Bairoch a récemment montré qu'il n'était pas possible de recourir de façon régulière et massive à l'importation tant que les coûts de transport des denrées alimentaires n'eurent pas été fortement abaissés grâce à la Révolution des transports, aux chemins de fer et aux navires à vapeur, abaissement qui ne se produit que dans le dernier tier du XIXᵉ siècle. Ce fut alors seulement que l'Angleterre par exemple commença à dépendre de l'étranger pour une partie importante de son ravitaillement. Auparavant la population industrielle et urbaine ne pouvait croître sensiblement que si des progrès dans la technique agricole avaient dégagé un surplus de denrées alimentaires disponible pour son ravitaillement [1].

L'amélioration de la productivité agricole est donc bien nécessaire à la croissance soutenue de l'industrie, la Révolution agricole est bien une précondition de la Révolution industrielle [2].

Mais un deuxième problème se pose: la Révolution agricole a-t-elle joué un rôle autre que «permissif» à l'égard de la Révolution industrielle? Y a-t-elle contribué de façon plus positive? L'a-t-elle directement stimulée? C'est ce que de nombreux auteurs ont soutenu, en affirmant que l'agriculture, grâce à une productivité accrue, avait fourni à l'industrie en expansion des hommes, des capitaux et des marchés.

Traditionnellement – l'idée remonte à Marx, mais on la trouve chez bien d'autres auteurs [3] –, on a affirmé que la Révolution agricole anglaise, et en particulier les *enclosures*, dont le rythme s'accélère dans la seconde moitié du XVIIIᵉ siècle, avait «libéré» de la terre, et même chassé des campagnes, un grand nombre de petits exploitants et de journaliers; prolétarisés, transformés en salariés mobiles, ils auraient été contraints d'émigrer vers les villes, où ils auraient fourni à la grande industrie naissante la main-d'œuvre abondante et bon marché dont elle avait besoin pour se développer. Les *enclosures* auraient donc joué un rôle décisif dans la Révolution

s'imposèrent. Cependant Ester Boserup (*The Conditions of Agricultural Growth. The Economics of Agrarian Change under Population Pressure*. Londres. 1965) soutient qu'une agriculture primitive ne peut se transformer que si elle est exposée à la pression d'une croissance démographique, qui serait le principal facteur de changement dans les campagnes. Ce serait cette pression qui aurait imposé en Europe au XVIIIᵉ et au XIXᵉ siècles l'adoption généralisée de méthodes qui étaient connues en fait depuis longtemps. On voit que cette thèse renverse les postulats malthusiens généralement admis et conçoit l'évolution démographique comme une variable indépendante.

1. P. Bairoch, *op. cit.*, p. 77-*sqq.*. Il est vrai que dans son compte rendu de ce livre, Jacqueline Guilliot-Lageat (*Annales E.S.C.*, XIX, n° 6, nov.-déc. 1964, p. 1200) a critiqué cette argumentation comme anachronique: l'idée que la production industrielle ne peut augmenter sans une diminution de la part de la population active employée dans l'agriculture ne serait valable que dans un contexte de plein emploi, qui n'était pas celui des pays à la veille de l'industrialisation. On y trouvait en effet une masse de misérables, d'errants, de prolétaires ruraux employés fort irrégulièrement, qui constituaient un réservoir de main-d'œuvre en marge de la population véritablement active. L'agriculture et l'industrie pouvaient y puiser toutes deux un certain temps, sans qu'il fût nécessaire pour la seconde d'enlever des travailleurs à la première. Remarque pertinente, mais il n'en reste pas moins qu'à long terme la croissance soutenue de la population industrielle exige une amélioration de la productivité agricole.

2. Cependant L. Cafagna, «La Rivoluzione agraria in Lombardia», *Annali dell'Istitute Glangiacomo Feltrinelli*, II, 1959, p. 367-428, soutient qu'à l'échelle globale il y a antériorité de la Révolution industrielle dans les pays pionniers sur la Révolution agricole dans les autres, et que la première détermine la seconde par l'intermédiaire du commerce international.

3. Par exemple, P. Mantoux, *The Industrial Revolution in the Eighteenth Century*, Londres, 1947, édition révisée, p. 188-190.

industrielle, l'expropriation des paysans créant l'« armée de réserve » de travailleurs qui était indispensable à l'essor du *factory system*.

Cette conception triomphe toujours dans les manuels, mais elle a été fortement ébranlée par les travaux récents, en particulier ceux de J. D. Chambers[1]. Rappelons d'abord qu'en Angleterre l'expropriation des petits propriétaires et petits exploitants a été un processus continu et séculaire; très rapide à la fin du XVIIe et au début du XVIIIe siècle, il s'est ralenti en fait pendant la période 1760-1815, qui est justement celle du démarrage de la Révolution industrielle, et n'a repris qu'après Waterloo.

Mais surtout on met aujourd'hui en doute le lien entre ces phénomènes et la formation du prolétariat industriel, entre les *enclosures*, dont le rôle avait été surestimé, et les mouvements de la population. J. D. Chambers a montré que les nouvelles techniques agricoles et les *enclosures*, loin de chasser de la terre de nombreux ruraux, avaient au contraire augmenté la demande de main-d'œuvre agricole et diminué le sous-emploi saisonnier. Le remembrement des terroirs, la clôture des champs, le défrichement des communaux et des terres incultes, les nouvelles cultures fourragères, l'augmentation du cheptel, les façons plus nombreuses et profondes, la conversion des pâturages en emblavures sous l'effet de la hausse des prix des céréales, tout cela exigeait beaucoup de travail, d'autant plus que les nouvelles méthodes étaient en avance sur les moyens techniques, et que les premières machines agricoles n'apparaîtront qu'à l'extrême fin du XVIIIe siècle. La nouvelle agriculture était *labour-intensive*, elle cherchait à augmenter les rendements par unité de superficie et non pas à économiser la main-d'œuvre. Ainsi, en étudiant plus d'une centaine de villages du Nottinghamshire, J. D. Chambers a constaté que la population des villages agricoles augmentait à peine moins vite que celle des localités minières et industrielles; quelques villages ont vu leur population baisser fortement, mais d'autres ont été fondés, et les villages où il y a eu *enclosure* par Acte du Parlement avant 1800 sont ceux des villages agricoles qui ont gagné le plus d'habitants. Il semble que, dans toute l'Angleterre, la population des régions agricoles ait continué à augmenter fortement en pleine Révolution industrielle; il n'y a pas eu d'exode rural généralisé avant le second tiers du XIXe siècle.

Certes la perte des communaux a achevé la prolétarisation des journaliers agricoles, mais elle n'a eu qu'un rôle limité dans la création de la main-d'œuvre industrielle. Le nombre des *cottagers* a augmenté après les *enclosures*, et les journaliers ne commenceront à quitter la terre qu'après 1830 et même 1840. Auparavant les départs sont épisodiques, s'expliquent par le surplus de population que crée la poussée démographique et par l'attraction des salaires plus élevés dans les villes, non pas par un sous-emploi rural massif dont il n'y a aucune preuve.

J. D. Chambers a donc pu affirmer que les changements agricoles n'avaient pas été le principal sergent recruteur de « l'armée de réserve » des travailleurs de l'industrie. Le recrutement de la main-d'œuvre industrielle s'est fait principalement sur place, dans les régions industrielles elles-mêmes, grâce au rapide accroissement naturel de leur population, qui se manifeste dans la seconde moitié du XVIIIe siècle. Cette poussée démographique a créé une source abondante et entièrement nouvelle de main-d'œuvre, à côté de

1. J.D. Chambers, « Enclosure and the Labour Supply in the Industrial Revolution », *Economic History Review*, 2e série, V, n° 3, avril 1953, p. 319-343; *id. The Vale of Trent 1670-1800. A Regional Study of Economic Change*, Londres, s.d. (The Economic History Review Supplements 3); voir aussi M.M. Postan, *op. cit.*, p. 16-17; P. Deane et W.A. Cole, *op. cit.*, p. 175; E.L. Jones, « The Agricultural Labour Market in England, 1793-1872 », *Economic History Review*, 2e série, XVII, n° 2, déc. 1964, p. 323-325.

laquelle les dislocations causées par les *enclosures* ont joué un rôle tout à fait secondaire. Le prolétariat est né du mouvement naturel de la population, non pas de changements institutionnels imposés par la classe dominante [1].

D'ailleurs, pendant tout le XVIIIe siècle et jusqu'en 1815, l'Angleterre a connu une pénurie de main-d'œuvre par rapport aux autres facteurs de production, et l'on admet aujourd'hui que cette pénurie a été le principal stimulant de l'innovation technique, en particulier dans l'industrie textile. La Révolution industrielle dérive de cette pénurie et non d'une surabondance de main-d'œuvre misérable et bon marché, fournie par la Révolution agricole. Inversement, je crois qu'un facteur important du retard technique de la France au XVIIIe siècle a été la présence d'une large réserve de main-d'œuvre constituée par le prolétariat rural sous-employé, que l'industrie pouvait utiliser pour augmenter sa production sans avoir à modifier ses techniques.

En dehors de l'Angleterre, la situation n'apparaît pas très différente. En Allemagne, à l'est de l'Elbe, les réformes agraires du début du XIXe siècle ont provoqué l'accaparement des terres par les grands propriétaires et la formation d'un nombreux prolétariat agricole, issu des serfs émancipés mais dépossédés. Mais là aussi la suppression des corvées et l'intensification des méthodes ont augmenté les besoins en main-d'œuvre; de 1811 à 1860 la population rurale des provinces orientales de la Prusse a largement doublé. Ni avant ni pendant la Révolution industrielle proprement dite, il n'y a eu d'exode rural massif. Ce fut seulement après 1870, donc après le *take-off*, que les régions orientales se vidèrent d'une partie de leur surplus démographique au profit des régions industrielles et notamment de la Ruhr [2].

En France (et en Allemagne occidentale d'ailleurs), le problème est bien entendu différent, puisqu'il n'y eut ni *enclosures*, ni expropriation de la paysannerie. Mais là non plus la main-d'œuvre industrielle n'a pas été formée, pour l'essentiel, à partir d'anciens paysans. M. Pouthas a montré que de 1800 à 1846 les migrations intérieures ont été très faibles et ne se sont pas dirigées vers les régions industrielles. L'exode rural a commencé avec la grande crise de 1846-1851, mais il a été une conséquence de la Révolution industrielle qui a ruiné l'artisanat rural, l'industrie à domicile. En Picardie, Philippe Pinchemel, confirmant les conclusions d'Albert Demangeon et de Jules Sion, a montré la stabilité du nombre des cultivateurs entre 1836 et 1872, l'augmentation du nombre des ouvriers agricoles (la betterave sucrière créant une forte demande de main-d'œuvre) ; l'exode rural, qui ne devient massif que fort tard, après 1872, a été le fait d'artisans ou de demi-artisans privés de travail par la concurrence de la grande industrie, et c'est leur départ qui a entraîné une certaine concentration de l'exploitation [3]. A Lille, l'industrie textile a utilisé beaucoup d'immigrants venus des Flandres, chassés par le surpeuplement dans une région de démographie galopante, et non par les transformations d'une agriculture intensive de microfundia. Enfin les rares indications que nous possédons montrent que les émigrants ruraux, qui s'installaient par exemple à Paris ou à Marseille, ne se dirigeaient pas vers les usines, mais vers le bâtiment, les

1. J.D. Chambers. «Enclosure...». *op. cit.*. p. 336. 338.
2. W. Conze. «En Europe centrale : l'émancipation des paysans d'après de récents travaux allemands». *Cahiers d'histoire mondiale*. I. n° 1. juillet 1953. p. 180-181. 183-184. 186-187 ; F. Wunderlich. *Farm Labor in Germany, 1810-1945*. Princeton et Londres. 1961. p. 23. 62-64.
3. Ch.-H. Pouthas. *la Population française pendant la première moitié du XIXe siècle*. Paris. 1956. p. 122-141 ; P. Pinchemel. *Structures sociales et dépopulation rurale dans les campagnes picardes de 1836 à 1936*. Paris. 1957. p. 63. 72. 74-76. 82. 92. 106. 109 ; A. Demangeon. *La plaine picarde*. Paris. 1905. p. 270-271. 302-303. 404-405 ; J. Ston. *les Paysans de la Normandie orientale*. Paris. 1909. p. 186 *sqq.*. 445.

transports, les services – notamment les services domestiques – et tous les petits métiers artisanaux ou commerciaux [1].

On a dit parfois que la croissance économique de la France avait été retardée parce que la paysannerie française n'avait pas été expropriée comme cela avait été le cas en Angleterre ou en Allemagne orientale, ce qui eût «libéré» de la main-d'œuvre pour l'industrie. Cette vue semble très contestable, car il n'y a aucune preuve que l'industrie française ait manqué de main-d'œuvre. Certes elle souffrit de la médiocre qualité de sa main-d'œuvre, mais un afflux massif de prolétaires ruraux n'y aurait pas remédié [2].

Il semble donc que d'une façon générale ce fut seulement bien après le démarrage de la grande industrie que celle-ci utilisa les réserves de main-d'œuvre créées dans les campagnes par la Révolution agricole et par l'incidence de la grande industrie elle-même. A l'époque même de la Révolution industrielle, l'exode rural, qui n'est d'ailleurs pas lié aux transformations agraires, et qui est limité, ne peut pas être considéré comme un facteur important de la naissance de la grande industrie.

A défaut de main-d'œuvre, cette dernière a-t-elle reçu de l'agriculture des capitaux, grâce aux épargnes qu'une productivité accrue assurait aux propriétaires terriens?

Pour ce qui est de l'Angleterre, le rôle de ces capitaux a été tout à fait secondaire. Leur apport a même été moins important au XVIIIe siècle qu'au XVIIe ou les *landlords* avaient fourni beaucoup de fonds à l'industrie, et de plus il a été en diminuant. Ce fut le cas en particulier dans la métallurgie ; les grands propriétaires anglais participèrent de moins en moins à la production, tout en continuant pendant la première moitié du siècle à fournir une partie du capital fixe – en louant aux maîtres de forges des hauts fourneaux, des forges, des moulins; leur retrait s'accentua après 1750 et il ne semble pas qu'ils aient contribué, sauf de façon exceptionnelle, au financement des grandes usines métallurgiques caractéristiques de la Révolution industrielle. Quant à l'industrie textile, les investissements des *landlords* y furent très rares, bien qu'on en connaisse quelques tentatives en Ecosse. On trouve, il est vrai, une situation différente dans l'industrie du charbon, où, pendant tout le XVIIIe siècle, une bonne partie des capitaux fut fournie par de grands propriétaires exploitant directement ; et quand ils préféraient louer l'exploitation de leurs gisements à des entrepreneurs capitalistes, ceux-ci appartenaient souvent à la même classe. Cependant, même dans cette industrie, on observe un retrait des capitaux terriens au cours du XVIIIe siècle par exemple dans le Sud du pays de Galles, où après 1750 les *landlords*, qui avaient jusque-là dominé l'industrie, abandonnent peu à peu l'exploitation et louent leurs mines à des industriels ou négociants venus d'Angleterre. Finalement, ce fut plutôt de l'industrie vers la grande propriété foncière qu'il y eut un mouvement de capitaux, les industriels enrichis se hâtant d'acheter des domaines!

Ce reflux du capital foncier s'explique par de nombreuses raisons, dont la concurrence d'autres formes d'investissements ; à commencer par l'agriculture elle-même, vu le coût très élevé des *enclosures* et des améliorations techniques qui absorbèrent des sommes énormes, en pleine période de naissance de la grande industrie. Et de 1792 à 1814 le flot net des ressources se dirigea incontestablement vers l'agriculture. Concurrence également des placements en actions de *Turnpike trusts* et de compagnies de canaux. Bien entendu l'amélioration des transports ayant été essentielle pour la croissance de l'indus-

1. G. Friedmann. Edit., *Villes et campagnes. Civilisation urbaine et civilisation rurale en France*. Paris, 1953, p. 159-160, 163-164, 167-169.
2. Discussion de ce problème dans C.P. Kindleberger, *Economic Growth in France and Britain, 1851-1950*. Cambridge, Mass., 1964, p. 225-227.

trie, notamment en abaissant le prix du charbon, ces investissements ont profité à l'industrie, mais de façon seulement indirecte[1].

On a soutenu, il est vrai, que nombre de pionniers de la Révolution industrielle avaient tiré de sources terriennes une partie de leurs capitaux: issus de familles rurales, anciens *yeomen* éliminés par les *enclosures*, ils auraient utilisé les sommes provenant de la vente de leurs terres pour créer de petites affaires industrielles, en profitant du prix très bas de l'équipement au début de la Révolution industrielle[2]. En fait, de tels cas semblent exceptionnels: bien des industriels qui étaient de souche rurale quittèrent la terre de bonne heure sans en obtenir le moindre capital pour leurs entreprises ultérieures. Pour d'autres, il est exact que la possession d'un petit domaine facilita leur entrée dans l'industrie, en leur fournissant certains capitaux ou le moyen de s'en procurer par hypothèque; mais si certains *yeomen* devenus industriels créèrent ensuite de grandes entreprises, les capitaux fonciers ne jouèrent qu'un rôle d'appoint dans leur ascension[3].

En Europe continentale, le rôle des capitaux terriens dans le financement de la grande industrie ne semble pas plus important qu'en Angleterre, vu la répugnance des grands propriétaires à investir dans l'industrie, comme par exemple André Armengaud l'a signalé pour les propriétaires-rentiers d'Aquitaine, qui dépensaient largement et, dans la mesure où ils épargnaient, se bornaient à acheter de nouvelles terres; «la grande industrie, écrit-il très bien, n'est pas fille de la douceur de vivre», dont jouissaient ces notables ruraux du Sud-Ouest[4]. Par contre, il est vrai, les grands seigneurs de Silésie jouèrent un rôle dominant dans le développement des mines et de la métallurgie de cette province, qu'ils financèrent à l'aide des revenus de leurs domaines et en empruntant sur la garantie de ceux-ci[5]. En France, beaucoup d'usines métallurgiques au début du XIXe siècle appartenaient aussi à de grands propriétaires qui y trouvaient un débouché pour le bois de leurs forêts. Mais les grandes forges à l'anglaise qui introduisirent la Révolution industrielle dans la métallurgie française, par exemple Fourchambault, si bien étudiée par Guy Thuillier furent financées presque uniquement par la banque et le négoce[6]. Et dans l'industrie textile du Nord, les familles d'industriels sont presque toutes

1. F. Crouzet, «La Formation du capital en Grande-Bretagne pendant la Révolution industrielle», *Deuxième Conférence internationale..., op. cit.*, p. 602-604; voir aussi les remarques de D.S. Landes *in* Habakkuk et Postan, *The Industrial Revolutions..., op. cit.*, p. 307-308. Point de vue un peu différent de J.D. Chambers, «Industrialization as a Factor in Economic Growth in England, 1700-1900», in *Première Conférence internationale d'histoire économique. Contributions, communications. Stockholm, 1960*, Paris et La Haye, 1960, p. 211, et G.E. Mingay, «The Large Estate in Eighteenth-Century England», *ibidem*, p. 381-383. Ce dernier souligne que les *landlords* ont exploité aussi des carrières, des fours à chaux, des briqueteries, etc., que leurs activités industrielles ne doivent pas être sous-estimées et qu'elles ont contribué à vivifier les économies locales. Certes, conclut-il, les grands seigneurs anglais ont détourné une grande partie de leurs ressources vers des usages non productifs «mais d'importance cruciale dans le développement économique du XVIIIe siècle». Mais ajoutons qu'il n'en est sans doute pas de même, si l'on considère seulement la Révolution industrielle.

2. Voir par exemple P. Mantoux, *op. cit.*, p. 188; P. Bairoch, *op. cit.*, p. 117-118, qui calcule que l'écart entre le capital nécessaire pour employer un individu actif dans l'agriculture et dans l'industrie était considérable, vu le caractère rudimentaire et le bas prix des machines; la vente d'une petite exploitation rurale fournissait assez de capital, calcule-t-il, pour acheter un équipement industriel qui permettait d'employer 4 ou 5 actifs.

3. F. Crouzet, *op. cit.*, p. 604-605.

4. A. Armengaud, «A propos des origines du sous-développement industriel dans le Sud-Ouest», *Annales du Midi*, t. 72, n° 49, janv. 1960, p. 79-81.

5. W.G. Hoffmann, *op. cit.n*, p. 112.

6. G. Thuillier, *Georges Dufaud et les débuts du grand capitalisme dans la métallurgie en Nivernais au XIXe siècle*, Paris, 1959, p. 7, 21, 39; il signale aussi (p. 56-62) que sous la monarchie de Juillet la mise en valeur des grands domaines du Nivernais attira les capitaux des banques locales au détriment des petites forges traditionnelles.
C'est seulement dans le groupe qui devint Châtillon-Commentry que l'on entrevoit une certaine participation du capital foncier.

originaires de l'ancienne bourgeoisie urbaine et du négoce ; la seule exception est celle d'Armentières, où l'on trouve quelques industriels issus de la bourgeoisie rurale [1].

Dans les pays moins avancés, l'agriculture n'a-t-elle pas été cependant une source plus importante de capitaux pour l'industrialisation ?

C'est ce qu'a soutenu pour l'Italie Rosario Romeo. A l'entendre, les vingt années qui ont suivi l'unification ont vu une augmentation notable de la production et de la productivité de l'agriculture italienne. Mais la consommation par tête de la population rurale a stagné, parce que le profit de l'augmentation de la production a été accaparé par les grands propriétaires et les gros fermiers ; puis en partie transféré à l'Etat par les impôts, la vente des biens d'Eglise et des emprunts alléchants à intérêt élevé. Ces capitaux ont été utilisés par l'Etat, de pair avec d'autres, venus de l'étranger, pour créer une infrastructure, notamment pour construire des chemins de fer. Cette infrastructure à son tour a permis l'essor de l'industrie italienne à partir de 1880. Ce serait donc l'agriculture qui aurait assuré « l'accumulation primitive » du capital, nécessaire au développement industriel.

Mais différents critiques ont signalé que les taux d'épargne et d'investissement en Italie dans les années 1861-1880 ont été en fait très modestes, et d'autre part que le démarrage de l'industrie italienne date beaucoup plus de l'extrême fin du XIXe siècle que des années 1880. Par conséquent il n'est pas établi que l'épargne forcée des paysans ait joué un rôle important dans l'industrialisation de l'Italie [2].

Par contre, il est exact, comme on l'a déjà signalé, que l'industrialisation de la Russie dans les années 1890 a été financée grâce à une pression fiscale draconienne exercée par l'Etat sur l'agriculture. De même au Japon, où la productivité par tête dans l'agriculture a presque doublé en une génération, de 1880 à 1905, une bonne partie des revenus accrus des ruraux a été drainée par l'impôt foncier vers le développement des transports et de l'industrie [3].

Ainsi, à l'exception des pays les plus arriérés, il apparaît que la Révolution industrielle a été réalisée sans transferts importants de ressources – en capitaux et aussi en main-d'œuvre – du secteur agricole vers le secteur industriel. Dans les pays avancés ce fut seulement après la Révolution industrielle proprement dite que l'agriculture a été affectée par de tels transferts, qui ont été la conséquence et non l'origine de l'industrialisation. Phénomène d'ailleurs normal : au début de la Révolution industrielle, le secteur manufacturier était d'importance très restreinte, ses besoins étaient modestes, et il pouvait se développer indépendamment, sans ponctions sur les autres secteurs, approvisionné en main-d'œuvre par la Révolution démographique et se finançant lui-même grâce à des taux élevés de profits, qui étaient sur-le-champ réinvestis.

Après avoir considéré les facteurs de production [4], il reste à voir si l'agriculture a contribué à l'industrialisation par le canal de la demande.

Cet aspect du problème a été récemment mis en valeur par Paul Bairoch, pour qui

1. J. Lambert-Dansette, *Origines et évolution d'une bourgeoisie ; quelques familles du patronat textile de Lille-Armentières, 1789-1914*, Lille, 1954, p. 225 *sqq.*, 309-312.

2. R. Romeo, *Risorgimento e capitalismo*, Bari, 1959. Discussion approfondie par A. Gerschenkron, *Economic Backwardness, op. cit.*, p. 96, 107-108, 110-112, 114-116 ; voir aussi le compte rendu par G. Felloni, *in Economic History Review*, XIII, n° 3, avril 1961, p. 498-499, et D. Tosi, « Sulle forme iniziali di sviluppo economico e i loro effetti nel lungo periodo : l'agricoltura italiana e l'accumulazione capitalistica », *Annali dell'Istituto Giangiacomo Feltrinelli*, IV, 1961, p. 199-223.

3. D.S. Landes, *op. cit.*, p. 307.

4. Il faut ajouter qu'une agriculture en progrès peut aussi faciliter l'industrialisation quand elle produit un surplus abondant et régulier susceptible d'être exporté ; ces exportations stimulent l'activité générale et permettent d'acheter à l'étranger des biens d'équipement pour l'industrie, sans déséquilibrer la balance des paiements, à un moment où les exportations d'articles manufacturés sont insuffisantes. On observe un tel rôle d'exportations agricoles en Allemagne et aux Etats-Unis dans la première moitié du XIXe siècle ; cf. W.G. Hoffmann, *op. cit.*, p. 100 ; M.M. Postan, *op. cit.*, p. 13-14.

l'accroissement de la productivité et de la production agricoles ont eu un effet direct sur la demande effective d'articles manufacturés. Effet qui a été décisif pour le déclenchement de la Révolution industrielle. Cet accroissement a entraîné en effet la hausse des revenus réels des producteurs ruraux, qui assez rapidement a créé des disponibilités nouvelles pour des achats d'articles manufacturés, surtout textiles[1]. A une époque où les agriculteurs constituaient la majorité de la population totale, l'industrie textile a bénéficié ainsi d'une demande fortement accrue, en particulier l'industrie du coton, sur laquelle la demande s'est dirigée, vu la rigidité de l'offre des textiles traditionnels ; pour y faire face, vu l'existence de goulots d'étranglement qui freinaient l'accroissement de la production dans le système domestique, elle a été obligée de se mécaniser. D'autre part, Paul Bairoch voit également dans l'agriculture la source des transformations de la métallurgie. Il estime en effet que les nouvelles techniques agricoles, ainsi que le développement des transports, impliquaient une consommation accrue de fer, pour le matériel agricole, les bandages de roues et les ferrures des chevaux, et il estime que « l'ensemble de la demande de fer émanant directement des activités agricoles... paraît suffire très largement à expliquer la quasi-totalité de l'accroissement de la consommation de fer », pendant le demi-siècle qui a suivi, en Angleterre d'abord, en France ensuite, le début de la Révolution agricole. A ces effets directs d'accroissement de la demande de fer et de textiles, P. Bairoch ajoute tout un jeu d'effets indirects et d'interactions. Par exemple, l'expansion de la demande de fer a contraint la métallurgie à se transformer elle aussi, en substituant la houille au charbon de bois ; l'extraction de houille s'est trouvée stimulée et a encouragé à son tour la construction de canaux ; cependant la baisse du prix du fer entrainait une amélioration de l'outillage agricole, donc de nouveaux progrès de la productivité, et ainsi de suite. P. Bairoch a donc construit tout un modèle de développement à partir de l'augmentation de la productivité agricole ; il estime que cette augmentation « semble être à la base du développement cumulatif de l'Angleterre et ensuite de certains pays européens au cours des XVIIIe et XIXe siècles », et il en a fait « le facteur déterminant de l'amorce du développement », car elle a modifié assez profondément les conditions économiques d'ensemble pour déclencher des mécanismes qui ont amorcé un processus général et cumulatif de croissance[2].

Modèle séduisant, mais dont les hypothèses de base devraient être confirmées par des recherches plus précises avant de pouvoir être acceptées. C'est ainsi que les calculs fort ingénieux auxquels P. Bairoch s'est livré pour établir l'augmentation de la consommation de fer à usage agricole au XVIIIe siècle semblent vraiment généreux. Même en Angleterre, le matériel agricole a très peu changé avant les dernières années du XVIIIe siècle[3]. Des recherches s'imposent donc sur la consommation d'articles manufacturés dans les campagnes ; elles permettraient notamment de vérifier une hypothèse qui cadre bien avec le modèle de Bairoch. On a dit souvent en effet que la structure de la société rurale française du XIXe siècle était un frein à la croissance industrielle, vu l'importance de la petite propriété et la prédominance de la petite exploitation, l'existence d'une paysannerie

1. D'autant plus que l'agriculture nouvelle laisse peu de loisirs aux cultivateurs et les détourne de la production domestique de nombreux articles.
2. P. Bairoch, *op. cit.*, notamment, p. 8-10, 73, 83, 85-89, 98-100, 103 sqq.
3. Il est vrai qu'en France, après les guerres de l'Empire, certaines entreprises se sont reconverties ou fondées pour fabriquer de l'outillage agricole. Cf. P. Leuilliot, « Problèmes de la Révolution agricole en France », *Kwartalnik Historii Kultury Materialnej*, XI, n° 1, 1963, p. 74-75 ; aussi, *Ibidem*, X, n° 3-4, 1962, p. 669.

nombreuse, qui vivait chichement, investissait ses épargnes en terres et n'achetait guère de produits industriels[1].

Pour ce qui est de l'Angleterre en tout cas, il semble que la demande des marchés étrangers a joué un rôle plus décisif dans l'expansion rapide et la transformation de l'industrie du coton au XVIIIe siècle que celle qui fut créée par l'enrichissement des cultivateurs ; c'est cette demande extérieure, se faisant sentir brutalement vers le milieu du siècle, et bénéficiant d'une élasticité bien supérieure à celle de la demande intérieure, qui a déclenché la grande poussée de progrès technique[2]. De même les besoins de la marine ont été une source importante de l'augmentation de la demande de fer, et les grandes usines « modernes » travaillaient beaucoup pour les satisfaire, alors que c'étaient souvent les petites forges archaïques qui approvisionnaient l'agriculture.

Cependant bien des historiens anglais actuels se rencontrent en partie avec Paul Bairoch, car ils soulignent l'importance du marché intérieur anglais et de son élargissement continu au XVIIIe siècle comme facteurs d'explication de la Révolution industrielle. Le marché intérieur aurait été le plus important des « marchés de croissance », grâce notamment aux bienfaits d'une productivité agricole améliorée[3].

A cet égard, des vues très suggestives ont été présentées par Arthur John, dans des analyses de la conjoncture anglaise pendant le second quart du XVIIIe siècle. Grâce aux progrès de l'agriculture en cours depuis la fin du XVIIe siècle, à une série de bonnes récoltes et à une augmentation très lente de la population, cette période a été marquée par une baisse sensible des prix agricoles. D'où naturellement des difficultés pour les agriculteurs ; mais dans certaines régions au moins, *landlords* et fermiers ont su réagir : ils ont investi, amélioré leurs méthodes, modifié leurs cultures, abaissé leurs prix de revient, et il ne semble pas que le revenu agricole global ait beaucoup souffert de cette dépression. En tout cas les éléments non agricoles de la population ont largement bénéficié du bon marché des denrées alimentaires, d'autant plus que les salaires nominaux étaient souvent orientés à la hausse ; d'où un progrès des revenus réels non agricoles qui, selon A. John, a eu des conséquences très favorables pour l'industrie : augmentation de la demande d'articles manufacturés, diffusion en profondeur de cette demande dans des couches plus modestes de la population, déplacement vers des articles plus variés, plus élaborés, et de meilleure qualité – cette élasticité du marché entraînant l'essor de nombreuses industries produisant des articles de consommation courante et l'amélioration de leurs techniques. A. John a même affirmé que pendant ces années une grande partie de la population anglaise avait pris pour la première fois le goût de la « consommation de masse », et que son niveau d'expectations avait été modifié de façon permanente, ce qui devait être un stimulant puissant pour l'économie quand la croissance démographique s'affirma, après le milieu du XVIIIe siècle. A. John soutient donc que, grâce à « une demande intérieure soutenue, libérée par une productivité agricole accrue », la période 1725-1750 a été marquée par une croissance qui a préparé l'expansion spectaculaire de la seconde moitié du siècle[4].

1. R.-E. Cameron, « Profit, croissance et stagnation en France au XIXe siècle », *Economie appliquée*, X, 1957, p. 421, 435.
2. L'hypothèse de Bairoch serait peut-être plus valable pour les pays du Continent, où l'industrie du coton, exclue des marchés extérieurs par la concurrence anglaise, a travaillé principalement pour le marché intérieur. Encore faudrait-il mieux connaître la structure de la consommation rurale.
3. Voir par exemple M.M. Postan, *op. cit.*, p. 16 ; J.D. Chambers, « Industrialization as a Factor... », *op. cit.*, p. 211 ; R.M. Hartwell, « The Causes of the Industrial Revolution. An Essay in Methodology », *Economic History Review*, 2e série, XVIII, n° 1, août 1965, p. 178-179.
4. A.H. John, « Aspects of English Economic Growth in the First Half of the Eighteenth Century », *Economica*, Nlle série, XXVIII, n° 110, mai 1961, p. 180-184, 186-187, 190 ; *ib.*, « Agricultural Productivity and Economic Growth in England,

Ces conclusions ont été, il est vrai, contestées par d'autres historiens anglais, qui ont une vue plus pessimiste des années 1730 et 1740, assombries par des épidémies et une forte mortalité ; ils pensent aussi que les masses anglaises ont profité de la hausse des salaires réels pour travailler moins (c'est la *leisure preference*) et pour s'adonner à l'ivrognerie (ce sont les années de la « manie du gin »), plutôt que pour acheter des articles manufacturés. Ils tendent à penser que c'est surtout après le milieu du siècle que la demande du marché intérieur a augmenté fortement. Certes les prix agricoles ont commencé alors une hausse continue, et les salaires réels ont cessé de s'améliorer. Mais si le pouvoir d'achat par tête stagne, la demande globale progresse rapidement grâce à la poussée démographique qui avait commencé un peu avant 1750. D'autre part la hausse des prix a assuré des gains élevés aux *landlords* et aux fermiers, et l'élan de l'investissement et des revenus dans l'agriculture a largement compensé les effets déprimants pour d'autres secteurs des prix plus élevés des subsistances. C'est donc la prospérité de l'agriculture après 1750 qui aurait élargi le marché de l'industrie et contribué à son démarrage [1].

Je n'essaierai pas de trancher entre ces deux interprétations. En effet, l'incidence des mouvements de longue durée des prix agricoles, tant sur les revenus que sur la demande d'articles manufacturés, a été beaucoup moins étudiée que celle de leurs fluctuations cycliques à court terme et reste encore obscure. Il est fort possible d'ailleurs, comme l'a affirmé François Perroux, que la croissance soit indépendante de la hausse ou de la baisse des prix ! D'autre part ces deux thèses ne sont pas contradictoires, surtout dans une structure économique et sociale comme celle de l'Angleterre du XVIIIe siècle : la demande d'articles manufacturés peut très bien avoir été gonflée d'abord par la baisse des prix agricoles, puis par leur hausse, par suite de transferts de revenus entre consommateurs et producteurs [2].

On peut cependant entrevoir un autre cas où la baisse des prix agricoles, correspondant en partie à une productivité accrue, a pu contribuer à élargir les débouchés de l'industrie et à stimuler sa croissance. Presque un siècle plus tard, en effet, on peut déceler sur le Continent l'équivalent de la conjoncture anglaise des années 1730 et 1740, avec la baisse brutale des prix qui suit de près la fin des guerres de l'Empire et le quart de siècle de faiblesse des prix qui lui succède. E. Labrousse a montré comment ce mouvement des prix avait contraint les agriculteurs à améliorer leurs méthodes et à augmenter la productivité. Mais en même temps il a certainement amélioré les revenus réels d'une partie de la population, et donc stimulé la demande d'articles manufacturés. D'autant plus que, malgré la faiblesse des prix, l'augmentation et le reclassement de la production agricole ont été tels que la valeur globale de cette dernière a augmenté ; il y a eu « victoire du produit brut », si bien que la demande d'articles manufacturés par le secteur agricole n'a pas dû souffrir de la baisse des prix. Or en France, en Belgique, en Allemagne, ces phénomènes précèdent de peu les débuts de la Révolution industrielle [3].

1700 1760 ». *Journal of Economic History*. XXV. n° 1. mars 1965. p. 19-34 ; *ib.*, « The Course of Agricultural Change. 1660-1760 ». in L.S. Pressnell. Edit.. *Studies in the Industrial Revolution*. Londres. 1960. p. 122-155 ; voir aussi E.L. Jones. « Agriculture and Economie Growth in England. 1660-1750 : Agricultural Change ». *Journal of Economic History*. XXV. n° 1. mars 1965. p. 7-9. 15-18.

1. P. Deane et W.A. Cole. *op. cit.*. p. 92-93 ; J.D. Chambers. *The Vale of Trent, op. cit.*. p. 43-49.
2. P. Deane et W.A. Cole. *op. cit.*. p. 89 *sqq.* ; J.D. Chambers. *The Vale of Trent, op. cit.*. p. 39 *sqq.* ; J.D. Gould. « Agricultural Fluctuations and the English Economy in the Eighteenth Century ». *Journal of Economic History*. XXII. n° 3. sept. 1962. p. 313. 333 ; E.L. Jones. « Agriculture and Economic Growth... ». *op. cit.*. p. 18 ; P. Bairoch. *op. cit.*. p. 42.
3. E. Labrousse. *op. cit.*. fasc. 2. p. 34-37 ; P. Bairoch. *loc. cit.*.

Il est donc clair que l'amélioration de la productivité agricole a joué un rôle non négligeable dans l'expansion de la demande qui a nourri l'élan de la Révolution industrielle ; mais ce rôle n'a pas été aussi décisif que le voudrait P. Bairoch ; de plus la Révolution agricole n'a pas beaucoup contribué à fournir main-d'œuvre et capitaux à la grande industrie naissante. Aussi presque tous les auteurs sont d'accord pour considérer que l'accroissement de la productivité agricole était une condition nécessaire de la Révolution industrielle – M. Postan parle même d'un *sine qua non* pour ce qui est de l'Angletere du XVIIIe siècle [1] – mais non pas une condition suffisante, que l'impulsion n'est pas venue du secteur agricole.

C'est ainsi que M. Boserup a affirmé qu'il n'y avait aucun exemple de *take-off* qui ait été déclenché par l'agriculture, et que celle-ci ne peut pas jouer le rôle de *leading sector*, de pôle de croissance. Bien au contraire, affirme-t-il, elle joue un rôle limitatif, elle tend à être en retard, à agir comme un frein sur la croissance de l'économie. Ceci en raison de la faible élasticité de la production agricole, de la lenteur inévitable des progrès techniques dans ce secteur et de l'absence de liaisons vers l'amont ou l'aval, qui restreignent son influence sur le reste de l'économie [2].

Il semble cependant que, dans un tout petit nombre de cas, l'impulsion à l'industrialisation (mais une industrialisation modérée) ait pu venir de l'agriculture, par l'intermédiaire des industries alimentaires qui auraient joué le rôle de *leading sector*. C'est le cas en particulier du Danemark ; grâce aux réformes agraires de la fin du XVIIIe siècle, qui avaient créé de petites fermes remembrées, et à la demande du marché anglais après l'institution du libre-échange, ce pays a connu au XIXe siècle une expansion très remarquable de la productivité et de la production agricole ; cette expansion a fait naître des industries fournissant à l'agriculture machines et engrais, ou travaillant ses produits – minoteries, distilleries, brasseries. Dans les années 1860, le boom des exportations agricoles vers l'Angleterre a fait du Danemark un pays créancier, l'accumulation du capital et les bas taux d'intérêt ont favorisé l'industrialisation, qui s'affirme vers 1870 et qui semble avoir été renforcée après 1880, quand l'agriculture danoise se détourna des céréales vers les productions animales [3].

Il est possible qu'aux Pays-Bas on trouve un mécanisme analogue. Et il y a aussi le cas curieux de la Hongrie, dont les historiens considèrent actuellement que la minoterie y joua le rôle de *leading sector* de la Révolution industrielle, parallèle à celui des industries textiles en Europe occidentale. Les négociants qui vendaient les céréales hongroises à l'Autriche accumulèrent en effet des capitaux qu'ils investirent à partir de 1860 dans l'industrie de la meunerie, dont l'essor fut vertigineux, si bien que Budapest devint un grand centre de minoterie, dépassé seulement sur le plan international par Minneapolis. Ainsi se forma le groupe de bourgeoisie industrielle le plus important de Hongrie et la

1. M.M. Postan, *op. cit.*, p. 16.
2. M. Boserup, *op. cit.*, p. 203, 205-206. Cet auteur signale que le sol étant presque toujours déjà occupé, l'innovation ne peut pas être introduite par la création d'entreprises nouvelles, mais soit en évinçant le cultivateur, soit en changeant son état d'esprit, ce qui prend forcément du temps. Quant aux liaisons de l'agriculture, elles se réduisent vers l'amont à la fabrication d'outillage et d'engrais, activités qui ne se sont développées que tardivement ; vers l'aval, la plus grande partie de la production est consommée directement, et celle qui est élaborée par les industries alimentaires n'y reçoit qu'une valeur ajoutée qui est faible par rapport à celle de la matière première (A.O. Hirschman, *The Strategy of Economic Development*, New Haven, 1960, 3e édit., p. 109).
3. K. Glamann, « Industrialization as a Factor in Economic Growth in Denmark since 1700 », *in Première Conférence internationale..., op. cit.*, p. 121-124. Par contre, en Suède et en Norvège, malgré les progrès de l'agriculture pendant les premières décennies du XIX siècle, l'impulsion à l'industrialisation n'est pas venue de ce secteur, mais de la demande étrangère de bois et de mirerai de fer, et de l'utilisation de l'énergie hydro-électrique.

principale concentration de capital national qui, à partir de 1890, devait être utilisé au développement d'autres industries[1].

Il y aurait donc une possibilité d'industrialisation de petits pays à partir de l'agriculture et des industries alimentaires. Mais A. Gerschenkron a souligné que cette industrialisation, qu'il appelle *dérivée* (parce qu'elle est liée étroitement à celle d'un autre pays, plus important et plus avancé, qui offre un débouché pour les denrées alimentaires brutes ou transformées), ne pouvait apparaître que dans des conditions exceptionnelles. Il faut notamment que le pays qui en bénéficie ait un accès facile à de vastes marchés – comme c'était le cas pour le Danemark vis-à-vis de l'Angleterre et pour la Hongrie vis-à-vis de l'Autriche. Il faut aussi une structure sociale et un degré d'éducation de la population qui favorisent l'adoption de techniques agricoles assurant une haute productivité – ce qui était le cas du Danemark, mais non pas celui de la Hongrie, dont l'industrialisation a d'ailleurs été tardive et limitée. Quand ces conditions ne sont pas remplies, une industrialisation de ce type ne peut pas se produire, comme A. Gerschenkron l'a montré dans le cas de la Bulgarie, pays éloigné des grands centres, avec une petite paysannerie illettrée ; les quelques industries qui s'y sont développées au début du XXe siècle utilisaient des matières premières importées, car celles que produisait une agriculture nationale arriérée étaient de trop médiocre qualité. Une agriculture pauvre et inefficiente ne peut être ni une source de matières premières, ni un débouché pour l'industrie[2].

Ainsi la Révolution agricole, si elle a bien été, dans les pays avancés, un préalable nécessaire de la Révolution industrielle, ne paraît pas avoir joué un rôle décisif dans son démarrage et son évolution. Certes cet exposé a négligé beaucoup de nuances et présenté les choses de façon trop schématique ; j'espère qu'en contrepartie certaines hypothèses fourniront quelques directions de recherches valables. Il reste d'ailleurs un gros problème qui a été à peine mentionné : celui du rôle limitatif, du rôle de frein que l'agriculture a pu jouer à l'égard de la Révolution industrielle.

Il semble bien que dans les pays où la Révolution agricole ne s'est déroulée que lentement et incomplètement, le démarrage de la Révolution industrielle ait été retardé et son rythme ralenti. Mais le cours de la Révolution agricole dans chaque pays ou chaque région a été largement déterminé par les structures économico-sociales des campagnes. Certaines structures l'ont certainement favorisée – surtout le système des grands domaines anglais, à un moindre degré la *Gutsherrschaft* prussienne ; elle a sans doute été ralentie, mais nullement bloquée, par les structures de type français, et complètement paralysée par le servage d'Europe orientale et les latifundia d'Europe méridionale. Dans ce cas le développement industriel aurait été en partie commandé par des systèmes agraires dont les racines plongent très loin dans le passé, mais aussi par les réformes politiques qui les ont modifiés aux XVIIIe et XIXe siècles[3].

© Cahiers d'histoire

1. J.T. Berend et Gy. Ránki, « The Hungarian Manufacturing Industry, its Place in Europe (1900-1938), in *Etudes historiques*, Budapest, 1960, t. II, p. 108-109 ; Gy. Ránki, « Some Problems of Capital Accumulation and Industrialization in Hungary, 1867-1914, *in Deuxième Conférence internationale, op. cit.*, p. 702-704, 709.
2. A. Gerschenkron, *Economic Backwardness, op. cit.*, p. 213-216, 232 ; *id.* « Typology of Industrial Development... », *op. cit.*, p. 490-491. D'autre part L. Cafagna (*op. cit.*) soutient que les pays arriérés, qui étaient liés commercialement aux pays pionniers de la Révolution industrielle, ont subi des transformations de leur agriculture qui ne rentrent pas dans le cadre de la Révolution agricole et aboutissent à la formation d'une agriculture « dépendante », incapable de donner une impulsion à l'industrie. Quant aux grands pays industriels, les industries alimentaires n'y ont jamais eu qu'une place secondaire, et elles se sont développées en réponse à la demande émanant des populations rassemblées par la grande industrie. Ce fut le cas par exemple dans le Nord de la France, où ces industries sont pourtant particulièrement importantes.
3. Intéressantes remarques sur ces problèmes de M. Boserup, *op. cit.*, p. 209-215, et E.J. Hobsbawn, *The Age of Revolution. Europe 1789-1848*, Londres, 1962, p. 149 *sqq*.

Les faux-semblants d'un démarrage économique

(1970)

MICHEL MORINEAU

En reprenant les données sur les rendements relatifs à l'agriculture française analysées antérieurement, Michel Morineau est amené à conclure son étude en affirmant que « la révolution agricole n'eut pas lieu au XVIII*e siècle », tout au moins pour les céréales nobles et le cheptel. En dépit des pesanteurs et des résistances, l'introduction de cultures nouvelles provoque cependant certaines mutations, sans que pour autant on puisse parler de rupture.*

Cette contribution a suscité un vif débat chez les historiens et tout particulièrement chez ceux qui, avertis des réalités démographiques, ont pu constater des améliorations réelles, même modestes, dans les quantités consommées par la population française du cours du second XVIII*e siècle.*

Source : *Michel Morineau, « Les faux-semblants d'un démarrage économique »,* Cahier des Annales, *Paris, A. Colin, 1970, p. 68-73.*

Comparaisons et conclusions

DANS LA CONCLUSION générale de cette étude, nous désirons apporter quelques précisions, procéder à quelques ouvertures et tâcher de montrer le renouvellement de problématique entraîné par les résultats acquis, selon nous.

Commençons par mettre les choses au point au sujet du XVIIIe siècle agricole français. Nous avions placé l'évolution des rendements au centre du débat ; c'est de ce point de vue que l'inanité de la « révolution agricole » nous est apparue évidente. Mais le choix du critère était-il judicieux ? Les vrais progrès n'auraient-ils pas été enregistrés ailleurs ? La question nous a déjà préoccupé dans l'introduction ; nous l'avions écartée en essayant de retrouver l'esprit de l'agronomie naissante. En y revenant, après soixante pages et beaucoup de réflexions, nous avouerons que l'espoir des Duhamel du Monceau, Sarcey de Sutières et autres François de Neufchâteau de promouvoir rapidement la productivité des céréales, avec les pauvres moyens dont disposaient les hommes du XVIIIe siècle, comportait beaucoup de vanité généreuse. L'engrais, l'engrais naturel, restait le facteur essentiel d'amélioration : *leitmotiv* des curés lorrains, thème majeur du président de Robien, pensée fondamentale, même, d'un *gentleman farmer* anglais, Townsend, que l'on résumerait lapidairement en ceci : « Pour produire, il faut du fumier, encore du fumier, toujours du fumier » ou encore en cela : « Le progrès a l'odeur du fumier[1]. » Or,

1. Lord Ernle. *Histoire rurale de l'Angleterre* (Paris. 1952). cite. p. 238. ce proverbe du Norfolk : « Le fumier est le père de l'argent ». Recette de Sarcey de Sutières : « Il faut prendre quatre tombereaux de la meilleure terre qu'on puisse trouver ; quatre boisseaux de crottin de pigeon ; quatre boisseaux de suie de cheminée ; six livres de sel de nitre ; trois boisseaux de charbon pillé ; environ un demi tombereau de marne ou de *cran*. espère de marne. Pulvérisez tous ces ingrédients le plus fin qu'il sera possible

l'on ne sentait pas assez dans les fermes françaises le remugle du purin, soit à cause d'une insuffisance chronique du troupeau, soit à cause des pertes répétées infligées par les épizooties. Pour répéter en d'autres cantons les exploits de Sarcey de Sutières à Annelle, un véritable accaparemment capitaliste des engrais était nécessaire et seule une surface réduite en aurait bénéficié. Marnage et chaulage, entrepris spontanément ici et là, en Lorraine et en Angoumois, par les paysans, assuraient rapidement des gains marginaux sur des terres trop pauvres en éléments calcaires et tout dépendait de la conjoncture climatique. Une phrase du curé de Castel, dans le bailliage de Schambourg, caractérise la situation : « Il faut le double d'engrais et des années chaudes pour faire réussir ».

L'agronomie de la seconde moitié du XVIIIe siècle n'avait guère de leçons à proposer, guère de remèdes valables à offrir. Sans doute l'agromanie fut-elle à l'origine de l'agronomie moderne, scientifique, du XIXe siècle, mais comme la curiosité précédant la science. Elle conservait un caractère empirique, tâtonnant, et certaines passions d'inventeurs relèvent, avant la lettre, du concours Lépine. On l'a dit à propos de Jethro Tull, A. J. Bourde l'a montré pour quelques-uns des maîtres français les moins suspects. Duhamel du Monceau gardait un arrière-goût de la jachère en 1750 ; son rêve aurait été la culture continue du blé : « Il est possible de procurer tous les ans une bonne récolte de froment... » ; beaucoup d'agronomes partageaient ce rêve, voire des fermiers anglais célébrés par A. Young ; c'était l'une des voies dans laquelle s'engageait l'agriculture au XVIIIe siècle et que l'expérience fit abandonner, parfois lentement, au XIXe ; Duhamel du Monceau ne lia la culture du blé à celle des prairies artificelles qu'en 1762. Comment un enseignement si peu affermi eût-il pu se diffuser auprès des paysans ? Comment un paysan, qui avait à nourrir sa famille, eût-il pu endosser, sans humeur de suicide, la responsabilité de « rater » une récolte pour expérimenter une nouveauté ? Nous rejoingons J. Ruwet pour affirmer qu'une augmentation sensible des rendements à la semence et, ajoutons-le de notre chef, des rendements à l'hectare [1] n'était pas possible avant une sélection des graines, à peine ébauchée par Vilmorin dans les dernières années du XVIIIe siècle, avant l'apport massif des engrais, découverts au XIXe, et, souvent, l'opportunité de les faire venir par chemin de fer. L'accroissement de la productivité ne s'accomplit en France – les statistiques le prouvent – avec ampleur qu'après 1830 ou 1840 et maint département eut du mal à suivre : Morbihan, Cantal ou Var [2]. Mais cette impuissance de l'agronomie du XVIIIe siècle vaut aussi pour l'élevage, loin d'être devenu, déjà, une zootechnie. L'absence de fourrages, de moyens de défense contre les bacilles et les virus restreignait singulièrement la portée générale des plus célèbres bergeries. Élargissant ainsi notre jugement, nous avançons que, pour la France, la révolution

et mêlez-les avec les quatre tombereaux de terre, de sorte qu'ils soient bien amalgamés ». On répand la valeur d'un tombereau par arpent ; on peut mouiller avec de l'eau des mares, des fumiers, des lessives... On peut substituer la chaux éteinte à la marne (*Gazette du commerce*, 1771, p. 151).

1. J. Ruwet, « Mesure de la production agricole sous l'Ancien Régime. Le blé en pays mosan », *Annales E.S.C.*, 1964, p. 625-642. « Avant l'introduction des engrais chimiques, l'agriculture occidentale semble se heurter à une impossibilité d'augmenter les rendements à la semence. » Cependant, d'après lui, la baisse des rendements commencée « dans la deuxième moitié du XVIIe siècle... est largement compensée par le gonflement des quantités semées. De sorte qu'en définitive, si l'on pouvait chiffrer le rendement à l'hectare, on s'apercevrait vraisemblablement qu'il est en progression nette dès la deuxième moitié du XVIIe siècle. Cette dernière conclusion nous paraît difficile à admettre, les exemples qui parsèment notre texte tendent à prouver une certaine stabilité dans les quantités de semences comme dans les rendements. Une quantité accrue, comme en Lorraine, au XIXe siècle, est la réponse à un fléchissement des rendements. Le progrès, dans ce domaine, fut accompli, tout au contraire, par une diminution.

2. La transformation du Ségala dans le Massif central, in A. Meynier, *Ségala, lévezou, châtaigneraie. Etude géographique* (Aurillac, 1931).

agricole n'eut pas lieu au XVIIIe siècle si on l'envisage sous l'angle d'un essor des deux grands secteurs de l'économie rurale : les céréales « nobles » et le cheptel.

Notre vision du siècle n'est cependant pas entièrement péjorative. Mais nour reportons volontiers – comme le font les historiens anglais – sur le paysan les éloges que l'on décernait plus communément aux « personnalités » de cercles. Mieux – dans la perspective ouverte par Marc Bloch et que nous ne nous lassons pas d'évoquer –, nous insisterons sur les facultés remarquables d'assimilation subreptice déployées par la paysannerie française, de manière continue au cours des siècles. Sarrazin, luzerne, maïs, haricots, pommes de terre ont été successivement acclimatés et on lira, dans les premiers chapitres de la thèse d'Emmanuel Le Roy Ladurie, l'exposé brillant du cheminement vers le nord des conquêtes ensoleillées : artichauts, tomates et aubergines... Nous avons vu en Lorraine une implantation solide de la pomme de terre qui ne devait rien à Parmentier ni aux préfets de l'Empire. Et, à ce propos, une réflexion déjà citée d'Henri Enjalbert mérite d'être approfondie et étendue : les progrès – non uniformément tenus pour tels, à l'époque – ont été accomplis toujours en réponse à une crise des subsistances, une disette. Celle de 1740, plus exactement de 1737-1741, a déclenché la vague de la pomme de terre, non seulement en Lorraine, mais en Bretagne du Nord au témoignage de Magnien O'Héguerty, en Hollande selon Le Francq van Berkhey, en Allemagne, comme celle de 1693-1694 avait développé la culture du maïs en Aquitaine. Il y a là un processus trop universel, trop répété pour que nous ne nous y arrêtions pas quelques instants, ce qui nous permettra de jauger chacune de ces petites « révolutions » particulières [1].

Et premièrement l'ambiguïté, car ces progrès furent ceux de la misère. L'introduction des cultures nouvelles coïncide, au fond, avec des reculs de niveau de vie, des déchéances alimentaires, et contribue à les maintenir. On devrait sans doute nuancer, car la pomme de terre, par exemple, a été cultivée aussi dans des régions de bonne agriculture, le Léon, évangélisé dès le XVIIe siècle par Mgr de La Marche, *Eskob ar patatez* [2], la Flandre : les tubercules s'y insèrent dans un cycle de productions variées. Mais ce sont des exceptions et le schéma général demeure. Dans les provinces au style d'agriculture plus monotone mais relativement bien fournies en blé, cette suffisance s'opposait à l'accueil des plantes des pauvres ; d'où la résistance du Soissonnais, de la Picardie, à la pomme de terre : elle ne s'y imposait pas, au sens fort. De même, dans les régions déjà pourvues d'une culture de soutien, l'inertie aux avantages d'une nouvelle plante : ainsi s'expliqueraient le cantonnement de la pomme de terre en Bretagne (l'Ille-et-Vilaine), pas encore gagnée en l'an X, à cause du sarrasin, son adoption reculée aux confins du XVIIIe et du XIXe siècle en Aquitaine, croqueuse de maïs. Le progrès a donc obéi à une sorte de logique de la misère, qui a contraint, sans cesse, à la quête de nourritures moins nobles pour survivre, et l'on doit unir dans la même pitié les *pilhaouer* des monts d'Arrée gobeurs de galettes de blé noir, les « pauvres gens » nourris de « millasses et d'oisillons sauvages » de l'Aquitaine arriérée où « le maïs est roi » [3] et les mangeurs tassés de pommes de terre dessinés par Van Gogh dans le Brabant hollandais. Comme les Irlandais, les Lorrains avaient commencé à en « bouffer » des kilos au XVIIIe siècle : « Les laboureurs ne vivent plus aujourd'huy que de pain de seigle, d'avoine ou de pommes de terre qu'ils meslent ensemble et ils ne mangent que des pommes de terre les années un peu stériles » (Flin-en-Vathiménil) ; la

1. J. Le Francq van Berkhey, *Histoire géographique, physique, naturelle et civile de la Hollande* (Bouillon, 1781), t. III, p. 403.
2. W. Diville et A. Guilcher, *Bretagne et Normandie* (Paris, 1951), p. 140.
3. E. Le Roy Ladurie, *op. cit.* (1), p. 73.

pomme de terre «fait plus de la moitié de la nourriture des habitants du Val (de Saint-Dié) quoique peu substantielle mais rassasiable *(sic)*»; «C'est la seule et unique nourriture des trois quarts et demi de ma paroisse, mesme les jours de grandes fêtes; la sauce qu'ils leur donnent est la croque au sel encore n'est-ce que lorsqu'ils peuvent faire la contrebande sans risque...» (Roth).

Secondement, sur le plan de l'agronomie, les cultures nouvelles n'emportèrent pas d'emblée, nous l'avons dit, l'adhésion. Elles dérobaient le précieux engrais au blé. En Lorraine, il faut «autant d'engrais pour un jour de pommes de terre que pour deux jours de froment» (Girecourt, Hilsprich). Il en fallait aussi pour le maïs, moins pour le sarrasin. Mais en revanche quelles récoltes, quels rendements! Le maïs rendait 40 pour 1 en Aquitaine, le sarrasin 50, 100 et, pourquoi pas? l'infini à la faveur d'un regain heureux, comme sur la métairie de la Chopinnière, déjà familière au lecteur, en 1756. Le jour de pommes de terre, en Lorraine, rapportait peu à la semence (4 pour 1 en général) mais énormément en chiffre brut; 12 résaux, quatre fois plus que le jour de froment; vers 1740 l'investissement en fumier était rentable. Ces trois plantes que nous citons continuellement, parce qu'elles ont été les principales denrées de remplacement en France et que leur introduction jalonne pour nous, rétrospectivement, l'histoire d'un progrès ambigu, ont eu des effets semblables. La «révolution du maïs» sort relativisée de la comparaison et ceci devrait clore la controverse née autour du livre de J. Chombart de Lauwe. Dans le contexte de l'agriculture ancienne, maïs et sarrasin jouèrent des rôles identiques. Léonce de Lavergne écrivait en 1860: «On vante avec raison le maïs du Midi de la France: le blé noir vaut au moins le maïs. Il l'égale pour la fécondité puisqu'il reproduit 50 fois la semence; il n'occupe pas la terre plus longtemps et il est loin d'avoir les mêmes exigences[1]». Techniquement, le maïs ne fonde pas une supériorité de la Gascogne sur la Bretagne; c'est le climat qui avait attribué son aire à chacun des grains. Et dans les deux provinces, l'abandon de la céréale secondaire pour le froment, au XIXe siècle, dans l'alimentation, fut le symbole du progrès qualitatif. Le maintien du maïs, de nos jours, comme culture importante, liée à de nouveaux usages (alimentation du bétail), l'abandon du sarrasin, qui n'a pas trouvé de débouchés intéressants, obscurciraient le problème si nous n'avions remarqué que le développement de l'agriculture laisse derrière lui quantité de filons jadis bons puis épuisés ou négligés.

En troisième lieu, les cultures de soutien eurent une conséquence plus positive quoique toujours ambiguë. L'apparition sur le marché local des céréales secondaires draina toute une clientèle de pauvres et de moins pauvres. Par là, une fois la crise surmontée, mais le sarrasin ou le maïs, voire le millet ou le mil morbihannais entrés, par force, dans les mœurs, une libération des céréales nobles se produisit pour les transactions à long rayon, l'exportation du froment vers l'Espagne et le Portugal (trafic des ports bretons), vers les Antilles (le minot de Guyenne). On voit aisément le bénéfice théorique du système qui s'établit, avec la création d'un circuit monétaire, la plus-value réalisée par les paysans vendeurs, la possibilité d'une capitalisation grosse d'investissements productifs. Mais des blessures zèbrent l'arrière-plan de ce tableau du progrès: la plus grande inaccessibilité, en prix, du froment, le maintien des pauvres à un niveau alimentaire ravalé, la rupture exagérée d'une ancienne communauté (jamais totale d'ailleurs) de

1. L. de Lavergne, *op. cit.*, p. 226. En Italie du Nord: «La culture et la consommation du maïs en arrivent à remplacer aussi celles du froment... la marche triomphale du maïs, jusqu'à nos jours, s'est doublée de celle d'une maladie terrible, la pellagre» (E. Sereni, *Histoire du paysage rural italien*, trad. fr., Paris, 1964, p. 156).

destin car les gains financiers de l'opération vont aux gros exploitants, le petit cultive le millet, le manouvrier, le tâcheron des vignes bordelaises, n'est pas nourri de pain blanc quand on peut lui servir du gruau de maïs... Quant aux vertus du capitalisme, à son efficience pour la promotion régionale, il faut s'en méfier. Le capital est toujours gros de quelque chose ; le malheur est que nous ignorons la durée de la grossesse et qu'il faut attendre l'accouchement pour savoir si le rejeton est baleine, écureuil ou souris. La richesse urbaine du Sud-Ouest du XVIIIe siècle était un signe de la richesse marchande, elle-même issue des plus-values agricoles ; elle n'était pas, *ipso facto*, un gage d'une richesse de l'avenir. Et c'est pourquoi la Bretagne a pu être, sous l'Ancien Régime, une région productive sans devenir, dans une économie de traite, une région de paysans riches, Léon mis à part. Ailleurs, le passage du fisc suffisait... Cette discussion nous a entraîné un peu loin, non sans profit pourtant, mais, au XVIIIe siècle, dans les provinces où la pomme de terre fit son apparition, la crise n'était pas encore passée. Il faudra attendre le XIXe siècle pour que les choses prennent un tour différent. Ce progrès n'a donc pas introduit l'ombre d'une « révolution agricole » en Lorraine : « La grande plantation de pommes de terre est [...] devenue un mal nécessaire, si c'en est un : vouloir l'empêcher ce seroit exposer un grand nombre à périr » (le curé Mathiot de Champs, parlant pour huit paroisses du bailliage de Bruyères). Au XVIIIe siècle, on n'empêchait pas plus la misère que le progrès.

La littérature ne suffit pas à fonder un fait, sinon la décentralisation régionale serait accomplie en France, en 1967, et les historiens futurs pourraient en fignoler une description aussi fleurie et aussi fausse que nous, jadis, de la « révolution agricole » du XVIIIe siècle. Mais le problème qui se pose, à ce point du développement, est de savoir si la stagnation des rendements fut propre à la France, en Europe, et quel écart la séparait des autres nations, quelle aggravation d'écart l'avait pénalisée ? [...]

© Cahier des Annales

Les Agrariens français de Méline à Pisani
(1968)

PIERRE BARRAL

On a conservé la partie de la conclusion de l'ouvrage consacré à une étude socio-politique des agrariens, dans laquelle l'auteur souligne l'apparent paradoxe propre à la situation de la paysannerie française au XIXe siècle. En dépit de son poids longtemps majoritaire dans la production nationale et dans la population active, l'agriculture voit, lors des deux dernières décennies du siècle, cette suprématie entamée. S'y substitue une dépendance à l'égard de la ville, objectivement constatée et perçue par les agriculteurs. Il en résulte plus généralement de la part des paysans une réaction de repli, qui donne des campagnes l'image d'un monde « séparé ».

Source : *Pierre Barral,* les Agrariens français de Méline à Pisani, Cahier de la Fondation nationale des sciences politiques, *n° 164, A. Colin, Paris, 1968, p. 338.*

QUAND TRIOMPHA la révolution industrielle, au cours des années 1860, la campagne se trouva définitivement dominée par la ville. Si la population agricole demeurait majoritaire, sa part se réduisait régulièrement et elle perdit l'avantage vers 1880: les ruraux ressentaient durement ces départs qui leur semblaient proclamer leur infériorité matérielle et aussi morale. Sur le plan de la production, la part de l'agriculture diminuait parallèlement et, selon un mot qu'Augé-Laribé répétait avec une ironie amère, les responsables de l'économie jugeaient que les denrées alimentaires manquaient de «prestige»[1]. A une époque où l'on ignorait encore la comptabilité nationale, ces constatations extérieures jouaient un rôle déterminant dans la mentalité. Les paysans se jugeaient donc étouffés et méprisés par le monde nouveau qui se constituait.

Ils s'estimaient en outre exploités par la civilisation financière et écrasés par des puissances de plus en plus lointaines. Sans analyser les structures du grand capitalisme, ils entrevoyaient, au-delà des foires qu'avait toujours dominées le marchand, l'élargissement du marché mondial et l'aggravation de leur dépendance: surtout pour les céréales, la catégorie de produits agricoles la plus échangée et celle pour laquelle sévissait le plus durement la concurrence des pays neufs. Plus que jamais, les cours leur étaient imposés de l'extérieur. Et l'argent anonyme dominait en outre les techniques nouvelles de la banque, de l'assurance et des transports. Daniel Halévy a bien évoqué cette opposition de deux mondes, «l'un, qui est d'hier, organisé à la moderne, dans les cartels, les syndicats, les Bourses; l'autre, qui est très vieux, d'une immesurable antiquité, le monde paysan dispersé sur un immense espace et courbé sur ses tâches»[2].

Données économiques et facteurs psychologiques se mêlaient ainsi pour consolider l'«antagonisme» envers les villes que percevait clairement un Gambetta. Mais plutôt que de se tourner vers la révolte, les ruraux manifestaient une réaction de *séparation*. Ils en possédaient les bases matérielles dans la persistance d'une économie de subsistance. Si toutes les exploitations d'un rapport suffisant vendaient, et si celles des régions les plus prospères s'orientaient déjà en fonction des débouchés, tous les cultivateurs souhaitaient d'abord se nourrir de leur propre fond et pratiquaient largement la polyculture. L'autoconsommation constituait la base de l'équilibre paysan, assurant en temps de crise des possibilités de repli. Les capitaux manquaient sauf à la grande culture du Nord et du Bassin parisien, mais l'emprunt était vu avec défaveur au village: il correspondait en effet, le plus souvent, à un prêt de consommation sans utilité économique. Ce manque de moyens freinait évidemment la diffusion des progrès.

D'autres causes d'isolement agissaient fortement sur le plan culturel. L'*usage des patois,* largement prépondérant, mériterait des études sociales approfondies. Le niveau d'instruction, pour être moins faible qu'on le dit parfois, demeurait assurément modeste pour les hommes, et plus médiocre encore pour les femmes. S'il existait, certes, une authentique culture paysanne, fondée sur le sens de la nature, sur l'expérience du métier, sur le legs de la sagesse populaire, elle accusait le particularisme et contribuait à la séparation. Il n'est pas aisé, du reste, de la saisir exactement: car si les représentations littéraires surabondent, elles n'évitent pas en général les défauts opposés de la bergerie, illustrée par George Sand, ou du drame noir, écrit par Balzac et par Zola. La sobre authenticité d'un Eugène Guillaumin est demeurée exceptionnelle.

© Cahiers de la Fondation nationale des sciences politiques

1. Augé-Laribé, *Politique agricole,* p. 266.
2. D. Halévy, *Visites aux paysans du Centre,* éd. de 1934, p. 203.

L'Agriculture et la société rurale dans le Pas-de-Calais du milieu du XIXe siècle à 1914

(1979)

RONALD H. HUBSCHER

On a reproduit dans cette thèse de doctorat la conclusion sur les effets économiques et sociaux du développement du capitalisme sur l'agriculture du Pas-de-Calais, exemplaire par son intégration économique accompagnée, certes, de certaines inerties sociales. L'auteur déplace la problématique en ne raisonnant pas en terme d'efficacité selon la taille des exploitations. Il montre comment s'opère la croissance d'une agriculture de qualité (distincte des cultures de hauts rendements, viticoles ou maraîchères), reposant sur l'utilisation d'une abondante main-d'œuvre, travaillant même sur des exploitations à faible superficie.

Source : *Ronald H. Hubscher,* l'Agriculture et la société rurale dans le Pas-de-Calais du milieu du XIXe siècle à 1914, *Arras, 1979, t. I, p. 897-901.*

Conclusion

A LA VEILLE DE LA GUERRE, l'agriculture relevée de la crise qui l'avait sèchement affectée à la fin du XIXe siècle est à l'heure de la prospérité. La révolution culturale, favorisée par les progrès agronomiques et industriels, est quasiment achevée, et au terme de ce processus de transformation elle présente un visage moderne et un bilan flatteur.

Encore orientée vers des préoccupations vivrières en 1850 malgré une activité d'échange non négligeable, elle est devenue intensive, hautement commercialisée, largement insérée dans une économie de marché. La proximité de concentrations industrielles et urbaines tant dans le Pas-de-Calais que dans un hinterland formé du département du Nord, voire de l'agglomération parisienne, de l'Angleterre et de la Belgique, a considérablement hâté cette évolution. Ce potentiel démographique a catalysé la croissance économique. C'est ainsi que, contrairement à d'autres régions françaises, celle-ci a ignoré le problème des débouchés ; ils n'ont pas été un frein à l'expansion, car des relations aisées ont pu s'établir avec ces zones populeuses, grâce à la densité remarquable des moyens de communication.

Dès 1862, le « désenclavement » des campagnes est acquis, le gros effort financier consenti à la vicinalité a porté ses fruits. Malgré certaines lenteurs, le réseau ferroviaire finit par innerver l'essentiel du territoire. Il stimule le développement de cultures commerciales, anime l'économie de nouveaux secteurs géographiques. Sur ce plan les « tortillards » ont joué un rôle similaire à celui des chemins vicinaux. L'acheminement de la betterave vers les fabriques est la meilleure illustration de l'heureuse complémentarité du rail et de la route.

La souplesse de l'adaptation à la demande révèle cette intégration dans une économie de marché. Toutes les productions jugées non rentables, celles qui ne répondent plus aux nécessités de l'heure, ont pratiquement disparu ou sont reléguées à un rang subalterne (méteil, laine, oléagineux). L'accent mis selon les époques sur tel ou tel aspect de l'élevage est significatif. Le progrès de la betterave ne l'est pas moins. La notion du meilleur profit réalisable est la toile de fond de ces transformations et témoigne du dynamisme de nombreux exploitants.

La spécialisation est le corollaire de la rentabilité, d'une production mieux adaptée aux conditions naturelles ; elle s'affirme nettement dans la première décennie du XXe siècle. Deux grandes zones se partagent le département, de part et d'autre d'une ligne Calais-Bapaume : à l'est, le pivot de l'exploitation est la betterave (permettant de surcroît l'engraissement du bétail à l'étable), ainsi que le blé ; à l'ouest, l'élevage est prédominant, sauf dans les wateringues. La spécialisation a contribué à réduire les disparités régionales, fortement accusées vers 1850. Certes, il existe toujours un décalage, largement imputable à l'inégalité des moyens de communication et des conditions naturelles, entre les régions les mieux dotées et les mieux douées et celles qui le sont moins, mais son ampleur est moindre et l'aire géographique des zones « en voie de développement » s'est nettement réduite. La transformation du Ternois est tout à fait probante à cet égard.

Dans la lutte pour réduire la marge d'improductivité du sol, dans l'effort mené pour développer la croissance agricole, beaucoup de grands exploitants ont joué un rôle efficace. Ils ont été à la pointe de l'application des méthodes et des cultures nouvelles, et ont rapidement compris la nécessité d'orienter la production vers des fins commerciales. Par leur exemple personnel, par le truchement des sociétés d'agriculture où leur influence est grande, ils ont, peu à peu, entraîné dans leur sillage une large fraction des cultivateurs. Les sociétés elles-mêmes, en les incitant à améliorer leurs techniques, à produire de plus en plus pour le marché, ont favorisé leur intégration plus étroite dans le système économique dominant. L'existence de vastes domaines[1] caractéristique d'un capitalisme agro-industriel dont la forme la plus achevée est la société anonyme, sinon la gestion par les houillères, ne doit pas faire oublier la masse des petites et moyennes exploitations, largement adaptées aux exigences du marché. Aussi l'agriculture du Pas-de-Calais, très en avance sur la plupart des régions françaises, présente-t-elle un modèle de développement tout à fait original, puisque la croissance repose sur l'utilisation d'une abondante main-d'œuvre, salariée ou non. Ici les discussions sur les mérites comparés de l'efficacité des exploitations selon leur taille n'ont plus cours, car une culture de qualité, qui n'est ni maraîchère ni viticole, a pu s'épanouir dans le cadre de la petite exploitation. Le fait est essentiel, il convient de le souligner.

Évidemment tous les secteurs n'ont pas progressé de front ; il existe des pesanteurs structurelles, qu'il faut au demeurant imputer aux industries agro-alimentaires plutôt qu'à la culture. Les sucreries n'ont pas su procéder à temps à une rénovation suffisante de leur matériel, d'où la sévérité de la crise dans ce secteur, la disparition de nombreuses entreprises au profit de groupes plus puissants : 12 sucreries subsistent en 1929. La concentration de la meunerie a été tradive, la brasserie demeure encore largement artisanale, l'industrie laitière et ses dérivés est très retardataire par rapport à d'autres départements ; les conditions de la fabrication du beurre dans les fermes restent archaïques, la diffusion du machinisme a été assez lente. Outre le problème de l'insuffisance des capitaux, lié à l'absence d'un véritable crédit agricole d'autant plus durement ressentie que la vocation commerciale de l'agriculture s'est nettement affirmée, les exploitants jouissent d'une rente de situation fondée essentiellement sur deux facteurs : tout d'abord

1. Leur structure diffère peu de celle des exploitations modernes actuelles : importance des investissements, utilisation massive d'engrais, matériel agricole sophistiqué, main-d'œuvre salariée nombreuse.

l'existence d'un vaste potentiel humain, d'une masse de travailleurs sous-payés qui ont ralenti la mécanisation du secteur agricole, ensuite l'importance des débouchés locaux garantis par la présence d'une nombreuse population ouvrière. Les brasseurs y trouvent leur compte, comme les agriculteurs, assurés d'écouler leur production ; ces conditions éminemment favorables, présentant à la limite un caractère de monopole, ont freiné la modernisation. Mais pourquoi n'en auraient-ils pas profité ? Bien souvent, ce sont les difficultés, les exigences d'une situation nouvelle qui accélèrent les transformations. Quand elle s'y est trouvée confrontée, l'agriculture du Pas-de-Calais a montré sa capacité d'adaptation. Le renouvellement, en peu d'années, des espèces betteravières afin d'obtenir une meilleure teneur saccharifère en est un parfait exemple.

Le développement du capitalisme, soumettant de façon toujours plus poussée la production agricole à la loi du marché, modifie les rapports entre la paysannerie, l'économie et la société globale. C'est tout le problème des relations entre la campagne et la ville car, aux yeux des cultivateurs, cette dernière est l'incarnation du réseau de dépendances dans lequel ils sont enfermés. En ce domaine une double évolution s'est produite, dans des sens d'ailleurs divergents. Les liens essentiels entre les habitants des villes et les ruraux s'étaient noués autour de la propriété citadine. Les investissements fonciers, parallèlement aux prêts à intérêt, ont représenté pendant longtemps un élément déterminant de l'hégémonie urbaine sur les campagnes, en particulier dans le Pas-de-Calais, où la taille souvent insuffisante des exploitations a provoqué une généralisation des locations. Au début du XXe siècle, les cultivateurs ont pris leur revanche en profitant d'un repli généralisé de ce type de propriété. Ils bénéficient d'un mouvement de désinvestissement, lié à une relative désaffection pour les placements fonciers, concurrencés par les valeurs mobilières (le ralentissement des achats le démontre), notamment en raison de leur vulnérabilité au moment de la dépression. Il faudrait y ajouter les héritages recueillis par des citadins, parfois désireux de s'en débarrasser. Affaiblie, cette propriété n'a pas pour autant disparu, elle s'est regroupée dans le voisinage des villes, son aire d'influence s'est contractée. Cette libération de la terre, même si elle n'est pas totale, entraîne une émancipation économique et sociale de la paysannerie. Inversement, le développement du capitalisme en aval et en amont du secteur agricole (engrais, machines, concentration dans l'industrie de l'alimentation, meunerie, sucrerie), donc l'essor des échanges marchands, la nécessité de se plier à l'évolution de la consommation et des besoins urbains, provoquent la sujétion plus étroite du cultivateur au système de production dominant et portent un coup sérieux à son autonomie et à son pouvoir de décision.

L'aspect le plus visible de cette évolution réside dans la transformation des circuits de commercialisation, dans les changements structurels des transactions. La vente sur échantillon se généralise pour le blé, le courtier en bétail est omniprésent, le représentant des grandes sucreries vient sur place évaluer la qualité de la récolte, fixer les prix. La dépendance des exploitants vis-à-vis des intermédiaires, chevillards, commissionnaires, marchands de grains, s'alourdit.

Par ailleurs, l'industrialisation, sinon l'urbanisation, d'une partie des campagnes, la coexistence de populations ouvrières et rurales dans les villages sont des phénomènes d'une grande portée. Grâce à la facilité des transports, résidence campagnarde et activité urbaine peuvent se combiner. Il s'ensuit une évolution des comportements, des goûts, des habitudes de consommation, dérivée du modèle citadin. L'usage grandissant de produits manufacturés, l'achat sur catalogue, le prouvent et expliquent le déclin d'une certaine forme d'artisanat, tandis que les firmes industrielles et commerciales étendent leur influence, accroissent leur emprise sur la campagne. Bien sûr, des différences persistent entre les régions ; le Haut-Pays conserve un aspect plus traditionaliste que le Béthunois ou le Ternois, mais c'est pourtant l'orientation générale.

Acceptant les avantages d'une agriculture engagée dans un vaste système d'échanges tout en rejetant la subordination économique qui en découle, les ruraux organisent un front du refus et marquent leur opposition à la société industrielle. Leur action se situe à un double niveau. D'une part, créer des syndicats assez puissants afin de mieux résister ; en 1914, par rapport à d'autres départements, le bilan est encourageant, même si la profession est loin d'être totalement organisée. D'autre part, sur le plan politique, il s'agit de peser sur les pouvoirs publics, en vue d'obtenir des mesures favorables au secteur agricole. Si les résultats ne sont pas toujours à la hauteur des espérances, les cultivateurs ont néanmoins réussi à constituer un groupe de pression aux méthodes efficientes qui s'affirmera dans les décennies suivantes.

Les structures sociales n'évoluent pas au même rythme que l'économie et malgré des transformations évidentes il semble que la continuité l'emporte sur le changement. A une agriculture prospère ne répond pas une société opulente. Le poids de la pauvreté reste encore très important et environ le tiers de la population subit des conditions de vie très misérables. Les oubliés de l'expansion se recrutent surtout dans le prolétariat rural, principalement celui des journaliers, chez les personnes âgées, mais aussi chez les artisans, comme les tailleurs et les cordonniers, menacés par les nouvelles formes de production. Beaucoup de petits exploitants ont un revenu tout juste décent ; la culture intensive est coûteuse et généralement ils ne disposent pas de suffisamment d'hectares. Le revers de l'autonomie, c'est la frugalité. Certes, l'analyse des fortunes l'a clairement montré, un nombre grandissant d'individus accède à l'aisance, mais la richesse demeure le privilège d'une infime minorité. Les plus fortunés ont même, semble-t-il, renforcé leur position. Entre les deux extrêmes, la distance sociale a augmenté, comme les inégalités. Il y a moins de pauvres, mais ils le sont davantage.

Bien entendu, cette société n'est pas restée figée et ne pouvait ignorer l'évolution économique. Elle a subi des modifications structurelles. Sur le plan de la mobilité sociale, un fort brassage anime les couches inférieures ; l'aspiration à l'indépendance est profondément ressentie. L'ascension sociale est une réalité au sein des éléments populaires les plus dynamiques ou les plus chanceux. Les ménagers, des journaliers, en sont la parfaite illustration. Ils alimentent la catégorie des petits exploitants, qui s'étoffe. De lourds sacrifices, un « surtravail » en sont le prix, et la réussite est loin d'être générale.

L'accession à l'indépendance, concrétisée également par l'artisanat ou le petit commerce (le cabaretier en est le symbole), est quasiment le terme ultime de la promotion. Aux niveaux plus élevés, la rigidité des structures l'emporte, les situations acquises sont solidement maintenues : le statut social est largement reproduit. Il suffit de constater le maintien, pour l'essentiel, de la puissance économique de la noblesse.

L'élargissement numérique de la condition de petit exploitant indépendant entraîne un processus de déprolétarisation, accentué par l'exode rural : quittent en effet la terre ceux dont la position est la moins assurée. La mine leur procure un emploi et son attraction est inversement proportionnelle à la place occupée dans l'échelle socio-professionnelle. Il convient toutefois de souligner la lenteur de la transformation du paysan en ouvrier, la lenteur de la rupture avec le milieu environnant traditionnel. Des déplacements aisés, sinon quotidiens entre la résidence et le lieu de travail contribuent parfois à maintenir des liens avec la terre, sinon des structures agraires microfundiaires et des rapports de solidarité entre divers éléments de la population du village : le mineur-paysan, au moment de la moisson, apporte son aide au cultivateur. Cette déprolétarisation des campagnes, accompagnée d'un effacement des propriétaires-rentiers, valorise dans maintes communes la catégorie des exploitants indépendants. Le monde rural est plus homogène.

Pendant longtemps, la cohésion des groupes familiaux, strictement hiérarchisés, a été très grande. La soumission des enfants, quels que fussent leur âge ou leur situation de famille, à la tutelle du père ou du frère aîné, recoupait souvent les exigences économiques. Ils formaient la main-d'œuvre indispensable à la bonne marche de l'exploitation. En ce sens, l'émancipation par l'accession à la propriété ne s'est pas accompagnée d'une émancipation individuelle. Il faut attendre la fin du XIXe siècle pour qu'apparaissent un autre état d'esprit et un relâchement des liens de solidarité familiale.

Ce refus d'un type de rapports traditionnels est encore plus patent dans les relations entre les groupes sociaux et il est plus ancien. Au sein du prolétariat agricole, journaliers et domestiques dont la sécurité de l'emploi est meilleure que naguère, montrent une moindre docilité à l'égard de l'employeur[1]. Les fermiers, instruits par l'expérience de la crise des années 80, savent maintenant contester les conditions des baux de location, et il leur arrive de discuter âprement avec le propriétaire. Si le cultivateur cultivant accepte encore le rôle dirigeant des notables pour représenter les intérêts agricoles, c'est en raison de leur savoir-faire et de la vieille expérience des rapports avec les pouvoirs publics ; il a le sentiment d'en tirer bénéfice. En revanche, au niveau du quotidien, la volonté de se dégager de l'emprise des Agrariens, de prendre en main son propre destin est réelle et se traduit par l'accession à des postes de responsabilité dans les syndicats.

Finalement, en 1914, l'agriculture du Pas-de-Calais a atteint sa maturité, un état d'équilibre qui ne subira plus de changements fondamentaux pendant plusieurs décennies. L'évolution de la répartition des terres labourables entre 1892 et 1952 confirme cette stabilité[2].

Évolution de la répartition des terres labourables (en %)

	Céréales	*Plantes sarclées*	*Fourrages*	*Jachères*
1892	57	25	12	6
1929	61	26	11	2
1932	59	28	12	1
1945	58	28	13	1
1952	54	30,5	15	0,5

Un autre trait marquant de la période est l'émergence sinon l'affirmation d'une paysannerie dont l'assise est l'exploitation familiale. Sa vitalité se confirmera également entre les deux guerres[3].

1. Au printemps 1910, un mouvement de grève limité aux communes de Chérisy, Guémappe, Héninel, Wancourt (canton de Croisilles) se produit chez les journaliers. Se fondant sur le fait que dans nombre d'exploitations le prix des denrées qui leur sont vendues a augmenté, ils demandent un relèvement des salaires, proportionnel à la hausse. Ils obtiennent gain de cause.
2. Ministère de l'Agriculture, *Monographies agricoles départementales ; le Pas-de-Calais*, la Documentation française, Paris, 1959, 97 p. 21.
3. *Ibid.*, p. 27.

Évolution des catégories d'exploitation en nombre

	1892		*1929*		*1942*	
	%	*nombre*	%	*nombre*	%	*nombre*
5 ha-10 ha	12,7	10 993	18,9	10 026	22,6	8 479
10 ha-20 ha	7,4	6 210	18,8	10 006	27	10 173
20 ha-50 ha	4,5	3 924	10,3	5 434	13,4	5 724

Secouant la tutelle des autorités traditionnelles, elle est déjà soumise à de nouvelles formes de sujétion. La place qui lui est dévolue dans la société globale repose d'abord sur sa fonction économique : produire et vendre le moins cher possible. Elle en subira toutes les contraintes.

Si l'on ajoute un phénomène de dissociation, en particulier dans la partie orientale du département, entre le lieu de résidence et le lieu d'activité principale, symbolisé par les déplacements quotidiens de population (les trains de ramassage des mineurs jusque dans le Ternois préfigurent les cars frétés de nos jours par les usines pour drainer la main-d'œuvre campagnarde), le début du processus de transformation de certaines localités en villages-dortoirs, il n'est pas inexact de dire que, dès le début du XXe siècle, le mondre rural du Pas-de-Calais est déjà confronté à des problèmes que connaîtront plus tard d'autres campagnes françaises : ceux de l'aspiration du secteur agricole par la société industrielle.

Tous droits réservés

La propriété en Roussillon Structures et conjonctures agraires

(1980)

GENEVIÈVE GAVIGNAUD

A été conservée de cette thèse de doctorat une partie de la conclusion sur la « greffe de la coopération et du mutualisme », où s'effectue la rencontre entre voie capitaliste et voie traditionnelle chez les viticulteurs du Roussillon à l'aube du XXe siècle. L'auteur souligne les capacités de résistance héroïque de ces vignerons, qui ont su, à travers les aléas de la conjoncture, utiliser de multiples protections, comprenant la famille, la coopérative, et l'État.

Source : *Geneviève Gavignaud,* la propriété en Roussillon. Structures et conjonctures agraires. XVIIIe et XXe siècle, *thèse pour le doctorat d'Etat, Université de Paris I, 1980, 3 tomes, t. III, p. 1172-1175 ; p. 1187-95.*

[...] L'HISTOIRE DE LA PROPRIÉTÉ FONCIÈRE en terre roussillonnaise offre les composants d'une destinée : le hasard semble y devenir nécessité, voire fatalité, en se temporalisant dans la durée privilégiée qu'est l'espace ; le « peut pas ne pas être » se situe davantage dans les esprits que dans les faits, à moins que ceux-ci ne soient considéré *a posteriori.*

Dans cette zone méridionale et de surcroît frontière, la propriété féodale ne s'est pas étirée dans la matrice médiévale ; plus qu'ailleurs, celle-ci entretint une gestation difficile pour avoir toléré l'alleu, à la fois condition *sine qua non* du peuplement et de la survie régionale et en contradiction avec le système féodal : l'alleu fut le germe de la généralisation de la propriété individuelle, laquelle, passée la période difficile des invasions et des défrichements à la force du poignet, allait être sevrée par la nourriture intéressée de l'État (quelle que soit sa nationalité), rival direct des prétentions seigneuriales qui ripostèrent en dispensant le même aliment sous forme non moins calculée et intéressée ; la pratique seigneuriale de la quasi-propriété, pour avoir allégé le poids féodal dès le XIIe siècle, fossilisait le système pour cinq siècles. Le substrat foncier avait su susciter les ambitions les plus hétérogènes : alleux ou véritables propriétés individuelles, terres seigneuriales divisées en multiples quasi-propriétés, propriétés royales et terrains communautaires.

La propriété bourgeoise, sous l'Ancien Régime, n'a pas pris d'élan, bridée d'une part par la propriété féodale « aristocratique » dans son essence, dont elle cherchait à imiter l'esprit passéiste et, d'autre part, par la propriété alleutière dont les dents de roture étaient d'autant plus redoutées que la complexité des liens qui les unissaient à la terre rendait difficile leur éviction territoriale ; enfin et surtout, défavorablement placé dans le circuit commercial, le blé roussillonnais ne s'était pas révélé être un moteur de profit tandis que la spéculation viticole était neutralisée par la politique gouvernementale soucieuse de garantir, par la production céréalière, l'ordre social. Autant de circonstances néfastes pour le déploiement de la propriété bourgeoise et de conditions favorables au blocage structurel avec enracinement de nombreux petits exploitants et fossilisation féodale. Ce blocage structurel et cette anémie conjoncturelle perpétuèrent une société paysanne moins axée dans la plaine sur les droits collectifs que sur la quasi-propriété et assise sur une économie encore à base de polyculture et d'auto-consommation familiale, mais aussi ouverte sur le marché viticole. De cette société émergèrent de gros propriétaires-producteurs pour le marché (les « laboureurs » des sociétés rurales françaises desquels on pourrait rapprocher ici les *« pageses »* et les ménagers de Provence) qui annoncent un nouveau type social des campagnes, en butte autant aux positions seigneuriales qu'à la politique royale hostile à la vigne ; pour tous, la terre était davantage un moyen de survie que de profit. Le passage de l'exploitation « paysanne » (sous-entendu avec autarcie économique et travail des terres des autres) à une exploitation fondée sur la propriété privée et la commercialisation des produits de la terre est plus qu'amorcé en Roussillon au XVIIIe siècle, où, et c'est là peut-être que réside l'originalité roussillonnaise, il apparaît être le fait des petits exploitants (rôle de la vigne, culture du pauvre).

La Révolution avait donné à la bourgeoisie foncière une maigre chance de déploiement : de la pauvreté du clergé roussillonnais et de la modestie des émigrants ne pouvaient surgir de profondes mutations foncières, d'autant moins que le but des acquéreurs des biens nationaux, membres des assemblées révolutionnaires pour la plupart, était sans aucun doute de venir grossir les rangs de l'« élite foncière » plus par prestige social que par volonté économique, considérant à leur tour la terre comme un tremplin vers de plus hautes fonctions : charges municipales ou législatives, professions libérales, distinctions honorifiques quelconques s'accomodant bien d'absentéisme foncier, sinon d'oisiveté. Mais la liberté de culture et la libération des liens fonciers étaient en mesure de stimuler les plus entreprenants des propriétaires, si toutefois une conjoncture favorable venait les soutenir. Même les petits propriétaires pouvaient en profiter.

Cependant, la «montée de population» faisait peser un poids humain croissant sur les structures foncières.

Protégée en même temps qu'écartelée par le Code civil, la petite propriété à grignoté du terrain tant que la viticulture est restée à la mesure d'une activité rentable mais non largement lucrative. Malgré les calamités qui ne manquèrent pas de la frapper dès ses débuts (mauvaises récoltes, oïdium), une ténacité de tout instant lui assura un enracinement au cours de la première moitié du XIXe siècle; à la fin du Second Empire, les structures foncières mettaient au premier plan cette petite propriété marchande, davantage menacée par la propriété parcellaire que par la propriété d'entreprise. Leurs détenteurs étaient désormais engagés dans le circuit commercial vinicole et donc, par le biais des prix, intégrés dans un système économique complexe qui les situait sous sa dépendance; ces viticulteurs, propriétaires de leurs terres (et individualistes), producteurs pour le marché et vendeurs eux-mêmes de leurs produits, n'étaient plus des paysans à part entière; ils ne conservent de cet état de paysan que leur attachement à la terre, bien que la prodigalité de cette dernière s'avère déjà secondaire par rapport aux exigences du marché et à la production de denrées nécessaires à la consommation familiale (animaux, légumes...). Si l'histoire longue des paysanneries est la dégradation, puis la disparition de l'autarcie, la société de la campagne roussillonnaise apparaît dès le Second Empire d'autant plus engagée dans la voie de sa «dépaysannisation» avec l'émergence du profit agricole que, désormais, c'est de société foncière fondée sur une propriété privée à caractère populaire qu'il s'agit, en précisant que son assiette terrienne se généralise même pour les éléments ruraux non agricoles; les exploitants en sont d'autant moins liés à un groupe social et local dominant que le «fonds de rente» est en nature et diffus.

Ce type économico-social de propriété-producteur-vendeur aurait pu ouvrir un chemin parallèle, bien que de plus faible degré, à la «voie américaine» dégagée par Lénine et chère à A. Soboul [1]: l'entraînement d'un processus de transformation mû par la petite et la moyenne propriété pouvait engager vers le capitalisme. Ils reconnaissent toutefois que l'absence de féodalité avait créé aux Etats-Unis des conditions préliminaires favorables; la sclérose féodale roussillonnaise de l'époque pré-révolutionnaire aurait donc freiné, de par ses conséquences, le mouvement: permanence d'une grande propriété de type aristocratique et poussière d'exploitations de taille lilliputienne que le gonflement démographique du XIXe siècle amplifie. Cependant, la grande propriété, qui exerce ici séculairement une domination plus spatiale qu'économique en l'absence d'une rente foncière de type capitaliste, développait sa force concurrentielle par rapport à la petite exploitation dans le domaine de la production et de la commercialisation; la viticulture roussillonnaise, de par son essor économique, s'avérait en mesure de gommer le passé structurel de la plaine au lendemain de la reconstitution post-phylloxérique, même si la bourgeoisie foncière n'avait pas entièrement renoncé à la rente foncière traditionnelle pour être issue de l'«élite aristocratique» et constituée de peu de nouveaux entrepreneurs de type capitaliste: la nécessité prioritaire du capital pour «refaire» les vignes et la perspective d'un profit accru sont à l'origine de cette orientation structurelle dont la dynamique apparaît largement tributaire des forces conjoncturelles, à condition que celles-ci soient libres de leur mouvement et convergentes vers le profit; or, le vent conjoncturel, qui avait au XIXe siècle été favorable à la viticulture méridionale, tournait

1. A. Soboul, *Problèmes paysans de la Révolution 1789-1848*, Paris, 1976, p. 132.

dans les années 1890 ; il devenait franchement hostile à la marche ascendante des grandes exploitations.

La dynamique structurelle foncière ne dépend donc pas uniquement de son propre processus évolutif: elle se greffe sur un champ aux influx multiples: la conjoncture économique en constitue une ligne de force essentielle mais non unique. L'État représente en effet une force capable, au niveau des structures, d'agir dans le sens des effets conjoncturels ou de venir les contrarier. Les socialistes agraires avaient saisi la première possibilité, ils s'en remettaient à l'État socialiste pour assurer le triomphe de la grande exploitation, reconnue d'utilité économique « supérieure » avec M. Augé-Laribé dans le cadre de la viticulture industrielle méridionale, tant que l'opportunisme politique ne les poussa pas à défendre la petite propriété. Les gouvernements de la IIIe République ont démontré que l'on pouvait freiner et même enrayer indirectement une évolution structurelle : lors des deux premières grandes séries de crises viticoles, par le Code du vin en 1907 et par le Statut de la viticulture en 1935, le gouvernement a sacrifié la bourgeoisie commerciale vinicole à la bourgeoisie foncière viticole encouragée ainsi à rester « passéiste » et associée à la troupe des viticulteurs, à la fois, désormais, freins à l'avidité des grands propriétaires et garants de leur survie ; c'est incontestablement plus de force que de gré que la masse viticole fut prise en considération par les hommes politiques désireux de maintenir la paix sociale du Midi au prix de la négation du libéralisme économique et du freinage de l'évolution structurelle. C'est la deuxième fois qu'un tel blocage s'opérait lors d'une conjoncture peu stimulante ; il était le fait d'une politique gouvernementale attentive à son intérêt, au-delà de celui des populations concernées. Si on avait laissé faire, laissé passer l'océan de vin, seuls les mieux rompus à la loi de la jungle seraient devenus de plus gros producteurs de vin, obéissant aux mécanismes de la concurrence et de la concentration, tandis que leur victoire aurait procédé de la douleur sociale. Face à l'ambition des entrepreneurs de la viticulture, la société populaire viticole avait difficilement résisté (exode post-phylloxérique) ; les survivants s'étaient unis pour se défendre.

Sur cette « voie ancienne », celle de l'individualisme agraire par le triomphe de la grande exploitation désormais bloquée par le gouvernement, se greffait, comme le signale J. Bouvier[1], la « voie de la coopération ». L'action des éléments de base eux-mêmes constituent une troisième force, aux côtés de l'impulsion conjoncturelle et de l'action politique. Dès 1907, ils créèrent une organisation de groupe défensive composée de syndicats d'achat, de coopératives de vente, de mutuelles sociales, de crédits agricoles, renforçant ainsi leur conscience de classe vis-à-vis des commerçants en particulier, et d'une société en voie d'industrialisation en général, mais ne masquant pas toujours en leur sein une autre prise de conscience de classe, celle du prolétariat vis-à-vis des patrons de la viticulture industrielle mort-née. Jusqu'à la deuxième guerre, cette prise en main de l'autodéfense à coïncidé avec la ferme volonté gouvernementale de maintenir le *statu quo* social méridional ; ils ont conjugué leurs efforts, les uns par nécessité vitale, les autres par opportunisme politique, pour faire barrage à l'avancée dans la voie de la capitalisation de la viticulture ; ensemble, ils ont bloqué les structures et empêché que les plus entreprenants ou les plus chanceux ne sortent des rangs par ailleurs progressivement éclaircis par un niveau de vie souvent jugé insupportable par rapport à celui de la « ville ». Mais, dès la naissance

1. J. Bouvier, *Initiation aux mécanismes économiques*, Paris, 2e édit., p. 69.

du sursaut collectiviste, l'Etat a affirmé sur lui sa supériorité en le contrôlant dans un premier temps, le subordonnant ainsi habilement assez rapidement. Le prix de ce compromis ne devait être facturé que pour les générations d'après la deuxième guerre; jusque là, la société rurale roussillonnaise resta composée de nombreux «petits propriétaires-producteurs-vendeurs», à mi-voie entre les paysans traditionnels, dont l'autarcie économique était condamnée dans le cadre d'une économie mondiale ouverte, et les grands industriels d'une toujours possible viticulture capitaliste; à l'intersection de la voie capitaliste, engagée sous le second Empire, et de la voie de la coopération se situait donc une étape précapitaliste prolongée au profit des petits exploitants, par ailleurs intégrés dans le circuit commercial et coexistant avec une bourgeoisie plus passéiste qu'entreprenante; de par l'action de base menée par les intéressés, il pouvait s'agir d'un freinage, ou d'une étape sur la voie menant vers l'agriculture capitaliste, ou d'un carrefour ouvrant sur la voie d'une agriculture de groupe.

Depuis 1945, et surtout depuis les années 1960, les buts des associations de base et de l'Etat divergent; la politique gouvernementale relance l'évolution sur la voie de la modernisation, l'action collective vise à conserver les positions acquises, souvent entraînée par la frange foncière supérieure qui, depuis l'aube du XXe siècle, s'est laissée immoler sur l'autel de l'Etat: en «s'aristocratisant», elle a laissé se figer une civilisation rurale qui lutte contre le marché le plus impitoyable qui fût et dont la voix se fait entendre par l'action de quelques «desperados» en des moments de crise (Montredon, en Languedoc, 1976). Renoncer au marché est économiquement difficile; renoncer à ces viticulteurs est socialement douloureux. La réaction des viticulteurs, qu'ils soient petits ou gros producteurs, vis-à-vis d'un pouvoir central pour eux désincarné et tournant très au-dessus de leur tête, a changé; dans les années 1950-1960, «l'homme des Pyrénées-Orientales retrouve une de ses attitudes traditionnelles: méfiance et repli sur lui-même [...]. Il découvre progressivement l'énorme abstraction d'un pouvoir central qui dénonce l'alcool par images, lui parle froidement d'emplois nouveaux, invite les promoteurs allemands au Barcarès et fait venir d'Algérie et d'Italie primeurs et vins de coupage»[1]; à la veille des années 1980, ils se sont familiarisés avec les institutions de la nouvelle législation (I.V.D.; S.A.F.E.R.; C.A.M.; C.U.M.A.; SICA; Groupement de Producteurs; Schémas directeurs). Ainsi entrent-ils dans les plans de restructuration et de rajeunissement des exploitations et du vignoble (imposés par les nouvelles conditions économiques européennes) qu'élaborent les technocrates. Ceux-ci incitent à la constitution de groupements afin d'accroître la rentabilité de l'agriculture; les agriculteurs les acceptent, espérant une amélioration de leurs revenus. Ils sont moins représentatifs d'un peuple que d'une catégorie de viticulteurs, ils répondent à des mobiles économiques et non, comme ce fut le cas lors du mouvement coopératif et mutualiste du début du siècle, à des impératifs sociaux.

La société rurale à tendance capitaliste ne s'était pas plus épanouie au XXe siècle qu'au XVIIIe siècle, faute de motivations suffisantes d'une part (le vin ne s'est pas montré plus prodigue que le blé) et de freinages politiques (sous-entendus gouvernementaux, juridiques et mutualistes) d'autre part. Elle n'avait fait, dans les deux cas, qu'amorcer une timide apparition, au détriment d'une société en partie paysanne dans le premier cas, de

1. G. Frances-Riera, «Les Pyrénées-Orientales, un cas particulier de développement régional» dans *Etudes méridionales*, 1967, n° 58, p. 1, 8.

la société foncière fondée sur une propriété privée à caractère populaire dans le second, vaincue par un marché qui lui a chaque fois coupé le souffle et par un pouvoir (seigneurial, royal ou républicain) hostile à son élan. Elle avait laissé plus de place qu'ailleurs aux petits exploitants «indépendants» au XVIIIe siècle et aux petits propriétaires au XXe siècle.

Malgré une combustion conjoncturelle asphyxiante, la petite propriété a donc assuré une survie héroïque, congratulée par l'Etat et chantée par les agrariens. Son seuil de viabilité atteint en effet fréquemment des degrés effondrés ; sa résistance pourrait donc être supérieure à celle de la grande propriété, entreprenante, faut-il préciser, qui ne peut se maintenir que si elle voit ses capitaux investis fructifier. Mais elle ne peut résister jusqu'à l'épuisement dans une société qui offre par ailleurs d'autres perspectives, y compris celle du chômage rétribué. Cette propriété, souvent appelée «familiale» pour les besoins de la cause, n'apparaît donc pas toujours comme le fruit d'une évolution «naturelle», source de toutes les «vertus» telle que la rêvent les citadins souffrant de dépaysement, ou quelques intellectuels regrettant le passé non tel qu'il fut, mais tel qu'ils l'idéalisent. Elle semble, non pas un élément stable et équilibré des structures agraires caractéristiques des siècles précédents (ni même du XIXe siècle), mais issue de la combinaison d'intérêts socio-politiques ; la prise en considération des intérêts économiques lui substitue aujourd'hui le concept d'«exploitation viable». Il n'est pas inutile de redire que ce n'est que parce que l'exploitation capitaliste a manqué d'élan dans la viticulture roussillonnaise (et languedocienne à un degré moindre) comme dans de nombreuses branches agricoles, moins dynamiques et moins spéculatives que l'industrie, en raison, en partie, de l'inélasticité de la terre et des contingences physiques de ses récoltes, que la petite propriété a accentué son empreinte. Il reste encore au peuple d'agriculteurs qu'elle a enfanté le fragile espoir de s'adapter, bien que la troupe des déserteurs n'ait cessé de grossir, puisque à la persévérance des générations précédentes a succédé l'exode pour la ville, son Formica et ses cinés : les fils de la terre sont entrés ainsi de plain-pied dans les plans politiques et économiques des républiques qui ne sont plus paysannes et qui ne peuvent plus l'être dans le concert des grosses puissances industrielles. L'agrarisme peut-il naître de l'atome ? [...]

L'étude de la société roussillonnaise, intégrée au marché gullivérien mais restée à l'échelle lilliputienne de l'exploitation, ayant échappé au cours des siècles derniers tant à l'emprise urbaine qu'à la marche industrielle, invite, en effet, à la nuance. Chaque type de société ne serait-il pas affecté par son propre mode de fonctionnement, celui-ci enregistrant, en outre, les effets du mode de fonctionnement d'une société englobante (nationale ou supra-nationale) et/ou d'une société dominatrice ? Le mode de fonctionnement interne reposerait ici sur le structurel foncier, séculairement agissant ; en ce sens, l'on pourrait parler de permanences structurales. Cependant, outre que ces permanences puissent affecter d'autres facteurs structuraux moins efficients, elles n'excluent pas, au sein d'une même structure, la génèse d'états structurels successifs.

Dans la mesure ou un état structurel est amené à engendrer un nouvel état structurel, ou bien celui-ci est intrinsèquement contenu dans celui-là, d'où il découlerait par une nécessité absolue, ou bien il existerait une interférence créatrice entre les étapes de l'organisation économique et sociale et l'élaboration de concepts intellectuels, même s'il est difficile de déceler les frontières entre maturation de l'organisation matérielle d'une part et création spirituelle d'autre part, élaborée à partir d'une prise de conscience des virtualités libérées par l'organisation matérielle en évolution. A la limite, le «peut pas ne pas être» serait une nouvelle fois dans les faits, considérés inévitablement *a posteriori*: la logique d'un choix, à la rigueur contraint, expliquerait mieux que la nécessité intrinsèque, le passage de la propriété féodale à la propriété privée par le processus terres concédées-terres taxées-terres libérées, à partir du moment où la seigneurie à toléré, sous pressions matérielles, l'alleu, signe de sa contradiction. Le structuralisme génétique laisse la possibilité de «ruptures» et, par là-même, de discontinuités dans la trame historique que peut accentuer l'intervention, consciente ou non, des hommes.

De même, pour se libérer de la propriété féodale, la propriété privée devait susciter la convoitise bourgeoise et passer par l'intellect, catalyseur des bouleversements structurels; c'est lui qui a fait d'une notion économique et sociale dans son essence, un «droit naturel et imprescriptible», ce que n'admettaient pas par exemple les éleveurs, pour lesquels la propriété privée était un obstacle redoutable pour l'existence de leur économie pastorale, ni les paysans pauvres pour qui les terres communautaires et les droits collectifs étaient une nécessité vitale. Mutations de fond et de forme vont encore de pair au xxe siècle: combattue à l'échelle nationale par les impératifs économiques et politiques, la trilogie propriété-coopération-travail fait place au triptyque exploitation-planification-capital.

Si les infrastructures matérielles exercent une incidence sur les infrastructures mentales, celles-ci semblent pouvoir dialectiquement provoquer la mutation de celles-là avec d'autant plus d'efficacité que s'effectuerait la prise de conscience de la réalité d'une part, et de la possibilité d'orienter cette réalité d'autre part. Généralement, en raison d'une prise de conscience floue, l'action s'est produite par le bas, dans le sens donné par l'évolution du processus économico-social lui-même, qui s'est ainsi trouvé accéléré et sous la dépendance duquel se mettent les sociétés. Mais, si l'évolution interne d'une organisation économique et sociale se laisse transcender, les relations intellectuelles dialectiques devraient pouvoir provoquer des actions matérielles par le haut, dans le sens choisi, dans la mesure où les fondements dégénérescents d'une organisation économique et sociale seraient susceptibles de libérer non pas les fondements d'une nouvelle et unique organisation mais différentes possibles organisations.

Il faudrait beaucoup de sagesse pour maîtriser cette puissance, qui viserait à accélérer (ou freiner) un processus engagé par le processus économico-social, mais aussi à la réorienter si plusieurs voies s'entrecroisent; H. Lefebvre analyse la réaction de Marx devant les intentions semblables: «S'il y avait eu aux temps féodaux des économistes, un grand enthousiasme les aurait saisis pour les vertus chevaleresques, l'harmonie entre droits et devoirs, la vie patriarcale dans les villages, la prospérité de l'industrie domestique dans les campagnes, la grandeur de l'industrie urbaine organisée par corporations, jurandes, maîtrises. Ils auraient proposé d'éliminer ce qui faisait ombre dans ce tableau: le servage, les privilèges (des nobles et du clergé, mais aussi de la bourgeoisie naissante), l'anarchie; que serait-il arrivé?» Marx répond: «On aurait anéanti tous les éléments qui constituaient la lutte et étouffé dans son germe le développement de la bourgeoisie[1].» Cependant, le temps de l'histoire ne saurait être unique: le temps long des structures, celui des permanences, est affecté par le temps heurté de la conjoncture, celui du

1. H. Lefebvre, *la Pensée marxiste et la ville*, Paris, 1972, p. 621. K. Marx, *Misère de la philosophie*, Paris, 1896, p. 89.

frémissement économique qui ébranle d'autant plus qu'il est dégagé de toute pression et contrôle ; les structures sociales semblent évoluer afin de concilier leur base matérielle et les stimulants économiques entre ces deux rythmes, en proie de surcroît à celui de leur outillage mental fait de capacité d'adaptation (instinct vital ?) et de réseaux d'anciennes structures résistants.

En outre, lorsque société englobée et société englobante ne coïncident pas, elles sont affectées de décalages qui se réfléchissent sur l'échelle du temps. Ainsi, la société englobante, ici moins la société française que la société technocratique, est portée par un temps qui, lui, se déroule à une cadence accélérée par les progrès d'une technique visant à aller toujours plus vite. La société englobée, ici moins la société roussillonnaise qu'une société agricole, reste tributaire du rythme des saisons et des intervalles de production ; le viticulteur a bien appris à produire davantage, il lui est impossible d'agir sur le cycle végétal annuel. Le cas le plus aigu de décalage s'exprime, compte tenu des sociétés de référence, dans les crises de surproduction, en réalité crises de mévente : ne résultent-elles pas du décalage qui se creuse entre le rythme annuel de production et celui de l'écoulement commercial, réglable à la vitesse du téléphone, voire du télex ? Et, faut-il préciser ?, le mobile est moins de servir la consommation que le profit, financier ou politique.

Cependant, d'un équilibre rompu peut partir une orientation nouvelle, qu'elle soit spontanée ou provoquée : ainsi semble-t-il en être, dans le cas de la société étudiée, des premières années du XXᵉ siècle qui virent se greffer la voie de la coopération sur la voie capitaliste ; à toutes les interférences, l'énergie serait créatrice. L'histoire rejoint là d'autres sciences qui se dégagent d'une nécessité implacable[1]. Aussi, quelle que soit la force de l'idée, il est, dans la réalité économique et sociale de l'histoire des sociétés en cours d'évolution, des événements portés par des circonstances où vives sont les tensions et, de ce fait, décisifs pour les réorientations ultérieures : ils ne sauraient être négligés ou sous-estimés. Ne peuvent-ils pas être eux-mêmes générateurs d'idées nouvelles ?

Si les problèmes ont leur source dans le passé, leurs solutions émergent au présent ; les résoudre nécessite une conscience élargie à la dimension universelle. Or, celle-ci, parce qu'elle laisse découvrir des différences et des conflits, révèle qu'il peut être fructueux, pour une meilleure connaissance humaine, de comprendre des sociétés plus discrètes que les sociétés englobantes et/ou dominantes ayant suscité l'intérêt des historiens et autres que les sociétés dites primitives étudiées par les ethnologues, afin de cerner le problème existentiel que pose aux humains et à l'être la difficile cohésion des sociétés. Les temps de l'histoire de chacune d'entre elles ne sont pas synchroniques, c'est dans la diachronie des évolutions qu'il faut rechercher leur originalité respective.

Inscrites dans le temps, les diverses modalités du devenir social ne sauraient donc se laisser figer dans la durée plus ou moins longue d'une étape plus ou moins avancée de leur évolution ; elles semblent, elles aussi, exprimer « la loi mystérieuse qui, du plus humble chimiste aux plus hautes synthèses de l'esprit, fait se traduire en termes de travail et d'effort tout progrès en direction de plus d'unité[2] ». L'histoire en serait le chemin.

© Tous droits réservés

1. Cf. Prigogine, *la Nouvelle alliance*, Paris, 1979 ; il développe la notion de bifurcation. Il est préféré ici celle de greffe, source d'interférence.
2. P. Teilhard de Chardin, *le Phénomène humain*, Paris, 1955, p. 316.

Archaïsme et modernité en Limousin au XIXe siècle, 1845-1880

(1975)

ALAIN CORBIN

On a retenu de cette thèse de doctorat, consacrée à une monographie régionale d'histoire sociale et politique, la partie relative aux effets du retard ferroviaire. L'auteur détaille les conséquences économiques, mais également psychologiques, des insuffisances du réseau. Les effets apparaissent contradictoires, car les lacunes ou même l'absence de chemins de fer peuvent à la fois entamer les anciennes structures de transport, sans véritablement y substituer des éléments de novation dynamique. Et l'isolement consécutif, à la fois réel et amèrement perçu, n'est pas sans effet politique.

Source: *Alain Corbin,* Archaïsme et modernité en Limousin au XIXe siècle, 1845-1880, *Paris, M. Rivière, 1975, p. 143-147.*

Les conséquences immédiates du retard

1. – Désorganisation mais permanence des anciennes structures

Les conséquences de l'édification du réseau ferroviaire national se sont manifestées très tôt ; dès 1847, le porcelainier Alluaud, dans un rapport adressé au préfet au nom de la Chambre consultative des Arts et Manufactures de Limoges, attribue aux constructions ferroviaires la désorganisation du roulage limousin, cause elle-même, selon lui, de la crise économique qui sévit alors. Par la suite, le commerce de transit qui s'effectuait à travers la province se trouve peu à peu tari et, de ce fait, les rapports que le Limousin entretenait avec l'Auvergne se distendent. En revanche, ses relations avec le Nord et plus particulièrement avec Paris se trouvent renforcées tout en changeant de forme puisque le roulage est maintenant au service du rail.

La Corrèze, privée de chemin de fer, a particulièrement souffert de cette désorganisation des structures traditionnelles. Dès 1854, les rapports des ingénieurs soulignent le phénomène: «Les entreprises de roulage sont aujourd'hui bouleversées, anéanties. Telle route qui était fréquentée se trouve en ce moment, quoique fort éloignée de la grande ligne de Paris à Bordeaux, vers laquelle tout converge, complètement abandonnée. Ainsi les marchandises de Clermont-Ferrand sur Périgueux n'ont que 240 km à parcourir sur la R.N. 89. Eh bien! Elles rétrogradent sur Orléans, viennent à Angoulême, quelquefois même à Libourne, et par là au chef-lieu de la Dordogne après avoir fait un trajet qui n'a pas moins de 700 km dans le premier cas et de 790 km dans le second, dont 84 km par terre dans l'une et l'autre hypothèse.» Rappelons qu'à cette date le chemin de fer de Châteauroux à Limoges est encore loin d'être achevé et que seule la ligne de Paris à Bordeaux fonctionne dans le sud-ouest de la France.

L'absence de voies de chemin de fer, tout en affaiblissant le trafic traditionnel, et en particulier le transit, explique en même temps la permanence de l'utilisation des moyens de transport archaïques: roulage, flottage, navigation descendante de la Dordogne. Le roulage à moyenne distance continue de fonctionner tout au long de notre période ; les comptages effectués par les Ponts et Chaussées permettent d'en mesurer l'importance jusqu'à une date tardive. En 1875 encore, c'est le seul moyen de transport, flottage de bois mis à part, utilisable le long de la vallée de la Vienne ; c'est lui qui assure toujours l'alimentation de l'industrie porcelainière de Limoges en matières premières aussi bien que le transport des fruits et des légumes du bassin de Brive jusque vers les centres de consommation de la Haute-Vienne.

Durant la dernière décennie du Second Empire, la navigation (descendante) de la Dordogne est à son apogée :

1838-1847 :	moyenne annuelle	: 241 bateaux
1848-1857 :	–	: 325 bateaux (estimation)
1858-1867 :	–	: 401 bateaux 3 457 tonneaux de marchandises
1868-1877 :	–	: 196 bateaux 1 676 tonneaux de marchandises
1878-1887 :	–	: 77 bateaux 864 tonneaux de marchandises

Ce n'est donc qu'à la fin du siècle que cessa l'activité qui avait fait la fortune des petites villes de la vallée (Bort, Argentat, Beaulieu) dans lesquelles sont encore sensibles aujourd'hui les vestiges de la prospérité de naguère. Le flottage des bois sur la Vienne et sur ses affluents ne cessa lui aussi que très tard ; comme nous l'avons dit, la réglementation qui le régissait dans la Haute-Vienne ne fut abolie qu'en 1879 et le flottage lui-même ne disparut qu'en 1881, après l'ouverture de la ligne de Limoges à Eymoutiers.

2. – Les effets sur l'agriculture et l'industrie

Contrairement à ce que l'on constate en Bretagne, le retard de la construction des chemins de fer empêcha le développement du chaulage en Limousin ; l'utilisation des engrais s'en est trouvée, elle aussi, retardée. Jusqu'en 1880, l'exportation du bétail de la Montagne et des plateaux du Sud-Est, et dans une moindre mesure de la Haute-Marche, ne put s'effectuer dans de bonnes conditions ; d'assez longs déplacements à pied nuisaient à la qualité des animaux ; cela a retardé la spécialisation de certaines zones. D'une manière plus générale, on peut dire que le retard apporté à l'implantation d'un réseau moderne de communications est une des causes de la résistance à l'innovation que nous serons amenés à constater dans le domaine agricole.

En ce qui concerne l'industrie, le rail a favorisé la concentration des activités à Limoges ; le processus est particulièrement visible dans le domaine de la porcelaine, surtout après que la houille se fut imposée comme combustible. En revanche, la stagnation des activités que nous constaterons dans les autres centres industriels de la région, restés isolés (Saint-Léonard, Bourganeuf, Aubusson), la longue fidélité à l'énergie hydraulique, elle-même cause du retard de la modernisation des techniques, doivent être en grande partie imputées à l'absence de moyens modernes de communications.

3. – La «psychose» de l'isolement

L'isolement a été vivement ressenti : il a contribué à renforcer certains traits du tempérament régional ; il a déterminé un net sentiment de frustration et une certaine jalousie à l'égard des voisins, plus heureux.

La perception de l'isolement semble avoir été différente selon les régions ; on en rencontre peu d'échos dans la Basse-Marche, dans la région de Limoges ou le nord de la Creuse : cela s'explique aisément par la configuration du réseau ; la densité des lignes est ici plus forte, de plus celles-ci, par leur direction, tendent à renforcer les liaisons traditionnelles avec le Nord ainsi que l'émigration temporaire, ici particulièrement importante. En revanche, le sentiment de frustration est très net dans la Corrèze où il se mue spontanément en une réaction d'hostilité politique ; on attribue au pouvoir la volonté délibérée d'isoler le département.

Les réponses fournies au cours de l'enquête agricole de 1866 sont révélatrices à cet égard : «On nous a contournés, parqués chez nous... ; on a fait 200 kilomètres pour nous éviter», s'écrie un propriétaire de Tulle.

De son côté, le maire d'Ussel déclare : «La Corrèze est complètement oubliée», la construction du Bordeaux-Lyon par Tulle «sera une réparation des souffrances supportées depuis longtemps par le département»... un autre : «Notre commerce diminue alors que partout ailleurs il se développe et s'accroît». Et dans le rapport final présenté par le président de la commission d'enquête on peut lire, à propos du chemin de fer de Bordeaux à Lyon : «il est considéré comme une œuvre de réparation et de justice envers une région déshéritée, depuis l'avènement de l'Empire, de toutes les faveurs du pouvoir central».

Ce sentiment, avons-nous dit, se transforme souvent en jalousie à l'égard des voisins : les plaintes des habitants de la Haute-Vienne sont vives à l'encontre de la Dordogne ; on accuse, non sans fondement, la Compagnie d'Orléans de vouloir développer la fortune de Périgueux aux dépens de celle de Limoges ; dans la Corrèze, on accuse les «intérêts cantaliens» mais nulle part on ne se plaint des autres Limousins : la solidarité régionale semble s'affirmer vis-à-vis des voisins. En revanche, la jalousie se manifeste même à l'égard des colonies : «Pas de canaux, pas de chemins de fer, s'écrie un propriétaire ; à la distance où il est, il ne nous cause que du dommage ; pas de chaux, et sans elle pas de culture ! Ni chemins vicinaux, ni chemins ruraux pour la plupart des propriétés et, avec tout cela, supporter la concurrence de pays dotés de tous ces avantages !... Et cependant l'avenir de ce pays et ses ressources agricoles seraient immenses ! Et cette condition est celle de 3 à 400 000 hectares contigus des trois départements de la Haute-Vienne, de la Creuse et de la Corrèze ! On dote nos colonies de chemins de fer, de routes, de fermes modèles. Sans aller aussi loin, il y a au cœur de la France toute une contrée à coloniser, qui ne demande qu'à être mise dans les mêmes conditions de travail pour soutenir la concurrence des produits.» Et vers la même époque Gorse, avocat à Tulle : «On construit en Afrique des chemins de fer..., qu'on nous traite seulement comme des Arabes».

On comprend que ces sentiments, liés à la conscience de la pauvreté limousine, n'ont pu que renforcer le régionalisme et surtout nourrir l'opposition politique. Que l'isolement et la prise de conscience de cet isolement aient eu d'autre part des incidences sur la psychologie et la vie culturelle, cela est trop évident pour qu'il soit besoin d'insister ;

encore qu'il faille aussi tenir compte de l'intensité de l'émigration temporaire qui d'une certaine manière contribue à rompre cet isolement.

Histoire des Crédits agricoles

(1984)

ANDRÉ GUESLIN

Il s'agit de la conclusion d'une thèse sur l'histoire en longue durée (de 1910 à la fin des années 1970) des Crédits agricoles. L'auteur y souligne l'originalité de la voie française, à égale distance de la forme étatique comme de la solution mutualiste pure. Il constate comment, malgré des difficultés initiales, à partir des années 1960, l'agriculture, présentée souvent comme retardataire, parvient à se forger un organisme financier adapté à la croissance des Trente Glorieuses. Le Crédit agricole apparaît ni comme la « banque des riches », ni comme celle des plus démunis, mais comme un établissement ayant su s'adapter à une grande diversité, en particulier régionale.

Source : *André Gueslin,* Histoire des Crédits agricoles, Paris, Economica, 1984, t. II, p. 341-347.

Bibliographie : *Du même auteur : « Dynamisme et lenteurs d'un secteur abrité : les banques mutualistes au* XX*e siècle »* in *P. Fridenson, A. Strauss (éd.),* le Capitalisme français, *op. cit.*, p. 211-223.

De la nécessité d'une organisation bancaire spécialisée pour l'agriculture

Historiquement, le Crédit agricole apporte une réponse. L'analyse a tenté d'apprécier les modalités et l'impact de son action.

Au service d'un modèle d'exploitations familiales

Se pose d'abord, historiquement, la question des relations financières entre le secteur agricole et le reste de l'économie [1]. Dans le cas d'un développement dualiste marqué par le déclin relatif du secteur agricole, la question du prélèvement se pose. Avant 1914, les banques mais également les Caisses d'Épargne furent les agents d'un transfert important, « prélevant » les disponibilités paysannes au profit du secteur industrialo-urbain, ou pour des émissions obligataires de l'étranger. Il est certain cependant qu'il subsistait une thésaurisation importante. Dès lors, la constitution d'un réseau de Caisses mutuelles pouvait aboutir à amplifier un transfert intersectoriel. Divers auteurs, après Marx, ont voulu démontrer cette « dévitalisation » de l'agriculture, au profit de l'économie capitaliste. On a voulu alors appliquer le raisonnement, valable pour les autres réseaux financiers, à la mutualité rurale de crédit. Rappelons d'abord que cette intention

1. Un bon exposé général de cette question dans R. Badoin. *Économie rurale*. 1971. pp. 235-238.

n'apparaît nullement dans la démarche des fondateurs du Crédit libre comme du Crédit officiel. Pourtant, un mécanisme de transferts est intervenu dans le Crédit libre « par la force des choses ». Du fait des besoins de financement limités, eu égard à l'importance de la collecte et aussi, d'une façon générale, du fait de la nécessité d'assurer l'équilibre financier, une partie des ressources collectées a fui le secteur rural, pour s'investir en valeurs mobilières, négociables en cas de panique des déposants. S'agissant du Crédit agricole, cette thèse s'avère erronée. L'objectif constant sur la période 1894-1972 est, au contraire, de réaliser un transfert inverse. Dans un premier temps, celui-ci s'opère par le canal de l'État (1894-1942) ; ensuite, il s'appuie sur la collecte externe. A aucun moment, le secteur agricole ne donne, par le canal du Crédit agricole, plus qu'il ne reçoit. Peut-être faudrait-il faire une exception pour la période 1942-1946, où le flux s'inverse sous l'effet d'une situation conjoncturelle et non d'une politique délibérée en la matière. Dans la mesure où l'on ne connaît pas l'origine socio-professionnelle des déposants et épargnants du Crédit agricole, il est impossible d'en donner une évaluation précise [1]. Est-ce que cela signifie que le Crédit agricole échappe à la logique capitaliste en ce domaine? Ces mécanismes financiers permettent une adaptation des flux financiers de façon différente. Après que l'État ait en quelque sorte « amorcé la pompe », la collecte permet, jusqu'au début des années 1960, un autofinancement intrasectoriel important, par la mobilisation des espèces thésaurisées, ou placées ailleurs. En outre, on peut considérer que le Crédit agricole a facilité le financement du reste de l'économie, en rendant solvable la demande agricole de biens fonciers, tant pour les achats que pour le paiement des soultes. Certes, il faut bien voir que ce flux n'a rien à voir avec l'importance du transfert en sens inverse, sauf peut-être à la fin des années 1950. Avant la guerre, les prêts fonciers du Crédit agricole restaient encore relativement limités, alors qu'au cours des années 1960 et 1970, même s'ils augmentent considérablement, le financement externe de l'agriculture est bien supérieur. La situation en 1971 en offre un exemple. Les experts évaluent alors les « sorties » du secteur, pour les achats de biens fonciers, à 3,7 milliards de francs ; au même moment, la C.N.C.A. estime que 43 % de l'endettement agricole sont financés par le secteur extra-agricole, ce qui représente, pour les seules réalisations annuelles à moyen et à long termes, environ 3,7 milliards de francs. Mais il reste tout le domaine des prêts à court terme, financés partiellement par le secteur extra agricole.

Si le Crédit agricole est un agent de transferts, c'est donc bien du secteur de l'économie générale vers le secteur agricole. C'est donc dans la sphère agricole propre que réside sa fonction spécifique et par là la « justification » de l'aide de l'État. C'est l'État qui définit le cadre d'activité du Crédit agricole. Il ne remet pas en cause l'économie paysanne en tant que telle durant les premières décennies de fonctionnement. Il cherche surtout à lui donner les moyens de se pérenniser dans le cadre de la nouvelle formation économique et sociale, née de la dominance du mode de production capitaliste. La politique du Crédit agricole a deux fondements. Au plan politique apparaît la conviction que la société paysanne a un rôle modérateur, équilibrant. Au plan économique, la petite production marchande est perçue comme le mode de production le mieux adapté à l'agriculture, à condition d'y promouvoir le progrès technique et économique. Sous des formes différentes, ces deux soucis sont constamment présents entre 1894 et 1972. Avant la Seconde Guerre mondiale, la préoccupation économique resta reléguée au second plan, la

1. Nous avons tenté, à chaque étape de l'analyse, de mesurer ces transferts. Nous n'avons pas jugé utile de les reprendre en conclusion.

dimension sociale et politique apparaissant comme primordiale. La volonté d'inspiration radicale-socialiste de promouvoir une société jacobine de petits propriétaires traversait l'appareil d'État et le Crédit agricole. Le législateur mit l'accent sur l'accession à la propriété dans le cadre de plafonds fixés à des niveaux très modestes.

Après la guerre apparaît une longue période de transition. La rémanence du modèle social ancien est au cœur de la politique agricole, mais il s'y greffe une volonté d'intégrer l'agriculture à l'économie générale. L'État stimule les emprunts productifs : création du moyen terme mobilisable, apparition des mécanismes de garantie de bonne fin, avances du F.D.E.S... Il faut attendre le début des années 1960 pour voir apparaître une véritable politique agricole. C'est vraiment à partir de ces années que l'État cherche à promouvoir une *réidentification* de l'agriculture à la nouvelle situation économique. L'idée de promouvoir la compétitivité est au cœur des réflexions. En même temps, le thème de l'industrialisation de l'agriculture prend une consistance nouvelle. On a un peu l'impression que le procès de transformation de l'agriculture par l'industrie, engagé dès la Libération, avait été, jusque là, mal appréhendé. S'agissait-il de façonner l'agriculture à l'image de l'industrie ? Ou bien d'adapter seulement la production agricole à la logique capitaliste ?[1] L'incertitude quant au modèle d'agriculture à promouvoir explique sans doute les hésitations antérieures. Après 1960, les choix se clarifient. Il s'agit davantage d'adapter que de façonner. Les pouvoirs publics, soutenus par les organisations professionnelles agricoles, promeuvent un développement fondé sur des exploitations familiales compétitives, c'est-à-dire des exploitations moyennes dans lesquelles on va s'efforcer d'infuser le progrès technique et économique à haute dose. Le crédit apparaît alors comme le « nerf de la guerre » dans la mesure où l'autofinancement ne peut être suffisant. Dès lors, on assiste à un retournement de la politique du Crédit agricole : aux seuils-plafonds d'intervention, on substitue des seuils-planchers. Le Crédit agricole est chargé aussi d'introduire la rationalité économique dans les exploitations.

Le cadre étant ainsi défini, notre analyse visait à préciser la « réponse » de l'institution. Il faut d'abord réfuter, démystifier deux thèses qui ne supportent pas l'épreuve des faits. La première, courante au sein de l'organisme, est de présenter le Crédit agricole comme le « banquier des défavorisés », des victimes du système. La thèse d'un Crédit agricole « ne prêtant qu'aux riches » n'est guère plus fiable. Sans doute les Caisses exigent-elles, le plus souvent avant 1960, qu'on soit propriétaire pour obtenir un prêt, à moins de montrer une surface financière incontestable. Est-ce à dire que les exploitants non propriétaires et les salariés agricoles sont exclus ? Dès les années 1930, le Crédit agricole a beau jeu de répondre en exaltant les 35 000 propriétaires qu'il a contribué à faire. En revanche, il y a plus à dire sur l'efficacité économique de la politique menée avant guerre. Comme l'indique une étude de la Banque mondiale, traitant pourtant des pays en développement, la subvention de crédit génère des effets pervers : mauvaise utilisation des ressources par l'exploitant, détournement des fonds à des fins politiques ou au profit de gros exploitants[2]. Tout au long de la période d'analyse, l'inspection des Finances ne se prive pas pour émettre des critiques du même ordre. En fait, notre analyse montre surtout une adaptation du Crédit agricole aux réalités régionales. Le volontarisme, dont fait montre le législateur, perd sa consistance au contact des diverses économies agricoles. Certains en concluront que l'institution a fossilisé les inégalités régionales ; d'autres, qu'elle a

1. Voir la réflexion d'A. Mollard, *Paysans exploités*, 1978.
2. Banque mondiale, *Politique sectorielle – Crédit agricole*, 1976, pp. 12-15.

contribué à une adaptation en douceur à l'évolution économique générale ; les derniers, dont nous sommes, se gardant d'opter pour considérer qu'après tout les deux thèses sont moins antinomiques qu'on veut bien le dire. Après la guerre, la politique de l'institution évolue malgré un discours un peu figé. Elle incite à l'investissement les exploitants « progressifs », tout en prenant en compte un changement des mentalités. Le fait nouveau chez les agriculteurs (hors des grands agriculteurs du Bassin parisien), est que désormais à l'emprunt *ex-post*, ou à l'emprunt hypothécaire pour la terre, se substitue d'une *façon structurelle* l'emprunt pour investir. L'institution aide plus ou moins consciemment cette « fuite en avant » par le crédit. Pour pallier la crise liée au déclin relatif de l'agriculture et pour masquer les transferts généraux au profit du secteur extra-agricole, le Crédit agricole n'offre parfois que des pis-aller. Faisant le bilan de son étude du Bas-Languedoc, Vincent Michel conclut que la croissance de l'endettement résulte de la situation de crise quasi permanente traversée par la région depuis le début des années trente [1]. En cela, il confirme l'observation que nous avait faite, au début de la décennie 1970, un directeur d'une agence de la Banque de France : « Sans le Crédit agricole, les campagnes auraient connu la jacquerie. » Il est vrai que la crise actuelle « révèle » les situations dramatiques des exploitations les plus fragiles. Le discours se radicalise d'autant. A Bernard Lambert, qui stigmatisait les risques pour le Crédit agricole d'entrer « dans une structure de gestion adaptée à la logique capitaliste », répondent, à la fin des années 1970, des manifestations pour empêcher les saisies des biens des « mauvais payeurs » [2]. Les analystes ont alors beau jeu d'évoquer le « nouveau maître » et de prendre en compte le discours des paysans les plus critiques : « Aujourd'hui, nous ne sommes plus propriétaires de nos teres, c'est le Crédit agricole qui l'est. » [3] Il n'y a alors plus qu'un pas pour assimiler l'annuité de prêt hypothécaire à la rente foncière, payée par le fermier à son propriétaire [4]. En fait, ce qu'il faut constater, c'est que la politique du Crédit agricole est désormais plus conforme à celle des pouvoirs publics. Elle bénéficie sans aucun doute et puissamment à l'exploitant situé au-delà du seuil de rentabilité économique. Cela est déjà moins sûr pour les exploitations situées immédiatement en-dessous. Pour les micro-exploitations, il n'est plus d'aucun secours.

La question qui se pose est de savoir si, dans le cadre de la formation économique et sociale, le Crédit agricole pouvait employer une autre politique. L'exemple du Crédit libre, détaché de toute tutelle étatique, offre des éléments de réponse. Toutefois, l'absence de statistiques économiques précises empêche de donner un diagnostic parfaitement assuré. Rétrospectivement, l'analyse montre que le Crédit libre a pu combler les lacunes, les carences du Crédit agricole. La souplesse des mécanismes a permis une réponse rapide aux besoins, contrastant avec la lourdeur du Crédit agricole. Enfin, en accueillant des agriculteurs éconduits par l'organisme officiel, les caisses libres ont fonctionné un peu comme des structures d'appel, malgré les risques de surenchères. Dans les régions où elles sont implantées, elles contribuent à une saine émulation avec le Crédit agricole. Enfin, en finançant des groupes coopératifs puissants, elles ont aidé les agriculteurs, dans leur région d'implantation, à se donner des structures d'approvision-

1. V. Michel, *op. cit.*, p. 193.
2. B. Lambert, *les Paysans dans la lutte des classes*, 1970, pp. 83-84. Voir l'affaire Cadiot, ce ménage d'éleveurs de la Loire-Atlantique, acculé à la cessation d'activité, faute de nouveaux crédits et pour lequel se mobilisent les Paysans-Travailleurs (*Le Monde*, 21, 24-25 et 30 septembre 1978).
3. V. Michel, *op. cit*. p. 194.
4. A. Mollard, 1978, *op. cit.*, p. 50 et surtout P. Coulomb, *Etudes rurales*, n° 51, 1973, p. 44.

nement et surtout de transformation et de commercialisation efficaces. On pense au Nord, au Pas-de-Calais, au Dunois, à l'Alsace, au Sud-Est. Mais il n'en reste pas moins que les Caisses libres sont dépendantes des règles du marché et des contraintes du capitalisme. L'obligation de conserver un compte d'exploitation équilibré ne leur a pas permis de soutenir efficacement les petits exploitants. D'une façon générale, elles ont eu des difficultés à faire face au déclin relatif de l'agriculture : problème de rentabilité, difficultés pour réaliser des financements à grande échelle, contrainte de la ressource. Enfin, le Crédit libre n'a jamais prétendu à la diffusion d'un modèle d'agriculture ; il a davantage cherché à s'adapter aux économies agricoles régionales.

Le drame du Crédit agricole en particulier, mais également de l'économie sociale dans son ensemble, quoique à un degré moindre, est d'être le « vecteur de transformations imposées »[1], en ce qu'il subit et est amené à prendre en compte les règles du système environnant. L'économie sociale n'est pas un microcosme ; à défaut de transformer la vie, elle peut seulement aider à mieux vivre et ne répond pas toujours parfaitement aux ambitions des militants de la mutualité. L'abandon de la spécialisation agricole est une bonne illustration de ces difficultés.

L'ouverture du modèle de Crédit agricole

En 1913, Crédit officiel comme Crédit libre sont relativement spécialisés. Même la branche Raiffeisen du Crédit libre, davantage rurale qu'agricole, est profondément marquée par l'agrarisme. Depuis 1913, le déclin relatif de l'agriculture s'accélère. Le Crédit libre, qui prit des allures de contre-modèle, s'adapte soit en renonçant à la vocation initiale, soit en renouant avec le projet interprofessionnel originel. La nécessité de collecter hors du milieu agricole, le développement quasi spontané des Caisses urbaines scellent l'abandon de la vocation agricole privilégiée. Seules quelques Caisses libres refusent cette évolution. Même si elles prospèrent au sein de quelques régions, elles apparaissent entre 1960 et 1980 comme des rémanences. Parallèlement, le pouvoir dans le Crédit libre, devenu Crédit Mutuel, passe des autorités sociales traditionnelles aux classes moyennes et salariées des villes : employés, fonctionnaires, petits chefs d'entreprise... C'est ce que nous avons appelé l'*adaptation en-dehors*. D'un côté, elle permet la réussite du Crédit Mutuel qui, en changeant de statut, répond à une fonction nouvelle, née d'un besoin réel ; de l'autre, elle marque l'échec du contre-modèle en tant que tel, à moins que le renouveau des années récentes se confirme à terme.

La logique de l'évolution économique condamne également le Crédit agricole à s'adapter, à moins de mourir. Il le fait d'une façon originale. Nous avons montré la réussite financière de l'institution. Une question importante était de savoir à quel prix. Nous y avons répondu partiellement en évoquant les transformations des interventions agricoles. Il reste à exposer les modalités de l'adaptation au déclin relatif de l'agriculture. A l'origine, le modèle du Crédit agricole, bien que quasi fermé, tolérait quelques liaisons externes. La collecte sur dépôts n'était nullement mutualisée : la loi de 1894 autorisait les Caisses à recevoir des dépôts de quiconque. S'agissant des prêts, la législation les autorisa très vite à intervenir auprès des artisans, mais également auprès d'organismes para-agricoles, comme les syndicats pour l'électrification. Dans l'ensemble, ces opérations restèrent limitées. En revanche, jusqu'en 1939, voire ultérieurement pour quelques

1. C. Vienney, *op. cit.*, p. 374 (pour le Crédit agricole).

Caisses, le Crédit agricole était administré par la bourgeoisie rurale : avocats, médecins, vétérinaires... Paradoxalement, on assiste ensuite à un double mouvement. Du côté des opérations, le Crédit agricole s'ouvre progressivement au milieu extra-agricole, d'abord quasi spontanément, ensuite juridiquement. Cela apparaît très nettement au niveau des ressources : à partir du milieu des années 1930 et surtout après la guerre, le poids des notaires, des investisseurs institutionnels, puis dans la dernière phase, des salariés des campagnes et des villes, s'affirme jusqu'à atteindre 60 % de la collecte, au début des années 1970. L'extension des compétences est moins aisée, dans la mesure où elle nécessite une sanction légale. Néanmoins, les réformes de 1959, puis de 1971, permettent une ouverture sur les ménages et certaines activités proches de l'agriculture. Or, parallèlement à ce mouvement, on assiste à une évolution strictement inverse en matière de conseils d'administration. Progressivement, ceux-ci « se ferment » sur l'agrarisme. La montée des élites agricoles, issues des grandes organisations professionnelles rénovées après 1944, entraîne un large renouvellement des administrateurs. Ce que nous avons appelé une *adaptation en-dedans* permet la pérennité du modèle. C'est une forme de mutualisme « tronqué » : l'organisme, désormais à vocation interprofessionnelle, est géré par une seule profession, qui y dispose d'une place privilégiée.

© Economica

XII

RELATIONS INTERNATIONALES, IMPÉRIALISME, COLONISATION

Longtemps, l'histoire des relations internationales s'est confondue avec l'histoire diplomatique, où la décision de politique extérieure occupait une place hégémonique. Plusieurs éléments ont contribué à faire évoluer conceptions et travaux. Tout d'abord, le choc de la Première Guerre mondiale et les réflexions que ses « causes » ont nourries. L'influence du marxisme et l'impact de la brochure de Lénine (1916) sur l'impérialisme, ensuite. Le souci, enfin exprimé par certains des rédacteurs des Annales, *en particulier Lucien Febvre, de ne pas en rester à l'écume des choses concernant les relations internationales. L'historien qui va conduire cette mutation est Pierre Renouvin. Bien qu'issu de traditions différentes, comme Ernest Labrousse pour l'histoire économique et sociale, il va susciter les travaux et la carrière de plusieurs dizaines d'historiens, dont une grande partie occupe aujourd'hui encore des postes de responsabilités dans la recherche et l'enseignement universitaires. Combattant de la Première Guerre mondiale et grand blessé, il a eu l'occasion, au service historique des armées où il a été affecté, de mesurer le poids des mentalités sur la conduite de la guerre. Outre les exhortations de Lucien Febvre, Pierre Renouvin a également dû faire face aux objections du grand pédagogue Jules Isaac, insatisfait de la première version de l'ouvrage, jugé trop étroitement diplomatique, qu'il a écrit sur les causes immédiates de la Première Guerre mondiale. De ce dialogue résulte, semble-t-il, l'idée des « forces profondes ».*

En 1934, une nouvelle version pour la collection « Peuples et Civilisations », intitulée la Crise européenne et la Grande Guerre (1904-1918), *témoigne du dépassement d'une conception restrictive des relations internationales. Pierre Renouvin, étranger au groupe des* Annales *et venu d'un univers idéologique très éloigné de celui des marxistes, souhaite ne pas laisser à ces derniers le monopole de l'analyse des relations économiques et financières extérieures. Il en vient à parfaire sa conception des « forces profondes », depuis les lignes d'introduction aux divers volumes de l'*Histoire des relations internationales *(parus depuis 1954), à l'article de 1954 de la* Revue historique, *jusqu'à la publication de l'ouvrage commun, rédigé avec son premier disciple, Jean-Baptiste Duroselle,* l'Introduction à l'histoire des relations internationales *(1964). Le volume comprend une première partie (rédigée par Pierre Renouvin), entièrement consacrée aux « forces profondes », qu'on pourrait classer en trois groupes : géographiques et démographiques ; économiques et financières ; mentales et idéologiques. L'examen des sources diplomatiques demeure nécessaire, mais insuffisant pour rendre compte des relations internationales, les forces profondes formant « le cadre des relations entre les groupes humains et, pour une large part, [déterminant] leur caractère » (*Introduction... op. cit., *p. 2). Mais leurs auteurs précisent que ces diverses forces profondes sont distinctes, hétérogènes et impossibles à hiérarchiser. Et, en dernier ressort, la primauté revient doublement au politique et à l'individu. L'« homme d'Etat » (seul ou inséré dans un groupe), occupe ainsi la seconde partie de l'ouvrage (rédigée par Jean-Baptiste Duroselle), dont la dernière page livre le message ultime : « c'est donc, en fin de compte, la volonté d'un homme ou d'un groupe d'hommes qui apporte l'élément essentiel d'explication »* (ibid., *p. 454).*

Dans l'articulation entre intérêts politiques et financiers, il apparaît vain de vouloir établir une prééminence, mais sage de se contenter du cas par cas. Dans les cas analysés, cependant, le politique l'emporte pratiquement toujours.

Malgré les limites fixées au rôle des forces profondes, de telles impulsions élargissent le champ de recherches de l'histoire diplomatique et l'ouvrent à l'histoire financière, économique et sociale.

En sens inverse, des historiens anglo-saxons spécialistes du développement économique intègrent la dimension des relations internationales, tels Herbert Feis ou Rondo Cameron, qui tente au début des années soixante une synthèse sur l'impact des capitaux français sur l'essor européen.

En France même, des historiens de la banque ou de l'industrie, comme Bertrand Gille, Maurice Lévy-Leboyer, Jean Bouvier, Marcel Gillet ou encore François Furet (alors qu'il était encore attelé à l'histoire quantitative), abordent les questions des mouvements internationaux de capitaux insérés dans les rapports entre États. La plupart d'entre eux, directement ou indirectement liés à Ernest Labrousse, se montrent particulièrement attentifs à une conjoncture, désormais internationalisée. Ils ne peuvent pas, pour la période 1880-1914, particulièrement visitée, ne pas rencontrer la problématique des relations inégales avec des contrées moins développées, donc de l'impérialisme, question débattue au début du siècle, après le texte fondateur d'Hobson, au sein de la IIe Internationale par Hilferding, Lénine, Boukharine et Rosa Luxemburg.

Cela pousse d'ailleurs Pierre Renouvin lors des années 1950-1960 à engager nombre de ses élèves à défricher les aspects économiques et financiers des relations entre la France et l'extérieur. De là, une floraison de thèses, parues entre la fin des années soixante et celle des années 1970 (Pierre Guillen, Raymond Poidevin, René Girault, Jacques Thobie, Jean-Claude Allain, Pierre Milza, Yves-Henri Nouailhat, Jacques Bariety, Denise Arthaud). Ainsi, l'une des spécificités de l'école française des relations internationales consiste à articuler le politique à l'économique et au financier. Cela dans une grande diversité d'approches, certains de ces historiens se situant plus ou moins explicitement dans une perspective marxiste, les autres la rejetant sans appel. Nous avons retenu de certains de ces auteurs les passages de leurs thèses où place est faite à une certaine généralisation, ou bien des extraits d'ouvrages plus synthétiques.

On dispose ainsi au début des années 1970, alors que la plupart des travaux mentionnés étaient achevés ou largement avancés, d'un tableau assez précis de l'impérialisme français avant 1914, enrichi par les études résultant de l'enquête collective sur la balance des paiements français au XIXe *siècle qui, dirigée par Maurice Lévy-Leboyer, a fourni la matière principale du congrès de l'Association française des historiens économistes d'octobre 1973.*

La production française en matière d'histoire économique et financière internationale subit ainsi un double effet de génération. Dans sa chronologie productive – à l'orée des années soixante-dix – comme dans la période étudiée de prédilection, les années 1880-1914.

Parallèlement, l'histoire coloniale est traversée par les interrogations sur l'impérialisme, qui nourrissent un débat entre historiens marxistes et non marxistes, mais aussi entre marxistes eux-mêmes.

Des travaux, tels ceux de Catherine Coquery-Vidrovitch, Jean Ganiage, André Nouschi, Jean Suret-Canale, Charles-Robert Ageron, Gilbert Meunier, Jacques Marseille, témoignent de l'intrusion, désormais nécessaire, de l'économique et du financier dans le colonial. L'une des interrogations qui ont traversé ces recherches porte sur la pertinence de l'assimilation entre colonisation et impérialisme, qui a marqué nombre d'analyses d'économistes ou de sociologues des années 1960 et 1970.

Introduction aux relations internationales

(1962)

PIERRE RENOUVIN

L'extrait de ce manuel plusieurs fois réédité d'histoire des relations internationales est situé dans la partie intitulée « les forces profondes ». Il est consacré aux interférences entre diplomatie et « politique d'affaires ». Le passage reproduit vient en conclusion de l'analyse du « rôle de l'impérialisme financier ». Les auteurs soulignent combien il est nécessaire d'établir des interprétations cas par cas, dans la mesure où il n'existe pas de prééminence absolue ni des intérêts matériels ou financiers, ni des desseins politiques.

Source : *Pierre Renouvin, Jean-Baptiste Duroselle,* Introduction aux relations internationales, *Paris, Armand Colin, 1964, p. 167-169. (Ouvrage réédité plusieurs fois ; 4e édition, 1990).*

DANS TOUTES CES OCCASIONS, est-il possible de démêler quelles ont été les interférences entre la « politique d'affaires » et la diplomatie, et de déterminer le rôle respectif des intérêts matériels et des intérêts politiques ?

Les hommes d'affaires ont eu pour but essentiel de réaliser un profit. Ils ont invoqué, sans doute, l'intérêt national, mais ils l'ont confondu, en fait, le plus souvent, avec leurs intérêts privés. Dans leur âpre recherche d'une « utilisation fructueuse » pour les capitaux dont ils avaient la gestion, ou pour ceux qu'ils espéraient attirer dans leurs entreprises, ils souhaitaient d'abord étendre leur champ d'activité aux dépens des groupes financiers rivaux, ensuite assurer à ces placements une sécurité. Pour faire face à ces deux préoccupations, ils avaient besoin de l'appui de leur gouvernement. Ils pouvaient donc être enclins à soutenir ou même à provoquer les initiatives impérialistes, en acceptant le risque de conflits internationaux. Les intérêts financiers, en pareil cas, ont été un mobile de l'action politique. Encore serait-il plus exact de dire : certains intérêts financiers, car ce milieu financier était loin d'être homogène, et les syndicats bancaires n'ont été que des ententes provisoires.

Les gouvernements ont eu, le plus souvent, des préoccupations différentes. Sans doute, ils n'étaient pas insensibles aux avantages matériels, aux profits financiers : le succès de ces entreprises, les bénéfices de ces placements, étaient un élément de la prospérité nationale. D'ailleurs hommes politiques, diplomates et hommes d'affaires appartenaient souvent au même milieu social: les liens personnels qui existaient entre eux facilitaient cette conjonction[1]. Mais ils tenaient compte aussi des avantages que le développement des investissements pouvait apporter aux intérêts politiques de l'Etat, c'est-à-dire à l'extension de son influence, de sa puissance, de sa sécurité ou de son prestige. Ils songeaient donc à utiliser les investissements extérieurs au bénéfice de ces intérêts, à les orienter vers les régions du monde où ils souhaitaient étendre leur action politique, à se servir des occasions que leur offrait la protection de ces investissements. Les intérêts financiers, au lieu d'être le mobile de l'action politique, en sont alors devenus l'instrument.

Est-ce donc aux intérêts matériels et financiers, ou aux desseins politiques que l'historien doit accorder la prééminence lorsqu'il cherche à établir une explication ?

Les constatations que nous avons faites antérieurement montrent combien cette question de prééminence est vaine. Dans certaines occasions, il est incontestable que la pression exercée par les intérêts financiers privés a déterminé l'action politique ; dans d'autres occasions, il est non moins certain que les intérêts financiers ont servi d'arme à un dessein politique. Il est donc impossible, dans ce jeu d'influences réciproques, d'établir une explication dont la valeur puisse être permanente, ou même d'essayer de dessiner, entre ces explications, une sorte de hiérarchie : ni la finance, ni la politique ne peuvent prétendre à une relative primauté. Est-il permis de parvenir au moins à ce jugement de valeur lorsqu'on étudie la politique d'un Etat ? Pas davantage ; au sein de cet Etat, les intérêts financiers paraissent avoir eu, à certains moments, une influence déterminante ; mais à d'autres moments, ils n'ont eu qu'un rôle subordonné. Bien mieux, l'étude d'une question précise – par exemple d'une des applications de la diplomatie du dollar en Amérique centrale, ou de l'intervention politico-financière de la France en Egypte entre 1875 et 1881 – montre que, dans une même question, les intérêts financiers ont été tantôt le mobile et tantôt l'instrument de l'action politique.

Est-ce à dire qu'il faille se borner à renvoyer dos à dos les «financiers» et les «politiques», et affirmer qu'il serait artificiel d'établir une distinction entre intérêts financiers et intérêts politiques[2] parce que ce sont «deux aspects de la politique des classes dirigeantes» ? Ce serait esquiver la difficulté. La recherche historique peut aboutir à des résultats valables lorsqu'elle renonce au vain espoir de dégager une explication générale et lorsqu'elle se limite à l'étude de cas particuliers. Il n'est pas indifférent de savoir comment, dans telles circonstances de temps et de lieu, les préoccupations financières ont orienté l'action politique ou inversement. Dans l'étude critique de l'impérialisme, il reste encore beaucoup à faire à cet égard. Ces recherches permettront de mieux comprendre le comportement des groupes humains. L'erreur serait de croire qu'elles pourront conduire à établir des «lois».

© Armand Colin

1. Voir J. Bouvier. «Les intérêts financiers et la question d'Egypte» dans la *Revue historique*, juillet 1960, p. 75-105 et «L'installation des groupes financiers au Moyen-Orient : emprunts gouvernementaux, investissements bancaires, et rapports internationaux, 1860-82». Communication à la Société Histoire moderne, 3 mai 1959.
2. C'est la thèse de J. Bouvier, dont les analyses sont par ailleurs excellentes.

La France et le développement économique de l'Europe
(1971)

RONDO CAMERON

On a retenu de cette synthèse, rédigée au début des années 1960 par l'historien américain Rondo Cameron, un extrait de l'épilogue consacré à la quantification des exportations de capitaux français qui ont connu un grand essor lors des deux décennies précédant la Première Guerre mondiale. Il souligne à la fois les inégalités de ces flux financiers dans le temps – on constate un ralentissement dans les années 1880 – et dans l'espace, l'expansion française ayant ainsi des terrains d'action privilégiés.

Source : *Rondo Cameron,* la France et le développement économique de l'Europe, 1800-1914, *Paris, Seuil, 1971, p. 379-383 (trad. fr. d'un ouvrage paru en 1961, Princeton University Press).*

Nouveaux horizons et recherche de la sécurité 1882-1914

AVEC LA LONGUE DÉPRESSION qui commença en 1882, les relations économiques de la France avec le reste du monde prirent un caractère nettement différent. Jusqu'en 1899, la valeur du commerce extérieur ne dépassa pas le chiffre atteint en 1881. Ce déclin et la remontée qui suivit furent en partie le reflet des mouvements de prix, mais aucune autre nation commerçante de quelque importance, à l'exception de l'Italie, n'enregistra un déclin aussi profond ou aussi long. Nous avons déjà noté le déclin relatif de l'influence française dans la diffusion de la technologie. Les promoteurs et les entrepreneurs français qui exerçaient leur activité à l'étranger, dans la mesure où ils ne relâchèrent pas leurs efforts, les transférèrent de l'Europe centrale et occidentale à l'Europe orientale et à l'Amérique latine, à l'Asie et aux colonies. Parmi les principaux groupes industriels, seules les industries de construction mécanique et les industries lourdes continuèrent à développer des contacts avec l'étranger avec la même vitalité qu'auparavant. Pour sa plus grande part, l'industrie française se retrancha derrière la sécurité apparente que lui procuraient la protection douanière et les accords de cartel sanctionnés par le gouvernement.

Les exportations de capitaux, après s'être ralenties temporairement pendant les années 1880, finirent par reprendre leur progression pour atteindre de nouveaux records dont on n'avait jamais rêvé ; mais les nouveaux investissements à l'étranger changèrent radicalement de caractère, notamment en ce qui concerne leur distribution géographique. Alors qu'en 1881 plus de 90 % des investissements étaient localisés en Europe (y compris l'Empire ottoman et l'Egypte), près de 50 % des nouveaux investissements se dirigèrent vers d'autres continents. Dans l'ensemble, les Français firent peu de nouveaux investissements dans les régions d'Europe traditionnellement sous influence française ; la fraction de loin la plus importante de ces nouveaux capitaux fut investie dans des régions où les capitaux français étaient restés relativement rares : la Russie, les Balkans et la Scandinavie. Le tableau II donne la distribution géographique approximative des nouveaux investissements et de l'ensemble des capitaux investis à l'étranger en 1914.

TABLEAU I

LES INVESTISSEMENTS FRANÇAIS A L'ÉTRANGER, 1852-1881 RÉPARTITION PAR PAYS ET PAR INDUSTRIE

I. MONTANT APPROXIMATIF DES INVESTISSEMENTS (en millions de francs)				
	Emprunts publics	**Transport**	**Industrie et Banque**	**Total**
Pays méditerranéens [a]	2 200	2 450	735	5 385
Proche-Orient [b]	2 850	400	200	3 450
Europe centrale [c]	800	1 450	550	2 800
Europe orientale [d]	990	240	100	1 330
Europe du Nord-Ouest [e]	100	285	200	585
Colonies	100	350	200	650
Reste du monde [f]	700	75	25	800
	———	———	———	———
TOTAL	7 740	5 250	2 010	15 000
II. RÉPARTITION EN POURCENTAGE				
	Emprunts publics	**Transport**	**Industrie et Banque**	**Total**
Pays méditerranéens [a]	14,6	16,4	4,9	35,9
Proche-Orient [b]	19,0	2,7	1,3	23,0
Europe centrale [c]	5,3	9,7	3,7	18,7
Europe orientale [d]	6,6	1,6	0,7	8,9
Europe du Nord-Ouest [e]	0,7	1,9	1,3	3,9
Colonies	0,7	2,3	1,3	4,3
Reste du monde [f]	4,7	0,5	0,2	5,4
	———	———	———	———
TOTAL	51,6	35,0	13,4	100,0

a. Italie, Espagne et Portugal. *b.* Empire ottoman et Égypte. *c.* Autriche-Hongrie, Allemagne et Suisse. *d.* Russie, Roumanie, Grèce et Serbie. *e.* Belgique, Pays-Bas, Luxembourg, Royaume-Uni et Scandinavie. *f.* Essentiellement, l'hémisphère occidental.

TABLEAU II

INVESTISSEMENTS FRANÇAIS A L'ÉTRANGER
1882-1914
DISTRIBUTION GÉOGRAPHIQUE APPROXIMATIVE
(milliards de francs)

	Nouveaux Investissements		**Total des investissements existants en 1914[a]**	
	Montant	**Part en %**	**Montant**	**Part en %**
Europe de l'Est	13,4	38	**14,7**	**29**
Russie			12,5	25
Balkans			2,2	4
Europe du Nord-Ouest	2,9	8	**3,5**	**7**
Benelux			1,0	2
Scandinavie			2,5	5
Proche-Orient	2,4	7	**5,8**	**12**
Empire ottoman			3,3	7
Égypte et Suez			2,5	5
Europe centrale	1,1	3	**3,9**	**8**
Autriche-Hongrie			2,4	5
Allemagne, Suisse			1,5	3
Pays méditerranéens	0,4	1	**5,8**	**12**
Italie			1,3	3
Espagne, Portugal			4,5	9
Continent américain	7,4	21	**8,0**	**16**
Amérique latine			6,0	12
États-Unis, Canada			2,0	4
Colonies	3,8	11	**4,5**	**9**
Reste du monde	3,8	11	**4,0**	**8**
TOTAL	35,2	100	50,2	100

a. Pour les chiffres totaux de 1914, nous avons repris, avec quelques modifications, ceux de Feis, *Europe, the World's Banker*, p. 51. Les chiffres obtenus par interpolation, pour les nouveaux investissements, résultent de comparaisons avec les données que l'on trouvera au tableau III. Les estimations de Feis reposent presque entièrement sur des sources de seconde main, mais cette étude est néanmoins la plus complète et la plus judicieuse de toutes celles qui concernent les investissements européens à l'étranger pendant la période immédiatement antérieure à la Première Guerre mondiale. Les modifications les plus importantes que j'ai apportées aux chiffres de Feis sont : pour la Russie, 12,5 milliards de francs au lieu de 11,3 (Crisp, *French Investment in Russian Joint Stock Companies*, p. 90, note, et pour la Scandinavie, que Feis n'avait pas traitée séparément, 2,5 milliards de francs.

TABLEAU III

LES ÉMISSIONS DE TITRES EN FRANCE, 1892-1913[a]
(moyennes annuelles, évaluées en millions de francs)

	1892-1897		1898-1904		1905-1909		1910-1913	
	valeur	%	**valeur**	%	**valeur**	%	**valeur**	%
A. Total des émissions	**1 132**	**100**	**1 751**	**100**	**2 638**	**100**	**4 097**	**100**
– françaises (y compris les colonies)	612	54,1	970	55,4	1 279	48,5	2 213	54,0
– étrangères	520	45,9	781	44,6	1 359	51,5	1 884	46,0
B. Étrangères	**520**	**100**	**781**	**100**	**1 359**	**100**	**1 884**	**100**
– publiques (y compris celles des collectivités locales)	389	74,8	527	67,5	886	65,2	926	49,2
– privées	131	25,2	254	32,5	437	34,8	958	50,8
C. Étrangères privées	**131**	**100**	**254**	**100**	**437**	**100**	**958**	**100**
– actions	77	58,8	182	71,7	236	49,9	486	50,7
– obligations	54	41,2	72	28,3	237	50,1	472	49,5

a. D'après l'étude du Crédit Lyonnais «Émissions de valeurs mobilières sur le marché français», Congrès international pour l'étude des problèmes de l'épargne, *Rapports nationaux*, I, p. 334-353 ; M. H. Bernard, du Crédit Lyonnais, a eu l'obligeance de me fournir les bonnes feuilles de son étude, qui donnent les mêmes informations avec plus de détails. Les données de ce tableau se rapportent aux souscriptions *nettes*, en numéraire seulement, aux prix d'émission, déduction faite des conversions, apports, etc. On ne peut les considérer comme une mesure précise de l'investissement à l'étranger.

La plupart des nouveaux investissements en Europe prirent la forme d'obligations gouvernementales, de rentes ou d'autres valeurs à revenus fixes telles que les obligations de chemins de fer ou les titres hypothécaires. Curieusement, après 1881, la plus grande part des investissements français directs se dirigèrent vers les territoires les plus lointains : les chemins de fer, les banques, les services publics municipaux, les mines et le développement des ports d'Amérique latine ; les entreprises minières d'Afrique du Sud ; le pétrole, les chemins de fer, les services publics municipaux d'Asie. Le tableau III, bien qu'il ne concerne que les années 1892-1913 et qu'il n'ait pas la prétention de donner, même pour cette seule période, la mesure de tous les investissements à l'étranger, fournit une image correcte des caractéristiques des investissements de portefeuilles français pendant les quelques décennies qui précédèrent immédiatement la Première Guerre mondiale. Pour la période couverte par ce tableau, les titres publics atteignent 62 % du capital réuni par l'ensemble des émissions étrangères, et les actions, 21 %.

Plusieurs facteurs d'évolution contribuèrent à réorienter ainsi les investissements français à l'étranger. Certains, tel le déclin séculaire du niveau des prix jusqu'au milieu des années 1890 qui accrut l'attrait des valeurs à revenu fixe, affectèrent l'Europe en général. D'autres, tel l'accroissement des tensions internationales dans les quelque vingt années qui précédèrent la Première Guerre mondiale, eurent sur les capitalistes français une influence plus profonde que sur ceux des autres nations. L'Allemagne, la Suisse et les Pays-Bas, devenus eux-mêmes exportateurs de capitaux, cessèrent d'offrir des taux de profit assez différents pour attirer d'importants flux de capitaux français. Le triste souvenir qu'avaient laissé les divers manquements, les conversions forcées, les banqueroutes et les discriminations, contribuèrent à décourager de nouveaux grands investissements en Espagne, au Portugal, en Italie, dans l'Empire austro-hongrois et, pendant un certain temps, en Egypte et dans l'Empire ottoman. La tension diplomatique et la crainte de la guerre prévinrent aussi le gouvernement et les capitalistes français contre les investissements en Allemagne, en Autriche-Hongrie et en Italie. Tous ces facteurs, joints aux effets de la dépression, agirent dans le sens d'une restriction des investissements français durant les années 1880 et, en retour, tendirent également à prolonger la dépression. Les promoteurs et les capitalistes français commencèrent à s'intéresser plus sérieusement aux perspectives économiques qui s'offraient dans d'autres régions. En Europe, les seules régions sous-développées dont ils n'eussent pas encore une longue expérience étaient la Scandinavie et l'Europe de l'Est. Ils se tournèrent alors vers elles, ainsi que vers des terres plus lointaines.

© Éditions du Seuil

Finances et relations internationales 1887-1914

(1969)

RAYMOND POIDEVIN

A été reproduite une partie de l'introduction d'un recueil de textes sur la place du fait financier dans les relations internationales par Raymond Poidevin, auteur d'une thèse sur « les Relations économiques et financières entre la France et l'Allemagne de 1898 à 1914 » *(A. Colin, Paris, 1969).*

L'auteur y montre à la fois l'importance et les limites de l'« arme financière » avant 1914, présentée comme un instrument à double tranchant. A partir de l'exemple des relations franco-allemandes, il aborde la question controversée de l'intégration des facteurs financiers comme paramètre agissant en faveur ou à l'encontre de la paix.

Source : *Raymond Poidevin,* Finances et relations internationales – 1887-1914, *Paris, Armand Colin, 1969, p. 6-12.*

Dans l'étude des forces profondes qui influencent l'évolution des relations entre Etats, les questions financières tiennent une place de tout premier ordre et cela dès avant 1914. Si, à la lumière des événements contemporains, le rôle des mouvements de capitaux apparaît plus nettement, l'historien se heurte à de nombreuses difficultés lorsqu'il tente d'en saisir l'importance avant la Première Guerre mondiale. Jusqu'en 1914, les capitaux circulent librement d'un Etat à l'autre : point de contrôle, donc point de statistique et il faut se contenter d'estimations plus ou moins grossières. Les archives publiques livrent, maintenant, ce qu'elles peuvent révéler en ce domaine : les Affaires étrangères, les Finances ont rassemblé des documents intéressants mais trop de conversations, de coups de téléphone n'ont laissé aucune trace dans les archives. Quant aux archives bancaires, elles ne s'ouvrent que trop parcimonieusement et trop lentement. Leurs fonds sont parfois décevants : les mobiles n'apparaissent pas toujours clairement, même si la course au profit reste le moteur principal de l'action du monde de la finance.

Dans ces conditions, comment tenter une approche du problème en tenant compte des obstacles que l'historien rencontre sur sa route ?

Il a paru nécessaire de préciser, d'abord, comment l'arme financière a pu être, entre 1887 et 1914, un moyen d'action pour les gouvernements. A vrai dire, les autorités interviennent de deux manières, l'une officielle, lors de l'admission à la cote des valeurs étrangères, l'autre officieuse, mais tout aussi efficace, par le biais de conseils, de recommandations, adressés aux banques.

L'admission à la cote des Bourses de Londres, Paris, Berlin, les seules places qui comptent sur le marché mondial avant 1914, donne l'occasion aux gouvernements d'émettre un avis et, par là même, d'exercer, le cas échéant, une pression. La procédure est imposée par la loi en France et en Allemagne ; même en Angleterre, les financiers prennent soin de consulter les autorités gouvernementales, malgré l'absence de dispositions législatives imposant cette consultation.

Outre les avis donnés lors de la demande d'admission de valeurs étrangères, les gouvernements n'hésitent pas à recommander ou à déconseiller telle opération qui, pourtant, échappe théoriquement à leur contrôle: ils peuvent déconseiller des placements à court terme, faire baisser une rente étrangère, recommander aux banques une avance susceptible de tirer de l'ornière un Etat étranger au bord de la banqueroute. Afin d'encourager les progrès de l'influence nationale à l'étranger, ils suscitent la création de filiales de banques, véritables instruments de pénétration économique et même politique.

Les gouvernements peuvent donc jouer de l'arme financière. Encore convient-il de bien voir les conditions d'efficacité de cette arme. Il faut, d'abord, pouvoir compter sur les ressources d'un marché financier bien irrigué: Londres, Paris, Berlin répondent à cet impératif. Il est nécessaire également de disposer, en plus des besoins nationaux, d'un surplus disponible pour les placements et investissements au-dehors. Là, apparaissent des distorsions. Le Stock Exchange, freiné à partir de la guerre des Boers, s'oriente plus largement vers les besoins nationaux et impériaux. L'extraordinaire essor de l'économie allemande, les instruments militaires de la Weltpolitik, consomment la plus grande partie des disponibilités berlinoises. Seuls les capitalistes français, de plus en plus attirés par les emprunts d'Etat étrangers, peu tentés par les investissements dans l'industrie nationale, mettent à la disposition du marché de Paris une manne très fortement appréciée dans toutes les parties du monde.

Pour que les capitaux à placer ou à investir à l'étranger soient, dans la main des gouvernements, une arme efficace, deux conditions paraissent indispensables:
- l'accord sur une politique, c'est-à-dire une entente entre ministères intéressés;
- la solidarité entre les banques et les gouvernements.

Défenseurs d'intérêts souvent contradictoires, les Affaires étrangères et les Finances ne prônent pas toujours la même politique. Certes, les exemples d'accords ne manquent pas, mais de nombreuses divergences vont jusqu'à provoquer des affrontements; l'opposition Delcassé-Rouvier au sujet des affaires turques n'est pas le seul exemple de tiraillements. Ajoutons qu'au sein de chaque ministère, les changements de titulaires, les orientations nouvelles de la politique extérieure et financière, l'action des groupes de pression, font que la ligne de conduite des gouvernements est assez mouvante. Les Finances ont parfois peine à saisir des volte-face inattendues.

Dans la mesure où une ligne de conduite gouvernementale a pu être définie, encore faut-il pouvoir imposer cette perspective aux établissements de crédit: les banques obéissent-elles aux «conseils» officiels? Ne cherchent-elles pas à imposer leur propre point de vue? Ces questions, fort importantes, ne peuvent pas recevoir des réponses tranchées. Les textes présentés montrent qu'à de nombreuses reprises les banques acceptent de jouer le jeu qui leur est conseillé. Mais, très souvent, elles se rebiffent et passent outre aux directives officielles: les banques parisiennes se montrent, à cet égard, plus «indisciplinées» que les établissements d'outre-Rhin.

Ce n'est donc qu'à certaines conditions que l'arme financière peut être efficace. Dans quels buts est-elle maniée par les gouvernements, quels sont les types d'avantages qu'elle peut procurer?

L'arme financière peut être au service d'intérêts politiques et économiques. Il est évident, aujourd'hui, que son rôle a été des plus importants dans la formation et la consolidation des alliances. Il suffit d'étudier l'alliance franco-russe pour s'en convaincre. Malgré les risques courus par les capitalistes français, surtout après 1905, les autorités encouragent les placements et les investissements en Russie pour assurer la fidélité du partenaire et donner une valeur stratégique à l'alliance. Dans une moindre mesure, l'Entente cordiale a valu à l'Angleterre quelques complaisances financières consenties par les Français à la City. L'Allemagne n'a-t-elle pas été obligée de répondre aux demandes d'emprunts de ses partenaires austro-hongrois et italien, malgré la situation souvent difficile de son marché ?

Mais l'arme financière a été maniée aussi pour tenter de disloquer des alliances. La pression française sur l'Italie, l'histoire des emprunts hongrois et roumains montrent qu'à plusieurs reprises les autorités ont songé à des arguments d'ordre financier pour préparer des renversements d'alliances.

Il ne s'agit qu'assez rarement d'aller aussi loin. Bien souvent, les gouvernements se contentent d'avantages diplomatiques. L'emprunt russe de 1906, la conversion italienne n'ont été acceptés par Paris qu'au prix d'un appui aux thèses françaises à la conférence d'Algésiras.

Dans les États neutres, il va de soi que l'arme financière a permis des pressions d'autant plus fortes que beaucoup de ces Etats se trouvent dans une situation proche de la banqueroute. Pour prix de l'admission à la cote des Bourses de Londres, Paris, Berlin, les gouvernements cherchent à obtenir des avantages politiques. La lutte d'influence que se livrent les grands Etats dans les Balkans, en Turquie, comme en Europe du Nord et en Amérique latine est largement dépendante d'arguments financiers maniés avec plus ou moins d'adresse.

Bien entendu, de nombreux travaux l'ont montré, l'arme financière a largement servi l'impérialisme colonial. L'Afrique en offre maints exemples. La banqueroute met l'Egypte sous contrôle européen et le rachat des actions du canal de Suez appartenant au khédive donne à l'Angleterre le moyen d'intervenir plus largement dans ce fief dominé jusque-là par la France. Si les puissances s'intéressent de très près aux emprunts portugais, c'est bien dans l'espoir d'assister à une banqueroute qui leur laisserait un gage : les colonies portugaises d'Afrique. Quant au Maroc, des travaux récents montrent clairement que Delcassé utilise l'arme financière comme instrument de la pénétration pacifique française dans cette partie du Maghreb.

La création, la consolidation des sphères d'influence auraient été impossibles sans les placements et investissements de capitaux. Les emprunts chinois accompagnent le dépècement de l'Empire du Milieu. Le chemin de fer de Bagdad, instrument de la pénétration allemande, que Berlin voudrait faire financer en partie par Paris, provoque d'âpres tractations où les arguments financiers sont au service des intérêts politiques.

L'étude des rapports finances-relations internationales impose également une recherche sur les relations financières entre puissances ennemies. Les relations directes entre la France et l'Allemagne après 1871, la France et l'Empire austro-hongrois après 1879, l'Allemagne et la Russie après 1887... ont pu être perturbées par la conjoncture politique. Mais la recherche du profit n'a-t-elle pas été plus forte que les arguments sentimentaux ? Les gouvernements ont-ils accepté le maintien ou le développement des mouvements de capitaux à court terme, des investissements ?

L'étude des relations directes est insuffisante ; elle risque de conduire à des conclusions erronées. C'est qu'entre puissances réputées ennemies de nombreuses et solides ententes financières ont pris corps dans les Balkans, en Turquie, en Amérique latine. Des groupes franco-allemands se partagent les emprunts balkaniques et turcs. Comment les gouvernements accueillent-ils ces ententes ? Les ont-ils encouragées et pour quelles raisons ?

Ces ententes ont pu être compromises par la détérioration du climat international. On voit apparaître, surtout après 1911, des rivalités financières dont l'enjeu est avant tout politique. Il est important, pour comprendre le climat de l'avant-guerre, de connaître ces rivalités qui s'accompagnent d'une véritable remise en question des zones d'influence politico-financières ; les rivalités franco-allemandes deviennent particulièrement âpres dans les Balkans.

Il est une question qui intéresse au plus haut point les relations économiques internationales : dans quelle mesure l'arme financière s'est-elle mise au service des intérêts économiques ? Il faut, pour le moins, considérer deux cas : celui des commandes industrielles et celui des concessions douanières.

Les banques parisiennes, longtemps préoccupées par les seuls bénéfices financiers, ne se sont résignées à œuvrer largement en faveur de l'industrie nationale qu'au début du xxe siècle, à la suite des plaintes des Chambres syndicales et du Comité des Forges. Pressées par le gouvernement, elles acceptent, de plus en plus, l'idée de lier le problème des commandes à celui des emprunts. En Allemagne, en revanche, la solidarité industrie-banque, concrétisée par la présence, côte à côte, de financiers et d'industriels dans les conseils d'administration, est beaucoup plus marquée. L'issue des rivalités entre usines d'armement, notamment la lutte Schneider-Krupp, dépend de plus en plus des contingences financières : c'est le marché fournisseur de capitaux qui a les plus grandes chances d'enlever la commande. Comme les fournitures d'armes entraînent un développement de l'influence du pays fournisseur, les gouvernements français et allemand font souvent pression sur les banques pour les inciter à conclure les emprunts propres à assurer le succès des canons du Creusot ou de ceux des usines d'Essen.

L'arme financière est utilisée pour obtenir des concessions douanières. La Wilhelmstrasse interdit, à deux reprises, aux banques berlinoises de prendre ou de participer à des emprunts russes avant la conclusion des traités de commerce germano-russes. Lorsque les banques parisiennes concluent des emprunts avec les Etats nordiques, le gouvernement français réclame, à plusieurs reprises, une compensation économique sous la forme d'un abaissement de droits sur l'importation des vins et des eaux-de-vie.

Ainsi, l'arme financière est utilisée par les gouvernements à des fins politiques et économiques. Mais l'emploi de cette arme est-il sans inconvénients ?

Il est évident que la pression n'est pas à sens unique : l'arme financière est une arme à double tranchant.

Les gouvernements sont tenus d'assurer partout la défense des porteurs de fonds étrangers. Ces porteurs, constitués en associations, ne manquent pas, à Paris comme à Berlin, d'exiger des pressions diplomatiques sur les débiteurs récalcitrants : Portugal, Grèce... Ces pressions peuvent se révéler politiquement inopportunes.

Il semble également difficile de ne pas participer au sauvetage de filiales de banques, créées à la suite d'une initiative officielle, d'autant plus que le prestige et l'influence à l'étranger risquent de pâtir d'une faillite exploitée par les concurrents.

Mais ces inconvénients sont beaucoup moins menaçants que la vague de nationalisme financier, née d'une large utilisation des capitaux à l'étranger. La vague apparaît périodiquement en Grande-Bretagne, en France, dans l'Empire allemand. Elle peut être provoquée par une tension monétaire momentanée, qui occasionne une disette financière sur le marché national : c'est la raison majeure des réactions allemandes. Mais elle peut naître aussi, c'est le cas en France, de la constatation que les capitaux fécondent largement l'économie étrangère, alors qu'ils boudent les investissements dans l'industrie nationale. Les banques deviennent alors les cibles des attaques nationalistes qui soulignent leur manque de patriotisme. Mais les gouvernements, accusés de laisser faire ou d'encourager le mouvement, ne restent pas à l'abri des éclaboussures. En période de tension internationale, après 1911 par exemple, ils ne peuvent pas ignorer les réactions chauvines qui les entraînent à interdire certaines opérations. Si les emprunts aux Etats amis paraissent acceptables à l'opinion, car les gouvernements les justifient par des raisons politiques, les emprunts ou les mouvements de capitaux avec des Etats ennemis, ou engagés dans une alliance hostile sont sévèrement critiqués.

On en vient donc tout naturellement à poser une question très controversée : les facteurs financiers sont-ils facteurs de paix ou de guerre ?

Des financiers, des économistes parisiens, berlinois, londoniens ont défendu l'idée que le renforcement des relations financières, les interpénétrations d'intérêts, pouvaient tisser des liens tels qu'une rupture devenait improbable, parce qu'elle risquait de compromettre les intérêts de tous. Cette thèse, il faut le reconnaître, n'a guère eu de succès avant 1914. Pourquoi ? Il est certain que les grands financiers cosmopolites pouvaient envisager un enchevêtrement d'intérêts propre à leur assurer de fructueuses affaires. De rares socialistes bernsteiniens allemands ont repris l'argument mais, dans l'ensemble, les opinions refusent cette perspective, rejetée systématiquement par les nationalistes. Les facteurs politiques, sentimentaux, économiques, en cette époque de protectionnisme à outrance, pèsent très lourdement. Dans ces conditions, les facteurs financiers peuvent-ils être des facteurs de guerre ?

L'histoire des relations financières entre la France et l'Allemagne montre qu'entre 1898 et 1911 les capitaux français à court terme viennent volontiers se placer en Allemagne : l'opération est avantageuse pour les deux parties. Les banques parisiennes, friandes de ce genre de placements, trouvent, outre-Rhin, des taux fort rémunérateurs et le marché monétaire allemand, en état de tension chronique au moment des liquidations de mars et de septembre, prend l'habitude de compter sur les capitaux français pour faire face aux besoins. Les ententes entre groupes français et allemands sont nombreuses dans le monde, notamment dans les Balkans. Cette situation est fortement perturbée par la crise d'Agadir. Le retrait des capitaux français, en septembre 1911, contribue à assouplir les exigences de la diplomatie allemande. Après la crise, ces capitaux boudent l'Allemagne. Les ententes financières deviennent de plus en plus difficiles. Condamnées par le gouvernement et l'opinion, elles ne permettent plus aux établissements allemands de participer, à bon compte, à des opérations internationales propres à développer l'influence politique et économique germanique. Les financiers, les autorités d'outre-Rhin se rendent parfaitement compte de la nouvelle attitude française. Mais il ne faut pas exagérer la portée de leur mauvaise humeur. Certes, les capitaux français font défaut, mais du même coup se trouve écartée une arme dont la crise de 1911 a montré l'efficacité. Il est certain que le gouvernement français cherche à éliminer la finance allemande des Balkans et d'ailleurs, mais le marché d'outre-Rhin reste capable d'approvisionner ses alliés et même d'enlever un emprunt en Bulgarie, zone d'influence française. Les entraves apportées par la France aux opérations franco-allemandes ne sont donc pas d'une portée telle qu'elles puissent pousser les banques d'outre-Rhin à réclamer une guerre pour briser la mauvaise volonté de Paris. Néanmoins, divers milieux allemands ont senti comme une menace d'encerclement, une tentative destinée à briser la nécessaire expansion germanique, si bien que leur irritation a pu contribuer à alourdir le climat général des relations franco-allemandes.

Malgré une sérieuse rivalité économique anglo-allemande, la City tient à la paix : en 1914, les financiers anglais restent jusqu'au bout hostiles à une intervention britannique dans la guerre. [...]

© Armand Colin

Les traits majeurs de l'impérialisme français avant 1914

(1974)

JEAN BOUVIER

Bilan problématique et historiographique établi par Jean Bouvier au début des années soixante-dix sur trois questions majeures en rapport avec l'impérialisme français : l'état de la concentration financière, l'articulation exportation de capitaux-exportation de marchandises, le caractère rentier du capital. La partie sur le fait colonial a été ôtée, car le texte cité de Catherine Coquery-Vidrovitch est présenté plus loin. Tout en ne rejetant pas alors le schéma marxiste de l'impérialisme, l'auteur montre comment les historiens français dans leur diversité ont pu apporter nuances et corrections au modèle.

Source : *Jean Bouvier « Les traits majeurs de l'impérialisme français avant 1914 »,* le Mouvement social, *janvier-mars 1974, p. 3-24. Article reproduit in Jean Bouvier, René Girault,* l'Impérialisme français avant 1914, *Paris-La Haye, Mouton, 1976, p. 305-333.*

L'ÉTUDE des traits spécifiques d'un impérialisme ne pourrait être valable qu'à travers une comparaison internationale des divers impérialismes nationaux. L'impérialisme des XIXe et XXe siècles est sans doute une structure économique de dimension mondiale, et il existe en tant que phénomène international. D'où la validité du concept d'impérialisme (le mot étant écrit au singulier). Mais il existe bien des incarnations concrètes, diverses, et nationales, de l'impérialisme : ce sont les impérialismes de chaque pays capitaliste évolué, avec leurs caractères propres : au point de vue de la chronologie, du degré de maturité, des formes particulières, des directions géographiques d'expansion.

Il est évident que chaque capitalisme connaît des conditions propres de développement qui sont des conditions historiques. Mais la distinction entre impérialisme et impérialismes, quoique nécessaire, représenterait des dangers si l'on maintenait séparés les deux plans de l'analyse. Le phénomène impérialiste, depuis la fin du XIXe siècle, est à la fois une structure mondiale et un complexe de réalités nationales. Les impérialismes de chaque pays capitaliste se développent d'une part sur la base de mécanismes internes propres au marché national ; et d'autre part, selon leurs relations, leurs rapports, leurs rencontres sur les marchés mondiaux. Interviennent alors, entre les impérialismes, les rapports de force, les dominations et les influences, les résistances et les contre-attques. L'impérialisme en tant que structure mondiale peut être défini comme l'ensemble des relations changeantes, mobiles – relations économiques et relations politiques – entre impérialismes nationaux spécifiques. Mais, de ce fait même, le phénomène impérialiste n'est pas seulement structurel.

Son étude est en effet éclairée (ou doit être éclairée) par la prise en compte de la conjoncture économique mondiale : état des échanges-marchandises ; rapports entre les prix des produits sur les divers marchés; situation des divers marchés monétaires et financiers; taux d'intérêt et prix de l'argent sur ces marchés; état de la production et de l'emploi pour chaque capitalisme national... La conjoncture économique mondiale est en effet une réalité. Les cycles courts et les mouvements Kondratiev (ou «phase A et B» de François Simiand), en tenant compte de décalages chronologiques peu importants, sont communs à l'évolution économique des divers capitalismes. Il est certain que la connaissance exacte des divers aspects de la conjoncture internationale est nécessaire pour comprendre l'état des rapports impérialistes à tel moment: par exemple, les fluctuations des exportations des capitaux. René Girault a été le premier en France, dans son étude sur les relations franco-russes, à démontrer effectivement l'importance de la conjoncture pour la compréhension des mobiles et des rythmes des exportations de capitaux.

Dans ces conditions, mon but n'est pas de faire des comparaisons, mais d'essayer de montrer les caractères les plus évidents de l'impérialisme français. Je pars, implicitement, de la conception marxiste classique, telle que présentée par Hilferding, Rosa Luxemburg, Boukharine et Lénine, en 1910, 1913, 1915 et 1916, dans des ouvrages connus dont les convergences essentielles l'emportent sur les divergences. J'utilise le concept d'impérialisme au sens marxiste, non pas parce que je le trouve parfait mais parce que je le trouve utile. Il est pour moi exactement une hypothèse de travail. Par ailleurs, je n'ignore pas les vives critiques auxquelles est soumis ce concept – et aujourd'hui même en France tout particulièrement. Critiques des historiens non marxistes, qui ne sont pas récentes, mais permanentes. Et critiques plus neuves, émanant des milieux marxistes eux-mêmes, où d'intenses discussions internes opposent marxistes à marxistes quant à la validité du schéma classique de l'impérialisme – en particulier du schéma léniniste. Non seulement validité pour les temps actuels, mais même sa validité à l'époque où ce schéma a été construit.

Cependant, mon propos n'est pas de présenter l'état de ces discussions, mais de formuler quelques problèmes qui ont trait, à la fois, aux structures internes et aux comportements extérieurs de l'impérialisme français à la fin de XIXe siècle et au début du XXe.

1. Le degré de maturité interne du capitalisme français

Ce point concerne la concentration financière, c'est-à-dire la formation des groupes monopolistiques (ou oligopolistiques) et la formation du «capital financier» au sens marxiste classique du mot avant 1914, c'est-à-dire le degré de fusion et d'interpénétration du capital bancaire et du capital industriel, et le degré de domination du capital bancaire sur le capital industriel (ou l'inverse).

Les divers indices que les historiens français possèdent (quoique très insuffisants et très incomplets) montrent que, à la veille de 1914, concentration financière et capital financier sont, bien que repérables, faiblement développés: par rapport à d'autres pays capitalistes sans doute et par rapport aux structures internes du capitalisme français qui bougent, certes, mais très lentement, depuis les années 1840. De sorte que, au niveau des grandes firmes, ce qui domine au début du XXe siècle, c'est l'interdépendance réelle des sociétés industrielles par rapport aux grandes banques. Le processus de fusion est, sur le marché national, à peine amorcé. Il n'est d'ailleurs visible que dans le cas des seules banques d'affaires, qui n'en sont qu'aux débuts de leurs participations-contrôle dans

l'industrie française. Quant aux grandes banques de dépôts, elles sont, à la veille de 1914, largement dégagées de l'investissement et des participations industrielles. Il y a, certes, apport de capital-argent, grâce au système bancaire, dans le capital industriel: ce qui représente bien, au plan macro-économique, un processus de fusion[1]. Mais le capital industriel finance sa croissance avant tout par accumulation de la plus-value (autofinancement). La fusion du capital financier ne se produit donc pas par une interpénétration des grandes banques et des grandes firmes d'industrie entraînant la domination des premières sur les secondes. Il en est ainsi dans la sidérurgie, l'industrie chimique, le textile et les charbonnages. Dans le cas de ce dernier secteur, la thèse récente de Marcel Gillet sur *les Charbonnages du Nord de la France au XIXe siècle*[2], région qui fournissait les deux tiers de la production nationale, montre bien:
1° L'extrême lenteur du mouvement de concentration dans les charbonnages, lequel se traduit d'ailleurs par une croissance plus rapide, des firmes moyennes que des plus grandes.
2° L'indépendance absolue des sociétés charbonnières par rapport aux banquiers régionaux et aux banques de Paris. La présence de quelques banquiers dans les conseils d'administration des charbonnages n'est aucunement le signe d'une domination bancaire. La gestion charbonnière reste entre les mains d'industriels. Certes, la banque rend aux charbonnages des services de banque courants. Mais elle ne les dirige à aucun degré. Il n'y a d'ailleurs pas de participations importantes des banquiers, ni des banques, dans le capital-actions des sociétés charbonnières.

Le retard de la fusion dans le cadre du capital financier est largement visible dans les opérations que les groupes bancaires (toutes grandes banques de Paris mêlées) font, à partir des années 1860-1870 et jusqu'en 1914, avec les gouvernements des pays étrangers. Quand il s'agit de placer en France des emprunts d'Etat égyptiens, ottomans, argentins, russes, etc., les groupes bancaires ne se soucient nullement de l'emploi des fonds par les Etats étrangers. Ils ne lient pas leurs opérations de prêts à ces Etats avec des commandes de ces mêmes Etats aux sociétés sidérurgiques et métallurgiques françaises (matériel ferroviaire et armements). L'exportation du capital français est, ici, absolument sans rapport avec une exportation de produits industriels français. D'où les protestatons véhémentes et réitérées, fin du XIXe siècle et début du XXe siècle, de la grande organisation sidérurgique, le Comité des Forges, auprès du gouvernement français, à l'encontre des groupes bancaires exportateurs de capital-argent. Dans les années 1900, aux approches de la guerre, l'Etat doit alors exercer lui-même une vive pression sur les grandes banques pour que celles-ci acceptent, souvent en maugréant, de lier leurs opérations de prêts extérieurs avec les exportations de matériel de guerre de la grande métallurgie. La démonstration en a été faite d'abord par Raymond Poidevin dans sa thèse[3]. Mêmes phénomènes dans le cas russe: thèse de René Girault[1] et le cas ottoman: thèse de Jacques Thobie[1].

1. Les formes en sont les différents types de crédit ouverts par les banques à l'industrie et leurs participations dans le capital-actions des firmes industrielles, participations qui ne signifient pas toujours contrôle.
2. Paris, Mouton, 1973, 508 p.
3. R. Poidevin, *les Relations économiques et financières entre la France et l'Allemagne de 1898 à 1914*, Paris, Colin, 1969. R. Girault, *Emprunts russes et investissements français en Russie, 1887-1914*, Paris, Colin, 1973; Jacques Thobie, *les Intérêts économiques, financiers et politiques français dans la partie asiatique de l'Empire ottoman de 1895 à 1914*, université de Paris-I, mai 1973.

2. Le problème des liaisons entre exportation des capitaux et exportation des marchandises

Question complexe qui comporte elle-même plusieurs thèmes.
1. La chronologie et la comptabilité des exportations de capitaux français à long terme de 1815 à 1914 ont été étudiées par l'historien Rondo Cameron dans son livre : *la France et le développement économique de l'Europe*, paru à Princeton en 1961[1]. Cette exportation, bien antérieure à l'apparition de l'impérialisme, est très précoce. D'autre part, l'exportation des capitaux a connu des phases «moyennes» de ralentissement et des phases d'accélération : ces dernières coïncident avec les périodes 1852-1870 et 1898-1913, c'est-à-dire les périodes d'accélération de la croissance économique intérieure. Il est donc difficile de dire, comme on l'a écrit souvent en France depuis les années 1890, que l'exportation des capitaux a été un élément d'affaiblissement du développement du capitalisme français. On ne peut pas, non plus, soutenir, comme on l'a fait à plusieurs reprises, que l'exportation des capitaux soit préférentiellement liée à une conjoncture intérieure de difficultés et de dépression économiques.
Les données de R. Cameron sont les suivantes :

Moyennes annuelles des exportations de capitaux français (à long terme) selon les périodes, en millions de francs					
1816-1847	82	1852-1870	550	1882-1897	500
1848-1851	125	1871-1881	700*	1898-1913	1 350

* Ce chiffre tient compte des 4 300 millions payés à l'Allemagne en 1871-1873 au titre de l'indemnité de guerre. Si on ne comprend pas ce transfert exceptionnel à l'étranger, la moyenne annuelle d'exportation des capitaux pour 1871-1881 tombe à 309 millions.

Total cumulé des exportations nettes de capitaux (en milliards de francs)							
1847	1,9	1881	16,2*	1897	24,2	1913	45,5

* Non comptés les 4,3 milliards versés à l'Allemagne en 1871-1873.

On remarque particulièrement un certain tassement des exportations de capitaux en 1882-1897 (en pleine «phase B» de ralentissement de la croissance interne) ; et l'extraordinaire flux de la période 1898-1913, qui fut la période de nouveaux développements rapides du capitalisme en France, période qui, selon certains économistes[2] marque le début d'un nouveau «trend» séculaire de hausse et d'accélération de la croissance capitaliste française. Et période dont on pourrait peut-être dire qu'elle inaugure l'entrée plus franche du capitalisme français dans le stade impérialiste de son histoire – ce mot étant toujours entendu au sens «classique».

Ces constatations entraînent à se poser la question suivante : la situation et le rôle des exportations de capitaux sont-ils les mêmes dans les phases (moyennes) de croissance

1. Le rapport de Maurice Lévy-Leboyer (octobre 1973, Paris, 2e Congrès de l'Association française des historiens économistes) sur la balance française des paiements au XIXe siècle confirme les rythmes des exportations de capitaux tels que calculés par R. Cameron. L'ouvrage de ce dernier a été édité en français : *la France et le développement économique de l'Europe 1800-1914*, Paris, Seuil, 1971.
2. Carré, Dubois, Malinvaud ; *la Croissance française : essai d'analyse causale*, Paris, Seuil, 1972.

accélérée (A) et dans celles de croissance ralentie (B)? Nous retrouverons plus loin ce problème et tenterons d'y apporter des éléments de réponse.

2. Les directions géographiques du commerce extérieur français ne coïncident pas avec les directions des flux d'exportations de capitaux. Le cas le plus visible est celui des relations franco-russes de 1887 à 1914, étudié par René Girault. La part des échanges-marchandises avec la Russie est infime dans l'ensemble du commerce français: au contraire, en 1914, les exportations de capitaux français en Russie représentent plus du quart des exportations françaises totales: 12 milliards sur 45. Ou encore, à la veille de la guerre, les importations de marchandises françaises ne représentent que les 4 % des importations totales russes; alors que les investissements français en Russie groupent les 33 % du total des investissements étrangers en Russie.

Les mêmes faits ont été relevés dans la thèse de Raymond Poidevin sur les relations franco-allemandes de 1898 à 1914 (en particulier à propos de l'Amérique du Sud) et dans la thèse de Jacques Thobie: en 1914, le commerce franco-ottoman représente 1,4 % du commerce extérieur français; mais les exportations de capitaux français en Turquie forment les 7 % du total des exportations de capitaux français. De sorte que le cas apparemment général est le suivant: il n'y a pas de relation directe entre mouvements des capitaux français et commerce, quand on envisage les divers marchés extérieurs, considérés chacun à part dans leurs relations avec l'économie française. C'est un point important dans la délicate compréhension des liens entre mouvements des marchandises et des capitaux pour un impérialisme déterminé. Ces liens ne paraissent pas mesurables de marché à marché. Les deux types de mouvements semblent ne pas se commander l'un l'autre dans un même espace géographique et dans un même champ de relations économiques, comme le laissent entendre à tort certains économistes[1]. Sans doute ne sont-ils pas sans aucune sorte de rapport; mais ce rapport n'est pas déterminant, ni explicatif, ni pour l'un, ni pour l'autre de ces mouvements. Ou bien, comme nous le verrons plus loin, ce rapport n'intervient que pour une part seulement des échanges marchands.

Il faudrait donc se placer sur un autre plan d'analyse pour saisir le caractère nouveau (selon Lénine) des rapports entre commerce-marchandises et flux des capitaux (à long et court terme) au stade de l'impérialisme. Mais ce genre d'anlayse n'a pas été systématiquement tenté jusqu'alors, selon la longue durée, ni par les économistes[2], ni par les historiens français. René Girault l'a utilisé dans sa thèse, mais du point de vue des échanges extérieurs russes. Il faut donc se contenter provisoirement des observations suivantes:

a) Sans doute, certaines exportations et importations de marchandises concernant des marchés déterminés sont-elles directement liées à des exportations de capitaux français à long terme sur ces marchés. Par exemple, l'importation en France du minerai de fer algérien, à partir du milieu des années 1860, ou celle du mercure et du cuivre espagnols, sont liées à des investissements miniers (Mokta-el-Hadid, Almaden, Rio-Tinto). Autre cas: les firmes françaises de matériel ferroviaire ont exporté en Espagne, Autriche-Hongrie, Italie, etc., en liaison avec les investissements ferroviaires français dans ces pays, et avec les emprunts obligataires des compagnies de chemins de fer, placés en tout

1. Tel André Piettre. *Monnaie et économie internationale*. Paris. Cujas. 1967. pp. 114-116.
2. Voir cependant les suggestions de J. Weiller. *la Balance des paiements*. Paris. Presses Universitaires de France. Coll. Que Sais-je. 1968. pp. 84-86.

ou en partie sur le marché français. Mais il n'existe pas de mesure statistique précise de cette part des échanges marchands liée directement, et en quelque sorte au coup par coup, aux exportations de capitaux à long terme. Et il n'y a pas équivalence arithmétique, même dans ce cas, entre flux des capitaux exportés et valeur des échanges marchands : on le comprend sans peine. Quoi qu'il en soit, l'exportation des capitaux est alors cause, et le mouvement commercial (aux entrées ou aux sorties) est effet.

b) Il existe certains rapports entre échanges de marchandises et mouvements des capitaux à court terme entre la France et les marchés monétaires étrangers (Londres et Berlin, surtout) puisque l'une des «matières premières» des «arbitrages» sur mouvements courts de capitaux est constituée par des traites commerciales libellées en devises. Mais les rapports sont dans ce cas indirects (autonomie des flux de capitaux à court terme, qui peuvent se déplacer d'un marché monétaire à un autre, jusqu'au moment de l'échéance des traites). Et ces rapports sont insaisissables statistiquement.

c) Reste alors comme phénomène dominant la non-concordance géographique de la majeure partie des échanges commerciaux et des exportations de capitaux français à long terme, marché par marché, non-concordance qui intéresse toute la part des échanges extérieurs qui n'est pas concernée par le mécanisme direct décrit plus haut dans le a).

Cette non-concordance, qui est bien effective, rend difficile le ralliement de l'historien à certaines démonstrations théoriques. A. Emmanuel[1] peut ainsi affirmer, au terme de développements à la logique interne évidente, qu'«un capital non investi a pour contrepartie une marchandise non réalisée. Si le capital s'expatrie pour trouver un placement plus lucratif, du même coup une marchandise se réalise puisque entre différents pays, le capital ne peut se transférer, en dernière analyse, que sous forme de marchandise». L'historien voudrait que l'économiste soit ici plus clair, et mette «les point sur les i». A quels cas et mécanismes concrets ces affirmations théoriques correspondent-elles ? On pourrait, sans doute, imaginer ces mécanismes. Mais il serait nécessaire que l'économiste, prenant en charge les informations que fournit la comparaison «historique» des flux de marchandises et de capitaux pour un pays déterminé (exportateur de capitaux à long terme), ajustât plus systématiquement théorie économique des échanges extérieurs et réalités des échanges. S'il est indispensable d'aller de la théorie aux faits, il est bon de retourner des faits à la théorie, car celle-ci, en l'occurrence, n'est pas transparente.

Dans ces conditions, c'est au plan macro-économique, celui de la balance des paiements extérieurs (courante et finale) que devrait se reporter l'analyse en considérant globalement l'ensemble des échanges (marchandises, services, capitaux) entre la France et le monde.

En premier lieu, observons qu'avant 1914, les mouvements de capitaux tant à Paris qu'à Londres, Berlin, Amsterdam, Bruxelles, Vienne, enregistraient «des déplacements de fonds dont l'importance dépassait notablement celle des opérations strictement commerciales»[2]. Ceci en raison de la particulière sensibilité des liquidités «internationales» aux disparités des taux d'intérêts entre marchés et aux variations (faibles, mais exploitables) des taux de change. Cela ressortit à l'autonomie propre, à la fluidité et à la souplesse des mouvements de l'argent sur les divers marchés, aux temps de l'étalon-or. Les canaux et réseaux des échanges-marchandises connaissent des raideurs et des

1. «Le taux de profit et les incompatibilités Marx-Keynes», *Annales ESC*, novembre-décembre, 1966.
2. Maurice Schlogel, *les Relations économiques et financières internationales*, Paris, Masson, 1972, p. 224.

contraintes (en particulier physiques et matérielles) auxquelles échappent, par nature et fonction, les diverses formes de la monnaie.

En second lieu, les relations économiques du capitalisme français avec le monde présentaient trois modalités :
- échanges commerciaux (et de « services ») et exportations de capitaux à long terme faibles envers l'empire colonial français.
- échanges commerciaux (et de « services ») relativement faibles, mais exportations élevées de capitaux à long terme envers les pays déjà en voie de développement avant 1914 (Russie surtout ; mais aussi Italie, Espagne, Commonwealth, voire Chine) et envers les régions semi-coloniales (Balkans, Moyen-Orient, Amérique latine).
- échanges commerciaux (et de « services ») intenses, mais faibles exportations de capitaux à long terme, envers les pays capitalistes développés (Europe du Nord-Ouest, Allemagne, Etats-Unis) et mouvements intenses de capitaux à court terme entre ces pays.

Telles seraient ce que l'on pourrait appeler les structures globales (économiques et géographiques) de la balance finale des paiements, structures entre lesquelles, en comptabilité globale, s'établissaient des compensations permettant les équilibres finaux des échanges extérieurs – compte tenu, naturellement, des mouvements (achats et ventes) de métaux précieux.

En troisième lieu, seul le plan macro-économique (celui de la balance des paiements) permet de retrouver, au-delà des discordances géographiques entre flux des capitaux et flux des marchandises, leurs solidarités économiques fondamentales. Mais nous manquons cruellement d'une étude historique et statistique, année par année (avant 1914) des divers postes des diverses balances des échanges extérieurs français – du moins, nous manquions, jusqu'au rapport de M. Lévy-Leboyer d'octobre 1973[1]. Seule, cependant, une telle étude permettrait de voir les relations « mécaniques » et comptables entre solde du commerce et solde des « invisibles »[2] d'une part ; et de l'autre, solde de la balance des paiements courants (commerce, plus « invisibles ») et mouvements de l'or, plus les mouvements des capitaux. En principe, dans le cas français, le solde (positif) de la balance des paiements courants devrait, chaque année, être égal à la somme des entrées d'or et des exportations de capitaux à l'étranger dans le cadre de la « balance finale » (ou balance des règlements)[3]. Le rapport de Maurice Lévy-Leboyer permet de retrouver effectivement ces solidarités.

En quatrième lieu, le plan macro-économique mettrait en evidence « l'importance décisive » (Lénine) des exportations de capitaux à long terme au stade de l'impérialisme. Dans le cadre (et les limites) du « rapport des forces » mondial (forces économiques, forces politiques), rapports de domination, de subordination ou d'influence tels qu'établis à la fin du XIXe siècle et au début du XXe siècle, rapports encore favorables au capitalisme britannique, mais en voie de nouveaux équilibres à la veille de 1914 (poussées « mondiales » de l'Allemagne, du Japon, des Etats-Unis), les exportations de capitaux à long terme, pour la France comme pour la Grande-Bretagne, et à partir des années 1870 pour notre pays, jouent le premier rôle « objectif » de rééquilibrer le déficit des échanges marchandises (grâce, comme nous allons le voir, aux revenus, rapatriés, des capitaux exportés) et d'alimenter aussi, du moins en partie (grâce à ces mêmes revenus) de

1. Rapport cité.
2. Les invisibles comprennent naturellement les rentrées des revenus fournis par les capitaux exportés.
3. *Cf.* Piettre, tableau de la p. 101, *op. cit.*, Schlogel, *op. cit.*, p. 58.

nouveaux flux d'exportations de capitaux, lesquels, à leur tour, viennent augmenter par leurs revenus la «couverture» du déficit commercial, etc. Les exportations de capitaux permettent alors l'entretien permanent d'un déficit commercial. Disons, entre parenthèses, que cette situation sera profondément modifiée au XXe siècle, après la Première Guerre mondiale.

De là le second rôle «objectif» des exportations de capitaux avant 1914. Elles tendent à devenir le principal mécanisme de domination économique «mondiale» pour les pays capitalistes avancés, en facilitant la «reproduction élargie» du capital grâce à la souplesse et à la variété des échanges extérieurs; et en fournissant des moyens de pression économique et financiers vis-à-vis de certains pays plus ou moins dominés: moyens de pression qu'utilisent et les grandes firmes françaises, et le gouvernement français. On rencontre ici l'un des thèmes favoris des historiens français depuis la Deuxième Guerre mondiale, celui des rapports entre «le politique» et «l'économique» en matière de relations internationales.

La distribution géographique des exportations de capitaux modèle ainsi les réseaux de dépendance ou d'influence impérialiste plus fortement et visiblement que la géographie des échanges extérieurs – marchandises – sans tenir ici compte des domaines réservés (et mis en réserve) que représentent les «empires coloniaux».

Dans ces conditions, la non-concordance géographique entre mouvements des capitaux et mouvements des marchandises (qui n'avait été ni repérée ni raisonnée dans les études marxistes de l'impérialisme) ne peut être utilisée comme argument décisif à opposer à ces analyses «classiques», concernant certains aspects du stade de l'impérialisme (avant 1914), en particulier le rôle «nouveau» tenu par les exportations de capitaux.

Mais il faut dire que les chercheurs devraient se donner pour double tâche de confronter:

1° les diverses analyses marxistes théoriques sur tous ces problèmes, celles d'Hiferding, de Rosa Luxembourg, de Lénine (et Boukharine), confrontation que Christian Palloix a amorcée[1];

2° ces théories économiques aux réalités concrètes, historiques et statistiques, des échanges extérieurs et de la balance des paiements française au XIXe siècle, beau programme «interdisciplinaire» qui, jusqu'à présent, n'a tenté ni les adeptes de l'économie politique «théorique» ni les historiens de l'économie entasseurs de données concrètes.

3. Il existe deux approches de l'étude des exportations de capitaux: micro- et macro-économique.

– Selon une analyse micro-économique, qui part de l'étude des flux de capitaux vers le dehors au niveau des banques et des firmes françaises industrielles, il y a bien effective sortie des épargnes françaises internes vers les marchés extérieurs, où elles se fixent sous forme de prêts aux Etats étrangers et d'investissements privés. On voit concrètement grandes banques et grandes firmes placer au-dehors des capitaux rassemblés par elles au-dedans. Il semble bien alors qu'il y ait en France par la seule accumulation capitaliste interne une «surproduction» relative de capitaux en quête de placements. Ces capitaux s'exportent, soit parce que les emplois sur le marché intérieur font provisoirement défaut et que le profit n'y peut être obtenu; soit parce qu'ils recherchent sur les marchés extérieurs un profit supérieur (surprofit) à celui obtenu en France. Le premier type est

1. Voir le *Bulletin du CERM* sur «L'impérialisme». Paris, 1970, et l'ouvrage de P. Salama et J. Valier, *Une introduction à l'économie politique*. Paris, Maspero, 1973.

celui de la métallurgie lourde (fers, fontes, aciers) de la région de Saint-Etienne en 1878-1882, laquelle, rudement concurrencée par la nouvelle sidérurgie lorraine (application du procédé Thomas-Gilchrist aux minerais de fer phosphoreux lorrains) investit des capitaux dans la sidérurgie russe (Silésie russe et Oural), alors en pleine expansion (voies ferrées, en reprenant et en modernisant des installations industrielles anciennes. Le second type est celui des firmes françaises sidérurgiques et de constructions mécaniques qui entre 1906 et 1913 multiplient les opérations industrielles en Russie, alors que la conjoncture économique en France est, pour elles, comme pour l'économie française dans son ensemble, d'accélération et d'expansion.

– Mais les perspectives changent en analyse macro-économique, si l'on considère l'économie française dans son ensemble comme une entreprise, si l'on analyse la structure de ses échanges économiques avec l'extérieur. Dans ce cas, on replace le flux de sortie des capitaux dans la balance des paiements extérieurs, avec les différents compartiments de cette balance. Il apparaît alors, sur ce plan strictement des échanges extérieurs, qu'à partir de 1873, les flux de sortie des capitaux sont alimentés par les flux des rentrées d'argent, provenant des revenus des placements et investissements au-dehors. Ces revenus, qui font retour vers la France, permettent, selon divers auteurs, des années 1870 jusqu'en 1914: 1° de financer en partie le déficit de la balance commerciale française, déficit qui apparaît dans les années 1870 ; 2° de financer en partie les nouvelles exportations de capitaux. Autrement dit, c'est le solde positif de la «balance des paiements courants» qui permet d'alimenter les flux de sortie des nouveaux capitaux exportés à long terme.

Dans cette perspective, la croissance des exportations de capitaux à la fin du XIXe siècle et au début du XXe siècle se nourrit en quelque sorte elle-même. Elle n'apparaît plus comme le produit permanent d'une accumulation permanente qui serait exclusivement d'origine interne. Certains économistes marxistes français, fort critiques devant les thèses classiques du marxisme, et rejoignant là les économistes non marxistes, jugent même, sur le vu de la balance des paiements française (mais aussi anglaise) des années 1870 à 1914, qu'il n'y a pas eu exportation de capitaux, puisque les flux de rentrée de capitaux sont supérieurs aux flux de sortie. S'il n'y a peut-être pas contradiction complète entre l'analyse macro-économique, il faut reconnaître que les économistes et historiens marxistes ont jusqu'ici privilégié la première analyse et n'ont pas raisonné au plan de la seconde. D'une manière plus générale, des questions à la fois théoriques, statistiques et historiques se posent, on le devine, à travers les trois thèmes que je viens d'évoquer. Toutes concernent les rapports entre flux de capitaux et flux de marchandises; c'est-à-dire au fond, les conditions externes de la croissance interne, et dans la reproduction (élargie) du capital. Sur tous ces thèmes, bien des travaux demeurent à faire.

Essayons cependant d'aller plus loin, et revenons sur la distinction entre l'analyse micro- et macro-économique des exportations de capitaux. La première est plus communément le fait des historiens de l'économie ; la seconde, le fait des économistes. Exemple classique d'un phénomène approché par des optiques différentes. La question revient à savoir s'il y a contradiction ou complémentarité entre les deux modes d'approche, dans le cas considéré.

1° L'analyse micro-économique a trait aux politiques des grandes entreprises de banque et d'industrie, à leur gestion. Dans ce cas on voit jouer concrètement le mobile de la «loi du profit» (expression même du directeur du Crédit Lyonnais en 1873[1]). L'entreprise prête (banque) ou investit (industrie) là où elle croit que : a) la masse du profit sera certaine et assurée (sécurité) ; b) le taux de profit sera plus élevé qu'ailleurs (rentabilité du capital). Dans ces conditions, les prêts et investissements à l'extérieur sont le plus souvent et directement liés à la différence des taux de profit et des taux d'intérêts entre marché national (taux plus bas) et marchés extérieurs (taux plus élevés). Les capitaux (bancaires et industriels) s'exportent, en dernière analyse micro-économique, parce qu'il y a de telles différences de taux. Les archives d'entreprises sont à ce sujet éminemment loquaces. Certes les économistes non marxistes, quand ils exposent les mobiles des exportateurs de capitaux, mettent l'accent sur leur diversité (recherche de la sécurité ; de marchés de vente ou d'approvisionnement ; de puissance ; de rentabilité). Mais il ne serait pas difficile de montrer que cette diversité s'ordonne autour d'un mobile central, celui du profit, envisagé à court ou à moyen terme.

Laissons de côté les formes concrètes très diverses (bancaires, industrielles, commerciales) de l'exportation des capitaux.

Dans une telle approche, où les choses sont vues et analysées du côté de l'entrepreneur, et selon les activités et mobiles réels des «affaires», on observe effectivement une sorte de «surproduction» – de «pléthore» disait-on avant 1914 dans les milieux économiques – de capitaux sur le marché national. L'attitude de l'entrepreneur, ses calculs, ses décisions, sa prise de conscience, le montrent très clairement. La «surproduction» des capitaux est sentie et vécue par lui comme telle. En même temps, elle apparaît comme fait réel, objectif. Pour s'en rendre compte, il faudrait (ce n'est pas l'objet de cette note) faire appel à la fois aux formes, aux mécanismes – et à la sociologie – de l'épargne en France, de la centralisation des capitaux par le système bancaire, et de l'accumulation du capital dans les entreprises d'industrie et de banque.

Le concept (marxiste) de «suraccumulation de capital« (ou «surproduction») correspond bien à des réalités, des pratiques et des comportements. «Suraccumulation» c'est-à-dire : «un capital inemployé, excédentaire, inoccupé, qui représente bien un excédent de l'épargne sur l'investissement, une véritable thésaurisation à l'échelle sociale, une surproduction bel et bien *ex post*, selon le sens courant du terme»[2]. Bref, un «capital en jachère», selon l'expression de Marx.

Il faut cependant nuancer une telle conception de la «surproduction de capital». Il est bien entendu que cette «mise en jachère» du capital a rapport au taux de profit, au taux de rentabilité. La «surproduction» du capital ne tient pas à une absence de débouchés intérieurs adéquats (marchés de consommation), ni à une absence d'opportunités d'investissement, mais à une rentabilité jugée insuffisante par les investisseurs et placeurs sur le marché national, par comparaison avec tel ou tel marché extérieur. Les marxistes disent que des investissements additionnels de capitaux n'obtiennent pas alors le «taux moyen de profit» sur le marché intérieur. Certes, des situations d'absence (ou plutôt, de disparition ou d'affaissement) de débouchés ou d'opportunités peuvent se produire sur le marché national, en particulier en cas de crise et de dépression, ou bien selon les aléas de la concurrence et des innovations technologiques. Mais la «suraccumulation» de capital est moins souvent «absolue» (totale impossibilité d'obtenir du profit) qu'elle est «relative» (obtention d'un

1. Adrien Mazerat, lettre de mai 1873 : « La loi du profit s'impose à nous impérieusement. C'est une nécessité pour nous de tirer la quintessence du rendement de nos capitaux. »
2. A. Emmanuel, art. cit., p. 1196.

taux de profit déprimé ou menacé). Dans ces conditions, les exportations de capitaux sont bien un moyen d'élargir les limites d'élasticité des taux de profits. «Objectivement» aussi bien que «subjectivement» (c'est-à-dire consciemment du côté de l'entreprise ou des épargnants) elles sont, avant 1914, l'un des moyens d'aller à l'encontre des tendances dépressives des taux de profit. Des analyses marxistes par trop simplifiées ont certainement eu tort de lier les exportations de capitaux à une vue pessimiste du développement du capitalisme. Ces exportations ne sont pas toujours liées (il s'en faut!) à une situation difficile de la croissance capitaliste, ou à une «sous-consommation» intérieure, puisqu'elles croissent en même temps que s'accélère le développement capitaliste lui-même. Mais cela ne contredit nullement le caractère nécessaire (avant 1914) de l'exportation des capitaux, ni son rôle dans la sauvegarde des taux de profit.

Ainsi, en analyse micro-économique, seule l'accumulation interne du capital est mise en évidence, celle qui a sa source à l'intérieur du marché national, et qui entraîne la formation d'un surplus (relatif) d'épargne. L'exportation des capitaux paraît alors jouer le rôle de «débouché» pour la suraccumulation interne. Elle est un moyen de stérilisation des capitaux «excédentaires», un moyen de dépassement des contradictions internes du capitalisme – à l'époque, avant 1914, où cette exportation atteignait des niveaux très élevés. Or, c'est cette conclusion que l'analyse macro-économique tend à (ou veut) ruiner.

2° Sans doute celle-ci (pour le cas du capitalisme français) n'est pas assez poussée, malgré les travaux de White [1], de Cameron et, plus récemment de Maurice Lévy-Leboyer. Cela n'a pas empêché A. Emmanuel, dans l'article cité plus haut, de s'en donner à cœur joie: «au point de vue de la décongestion du marché financier des pays avancés», l'exportation des capitaux n'a pas eu «l'importance fortement exagérée», que dit «la littérature marxiste et non marxiste». Elle «n'a pas joué le rôle de débouché, pour une plus-value encombrante produite à l'intérieur du pays, rôle qu'on se plaît souvent à lui prêter» [2]. Notons – et c'est bien là le problème – que la contradiction apparaît flagrante entre cette thèse et la réalité de la gestion des entreprises. Mais notons également que l'approche macro-économique a (depuis longtemps) été présentée par les banquiers eux-mêmes, exportateurs de capitaux, comme justification, explication et excuse de leur pratique [3].

En effet, l'analyse macro-économique de l'exportation des capitaux fait apparaître, elle, une alimentation externe de leurs flux, celle fournie par les rentrées, les retours, des revenus des capitaux prêtés et investis au-dehors antérieurement.

Avant de revenir à ce point, il est nécessaire, en historien, de préciser certaines distinctions tenant à la complexité des mécanismes concrets des exportations de capitaux:

1) Les profits rapportés par les investissements industriels au-dehors ne sont pas rapatriés en France en totalité. Il y a, sur le marché extérieur, réinvestissement par autofinancement.

2) Les banques françaises lorsqu'elles créent des agences au-dehors (exemple Russie, Egypte...) utilisent deux catégories de ressources sur ces marchés extérieurs: du capital exporté, venu de France et des dépôts locaux, rassemblés dans le pays étranger.

3) Les gouvernements étrangers emprunteurs auprès des syndicats bancaires (et des épargnants) français ont à faire chaque année des paiements en France (service de la dette: coupons de rentes; et remboursements, lorsqu'il s'agit d'emprunts amortissa-

1. *French international accounts 1890-1913*, New York, 1932.
2. Art. cit., p. 1208-1210.
3. Voir en particulier le livre du centenaire du *Crédit Lyonnais*, Paris, 1963, pp. 104-107.

bles). Ils laissent donc des sommes en dépôt dans les banques françaises. Ces fonds proviennent (au moins en partie) des emprunts faits en France. La totalité de l'argent emprunté n'a donc pas été exportée effectivement.

4) Les formes concrètes du rapatriement des revenus des capitaux exportés sont: les rentes annuelles des emprunts d'Etats étrangers; les dividendes des intérêts des titres (actions et obligations) des sociétés fonctionnant à l'étranger contrôlées par les hommes d'affaires français; les tantièmes touchés par les administrateurs de ces firmes; la part rapatriée de ces profits d'entreprise. Exemple: les bénéfices annuels des agences étrangères d'une banque française, comptabilisés dans le compte d'exploitation générale.

En principe, ces revenus rentrent par des opérations de change sur les marchés (Paris et places étrangères). Mais une partie de ces revenus est payée directement en francs sans qu'il y ait eu rapatriement effectif (voir le 3) précédent).

Ainsi les mécanismes d'exportation des capitaux et d'importation des revenus présentent une complexité certaine. Aussi leur comptabilité rigoureuse est-elle impossible[1].

3° Quoi qu'il en soit, y a-t-il contradiction ou complémentarité entre les approches macro- et micro-économique des exportations de capitaux?

Des économistes (marxistes et non marxistes, français et étrangers) ont conclu, ces dernières années, de la seule analyse macro-économique que la problématique marxiste classique d'une exportation de capitaux exutoire d'une «surproduction» interne des capitaux était inexacte, puisque les flux de rentrée des revenus des capitaux sont devenus très tôt supérieurs aux flux annuels de sortie des capitaux nouveaux. Les exportations de capitaux n'auraient donc pas joué le rôle de «débouché» de la suraccumulation interne. Cette conception aboutit à estomper le phénomène de suraccumulation interne et, pour ainsi dire, à l'oublier et à ne pas poser le problème des mouvements des taux de profit. Cette conception déplace l'analyse hors du champ des contradictions internes du développement capitaliste. C'est même, semble-t-il, son rôle essentiel. On peut faire à son propos les observations suivantes:

a) Les économistes dont il est question ne voient qu'un côté des phénomènes. Le raisonnement en comptabilité globale leur fait oublier les mécanismes réels, vécus: dans le cadre de la gestion de firmes, l'exportation des capitaux est, effectivement, un débouché pour une masse de capitaux non (ou mal) employés sur le marché national. Répétons que les archives d'entreprises crient cette élémentaire «vérité».

b) Les économistes et historiens marxistes «classiques», de leur côté, n'ont pas perçu – sauf exceptions – l'aspect macro-économique et l'on négligé. Ils n'en parlent pour ainsi dire jamais. Ce qui est, aussi, n'enregistrer qu'une partie des phénomènes.

c) La complémentarité entre les deux types d'approche, leur non-contradiction peut être raisonnablement soutenue.

– L'analyse économique empiriste, «vulgaire», aussi bien que l'approche marxiste rendent évidents les processus de l'accumulation interne du capital, et les accidents de cette accumulation (crises, baisses du taux de profit, faillites).

– L'accumulation est en dernière analyse doublement assurée («reproduction du capital»): par la vente des marchandises sur le marché national; et par les exportations de marchandises.

1. Tant la méthode directe de calcul (par analyse micro-économique: flux des prêts et investissements des firmes et des emprunts d'Etat) que la méthode indirecte (par reconstitution de la balance des paiements) ne permettent d'aboutir qu'à des approximations et des ordres de grandeur.

– A l'accumulation (à source interne) du capital et aux profits et revenus qui en découlent, s'ajoutent la partie rapatriée des revenus des capitaux exportés. Il y a ainsi double alimentation de l'accumulation de l'épargne et du capital, entraînant (ou pouvant entraîner) une « suraccumulation », une « surproduction » (ou « pléthore » disait-on avant 1914) de capitaux sur le marché national, dans le sens entendu plus haut, c'est-à-dire en fonction des taux de profit désirés. Le seul retour des revenus des capitaux exportés n'est pas alors l'unique source de l'exportation de nouveaux capitaux. L'exactitude comptable de l'approche macro-économique n'est que mirage arithmétique : l'exportation des capitaux « frais » est effectivement un exutoire, une dérivation vers le dehors d'un « surplus » (relatif) d'épargne, surplus doublement entretenu par apports internes et externes, l'alimentation externe venant encore davantage précipiter la suraccumulation.

L'économiste Hilferding, qui fut le plus pénétrant analyste marxiste avant 1914 des exportations de capitaux, écrivait avec raison, semble-t-il : « Le capital accumulé en Grande-Bretagne est considérable et, de ses placements extérieurs, des masses de profits toujours nouvelles affluent dans la métropole. Le rapport des masses de capital à accumuler au capital qu'on peut placer à l'intérieur est ici le plus grand, la poussée vers les placements extérieurs la plus forte, le taux d'intérêt exigé le plus faible. »[1] Même type d'observation du même auteur pour le cas français. Il est évident que capital et épargne « à accumuler » sont à double alimentation. L'oubli de l'alimentation interne est aussi grave que l'oubli de l'alimentation externe.

A. Emmanuel, dans l'article cité, écrit à propos de la Grande-Bretagne :
« La quasi-totalité des quatre milliards de livres sterling... auxquels s'élevait en 1914 l'investissement total à l'étranger provenait d'un réinvestissement des revenus des capitaux extérieurs, soit d'une capitalisation continue des intérêts et des dividendes... Pour l'économie anglaise dans son ensemble... son avoir sur l'étranger augmentait sans envoi effectif de fonds, donc sans exportation de capital, sans allègement de l'accumulation intérieure. »

C'était faire fi des mécanismes réels et concrets. La vérité comptable de la macro-économie ici appliquée ignore la pesanteur des faits. La vérité de la micro-économie demeure. Il y a bel et bien « envoi effectif de fonds » (ou alors les études historiques concrètes ne seraient que tissus d'inventions, et les archives des firmes fabriques d'illusions...). Le vrai problème est l'origine des fonds. Rien ne permet de dire que la totalité des capitaux nouvellement exportés provenait de la somme globale des revenus rapatriés. Ceux-ci sans doute pouvaient être réinvestis au-dehors. Mais aussi consommés sur le marché national : c'était, précisément, l'heureux destin de feu les rentiers. De même, la part des profits des firmes acquise par des opérations sur les marchés extérieurs ne retournait pas intégralement à des opérations extérieures. Elle était en partie utilisée sur le marché national (en autofinancement et en consommations). Globalement, donc, une partie des revenus rapatriés n'était pas disponible pour de nouvelles exportations de capitaux.

d) Les bases concrètes, originelles, de la « surproduction » du capital sont les fonds disponibles des entreprises (bancaires et industrielles) et les épargnes des particuliers. Les premiers augmentent au cours de la croissance capitaliste et une partie peut en être toujours disponible pour des placements extérieurs. De même pour les secondes. Il est

1. R. Hilferding, *le Capital financier*, Paris, Ed. de Minuit, 1970, p. 438.

sûr, par exemple, qu'un bourgeois français propriétaire de titres étrangers pourra acheter de nouveaux titres étrangers avec les revenus de ces premiers titres. Mais tel autre épargnant, lors de ses premiers achats de titres étrangers, utilisera de l'épargne d'origine strictement interne.

e) Il est nécessaire, pour comprendre la situation de l'exportation des capitaux, de mettre en rapport ses phases (en moyenne durée) avec les phases correspondantes de la croissance économique. Selon ces phases, les exportations de capitaux sont alimentées d'une manière différente, et ont une fonction économique différente.

En temps de phase de ralentissement de la croissance interne (des années 1870 aux années 1890) l'accumulation intérieure du capital se ralentit. Il y a baisse des profits des firmes (ou stagnation), et des revenus des diverses classes. Les études historiques, pour le cas français, le démontrent largement. La formation de l'épargne nationale est alors freinée. Ainsi, la croissance des ressources bancaires dans les années 1875-1895 ne s'accélère pas : 77 millions (moyenne annuelle) d'augmentation du total des passifs des huit plus grandes banques aussi bien pour 1865-1875 que pour la période 1875-1895. Dans ces conditions, il est plus difficile de trouver des capitaux nouveaux, supplémentaires, pour l'exportation des capitaux. Celle-ci se poursuit, mais en se ralentissant. Elle est alors alimentée :

– par les revenus (rapatriés) des investissements et prêts extérieurs ;

– par l'existence de capitaux et d'épargnes intérieurs mal occupés, puisqu'il n'y a pas plein emploi, mais baisse des investissements et moindre activité économique. La « surproduction du capital » peut alors se présenter parfois comme « absolue », tout en demeurant massivement relative (baisse des profits, voire de leur taux). Le profit est alors recherché sur les marchés extérieurs parce qu'il est en situation difficile sur le marché intérieur. Toute l'analyse concrète, historique, de la gestion des grandes firmes de banque et d'industrie montre très clairement ce type de situation. En 1875, le directeur du Crédit Lyonnais pouvait ainsi écrire : « Nous succombons sous le capital inoccupé. Nous ne savons qu'en faire » ;

– par la poursuite de la centralisation et de l'agglomération des dépôts bancaires par les banques nouvelles (par actions) dont les réseaux d'agences, apparus en 1865-1869, se sont rapidement étendus de 1871 à 1882, mais qui ralentissent leur expansion pendant les années les plus profondes de la grande dépression (phase B), c'est-à-dire de 1882 au début des années 1890.

En phase d'accélération de la croissance (la période 1850-1870 ; les années 1900 jusqu'à la guerre), l'accumulation interne fait incontestablement un bond en avant : la reproduction « élargie » s'élargit davantage et plus vite. La formation de l'épargne nationale s'accélère. Les passifs des huit plus grandes banques croissent en moyenne annuelle de 334 millions entre 1895 et 1913, soit près de cinq fois plus vite que dans les périodes antérieures. Des fonds supplémentaires et des épargnes nouvelles apparaissent disponibles pour l'exportation des capitaux. Celle-ci par conséquent s'accélère selon une triple alimentation, elle-même accélérée :

1) le rapatriement des revenus des capitaux exportés se poursuit et son flux augmente ;

2) grandes entreprises et particuliers ont des disponibilités plus importantes grâce à la croissance des revenus. Ce qui est recherché au-dehors est plutôt, alors, un « surprofit », un profit supérieur à celui obtenu sur le marché national : les taux de profit sur le marché national en expansion demeurent souvent plus bas que les taux sur certains marchés

extérieurs (pays en voie de développement). La «surproduction du capital» est essentiellement «relative»;
3) la centralisation des capitaux bancaires par les réseaux d'agences, qui s'étendent, reprend plus rapidement à partir de la fin des années 1890, jusqu'en 1914. Les banques de dépôts, par leur politique des taux d'intérêts, éliminent d'ailleurs progressivement les dépôts à terme et favorisent le drainage des dépôts à vue.

Il faut observer ici, à propos de cette mise en perspective conjoncturelle, que les phases (en moyenne durée) de la croissance, et celles des exportations de capitaux sont conformes aussi à celles de la «formation brute» du capital industriel sur le marché national, telles que proposées par T.J. Markovitch, formation qui se ralentit en 1885-1894 pour s'accélérer très vivement au-delà [1].

Comparativement, pour les deux phases (moyennes) de la croissance, les rapatriements des revenus des capitaux exportés semblent jouer, dans chaque phase relativement à l'autre phase, un rôle distinct, en tant que moyen d'alimentation des exportations de capitaux nouveaux. Ce rôle apparaît plus important en phase de ralentissement de la croissance qu'en phase d'accélération. La situation semble inverse pour l'accumulation interne des capitaux qui, en temps de croissance rapide, doit alimenter relativement davantage les nouveaux flux de sortie des capitaux qu'en temps de croissance ralentie.
f) Il n'y a pas addition comptable, globale et totale des deux sources (interne et externe) de l'exportation des capitaux. Il s'en faut que la totalité des revenus rapatriés soit à nouveau utilisée dans l'alimentation de nouveaux flux de sorties des capitaux. C'est bien pourquoi l'alimentation interne de ces flux demeure effectivement une nécessité. De même, naturellement, il s'en faut que la totalité de la plus-value interne accumulée soit exportée: elle assure, pour l'essentiel, on le sait, l'autofinancement de la croissance capitaliste, son autodéveloppement. Mais une fraction de cette plus-value (variable selon la conjoncture) peut être disponible pour des placements et opérations au-dehors. Il faut donc redire, à l'encontre de certaines opinions, que, dans des proportions variables selon les phases conjoncturelles, l'exportation des capitaux est bien un «débouché» interne du capital.
g) Nous avons raisonné en moyenne durée (selon les phases interdécennales des fluctuations économiques). Le raisonnement peut s'appliquer en courte durée, selon les phases du «cycle» classique de la croissance capitaliste du XIXe siècle. Dans les deux cas, on se doute que des recherches statistiques seront nécessaires pour assurer la validité des raisonnements antérieurs qui relèvent fortement de l'hypothèse de travail.

Quoi qu'il en soit, on voit combien sont indispensables le dialogue et la compréhension mutuelle de l'économiste et de l'historien de l'économie. Les approches micro- et macro-économiques de l'exportation des capitaux se complètent plutôt qu'elles ne se neutralisent. On ne peut pas, en tous les cas, utiliser la seconde pour ruiner les conclusions qu'impose la première. L'exportation des capitaux, à une certaine époque de l'histoire du capitalisme, à été un réel débouché pour une «surproduction» de capital à double alimentation, intérieure et extérieure. Cette exportation a contribué à la nécessaire «mise en sommeil» ou «stérilisation» d'une partie des capitaux en excédent (relatif) sur le marché national. On peut ajouter que la problématique marxiste des exportations de capitaux lie étroitement «l'investissement international» aux contradic-

1. T.J. Markovitch, «L'industrie française de 1789 à 1964: conclusions générales», *Cahiers de l'ISEA*, AF7, N° 179, nov. 1966, tableau p. 93.

tions du développement du capitalisme. Ce dernier ne se produit que par, et pour, «l'accumulation du capital». Celle-ci est assurée selon les mécanismes de la «reproduction élargie», et les exportations de capitaux y contribuent de manière décisive. D'un côté, l'exportation des capitaux est à la fois un produit de l'accumulation et une condition de l'accumulation. De l'autre, l'exportation des capitaux apporte une réponse aux contradictions de la reproduction élargie, c'est-à-dire aux limites socio-économiques auxquelles cette reproduction se heurte sur le marché national: limites de la capacité d'écoulement des produits; de la capacité de fourniture de certains moyens de production; de la capacité d'assurance de taux de profits satisfaisants (c'est-à-dire propres à assurer l'autofinancement)[1]; de la capacité d'investissement. Ces limites, certes, ne sont nullement rigides; elles reculent avec la croissance capitaliste elle-même. Le rôle de l'investissement international au XIXe siècle est précisément d'en avoir encore augmenté l'élasticité; d'avoir apporté des éléments d'augmentation aux diverses capacités du marché national; d'avoir mis en place soit des mécanismes compensateurs soit des soupapes de sécurité, en fournissant diverses opportunités à la dynamique de l'accumulation capitaliste. [...]

L'impérialisme français d'avant 1914 est-il un impérialisme rentier et parasitaire?

Lénine disait de l'impérialisme français qu'il était «tondeur de coupons» (c'est-à-dire les coupons des valeurs mobilières étrangères). L'image peut, tout d'abord, être déclarée exacte. D'une part, économiquement, les flux de rentrée des revenus des placements extérieurs ont été rapidement supérieurs aux flux de sortie des nouvelles exportations de capitaux. L'impérialisme français tirait donc en partie sa substance et son pouvoir de l'exploitation de pays étrangers et des profits que cette exploitation rapportait. Somme toute, il «consommait» plus qu'il ne «produisait»: c'était une position de «parasite». D'autre part, socialement, des centaines de milliers de rentiers français, représentant toutes les couches de la bourgeoisie, acheteurs de titres étrangers, vivaient, du moins en partie, des revenus de ces titres. C'était une situation incontestablement «rentière».

Cependant, dans la pensée de Lénine, le caractère «parasitaire» et «rentier» de l'impérialisme français (et d'autres impérialismes tel le britannique) était lié à sa «putréfaction» et conçu même comme une composante de sa décrépitude et de sa fin. Sur ce point, comme l'on dit, l'avenir n'a pas encore donné raison à l'analyse de 1916. C'est que, peut-être, elle avait négligé une autre face de l'expansion impérialiste. Envisagé à un niveau différent de ses comportements, l'impérialisme français présentait en effet un autre visage.

Une partie notable, quoique minoritaire – mais croissante dans l'immédiat avant 1914 – des exportations de capitaux français à long terme était en effet consacrée non pas à des prêts aux Etats étrangers, mais à des investissements dans les chemins de fer et dans certaines branches industrielles (mines et métallurgie surtout). Dans ce cas, on a affaire à un impérialisme «entrepreneur» à l'extérieur, au sens schumpétérien du mot, c'est-à-dire créateur direct d'équipements et de moyens de production de base. Selon les estimations du service financier du Crédit Lyonnais (reprises dans le livre de Cameron),

1. La problématique marxiste de la «baisse tendancielle du taux moyen de profit», que l'on ne peut redire ici, est fort opérationnelle pour la réflexion historique.

la part des émissions de titres étrangers industriels à Paris grandit de 1892 à 1913, par rapport aux rentes d'Etats étrangers. Cette part des titres industriels représentait 25 % des émissions étrangères totales en 1892-1897, 32 % en 1898-1904, 35 % en 1905-1909, et 51 % en 1910-1913. Et, à l'intérieur de ces titres industriels, la proportion des actions, entre 1892 et 1913, l'emportait sensiblement sur celle des obligations.

René Girault a étudié dans sa thèse avec un grand luxe de démonstrations concrètes combien, surtout après 1905-1906 et jusqu'en 1914, les banques françaises et les sociétés industrielles françaises ont participé directement et activement à l'équipement de base du tout neuf capitalisme russe. Leur rôle actif est allé en s'accentuant à mesure que l'on s'approche de 1914. On se trouve alors en présence de banquiers, d'industriels, d'ingénieurs et de « managers » français qui, selon, naturellement, la logique de l'exploitation capitaliste, font non pas figure de capitalistes-rentiers non actifs, mais d'entrepreneurs remarquablement dynamiques. Et dans ce cas précis, c'est-à-dire sur un marché extérieur, on voit alors jouer bien plus nettement que sur le marché national lui-même, à cette même époque, les mécanismes du « capital financier », c'est-à-dire les liens étroits entre capital bancaire et capital industriel. La Société Générale, la Banque de Paris et des Pays-Bas, la Banque de l'Union parisienne et leurs filiales en Russie d'une part ; Schneider, les Forges de Châtillon-Commentry, la Société de construction des Batignolles d'autre part, agissent souvent d'une manière concertée et coordonnée. Selon le mot de René Girault, à la veille de 1914, la Russie tsariste tendait à devenir un « Far-West français ». A un degré certes bien moindre, J. Thobie a observé des mécanismes de même nature dans l'Empire ottoman pendant les quelques années précédant 1914.

On voit, dans ces conditions, la difficulté de la réponse à la question : quand s'ouvre, pour le capitalisme français, l'ère (c'est-à-dire le stade) du « capital financier », de l'« impérialisme » ? Nous avons relevé, du point de vue de l'interpénétration des grandes banques et des grandes firmes industrielles, sur le plan des échanges économiques et financiers avec les marchés et pays étrangers, des faits nettement contradictoires : divisions et désaccords entre banques d'une part et firmes d'industrie de l'autre, lorsqu'il s'agit du placement en France des emprunts d'Etats étrangers, et de l'utilisation par ces Etats des fonds empruntés. Mais solidarités des uns et des autres dans certains investissements de grande envergure en Russie. Il semble qu'on puisse affirmer cependant que c'est à l'occasion des exportations de capitaux que se lient plus étroitement capitaux bancaires et capitaux industriels dès avant 1914[1] ; et que, par conséquent, l'exportation du capital a joué un rôle finalement moteur dans la genèse même du « capital financier », même si cette genèse est loin d'être avancée en France à la veille de la première guerre mondiale.

Les historiens français, par leurs travaux récents, et par la prise de conscience de leurs propres ignorances quant aux aspects de l'impérialisme français, aboutissent à tracer de celui-ci un portrait, certes non terminé, mais plus affiné, plus fouillé, plus complexe, plus contradictoire que celui qui ressortirait du schéma marxiste traditionnel et classique. Certains d'entre eux (et je suis l'un de ceux là) ne rejettent pas ce schéma de l'impéria lisme. Mais ils ont une conscience aiguë que les impérialismes, dans leurs incarnations nationales, méritent encore de sérieuses analyses.

© Éditions de l'EHESS

1. Observation confirmée pleinement par la thèse de Jacques Thobie.

Les Relations économiques et financières entre la France et la Russie (1887-1914)

(1972)

RENÉ GIRAULT

Partie de la conclusion de la thèse de doctorat consacrée aux relations économiques et financières entre la France et la Russie dans les 25 ans qui précèdent la Première Guerre mondiale.

L'auteur y propose une définition de l'impérialisme économique et montre que, dans l'exemple russe, il s'agit pour les intérêts français entre 1906 et 1909 d'une réussite mitigée.

Source : *René Girault,* les Relations économiques et financières entre la France et la Russie. 1887-1914, *Paris, A. Colin, 1972. p. 593-594.*

L'éclosion de l'impérialisme français en Russie dans les années 1805

« LE TERME D'IMPÉRIALISME pourra choquer si l'on ne veut en retenir que *l'aspect politique* conquérant et dominateur : la France n'a jamais dicté sa conduite à la Russie à la manière des puissances européennes vis-à-vis des empereurs mandchous ou vis-à-vis des chefs noirs africains, *mais l'impérialisme à base économique ne peut-il exister que sous ses formes coloniales ou semi-coloniales ?* La réponse n'est pas si simple. Pour nous, l'impérialisme économique existe lorsque les représentants d'une puissance développée ou d'un groupe à taille internationale s'efforcent de se réserver la domination économique d'un Etat plus faible et lorsqu'ils parviennent à leurs fins[1]. Est-ce le cas en Russie ? *En 1914 les capitalistes français n'y pas encore parvenus* ; pourtant ils ont tenté, en particulier *entre 1906 et 1909*, de s'assurer en Russie une hégémonie telle que la concurrence étrangère, allemande surtout, soit rendue impossible et que les entreprises russes obéissent à une volonté française au moins dans deux secteurs fondamentaux, *la métallurgie (voir le trust) et la banque*. Le renversement de la conjoncture en Russie, les dissensions internes parmi les capitalistes français ont fait échouer l'entreprise. Mais est-ce pour autant la fin de ces tentatives ? La *réorganisation du secteur bancaire* poursuivie à l'extrême fin de notre période, l'orientation donnée aux investissements industriels permettent d'en douter[2]. La guerre et surtout la révolution stopperont définitivement le mouvement. L'impérialisme français en Russie a manqué de temps pour s'épanouir, pourtant son existence a dépassé l'état de simple virtualité.

Peut-être d'ailleurs n'aurait-il pas réussi à s'imposer, donc à être. En effet cet impérialisme

1. Si cet impérialisme repose sur des bases industrielles, on peut l'appeler impérialisme industriel, s'il repose sur des bases bancaires, il devient impérialisme bancaire, s'il joint l'une et l'autre forme, il sera impérialisme financier.
2. On pourrait ajouter qu'en pleine guerre, vers 1915-1916, Darcy et les représentants de certaines banques élaborent encore des plans grandioses pour que le capitalisme français puisse tenir une place prépondérante en Russie, à l'issue des hostilités.

repose essentiellement *sur la force du secteur bancaire français; ses bases industrielles sont minces*: les premières auraient-elles pu suffire pour triompher? Sans doute un renouveau de l'industrie française apparaît dans les dernières années d'avant-guerre, *mais ne suppose-t-il pas pour son financement que les capitaux s'expatrient moins?* Si hors des frontières les banques n'ont plus à leur libre disposition l'argent, «notre arme la plus efficace», pourraient-elles continuer leur marche ascendante dans l'Empire russe?

© Armand Colin

Le Mouvement du profit en France au XIXe siècle

(1965)

JEAN BOUVIER, FRANÇOIS FURET, MARCEL GILLET

A partir de l'établissement de séries de moyenne durée sur les profits bancaires, sidérurgiques et charbonniers, les trois historiens se demandent jusqu'à quel point la «politique d'affaires» des grandes firmes n'interfère pas avec les choix des États.

Source: *Jean Bouvier, François Furet, Marcel Gillet,* le Mouvement du profit..., op. cit, *p. 274-277.*

Économie et politique internationale

RESTE UNE QUESTION essentielle aux yeux des historiens: l'économique s'est-il reflété dans le politique? Notre attention s'est trouvée attirée, au cours de l'analyse du profit bancaire, vers les phénomènes d'expansion économique à l'extérieur. De la situation du capitalisme français au début du XXe siècle peut-on tirer des éléments de compréhension de la politique française dans le monde? Les conclusions sont faites précisément pour élargir l'angle initial de la prise de vues et pour indiquer qu'un «sujet» n'est jamais fermé sur lui-même. Il comporte bien des virtualités, et se rattache par mille liens à d'autres thèmes, plus larges que le sien propre.

Nous constatons un fait fondamental: la guerre mondiale éclate indubitablement au sommet d'une phase longue «A» d'expansion capitaliste – mais alors qu'une dépression cyclique, à la fin de 1913, semble se dessiner. Les dirigeants des grandes affaires ont-ils eu conscience de ces deux types de conjonctures? Ont-ils adapté leur «politique économique» à cette situation? Nous ne posons pas ces questions pour les résoudre; en fonction de l'état des connaissances, l'heure de la solution, si elle existe, n'est pas encore venue. Mais ces questions se posent effectivement. Que l'on nous permette quelques réflexions qui sont en fait des préalables d'autres recherches que l'on voudrait voir, un jour, entreprises.

Du ralentissement de la productivité du capital bancaire – et d'un certain capital bancaire – en 1895-1914, par rapport à la période 1850-1873, peut-on conclure à l'agressivité externe exacerbée des milieux d'affaires? Ce ralentissement n'est, au vrai, sensible que pour les banques de dépôts, mais non pour les banques d'affaires. Par ailleurs les taux de profit de la sidérurgie et ceux des charbonnages sont, eux, en ascension. En fait, c'est un réveil véritable des taux de profit – et des masses – qui caractérise, à la fois dans l'absolu et relativement, pour les trois secteurs, la «belle époque».

Or un capitalisme en plein épanouissement, tel le capitalisme français d'alors – et tels, aussi les autres capitalismes – est-il agressif? Peut-il l'être? On pourrait croire que la dépression entraîne la guerre, comme la misère entraîne les grèves. On l'a affirmé, mais ni l'un ni l'autre de ces aphorismes, on le sait, ne sont exacts. Les historiens du capitalisme et ceux des relations internationales ont encore beaucoup à faire pour comprendre et démontrer que les conflits de l'époque de la «paix armée» – conflits internationaux, conflits sociaux – naissent sur les bases mêmes du développement, du progrès, de la réussite de l'économie capitaliste[1]. Le secrétaire du Comité des Houillières, Henry de Peyerimhoff, a eu à ce propos des formules fort intéressantes à relire – ou à lire –, émanant d'un homme familier des affaires comme il l'était – et d'autant plus intéressantes si l'on considère le moment – le printemps de 1914 – où ces phrases furent prononcées. En conclusion d'une remarquable conférence sur Entreprises et capitaux français à l'étranger[2] faite devant l'auditoire choisi de la «Société des anciens élèves et élèves de l'Ecole libre des Sciences politiques», il s'exprimait en effet ainsi:

«Ainsi, Messieurs, à mesure que l'exploitation commerciale, industrielle et financière des marchés extérieurs devient plus générale, plus régulière, moins aventureuse, elle se fait aussi moins largement rémunératrice et plus durement concurrencée. Le maintien de nos intérêts, leur renforcement dans la proportion où augmentent ceux de nos rivaux, sont l'objet d'une de ces luttes quotidiennes, silencieuses, pacifiques d'aspect – d'aspect seulement – par où, à coup d'idées, à coup de naissances, à coup d'initiatives, de travail ou de capitaux, la face économique du monde est constamment remodelée. Dans ce conflit, dont les conséquences tendent à peser aussi fortement sur l'avenir d'une race que les guerres ou les alliances de jadis, sur quoi pouvons-nous compter? Sur nos capitaux: nous continuerons sans doute encore longtemps d'avoir, sinon les plus larges disponibilités d'épargne, du moins la plus large fraction de notre épargne disponible. C'est une force; c'est une force fragile lorsqu'elle n'est pas appuyée sur les autres. La richesse sans défense fait la proie plus tentante et plus désirable l'otage. Venise a joué ce rôle et aussi les Provinces-Unies. Les titres de la maison Hope d'Amsterdam sur tous les souverains de l'Europe n'ont pas produit grande impression, semble-t-il, sur les hussards de Pichegru, et je crains d'être obligé de dire que les coffres, d'ailleurs à demi vides, de la Sérénissime République ont plutôt attiré Bonaparte qu'ils ne l'ont intimidé. Notre argent travaillera pour notre empire dans la mesure où notre empire saura défendre notre argent. La politique d'affaires, jadis dédaignée, tenue encore pour un peu compromettante à l'intérieur, a conquis sa place au-delà des frontières, à côté de l'autre, celle des conversations diplomatiques et des grandes combinaisons... Qu'on ne perde jamais de vue que nos industriels et nos financiers sont plus âprement concurrencés au-dehors qu'ils ne sauraient l'être au-dedans. La politique extérieure a sur les autres cette supériorité que, née de données constantes, assise sur des intérêts permanents, elle a, par-dessus les opinions de parti et les fantaisies individuelles, quelque chose de la continuité des lois naturelles.»

Marchés extérieurs, profits, affaires, intérêts, luttes, forces, concurrences, concurrences encore... Tout se passe comme si les gestionnaires du grand capital, avant 1914, ressentaient quelque inquiétude devant l'universalité de l'impérialisme, alors même que

1. Voir à ce propos les suggestifs développements de G. Imbert dans son ouvrage sur: *Des mouvements de longue durée Kondratieff*. Aix, 1959.
2. Recueil: *Intérêts économiques et rapports internationaux*. Alcan, 1915, 270 p.

celui-ci était en pleine croissance. Plus exactement: parce que, plutôt qu'«alors que». Impérialisme : c'est-à-dire, à la fois, modifications de structure du capitalisme, développement des firmes monopolistiques et des «oligopoles», universalité des luttes concurrentielles sur les marchés mondiaux et partage des sphères d'influence économico-politiques. La tension des activités économiques, la tension des esprits accaparés par ces activités ne sont pas moins sensibles en période d'essor, dans le cadre du flux impérialiste au début du XXe siècle, qu'en période de crise, parce que sur les marchés extérieurs, l'homme d'affaires se sent toujours menacé. Les gains, au moment même où ils atteignent de hauts niveaux, apparaissent fragiles et contestés à ses propres yeux. Or, pour le grand capital bancaire et industriel du début du XXe siècle, l'activité au-dehors est devenue un élément indispensable de son équilibre général. Les grandes firmes industrielles ne sont pas plus absentes des marchés étrangers que les grandes banques. Nos firmes, on le sait, négligent l'Empire colonial – sauf cas d'espèce... Mais l'impérialisme n'a pas, par définition, une vocation étroitement coloniale: il est universel et va là où l'entraîne la pente du plus grand profit entrevu. Il a le don d'ubiquité. Ce mouvement d'intérêt croissant porté aux opérations avec l'extérieur a été alimenté précisément par la baisse des prix et des profits et par la baisse du «prix de l'argent» sur le marché national entre 1873 et 1895[1]. L'exportation des capitaux, sous ses multiples formes (à court et à long terme; prêts aux gouvernements et investissements privés de tous types), est devenue une constante et une nécessité, à des dates diverses sans doute pour chacun des grands pays capitalistes: mais dans les quinze à vingt années précédant 1914, les concurrents sont tous en lice: Angleterre, France, Allemagne, Etats-Unis, Japon, Belgique. On s'explique alors les deux grandes tendances simultanées visibles dans le développement de l'économie internationale à partir de la fin du XIXe siècle: d'une part la tendance retrouvée à la croissance, au dynamisme, au progrès des affaires – tendance dont notre étude se trouve être le commentaire; de l'autre, la multiplication des rencontres concurrentielles et des heurts d'intérêts.

De cette seconde tendance naissent à la fois – point sur lequel on ne saurait trop insister – les rivalités et les ententes, les batailles et les compromis, les concurrences et les partages, tous épisodes des relations économiques internationales qui ne sont encore que fort imparfaitement connus. Aussi les hommes d'affaires de la nouvelle époque de l'impérialisme perçoivent-ils les limites de leurs marchés, de leurs zones d'influence, de leurs taux de profits. Mais encore devrait-on distinguer selon les secteurs économiques: grands industriels de l'Est menacés directement par la Ruhr, groupes bancaires présents au-dehors, n'ont sans doute pas réagi de la même façon que des sociétés charbonnières qui, sur le marché intérieur, avaient surtout à faire face à la concurrence anglaise et belge.

Sans doute les déclarations de guerre ne sont-elles pas formulées dans les réunions des conseils d'administration. Mais la guerre mondiale qui vient ne peut être seulement une affaire d'ambassadeurs, de ministres et d'états-majors. Elle n'est pas seulement, non plus, une affaire d'opinions publiques – d'opinions publiques combien malléables, d'ailleurs. La guerre qui vient est tout cela, mais aussi, en «gros plans» visibles, mais non encore analysés suffisamment par les historiens, une affaire d'industriels et de financiers. Pourrait-on concevoir que la «politique d'affaires» des grandes firmes n'interfère pas

1. On nous excusera de rappeler que le fait a été démontré dans le cas d'une firme bancaire: le *Crédit Lyonnais* des années 1870.

avec les choix des Etats, tels que ces Etats contemporains sont bâtis, dirigés, et influencés ?

Les crises politiques des années de la « paix armée » ne sont certes pas simplement, mécaniquement, unilatéralement, les produits des seules rivalités économiques. Mais ces dernières ont été aliments et éléments des oppositions entre Etats. Le moins que l'on puisse dire, c'est que dans une sorte de conditionnement économique d'ensemble, les faits de concurrence ont déterminé des clivages, créé et multiplié des zones de friction, habitué les esprits, dans les milieux d'affaires, à la méfiance, à la tension, à l'inquiétude – et surtout qu'ils ont tendu à modifier l'ancien équilibre des rapports de force mondiaux : d'où les revendications de « place au soleil », c'est-à-dire d'un nouvel équilibre, d'un nouveau partage.

Les grands hommes d'affaires, comme les chefs militaires, comme les hommes d'Etat, comme les peuples eux-mêmes, à leur insu souvent – et cela échappe parfois aux réflexions des historiens – ont été à la fois spectateurs et acteurs dans la préparation du premier conflit mondial. Ils avaient appris à reconnaître leurs concurrents les plus sérieux. Et, finalement, ces concurrents se trouvaient être, du moins pour la majorité d'entre eux, dans le camp ennemi. Ce n'était pas tout à fait le produit du hasard.

En bref, il ne serait pas de bonne méthode, pour exposer l'état des relations internationales à l'époque de l'impérialisme, de négliger la situation de l'impérialisme lui-même. C'est là, répétons-le, que doit se porter l'effort de la recherche.

Notre enquête statistique, partie de la comptabilité, se trouve ainsi aboutir bien loin de ses bases. Mais si le profit est l'un des indices de la « croissance », alors il est bien légitime de ne pas être prisonnier des chiffres, ni du vocabulaire économique : l'histoire doit être essai vers la totalité, sinon elle serait peu de chose.

© Éditions de l'EHESS

La Position internationale de la France
(1977)

MAURICE LÉVY-LEBOYER

Tableau de la balance des paiements français au XIXe siècle, telle que, reconstituée au terme d'une enquête collective. Maurice Lévy-Leboyer présente les interprétations que l'on peut tirer à partir des séries ainsi regroupées. Il reprend le fait de savoir si les capitaux français exportés à la veille de la Première Guerre mondiale ont pu manquer au développement intérieur, comme avaient pu le percevoir certains contemporains.

Source : *Maurice Lévy-Leboyer in* la Position internationale de la France, *Paris-La Haye, Moutin, 1973, p. 118-122.*

Les interprétations

LE MATÉRIEL RASSEMBLÉ présente des lacunes et d'évidentes imperfections. Le mouvement des personnes et celui du profit, en particulier, mériteraient de nouvelles recherches menées à partir d'échantillons précis. Cependant, telles qu'elles ont été révisées, les

TABLEAU I – *Balance des paiements. Récapitulation des principaux postes* (millions de F)

	BALANCES					SOLDE	CAPITAL
	Commerce	Invisibles			Espèces		Stock
		Serv.	Tour^me	Fin^ces			
1820	+ 13	+ 58	+ 21	–	+ 28	+ 130	–
1821	– 46	+ 54	+ 19	–	+ 51	+ 78	–
1822	+ 26	+ 58	+ 24	–	– 130	– 22	–
1823	+ 84	+ 57	+ 24	–	– 95	+ 70	–
1824	+ 58	+ 63	+ 27	–	– 161	– 13	–
1825	+ 141	+ 77	+ 31	–	– 116	+ 133	–
1826	+ 18	+ 67	+ 26	–	+ 2	+ 113	–
1827	+ 90	+ 66	+ 28	–	– 29	+ 155	–
1828	+ 40	+ 65	+ 29	–	– 178	– 44	–
1829	+ 10	+ 64	+ 28	–	– 82	+ 20	–
1830	– 43	+ 61	+ 27	–	– 144	– 99	–
1831	+ 65	+ 61	+ 25	–	– 193	– 41	–
1832	– 5	+ 64	+ 25	–	– 22	+ 62	–
1833	+ 48	+ 68	+ 29	–	– 100	+ 45	45
1834	+ 1	+ 70	+ 35	–	– 95	– 13	58
1835	+ 28	+ 75	+ 37	–	– 50	+ 92	150
1836	+ 80	+ 86	+ 41	–	– 15	+ 197	347
1837	– 66	+ 70	+ 43	–	– 140	– 81	266
1838	– 6	+ 79	+ 40	–	– 116	– 6	260
1839	– 6	+ 89	+ 51	+ 9	– 97	+ 46	306
1840	– 65	+ 87	+ 52	+ 10	– 144	– 60	246
1841	– 68	+ 84	+ 53	+ 8	– 114	– 37	209
1842	– 207	+ 73	+ 55	+ 7	– 83	– 155	54
1843	– 127	+ 79	+ 53	+ 2	– 65	– 58	– 4
1844	– 39	+ 84	+ 56	–	– 80	+ 21	17
1845	+ 40	+ 99	+ 52	+ 1	– 81	+ 111	128
1846	– 56	+ 106	+ 60	+ 5	– 42	+ 73	201
1847	– 236	+ 106	+ 71	+ 8	– 43	– 94	107
1848	+ 216	+ 79	+ 65	+ 4	– 249	+ 115	217
1849	+ 214	+ 98	+ 77	+ 9	– 256	+ 142	359
1850	+ 277	+ 108	+ 102	+ 14	– 92	+ 409	750
1851	+ 393	+ 118	+ 112	+ 30	– 160	+ 493	1 250
1852	+ 268	+ 128	+ 126	+ 51	– 10	+ 563	1 806
1853	+ 346	+ 163	+ 135	+ 74	– 161	+ 557	2 363
1854	+ 122	+ 168	+ 147	+ 97	– 275	+ 259	2 622
1855	– 37	+ 174	+ 158	+ 115	– 16	+ 394	3 016
1856	– 98	+ 204	+ 143	+ 116	– 87	+ 278	3 143
1857	+ 7	+ 206	+ 151	+ 127	– 53	+ 438	3 581
1858	+ 359	+ 197	+ 153	+ 157	– 441	+ 425	4 006
1859	+ 661	+ 226	+ 172	+ 176	– 337	+ 898	4 904
1860	+ 444	+ 261	+ 171	+ 226	– 123	+ 979	5 883
1861	– 426	+ 270	+ 177	+ 271	– 50	+ 242	6 125
1862	+ 113	+ 275	+ 182	+ 282	– 43	+ 809	6 934
1863	+ 366	+ 316	+ 191	+ 319	+ 88	+ 1 280	8 214
1864	+ 504	+ 349	+ 200	+ 378	– 49	+ 1 382	9 596
1865	+ 547	+ 366	+ 207	+ 432	– 201	+ 1 351	10 947
1866	+ 485	+ 360	+ 211	+ 423	– 482	+ 997	11 397
1867	– 119	+ 345	+ 249	+ 440	– 592	+ 323	11 150
1868	– 444	+ 353	+ 230	+ 529	– 301	+ 367	11 517
1869	– 14	+ 361	+ 232	+ 541	– 371	+ 749	12 266

TABLEAU I – *Balance des paiements. Récapitulation des principaux postes* (millions de F)

	BALANCES					SOLDE	CAPITAL
	Commerce	Invisibles			Espèces		Stock
		Serv.	Tour^me	Fin^ces			
1870	– 21	+ 330	+ 218	+ 619	– 139	+ 1 007	13 273
1871	– 676	+ 349	+ 232	+ 670	+ 392	– 468*	12 805
1872	+ 246	+ 438	+ 228	+ 647	+ 380	+ 129*	12 934
1873	+ 273	+ 449	+ 216	+ 653	– 37	– 741*	12 193
1874	+ 229	+ 433	+ 219	+ 616	– 758	+ 739	12 932
1875	+ 380	+ 429	+ 230	+ 597	– 653	+ 983	13 915
1876	– 359	+ 422	+ 235	+ 545	– 642	+ 267	13 420
1877	– 186	+ 391	+ 228	+ 648	– 541	+ 540	13 960
1878	– 952	+ 386	+ 271	+ 650	– 351	+ 2	13 962
1879	– 1 318	+ 406	+ 256	+ 620	+ 127	+ 91	14 053
1880	– 1 512	+ 398	+ 272	+ 616	+ 215	– 11	14 042
1881	– 1 250	+ 415	+ 279	+ 615	– 40	+ 19	14 061
1882	– 1 189	+ 414	+ 300	+ 604	– 34	+ 95	13 453
1883	– 1 290	+ 402	+ 314	+ 604	+ 107	+ 137	13 320
1884	– 1 052	+ 375	+ 315	+ 611	– 91	+ 158	13 478
1885	– 951	+ 343	+ 309	+ 612	– 112	+ 201	13 679
1886	– 911	+ 350	+ 317	+ 616	– 88	+ 285	13 964
1887	– 728	+ 357	+ 318	+ 630	+ 160	+ 737	14 701
1888	– 817	+ 375	+ 330	+ 659	+ 62	+ 609	15 310
1889	– 517	+ 412	+ 366	+ 658	– 198	+ 721	15 648
1890	– 636	+ 403	+ 339	+ 664	+ 143	+ 913	16 170
1891	– 1 134	+ 397	+ 311	+ 679	– 126	+ 127	16 297
1892	– 685	+ 357	+ 300	+ 667	– 281	+ 358	16 655
1893	– 572	+ 340	+ 283	+ 670	– 204	+ 517	17 172
1894	– 715	+ 327	+ 267	+ 667	– 324	+ 222	17 394
1895	– 302	+ 347	+ 304	+ 670	– 40	+ 979	18 373
1896	– 309	+ 341	+ 303	+ 703	+ 80	+ 1 118	19 491
1897	– 341	+ 369	+ 302	+ 727	– 109	+ 948	20 439
1898	– 929	+ 380	+ 306	+ 769	– 62	+ 464	20 903
1899	– 322	+ 400	+ 320	+ 795	– 93	+ 1 100	22 003
1900	– 550	+ 418	+ 366	+ 838	– 248	+ 824	22 607
1901	– 332	+ 406	+ 331	+ 884	– 213	+ 1 076	23 683
1902	– 73	+ 412	+ 314	+ 941	– 271	+ 1 323	25 006
1903	– 513	+ 419	+ 326	+ 1 010	– 182	+ 1 060	26 066
1904	– 20	+ 421	+ 343	+ 1 052	– 517	+ 1 279	27 345
1905	+ 120	+ 458	+ 366	+ 1 127	– 644	+ 1 427	28 772
1906	– 298	+ 514	+ 408	+ 1 226	– 235	+ 1 615	30 387
1907	– 574	+ 544	+ 445	+ 1 315	– 410	+ 1 320	31 403
1908	– 556	+ 515	+ 469	+ 1 372	– 998	+ 802	32 205
1909	– 489	+ 569	+ 490	+ 1 390	– 148	+ 1 812	34 017
1910	– 882	+ 612	+ 505	+ 1 483	– 9	+ 1 709	35 726
1911	– 1 942	+ 631	+ 550	+ 1 547	– 153	+ 633	36 359
1912	– 1 463	+ 712	+ 577	+ 1 573	– 176	+ 1 223	37 582
1913	– 1 476	+ 731	+ 603	+ 1 657	– 514	+ 1 001	38 583

* Le solde aurait été de 967 en 1871, 1 939 en 1872 et de 1 554 en 1873, si l'indemnité allemande n'avait pas été déduite.

séries de la balance des paiements permettent de reprendre à la base au moins un aspect du problème des investissements extérieurs. En effet, l'idée que la France a disposé d'un excédent de capitaux, venant s'accumuler année après année, en quantités régulièrement croissantes, qu'ils auraient été laissés à la libre disposition de ce qu'il est convenu d'appeler «les milieux d'affaires», et que ceux-ci les auraient utilisés à leur propre avantage, et au détriment de l'intérêt national, semble toujours valide. La thèse reposait sur une base statistique fragile, qu'il importait de redresser pour les raisons déjà énumérées – parce que les revenus du tourisme étaient calculés d'après le nombre supposé des visiteurs aux expositions parisiennes, ceux de la flotte marchande, sur les frets reçus par les bateaux charbonniers britanniques, ceux du portefeuille extérieur, en appliquant des taux d'intérêt élevés aux capitaux extérieurs que la presse attribuait parfois fictivement aux porteurs français, etc. Mais les chiffres importent peu, si les interprétations de base – qu'une statistique a pour fonction d'illustrer – subsistent intactes.

Or, quel que soit le niveau des capitaux investis, le principe demeure (semble-t-il) que les opérations de placement extérieur constituaient un circuit indépendant, à dissocier du reste de l'économie. Elles ont été financées, dans les trente ou quarante années qui précèdent la guerre, non par le solde de la balance du commerce et des opérations courantes, mais grâce aux revenus du portefeuille, soit en majorité de valeurs à revenu fixe : en 1898, les titres se décomposaient à raison de 18,5 %, 38,2 % et de 43,3 %, entre les actions, les obligations et les fonds d'Etat. La structure des actifs était le gage de l'indépendance et de la stabilité des recettes extérieures. Et leur réemploi pouvait être décidé sans qu'il soit tenu compte des nécessités nationales, puisque les capitaux investis ne servaient pas (en apparence) à ouvrir des marchés extérieurs : en 1908, la France avait placé plus du quart de ses capitaux en Russie, mais ne fournissait ici que 3,5 % des importations locales ; la proportion moyenne était de 4,6 % dans le sud-est de l'Europe où se trouvait le cinquième des capitaux, 7-13 % en Espagne et au Portugal où les Français avaient encore le dixième de leurs avoirs, etc. De manière tout aussi paradoxale, la France se détournait, pour son approvisionnement en matières premières, de ceux-là mêmes à qui elle offrait les moyens de s'équiper : en 1905-1910, elle ne se procurait que le dixième de ses importations – contre 26 % en 1880-1884 – dans les cinq pays qui venaient en tête de ses débiteurs, puisque la Russie, la Turquie, l'Autriche-Hongrie, l'Italie et l'Espagne s'inscrivaient pour 55 % des créances françaises.

En bref, que l'on cherche à rendre compte du comportement des épargnants en faisant état de leur inertie, des traditions, de l'inefficacité du système institutionnel, il n'en demeure pas moins que le détournement de l'épargne nationale paraît choquant. Sans doute aurait-elle été employée avec plus d'utilité ou tout au moins de sécurité, si elle avait été investie en France même, car une entreprise demeure un bien national, quels que soient les résultats de sa gestion ou les aléas politiques, alors qu'elle court le risque d'être perdue sans recours en cas d'accident à l'étranger. Les faits ne laissent donc pas d'autre alternative. Ou bien le matériel statistique révisé ne permet pas de mieux rationaliser la conduite des investisseurs français ; et, dans ce cas, on peut négliger de simples rectifications de chiffres. Ou bien, et c'est la condition de leur emploi, il conduit à présenter une explication historique distincte, qui permettrait de mieux rendre compte des faits. [...]

© Éditions de l'EHESS

La France impériale 1880-1939

(1982)

JACQUES THOBIE

Auteur d'une thèse de doctorat sur Intérêts et impérialisme français dans l'Empire ottoman (1895-1914), *Jacques Thobie présente ici, dans un ouvrage de synthèse sur l'impérialisme français entre 1880 et 1914, une réflexion générale sur les tensions entre association et concurrence financière internationale, à partir des exemples ottomans. Il montre combien l'alternative peut être artificielle, la tendance à l'association financière ne supprimant pas la concurrence entre groupes nationaux.*

Source: *Jacques Thobie,* la France impériale 1880-1939, *Paris, Megrelis, 1982, p. 35-40; p. 52-53.*

L'impérialisme français dans l'Empire ottoman

[...] LA TENDANCE à la constitution de groupes internationaux est une des caractéristiques du capitalisme au stade des oligopoles. La collaboration de capitaux venus de différents pays est entraînée par l'importance des affaires envisagées, l'ampleur des mises de fonds exigées, la gravité des risques encourus. Ainsi, la masse des capitaux nécessaires à une entreprise comme celle du Chemin de fer de Bagdad fait hésiter le groupe national le mieux affermi, celui de la Deutsche Bank. Si le système de la garantie kilométrique et le contrôle partiel des finances ottomanes par les Puissances limitent les risques en matière ferroviaire, ceux-ci en revanche restent importants dans le domaine de la recherche pétrolière et même de l'équipement urbain de la capitale. La formation de consortiums internationaux permet ainsi au capital financier national de doser ses engagements, de moduler au mieux ses profits en éliminant tout risque majeur.

Cependant, cette tendance à l'association financière internationale ne supprime pas la concurrence, sur le plan international, entre groupes nationaux. C'est même à ce niveau que se reportent avec vigueur et âpreté les affrontements désormais moins nombreux du fait de la constitution de groupes. Or, dans sa lutte économique contre le concurrent étranger, sur la scène mondiale, le groupe national lie de plus en plus son sort à celui de l'Etat. Ce dernier dispose, en effet, de moyens susceptibles d'apporter aux groupes financiers des atouts qu'il est de moins en moins en mesure de leur refuser: la puissance publique (diplomatie, armée, marine...) tend à se mettre au service du capital financier, à appuyer sa volonté d'expansion à l'extérieur, mais contribue, en retour, à infuser dans les affaires les germes de véritables réactions nationalistes. Evolution particulièrement sensible en ce qui concerne l'impérialisme français dans les années qui précèdent la guerre et notamment dans l'aire ottomane.

Ainsi, à l'intérieur même du processus impérialiste, la dialectique nationalisme-internationalisme passe nécessairement par la nature de l'Etat dont le rôle, en évolution, mérite attention. «Certes, l'appareil d'Etat a toujours été, écrit Boukharine, une arme dans les mains des classes dominantes du pays... mais jamais il n'a eu une importance aussi considérable qu'à l'époque du capital financier et de la politique impérialiste»[1]. L'État se trouve ainsi être le point nodal d'un double mouvement. D'un côté, «les intérêts du capital financier exigent, avant tout, l'extension du territoire national, c'est-à-dire dictent une politique de conquête, de pression directe de la force militaire, d'annexion impérialiste»[2]. D'un autre côté, en s'infiltrant dans tous les pores de l'économie mondiale, le capital financier crée, en même temps, une violente tendance «à l'isolement des corps nationaux, à la formation d'un système économique se suffisant à lui-même, comme moyen de consolider son monopole. Ainsi, parallèlement à l'internationalisation de l'économie, il s'opère un processus d'agglomération nationale, de nationalisation du capital»[3]. Et, écrivant en 1916, Boukharine affirme qu'«on ne doit pas surestimer l'importance des ententes industrielles internationales actuellement existantes»[4]. Cette appréciation m'apparaît particulièrement convenir à l'évolution des affaires de différentes origines nationales dans l'Empire ottoman, avant 1914.

Concernant l'impérialisme français dans l'Empire ottoman, on peut dire que l'on assiste à l'échec de l'association financière internationale sur une vaste échelle, et au renforcement des groupes nationaux. Mais le processus n'est pas exclusif et il laisse subsister des secteurs d'accords, d'ententes internationales dont il convient de bien délimiter le rôle et la portée.

A cet égard il faut situer correctement la signification de l'accord, sur le plan financier, entre la Banque Ottomane et la Deutsche Bank. En vertu des accords de Stuttgart et de Paris (1894), chaque groupe s'engage à ménager une certaine participation (autour de 20 %) au partenaire, dans toutes les affaires d'emprunts, notamment d'emprunts d'Etat, qu'il serait amené à conclure. Ces accords ne signifient pas l'inauguration d'une ère de collaboration agissante du capital franco-allemand, mais marquent seulement un tempérament à la concurrence, la volonté de ne pas se faire de torts irrémédiables et d'organiser un *modus vivendi*. Il s'agit d'une clause de sauvegarde permettant d'éviter les surenchères néfastes au profit. Il n'empêche que chaque groupe conserve sa liberté d'action, et donc la possibilité de s'affronter à l'autre pour la recherche, en première ligne, d'affaires profitables.

L'échec le plus grandiose et le plus significatif de la collaboration financière franco-allemande est bien celui du Chemin de fer de Bagdad. Tout a été écrit sur les implications internationales, éminemment complexes, du refus du gouvernement français de coter les valeurs du Bagdad à la Bourse de Paris, contre l'avis de la Banque Ottomane. Elles sont loin de donner l'explication véritable. Il est bien légitime de chercher les causes fondamentales de cette décision d'ordre économico-financier dans les degrés d'organisation du capitalisme français au début du XXe siècle, que symbolisent en effet les deux ministres, Delcassé et Rouvier. Ceux-ci se sont opposés sur la réponse à donner à l'offre allemande d'association française pour la réalisation du chemin de fer de Bagdad. Rouvier considère comme naturelle, parce qu'inévitable, la participation du capital français à de vastes groupes internationaux, seuls capables de faire face à l'immensité des tâches à entreprendre. Banquier lui-même, Rouvier estime que la qualité de la gestion n'est nullement liée à la nationalité des

1. N. Boukharine, *l'Économie mondiale et l'impérialisme*, trad. fr. Anthropos, Paris, 1977, p. 123.
2. *Id.*, p. 123.
3. *Id.*, p. 74.
4. *Id.*, p. 140.

(1) Placements et investissements français dans l'Empire ottoman 1881-1914 (Données annuelles, millions de F)

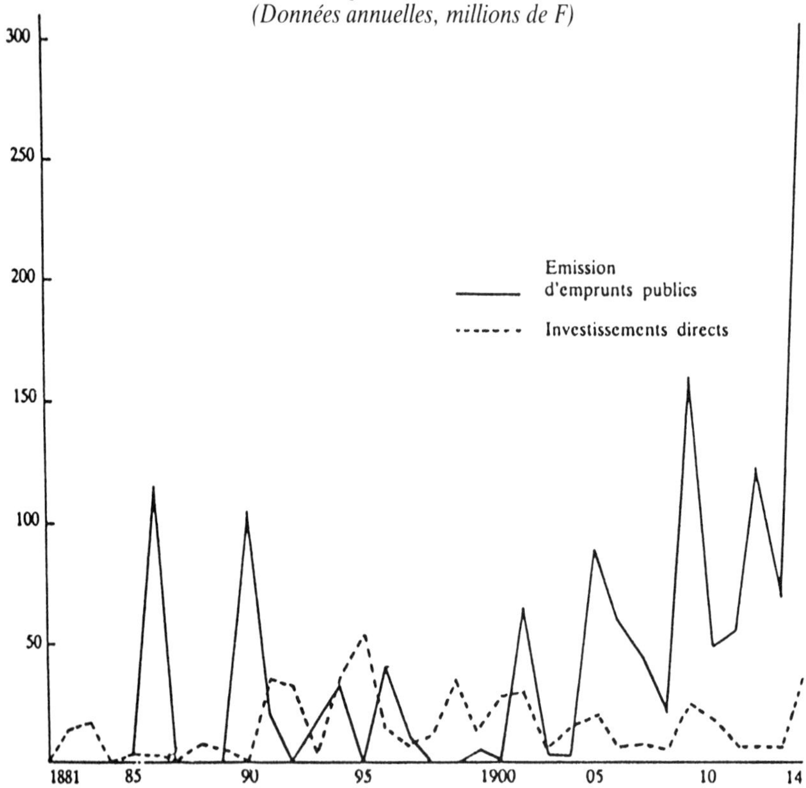

Sources: J. Thobie. « Placements et investissements français dans l'Empire ottoman ». dans *la Position...*, p. 287.

(2) Localisation des fonds ottomans en juillet 1914

En milliers de francs

Catégories	France		Angleterre		Allemagne		Divers		Total	
	Valeur	%	Valeur	%	Valeur	%	Valeur	%	Valeur	%
Nominal										
Fonds publics	2 196 092	59.53	489 690	12.98	658 887	17.86	355 261	9.63	3 688 930	100
Fonds privés	690 851	47.00	234 397	15.50	359 262	24.50	195 337	13.00	1 479 847	100
Total	2 886 943	56.10	713 087	13.70	1 018 149	19.60	550 598	10.60	5 168 777	100
Effectif										
Fonds publics	2 002 603	59.84	458 309	13.69	542 365	16.20	343 830	10.27	3 347 107	100
Fonds privés	509 901	45.00	186 573	16.00	282 157	24.60	165 246	14.40	1 143 877	100
Total	2 512 504	56.00	644 882	14.30	824 522	18.40	509 076	11.30	4 490 984	100

Sources: J. Thobie. « Placements et investissements français dans l'Empire ottoman ». dans *la Position...*, p. 287.

gestionnaires, mais à leur aptitude à faire rendre à l'entreprise le maximum de profits. Ainsi, apporter des capitaux au Bagdad, ce n'est pas faire plaisir aux Allemands et favoriser indûment leur influence ; c'est au contraire participer à la dynamique de l'affaire et donc nécessairement développer l'influence française, y compris l'influence qualifiée de politique. Rouvier y voit simultanément un moyen de favoriser et de consolider une solidarité capitaliste utilisable pour les relations internationales et notamment pour un rapprochement franco-allemand. Delcassé, au contraire, éprouve une extrême méfiance envers toute opération financière, toute entreprise dont les capitaux ne sont pas « entièrement français ». Il est, en effet, si persuadé que l'influence politique à l'extérieur passe par l'implantation d'intérêts économico-financiers, qu'il refuse toute forme de collaboration financière et économique, de peur d'avoir à partager les avantages politiques qui peuvent en découler. Dans l'Empire ottoman comme au Maroc, seules les affaires purement françaises sont souhaitables, toutes associations franco-anglaises ou franco-allemandes doivent être écartées.

Il est tentant de voir dans ces deux attitudes l'expression, ici conflictuelle, de la coexistence de deux types de développement du capitalisme français. Rouvier représenterait un capitalisme tendant au monopole, dynamique, sûr de lui, internationaliste, visant les grandes affaires à l'échelle planétaire, mais dont la base parlementaire est d'une extrême faiblesse. Delcassé témoignerait, au contraire, d'une attitude défensive, convaincu que le capitalisme français ne peut supporter seul le face-à-face avec le capitalisme allemand. Ne représenterait-il pas la France du capitalisme encore concurrentiel, la France paysanne, celle aussi des petites entreprises, la France inquiète et nationaliste, dont l'influence politique est confortée par l'exercice du suffrage universel ? Quoi qu'il en soit, Delcassé l'emporte, et les conséquences d'une telle décision sont naturellement d'une grande importance.

Sans doute le fait que le partenaire soit allemand contribue-t-il à renforcer le refus français. Il est toutefois significatif de constater que les grandes tentatives d'association financière franco-anglaises, parfois souhaitées par les diplomaties respectives, aboutissent également à des échecs, tant sur le plan industriel que bancaire [1]. Faut-il, comme le fait Londres, dissocier le Quai d'Orsay, champion de la coopération franco-anglaise, et les ténébreux desseins de la Banque Ottomane ? En réalité, les rapports de force ont joué : la Banque défend ses intérêts d'établissement financier et mène ainsi une politique largement conforme aux conceptions du gouvernement sur le développement des intérêts français dans l'Empire.

Ainsi, le renforcement de la liaison finance-industrie, la formation du capital financier, essentiellement ici autour du groupe de l'Ottomane [2], ne vont pas sans tâtonnements. Si le repli français dans l'affaire du Bagdad, en 1903, a révélé de sérieuses divergences entre le gouvernement et la Banque Ottomane, on en tire de part et d'autre les leçons. L'échec de l'association internationale conduit au partage géographique de l'aire ottomane entre impérialismes nationaux concurrents : dans cette perspective, le gouvernement français doit étayer sa politique sur l'action d'un groupe puissant, qui organise et contrôle la plus grande partie des intérêts français dans l'Empire et puisse discuter d'égal à égal avec les groupes adverses ; mais en même

1. Échec des projets du Homs-Bagdad, échec de la fusion entre la Banque ottomane et la Banque nationale de Turquie de sir Ernest Cassel.
2. Mais pas exclusivement. Le groupe Perier réussit à prendre pied dans l'Empire ottoman, mais après de vifs échanges avec l'Ottomane, certains indices montrent que l'on s'acheminait, à la veille de la guerre, vers une entente.

temps, et précisément pour affermir les intérêts économico-financiers français, la Banque Ottomane et son groupe ont besoin d'un soutien diplomatique que seul peut leur apporter un gouvernement bien disposé à leur égard. Le front commun est réalisé au moment de la conclusion de l'emprunt de 1905. Cette unité ne fait que se renforcer dans les années suivantes.

C'est dans ce contexte que prennent tout leur sens les quelques réalisations de coopération économico-financière internationale qui voient le jour: ce sont des exceptions qui confirment la règle. Elles n'existent, en effet, que pour des affaires implantées, soit aux confins des zones d'influence, soit dans une zone considérée comme ouverte à tous, Constantinople. Souhaitées par la Banque Ottomane, ces entorses limitées à la norme courante, parfois quelque peu camouflées sous un sigle neutralisant, sont tolérées, voire exceptionnellement appuyées par le gouvernement de Paris. Des capitaux français et allemands sont associés (avec d'autres), dans le Consortium de Constantinople qui engendre la société belge des Tramways et de l'Electricité de Constantinople ; ils le sont aussi dans le Syndicat franco-allemand des Mines de Cuivre d'Arghana sises dans la zone d'influence du Bagdad, mais à la jonction avec le réseau français d'Anatolie. Une place est faite à des capitaux anglais dans le Port de Constantinople, et des capitaux français sont investis aux côtés de capitaux anglais et américains dans la société du Téléphone. Cependant, ces quelques sociétés plurinationales, qui font le tour de la question [1], sont tout à fait insuffisantes pour avoir une portée qualitative et modifier les lignes de force du développement de l'impérialisme français dans l'Empire ottoman : celui-ci s'affirme de plus en plus, ainsi que ses concurrents, comme impérialisme chauvin avec toutes les conséquences qui en découlent.

Le *partage du monde* entre les grandes puissances constitue la phase ultime de l'impérialisme. L'Etat est ainsi chargé de résoudre les difficultés – voire les contradictions – qui naissent de la tendance à la formation d'oligopoles internationaux, en même temps que se renforce l'intimité entre l'appareil étatique et des groupes nationaux dans la lutte pour le territoire économique. L'exemple ottoman montre qu'en définitive le nationalisme l'emporte. Et les inégalités de développement entraînant inévitablement des glissements, des flexures, des inversions même, qui conduisent à privilégier successivement les intérêts de telle ou telle puissance et à rendre plus serrée la compétition entre les Etats pour le partage du monde. Cette lutte âpre, implacable, où les périodes d'accalmie et d'entente ne sont que des trêves entre des phases de tension et d'affrontement, constitue-t-elle l'inévitable développement du processus de l'économie capitaliste ? [...]

© Megrelis

1. En ce qui concerne les capitaux français. L'accord pétrolier anglo-allemand de Mossoul présente les mêmes caractéristiques.

De l'impérialisme britannique à l'impérialisme contemporain : l'avatar colonial

(1970)

CATHERINE COQUERY-VIDROVITCH

Catherine Coquery-Vidrovitch, auteur d'une thèse sur le Congo au temps des grandes compagnies concessionnaires *(Paris, Mouton, 1972) et professeur d'histoire africaine à l'université de Paris VIII, propose une synthèse vigoureuse sur l'articulation complexe entre impérialisme et colonisation. A partir d'une analyse du cas britannique, l'auteur est conduite à contester le caractère impérialiste de la colonisation. Elle étend la démonstration à l'exemple français, exclus de l'extrait, car traité plus loin.*

La seconde partie sur l'impérialisme contemporain n'a pas été reproduite.

Source : *Catherine Coquery-Vidrovitch, « De l'impérialisme britannique à l'impérialisme contemporain : l'avatar colonial »* in *A. Abdel Malek (éd.),* Sociologie de l'impérialisme, *Paris, Anthropos, p. 75-110. Article reproduit* in *Jean Bouvier, René Girault,* l'Impérialisme français d'avant 1914, *p. 85-113.*

[...]

1. L'impérialisme britannique

Dès avant le milieu du xixe siècle, le « deuxième empire » britannique (par opposition à l'empire mercantile des xviie et xviiie siècles) était une réalité. Dans la période 1850-1870, on peut véritablement parler d'impérialisme puisque la Grande-Bretagne détenait le monopole de la domination du monde. Et le problème se pose de savoir dans quelle mesure le capitalisme britannique ne fut pas impérialiste par essence. Certes, au xviiie siècle, sa genèse fut, on le sait, consécutive aux transformations du secteur rural. Stimulés par un accroissement rapide de la population et la protection des *Corn Laws* (droits sur les blés importés) qui favorisèrent les innovations techniques (assolement et sélection du bétail), les propriétaires terriens entreprirent d'accaparer les petits domaines et de fermer les communaux aux usagers par le mouvement des « enclosures ». Leur politique d'expropriation des campagnes favorisa l'enrichissement d'une classe nouvelle de « fermiers » capitalistes. Le phénomène, une fois enclenché, fit boule de neige. L'extension agricole, attestée jusque vers 1870[1] par la mise en culture des zones marginales et la spécialisation accrue *(Corn countries et Grass countries)*, encouragea l'accumulation de capitaux disponibles et l'essor du machinisme.

Chaque progrès technique (machines à filer à vapeur vers 1830 ; métier à tisser vers 1840) déterminait un nouvel exode des paysans, contraints de renoncer, avec la terre, à leurs activités artisanales pour venir grossir, dans les villes, un prolétariat misérable où puisait l'industrie nouvelle. La « révolution industrielle » put donc, à la limite, s'épanouir à l'intérieur des frontières, une fois dépassé le stade de l'accumulation primitive où

1. Bien que la protection douanière des *Corn Laws* eût disparu en 1846.

l'empire mercantiliste avait fortement contribué à l'édification de fortunes énormes fondées sur le commerce et arrivées en Angleterre à point nommé pour financer l'essor industriel[1].

Mais dès le début du XIXe siècle, l'économie du Royaume-Uni, déjà inséparable de l'Inde, la plus riche des colonies d'exploitation, ne pouvait se concevoir en dehors de l'empire et de son emprise sur le reste du monde. Celle-ci présentait un triple aspect: l'exportation des hommes, des marchandises et des capitaux.

De la fin du XVIIIe siècle à 1851, la population du pays s'éleva de 16 à 27 millions. En 1900 elle était de 40 millions et demi. L'industrie ne suffisait pas à absorber cette masse supplémentaire. A la fin du XVIIIe siècle commença le départ des *Highlanders* d'Ecosse, chassés par l'extension des pâtures à moutons parallèlement au développement de l'industrie textile. De 1815 à 1880, tandis que se poursuivait à l'intérieur, sauf en Irlande, l'accroissement démographique, il sortit du Royaume-Uni plus de 12 millions d'individus qui allèrent peupler les Etats-Unis et les «colonies blanches».

Le mouvement d'accroissement massif des échanges commerciaux, déjà réalisé avec l'Inde (la valeur des exportations quintupla au XVIIIe siècle), se poursuivit au siècle suivant. Avec l'Afrique, les importations d'huile de palme décuplèrent de 1820 à 1850. Celles du bois de teck centuplèrent. Les exportations britanniques de cotonnades, d'alcool, de sel, de fer, crûrent dans de formidables proportions[2].

Il ne s'agissait plus seulement, dans cette phase finale de l'accumulation primitive, d'un capitalisme mercantile, d'autant que les échanges triangulaires fondés sur le circuit des esclaves d'Afrique et les produits de l'ancien empire de plantations (café et sucre des Antilles) avaient été désorganisés par l'interdiction de la traite en 1807. L'Angleterre, première exportatrice de produits manufacturés, première importatrice de matières premières et de denrées alimentaires, organisait son hégémonie. On sait comment elle ruina délibérément l'industrie indienne par des tarifs prohibitifs[3]. Dans la période suviante, la révolution des transports[4] lui permit, en exigeant de ses colonies, non seulement les matières premières, mais aussi certaines des denrées alimentaires qui commençaient de lui faire défaut (blé et fromages du Canada, puis, après 1885, avec l'essor des procédés frigorifiques, beurre d'Australie), d'organiser définitivement cette «nouvelle division internationale du travail» dont parle Marx, «une division adaptée aux exigences des centres principaux de l'industrie moderne (qui) surgit et transforme une partie du globe en un secteur de production surtout agricole dont le rôle est d'être le fournisseur de l'autre partie qui demeure principalement un secteur industriel»[5].

Mais le trait majeur de l'impérialisme britannique, celui qui permet de retrouver, à

1. Marx a insisté sur le rôle du domaine indien dans l'accumulation primitive. A. Demangeon (p. 227-229) a de vigoureux accents pour évoquer l'ampleur des bénéfices de l'empire mercantiliste. Cependant, certains auteurs anglais tendent à minimiser aujourd'hui la contribution de l'Inde à l'accumulation primitive.

2. Huile de palme, 1820-1850: de 17 000 à 440 000 quintaux anglais. Cotonnades 1820-1850: de 355 000 yards à 16 millons de yards. Alcools, 1827-1850; 100 000 à 155 000 gallons. Sel: de 150 000 à près de 500 000 boisseaux; C.W. Newbury, *Prix et rentabilité du commerce ouest-africain au début du XIXe siècle*. Colloque de l'International African Institute, Freetown, déc. 1969.

3. De 1814 à 1835, le nombre de pièces d'étoffes importées d'Inde tomba de 1 226 000 à 306 000. Dans le même temps, les étoffes britanniques passèrent de 818 000 à 51 millions de yards (Demangeon, p. 230).

4. La première ligne à vapeur régulière avec l'Afrique remontait à 1852. Sur l'essor des importations de denrées alimentaires, voir Saul, chap. 2, et Crouzet (*Annales*, p. 284-294).

5. Marx, *le Capital*, I, chap. 13, section 4. En 1877, pour la première fois, la valeur des importations de denrées alimentaires surpassa celle des matières premières. Mais il ne faut pas, en ce domaine, exagérer le rôle de l'empire: en 1913, plus du tiers des vivres importés provenaient d'Europe continentale (£ 106 millions sur 282). L'outre-mer y participait seulement pour £ 76 millions. Saul, p. 17 et 30.

côté de certains aspects « archaïques », un impérialisme véritable, ce fut *l'exportation des capitaux*. Quel que fût le volume du commerce extérieur, les investissements à l'étranger acquirent pour l'Angleterre un rôle déterminant puisque, d'une façon continue du début du XIXe siècle jusqu'à nos jours, sa balance commerciale fut déficitaire ; mais jusqu'en 1935, la balance des paiements demeura largement positive. Certes elle bénéficiait du surplus des « revenus invisibles » : vente de services aux pays étrangers (flotte, assurances, etc.) et revenus des investissements antérieurs [1]. Mais la balance des investissements eux-mêmes contribua, de plus en plus, à fournir les surplus nécessaires à de nouveaux investissements. La Grande-Bretagne avait déjà investi à l'étranger, entre 1815 et 1830, cent millions de livres sterling supplémentaires. Les investissements extérieurs, qui atteignaient un total d'environ £ 10 millions en 1816 et 250 en 1854, passèrent en vingt ans à plus d'un milliard [2].

On ne rencontre cependant, dans l'Angleterre victorienne, ni une concentration notable de la production et du capital, ni la fusion du capital bancaire et du capital industriel. Mais on ne la trouve guère non plus dans la période suivante, seule qualifiée « d'impérialiste » par les historiens. La puissance industrielle britannique s'était édifiée sur le charbon et l'industrie textile. Elle resta tardivement le fait de petites exploitations. En 1913, plus de 3 000 mines étaient en activité. En 1945, 676 (sur 1 500) employaient encore moins de cent ouvriers. La productivité était faible : en 1913, 8 % seulement du charbon était abattu mécaniquement. Bien que les industries de Manchester eussent organisé une répartition du travail entre les petites entreprises de la région, l'industrie textile resta de même extrêmement spécialisée, caractérisée par la séparation financière et matérielle des principales étapes de la production (filature, tissage, finissage, vente). Le pays, qui fournissait, en 1913, les deux tiers des exportations mondiales de cotonnades, ne connaissait encore de concentration ni verticale ni horizontale. En 1934, les trois quarts de l'ensemble des entreprises britanniques avaient moins de dix employés, 90 % en utilisaient moins de 50. Certes, l'évolution vers la concentration était incontestable, puisqu'en 1935, 40 % des ouvriers étaient répartis entre 1 650 firmes seulement. Mais plus de la moitié des travailleurs restaient dans les petites et moyennes entreprises (60 % dans les établissements de moins de 500 employés, dont 20 % dans ceux de moins de 50). L'accélération définitive de la concentration remonte seulement au lendemain de la seconde guerre mondiale [3].

Comblée par la prospérité de ses entreprises industrielles et la capacité de crédit d'un système bancaire antérieur bien rodé, la Grande-Bretagne ne ressentit pas non plus le besoin d'augmenter de façon radicale l'efficacité de son marché des capitaux. Elle respecta tardivement la césure entre le monde industriel et celui des banques de dépôt qui continuaient de concevoir le commerce de l'argent comme des usurières à grande échelle, par la pratique généralisée des escomptes à quatre-vingt-dix jours. Elle n'expérimenta que bien après la France le système du *Crédit Mobilier* inauguré par les frères Pereire (1852) [4]. J. Bouvier constatait récemment le retard de la France où le capital

1. De 1816 à 1870, les profits résultant des services maritimes excédèrent un milliard de £. Le tableau détaillé de la balance des paiements britannique a été dressé de 1816 à 1913 par Imlah *(Economic History Review)*.
2. Chiffre de 1874-1875. Imlah, *op. cit.* En 1857, il y avait déjà, en Inde, plus de 400 km de voie ferrée. La politique d'irrigation, déjà bien avancée en 1868, permit de juguler la grande famine du Radjpuntana. Les chemins de fer canadiens furent entrepris dès 1850-1860. Celui des Provinces Maritimes au Saint-Laurent fut achevé en 1876. Le Transcontinental fut construit entre 1870 et 1885.
3. Crouzet. Paris. Presses Universitaires de France. p. 39 et 57-58.
4. Jenks. p. 40.

bancaire, en pleine période «impérialiste», ne contrôlait pas encore le capital industriel[1]. En dépit des apparences, il fut pire en Grande-Bretagne : c'est que l'Angleterre, précisément parce qu'elle avait été la première puissance impérialiste, fut ensuite gênée par le vieillissement prématuré des structures paralysantes, là où les nouveaux venus, au premier chef les pays neufs (USA), purent faire sans entraves le bond en avant.

Enfin, dernier trait de l'impérialisme britannique et non des moindres puisque, ainsi que nous le verrons, il restera déterminant de l'impérialisme économique, il était «informel»[2]. Economie dominante du XIXe siècle, mais adepte du libre-échange à partir des années 1850, l'Angleterre tendit à mettre en valeur à son profit de nombreux pays d'outre-mer, dont une partie seulement lui était annexée.

Que l'«empoire informel» joua un rôle au moins aussi important que l'«empire formel», c'est d'abord une évidence économique. Même l'Inde, base de l'édifice, ne renfermait en 1885 que le cinquième des investissements outre-mer (£ 270 millions). L'empire n'en détint jamais qu'un peu moins de la moitié : quelque 40 % de la période 1850-1875[3], 47 % en 1913 où l'on estimait que £ 1 780 millions étaitent investis dans l'empire contre 1 900 au-dehors (principalement aux USA et en Amérique latine).

Principaux investissements britanniques outre-mer
*(en millions de livres)**

	1870	1885	1900	1911	1913
USA et Amérique latine	285	450	879	1 275	1 500**
Empire***	274	687	1 145	1 499	1 779

* Robinson et Gallagher. ** Total étranger : 1 900. *** Empire : Canada, Australasie, Égypte, Afrique du Sud.

Au plus fort du partage impérialiste, en 1907-1913, la Grande-Bretagne investissait £ 655 millions à l'extérieur, contre 481 seulement dans l'empire[4]. Or, elle n'avait même pas l'«alibi» des pays dits semi-coloniaux (Russie et Turquie par exemple) qui, plus que les colonies tropicales, drainaient les capitaux français puisque ses colonies de peuplement (Canada, Australasie, Afrique du Sud) les remplaçaient avantageusement : les

*Commerce extérieur anglais (en %)**

	1854-1857	1913
Empire	25,4	30,7
Étranger	74,6	69,3

* Hancock, p. 18, II ; Crouzet, *Annales*, p. 282, n. 1.

consommateurs des dominions, aux goûts européens, nantis de l'argent nécessaire et pourvus d'institutions relativement stables, garanties du capital et de la propriété, ne représentaient-ils pas les meilleurs associés possibles de la «mission victorienne» ? Ce

1. Bouvier, «Origines et traits particuliers de l'impérialisme français», *Cahiers du CERM*, 1969.
2. Robinson et Gallagher.
3. *Cambridge History of the British Empire*, II, p. 788.
4. Feis, p. 326 ; Crouzet, *Annales*, p. 288.

sont d'ailleurs eux qui, en 1913, avaient absorbé les trois quarts des investissements impériaux, les pays tropicaux (Inde comprise) se contentant du reste[1].

Outre la moitié des investissements, le reste du monde n'en continua pas moins de drainer les deux tiers du commerce extérieur britannique.

Enfin, l'immigration britannique vers les États-Unis fut tardivement très largement supérieure aux courants dirigés vers l'empire :

*Émigration (milliers)**

	USA	Empire
1870	153	44
1885	138	23
1891-1895	66	54
1911	122	297

* Hancock, p. 28, n. 1. En valeur absolue, l'émigration vers les USA l'emportait largement. De 1812 à 1914, les estimations sont les suivantes (en millions), non compris les mouvements internes du Canada vers les USA :

USA	13,5
Amérique du Nord britannique	3,8
Australasie	2,2
Cap et Natal	0,7
Total	20,2

Non que l'appropriation politique fût exclue de la domination britannique du XIXe siècle. Celle-ci avait reçu en héritage un domaine qui, à la différence de l'empire français, avait survécu aux guerres napoléoniennes. La conquête de l'Inde jusqu'alors exploitée commercialement par la compagnie, avait débuté au XVIIIe siècle avec la prise en main du Bengale (1757). L'*India Bill* (1784) régularisa le contrôle du Gouvernement sur la gestion de la colonie. La conquête du Deccan était chose faite en 1803. Après celle de l'Assam (1826), du Pendjab (1849) et à la suite de la révolte des Cipayes (1857), qui entraîna le *Government India Act* (1858), il ne restait plus qu'à préciser les confins (Beloutchistan en 1880, Birmanie en 1885). Le Canada, acquis en 1763, reçut en 1841 l'indépendance politique pour éviter une « révolution américaine », et devint en 1763 le premier dominion. En Australie, la colonie pénitentiaire de la Nouvelle-Galles du Sud remontait à 1788 ; les autres se développèrent entre 1834 et 1859 ; l'autonomie politique était acquise en 1851.

L'expérience de colonisation systématique de la Nouvelle-Zélande avait débuté en 1837. La colonie du Cap était acquise depuis 1815, et l'occupation du Natal remontait à 1842[2]. Enfin, en Afrique de l'Ouest, le partage implicite était chose faite dès le milieu du siècle : Freetown fut repris en 1808 par la Couronne à la *Compagnie du Sierra Leone* : en Gold Coast, à partir de 1830, le gouverneur Mac Lean établit une situation de fait légalisée par le Parlement en 1843. Enfin, au Nigeria, un protectorat fut établi sur Lagos en 1853.

La constitution de l'empire fut donc bien antérieure à la période dite « impérialiste ». Le

1. Saul, p. 67.
2. A la suite du Grand Trek (1835-1843), les Etats boers du Transvaal et de l'Orange furent reconnus en 1852 et en 1854.

problème se pose de déterminer pourquoi cet empire libre-échangiste conquit, en définitive, de si vastes territoires qui ne le cédaient en rien aux acquisitions de la fin du siècle. Les historiens britanniques ont montré, avec juste raison, qu'il s'agissait d'un *Reluctant Empire*[1]. Le moteur de la domination était l'entreprise privée. Mais le gouvernement n'en était pas moins présent, «to open and secure the roads for the merchants»[2]. Or le commerce impliquait nécessairement des incidences politiques et militaires. Les négociants se heurtaient tôt ou tard aux structures préexistantes. Ils appelaient à la rescousse les forces de l'Etat, qui se trouvaient dans la nécessité d'occuper les places stratégiques pour protéger l'empire commercial. Le cas de la colonie du Cap est, à ce titre, exemplaire[3]. Occupée en 1795 à seule fin défensive, pour éviter qu'elle ne devînt, entre des mains françaises, une arme redoutable, elle constitua jusqu'à la fin du siècle un boulet dont l'Etat ne cessa de déplorer le coût. Mais, aux prises avec le dynamisme boer, il ne put entraver la progression vers l'intérieur dont il s'efforça vainement de limiter les effets en refusant d'assurer aux fermiers la protection d'une frontière en constante expansion. La tentative de résister à leur pression par une immigration britannique massive et la seule prospérité des affaires, en exacerbant le nationalisme boer, ne firent qu'aggraver les conflits internes des colons. Lorsque dans les années 1870-1880, la découverte successive des diamants du Rand (Kimberley, 1867) puis de l'or du Transvaal (1886) donna le «coup de pouce» nécessaire à l'adoption d'une politique de force prônée par les missionnaires depuis le début du siècle (au nom de la protection des peuples bantous), l'intervention directe était, en fait, devenue inévitable.

L'attitude des Anglais en Gold Coast fut aussi révélatrice: alors que leur ingérence politique n'avait fait que s'accroître en pays Fanti depuis le début du siècle, alors même qu'elle venait de provoquer, en 1863, une nouvelle invasion de la côte par les Ashanti inquiets de leur progrès, un *Select Committee* du Parlement, inspectant les lieux en 1865, conclut à la nécessité de renverser l'évolution; il fallait prévoir le transfert aux Africains de l'administration et se retirer de toute la côte occidentale à l'exception, peut-être, du Sierra Leone. Mais la situation était désormais irréversible, trop d'intérêts étaient impliqués, liant entre eux les commerçants, les missionnaires et les Africains «évolués». Alarmés, ceux-ci, déjà déconcertés par l'absence de riposte anglaise devant la descente Ashanti, suscitèrent la *Confédération Fanti*, première manifestation du nationalisme ghanéen qui contribua à rendre inévitable la conquête britannique[4].

Le même phénomène se reproduisit partout. Même en Inde, l'occupation progressive avait moins pour but de construire un empire que de protéger les intérêts existants. Le mot d'ordre était de se maintenir et de s'étendre par le commerce et l'influence pacifique si l'on pouvait, mais par la règle impériale si l'on devait[5]. L'administration et surtout l'armée, étroitement imbriquées au commerce qui en couvrait les frais, devenaient à leur tour le rempart de l'empire, susceptible d'assurer la sécurité des investissements en Inde et au-delà, dans l'Asie du Sud-Est et en Extrême-Orient[6].

Mais l'expérience de la révolution américaine, puis celle de la terrible révolte des Cipayes, avaient enseigné aux Anglais le danger de l'intervention autoritaire. En ce sens, il est vrai que la Grande-Bretagne constitua son empire malgré elle: au plus fort du

1. Titre de l'ouvrage de J.K. Galbraith, Berkeley, Calif., 1963.
2. Lettre de Palmerston, 22 janv. 1841, citée par Robinson et Gallagher, p. 5.
3. L'histoire en est analysée par Hancock, II, I, p. 10-12.
4. J. E. Flint, *Nigeria and Ghana*, Englewood Cliffs, NJ, Prentice-Hall, 1965, p. 125-126.
5. Sir C.W. Dilke, *Greater Britain*, 1868, II, p. 394-395, cité par Robinson et Gallagher, p. 10.
6. Robinson et Gallagher, p. 11-13.

partage, les hommes politiques auraient volontiers fait l'économie de la conquête. Mais ils la savaient inévitable : l'impérialisme, sécrétant sa propre contradiction, impliquait une domination politique d'un coût élevé qui contrevenait à son objet économique.

2. Le nationalisme impérial

Voici donc situé, à sa juste valeur, le « partage de l'Afrique ». Il fut tout relatif. Mais il donna au problème une dimension *nationaliste* qui fit, précisément, l'originalité de la période d'après 1880, car elle contrevenait à la signification proprement *économique* de l'impérialisme.

Pour la plus grande puissance mondiale, l'« achèvement du partage »[1] consista surtout à étendre et préciser des zones déjà réservées. Quant à la France, elle avait depuis un demi-siècle jeté son dévolu sur sa colonie fondamentale, l'Algérie. En Afrique occidentale, le Sénégal et le Dahomey constituaient depuis longtemps des « chasses gardées »[2]. Des jalons sérieux avaient déjà été jetés dans la presqu'île indochinoise[3].

Il ne restait donc (outre le problème chinois) que l'intérieur de l'Afrique et que l'Océanie : c'est-à-dire des zones dont nul ne mettait en doute le faible intérêt économique – sinon certains esprits rêveurs, tels que le roi Léopold ou que Brazza, dont on ne sait pas toujours s'ils utilisaient l'argument de la « richesse » de leurs découvertes par conviction personnelle ou comme arme de propagande destinée à décrocher quelque nouveau crédit.

Il y eut, avec la période précédente, une incontestable continuité de la politique économique des grandes puissances – au premier chef de l'Angleterre. Mais il y eut aussi un changement qualitatif certain, celui de la représentation que l'Occident se faisait de lui-même. Un signe en fut la multiplication des sociétés géographiques et coloniales : en France, onze nouvelles sociétés naquirent entre 1871 et 1881 ; le *Comité de l'Afrique Française* se constitua en 1890 ; *l'Union Coloniale Française* apparut en 1893. L'ouvrage d'économie coloniale de Paul Leroy-Beaulieu, passé inaperçu en 1874, eut pour sa seconde édition, en 1881, un prodigieux retentissement. Ce vaste mouvement touchait au même moment les pays voisins – Angleterre, Allemagne, Belgique. L'opinion se révéla particulièrement sensible au phénomène le plus visible de son temps : la lutte en Afrique. Elucider les causes du partage devrait donc contribuer à faire saisir l'originalité de la période, et son rôle dans l'élaboration de l'impérialisme.

Les « causes » du partage de l'Afrique

Les auteurs contemporains ont mis l'accent sur les causes non économiques du partage de l'Afrique. Robinson et Gallagher ont insisté sur le rôle déterminant des hommes politiques, agissant au nom d'impératifs diplomatiques, par le jeu subtil des rapports de force entre le gouvernement de la métropole et les groupes de pression coloniaux, pas

1. Selon l'expression de Lénine.
2. Les Escales sénégalaises avaient survécu au « premier empire colonial ». Au Dahomey, la maison Régis de Marseille s'était pratiquement vu garantir par l'Etat, depuis 1841, le monopole du commerce d'exportation.
3. La flotte française était intervenue dès 1858 en Annam pour protéger les missionnaires. Saïgon reçut une garnison l'année suivante. Les initiatives commerciales de Jean Dupuis étaient anciennes. L'occupation de la Cochinchine fut réalisée de 1862 à 1867 et la souveraineté de la France y fut reconnue par traité en 1874. Depuis l'expédition du Mékong (1867-1868), la France visait à l'expansion au Tonkin. Mais seule sa conquête (1883-1885) releva, à proprement parler, de la période du « scramble ».

nécessairement économiques. Sur place, un rôle déterminant fut joué plus que par les commerçants de l'Afrique de l'Ouest – rarement acquis à l'idée de l'annexion – par les missionnaires, au nom de la « mission civilisatrice » de l'Occident tenu de « délivrer » les peuples du joug négrier de leurs potentats ou, comme en Afrique australe, d'entraver la spoliation entreprise par les Afrikanders – et par les fonctionnaires locaux et les militaires impatients d'effectuer quelque prouesse ou de résister au progrès des Français. En France, H. Brunschwig a démontré, de façon analogue, combien l'opinion redouta, de façon durable, l'« aventure coloniale » dont les hommes d'Etat supputaient le coût, tandis que les hommes d'affaires redoutaient l'ingérence de la métropole. A la veille de la prise du Tonkin, le gouvernement écrivait encore qu'il ne voulait « à aucun prix une guerre de conquête » (1882)[1]. Il recommandait à Brazza, qui allait fonder le Congo, de rester dans « les sages limites que vous ne devez pas dépasser dans un pays où jusqu'ici nos intérêts sont relativement faibles »[2]. Mais la politique de prestige l'emporta sur les réalités économiques.

L'avis des auteurs diffère seulement sur la « goutte d'eau » qui aurait enclenché le mécanisme du partage. Chaque spécialiste tend à la découvrir dans son domaine. Pour Robinson et Gallagher, ce serait l'intervention britannique en Egypte. Non qu'elle eût eu lieu pour des motifs économiques : l'essor du commerce britannique était bien antérieur à l'occupation ; au contraire, les affaires avaient subi un coup d'arrêt à la suite de la banqueroute du *Khédive* Ismaïl, et peu de nouvelles entreprises emboîtèrent le pas à la mainmise sur le pays. Celle-ci fut avant tout stratégique ; il s'agissait d'assurer la sécurité en Méditerranée et sur la route de l'Inde, menacée par le déclin de l'autorité turque sur les bouches du Nil : le partage aurait donc été entrepris moins pour édifier un nouvel empire africain que pour protéger le vieil empire d'Asie.

Newbury insiste, en revanche, sur le caractère progressivement envenimé des rivalités politiques et commerciales franco-britanniques dans l'Afrique de l'Ouest[3]. H. Brunschwig, pour sa part, assigne au traité de Makoko (1880) obtenu par Brazza au Congo un rôle déterminant[4]. D'autres mettent en relief la diplomatie européenne, avec l'intervention inopinée de Bismarck dans le champ des rivalités coloniales[5] et l'ambition personnelle du roi Léopold, désireux de créer en un endroit quelconque du globe, et à n'importe quel prix, un empire belge.

Tout ceci est juste. Tout survint à peu près en même temps, et l'on aurait grand-peine à trouver, en Afrique même, des arguments strictement économiques de valeur justifiant le partage. Le rôle économique de l'Afrique noire coloniale était alors et est longtemps demeuré négligeable[6].

La part africaine des investissements outre-mer effectués par les grandes puissances resta réduite : en 1913, malgré l'étendue des superficies concernées, la Grande-Bretagne n'avait investi en Afrique que £ 460 millions sur 4 milliards et seulement £ 80 millions si

1. Le Myre de Vilers au Cdt Rivière, janv. 1882, cité par Brunschwig, *la Colonisation française*, p. 162.
2. Instruction du Quai d'Orsay à Brazza, fév. 1883, Arch. Marine, BB4 – 1941.
3. C.W. Newbury, *The Western Slave Coast and its Rulers*, Oxford University Press, 1966, 234 p.
4. *L'Avènement de l'Afrique noire*, chap. 8 et 9, Paris, 1963, 250 p.
5. Intervention d'abord *politique*, même si elle visait à terme à développer un empire économique, ainsi que P. Guillen le montre fort justement à propos de l'intervention marocaine (*l'Allemagne et le Maroc*, de 1870 à 1905, Paris, Presses Universitaires de France, 1967, 991 p.).
6. Sauf pour la Belgique, parce qu'elle n'avait pas d'autre colonie.

l'on exclut l'Afrique du Sud[1]. En 1936, le total des investissements étrangers en Afrique noire était estimé à seulement £ 1 200 millions[2].

Mais en invoquant la faible rentabilité de l'Afrique pour rejeter le bien-fondé des facteurs économiques du partage au profit d'une sorte de mégalomanie politique, il semble que les auteurs précédemment cités confondent deux plans: les origines du partage ne sont pas à rechercher en Afrique même. Toutes les «causes» énumérées ci-dessus n'en étaient pas, et il nous paraît vain de s'attacher à déterminer quelle fut la première en date: elles se présentaient, dans leur ensemble, comme des manifestations localisées, comme autant d'éléments de réponse aux formes diverses (politiques, diplomatiques, nationalistes, et même... économiques), à une situation globale, qui dépassait de beaucoup le continent africain, élément effectivement mineur de l'échiquier mondial, en dépit des apparences.

Le capitalisme occidental

Ce qui fit l'originalité de la période qui s'ouvrait vers 1880, ce fut l'intervention de l'ensemble des puissances occidentales, et non plus de l'Angleterre seule[3]. Ainsi se posait le problème de la constitution d'empires concurrents, dont Lénine dit fort bien qu'ils luttèrent moins «pour eux» que «contre les autres». Ce fut cette interaction qui exigea de codifier un partage amorcé depuis un siècle. Dans le champ clos du continent africain, les rivalités internationales furent particulièrement lisibles, schématisées comme elles le furent par la Conférence de Berlin (1885), réunie à l'instigation de Bismarck appuyé par la France, à la suite des ambitions simultanément manifestées par Léopold, par l'accord anglo-portugais sur les bouches du Congo, 1879, finalement non ratifié, par la fréquence des incidents franco-britanniques, et par l'Allemagne.

Élucider la cause profonde du partage de l'Afrique revient donc à déterminer les raisons de cette conjonction des expansions.

Or celle-ci traduisait l'arrivée du monde capitaliste occidental dans son ensemble à un niveau économique comparable. Jusqu'alors, la Grande-Bretagne s'était étalée sans rivale, donc sans ressentir la nécessité de se ménager des «chasses gardées». Désormais, les autres puissances étaient devenues mûres pour l'expansion. Cela ne signifie pas que l'achèvement du partage fut lié à la situation économique mondiale par une simple relation de cause à effet. La plupart des puissances ne pratiquaient pas encore une économie impériale. Mais le fait même qu'elles aient proclamé très haut leur volonté de le faire prouve, à tout le moins, qu'elles en étaient devenues capables, bien plus, qu'elles en ressentaient le besoin[4].

1. Feis, p. 23.
2. Alors que le total des investissements britanniques à l'étranger approchait, la même année, £ 4 milliards. Même si l'on admet avec J. Dresch *(Bulletin de l'Association des Géographes Français*, 1946) que le chiffre (donné par Frankel), sous-estimant le secteur privé, doit être multiplié par 2 ou 3, il reste faible. 77 % des investissements concernaient alors les territoires britanniques, 11,7 % le Congo belge, et 7,3 % seulement les territoires français y compris les pays sous mandat. Par opposition, les investissements français en Afrique du Nord avoisinaient vers la même date £ 800 millions d'après les chiffres indiqués par Dresch, *op. cit.* 1953, et Picquemal, *Economie et Politique*, 1957. Voir ci-dessus.
3. «The novelty of recent imperialism regarded as a policy consists chiefly in the adoption by several nations. The notion of a number of competing empire is essentially modern», Hobson, *Imperialism: A Study*, p. 8.
4. J. Bouvier a montré comment, dans les années 1870-1890, au moment même où se renforçaient les grandes banques (Crédit Lyonnais, 1863; Société Générale, 1864; Banque de Paris et des Pays-Bas, 1872), où se gonflait le volume de l'épargne qu'elles contrôlaient, le marché intérieur se dérobait: dans cette phase de récession, les placements de capitaux sur le plan national se firent de moins en moins rentables. L'exportation devenait la seule issue possible *(Note sur les origines de l'impérialisme français, op. cit.)*.

Pourquoi l'action politique précéda-t-elle si souvent le fait économique (comme pour Léopold au Congo ou pour Bismarck au Maroc)? C'est que les nations occidentales avaient un modèle sous les yeux – celui de l'Empire britannique – et qu'elles se sentaient de taille à l'égaler, voire à le surpasser grâce à des armes nouvelles qu'elles lui avaient empruntées, mais qu'elles avaient aussi, mettant à profit leur retard, améliorées d'abord sur le plan intérieur: l'industrialisation, la concentration des capitaux, les travaux publics. De ce point de vue, dans le monde capitaliste de la fin du XIXe siècle, le stimulant majeur fut l'innovation déterminante du chemin de fer qui absorba près de la moitié de tous les investissements privés de la période et entraîna une transformation radicale de la géographie économique, en ouvrant des débouchés énormes à l'investissement, en élargissant les marchés et en accélérant les migrations[1]; ce n'est pas un hasard si les projets de transsahariens ou des transsoudaniens se multiplièrent en Afrique noire[2], si les Allemands lancèrent leur Berlin-Byzance-Bagdad[3], si l'expansion française se traduisit par des investissements massifs dans les chemins de fer (Turquie, Russie).

A cette cause majeure – l'arrivée sur la scène mondiale du capitalisme occidental – s'ajouta un élément favorable à l'extension des domaines coloniaux. La domination britannique et, dans une moindre mesure, française, qui trouvait ses racines dans l'époque mercantiliste, avait depuis longtemps amorcé la décomposition des États exploités – principautés indiennes, provinces de l'empire turc, communautés africaines minées par l'économie de traite. La plupart se trouvaient, de ce fait, en état de moindre résistance. Dans le cas d'une province de l'empire «informel» (Royaume Ashanti-Royaume du Dahomey), la prise en main paraissait naturelle. Mais dans celui d'une zone périphérique (Egypte, Birmanie...) elle s'imposait d'autant plus que cet affaiblissement rendait le pays particulièrement vulnérable aux risques nouveaux de concurrence européenne[4].

La colonisation entrave à l'impérialisme?

Le partage de l'Afrique ne traduit donc pas la naissance de l'impérialisme. Il révèle le décalage historique de l'ascension des pays capitalistes à l'impérialisme, et son adoption comme système occidental.

Est-ce à dire que l'époque coloniale fut véritablement *impérialiste*, c'est-à-dire directement assimilable au stade monopoliste, stade suprême du capitalisme? Non, sans quelque réserve.

De même que Marx avait fondé son œuvre sur l'examen du capitalisme britannique, ou qu'Hilferding était parti de l'analyse de la banque autrichienne[5]. Lénine énonça sa théorie à partir de l'étude de la compétition européenne – chacun se référant à l'exemple le plus marquant et le plus avancé de son temps. Lénine eut l'immense mérite de

1. Entre 1850 et 1900, l'investissement ferroviaire excéda l'investissement de toutes les autres branches industrielles réunies, Baran et Sweezy, p. 201-206.
2. H. Brunschwig, «Note sur les technocrates de l'impérialisme français en Afrique noire», *Revue française d'histoire d'outre-mer*, n° 194-197, 1967, p. 171-187.
3. Concession obtenue en 1902.
4. Mais contrairement à l'assertion de Robinson et Gallagher, il ne s'agit pas là de la cause essentielle. L'essentiel, ce fut la confrontation européenne avec cette situation de crises intérieures, elles-mêmes héritées, en grande partie, du contact antérieur avec les économies dominantes.
5. Qui, relativement indifférente, jusqu'alors, s'était à partir de 1898 ruée sur l'industrie. Voir à ce propos la traduction récente et l'ouvrage d'Hilferding (*le Capital financier*, Éd. de Minuit), et la thèse soutenue par Bernard Michel, *Banques et banquiers en Autriche au début du XXe siècle*, Université de Paris I, 1970.

discerner la tendance au rôle prédominant des monopoles. Mais l'histoire contemporaine nous a enseigné ce qu'il était alors hors d'état de concevoir, car, quel que fût son génie, il n'était pas devin : que la phase coloniale était, à son tour, susceptible d'être dépassée, qu'elle contredisait, à la limite, les objectifs même de l'impérialisme.

Expliquons-nous. Dans la période 1850-1870, la Grande-Bretagne avait conçu un impérialisme véritable – et non pas seulement un « archéo-impérialisme » caractérisé par une économie de pillage, de traite ou de plantations limitées à la transformation élémentaire des produits de cueillette ou des ressources minérales[1].

Vis-à-vis de ses colonies blanches[2], mais aussi de l'Inde, cet impérialisme s'était manifesté par la vigueur des flux d'investissements et par la relative autonomie laissée au relais d'une bourgeoisie nationale naissante ou déjà constituée[3]. Il reposait sur le principe que l'accroissement des revenus outre-mer, favorisé par les investissements métropolitains, ne pouvait qu'élargir le marché britannique. Il s'était développé de façon exemplaire, précisément parce que les mobiles économiques, assurés de l'impunité diplomatique, ne rencontraient pas d'obstacle. Mais l'Angleterre occupait une position exceptionnelle, isolée et précoce. D'où la survivance des formes archaïques précédemment évoquées.

L'époque coloniale, en revanche, quelque paradoxale que puisse paraître la formulation, était le signe d'un impérialisme dénaturé : la convergence entre les mobiles et les intérêts des hommes d'affaires et des gouvernements, qui avait caractérisé les débuts de l'Angleterre victorienne, disparut. Du fait des rivalités internationales, le politique, voire le psychologique (dans le cas de Léopold), tendit à se tailler la part du lion. D'où une série de conquêtes effectuées sans raison économique apparente, et qui purent même apparaître comme économiquement aberrantes, telle, pendant quinze ans, l'aventure léopoldienne[4], ou la « course au Tchad » dont la France se fit le champion.

Le partage de l'Afrique tropicale, effectué sans mobile économique majeur préexistant, ne donne pas non plus lieu à la « mise en valeur » que l'on aurait pu en attendre. Son exploitation releva tardivement de l'« archéo-impérialisme ». L'économie de traite y resta jusqu'à la seconde guerre mondiale fondée sur le pillage : on exportait l'or, le diamant et le cuivre et l'on achetait à des prix dérisoires des produits bruts ou médiocrement élaborés selon des méthodes artisanales (cueillette du caoutchouc sauvage, chasse à l'ivoire, fabrication villageoise d'huile de palme, concassage à main des palmistes, plantations « indigènes » de cacaoyers, de caféiers, d'arachides) ; ces produits étaient échangés contre des marchandises d'importation fortement surévaluées et destinées à l'autodestruction, à la consommation immédiate ou à la thésaurisation ostentatoire (armes à feu jusqu'en 1909, alcools, pagnes, pacotille). Les entreprises commerciales dominaient. Dans les cas extrêmes (compagnies concessionnaires du Congo) elles ne pratiquèrent, au moins jusqu'en 1920, aucun investissement, sinon des frais minimes de « premier établissement ». Elles ne prévirent donc aucun amortissement (puisqu'il n'y avait rien à amortir) et n'exercèrent aucun autofinancement : la quasi-totalité des profits étaient distribués annuellement aux actionnaires, si bien que, en cas de chute des cours

1. Sur la définition de l'« archéo-impérialisme », voir le rapport de J. M. Chevalier, G. Dhoquois, A. Lefebvre et M. Pierre, *Contribution à l'étude des formes contemporaines de l'impérialisme, Cahiers du CERM*, 1969, 28 p.
2. Dont le développement était, de ce fait, encore entravé. L'émancipation économique ne prendra son essor que dans la période suivante.
3. L'Inde posséda très tôt un réseau ferré, et l'industrie commença de s'y implanter dans les années 60.
4. Où le roi engloutit jusqu'en 1895 une grande part de sa fortune personnelle, et qu'il dut à deux reprises renflouer à l'aide de deux emprunts massifs (31 millions) arrachés à grand-peine à la Belgique.

sur le marché mondial, les sociétés pouvaient se retirer d'un jour à l'autre, avec le minimum de pertes, d'un pays laissé exsangue aussi bien en hommes qu'en produits[1]. Les investissements se limitèrent à la construction relativement tardive des voies ferrées: celle de l'Etat Indépendant du Congo (Matadi-Léopoldville, 1890-1898) fut l'une des premières. Le Congo-Océan (Brazzaville-Pointe-Noire) fut seulement entrepris entre les deux guerres (1922-1934).

Après la première guerre mondiale apparurent les chantiers forestiers (bois du Gabon puis de Côte-d'Ivoire) et les plantations européennes (Cameroun, Afrique orientale). Mais l'économie resta «singulièrement primitive et paresseuse»[2]. Sauf dans les pays miniers (Congo belge, Rhodésie), la part des investissements commerciaux était largement prédominante (Unilever – SCOA-CFAO). Or les sociétés commerciales n'intervenaient guère dans la production, abandonnée au secteur traditionnel[3]. Elles prirent l'habitude de laisser à l'Etat la charge des énormes dépenses d'équipement: face aux réticences des investisseurs, les travaux d'infrastructure furent surtout redevables aux capitaux publics (en 1936, 25 % des investissements étaient d'origine publique au Congo belge et 43 % en Union Sud-Africaine, mais le pourcentage atteignit 68 % dans le Sud-Ouest Africain et 71 % en AEF)[4].

La «mise en réserve» des territoires conquis apparut donc, paradoxalement, comme un frein à l'exploitation. On comprend, dès lors, les réticences des gouvernements manifestées au plus fort du partage: la conquête et l'occupation étaient coûteuses. Elles n'étaient peut-être pas payantes. Au début du siècle, les dépenses militaires et stratégiques occupaient la quasi-totalité des budgets (pour la France, non compris l'Afrique du Nord: 96 millions sur 115 en 1902, 83 sur 100 en 1910[5]). On comprend aussi le bien-fondé des fameuses questions posées par les expansionnistes eux-mêmes: combien les colonies ont-elles coûté à la métropole – aussi bien à l'époque de la conquête qu'à celle de l'effondrement du système? Certainement fort cher et, dans le cas français tout au moins, peut-être plus cher qu'elles n'ont rapporté durant la période coloniale proprement dite[6]. Il est probable, comme le constatait Hobson, que les métropoles avaient fait fausse route de même que le Japon aurait eu avantage à procéder de façon pacifique en Mandchourie, ou que l'Italie avait plus à perdre qu'à gagner, à long terme, à vouloir s'emparer de l'Ethiopie[7].

Le nationalisme impérial

C'est que l'«impérialisme colonial» tel que le définissaient ses promoteurs impliquait des éléments qui contrevenaient à son essence économique: le nationalisme et le protectionnisme.

1. Voir, à ce propos, notre thèse sur *le Congo au temps des grandes campagnes concessionnaires, 1898-1930*, Paris, 1970.
2. Dresch, *op. cit.*, 1946, p. 63.
3. Au début du XXe siècle, le progrès de la production du cacao de Gold Coast (Ghana), devenu en vingt ans le premier producteur mondial, fut entièrement le fait des planteurs africains. P. Hill, *The Migrant Cocoa Farmers of Southern Ghana*, Cambridge, 1963, et R. Szereszewski, *Structural Changes in the Economy of Ghana, 1891-1911*, Londres, 1965, 160 p.
4. Frankel; Dresch, *op. cit.*, 1946.
5. Cité par Brunschwig, *Mythes et réalités...*, p. 40.
6. Encore faudrait-il distinguer entre ceux qui ont fourni l'argent (l'Etat) et ceux qui ont encaissé les profits (le capital privé) et noter que les dépenses (militaires ou d'équipement) étaient en même temps source de profit. En tout état de cause, nous limitons cette hypothèse à l'Afrique noire non minière. Elle resterait à vérifier, surtout pour l'Indochine dont la prospérité fut probablement surestimée.
7. Hobson, *Imperialism: A Study*.

L'optique impériale était, en effet, moins celle d'une gestion bien comprise du monde que celle d'une exaltation de l'idée nationale. De ce point de vue, le cas de la France fut exemplaire ; ce ne fut pas un hasard si le plus fort de l'expansion eut lieu entre la crise boulangiste et l'affaire Dreyfus. Coloniser représentait une occasion d'aventures, une école d'énergie, en même temps qu'une revanche aux déceptions individuelles et collectives (défaite de 1870, récession intérieure). L'entreprise, «acte de foi sonore dans les destinées territoriales illimitées de notre domaine d'outre-mer», relevait davantage de l'épopée que de la mise en valeur: on cherchait à conquérir l'empire le plus vaste possible, mais secondairement à en faire le plus riche possible[1].

Le phénomène fut général. C'était l'époque de l'éclosion du pangermanisme, de la conviction britannique d'exercer un devoir moral envers le reste de l'humanité: le «fardeau de l'homme blanc» apparaissait comme la rançon inévitable de la «mission» occidentale, exaltée par la littérature de l'époque (Kipling).

Exacerbée par les rivalités européennes, l'idée d'empire coïncidait avec le retour au protectionnisme. Les barrières douanières s'élevèrent les unes après les autres : en 1884 en Allemagne, en 1892 en France (tarif Méline), en 1890 aux Etats-Unis (tarif Mackinley), qui ne se lancèrent pourtant dans la conquête qu'à partir de 1898 (prise aux Espagnols de Cuba, de Porto-Rico et des Philippines).

L'Angleterre seule ne se rallia pas à cette politique, précisément parce que son empire reposait sur le libre-échange. Mais les nationalistes impériaux, avec à leur tête Chamberlain, auraient souhaité un «libre-échange impérial», c'est-à-dire un empire sans barrière douanière intérieure, mais isolé du monde. Ce programme se transforma en 1897 en «préférence impériale», plus conforme aux aspirations des colonies blanches qui, commençant de constituer des ensembles nationaux, tenaient à obtenir la garantie du marché britannique tout en réservant leur propre avenir[2]. Mais le plan de «tarif impérial», proposé en 1902, fut rejeté par le pays en 1906.

Il fut rejeté parce que, comme l'a admirablement montré S.B. Saul, «l'Empire n'était profitable à la Grande-Bretagne qu'en tant qu'organisme dynamique, ouvert, intégré dans le grand courant de l'économie mondiale..., et non pas en tant que mécanisme défensif grâce auquel elle aurait pu s'abriter de la concurrence étrangère, comme le pensaient les protectionnistes»[3].

En permettant à l'Angleterre d'organiser une première division internationale du travail, l'expansion impériale l'avait progressivement établie au centre d'un système mondial de règlements multilatéraux: jouissant de surplus croissants dans ses transactions avec ses colonies d'Afrique occidentale, d'Australie et surtout avec l'Inde, elle pouvait ainsi compenser ses balances de paiement déficitaires avec l'Europe continentale et les USA, auxquels elle achetait de plus en plus d'objets manufacturés. De plus, ces pays, qui ressentaient un besoin croissant de matières premières, les achetaient directement dans l'Empire britannique (laine d'Australie, coton indien, caoutchouc de Malaisie, huile de palme d'Afrique occidentale) dont la production avait augmenté plus vite que la capacité d'absorption de la métropole. L'empire était donc pour l'Angleterre une

1. Hoffher, p. 55.
2. Crouzet, *Annales*, p. 306. L'auteur résume, p. 303-306, la thèse de Saul. L'article des *Annales* et l'ouvrage du même auteur de la collection Que Sais-je constituent les meilleures études en langue française de l'histoire récente du Commonwealth.
3. Saul et Crouzet, *op. cit.*

source de richesse dans la mesure où il lui donnait le moyen de régulariser ses relations avec le reste du monde[1].

Ce fait montre bien le caractère fallacieux de la propagande «impérialiste» de l'époque qui reposait sur un postulat naïf d'autarcie contrevenant au but recherché.

La crise britannique

Qui plus est, l'idéologie impérialiste se propagea au moment même où l'essor économique de la Grande-Bretagne marquait le pas. La crise amorcée en 1870 et toujours actuelle est le leitmotiv des historiens de la période[2]. Ce déclin résultait de l'apparition de rivaux sérieux face à une nation qui s'était accoutumée au monopole. L'Angleterre, qui assurait encore 20 % de la production industrielle mondiale en 1900, mais seulement 14 % en 1913, fut rattrapée et dépassée par les pays européens puis, après la guerre, par les USA et le Japon ; elle perdit sa supériorité technique, fondée sur l'industrie textile, le charbon, la vapeur et le chemin de fer, lorsqu'à partir des années 1880 la «deuxième révolution industrielle» fit prévaloir l'électricité, le pétrole et les industries chimiques. Certes, dans l'immédiat, le retard était tout relatif. La masse des capitaux investis à l'étranger continua de s'accroître de plus en plus rapidement (£ 1 300 millions en 1885, £ 4 milliards en 1913), passant de 13 à 16 % du total des investissements britanniques. Cependant, les nouveaux investissements extérieurs, sauf vers la fin des années 1840 et juste avant la guerre, devinrent nettement inférieurs aux revenus des investissements antérieurs qui, passés de 4 à 10 % du revenu national, avaient fait boule de neige et quadruplé en trente ans[3].

Année	Revenus tirés des propriétés à l'étranger (millions de £)	Période quinquennale	Moyenne annuelle des nouveaux investissements à l'étranger (millions de £)
1883	50	1880-1884	23,9
1891	100	1890-1894	45,6
1903	115	1900-1904	21,3
1907	140 à 153	1904-1909	109,5
1913	205 à 210	1910-1913	185

Bref, en même temps que l'équipement de la Grande-Bretagne devenait de plus en plus dépendant de la prospérité du reste du monde, la métropole insufflait, proportionnellement, de moins en moins d'argent frais : elle devint un *pays rentier*, qui consommait plus qu'il ne produisait.

Enfin, malgré le bond en chiffres absolus, le commerce de l'empire apparaissait en relative stagnation, puisqu'il passait de 25,4 % à 27,5 % seulement du total entre

1. *Ibid.*
2. Consulter à ce propos : A. Siegfried, *la Crise britannique au XXe siècle*, Paris, A. Colin, 1931, 212 p. ; et Crouzet, *op. cit.*
3. De £ 50 millions en 1880 à £ 200 millions en 1913, alors que le revenu national total avait seulement doublé (de £ 1 200 à 2 250 millions). D'après H. Feis.

1854-1857 et 1909-1913, en dépit de l'accroissement massif des superficies (6 000 000 de km^2 entre 1880 et 1900)[1].

La crise s'accéléra entre les deux guerres mondiales. La volonté de retrouver, à tout prix, la parité de la livre sterling avec l'étalon-or (1925) entraîna une déflation qui laissa l'Angleterre désarmée devant la concurrence des pays à monnaie dépréciée[2]. Elle ne connut pas, dans la période 1920-1929, l'élan de prospérité des USA et de la France ; le volume de ses exportations tomba de 30 % entre 1913 et 1937. Les investissements à l'étranger diminuèrent ; de 1903 à 1913, 50 % des capitaux épargnés étaient exportés, mais seulement 33 % en 1919 et 0 % en 1937 (quand la balance des paiements fut devenue déficitaire). Le repli sur le Commonwealth (qui détenait dorénavant plus de 50 % du total des investissements extérieurs) traduisait, en fait, un état de crise, entériné finalement par le recours au protectionnisme défensif auquel la Grande-Bretagne s'était jusqu'alors refusée[3] ; « au milieu de la ruine générale, on se raccrocha à la bouée du commerce impérial » par la Conférence Impériale d'Ottawa en 1932. Dès lors, les vieilles industries (charbon, coton) ressentirent avec moins d'acuité encore le besoin d'être rénovées pour s'adapter aux conditions nouvelles de l'économie mondiale.

[...]

L'avatar colonial

Entre 1880 et 1920, l'« esprit impérial » se développa donc indépendamment et parfois même en dépit du domaine colonial. Celui-ci servit seulement ensuite de repli, et surtout de parade à la grande crise, dans la brève période qui précéda la seconde guerre mondiale. Entendons-nous : nous ne prétendons évidemment pas que l'époque ne fut pas impérialiste. Elle le fut, mais d'abord d'ailleurs ; ce que nous récusons, c'est l'identité fallacieuse impérialisme = colonisation. Celle-ci traduisait plutôt la crise de croissance de l'impérialisme. Elle agit bientôt comme une entrave à son développement. Mais entrave finalement légère car, en dépit de la volonté des nationalistes impériaux, les mesures juridiques et politiques pesaient d'un faible poids face aux forces dynamiques de l'impérialisme.

Ignorant les frontières politiques, niant la réalité des barrières douanières, la concentration se poursuivit, parachevant la formation d'unions internationales capitalistes monopoleuses qui se partageaient le monde au nom du vieil adage « le profit n'a pas d'odeur ». Bien que le mouvement de concentration, impétueux au temps de sa jeunesse, au début du siècle, se fût considérablement ralenti entre les deux guerres[4], les coalitions financières surmontèrent finalement les décisions impériales, impuissantes à juguler le jeu fondamental de la concurrence présidant aux relations économiques mondiales. Ce fut l'époque où s'épanouirent, par-dessus les frontières, les grandes firmes d'outre-mer, dont l'un des exemples les plus représentatifs fut, en Afrique et ailleurs, Unilever : le groupe était né de l'entreprise de William Lever (1851-1925) qui bâtit les débuts de sa fortune sur les savonnettes Sunlight (1888). A la suite des recherches menées sur les

1. Crouzet. *Annales*.
2. Crouzet. Paris. Presses Universitaires de France. p. 14-16.
3. Accordant seulement. en 1919-1921 et 1925. quelques faibles préférences impériales réservées à quelques produits (thé. cacao. tabac. vins et alcools). Crouzet. Paris. Presses Universitaires de France. Coll. Que Sais-je. p. 123.
4. P. Jalée. *l'Impérialisme en 1970*. p. 76.

oléagineux[1], il acquit une série de plantations coloniales destinées à son approvisionnement en matières premières, principalement au Congo belge (SEDEC), au Congo français (Compagnie Propriétaire du Kouilou-Niari, 1911), au Nigeria (Royal Co) et en AOF (Niger français, acquis en 1921)[2]. Résultant de la fusion d'un trust britannique de la savonnerie et d'un trust néerlandais de la margarine, le groupe, qui s'était associé les margarineries germano-hollandaises en 1928, prit sa forme définitive en 1937[3].

En 1946, plus d'un tiers du commerce mondial des matières premières oléagineuses était entre ses mains. D'une façon générale, la centralisation bancaire et l'internationalisation des firmes, favorisées par la concentration verticale et horizontale, aboutissaient normalement à dépasser la contrainte des différenciations politiques.

Le rôle historique du partage colonial

Que le partage colonial n'eût pas, en lui-même, une signification impérialiste (au sens léniniste du terme) n'en atténue pas, pour autant, son caractère à la fois inévitable et indispensable au progrès de l'impérialisme.

Inévitable parce que, compte tenu de l'évolution mondiale vers la constitution des empires concurrents, le partage du monde en zones d'influences garanties par la domination politique apparaissait, à la fin du XIXe siècle, comme une nécessité historique. En ce sens, la colonie joua le rôle qui lui était imparti dans le processus impérialiste, celui d'une assurance pour l'avenir, même si elle ne constituait pas, dans l'immédiat, une source accrue de richesses. *A contrario*, les pays qui entrèrent en retard dans le cycle impérial (USA) purent «faire l'économie» de la dépense coloniale, pour se lancer directement dans l'impérialisme des monopoles.

C'est à partir du partage que l'impérialisme mondial prit son essor, à la fois à cause et en dépit des entraves nationalistes et protectionnistes du temps: le «recueillement colonial» – malgré l'expansion générale de la période – était un seuil nécessaire, qui permit à nouveau de répartir et d'organiser la division internationale du travail, sur le plan mondial et non plus seulement anglo-saxon.

Cependant, la phase coloniale engendrait ses propres contradictions, un moment inévitables, mais devenues peu à peu insupportables: nationalisme mais expansion internationale, malthusianisme mais progrès accéléré des moyens de production, protectionnisme mais utopie de l'autarcie impériale. L'exigence de les dépasser conduisait inéluctablement à la phase postérieure: celle des monopoles internationaux, désormais dégagés des contraintes territoriales.

Si l'on quitte maintenant le point de vue du pays dominant pour se placer dans l'optique du pays dominé, on perçoit combien le phénomène colonial, en lui-même déviation politique de l'impérialisme, contribua aux origines du sous-développement. La première phase – 1890-1920 – se traduisit par un phénomène généralisé: celui de la liquidation des embryons de bourgeoisie autochtone. L'épisode est sans doute révélateur des implications économiques d'une prise en main politique. Il avait déjà eu lieu en Inde. Il contraste avec l'utilisation des classes moyennes par la métropole, caractéristique aussi bien de la phase précoloniale (par manque de moyens) que de l'impérialisme contempo-

1. La margarine, élaborée par Mège-Mouriès, en 1869, fut mise au point par la découverte de l'hydrogénation des graisses végétales en 1910.
2. Qui, à la suite de son association avec le groupe Shell, donna naissance, en 1929, à l'*United Africa Co*.
3. Suret-Canale, p. 228-229.

rain (soucieux de reconstituer une bourgeoisie à sa dévotion). Il fut souvent bref, mais décisif.

Les exemples sont innombrables. Au Sénégal, au siècle dernier, le gouvernement de Faidherbe et les maisons coloniales avaient d'abord appuyé l'essor des traitants sénégalais qui, avant la confrérie religieuse des Mourides, avaient introduit et développé l'arachide dans les campagnes de leur pays. Mais la conquête de l'intérieur avait entraîné leur liquidation au profit des maisons coloniales ou de nouveaux agents subalternes entrés à leur service, Libanais et petits Blancs[1]. Au Sierra Leone, où la population acculturée des « esclaves libérés » avait joué tout au long du siècle un rôle important dans la propagation du commerce de traite jusqu'au Nigeria (où ils constituèrent, par exemple, le noyau de la colonie anglophile et marchande d'Abéokuta), la conquête provoqua leur massacre. En Gold Coast la mainmise coloniale sonna aussi le glas des grandes familles de négociants Fanti « évolués » chargés du courtage avec les Ashanti. Ils furent jetés en prison à la suite de leur remarquable tentative pour harmoniser sous la protection britannique les intérêts de la vieille aristocratie et de la nouvelle élite, lors de la Confédération Fanti (1871)[2].

La désorganisation autoritaire des structures socio-économiques préexistantes, accélérée par la généralisation du camion dans l'arrière-pays au lendemain de la première guerre mondiale, favorisa la pénétration du capitalisme occidental et prépara les conditions du sous-développement. Les « évolués », détournés des secteurs productifs de l'économie, furent condamnés à se mettre au service des firmes européennes ou à entrer dans les carrières administratives. Ils constituèrent une masse de commis, représentatifs de la catégorie locale la plus favorisée : formés, dans les écoles des missionnaires, à la culture occidentale et acquis à ses méthodes, ils furent à l'origine de cette « aristocratie bureaucratique » hypertrophiée qui pèse si lourdement sur les régimes politiques contemporains.

Mais ce fut aussi dans leurs rangs que se recruta, au sortir de la phase coloniale, une nouvelle bourgeoisie d'affaires, constituée surtout de capitalistes modestes, condamnés aux secteurs les moins rentables de l'économie (transports-commerce de détail), toutes activités désormais délaissées par les firmes métropolitaines qui s'étaient réservé l'industrie et les banques. Ils donnèrent ainsi naissance à une seconde bourgeoisie locale, désireuse de s'identifier à l'ancienne métropole et toute disposée à collaborer avec elle.

Enfin, la « mise en réserve » des territoires coloniaux fut, en elle-même, un facteur d'accélération du processus de sous-développement : maintenues tardivement au stade de l'économie de pillage garanti par l'octroi de monopoles plus juridiques qu'économiques (les compagnies à charte et les grandes concessions), certaines colonies tropicales furent directement plongées dans l'impérialisme monopoliste sans avoir connu la transition concurrentielle (cas de l'AEF, du Congo Kinshasa, dans une moindre mesure du Nigeria). D'où leur incapacité à s'adapter au monde contemporain, et le caractère aujourd'hui inéluctable de leur sous-développement. [...]

© Anthropos

1. S. Amin, *le Monde des affaires sénégalais*, Paris, Ed. de Minuit, 1969, 205 p. et « La politique coloniale française à l'égard de la bourgeoisie commerçante sénégalaise, 1820-1960 », Séminaire sur le Commerce en Afrique occidentale, Institut International Africain, Freetown, déc. 1969.
2. M. Priestley, *West African Trade and Coast Society: A Family Study*, Oxford University Press, 1969, 200 p.

Empire colonial et capitalisme français
(1984)

JACQUES MARSEILLE

La thèse récente de Jacques Marseille (1984) a le mérite de poser une question d'autant plus vraie qu'elle est « troublante » : quel profit (au sens vulgaire du mot) l'empire colonial a-t-il rapporté à l'économie française ? En quoi a-t-elle été affectée par la décolonisation ? Un enjeu théorique majeur sous-tend en fait la thèse : quelle est l'utilité de l'analyse marxiste de l'impérialisme pour étudier un phénomène aussi majeur que la colonisation ? Dans cet ouvrage, l'auteur nous livre deux hypothèses. L'une, basse : la décolonisation n'a pas été un obstacle à la croissance française retrouvée. L'autre, haute, et qui a sa préférence : elle a été l'une des conditions des succès des « Trente Glorieuses ». On en a retenu les conclusions et principaux indicateurs de la conjoncture financière et commerciale de l'empire français. L'auteur établit une chronologie originale, dans laquelle l'empire, de « béquille » du capitalisme français, devient son « boulet », annonçant ainsi un divorce inévitable.

Source : *Jacques Marseille,* Empire colonial et capitalisme français. Histoire d'un divorce, *Paris, Albin Michel, 1984, p. 60-66 ; p. 106-119 ; p. 367-373.*

Des excédents inutiles ?

La balance commerciale entre la France et son empire présente, dans le long terme, un mouvement remarquablement alterné. En période de bonne conjoncture, le solde est positif pour la métropole ; en période de mauvaise conjoncture, il devient négatif. L'empire est un réservoir en période de difficulté, un débouché en période de prospérité (tableau p. 802).

Avant d'analyser cette double fonction, il faut se garder d'identifier solde positif et bénéfice pour la métropole, et se féliciter, par exemple, de l'équilibre qu'auraient permis d'obtenir les ventes à destination de l'empire. Ce n'est pas [...] l'opinion des experts qui estiment que le solde créditeur avec les colonies ne doit pas être considéré « comme une compensation partielle du déficit avec l'étranger[1] », dans la mesure où ce solde ne se traduit pas par une rentrée de devises. Au niveau essentiel de la balance des paiements, en effet, ces gains sont annulés par les transferts financiers que la métropole doit consentir aux territoires d'outre-mer pour leur permettre de régler le déficit.

Examinant l'économie générale de la zone franc au moment où le solde créditeur métropolitain était le plus élevé de la période coloniale, c'est-à-dire de 1948 à 1954, François Bloch-Lainé écrivait :
« Le système du pacte colonial s'est presque renversé au bénéfice des pays d'outre-mer. Désormais, ceux-ci importent beaucoup plus en provenance de la métropole qu'ils n'exportent vers elle. Tout se passe comme si la métropole fournissait les francs métropolitains qui permettent à ses correspondants d'avoir une balance profondément déséquilibrée : ainsi s'opère, aux frais de la métropole, le développement économique de tous les pays d'outre-mer sans exception[2]. »

1. *Études et Conjoncture*, mars-avril 1952, note 3, p. 52.
2. F. Bloch-Lainé, *la Zone franc*, Paris, P.U.F., 1956, p. 44.

Part des exportations et des importations
dans le produit national brut
(1953-1973)

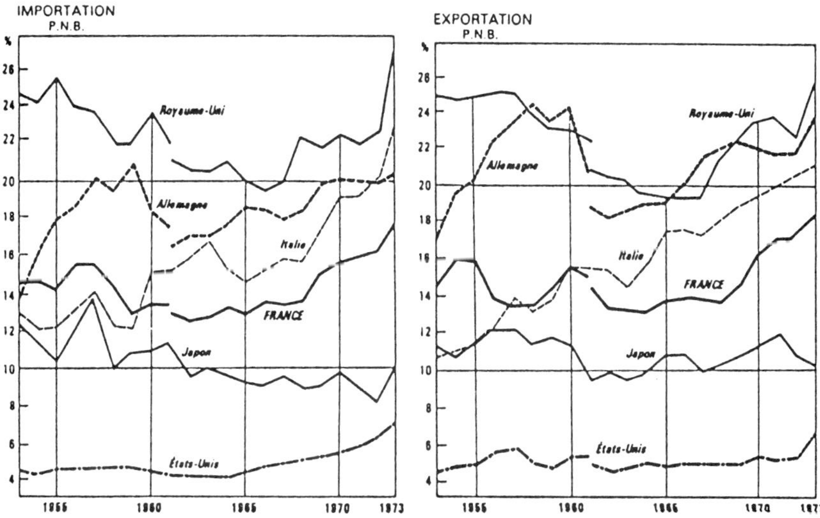

Source : J. Mistral.

La formulation abrupte de François Bloch-Lainé peut s'entendre autrement. Il était plus intéressant pour la France que l'empire colonial soit un réservoir plutôt qu'un débouché, le déficit étant alors réglé en francs. Fournissant des matières premières, l'empire aurait pu permettre de réaliser des économies de devises fortes.

C'est la fonction essentielle que lui assignait en 1920 la Banque de Paris et des Pays-Bas quand elle liait, dans son *Rapport pour l'exercice 1920*, la nécessité de « rechercher dans notre domaine colonial si étendu et si varié des produits naturels payables en notre monnaie » à « l'état défavorable de notre change[1] ».

Réduire au minimum les charges qu'infligeait l'achat, en monnaie dépréciée, des matières premières et des denrées alimentaires nécessaires à la consommation intérieure, tel était le programme de « mise en valeur » que formulaient d'année en année, de conférence en conférence, les propagandistes de l'œuvre coloniale.

Les colonies devaient produire toujours et toujours davantage pour libérer le pays de sa dépendance à l'égard de la production étrangère sans affaiblir sa monnaie. On peut observer que ces vœux sont restés lettre morte puisque, précisément au cours de cette période, le solde créditeur de la métropole devenait de plus en plus excédentaire (Tableau p. 802).

Au lendemain de la Deuxième Guerre mondiale, ces soldes créditeurs s'amplifiaient dans des proportions considérables.

L'assurance de débouchés que donnait le marché protégé d'outre-mer apparaissait alors à Pierre Moussa « comme un avantage considérable en faveur de l'industrie

1. Cité par H. Claude, *Histoire, réalité et destin d'un monopole, la Banque de Paris et des Pays-Bas et son groupe (1872-1968)*, Paris, Editions sociales, 1969, p. 44.

Balance commerciale entre la France et son empire
(en millions de francs 1914)

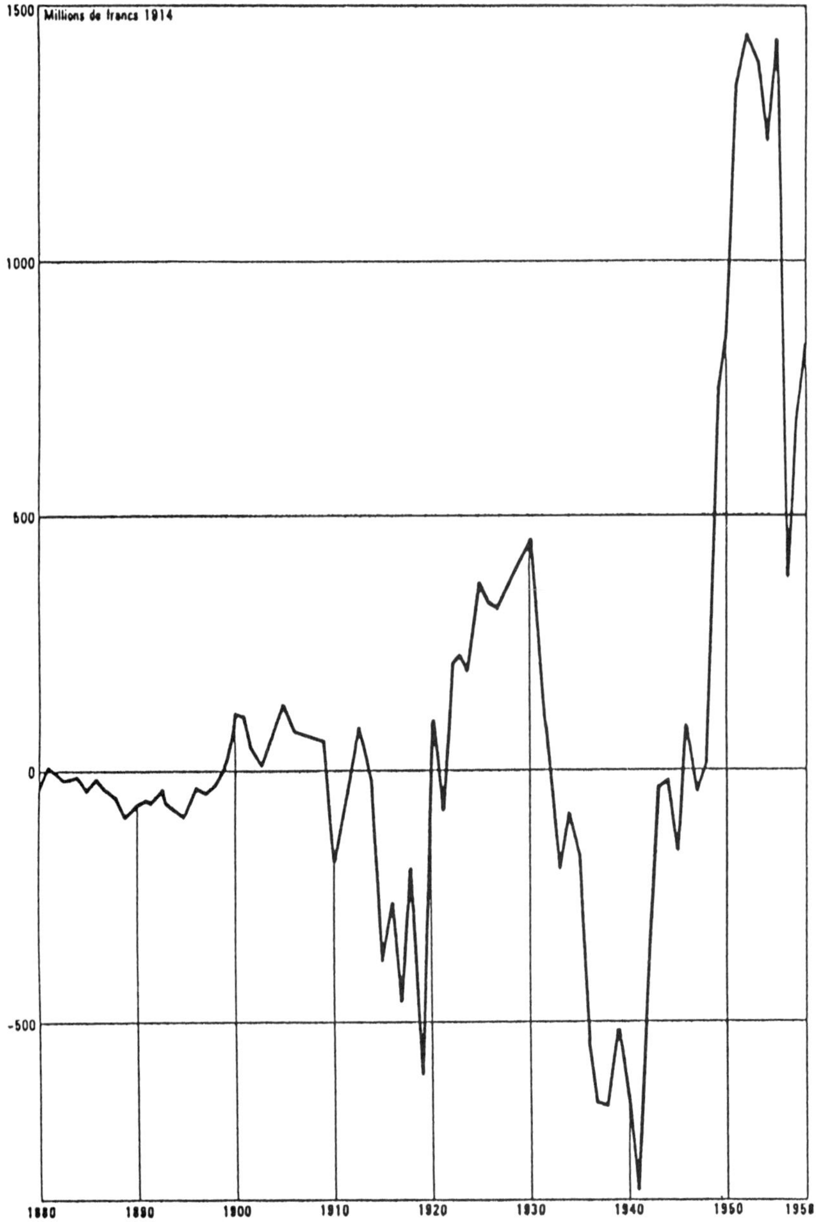

métropolitaine». Cette opinion ne fut pas partagée par les membres de la Commission d'Etude chargée en 1963 de définir une politique de coopération avec les pays en voie de développement. Leur rapport, appelé par la suite rapport Jeanneney, mérite d'être longuement cité tant il dissipe rétroactivement les illusions engendrées par les soldes créditeurs métropolitains.

«On dit parfois que l'aide de la France se justifie par les débouchés et les approvisionnements privilégiés qu'elle procure. La réglementation des échanges commerciaux et les mécanismes de la Zone franc seraient les instruments de cette politique intéressée...

«Les pays à qui la France accorde actuellement la plus grande partie de son aide ont avec elle des relations monétaires particulières... Les pays de cette zone ont des monnaies qui sont soit convertibles en francs librement et à un taux fixe, alors qu'elles ne le sont pas directement en d'autres monnaies étrangères, soit convertibles en francs dans certaines limites et à des conditions déterminées, mais à un taux fixe et plus aisément qu'en d'autres devises.

«Cette convertibilité, parfaite ou partielle, est organisée de telle manière que, lorsque la France achète à ces pays, elle paie avec des francs qui sont inscrits à leur crédit. Lorsque ces pays effectuent des achats en France, ils payent par prélèvement à Paris sur des comptes qui peuvent être débiteurs.

«Lorsqu'un pays de la Zone franc a exporté vers un pays étranger, les devises qu'il reçoit sont, le plus souvent, transformées par lui en francs, et viennent grossir la réserve française de devises. Lorsqu'il doit effectuer un paiement à l'étranger, la France lui fournit plus ou moins largement les devises dont il a besoin contre des francs.

«En quoi ce régime est-il avantageux pour la France?

«Il l'est fondamentalement dans deux hypothèses:

«1°) Lorsque les créances françaises exigibles à l'encontre des pays de la Zone franc (résultant notamment de nos exportations vers ces pays) sont inférieures aux dettes françaises exigibles (résultant notamment de nos importations en provenance de ces mêmes pays), le système permet à la France de régler le déficit de sa balance simplement par des inscriptions de francs au crédit de ses partenaires. Ces derniers sont ainsi amenés à lui faire automatiquement crédit s'ils ne lui achètent pas assez pour équilibrer les balances. Cela s'est produit pendant la guerre avec une très grande ampleur à l'intérieur de la Zone sterling, dans les relations entre la Grande-Bretagne et des pays du Commonwealth.

«2°) Lorsque les pays de la Zone franc exportent vers l'étranger plus qu'ils n'en importent, ils procurent à la France des devises. Celles-ci lui sont utiles si dans le même temps sa propre balance des paiements avec l'étranger est déficitaire. La Grande-Bretagne a souvent aussi tiré un tel bénéfice du fonctionnement de la Zone sterling, particulièrement aux époques où les cours des matières premières étaient élevés.

«Dans le cas de la Zone franc, ces hypothèses n'ont été réalisées que rarement.

«La balance commerciale de la France avec les pays de la Zone franc n'a été déficitaire qu'en 1946. Equilibrée en 1947 et 1948, elle a été constamment excédentaire de 1949 à 1961, *et ce déséquilibre a dû être comblé par les dons ou avances que la France a été amenée à consentir à ces pays* (J. M.).

«La balance des paiements avec l'étranger des pays de la Zone franc (autres que la France) a été presque constamment déficitaire[1].

Le rapport Jeanneney avait le mérite d'intégrer le problème de l'équilibre commercial dans le cadre plus vaste et plus complexe de la balance des paiements. En réservant le débouché colonial à l'industrie métropolitaine, en n'intensifiant pas la production de matières premières stratégiques, en pratiquant une politique s'inspirant toujours du Pacte colonial, en n'intégrant pas l'empire dans le courant des échanges commerciaux internationaux, la métropole voyait finalement le solde créditeur dégagé au détriment des colonies se retourner contre elle puisque le déficit de ses dépendances avec l'étranger devait finalement être réglé en devises fortes.

Balance commerciale des pays d'outre-mer (Indochine exclue) avec les zones monétaires à devises fortes *(en millions de francs métropolitains)*			
	1949	*1954*	*1955*
Zone dollar	– 41 395	– 23 802	– 24 116
Zone sterling	+ 7 181	+ 1 982	– 1 993
Pays de l'U.E.P.	+ 6 068	– 20 332	– 5 483
TOTAL	– 28 146	– 42 152	– 31 592

Tout se passait comme si les excédents commerciaux que la métropole obtenait à l'encontre de son empire étaient à chaque fois annulés par les déficits que ce dernier était contraint de consentir aux pays étrangers.

Non seulement les gains obtenus dans le commerce avec l'empire s'avéraient dans une certaine mesure «inutiles», mais encore, réalisés sur «une ligne de moindre effort», ils contribuaient «à alanguir les secteurs qui en bénéficiaient, les rendant moins aptes à la compétition sur d'autres marchés[2]».

On peut ainsi se demander si cet excédent commercial n'a pas été finalement l'élément d'un handicap qu'il n'a pas été possible ensuite de combler. En 1978 encore, l'excédent réalisé avec le tiers monde ne faisait que compenser le déficit inquiétant de la France à l'égard des pays industrialisés. «Sans cultiver le paradoxe ou le pessimisme, écrivait un journaliste du *Monde*, il est permis de s'interroger sur l'importance du surplus réalisé à l'égard du Tiers Monde... La recherche systématique de l'exportation ne correspond pas obligatoirement aux besoins réels des nations démunies. De leur côté, les pays en développement doivent, eux aussi, rechercher l'équilibre extérieur et donc vendre davantage. Une concurrence se fera donc – légitimement – de plus en plus sentir. Dès lors un redressement de la balance commerciale française qui s'effectue, en forte proportion, par le biais du Tiers Monde peut apparaître fragile[3].»

Vingt ans après la décolonisation, le poids du débouché colonial, l'habitude prise de vendre sur des marchés protégés semblaient encore handicaper la compétitivité de l'économie française.

1. *La Politique de coopération avec les pays en voie de développement*. Rapport Jeanneney. Paris. Documentation française, 1963. p. 39 et 40.
2. *La Politique de coopération...*, *op. cit.*, p. 38.
3. *Le Monde*. 5 octobre 1978.

Des termes de l'échange surprenants

Pour compléter l'étude de la balance commerciale entre la France et son empire et en dissiper les ambiguïtés, il nous a semblé nécessaire de calculer l'évolution des termes de l'échange entre la métropole et ses possessions d'outre-mer. Les termes de l'échange constituent en effet un instrument nécessaire à la compréhension des relations commerciales, même si leur interprétation est contestée[1].

Dans la plupart des hypothèses, il semble toutefois admis que la détérioration des termes de l'échange des pays dominés est un des facteurs du pillage de leurs ressources. Pour Samir Amin, l'exportation arachidière du Sénégal a, par exemple, entraîné «le pillage de son économie» et entretenu «son sous-développement[2]».

Pour les experts de l'O.N.U., «comme les exportations de produits de base représentent généralement une part importante de la production totale dans les pays peu développés et contribuent dans une large mesure à accroître le revenu national, l'instabilité des marchés des produits de base a de graves répercussions sur l'économie de ces pays... Placés devant la baisse du pouvoir d'achat de leurs recettes d'exportation, les gouvernements se trouvent souvent dans la nécessité de réduire leurs importations. Quand cette réduction porte sur les importations de machines et d'équipements ou d'autres produits d'importance stratégique, c'est-à-dire sur les éléments de la formation du capital pour lesquels les pays moins développés sont fortement tributaires des importations, les plans de développement économique en sont inévitablement compromis[3]».

Ce qui était vrai pour les pays du tiers monde de 1953 à 1969 devait l'être encore davantage – c'était notre hypothèse théorique préalable – pour les diverses parties de l'empire colonial français.

C'était d'ailleurs ce qui s'était passé pour la Grande-Bretagne.

INDEX DES TERMES DE L'ÉCHANGE BRITANNIQUES[4]

1913 = 100

1914-1918: 93.6	1924-1932: 124.1
1919-1923: 130.1	1933-1937: 138

Source: A.-E. Kahn, *Great-Britain in the World Economy*.

Commentant ce tableau, Pierre Guillaume pouvait écrire: «Les conséquences de cette évolution des termes de l'échange sont doubles. Permettant à l'Europe, et tout particulièrement à la Grande-Bretagne, d'importer plus pour un même volume d'exportations, elle

1. Voir en particulier H. d'Hérouville, «Termes de l'échange des pays développés et des pays en voie de développement», *Economie et Statistique*, n° 67, mai 1975.
2. S. Amin, *l'Afrique de l'Ouest bloquée. L'économie politique de la colonisation, 1880-1970*, Editions de Minuit, 1971, p. 32.
3. *Étude sur l'économie mondiale*, O.N.U., 1962, citée par P. Jalée, *le Pillage du tiers monde*, Paris, Maspero, 1973, p. 67. D'après les statistiques de l'O.N.U., *Annuaire de 1970*, les termes de l'échange des régions sous-développées vers les régions capitalistes développées auraient évolué comme suit. Sur une base 100 en 1963:
1953: 113.5
1958: 108.1
1964: 100.9
1969: 99.
4. Il s'agit des termes de l'échange-marchandises extérieurs globaux. Tableau cité par P. Guillaume et P. Delfaud, *Nouvelle Historique économique*, tome 2, *le XXe Siècle*, A. Colin, 1976, p. 88.

constitue l'un des éléments essentiels du redressement économique et du maintien, voire même de la hausse, du niveau de vie anglais pendant les années trente... D'autre part, cette évolution permet de parler d'une exportation de la crise, que supportent au premier chef les producteurs de matières premières agricoles ou industrielles[1]. » [...]

L'empire, champ privilégié de l'investissement direct

Si l'on admet que la proportion de l'investissement direct[2] dans la totalité des placements extérieurs mesure une « exportation consciente des capitaux, une politique,... une stratégie[3] », force est de reconnaître qu'à la veille de la Première Guerre mondiale, l'empire est bien devenu l'un des lieux privilégiés d'expansion du capitalisme français.

Cette affirmation a de quoi surprendre ceux qui étaient habitués à estimer que la faible part de l'empire dans les exportations de capitaux mesurait le peu d'intérêt du capitalisme métropolitain. Pourtant, sans forcer les chiffres, cette vision d'un capitalisme médiocrement intéressé à son domaine colonial doit être totalement révisée.

En 1914, le montant de l'investissement direct dans l'empire s'élève en effet, pour le moins, à près de 2 milliards de francs.

CAPITAL APPELÉ EN 1914 (en millions de francs)			
	Actions	*Obligations*	*Total*
Sociétés bancaires, foncières et immobilières	283,6	14,9	298,5
Sociétés minières	277,6	29,6	307,2
Sociétés de transport	180,3	906	1 086,3
Plantations et sociétés agricoles	108,5	4	112,5
Sociétés industrielles	57,5	29,4	86,9
Sociétés commerciales	76,8	2,5	79,3
TOTAL	984,3	986,4	1 970,7
Source : Annuaire Desfossés			

Pour apprécier l'importance de ce chiffre, il suffit de le comparer aux autres champs d'expansion de l'impérialisme français. René Girault a évalué les investissements directs des sociétés privées françaises en Russie à 2,2 milliards de francs[4].

En comptabilisant les actions et les obligations émises par les entreprises françaises qui exerçaient leur activité dans l'Empire ottoman, Jacques Thobie a chiffré à 509 millions de francs l'investissement direct français dans cette zone[5].

Pour l'Allemagne, Raymond Poidevin évalue à 1,5 milliard de francs « l'ensemble des biens immobiliers, des entreprises industrielles et commerciales en mains françaises au moment de la guerre ». En Autriche-Hongrie, c'est 1,1 milliard qui s'est investi dans les

1. P. Guillaume, *ibidem*, p. 89.
2. Par « investissements directs », nous entendons les flux de capitaux qui se sont orientés vers l'achat de titres émis par les sociétés coloniales.
3. R. Girault, *Emprunts russes et investissements français en Russie, 1887-1914*, A. Colin, 1973, p. 50.
4. R. Girault, *op. cit.*, p. 85.
5. J. Thobie, *Intérêts et impérialisme français dans l'Empire ottoman (1895-1914)*, Paris, Publications de la Sorbonne, 1977, p. 480.

INVESTISSEMENTS DIRECTS EN RUSSIE EN 1914 *(millions de francs)* Francs 1971.	
Mines	446,3
Pétrole	161,9
Métallurgie	835,7
Textiles	126,7
Banques	277,5
STOCK TOTAL	2 245,2

actions et obligations des entreprises de transport. En Espagne, où «les apports de capitaux français dans le secteur privé ont joué un rôle particulièrement important[1]», Albert Broder évalue à 2 milliards les investissements directs.

Seule l'Amérique latine se détache nettement puisque, pour l'ensemble du continent sud-américain, le montant des investissements directs s'élèverait en 1913 à 4,8 milliards de francs[2].

Ainsi, à la veille de la Première Guerre mondiale, l'empire colonial se classait au tout premier rang des champs d'expansion du capitalisme français, à égalité avec l'Espagne et talonnant la Russie pour la seconde place. En outre, les investissements directs des sociétés financières s'étaient davantage portés sur l'empire que sur la Russie. Quant aux sociétés minières, elles avaient investi huit fois plus dans l'empire colonial que dans l'Empire ottoman, près de deux fois plus qu'en Espagne et presque autant qu'en Russie.

Le montant des capitaux investis dans l'empire en 1914 n'est pas le seul indice de la place privilégiée qu'occupait le champ colonial dans la stratégie des investisseurs métropolitains. Le classement chronologique des 469 sociétés coloniales répertoriées dans l'*Annuaire Desfossés* est, à lui seul, facteur d'interrogations nouvelles sur les rapports entre capitalisme français et empire.

L'importance des créations de sociétés avant la Première Guerre mondiale peut étonner de prime abord. Près de la moitié des sociétés enregistrées à la *Cote Desfossés* ont en effet été fondées avant 1914.

Mais ce que nous avons vu du montant de l'investissement direct dans l'empire confirme bien ce que nous suggère cette simple chronologie. Ainsi, en 1913, il y a davantage de sociétés qui se créent pour exploiter aux colonies qu'à l'étranger[3].

A elle seule, la période 1898-1914 qui s'inscrit entre la fin des conquêtes coloniales et la guerre enregistre le tiers des créations de toute la période coloniale.

Le deuxième sujet d'étonnement est le poids des sociétés minières fondées au cours de cette période. Avec 52 créations, elles représentent alors un tiers des créations totales et 42 % de l'ensemble des sociétés minières fondées entre 1849 et 1958.

Autre indice de l'intérêt que représente l'investissement direct dans les colonies avant

1. A. Broder, «Les investissements français en Espagne au XIXe siècle», p. 166.
2. F. Mauro, «Les investissements français en Amérique latine, XIXe-XXe siècles», p. 196.
3. En 1913, 51 sociétés se créent pour exploiter aux colonies contre 24 pour l'étranger. «Emissions et remboursements de valeurs mobilières en France», *Bulletin de la Statistique générale de la France*, t. XXVII, 1938, p. 411.

RÉPARTITION DES SOCIÉTÉS PAR BRANCHES D'ACTIVITÉ	
Sociétés minières	123
Plantations	111
Sociétés industrielles	74
Sociétés financières	69
Sociétés commerciales	56
Sociétés de transport	36
RÉPARTITION DES SOCIÉTÉS PAR TERRITOIRES	
Afrique du Nord	182
Afrique noire	113
Indochine	77
Madagascar	40
Autres territoires	57
DATES DE FONDATION DES SOCIÉTÉS	
1849-1882	24
1883-1897	20
1898-1914	156
1915-1918	12
1919-1929	208
1930-1957	49

Source: Annuaire Desfossés

ÉVOLUTION DES TAUX DE PROFIT[1]
SOCIÉTÉS

	Minières	*Industrielles*	*Commerciales*	*Plantations*	*Financières*	*Transport*
1910	26,2	12,9	24,8	24,7	13,5	9,9
1911	28,8	15,6	28,2	21,4	14,6	7,5
1912	30	18,9	27	5,1	16,5	8,3
1913	32,8	19,2	26,1	– 7	14	9,1

Source: Annuaire Desfossés

1914: le profit. Pour mesurer l'évolution de la rentabilité des sociétés coloniales, nous avons calculé un taux de profit en rapportant le bénéfice net au capital versé [2].

Le premier fait qui mérite d'être souligné est la «bonne affaire» que représente l'investissement colonial à la veille de la Première Guerre mondiale. Les taux de profit réalisés par les entreprises exploitant aux colonies se révèlent bien supérieurs à ceux des sociétés exerçant leur activité en métropole ou à l'étranger. L'engouement pour les

1. Ces taux de profit sont une moyenne qui agrège l'ensemble des sociétés dont nous pouvons suivre les bénéfices à partir de 1906. Avant 1914, la moyenne couvre 9 sociétés minières, 5 sociétés industrielles, 5 sociétés commerciales, 5 plantations, 7 sociétés financières et 6 sociétés de transport.
2. Ce taux de profit ainsi entendu «mesure le degré d'efficacité capitalistique» de l'argent rassemblé et versé par les seuls actionnaires. Il rapporte les profits à l'aune de l'argent effectivement apporté à l'entreprise par ses propriétaires. J. Bouvier, F. Furet, M. Gillet, *le Mouvement du profit en France au XIX*^{e} *siècle*, Paris, Mouton, 1965, p. 21.

sociétés minières qui pouvait surprendre se justifie fort bien par l'ampleur des bénéfices réalisés dans ce secteur.

Encore faut-il ajouter que la moyenne déjà fort élevée érode les sommets qu'atteignent les taux de profit de certaines sociétés.

TAUX DE PROFIT DE SOCIÉTÉS MINIÈRES[1]

	1906	*1913*
Cie des mines d'Ouasta	93,3	123,4
Cie des Phosphates de Gafsa	31,9	67,7
Le Nickel	24,4	30,3
Charbonnages du Tonkin	62,8	84,6

Source : Annuaire Desfossés

Pour les actionnaires avisés qui avaient investi dans ces sociétés minières coloniales, les dividendes versés étaient à la mesure des taux de profit. Dans les années précédant la Première Guerre mondiale, la Compagnie des phosphates et chemins de fer de Gafsa versait un dividende égal en moyenne à 30 % du nominal de l'action. Les Charbonnages du Tonkin, quant à eux, assuraient un rendement de 30 à 35 %.

Par comparaison, les dividendes versés par les sociétés russes ou exploitant dans l'Empire ottoman paraissaient bien maigres. Les mines de Balia-Karaïdin, qui étaient, « parmi les sociétés anonymes à capitaux français fonctionnant en Turquie... (celles qui) distribuaient les profits les plus substantiels[2] », assuraient à leurs actionnaires un rapport moyen annuel de 13 % entre 1893 et 1913. En 1912, les mines d'Héraclée réalisaient un bénéfice « exceptionnel » de 1 600 000 francs avec un capital de 15 millions[3]. A la même date, la Compagnie des minerais de fer magnétique de Mokta-el-Hadids, implantée en Algérie, réalisait un bénéfice de 4,5 millions de francs avec un capital de 20 millions. La Compagnie des phosphates et du chemin de fer de Gafsa, quant à elle, faisait un bénéfice de 11,9 millions avec un capital de 18 millions.

En Russie, la société textile la Czenstochovienne, créée en 1900, versait à ses actionnaires des dividendes de 5 % en 1907, 4 % en 1908, 8 % en 1909, 12 % en 1910, 7,75 % en 1911[4].

Il semble bien d'ailleurs que les contemporains aient cru, plus que les historiens, à l'« affaire » coloniale avant 1914. Les cours boursiers en témoignent à leur manière.

C'est à dessein que nous nous sommes appesanti sur le cas des sociétés minières. L'histoire de la mise en valeur des gisements coloniaux est un long concert de lamentations. Rappelons-nous qu'en 1942, Fernand Blondel, président du Groupement des productions minières coloniales, déplorait l'absence d'effort réalisé pour la production de ces substances. Nouvelle distorsion entre la statistique « réelle » et la statistique « perçue ».

Distorsion d'autant plus troublante que la « bonne affaire » minière n'était pas isolée.

1. Fondée en 1903, la Compagnie des mines d'Ouasta et de Mesloula exploitait les mines de plomb, de zinc et de cuivre en Algérie. La Compagnie des Phosphates et du Chemin de fer de Gafsa, fondée en 1897, combinait l'exploitation des phosphates, du chemin de fer de Gafsa à Sfax, la mise en valeur de 30 000 hectares de terrains domaniaux et le service des deux huileries. La société Le Nickel, fondée en 1880, exploitait les gisements de Nouvelle-Calédonie. La Société française des Charbonnages du Tonkin, fondée en 1888, exploitait les mines de la baie d'Ha-Long.
2. J. Thobie, *Intérêts français et impérialisme français dans l'Empire ottoman..., op. cit.*, p. 406.
3. *Ibidem*, p. 414.
4. R. Girault, *Emprunts russes..., op. cit.*, p. 523.

COURS BOURSIERS DE SOCIÉTÉS COLONIALES MINIÈRES EN 1913			
	Nominal	*Cours le plus haut*	*Cours le plus bas*
Mokta-el-Hadid	500	2 620	2 100
Ouasta et Mesloula	187,50	925	625
Gafsa	100	1 100	925
Le Nickel	250	1 279	915
Charbonnages du Tonkin	250	1 828	1 610

Source: Annuaire Desfossés

TAUX DE PROFIT DE SOCIÉTÉS COLONIALES		
	1909	*1913*
Banque de l'Indochine	37,2	56,5
C.F.A.O.	34,4	41,1
Distilleries de l'Indochine	20,5	50,8
Cie française de tramways	32,4	47,6
Chemins de fer de Dakar à St-Louis	45,2	39,3
Banque de l'A.O.F.	22,6	38,6

Source: Annuaire Desfossés

Dans chaque branche d'activité, les investisseurs métropolitains avaient l'occasion d'effectuer des placements fort rémunérateurs.

En 1914, tout concourait donc à faire du placement colonial un placement particulièrement attrayant. Ne cumulait-il pas tous les avantages: des taux de profit élevés et la sécurité qu'offrait la domination politique directe? Peu de sociétés françaises versaient à leurs actionnaires de tels dividendes. Peu de territoires présentaient de telles conditions de sécurité. Contrairement à ce qui a été toujours écrit jusqu'ici, l'empire a bien été considéré par les investisseurs métropolitains non pas seulement comme une réserve pour l'avenir mais bien déjà comme une carte de premier choix.

A cet égard, la flambée de l'investissement privé au cours des années 1920 ne doit pas être considérée comme un repli du capitalisme métropolitain sur sa réserve coloniale, mais, et la courbe des émissions annuelles de capitaux le montre bien, comme la poursuite d'une phase d'expansion amorcée dès la fin du XIXe siècle (tableau, p. 813).

Aux 200 sociétés créées avant la Première Guerre mondiale sont venues s'adjoindre 208 sociétés entre 1919 et 1929.

A partir de 1920, l'investissement direct à l'étranger s'identifie désormais à l'investissement colonial. Entre 1920 et 1929 en effet, les capitaux émis par les sociétés exploitant aux colonies se sont élevés, selon les statistiques du B.A.L.O., à 6 746,2 millions de francs courants alors que les capitaux des sociétés exploitant à l'étranger atteignaient 3 254,3 millions de francs. Au cours des années vingt, l'investissement direct dans l'empire représentait donc 67,5 % de l'investissement direct extérieur total[1].

D'autre part, même si les taux de profit fléchissaient légèrement, les sociétés colonia-

1. *Bulletin de la Statistique générale de la France*, « Emissions et remboursements de valeurs mobilières en France », t. XXVII, 1938.

Investissements directs dans l'empire colonial
(flux annuels)

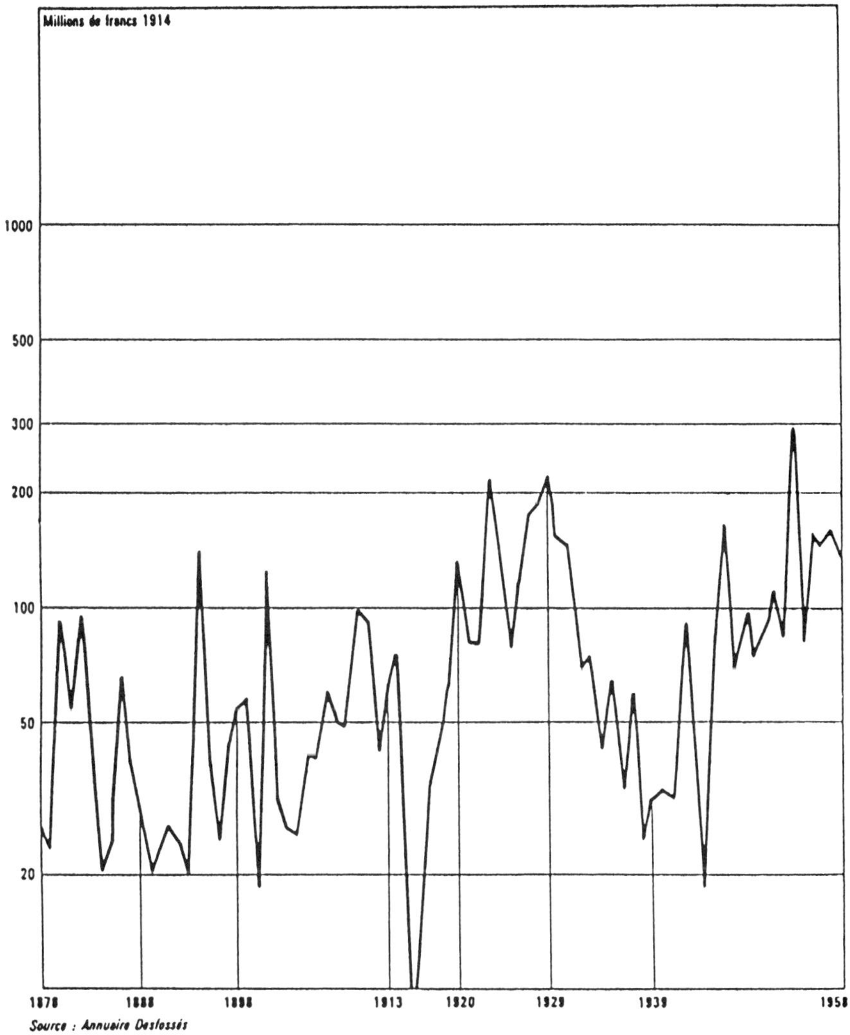

Source : Annuaire Desfossés

les continuaient d'offrir à leurs actionnaires des niveaux de rentabilité fort convenables[1].

1. Pour mesurer ce taux de profit à une époque où les prix sont animés de mouvements de hausse très vifs, nous avons tout d'abord déflaté les bénéfices déclarés par l'indice des prix de gros et de détail, base 100 en 1914. Nous avons ensuite construit une série du capital versé en francs 1914 constants en déflatant chaque émission nouvelle de capital par le même indice, cette somme en volume étant ajoutée au capital de 1914. Nous avons enfin rapporté le bénéfice déflaté à cette série du capital déflaté

ÉVOLUTION DES TAUX DE PROFIT AU COURS DES ANNÉES 1930 (moyennes triennales)

	Sociétés					
	Minières	*Industr.*	*Commerc.*	*Plantat.*	*Financ.*	*Transport*
1920-22	13,5	20,5	10,1	2,1	8,5	4,8
1927-29	18,4	17,4	12,5	9,5	11,9	7

Source : Annuaire Desfossés

Là encore, l'image d'une économie coloniale réduite à une économie de traite dominée par les sociétés commerciales d'export-import doit être profondément révisée. Ce ne sont pas les sociétés commerciales, les plantations ou les sociétés de transport qui réalisent les taux de profit les plus élevés, mais bien les sociétés minières et industrielles dont l'existence n'apparaissait guère dans les statistiques commerciales.

Centrées trop exclusivement sur l'Afrique noire, les études sur les caractères de l'économie coloniale négligeaient le poids des sociétés électriques, des distilleries, des entreprises fournissant le marché local en matériaux de construction dont les taux de profit au cours des années 20 devançaient largement ceux des sociétés commerciales dont on avait fait trop rapidement le symbole d'une « mise en valeur » archaïque et parasitaire.

Cette réflexion est appuyée par une autre statistique plus empirique, le classement de sociétés coloniales par le montant de leurs bénéfices nets en 1929.

BÉNÉFICES NETS EN 1929 (millions de francs)

Banque de l'Indochine	58,1
Ouenza	36
Phosphates de Gafsa	29,1
Distilleries de l'Indochine	25,7
Mokta-el-Hadid	25,4
Banque de l'Algérie	25,2
Charbonnages du Tonkin	23,7
C.F.A.O.	22,9
Société française financière et coloniale	22,4
Phosphates de l'Océanie	21,7

Source : Annuaire Desfossés

A part la C.F.A.O., nous ne trouvons donc aucune société commerciale dans ce classement des dix plus gros bénéfices nets en 1929. Nous y trouvons par contre 5 sociétés minières et 3 sociétés bancaires. Notons également la place de l'Indochine et de l'Afrique du Nord qui classent chacune 4 sociétés dans le peloton de tête des bénéfices nets.

La Bourse ne s'y est d'ailleurs pas trompée, et la bonne tenue des cours des valeurs coloniales en 1929 est là pour l'attester. En janvier 1929 en effet, si l'indice général des valeurs françaises culminait à 544, base 100 en 1913, l'indice des sociétés coloniales atteignait quant à lui l'indice 785 alors que celui des sociétés françaises exploitant à l'étranger plafonnait à l'indice 444.

Ainsi, à la veille de la crise de 1929, l'empire colonial français était devenu non

sur les mêmes bases. La méthode est certes artificielle, elle permet toutefois d'approcher de manière bien imparfaite la rentabilité financière des sociétés coloniales, en confrontant l'évolution des profits à l'argent « frais » effectivement apporté par les actionnaires.

seulement un partenaire commercial privilégié mais encore un champ d'investissement particulièrement «commode» pour les sociétés qui l'avaient précocement intégré dans leurs stratégies d'expansion, et cela d'autant plus que l'Etat avait assuré par ses interventions le soutien et la relance de l'investissement privé, chaque fois que ce dernier s'était avéré défaillant ou peu rentable.

L'investissement public : «béquille» de l'investissement privé ?

Si l'on examine en effet la fonction de l'investissement public de la fin du XIXe siècle à la fin des années 1950, on peut mesurer à quel point l'Etat, particulièrement dans le domaine colonial, a défriché le terrain de l'investissement privé, en créant l'infrastructure nécessaire au développement des entreprises métropolitaines et aussi en brisant les rapports sociaux anciens pour les remplacer par de nouveaux rapports capitalistes.

Si l'on observe tout d'abord la répartition de l'investissement public par tranches chronologiques, on mesure à quel point la croissance de l'investissement direct des années 1900-1930 s'inscrit entre deux phases d'investissement public qui semblent lui préparer le terrain dans un premier temps, et le relayer dans un deuxième.

RÉPARTITION DE L'INVESTISSEMENT PUBLIC TOTAL PAR PÉRIODES
(en pourcentages)

Avant 1914	23,35 %
1914-1929	4,7 %
1930-1939	20,3 %
1940-1958	51,65 %

Cette apparente complémentarité entre l'investissement public et l'investissement privé semble donner raison à Hilferding qui observait dès 1910 à quel point l'Etat, dans le domaine colonial, assurait la garantie des profits pour le capital exporté :

«Mais c'est dans la domination complète du nouveau territoire par le pouvoir d'Etat de la métropole que le capital d'exportation est le plus à l'aise, écrivait l'auteur du *Capital financier*. Car alors, l'exportation de capital d'autres pays est exclue, il jouit d'une situation privilégiée et ses profits obtiennent, si possible encore, la garantie de l'Etat[1].»

Cette garantie a particulièrement joué pour les compagnies de chemins de fer avant 1914. En Algérie, de 1865 à 1937, les dépenses publiques au titre du capital de premier établissement se sont élevées à 1 531,3 millions de francs. Par comparaison, le capital-actions des compagnies s'est élevé à 94 millions[2].

En Afrique noire, quand l'exploitation de la ligne Dakar-Saint-Louis fut concédée à la Société des Batignolles en septembre 1880, l'Etat garantissait un revenu annuel net de 1 154 francs par kilomètre égal à 5 % du capital investi. En outre, la Société recevait une subvention inscrite au budget extraordinaire du ministère de la Marine et des Colonies.

En Indochine où furent réalisés les plus importants investissements ferroviaires privés,

1. R. Hilferding, p. 435.
2. F. Bobrie, «Le financement des chemins de fer coloniaux : un exemple de l'investissement public outre-mer entre 1860 et 1940», *Cahiers d'Histoire de la région lyonnaise*, 1978.

la Compagnie française des chemins de fer de l'Indochine et du Yunnan reçut du gouvernement général de l'Indochine une première subvention de 12,5 millions de francs égale à son capital puis une seconde de 53 millions en 1909 pour achever ses travaux.

Au total, pour la période 1860-1939, François Bobrie évalue à 1 327,5 millions de francs 1914 constants les dépenses publiques de capital pour les chemins de fer concédés à des compagnies privées. En regard, le capital apporté par ces compagnies peut être estimé à 235,5 millions de francs[1].

Ainsi, dès avant la Première Guerre mondiale, dans un domaine où les investissements étaient élevés et la rentabilité hypothétique, l'Etat apparaissait déjà comme la «béquille du capital[2]», comme l'investisseur privilégié créant l'infrastructure économique permettant l'évacuation des produits agricoles ou miniers. Non seulement donc, l'exportation des capitaux dans les colonies était une «bonne affaire» mais en plus elle était une «affaire» sûre, puisque la rentabilité était garantie par l'Etat.

A partir de 1930, cette présence de l'Etat allait devenir de plus en plus envahissante puisque, selon nos estimations, l'investissement public a représenté pour la période 1930-1958 plus de 80 % de l'exportation totale de capitaux outre-mer. Inaugurée en 1931 par le vote des emprunts Maginot, du nom du ministre des Colonies de l'époque, la politique de «mise en valeur» incombait désormais principalement à l'Etat par qui transitait l'essentiel des fonds destinés à l'équipement de l'empire. De 1952 à 1956, par exemple, les fonds publics métropolitains ont représenté de 50 à 70 % des moyens de financement exportés par la métropole en Afrique du Nord[3].

Encore faut-il ajouter qu'une grande partie des ressources privées était constituée par des recours des sociétés locales au marché financier métropolitain accordés à des conditions avantageuses par des organismes parapublics comme la Caisse des dépôts et consignations.

Pour les territoires d'outre-mer, la part de l'Etat était encore plus forte puisqu'elle représentait pour les années 1954, 1955, 1956 plus de 85 % des fonds consacrés aux investissements dans ces territoires[4].

L'investissement public suppléait alors totalement un investissement privé dont il attendait en vain le relais.

Cette volonté d'attirer l'investissement privé dans les territoires africains déterminait les orientations de l'investissement public. Il s'agissait en priorité de créer une infrastructure permettant aux entreprises de production de type industriel de réaliser des résultats importants dans les délais les plus courts.

Pour les territoires d'Afrique du Nord, l'investissement public s'orientait également vers les opérations dont la rentabilité était la plus rapide, transports et communications, recherche pétrolière et minière. Dans les programmes d'équipement pour l'exercice 1955-1956, l'enseignement et la santé publique ne mobilisaient ainsi que 11 % de l'investissement public total[5].

Cette prépondérance de l'investissement public doit être encore renforcée par la prise en compte des dépenses d'infrastructure financées par les budgets locaux. La domination

1. F. Bobrie.
2. Nous empruntons cette expression au titre de l'ouvrage d'Anicet Le Pors, *les Béquilles du capital*, publié aux Editions du Seuil en 1977.
3. Premier rapport du Fonds de développement économique et social, *Statistiques et Etudes financières*, supplément n° 89, mai 1956.
4. Troisième rapport du Fonds de développement... *Statistiques et Etudes financières*, supplément n° 110, février 1959.
5. Premier rapport du Fonds de développement économique et social, *op. cit.*

politique directe présentait en effet cette autre «commodité» que n'assurait pas la domination indirecte, à savoir qu'une grande partie de l'investissement était financée sur place au gré de la puissance tutélaire et nécessitait donc des *exportations de capitaux* moins importantes.

Si l'on comptabilise par exemple les dépenses de matériel financées par les budgets ordinaires des territoires de l'Indochine avant 1914, ce sont près de 300 millions de francs qu'il faudrait ajouter aux exportations de capitaux en provenance de la métropole. Ces 300 millions sont à rapprocher des emprunts souscrits par l'épargne française avant la Première Guerre mondiale, 425,9 millions, et de la somme des investissements privés évalués par l'enquête du gouvernement de Vichy, 357,7 millions. Ce sont donc près de 30 % des dépenses d'investissements qui ont été couverts par les finances locales.

Dans une étude plus fouillée menée sur l'Afrique noire, Cathernie Coquery-Vidrovitch a tenté d'évaluer l'apport net de la colonie aux dépenses d'équipement, c'est-à-dire la part des équipements publics financée par les territoires de l'Afrique noire. Pour l'A.O.F., «on peut affirmer que, au moins durant toute la période 1914-1930, c'est l'A.O.F. elle-même, c'est-à-dire l'ensemble de ses habitants, qui a réalisé et payé la totalité de ses infrastructures[1] ».

Au lendemain de la Deuxième Guerre mondiale, même si son poids a régressé dans l'ensemble des moyens de financement, la contribution des ressources locales est restée substantielle. Pour l'Afrique du Nord, elle représentait 36 % en 1954[2].

Pour les territoires d'outre-mer où, selon les services du ministère de la France d'outre-mer, les informations restaient lacunaires, ce pourcentage était à la même date de 28 %.

Mal connues, les finances publiques coloniales sont donc au cœur de l'histoire des relations économiques entre la France et son empire.

Par les débouchés qu'elles assuraient aux firmes métropolitaines, les dépenses locales inauguraient bien une politique de marchés publics promise à un bel avenir dans les pays industrialisés.

Au terme de cette première approche de l'exportation française de capitaux dans l'empire colonial, nous pourrions reprendre presque mot pour mot les conclusions de notre radiographie des relations commerciales entre la France et son empire avant 1914. En désagrégeant le pourcentage global qui mesurait le poids des colonies dans les avoirs extérieurs de la France, nous avons été amené à bouleverser plus qu'à réviser la périodisation traditionnelle de l'impérialisme colonial et à estimer comme Lénine que la domination politique directe présentait bien des «commodités» et bien des «avantages» pour le capital qui s'investissait dans les pays conquis.

Comme pour les flux de marchandises, c'est à dessein que nous avons plus attentivement scruté la période précédant la Première Guerre mondiale. Contrairement en effet à ce qui a été toujours affirmé jusqu'ici, le domaine colonial joue déjà à cette date un rôle fondamental dans les stratégies métropolitaines d'expansion et les taux de profit réalisés par les firmes installées sur ce champ privilégié sont là pour le démontrer.

D'autre part, l'intervention massive de l'État, l'orientation qu'il donne aux budgets

1. C. Coquery-Vidrovitch, «Le financement de la «mise en valeur» coloniale. Méthodes et premiers résultats», *Rapport au colloque de l'Association internationale des historiens économistes*, Budapest, 1982.
2. Premier rapport du Fonds de développement... *op. cit.*

des divers territoires assurent à l'investissement privé une sécurité et des conditions de rentabilité dont il ne peut guère trouver l'équivalent ailleurs.

Dès avant 1914, les pouvoirs publics préparent le terrain, tentent d'éliminer les risques inhérents à toute entreprise nouvelle en assurant la sécurité, la police et la justice, le développement des travaux publics et la mise au travail des indigènes ainsi que la garantie des profits pour les entreprises dont la rentabilité est incertaine.

Et c'est ce qui rend encore plus troublantes nos interrogations initiales. L'importance du placement colonial aurai dû satisfaire en effet les milieux d'affaires et susciter de leur part, quand se produisirent les premières lézardes, des réactions frileuses de repli. Or dans l'ensemble, il n'en a rien été. Pierre Moussa leur reprochait même de céder à ce qu'il appelait le «complexe hollandais», c'est-à-dire l'idée que la Hollande devait sa prospérité des années 1950 à la perte de l'Indonésie. Cette nouvelle contradiction entre la statistique «réelle» et la statistique «perçue» exigeait donc, comme pour le commerce, une deuxième radiographie des exportations françaises de capitaux dans l'empire.

Conclusion générale

Pourquoi les avoir «perdues» précisément? Pour quelles raisons les gouvernements de la France ont-ils mené ces «sales» guerres coloniales? Pourquoi ont-ils fait tuer tant d'hommes, gaspillé tant d'argent, déchiré les consciences et pourri les institutions? Pour quelles raisons se sont-ils acharnés à vouloir maintenir la souveraineté politique de la France sur l'empire aors que des responsables de l'administration économique et financière et des milieux d'affaires leur démontraient que le marché colonial était non seulement inutile mais plus encore encombrant dans la mesure où il contribuait à freiner la modernisation de l'appareil productif français?

C'est la question que nous posions en introduction en nous demandant quelle fonction avaient assumée les colonies dans la croissance et les transformations structurelles du capitalisme français. Au terme de cette recherche, nous croyons pouvoir y répondre en montrant que l'«économique» a ses exigences et ses rythmes qu'ignorent le «politique» et le «mental». L'histoire économique n'est pas toute l'histoire et le drame de la décolonisation en est une démonstration cruelle dans la mesure où nous sommes amené à penser qu'il fut précisément le produit de temps historiques contradictoires.

De 1880 à 1930, une minorité de Français convaincus conquièrent et occupent un empire auquel la France ne croit pas. L'anecdote que cite Charles-Robert Ageron en est une plaisante démonstration. Novice ministre des Colonies en 1905, Etienne Clémentel aurait avoué devant la vaste carte des possessions françaises: «Les colonies... je ne savais pas qu'il y en eût tant[1]!»

La résistance à la colonisation rassemble alors les économistes libéraux qui se demandent si le débouché colonial «n'enlève pas à l'industrie française sur les marchés de concurrence un débouché supérieur à celui que lui procure le marché réservé des colonies[2]», les nationalistes de droite qui condamnent dans la politique de diversion coloniale les tripotages des affairistes républicains, les socialistes qui considèrent que «la politique coloniale est une des pires formes de l'exploitation capitaliste[3]».

1. Ch.-R. Ageron, *France coloniale ou Parti colonial?*, P.U.F., 1978, p. 297.
2. G. de Molinari, «Ce que coûte et ce que rapporte le colonialisme d'Etat», Revue de l'année 1898, *Journal des économistes*, cité par Ch.-R. Ageron, *l'Anticolonialisme en France de 1871 à 1914*, P.U.F., 1975, p. 53.
3. Motion du Congrès national de Romilly, 1895, *le Socialiste*, 15 septembre 1895, Ch.-R. Ageron, *ibidem*, p. 71.

Mais si, dans sa grande majorité, la France ne croit pas aux colonies, le monde des affaires, lui, en a rapidement saisi l'intérêt. C'est ce que nous pensons avoir démontré dans la première partie. Contrairement à la thèse aujourd'hui encore dominante, l'empire colonial est bien devenu, dès avant la Première Guerre mondiale, un champ d'expansion privilégié du capitalisme français.

A une époque où le marché intérieur métropolitain fait preuve d'une extrême rigidité, limité qu'il est par la faible croissance du salaire ouvrier et l'importance d'un monde paysan particulièrement économe, les colonies deviennent la «béquille» d'un capitalisme concurrentiel qui se heurte au problème des débouchés. Comme l'avait clairement exprimé Jules Ferry, «la consommation européenne est saturée ; il faut faire surgir des autres parties du globe de nouvelles couches de consommateurs sous peine de mettre la société moderne en faillite... [1]»

L'intégration de nouveaux territoires à l'espace économique national répond alors aux types de contraintes que doit résoudre un capitalisme industriel où le textile et l'habillement, les industries alimentaires et métallurgiques représentent près de 60 % de la valeur ajoutée industrielle totale.

A une période où la France importe essentiellement des matières premières agricoles alimentaires et textiles et exporte des vêtements, des ouvrages en bois et des produits de la métallurgie, le marché colonial garantit à des couches majoritaires du patronat français un débouché sûr et protégé, à a croissance régulière et soutenue.

Le domaine colonial assure aussi aux capitaux privés qui s'y sont investis des taux de profit particulièrement élevés. Le placement colonial cumule alors deux avantages majeurs, la rentabilité et la sécurité qu'offre la domination politique directe. Si à la veille de la Première Guerre mondiale, l'épargne française a préféré les obligations de l'Etat russe, les investisseurs n'ont pas négligé les titres émis par les sociétés coloniales. En 1914, pour le commerce comme pour les placements de capitaux, l'empire se place au tout premier rang des champs d'expansion du capitalisme français. C'est ce que masquait la médiocrité des pourcentages globaux.

Il permettait aussi au bataillon des couches nouvelles qui ne pouvaient trouver dans l'industrie l'espoir d'une promotion rapide le moyen de se dégager du bas de l'échelle sociale, l'occasion d'exercer une autorité, de bénéficier de l'uniforme, des honneurs et des multiples avantages d'une solde élevée, d'un logement entretenu par une domesticité presque gratuite, de soins médicaux et de congés en métropole.

L'administration coloniale était aussi un débouché pour une petite bourgeoisie en quête de capillarité.

L'empire permettait enfin à la paysannerie modeste des régions montagneuses ou méditerranéennes d'acquérir des terres, à un prolétariat misérable d'espérer devenir «au moins son maître», comme l'écrit Norbert Truquin partant à l'âge de 15 ans pour l'Algérie[2]. Près de 600 000 citoyens français recensés en Algérie en 1911, ce n'est pas négligeable. Comme le constate Jean-Louis Miège, «paradoxalement, malgré sa faible natalité, la France a constitué d'importantes sociétés coloniales[3]».

1. J. Ferry, *le Tonkin et la mère patrie*, 1890, p. 52, cité par J. Thobie, *la France impériale*, Megrelis, 1982, p. 58.
2. N. Truquin, *Mémoires et aventures d'un prolétaire à travers la révolution*, Maspero, 1977. En 1848, alors qu'il passait devant la mairie du VIIIe arrondissement de Paris, N. Truquin «y vit un beau monsieur qui faisait un tableau enchanteur de ce pays (l'Algérie). Il ne tarissait pas d'éloges sur la fertilité du sol, nous vantait les cocos, les dattes, les bananes... Le blé surtout y donnait un rendement énorme. Pour mon compte, j'étais transporté de joie et je m'inquiétais déjà de savoir comment je pourrais me rendre à destination», p. 85.
3. J.-L. Miège, *Expansion européenne et Décolonisation de 1870 à nos jours*, P.U.F., 1973, p. 235.

De 1880 à 1930, alors que dans sa grande majorité, l'opinion reste indifférente à l'égard des colonies, la «mise en valeur» qui en est faite est bien l'expression d'un capitalisme à une certaine étape de son développement, mais pas au «stade» que croyaient avoir défini les premiers théoriciens marxistes de l'impérialisme.

Même si, dans l'esprit d'Hilferding, de Rosa Luxemburg, de Boukharine ou de Lénine, la colonisation n'était pas la seule expression de l'impérialisme, elle lui ressemblait fort. La domination politique directe semblait bien à leurs yeux présenter pour le capital financier «les plus grandes "commodités" et les plus grands avantages[1]». Convaincus que le capitalisme était incapable d'élever le niveau de vie des masses populaires, les théoriciens marxistes voyaient dans la conquête des colonies la forme privilégiée d'expansion du capital financier.

La réalité qui nous est apparue est bien différente. Contrairement à ce qu'écrivait sans preuve Lénine, le capital industriel ne s'était pas affaibli dans les années 1880-1890. C'est lui, et non un capital financier embryonnaire et peu visible, qui trouve son compte dans la possession d'un marché protégé de la concurrence étrangère. A travers l'industrie cotonnière, métallurgique et alimentaire, c'est le capitalisme concurrentiel des petites et moyennes entreprises qui impose finalement sa stratégie de «mise en valeur» de l'empire.

Mis en place par le tarif Méline de 1892 et la loi douanière de 1928, le monopole qu'impliquait la stratégie «autarchique» nous est finalement apparu, paradoxalement, comme l'expression la plus achevée d'un capitalisme concurrentiel où se côtoyaient les grandes «unités» métallurgiques et sidérurgiques et la cohorte des petites et moyennes entreprises de diverses branches. Offrant aux producteurs coloniaux des prix supérieurs à ceux du marché mondial, il garantissait à l'industrie métropolitaine un débouché solvable. Assurant à de larges secteurs de l'industrie française un marché protégé, il retardait la «défamilialisation» de l'appareil productif.

Ce n'est donc pas un hasard si la crise de l'impérialisme colonial coïncide avec celle de ce type de structure industrielle. Jusqu'en 1930, l'impérialisme colonial vivait en harmonie avec le capitalisme français dont il était un des éléments régulateurs. A partir de cette date, s'entame la procédure de divorce.

Ce divorce n'aurait guère posé de problèmes si la classe politique et l'opinion publique avaient continué à manifester pour le fait colonial le même hostilité qu'à la veille de la Première Guerre mondiale. Ce fut le contraire qui se produisit.

A partir de 1930, on assiste en effet au croisement des temps historiques. Au moment où se multiplient les critiques à l'égard d'une stratégie «autarchique» accusée d'isoler et de scléroser l'économie française, l'empire entre de plain-pied dans la conscience des Français. Au moment où la désaffection de certains milieux d'affaires commence à se manifester, des voix s'élèvent de tous les horizons politiques pour célébrer la grandeur de la France impériale.

Au sein de la S.F.I.O., la dénonciation du colonialisme devient désormais le fait de minoritaires. D'accord pour en condamner les «excès», la majorité du parti se rallie à ce que Marius Moutet appelle une colonisation «altruiste», c'est-à-dire une colonisation qui abolira progressivement les iniquités et les souffrances des peuples coloniaux mais

1. Lénine, *l'Impérialisme...*, *op. cit.*, p. 114.

qui doit être acceptée comme un fait « dont la brusque disparition... engendrerait plus d'inconvénients et de dangers que d'avantages[1] ».

La colonisation « altruiste », c'était en fait la traduction politique de la stratégie « autarchique » dont se réclamaient les branches anciennes du capitalisme français.

Parvenant pour la première fois à la responsabilité gouvernementale et voulant faire communier dans un même sentiment fraternel le cultivateur sénégalais et le tisseur des Vosges, la S.F.I.O. était finalement amenée à gérer le patrimoine colonial dont elle assumait l'héritage. Dès 1925, en pleine guerre du Rif, Léon Blum n'avait d'ailleurs pas hésité à déclarer : « Nous avons trop l'amour de notre pays pour désavouer l'expansion de la pensée, de la civilisation françaises... Nous admettons le droit et même le devoir des races supérieures d'attirer à elles celles qui ne sont pas parvenues au même degré de culture et de les appeler aux progrès réalisés grâce aux efforts de la science et de l'industrie[2]. »

Le parti communiste lui-même n'était pas épargné par l'élargissement de la conscience coloniale des Français. La fameuse formule lancée en décembre 1937 par Maurice Thorez : « Le droit au divorce ne signifie pas l'obligation de divorcer » marque la distance qui sépare les éclats passionnés de Doriot reconnaissant en 1925 « aux indigènes le droit de se dresser contre les colonisateurs » de la condamnation d'une sécession qu'on repousse au nom de l'« intérêt de la France[3] ».

« Les circonstances actuelles, écrit en 1937 R. Deloche, président de la commission coloniale du P.C.F., mettent les peuples coloniaux, comme leurs frères de la Métropole, devant une nécessité immédiate : barrer la route au fascisme !...

« Dans la Métropole, la démocratie, défendue par le prolétariat, est devenue le rempart de lutte victorieuse contre le fascisme.

« Ceux qui, n'ayant rien compris ou rien voulu comprendre à la situation politique en France et dans le monde, voudraient se voir dresser, aujourd'hui même, les peuples coloniaux dans une lutte violente contre la démocratie française, sous le prétexte de l'indépendance, travaillent en réalité à la victoire du fascisme et au renforcement de l'esclavage des peuples coloniaux[4]. »

Dans un film tourné par le parti communiste lors de la visite de Maurice Thorez à Alger en février 1939, on pouvait voir une banderole proclamant : « Vive l'Algérie française[5]. » En janvier 1944, le député communiste Mercier déclarait devant l'Assemblée consultative provisoire qu'il fallait « souder à la Métropole l'ensemble de toutes les colonies » et que la « République française, métropole et territoires d'outre-mer, (était) une et indivisible[6] ».

L'action persévérante menée par le parti colonial avait finalement payé. L'image du tirailleur sénégalais et du soldat nord-africain versant leur sang pour la mère patrie avait convaincu l'opinion que l'empire était bien le gage de la sécurité et de la puissance françaises. L'Exposition de 1931 visitée par 34 millions de personnes, la géographie

1. Quelques réflexions sur une politique coloniale socialiste, *Papiers Moutet*, A.N.S.O.M., PA/28.
2. Déclaration à la Chambre, 9 juillet 1925, cité dans *le Populaire*, 17 juillet 1925.
3. Voir R. Girardet, *l'idée coloniale en France*, Editions de la Table Ronde, 1972, p. 140-143.
4. R. Deloche, « Le pain, la paix, la liberté aux peuples coloniaux », *Cahiers du bolchevisme*, 20 mai 1937, cité par T.A. Schweitzer, « Le parti communiste français, le Komintern et l'Algérie dans les années 1930 », *le Mouvement social*, n° 78, janvier-mars 1972.
5. P. Ory, « L'opinion publique et la « puissance » française vers 1938 : quelques jalons », *Colloque Sèvres, op. cit.*
6. Ch.-R. Ageron, « Novation et immobilisme de la politique française vis-à-vis de l'outre-mer dans les premières années de la IVe République », *Colloque la France en voie de modernisation*, décembre 1981.

coloniale des manuels scolaires, l'image du «négrillon» gentil, fidèle et naïf, la virile propagande des films coloniaux campant les héros du bled persuadaient les Français que la colonisation affirmait le génie civilisateur de la France.

En 1939, 40 % des Français sondés par l'I.F.O.P. étaient prêts à se battre «plutôt que de céder la moindre part de nos possessions coloniales». «Les plus forts pourcentages des personnes se déclarant attachées à nos colonies, commentait l'enquêteur, se rencontrent parmi les jeunes gens de moins de trente ans *(sic)* et les personnes de plus de soixante ans, ainsi que chez les ouvriers. Au contraire, les personnes âgées de trente à cinquante ans et celles qui exercent des professions commerciales témoignent d'un attachement moins ardent[1].» Manque de courage ou influence précoce du mouvement moderniste?

En 1949, 81 % des personnes interrogées par l'I.N.S.E.E. pensaient que la France avait intérêt à avoir des colonies, 45 % estimaient que «dans l'ensemble, la France avait bien travaillé dans les Territoires d'outre-mer». 5 % seulement étaient d'un avis contraire. «Il est remarquable de constater, commentait l'I.N.S.E.E., que le pourcentage de réponses affirmatives est moins élevé chez les cadres et les patrons, dans l'agriculture, le commerce et l'industrie, que chez les employés et ouvriers[2].»

Tous les sondages réalisés dans les années 1950 confirment que l'opinion baignait alors dans un «optimisme irréaliste[3]». Que ce soit pour l'Indochine ou plus tard pour l'Algérie, les Français n'imaginaient pas dans un premier temps que puissent être remis en cause les liens politiques qui reliaient ces territoires à la métropole.

Au début de 1956, 4 % des Français estimaient encore que l'Algérie devait garder son statut de département français. 25 % seulement acceptaient un lien moins étroit.

Mais au moment même où les Français, dans leur majorité, pensaient que la France avait intérêt à garder ses colonies, la «béquille» coloniale tendait à devenir pour certaines branches du capitalisme un «boulet». Le développement de la consommation de masse assuré par la reconnaissance d'un salaire minimum garanti, l'extension des conventions collectives et la croissance du salaire indirect tendaient à lever la contrainte du débouché externe. Le développement de nouvelles formes de production, la pression de la concurrence internationale, l'ouverture de l'économie sur l'extérieur exigeaient des restructurations et des investissements massifs.

Cette mutation industrielle nécessitait aux yeux de ceux qui en étaient les acteurs ou les comptables la rupture des liens politiques qui forçaient la puissance publique à gaspiller dans l'empire des capitaux considérables sans aucun bénéfice. C'est ce divorce entre l'«économique» et le «politique» qui nous semble expliquer le drame de la décolonisation.

C'est une certaine «gauche» contaminée par l'idéologie coloniale qui refuse avec Jules Moch que «la reine Makoko puisse renverser le gouvernement français[4]» et se laisse engluer dans des guerres dont elle est intellectuellement incapable de saisir la signification. C'est une certaine «droite» précocement gagnée aux impératifs d'efficacité qui finit par souhaiter divorcer d'avec un empire dont elle ne veut plus supporter la charge.

Pour réconcilier l'«économique» et le «politique», il fallait briser les institutions de la période antérieure dont avaient tant joué les branches anciennes, unifier l'instance

1. P. Henry, «L'opinion publique française et le problème colonial. *Sondages*, n° 3, août 1939, p. 11-12.
2. «Connaissez-vous la France d'outre-mer?», enquête réalisée par l'I.N.S.E.E. en novembre-décembre 1949, *Bulletin mensuel de statistique d'outre-mer*, Supplément Série Etudes, n° 22, octobre 1951.
3. J. Labrousse, «L'opinion publique», *Colloque IVe République*, février 1979, p. XII.
4. Cité par Ch.-R. Ageron, «Novation et immobilisme...», *op. cit.*

politique dont la division avait gelé la « mise en valeur » de l'empire, transférer le pouvoir des notables locaux et des élus à la haute administration, créer les conditions politiques et sociales de la modernisation économique.

En 1954, Pierre Mendès France avait été le premier à dire qu'entre l'Indochine et le redressement économique de la France, il fallait choisir. Il faudra toutefois attendre l'arrivée au pouvoir de Charles de Gaulle pour que s'imposent les thèses de ceux qui pensaient que la France ne pouvait appartenir en même temps à deux marchés communs, l'un avec l'Europe, l'autre avec l'outre-mer.

Dans la conjoncture de l'époque, lui seul pouvait sans doute déclarer sans être accusé de trahir la France : « L'Algérie nous coûte – c'est le moins qu'on puisse dire – plus cher qu'elle ne nous apporte... Voici que notre grande ambition nationale est devenue notre propre progrès, source réelle de la puissance et de l'influence. C'est un fait, la décolonisation est notre intérêt et, par conséquent, notre politique [1]. »

© Albin Michel

1. Conférence de presse du 11 avril 1961, citée par J. Touchard, *le Gaullisme 1940-1969*, Seuil, 1978, p. 197.

BIBLIOGRAPHIE COMPLÉMENTAIRE ET SÉLECTIVE[1]

Ouvrages généraux

JEAN BOUVIER, *Initiation au vocabulaire et aux mécanismes économiques contemporaines (XIXe–XXe s.)* Paris, SEDES, 5e édition, 1985; Fernand Braudel, Ernest Labrousse (éds), *Histoire économique et sociale de la France*, t. II : 1660-1789 ; t. III 1789-1880 ; t. IV 1880-1980, Paris, P.U.F., 1970, 1976, 1979-1982.

PIERRE LÉON (eds), *Histoire économique et sociale du monde*, Paris, A. Colin, 6 vol., 1977.

MAURICE NIVEAU, *Histoire des faits économiques contemporains*, Paris, P.U.F., «Thémis», 1968.

FRANÇOIS CARON, *Histoire économique de la France XIXe–XXe siècle*, Paris, A. Colin, 1981.

JEAN-CHARLES ASSELAIN, *Histoire économique de la France du XVIIIe siècle à nos jours*, Paris, Seuil, «Points-Histoire», 1984.

ANDRÉ GUESLIN (éds), *Nouvelle Histoire économique de la France*, t. II et t. IV, Paris, La Découverte, 1990.

Rythmes, cycles, conjoncture, crises

GEORGES IMBERT, *Des mouvements de longue durée Kondratieff*, Aix-en-Provence, 1959.

JEAN BOUVIER, «Problématique des crises économiques du XIXe siècle et analyses historiques : le cas de la France», in *Faire de l'histoire*, Paris, Gallimard, Bibliothèque des histoires, 1974, vol. 2, p. 25-50.

Industrialisation, croissance

ALAIN BELTRAN, PASCAL GRISET, *la Croissance économique de la France – 1815-1914*, Paris, A. Colin, 1988.

LOUIS BERGERON, *l'Industrialisation de la France au XIXe siècle*, Paris, Hatier, 1979.

PIERRE CAYEZ, *Métiers jacquards et hauts-fourneaux*, Paris, P.U.L., 1978.

BERTRAND GILLE, «Histoire des techniques», Encyclopédie de la Pléiade, Paris, Gallimard, 1978.

PATRICK VERLEY, *la Révolution indus-*

1. Il s'agit d'ouvrages qui n'ont pas été cités précédemment ou dont on n'a pas reproduit d'extraits.

trielle (1760-1870), Paris, MA Éditions, 1985.

« Encore la révolution industrielle en Angleterre : une révision », *Annales E.S.C.*, 1991, n° 3, avril-mai 1991.

MARCEL GILLET, « Au XIXe siècle : industrialisation linéaire ou industrialisation par bonds », *Revue économique*, sept. 1972.

Monnaie, crédit, banques, finances

HUBERT BONIN, « Les banques françaises de la seconde industrialisation » *Revue historique*, 268-1, 1988, p. 265 et suiv.

JEAN BOUVIER, *Finances et financiers de l'Ancien Régime*, (avec H. Germain Martin), Paris, P.U.F., 25J n° 119, 1964 et 1969.

JEAN BOUVIER, *Un Siècle de banque française. Les contraintes de l'État et les incertitudes du marché*, Paris, Hachette, 1973.

BERTRAND GILLE, *La Banque et le crédit en France de 1815 à 1848*, Paris, P.U.F., 1959.

MARC MEULEAU, *Histoire de la Banque de l'Indochine – 1875-1975*, Paris, Fayard, 1990.

JEAN-PIERRE PATAT et MICHEL LUTFALLA, *Histoire monétaire de la France au XXe siècle*, Paris, Economica, 1986.

MICHÈLE SAINT-MARC, *Histoire monétaire de la France, 1800-1980*, Paris, P.U.F., 1983.

RICHARD S. SAYERS, *The Bank of England – 1891-1944*, Londres, New York, Cambridge University Press, 1983.

Agriculture, paysannerie

WILHELM ABEL, *Crises agraires en Europe, XIIIe–XXe siècle*, Flammarion, 1973.

ANDRÉ AMENGAND, *Les populations rurales de l'Est aquitain au début de l'époque contemporaine*, Paris, 1958.

GEORGES DUPIEUX, *Aspects de l'histoire sociale et politique du Loir-et-Cher, 1848-1914*, Paris, Mouton, 1962.

Histoire de la France rurale, Paris, Seuil, t. II et III, 1975 et 1976.

GILBERT GARRIER, *Paysans du Beaujolais et du Lyonnais*, 1800-1970, 2 vol., P.U.G., 1973.

Relations économiques et financières internationales

RAYMOND POIDEVIN, *les Relations économiques et financières entre la France et l'Allemagne de 1898 à 1914*, Paris, A. Colin, 1969.

JEAN-CLAUDE ALLAIN, *Agadir*, Paris, Publications de la Sorbonne, Paris, 1976.

JACQUES THOBIE, *Intérêts et impérialisme français dans l'Empire ottoman, 1895-1914*, Paris, Imprimerie nationale, 1977.

JACQUES BARIETY, *les Relations franco-allemandes 1918-1924*, Paris, Pedone, 1977.

CH. R. AGERON, *l'Histoire de l'Algérie contemporaine*, Paris, P.U.F., t. II, 1979.

GILBERT MEYNIER, *l'Algérie révélée*, Paris, Presses de la F.N.S.P., 1982.

JEAN BOUVIER, RENÉ GIRAULT, *l'Impérialisme à la française*, Paris, La Découverte, 1986.

RENÉ GIRAULT, *Diplomatie européenne et impérialisme*, Paris, Masson, 1979.

Aubin Imprimeur
LIGUGÉ, POITIERS

Photocomposition SHUTTER, Bruxelles
Dépôt légal, septembre 1992
N° série éditeur 17152
N° d'imprimeur L 41216
Imprimé en France
(Printed in France) — 741006 - septembre 1992